Le management
entre tradition et renouvellement

4e édition

Du même auteur

Le travail industriel contre l'homme?, Alger, ENAL/OPU, 1986.

Les sciences de la gestion et les ressources humaines, Alger, ENAL/OPU, 1986.

Méthodologie des sciences sociales et approche qualitative des organisations, Montréal-Québec, Presses des HEC et Presses de l'Université du Québec, 1987.

Algérie: entre l'exil et la curée, Paris, L'Harmattan, 1990.

Traditional Management and Beyond: A Matter of Renewal, Boucherville, Gaëtan Morin Éditeur, 1996.

La administracion: entre tradicion y renovacion, Cali, Universidad del Valle, 1996.

A Administração entre a Tradição e a Renovação, São Paulo, Atlas S.A., Sao Paulo, 1996.

La administracion: entre tradicion y renovacion, 2ᵉ édition, Cali, Universidad del Valle, 1998.

La Pedagogia y la administracion, EAFIT, Medellin, 2000.

La Metodologia y la aproximacion cualitativa de las organisaciones, Colombie, Univalle/ Artes Grafica, 2001.

La stratégie de l'autruche. Post-mondialisation, management et rationalité économique, Montréal, Écosociété, 2002.

La estrategia del avestruz racional, 2ᵉ édition, Cali, Colombie, Univalle/Artes Grafica Delvalle, 2003.

Pôs globalisaçao, adminitraçao e a economia, o syndrome da avestruz, Atlas S.A., Sao Paulo, 2003.

En collaboration

La rupture entre l'entreprise et les hommes, Montréal-Paris, Québec/Amérique et Éditions d'Organisation, 1985.

The Symbolism of Skill, Trento, Quaderno 5/6, Departemento di politica sociale, Université de Trento, 1985.

Le comportement des individus et des groupes dans l'organisation, Boucherville, Gaëtan Morin Éditeur, 1986.

La culture des organisations, Québec, IQRC, 1988.

Développer l'organisation: perspectives sur le processus d'intervention, Boucherville, Gaëtan Morin Éditeur, 1989.

Individu et organisations: les dimensions oubliées, Montréal-Paris, PUL-ESKA, 1990.

Organizational Symbolism, Berlin-New York, Walter de Gruyter and Co., 1990.

Vers l'organisation du XXIᵉ siècle, PUQ, 1993.

In Search of Meaning, San Francisco, Jossey-Bass, 1995.

La quête du sens, Montréal, Québec/Amérique, 1995.

Understanding Management, Londres, Sage Publications, 1996.

D'espoir et d'éducation, Montréal, Les Intouchables, 1996.

Éducation et démocratie, entre individu et société, Montréal, Isabelle Quentin, 1999.

Organisations Entwiclung, Konzepte, Strategien, Fallstudien, Stuttgart, Klett-Cotta, 2000.

Le management aujourd'hui, Paris et Montréal, Économica/PUL, 2000.

La mondialisation de l'ignorance, Montréal, Isabelle Quentin, 2001.

El lado inhumano de la organización, Cali, Univalle FCA, 2003.

El nuevo pensamiento en administración, Cali, Univalle FCA, 2005.

Omar Aktouf

Avec la collaboration d'Olivier Boiral, Mehran Ebrahimi et Anne-Laure Saives

Préface de Son Excellence Dr Boutros Boutros Ghali
Postface de Pr Edward Nell et Dr Abdel Karim Errouaki

Le management
entre tradition et renouvellement

4e édition

gaëtan morin éditeur

CHENELIÈRE ÉDUCATION

Le management entre tradition et renouvellement, 4e édition

Omar Aktouf. Avec la collaboration d'Olivier Boiral, Mehran Ebrahimi et Anne-Laure Saives

© 2006, 1999, 1994, 1989 gaëtan morin éditeur ltée

Édition: Pierre Frigon
Coordination: Dominique Page
Révision linguistique: Jean-Pierre Leroux
Correction d'épreuves: Lina Binet
Conception graphique et infographie: Christian L'Heureux

**Catalogage avant publication
de Bibliothèque et Archives Canada**

Aktouf, Omar

   Le management entre tradition et renouvellement

   4e éd.

   Comprend des réf. bibliogr. et des index.

   ISBN 2-89105-945-X

   1. Gestion.   2. Gestion – Philosophie.   I. Titre.

HD33.A4 2005   658   C2005-941788-9

**gaëtan morin
éditeur**

CHENELIÈRE ÉDUCATION

7001, boul. Saint-Laurent
Montréal (Québec)
Canada H2S 3E3
Téléphone: (514) 273-1066
Télécopieur: (514) 276-0324
info@cheneliere-education.ca

ISBN 2-89105-945-X

Dépôt légal: 1er trimestre 2006
Bibliothèque nationale du Québec
Bibliothèque et Archives Canada

Imprimé au Canada

2 3 4 5 6 ITG 10 09 08 07 06

Nous reconnaissons l'aide financière du gouvernement du Canada par l'entremise du Programme d'aide au développement de l'industrie de l'édition (PADIÉ) pour nos activités d'édition.

Chenelière Éducation remercie le gouvernement du Québec de l'aide financière qu'il lui a accordée pour l'édition de cet ouvrage par l'intermédiaire du Programme de crédit d'impôt pour l'édition de livres (SODEC).

Tableau de la couverture:
Jeux
Œuvre de **Nylda Aktouf**

D'un oiseau migrateur, on dit qu'il est de passage, alors qu'en fait son appartenance est plurielle et qu'il trouve son lieu, son ciel et sa terre sous plus d'une latitude où il est doublement enraciné. Ainsi Nylda Aktouf, de souche algérienne, a-t-elle choisi, après plus d'une migration, de vivre au Québec. Sa peinture témoigne de cette double appartenance, de ce mariage profond entre les images sources, le désert torride et doré de son pays d'origine et le désert froid et blanc d'ici, entre l'oasis et les fraîches rivières du nord.

Sa peinture, parfois nostalgique, est toujours empreinte d'onirisme, où la réalité peinte abandonne souvent l'exactitude descriptive au profit de l'éclairage intérieur, parfois même au prix d'une rupture, d'un déni qui devient souvent un défi. La toile avancée est brusquement recouverte d'une couche de noir, de rouge ou de bleu de Prusse, pour renaître d'une nécessité intérieure, où la réalité abandonnée est transfigurée par le magnétisme même qui l'a suscitée.

Dans cet ouvrage, le masculin est utilisé comme représentant des deux sexes, sans discrimination à l'égard des hommes et des femmes et dans le seul but d'alléger le texte.

DANGER

LE
PHOTOCOPILLAGE
TUE LE LIVRE

REMERCIEMENTS

L'auteur d'un livre, quel qu'il soit, ne peut jamais prétendre faire une œuvre totalement personnelle ou originale. C'est nourri de la pensée, de la réflexion, des écrits, du travail et des commentaires d'un nombre considérable de personnes que j'ai entrepris la réalisation de ce livre, qui en est aujourd'hui à sa quatrième édition, après une belle «carrière» de plus de 15 ans! Il m'est impossible de ne pas remercier du fond du cœur les «générations» successives de professeurs qui l'ont si aimablement mis à leur programme, et les générations d'étudiants qui ont eu à le lire. Mes tout premiers remerciements doivent cependant aller aux inspirateurs d'un tel travail, à ceux qui sont derrière l'essentiel de la position défendue tout au long de l'ouvrage: Maurice Dufour et Alain Chanlat. C'est ensuite à HEC Montréal, à la Direction de la recherche, au Service de l'enseignement et aux collègues professeurs de management que va ma gratitude pour la confiance, le soutien et l'ouverture qui ont été témoignés à mon égard. Pour cette quatrième édition, mon dévoué et méticuleux assistant de recherche, M. Mohammed Ouali Yacine, a comme toujours effectué un très consciencieux travail de recherche et de mise à jour.

Comment exprimer ma reconnaissance aux générations d'étudiants qui m'ont amené à approfondir ma réflexion, à réviser mes positions, à aiguiser mes arguments, à méditer tant d'objections... avant d'arriver à la construction d'un discours, d'abord enseigné, qui ait un minimum de cohérence?

Pour cette quatrième édition, je remercie sincèrement l'équipe de Gaëtan Morin Éditeur et Chenelière Éducation, en particulier M. Pierre Frigon, qui s'est avéré un courtois et vigilant gardien de l'accomplissement des tâches respectives «toujours à temps»; M. Jean-Pierre Leroux, qui a fait un travail de révision méticuleux et considérable; et Mme Dominique Page, qui a assuré une coordination assidue des étapes de la production.

Pour l'ensemble des parties remaniées dès la troisième édition, et surtout les chapitres de la deuxième partie, ainsi que pour la mise en forme de l'ensemble du livre, je suis extrêmement redevable de son dévouement à l'ex-chercheur de HEC Montréal M. Farid Ben Hassel, aujourd'hui professeur à l'Université du Québec à Rimouski.

TABLE DES MATIÈRES

DEUXIÈME PARTIE
ÉTUDE DE QUELQUES «MODÈLES» TOUJOURS «GLOBALEMENT PERFORMANTS» :
JAPON, CORÉE DU SUD, ALLEMAGNE, SUÈDE

TROISIÈME PARTIE
LES QUESTIONS CONTEMPORAINES DU MANAGEMENT :
LES ENJEUX ET DÉFIS DU XXIᴱ SIÈCLE

PRÉFACE

Le fait de se livrer à l'acte ou au métier de gérer ne doit-il être guidé que par un souci d'efficacité sans cesse accrue, une efficacité qui se mesurerait uniquement en fonction de la production-reproduction de l'argent et de la richesse? Telle est la question à dimension philosophique qui sous-tend ce manuel de management. Toutefois, l'ambition de l'auteur est loin d'être gratuite. Elle se veut à la hauteur des problèmes et des défis qui se posent au monde d'aujourd'hui. C'est là, en effet, l'un des grands mérites de cet ouvrage que d'attirer notre attention, avec une courageuse insistance, sur les graves dangers que fait courir à notre planète cette inexorable transformation de l'action de gérer en une poursuite effrénée de l'enrichissement pour l'enrichissement, tant il est vrai que la gestion et ses théories ne peuvent être efficaces que si elles sont au service de l'homme et d'une qualité de vie en harmonie avec la nature.

Cela dit, ce livre ne se contente pas de reposer et de reconstruire les questions de fond qui n'auraient jamais dû quitter les préoccupations gestionnaires. Il est également un systématique effort de mise en perspective historique et contextuelle, de mise à jour de liens avec la pensée et les idéologies économiques, mais aussi sociopolitiques, qui ont encadré et encadrent le management. On est en présence d'une véritable somme qui rappelle, résume, synthétise, commente et cite à peu près tout ce qui existe et a existé d'important en la matière.

Une autre dimension essentielle de cet ouvrage réside, enfin, dans une passionnante mise en confrontation de l'Occident industrialisé avec lui-même. Voilà qui devrait donner à réfléchir au bien-fondé, aux prétentions ou à la situation d'hégémonie de tel ou tel modèle. Il y a là, notamment pour les pays du Tiers-Monde, une invitation à repenser les modèles de gestion qu'ils sont nombreux à «importer» par le biais des emprunts de devises fortes, du recours à de très onéreux cabinets de consultants étrangers et, souvent, de la cession des affaires économiques à de puissantes multinationales.

À cet égard, le chapitre consacré à la mondialisation et à ses rapports avec le management constitue une intéressante réflexion dont il ressort que cette mondialisation néolibérale, qu'on nous a construite de toutes pièces, semble bien loin de tenir ses promesses, que ce soit d'un point de vue économique, gestionnaire, politique, démocratique ou humain.

*C'est pour toutes ces raisons que j'ai la conviction qu'il est grand temps
de reconnaître toute la mesure de l'analyse si pertinente, si courageuse et
si lucide que nous livre Omar Aktouf dans ce remarquable ouvrage.*

BOUTROS BOUTROS GHALI
Ancien secrétaire général de l'Organisation des Nations unies
Président de la Commission nationale égyptienne des droits de l'homme
Président du South Center de Genève
Paris, juin 2005

AVANT-PROPOS

> *Si je n'étais le doyen d'une des plus importantes écoles de gestion des États-Unis, je serais en train d'écrire un livre sur le lamentable échec de l'enseignement du management.*

Cité par Henry Mintzberg dans *Managers not MBA's*, 2004

En fait, ce que j'ai déjà écrit pour les deuxième et troisième éditions pourrait tout simplement être repris et mis à jour, avec peut-être un bon facteur de renforcement, dans le sens autant de l'évolution récente du management que je qualifie de «traditionnel» que de la multiplication des écrits, des livres, des articles, des nouvelles revues, etc., qui confirment et parfois dépassent mes positions critiques et «dé-constructivistes» autant des théories que des pratiques de ce management traditionnel. Aujourd'hui, j'ajouterai à la formule «management traditionnel» ceci: «de type capitalisme financier à l'américaine[1]». En effet, on a bien vu à quelle allure et avec quelle gravité plusieurs fleurons de ce capitalisme et de ce management se sont écroulés: Enron, Tyco, Xerox, AOL, Waste Management, Nortel, Warner, Vivendi, Parmalat, etc., ou comment les entreprises qui survivent le font de plus en plus par le biais de délocalisations sauvages, de mises à pied incessantes suivant une progression exponentielle, de dommages infligés à la nature et jamais compensés, allant jusqu'à s'adonner aux trafics de comptes systématiques, aux évasions fiscales massives, aux détournements et aux vols des avoirs des actionnaires, des employés. C'est là exactement ce que je dénonçais dans les précédentes éditions sous la formule «dérive mafieuse du capitalisme à l'américaine». Désormais – inutile de continuer à se le cacher –, ce capitalisme-là et le management (traditionnel) qui va avec non seulement sont perdus sur le front de la «performance-productivité-qualité», mais sont le plus souvent bien plus dommageables que bénéfiques, puisque, comme le dit avec raison l'économiste Bernard Maris, «ce ne sont plus les profits qui créent de l'emploi, c'est le chômage et la pollution qui font les profits[2]». C'est ce que j'appelle l'entrée du capitalisme financier dans sa phase la plus suicidaire: **la phase du profit qui tue le profit.** Je m'en expliquerai plus loin dans la présente édition, mais disons ici qu'il s'agit du fait que le profit ne peut plus, dans

---

1. Il est développé dans des chapitres ultérieurs tout ce qu'il convient de savoir sur le «capitalisme financier et son management», de même que sur son «rival» le «capitalisme industriel».

2. *Lettre ouverte aux gourous de l'économie qui nous prennent pour des imbéciles*, Paris, Éditions du Seuil, 1998; *Manuel d'anti-économie*, Paris, Éditions du Seuil, 2004.

la conception capitaliste financière maximaliste de l'économie[3] – ceci n'est un secret pour personne –, persister sans **s'attaquer aux facteurs mêmes qui lui permettent d'exister** : d'un côté, le travail (moins le former, moins le qualifier, moins le payer, ne s'installer que là où il est le moins cher, s'en débarrasser en premier dès la moindre alerte, toujours réduire les effectifs, et ainsi de suite), et, de l'autre côté (à travers la façon dont on en extrait les ressources et dont on dégrade les environnements par les externalités), la nature.

En un mot comme en mille, toutes les tares et tous les dangers du capitalisme financier et du management traditionnel que je recensais dans les éditions précédentes ne font que se confirmer, s'aggraver, s'étendre. Sur ce point, bien d'autres éminents auteurs et gourous, souvent des milieux nord-américains eux-mêmes, ont depuis joint leurs voix à la mienne, souvent en l'amplifiant : ainsi du lauréat du prix Nobel d'économie 2001, ex-vice-patron de la Banque mondiale et ex-patron du Conseil économique de Bill Clinton, Joseph Stiglitz, avec ses incendiaires *La grande désillusion : la mondialisation ne marche pas* (2002) et *Quand le capitalisme perd la tête* (2003) ; ainsi du gourou du management et collègue de l'Université McGill, Henry Mintzberg, avec son décapant *Managers not MBA's* (2004) ; ainsi de Robert Reich, du Massachusetts Institute of Technology (MIT) et ex-ministre du Travail de Clinton, avec son *America's Liberals* (2004) ; ainsi du fameux et écouté économiste français Jacques Généreux, avec *Les vraies lois de l'économie* (2002 et 2003) ; ainsi de Bernard Maris, avec son *Manuel d'anti-économie* (2004). Je pourrais également citer de nombreux articles critiques publiés dans des revues telles qu'*Alternatives économiques, Organization Studies, Academy of Management Review ; Management Critics* ou *L'économiste*.

Plus que jamais, par conséquent, il est pour moi (autant sur le plan des conceptions et des théories que sur celui des prescriptions et des pratiques, de la pensée économique jusqu'aux recettes appliquées du management) impératif, d'une part, de continuer ce travail de déconstruction critique de l'économisme et du management traditionnels de type américain, et, d'autre part, de persévérer dans la reconstruction d'un management renouvelé à partir de relectures attentives des classiques et de leçons d'exemples de pays, d'entreprises, de PME, etc., qui **font autrement** et qui s'en sortent mieux tout en manifestant un minimum de responsabilité d'entreprise et de responsabilité sociale.

Plus précisément, la présente édition comporte les modifications suivantes :

- un allègement des parties « classiques » ;

- une mise à jour de l'ensemble des statistiques et des états des pays, des entreprises, etc. ;

- la suppression de certaines parties désormais inutiles ou dépassées, par exemple les développements sur les critiques internes et externes du management traditionnel, dorénavant considérés comme allant de soi ;

---

3. Pour plus de détails sur cette question, voir O. Aktouf, *La stratégie de l'autruche*, Montréal, Écosociété, 2002.

- l'ajout de chapitres sur la mondialisation, ses résultats et ses répercussions actuelles ; sur la nouvelle économie et le rôle prépondérant du secteur financier ; sur le management et les nouvelles technologies ; sur la responsabilité sociale et la gestion de la qualité de l'environnement dans une perspective dite de développement durable.

Je dois aussi mentionner la collaboration à cette quatrième édition, pour deux nouveaux chapitres, de trois respectés collègues de l'UQAM et de l'Université Laval : Mme Anne-Laure Saives, M. Mehran Ebrahimi et M. Olivier Boiral.

Montréal, octobre 2005

«Je n'ai pas d'autre but, en allant par
les rues, que de vous persuader, jeunes
et vieux, qu'il ne faut pas donner le
pas au corps et aux richesses, et s'en
occuper avec autant d'ardeur que du
perfectionnement de l'âme. Je vous
répète que ce ne sont pas les richesses
qui donnent la vertu, mais que c'est de
la vertu que proviennent les richesses
et tout ce qui est avantageux, soit aux
particuliers, soit à la cité. »

SOCRATE, *Apologie*

«C'est en échangeant les dons de la
terre que vous trouverez l'abondance
et serez comblés. Cependant, à moins
que l'échange ne se fasse dans l'amour
et la justice bienveillante, il conduira les
uns à l'avidité et les autres à la faim. »

KHALIL GIBRAN, *Le prophète*

INTRODUCTION GÉNÉRALE

Pourquoi, en 2005, écrire encore un livre sur le management? Qu'est-ce qu'un autre auteur, dans ce domaine où l'on a déjà tant écrit, aurait à dire de plus ou de différent ? Le lecteur pourrait se demander, non sans raison, si ce n'est pas là un manuel qui répète, une fois de plus, ce qui s'enseigne depuis le début du dernier siècle, et où l'on se contente, comme il arrive souvent, d'ajouter un petit quelque chose, dans l'approche, dans la séquence des chapitres ou dans l'introduction d'un ou deux thèmes à la mode, le fond restant intouchable.

Car il faut bien l'admettre, et des auteurs connus comme Herzberg (1980) ou Staw et Salancik (1977) le clamaient déjà: l'écrasante majorité des écrits qui se publient dans ce domaine n'est, bien souvent, que la réutilisation de concepts parfois vieux de plusieurs décennies. Moi-même, lorsque j'étais étudiant en gestion, j'étais frappé par le caractère répétitif, le manque de perspective et de profondeur et la relative pauvreté conceptuelle de la matière qui nous était enseignée. Ensuite, gestionnaire, je me suis vite rendu compte combien le fossé était souvent grand entre réalité concrète et théories apprises. Aujourd'hui chercheur et professeur de management, je me trouve de plus en plus forcé à puiser dans d'autres disciplines (ethnologie, histoire, économie, sociologie, psychanalyse, linguistique) pour éclairer de nombreux points importants à peine effleurés, sinon totalement négligés par les écrits traditionnels en management.

Le management est un domaine du savoir où domine l'idéologie, et non la science (affirmation sur laquelle je m'expliquerai tout au long du livre), et surtout où, fait plus grave, les théories prescriptives et normatives continuent, malgré les changements survenus durant les dernières décennies, à toujours reconduire, à quelques nuances près, les mêmes conceptions fondamentales concernant l'entreprise, le dirigeant, l'employé, la motivation, le comportement, etc.

Il y a bien sûr, çà et là, depuis le début des années 1980, un certain nombre d'ouvrages qui prétendent réformer, revoir, corriger et même «révolutionner[1]» le management. De nombreux «gadgets» et pratiques plus ou moins à la mode sont recensés, expliqués, préconisés et louangés: cercles de qualité, culture d'entreprise, projets d'entreprise, héros d'entreprise, gestion par les champions, gestion par les symboles, qualité totale, *downsizing, outsourcing, benchmarking,* réingénierie, *empowerment*.

---

1. Comme *Le chaos management* de T. Peters (1988). Pour une critique de ces pseudo-révolutions, voir, entre autres, Kervern (1986).

J'ai été amené, dans mon travail de professeur, à débroussailler ce foisonnement de théories, à procéder à un élagage et à un enrichissement de la matière par la synthèse de lectures plus variées et par l'intégration de la réflexion sur ma propre pratique de gestionnaire et de chercheur de terrain. Devant le recul et les dommages que ne cessent de subir le niveau et la qualité de vie dans des contrées de plus en plus nombreuses du globe[2], une idée-force s'impose à moi de façon impérieuse. Je crois qu'il est indispensable de revoir une bonne partie de ce à partir de quoi nous modelons notre vie et notre environnement : la pratique du management et ses présupposés les plus répandus. Car ce sont des «gestionnaires», qu'ils soient fonctionnaires, en politique ou dans l'entreprise privée, qui impriment par leurs décisions, et les moyens de plus en plus considérables dont ils disposent, à notre vie quotidienne, et à notre avenir, leur tournure et leur contenu. Cela pose une question de finalité : vers quoi nous mène ce qui anime les gestionnaires ? Quelle est la raison d'être de la gestion ? Celle-ci est-elle immuable ? Va-t-elle dans le sens d'un «progrès» pour tous ? Ne soulève-t-elle que des questions de savoir-faire technique ou économique[3] ?

Je n'ai pas cessé, non plus, d'être frappé par l'insistance avec laquelle on pose, presque exclusivement, en management, les questions du «comment» et du «combien», mais à peu près jamais celles du «pourquoi» ou du «pour qui». On considère la réponse à tout «pourquoi» comme évidente : pour «avoir plus», «être plus riche», pour le «progrès», ou alors on écarte la question sous prétexte qu'il s'agit là d'une question «philosophique» (sous-entendu : inutile et vaseuse). Il en est de même pour ce qui concerne la question «pour qui», toujours éludée au profit d'un éternel et sous-entendu «bien-être général».

Pourtant, si l'on s'y arrête un instant, on verra bien que rien n'est évident, que rien ne va de soi, et que, plus que jamais, devant les crises, devant les déficits budgétaires, devant la dure concurrence provenant de l'Asie du Sud-Est, devant les graves accidents écologiques de plus en plus fréquents et devant la dégradation de notre environnement (les naufrages de l'*Amoco Cadiz* et de l'*Exxon Valdez*, l'amincissement de la couche d'ozone, les accidents nucléaires de Tchernobyl et de Three Mile Island, les marées vertes et rouges de la mer du Nord, l'incendie de pneus de Saint-Basile-le-Grand, la pollution irréversible du bassin des Grands Lacs, la détérioration de la forêt boréale, l'accroissement des gaz à effet de serre, la fonte des glaciers, la désertification, etc.), il convient de se poser des questions de fond et d'essayer de comprendre en quoi nos façons de gérer et de concevoir la finalité économique doivent être corrigées. Car enfin, qu'on le veuille ou non, qu'il s'agisse de la gigantesque pollution du golfe du terminal de Valdez en Alaska, des chlorofluorocarbures qui détruisent la couche d'ozone, des oxydes de carbone qui réchauffent la Terre, de la fuite de gaz toxique à Bhopal

---

2. Des régions entières comme le Soudan et le Bangladesh, par exemple, sont, disent plusieurs spécialistes, de moins en moins habitables du fait des transformations climatiques dues à l'excès d'oxyde de carbone dans l'atmosphère.

3. Il est bien entendu que, lorsque je parle ici de «gestionnaires», je vise les personnes qui, partout sur le globe, occupent des positions de décision, tous régimes confondus.

ou encore du naufrage des pétroliers *Prestige* et *Erika*, nous sommes en présence de **fautes gestionnaires.** La situation mondiale actuelle, qui ne manque pas d'être inquiétante, est la conséquence de décisions de gestionnaires, dont le maillon le plus déterminant est celui du gestionnaire de l'entreprise à but lucratif, qui ne prend en considération qu'une logique et une seule : celle du gain maximal, du court terme et du coût minimal. Encore une fois, que ce gestionnaire dirige une entreprise à Hong-Kong, à Moscou, à São Paulo, à Dakar ou à Dallas, partout les conséquences de l'activité industrielle sont dorénavant, globalement, moins bénéfiques que dommageables (voir Dumont, 1988).

Se pose donc avec acuité la question de savoir si le gestionnaire d'aujourd'hui et de demain peut demeurer animé d'une telle mentalité et habité par un tel mépris des connaissances et préoccupations plus globales, plus fondamentales, plus écologiques, plus sociales et plus humaines. Peut-il continuer à se conduire, comme une mode aussi cynique que scientifiquement retardataire[4] le prône, même à l'échelle des gouvernements, en faiseur de surplus monétaire indifférent ? Il faut pourtant se rendre compte que les coûts d'une telle attitude commencent à annuler et à dépasser les bénéfices (misère grandissante du Tiers-Monde en passe de devenir totalement insolvable ; déchets industriels hautement dangereux qui se promènent, par bateaux entiers, sur les océans et dont on ne sait plus que faire ; nombre d'entreprises, souvent gigantesques, qui ne connaissent plus le profit que par le recours aux mises à pied, aux délocalisations, au chômage massif, à la pollution, voire au mensonge comptable et au crime économique). «L'économie de profit[5]», avertit Dumont dès 1988, «loin de freiner les gaspillages, la pollution, les armements, la surpopulation, les inégalités sociales, les encourage ou, pire, n'arrive plus à les contrôler».

L'un des plus importants économistes et penseurs qu'ait connus l'Amérique et qu'Einstein disait être la personnalité scientifique qu'il admirait le plus, Thorstein Veblen, a écrit, au début du XXe siècle, que le comportement de gens d'affaires, de chefs d'industrie et de gestionnaires uniquement préoccupés de profits et de spéculation est un comportement non pas d'amélioration et de progrès mais, à long terme, de destruction, allant jusqu'à parler de «prédateurs» (Veblen 1912 et 1932). On est forcé d'admettre aujourd'hui qu'il voyait juste et loin, devant les dégâts qui se succèdent et dont on ignore encore l'ampleur.

Bien sûr, faire de l'argent, pour l'entreprise destinée à cela, en accumuler, le faire fructifier davantage, etc., n'a rien de blâmable en soi, mais la manière, elle, peut l'être. Comme je le dis souvent en guise de boutade, si la gestion (dans le sens de conduite d'affaires privées) n'avait pour finalité que de faire de l'argent,

---

4. Il est scientifiquement retardataire de continuer à penser que les niveaux de vie peuvent monter partout, que la croissance est infinie, que la maximisation est un facteur de progrès, que le modèle de l'entreprise «privée» est le modèle idéal pour les sociétés. Je m'en expliquerai plus amplement dans d'autres chapitres. Voir, à ce propos, entre autres, Passet (1983 et 1987), Capra (1983), Etzioni (1988), Club de Rome (1993), Stiglitz (2003), Maris (2004).

5. L'économie de profit «maximal», ajouterai-je.

le plus, le plus vite possible[6], il suffirait d'imiter Al Capone ou de se livrer au trafic de drogues. Ce qui devrait distinguer le gestionnaire du «faiseur d'argent à tout prix», c'est non seulement l'honnêteté, mais aussi l'utilité, la non-nuisance à l'environnement, le progrès pour tous, l'«intelligence» dans la façon de faire de l'argent[7].

Mais qu'est-ce que faire de l'argent intelligemment, aujourd'hui où même les Jeux olympiques (Los Angeles et Athènes, par exemple) doivent être rentables? C'est la question à laquelle veut tenter de répondre ce livre. En une phrase, ce serait: faire fonctionner des organisations et réaliser des profits, quand cela en est le but, sans les excès du maximalisme qui mènent à la souffrance, qui dégradent aussi bien les milieux internes (les employés) que les milieux externes (l'environnement) de l'entreprise. Personne n'a à gagner, à long terme, d'une telle attitude, à commencer par l'homme d'affaires lui-même. Et cela vaut aussi à l'échelle des nations, lorsque de géantes multinationales saccagent des régions et des pays entiers[8].

De plus en plus de chefs d'État, dont le président français (lors du sommet du «G-7» en 1988, de celui de Johannesburg en 2002), rappellent aux dirigeants des pays les plus fortunés du globe que leur propre avenir et leur propre survie dépendent d'un changement radical d'attitude: cesser d'être indifférents au sort du Tiers-Monde, sort grandement lié à la façon d'agir du monde industrialisé[9], et cesser de se comporter en prédateurs envers la nature. Une participation et un partage plus équitables sont désormais un chemin vital pour tous, car si le Tiers-Monde continue à s'appauvrir, toute la planète suivra. Il s'ensuit qu'une véritable «révolution» est dorénavant urgente, dans la formation, la mentalité et la pratique des gestionnaires de tous niveaux.

Une participation des employés et des ouvriers, un partage avec ces derniers, est à présent tout aussi nécessaire au sein de l'entreprise, pour sa propre survie. C'est, nous le verrons, vers quoi devra tendre ce que j'appelle la gestion intelligente, renouvelée. Nous verrons également qu'il y a des raisons scientifiques et

---

6. Il est temps de cesser d'utiliser la langue de bois qui voudrait que **le** but de l'entreprise soit de «satisfaire des besoins» ou de «faire de la qualité»… Même si cela est, le moteur reste «faire de l'argent», y compris en foulant aux pieds scrupules et éthique (Servan Schreiber, 1980; Walraff, 1986; Pfeffer, 1979; Olive, 1989; Stiglitz 2003). De plus, les besoins et les désirs que l'entreprise cherche à «satisfaire» ne sont jamais que des besoins et des désirs **solvables**: que faire, alors, avec les trois milliards d'individus quasi non solvables qui «vivent» avec moins de 2 $ par jour?
7. On peut parler aussi bien de l'entreprise privée qui doit réaliser des profits que du secteur public qui est partout poussé à rentabiliser et à autofinancer les activités dont il a la charge.
8. Exxon dans le golfe de Valdez, les papetières dans la forêt boréale, les papetières et le bois d'œuvre américains à Bornéo, Shell dans le delta du Niger, et ainsi de suite.
9. Le lecteur intéressé à comprendre comment et pourquoi le sort du Tiers-Monde est lié au comportement du monde industrialisé peut se référer à Servan Schreiber (1980), Jalée (1965), Amin (1976), Gray (1978), Furtado (1964 et 1976), Bedjaoui (1978), Capra (1983), Clairmonte et Cavanagh (1986), Dumont (1988), Chossudovsky (1998 et 2004), Stiglitz (2003).

théoriques très sérieuses à cela, aussi bien dans le sens de «sciences exactes», en ce qui concerne le milieu extérieur, que dans le sens de «sciences humaines et sociales», en ce qui touche à la vie interne et à la productivité de l'entreprise.

Le biologiste P. Hopkins écrivait déjà en 1985 (et que dire des plus contemporains Suzuki, Reeves, Jacquard?), tout en rappelant que les «sombres prévisions du Club de Rome[10]», malgré les critiques et les dénégations de bien des gens des milieux politiques et d'affaires, se sont avérées non seulement exactes, mais encore plus rapides et plus intenses:

> [...] le gaspillage de notre système socioéconomique contemporain se fait à une telle échelle et pourrait avoir des conséquences si graves qu'on doit chercher à savoir s'il est réellement à ce point inévitable (p. 85).
> On constate que la véritable étendue des dégâts qui s'ensuivent et leurs conséquences à long terme sont impossibles à définir et à chiffrer. On constate également que l'on ne peut réparer ces dégâts que partiellement et que les moyens disponibles sont souvent dérisoires [...] (p. 90).

Que ce soit le naufrage de l'*Exxon Valdez*, l'écrasement du Boeing de la KAL ou celui de l'Airbus iranien, ou encore la tragique explosion de l'usine chimique de Toulouse, on a en effet bien vu la défaillance de l'infaillible[11].

> Ces événements ont révélé le fait que les défaillances étaient dues à une recherche de rentabilisation qui augmentait les risques [...] la recherche de rentabilité monétaire immédiate – pour une activité commerciale particulière – augmente de toute évidence les risques courus par la communauté dans son ensemble (p. 90).

En 1980 se tenait à l'École des hautes études commerciales de Montréal (aujourd'hui HEC Montréal) un colloque international sur l'activité de l'entreprise face aux sciences. L'avis de plus d'une douzaine de sommités des sciences de la vie et des organisations fut unanime, du psychanalyste au linguiste et de l'ethnologue au biologiste: la façon dont on conduit l'entreprise et la vie économique est en recul par rapport aux données des sciences physiques, humaines, sociales et biologiques, et ce, aussi bien en ce qui concerne la personne et l'espèce humaine qu'en ce qui a trait à la nature, à sa qualité, à son équilibre et à son avenir. Que dire depuis 1980?

Dans son introduction à l'ouvrage issu de ce colloque[12], A. Chanlat n'hésite pas, en accord avec ces spécialistes et après une carrière de plus de 20 ans d'enseignement et de recherche, à affirmer[13]:

---

10. Le Club de Rome est une association regroupant des intellectuels de renom (surtout des économistes) et des gens d'affaires. Fondé en 1968, il s'occupe de prospective de la croissance mondiale et de maîtrise des nuisances qui en découlent, considérées déjà, en 1968, comme **graves.**
11. Les accidents meurtriers successifs, ces dernières années, dans l'aviation civile (notamment en Grande-Bretagne et aux États-Unis) et les chemins de fer (notamment en France, en 1988) ont donné lieu à des mises en cause très claires des politiques de rentabilité poursuivies qui, en diminuant les effectifs et en réduisant les contrôles, augmentent des risques. C'est pourtant ce que l'on considère comme de la «bonne gestion»: réduire les coûts et «faire plus avec moins».
12. *La rupture entre l'entreprise et les hommes*, Montréal, Québec/Amérique, 1985.
13. Les majuscules sont de l'auteur.

Nous vivons aujourd'hui dans un monde dominé par l'idéologie économique et par les impératifs de gestion [...] La rationalité économique, avec le développement du marché, devient de plus en plus autonome face aux autres rationalités et finit par leur imposer sa propre logique [...] Cette rationalité privilégie le profit, la rentabilité [...] elle va accorder une place prépondérante au CALCUL et à la MESURE (p. 15-16).

Les espoirs placés dans la gestion ont été déçus. Le bien-être matériel est accompagné de conflits de plus en plus durs entre les générations, entre les sexes, [...] entre syndicats et patrons, [...] entre pays en voie de développement et pays développés. Les gestionnaires sont l'objet de vives attaques [...] Quel savoir ont-ils à leur disposition pour comprendre ce qui se passe? (p. 19).

Plutôt que d'inventer de nouvelles techniques de gestion, ne serait-il pas préférable d'aborder les mêmes problèmes d'une autre manière? (p. 22).

Beaucoup d'autres ouvrages et d'auteurs importants condamnent le parti pris pour le profit et la rentabilité à court terme, qui empêche de voir les retombées négatives et fait persister dans le gaspillage. Citons, entre autres, Guitton (1975), Rifkin (1980), Baran et Sweezy (1966), Galbraith (1968), Packard (1960), Polanyi (1983), Polanyi et Asenberg (1960), Forrester (1961), Passet (1983 et 1987), les nombreux rapports du Club de Rome (par exemple, Meadows [1972] et Pestel [1988]), Capra (1983), Dumont (1988), Etzioni (1988), Chossudovsky (1998 et 2004).

Comme en écho à Chanlat, le mensuel *Le Monde diplomatique* publiait en février 1988 (déjà!), sous la plume de Claude Julien, un article intitulé «La faute gestionnaire ou quand l'économie oublie sa finalité humaine». On y dénonce le rêve d'une gestion faite entièrement de sciences et de techniques, de «neutralité objective», alimentée par une science économique évacuant, au profit de calculs savants, la vie sociale et l'humain, et se prétendant sans idéologie, «réaliste et obéissant aux lois du marché[14]». L'auteur montre, à partir d'un rapport de l'OCDE, comment les calculs et les statistiques font persévérer les décideurs dans une attitude dite «gestionnaire», c'est-à-dire de techniciens qui ne considèrent que des raisonnements coûts-bénéfices. C'est ainsi qu'on en arrive, nous dit Julien, à préconiser des stratégies où le «progrès économique» est devenu, par la grâce de cet esprit dit «gestionnaire», synonyme d'accroissement du chômage, de diminution de la production de richesses, de stagnation du pouvoir d'achat, de recul de la promotion sociale et de la qualité de la vie du plus grand nombre.

Un autre colloque international, tenu également à l'École des hautes études commerciales de Montréal, en juin 1986, et réunissant des chercheurs et des praticiens venus de tous les continents et parmi les plus aptes à parler de nouvelles tendances en gestion, a ouvert ses assises sur ce constat aussi irréfutable que lourd de conséquences: «Le monde n'a jamais été aussi encombré de diplômés

---

14. L'article de C. Julien est en lui-même assez explicite sur le peu de fondement de ces positions – pourtant considérées comme allant de soi –, mais le lecteur intéressé peut se référer à quelques auteurs fondamentaux défendant la même position: Polanyi, Galbraith, Godelier, Passet et l'auteur de management le plus en vue des années 1980, Henry Mintzberg lui-même (1989, 2004).

en gestion et il n'a jamais été aussi mal géré!» Cela pose la question de la nature des savoirs, des convictions et des croyances mis en œuvre et dans la formation et dans l'activité des gestionnaires, d'autant plus que l'esprit gestionnaire semble devoir gagner un nombre sans cesse croissant de sphères de la vie politique, publique et sociale.

Il existe pourtant des modes de gestion et des modèles autres que celui que l'on privilégie par tradition, c'est-à-dire celui dit «classique», et qui est issu de la pratique des entreprises des États-Unis depuis l'après-guerre. Ces autres modèles sont suédois, norvégiens, japonais, allemands, québécois... et même, souvent, mais discrètement, américains. Ils démontrent que, à l'échelle de l'entreprise, et aussi de la nation, il est possible d'avoir une autre conception et une autre pratique que celles qui visent le seul gain à court terme. Il y a beaucoup à apprendre de ces expériences et de leur capacité à mieux concilier intérêts particuliers et intérêt général, et, donc, le propre succès, à terme, du gestionnaire et de l'entreprise[15].

On commence à se rendre compte de la grande importance du long terme, de la participation et du partage (Weitzman, 1986; Peters, 1988; Stiglitz, 2003; Mintzberg, 2004), mais pour cela il faut que le gestionnaire de l'avenir comprenne que les outils de gestion, les techniques économico-comptables, les sophistications technologiques ne sont rien sans la mise en place d'un climat social et humain propice à l'adhésion, à la collaboration et à la performance. Cela ne veut pas dire qu'il faut jeter par-dessus bord instruments et techniques de gestion, mais qu'il faut d'abord s'en servir et non pas les servir, et ensuite s'en servir dans un esprit différent.

La grande habileté du gestionnaire d'aujourd'hui et de demain, c'est de faire en sorte que le plus grand nombre possible de cerveaux dans l'organisation pensent «progrès de l'organisation en harmonie avec le bien-être de tous et avec la nature», et se sentent fondés et encouragés à penser à la constante amélioration de l'organisation, plutôt que de concevoir cela comme la tâche exclusive d'une poignée de hauts dirigeants.

À la fois outils, connaissances fondamentales, habiletés et façons d'être, de quoi le management de demain sera-t-il constitué? Quels savoirs le nouveau gestionnaire doit-il aborder et lesquels doit-il adopter avec prudence, reconsidérer ou, même, remplacer? C'est à ces questions que le présent ouvrage essaiera d'apporter certaines réponses. Se voulant le moins possible normatives, doctrinaires ou idéologiques, ces réponses se baseront autant sur des éléments de sciences fondamentales que sur l'expérience de l'auteur en tant que gestionnaire, tout en mettant à profit son cheminement personnel, depuis une vingtaine d'années, comme chercheur, enseignant et consultant.

---

15. Des ouvrages comme ceux de Peters et Waterman (1983), si l'on fait abstraction des «recettes» qu'ils préconisent, ou de Bellemare et Poulin-Simon (1986) sont très instructifs quant aux modes de gestion et aux modèles économiques différents qui connaissent aujourd'hui un succès grandissant.

Le livre s'articule ainsi autour de trois parties.

La première partie sera consacrée à une plus grande compréhension et connaissance, dans le détail, du contenu du management traditionnel, des classiques du domaine, des interprétations tendancieuses, des malentendus et des excès. Nous verrons notamment en quoi, sur bien des points, des théories ont été mal comprises, mal adaptées ou mal appliquées, et en quoi beaucoup de leurs prescriptions peuvent s'expliquer par et pour leur époque, mais sont aujourd'hui dépassées.

Cette mise au point préliminaire sera suivie d'une présentation à la fois didactique, interrogative et ouverte aux questions d'aujourd'hui, des fameux éléments du management classique : planifier, organiser, diriger et contrôler (PODC).

Le terrain, à peu près complet, du management traditionnel ainsi couvert, nous nous attacherons à en voir, au fur et à mesure, les directions et les conditions de renouvellement possibles, avant de nous intéresser, en clôturant cette première partie, à ce que je dénomme les «réformismes rituels».

La deuxième partie sera consacrée à l'étude de quatre modes de gestion de systèmes économiques largement considérés comme figurant parmi les plus efficaces, encore aujourd'hui[16] : le Japon, la Corée du Sud, l'Allemagne et la Suède.

Tout au long de cette deuxième partie, nous dresserons un bilan des grandes failles autour desquelles il faudra conduire la réflexion et bâtir les contenus d'une pensée du management régénérée.

La dernière partie, faisant office de conclusion générale, tablant sur les acquis des deux premières parties, tentera de répondre à la question de savoir sur quoi baser et comment formuler les éléments d'un management renouvelé. On s'y interrogera d'abord sur ce que peuvent être, de nos jours, la gestion et le travail du gestionnaire dans le cadre de la «mondialisation», de la «nouvelle économie», du «développement environnementaliste et durable», des «nouvelles technologies de l'information», et ainsi de suite.

Enfin, une incursion dans l'histoire de l'entreprise nous montrera que nous avons un héritage à apprendre, à comprendre, à assumer et à intégrer pour mieux adapter nos actes futurs.

Un management renouvelé passe par cette nécessaire mise au point dans les données du passé et dans les conséquences que nous continuons d'en subir. Cet objectif atteint, nous pourrons alors nous consacrer à quelques leçons de percées originales, et de modèles différents, dont en particulier la très prospère compagnie québécoise Cascades inc. Pour conclure, nous proposerons un tableau général de ce que pourraient être les concepts et les pratiques d'un nouveau management, depuis le projet social jusqu'à l'entreprise soucieuse de «valoriser son capital humain» et de faire du «développement durable».

---

16. Voir le rapport de Davos de 2004, commenté notamment dans le quotidien *Le Devoir*, 15 octobre 2004.

BIBLIOGRAPHIE
DE L'INTRODUCTION GÉNÉRALE

AKTOUF, O. (2002). *La stratégie de l'autruche. Post-mondialisation, management et rationalité économique,* Montréal, Écosociété.

AMIN, S. (1971). *L'accumulation à l'échelle mondiale,* Paris, Anthropos.

AMIN, S. (1976). *L'impérialisme et le développement inégal,* Paris, Éditions de Minuit.

BAIROCH, P. (1971). *Le Tiers-Monde dans l'impasse,* Paris, NRF.

BARAN, P.A. et P.M. SWEEZY (1966). *Monopoly Capital: An Essay on the American Economic and Social Order,* New York, Monthly Review Press.

BEDJAOUI, M. (1978). *Pour un nouvel ordre économique international,* Paris, Unesco.

BELLEMARE, D. et L. POULIN-SIMON (1986). *Le défi du plein emploi,* Montréal, Éditions Saint-Martin.

CAPRA, F. (1983). *Le temps du changement, science – société – nouvelle culture,* Paris, Le Rocher.

CHANLAT, A. et M. DUFOUR (dir.) (1985). *La rupture entre l'entreprise et les hommes,* Paris-Montréal, Québec/Amérique – Les Éditions d'Organisation.

CHOSSUDOVSKY, M. (1998). *La mondialisation de la pauvreté,* Montréal, Écosociété.

CHOSSUDOVSKY, M. (2004). *Mondialisation de la pauvreté et nouvel ordre mondial,* Montréal, Écosociété.

CLAIRMONTE, F. et J. CAVANAGH (1986). «Comment le tiers monde finance les pays riches», *Le Monde diplomatique,* septembre, p. 14.

CLUB DE ROME (1993). *Halte à la croissance, 20 ans après,* Rapport du Club de Rome, Paris, Marabout.

DEMING, W.E. (1987). «Pourquoi sommes-nous si mauvais?», *Revue Commerce,* vol. 89, n° 10, octobre, p. 109-117.

DUMONT, R. (1966). *Nous allons à la famine,* Paris, Éditions du Seuil.

DUMONT, R. (1988). *Un monde intolérable. Le libéralisme en question,* Paris, Éditions du Seuil.

ETZIONI, A. (1988). *The Moral Dimension. Towards a New Economics,* New York, The Free Press.

FORRESTER, J.W. (1961). *Industrial Dynamics, Cambridge,* Mass., MIT Press.

FORRESTER, J.W. (1982). *Dynamique mondiale,* Lyon, Presses Universitaires de Lyon.

FURTADO, C. (1964). *Development and Underdevelopment,* Berkeley, University of California Press.

FURTADO, C. (1976). *Le mythe du développement économique,* Paris, Anthropos.

GALBRAITH, J.K. (1968). *Le nouvel État industriel,* Paris, Gallimard.

GODELIER, M. (1966). *Rationalité et irrationalité en économie,* Paris, Maspero.

GRAY, J. (1978). *Le développement au ras du sol,* Paris, Entente.

GUITTON, H. (1975). *Entropie et gaspillage,* Paris, Cujas.

HERZBERG, F. (1980). Série de trois articles sur le thème «Humanities, Practical Management Education», *Industry Week,* 15 septembre, 29 septembre et 13 octobre, p. 44-58, 68-88 et 60-68.

HOPKINS, P. (1985). «Compétition, coopération, l'individu et le groupe», dans A. Chanlat et M. Dufour (dir.), *La rupture entre l'entreprise et les hommes,* Montréal-Paris, Québec/Amérique – Les Éditions d'Organisation p. 69-119.

JALÉE, P. (1965). *Le pillage du Tiers-Monde,* Paris, Maspero.

JULIEN, C. (1988). «La faute gestionnaire ou quand l'économie oublie sa finalité humaine», *Le Monde diplomatique,* février.

KERVERN, G.Y. (1986). «L'Évangile selon Saint Mac», *Gérer et comprendre,* n° 2, mars, p. 41-49.

LINHART, R. (1980). *La faim et le sucre,* Paris, Éditions de Minuit.

MEADOWS, D.L. (1972). *Halte à la croissance?,* Rapport du Club de Rome, Paris, Fayard.

MENDE, T. (1972). *De l'aide à la recolonisation,* Paris, Éditions du Seuil.

MINTZBERG, H. (1989). *On Management. Inside our Strange World of Organizations, New York,* The Free Press.

MINTZBERG, H. (2004). *Managers not MBA's,* San Francisco, Berret-Koehler.

OLIVE, D. (1989). *Le temps des purs: les nouvelles valeurs de l'entreprise,* Paris, Éditions de l'Homme.

PACKARD, V.O. (1960). *The Waste Makers,* New York, D. McKay Co.

PASSET, R. (1983). *L'économique et le vivant,* Paris, Payot.

PASSET, R. (1987). «Prévision à long terme et mutation des systèmes économiques», *Revue d'économie politique,* n° 5, septembre-octobre, p. 532-555.

PESTEL, E. (1988). *L'homme et la croissance,* Rapport du Club de Rome, Paris, Economica.

PETERS, T. (1988). *Le chaos management,* Paris, InterÉditions.

PETERS, T. et R. WATERMAN (1983). *Le prix de l'excellence,* Paris, InterÉditions.

PFEFFER, R. (1979). *Working for Capitalism,* New York, Columbia University Press.

POLANYI, K. (1983). *La grande transformation,* Paris, Gallimard.

POLANYI, K. et C. ARENSBERG (1960). *Les systèmes économiques dans l'histoire et dans les théories,* Paris, Larousse.

RIFKIN, J. (1980). *Entropy: A New World View,* New York, Bentam Books.

RIFKIN, J. (1989). *Entropy: Into the Greenhouse World,* New York, Bentam Books.

SERVAN SCHREIBER, J.J. (1980). *Le défi mondial,* Montréal, Presses Select ltée.

STAW, B.M. et G.B. SALANCIK (1977). *New Directions in Organizational Behaviour,* Chicago, St. Clair Press.

STIGLITZ, J. (2002). *La grande désillusion: la mondialisation ne marche pas,* Paris, Fayard.

STIGLITZ, J. (2003). *Quand le capitalisme perd la tête,* Paris, Fayard.

TOFFLER, A. (1986). *S'adapter ou périr,* Paris, Denoël.

VEBLEN, T. (1912). *The Theory of Leisure Class: An Economic Study of Institutions,* New York, McMillan Company.

VEBLEN, T. (1932). *The Theory of Business Enterprise,* New York, C. Scribner's Sons.

WALRAFF, G. (1986). *Tête de Turc,* Paris, Éditions de la Découverte.

WEITZMAN, M.L. (1986). *L'économie de partage, vaincre la stagflation,* Paris, L'Expansion – Hachette – J.-C. Lattès.

PREMIÈRE PARTIE

Le management traditionnel

Des théories classiques aux remises en cause rituelles

Une revue et une discussion

INTRODUCTION
La notion de management traditionnel

DÉFINITIONS ET GÉNÉRALITÉS

Il convient d'abord de bien préciser que, lorsqu'on parle de management, il s'agit d'une activité ou, plus précisément, d'une série d'activités intégrées et interdépendantes, destinées à faire en sorte qu'une certaine combinaison de moyens (financiers, humains, matériels, etc.) puisse générer une production de biens ou de services économiquement et socialement utiles et si possible, pour l'entreprise à but lucratif, rentables. C'est là la tâche généralement confiée aux personnes qui sont investies de la responsabilité d'assurer la bonne marche des institutions productrices de biens ou de services, que ces dernières soient privées, publiques ou parapubliques.

Cette activité porte plusieurs dénominations. Pour certaines personnes, ces différentes dénominations sont nécessaires et renvoient à des «particularités» qu'il importe de distinguer, alors que, pour d'autres, ces distinctions n'ont tout simplement pas lieu d'être, tant le travail de gérer se ressemble, où qu'il s'exerce.

Il me semble préférable, cela créant plus de confusion qu'autre chose, de ne pas s'encombrer de nuances et de subtiles différenciations entre des termes tels que «gestion», «administration», «management», ou «gérer», «administrer», «manager», ou encore «gestionnaire», «administrateur», «cadre», «dirigeant», «manager». À cause de la grande proximité des définitions qu'en donnent les dictionnaires et les manuels de management, on peut y voir des synonymes, donc des termes interchangeables et indifféremment utilisables.

Une opinion très répandue voudrait que les vocables «manager» et «management» dérivent à peu près directement des mots français «ménager» et «ménagement». D'après ce que l'on en sait aujourd'hui[1], il ne s'agirait que d'une parenté très indirecte passant par un lien possible entre le verbe anglais *to manage* et la racine du français «ménager»; mais c'est là plus une conjecture qu'une certitude. Cependant, cela n'empêche pas que les termes «management» et «manager» soient aujourd'hui passés à part entière dans la langue française. Beaucoup affirment qu'ils ne font qu'y revenir après avoir transité par la langue anglaise à travers l'emprunt du verbe «ménager».

Dans la langue française, le verbe «ménager» apparaît entre les XIVe et XVIe siècles avec le sens, parent du sens du verbe «manager», de «disposer»,

---

1. Notamment d'après le dictionnaire *Robert*.

«régler avec soin». Le mot «ménagement», lui, semble dériver de «ménager» pour entrer dans l'usage au XVIe siècle avec les sens de «administration», de «conduite» ou encore de «soin» que l'on prend de quelque chose. L'adjectif et le nom «ménager, ménagère» sont utilisés dès le XVe siècle, signifiant explicitement «la personne qui administre», «qui gère» ou «qui prend soin» de biens, de patrimoines qu'on lui confie, dont elle a la charge. Le terme moderne «management» est actuellement défini dans la langue française comme étant la «conduite», la «direction d'une entreprise», alors que le verbe correspondant «manager» prend le sens de «manier», «diriger». Ici apparaît une connotation supplémentaire relative à une part grandissante de «maniement des personnes» dans le travail de gestion.

Les autres termes modernes les plus couramment utilisés sont «gérer», «gestion» et «administrer», «administration». Les premiers, «gérer» et «gestion», proviennent du verbe latin *gerere* qui signifiait déjà, dans la langue de Cicéron, «conduire» (au sens large de «mener» ou «mener à bien»), «diriger» et même «gouverner». La racine des seconds termes, «administrer» et «administration», est tout aussi latine, provenant, elle, du verbe *administrare* qu'on peut définir comme «gérer un bien», «gérer en défendant les intérêts de ceux qui nous confient leur patrimoine». Sans oublier la locution latine *ad minister* qui signifie «être au service de».

Il apparaît alors que les sens et les nuances sont très proches et propices à une utilisation quasi indifférente des divers termes désignant l'activité du gestionnaire.

Manager, gérer, administrer, c'est tout à la fois «arranger», «aménager», «prendre soin de», «conduire», «gouverner», «manier»... et **être au service de.** C'est ainsi que les définitions les plus classiques se rapportent toujours à des activités ou à des tâches en série que doit continuellement assurer le gestionnaire: depuis Fayol, en 1916, on n'a à peu près rien trouvé de mieux que le noyau intégrateur résumant les grands axes du travail du dirigeant: planifier, organiser, diriger, contrôler, le fameux «PODC».

On peut dire aussi que gérer, c'est «faire faire», c'est «s'assurer que les choses se font», c'est «encadrer les autres de façon qu'ils réalisent ce qu'ils ont à faire», etc. On s'entend volontiers là-dessus, en général. Mais le débat est encore largement ouvert à propos de l'histoire, de la nature et des modalités d'exercice du travail du gestionnaire.

UN BREF HISTORIQUE DE LA NOTION ET DE LA FONCTION DE GESTIONNAIRE

Il est assez certain que la fonction de personnes chargées de «mener» des activités, de «conduire» ou encore de «prendre soin de» patrimoines ou de tâches coordonnées de plusieurs autres personnes est très ancienne dans l'humanité.

Les ouvrages des spécialistes de l'histoire nous incitent cependant à être prudents quant aux contenus et aux modes d'exercice de cette fonction à travers les âges[2]. Mais cela ne semble pas empêcher certains, pour ne pas dire la plupart, des auteurs en management de parler de la fonction du dirigeant et de l'organisation à peu près comme si elle existait, quasi identique à elle-même, depuis des temps immémoriaux. Ainsi, on n'hésite pas à laisser croire que les ateliers de taille du silex de l'homme préhistorique ou des potiers des temps pharaoniques étaient « organisés » sur un mode très proche du travail à la chaîne, avec des ouvriers spécialisés, des séquences « rationnelles », des contremaîtres et une surveillance hiérarchisée[3], tout comme on tend à faire croire que le « gouvernement » de Moïse et de ses compagnons ou encore le système du mandarinat chinois étaient des formes de « bureaucraties » dotées de structures fonctionnelles départementalisées, « divisionnalisées », avec, animant leur chef, un esprit indubitablement rationnel et orienté vers l'« efficacité »[4].

Une telle vision des choses n'est ni gratuite ni dépourvue de conséquences : elle est, en particulier, favorable à la perpétuation d'une croyance voulant que l'entreprise actuelle, la gestion et le gestionnaire modernes ne soient que le fruit d'une évolution historique aussi vieille que l'humanité, donc « naturelle » et conforme à la « nature humaine ». Cela peut légitimer bien des pratiques actuelles que de croire et de laisser croire que l'homme de Cro-Magnon travaillait déjà selon des principes quasi tayloriens de division et de surveillance du travail[5].

Cependant, les données historiques aujourd'hui les moins contestables montrent qu'à partir de la révolution industrielle, aux XVIIIe et XIXe siècles, l'apport le plus fondamental a précisément consisté en un changement radical des choses, notamment en ce qui regarde la conduite et l'organisation du travail. L'habileté centrale du futur dirigeant apparaît comme étant une toute nouvelle capacité d'organiser, de subdiviser, de discipliner et de surveiller le travail de dizaines de personnes sans compétences précises[6]. Cette nouvelle capacité permettra essentiellement d'obtenir plus, toujours plus, du facteur travail[7]. L'ancêtre le plus direct de l'entrepreneur et de l'industriel apparaît, alors, sous la figure soit

---

2. Par exemple, Arvon (1960), Jaccard (1960 et 1966), Friedmann et Naville (1969), Braudel (1980 et 1985).

3. Par exemple, l'ouvrage publié sous la direction de Parias (1965), notamment le tome I, contient nombre d'allusions et même de comparaisons directes rapprochant le travail dans la préhistoire et l'histoire de ce qui se passe aujourd'hui.

4. Ainsi, Dale (1967), Likert (1976) et Bergeron (1983), entre autres, n'hésitent pas à faire état, dans les chapitres consacrés aux « rappels historiques », des « organigrammes évolutifs de l'Organisation Moïse », présentée comme s'il s'agissait d'une firme répondant à des normes modernes de départementalisation.

5. Une telle attitude est grandement à l'origine du recul actuel de l'industrie et de la gestion occidentales traditionnelles face à de nombreux pays qui ont de tout autres pratiques du management et visions socioéconomiques (les pays scandinaves, l'Asie du Sud-Est, l'Extrême-Orient).

6. D'ailleurs, le regain de popularité actuel d'une organisation du travail plus humanisée, plus propice à l'engagement total de chacun, montre que le travail et la façon de le laisser s'exercer (autrement dit, de l'**organiser** et de le **surveiller**) représentent bien le cœur du problème et le facteur majeur dans les changements à opérer.

7. Mantoux (1959), Marglin (1973) et Braverman (1976) montrent comment c'est là la réelle **efficacité** de l'entreprise industrielle par rapport à l'artisanat : obtenir beaucoup plus du travail.

de l'artisan-commerçant, soit du commerçant tout court, qui s'est suffisamment enrichi pour faire travailler plusieurs personnes à la fois pour lui. Ce sont surtout les drapiers, revendeurs de textiles et de draperies, qui constitueront le premier genre de patrons, dans le sens moderne du terme : le plus souvent ni artisans ni techniciens, ils réussissent, grâce à leur argent, à réunir sous un même toit des paysans et des ex-artisans ruinés, qu'ils obligent à travailler selon des modalités, des rythmes et des horaires fixés par eux. Plus tard, et progressivement, les tâches d'organisation, de discipline et de surveillance seront déléguées à d'autres personnages, ancêtres des actuels gestionnaires de tous niveaux, qu'on dénommait « contremaîtres », « régisseurs » ou « chefs du personnel ».

Au départ, il ne s'agissait, avec armes, fouets et bâtons, que de surveiller et de pousser sans relâche à l'effort. Mais peu à peu, avec la complexification des contextes et des opérations, avec les luttes ouvrières, les syndicats, les lois sociales sur le travail et la concurrence, la seule fonction de contrôle-surveillance n'était plus suffisante, il fallait faire évoluer en conséquence les rôles du gestionnaire. C'est ainsi que sont apparus, successivement, le comptable, l'ingénieur, l'ingénieur en organisation, le juriste, le financier, le psychosociologue, le statisticien, l'économètre, etc. Les domaines de chacune de ces professions représentent, tous réunis, l'ossature des programmes offerts aujourd'hui par les écoles de gestion.

Ce qui constitue de nos jours la formation et le travail du manager « traditionnel » n'est que la réunion, l'amalgame, de ce qu'on attendait de chacun des spécialistes successifs, selon la nécessité du moment, depuis à peu près deux siècles. C'est cela que nous appellerons « management traditionnel » ou « classique » ou encore « orthodoxe » : la systématisation, au fur et à mesure de leur apparition, des différentes pratiques auxquelles ont eu recours les dirigeants pour conduire leurs affaires, tout en entourant ces pratiques de toutes sortes de justifications, et tout en les appuyant d'outils, de principes et de théories empruntés à différentes sciences ou à prétention scientifique. Cette systématisation a été l'œuvre aussi bien de dirigeants eux-mêmes, qui ont tenté de réfléchir sur leur activité, que de chercheurs et d'universitaires qui ont tenté de transformer cette activité en une théorie intégrée, jusqu'à nous donner une branche récente que plusieurs auteurs n'hésitent pas à qualifier de « gestion scientifique ». Tout cela s'est élaboré à partir d'une série de « croyances » liées à chacune des époques traversées, croyances que l'on peut désigner par l'expression « modèles sous-jacents » du management classique.

LES MODÈLES SOUS-JACENTS DU MANAGEMENT TRADITIONNEL

La systématisation initiale des idées, des convictions et des pratiques des chefs d'industrie du début du XXe siècle se fera en harmonie avec les croyances fondamentales du temps, liées, de façon légitime ou non, aux convictions et aux connaissances à caractère scientifique les plus répandues de l'époque. Or, se produit à ce moment-là, au XIXe et au début du XXe siècle, le triomphe de la machine, du moteur, du chemin de fer, etc., qui fait naître la conviction que rien ne vaut des «rouages bien réglés». La discipline la plus stricte, la spécialisation la plus poussée, la division du travail la plus détaillée et, enfin, la rationalité, le calcul scientifique et la prévision méticuleuse sont garants de succès «scientifiquement» fondés.

Les métaphores appliquées à l'entreprise les plus employées à cette période, et qui constitueront, jusqu'à nos jours, les modèles sous-jacents les plus solides de la pensée du management classique, restent l'armée et la machine, ainsi que, accessoirement, la ruche et la fourmilière. Ces métaphores et ces modèles symbolisent la prévisibilité, la discipline, l'ordre, la division minutieuse du travail, la spécialisation détaillée, la conduite «rationnelle», la constance dans l'effort, l'obéissance docile, etc. (Morgan, 1989).

Le monde du management n'a retenu des auteurs fondamentaux en gestion que ce qui l'arrangeait le plus, à court terme, alors même que les écrits, les principes et les théories de ces mêmes auteurs contenaient bien souvent de sérieuses réserves, d'importantes nuances et de véritables mises en garde contre les excès que les gestionnaires seraient tentés de commettre. Mais les faits montrent un management classique encore enraciné dans la logique de ces modèles où l'efficacité est synonyme de discipline et d'obéissance.

Ces modèles de base sont compréhensibles pour l'époque de leur apparition dans la pensée administrative. Même s'ils ont permis un accroissement de nos capacités de production et du confort de notre vie, ils n'en sont pas moins, à l'heure actuelle, beaucoup plus des obstacles que des facteurs d'efficacité. Ils ont en effet donné lieu à des conceptions des personnes et des relations au travail qui sont très lourdes de conséquences négatives pour la performance de l'entreprise, pour la productivité des employés et pour le respect de l'intégrité de la nature. C'est pourquoi il est indispensable, pour le gestionnaire d'aujourd'hui, de quelque niveau qu'il soit, de bien connaître et comprendre tous les théoriciens et toutes les théories de base du management traditionnel, car bien des entreprises – et des personnes – en sont toujours imprégnées. Avant de pouvoir aller plus loin, il faut changer ou améliorer nos façons de gérer.

LES CONCEPTIONS DES RAPPORTS DE TRAVAIL DANS LE MANAGEMENT TRADITIONNEL

Il y a d'abord la conviction que toute activité doit être supervisée, vérifiée et contrôlée par un chef dont l'efficacité sera mesurée par sa capacité à se faire obéir, par son «aptitude au commandement». C'est la littérature postérieure à la crise de 1929 qui nuancera la connotation militariste de l'administration du début du siècle, enrichira quelque peu le tableau et popularisera l'image du «leader», sorte de «surhomme» doté de qualités au-dessus du commun et capable de commander, de mobiliser, de galvaniser, d'entraîner ses hommes.

Il y a aussi, à la suite du modèle de l'armée et des interprétations des travaux de Taylor, la séparation entre, d'un côté, ceux qui pensent et ordonnent et, de l'autre, ceux qui obéissent. Le chef conçoit, pense, prévoit et ordonne, tandis que les chaînons successifs de la hiérarchie sont là pour transmettre, obéir et faire obéir. C'était à n'en pas douter, durant des siècles, une bonne façon d'être efficace (si l'on considère l'efficacité indépendamment des questions du gaspillage, du stress, de la pollution, etc.).

Mais le corollaire de cette «efficacité» est qu'on traite l'employé comme un instrument passif, dont on ne sollicite rien d'autre que l'exécution de ce qu'on lui demande. Ses compétences seront en conséquence: celles qu'il faut pour comprendre les directives et les appliquer selon les prescriptions imposées.

Les prérogatives, les avantages, les pouvoirs, les horizons d'action et les zones de manœuvre sont aussi larges au haut de la pyramide qu'étroits au bas. À la base de cette pyramide, c'est la prolifération des petits chefs et des contremaîtres, véritables caporaux, sans autres capacités que de surveiller et de pousser à l'effort.

Parallèlement à cette vision militariste s'est développé un courant dit «de psychologie industrielle», qui ajoutera la croyance en la possibilité de manipuler les perceptions et les attitudes des individus pour les «canaliser» dans le sens désiré par les dirigeants.

En bref, que ce soit sous la vision taylorienne ou sous celle du mouvement des relations humaines, l'employé est un instrument à rentabiliser, un facteur de production qui doit «donner son maximum». Dans le courant dit «des relations humaines», le modèle mécanique se retrouve dans la recherche du «mode de fonctionnement» de la «machine humaine», mode de fonctionnement abondamment alimenté et soutenu par les succès de la psychologie expérimentale qui fait sortir des laboratoires – où l'on étudie, en particulier, le comportement des rats, des poules et des pigeons – les modèles de conduite des humains au travail[8].

Qu'il soit machine musculaire, animal économique attiré par le gain matériel ou «mécanique psychologique» plus ou moins manipulable, l'employé reste considéré comme un outil dont on se sert ou qu'on téléguide. Par définition, il est plus susceptible de «flâner» que de travailler, de faire des erreurs que de réussir, de se laisser aller que de s'améliorer, de ralentir que d'accélérer, de se distraire que de se concentrer.

Mais, par-delà tout ce que nous venons de voir, on trouve le moyen, dans la tradition du management, d'entretenir une conception monolithique de l'entreprise, comme si tout y était d'une pièce, sans affrontements ni divergences. On se plaît à croire, dans le management classique, que tous, employés, ouvriers, cadres moyens, hauts dirigeants, sont imprégnés d'objectifs communs, animés des mêmes désirs de faire triompher l'entreprise, de produire toujours mieux et davantage. Il semble que l'on aime croire à un esprit de convergence générale dans les actes et dans les aspirations, esprit qui ne serait qu'accidentellement rompu par des individus ou des circonstances marqués par la déviance.

---

8. Des travaux tels que ceux de Skinner (1938), qui ont largement porté sur les rats, ont fourni une très grande partie des bases des théories de la motivation, de l'apprentissage, des systèmes de récompense/punition, qui constituent la matière des «sciences du comportement organisationnel».

L'arrière-plan des présupposés véhiculés par la pensée du management traditionnelle est largement alimenté par une ferme croyance dans les vertus du maximalisme et de son corollaire obligé, la croissance infinie. La très grande majorité des dirigeants et des chefs d'entreprise sont convaincus de la nécessité de toujours chercher à être plus gros, plus rentables. Ils partagent presque tous la conviction qu'accumuler constamment plus de richesses et produire toujours davantage de biens sont les arcs-boutants d'une incessante amélioration de nos conditions de vie.

Le principe de base, derrière ces convictions, reste la confiance dans les bienfaits du marché dit «libre», de la libre entreprise et de la concurrence. La conséquence sera que l'on traitera le personnel, et donc les rapports de travail, en fonction de cette vision éclatée et individualiste des motivations et des actes.

En résumé, les piliers qui soutiennent la pensée du management dominante et classique sont la discipline, l'ordre, l'obéissance, la hiérarchie, les différences de statuts, la séparation des rôles de conception et de réalisation, l'individualisme, mais la convergence des objectifs, la méfiance vis-à-vis de l'employé de base qui n'est qu'un facteur (plus ou moins réfractaire) de production, la foi en un management scientifique basé sur des outils sophistiqués et la croyance dans les vertus et la possibilité d'une croissance infinie.

Pour ce qui est des rapports de travail, domine la vision d'un employé qui n'a pas à être consulté, ni à participer au-delà de certaines limites très strictes, ni à exprimer son point de vue, ni à partager les décisions, les informations, les résultats, les ressources propres à l'entreprise.

LES SURVIVANCES ACTUELLES DES TENDANCES TRADITIONNELLES

Les tendances traditionnelles en management survivent encore de façon très importante pour beaucoup de raisons, dont les principales me semblent être:

- le refus, de la part des dirigeants, de perdre ce que la «tradition» leur a toujours conféré: prestige, privilèges et pouvoir absolu;

- la croyance dans la toujours possible découverte d'outils de management miracles (comme les équipes, les cercles de qualité, le management culturel, le management par la reconnaissance ou le leadership intégral);

- la croyance en l'avènement de structures miracles;

- la confiance illimitée dans les solutions techniques, dans les capacités presque magiques de la haute technologie;

- l'adhésion spontanée aux doctrines de ceux qu'on appelle les «nouveaux économistes», les «libertariens» ou encore les «néoconservateurs» ou «néolibéraux» et qui prônent, en gros, le renouvellement de la foi dans les vertus du «marché libre» et autorégulé, de la déréglementation et du laisser-faire, de la suppression de toutes les contraintes sociales, étatiques, juridiques qui «entravent» la libre entreprise et la concurrence, ces préjugés revigorant le refus de partager, de garantir emploi ou salaire, de céder du terrain aux employés ou, comme on le dit souvent, de les «gâter» davantage;

● le manque de préparation et de qualification des ouvriers et des employés, toujours considérés comme un coût et maintenus en situation d'obéissance et de soumission.

Cette dernière raison explique en grande partie, je pense, la persistance du management traditionnel. La formation donnée dans le système d'éducation public, très spécialisée et étroite, ou en entreprise est inadéquate. Elle ne permet pas aux ouvriers et aux employés de participer à la gestion et, *a fortiori*, à la conception, à la recherche ou à l'innovation, et de collaborer d'une façon approfondie. Car cela implique bien plus de polyvalence, de connaissances générales, d'habitudes (et de conditions) d'initiative que ce n'est généralement le cas[9].

En conclusion, il faut souligner que les assises et les attributs de ce qu'on a appelé le «management traditionnel» sont loin de reculer considérablement. Il faut même constater qu'ils trouvent encore un écho, plus ou moins direct, dans ce qui est (je m'en expliquerai en temps voulu), malgré l'indéniable importance et la valeur des contributions apportées, des «remises en cause rituelles»: celles, par exemple, de Simon, de Mintzberg, de Porter et, de façon globale, des courants de la «culture d'entreprise» et de la «qualité totale», de l'«éthique», de la «reconnaissance», considérés comme outils de management à ajouter à la panoplie préexistante[10].

C'est donc l'ensemble de ce qui précède que je propose de désigner par «management traditionnel». Ses clefs de voûte principales sont le système pensé par Adam Smith, l'organisation du travail élaborée par Frederick Taylor, l'organisation des tâches administratives et de direction issue d'Henri Fayol (et, indirectement, de Max Weber), la «fluidification» des rouages sociaux apportée par Elton Mayo et le mouvement des relations humaines, et, enfin, le renouveau relatif provoqué par des courants tels que ceux de Herbert Simon, de Henry Mintzberg ou de Michael Porter.

BIBLIOGRAPHIE DE L'INTRODUCTION

AKTOUF, O. (1986a). *Le travail industriel contre l'homme?*, Alger, ENAL/OPU.

AKTOUF, O. (1986b). «Une vision interne des rapports de travail: le cas de deux brasseries», *Le travail humain*, vol. 49, n° 3, septembre, p. 238-248.

ARVON, H. (1960). *La philosophie du travail*, Paris, Presses Universitaires de France, coll. «Sup».

---

9. Cela explique en partie l'échec, sauf pour des cas exceptionnels, des cercles de qualité et des programmes d'enrichissement des tâches si populaires au début des années 1980, lorsqu'ils ont été appliqués sans une modification des conditions plus globales de gestion de l'entreprise.
10. Simon (1946 et 1977, notamment), Mintzberg (1973 et 1979) et le courant de la «culture d'entreprise» avec celui de la «qualité totale» peuvent être retenus comme les jalons fondamentaux dans ce qui a été apporté de nouveau dans la pensée et dans la pratique du management durant les deux dernières décennies.

AUBERT, N. et V. de GAULEJAC (1992). *Le coût de l'excellence,* Paris, Éditions du Seuil.

BERGERON, J.-L. et al. (1979). *Les aspects humains de l'organisation,* Montréal, Gaëtan Morin Éditeur.

BERGERON, P.G. (1983). *La gestion moderne, théories et cas,* Chicoutimi, Gaëtan Morin Éditeur.

BRAUDEL, F. (1980). *Civilisation matérielle, économie et capitalisme: les jeux de l'échange,* Paris, Armand Colin, 3 volumes.

BRAUDEL, F. (1985). *La dynamique du capitalisme,* Paris, Arthaud.

BRAVERMAN, H. (1976). *Travail et capitalisme monopoliste,* Paris, Maspero.

COMTE, A. (1949). *Cours de philosophie positive,* Paris, Garnier.

DALE, E. (1967). *Organization,* New York, American Management Association.

DEJOURS, C. (1980). *Le travail, usure mentale: essai de psychopathologie du travail,* Paris, Le Centurion.

DUMONT, R. (1986). *Pour l'Afrique j'accuse,* Paris, Plon.

DURAND, C. (1978). *Le travail enchaîné,* Paris, Éditions du Seuil.

DURKHEIM, É. (1968). *De la division du travail social,* 8e édition, Paris, PUF.

FAYOL, H. (1979). *Administration industrielle et générale,* Paris, Dunod (première publication en 1916).

FORRESTER, J.W. (1961). *Industrial Dynamics,* Cambridge, Mass., MIT Press.

FRIEDMANN, G. et P. NAVILLE (1969). *Traité de sociologie du travail,* Paris, Armand Colin, 2 volumes.

FRIEDMAN, J. (1975). *Capitalism and Freedom,* Charlotteville, University Press of Virginia.

GALBRAITH, J.K. (1968). *Le nouvel État industriel,* Paris, Gallimard.

GALBRAITH, J.K. (1977). *Le temps des incertitudes,* Paris, Gallimard.

GALBRAITH, J.K. (1978). *Tout savoir ou presque sur l'économie,* Paris, Éditions du Seuil, coll. «Points».

GALBRAITH, J.K. (1989). *L'économie en perspective,* Paris, Éditions du Seuil.

GODELIER, M. (1966). *Rationalité et irrationalité en économie,* Paris, Maspero.

HAYECK, F.A. von (1973). *Economic Freedom and Representative Government,* Westminster, Institute of Economic Affairs.

JACCARD, P. (1960). *Histoire sociale du travail,* Paris, Payot.

JACCARD, P. (1966). *Psychosociologie du travail,* Paris, Payot.

LAURIN, P. (1973). «Remise en question de la participation», dans *Le management – textes et cas,* Montréal, McGraw-Hill, p. 407-417.

LIKERT, R. (1976). *New Ways of Managing Conflicts,* New York, McGraw-Hill.

LINHART, D. (1978). «Quelques réflexions à propos du refus du travail», *Sociologie du travail,* vol. 20, n° 3, juillet-septembre, p. 310-321.

LINHART, D. (1991). *Le torticolis de l'autruche,* Paris, Éditions du Seuil.

LINHART, R. (1978). *L'établi,* Paris, Éditions de Minuit.

MANTOUX, P. (1959). *La révolution industrielle au XVIIIe siècle,* Paris, Génin.

MARGLIN, S. (1973). «Origines et fonctions de la parcellisation des tâches», dans *A. Gorz, Critique de la division du travail,* Paris, Éditions du Seuil, coll. «Points», p. 43-81.

McGREGOR, D. (1960). *The Human Side of Enterprise,* New York, McGraw-Hill.

MINTZBERG, H. (1973). *The Nature of Managerial Work,* New York, Harper and Row (en français: *Le manager au quotidien,* Montréal, Agence d'Arc, 1984).

MINTZBERG, H. (1979). *The Structuring of Organizations,* Englewood Cliffs, N.J., Prentice-Hall (en français: *Structure et dynamique des organisations,* Montréal, Agence d'Arc, 1982).

MORGAN, G. (1989). *Images de l'organisation,* Québec-Paris, PUL-ESKA.

MOUZELIS, N.P. (1967). *Organization and Bureaucracy,* Chicago, Aldine Publishing Co.

PAQUIN, P. (1987). *L'organisation du travail,* Montréal, Agence d'Arc.

PARIAS, L.H. et al. (1965). *Histoire générale du travail,* Paris, Nouvelle Librairie de France.

RAYMOND, L. et al. (1986). *Systèmes d'information organisationnels,* Chicoutimi, Gaëtan Morin Éditeur.

RIFKIN, J. (1980). *Entropy, a New World View,* New York, Bentam Books.

SÉGUIN, F. et J.-F. CHANLAT (1983). *L'analyse des organisations, une anthologie sociologique,* tome 1, 2ᵉ édition, Chicoutimi, Gaëtan Morin Éditeur.

SIMON, H.A. (1946). «The proverbs of administration», *Public Administration Review,* vol. VI, n° 1, février, p. 53-68.

SIMON, H.A. (1973). «Applying information technology to organization design», *Public Administration Review,* vol. 33, n° 3, mai-juin, p. 268-279.

SIMON, H.A. (1977). *The New Science of Management Decision,* 3ᵉ édition, Englewood Cliffs, N.J., Prentice-Hall.

SKINNER, B.F. (1938). *The Behavior of Organisms: An Experimental Analysis,* 3ᵉ édition, New York, Appleton-Century Crofts.

SMITH, A. (1976). *Recherche sur la nature et les causes de la richesse des nations,* Paris, Gallimard.

SPROUSE, M. (1992). *Sabotage in the American Workplace,* New York, Pressure Drop.

TAYLOR, F.W. (1957). *La direction scientifique des entreprises,* Paris, Dunod (première édition en 1911: Principles of Scientific Management).

TERKEL, S. (1976). *Gagner sa croûte,* Paris, Fayard.

WEBER, M. (1971). *Économie et société,* Paris, Plon.

WEITZMAN, M.L. (1986). *L'économie de partage: vaincre la stagflation,* Paris, L'Expansion – Hachette – J.-C. Lattès.

WORK IN AMERICA (1973 et 1983). *Report of a Special Task Force to the Secretary of Health, Education and Welfare,* W.E. Upjohn Institute for Employment Research, Cambridge, Mass., MIT Press.

SECTION I

Les théories classiques du management
Origines, fondements, interprétations et abus

Chapitre 1
De la main invisible à l'organisation rationnelle du travail

ADAM SMITH, CHARLES BABBAGE ET FREDERICK TAYLOR

Adam Smith, Charles Babbage et Frederick Taylor sont trois des piliers, jusqu'à aujourd'hui, de l'ensemble de la pensée administrative dominante en Occident. Un des principes les plus présents dans cette pensée et les plus persistants, depuis Smith, est celui de la division et de la spécialisation du travail, principe qui, progressivement, a mené à l'élaboration des conceptions actuelles présidant à la conduite du travail et à la répartition des rôles dans les entreprises.

Charles Babbage, lui, a fourni, entre Smith et Taylor, un supplément de vertu économique à la division du travail, ce qui permettra de justifier et de rendre plus séduisante la nécessité de subdiviser davantage les tâches.

Nous verrons non seulement les apports de chacun de ces trois classiques, mais aussi comment on s'est servi de leur pensée respective, comment on les a interprétés ou surinterprétés, et adaptés. Nous ferons un tri systématique entre les apports originaux des auteurs et leur transposition dans le cadre du corps conceptuel du management traditionnel.

ADAM SMITH (1723-1790): LA MAIN INVISIBLE ET LES VERTUS DE LA DIVISION DU TRAVAIL

La formule qui qualifierait le mieux l'apport d'Adam Smith à la pensée du management, ou ce que cette dernière en a retenu et intégré, serait: «Le monde merveilleux d'Adam Smith» (Heilbroner, 1971). En effet, de cette imposante mise au point morale, philosophique et économique qu'est la *Recherche sur la nature et les causes de la richesse des nations*[1], on n'a à peu près retenu et propagé que la vision d'un univers économique merveilleusement réglé par lui-même, grâce à la méticuleuse intervention de la «main invisible» et à l'équilibre automatique issu de la confrontation des égoïsmes individuels, miraculeusement propices à l'intérêt général. Le tout baignant dans un «marché» autorégulé où tous les ingrédients se dosent par eux-mêmes, se stimulant ou se contrariant mutuellement sur la base d'une concurrence libre et totale; que ce soit les quantités, les prix, les salaires, les profits ou même la demande et l'offre de travail.

---

1. Publié par A. Smith pour la première fois en 1776.

On peut dire qu'Adam Smith a inventé la science économique, bien qu'il reprenne d'autres penseurs, plus ou moins économistes, comme Quesnay. C'était cependant bien plus un philosophe qu'un économiste au sens plein du terme. Il donnait des cours de morale à l'université de Glasgow, mais, étant donné la vaste conception qu'on se faisait de cette matière, on y avait inclus des éléments d'économie politique et de philosophie sociale. Le professeur Smith était connu et respecté au-delà de la Grande-Bretagne.

Smith a traversé, de sa naissance en 1723 à sa mort en 1790, une époque de bouleversements profonds qu'on désigne par «Révolution industrielle». Il a dû surtout en vivre les prémices et les premiers jalons, car on s'accorde généralement à voir l'essor consolidé de la Révolution industrielle plutôt à la fin du XVIIIe siècle[2]. Mais cela n'a pas empêché cet observateur perspicace de porter un regard pénétrant et riche d'hypothèses audacieuses sur ce qui se passait autour de lui et traçait la voie de l'industrialisation de l'Occident. Son œil capta les signes des changements les plus importants, et son cerveau comprit que la société commençait à apparaître comme guidée, réglée et agencée dans son ordre et ses échanges par autre chose que la tradition ou l'autorité centrale, toutes deux battues en brèche par le déclin du féodalisme, la montée de la démographie urbaine et l'influence montante du rationalisme (Descartes, Voltaire, etc.).

Sommairement, disons que Smith imagina la notion de «main invisible», métaphore qui s'applique au fonctionnement d'une entité considérée comme autonome et autodéterminée : le marché. Cette «main», cachée derrière les multitudes d'échanges et de transactions, règle de façon «invisible» (quoique, pense-t-on, logiquement prévisible) le fonctionnement et l'évolution de la société, en particulier en matière économique.

Bien que le livre d'Adam Smith soit un travail de grande érudition et difficile à lire, il est relativement facile d'en extraire et d'en comprendre les principes de base[3]. Les maîtres mots en sont «concurrence» et «marché libre» : la course à la satisfaction de l'intérêt personnel met tout le monde en compétition. Et chacun, en cherchant à améliorer ses propres gains, contribuerait à raviver la concurrence et ainsi à participer aux gains de la société, gagnante ultime de cet affrontement des égoïsmes individuels.

Donc, nous explique Smith, aussitôt qu'un produit ou un service est lucratif, il attire de nouveaux producteurs qui vont automatiquement pousser les prix à la baisse pour s'attirer des clients et les garder. Cela ferait qu'à qualité égale aucun prix ne peut être conservé indûment élevé, sauf en cas de coalition des fournisseurs ou de monopole. Mais, pour Smith, cette coalition ou ce monopole ne peuvent être – à supposer qu'ils puissent exister – que provisoires, le temps

---

2. Nous verrons en détail dans la dernière partie ce qu'ont été la Révolution industrielle et ses apports. Un auteur respecté en la matière, J.-P. Rioux (1971), la situe «à partir du dernier tiers du XVIIIe siècle».

3. En en restant au sens commun et en délaissant délibérément, pour le cadre du présent ouvrage, les concepts de fond et les subtilités plus propres à un débat d'économistes.

qu'un nouvel opérateur, non membre de la coalition, produise la même marchandise et la vende à plus bas prix. Ainsi, la concurrence, engendrée par la lutte que se font les hommes, entre autres en pratiquant la guerre des prix, pour tirer un profit personnel (égoïste) des occasions qui se présentent, est le merveilleux et inéluctable mécanisme qui, tôt ou tard, rétablit le juste équilibre des choses[4].

Ce qui est valable pour le prix des marchandises l'est aussi pour celui du travail, pour le salaire et pour le revenu de l'entrepreneur. En effet, la pression constante exercée sur les prix par la concurrence maintient ceux-ci très proches des coûts réels de fabrication, empêchant tout profit excessif et nivelant les surplus.

Par ailleurs, en ce qui concerne les salaires, tout secteur en expansion attire de la main-d'œuvre par la hausse des rémunérations due à la pénurie momentanée d'employés spécialisés du secteur en question. Ce dernier sera ainsi vite saturé et les salaires redescendront proportionnellement à l'augmentation de l'offre de la force de travail qualifiée. Là aussi l'équilibre est atteint grâce à la concurrence entre travailleurs qui, selon les conjonctures, convoitent les industries en essor ou désertent celles en déclin, jusqu'à ce qu'il y ait adéquation entre l'offre de travail et la demande.

Les lois qui régissent les prix et les salaires s'appliquent également à la démographie, ouvrière en tout cas. Pour Smith, si la hausse des salaires encourage la natalité – du moins, si elle favorise la possibilité d'élever plus longtemps plus d'enfants –, elle fait aussi augmenter le nombre des demandeurs d'emploi. Mais, inexorablement, la loi d'airain de l'offre et de la demande joue et, en rabaissant les salaires, diminue la capacité de nourrir autant d'enfants. Il s'ensuit une réduction du réservoir de la population ouvrière jusqu'à un nouvel envol de l'offre d'emploi, et ainsi de suite.

C'est ce que l'on appelle souvent l'«utopie de la concurrence libre et parfaite». Toutefois, à l'époque d'Adam Smith, tout cela était loin d'être aussi naïf qu'il y paraît, ne serait-ce que parce que la mortalité infantile, dans le monde ouvrier et la paysannerie, était très élevée et très sensible à la moindre amélioration du niveau de vie. Ce qui a, à la grande satisfaction des classes riches, légitimé, par la plume des Smith, Malthus et Ricardo (les pères de la pensée économique), le fait de ne pas tenter d'améliorer outre mesure le sort des classes pauvres, puisqu'elles ont un «instinct effréné et vicieux de procréation».

Cependant, notre intérêt ici n'est pas tant de connaître dans le détail les mécanismes de la régulation économique avancés par Smith que de nous arrêter à leurs conséquences sur le monde des affaires et les «entrepreneurs» de l'époque, alors en plein essor. C'est là que l'expression «monde merveilleux» prend tout son sens: le marché autorégulé et la main invisible, implacables redresseurs

---

4. Pour plus de détails et pour une discussion plus approfondie de ces notions, voir Aktouf (2002).

de torts, en raison de leur légitimation du laisser-faire et de la satisfaction des égoïsmes individualistes, étaient un alibi, miraculeux paravent et absolution face aux pratiques plus ou moins tortueuses auxquelles on pouvait se livrer pour s'enrichir[5]. Que les uns se constituent des fortunes colossales et que les autres se ruinent ou s'enfoncent encore davantage dans la misère, seule la «main invisible» est responsable[6].

On voit tout de suite le parti que la nouvelle classe dirigeante, formée des capitaines d'industrie, tirera d'une telle croyance, et comment nombre de ses membres donneront, à certaines exceptions près[7], libre cours à la poursuite de gains rapides et par tous les moyens (Mantoux, 1959; Neuville, 1976 et 1980; Braudel, 1980 et 1985; Galbraith, 1961). C'est là, par des voies nombreuses et indirectes, l'une des premières pierres qui serviront à monter l'édifice de la future mentalité du management classique: que chacun tire, autant qu'il le peut, dans le sens de son égoïsme individuel, le «marché» équilibrera le tout. C'est là aussi un fondement de la conception tenace d'une «nature humaine» avide de gains, de pouvoirs et de puissance, explicitement ou implicitement repris dans nombre de livres de management[8].

Mais il est d'autres retombées des travaux de Smith, peut-être encore plus importantes: la louange des vertus de la division du travail. Je dis bien «retombées», car, en réalité, Smith n'en a pas fait que les louanges, loin s'en faut[9]. Il n'en reste pas moins que les écrits sur le management présentent la division du travail comme un progrès décisif. On en traite comme d'une nécessité bénéfique à tous. Et l'on retient aveuglément les vertus que voyait Smith à subdiviser une tâche, ou un métier, en autant de sous-tâches, les plus élémentaires possible, pour lesquelles il fallait spécialiser des employés (comme dans la fameuse

---

5. On peut voir de nombreuses illustrations de ces pratiques retorses, pour s'enrichir, chez les hommes d'affaires même les plus opulents de la fin du XIXᵉ et du début du XXᵉ siècle, dans Galbraith (1961) et Heilbroner (1971). Certains étaient naufrageurs ou pilleurs d'épaves, d'autres, comme Rockefeller, vendeurs de millions d'actions bidon, d'autres encore pratiquaient le rapt, le dynamitage ou la vente de «plages en Floride» qui n'étaient que marécages, et d'autres ont amassé d'énormes fortunes par le biais du trafic d'alcool durant la prohibition.
6. Nous verrons, dans la dernière partie, à l'aide d'exemples, comment on pouvait se livrer à des pratiques immorales et répréhensibles, notamment au regard des valeurs chrétiennes, et trouver bonne conscience et justification dans les effets de cette prétendue main invisible.
7. Comme le célèbre cas de R. Owen (Heilbroner, 1971, p. 102-105).
8. Comme Koontz et O'Donnell (1980), réédité sans cesse depuis le début des années 1950, dont le chapitre sur le leadership repose sur une telle conception de la nature humaine (plus explicitement énoncée p. 432-433).
9. Le principe de division du travail, si généralement et si spontanément pris pour «naturel», souhaitable, indiscutable facteur de progrès, etc., est en fait un des nœuds de la «malvie» au travail, de ce qu'on appelle l'«aliénation» et, surtout, du problème très actuel du manque d'engagement, de participation et de productivité de la main-d'œuvre industrielle, particulièrement sous le régime de ce qu'on a nommé le «management traditionnel».

manufacture d'épingles qu'il décrit et où le travail de fabrication d'une épingle est subdivisé en 18 opérations différentes). Selon Smith, ces vertus sont, pour l'essentiel et en abrégé :

- l'accélération de la production et le gain de temps ;

- l'augmentation des habiletés ;

- l'amélioration de la capacité à innover[10].

Par la spécialisation, le caractère limité et répétitif d'une tâche élémentaire, on devrait non seulement être plus rapide (gain de temps à ne pas changer de tâche, d'outils, de rythme), mais en plus devenir plus habile et, même, inventer des façons de travailler qui feront faire encore plus vite... et mieux. Ce qui est exact, si l'on ne considère pas les conséquences plus globales relativement à la monotonie, à la perte d'intérêt, à la perte de sens, etc.

Il convient cependant de remarquer qu'Adam Smith lui-même émettait de graves réserves quant aux bienfaits de la division du travail. Il consacre tout un passage à ce problème, où il évoque le fait que la «stupidité» peut gagner les «masses» appliquées à exécuter un travail de plus en plus subdivisé, alors qu'au contraire les «sociétés barbares» (non encore industrialisées) contribuent, par la «variété des sollicitations» que procure un travail non parcellisé, à l'«entretien et l'éveil de l'intelligence»[11].

Si l'on avait intégré dans nos principes et théories cet avertissement de Smith, on aurait évité bien de mauvaises passes actuelles. Mais cela illustre clairement que la doctrine du management traditionnelle est encline à ne retenir et à ne propager que ce qui fait le mieux l'affaire, au point de vue conjoncturel, des propriétaires et des dirigeants. Sans égard aux conséquences, la division du travail est retenue comme ce qui fait produire plus et plus vite.

Avant d'aborder le deuxième grand précurseur de la mentalité du management contemporaine, F.W. Taylor, il est un «intermédiaire», Babbage, qui constitue un véritable «chaînon» entre la division smithienne du travail et la recherche systématique de rendement taylorienne.

CHARLES BABBAGE (1792-1871) : LE MOINDRE COÛT DU TRAVAIL ÉCLATÉ

Même au point de vue chronologique, Babbage est un lien entre Smith et Taylor : il est né deux ans après la mort du premier et s'est éteint alors que Taylor avait 15 ans.

---

10. À l'occasion de l'exposé sur l'aliénation, dans la dernière partie, nous discuterons, une à une, ces «vertus».
11. Smith (1976, p. 235 et suivantes). On retrouvera ce passage intégralement cité dans Marglin (1973, p. 50-51). D'autres auteurs reprennent et discutent cette critique smithienne de la division du travail : Rosenberg (1965), West (1976).

Professeur de mathématiques, il était aussi économiste à ses heures. Il s'est intéressé à ce que devraient faire les personnes qui souhaitent devenir «maîtres manufacturiers» et vendre d'une façon rentable leur marchandise, grâce à un coût de production aussi bas que possible[12]. Babbage reste, dans les grandes lignes, tout à fait smithien, puisqu'il préconise de trouver les moyens d'abaisser les coûts (selon Smith, la concurrence pousse à baisser les prix, donc, pour tout nouvel arrivant, à produire à coût moindre, s'il veut à la fois vendre moins cher et éviter des pertes). C'est dans un livre intitulé *On the Economy of Machinery and Manufactures,* publié pour la première fois en 1832, que Babbage expose son raisonnement[13].

En fait, il expose un principe qui partait du souci de savoir **comment un manufacturier pouvait abaisser ses coûts par la réduction des salaires payés.** Ce n'est qu'indirectement qu'il s'avère un principe de productivité par la division du travail. Cette nuance est importante car, même si Babbage parle effectivement d'«organisation globale de l'ensemble du système de la manufacture», son argument se centre principalement sur la nécessité d'acheter l'exacte quantité et qualité de travail nécessaire pour chaque tâche précise que permet une plus grande subdivision du travail : force physique pour l'une, dextérité pour l'autre, doigté et précision pour une troisième, et ainsi de suite.

Il ne s'agit plus des avantages vus par Smith : gain de temps, habiletés accrues ou innovations, mais de **prix à payer pour des gestes et des capacités limitées et spécifiques.** Plus on rendra ces gestes et capacités simples et à la portée de n'importe qui ayant un minimum de prédispositions (par exemple physiques si la tâche nécessite de la force), moins cher on payera le travail. Voici comment Babbage l'exprime :

> Le maître d'une manufacture, en divisant le travail pour qu'il soit exécuté en différentes opérations exigeant chacune des degrés différents d'adresse ou de force, peut acheter exactement la quantité précise de chacune de ces qualités qui sera nécessaire à chaque opération ; alors que, si tout le travail est exécuté par un seul ouvrier, cette personne devra posséder assez d'adresse pour l'opération la plus difficile et assez de force pour la plus dure de celles qui composent l'ensemble du travail ainsi divisé[14].

Tout cela parce que, insiste Babbage, le prix d'achat de plusieurs de ces qualités réunies chez un seul homme (qui fait, par exemple, comme l'artisan, un métier au complet) serait bien trop cher, comparé à l'achat d'une «qualité» limitée et ordinaire à la fois[15]. Il s'agit de réduire la valeur économique du travail

---

12. On trouvera une analyse détaillée des différentes facettes des apports de Babbage dans Braverman (1976), analyse dont nous nous inspirons largement ici. On peut aussi se référer à l'ouvrage même de Babbage (réédité en 1963).

13. Raisonnement que la littérature du management (par exemple, Bergeron [1983] ou encore Boisvert [1980]) retient, explicitement ou implicitement, comme un jalon «scientifique» de l'organisation du travail avant la grande pénétration de la «science» avec Taylor (1911) ou Gilbreth (1953).

14. Cité par Braverman (1976, p. 72).

15. Pour plus de précisions et pour une illustration numérique de ce principe et de ses fondements, on peut consulter Braverman (1976, p. 73 en particulier).

et non de le rendre, *stricto sensu*, plus productif[16]. Une éloquente illustration de ce principe de diminution de la valeur du travail se trouve dans un énoncé de Henry Ford (1927), où, sur les 7 882 opérations que nécessitait la construction d'une voiture modèle *T*, il est précisé:

> 949 [opérations] exigent des hommes vigoureux, robustes et pratiquement parfaits du point de vue physique, 3 338 des hommes d'une force physique simplement «ordinaire», presque tout le reste peut être confié à «des femmes ou des grands enfants» [...] 670 opérations peuvent être accomplies par des culs-de-jatte, 2 637 par des unijambistes, 2 par des hommes amputés des deux bras, 715 par des manchots et 10 par des aveugles[17].

Alvin Toffler (1980) commente: «Autrement dit, le travail spécialisé n'exigeait pas un homme entier: un fragment d'homme suffit!» Ne voilà-t-il pas une extension édifiante du principe de Babbage? Principe que le management traditionnel a toujours associé à l'«école scientifique» de l'administration.

Il serait temps d'admettre que payer moins cher le travail ne sera jamais synonyme de le rendre plus productif. C'est malheureusement, et nous verrons pourquoi, plutôt le contraire qui se produit.

FREDERICK WINSLOW TAYLOR (1856-1915): L'ORGANISATION RENTABLE[18] DU TRAVAIL ET DE L'ATELIER

Il faut lever un malentendu qui dure depuis le début du siècle passé: l'appellation «organisation scientifique du travail» utilisée pour désigner le système mis au point par Taylor est un abus de langage, du fait que la science n'a jamais eu pour préoccupation de rentabiliser quoi que ce soit, mais de comprendre les phénomènes qu'elle étudie. Il est faux d'attribuer un caractère scientifique à ce qui n'est qu'un nouveau type de subdivision, de répartition et de contrôle du travail... même si on y utilise, légitimement, des moyens rationnels, systématiques et chiffrés.

Le système de production édifié par Taylor répondait non pas aux exigences de la «science» mais à des exigences d'augmentation du rendement dans des ateliers d'usines. Il n'y a **aucune raison de confondre science et désir d'une plus grande rentabilité à l'usine.** Par abus de langage, on est d'ailleurs allé jusqu'à parler de «science du posage de briques ou de science du pelletage[19]».

---

16. Ce qui serait un souci du rapport moyens/résultats/qualité dans la façon d'effectuer un travail donné et non un souci de la dévalorisation pécuniaire de la «marchandise» travail.
17. Cité par A. Toffler (1980, p. 71).
18. Je dis «rentable» pour attirer l'attention sur la nécessité de se démarquer par rapport à l'usage habituel, en ce qui touche à Taylor, de l'adjectif «scientifique». Cet adjectif, nous le verrons, appelle bien des questionnements et est lourd de conséquences pour ce qui a constitué le management traditionnel.
19. Taylor emploie lui-même ces termes dans son témoignage devant la commission parlementaire américaine, il parle de *science of shoveling* et de *science of bricklaying* (dans *The Testimony before the Special House Committee, Scientific Management*, 1947, p. 50 et 68).

Mais, répétons-le, il y a une distance entre recourir à des méthodes empruntées à la démarche scientifique pour réaliser un objectif donné et attribuer à cet objectif lui-même un statut scientifique.

Par ailleurs, il existe un côté très positiviste et scientifique au travail de Taylor, mais c'est plus sous son chapeau d'«ingénieur»: ses travaux sur l'adéquation entre outils et matières traitées, sur la coupe des métaux (plus de 25 ans de recherche) ou sur la fatigue des ouvriers[20].

Mais soulignons que ses découvertes et ses intentions ont été, comme il en témoignera lui-même en 1912, trop souvent mal comprises, mal interprétées et même détournées, au profit des patrons et des compagnies, et au détriment du climat social et de la coopération dirigeants-dirigés. Cela a beaucoup contribué, rapporte Kakar (1970), à la grande amertume qui a caractérisé une bonne partie de la vie de Taylor. Il répétait sans cesse qu'il désirait avec force et sincérité – et sans doute bonne foi – la paix, l'harmonie entre travailleurs et patrons et la prospérité conjointe. Cela nous amène à creuser davantage ce qu'était l'homme Taylor.

Le personnage Taylor

Frederick Taylor représentait la cinquième génération de sa famille à naître aux États-Unis, famille d'origine anglaise et quaker[21]. Son grand-père, Anthony, amassa une belle fortune grâce au commerce avec les Indes, et son père, Franklin, était avocat à Philadelphie. Bien que celui-ci exerçât peu cette profession, la famille destinait, naturellement, le jeune Frederick au métier d'homme de loi. Tout semblait bien aller jusqu'au jour où, au seuil de son entrée à l'université Harvard, dont il avait très honorablement réussi les examens d'entrée, le jeune homme interrompit brusquement ses études à cause, disait-il, de troubles graves de la vision. Il retourna chez ses parents, puis, pour des raisons fort peu claires, on le retrouve, en 1874, à l'âge de 18 ans, comme apprenti dans une usine qui appartenait à des amis de la famille. Il y restera quatre ans et y apprendra les métiers de modeleur et de mécanicien, malgré, disait-on dans son entourage, «son solide dégoût pour le travail manuel[22]».

Puis, attiré par la mécanique, Taylor entra dans une entreprise où d'autres amis de la famille figuraient parmi les propriétaires: la Midvale Steel Co. Là, il apprit davantage le travail de mécanicien et monta en grade jusqu'à devenir ingénieur en chef à l'âge de 28 ans, après avoir suivi des cours et obtenu un

---

20. Par exemple, Louis Dany Lafrance, un des plus fervents admirateurs et militants du taylorisme en France, après Henry Le Châtelier, parle de son étonnement admiratif, lors de l'Exposition de 1900, devant une des trouvailles techniques de Taylor: la coupe de l'acier rapide (préface à l'ouvrage de Taylor, édition Dunod [1957]).

21. Il n'est pas indifférent de rappeler l'appartenance à cette secte protestante dont le nom signifie «trembleur» et désigne par extension ceux qui «tremblent devant la parole de Dieu»: la personnalité pointilleuse, méticuleuse et, comme nous le verrons, ambiguë et névrotique de Taylor y doit certainement une part.

22. Kakar (1970, p. 11).

diplôme d'ingénieur-mécanicien au Stevens Institute. Il fut le premier, après avoir quitté la Midvale (en 1890), à exercer le tout nouveau métier d'ingénieur-conseil en organisation, sous forme de profession indépendante. C'est à ce titre qu'il travailla pour la compagnie la plus célèbre dans ses écrits, la Bethlehem Steel.

Hormis peut-être son biographe officiel, Copley (1923), qui voulait laisser de lui une image d'homme respectable et sain, à peu près tous ceux qui ont écrit sur Taylor, y compris certains de ses amis d'enfance, comme Brige Harrison[23], s'accordent à dire que c'était un personnage très curieux, paradoxal, ambigu et profondément pointilleux et calculateur jusqu'à être obsessionnel dans ses comportements[24]. Même jeune enfant, selon Harrison, il voulait obliger ses compagnons de jeux à définir des règles extrêmement strictes. Par exemple, mesurer «pied à pied et pouce à pouce le rectangle servant de terrain à leur jeu de rounders» (sorte de base-ball), ce qui révoltait ses jeunes amis et le rendait «bizarre» et «excentrique» à leurs yeux[25].

Plus tard, son comportement d'adulte, en particulier à l'usine, continuera à prêter à sourire autour de lui. Il comptait et mesurait tout, il voulait toujours tout rendre plus «efficace»: il comptait ses pas, il mesurait la longueur du pas nécessitant le moins d'énergie pour couvrir la plus longue distance dans une promenade champêtre, il notait soigneusement, avant chaque bal, la liste des jeunes filles attirantes et non attirantes afin de répartir, de façon strictement égale, son temps entre elles toutes... Il avait aussi nombre de manies, dont celle de dormir en position assise, appuyé sur un empilement adéquat d'oreillers, afin d'éviter des cauchemars fréquents qu'il attribuait au fait de dormir allongé sur le dos, ce qui, quand il devait séjourner dans un hôtel, donnait lieu à des scènes et à des discussions plutôt burlesques[26].

On l'aura compris, Frederick Taylor était loin d'être un homme exempt de travers. Le méticuleux travail psycho-historique de Kakar en fait un névrotique obsessionnel et même, épisodiquement, un assez profond mélancolique et un «déçu». Tout cela pèsera de tout son poids dans l'œuvre de cet homme, œuvre qui a marqué à peu près toute l'humanité du xxe siècle, et tout particulièrement, bien sûr, consciemment ou non, l'univers de l'entreprise et du management.

Mais Taylor est aussi un homme paradoxal, ce qui comptera dans les contradictions et les difficultés qu'ont connues et son œuvre et son application. Ainsi, on ne peut que rester perplexe devant, d'une part, sa féroce honnêteté (comme dit Kakar, sa «droiture maladive» attribuable sans doute à ses attaches de quaker et se traduisant par son extrême méticulosité et ses manies) et, d'autre part, les nombreuses accusations de tricherie et de falsification portées contre lui. Pour mieux ajuster ses «observations» à ses conclusions, il se serait livré à des exagérations dans les expériences de manutention à la Bethlehem Steel, à des

---

23. Cité par Kakar (1970, p. 18).
24. La source la plus approfondie et la plus fouillée sur la personnalité de Taylor reste Kakar (1970) pour le lecteur intéressé à mieux comprendre ce qui est dit ici.
25. Kakar (1970, p. 18).
26. *Ibid.*, p. 18-19.

modifications d'écrits ou de conférences, selon les auditoires et les circonstances, et une partie importante de son *Scientific Management* aurait été écrite par un certain Morris L. Cooke[27]… Mais revenons à l'œuvre de ce paradoxal personnage.

L'œuvre de Taylor

Il est presque certain, à la lecture de Taylor, que celui-ci connaissait, même s'il n'en fait jamais mention, les travaux de Smith et de Babbage. D'ailleurs, on pratiquait à l'époque, presque partout, la division des tâches et du travail. Une certaine «rationalisation empirique» du processus de production était largement répandue. C'est ce que précisent Urwick et Brech (1945):

> Taylor n'a pas inventé quelque chose de totalement neuf, mais il a opéré la synthèse d'idées qui avaient germé et s'étaient renforcées en Grande-Bretagne et aux États-Unis pendant le XIXe siècle, et les a présentées en un tout cohérent et raisonné. Il a donné à une série d'initiatives et d'expériences disparates une philosophie et un titre[28].

Le titre, c'est *Scientific management* (le terme *management* doit être rapproché de son sens américain de l'époque: plutôt «organisation et direction des ateliers» que «gestion globale d'entreprise» ou «travail de hauts dirigeants», comme on le conçoit aujourd'hui[29]). Mais qu'en est-il de la «philosophie» taylorienne? On l'a déjà dit, dans les grands axes, c'est une combinaison des conceptions de Smith et de Babbage, dans le sens où Taylor a apporté, comme nous le verrons, une contribution décisive aux principes de division technique du travail et de rentabilisation du moindre geste de l'ouvrier. Par ce qu'il appelle *scientific management*, communément désigné par «organisation scientifique du travail» ou «OST», il a apporté les méthodes pour transférer à la direction la détermination, par le menu, du travail de chaque ouvrier.

Comment Taylor en est-il arrivé là? Essentiellement, d'abord, par ses convictions, rattachées à celles que partageaient les membres de sa classe d'origine depuis les XVIIIe et XIXe siècles[30], et où l'ouvrier représentait un être portant les stigmates de son milieu de naissance: fourberie, vice, pauvreté comme tare génétique, inintelligence, ignorance, paresse… Toutefois, Taylor se défend de mépriser les ouvriers ou de les «prendre pour des imbéciles[31]». Ensuite, par sa

---

27. Voir Boisvert (1985, p. 43), qui rapporte que certains chercheurs auraient prouvé ces choses. Voir également Lee (1980, p. 29 et suivantes), qui n'hésite pas à parler de «fiction» et d'«observations fabriquées» à propos de Taylor. Voir aussi Wrege et Perroni (1974) ou encore Braverman (1976) et Morgan (1986).
28. Cité par Braverman (1976, p. 80).
29. Montmollin apporte cette précision en note de bas de page (1984, p. 14), mais il me semble que la distinction qu'il fait entre sens anglo-saxon et sens français est aussi valable pour le vocable américain dans sa propre évolution.
30. Voir, entre autres, l'ouvrage de l'historien Neuville (1976) et notamment le chapitre intitulé «Le mépris de l'ouvrier», volume 1.
31. Voir Taylor (1957, p. 29-30), où une longue tirade est consacrée à la dénonciation des «gens qui pensent que les ouvriers sont avides et égoïstes», etc. Pourtant, il n'hésite pas à comparer l'ouvrier Schmidt à un bœuf, et c'est au strict contrôle de tout ce que les ouvriers font qu'il s'attardera avec acharnement; ce ne sera pas la seule contradiction de Taylor.

propre expérience d'ouvrier, qui couvre tous les échelons depuis le poste de simple manœuvre jusqu'à celui de chef de bureau des méthodes et qui, rappelons-le, s'est étendue sur près de 10 années. Si sa formation et ses connaissances d'ingénieur étaient plutôt moyennes, sinon médiocres, sa connaissance de ce qui se passe dans l'atelier de production était certainement hors pair.

Dès son premier livre, *Shop Management*, publié pour la première fois en 1903, Taylor porte son attaque sur l'élément qu'il reprendra successivement dans ses écrits ultérieurs[32], c'est-à-dire ce qu'il considère comme la cause de pertes en efficacité, de non-rentabilité et qui empêche d'accroître la rentabilité : la «flânerie» des travailleurs. Taylor précise qu'elle est de deux sortes : en premier lieu, la «flânerie naturelle», résultant de ce qu'il dénomme expressément l'«instinct naturel» et la «tendance de tous les hommes» à la paresse, «à se la couler douce»; et en second lieu, la «flânerie systématique», découlant de l'«examen» que les ouvriers font «sur la façon de défendre leurs intérêts» (c'est-à-dire produire moins pour le même salaire et s'aligner sur ceux qui en font le moins)[33].

C'est donc, déclare Taylor, un **état de guerre permanent entre patrons et ouvriers,** et ce qu'il désire, lui, c'est rétablir la paix en levant ce qu'il appelle un «malentendu» : la non-connaissance «objective, scientifique», aussi bien de la part de l'employeur que de la part de l'employé, de ce qu'est une «journée loyale de travail», c'est-à-dire la journée que le dirigeant est réellement en droit d'exiger et que le travailleur a l'obligation de fournir pour le salaire qu'on lui donne.

C'est là que notre ingénieux observateur met à profit son expérience parmi les ouvriers. Aussitôt nommé contremaître à la Midvale, il part en guerre contre la «flânerie systématique» de ses ex-compagnons de travail. Il veut obtenir d'eux une «journée loyale de travail», sachant, puisqu'il était un des leurs, comment ils s'y prenaient pour en faire bien moins que ce qu'ils auraient pu réellement faire. En tant que groupe, ils s'entendaient pour n'effectuer que des quotas journaliers très inférieurs à ce dont ils étaient capables. Taylor y voyait comme principales raisons la peur du chômage (en travaillant trop fort, ils risquent de diminuer le réservoir de travail disponible) et la peur de voir leur rémunération réelle baisser constamment puisque, dans le système de paye à l'heure ou de paye à la pièce, travailler toujours plus vite et en faire plus, c'est abaisser constamment le prix reçu par unité produite, donc le prix de son travail. Taylor parle lui-même de la méfiance naturelle que développent les ouvriers vis-à-vis de ceux qui établissent des «records qui entraîneraient une augmentation temporaire des salaires, mais qui obligeraient tous ceux qui viendraient après à travailler plus activement pour le même vieux salaire[34]».

Autrement dit, les ouvriers se méfient parce que chaque nouveau record ne tarde pas, par la grâce des patrons, «au moins aussi avides et égoïstes que leurs

---

32. *The Principles of Scientific Management* (1911) et *The Testimony before the Special House Committee* (1912). L'édition de Harper & Brothers (1947) regroupe les trois textes. Les passages et notions visés se retrouvent, notamment, dès la page 30.
33. Taylor (1957, p. 9-13, 29-30).
34. *Ibid.*, p. 15.

inégale

employés[35]», à devenir une tâche journalière «normale» obligatoire. C'est donc l'«état de guerre» sans cesse entretenu par ce que Taylor appelle la «lutte pour la valeur ajoutée», lutte acharnée et inéluctable entre employeurs et employés, les uns voulant transformer les surplus en profit maximal et les autres, en hausse ou en non-baisse de salaire[36].

Toujours est-il que Taylor considère comme logique, normal et prévisible le fait que les ouvriers cherchent ainsi à défendre leurs «intérêts légitimes» lorsqu'ils voient, dit-il, «que le salaire aux pièces a été diminué deux ou trois fois parce qu'ils auront travaillé énergiquement et augmenté leur production[37]». Il ne les en accuse pas moins de «tentative délibérée de tromper leur patron», tentative, pour lui, tout à fait malhonnête et inadmissible.

Mais encore plus grave, ajoute-t-il, cela est propre à ruiner le climat de «confiance mutuelle» qui devrait régner entre patrons et ouvriers, et conduit à une situation où tout «sentiment de travailler dans le même but cesse d'exister» et fait du même coup totalement disparaître les «bénéfices réciproques[38]». Dès lors, Taylor ne vise plus qu'une chose : restaurer la paix et assurer la prospérité à tous en leur insufflant un nouvel esprit et en les forçant, science et raison à l'appui, à travailler la main dans la main, chacun devant être respectueux de l'intérêt de l'autre, puisque les deux, en tout bon sens, convergent.

D'après son biographe et d'après Sudhir Kakar qui le décrit comme un homme meurtri par l'incompréhension et l'opposition ouvrière, syndicale mais aussi patronale[39] que rencontre son système (jusqu'à l'obliger à devoir «s'expliquer» devant une commission de la Chambre des représentants en 1912), il est bien plausible que Taylor était sincère et de bonne foi. Mais pour mieux le comprendre, il faut, me semble-t-il, le voir d'abord dans tout ce qui fait sa personnalité, et qui l'empêche de prendre la juste mesure de certaines contradictions, y compris les siennes, ensuite dans ce qui transparaît à travers ses propos et ses envolées sans cesse répétés. Il nourrissait une sorte de foi inconditionnelle en un inéluctable triomphe de la science et de la raison qui devraient, par leurs seules logique et force de persuasion, convaincre employeurs et employés de transformer radicalement leur mentalité, et de se mettre à œuvrer de concert comme de bons frères et sœurs.

Mais il suffisait de regarder autour de soi, à l'époque de Taylor, pour se rendre compte de l'ampleur du fossé qui séparait deux mondes que tout éloignait

---

35. Taylor dit cela lui-même, quoique indirectement (1957, p. 29-30).
36. Taylor discute de cette guerre de la valeur ajoutée (1957, p. 54 et suivantes).
37. *Ibid.*, p. 16.
38. *Ibid.*, p. 16.
39. Sudhir Kakar donne tous les détails (1970, chapitres 7 et 8) des péripéties douloureuses de la carrière de Taylor qui va de déception en déception et même de dépression en dépression depuis qu'il a quitté la Midvale en 1890, jusqu'à son «renvoi» de la Bethlehem Steel en mai 1901. Taylor s'étend longuement, dans plusieurs de ses lettres, sur les raisons de cette incompréhension systématique des gestionnaires, le conduisant à des échecs successifs, que ce soit à la Manufacturing Investment (1890-1893), à la Simonds Rolling (1893-1898) ou à la Bethlehem Steel (1898-1901) : l'opposition de ceux qu'il appelait les «financiers» et qui n'appréciaient pas ses façons d'exiger qu'on améliore l'outillage, qu'on paye plus, etc.

l'un de l'autre depuis la Révolution industrielle : le monde des patrons et des dirigeants, d'un côté, et celui des employés et des ouvriers, de l'autre[40]. D'après Neuville (1976 et 1980), par exemple, une des idées dominantes dans les milieux des industriels, et même dans les milieux intellectuels de la fin du XIXe siècle, était que l'ouvrier n'est rien d'autre qu'une sorte de machine particulière dont il faut tirer le plus de rendement possible, tout en évitant de le «gâter» par des excès de salaire qui le rendraient excentrique, capricieux et indiscipliné[41].

Comment donc Taylor pouvait-il espérer établir cette paix dont il rêvait ? cette confiance mutuelle et cette générosité réciproque ? Nous y reviendrons, mais signalons tout de suite, et cela est très important, que Taylor n'a réellement systématisé et articulé sa pensée, notamment à propos de ce problème central de la coopération et de la compréhension entre ouvriers et patrons, qu'après des années de pratique qui lui ont valu surtout déceptions et dépressions. Il s'est mis à écrire tout cela de 1903 à 1912, durant une période que Kakar (1970) appelle sa «période de prophète».

Après ses échecs auprès des industriels et les meurtrissures qu'il en subit, Taylor enregistrera des succès, mais surtout auprès des académies et des associations d'ingénieurs. Il conduit alors une véritable croisade pour justifier ses croyances, ses visions et ses espoirs. On peut donc voir dans ses productions intellectuelles plus un effort de défense, même utopique, de ses travaux et de rationalisation de ses échecs qu'une réflexion rationnelle sur des faits et des réalités. Cela rendrait plus crédible l'idée qu'il aurait à plusieurs reprises «triché» dans ses rapports, ses descriptions...

Le système et les principes de Taylor

Taylor explique toutefois, même si c'est bien après coup, comment s'y prendre pour changer les mentalités. Le point de départ en est le constat du fameux «malentendu» sur les quotas de production. Malentendu qui entraîne un cercle vicieux alimenté par le fait que patron et ouvrier sont, chacun à leur façon, persuadés que l'autre partie ne donne qu'une infime portion de ce qu'elle pourrait et devrait donner. Il faut à tout prix lever ce regrettable malentendu, prétend Taylor, en trouvant le moyen de convaincre les uns et les autres que leur intérêt respectif bien pensé est de collaborer et de s'entendre «objectivement» sur ce qui peut et doit être produit, et sur ce qui peut et doit être payé en salaire. Ce moyen, ce sont les «principes de direction scientifique». Car si c'est la «science» qui dit

---

40. Un coup d'œil sur ce qu'étaient la condition ouvrière et les conditions de travail tout au long du XIXe siècle montre très vite combien les obstacles qui attendaient Taylor étaient grands et combien sa vision et son ambition peuvent sembler naïves (Neuville, 1976 et 1980 ; Tocqueville, 1961 ; Braverman, 1976).

41. Voir, par exemple, le texte tiré du *Cours d'économie politique* d'un certain M.G. de Molinari (Bruxelles [1863], cité par Neuville [1976], en quatrième page de couverture). Un autre texte précisait que ces «classes vicieuses» ne pouvaient que dépenser en beuveries ou autres dépravations tout surplus d'argent, contrairement aux «classes supérieures». Texte récompensé par l'Institut de France (sciences morales et politiques) et publié à Bruxelles en 1840 (cité par Neuville [1980], en quatrième page de couverture).

comment faire et que cela s'avère en plus conforme au bon sens et à une attitude raisonnable et honnête, pense Taylor, chacun n'aura plus qu'à se rallier[42].

Taylor propose donc quatre principes de «direction scientifique[43]»:

1er principe

Les membres de la direction mettent au point la science de l'exécution de chaque élément du travail qui remplace les bonnes vieilles méthodes empiriques (p. 68).

Il s'agit de ce que plusieurs auteurs ont dénommé l'«appropriation réelle du travail par les dirigeants». En effet, et Taylor le dit très clairement, on vise ici le transfert de toutes les techniques de travail, du savoir-faire et des tours de main acquis par les ouvriers dans l'accomplissement de leurs tâches, vers les membres de la direction, qui ont désormais «l'obligation de rassembler ces connaissances traditionnelles, les enregistrer, les classer et les réduire en lois et règles (exprimées même par des formules mathématiques), et assumées volontairement par les directeurs scientifiques» (p. 68).

Taylor s'explique longuement sur le fait qu'il est inadmissible pour la direction de continuer à ignorer ce que font les employés dans l'exercice de leur tâche et, surtout, il s'indigne qu'elle ignore comment ils font. C'est donc une étude «scientifique» du moindre geste accompli par l'ouvrier, dans la moindre tâche, que Taylor préconise. C'est ce qu'il fera à la Bethlehem Steel, où il scrutera dans les moindres détails le très simple travail de manutention de gueuses de fonte[44]. Il arrivera ainsi à faire faire à un certain ouvrier Schmidt, volontiers présenté comme un être plutôt limité et stupide[45], un travail de manutention de 48 tonnes comparativement à 12 tonnes la journée[46]! Chaque geste, comment se déplacer, s'accroupir, se relever, quand s'arrêter, quand reprendre, était défini et dicté par Taylor. Selon lui, il devrait en être ainsi pour tous les travaux et métiers à l'usine: que la direction les étudie, les définisse et édicte ce qu'est une vraie et loyale journée de travail, pour ensuite l'imposer comme norme.

---

42. La journée «loyale» de travail peut être, d'après Taylor, définie «scientifiquement» et devient donc aussi la «journée raisonnable» que le patron peut exiger.

43. L'énoncé de ces principes se trouve entre les pages 68 et 81 de Taylor (1957). Pour une critique et une discussion serrée de ces principes, voir Braverman (1976, p. 77-107).

44. Je rappelle que «gueuse de fonte» signifie «lingot de fonte pesant 41 kg». Braverman (1976, p. 94) raconte comment un certain Daniel Bell, traitant du taylorisme dans un ouvrage édité en 1960, prétend que Taylor aurait appris «à un Hollandais appelé Schmidt comment pelleter 48 tonnes de gueuses de fonte par jour au lieu de 12 tonnes»... Bell va jusqu'à préciser «l'arc fait par le mouvement de la pelle, l'angle de pénétration dans le tas de gueuses, le poids de la pelletée», etc. C'est là un bel exemple, souligne Braverman, de ce que beaucoup de théoriciens du management croient pouvoir parler du travail «sans la plus petite connaissance de leur sujet».

45. Dans Taylor (1957, p. 88-90), on trouve le rapport des discussions que ce dernier a eues avec cet ouvrier (appelé Dupont dans cette édition française): il en ressort l'impression d'un dialogue avec une personne quasi débile.

46. Il aurait été en plus établi que, physiologiquement, presque aucun ouvrier normal n'aurait pu, sans épuisement, manipuler 48 tonnes de gueuses de fonte par jour au lieu des 12,7 tonnes habituelles (Braverman, 1976, p. 95).

2ᵉ principe

Les dirigeants «choisissent d'une façon scientifique leurs ouvriers, ils les entraînent, ils les instruisent de façon à leur permettre d'atteindre leur plein développement alors que dans le passé chaque ouvrier choisissait un travail et s'entraînait lui-même du mieux qu'il le pouvait» (p. 69).

C'est là le principe de sélection scientifique des employés, la fameuse formule «l'homme qu'il faut à la place qu'il faut». Après avoir déterminé et défini ce qui est à faire et comment le faire, geste par geste, la direction choisit quel type de travail confier à quel type d'employé, en étudiant «systématiquement le caractère, la personnalité et l'activité de chaque ouvrier».

3ᵉ principe

Les dirigeants «collaborent cordialement avec leurs ouvriers de façon à avoir la certitude que le travail s'exécute conformément aux principes de la science qui a été créée» (p. 69).

Ici, Taylor parle de faire connaître aux ouvriers qui ont été «choisis et formés scientifiquement» la science du travail telle qu'elle a été créée, délimitée et arrêtée par les dirigeants. De même, ce principe conduit la direction à s'assurer que le travail «scientifique» est effectivement respecté et mis en œuvre par les ouvriers. «Tout votre travail, dit Taylor aux dirigeants, sera inutile si quelqu'un ne fait pas appliquer la science par les ouvriers.» Sans aucun doute, la combinaison de ce principe avec le dernier a entraîné la coupure, aujourd'hui traditionnelle dans l'industrie occidentale, entre ceux qui ont pour métier de penser, d'étudier, d'analyser et ceux qui ont pour métier d'exécuter ce que les premiers ont arrêté et décidé.

4ᵉ principe

«Le travail et la responsabilité du travail se divisent d'une façon presque égale entre les membres de la direction et les ouvriers. Les membres de la direction prennent en charge tout le travail pour lequel ils sont mieux qualifiés que leurs ouvriers, alors que dans le passé tout le travail et la plus grande partie de la responsabilité impliquée par ce travail incombaient aux ouvriers» (p. 76).

Ce dernier principe de Taylor est certainement le plus ambigu. Lui-même reconnaît qu'il est «peut-être le plus difficile à comprendre». Mais ses explications ne font qu'ajouter à la confusion, car il parle de «division presque égale du travail entre l'ouvrier et la direction», de travail qui s'accomplissait presque exclusivement par l'ouvrier et qui doit désormais «être divisé en deux parties», de ce que tout acte de l'ouvrier doit «être précédé et suivi par quelque acte accompli par quelqu'un se trouvant du côté de la direction». Et il ajoute que c'est là coopération intime, personnelle entre les deux parties et «harmonie érigée en règle générale au lieu de la discorde[47]». Il répète à maintes reprises, surtout dans sa déposition devant la Chambre des représentants, que son système oblige la direction aussi bien que l'ouvrier à faire chacun leur part de travail. Il se targue

---

47. Tous les membres de phrases cités se trouvent aux pages 76 et 77.

même d'obliger les dirigeants à réellement collaborer avec leurs employés et donc à voir leur tâche considérablement augmentée.

Par ailleurs, Taylor insiste formellement et régulièrement sur **la nécessité du partage du gain supplémentaire réalisé grâce à son système,** car, pour lui, c'est à cette condition que patrons et ouvriers connaîtront ensemble la prospérité : si les ouvriers produisent plus, l'entreprise gagne plus ; en gagnant plus, l'entreprise peut payer de meilleurs salaires. Tout au long de ses textes[48], il essaie de montrer qu'il faut, sans hésitation, augmenter la rémunération et les possibilités de promotion de tous les ouvriers qui acceptent de travailler selon la «méthode scientifique». Ce serait sans doute là un cinquième principe qu'on peut retrouver sous la plume de Taylor ainsi énoncé :

> [...] dans le système de direction scientifique, on enseigne aux ouvriers la façon d'exécuter un travail meilleur et d'un niveau plus élevé que celui qu'ils accomplissaient précédemment et on leur donne donc un travail d'un niveau plus élevé avec le salaire également plus élevé qui y correspond (p. 233).

De toute manière, même si cette question du salaire n'est pas explicitement présentée comme un des piliers du *scientific management*, à côté des quatre principes vus précédemment, on peut constater l'importance centrale que Taylor lui accorde, car il y revient à de nombreuses reprises. D'ailleurs, dans les manuels de gestion, on présente presque systématiquement le taylorisme comme étant l'application de cinq principes[49] :

- la décomposition des tâches en éléments constitutifs ;
- l'analyse de ces éléments pour élaborer la meilleure méthode ;
- l'établissement de normes de rendement ;
- la sélection scientifique des ouvriers ;
- la rémunération en fonction du rendement.

Comme Taylor ne cessait de le répéter dans sa déposition, ces principes, aussi beaux, aussi raisonnables et aussi «scientifiques» fussent-ils, ne lui valurent que déceptions, amertume et luttes occasionnées aussi bien par les ouvriers que par les managers, tant l'incompréhension était grande, surtout de la part des dirigeants, qui refusaient obstinément d'appliquer son système avec toutes les conséquences logiques qu'il comporte. Cela nous amène à parler des résultats obtenus par Taylor et de la façon dont les directions en ont usé.

Taylor face aux managers de son époque

Que ce soit à la Midvale ou à la Bethlehem Steel où il a conduit ses expériences les plus célèbres, Taylor est toujours arrivé à augmenter de façon spectaculaire les rendements tout en obtenant des augmentations de salaires substantielles pour les ouvriers. Ainsi, dans les ateliers de la Midvale, il réduisit le nombre d'employés pour le travail d'inspection de 120 à 35, il augmenta le taux de précision de 60%, les salaires de 80%. À la Bethlehem Steel, de loin

---

48. Pages 228-243, par exemple.
49. Par exemple, Bergeron (1983, p. 76-77).

l'expérience la plus connue et la plus citée, il réduisit les effectifs de manutention d'environ 600 employés à 150, augmenta le rendement par ouvrier selon un rapport moyen de 10 à 59, réduisit le coût moyen de manutention de 0,072 $ à 0,033 $ et fit augmenter les salaires des employés de 1,15 $ à 1,88 $ par jour. En fait, on voit bien ici, comme le montrent Marglin (1973) ou Braverman (1976), que toute cette question de l'«efficacité» de l'usine n'a jamais été que celle de tirer toujours plus du facteur travail (ce que Taylor appelle lui-même «valeur ajoutée»).

Le management scientifique a donc permis d'analyser en détail le travail de l'ouvrier et d'arriver à la production maximale possible, dénommée «journée loyale»[50], par une combinaison donnée de trois éléments: matière traitée, outil et force de travail (les deux premiers étant déterminants puisqu'il faut «sélectionner» soigneusement le troisième)[51]. Que ce soit malgré lui ou non, Taylor a largement donné aux dirigeants des moyens, jusqu'alors insoupçonnés, de faire faire infiniment plus de travail de production par l'ouvrier ou l'employé de base, tout en en éliminant un bon nombre par la même occasion.

Il a trouvé, comme l'examine et le précise Braverman (1976), le moyen aussi de déposséder le travailleur des rares petites choses dont il était encore plus ou moins le maître: l'organisation par équipes, le contrôle du processus de détail du travail et, parfois, du rythme ou du choix de l'outil. Cette dépossession s'est faite directement au profit des directions qui, ayant désormais l'«obligation» de connaître et d'étudier minutieusement le déroulement du travail de chacun, l'imposeront avec un grand luxe de précisions de sous-tâches, de gestes, de temps, d'outils, etc. En un mot, tout le savoir-faire traditionnel de l'ouvrier est transféré à la direction, qui le lui retourne sous forme d'ordres de travail et de fiches de postes fixant chaque opération jusqu'au plus petit détail.

Les conséquences de tout cela seront profondes, nombreuses et à long terme. La première conséquence, que Taylor ne manquera pas de commenter et de dénoncer vigoureusement, est que les dirigeants ont profité de son système pour obtenir le maximum possible des ouvriers, sans pour autant améliorer leur sort, leur travail ou les payer mieux ou encore les former et les promouvoir. Or, si l'on en croit ses écrits, c'est cela qu'aurait désiré Taylor: profiter de l'étude scientifique du travail pour moins fatiguer l'ouvrier (par exemple, par l'élimination de la fatigue exagérée des biceps provoquée par une manipulation inadéquate des pelles), lui faire accomplir une journée «loyale et raisonnable» de labeur, mais aussi, après l'avoir ainsi sélectionné et formé, le payer plus et lui donner des chances quasi continues de promotion[52].

---

50. On peut penser ici au travail de pelletage pour lequel Taylor a expérimenté diverses formes et tailles de pelles pour finir par obliger les ouvriers non plus à choisir et à posséder chacun leur pelle, mais à se servir de celle qu'on leur attribue selon le travail à faire.

51. Taylor (1957, p. 115-116) précise qu'il faut tester huit manœuvres pour en retenir un seul pour le transport de gueuses! (Nous avons déjà vu qu'un physiologiste allemand cité par Braverman avait établi que manipuler 48 tonnes de gueuses par jour, c'était épuisant pour un individu moyen.)

52. Taylor (1957, p. 237) va jusqu'à suggérer l'idée que les «vrais bons patrons» devraient même chercher dans d'autres compagnies que la leur les chances de promotion pour les ouvriers rendus plus habiles et plus qualifiés par l'organisation scientifique du travail!

Les milieux du management traditionnel, qu'ils soient praticiens ou théoriciens, ne font à peu près jamais état de ce genre d'exigences de Taylor. Ils ne mentionnent pas non plus qu'il préconisait la collaboration «étroite et amicale» avec les ouvriers, parce qu'il était convaincu que ceux-ci détiennent le meilleur savoir sur la façon de s'y prendre pour mieux travailler; que cette collaboration doit être continue et générale, avec des efforts constants de recyclage et de recherche d'actualisation du potentiel le plus élevé de chaque employé[53].

Ainsi, on ne met traditionnellement en évidence que les résultats «miraculeux» obtenus à la Bethlehem Steel[54] ou, quoique plus rarement, à la Midvale, et l'on passe sous silence, presque systématiquement, les luttes pénibles et longues que Taylor avoue avoir dû mener, non pas seulement, comme on se plaît à le souligner, contre les ouvriers, mais aussi et souvent contre les gestionnaires, ses désillusions douloureuses après chaque expérience et, enfin, le fait qu'on a mis à la porte de 400 à 450 ouvriers sur les 600 qui travaillaient comme manutentionnaires à la Bethlehem Steel… On ne signale pas plus qu'il dénonçait régulièrement, avec amertume, l'égoïsme des patrons qui refusaient de payer les ouvriers formés à leur «juste valeur», ni le fait que (sans compter les économies effectuées sur les salaires des ouvriers renvoyés) la Bethlehem Steel a réalisé près de 800% en gains de rendement pour ne donner que 60% d'augmentations de salaires[55].

On peut même dire que le management traditionnel a conservé et reconduit du taylorisme les effets pervers et les déviations que Taylor n'a cessé de dénoncer avec force à partir de 1901: la division des travailleurs par l'appel à l'individualisme et aux records personnels, et la division entre concepteurs (cadres) et exécutants (ouvriers). À cette époque, Taylor rappelle avec insistance la nécessité de ne pas ruiner l'esprit d'équipe (entre ouvriers et aussi entre cadres et employés), de construire une «sincère et amicale collaboration», de consulter systématiquement et d'«écouter l'ouvrier», de lui donner le droit et l'occasion de s'exprimer, de lui laisser, après l'étude de la norme scientifique, «le choix des outils et procédures», car c'est lui qui sait quoi faire, de **«partager», une fois les frais couverts, les surplus avec les employés, et de «renoncer au pouvoir égoïste»**, arbitraire et dictatorial[56].

Le «système Taylor» a eu pour effet, au contraire, de donner aux managers un nouveau moyen de contrôle sur l'ouvrier: individualiser, séparer, décomposer, chronométrer et enfin imposer un contenu de tâche où l'employé n'est plus rien d'autre qu'une réserve d'énergie interchangeable à volonté[57]. Or, les

---

53. *Ibid.*, p. 69, 75, 203, 236-237.
54. Voir, par exemple, Bergeron (1983, p. 76-77), ainsi qu'à peu près tout ouvrage didactique en management traditionnel.
55. Kakar (1970, p. 149) rapporte une lettre de Taylor au président de la Bethlehem, datée du 15 mars 1899, reprochant à ce dernier, en termes très directs, de refuser de payer des salaires suffisants aux ouvriers qui acceptent de jouer le jeu de l'organisation scientifique. Taylor y déclare, en conséquence, son pessimisme quant à la réussite des travaux et s'inquiète de ruiner sa propre réputation.
56. On trouve des passages concernant chacun de ces éléments dans Taylor (1957, p. 16, 29, 33, 48, 58, 60-64, 69, 92-94, 126, 135, 230, 306).
57. Ce qui sera parachevé avec, notamment, le fordisme et le travail à la chaîne.

visées affichées de Taylor étaient de transformer les travailleurs en «ouvriers de première catégorie», de les «aider à gagner un meilleur salaire», de trouver le «genre de travail qui convient à chacun», d'établir un climat de confiance réciproque où l'ouvrier «ne considérera plus ses patrons comme ses ennemis», etc. Un spécialiste comme M. de Montmollin (1984, p. 19) exprime avec clarté ce que les dirigeants ont fait, et continuent de faire, des travaux de Taylor:

> La division du travail entre ceux qui savent et ceux qui savent moins produit et justifie une hiérarchie technique, où du haut vers le bas se répartit le savoir, et proportionnellement le pouvoir de contrôle. Tel est du moins le schéma de principe du taylorisme, toujours en vigueur aujourd'hui.

Il importe cependant de distinguer entre taylorisme, travail à la chaîne, fordisme, méthode des temps et mouvements et salaire à la pièce, choses que l'on confond trop souvent, même dans les livres[58]. Le travail à la chaîne n'a jamais été, ni de près ni de loin, le fait de Taylor. Certes, l'étude des gestes, le chronométrage, etc., sont des éléments qui y ont contribué, mais c'est Henry Ford qui, par la mécanisation et la standardisation des pièces, réussit la première chaîne de montage (pour la Ford modèle *T*) en imposant un élément tout à fait nouveau par rapport à Taylor: la cadence soutenue et la régulation du travail et de son intensité par la technologie. Entre 1908, année du lancement du modèle *T*, et 1913, le travail des ouvriers chez Ford était un travail de mécaniciens mobiles qui tournaient, par groupes, autour de chaque automobile à assembler. Mais en janvier 1914, on inaugura la chaîne ininterrompue où les ouvriers étaient désormais immobiles, à des postes fixes, réalisant des tâches simples et élémentaires[59].

Quant à la méthode des temps et mouvements qui aboutira à contrôler dans les moindres détails chaque menu geste de l'ouvrier tel que poser, soulever, saisir, regarder, ce sera particulièrement l'œuvre du couple Gilbreth – lui, spécialiste briquetier et disciple de Taylor, et elle, première femme à obtenir un doctorat en psychologie aux États-Unis. Ils ont complété et raffiné l'étude des temps de Taylor en lui ajoutant celle des mouvements.

Enfin, le salaire à la pièce tout comme le système «initiative-incitation» (laisser l'ouvrier prendre l'initiative de produire plus ou l'y inciter en le récompensant) étaient des formes de rémunération que Taylor dénonçait énergiquement comme étant inadaptées, injustes et inefficaces. Ce qu'il préconisait, répétons-le, pour que l'honnêteté et la confiance règnent, c'était de définir conjointement et en collaboration avec le «bon» ouvrier ce qu'est «scientifiquement» une journée «loyale» de travail, l'établir comme norme et augmenter les salaires proportionnellement aux rendements obtenus à partir de cette norme. Car pour lui, tant qu'on ne s'est pas entendu sur ce qu'est «scientifiquement» une journée «raisonnable» à demander du côté des patrons et une journée «loyale» à donner du côté des ouvriers, il y aura toujours «flânerie systématique» chez les uns et tricherie

---

58. Ainsi, Bergeron (1983, p. 76) dit de Taylor qu'il a «développé le système de salaire aux pièces», ce dont Taylor (1957, p. 53-54, entre autres) se défend lui-même.
59. Voir Braverman (1976, p. 124 et suivantes). Et souvenons-nous des «portions d'hommes» définies par Ford et ses ingénieurs pour occuper des postes hypersimplifiés et standardisés.

chez les autres par la régulière transformation des taux à la pièce pour annuler tout gain des employés réalisé à la suite d'une accélération de la production. En fait, Taylor se plaignait du même phénomène maintenu par les dirigeants avec son propre système : chercher le record et non l'optimum, puis faire de ce record la norme minimale exigible, en payant les nouveaux au salaire en vigueur avant le record en question, et ainsi de suite[60].

Tout au long du texte de sa déposition à la Chambre des représentants, Taylor ne cesse de dénoncer cet état de choses et de répéter qu'il ne peut que comprendre les ouvriers et les syndicats qui défendent leurs « intérêts légitimes » face à des patrons n'ayant pas su tenir les engagements qu'implique l'organisation scientifique du travail. On l'y sent ulcéré et très atteint, d'autant plus que ni les employés ni les dirigeants ne lui sont favorables.

Pour ce qui est de l'hostilité des dirigeants (ceux que Taylor appelait ses ennemis « financiers »), voici un témoignage de Taylor lui-même : au cours d'une conversation, rapportée par son biographe Copley[61], il se serait plaint que les propriétaires et les dirigeants de la Bethlehem s'étaient vigoureusement opposés à lui, lui reprochant (à cause des mises à pied qu'il a entraînées) de vider Bethlehem-Sud de ses habitants. Cela ne leur convenait pas parce que, précise Taylor, ils possédaient aussi toutes les maisons et les boutiques de Bethlehem-Sud !

Partout où il passera, Taylor se plaindra de l'hostilité systématique des dirigeants, toujours préoccupés de gains financiers maximaux à court terme et de salaires minimaux, contre lesquels il devait se battre autant que contre les ouvriers. Pour ce qui est de ces derniers, il suffit de lire le compte rendu de son travail à la Midvale[62] pour mesurer l'ampleur du rapport d'opposition et même de haine qui existait entre ouvriers et dirigeants, rapport dont il paya très péniblement le prix[63].

Mais, sans doute, ce qui l'ébranla le plus du côté des travailleurs, c'est la campagne d'opposition à son système, qui a abouti, début 1911, à une résolution du conseil exécutif de l'AFL (la fédération américaine du travail) dénonçant la transformation de l'ouvrier en machine à accélérer la production. Le lobbying des syndicats finit par obtenir du Congrès l'interdiction des méthodes de l'organisation scientifique dans les institutions et organisations publiques, et même, dès 1911, l'instauration d'un comité spécial ayant pour mandat d'étudier le « système Taylor » et de faire des recommandations.

À quoi assiste donc Taylor après tant d'années d'efforts et d'enthousiasme pour l'étude scientifique du travail ? À un spectacle extrêmement désolant pour lui : l'égoïsme des dirigeants et des patrons qui s'exerçait plus que jamais,

---

60. Notamment dans sa déposition devant la Chambre des représentants (voir Taylor [1957, p. 15, 28-29, 53-56]).
61. Cité par Kakar (1970, p. 148).
62. Taylor (1957, p. 92-105).
63. Taylor confie qu'on lui a conseillé de changer d'itinéraire pour rentrer chez lui s'il voulait éviter d'être agressé, que les ouvriers lui ont demandé, aussitôt nommé chef d'équipe, s'il « allait devenir un de ces salauds » de la direction...

au nom de son système (ils le dénommaient, rapporte-t-il, «celui qui fait voler l'argent par les fenêtres[64]»), et la désapprobation et l'hostilité organisées et grandissantes des milieux des travailleurs. Rien d'étonnant alors à ce que, comme le dit Kakar, il se mette à consacrer, dès après 1901, l'essentiel de ses efforts à être le «prophète» et le défenseur de son système de rationalisation du travail. C'est, sa vie durant, à un Taylor désabusé et souvent dépressif que nous avons affaire. À l'exception de quelques années plus agréables, de 1903 à 1910, lorsqu'il se jette dans son rôle de prophète.

Taylor, chevalier défenseur de son système

Tout cela conduira Taylor à peut-être trop chercher à justifier, à embellir et à glorifier son système. Cette attitude a entraîné de très sérieuses présomptions de tricheries dans ses comptes rendus de travaux, et surtout, ce qui n'est pas moins grave, de nombreuses ambiguïtés et contradictions dans ses positions, ses visions, ses affirmations. On peut faire ressortir celles qui peuvent avoir des conséquences plus graves, encore aujourd'hui:

- Taylor parle à maintes reprises de sincère collaboration, de recherche de participation et de contribution de la part des ouvriers, de nécessité de demander leur avis, de se fier à leurs suggestions[65]. Par contre, ses propres rapports et expériences avec les employés de la Midvale ou de la Bethlehem Steel indiquent plus de diktats, de règles imposées et de luttes (comme il le dit lui-même) que de franche coopération.

- À maintes reprises, surtout dans sa déposition devant la Chambre des représentants, il parle de ses «amis ouvriers», de ses «bons amis» mécaniciens ou tourneurs à la Midvale, alors que le récit qu'il fait de sa relation avec eux, à partir du moment où il est nommé chef d'équipe, dénote l'hostilité, la coupure et même la haine.

- Il fustige les employeurs, qui refusent de payer suffisamment leurs «bons» ouvriers, mais lui-même préconise de ne pas donner une «augmentation supérieure à 60%», car alors, dit-il, beaucoup d'ouvriers se mettraient à «travailler d'une façon irrégulière» et auraient tendance à devenir «extravagants et dissipés[66]».

- Il revient avec insistance sur la nécessité de payer en fonction du rendement, et même, «s'il reste un bénéfice» une fois «tous les frais payés», de le «diviser entre le personnel et l'entreprise[67]». Cependant, cela ne l'empêche pas de ne rien trouver à redire lorsque, à la Bethlehem Steel, les ouvriers de manutention n'obtiennent aucun partage, quand la compagnie réalise près de 800% de gains (rendement, baisse des coûts). À un membre de la Commission de la Chambre qui lui demandait ce qu'il en était de ce principe de division des bénéfices dans les entreprises où il avait offert ses services, il

---

64. Kakar (1970, p. 126).
65. Taylor (1957, p. 68-69, 71-72).
66. *Ibid.*, p. 133.
67. *Ibid.*, p. 230.

répondra tout simplement qu'à sa connaissance aucun ouvrier n'avait jamais remis en question le caractère juste et équitable de l'augmentation de 30 % octroyée en «rémunération convenable de leur travail[68]».

- À la même Bethlehem Steel, Taylor est à l'origine de la mise à pied d'environ 450 ouvriers sur 600 après ses travaux de rationalisation de la manutention ; il affirmait sans cesse que son souci restait le bien du travailleur, et qu'au contraire de ce qu'affirmaient les syndicats son système ne devait en aucune façon contribuer à diminuer le réservoir de travail disponible ou à augmenter le chômage. À une question de la Commission à ce sujet, il répondra que c'est sur le bien-être, la promotion et le surcroît de qualification des 150 employés restants qu'il convient de l'interroger et non sur les supposés malheurs des 450 mis à la porte[69].

- Sur plusieurs pages, aussi bien dans ses livres que dans sa déposition, Taylor insiste sur les vertus de l'équipe de travail, sur la nécessité de partout promouvoir l'esprit d'équipe et la collaboration, etc., alors que l'essence même de son œuvre (ses rapports sur la Midvale et la Bethlehem Steel le montrent sans équivoque) a été de briser la formation traditionnelle des ouvriers en groupes et de diviser, en portant toute son attention sur l'individu isolé, aussi bien le travail que les relations[70].

- Un autre leitmotiv de Taylor était la poursuite de l'«optimum», de la réalisation sans fatigue et sans surmenage de la capacité potentielle «raisonnable et loyale» de chaque ouvrier, alors que son système de transport de gueuses, par exemple, conduit à l'épuisement de l'individu «normal».

- En dépit de multiples exhortations à laisser l'ouvrier «choisir, suggérer, donner son avis», etc., il impose des normes et des outils définis par la direction. Il dit même textuellement, à Schmidt, que l'«ouvrier bien apprécié» est celui qui «doit faire exactement ce qu'on lui demande du matin au soir[71]».

- Dans la même veine, il parle de sélection des meilleurs, des plus aptes à se qualifier sans cesse, bien qu'il n'hésite pas à comparer son ouvrier Schmidt (sélectionné parmi les 75 ouvriers manutentionnaires !) à un «bœuf», tellement il serait «peu intelligent et flegmatique[72]». Taylor rapporte[73] en détail le dialogue conduit avec Schmidt, qu'il montre, par les questions et les réponses, comme particulièrement stupide… quand, quelques lignes auparavant, il le présentait comme ayant acheté un terrain et construisant lui-même sa maison[74]!

---

68. Taylor (1957, p. 231).
69. *Ibid.*, p. 138-139.
70. L'«équipe», l'esprit collectif, la «démocratie» dans l'usine sont louangés (p. 247, 251, 260, 306), alors que la division, l'individualisation, la «supériorité du travail individuel» sont mises en avant (p. 92, 124, 128-129, 131-133).
71. *Ibid.*, p. 89.
72. *Ibid.*, p. 114.
73. *Ibid.*, p. 88-90.
74. *Ibid.*, p. 87-88.

On pourrait multiplier ainsi les contradictions accumulées par Taylor. Celles qui sont retenues ici devraient suffire à édifier le lecteur sur la difficulté qu'il y a à prendre à la lettre ou à trop simplifier les apports d'un personnage aussi ambigu, bien qu'il soit un pilier de l'organisation industrielle et de la pensée du management.

On peut dire que ses principes ont profondément influencé le monde entier, y compris l'ex-URSS, en matière de rationalisation et de rentabilisation du travail. Il est le fondateur de ce que l'on a appelé la *one best way* (la meilleure façon de faire) définie «scientifiquement» par des études rationnelles et systématiques de la part de la direction. Il est aussi, en management, le père de la conception dite de l'*homo œconomicus*, c'est-à-dire une hypothèse sur la nature humaine: tout humain ne serait mû que par le désir de maximiser ses gains matériels. C'est ce qui transparaît avec force dans chaque ligne du dialogue Taylor-Schmidt.

La grande crise de 1929 viendra ébranler les fondements de cette rationalité absolue où tout était supposé prévisible, contrôlable et planifiable, selon une voie et une seule, rationnellement et scientifiquement déterminée. Par cet effort de détermination de la meilleure façon de faire, Taylor transférait aux directions la moindre parcelle d'autonomie et de savoir-faire qui faisaient du travail de l'ouvrier quelque chose d'encore plus ou moins personnel. Il mit à la disposition des dirigeants un pouvoir de contrôle et de domination encore jamais égalé. L'ouvrier n'était désormais plus qu'un ensemble de muscles doté d'un cerveau réduit à l'état de système de régulation motrice lui permettant d'exécuter les séquences de gestes qu'on lui commande (dans une expérience sur le contrôle de billes d'acier, Taylor déclare: «Rendement et qualité dépendent de la **rapidité des réflexes conditionnés des employés**[75].»

C'est là que réside l'explication des excès découlant du taylorisme: transformer, autant que faire se peut, tout travail d'ouvrier ou d'employé en un ensemble de réflexes conditionnés[76]. C'est l'ultime expression de la division technique du travail et de l'abrutissement du travailleur, déjà redoutés par Adam Smith. C'est, nous dit Braverman, lui-même un ancien ouvrier, «l'étude du travail par et pour ceux qui le dirigent plutôt que par et pour ceux qui l'exécutent[77]».

Jusque vers les débuts du XXᵉ siècle, les dirigeants se contentaient d'imposer une discipline générale et de fixer des quotas de production selon les rendements atteints par les ouvriers les plus zélés; le processus de travail et la façon de faire leur échappaient complètement. C'est à cela que s'attaque Taylor et non à

---

75. Taylor (1957, p. 159-161).
76. Dans la méthode des temps et mouvements, l'unité de temps utilisée est le TMU (*Time and Motion Unit*) qui équivaut à 0,3696 seconde. Il existe toujours, comme le rapporte Terkel (1976), de nombreux postes de travail dont l'ensemble des séquences ne dépasse pas de 3 à 5 TMU! J'en ai personnellement vu – et pratiqué – plusieurs dans l'industrie du brassage de bière où il fallait refaire les mêmes gestes (parfois un geste!) environ toutes les secondes ou secondes et demie! Voir Aktouf (1986a).
77. Braverman (1976, p. 79). Ajoutons qu'en 1986, dans plusieurs secteurs, 87% de la main-d'œuvre nord-américaine, grâce à cette parcellisation poussée, traite plus de complexité, dans l'utilisation des moyens de transport, pour se rendre à son travail que pour faire son travail (Morgan, 1986)!

l'étude d'un travail prétendu «scientifique»; il ne s'agit pas de l'analyse du travail en général et en soi, mais de l'étude du travail en tant que meilleur instrument possible entre les mains des dirigeants en vue de rendre sa fonction économique toujours plus rentable. C'est ce que la pensée du management retiendra le plus (et perfectionnera, comme avec le fordisme), donnant une philosophie organisationnelle «réduite à la poursuite de tous les moyens de rendre productif un ouvrier plus que jamais aliéné[78]».

Avec S. Kakar (1970) et G. Morgan (1986), on peut très raisonnablement soutenir que, malgré ses protestations et ses énoncés de philosophie aux relents philanthropiques, Taylor ne fait que se muer en «prophète» et en apologiste d'un système qui ne lui a valu, en pratique, qu'échecs, hostilité et adversité. Pour Morgan, comme pour Braverman, il ne fait aucun doute qu'il s'agit d'un **cas d'analité obsessionnelle et de comportement névrotique,** où Taylor procède à une sorte d'extension du besoin compulsif (issu en partie de son milieu d'enfance quaker puritain et coercitif) de contrôler son propre corps au contrôle de l'organisation et du travail[79].

Ce qui importait le plus pour lui, sans doute, à partir du début des années 1890, c'était de réhabiliter son système de gestion scientifique. Cela peut justifier une certaine suspicion quant à la véracité de ses explications et à la sincérité de ses appels à la coopération, ou à la recherche du bien-être de l'employé. Il n'en est pas moins remarquable de voir à quel point les milieux des affaires et les milieux des théories en administration ignoreront tout cet aspect «humaniste» de Taylor. Souvent, les comptes rendus de manuels de gestion concernant Taylor ne sont que des caricatures étroitement rentabilistes.

Pourtant, Taylor appelait à une transformation radicale des esprits et des mentalités. Voici ce qu'il dit[80] à propos de ce qu'est réellement son système:

> Il ne s'agit pas de paiement aux pièces, de paiement au boni, de paiement avec prime; ce n'est pas une façon de se servir d'un chronomètre et de noter ce que l'ouvrier fait; ce n'est ni l'étude des temps, ni celle des mouvements; il n'est pas question non plus d'imprimer un gros livre de règles et de le donner à des hommes en leur disant: «voici le système, utilisez-le». [...] Aucun de ces moyens ne constitue la direction scientifique [...] Je crois en ces moyens, mais je veux insister sur le fait que, pris en bloc ou séparément, ils ne constituent pas la direction scientifique.

Est-il utile de rappeler que tout ce que Taylor dit ne pas être le taylorisme est à peu près exactement ce que l'on a toujours présenté comme tel?

---

78. Braverman (1976). Nous verrons plus loin ce que signifie cette importante notion d'aliénation et quelles en sont les conséquences. Mais on peut dire tout de suite que c'est une notion complexe qui renvoie à un long processus de dégradation de l'être humain par le fait de lui faire faire un travail de plus en plus abêtissant et dénué de sens (Arvon, 1960; Friedmann, 1946, 1950 et 1964; Calvez, 1978).
79. Voir l'explication argumentée dans Morgan (1986, p. 204 et suivantes).
80. Taylor (1957, p. 53-54).

Un peu plus loin, il précise[81] ce qu'est sa «philosophie»:

> Dans son essence, le système de direction scientifique implique une révolution complète de l'état d'esprit des ouvriers, une révolution complète quant à la façon dont ils envisagent leurs devoirs vis-à-vis de leur travail, vis-à-vis de leurs employeurs. Le système implique également une révolution complète d'état d'esprit chez ceux qui sont du côté de la direction [...] Et si cette révolution d'état d'esprit n'est pas complète des deux côtés, alors le système de direction scientifique n'existe pas.

À voir ses expériences et ses déceptions successives, on peut comprendre que Taylor dresse un constat de non-révolution des états d'esprit. Comme il le dit lui-même, les directions ont toujours été très réticentes à le suivre dans ses propositions de changements dans les rôles des dirigeants (pour devenir de réels collaborateurs de l'ouvrier), ou encore de meilleur traitement des «ouvriers de première catégorie». Il est alors facile de courir à l'échec, puisque ceux qui ont les moyens et le pouvoir de réaliser les changements, les dirigeants, n'opèrent aucune «révolution de leur état d'esprit».

En conclusion : Taylor transfiguré

Sincère ou pas, névrosé ou pas, Taylor n'en a pas moins apporté des moyens effectifs de rendre le travail à la fois moins pénible et plus rentable. Surtout, il en a appelé à des changements et à la mise en place de pratiques de gestion et de relations dirigeants-dirigés, qui, s'ils avaient été suivis, compris et enseignés, auraient peut-être aujourd'hui évité bien des déboires à l'industrie occidentale. On peut en effet voir dans les écrits de Taylor plusieurs des «découvertes» plus récentes véhiculées par des courants dits de «nouveau management», d'«excellence» ou de «gestion par la reconnaissance», de «qualité totale» ou d'«empowerment»:

- ses mises en garde contre la poursuite de la quantité au détriment de la qualité (par exemple, Taylor [1957], p. 160, 161);

- ses exhortations à la droiture et à l'honnêteté envers les employés;

- ses appels à la collaboration cordiale, au travail en équipe, entre dirigeants et dirigés;

- sa volonté constante de chercher avec sincérité le bien-être de l'ouvrier;

- ses appels au respect et à la considération envers les employés;

- son conseil de partager les bénéfices, après le paiement de tous les frais de l'entreprise.

Tout cela peut se résumer dans ce passage de sa déposition devant la Chambre des représentants:

> Si vous voulez que votre affaire soit bénéficiaire, vous ne pouvez pas traiter les uns ou les autres injustement ou d'une façon égoïste. Vous devez supprimer les buts égoïstes et les actes injustes[82].

---

81. Ibid., p. 54.
82. Taylor (1957, p. 230).

Comment a-t-il été possible de continuer, pendant de si nombreuses années, à pratiquer un système de gestion si peu proche de l'esprit que prétendait y mettre son initiateur ? La réponse tient d'abord dans le fait que le système de Taylor a été conçu, mis au point et généralisé pendant une période qui a été peut-être la plus favorable, de tous les temps modernes, à la croissance industrielle. Les empires coloniaux et les deux grandes guerres ont entraîné l'essor des industries occidentales et l'élargissement des marchés. Il a donc été possible, jusque vers le milieu des années 1970, de produire et de faire des profits malgré un gros gaspillage des ressources et du potentiel humain.

On redécouvre actuellement, par réaction, les vertus de l'éthique, de la confiance, de l'honnêteté dans les organisations[83] ainsi que celles de la collaboration, du respect de la dignité de l'employé, du partage[84], alors que Taylor a eu le mérite d'en crier l'importance et d'en réclamer l'application il y a plus d'un siècle ! Nous n'avons pas fini de payer pour l'avoir ignoré et nous avons accumulé des dysfonctions qui sont aujourd'hui autant de lourds handicaps :

- L'interprétation littérale de la formule «l'homme qu'il faut à la place qu'il faut» et la spécialisation-sélection compulsive qui s'en est suivie ont donné naissance à l'entretien d'un réservoir de main-d'œuvre dont n'est sollicitée que la plus réduite des contributions : exécuter sans penser.

- Le besoin de pouvoir et de contrôle des dirigeants a accru la méfiance et multiplié les fonctions et les postes de surveillance et d'inspection (entraînant une hausse des coûts administratifs, donc une baisse de la productivité).

- La dichotomie conception-exécution a engendré une situation de partenaires qui ne se parlent pas, sinon dans l'affrontement, ou lors de la pénible négociation périodique des conventions collectives. Les syndicats ont adopté une position de défensive antagoniste qui ne peut être que renforcée par des directions, pour reprendre les termes de Taylor lui-même, toujours plus «égoïstes», s'arrogeant plus que la part du lion dans la «valeur ajoutée», plus «injustes», plus jalouses de leurs «chasses gardées» telles que l'information, l'orientation stratégique ou l'usage des surplus (on en voit des sommets frisant la folie de nos jours avec les Enron, les Parmalat et les Hollinger).

- Ces mêmes dichotomies et besoins de contrôle ont donné naissance à des configurations organisationnelles où prolifèrent les niveaux hiérarchiques et les cloisons statutaires. Plus le besoin de contrôle et de maintien d'obéissance stricte est élevé, plus le taux d'encadrement ou le harcèlement lié à la surveillance – comme par ordinateur –, est important.

- La conception, d'après l'image de Schmidt, d'un employé ou d'un ouvrier nécessairement et «naturellement» paresseux a alimenté un comportement infantilisant, sinon dégradant, de la part des dirigeants[85], ainsi que le «mythe»

---

83. C'est ce que défend, entre autres, dans son fameux système Z, W.G. Ouchi (1981).

84. Ce sont là les leitmotive de best-sellers comme *Le prix de l'excellence*, *La passion de l'excellence* (Peters et Waterman, 1983 ; Peters et Austin, 1985).

85. Tout le chapitre 13 de *La passion de l'excellence* (Peters et Austin, 1985) est consacré à ces questions et reprend, en particulier, à plusieurs reprises le problème des règles de travail humiliantes et portant atteinte à la dignité des employés.

central des gestionnaires : la croyance que les travailleurs ne peuvent et ne savent gérer et que, par conséquent, eux seuls savent et peuvent[86]... et **méritent** tout ce qu'ils désirent.

Enfin, on peut dire, pour résumer, que les milieux du management (praticiens et théoriciens) n'ont retenu de Taylor que ce qui aidait à faire grossir le gâteau, mais à peu près aucunement ce qui aurait permis de limiter les dégâts ou de partager plus équitablement ce gâteau, ce dont Taylor se rendait parfaitement compte déjà de son vivant.

LES IDÉES IMPORTANTES

SUR LE MARCHÉ

Le marché est défini, avec Adam Smith (1723-1790), comme le régulateur des échanges entre les individus. Il n'est réglé par aucune intervention de la part, par exemple, d'une autorité centrale, mais bien par la « main invisible » issue de l'affrontement des égoïsmes individuels. Cette poursuite de gains personnels serait bénéfique à l'intérêt général.

Questions

1. Quelles sont les conditions nécessaires à la régulation de l'économie par la « main invisible », comme l'entend Smith ?

2. Quelle est l'époque qui a vu naître cet auteur ? Exposez brièvement ce contexte historique.

3. Quelle est la conception de la nature humaine qui sous-tend cette pensée ?

SUR LA PRODUCTION

La division du travail et des tâches

La division technique du travail est la décomposition des tâches en leurs éléments constitutifs. La division et la spécialisation du travail permettent également la création de richesse par l'optimisation des moyens de production. Smith en louange les avantages tels que l'accélération de la production, le gain de temps et l'augmentation des habiletés. Le travail, dans cette optique, devient une marchandise et une ressource à optimiser afin de produire davantage.

Charles Babbage (1792-1871) a pu voir dans la division du travail un moyen d'abaisser les coûts de production en achetant l'exacte quantité de travail nécessaire à chaque tâche. L'avantage est le prix moindre à payer pour une tâche simple requérant des aptitudes réduites. L'intérêt porte ici sur la réduction de la valeur économique de la marchandise qu'est le travail.

---

86. Voir Sievers (1986b) pour le développement de cette question.

Questions

1. Quelles sont les principales réserves formulées par Adam Smith au sujet de la division des tâches?

2. Quelles sont, encore actuellement, les conséquences sur la main-d'œuvre du principe de la division du travail?

3. Les idées élaborées par Charles Babbage contribuent-elles à enrichir la réflexion sur la productivité? Comment?

L'organisation scientifique du travail dans l'entreprise

Frederick W. Taylor (1856-1915) a mis au point des méthodes et des moyens pour une rationalisation, une «organisation scientifique» du travail (OST), la *one best way,* qui permet l'augmentation optimale de la productivité et de la rentabilité pour l'entreprise. Avec Taylor, il revient à la direction de l'entreprise de décomposer et de déterminer les moindres procédures de travail pour chaque tâche afin d'établir des normes de rendement et de sélectionner judicieusement le type d'employé convenant à chaque tâche.

Questions

1. Quels principes élaborés par Frederick W. Taylor sont généralement oubliés lorsque l'on se réfère à son œuvre?

2. Quelle est la division fondamentale nécessaire à un management scientifique?

3. Quelle conception du travailleur (et de l'être humain) sous-tend l'organisation scientifique du travail?

4. Quels constats ont poussé Frederick W. Taylor à élaborer ces principes d'organisation scientifique du travail?

Chapitre 2
De l'administration générale à l'organisation bureaucratique idéale

HENRI FAYOL ET MAX WEBER

Henri Fayol, ingénieur et chef d'entreprise, a été le pilier de la pensée administrative moderne basée sur la systématisation du travail du dirigeant, de la prévision jusqu'au contrôle en passant par la décision. Le management lui doit à peu près tout ce qui constitue son contenu pratique et presque tout ce qui en fait matière à enseignement.

Max Weber, sociologue et philosophe allemand, a très indirectement fourni au management un complément de bases rationnelles dont il avait besoin pour asseoir ses prétentions à s'appuyer sur des théories scientifiques. Peut-être mal compris, mais incontestablement utilisé à outrance, Max Weber est pour moi l'exemple type du théoricien «importé» sans discernement dans la pensée du management.

Comme nous l'avons fait pour les classiques précédents, nous interrogerons l'œuvre, l'apport et l'interprétation retenue par le management de chacun de ces deux théoriciens. Leur pensée est tout aussi classique que celle des précédents et touche un domaine tout aussi important : le travail du dirigeant et la conception de l'organisation et de ce qui s'y passe.

HENRI FAYOL (1841-1925) : L'ORGANISATION ADMINISTRATIVE ET LA SYSTÉMATISATION DU TRAVAIL DU DIRIGEANT

À côté de Frederick Taylor, Henri Fayol est le second pilier fondateur de la pensée administrative traditionnelle. Ces deux personnages constituent le tandem de base dans tout manuel de gestion. Ils ont, autant l'un que l'autre, suscité écrits, commentaires, controverses et, aussi, abus d'interprétations et simplifications.

Henri Fayol est connu pour le premier ouvrage traitant de gestion globale de l'entreprise et de tâches des dirigeants : *Administration industrielle et générale*. Ce livre, publié pour la première fois en 1916, alors que Fayol avait déjà 75 ans, ne dépasse pas 150 pages, il est peu dense, écrit dans un langage simple et direct. Fayol y appelle essentiellement, par la logique du bon sens, à l'adhésion à des principes assis sur des vérités premières tenues pour indiscutables, et agrémentées de leçons tirées de sa longue expérience d'ingénieur et de directeur général d'une importante entreprise française. Tout comme Taylor, il aura été le continuateur d'une pensée et de façons de faire qui prévalaient déjà çà et là en Europe et en France, mais il aura eu, lui aussi, l'indéniable génie de systématiser en idées claires, simples et intégrées ce que beaucoup, sans doute, pratiquaient de façon isolée et empirique.

Son livre avait un caractère unique à double titre : c'était la première ébauche d'une pensée englobant l'acte gestionnaire comme processus varié et intégré, et c'était la première fois qu'un haut dirigeant, de son calibre, prenait le temps de réfléchir sur son action et d'en faire une présentation articulée.

La Première Guerre mondiale a retardé d'au moins deux ans la publication de l'ouvrage de Fayol. Pendant ce temps, le taylorisme pénétrait déjà en France depuis le début des années 1910 et, même, redoublait de popularité durant la guerre, en raison de la fascination qu'exerçaient l'efficacité et la rapidité du génie militaire américain. Efficacité et rapidité attribuées sans discernement au « système de Taylor », à tel point que Georges Clemenceau, alors ministre de la Guerre, ordonna qu'on étudiât et qu'on appliquât, dans les usines placées sous son contrôle, l'organisation scientifique du travail à la Taylor[1]. Tout cela apporta quelque retard à la propagation du fayolisme. *Administration industrielle et générale* fut d'abord publié en 1916 dans le *Bulletin de la société de l'industrie minérale* et ne vit le jour sous forme de livre qu'en 1925 grâce aux frères Dunod, bien que la demande fût immédiate et très élevée, portant les exemplaires réimprimés à 15 000.

Le fayolisme n'en connaîtra pas moins un solide et rapide succès, quoique, pour le monde anglo-saxon, et bien que l'on parle d'une traduction anglaise en 1929[2], ce n'est qu'en 1944, avec Lyndall Urwick, colonel anglais, diplômé d'histoire d'Oxford, que Fayol fera son entrée véritable en milieux anglophones[3]. Aucune traduction complète du livre de Fayol n'atteindra les États-Unis avant 1949, mais ce fut rapidement un classique[4]. Voilà donc en raccourci et en guise d'introduction les grandes lignes du cheminement du deuxième ouvrage de management en importance de tous les temps. Reste à savoir comment cette œuvre a été accomplie. Commençons par voir l'homme Fayol et sa carrière.

Fayol, l'homme et l'ingénieur

De toutes les biographies, souvent courtes et rapides contrairement à ce dont on dispose pour Taylor, il ressort que Henri Fayol est né dans une famille de la petite bourgeoisie, a fait des études sans accroc, d'abord au lycée à Lyon, puis à l'École nationale des mines de Saint-Étienne, où il est entré à l'âge de 17 ans ; il était le plus jeune de sa classe. Il en est sorti en 1860, à 19 ans, comme ingénieur des mines. Aussitôt il a été embauché par la société Boigues, Rambourg et Cie (devenue Commentry-Fourchambault ou Commambault après 1874) pour les mines de Commentry.

---

1. George Jr. (1968, p. 107).
2. Traduction de J.A. Coubrough de la compagnie Xylonite, nous dit Irwin Gray (1984, p.100).
3. Sous le titre *The Elements of Administration* (Urwick, 1944).
4. Gray (1984, p. 100).

On dit très souvent que Fayol était officier de l'armée française. Or, bien qu'il eût annoncé dans son livre une quatrième partie portant le titre «Leçons de la guerre», et qui devait figurer dans un second volume qui n'a apparemment jamais vu le jour, il n'a fait partie d'aucun corps d'armée. Mais c'est un fait que les grandes écoles du genre de celle qu'il a fréquentée formaient des gestionnaires aussi bien pour l'armée que pour la fonction publique ou les entreprises. Cette formation était largement calquée sur le modèle de la bureaucratie d'État, proche, à plus d'un titre, du modèle d'organisation de l'armée.

Fayol a fait une longue et très fructueuse carrière à la Commambault. Après six années comme ingénieur minier, et de notables réussites dans la lutte contre les incendies souterrains, il a été nommé directeur des mines de Commentry. En 1872, on lui a confié la direction de deux autres mines: de charbon à Montvick et de fer à Berry. En 1888, à la suite de quatre années de difficultés financières de la Commambault, il a été porté à la direction générale de l'entreprise, chargé de la mission d'effectuer le démantèlement de ses activités. Celle-ci était proche de la faillite, mais Fayol y a réussi un redressement étonnant, jusqu'à en faire un complexe métallurgique qui rendra de fiers services durant la guerre de 1914-1918. À sa retraite en 1918, à l'âge de 77 ans, il a laissé une Commambault en excellente santé financière. C'est précisément à sa façon d'administrer qu'il a attribué ce tour de force.

Il s'est écoulé 56 ans depuis sa rentrée comme jeune ingénieur des mines, et Fayol était un preneur de notes assidu[5]. Il n'est pas étonnant qu'il ait laissé une réflexion et des principes systématiques et articulés.

La personnalité de Henri Fayol ne semble, contrairement à Taylor, présenter aucun relief particulier, si ce n'est celui de l'intelligence, de la clairvoyance et de la sagacité. Une description, bien que sur le tard, de son caractère le présente comme «très jeune d'esprit, sympathique, personne attirante et bon et souriant[6]».

Tout comme Taylor, cependant, Fayol était un homme de technique, un ingénieur. Il a effectué des travaux reconnus, en matière d'incendies souterrains, sur la combustion spontanée de la houille, sur les mouvements de terrain, sur l'étude géologique des couches de charbon, etc., avant d'être reconnu, après 1916, comme «philosophe de l'administration», ce qui lui donnera sa véritable notoriété.

Sur le plan des idées et des croyances, il est continuateur d'une tradition européenne et française déjà assise en matière de conduite des entreprises. Cette tradition, marquée par le paternalisme et l'autoritarisme, est déjà présentée dans les travaux de Frédéric Le Play vers le milieu du XXe siècle. Lui aussi ingénieur des mines (et plus tard sénateur), il soutient que la conduite des rapports entre les hommes doit se faire sur la base d'une «autorité tempérée par l'amour». On retrouve maints passages, dans *Administration industrielle et générale*, où Fayol parle d'équité, de bonté, de cœur, de justice, etc., à côté d'affirmations de nécessaire fermeté, de discipline, d'obéissance, d'ordre, de devoir. Fidèle à

5. Voir Reid (1986).
6. Gray (1984, p. 101).

la tradition élitiste et hiérarchisante de la vieille Europe aristocratique, Fayol en allie l'autoritarisme et le sentimentalisme paternaliste, ce qui ne manquera pas de lui valoir certaines contradictions et affirmations pour le moins discutables.

Voyons pour l'instant ce qui a constitué son système d'administration générale et ses principes de gestion, ainsi que, pour mieux comprendre son œuvre, les mobiles et les comportements qui l'y ont mené tout au long de sa carrière à la Commambault.

La pensée et les idées de Fayol

Le constat de départ de Fayol, établi dès les premières pages de son livre, est que l'on accordait jusque-là beaucoup trop d'importance à cinq des opérations effectuées dans l'entreprise, par rapport à une sixième fonction qui s'en trouvait gravement négligée, et qui était la fonction administrative. Toute organisation, nous dit-il, donne à remplir six groupes d'opérations, qui sont :

1. les opérations techniques (production, fabrication, transformation) ;

2. les opérations commerciales (achats, ventes, échanges) ;

3. les opérations financières (recherche et gérance des capitaux) ;

4. les opérations de sécurité (protection des biens et des personnes) ;

5. les opérations de comptabilité (inventaire, bilan, statistique, prix de revient) ;

6. les opérations administratives (prévoyance, organisation, commandement, coordination et contrôle).

Si les cinq premières opérations sont connues, et pour certaines articulées, étudiées et enseignées, la sixième, elle, ne le serait que très peu et n'entre dans le cadre d'aucune des précédentes puisqu'elle les englobe et les concerne toutes ensemble. Elle tient la plus grande place dans le rôle des «grands chefs» et mérite donc d'être élaborée, mieux connue, et même enseignée[7]. Pour lui, cette fonction administrative est chargée de «dresser le programme général d'action de l'entreprise, de constituer le corps social, de coordonner les efforts, d'harmoniser les actes[8]».

«Administrer, précise Fayol, c'est prévoir, organiser, commander, coordonner et contrôler.» C'est là une petite phrase qui marquera le management d'un sceau indélébile jusqu'à aujourd'hui, tous les livres et manuels de gestion en traitent toujours ainsi, et ce, grâce notamment à Urwick (1944 et 1956) et à Koontz et O'Donnell (1955) qui ont à peu près définitivement assis la matière du management pour le monde entier. Le management en tant que discipline et en

---

7. Fayol consacre un chapitre sur trois de la première partie à la «nécessité et possibilité» d'un enseignement administratif.
8. Fayol (1979, p. 4-5).

tant que champ de connaissance, c'est toujours et partout : planifier, organiser, diriger, contrôler. L'incontournable PODC, ossature de n'importe quel cours de gestion, n'importe où dans le monde. Mais voyons ce que Fayol y met.

- Par «prévoir», il entend «scruter l'avenir et dresser le programme d'action».

- Par «organiser», il entend «constituer le double organisme, matériel et social, de l'entreprise».

- Par «commander», il entend «faire fonctionner le personnel».

- Par «coordonner», il entend «relier, unir, harmoniser tous les actes et tous les efforts».

- Par «contrôler», enfin, il entend «veiller à ce que tout se passe conformément aux règles établies et aux ordres donnés».

Pour compléter le contenu de la fonction administrative, Fayol décrit, dans un chapitre entier, 14 principes à respecter quand on fait œuvre d'administrateur :

1. Principe de division du travail

La division du travail, selon Fayol, est d'ordre naturel, et «plus un être est parfait», plus il est doté «d'organes chargés de fonctions différentes». La division du travail a «pour but d'arriver à produire plus et mieux avec le même effort».

2. Principe d'autorité-responsabilité

«L'autorité, souligne Fayol, c'est le droit de commander et le pouvoir de se faire obéir.» Ce droit et ce pouvoir doivent cependant s'accompagner d'une nécessaire responsabilité, c'est-à-dire d'une «sanction» qui récompense ou pénalise l'exercice du pouvoir.

3. Principe de discipline

Par «discipline», il entend «l'obéissance, l'assiduité, l'activité, la tenue, les signes extérieurs de respect réalisés conformément aux conventions établies entre l'entreprise et ses agents».

4. Principe d'unité de commandement

Ici, Fayol parle de «règle» qui consiste en ce que, «pour une action quelconque, un agent ne doit recevoir des ordres que d'un seul chef». Si cette règle est violée, prévient-il, «l'autorité est atteinte, la discipline compromise, l'ordre troublé, la stabilité menacée».

5. Principe d'unité de direction

«Ce principe, précise l'auteur, a pour expression : un seul chef et un seul programme pour un ensemble d'opérations visant le même but.» Il ne doit pas être confondu avec le principe d'unité de commandement, mais ce dernier ne peut exister sans lui.

6. Principe de subordination de l'intérêt général

Il faut entendre par ce principe la nécessité que, «dans une entreprise, l'intérêt d'un agent, ou d'un groupe d'agents» ne puisse en aucun cas «prévaloir contre l'intérêt de l'entreprise».

7. Principe de rémunération du personnel

Ce principe consiste simplement à donner au personnel le «prix du service rendu». La rémunération «doit être équitable», et «donner satisfaction», autant que faire se peut, «à la fois au personnel et à l'entreprise».

Fayol s'étend assez longuement sur ce principe, passant en revue les différents modes de paiement qu'il connaissait : à la journée, à la tâche, à la pièce, avec primes et même avec participation aux bénéfices ou «subsides en nature» et «satisfactions honorifiques». Il trouve à chacun de ces modes des avantages et des inconvénients, et finit par conclure : «peu importe, pourvu que l'agent soit satisfait[9]».

8. Principe de centralisation

C'est, pour Fayol, «comme la division du travail», un «fait d'ordre naturel» car, précise-t-il, «dans tout organisme, animal ou social, les sensations convergent vers le cerveau ou la direction et du cerveau ou de la direction partent les ordres qui mettent en mouvement toutes les parties de l'organisme[10]».

9. Principe de hiérarchie

Il s'agit de la «série de chefs qui va de l'autorité supérieure aux agents inférieurs». C'est la voie par laquelle doivent passer, degré par degré, les communications qui viennent de l'«autorité supérieure» ou qui lui sont adressées. La hiérarchie est, pour Fayol, «imposée» par la nécessité d'avoir une «transmission assurée» et par le principe d'unité de commandement.

10. Principe d'ordre

Ici, Fayol fait un parallèle entre deux types d'ordre aussi nécessaires, selon lui, l'un que l'autre : «une place pour chaque chose et chaque chose à sa place» et «une place pour chaque personne et chaque personne à sa place». Il appelle cela l'«ordre matériel», d'un côté, et l'«ordre social», de l'autre. Cet ordre à deux volets aurait pour vertu principale d'«éviter les pertes de matières et les pertes de temps» et ferait que «chaque agent soit à la place qui lui a été assignée».

11. Principe d'équité

Fayol explique qu'il faut distinguer l'équité de la justice qui n'est que la «réalisation des conventions établies»; alors que l'équité permet d'aller au-delà de la lettre des textes et d'«interpréter». L'équité est pour lui, en définitive, la «combinaison de la bienveillance avec la justice».

12. Principe de stabilité du personnel

Partant du constat qu'il faut du temps pour qu'un agent s'initie à une tâche et soit apte à la remplir adéquatement, toute instabilité du personnel, d'après Fayol, ne peut qu'être néfaste et coûteuse. Autant que possible, il faudrait limiter les «changements de personnel à l'âge, la maladie, les retraites, la mort».

---

9. *Ibid.*, p. 35.
10. *Ibid.*, p. 36.

13. Principe d'initiative

C'est la «possibilité de concevoir et d'exécuter». Fayol met aussi sous la rubrique «initiative» la «liberté de proposer» et la «liberté d'exécuter». Il considère que c'est une «grande force de l'entreprise» que d'avoir une situation où l'«initiative de tous» viendrait s'ajouter à celle des chefs et, au besoin, la suppléer.

14. Principe d'union du personnel

Ici, Fayol a fait appel au proverbe «l'union fait la force». C'est l'«harmonie» entre les agents de l'entreprise qui ferait cette union. Trois moyens sont aptes à réaliser cette harmonie : respecter le principe d'unité de commandement, éviter de mal interpréter la devise «diviser pour régner» (il est bon de «diviser l'ennemi» mais pas «ses propres troupes») et éviter d'abuser des communications écrites.

Comme nous l'avons fait pour Taylor, voyons ce qui s'est passé durant la carrière de Fayol, et qui pourrait relativiser, expliquer ou éclairer davantage ses apports à la pensée administrative.

La carrière et l'itinéraire de Fayol

Sur le plan des idées et des convictions, Fayol est le produit d'une époque où la science positive et technicienne tient le devant de la scène et où la machine, la mécanique, le chemin de fer, etc., tendent à devenir des modèles d'organisation et de fonctionnement sur lesquels même le «corps social» devrait s'aligner. Fayol est aussi ingénieur. Autant il est admiratif devant l'efficacité militaire et industrielle allemande – efficacité qu'il attribue à la «puissance de son administration publique[11]» –, autant il semble, par les remarques dont il parsème son livre, peu fier de l'appareil public français. Le dénominateur commun de ses reproches est le viol systématique de nombre des principes et prescriptions qu'il avance : compétence des chefs, équité, l'agent qu'il faut à la place qu'il faut, nominations par le mérite[12], etc.

Cela montre que Fayol était attaché à une sorte de rationalité absolue et à une logique de fonctionnement qui devaient être universelles et implacables dans leurs résultats. Tout comme dans les rouages mécaniques, il suffirait d'avoir les bonnes chaînes des causes et des effets pour obtenir les résultats voulus. Même si, par ailleurs, Fayol invoque souvent la variété des situations, le discernement, la mesure, il n'en reste pas moins, y compris dans ces cas, à la recherche de la «bonne chaîne causes-effets».

À l'époque où il entreprend sa carrière, les ingénieurs ont un rôle confiné dans la production et la conduite technique des usines ; ils n'ont à peu près aucun rôle en ce qui touche à la gestion. Ce sont les propriétaires et les administrateurs

---

11. Reid (1986).
12. Cela a amené certains auteurs, dont Reid, à écrire que Fayol était en faveur d'une gestion de l'État sur le mode de la gestion de l'entreprise privée. C'est évidemment loin d'être aussi simple, à la lecture des différentes publications de Fayol. C'est même, au contraire, le modèle de l'État (en particulier allemand) qu'il semble vouloir transposer à l'entreprise.

(hommes de loi, financiers) qui, eux, ont «droit de gérance». Lorsqu'il est nommé directeur général, Fayol reçoit de son conseil d'administration un mandat strict et étroit : liquider l'entreprise, vite et proprement.

Dès lors, sa carrière se muera en un combat serré, pouce par pouce, pour grignoter des pouvoirs aux administrateurs. À son entrée en fonction, le conseil d'administration venait de réaffirmer sa mainmise sur le pouvoir exécutif «qui ne s'exerce que par délégation» du conseil. Fayol fut traité en technicien qui n'avait pas à s'occuper de la conduite générale interne, ni des orientations de l'entreprise[13]. Mais il ne l'entendait pas ainsi, et il s'appliqua à distinguer sa fonction, à lui octroyer une personnalité et une autorité propres.

Le spectaculaire redressement de l'entreprise qu'il réussit lui donnera, après quelques années, l'envergure suffisante pour affronter directement le conseil. Il le fit, et curieusement, comme pour Taylor, ce sont les financiers et leur conservatisme qu'il dut combattre le plus, notamment pour les projets qu'il soumettait et pour les investissements qu'il demandait[14]. Il mena une âpre lutte pour faire admettre le principe d'approbation par le conseil du financement de tout projet que le directeur général appuie sans réserve. Il se battit aussi pour limiter l'ingérence du conseil dans les affaires courantes, car pour lui, ce n'est pas parce qu'une personne est élue ou propriétaire qu'elle est forcément compétente. Il s'ingénia à promouvoir l'idée que la réussite d'une entreprise est avant tout fonction de sa capacité à se donner un bon «grand chef».

Fayol semble avoir réussi à valoriser le rôle et le statut du directeur général. Il a le mérite d'avoir sorti la fonction administrative de la conception traditionnelle, qui la considérait comme «allant de soi», et d'en avoir fait un ensemble intégré d'activités caractérisant le métier de dirigeant[15].

Ses efforts pour asseoir son rôle face à son conseil d'administration, ou pour, comme dit Reid, «l'apprivoiser», ont beaucoup contribué à sa mise au point d'une «doctrine consacrée» du métier d'administrateur. On a même pu affirmer que cela «doit être considéré comme un élément déterminant dans son élaboration d'une théorie d'administration des affaires», et qu'il «n'est pas surprenant que le directeur général soit devenu l'épicentre de la doctrine fayoliste», laquelle doctrine fournissait arguments et «justification pour le triomphe du directeur général[16]».

Par ailleurs, Fayol a eu comme prédécesseur, comme chef et comme mentor un certain Stéphane Mony, qui était influencé par Le Play et adepte du saint-simonisme[17]. C'était donc un continuateur de la tradition paternaliste la plus typique, celle qui peut aller jusqu'à faire assurer par l'entreprise tout ce qui est nécessaire à la vie des ouvriers et de leur famille : les villages-usines, où

---

13. Reid (1986, p. 84 et suivantes).
14. *Ibid.*, p. 86.
15. *Ibid.*, p. 85-87.
16. *Ibid.*, p. 87.
17. Saint-simonisme, de Claude Henri de Saint-Simon, philosophe et économiste français (fin du XVIIIe, début du XIXe siècle), qui donna naissance à une doctrine prônant le collectivisme, critiquant la propriété privée et dénonçant l'exploitation, au profit d'une sorte de planification socialisante teintée de charité chrétienne.

boutiques, habitations, écoles faisaient partie de ce que procurait la compagnie[18]. Mais Mony était animé d'une volonté d'être proche des ouvriers, ce qui le conduisait à discuter fréquemment avec eux et à leur donner directement des ordres, devenant très populaire parmi eux.

On peut voir là une des origines de l'énergique et farouche défense par Fayol des principes d'unité de commandement et de hiérarchie. Notons qu'il ne dénonce le viol de ces deux principes que dans le sens descendant, c'est-à-dire celui du chef contournant son subordonné. De plus, ce sera là pratiquement la seule divergence dont Fayol estimera qu'elle le sépare de façon irréconciliable d'avec Taylor, à qui il reproche de commettre l'hérésie d'admettre qu'on viole l'unité de commandement (par la création d'une deuxième autorité que représente, par exemple, le bureau des méthodes).

Tout cela donne un ton beaucoup plus particulier et personnel aux réflexions et aux théorisations de Fayol, et limite l'universalisme qu'on veut généralement y mettre. Cependant, que ce soit explicitement ou implicitement, tout le management ne fait en général que reconduire, en les considérant comme universels et neutres, l'ensemble des composantes de la fonction administrative et certains des principes élaborés par Fayol. L'inévitable PODC est partout et toujours enseigné, accompagné des principes de commandement, de hiérarchie, de discipline, de division du travail et d'ordre[19], ainsi que de techniques et d'outils plus contemporains, plus «scientifiques», pouvant aider le gestionnaire à mieux planifier, à mieux décider, à mieux organiser.

Mais peut-être serait-il tout aussi intéressant de voir ce que le management n'a pas ou a peu retenu de Fayol.

L'usage fait de la pensée fayolienne

Tout d'abord, les principes que nous avons passés en revue ont souvent été tronqués, ou simplement énumérés pour mémoire. Il est en effet rarissime de voir décortiquer dans les manuels ou dans les programmes de gestion, à l'occasion de l'étude de Fayol, des principes tels que l'initiative, l'équité ou l'intérêt général avant l'intérêt particulier. Pourtant, Fayol n'indique nulle part que certains de ses principes seraient plus négligeables que d'autres. On semble ne pas trop insister sur ces notions parce qu'elles ne concourent pas à augmenter la production tout en maintenant le travail dans une position de subordination et d'avilissement[20].

---

18. On voit tout de suite les abus auxquels cela pouvait donner lieu: contrôler la vie sociale et les dépenses des ouvriers, justifier ses actes par les soins de l'Église du lieu, endetter l'ouvrier auprès des boutiques maison, jouer sur les salaires avec cet endettement.
19. Nous verrons un peu plus loin pourquoi ces principes-là et moins les autres.
20. Ce mot pris dans le sens de «rendre vil», c'est-à-dire «de moindre valeur». Pour plus de détails sur cette question de l'avilissement du travail à travers l'idéologie du management, voir Mantoux (1959), Friedmann (1964), Terkel (1976), Braverman (1976), Aktouf (1985 et 1986c).

La conception de l'ouvrier limité et paresseux du type Schmidt s'accommode mal du principe d'initiative qui suppose, selon les propres termes de Fayol, à la fois la «capacité de concevoir et d'exécuter». Rappelons que Fayol faisait de cette capacité le plus puissant des facteurs de satisfaction et de motivation, ajoutant que «le chef doit savoir faire quelques sacrifices d'amour-propre pour donner des satisfactions à ses subordonnés» à travers la liberté d'initiative (p. 44).

Quant aux principes d'équité et de subordination de l'intérêt particulier à l'intérêt général, ils sont battus en brèche par l'éthique concrète du management le plus répandu, qui est de chercher tous les moyens de payer le travail le moins possible et de satisfaire presque exclusivement le seul intérêt à court terme des dirigeants et des actionnaires[21].

Par ailleurs, çà et là, au gré de ses explications et commentaires à propos de ses principes, Fayol donne, comme très importants, nombre de conseils et de recommandations dont le management traditionnel n'a tiré à peu près aucun profit:

- La fonction administrative n'est pas l'apanage des administrateurs, chefs ou dirigeants[22]. Fayol la répartit sur l'ensemble du personnel, bien qu'elle augmente avec le niveau hiérarchique: 5% de fonction administrative chez l'ouvrier, jusqu'à 50% chez le directeur général (le reste se répartissant dans les fonctions techniques, etc., à raison de 10% chacune).

- Le poids du bon ou mauvais fonctionnement de l'entreprise repose sur les chefs. Ce sont eux et non les employés, insiste Fayol, qui doivent porter la responsabilité d'un mauvais moral, d'une mauvaise productivité, d'une mauvaise qualité, etc. Ils sont «l'exemple» et doivent avoir une conduite irréprochable et de «très hautes qualités morales».

- La division du travail et la spécialisation, si elles sont souhaitables, doivent être considérées aussi dans leurs aspects négatifs: les «limites que l'esprit de mesure» devrait «apprendre à ne pas franchir» (p. 21).

- Les employés et les ouvriers doivent jouir d'une dose non négligeable d'autonomie; Reid[23] rappelle que Fayol a renversé la tendance à la division du travail dès qu'il a pris la direction de Commentry et qu'il a restitué à l'équipe d'ouvriers des responsabilités qu'on lui avait enlevées, qu'il était favorable à leur organisation par «brigades libres», etc.

- Fayol appelle «régime détestable» le mode de fonctionnement strictement formel-écrit de l'entreprise, et préconise «d'interdire toutes les communications écrites» qui peuvent «être remplacées par les communications verbales» (p. 46).

---

21. Voir, par exemple, Galbraith (1968) pour une analyse du fait que même les propriétaires-actionnaires sont spoliés au profit des technocrates dirigeants.
22. Contrairement à ce qui est avancé dans nombre de manuels de gestion, comme dans Boisvert (1980, p. 12).
23. Reid (1986, p. 89).

- Il parle (sur près de cinq pages) du partage des bénéfices, y compris avec les ouvriers. Même s'il ne le recommande finalement pas, il ne le rejette pas, alors que l'écrasante majorité des manuels de management n'en parlent tout simplement jamais.

- Fayol fait aussi allusion, à l'occasion de cette question du partage des bénéfices, au fait que ce serait de là que sortirait l'«accord du capital et du travail» (p. 32). C'est dire qu'il reconnaissait, lui aussi, un antagonisme fondamental entre travailleurs et employeurs.

- Dans plusieurs passages, il insiste sur la dimension affective que revêt forcément le travail du dirigeant. Il pensait que, en donnant une touche sentimentale et émotionnelle à l'administration – dans la tradition paternaliste et saint-simonienne –, on pourrait tempérer les «effets potentiels d'éclatement de la division du travail[24]».

- Lorsqu'il parle de la discipline, Fayol insiste: «c'est d'abord ce que font les chefs» (p. 23). Et il précise: «il est inutile d'attendre de ses employés ce qu'on ne fait pas d'abord soi-même, avec rigueur et constance».

- Partout où il utilise un qualificatif pour désigner l'acte d'administration, il parle de «doctrine» et non de «science». Et il répète à plusieurs reprises, pratiquement à chaque discussion de ses principes, que tout ce qu'il avance doit être relativisé – et non pris comme vérité universelle ou scientifique –, adapté aux circonstances, aux situations, aux époques qui sont variables et changeantes (p. 19 et 23, entre autres).

- Il affirme à maintes reprises que l'art principal mis à contribution dans l'administration, c'est celui «d'agir sur les hommes» (p. 19). Or, les programmes modernes de management font peu de place à cette dimension[25].

- Ce souci de l'humain revient avec force dans la partie consacrée aux rétributions en nature, aux récompenses et aux œuvres de bien-être. Fayol y parle de s'occuper de ses employés non seulement dans l'usine, mais aussi hors de l'usine: «logement, alimentation, instruction, éducation» en plus de toutes les «questions d'hygiène et de confort».

- Signalons, enfin, sans que ce tour d'horizon soit exhaustif, que Fayol parle de «culture générale» comme qualité cardinale de l'administrateur et du dirigeant (il insiste à plusieurs reprises: p. 90, 94, 100, 102), alors que, parallèlement, et de façon étonnamment prémonitoire, il «déplore la mathématisation» et l'excès des calculs dans la formation de ceux qui deviennent dirigeants (p. 101, 102, 104).

---

24. Reid (1986, p. 89).
25. Nous verrons, dans la partie consacrée à la gestion comme matière à enseignement, comment on a au contraire outrageusement technicisé les programmes. Ce fait a été dénoncé, il y a une dizaine d'années, par une revue de grand tirage comme *Business Week* (19 juillet 1993).

Il y a là une douzaine de points importants chez Fayol dont le management n'a à peu près pas tenu compte, quand il ne les a pas ignorés purement et simplement. Alors que, çà et là, maints auteurs prétendent aujourd'hui «découvrir» ces choses, faisant comme si on ne les avait pas délibérément occultées.

Avant de passer à une conclusion sur ce qu'est le fayolisme, voyons ce qu'il partage avec le taylorisme et ce qu'il rejette de celui-ci.

Fayol face à Taylor

Fayol consacre plusieurs pages (80 à 86) à une discussion du système de Taylor, dont il attaque vivement ce qu'il considère comme un déni inadmissible, une «violation flagrante» du principe d'unité de commandement. Pour lui, Taylor commet un péché impardonnable en recommandant plusieurs autorités d'«experts» au-dessus de l'ouvrier, en même temps que l'abandon de «l'ancienne méthode qui consiste à passer par le chef d'équipe[26]». Fayol lui reproche également de marquer un injustifiable «dédain» envers le mode d'administration de type militaire.

Il y a d'autres points d'accord et de divergence que Fayol ne signale pas dans sa discussion du système de Taylor. C'est Reid qui nous aide à les recenser, à partir de plusieurs sources et documents historiques différents.

Pour ce qui est des divergences, Fayol ne partageait pas l'opinion de Taylor sur la nécessité d'un contrôle étroit du travail et du travailleur. Au contraire, il estimait que rien ne valait l'organisation libre «selon leur désir» des équipes d'ouvriers, qu'il fallait leur laisser le choix de la méthode et de l'outillage. Il y voyait une salutaire «autosélection» des ouvriers et une source supplémentaire de bonne entente et d'émulation[27]. L'histoire a donné raison à Fayol. Il faut retenir aussi qu'il ne voyait pas que des vertus dans la division et la spécialisation du travail, les bases du *scientific management* de Taylor.

Pour le reste, on peut affirmer que Taylor et Fayol se complètent, l'un étudiant et organisant le travail, du poste de l'ouvrier ou du manœuvre jusqu'à celui de directeur d'atelier, et l'autre faisant la même chose du directeur général jusqu'à l'atelier. On peut toutefois noter que Fayol compensait la relative autonomie laissée à la base par la **prévoyance** – la planification stricte, générale, autoritaire et contrôlée.

Cette complémentarité de Taylor et Fayol peut aussi se retrouver sous maints aspects : ils partagent le sentiment d'un «état de guerre» entre employés et employeurs, la notion de «l'homme qu'il faut à la place qu'il faut[28]», la nécessité de prendre soin des employés, de ne pas être «égoïste» (tous deux utilisent le terme), de partager les fruits de l'entreprise avec eux, d'être généreux, de penser à l'intérêt général, etc. Ils partagent, enfin, le même genre de combat : ingénieurs-organisateurs contre administrateurs-financiers ; ces derniers se présentent presque toujours en contradicteurs réactionnaires, conservateurs, méfiants, peu enclins à consentir des améliorations aux conditions des employés.

---

26. Taylor (1913, p. 64).
27. Reid (1986, p. 79 et suivantes).
28. Fayol (1979) reprend même la formule en langue anglaise, p. 41.

Fayol partage aussi avec Taylor nombre de contradictions et d'incohérences dans ses propos et positions. Citons les plus flagrantes :

- Parallèlement à l'initiative, la «plus grande source de satisfaction» comme il dit, Fayol n'hésite pas à préconiser la planification et le contrôle les plus centralisés.

- Tout en consentant aux employés la «liberté» de «s'organiser selon leur désir», il préconise la fermeté et l'intransigeance quant au principe de discipline et d'obéissance.

- Animé d'une tradition paternaliste et saint-simonienne (peut-être inavouée), il recommande de gérer avec «cœur», avec «bonté», mais n'hésite pas à conseiller de se débarrasser systématiquement des «incapables» au nom du «devoir».

- Il vante les vertus de la communication directe, verbale, sans formalisme, mais défend avec vigueur les principes de hiérarchie et d'unité de commandement.

- Il préconise l'équité, l'union, la subordination de l'intérêt particulier à l'intérêt général et affirme en même temps qu'il ne convient pas de payer les employés de façon «excessive», ou «dépassant la limite du raisonnable».

- Il parle de participation aux bénéfices mais affirme aussitôt, de façon aussi injustifiée que péremptoire, que la part de l'ouvrier ne peut être qu'infinitésimale du fait que, prétend-il, sa contribution aux bénéfices de l'entreprise est presque nulle.

- Il s'inquiète, en traitant de cette question de la participation aux bénéfices, de rétablir l'«accord entre le travail et le capital», mais continue à considérer l'entreprise comme un lieu de consensus généralisé.

- Il vante les bienfaits considérables de la capacité à la fois de concevoir et d'exécuter un travail, mais tient farouchement aux principes de division du travail, de spécialisation et d'«ordre social» : une place pour chaque agent et chaque agent à sa place.

Il y a, par ailleurs, plusieurs réserves sérieuses qu'on peut retenir quant aux fondements et aux arrière-plans théoriques des propositions et des conclusions fayoliennes.

Quelques faiblesses théoriques

Tout d'abord, Fayol en appelle plusieurs fois à la qualité «naturelle» de tel ou tel élément qu'il expose : division du travail, hiérarchie, ordre. Il parle même d'organes, de cerveau, d'organisme et de leur «fonctionnement» pour appuyer ses arguments. C'est là un des points discutables de l'édifice fayolien : il est marqué par le biologisme de son époque[29]. Pour la biologie d'aujourd'hui, il serait tout

---

29. Où dominait, par exemple, une figure comme Gustave Le Bon, dont les travaux et les théories (entre autres le fameux *La psychologie des foules*) avaient une connotation élitiste, mécaniste et même raciste.

à fait incongru d'affirmer que le «cerveau commande» à des «organes qui obéissent». La référence «naturelle» à laquelle se rattachait Fayol pour asseoir sa vision est depuis longtemps dépassée[30].

Outre le biologisme, Fayol s'appuyait volontiers sur le modèle de l'armée. Il suffit de lire la façon dont il reproche à Taylor de marquer du dédain envers le «type militaire d'organisation» pour comprendre que, même s'il ne le dit pas explicitement, c'est pour lui une référence importante et un exemple à cause de l'ordre, de la discipline, du respect strict de la hiérarchie et de l'unité de commandement, des «signes extérieurs de respect», etc.

Cependant, l'œuvre de Fayol prêtait à une interprétation et à une utilisation abusives, et c'est là peut-être son plus grand défaut. Elle se présentait comme une théorie à l'universalisme et au caractère scientifique presque indiscutables, alors qu'en vérité elle n'était rien d'autre qu'un cas, et qui plus est, un cas très particulier, à une époque bien précise.

La Commambault était en effet une entreprise d'un secteur (les mines et les fonderies) à l'époque en pleine expansion, surtout en contexte de guerre et de croissance du chemin de fer et de la métallurgie-sidérurgie en général. Il était à la fois indiqué, aisé et indispensable d'avoir recours dans ce secteur à une planification serrée et rigoureuse. C'est à partir de l'industrie du charbon que Fayol a développé l'ensemble de sa vision planificatrice, ossature de toute sa «doctrine administrative».

Or, cette industrie «se caractérisait, nous dit Reid, par une production continue et relativement constante et par le besoin d'amortir d'importants investissements de capitaux dans le temps». L'expérience de Fayol portait sur une activité dont la planification était relativement «peu influencée par le marché» et dont l'«élément clé était, par conséquent, la production[31]».

Comment donc un cas et un seul, et dans un secteur aussi spécifique, peut-il être quasi indéfiniment pris comme base de l'élaboration de principes ayant des prétentions universelles[32]?

En conclusion: un Fayol édulcoré

On ne peut nier l'énorme dette que le management, même actuel, a envers Fayol. On peut même dire qu'à bien des reprises il fait preuve d'un remarquable modernisme – par exemple, par ses mises en garde contre l'excès de spécialisation et d'organisation du travail dans le détail, ses avertissements quant à la nature variée et changeante des situations, ses exhortations à motiver par l'initiative, à communiquer de façon directe, etc. Mais, comme cela s'est passé avec Taylor, les praticiens et les théoriciens de la gestion n'en ont retenu que ce qui cadrait avec l'idéologie du rentabilisme unilatéral à court terme.

---

30. Voici la propre formulation de Fayol: «la centralisation est un fait d'ordre naturel [...] les sensations convergent vers le cerveau [...] et du cerveau [...] partent les ordres qui mettent en mouvement toutes les parties de l'organisme» (p. 36).
31. Reid (1986, p. 80-81).
32. Il aura fallu attendre Mintzberg et le choc du management japonais du milieu des années 1970 pour commencer à voir quelques relativisations de l'omniprésent modèle fayolien.

La pensée de Fayol est toujours riche d'enseignements, et l'on voit aujourd'hui combien il avait vu juste lorsqu'il plaidait pour une «grande culture générale» du gestionnaire et pour une moindre «mathématisation» dans la formation de ceux qu'il voyait comme des administrateurs[33]. Et cela, même si Reid a parfaitement raison lorsqu'il écrit qu'à tout prendre l'ensemble du travail de Fayol n'a été qu'une expression, une représentation de l'«idéologie autovalorisante du directeur», comme l'œuvre de Taylor a été la défense et l'apologie du rôle de l'ingénieur[34]. Ni l'un ni l'autre n'ont été exempts – ni leurs idées – des intérêts de la classe et du corps professionnel dont ils étaient issus[35]. Dans ces conditions, comment peut-on s'étonner aujourd'hui du fossé qui sépare l'engagement, les objectifs et les «mentalités» des dirigeants par rapport à ceux des dirigés de la plupart des entreprises industrielles de l'Occident?

Un peu paradoxalement, c'est dans la pensée dense et complexe d'un Max Weber, appelé à la rescousse du management traditionnel, qu'on trouvera des pistes de réponses à cette question.

MAX WEBER (1864-1920): L'APPEL AUX VERTUS DU MODÈLE RATIONNEL DE DOMINATION ET DE BUREAUCRATIE

Voici un auteur, Max Weber, sociologue et philosophe allemand, parmi les plus profonds du début du XXe siècle, dont l'intégration à la pensée du management dite classique m'a toujours passablement intrigué.

Il ne s'agit pas de faire une présentation complète et, encore moins, une analyse de l'œuvre ou de la pensée de Weber. Il s'agit néanmoins, comme nous l'avons fait pour les auteurs étudiés jusqu'ici, de voir les raisons et les circonstances de son association à la pensée du management, ses apports originaux ainsi que les interprétations et les usages qui en ont été faits en management. Ce sera cependant un travail autrement plus ardu, car la pensée wébérienne est une pensée quasi encyclopédique et, de surcroît, une pensée qui s'attaque à une immense tâche, inachevée et en grande partie en fragments rassemblés après sa mort. C'est une œuvre qui ne visait rien de moins qu'une explication universelle des mécanismes du fonctionnement et de l'évolution des sociétés humaines.

---

33. C'est là l'essentiel du plaidoyer d'un article basé sur une vaste enquête menée par une université canadienne et une université américaine: «Ne tirez pas sur les MBA», *Revue Commerce,* octobre 1986, ainsi que de deux des dernières publications de Mintzberg lui-même: «Formons des managers, non des M.B.A.» (1989) et *On Management. Inside our Strange World of Organizations* (1989). Voir aussi Mintzberg (2004).
34. Reid (1986, p. 92).
35. Souvenons-nous que Taylor précise dans son témoignage devant la Chambre des représentants que les dirigeants de la Midvale ne lui ont donné carte blanche que parce qu'ils avaient vu qu'il n'était pas un ouvrier comme les autres, mais qu'il était issu de la bourgeoisie comme eux-mêmes.

C'est une des pensées les plus puissantes et les plus fécondes aussi bien de la sociologie que de l'économie ou de la philosophie. On ne tarit pas d'études, de colloques et de commentaires sur l'œuvre de Weber[36]. Des spécialistes des différentes sciences sociales s'échinent à essayer de comprendre, à débroussailler et à tenter d'utiliser les concepts et la méthode légués par Weber ; l'harmonie est loin d'être la règle parmi ceux qui tentent encore de pénétrer l'univers wébérien[37]. Mais, comme pour les autres auteurs étudiés, la littérature du management ne paraît pas se faire de grands soucis ni de grands scrupules à s'en servir, quitte à simplifier et à «arrondir les angles».

Il faut ici prévenir le lecteur que, compte tenu de la densité et de la complexité de la pensée wébérienne, il ne sera pas possible d'en traiter en termes simples. Même si la lecture doit en être ardue, considérant l'importance de la place que le management traditionnel prétend donner en son sein à Weber, il est indispensable d'en savoir et d'en comprendre un minimum. J'ai donc délibérément choisi de parler de Weber en des termes qui soient, autant que possible, fidèles à la nature de son œuvre.

Weber et son introduction dans le management

Les travaux de Weber n'ont été que très tardivement accessibles aux États-Unis et en France. Le premier texte publié de lui en Amérique est la traduction par T. Parsons, en 1930, de *L'éthique protestante et l'esprit du capitalisme*, puis ce fut *From M. Weber: Essays in Sociology* en 1946, et *Économie et société*, en trois tomes, entre 1947 et 1952. Pour ce qui est de la France, le premier travail de Weber qu'on peut y trouver, *Le savant et le politique*, a été traduit par J. Freund en 1959, puis il a fallu attendre 1971 pour voir une version française d'*Économie et société*, dont on attend toujours le second tome. Bien d'autres textes wébériens ont été traduits depuis, aussi bien en anglais qu'en français. Mais ceux qui sont mentionnés ici représentent ce qui est, et de loin, le plus visé par la littérature du management.

C'est donc tard, par rapport aux Taylor, Fayol et Babbage, que Weber fera son entrée dans le management. En fait, c'est surtout la sociologie des organisations qui se réfère le plus à la pensée wébérienne (Parsons, 1951 et 1955 ; Simon et March, 1958 ; Bendix, 1962 ; Crozier, 1963 ; Chanlat et Séguin, 1983 et 1987). Mais de très nombreux manuels de management le situent parmi les quatre ou cinq piliers des fondements de la pensée administrative moderne, en compagnie, en particulier, de Fayol, et parfois de Taylor, ou des deux. Mais plutôt que *L'éthique protestante* ou *Le savant et le politique*, qui occupent beaucoup les sociologues des organisations, c'est surtout *Économie et société* (une toute petite partie de cet ouvrage) que l'on utilise en management (un certain George, dans *The History of Management Thought*, ne situe l'apport de Weber qu'à partir de 1947, année de la parution du premier tome de ce texte). Mais voyons pour l'instant les dominantes de l'œuvre wébérienne.

---

36. Par exemple, et seulement pour les plus célèbres : Parsons (1951 et 1955), Popper (1956), Sartre (1960), Bendix (1962), Aron (1967), Merleau-Ponty (1955), Freund (1966 et 1985).
37. Voir, entre autres, Hirschhorn (1988) et Raynaud (1987).

L'œuvre de Weber : le fossé par rapport au management

Max Weber n'a, à proprement parler, pas laissé de disciples ni d'école, ce qui rend flou et discutable l'adjectif «wébérien». Il n'a laissé que matière à réflexion, à discussion et à controverse. Pour les non-initiés, c'est une pensée passablement hermétique et une œuvre difficile à lire, que ce soit dans le texte ou en traduction. Il faut, comme pour des auteurs tels que Karl Marx, une solide culture philosophique, historique et sociologique pour s'attaquer à une telle lecture, que le caractère souvent fragmentaire et abrégé rend plus ardue[38]. Parmi les spécialistes contemporains, Hirschhorn (1988) parle d'«exercice difficile même pour les germanistes», Raynaud (1987) d'une sociologie «héritière des grandes philosophies de l'Histoire du XIXᵉ siècle», et Freund, l'un des «wébérianistes» les plus reconnus, d'«érudition encyclopédique» (1985). C'est dire, en plus de la nécessité d'être au fait des sujets dont traite Weber, que tenter d'en utiliser quelque partie que ce soit demande une grande prudence et d'interminables précautions théoriques.

Un des auteurs en management qui citent Max Weber comme jalon de la période classique, Boisvert (1980), précise qu'il faut «tenir compte de la complexité et de la sophistication» de ses travaux, ce qui, ajoute-t-il, «complique singulièrement» et son interprétation et son utilisation (p. 28).

Freund (1985) présente Max Weber comme un savant dont on ne fait que découvrir les potentialités et qui influence de façon importante l'évolution de la sociologie dans tous les pays. C'est, selon lui, non seulement un des plus grands sociologues, mais aussi un remarquable juriste, un brillant économiste, un talentueux historien, un profond philosophe, un théoricien de la politique aigu, un fin méthodologiste, un éminent épistémologue, etc.

L'œuvre de Weber? On peut dire, en prenant une certaine liberté mais sans trahir l'essentiel, qu'elle s'articule autour de trois grands axes[39]. Le premier axe est philosophique et se préoccupe de ce que Freund appelle la «détresse spirituelle qui est désormais le destin de l'homme» après le déclin de l'éthique chrétienne qui a, pendant plus d'un millier d'années, servi de guide à l'Occident. Weber s'interroge sur le devenir de cette société en proie aux éclatements idéologiques et à la montée de l'individualisme et de la rationalité instrumentale, alors que, pour lui, le progrès, la créativité et l'innovation ne sont possibles que par des actes déviants et irrationnels. Cela marque les limites et les dangers de la rationalité croissante due aux capacités de calcul et au scientisme du XXᵉ siècle.

Le deuxième axe concerne une théorie des sciences humaines, une étude des conditions scientifiques de la connaissance des faits humains et sociaux. Aucune science, pour Weber, n'est exempte de présuppositions, d'idées préconçues ou de valeurs; aucune, dans le domaine de l'humain, n'est une connaissance qui épuise, à elle seule, le réel dans sa totalité. C'est à partir de là que

---

38. Cela vaut en particulier pour *Économie et société*.
39. Freund (1985).

Weber propose le recours à ses fameux «types idéaux» susceptibles de répondre à la difficulté des sciences humaines de devoir rendre compte de phénomènes généraux et généralisables et de singularités spatiales ou temporelles.

Ces types idéaux sont des concepts abstraitement élaborés qui «ordonnent en un tableau homogène les caractéristiques essentielles d'un phénomène» qui peut être la «bureaucratie» ou l'«aristocratie», par exemple, et qui, comparé à un système bureaucratique ou aristocratique d'un lieu donné à une époque donnée, révèle en quoi ce système-là se singularise par rapport à d'autres époques ou à des lieux différents. Weber donne des voies de sortie pour faire face aux difficultés liées à la multicausalité des phénomènes humains et pour réduire le poids des valeurs du chercheur dans la «discrimination entre l'essentiel et l'accessoire».

Enfin, le troisième axe, le plus important chez Weber, c'est l'axe sociologique. Comme le dit Freund, Weber est le «maître de la sociologie compréhensive», une sociologie qui cherche à comprendre la réalité sociale et non pas seulement à lui donner une explication causale échappant à ceux qui vivent la réalité sociale en question. Il est nécessaire, pour Weber, de compléter l'explication causale par la compréhension, c'est-à-dire l'accès aux motifs qui font agir les personnes et l'interprétation des significations que ces personnes donnent à leurs actes. «Il n'est pas nécessaire d'être César pour comprendre César», écrit-il dans *Économie et société*.

Les principaux concepts wébériens

C'est, d'après Freund, à partir de cette méthode que Weber élabore sa célèbre étude sur les rapports entre l'éthique protestante (particulièrement le puritanisme postcalviniste et son affirmation que la réussite matérielle individuelle est un signe de prédestination et de grâce divine) et l'esprit du capitalisme qui s'est développé et épanoui à partir de l'Europe du Nord, entre les XVIIe et XIXe siècles.

Pour compléter son tableau des catégories expliquant les phénomènes sociaux, Weber élabore, à côté des types idéaux d'organisation, des modèles conceptuels des «activités sociales», de l'«éthique» et de la «domination». C'est ainsi qu'il y a, d'après lui:

1. Quatre types d'activités sociales:

   – L'activité sociale rationnelle en finalité: activité tendant à se baser sur une compréhension adéquate des moyens-fins-conséquences.

   – L'activité sociale rationnelle en valeur: activité basée sur une croyance personnelle profonde, sans considération pour les chances de succès et les conséquences (du genre «noble cause»).

   – L'activité sociale affective: activité basée sur une poussée émotionnelle ou passionnelle.

   – L'activité sociale traditionnelle: activité basée sur l'habitude, sur «ce qui se fait», sur la simple obéissance à la coutume.

2. Deux types d'éthique :

- L'éthique de conviction : l'action est motivée et guidée par une conviction ou une idée placée au-dessus de tout, telle que la révolution, l'honneur, la foi, le bien.

- L'éthique de responsabilité : l'action est au contraire motivée et guidée par un choix rationnel et judicieux, un discernement entre ce qui est réaliste ou pas, conforme ou non aux moyens accessibles, conduisant à des conséquences qu'on peut assumer ou pas.

3. Trois types de domination :

- La domination traditionnelle : le pouvoir est légitimé par le fait que ce sont les coutumes établies et acceptées, la tradition, qui désignent les personnes en position de domination.

- La domination légale : le pouvoir en place est légitimé par la force de la loi, la réglementation rationnellement établie.

- La domination charismatique : le pouvoir tient sa légitimité du rayonnement émanant de la personne elle-même, de l'allégeance et du dévouement qu'elle suscite grâce à sa valeur, à ses dons, à ses qualités exceptionnelles.

On ne peut achever ce rapide tour d'horizon de l'œuvre de Weber sans parler de ses travaux magistraux sur les religions (le bouddhisme, l'hindouisme, le judaïsme, le christianisme – il devait terminer par l'étude de l'islam mais n'en a pas eu le temps), sur le droit et sur l'art.

Ce bref tableau donne néanmoins une idée de l'ampleur, de la diversité et de la complexité de la pensée de Max Weber. En quoi le pragmatisme utilitariste du management traditionnel, soucieux avant tout de contrôle quotidien et de rentabilité à court terme, peut-il trouver un interlocuteur convenable en un tel personnage ? Voyons, pour répondre à cette question, ce qu'en disent quelques manuels classiques de management[40].

Comment Weber a été traité par le management

Signalons d'abord que, curieusement, George (1968) place Weber en compagnie de Likert et d'Argyris et apparemment sur le même plan. Il lui consacre exactement quatre lignes en tout et pour tout, et le signale comme ayant, avec Likert et Argyris, mis l'accent sur les aspects « psychologiques et psychosociologiques » dans les recherches « sur les relations humaines » et les théories des organisations, tout en y incorporant une vision de « système ouvert » (p. XVII).

Maurice Boisvert, qui effectuait une récapitulation de l'usage de Weber par le management, reconnaît la complexité et la sophistication de la pensée wébérienne, mais lui attribue une indication, qu'il sous-entend claire et univoque, à la

---

40. Lorsque je parle de management et de manuels de management, j'exclus, bien entendu, les domaines et les ouvrages couvrant la sociologie des organisations, qui, ordinairement, traitent plus largement de Max Weber.

question «comment organiser?» que Fayol aurait laissée sans réponse. Weber y répond, dit Boisvert, par sa formulation des caractéristiques de la bureaucratie et par la «description» du modèle de domination légale auquel cette bureaucratie correspond[41].

Deux autres manuels (Bergeron, 1983 et 1986) placent Weber dans l'école classique, en compagnie de Babbage, Taylor, Gantt, Gilbreth et Fayol. Il y est présenté comme un «sociologue allemand» qui a «proposé le concept de base de la structure bureaucratique», ainsi que celui de l'organisation envisagée sous un angle «descriptif et scientifique». Puis, sans plus de précisions, cette présentation est suivie de l'énumération des «caractéristiques de la structure bureaucratique[42]».

Dans tous les manuels de management consultés (une bonne dizaine, au hasard, en français et en anglais), c'est, à très peu de chose près, le même schéma qui revient: présentation de Weber comme partie intégrante de l'école classique – ou scientifique – des théories de la gestion ou de l'organisation, et énumération, en tout ou en partie, des composantes de ses types idéaux de domination légale et d'organisation bureaucratique:

- Wren (1979), qui consacre plusieurs passages à *L'éthique protestante et l'esprit du capitalisme*, se demande si c'est le protestantisme qui a amené le capitalisme ou l'inverse, et trouve finalement, dans le «besoin d'accomplissement» de McClelland (1961), une confirmation de Weber, parce que les protestants «produisent» des enfants ayant un besoin d'accomplissement plus élevé que les catholiques (p. 31). Il affirme également que «le concept wébérien du meilleur système administratif est remarquablement analogue à celui de Taylor» (!) et ajoute que Weber aurait élaboré et donné au management les «éléments de la bureaucratie idéale» (p. 251).

- Henry Mintzberg (1979) cite Weber dans plusieurs de ses chapitres, mais pour l'essentiel, il l'associe à Taylor (p. 10) pour la description formelle et «scientifique» de l'organisation et la répartition du travail, les règles et la formation spécialisée. Plus loin (p. 85), il se demande si le type idéal de Weber existe vraiment ou si l'on ne trouve pas plutôt plusieurs types particuliers. Plus loin encore (p. 315), il associe la «description» wébérienne de la bureaucratie à son propre modèle de «bureaucratie mécaniste». Enfin (p. 361), il s'appuie sur le principe wébérien de «hiérarchie professionnelle» pour mieux asseoir sa propre description des «bureaucraties professionnelles».

- Koontz, O'Donnell et Weihrich (1984), dont les principes et les théories en management dominent la scène depuis *Principles of Management*, réédité 8 fois et traduit en 16 langues, traitent de Weber en une demi-page sur près de 700, et le présentent comme l'un des pères, avec Durkheim et Pareto, de la théorie de l'organisation et de l'«approche système» en management. Weber y a la paternité d'«analyses empiriques du clergé, du gouvernement, de l'organisation militaire, et… du business [!] ayant mené à la conviction que

---

41. Boisvert (1980, p. 45-48).
42. Bergeron (1983, p. 78-79) et (1986, p. 158-159).

la hiérarchie, l'autorité et la bureaucratie (y compris les règles claires, la définition de tâches et la discipline) constituent les fondations de toute organisation sociale[43]» (p. 39).

- Miller (ouvrage collectif, 1985) présente le «modèle bureaucratique» de Weber comme fruit de ses analyses socio-historiques. Il en tire, entre autres, l'enseignement que «l'ordre s'appuie non plus sur la tradition ou les dons charismatiques», mais que ce sont plutôt les «conventions formelles et l'organisation bureaucratique du travail» qui le garantiraient. Weber aurait «déduit» de l'«observation historique des phénomènes sociaux» les «caractéristiques typiques de la forme d'organisation la plus efficace» (p. 353). Néanmoins, Miller est le seul, parmi tous les auteurs passés en revue, à signaler (p. 353) que le «rendement» de ces organisations est «souvent obtenu au détriment de la satisfaction des membres», et que Weber «était peu préoccupé directement par l'administration des entreprises» (p. 252).

À en juger par ces quelques examens de la littérature du management, c'est visiblement l'éclectisme et l'hypersimplification qui dominent! Cela veut dire, à mon sens, qu'on ne sait tout simplement pas où placer Weber et comment se servir de ses travaux. À la limite, il ne paraît être qu'une sorte d'alibi ou de caution à saveur intellectuelle et scientifique.

Mais en tout et pour tout, si l'on considère l'ampleur des travaux de Weber, il s'agit, pour l'essentiel de ce qui est repris le plus souvent, de huit pages (223 à 231) constituant la section du chapitre «La domination légale à direction administrative bureaucratique» sur les 650 pages que comprend le seul premier tome d'*Économie et société*!

Voyons l'essentiel de ce que contiennent ces illustres huit pages et dont le management prétend faire un si intéressant usage. D'abord, Weber y dresse le tableau du **type de domination légale «pur»**:

1. Ce type de domination légale est basé sur le droit, rationnellement établi, et fait appel à la raison, à la loi, aux règles édictées et considérées comme logiques.

2. Ce droit est normalement un «cosmos de règles abstraites», règles «décidées intentionnellement».

3. Le détenteur du pouvoir, lorsqu'il l'exerce, obéit à un «ordre impersonnel par lequel il oriente ses dispositions».

4. Celui qui obéit obéit en tant que membre du groupe ayant formulé ce droit et ces règles, et obéit au droit.

5. Les membres du groupe n'obéissent pas à la personne du détenteur du pouvoir, mais à des «règlements impersonnels». Ils ne sont donc tenus à l'obéissance que dans les limites rationnellement définies par ces règles.

---

43. Traduction libre.

Ensuite, il en donne les «catégories fondamentales» :

- Compétence appuyée sur un domaine d'attributions et de devoirs objective-ment délimité, sur des pouvoirs de commandement et sur une délimitation précise des «moyens de coercition et des hypothèses de leur application».

- Principe de «hiérarchie administrative», c'est-à-dire de contrôle et de sur-veillance envers l'autorité constituée, et de droit d'appel ou de requête des subordonnés.

- Principe de formation professionnelle pour l'application des règles, des rè-gles techniques et des normes.

- Principe de «séparation totale» entre direction et «moyens d'administration et d'acquisition».

- Absence d'appropriation du poste par le titulaire.

Et, enfin, Weber décrit le type idéal d'administration bureaucratique, qu'il présente comme le «type le plus pur» de domination légale, et composé de «fonctionnaires individuels» qui :

- n'obéissent qu'aux devoirs objectifs de leur fonction ;

- sont intégrés au sein d'une hiérarchie fermement établie ;

- ont des compétences solidement établies ;

- sont employés en vertu d'un contrat, et donc au moyen d'une «sélection ouverte» ;

- sont nommés selon des compétences attestées par examen ou diplôme ;

- sont payés sur la base d'une rémunération fixe en espèces, graduée selon le rang ;

- traitent leur fonction comme unique ou, en tout cas, principale ;

- sont appelés à suivre une carrière, selon l'ancienneté, ou selon les presta-tions, sur la base du jugement des supérieurs ;

- exercent leurs fonctions «totalement séparés» des moyens d'administration et sans appropriation ;

- sont soumis à une discipline «stricte et homogène» et à un contrôle.

Mis à part une description occasionnelle des deux autres types de domination et, parfois, quelques allusions à *L'éthique protestante*, pour présenter la façon dont Weber tient compte des aspects psychologiques et psychosociologiques en jeu dans les organisations, c'est là, à peu de chose près, tout l'usage qu'on fait en management de l'ensemble de son œuvre.

De plus, très peu de nuances accompagnent ces emprunts à Weber, comme si ces derniers se suffisaient à eux-mêmes et s'appliquaient directement à la pensée du management. On agit comme si c'était la réponse toute faite au problème laissé en suspens par Taylor et Fayol : comment s'y prendre pour construire une organisation qui réponde de façon presque parfaite à l'impératif de rationalité dont s'est copieusement auréolée l'«école classique». C'est très peu rendre justice à l'œuvre de Max Weber, si ce n'est la déformer, et même la dénaturer.

Il suffit de lire les éléments du type de domination légale et du type idéal de l'administration bureaucratique pour s'apercevoir que l'organisation industrielle moderne, à laquelle se réfère la littérature du management, est loin de remplir plusieurs critères recensés par Weber : la compétence des dirigeants par «sélection ouverte», examen ou diplôme ; la séparation d'avec les moyens d'administration ou d'acquisition ; le «droit» de recours des employés ; le contrôle par les règles ; la discipline applicable à tous ; la carrière au mérite ; les règles de droit rationnel et l'intentionnalité de tous.

Max Weber dira que les chefs d'entreprise, dans le régime de propriété privée et d'association pouvoir-propriété, s'arrogent un «droit de fixer» le mode d'«usage des moyens de production», et d'imposer des règles qui ont peu à voir avec la rationalité impersonnelle.

La dimension critique de Weber

Weber apporte plusieurs critiques à la domination légale et à la bureaucratie. On peut voir cette critique dans son analyse de la rationalité et de la montée de la rationalisation dans la civilisation occidentale. Le passage de l'état communautaire à l'état social, bien que ce soit un «progrès» inévitable, ne va pas, en Occident, sans plusieurs aléas dus aux limites de la rationalité elle-même. C'est là une critique dont le management ne fait aucun état, alors même qu'il traite la rationalité du modèle wébérien comme une source importante de sa propre prétention à la conformité avec le «rationnel» et le «scientifique». Hirschhorn rappelle que la raison et la rationalité dont traite Max Weber «s'expriment dans la maîtrise technique», dans le «déploiement sans mesure du principe d'efficience» et, inévitablement, débouchent sur le «règne de la puissance», sur l'«asservissement de l'homme à des organisations anonymes». Reste alors le «seul rempart contre l'irrationalité du procès de rationalisation» qui consiste en «un choix éthique, existentiel, qui ne peut espérer trouver d'autres justifications qu'en lui-même[44]».

C'est là, peut-être, l'épicentre de la critique wébérienne de la rationalité et de la domination légale et bureaucratique. Par ses excès mêmes, cette évolution des sociétés occidentales vers une rationalité toujours plus grande aboutit à l'irrationalité exprimée par l'anonymat, la méconnaissance des systèmes, la perte de soi dans un univers massifié, etc. Citons Max Weber[45] :

> L'intellectualisation et la rationalisation croissantes ne signifient donc nullement une connaissance générale croissante des conditions dans lesquelles nous vivons. Elles signifient bien plutôt que nous [...] croyons [...] que nous pouvons maîtriser toute chose par la prévision.

---

44. Hirschhorn (1988, p. 20).
45. Weber (1959, p. 78).

Pour sa part, Freund[46] ajoute :

> La rationalisation et l'intellectualisation croissantes ont cependant une conséquence décisive, sur laquelle Weber insiste avec force : elles ont désenchanté le monde. Avec les progrès de la science et de la technique, l'homme a cessé de croire aux puissances magiques, aux esprits et aux démons : il a perdu le sens prophétique et surtout celui du sacré. Le réel est devenu morne, fade et utilitaire.

Et pour se sortir de cette «détresse spirituelle» où l'a mené cette montée de la rationalité, l'homme se réfugie dans une «intensification de l'irrationnel», qui se manifeste par toutes sortes de nouveaux mysticismes, de sectes, de nouvelles communautés (hippies, etc.). Dans bien des passages d'*Économie et société* (en particulier les chapitres ou les parties portant sur les catégories de l'économie capitaliste, la monnaie, le compte capital et la communauté domestique), Weber présente l'accélération de la rationalisation et de la «calculabilité» comme une série de brisures dans la famille, dans la société traditionnelle et dans l'identité, comme une exacerbation des luttes de pouvoir, comme une sélection des potentialités par l'argent[47]. Cela constitue autant de critiques à l'égard du système capitaliste lui-même, comme le notent, entre autres, Morgan (1986) et Capra (1983).

Pour lui, la société occidentale aura beau monter en rationalité, elle devra, comme la société traditionnelle, pour survivre, innover et s'adapter, faire appel à la déviance irrationnelle (intuition, révolution, non-conformisme, etc.), et donc la tolérer, l'encourager, la susciter. Elle devra aussi, pour contrecarrer les excès de rigidité, de paralysie par les règles, par les techniques, par les procédures, par la routine, faire appel à des dirigeants non pas de type légal, mais plutôt de type charismatique, ce qui est encore une forme d'intensification de l'irrationnel[48]. Or, ce sont là des choses que le management traditionnel ignore le plus souvent, cherchant, et dans la pratique et dans les écoles, à être toujours plus rationnel et instrumental.

En tout état de cause, comme le rappelle Freund, Weber n'a jamais songé à faire de la rationalisation occidentale la base d'une conception du monde. Il n'a fait que dresser le constat de la montée de cette rationalité, il ne l'a nullement valorisée, ni considérée comme un progrès ou une amélioration ou un état plus souhaitable qu'un autre. Il ne l'a jamais glorifiée ni recommandée, ni préconisée comme modèle à suivre pour organiser quoi que ce soit. Il y a même plutôt vu un facteur de recul du charme et de la poésie, un monde qui devient l'œuvre artificielle de l'homme qui, alors, se gouverne «à la manière dont on commande une machine[49]».

Voilà donc le sort que Weber réserve lui-même à la rationalité, à la domination légale, à l'entreprise occidentale et à l'administration bureaucratique, à qui il reproche en plus de faire s'exercer le travail «sans passion ni enthousiasme», de ne pouvoir exister qu'à condition de réaliser une «expropriation totale des

---

46. Freund (1966, p. 21).
47. Weber (1971, p. 70-90, 107-109, 133, 161, 379, 399, 406-407).
48. Freund (1985) et Weber (1959). L'étonnante actualité de ces «présciences» de Weber est très largement confirmée par des analyses plus contemporaines, comme celles de Bloom (1987), de Finkelkraut (1991) ou de Morin (1993).
49. Freund (1966, p. 125-127).

travailleurs» quant aux «moyens d'administration et d'approvisionnement», alors que l'appropriation de ces derniers est indispensable pour le «zèle au travail» et l'intérêt à se dépenser sans compter[50].

Mais ce dont Weber parle en matière de domination, de bureaucratie et d'organisation n'est que le «type idéal». Voyons ce que cela veut dire plus précisément.

Les types idéaux et leurs conséquences

Un type idéal, ainsi que l'a conçu Max Weber, est surtout une contribution à l'épistémologie des sciences sociales par la méthode de compréhension-comparaison qu'il permet. Par ailleurs, ce n'est rien d'autre qu'une «construction intellectuelle», une «utopie» que l'on élabore «en accentuant par la pensée» des données et des faits du réel, «mais dont on ne rencontre jamais d'équivalent dans l'empirie[51]». Pour Weber, les types idéaux (la domination légale et la bureaucratie sont des types idéaux) servent à «former des concepts singuliers», dont le rôle et l'usage sont de mener, par comparaison (entre type idéal et réalité particulière), à l'étude et à la compréhension de situations et de genres historiquement individualisés et «individualisables[52]».

On voit mal comment Max Weber peut être intégré dans la prétendue école scientifique et dans la pensée déterministe, fonctionnaliste-positiviste qui caractérise l'essentiel de la vision dominante en management. Tout au contraire, par sa conception de la «sociologie compréhensive», Weber se rapproche bien plus des théories de l'introspection, de la réintégration du subjectif et du sujet porteur de finalité et d'intentionnalité, que de celles de la promotion d'une «science» objective et extérieure à son objet d'étude. Pour lui, l'accès à une science sociale objective passe par la nécessité d'«exorciser l'illusion d'une science déductive» (ramenant le réel au concept théorique) qui devient alors une «science dogmatique» par la «réification de ses propres constructions[53]». De plus, Weber ne voit aucune science sociale (ni même aucune science) capable de se prémunir contre l'incursion des valeurs et des présuppositions qui imprègnent les chercheurs[54].

Avant de passer à une conclusion sur ce lien équivoque entre le management et Weber, voyons un dernier aspect important : l'affirmation systématique de l'opposition de ce dernier à Karl Marx et aux pensées socialistes[55].

Weber, Marx et critique du capitalisme industriel

Weber a été un de ceux qui ont activement contribué à l'entrée de l'enseignement de Karl Marx à l'université, et son attitude envers lui était «à la fois bienveillante

---

50. Weber (1971, p. 134, 140, 156-157) et Raynaud (1987, p. 136, 153-156).
51. Raynaud (1987, p. 49-51) et Weber (1965, p. 190-191).
52. Raynaud (1987, p. 50) et Weber (1965, p. 191).
53. Raynaud (1987, p. 49). C'est là ce que Weber reproche essentiellement au marxisme, mais on a tort de croire que seule la méthode marxienne tombe sous cette rubrique chez lui. Nous y reviendrons.
54. Freund (1985, p. 172).
55. Kelly (1974, p. 67) et Boisvert (1985) vont jusqu'à écrire que Weber était «farouchement opposé à Marx» (p. 42).

et critique[56]». Il a même chaleureusement vanté la «puissance heuristique» des concepts et des modèles construits par Marx[57].

Ce que Weber reprochait à Marx, c'était le primat qu'il donnait au déterminisme économique. Et, comme il le faisait pour l'ensemble des «sciences sociales», il reprochait aux marxiens de confondre un type idéal conceptuellement construit (comme le concept de mode de production) et une «force agissante derrière les phénomènes réels» ou une «tendance» concrète attribuable à la réalité[58].

Par ailleurs, son patriotisme allemand était heurté de front par les attaques marxistes contre le régime allemand. Pour ce qui est des idées socialistes, Weber a lui-même déclaré que «seule l'épaisseur d'un cheveu» le séparait des promoteurs de ce genre d'idées[59]. Il ne peut être que très hasardeux de voir en Weber un défenseur du système industriel-capitaliste. Comme le précise Freund, il ne fait que dresser un constat, «sans qu'il y ait lieu de se prononcer sur les mérites respectifs» de l'un ou de l'autre système[60]. On peut voir dans les textes de Max Weber (1971) des prises de position critique de la montée de la dite rationalité du marché (les guillemets sont de Weber):

- La formation des prix «chiffrés en monnaie» n'est pas le résultat de la «main invisible» ni d'un «marché» neutre mettant en jeu «objectivement» offre et demande. C'est le «résultat de luttes et de compromis», qui «découlent de la puissance respective des parties engagées». Ce sont là des mécanismes «marqués par la lutte de l'homme contre l'homme», et la «monnaie est en premier lieu un moyen de combat», etc. (p. 107).

- L'activité des entreprises économiques n'a pas pour but de satisfaire des désirs et des besoins sociaux, mais uniquement les «désirs solvables» (p. 107).

- La propriété privée, l'«appropriation par un propriétaire», ne peut signifier que l'«expropriation des travailleurs de tous les moyens d'approvisionnement[61] non seulement en tant qu'individus mais dans leur totalité» (p. 134).

- La montée du système d'entreprises industrielles privées s'est faite sur la base de l'expansion «d'une direction individuelle orientée en fonction des marchés et réunissant entre ses mains tous les pouvoirs; elle fut favorisée par le jeu des forces en présence». C'est une situation marquée par la «préférence donnée à une gestion spéculative» qui «se conçoit sans égard pour le degré de rationalité technique de l'affaire» (p. 141).

- «La spécialisation technique et la prédominance d'activités répétées et monotones (taylorisme) ne laissent guère d'autres stimulants que l'appât du gain

56. Hirschhorn (1988, p. 10). On peut dire aussi que Weber avait la même attitude envers les théories et les sciences non marxistes.
57. Dans une phrase célèbre et très souvent citée par les commentateurs et les spécialistes de Max Weber (Weber, 1965, p. 200).
58. Voir aussi Raynaud (1987, p. 26-29, 32, 52-53) et Freund (1966, p. 133-138).
59. Hirschhorn (1988, p. 11).
60. Freund (1966, p. 136-138 en particulier).
61. Weber (1971, p. 76) définit «moyens d'approvisionnement» par «production et transport d'utilités dont tous les moyens d'acquisition se trouvent à la disposition de l'agent économique».

[...] Bref, dans le système capitaliste, les deux principaux ressorts du zèle au travail sont les chances d'augmentation dans le régime du travail à la tâche et la peur du renvoi» (p. 156).

- «[...] ces formes d'activité économique en tant que fondements d'une entreprise capitaliste détruisent de la manière la plus radicale l'identité qui existait à l'origine avec la communauté domestique» (p. 406).

Il apparaît, au vu de ces extraits épars, que toute inférence de justification de la forme d'organisation de la société occidentale, industrielle, rationnelle et de «marché libre» par Max Weber ne peut être qu'un parti pris peu fondé.

En conclusion : un Weber outrageusement tronqué

Que dire, en guise de conclusion, de ce petit tour de l'immense jardin wébérien? D'abord, que son intégration à l'école «classique-scientifique» du management n'est que fantaisie.

On ne voit absolument pas quelle eau il peut apporter au moulin du rentabilisme et du profit exclusifs. Ni ce qu'il peut procurer à cet univers de certitudes technico-économiques qu'est le management. Comment cet univers peut-il s'accommoder des précautions épistémologiques, des doutes, des nuances et des critiques sévères adressées aux sciences sociales, à la rationalité et à la société industrielle capitaliste que formule Weber? En les ignorant, tout simplement? L'œuvre de cet immense penseur est philosophique et complexe. Aucun concept wébérien ne peut être traité à la légère, pris au premier degré, ou univoque. Homme d'une phénoménale érudition, Weber visait la compréhension des contradictions qui jalonnent le devenir de l'humanité tout entière : le conflit entre la rationalité et l'irrationalité, se télescopant et se renvoyant sans cesse l'une à l'autre; le conflit, dans le passage de la communauté à la société (par la montée de la rationalité, précisément), entre la perte d'identité et les formes éclatées et totalement irrationnelles de reconstitution de cette identité (sectes, hippies, communautés de drogués, fanatismes); le conflit, dans le phénomène religieux, entre l'affirmation du principe de perfection et la nécessité d'expliquer la présence du mal; le conflit entre l'évolution vers la rationalité planificatrice de la bureaucratie et le recours à la contingence pour évoluer; et ainsi de suite.

Sa quête est universelle, embrassant toutes les formes d'activité humaine. Le système de Max Weber tend à une remise en question et à un complément de Kant (la réconciliation idéaliste du concept et du fait expérimental, du rationalisme et de l'empirisme, dans une perspective «compréhensive»), de Hegel («l'incarnation de la Raison Historique et son enracinement dans la signification des actes humains»), de Marx (adapter la qualité heuristique de ses catégories socio-historiques aux exigences épistémologiques des types idéaux), etc. Weber voulait être le Karl Marx de la bourgeoisie.

Comment user d'un tel auteur et d'une telle pensée en management, sans dangereusement fausser et simplifier, sinon dénaturer, et ses concepts et sa démarche?

Voilà un auteur qui devrait, à cause de l'esprit avec lequel on y fait référence, et pour la bonne éthique intellectuelle, ne pas figurer du tout dans la panoplie des constructeurs de la pensée du management traditionnelle.

LES IDÉES IMPORTANTES

SUR L'ADMINISTRATION

L'organisation administrative

L'organisation du travail, largement étudiée par rapport au poste de l'ouvrier, l'a également été à partir du poste de chef d'entreprise avec Henri Fayol (1841-1925). Avec cet auteur, la fonction administrative est conçue comme un ensemble d'activités pouvant être systématisées et intégrées dans un processus administratif. Le rôle du chef d'entreprise devient déterminant dans cette perspective, puisque c'est lui qui doit planifier, organiser, diriger et contrôler selon des principes précis et dérivés, pour une bonne part, de la réflexion sur les activités de ses pairs et de ses prédécesseurs.

Questions

1. Quel est le mérite fondamental de Henri Fayol?

2. De quels domaines d'activité et de quelles sources s'est inspiré Fayol pour élaborer les principes d'une «bonne» administration?

3. Quelles sont les prémisses importantes qu'il a posées et dont le management n'a pas tenu compte?

SUR L'ENTREPRISE

La bureaucratie

La caractéristique fondamentale de l'entreprise conçue comme une bureaucratie est une structure de production du travail administratif efficace parce qu'elle est rationnelle, divisée et agencée en fonction de la structure et de la hiérarchie, de la spécialisation, des règles et des procédures, de la rémunération avec salaire, du sens de la «carrière» et de l'absence de propriété personnelle des moyens de production. Un encadrement théorique des principes de gestion élaborés par Fayol a ainsi été extrait de l'œuvre de Max Weber (1864-1920).

Questions

1. Quelles sont, dans les grandes lignes, les principales visées originelles de l'œuvre de Max Weber?

2. Qu'est-ce que, dans le cadre wébérien, et dans ses grandes lignes, un type idéal?

3. Pour quelles raisons essentielles Weber a-t-il été associé au management classique? Cette association est-elle légitime?

4. Expliquez ce qu'est le type pur de domination légale. En quoi ce type idéal peut-il être lié à la direction administrative?

BIBLIOGRAPHIE DE LA SECTION I

AKTOUF, O. (1985). «À propos du management», dans A. Chanlat et M. Dufour (dir.), *La rupture entre l'entreprise et les hommes,* Montréal-Paris, Québec/Amérique / Les Éditions d'Organisation, p. 363-398.

AKTOUF, O. (1986a). *Le travail industriel contre l'homme?,* Alger, ENAL/OPU.

AKTOUF, O. (1986b). «Une vision interne des rapports de travail: le cas de deux brasseries», *Le travail humain,* vol. 49, n° 3, septembre, p. 238-248.

AKTOUF, O. (1986c). *Les sciences de la gestion et les ressources humaines: une analyse critique,* Alger, ENAL/OPU.

AKTOUF, O. (2002). *La stratégie de l'autruche. Post-mondialisation, management et rationalité économique,* Montréal, Écosociété.

ARON, R. (1967). *Les étapes de la pensée sociologique,* Paris, Gallimard.

ARVON, H. (1960). *La philosophie du travail,* Paris, PUF.

BABBAGE, C. (1963). *On the Economy of Machinery and Manufacturers,* Londres, C. Knight.

BENDIX, R. (1962). *Max Weber, an Intellectual Portrait,* New York, Garden City, Anchor Books.

BERGERON, P.G. (1983). *La gestion moderne, théories et cas,* Chicoutimi, Gaëtan Morin Éditeur.

BERGERON, P.G. (1986). *La gestion dynamique, concepts, méthodes et applications,* Chicoutimi, Gaëtan Morin Éditeur.

BLOOM, A. (1987). *L'âme désarmée: essai sur le déclin de la culture générale,* Paris, Guérin.

BOISVERT, M. (1980). *Le manager et la gestion,* Montréal, Agence d'Arc.

BOISVERT, M. (1985). *L'organisation et la décision,* Montréal, Presses des HEC / Agence d'Arc.

BRAUDEL, F. (1980). *Civilisation matérielle, économie et capitalisme, les jeux de l'échange,* Paris, Armand Colin, 3 volumes.

BRAUDEL, F. (1985). *La dynamique du capitalisme,* Paris, Arthaud.

BRAVERMAN, H. (1976). *Travail et capitalisme monopoliste,* Paris, Maspero.

CALVEZ, J.-Y. (1978). *La pensée de Karl Marx,* Paris, Éditions du Seuil, coll. «Points».

CAPRA, F. (1983). *Le temps du changement. Science – société – nouvelle culture,* Paris, Le Rocher.

CHANLAT, A. et M. DUFOUR (dir.) (1985). *La rupture entre l'entreprise et les hommes,* Montréal-Paris, Québec/Amérique / Les Éditions d'Organisation.

CHANLAT, J.-F. et E. SÉGUIN (1983). *L'analyse des organisations, une anthologie sociologique,* tome l, Montréal, Gaëtan Morin Éditeur.

CHANLAT, J.-F. et E. SÉGUIN (1987). *L'analyse des organisations, une anthologie sociologique,* tome 2, Montréal, Gaëtan Morin Éditeur.

COPLEY, E.B. (1923). *Frederick W. Taylor, Father of Scientific Management,* New York, Harper & Brothers, 2 volumes.

CROZIER, M. (1963). *Le phénomène bureaucratique,* Paris, Éditions du Seuil.

CROZIER, M. et E. FRIEDBERG (1977). *L'acteur et le système,* Paris, Éditions du Seuil.

FAYOL, H. (1979). *Administration industrielle et générale,* Paris, Dunod (première publication en 1916).

FINKELKRAUT, A. (1991). *Le mécontemporain,* Paris, Gallimard.

FORD, H. (1927). *Ma vie et mon œuvre,* Paris, Payot.

FREUND, J. (1966). *La sociologie de Max Weber,* Paris, PUF.

FREUND, J. (1985). «Weber (Max)», *Encyclopædia Universalis,* p. 1071-1073.

FRIEDMANN, G. (1946). *Problèmes humains du machinisme industriel,* Paris, Gallimard.

FRIEDMANN, G. (1950). *Où va le travail humain?,* Paris, Gallimard.

FRIEDMANN, G. (1964). *Le travail en miettes,* Paris, Gallimard, coll. «Idées».

GALBRAITH, J.K. (1961). *La crise économique de 1929,* Paris, Payot.

GALBRAITH, J.K. (1968). *Le nouvel État industriel,* Paris, Gallimard.

GALBRAITH, J.K. (1989). *L'économie en perspective,* Paris, Éditions du Seuil.

GANTT, H.L. (1921). *Travail, salaires et bénéfices,* Paris, Payot.

GANTT, H.L. (1961). *On Management. Guidelines for Today's Executive,* New York, American Management Association.

GEORGE Jr., C.S. (1968). *The History of Management Thought,* Englewood Cliffs, N.J., Prentice-Hall.

GILBRETH, L. (1953). «The Psychology of Management», dans W.R. Spriegel et C. Myers (dir.), *The Writings of the Gilbreths,* New York, Homework.

GORZ, A. (1973). *Critique de la division du travail,* Paris, Éditions du Seuil, coll. «Points».

GRAY, I. (1984). *General and Industrial Management. Henri Fayol Revised,* New York, IEE Press.

HEILBRONER, R. (1971). *Les grands économistes,* Paris, Éditions du Seuil, coll. «Points».

HIRSCHHORN, M. (1988). *Max Weber et la sociologie française,* Paris, L'Harmattan, coll. «Logiques sociales».

KAKAR, S. (1970). *Frederick Taylor: A Study in Personality and Innovation,* Cambridge, Mass., MIT Press.

KELLY, J. (1974). *Organization Behavior,* Homewood, Ill., Richard D. Irwin.

KOONTZ, H. et C. O'DONNELL (1980). *Principles of Management,* New York, McGraw-Hill.

KOONTZ, H., C. O'DONNELL et H. WEIHRICH (1984). *Management,* New York, McGraw-Hill (8ᵉ édition révisée de *Principles of Management*).

LAURIN, P. (1973). «Remise en question de la participation», dans *Le management – textes et cas,* Montréal, McGraw-Hill, p. 407-417.

LEE, J.A. (1980). *The Gold and the Garbage in Management Theories and Prescriptions,* Athens, Ohio, University Press.

MANTOUX, P. (1959). *La révolution industrielle au xviiiᵉ siècle,* Paris, Génin.

MARGLIN, S. (1973). «Origines et fonctions de la parcellisation des tâches», dans A. Gorz (dir.), *Critique de la division du travail,* Paris, Éditions du Seuil, coll. «Points», p. 43-81.

McCLELLAND, D.C. (1961). *The Achieving Society,* Princeton, N.J., Van Norstrend.

MERLEAU-PONTY, M. (1955). *Les aventures de la dialectique,* Paris, Gallimard.

MILLER, R. (dir.) (1985). *La direction des entreprises, concepts et applications,* Montréal, McGraw-Hill.

MINTZBERG, H. (1979). *The Structuring of Organizations,* Englewood Cliffs, N.J., Prentice-Hall (en français: *Structure et dynamique des organisations,* Montréal, Agence d'Arc, 1982).

MINTZBERG, H. (1989). *On Management. Inside our Strange World of Organizations,* New York, The Free Press.

MINTZBERG, H. (1989). «Formons des managers, non des MBA», *Harvard-L'Expansion,* n° 51, hiver 1988-1989, p. 84-92.

MONTMOLLIN, M. de (1984). «Actualité du taylorisme», dans M. de Montmollin et O. Pastré, *Le taylorisme,* Paris, La Découverte, p. 13-22.

MORGAN, G. (1986). *Images of Organization,* Beverly Hills, Calif., Sage Publications.

MORIN, E. (1993). *Terre-Patrie,* Paris, Éditions du Seuil.

NEUVILLE, J. (1976). *La condition ouvrière au XIXe siècle. L'ouvrier objet,* tome l, Paris, Éditions Vie ouvrière.

NEUVILLE, J. (1980). *La condition ouvrière au XIXe siècle. L'ouvrier suspect,* tome 2, Paris, Éditions Vie ouvrière.

OUCHI, W.G. (1981). *Theory Z: How American Business Can Meet the Japanese Challenge,* Reading, Mass., Addison-Wesley.

PARSONS, T. (1951). *The Social System,* New York, The Free Press.

PARSONS, T. (1955). *Éléments pour une sociologie de l'action,* Paris, Plon.

PETERS, T. et N. AUSTIN (1985). *La passion de l'excellence,* Paris, InterÉditions.

PETERS, T. et R. WATERMAN (1983). *Le prix de l'excellence,* Paris, InterÉditions.

POPPER, K. (1956). *Misères de l'historicisme,* Paris, Plon.

RAYNAUD, P. (1987). *Max Weber et les dilemmes de la raison moderne,* Paris, PUF, coll. «Recherches politiques».

REID, D. (1986). «Genèse du fayolisme», *Sociologie du travail,* n° 1, p. 75-93.

RIOUX, J.-P. (1971). *La Révolution industrielle,* Paris, Éditions du Seuil, coll. «Points».

ROSENBERG, N. (1965). «Adam Smith on the Division of Labor: Two Views or One?», *Economica,* mai.

SARTRE, J.-P. (1960). *Critique de la raison dialectique,* Paris, Gallimard.

SIEVERS, B. (1986a). «Beyond the Surrogate of Motivation», *Organization Studies,* vol. 7, n° 4, p. 335-351.

SIEVERS, B. (1986b). «Participation as a Collusive Quarrel over Immortality», *Dragon, The SCOS Journal,* vol. 1, n° 1, p. 72-82.

SIMON, H.A. et J.G. MARCH (1958). *Organizations,* New York, John Wiley & Sons.

SMITH, A. (1976). *Recherche sur la nature et les causes de la richesse des nations,* Paris, Gallimard.

TAYLOR, F.W. (1911). *Shop Management,* New York, Harper & Brothers.

TAYLOR, F.W. (1913). *La direction des ateliers,* Paris, Dunod et Privat.

TAYLOR, F.W. (1947). «Shop Management, The Principles of Scientific Management» and «The Testimony before the Special House Committee», *Scientific Management,* New York, Harper & Brothers.

TAYLOR, F.W. (1957). *La direction scientifique des entreprises* (incluant le texte du témoignage devant la commission de la Chambre des représentants), Paris, Dunod.

TERKEL, S. (1976). *Gagner sa croûte,* Paris, Fayard.

TOCQUEVILLE, A. de (1961). *De la démocratie en Amérique,* Paris, Gallimard.

TOFFLER, A. (1980). *La troisième vague,* Paris, Denoël.

URWICK, L. (1944). *The Elements of Administration,* New York, Harper & Brothers.

URWICK, L. (1956). *The Golden Book of Management,* Londres, Newman Neame Limited.

URWICK, L. et E.F.L. BRECH (1945). *The Making of Scientific Management,* Londres, Management Publications Trust, 3 volumes (1945, 1946 et 1948).

VINCENT, J.M. (1973). *Fétichisme et société,* Paris, Anthropos.

WEBER, M. (1959). *Le savant et le politique,* Paris, Plon.

WEBER, M. (1964). *L'éthique protestante et l'esprit du capitalisme,* Paris, Plon.

WEBER, M. (1965). *Essais sur la théorie de la science,* Paris, Plon.

WEBER, M. (1971). *Économie et société,* Paris, Plon.

WEST, E.G. (1976). «Adam Smith and Alienation, Wealth Increases, Men Decay?», dans A.S. Wilson et T. Skinner (dir.), *The Market and the State. Essays in Honor of Adam Smith,* Oxford, Clarendon Press, p. 541-552.

WREGE, C.D. et A.G. PERRONI (1974). «Taylor's Pig-tale: A Historical Analysis of Frederick W. Taylor's Pig-iron Experiments», *Academy of Management Journal,* mai, p. 6-27.

WREN, D.A. (1979). *The Evolution of Management Thought,* 2ᵉ édition, New York, John Wiley & Sons.

SECTION II

L'ossature du management traditionnel : le PODC
Planifier, organiser, diriger et contrôler

Nous l'avons déjà dit : la série d'activités établie et décrite par Henri Fayol en 1916, depuis la prévoyance jusqu'au contrôle en passant par la coordination, la direction et l'organisation, constitue concrètement la matière et l'articulation centrales du management traditionnel. Tous les programmes de gestion, dans toutes les écoles du monde, continuent à enseigner le travail du gestionnaire sous cette forme, y ajoutant çà et là les idées d'auteurs plus modernes qui apportent des compléments théoriques, de nouvelles techniques, des modifications de pratiques ou d'usages d'instruments issus de recherches de terrain ou de développements technologiques. Ainsi, de nos jours, il n'est pas une portion de l'ensemble du processus de management qui ne soit touchée par les apports de l'informatique, de la bureautique, de la robotique, de la micro-informatique, de la «qualité totale», etc.

La présente section propose un tour d'horizon de l'ossature traditionnelle qui constitue la charpente porteuse la plus répandue, la plus partagée dans les programmes et les manuels. Il n'y a donc ici aucune prétention de mise à jour complète de chacun des éléments du processus, ni de revue exhaustive ou détaillée des écrits, écoles ou tendances, ni, encore moins, de discussion ou de choix au sujet des procédures et des «recettes» proposées par les uns et les autres.

Il s'agit avant tout d'une introduction à la matière fondamentale ; le lecteur de niveau plus avancé ou intéressé à aller plus loin pourra toujours se reporter aux nombreux ouvrages spécialisés qui ne cessent de paraître à propos de l'un ou l'autre des éléments du processus de gestion.

Cependant, pour tout ce qui est essentiel, nous avons fait un effort systématique pour être actuel et présenter un texte sans lacune importante.

Nous avons aussi procédé à une non moins systématique interrogation des bases de chaque élément présenté, recensant les failles majeures des principes et des théories qui les sous-tendent, parfois à la lumière d'autres disciplines ou des sciences fondamentales.

Mintzberg (1984) rappelle avec justesse qu'on s'était d'abord servi, pour intituler le processus d'administration, d'un acronyme barbare dû à Gulick (Gulik et Urwick, 1937), quoique inspiré par Fayol : le POPDCORB! Cela voulait dire Planifier, Organiser, Personnel (se doter de), Diriger, Coordonner, Rapport (tenir son supérieur informé) et Budgéter. Le second «O», après le «C», n'est là que pour l'euphonie… Comme on aura l'occasion de le voir, le management est saturé de ces acronymes destinés à fixer et à synthétiser, en un mot, une série de tâches, d'habitudes, de façons de diriger : depuis le PPBS *(Planning, Programming, Budgeting System)* jusqu'au KISS *(Keep it Simple, Stupid)* en passant par la DPO (direction par objectifs), la DPP (direction par projet), la DPPO (direction participative par objectifs), etc.

Pour simplifier les choses, parlons de PODC : planifier, organiser, diriger et contrôler, malgré le fait que nous parlerons de deux niveaux de planification et de décision, ce qui introduit un autre «D» en plus de celui de la direction. Pour des raisons d'équilibre entre les chapitres, ces éléments du processus de gestion seront présentés deux à deux : les deux niveaux de planification d'abord, puis l'organisation et la décision et, enfin, la direction et le contrôle.

À dessein, l'ensemble de la matière du PODC sera exposée de la façon la plus simple et la plus directe possible. Il est inutile, dans le cadre des objectifs de ce livre, de regarder à la loupe des notions dont la nature, les modalités et les utilisations s'avèrent triviales. Il est déplorable qu'on nous les présente souvent de manière compliquée dans le but, avoué ou non, de leur conférer une apparence de profondeur et de scientificité[1].

---

1. Il est évident que chaque élément du PODC peut faire l'objet d'importantes discussions théoriques, voire philosophiques, mais ce qui est visé ici, c'est uniquement la façon d'en traiter dans le champ du management que j'ai appelé «traditionnel».

Chapitre 3
De la stratégie à la planification opérationnelle

A. LA PLANIFICATION GÉNÉRALE ET STRATÉGIQUE, LES ALÉAS DU «TOUT PRÉVISIBLE»

Premier jalon du «cycle» fayolien de la gestion (prévoir, organiser, diriger, contrôler), la planification représente ce que Henri Fayol appelait la prévoyance. Durant la première moitié du XXe siècle et même jusqu'au début des années 1980, la planification – avec la stratégie – a été le maître mot du «bon» et du «vrai» management. Or, de nombreuses entreprises, telles que Sony, Xerox, Texas Instruments et Cascades au Québec, pour ne nommer que celles-là, ont été de fulgurantes réussites et ont soit lancé un produit à succès, soit réorienté leur développement et leur recherche, ou effectué leur croissance sans pratiquement aucune sorte d'exercice officiel, rationnel et systématique de planification, d'études de marché ou de stratégie générale préparée, organisée et diffusée. Par ailleurs, de retentissants échecs, tels que celui du modèle *Edsel* de Ford, à la fin des années 1950, ont pourtant été précédés d'un travail extrêmement serré et laborieux de planification prétendue «scientifique».

Certains auteurs, dont Peters et Waterman (1983), soutiennent que la culture d'entreprise a presque rendu obsolète la planification générale ou la stratégie élaborée en haut lieu puis diffusée en vue d'une application. Mentionnons aussi, sans entrer dans les détails, que les entreprises pourtant très performantes de l'ex-Allemagne de l'Ouest, par exemple, ne semblaient pas y avoir recours (Thanheiser, 1979).

Est-ce à dire que règne la confusion? Est-ce à dire qu'il ne vaut même plus la peine de parler de planification? Bien sûr que non! Mais il s'agit, comme pour tout outil, de se garder d'y voir une panacée. L'usage de la planification et de ses principes peut s'avérer extrêmement utile et profitable, comme il peut s'avérer très nuisible et handicapant. Tout l'art du gestionnaire consistera précisément à déceler les moments et les situations où il faut s'en servir, de façon plus ou moins intensive. Il est donc loin d'être inutile de savoir en quoi consiste la planification. Comme pour tous les autres points du PODC, c'est en la connaissant au mieux qu'on en fera l'utilisation la plus adéquate, c'est-à-dire en en connaissant aussi les limites, les insuffisances, les aspects critiquables et potentiellement nuisibles.

DÉFINITIONS ET GÉNÉRALITÉS

À l'origine du terme «planification», il y a le terme «plan», qui vient du latin *planus*. Il avait pour premier sens, vers le début du XVIe siècle, «sans aspérité ni inégalité» et renvoyait à la notion de surface plane. Le sens que l'on donne à ce terme avec un contenu renvoyant à l'acte de planifier n'apparaît que vers le XVIIe siècle. Il signifie alors «projet élaboré», comportant «une suite ordonnée d'opérations destinée à atteindre un but».

Quant à «planification» et «planifier», ce sont des termes qui n'apparaissent dans l'usage français que vers le milieu du XXe siècle, respectivement vers 1947 et 1949, ce qui explique pourquoi Fayol parlait de «prévoir» et «prévoyance».

Selon *Le Petit Robert*, «planification» signifie «organisation selon un plan»; c'est une activité qui «consiste à déterminer des objectifs précis et à mettre en œuvre les moyens propres à les atteindre». Planifier prend donc le sens général d'«organiser selon un plan», mais on peut aussi lui donner les sens suivants:

- Prévoir, faire des projections, s'adonner à des spéculations plus ou moins informées et étayées à propos de ce qui constituera le futur plus ou moins proche, afin de pouvoir, par une analyse de faits passés (séries statistiques, par exemple) et de projections et de simulations, réaliser une certaine maîtrise de l'avenir et y conduire ses activités.

- Exercer un certain contrôle sur les incertitudes et les fluctuations du marché, en essayant de s'adapter à l'avance à ses besoins, à ses changements prévisibles, à ses différentes composantes, aussi bien en amont (fournisseurs, bailleurs de fonds, main-d'œuvre) qu'en aval (clients, usagers, environnement).

- Préparer des actions futures et en étudier aujourd'hui les tenants et les aboutissants, les ressources nécessaires, ainsi que les conséquences possibles et la manière plausible d'y faire face.

- Établir clairement et de la façon la plus exhaustive possible toute la série des conséquences à venir, découlant de décisions et de choix retenus aujourd'hui.

- Tracer à l'avance l'ensemble de la chaîne choix-moyens-fins qui conduira à la réalisation des buts fixés, dans les délais et avec les moyens et les effets prévus.

D'une manière générale, «planifier» signifie, pour l'organisation, choisir un cheminement pour ses activités à venir dans les prochains mois ou les prochaines années, faire un certain choix d'usage des moyens dont elle dispose en fonction des données particulières sur l'environnement[1], qu'elle aura pris soin de connaître et de cerner au plus près.

---

1. On entend par «environnement» d'une entreprise un ensemble de paramètres, tels que les fournisseurs, les matières premières, les lois, les clientèles, les concurrents ou le marché de la main-d'œuvre, qui touchent directement ou indirectement à son activité spécifique.

LES NIVEAUX DE PLANIFICATION : LA PLANIFICATION STRATÉGIQUE

On distingue traditionnellement, quoique les avis ne soient pas toujours partagés, trois niveaux de planification qu'on dénomme, en allant du plus général au plus particulier, au plus local : stratégique, structurelle et opérationnelle. Nous verrons les deux derniers niveaux plus en détail dans la partie B de ce chapitre. Disons simplement qu'ils renvoient, d'un côté, à la structure, c'est-à-dire l'organisation, l'agencement des moyens, des personnes et des rôles, et, d'un autre côté, à la préparation des activités concrètes, locales, quotidiennes : les opérations sur le terrain.

Pour l'instant, nous parlons de la planification générale, de celle qu'il est convenu d'appeler «stratégique». Le terme «stratégie» représente lui-même, classiquement, toute une partie du rôle et du travail de la haute direction des entreprises. Il convient donc, pour mieux comprendre ce que veut dire «planification stratégique», de s'attarder quelque peu au vocable «stratégie».

On voit apparaître le mot dans la langue française vers les débuts du XIXe siècle. Il dérive du nom «stratège» qui le précède de près d'un siècle, lui-même venant du grec *strategos*. L'étymologie du mot est composée de *stratos* (armée) et *agein* (conduire). C'est donc à l'art militaire, d'abord, que s'attache ce mot. Il veut dire «produire des opérations de grande envergure». Dans la langue grecque, il désignait les chefs d'armée et s'appliquait à «l'art de faire évoluer une armée sur un théâtre d'opérations». On voit donc que ce terme renvoie à une activité de grande portée aussi bien dans son étendue que dans son importance, sa globalité, son échelle temporelle, etc.

Dans le vocabulaire du management, on désigne aujourd'hui par le mot «stratégie» l'ensemble des tâches que remplissent les membres de la haute direction et leurs conseillers, et qui aboutissent à définir et à arrêter les grandes orientations périodiques de l'entreprise et à y pourvoir quant aux structures et aux moyens. C'est le maintien, en quelque sorte permanent, d'une «vision de l'avenir» constamment réalimentée par les données sur l'environnement, aussi bien interne qu'externe.

La planification stratégique est donc cette partie de la planification qui doit fixer les orientations et les activités futures de l'entreprise. Elle intervient après que l'on a procédé à l'étude la plus approfondie possible des besoins de la clientèle à laquelle on s'adresse, des produits de la concurrence, de la technologie nécessaire, des ressources dont on dispose pour que l'entreprise spécifie et actualise son propre apport, sa compétence distinctive. Cette compétence distinctive permet à l'entreprise de définir précisément sa «mission», et la mission, à son tour, fournit à l'entreprise le cadre et l'esprit dans lesquels elle doit opérer ainsi que ses buts, ses rôles sur les différents marchés, etc.

Dans un article célèbre, Leavitt (1960) a essayé de montrer comment une carence grave dans la définition de leur mission (donc de la base de leur stratégie) a été à l'origine du déclin des compagnies de chemin de fer nord-américaines : elles auraient défini leur mission comme étant le développement du chemin de fer plutôt que le développement du transport. La seconde définition, plus large et plus souple, aurait permis des orientations sûrement plus diversifiées qui auraient laissé la porte ouverte à des activités d'hôtellerie, de camionnage, de navigation maritime et aérienne, de transport multimodal, bref, à tout ce qui touche au transport et à tout ce qui gravite autour de l'acte de transporter et le complète, au lieu de s'en tenir au rail, aux wagons et aux locomotives.

La planification stratégique, c'est, nous dit Nadeau (1973), quelque chose qui doit «coller» à la mission de l'entreprise et en permettre l'actualisation. Ce serait en ce sens une réponse à la question de savoir quelle est la «chose» spécifique que l'entreprise veut réaliser avec les ressources dont elle dispose. C'est trouver la meilleure adéquation possible – et en connaissance de cause – entre ce que l'on veut faire (le produit) et le marché (ce qui est demandé) afin d'obtenir le rendement le meilleur. On y définit, en résumé, «la» bonne activité à entreprendre, ainsi que, ce dont nous verrons les significations plus loin, les politiques générales, les objectifs globaux et les grandes lignes d'action.

Si nous faisons un effort de définition plus systématique et spécifique de la littérature du management, nous voyons que les concepts de stratégie et de planification stratégique ne cessent d'évoluer et d'être l'objet de controverses entre les auteurs. Ces deux concepts ont connu une énorme vogue après la Seconde Guerre mondiale, vogue due au développement spectaculaire des méthodes de collecte d'informations, de calcul, de traitement et de prévisions par les états-majors militaires, méthodes à peu près immédiatement transposées dans les milieux industriels. Cependant, un des théoriciens les plus classiques en la matière, Andrews (1965 et 1980), précise qu'il y a une bonne distance entre le concept de stratégie comme l'entendent les militaires et celui qui concerne les gestionnaires. Pour ces derniers, selon lui, le concept doit s'élargir et couvrir aussi bien le choix des buts et des objectifs que les plans pour les atteindre, et non pas seulement le positionnement de forces sur un champ de bataille[2].

Quelques jalons chronologiques peuvent nous indiquer, avant d'en voir plus loin certaines critiques et limites radicales, dans quel sens évolue la notion de stratégie :

- suite d'actions entreprises par une compagnie et décidées en fonction de circonstances particulières (Neuman et Morgenstern, 1947);

- analyse de la situation actuelle en vue de la changer, au besoin, tout en tenant compte de ce que sont ou devraient être les ressources de la firme (Drucker, 1958);

- série de plans qui sont orientés vers l'avenir et qui servent à prévoir les changements et les actions à entreprendre pour mieux tirer profit des possibilités susceptibles de s'offrir dans le cadre de la mission de la firme (Newman et Logan, 1965);

- règle de décision élaborée à partir de la combinaison produits-marchés, de la ligne de croissance et de la compétence distinctive (Ansoff, 1971);

---

2. Voir Andrews (1965, p. 17).

- détermination des buts à long terme, adoption des lignes d'action et affectation des ressources en vue de réaliser ses buts (Chandler, 1972);

- plan global, intégré et élaboré en vue de s'assurer d'atteindre les objectifs de base de la compagnie (Glueck, 1976);

- force de médiation entre l'entreprise et son milieu; force s'exprimant sous forme de schémas intégrés de suites de décisions prises ou que l'on prend pour s'ajuster à l'environnement (Mintzberg, 1979).

Dès la fin des années 1970 et durant les années 1980, la stratégie, comme champ de recherche, d'enseignement et de pratique, n'a cessé de prendre de l'ampleur, bien que, comme nous venons de le voir, l'accord soit loin d'être réalisé quant à la signification et au contenu d'un tel champ. Voyons-en brièvement quelques développements.

Au début des années 1970, Mintzberg (1973b) proposait, à partir de regroupements des écrits en la matière, de distinguer trois modes ou trois types de stratégies. Dans le «mode entrepreneurial», un leader puissant prend des risques au nom de l'organisation; dans le «mode adaptatif», l'organisation s'adapte, par petits pas successifs, aux changements dans un environnement difficile; et dans le «mode planifié», l'organisation a recours à des analystes et à des analyses formelles explicites qui prévoient l'avenir.

Après Mintzberg, l'un des apports les plus importants est sans doute celui de Porter (1979 et 1987), qui élabore une sorte de méthode d'analyse sectorielle allant bien au-delà de la simple étude des positions et des projets de la concurrence. Une bonne stratégie, selon lui, doit aussi englober l'étude des clients, des fournisseurs, des produits substituts; c'est la connaissance la plus complète possible de l'état actuel de tous ces éléments et de leurs tendances respectives qui établira une stratégie réellement compétitive et adaptée (quoique cette théorie ait été depuis largement critiquée, notamment par nous[3]).

Pour ce qui est des années 1980, signalons d'abord Allaire et Firsirotu (1984), qui voient dans la stratégie trois composantes: l'information, l'innovation et l'implantation. Ils proposent également de distinguer entre deux états de stratégies: la «stratégie formelle» et la «stratégie actualisée». La première est une «opération cognitive et conceptuelle» où s'effectue le processus d'analyse formelle des données, alors que la seconde est «définie par les actions et les décisions stratégiques prises et menées à terme». C'est alors, pour Allaire et Firsirotu, l'interaction des deux formes de stratégies qui permet une adaptation plus efficace.

Sous un angle différent, Hafsi (1985) suggère de faire une distinction quant aux rôles des différents paliers de dirigeants. Le travail de formulation des stratégies se ferait essentiellement chez ceux qu'il appelle les «métamanagers», qui gèrent un ensemble de dirigeants, par opposition aux «managers» tout court, qui gèrent des opérations. La stratégie serait ainsi une sorte de «métagestion»,

---

3. O. Aktouf, *La stratégie de l'autruche. Post-mondialisation, management et rationalité économique*, Montréal, Écosociété, 2002.

c'est-à-dire une gestion qui se pratique «au-dessus» de la gestion de la production des biens ou des services qu'offre l'entreprise.

Dans un autre article, Allaire et Firsirotu (1988) proposent une étude de la «nature contractuelle» de la notion de planning stratégique. Les gestionnaires qui élaborent, définissent, proposent et exécutent les plans sont des «mandataires» qui s'engagent dans une «relation contractuelle» avec les membres du conseil d'administration. Les hauts dirigeants, qui approuvent ou surveillent l'avancement des plans, sont, eux, des «mandants». Selon la nature et le stade de l'évolution des organisations et de ce lien contractuel, on peut observer différents modes de planification stratégique : dominée par le leader, dominée par la culture, dominée par les opérations, dominée par les chiffres, dominée par les cadres-conseils et, enfin, dominée par une image héroïque des cadres. Il n'y a donc pas, nous disent ces auteurs, une forme de stratégie ou une façon de faire de la stratégie qui seraient neutres et universelles.

C'est, répétons-le, un débat qui est loin d'être terminé, et partout dans le monde se constituent et se développent des programmes, des écoles et des recherches de plus en plus nombreux et divers en matière de stratégie dans les organisations[4]. Cependant, en ce qui concerne le présent propos, contentons-nous d'une description à la fois la plus élémentaire et la plus complète possible de ce qu'est un processus de planification stratégique.

En voici le vocabulaire le plus répandu, puis les étapes les plus généralement admises.

LE VOCABULAIRE DE LA PLANIFICATION STRATÉGIQUE

La planification stratégique est sans doute, avec le marketing, le domaine du management où le vocabulaire est le plus proche de celui de l'«art» militaire. Ce sont en effet les domaines où l'on parle le plus de «mission», de «tactique», de «cible», d'«offensive», de «conquête». Nous retiendrons ici l'essentiel parmi les notions qui constituent l'ossature de l'acte stratégique. C'est ainsi que, lorsqu'on planifie, on doit parler au moins des éléments suivants :

- La **mission.** C'est la raison d'être de l'entreprise ; les activités pour lesquelles l'entreprise existe, elle, spécifiquement. C'est le produit ou le service particulier qu'elle offre en vue de satisfaire des besoins précis.

- La **haute direction.** C'est ce que Mintzberg appelle le «sommet stratégique». C'est le noyau dirigeant «au sommet» de l'entreprise, les propriétaires ou leurs représentants, le président et le directeur général, le conseil d'administration, le conseil de direction. C'est à ce niveau que l'on a toujours

---

4. Il existe à présent une série d'écoles qui se côtoient, se complètent, s'ignorent ou se chamaillent : planning, changement radical, changement incrémental, basé sur les processus, basé sur les ressources, basé sur la formulation, basé sur l'implantation, et ainsi de suite.

placé le rôle de penser et d'élaborer la mission, la stratégie et les orientations générales.

- **L'environnement.** On le définit comme l'ensemble des faits, dispositions, circonstances, conditions et personnes qui touchent de près ou de loin, directement ou indirectement, les activités de l'entreprise, ou sont touchés par elles: clients, fournisseurs, marché de la main-d'œuvre, banques, marché de la technologie, lois, systèmes écologiques. L'étude attentive de cet environnement constitue une bonne part de ce qu'on appelle aussi «étude de marché» ou «étude sectorielle». Il arrive qu'on fasse une distinction entre «environnement externe» et «environnement interne» (état des ressources, relations interpersonnelles, structures, etc.).

- **Les ressources.** On appelle «ressources» tous les éléments matériels, financiers, humains dont l'entreprise pourra faire usage pour atteindre ses objectifs. Les ressources doivent, elles aussi, faire l'objet d'une planification qui fera en sorte qu'à chaque tâche prévue correspondent les moyens nécessaires.

- **La contrainte.** C'est une entrave, une sorte de gêne ou d'obligation qui impose ou peut imposer des limites plus ou moins strictes à l'action présente ou future. On peut parler ainsi de **contrainte fixe** (incontournable, incompressible ou inévitable), de **contrainte mobile** (qu'on peut modifier suivant certaines limites), de **contrainte externe** (qui vient de l'environnement, d'une loi, d'un concurrent) et de **contrainte interne** (venant des ressources, de la technologie, de l'organisation dont on dispose).

- **La politique.** Il s'agit d'un énoncé de principes qui sert de guide en vue de l'action. C'est en quelque sorte une spécification des intentions et de l'état d'esprit de la compagnie. Par exemple, affirmer l'intention de recourir systématiquement aux promotions internes pour combler les postes libérés est une politique.

- **La procédure.** C'est, au contraire d'une politique (qui est un cadre général d'action), un cadre spécifique, une modalité d'action particulière, concrète. C'est une façon d'opérer au cours de la réalisation de tâches déterminées.

- **L'objectif.** C'est un résultat final, un but précis à atteindre. Il doit être concret et, autant que faire se peut, datable, quantifiable et mesurable. Les vœux et les souhaits du genre «être les premiers», «être les meilleurs», «faire le maximum» ne peuvent être, en ce sens, des objectifs.

- **Le critère.** C'est une sorte d'étalon ou d'unité de mesure dont on se sert pour comparer et évaluer deux ou plusieurs objectifs. Ainsi, si mon objectif est l'achat d'une maison confortable, il me faut des critères pour «mesurer» et comparer différents degrés de confort: espace, hauteur des plafonds, luminosité, etc.

- **Le budget.** Pour réaliser toute activité, il faut des moyens, et notamment des moyens financiers. Le budget est l'état prévisible des fonds dont on se servira. Il permet d'indiquer par anticipation les conditions de disponibilités et d'usages futurs de fonds.

LE PROCESSUS ET LES ÉTAPES DE LA PLANIFICATION STRATÉGIQUE

La planification stratégique doit être considérée comme un processus continu où l'on doit sans cesse confronter les objectifs avec les résultats, et apporter en tout temps les corrections nécessaires. Il ne s'agit en aucune manière d'une activité isolée et cyclique que l'on reprendrait une fois par année, d'une sorte de moment particulier où il faudrait prévoir le déroulement annuel des opérations.

C'est, dit-on, un ajustement constant de trois grands pôles, les uns par rapport aux autres : celui des valeurs et des souhaits de la haute direction (représentant les propriétaires, les actionnaires, les membres, etc.), celui des ressources et celui de l'environnement (voir la figure 3.1).

FIGURE 3-1   **Les trois pôles traditionnels du plan stratégique**

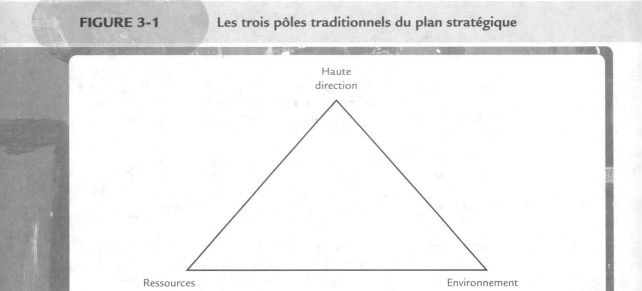

Il s'agit de surveiller et de suivre étroitement l'évolution des composants de l'environnement et des ressources de l'entreprise, de les ajuster les uns aux autres, et d'ajuster les uns et les autres aux objectifs poursuivis. Les objectifs ne doivent pas être figés et inamovibles, mais, au contraire, toujours souples et susceptibles d'aménagements, en fonction de l'état des ressources ainsi que des demandes et des contraintes de l'environnement. La General Motors a réussi à supplanter Ford du temps de Henry Ford I, parce que celui-ci refusait obstinément de réaliser autre chose que son fameux modèle *T* noir, malgré la nette évolution des goûts et des besoins des consommateurs, et des modèles offerts par la concurrence.

Aussi la planification apparaît-elle, classiquement, comme un cycle où plusieurs étapes se succèdent et s'alimentent les unes les autres.

Dire qu'il s'agit d'un cycle, d'un processus continu (voir la figure 3.2), avec un feed-back (information en retour, rétroaction), c'est dire qu'il est nécessaire de prévoir, dès le départ, les moyens et les mécanismes grâce auxquels on pourra générer cette information et en disposer. C'est là le rôle fondamental de ce qu'on appelle communément le contrôle, qui, pour être pleinement efficace, doit être pensé et mis en place en même temps que la planification. Il ne sert à rien de tracer les plus beaux plans du monde si l'on n'a pas prévu, concrètement, les outils permettant de suivre ce qui se passe et de s'assurer que le tout se passe selon le plan initial. Nous verrons cela en détail au chapitre 5, lorsque nous traiterons du contrôle.

Voici, pour l'essentiel, les étapes qu'il est recommandé de suivre pour réaliser une planification stratégique à peu près complète, selon l'acception traditionnelle :

1. Définition de la **mission.** C'est le cadre général qui doit donner tout son sens à ce que l'on prévoit faire dans les années à venir. C'est la raison d'être qui indique la direction dont il ne faudrait pas dévier (transport ou chemin de fer ? véhicules automobiles ou modèle *T* ?).

2. Définition et évaluation de l'**environnement.** C'est à la fois l'étude du secteur dans lequel on œuvre ou compte œuvrer, l'étude du marché, de son potentiel, de ses tendances futures, de ses difficultés, l'étude des techniques

| **FIGURE 3-2** | Le processus intégré de planification stratégique |

Information-contrôle

et des compétences nécessaires pour y faire sa place ou la maintenir, l'étude des lois et des règlements concernant les activités qu'on y conduira, l'étude de la concurrence, etc.

3. Définition des **objectifs.** Non seulement les buts généraux, mais aussi les buts concrets, partiels, successifs, par divisions, structures et sous-structures, doivent être clarifiés ; il faut préciser les quantités, la qualité, les délais et l'horizon temporel (long terme, moyen terme et court terme), tout en gardant à l'esprit l'adéquation la plus étroite possible entre mission et environnement.

4. Définition et évaluation des **ressources.** Il faut ici s'assurer que l'on dispose effectivement – et que l'on disposera en temps voulu – des moyens matériels, humains et financiers pour réaliser chaque phase du plan. Sinon, il convient de prévoir la façon de se les procurer.

5. Définition et évaluation des **contraintes internes.** C'est ce qu'on appelle aussi «l'analyse de l'environnement interne». Il s'agit de déterminer avec précision ce que l'état des ressources permet ou ne permet pas de faire, jusqu'à quel point chacune des ressources est malléable, extensible, perfectible, etc.

6. Définition et évaluation des **contraintes externes.** On doit savoir ce qui, à l'extérieur de l'entreprise, mais entrant dans son environnement, est susceptible de faire obstacle à ses activités futures ou d'y créer des pressions gênantes.

7. Révision de la **cohérence** générale et de la **viabilité** du plan. Il faut ici s'assurer que l'ensemble des prévisions établies et des circonstances recensées ne comportent aucune contradiction, insuffisance ou zone floue. De même, il faut veiller à ce que chaque phase soit accompagnée d'un minimum de conditions de réalisation réalistes, et soit à la fois la continuation logique de la précédente et la préparation de la suivante.

8. Établissement de **plans opérationnels.** Il s'agit de traduire le tout, au moyen des structures et des sous-structures en cause, en sous-objectifs et en programmes d'action visant chaque sous-objectif. On doit répartir sur l'ensemble des forces de l'entreprise l'effort de réalisation du plan stratégique.

LES LIMITES ET LES CRITIQUES DE LA PLANIFICATION

D'une façon générale, on s'accorde à reconnaître que planifier n'est pas la solution absolue à tous les problèmes futurs. La surplanification est aussi dangereuse que la sous-planification. Il importe de trouver un juste milieu où l'on prévoit suffisamment, mais où, aussi, on laisse assez de marge pour réagir à l'imprévu, se réajuster en cas de soudaine inadéquation entre prévisions et environnement ou ressources. Mentionnons également qu'il faut soigneusement mesurer et connaître sa situation en tant qu'organisation : que peut nous apporter tel type de planification ? A-t-on vraiment besoin d'un effort de stratégie sophistiquée ? Quels éléments peuvent être plus évolutifs que d'autres ?

Allaire et Firsirotu (1988) signalent que la planification stratégique mérite-rait bien la définition qu'en donne un humoriste : « se soucier de la meilleure méthode d'obtenir un résultat accidentel ». Ils signalent aussi qu'un chercheur, Gray (1986), rapporte que 87 % d'un échantillon de dirigeants « se sont déclarés déçus et mécontents de leurs systèmes de planification ».

Les raisons de cet état de choses seront vues en détail un peu plus loin, mais on peut dire que, sur un plan général, c'est la nature même de la stratégie qui pose problème. Énoncé d'intentions et d'orientations prétendant infléchir l'avenir, la stratégie ne peut que fournir l'occasion de se frotter à l'incertain, à l'improbable, au fortuit, sinon à l'ignorance pure et simple. Souvenons-nous qu'un auteur aussi fondamental que Max Weber dénonce le fait de tenter déses-pérément de dépasser la paradoxale montée concomitante de l'ignorance et de la rationalité[5] par une recherche frénétique de la prévision, par l'illusion de la prévision[6]. On croit vaincre l'incertitude, ou l'ignorance, ou l'incapacité de trai-ter un trop grand nombre d'informations interdépendantes par une plus grande sophistication de l'analyse et des outils de prévision ou de prédiction.

D'autres auteurs à succès seront bien plus sévères encore, comme Peters (1988), qui affirme, chiffres et exemples à l'appui, qu'il est pratiquement impos-sible de nos jours, et dans un grand nombre de domaines, de prédire ou prévoir quoi que ce soit au-delà de quelques semaines, ou même, souvent, de quelques jours !

Souvenons-nous aussi que la pratique et l'impératif gestionnaire de la pla-nification générale et de la « prévoyance » sont issus des travaux de Fayol, qui avait exercé ses talents dans des circonstances et dans un secteur où il était non seulement indispensable de planifier, mais aussi et surtout très aisé de le faire[7].

Le premier et plus important obstacle pratique de taille est donc qu'on ne peut tout prévoir. Il y aura toujours quelque chose qui nous échappera. Ensuite, même si l'on fait un recensement des plus exhaustifs des variables en jeu, on ne peut dans tous les cas les maîtriser entièrement, sans compter que, en mi-nimisant l'imprévisible et le « déviant », le fait de planifier trop rigoureusement peut conduire à l'élimination de possibilités de créativité, variable centrale du management.

Des auteurs tels que J.K. Galbraith (1968), T. Peters (1988), T. Peters et R. Waterman (1983), A. Chanlat (1984), B. Lussato et G. Messadié (1986) et même H. Mintzberg (1976 et 2004), pour ne citer que ceux-là, ont apporté nombre de critiques à la mode de la planification stratégique et au règne des calculateurs-analystes-planificateurs, dont voici l'essentiel :

---

5. Le citoyen des grands États-nations d'aujourd'hui est ainsi beaucoup plus ignorant des déterminismes de ce qui se passe autour de lui (ne serait-ce que parce qu'il est submergé d'informations de toutes sortes) que ne l'était le sujet d'une seigneurie féodale du Moyen Âge.
6. Weber (1959, p. 78 et suivantes), Freund (1966, p. 20 et suivantes).
7. Pour plus de détails, voir le chapitre 2 ou Reid (1986).

- À la limite, à force de planifier de façon de plus en plus complexe et de plus en plus à long terme, on finit par transformer ce qui reste du «marché libre» en un marché prévu et contrôlé (en matière de salaires, de goûts, de prix) par les géants qui peuvent se permettre de telles planifications.

- La planification découle d'une conception et d'une rationalité technico-économique où tout est transformé en «équivalent-dollar», le plus souvent sans égard aux aspects humains, sociaux et écologiques, ce dont nous commençons à peine à entrevoir sérieusement les coûts et les conséquences.

- C'est le règne du calcul, de l'instrumentalisme, de l'analyse, des gadgets et des logiciels au détriment de la réflexion et de l'intuition, ou, comme diraient Lussato et Mintzberg, au détriment du cerveau droit, siège de la synthèse, de la pensée globale et intuitive.

- L'excès de planification stratégique, quand cette dernière devient rigide et contraignante, constitue aussi un sérieux obstacle à la souplesse et à la capacité d'adaptation aux circonstances changeantes.

- Cette pratique peut conduire à la quasi-paralysie parce qu'elle contribue à ce que l'analyse et les gadgets de la «gestion scientifique» l'emportent sur l'action.

- Elle peut favoriser et renforcer le pouvoir des technocrates-analystes, qui ne font qu'aggraver la coupure entre modèles théoriques et réalité.

- Elle peut favoriser, par la même occasion, la centralisation, la concentration et un état d'esprit paperassier et hypercontrôlant.

- Ce peut être, enfin, dans un contexte mondial complexe et en constante mutation, un obstacle majeur à la multiplication nécessaire des réponses innovatrices et de plus en plus en temps réel.

EN CONCLUSION

S'il est une leçon à retenir de tout ce qui précède, c'est sans doute qu'il est nécessaire que l'entreprise connaisse son environnement, son marché, ses clients, ses concurrents, ses fournisseurs, ses forces et ses atouts. Tout cela lui permettra de savoir ce qu'elle veut et ce qu'elle peut faire avec des chances raisonnables de succès. Mais il ne faut pas que l'instrument devienne le maître! La planification retenue n'est qu'une façon possible de s'adapter et de réaliser ses objectifs; elle peut être constamment révisée et corrigée. Elle doit s'adapter aux situations, au réel, aux événements, et non l'inverse. En un mot, il convient de ne jamais oublier que l'important est ce qui se passe sur le terrain, et non pas les modèles et les plannings couchés sur le papier. Partout, dans le plan, on doit retrouver le souci de la présence des faits réels et la façon d'en être informé et d'en tenir compte.

Gardons aussi à l'esprit que le travail de planification dite «scientifique» s'est développé et a pris de l'importance essentiellement lors de la Seconde Guerre mondiale, où l'on pouvait aisément appliquer des analyses rigoureuses et des outils de calcul et de recherche opérationnelle, pour «planifier» la fabrication, les déplacements et la répartition du matériel et des troupes dans un contexte de contrôle maximal et de discipline militaire, ou quasi militaire, partout.

Il ne faut pas non plus perdre de vue le fait qu'une des bases nécessaires à toute planification reste l'étude du passé (séries statistiques, données économiques et financières, comportements passés des consommateurs). En plus des attitudes passéistes que cette méthode risque d'entraîner, là où il y a nécessité d'innovation, là où il faut partir d'une situation sans séries de données sur le passé, le planificateur est à peu près complètement dépourvu. La planification, avec ses préalables, sa rationalité et ses outils, peut devenir un véritable obstacle là où l'imagination doit intervenir pour vraiment innover, lorsqu'elle est pratiquée avec un esprit exclusif et centralisateur, ce qui est très souvent le cas.

Enfin, le contexte de crise généralisée, attestée par l'endettement et les déficits sans cesse croissants que l'on connaît depuis la fin des années 1970, par l'éclatement de la bulle du NASDAQ, par l'affaissement de l'euphorie de la «nouvelle économie» qui a sévi dans les années 1990 (Stiglitz, 2002 et 2003), et ainsi de suite, invite à réfléchir sur les raisons profondes de la remontée actuelle de la mode de la stratégie et de la planification stratégique, sous forme d'alliances stratégiques, de fusions et acquisitions, etc. Cette mode n'annoncerait-elle pas, devant l'incapacité grandissante de contrôle sur ce qui se passe, une nouvelle ère de centralisation-concentration-monopolisation? Cette centralisation, avec la complicité sans doute involontaire des chercheurs en la matière, relancera encore certaines bases du management traditionnel les plus rétrogrades: la croyance que seules les hautes directions, avec de bons et solides «stratèges», peuvent sortir les entreprises et les économies des mauvaises passes. C'est, je crois, la façon moderne de perpétuer le fossé entre ceux dont le rôle est de penser, analyser, prévoir, etc., et ceux dont le rôle est d'exécuter ou «implanter» les stratégies élaborées en haut lieu. Face à des pratiques aujourd'hui performantes et différentes (comme au Japon et en Allemagne), ce serait un grand recul[8].

Il importe de savoir où l'on va, mais il faut éviter de laisser se répandre l'idée que la «stratégie» est une chose exclusivement réservée à un personnel spécialisé, spécialement formé. S'il s'agit d'experts-analystes, soit, mais leurs analyses doivent pouvoir nourrir la réflexion de tous dans l'organisation, et s'en nourrir, et non être seulement prétexte à ce que Mintzberg appelle les «stratégies délibérées», édictées et imposées par le sommet. De plus en plus, c'est la notion de «stratégie émergente», du même Mintzberg, qui doit prévaloir: que chacun, là où il se trouve, ait le droit d'apporter son point de vue. La somme des points de vue constituera les bases de la stratégie qui aura le plus de chances d'avoir un maximum de «complices» actifs dans l'organisation et hors de celle-ci. Mais encore faut-il que chacun ait le désir et la volonté de donner son point de vue... C'est une autre histoire, dont nous reparlerons et qui nous expliquera pourquoi on peut aujourd'hui écrire que l'entreprise japonaise, où les rapports humains passent avant tous les «outils de management», est plus souple, et capable de réagir à peu près deux fois plus vite que son homologue occidentale.

---

8. Ce mécanisme a d'ailleurs été décrit et expliqué par Mintzberg (1979): en contexte de crise, les organisations tendent à se centraliser et à concentrer les décisions, le pouvoir et le contrôle vers le sommet.

B. LA PLANIFICATION OPÉRATIONNELLE OU LA PRÉVISION DES STRUCTURES, DES MOYENS ET DES TÂCHES : JUSQU'OÙ PLANIFIER ?

DÉFINITIONS ET GÉNÉRALITÉS

La distinction établie entre les trois grands niveaux de planification – stratégique, structurelle et opérationnelle – n'est qu'une distinction théorique ou presque. En effet, en plus de l'effort de définition de la mission et des grandes orientations, ce qui doit être fait pour n'importe quelle sorte d'entreprise, de la petite et moyenne entreprise (PME) à la multinationale, l'ensemble du travail de planification consiste à prévoir ce qui devra être fait pour effectivement réaliser la mission et respecter les orientations. En somme, le même travail de prévision s'effectue de façon de plus en plus spécifique et précise, jusqu'à la définition des tâches journalières à réaliser, sur les lieux mêmes de production.

Passer de la planification stratégique à la planification opérationnelle, c'est aller du général au particulier, du long terme au court terme, du global au local.

La planification dite «stratégique» répond à la question de savoir «quoi» faire et «pourquoi» (en fonction de quel besoin du marché, de quel créneau, de quelle compétence distinctive, de quelles conditions futures, etc.). Mais on ne peut s'en tenir là ; la phase suivante, que certains auteurs appellent «structurelle» (Desjardins, 1973 ; Nadeau, 1973) ou encore «tactique», elle, répond à la question de savoir avec quels moyens et selon quels agencements de ces moyens seront atteints les buts fixés. Enfin, la phase dite «opérationnelle» indiquera les opérations localisées, les façons concrètes d'opérer, tâche par tâche, au jour le jour.

LA PLANIFICATION COMME PRÉVISION DES STRUCTURES

Après avoir répondu à la question concernant la raison d'être de l'entreprise, sa mission, ses grands objectifs, ses orientations... bref, sa stratégie, les dirigeants font face à la nécessité de prévoir la façon d'agencer et d'utiliser les moyens pour y arriver. Il s'agit alors non pas de prévoir des ressources, car on s'est acquitté de cette tâche lors de la définition de la mission et de l'élaboration de la stratégie, mais de prévoir la façon la plus satisfaisante de combiner les ressources, de les acquérir au moment opportun, de s'en servir au mieux de leur potentiel. Même si cela peut paraître un peu abstrait, cette phase de la planification s'apparente beaucoup à la tactique de l'art militaire.

Le terme «tactique» vient du grec *taktikê,* qui signifie «art de ranger, de disposer». Son sens français, avant le XVIIIᵉ siècle, concernait en particulier l'activité militaire, selon la définition qu'en donne *Le Petit Robert* : «art de combiner tous les moyens militaires (troupes, armements) au combat». Ce n'est que vers la fin du XVIIIᵉ siècle qu'il prend un sens plus figuré : «ensemble des moyens coordonnés que l'on emploie pour parvenir à un résultat». C'est, somme toute, l'ensemble des combinaisons locales des moyens dont dispose (et disposera) l'entreprise qui sont élaborées à l'intérieur des cadres, des orientations et des contraintes délimités par la stratégie.

La première grande combinaison à laquelle on procède pour la mise en marche de l'entreprise est celle des responsabilités, des rôles des personnes ou des groupes de personnes chargés de conduire l'exécution du plan et des relations que ces personnes et ces groupes entretiennent entre eux. En ce sens, la planification structurelle ou tactique s'apparente d'assez près à la structuration ou à l'organisation de l'entreprise, puisqu'il s'agit de prévoir, même dans une firme déjà en exploitation et «structurée» depuis longtemps, le mode organisationnel le plus adapté à la poursuite des nouveaux objectifs retenus. Une même structure organisationnelle ne peut servir indéfiniment, rester identique à elle-même quand, par ailleurs, tout change constamment.

À ce niveau de planification, on essaiera d'abord de préciser qui sera chargé de quoi, et avec quels moyens ; qui sera responsable de quoi, dans les différentes grandes portions du plan ; qui dépendra de qui ; quels nouveaux arrangements doivent être effectués dans et entre les sous-structures plus spécifiquement touchées par les nouveaux plans ; etc.

Tout comme le plan stratégique, le plan tactique doit tenir compte de multiples facteurs. Ces facteurs ne sont plus de l'ordre de l'étude de marché ou de l'analyse des besoins, mais de l'ordre de la cohérence et de l'adéquation entre les objectifs visés, le produit ou le service à fournir, la technologie qu'il requiert et les caractéristiques environnementales particulières. Nous verrons cela plus en détail dans le chapitre 4 portant sur l'organisation, mais on peut dire que Mintzberg (1982) aide à comprendre de façon systématique combien il est important de prendre en considération, dans toute élaboration ou tout changement de structures, ce qu'il appelle les «facteurs de contingence[9]» : l'âge de l'entreprise, sa taille, son environnement et sa technologie.

La confrontation entre les objectifs et ces facteurs donnera aux dirigeants la façon la plus souhaitable de combiner leurs moyens : celle qui mènera le plus directement possible aux buts retenus tout en respectant les impératifs d'adaptation au contexte aussi bien interne qu'externe de l'entreprise. C'est alors que l'on retiendra plus de centralisation ou de décentralisation, plus ou moins de délégation, de regroupements, d'éparpillement, d'étroitesse de contrôle et de suivi des opérations, etc. Tout cela dépend de la nature des opérations à effectuer, des différents risques (financiers, techniques, juridiques, etc.) courus, de l'état des structures actuelles, de leur adéquation par rapport à ce que l'on veut ou peut faire. On pourra alors opter pour un mode organisationnel ou un autre, depuis la structure simple qui caractérise la petite entreprise de type familial jusqu'à l'«adhocratie» (du latin *ad hoc,* qui veut dire «fait pour cela»), qui représente

---

9. L'adjectif «contingent» signifie «arriver par hasard, être fortuit», être plus ou moins prévisible et contrôlable.

la configuration correspondant à des activités très sophistiquées ou conduites dans des environnements très mouvants ou très différenciés[10].

Ainsi, si l'on est installé dans une structure de type fonctionnel et que l'on planifie des opérations impliquant, par exemple, des risques ponctuels, des contraintes particulières de coûts et de délais, il faudra prévoir un mode organisationnel plus souple, de type projet ou matriciel[11]. Ce choix de structure, cet effort d'organisation constituent l'aspect «tactique» de la planification dans l'entreprise. Même si c'est pour reconduire l'organisation existante, cela doit se faire en connaissance de cause, en vertu d'un effort d'analyse qui montre qu'étant donné les circonstances, passées, actuelles et prévisibles, le choix le plus adapté reste la structure présente.

Il s'agit de «traduire» le plan stratégique en un agencement de personnes, d'unités et de moyens pouvant être affectés à la prise en main de telle ou telle partie du plan, tout en tenant compte de l'ensemble des facteurs pertinents correspondant aux situations que l'on connaît et que l'on va traverser.

À ce stade-ci, il convient également de définir les lieux et les modalités de suivi et de contrôle des sous-opérations importantes du plan; ce peut être sous la forme, par exemple, de simples réunions périodiques de mise au point et de coordination entre les principaux responsables.

LA PLANIFICATION COMME PRÉVISION DES TÂCHES

Le troisième et dernier palier du travail de planification consiste à prévoir dans le détail localisé et quotidien ce qui devra être fait, par qui et avec quelles ressources concrètes. Il s'agit également et toujours d'un effort d'agencement de moyens et de personnes, mais avec encore plus de précision, à propos des opérations, des lieux, des procédures et des individus.

C'est ce qu'on appelle la **planification opérationnelle.** Il y a là, encore une fois, une référence implicite à l'art militaire, où l'on définit l'«opération» comme un «mouvement», des «manœuvres», des interventions coordonnées de troupes sur le terrain. Par «opérationnel», on entend, toujours selon *Le Petit Robert*, les «aspects de la stratégie qui concernent plus particulièrement les opérations, les combats». Avec ces analogies, on comprend aisément que la planification opérationnelle s'applique à la prévision des façons dont on usera concrètement et très localement des ressources, à court terme: le travail dans son exécution journalière.

C'est aussi ce que l'on met dans le vocable «planning» (terme passé de l'anglais au français depuis la deuxième moitié du XXe siècle), qui signifie «plan de travail détaillé s'appliquant à des opérations qui concernent un ouvrage déterminé». Entendons-nous pour dire qu'il s'agit d'un état prévisionnel d'actions concrètes et limitées, de leurs déroulements séquentiels, de leurs interdépendances et des moyens que chacune mettra en œuvre.

---

10. Nous définirons et comparera ces notions plus en détail au chapitre 4.
11. Voir le chapitre 4.

Élaborer une planification opérationnelle équivaut à tracer, au jour le jour, ce qui doit être fait dans chaque sous-structure intervenant dans le cadre de la réalisation des objectifs de l'entreprise, jusqu'au niveau, si c'est possible et nécessaire, du poste et de l'employé dans sa tâche particulière. Bien entendu, ce travail n'incombe pas à la haute direction, mais le souci de la transformation des plans en activités concrètes, de terrain, doit être présent dès l'élaboration des parties plus générales de la stratégie, sinon ce ne sont plus des objectifs que l'on trace, mais des rêves. Pour en arriver à la mise au point d'un plan opérationnel, il faut respecter les grandes étapes suivantes :

- Établir une **hiérarchie des objectifs** : du plus global au plus local, du plus général au plus spécifique, de l'objectif à plus long terme à l'objectif à plus court terme. De cette façon, on passe du niveau stratégique au niveau tactique et du niveau tactique au niveau opérationnel.

- Établir une **répartition des responsabilités,** depuis les responsabilités relatives à la supervision générale de travaux de la structure entière jusqu'au niveau des réalisations les plus délimitées.

- Localiser et déterminer la nature des **liens d'interdépendance** entre parties du plan, entre structures, entre sous-structures, entre tâches.

- Déterminer une **répartition des tâches** permettant d'aller de la supervision générale jusqu'à la procédure locale concrète.

- Déterminer la nature, la quantité et les conditions de disponibilité des **moyens nécessaires** à la réalisation de chacune des tâches et sous-tâches de l'ensemble du plan.

- Établir des **programmes de travail** pour chaque unité et sous-unité jusqu'au poste individuel.

Tout cela peut et doit se faire, pour chacun des trois niveaux de planification, mais tout particulièrement pour le troisième, qui touche à l'accomplissement matériel local des prévisions.

On doit s'attendre à trouver dans un plan opérationnel toutes les indications d'activités, de tâches impliquées par chaque activité, de dates, de lieux et de moyens matériels et financiers.

Il existe plusieurs outils d'établissement et de visualisation des plans, depuis les outils stratégiques jusqu'aux outils plus opérationnels, que nous n'aborderons pas ici, car ils sont à présents très nombreux, très sophistiqués, très spécialisés, très informatisés et, surtout, de plus en plus identifiés à la fonction spéciale de la **gestion des opérations (GOP).**

EN CONCLUSION : QUELQUES LIMITES ET PRÉCAUTIONS

Beaucoup plus que dans le cas de la planification stratégique, on peut être tenté, dans la planification opérationnelle, de céder à l'apparence de la rationalité absolue et de l'infaillibilité des instruments. C'est ainsi qu'un des penseurs en management les plus autorisés, H.A. Simon (1977), a été amené à parler de *programmed management* pour tout ce qui concerne les cadres intermédiaires et les exécutants. Il en parlait comme si toutes les activités qui s'effectuent au-dessous du niveau de la haute direction pouvaient être réalisées de façon quasi automatique, à la manière – presque – de robots. C'est là une croyance exagérée dans le pouvoir de prévisibilité et d'adéquation avec la réalité attribué aux outils de planification et de programmation. C'est ce que Ackoff (1967) appelle la foi en une «gestion presse-boutons» où il suffirait de presser successivement différents boutons pour que les activités se réalisent pratiquement d'elles-mêmes.

Trop de gestionnaires ont cédé à la facile tentation d'une gestion par les diagrammes et les ratios, gestion qui refuse de voir que s'adapter au réel et à son évolution concrète est bien plus efficace (même si c'est moins aisé) que de s'acharner à imposer, au sou et au millimètre près, chaque portion du plan. Il faut d'autant plus se méfier de ce genre d'abus des instruments de planification que, comme l'a montré Mintzberg (1984), l'essentiel du travail du gestionnaire consiste à s'adapter constamment aux exigences variables et évolutives des situations.

À pratiquer une «gestion presse-boutons», on en arrive à ignorer les changements et les progrès, à être incapable de réagir à temps à toute modification importante dans l'environnement, à étouffer la créativité et l'initiative, à créer et à renforcer un esprit bureaucratique. Cette gestion pointilliste, favorisée par l'apparence scientifique des outils de planning, contribue à engendrer une ambiance où chacun ne cherche à faire que ce qui est strictement demandé. D'autant plus que le contrôle, ici plus détaillé, plus fréquent, plus systématique, peut très vite devenir une forme de harcèlement et souvent être vécu comme tel. Il serait plus efficace de ne prévoir des contrôles qu'aux points névralgiques, là où il peut y avoir des faiblesses et là où il importe de vérifier périodiquement les flux et les qualités. Autrement, on aura vite fait de sombrer dans la surveillance suspicieuse qui implique la méfiance, qui, à son tour, implique une réaction d'hostilité, et ainsi de suite.

La planification opérationnelle peut constituer une des facettes les plus tenaces du «modèle rationnel» (croire que l'on peut trouver la meilleure solution, la meilleure façon de faire, que l'on peut tout prévoir et calculer), énergiquement dénoncé par Peters (1988), Peters et Waterman (1983) ou encore par Chanlat (1984). On a cru, un certain temps, pouvoir dépasser ces difficultés en instaurant ce qu'on appelle la direction par objectifs (DPO). Mais, là aussi, les gestionnaires de haut niveau ont exercé un pouvoir et un contrôle très restrictifs et fait de la DPO, presque partout, un outil de manipulation pour laisser croire que des objectifs imposés étaient des objectifs consentis.

Il existe un autre problème important : la distance et les différences de perceptions entre ceux qui conçoivent ou formulent les plans et ceux qui sont chargés de les exécuter. Peters et Waterman (1983), qui se sont particulièrement penchés sur la question, appellent à traiter l'ensemble des employés de l'entreprise non pas comme de simples ressources, mais comme une sorte d'«ambassadeurs-partenaires» qui représenteraient, tous et chacun, l'entreprise et répercuteraient vers celle-ci les suggestions, idées, souhaits et demandes venant de l'environnement, aussi bien interne qu'externe. La planification, y compris la planification stratégique, serait ainsi une œuvre que l'on doit souhaiter plus commune et mieux répartie dans toute l'organisation, aussi bien dans sa formulation que dans son implantation. En ayant leur mot à dire et en étant écoutés tout au long du processus de planification, les employés pourront y adhérer de façon effective et l'enrichir. Tout planning devrait donc contenir en lui suffisamment de souplesse pour permettre les corrections et les adaptations nécessitées par la marche concrète des choses, à laquelle font face, en premier, les employés de la base.

LES IDÉES IMPORTANTES

SUR LES ACTIVITÉS

La planification stratégique

L'exercice de la planification stratégique relève traditionnellement de la haute direction de l'entreprise. Il constitue le noyau dur du travail d'administration puisqu'il consiste à définir de façon rationnelle et systématique les grandes orientations de l'entreprise, sa mission, ses objectifs et les moyens propres à leur réalisation. En ce sens, la planification stratégique est un processus continu de confrontation des objectifs fixés avec les résultats obtenus au moyen d'un mécanisme de feed-back ou, plus communément, de contrôle.

Questions

1. Dans quel contexte se sont développés le vocabulaire et les applications de l'exercice de la planification?

2. Quelles sont les principales limites d'une planification rigide et qui se voudrait exhaustive?

3. Quels sont les aspects généralement «calculés» et ceux qui sont omis dans l'exercice de la planification stratégique?

4. Quelle est la différence entre une stratégie «émergente» et une stratégie «délibérée»? Laquelle est préférable et pourquoi?

La planification structurelle et opérationnelle

L'exercice de la planification opérationnelle consiste à traduire en des moyens (la structure, les ressources, les tâches) la mission et les objectifs de l'entreprise déterminés à l'étape précédente. Cette combinaison particulière de moyens que possède l'entreprise se fait à l'intérieur du cadre et des limites déterminés lors de l'analyse systématique de l'environnement externe et interne et des contraintes qui leur sont rattachées. Le mode organisationnel choisi (la combinaison particulière des sous-systèmes de l'entreprise impliquant différents rôles, responsabilités et interactions) peut être précisé selon des actions locales et quotidiennes à l'aide d'outils d'établissement de plans opérationnels.

Questions

1. Quel est le principal piège à éviter dans l'utilisation de ces outils?

2. Quelles en sont les plus grandes limites?

3. En quoi le contrôle devient-il un corollaire nécessaire à la planification?

4. En quoi le concept de stratégie émergente vient-il modifier l'exercice de la planification opérationnelle?

Chapitre 4
La décision et l'organisation de l'entreprise

A. LA DÉCISION : AUTOCRATIE, MANAGEMENT PROGRAMMÉ OU CHOIX CONCERTÉ ?

REMARQUES PRÉLIMINAIRES

On a l'habitude, dans les écrits en gestion, de qualifier le gestionnaire de «décideur». C'est la partie du travail du gestionnaire qui a suscité, et de loin, le plus de publications, de débats, de discussions et de théories. Cela s'explique parce qu'on y retrouve, de façon encore plus marquante, le fameux modèle de l'armée et du «cerveau qui commande»: comme le général en chef ou le «cerveau» de la biologie du début du XXe siècle, le dirigeant d'entreprise est censé être l'entité qui pense, prend la mesure des choses et «donne les ordres».

Cet élément du processus de gestion est considéré depuis toujours comme le plus important. En effet, la décision infléchit la vie des organisations, elle est le moment où s'actualise la conception que l'on se fait de l'entreprise et de ses composantes. C'est à l'occasion de la prise de décision que se manifestent avec le plus de clarté la nature des rapports qui ont cours dans l'organisation, la façon dont on se représente les rôles et les statuts, dont on considère l'employé et la portée de son apport à l'entreprise.

Suivant les niveaux et les postes auxquels on accorde la capacité et le droit de décider, on conditionne la manière d'élaborer la structure de l'organisation, son degré de centralisation, son mode de communication, donc son «climat» humain et social.

Il s'agit dès lors de bien comprendre que, encore plus que tout autre élément du processus de gestion, la décision ne peut être vue comme une simple affaire de procédés soulevant uniquement des problèmes techniques, c'est-à-dire de connaissance et d'usage d'outils propres à conduire à «la» meilleure action.

Par une sorte d'habitude installée depuis bientôt deux siècles, on associe les personnes qui ont pour fonction de penser à celles qui peuvent – et doivent – décider. On a systématisé cette habitude après Taylor, qui prônait, comme condition d'efficacité du travail, une nette division entre travail de pensée et de conception, d'une part, et travail d'exécution, d'autre part. On observe tout de suite les conséquences d'une telle attitude : un fossé se creuse entre dirigeants et dirigés, et, au sein de l'organisation, tous ceux qui exécutent sont évincés ou se retirent du champ de l'initiative et ne participent pas à l'effort de réflexion.

La décision a pris une grande importance parce qu'elle revêt un caractère de prestige et de puissance conféré à la personne qui commande, mais aussi parce que c'est l'acte de gestion (ou l'acte en général) par lequel on s'engage, on se manifeste, on transforme son vouloir en action visible et concrète, entraînant des conséquences tout aussi visibles et concrètes. Il y a donc gloire à tirer de la paternité de tels actes, surtout lorsqu'ils mènent à une appréciation publique, à une notoriété, à une publicité médiatique, voire à une sorte de vedettariat, comme cela se fait de plus en plus de nos jours où beaucoup de gestionnaires sont traités dans les médias comme de véritables héros nationaux et interna-tionaux, et ce, malgré les trafics, les mensonges, les falsfications de comptes, les détournements frauduleux massifs et les évasions fiscales dont l'actualité se nourrit depuis les années 2001-2002 et les fameuses affaires Enron, Nortel, Vivendi, AOL, Parmalat, Hollinger, etc. La tentation est souvent grande, quand on en a le pouvoir, de faire main basse sur tout ce qui contribue à ramener à soi le crédit des décisions. La décision peut donc être un objet de convoitise et de luttes internes parfois intenses.

On peut aussi concevoir la décision comme une question d'information. Il faut générer l'information nécessaire à la formulation d'un problème, d'une hy-pothèse, d'un diagnostic. Il faut acheminer, enregistrer, conserver, trier cette information ; il faut enfin la transcrire, la collationner, la traiter, la transformer en actions à entreprendre et la communiquer.

La décision est enfin un problème de mobilisation d'un ensemble de per-sonnes autour d'un acte à accomplir par la réalisation d'actes partiels, séparés et complémentaires. Cette mobilisation ne peut pas se faire – et se fait de moins en moins – par le simple commandement, par l'imposition unilatérale d'une volonté à d'autres volontés.

On peut donc voir déjà, dans ce préambule, que la décision soulève plusieurs problèmes d'ordres différents : l'ordre du mécanisme lui-même, de la rationalité, de la connaissance préalable qu'il suppose, de l'analyse des situations ; l'ordre des rapports avec les autres à des niveaux de conflits d'intérêts, de luttes pour le pouvoir ; l'ordre des capacités à traiter des données éparses et à les transformer en décision ; l'ordre de la transformation de cette décision en actes acceptés et mobilisateurs pour d'autres ; l'ordre, enfin, de l'intervention de l'irrationnel : la part de l'intuition, des valeurs et des croyances.

Il est bien difficile de faire un choix quand on prend pour objet la décision. On pourrait écrire des centaines et des centaines de pages sur le sujet. On pourrait voir comment, depuis les temps les plus anciens, on a toujours pris des décisions et comment la nature et le processus de celles-ci ont évolué selon les époques, les idéologies, les systèmes sociaux (Sfez, 1976 et 1984 ; Boisvert et Déry, 1980). On pourrait aussi faire un large répertoire des façons dont on considère que les décisions devraient être prises (Taylor, 1947 ; Fayol, 1979 ; Simon, 1977 ; Mintzberg, 2004), ou des façons dont on interprète sur le plan comportemental différents modes décisionnels (Simon, 1973 et 1976 ; Argyris, 1973 ; Simon et March, 1958 ; Porter, 1995a ; Porter, 1995b ; Hafsi, Toulouse *et al.*, 2000). Il serait possible aussi d'élaborer un tableau général des modèles descriptifs qui disent comment se prennent les décisions, comment ont été prises des décisions dans telles ou telles circonstances et quelles modélisations théoriques on peut en tirer (Allison, 1971 ; Jacquemin, 1967 ; Cyert et March, 1970 ; Mintzberg *et al.*, 1976b ; Mintzberg, 2004). Enfin, on pourrait cataloguer les modes décisionnels selon les différentes facettes du processus de décision : politique, administratif, rationnel, intuitif, sociologique, etc. (Crozier et Friedberg, 1977 ; Crozier, 1983 ; Sfez, 1976 ; Lindblom, 1959 et 1979 ; Axelrod, 1976).

Ce travail serait certainement fort utile, mais en ce qui nous concerne, dans le présent cadre d'initiation, nous nous contenterons d'examiner ce qu'on appelle le « processus de décision simple » et dit « rationnel », ses définitions, ses principes, ses variantes et les principaux éléments du débat qui l'entoure.

Nous ferons le tour des points auxquels presque tout le monde s'accorde en matière de décision, tout en faisant ressortir les zones d'ombre et les grandes interrogations qui se posent à son propos.

LA DÉCISION : DÉFINITIONS, PROCESSUS, ÉTAPES ET OUTILS

Définitions générales

Décider, c'est transformer une volonté en acte, c'est l'élément intermédiaire entre la pensée et l'action, c'est le moment du passage à l'acte proprement dit. Mais comme il y a, à tout moment, une infinité d'actes possibles ou probables devant nous, décider revient alors à faire constamment des choix, à sélectionner, en toute circonstance, un acte donné. La façon dont s'opère et s'actualise ce choix, c'est ce qu'on appelle le processus de décision.

Le terme « décider » provient du latin *decidere,* qui veut dire « trancher ». De nombreuses nuances sont rattachées à ce vocable : trancher, choisir, déterminer, résoudre, arbitrer, juger, opter, se prononcer, etc. Quant au mot « décideur », on pense qu'il est dérivé de l'anglais *decider,* que *Le Petit Robert* définit comme « une personne physique ou morale ayant le pouvoir de décision ».

À la décision est donc irrémédiablement associée la notion de pouvoir. Est « décideur » la personne investie d'un pouvoir lui conférant le droit et les moyens de « trancher », d'opter et de faire suivre son option d'une acceptation, d'une obéissance de la part de ceux qui ont pour charge de concrétiser l'option retenue. Dans le monde de l'entreprise, par tradition, les propriétaires ou leurs représentants possèdent – de fait et de droit – le pouvoir de prendre des décisions. Ils sont même explicitement et officiellement chargés du rôle de décideurs, tandis que le reste de l'organisation, en particulier sur la ligne de production, doit « faire ce qui est décidé ».

La décision, c'est donc le processus par lequel on aboutit à un choix, mais un choix supposé éclairé, informé et motivé. Il s'agit d'effectuer un choix entre plusieurs façons possibles d'agir en vue d'atteindre un but, dans des conditions et des circonstances données. Ce processus implique toute une série d'actes partiels et séquentiels qui conduiront le décideur depuis la prise de conscience de la nécessité d'effectuer un choix jusqu'à la sélection d'une solution parmi les solutions les plus adéquates, eu égard à la situation, en passant par la collecte et le traitement de toute l'information nécessaire.

Précisons qu'il n'est pas question, lorsque l'on prend une décision, de chercher «la» meilleure solution, mais de retenir la solution la plus satisfaisante, compte tenu des circonstances dans lesquelles on doit agir.

Ajoutons enfin que la décision, comme les autres actes qui constituent le travail du gestionnaire, n'est pas un acte isolé, où le décideur prendrait des décisions, pour ensuite passer à autre chose. C'est, au contraire, un processus continu, un cycle, où l'on devrait constamment revenir sur les choix arrêtés par des retours d'information et des contrôles successifs (voir la figure 4.1).

Il s'agit, en fin de compte, d'un processus qui consiste à être, en permanence, placé devant des choix, comme nous le montre Mintzberg (1984) dans sa description des activités variées et fragmentées des gestionnaires. Que ce soit pour les ressources, pour l'information, pour les communications, pour la représentation ou pour ses rôles spécifiquement décisionnels, le gestionnaire est sans cesse amené à trancher, à opter, à arrêter, donc à choisir et à décider.

Les étapes du processus de décision simple

Il convient ici de préciser que nous traiterons d'étapes de la prise de décision dans un cadre dit «rationnel» et «simple», c'est-à-dire dans un cadre qui suppose que l'ensemble des éléments dont on a besoin peut être connu et accessible, que le mode de traitement de ces éléments est, sur la base de l'analyse séquentielle, garant par lui-même de sa justesse et de sa logique, que les facteurs intuitifs, émotifs, idéologiques, etc., sont négligeables au point de pouvoir être totalement

FIGURE 4-1   **Le cycle décision-contrôle**

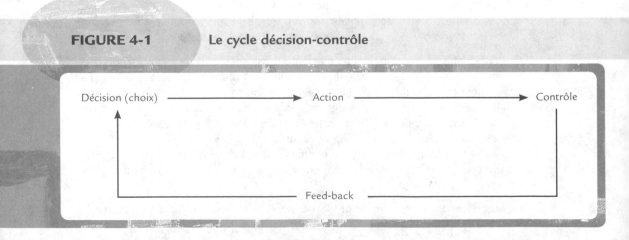

ignorés (Leroy, 1973). Si l'on accepte ces prémisses – ce que l'on fait le plus généralement –, le déroulement séquentiel d'un processus rationnel aboutissant à une décision devrait être le suivant :

- **Étape 1**   Prise de **conscience** de l'existence d'un problème, de la nécessité d'effectuer un choix, d'arbitrer, de corriger, de réorienter, de changer les choses ; localisation et détermination du problème, de la difficulté ou du besoin nouveau.

- **Étape 2**   Précision de l'état des choses par une plus grande définition du problème, par l'élaboration d'un **diagnostic.** C'est à cette étape que l'on doit réunir un maximum d'informations sur les caractéristiques de la situation, les facteurs principaux y ayant conduit, aussi bien à l'intérieur qu'à l'extérieur de l'entreprise.

- **Étape 3**   Rappel, précision, voire détermination, des **objectifs** généraux visés et des objectifs partiels à atteindre pour corriger ou améliorer la situation. Ces objectifs doivent, comme dans le cas de la planification, être aussi précis et aussi «mesurables» que possible. Si les conditions s'y prêtent, les objectifs doivent également être hiérarchisés, distingués par ordre de priorité, allant du plus immédiat, du plus partiel, au plus global.

- **Étape 4**   Détermination des **critères**[1] qui serviront à comparer options et possibilités, à en donner des «mesures» plus objectives et à rendre les buts à atteindre plus spécifiques, plus facilement quantifiables.

- **Étape 5**   Relevé, inventaire des **ressources** disponibles et de leur état. Étude de la capacité de ces ressources à mener à la réalisation des objectifs retenus. Étude des possibilités de se procurer des ressources supplémentaires, au besoin, etc.

- **Étape 6**   Recherche et détermination des **contraintes** contournables et incontournables, intérieures et extérieures, financières et humaines, matérielles et légales.

- **Étape 7**   Recherche de **possibilités,** de solutions, d'options susceptibles, dans le cadre des objectifs, des ressources et des contraintes répertoriés, de conduire le plus près de l'état futur désiré. Il est important ici de recenser un maximum de solutions et d'options, de ne pas s'arrêter à la première possibilité qui semble envisageable, car en y réfléchissant davantage on pourra toujours trouver mieux (il existe aujourd'hui bien des techniques qui permettent de ne pas laisser de côté des options qui pourraient être profitables).

- **Étape 8   Comparaison** et évaluation de toutes les solutions retenues comme envisageables au regard des objectifs, des ressources, des contraintes.

- **Étape 9   Sélection,** enfin, de la solution (ou de la combinaison de solutions) la plus apte à engendrer le plus directement et aux moindres coûts le résultat désiré.

---

1. Revoir la définition de ce mot donnée dans la section «Le vocabulaire de la planification stratégique» du chapitre 3.

Pour rendre ce déroulement plus concret, nous prendrons un exemple illustrant un processus de décision simple et rationnel :

- **Étape 1**   Supposons que le «problème» soit l'exiguïté et le coût élevé en énergie du logement actuel.

- **Étape 2**   Il faut d'abord déterminer avec plus de précision en quoi consistent exactement l'exiguïté et le coût en question : besoin d'une chambre supplémentaire? d'un bureau? d'une salle commune? d'espaces extérieurs? de plus de lumière? d'une meilleure d'isolation? de matériaux différents?

- **Étape 3**   Il est alors possible de mieux définir le type de logement désirable, son agencement intérieur et extérieur, sa luminosité, son isolation.

- **Étape 4**   Il faut ensuite définir des critères qui permettront d'évaluer les différentes formes d'agencement et d'économie d'énergie : dimensions des pièces, hauteur des plafonds, éclairage naturel, ensoleillement, coût annuel du chauffage, types de matériaux.

- **Étape 5**   Selon les objectifs et les critères minimaux retenus, on évalue les ressources qui seront nécessaires : sommes d'argent, temps de recherche et de déplacement, travail dans d'éventuelles rénovations, etc., et on compare avec les ressources dont on dispose effectivement ou dont on pourrait disposer.

- **Étape 6**   Il importe alors de combiner avec les éventuelles contraintes liées aux ressources (sommes qu'on ne peut dépasser, temps maximal dont on dispose) d'autres contraintes telles que la distance par rapport au lieu de travail, la proximité d'une école, le taux de taxes foncières, etc., et de faire le tri parmi les contraintes définitives, provisoires, évitables, inévitables.

- **Étape 7**   Tout ce travail préalable permet de dresser la liste des options (solutions possibles) qui s'offrent et qui permettent d'atteindre, au plus près, les objectifs, tout en tenant compte des ressources, des échéances, des contraintes, etc. Parmi ces options (qui se résumeront dans ce cas à des types de maisons, de quartiers) doivent aussi, pour qu'elles soient exhaustives, figurer celles qui consistent à réaménager le logement actuel, à louer un logement, à en acheter un neuf, à acheter un vieux logement et à le rénover, etc.

- **Étape 8**   Avec la liste d'options et d'objectifs, de critères, de ressources et de contraintes en main, on peut analyser et comparer les différentes possibilités réellement envisageables. Ici, les critères et les contraintes aideront à retenir seulement les options qui vont le plus directement dans le sens des objectifs : le logement qui donne le plus d'espace, de lumière et d'économie de chauffage, dans les limites des moyens et des contraintes incontournables.

- **Étape 9**   Enfin, il faut trancher en choisissant l'option la plus favorable parmi les options les plus envisageables, dans l'état actuel des choses.

Bien entendu, comme lorsqu'il s'est agi de planifier, quand on arrête une décision, il faut prévoir aussi les moyens et les conditions de son actualisation, pour le suivi et la vérification des réalisations, les possibilités de corriger l'action et les différentes décisions partielles qu'il faudra prendre en cours de route. Si l'on unit la conception classique de la décision (par exemple, Leroy, 1973) et les considérations de Mintzberg (1984) sur le mode réel de travail du gestionnaire, on peut voir que le processus de décision, comme il est conçu dans le présent cadre, s'inscrit dans une succession d'événements, ou dans une «chaîne» de «moyens» et de «fins» : chaque décision conduit à un résultat qui devient le moyen nécessaire pour prendre une autre décision et arriver à une autre fin, et ainsi de suite.

Les différents types de décision

La plupart des auteurs, dont Mintzberg (1982), s'accordent à classer les décisions en trois grands types, un peu de même nature que les types de planification que nous avons déjà vus : décision stratégique, décision administrative, décision courante ; et en deux types secondaires : décision programmée et décision non programmée.

La décision stratégique

Il s'agit d'une décision arrêtée au sommet stratégique de l'organisation : elle touche une action globale, de grande portée, engageant les politiques et les orientations générales de l'entreprise, mettant en jeu plusieurs structures et fonctions à la fois, et visant les buts d'ensemble (par exemple, produits à lancer, choix des marchés, détermination des marges de profit).

La décision administrative

Cette décision est plus de l'ordre du moyen terme, de l'action d'une structure ou d'une fonction à la fois. Elle vise surtout à assurer la disponibilité des moyens et leur combinaison pour réaliser chacun des buts partiels menant à la réalisation des buts globaux de l'entreprise (par exemple, recrutement, promotions, achats, agencement des lieux de production). C'est le genre de décision prise par la hiérarchie intermédiaire.

La décision courante

Cette décision ne concerne que l'action très locale, quotidienne ou de portée temporaire très limitée. Elle vise uniquement le court terme et la réalisation de buts opérationnels ; elle n'engage que des fonctions ou des postes individuels, et non des structures (par exemple, modifier la composition d'une équipe d'ouvriers, changer l'ordre de visite aux clients, réparer ou remplacer une pièce de machinerie). Ce genre de décision est laissé à l'initiative de la hiérarchie de terrain, celle qui est la plus proche de l'exécution du travail.

La décision programmée

Selon la terminologie de Simon (1980b et 1983), ce genre de décision peut être prise à tous les niveaux de l'organisation et qui consisterait à appliquer des procédures connues, répétitives et routinières. Par exemple, chaque matin, il faut prendre un certain nombre de décisions pour mettre en marche la production ou répondre à la demande d'un client. Tant que des décisions impliquent des actes et des procédures habituels, connus, prévus, il s'agit de décisions dites «programmées» : les éléments, les étapes et les intervenants sont établis et codifiés d'avance et sans risque de changements importants. On peut facilement confier à un ordinateur ce genre de décision, puisqu'il s'agit de réponses prévues à des situations prévues et prévisibles.

La décision non programmée

Au contraire de la décision programmée, la décision non programmée implique l'imprévu, le non-codifié, l'inattendu, le nouveau, l'*ad hoc*. Un client qui demande un aménagement encore jamais réalisé du produit qu'il achète, un employé qui demande un type de congé ne figurant pas dans le règlement ou le taux de rebuts qui dépasse soudain la limite admise sont autant de situations qui appellent autre chose que le simple jeu habituel et automatique des procédures établies. Plus on monte dans l'échelle hiérarchique, plus les décisions non programmées sont susceptibles d'être nombreuses, sinon exclusives, dans le cadre du management traditionnel.

Enfin, comme dans le cas de la planification que nous avons vue au chapitre 3, il existe aujourd'hui de très nombreux appuis techniques et informatiques à la décision que l'on étudie spécifiquement en programmes spécialisés de gestion de la production, ou de techniques d'informations, de systèmes d'information de gestion (*management information systems, MIS*), etc.

Il est donc inutile de s'encombrer ici de mentions de techniques qui ne peuvent être que très partielles.

DÉBATS AUTOUR DE LA DÉCISION

Sans trop entrer dans les détails, signalons l'essentiel des débats les plus persistants qui entourent le phénomène décisionnel.

On constate d'abord que l'on ne cesse de se renvoyer la balle d'une école à l'autre, se reprochant mutuellement d'être trop rationalistes et formalistes (Simon, 1959 et 1977; Rapaport, 1967; Fericelli, 1978), ou au contraire trop behavioristes (Lindblom, 1959 et 1979; Simon, 1959 et 1980a; Barnard, 1950; Argyris, 1973), ou encore trop politiques (Allison, 1971; Crozier et Friedberg, 1977; Salancik et Pfeffer, 1974), ou même trop organisationnels (Thompson, 1959; March et Olsen, 1976; Weeks, 1980), etc.

Cela montre à quel point la discussion peut être intense, variée et constamment réalimentée. Cependant, on peut dire que le domaine théorique de la prise de décision a été principalement marqué par la conception dite de l'*homo œconomicus*, c'est-à-dire de l'être humain dit rationnel et logique, agissant en fonction d'une finalité: maximiser ses gains personnels à tout moment. Même J. Stuart Mill, l'un des fondateurs de la science économique, a déclaré «absurde» tout économiste qui songerait sérieusement que l'humanité se comporte ainsi[2].

Pourtant, il faut bien l'admettre, une énorme part de nos théories du management – et plus précisément de la décision – se base presque exclusivement

---

2. Voir Bellemare et Poulin-Simon (1986, p. 36-37).

sur une telle vision de l'humanité : un être humain qui est en perpétuel état de
«calcul» d'avantages et de coûts, avant d'entreprendre le moindre acte.

On a longtemps cru, notamment avec la belle époque de la croissance générale du début du XXe siècle, que l'on pouvait à peu près tout prévoir et tout
prédire, à condition d'appliquer la bonne façon de raisonner. On pouvait donc
aussi, croyait-on, chercher et trouver «la» bonne solution (la *one best way* du
taylorisme). C'est ce que l'on a appelé la rationalité absolue.

Mais devant l'échec inévitable d'une telle attitude, notamment illustré par la
crise de 1929, on s'est mis à parler de rationalité limitée (Simon, 1955 et 1978).
Cela veut dire que la capacité de l'humain d'être rationnel de façon «pure» est
tout à fait improbable : il est limité par son inévitable subjectivité, par l'impossibilité de disposer de toute l'information et de la traiter, par l'impossibilité d'épuiser
tous les scénarios imaginables. En conséquence, plutôt que de rechercher «la»
meilleure option, l'humain devrait rechercher l'option la plus satisfaisante, dans
des circonstances données. On passe donc de l'objectif de maximalisation à un
objectif de satisfaction conjoncturelle. Dans un chapitre intitulé «Pour une nouvelle théorie», Peters et Waterman (1983) mènent une attaque en règle contre
le modèle rationnel de gestion et de décision qui domine encore la scène, dans
le management nord-américain en particulier, modèle qui perpétue la croyance
en la *one best way* et en la prévisibilité de toutes choses.

Beaucoup de discussions se tiennent aussi autour du rôle de l'intuition et de
l'irrationnel dans la prise de décision. On affirme même parfois, comme Morita
(1986), que le côté intuitif est cet élément clé qui établit la différence entre une
décision qui entraîne des sauts qualitatifs importants et une décision qui perpétue
le *statu quo*. Morita donne l'exemple de la décision de lancer le Walkman par
sa compagnie Sony, ce qui était, d'après lui, une décision purement intuitive.
Bien entendu, tout cela pose le problème de savoir ce qu'est une intuition, et en
quoi consiste le processus intuitif. On peut montrer que, s'il s'agit d'un processus
largement inconscient, il n'en est pas moins tributaire, pour être «efficace», de
l'expérience et du savoir les plus variés et les plus riches possible.

Par ailleurs, il faut considérer que la décision se présente aussi comme un
phénomène ayant les caractéristiques suivantes :

- Ce phénomène implique des mécanismes politiques, des mécanismes de
  pouvoir et de lutte pour le pouvoir (Crozier et Friedberg, 1977 ; Crozier,
  1983 ; Allison, 1971 ; Jacquemin, 1967).

- Il sous-entend l'intervention inconsciente de valeurs, de croyances, de «vérités premières» dogmatisées (Sfez, 1976 et 1984 ; Daval, 1981 ; Crozier,
  1983 ; Beyer, 1981).

- Dans ce phénomène, la formulation même du problème, sa structuration,
  constitue l'étape la plus déterminante et la plus susceptible de jouer un rôle
  de distorsion et de contamination dans le processus de prise de décision
  (Landry, 1983 ; Audet *et al.*, 1986 ; Sfez, 1976).

- Dans ce phénomène, le risque de confondre les symptômes et les problèmes
  est très grand. Cela pose la question du rapport fonctionnalisme-radicalisme :

pour conserver le *statu quo* et garder l'ordre des choses dans un état toujours favorable aux «décideurs», on s'abstient, bien souvent, d'aller à la racine des problèmes, à leurs origines et causes profondes. On préfère s'en tenir aux manifestations superficielles, donc très souvent aux symptômes (Chanlat et Séguin, 1983 et 1987; Braverman, 1976; Mouzelis, 1967).

• Dans ce phénomène, enfin, on prétend faire jouer le plus grand rôle possible à la créativité, alors qu'en même temps on ne cesse de pratiquer et d'encourager la rapidité dans la décision et la spécialisation la plus poussée dans la formation et dans les rôles. Or, on le sait, il n'y a de créativité réelle qu'en fonction des connaissances les plus diversifiées et les plus générales. Sans ce genre de connaissances, la créativité (tout comme l'«intuition» adaptée) n'est à peu près pas possible (Laborit, 1970 et 1974; Chanlat et Dufour, 1985; Passet, 1983; Aktouf, 2002).

EN GUISE DE CONCLUSION

Comme nous pouvons le voir, la prise de décision est, de l'ensemble des éléments du processus administratif, celui qui pose sans doute le plus de problèmes de définition, de compréhension et d'application. Pourtant, on s'entend pour dire, dans la tradition, que c'est la base du travail du gestionnaire. De fait, il faut comprendre que la décision se situe au cœur du rapport de domination, du maintien des privilèges, de la capacité d'infléchissement des activités de l'entreprise et du sort des différents protagonistes. La décision est un phénomène complexe parce qu'elle pose, en plus des problèmes de procédures et de techniques, de profonds problèmes d'enjeux au sein des organisations. C'est le noyau dur des luttes pour le pouvoir.

On sait depuis toujours que décider, c'est imposer une volonté, et donc courir le risque de voir cette volonté s'opposer à d'autres volontés. Et les volontés ne peuvent converger que si l'organisation devient un lieu de partage effectif de finalité, de sens, d'initiatives, de buts, de risques et de gains possibles. Il faut à la fois associer les parties en présence, faire participer et décentraliser le plus possible, afin que chaque individu puisse s'automotiver par la possibilité de prendre en charge des actes qui lui sont propres, ou auxquels il prend part de façon active et autodéterminée. C'est cela le contenu de fond de ce qu'on appelle l'enrichissement des tâches (Herzberg, 1972), ou encore les «cercles de qualité» (Morita, 1986).

La question de la décision reste liée à une certaine conception militariste et dominatrice de l'organisation, en même temps qu'à une conception de toute-puissance et d'omniscience des dirigeants, contrastant avec une vision infantilisante de l'ouvrier ou de l'employé «fait pour exécuter» (Argyris, 1958; Sievers, 1986). N'ayant pas son mot à dire, ni de décision à prendre, cet employé ou cet ouvrier du management traditionnel n'aura d'autre choix que de se conformer, strictement, à ce qui est exigé de lui, d'après sa «fiche de poste»... Cela, à la limite, peut ressembler à une grève du zèle érigée en système. Incidemment, travailler selon les prescriptions de la fiche de poste équivaut, pour les dirigeants japonais, à «travailler sans sa tête» (Servan Schreiber, 1980). C'est aussi la façon dont on fait la grève au Japon.

B. DE L'ORGANISATION À L'AUTO-ORGANISATION

DÉFINITIONS GÉNÉRALES

Les façons de définir l'entreprise peuvent presque varier à l'infini, selon le point de vue que l'on adopte. On peut en effet en parler en tant que lieu de fabrication, lieu de transformation, lieu où l'on doit générer une valeur ajoutée, où l'on s'attache à satisfaire des besoins ou à fournir des services. Chacune de ces définitions correspond à une vision qui privilégie l'une ou l'autre des fonctions de l'entreprise : la production, les ventes, la comptabilité, etc.

Mais en ce qui concerne l'entreprise **en tant qu'organisation,** il n'y a à peu près pas d'autre choix que de passer par l'approche systémique, dérivée de la théorie générale des systèmes (Bertalanffy, 1973 ; Rosnay, 1975 ; Katz et Kahn, 1978 ; Chanlat et Séguin, 1983). Pour simplifier, disons qu'il s'agit d'une approche qui vient de deux sciences fondamentales : la physique et la biologie, sciences qui ont pour rôle de déchiffrer les propriétés et le fonctionnement de «structures organisées», c'est-à-dire de «systèmes». Un système implique l'existence d'un ensemble d'éléments formant un tout à travers des réseaux d'interactions et d'interdépendances. La théorie des systèmes s'impose de plus en plus, car l'étude selon la méthode analytique (isoler des éléments et les étudier séparément, les «analyser») n'est pas capable de rendre compte de ce qui se passe dans un objet d'étude complexe, qui implique des relations multiples d'interdépendance (Morgan, 1989).

Si l'on se tourne vers la biologie, on voit que celle-ci a pour rôle d'étudier surtout des organismes qui sont des ensembles d'organes reliés entre eux, en constantes interactions et interdépendances, et animés d'une finalité : la survie de l'organisme. Ainsi en est-il de l'organisation comme institution qui n'est rien d'autre qu'un ensemble d'éléments (humains et matériels) reliés entre eux, interagissant constamment, interdépendants les uns des autres, et ayant pour but de réaliser les objectifs retenus pour assurer la survie de l'institution et de ses membres.

Retenons ici qu'on ne peut comprendre, par l'analyse d'éléments séparés et isolés, ce qui est à considérer, par nature, comme une totalité, où chaque élément ne survit et ne prend son sens qu'en fonction des autres éléments et du tout. C'est cela la leçon centrale de l'approche systémique : on ne peut comprendre l'organisme humain comme entité intégrée en analysant isolément le foie, le rein, le pancréas, etc. Il faut, au contraire, à chaque niveau, retenir un tout comme système et étudier les éléments et leurs interactions à l'intérieur de ce tout : les différents tissus et cellules à l'intérieur du foie ou du rein (alors conçus comme «touts»), puis le foie, le rein, le pancréas, etc., dans leurs interactions à l'intérieur de l'organisme en entier (un «tout» plus large). Ainsi, on peut schématiser l'organisation comme étant un système composé de sous-systèmes (patrons, ouvriers, syndicats, différentes fonctions) et inséré dans un système plus vaste qui est l'environnement social, économique, écologique et technologique. À chacun de ces niveaux jouent, bien entendu, de nombreuses interactions et interdépendances (voir la figure 4.2).

Avant de voir plus en détail ce que supposent et en quoi consistent, dans le domaine administratif, l'organisation et l'acte d'organiser, il nous faut délimiter avec plus de précision le sens du vocable lui-même.

«Organisme», «organisation», «organiser», «organisationnel» dérivent du mot «organe», qui provient du latin *organum* et qui signifie «instrument, outil,

FIGURE 4-2   **Une vue systémique de l'organisation**

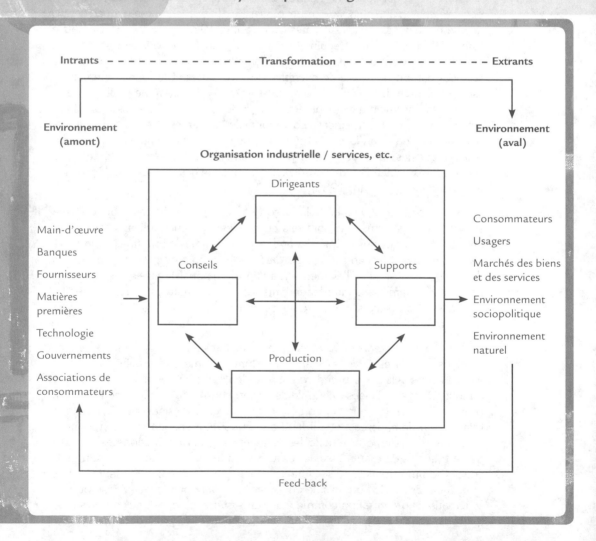

partie d'un tout, partie d'un corps vivant qui remplit une fonction utile à la vie» (*Grand dictionnaire encyclopédique Larousse*, 1985).

«Organiser» ne prend son sens de «doter d'une structure», d'une «constitution déterminée», d'un «mode de fonctionnement» que vers la fin du XVIIIe siècle. Il prend aussi le sens d'«agencer», de «disposer» et d'«ordonner». Auparavant, et depuis le XIVe siècle, ce mot signifiait «rendre apte à la vie» (on voit ici la présence du sens dérivé d'«organe»). Mais on peut aussi bien dire qu'«organiser», dans le sens de «doter d'une structure», c'est en quelque sorte rendre viable, rendre effectivement «apte à la vie».

Par ailleurs, le mot «organisation» est presque contemporain du mot «organiser» dans son acception de «façon dont un ensemble est organisé, dont il est agencé pour son fonctionnement», ou d'«association qui se propose des buts déterminés».

En management, lorsqu'on parle de l'organisation, on parle d'un peu tout cela. On désigne par le nom d'«organisation» l'ensemble relié et interdépendant des personnes, des statuts, des rôles et des moyens réunis en vue de réaliser un ou plusieurs objectifs préétablis. On peut dire qu'il y a organisation dès qu'il y a réunion de deux personnes ou plus (une avocate et sa secrétaire, par exemple) et de moyens (finances, locaux, outils) en vue d'atteindre des buts poursuivis en commun.

Cependant, l'approche systémique nous apprend que, pour réaliser sa finalité, tout système vivant et ouvert a besoin d'utiliser de l'énergie et d'échanger énergie et matière avec son environnement. Mintzberg (1982), après Rosnay (1975), parle de «flux» qui parcourent toute organisation pour lui permettre de «vivre». Ces flux sont des sortes de courants continus de travail, d'informations, de décisions, de directives, de relations informelles qui constituent un incessant mouvement d'énergie. Comme le montre la figure 4.3 (page 120) reproduisant les différents flux, ce qui se passe, concrètement, dans une organisation, prend une allure assez complexe[3].

Dans cette représentation, nous voyons une superposition des différents flux qui parcourent l'organisation pour lui donner vie: les flux de relations formelles déterminées par les statuts et les organigrammes, les flux de relations informelles naissant spontanément et officieusement entre personnes de différents niveaux et de différentes structures, les flux de travail habituel d'amont en aval dans les diverses unités, les flux de décisions ponctuelles dans et à travers les structures, les flux de relations au sein de comités informels de réalisation de tâches particulières, les flux de relations avec l'environnement extérieur qui se répercutent dans la vie interne de l'organisation, etc.

---

3. Mais on peut aussi voir (Georgescu-Roegen, 1971; Rifkin, 1980; et surtout Aktouf, 2002) que cette cractéristique impliquant des mouvements incessants de flux d'énergie pour maintenir l'organisation en tant que système vivant met, dès qu'il est question de profits – *a fortiori* maximaux –, l'entreprise en contradiction majeure avec les lois de la physique et de la thermodynamique, ce qui est un problème très grave puisque cela explique les crises incessantes de l'économie mondiale, la montée continue du chômage, de l'inflation (même indirecte, exportée ou déguisée), de la pollution, etc.

Cette façon de représenter l'entreprise renvoie à un phénomène fondamental : la notion de «complexité», notion qui indique l'ampleur des difficultés qu'il y a à prétendre contrôler, à partir d'un point particulier (la haute direction), le fonctionnement d'ensemble. C'est la raison pour laquelle des notions telles que le «bruit» et l'«auto-organisation», dont nous parlerons plus loin, prennent tout leur intérêt.

FIGURE 4-3   **Les flux dans l'exercice de l'organisation**

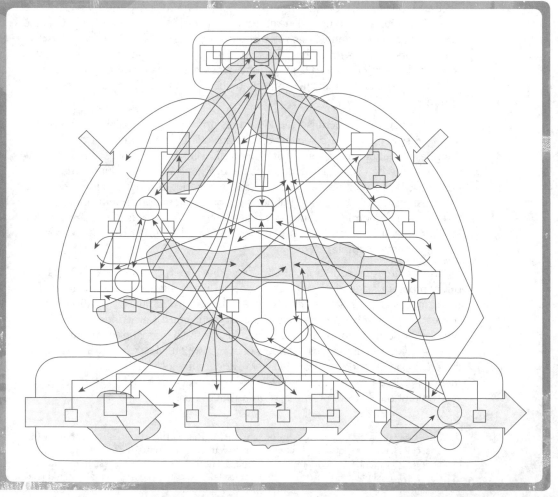

Source : Mintzberg (1982). *Structure et dynamique des organisations*, Éditions d'Organisation et Agence d'Arc. Reproduit avec autorisation.

Pour résumer, disons qu'une organisation est un ensemble ordonné, agencé, composé d'éléments auxquels on assigne des places (des positions), des rôles (des fonctions à remplir) et qui sont en relations permanentes les uns avec les autres, sous différents aspects : hiérarchique, formel, informel, de comités de travail, de flux d'opérations courantes, de décisions ponctuelles, etc.

Desforges (1973) parle, pour toute organisation, d'aspects statiques (places, éléments, rôles, lieux) et d'aspects dynamiques (relations, informations, communications, feed-back, systèmes de gestion et de motivation). L'organisation est donc à la fois un agencement de personnes et de moyens, et le mode de fonctionnement qui lui donne vie.

LES PHASES ORGANISATIONNELLES ET L'ÉVOLUTION DES STRUCTURES

Par convention et pour la clarté de l'exposé, nous parlerons de «structure» lorsqu'il s'agira surtout de «forme» ou de «configuration», et d'«organisation» lorsqu'il sera question de «façon de fonctionner». On peut, bien entendu, faire référence à la même réalité tantôt comme «structure», tantôt comme «organisation»; c'est ainsi qu'on pourra aussi bien parler de «structure matricielle» que d'«organisation matricielle».

Avec Mintzberg (1982), nous constatons qu'il y a une évolution des «configurations» organisationnelles qui peut conduire l'entreprise d'une «structure simple» aux rouages et aux fonctionnements très rudimentaires jusqu'à la «structure matricielle» ou «adhocratique», dont le fonctionnement peut être très complexe.

Cependant, on s'accorde à résumer en trois grandes phases l'essentiel du cheminement que parcourt toute entreprise qui veut passer au stade de «grande entreprise», ou plus simplement garantir sa survie sur le marché des biens et des services concurrentiels (Toulouse, 1979 et 1980; Chaussé et Chanlat, 1980; Gasse, 1982) :

1. Une phase dite de «pionnier»: création, lancement, exploitation d'une idée originale, d'un créneau particulier du marché. Une grande agitation et une grande euphorie dans la fièvre de la mise en place et du lancement caractérisent cette phase, où dominent le «travail en famille» ou le patron-entrepreneur-homme-orchestre.

2. Une phase dite de «passage de l'entrepreneur au manager», où le patron-fondateur accepte de déléguer, de confier des tâches de direction plus spécialisées à de plus experts que lui dans leurs domaines respectifs.

3. Une phase dite de «croisée des chemins» (Toulouse, 1979), où l'on doit opter pour un type de devenir à long terme, définir sa mission définitive : demeurer une PME, se cantonner dans ce qu'on sait faire et dans son marché actuel ou, au contraire, grandir, se diversifier, chercher d'autres produits ou d'autres marchés.

Si l'on prend le cas d'une entreprise qui choisit de poursuivre sa croissance jusqu'à devenir, par exemple, une multinationale, on observera, en règle générale, une évolution qui va du plus simple au plus complexe, c'est-à-dire de la petite entreprise gérée en famille à l'énorme groupe ramifié sur plusieurs continents.

Aussi, selon Mintzberg (1982), toutes les formes d'organisations peuvent se résumer en cinq grands types de configurations qui se distinguent selon les modes de supervision, d'ajustement et de coordination dans leur fonctionnement. Elles évoluent selon quatre facteurs de contingence qui amènent l'entreprise à modifier ses structures : l'âge (le vieillissement de l'entreprise), la taille (les effectifs, les dimensions de l'entreprise), l'environnement (les divers marchés concurrents et les partenaires de l'entreprise) et enfin la technologie (l'évolution des techniques de production). On constatera alors, du plus élémentaire au plus élaboré dans les structures, les configurations suivantes[4] :

- la **structure simple** (PME familiale) ;

- la **bureaucratie mécaniste** (industrie de transformation répétitive avec travail à la chaîne) ;

- la **bureaucratie professionnelle** (administration publique ou entreprise de services telle qu'une banque ou un hôpital, où une bonne proportion du travail est effectuée par des «professionnels») ;

- la **structure divisionnalisée** (entreprise éclatée en plusieurs «divisions», comme les grandes compagnies de construction d'automobiles) ;

- la **structure adhocratique** ou l'«adhocratie», une structure modifiable et adaptable selon les besoins et les contraintes liés à la tâche précise à accomplir. On rencontre ce genre de configuration dans les contextes de gestion par projet ou de conduite de travaux et de recherches inhabituels, complexes, comme à la NASA, chez Boeing ou IBM.

Pour ce qui est des modes organisationnels, on peut, sans trop simplifier la réalité, se contenter de ne considérer que trois modes essentiels :

- L'**organisation fonctionnelle.** Elle est basée sur le regroupement en différentes «fonctions» ; les ressources de l'entreprise y sont réparties selon leurs spécialités afin que chaque type d'activité profite au maximum de la réunion de gens qui font le même travail (voir la figure 4.4). C'est ainsi qu'on les répartit en fonction «finances», fonction «personnel», fonction «achats», fonction «marketing», etc. On peut, par extension, trouver des organisations fonctionnelles «par produits», «par marchés», «par activités» où les différentes fonctions de base sont réunies pour le service exclusif d'un produit, d'une région, d'un type de clientèle.

- L'**organisation par projets.** C'est une forme d'organisation basée non plus sur le regroupement des ressources s'adonnant aux mêmes activités, ou œuvrant pour le même produit, ou pour le même marché, mais sur la disponibilité de ressources en vue de réaliser une tâche spécifique, ayant un

---

4. Voir les détails des définitions et des descriptions dans Mintzberg (1982).

FIGURE 4-4   L'organisation fonctionnelle

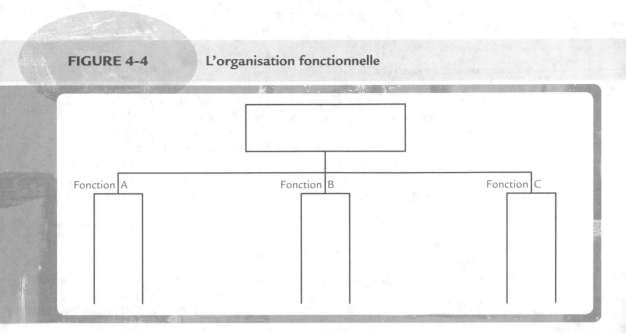

FIGURE 4-5   **L'organisation par projets**

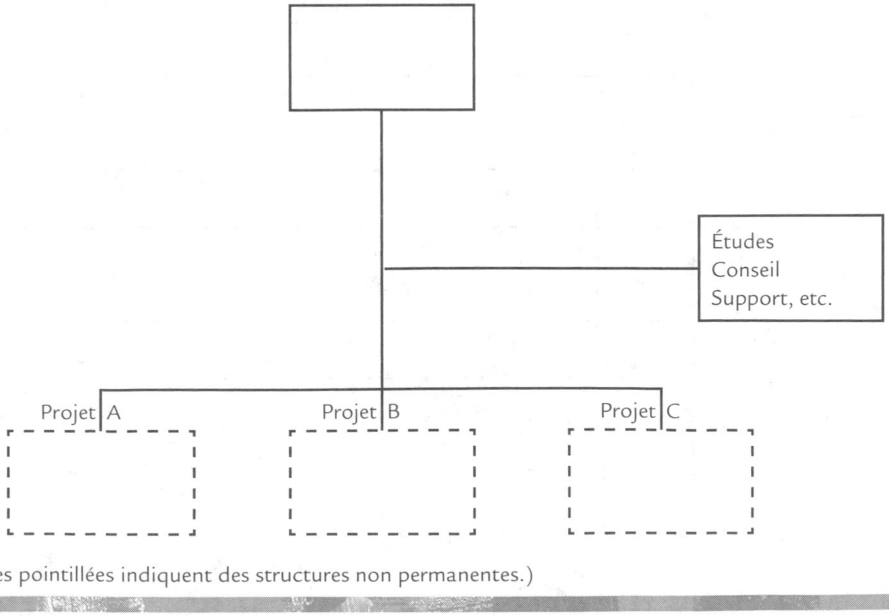

(Les lignes pointillées indiquent des structures non permanentes.)

début et une fin : un projet (voir la figure 4.5, à la page 123). Aussitôt qu'on change de projet, on change complètement les ressources et les rôles pour les adapter au nouveau projet.

- L'**organisation matricielle** (nom élaboré à partir du terme «matrice», dans le sens de «table à double entrée»). Ici, on combine organisation fonction- nelle et produits, ou fonctions et marchés, ou encore fonctions et projets, etc. (voir la figure 4.6). Les ressources de l'entreprise sont alors appelées à répondre à deux exigences à la fois – parfois plus –, comme celles de la fonc- tion «marketing» et de la fonction «production» pour les particularités d'un produit de l'entreprise, en vue de la pénétration d'un marché particulier, ou comme celles de chacun des projets et de chacune des fonctions de soutien de l'entreprise qui contribuent à la réalisation des projets en question.

FIGURE 4-6   **L'organisation matricielle**

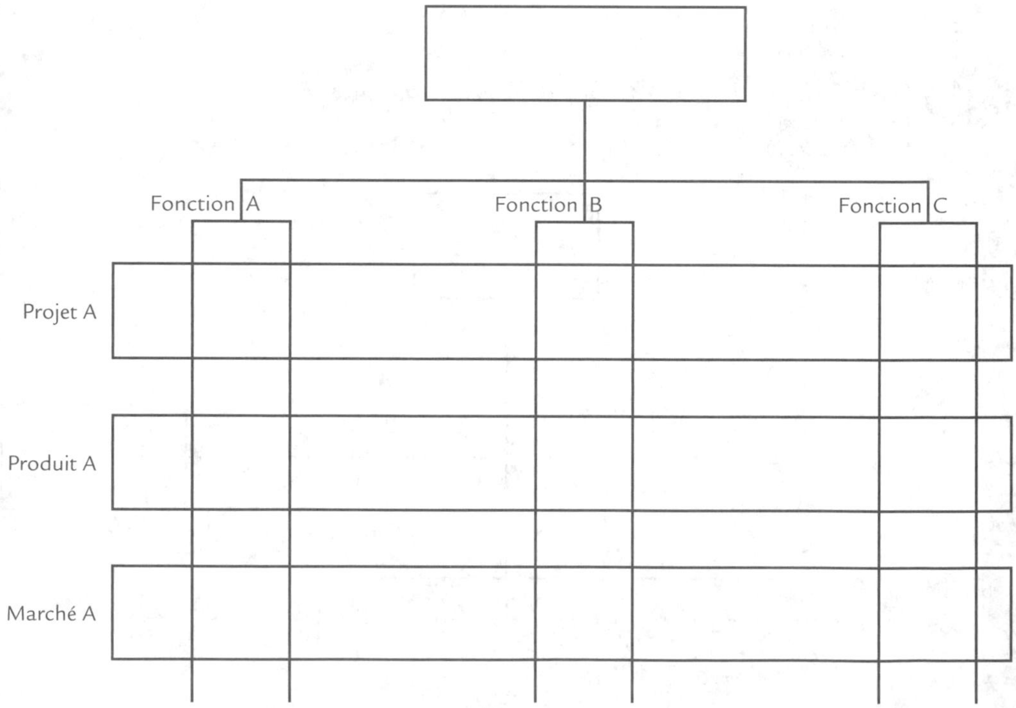

VERS L'AUTO-ORGANISATION ?

Il est aujourd'hui des concepts très importants en sociologie des organisations, ainsi que dans les sciences qui s'occupent de systèmes, d'information, de circulation de flux dans les systèmes (biologie, cybernétique, etc.) qui ne peuvent plus laisser indifférents le gestionnaire ou l'étudiant en gestion. Ce sont, en particulier, les notions d'ordre et de désordre, d'autonomie et d'hétéronomie, et d'organisation et d'auto-organisation. Considérons d'abord ce qui s'est passé et ce qui se passe à travers l'acte d'organiser.

Organiser est avant tout une recherche d'ordre, étymologiquement, d'une « disposition harmonieuse des choses ». Ce serait donc du fait de juxtaposer plusieurs « dispositions harmonieuses », en regroupant les différentes composantes d'une entreprise, qu'on organise celle-ci, qu'on en fait une organisation. Mais il y a deux sortes d'ordre : celui, naturel, ainsi qu'il se réalise par exemple dans la nature, dans les organismes vivants, et celui, artificiel, voulu par l'homme et appliqué à ses propres constructions.

Avec les modèles de la biologie du début du XXe siècle, la fascination devant la machine et devant l'ordre parfait de l'armée rigoureusement stratifiée et disciplinée, on ne pouvait, au départ, concevoir d'autre ordre que celui qui découle de principes de rationalité absolue ou quasi absolue[5], d'élimination de toute perturbation, de toute intervention venant d'ailleurs que des concepteurs et des dirigeants.

Nous verrons dans la dernière partie du livre que les principes scientifiques les mieux établis aujourd'hui plaident pour une tout autre nature de l'organisation ; ce n'est plus (comme le voulaient le taylorisme ou le fayolisme) la « science » qui impose ou suppose quelque forme organisationnelle que ce soit parmi toutes les formes connues.

Cependant, dans la perspective des dirigeants, le modèle organisationnel le plus avantageux est celui qui permet de conserver un maximum de pouvoir et de contrôle d'ensemble. Sous le couvert de la rentabilité et de la productivité, on masque souvent le désir de maintenir ou d'accroître ses propres privilèges, son autorité et sa mainmise sur toute l'entreprise. À ce sujet, Etzioni (1971) parle de l'exercice du « droit de pouvoir » qui semblerait aller de pair avec le « droit de propriété ». Cette sorte de déviation des objectifs ne trouve son dénouement, souvent, que dans les situations de crises graves ; l'exemple de Henry Ford I, qui n'a consenti à lâcher son emprise sur sa firme que devant la menace de mort que faisait planer sur elle General Motors, en est un cas célèbre.

Tout comme les généraux en chef ont toujours désiré que leurs ordres soient transmis et exécutés sans aucune déformation ni discussion, les chefs d'entreprise et les cadres « classiques[6] » voudraient que leurs « stratégies » et directives

---

5. Rationalité absolue : type de rationalité (de « raisonnement ») consistant à raisonner comme si l'on pouvait détenir « la » vérité, « la » meilleure solution, « la » meilleure façon de procéder.

6. Dirigeants qui, répétons-le, sont encore très nombreux, et continuent à gérer l'entreprise de façon « classique », c'est-à-dire comme on le faisait au début du XXe siècle sur la base des notions de hiérarchie, d'ordre, de discipline, de soumission quasi totale de l'employé.

soient respectées de la même façon. Ainsi, Taylor ne cessait de faire répéter à son ouvrier modèle, Schmidt : «le bon ouvrier est celui qui ne discute pas, le bon ouvrier est celui qui fait ce qu'on lui dit sans aucune discussion». Au cours de mes recherches, presque partout, et quelle que soit l'entreprise, on m'a très souvent répété cette même conception du «bon ouvrier».

On doit cependant toujours voir les choses en fonction de «systèmes», où tout est en relation : notre conception de l'ordre et de l'organisation n'est pas indépendante de notre conception de l'employé, ni de notre conception des rapports qui présideront à la réalisation des objectifs, à la formulation et à l'accomplissement de la stratégie.

Tout comme on croyait aux vertus de la rationalité et de la machine aux rouages infaillibles, on s'est mis à croire – et on continue de le faire – aux vertus des structures, ce que certains auteurs appellent la «foi magique dans le modèle rationnel» et la «croyance aux structures miracles». Comme s'il suffisait de changer de gadget ou de suivre la mode de certaines configurations pour, soudain, résoudre tous ses problèmes ou devenir plus efficace !

Il est pourtant des entreprises qui ne cessent de grossir et de se répandre partout dans le monde et qui, comme Cascades, gardent toujours le même modèle de base, relativement simple, de relations et de stuctures[7]. Il n'y a donc souvent aucune nécessité, sinon les «crises» ou la volonté des dirigeants, de changer de structure, de «réorganiser», pour adopter le modèle le plus à la mode.

Une autre vision de l'évolution des structures ?

Dans la littérature du management «classique», on a procédé pour l'évolution des structures organisationnelles de la même façon que pour l'histoire de l'entreprise. On a essayé de justifier le plus possible les faits accomplis et de transformer en nécessité ou en vérité scientifique ce qui n'étaient qu'œuvres de gestionnaires et de dirigeants animés d'abord d'une volonté de contrôle, de supervision étroite et de meilleure assise du pouvoir, face à l'évolution très rapide et à la complexification des marchés, des contextes, des techniques (les fameux «facteurs de contingence» de Mintzberg).

Aussi présente-t-on, dans la plupart des livres de gestion ou de théories de l'organisation, l'évolution des structures de l'entreprise comme une sorte d'évolution «naturelle», quasi indépendante du vouloir des dirigeants, ou encore comme une évolution obéissant à quelque «loi» pseudo-scientifique comme celle des facteurs de contingence. Il existe heureusement des ouvrages montrant les choses plus en rapport avec les contextes, les époques, les acteurs et les intérêts des différents protagonistes (Crozier, 1963 ; Mouzelis, 1967 ; Etzioni, 1971 ; Crozier et Friedberg, 1977 ; Chanlat, 1984 ; Chanlat et Séguin, 1983 et 1987 ; Morgan, 1989 ; Clegg et Hardy, 1999 ; etc.).

---

7. Cascades a même repris plusieurs entreprises appartenant à des multinationales américaines dont elle a simplifié les structures à partir d'une conception de l'organisation basée sur la collaboration avec les ouvriers et la confiance en eux (en modifiant les fonctions de contremaîtres, les postes de coordination-contrôle). Presque toutes ces entreprises sont passées d'une situation de faillite à une situation de profits.

Si l'on tentait une synthèse relativement simple, on verrait les structures évoluer surtout en fonction de moyens (organisationnels) à trouver pour conserver, les plus intacts possible, contrôle et pouvoir, dans des situations dont la complexité exige de plus en plus de délégation, de décentralisation, de distance entre les sièges sociaux et les lieux des opérations[8]. Tout semble se passer comme si, à chaque pas nécessitant un mouvement de décentralisation plus grande, la concession de plus de prérogatives à ceux qui sont sur le terrain, il fallait immédiatement trouver le moyen structurel de continuer à contrôler, comme auparavant, tout ce qui se produit. S'ensuivent les innombrables comités, postes, positions et structures dits de coordination, de supervision, etc., qui viennent compliquer tout passage à l'organisation matricielle et gonfler de façon considérable les coûts indirects (Denis, 1983; *Business Week,* 1985 et 1986). Sinon, comment expliquer qu'à produits identiques, qu'à marchés identiques on ait tant de différences «organisationnelles» (nombre de paliers hiérarchiques, de postes de contrôle, de coordination) entre Cascades et ses homologues plus traditionnelles, ou encore entre les firmes de construction mécanique japonaises et américaines du début des années 1980?

Avant de songer à une structure différente ou à une réorganisation, il convient de se poser la question des véritables objectifs qu'on poursuit: être plus efficace ou conserver, sinon exercer encore plus, son pouvoir et son contrôle? Loin de favoriser automatiquement la productivité ou la qualité, le contrôle produit l'effet inverse quand il s'effectue dans un contexte «traditionnel» de méfiance et de surveillance-harcèlement vis-à-vis de l'employé (Sérieyx, 1989; Peters et Austin, 1985; Kélada, 1987 et 1990).

On subit encore, comme on l'a vu et comme en ont témoigné les travaux de Taylor, les conséquences de ce qui s'est passé lors de la naissance de l'entreprise industrielle et de la mentalité qui s'est installée dans les relations en usine depuis le XVIIIᵉ siècle: un climat d'affrontements, de méfiance, d'hostilité, d'embrigadement étroit[9].

Il ne s'agit pas, bien sûr, de sombrer dans un manichéisme simpliste, où il y aurait les méchants patrons d'un côté et les gentils ouvriers de l'autre. Mais on peut le voir dans l'histoire, et il faut bien le voir encore: les personnes qui prennent les décisions, qui ont l'initiative, qui peuvent changer les règles du jeu, qui imposent un ordre et décident d'une organisation, ou d'un système de contrôle, ce sont d'abord les dirigeants. La preuve la plus directe en serait, encore une fois, l'entreprise Cascades, où les dirigeants ont pris l'initiative de réaliser une forme d'organisation basée sur la proximité des statuts, l'ouverture, la confiance et le respect envers l'employé, la distance minimale, le partage, les paliers hiérarchiques réduits (Cuggia, 1989; Aktouf, 1991; Aktouf et Chrétien, 1987).

---

8. Les descriptions et l'analyse que fait Chanlat (1984) de l'évolution des structures d'Hydro-Québec sont très instructives à ce sujet. On peut aussi se référer avec intérêt aux divers exemples que donnent Peters et Waterman (1983).
9. Taylor parle abondamment de «luttes» avec les ouvriers des ateliers de la Midvale et de la Bethlehem Steel. De très nombreux ouvrages le confirment depuis: Weil (1964), *Work in America* (1973 et 1983), Beynon (1973), Terkel (1976), Linhart (1978), Linhart (1991), Walraff (1986).

Une autre indication nous en est donnée par Taylor lui-même, déclarant, comme nous l'avons vu au chapitre 1, devant la commission parlementaire américaine qui l'interrogeait, que si son système avait abouti à tant de désordres, c'était en bonne partie à cause du refus des gestionnaires de changer leur mentalité, notamment pour ce qui est de la collaboration et de la concertation avec l'ouvrier. Cette critique renvoie forcément à la question de conception de l'organisation, des statuts et des rôles ainsi que des relations qu'impliquent certaines formes de structures plutôt que d'autres.

De la division technique du travail à la motivation par la tâche

La Révolution industrielle a apporté une nouvelle façon d'organiser le travail et de le surveiller, mais elle a aussi apporté une division technique du travail. Sans insister sur les détails, disons que cette division technique du travail a été portée à son maximum par le taylorisme. Le but poursuivi était d'éclater les métiers en gestes simples pour, d'une part, mieux contrôler des ouvriers devenus inter-changeables et, d'autre part, payer moins (de ce point de vue, la crise mondiale aidant, les choses ont l'air de s'aggraver : à la division technique du travail on ajoute la réingénierie, la sous-traitance, la rationalisation des effectifs, les licen-ciements massifs, les emplois sur appel, en demi-poste, à temps partiel, etc.[10]). On a aussi procédé à l'émiettement du travail en gestes insignifiants (Friedmann, 1946 et 1964 ; Gorz, 1973 ; Cessieux, 1976). Une somme minime de gestes élémentaires répétés à l'infini n'a aucun sens ; là se trouve, selon beaucoup d'auteurs, le cœur du problème de l'aliénation et de la démotivation (Friedmann, 1964 ; Marcuse, 1968 ; Sievers, 1986a et 1986b ; *Work in America,* 1973).

Or, organiser, dans l'industrie et les institutions modernes, c'est subdiviser les tâches, ce qu'on appelle «spécialiser», et opérer ensuite des regroupements rationnels (rentables) parmi les travaux ainsi subdivisés. On nomme cela, depuis les travaux de Lawrence et Lorsch (1973), la différenciation et l'intégration : spé-cialiser, diviser, séparer en activités, tâches, sous-tâches (différencier) ; ensuite regrouper, pour mieux coordonner et contrôler, en équipes, sections, bureaux, services (intégrer).

Mais on oublie que cette intégration n'est que formelle (officielle, voulue par les dirigeants et la rationalité qui les guide, extérieure à la dynamique spontanée des groupes). Elle n'obéit pas aux mécanismes de déroulement du travail et de la vie sociale «naturels» des humains, mais à ceux de la conception (financière-ment) productiviste de l'organisation. Aussi a-t-on toujours, d'un côté, l'**organi-sation formelle** et, de l'autre, l'**organisation informelle** (réseaux de relations spontanées entre les employés qui répondent à des besoins de regroupements par affinités personnelles et qui font que le travail se fait plus facilement et

---

10. Nous verrons, dans le chapitre portant sur la mondialisation et ses effets, que nous sommes sur une pente très dangereuse où propriétaires et actionnaires veulent toujours plus, mais où, pour ce faire, ils n'ont plus d'autre choix que de créer du chômage, délocaliser sans cesse leurs activités vers les paradis salariaux et fiscaux, polluer toujours plus, et ainsi de suite.

mieux). De plus en plus, on reconnaît dans l'informel la forme de résistance ouvrière que Taylor (1947) a décrite de mille façons et qu'on s'est efforcé de nier depuis.

Masquer ou nier le réel pour le remplacer par des «théories» qui nous rassurent n'arrange rien : de façon générale, l'ouvrier le moins éduqué, le moins qualifié, le moins productif et le moins motivé est aujourd'hui, et en général, celui de l'industrie occidentale, du capitalisme dit «financier[11]», même s'il est souvent le mieux payé (Vogel ,1983 ; Lussato et Messadié, 1986 ; Weitzman, 1986 ; Deming, 1987 ; Sprouse, 1992 ; Morgan, 1989, ce dernier auteur indiquant que, dans plusieurs secteurs de l'économie nord-américaine, 87 % des employés de base traitent plus de complexité dans l'acte qui consiste à se rendre à leur lieu de travail que pour faire leur travail).

Par ailleurs, la question de la motivation a un rapport direct avec l'organisation : il y aura toujours une énorme différence entre celle qui essaiera de sauvegarder un certain sens du travail et un certain attrait pour lui (non seulement pécuniaire, mais aussi professionnel, affectif, personnel, social, collectif) et celle qui s'ingénie à les éliminer pour mieux superviser et contrôler. Nos organisations portent en elles notre vision de nous-mêmes, de nos ouvriers et employés, et de nos rapports réciproques, donc de la vie sociale de l'entreprise et, par extension, de la vie sociale plus générale. De la façon d'organiser l'entreprise s'ensuivront le cloisonnement et l'hostilité ou la coopération et la complicité.

EN CONCLUSION : ADOPTER L'AUTO-ORGANISATION ?

Si l'on suit les progrès des sciences qui s'occupent de systèmes organisés et auto-organisés (physique ou chimie moléculaire, biologie, cybernétique, sciences de l'information), on se rend compte assez vite que notre conception de l'ordre, donc de l'organisation, conduit presque à éliminer systématiquement ce que les scientifiques appellent le «bruit[12]» et qu'ils considèrent comme indispensable à l'adaptation, à la fiabilité et à la survie des systèmes dans la nature.

Plus simplement, la biologie, la chimie et la physique ont remarqué que les organismes et les systèmes qui s'adaptent le mieux (qui survivent et évoluent en créant, en innovant pour être plus en harmonie avec l'environnement) sont ceux qui admettent une certaine quantité de bruit. On trouve à l'intérieur de ces systèmes créatifs une tolérance minimale à une certaine autonomie de leurs composants, qui peuvent en quelque sorte «s'exprimer» indépendamment des

---

11. Par opposition au capitalisme dit «industriel» dont nous verrons des exemples avec le Japon, l'Allemagne, etc. (voir Albert, 1991).
12. Cette notion de «bruit» sera examinée dans la dernière partie. Disons pour l'instant qu'il s'agit de la possibilité, pour un système donné, de laisser se réaliser des phénomènes aléatoires, semblables à des «parasites», des *bugs* non prévus, mais qui sont sources d'enrichissement du système par la «variété» qu'ils y introduisent (Bertalanffy, 1973 ; Rosnay, 1975 ; Atlan, 1972 et 1979 ; Prigogine et Stenghers, 1979 ; Chanlat et Dufour, 1985 ; Passet, 1979 et 1987).

façons et voies dominantes «traditionnelles» du système. L'évolution des espèces n'est possible que grâce au «bruit» qu'introduisent de temps à autre les mutations génétiques à l'intérieur des cellules reproductrices.

Autrement dit, tout système, en particulier vivant, qui n'admet que des façons limitées, codées, prescrites, rigides de s'exprimer et de répondre à l'environnement est un système condamné à mourir à plus ou moins brève échéance. Au contraire, tout système qui admet dans son organisation des possibilités de comportements différents, plus autonomes, plus variés, plus «déviants», sera un système capable d'innovation, de créativité et d'adaptation.

Le bruit est à la base des cercles de qualité japonais, de leurs modes organisationnels qui favorisent, testent et appliquent un grand nombre de suggestions de leurs employés (Pascale et Athos, 1970; Ouchi, 1981; McMillan, 1982; Peters et Waterman, 1983; ouvrages *classiques* sur la question et toujours non démentis), ou encore des comités de cogestion, de codécision, de codétermination, etc., en Allemagne et dans les pays scandinaves. Ainsi, la boucle est bouclée: un plus grand nombre de possibilités d'expression créent et supposent plus d'autonomie; les deux augmentent l'intérêt pour le travail, ce qui donne des employés plus motivés, et donc de meilleurs résultats. Ces résultats ne sont possibles que si l'organisation est conçue de manière non pas à mieux exercer le pouvoir et à mieux contrôler, mais à permettre l'intérêt, l'expression et l'engagement de chacun. On peut y parvenir en accordant aux employés un minimum d'autonomie, un minimum de conditions où chacun sera un auteur actif, et non plus un instrument passif à qui l'on dicte ses gestes.

De cette manière, chaque poste, chaque équipe, chaque service pourra générer les innovations adaptatrices nécessaires à une meilleure réalisation de ce dont il a la charge: trouver la réponse à un problème là où il se pose. C'est ce qu'on peut appeler tolérer un minimum de bruit, c'est ce qu'on peut appeler aussi des conditions d'auto-organisation ou d'un contexte favorable à une organisation holographique (Morgan, 1989).

Une pareille transformation de nos modes de gestion fait appel à la motivation de chacun, notamment des ouvriers et des employés. Elle invite les dirigeants qui organisent à reconnaître le droit à l'erreur[13], à accorder le droit d'expression et à en garantir les conditions, à donner plus d'autonomie, à faire preuve de plus de confiance, d'intimité et d'honnêteté (Ouchi, 1981), à se laisser interpeller (Sainsaulieu, 1983; Sievers, 1986a; Aktouf, 1989, 1990 et 1991).

---

13. Souvenons-nous que ce droit à l'erreur est inscrit dans le système japonais, du fait de la responsabilisation du groupe et non de l'individu, et que l'importance de la représentation ouvrière en Allemagne et en Suède en fait une donnée du fonctionnement par concertation et codécision. De plus, il est courant de voir confondre «erreur» et «faute».

LES IDÉES IMPORTANTES

SUR LES ACTIVITÉS

La décision

L'acte de gestion tout entier – stratégique, administratif ou courant – peut être traduit en fonction des processus d'information et de décision. Le mode de décision choisi et le processus d'acheminement de ces décisions déterminent la structure de l'entreprise, son degré de centralisation, les modes de communication et donc le climat.

Le processus de décision centralisé

Dans le cadre du management traditionnel, le processus de décision est largement centralisé suivant les activités importantes. Comme ces dernières, le processus décisionnel est logique, séquentiel et continu puisqu'il implique, par le biais du contrôle, un retour aux choix effectués. Les décisions non programmées reviennent habituellement au sommet stratégique, tandis que les décisions programmées se retrouvent à la base qui doit les exécuter.

Questions

1. Quelle conception de l'être humain est véhiculée par la théorie classique de la prise de décision?

2. Quels sont les facteurs généralement négligés dans la formulation des étapes devant mener à des décisions satisfaisantes?

3. Face à la complexité de l'environnement, il est nécessaire de décentraliser le processus de décision. Quelles sont les diverses formes d'intégration qu'il est possible de mettre en place face à cette complexité?

4. Quelles pratiques viennent ordinairement alourdir un mode de fonctionnement décisionnel plus décentralisé?

Le processus de décision décentralisé

Il est possible de concevoir des organisations au sein desquelles le processus de décision serait véritablement décentralisé. En remettant en question le principe de différenciation et la mentalité de contrôle qui est son corollaire obligé depuis la naissance de l'entreprise industrielle, la solution de remplacement d'une autonomie réelle – des façons de faire non prescrites, moins rigides, plus variées – des composantes de l'entreprise devient envisageable.

Questions

1. Quelles sont les conditions nécessaires à la mise en place d'une organisation caractérisée par des capacités d'auto-organisation?

2. Existe-t-il des entreprises ayant adopté cette façon de fonctionner? Donnez des exemples.

3. Quels sont les avantages d'une transformation des modes de gestion qui irait dans le sens d'une plus grande autonomie des employés?

Chapitre 5
La direction et le contrôle

A. LA DIRECTION : DU LEADER AU HÉROS DE LA CULTURE D'ENTREPRISE

DÉFINITIONS ET GÉNÉRALITÉS

Aussi loin que quelque quatre siècles avant notre ère, on peut retrouver des considérations presque aussi modernes que celles du management actuel, sous la plume de Xénophon (Varron, 1877), sur la façon de conduire les travaux et d'exercer un leadership favorable à la bonne production. Voici les conseils que donne Xénophon au maître de domaine qui veut recruter de la main-d'œuvre saisonnière (pour les vendanges, par exemple) et la faire travailler au mieux :

> Choisissez des sujets propres à la fatigue, au-dessus de vingt-deux ans [...] On juge de leurs aptitudes sur ce qu'ils faisaient chez leur précédent maître. Prenez, pour les diriger, des esclaves[1] qui ne soient ni insolents ni timides ; qui aient une teinture d'instruction, de bonnes manières, de la probité. [...] Cette position exige l'intelligence des travaux, car l'esclave n'est pas là seulement pour donner des ordres, il doit montrer ce qu'il sait faire afin que ses subordonnés comprennent que ce sont ses talents et son expérience qui le placent au-dessus d'eux [...] On fera bien de flatter leur amour-propre, en leur donnant de temps à autre quelques marques de considération. Il est bon également, quand un ouvrier se distingue, de le consulter sur la direction des ouvrages. Cette déférence le relève à ses propres yeux, en lui prouvant qu'on fait cas de lui, qu'on le compte pour quelque chose [...] c'est ainsi [...] qu'on leur inspire le bon vouloir, et l'affection [...].

Que de « psychologie industrielle » pourrait-on trouver dans cette lecture de Xénophon ! On doit même, honnêtement, reconnaître que ce texte est aussi moderne que l'essentiel des sciences du comportement organisationnel d'aujourd'hui, puisqu'il fait appel à des notions de leadership, de participation, de consultation, de communication, de respect de l'ouvrier, etc.

Les théories du leadership et de la direction sont loin d'être de faramineuses découvertes du management du XXe siècle. Et, lorsqu'on en fera le tour, on verra que Xénophon est bien plus sage que les tenants de plusieurs théories de l'art

---

1. Les esclaves de la Grèce antique étaient, semble-t-il, souvent associés à la direction des affaires du domaine : parfois, ils faisaient en quelque sorte partie de la famille du maître. Voir, par exemple, L'Illiade et L'Odyssée d'Homère, où les esclavent partagent une grande partie de la vie des maîtres.

de diriger dont on abreuve presque inutilement, depuis plusieurs décennies, des générations de gestionnaires.

Le terme «direction» vient du latin *directio* et désigne l'action de conduire, de diriger. Le verbe «diriger» vient lui aussi du latin (*dirigere*) et signifie «conduire», «mener dans une certaine direction». Par extension, ces vocables en sont arrivés à signifier aussi «commander», «orienter», «influencer». Diriger consiste à pouvoir exercer sur les autres une influence qui leur fera prendre une orientation donnée, et leur fera réaliser, dans le cadre de cette orientation, un certain nombre d'activités en vue d'atteindre, collectivement, un résultat précis. Telle est la tâche privilégiée du cadre, du gestionnaire, du dirigeant. Mais, on s'en doute, l'exercice de la direction pose le problème des sources de l'influence des dirigeants, de sa légitimité, de son acceptation et des façons de l'exercer.

LA NATURE ET LES SOURCES DE L'ACTE DE DIRIGER

Synonyme de «commander», «diriger» peut aussi vouloir dire «exercer une autorité», ou «exercer un pouvoir». En vertu du pouvoir qu'il détient et qu'on lui a conféré, un individu A peut infléchir la volonté d'un individu B dans un sens donné. Pour un auteur connu en théories des organisations comme Amitai Etzioni (1971), la source de cette capacité d'influence vient de ce que les gestionnaires ont toujours associé au «droit de propriété» un «droit d'exercice du pouvoir», à peu près traditionnellement semblable au bon vouloir des rois et des seigneurs du Moyen Âge. Mais, à regarder les faits historiques de plus près, on se rend compte que ce bon vouloir était loin d'être aussi répandu qu'on voudrait le faire croire[2]. Il s'accompagnait en tout cas toujours de «devoirs» que le seigneur avait l'obligation de remplir envers ses vassaux et serfs, dont ceux de se laisser interpeller et de répondre publiquement, de rendre justice, de protéger, de nourrir en cas de mauvaises récoltes ou de famine.

Le philosophe et sociologue allemand Max Weber (1971), nous l'avons vu, a, lui aussi, laissé une profonde analyse du phénomène autorité-pouvoir. Pour l'époque moderne et l'industrie, il l'associe au «droit de fixer le mode d'usage des moyens de production» qui accompagne le droit de propriété dès l'avènement de la fabrique du xviiie siècle. Le propriétaire industriel va en effet imposer très tôt une façon de travailler qu'on appellera «organisation»: celle qui fera travailler le plus fort et le plus longtemps sous l'ordre et la discipline désirés.

Les ancêtres de ceux qu'on appelle aujourd'hui les cadres ou les gestionnaires, contrairement à ce qu'on serait tenté de croire, ne sont pas les premiers propriétaires d'usines, et encore moins les seigneurs (Schumpeter, 1979; Neuville, 1976), mais les intermédiaires que les propriétaires mettaient entre eux et les travailleurs (d'où la hiérarchie industrielle) et qu'on a d'abord appelés «régisseurs», puis «contremaîtres», puis «chefs du personnel». Ils étaient même,

---

2. Voir la comparaison saisissante que Berle (1937 et 1957 surtout) fait entre les deux types de pouvoir, celui des entreprises actuelles (notamment les grandes) et celui des seigneurs et rois féodaux, et où l'on voit un plus grand pouvoir absolu et arbitraire chez les premières.

jusqu'au début du XXᵉ siècle, armés, soit de véritables armes, soit de bâtons, de fouets ou de cravaches. Ils pouvaient aussi avoir des techniques très personnelles, telles que la technique adoptée par un régisseur anglais de l'époque de la Révolution industrielle : laisser pousser très long et très dur les ongles du pouce et de l'index, les aiguiser en pointe et s'en servir pour transpercer les oreilles de ceux, notamment les enfants, qui ne travaillaient pas assez vite (Mantoux, 1959 ; Neuville, 1976).

Là encore, il ne faut pas croire béatement que l'évolution de la façon de diriger s'est faite à partir d'une sorte de philanthropie qui aurait soudain gagné les milieux industriels. C'est d'abord la nécessité de se conformer aux lois du travail (arrachées pouce par pouce après des années de luttes) qui, le plus souvent, a fait évoluer les modes de «gestion des hommes» (Heilbroner, 1971 ; Toffler, 1980 ; Neuville, 1976). C'est ainsi que les juristes, pour chercher les moyens de contourner les lois du travail[3], puis les anciens officiers de l'armée, capables de «discipliner» et de «mener» les hommes, puis les psychosociologues, personnes sachant comment infuencer, par la «psychologie», les travailleurs dans le sens désiré par les dirigeants, ont successivement fait leur apparition dans les directions d'entreprises.

Pour en revenir à la question des sources de l'autorité, personne n'a vraiment réussi à faire mieux que Max Weber (1971) en la matière. Pour lui, il y a trois grandes souches sur lesquelles peut s'installer l'autorité ou, comme il l'appelle, la «domination» :

● Une source traditionnelle : la tradition a, de tout temps, désigné ceux ou celles qui doivent pouvoir exercer une autorité (les plus âgés, le sorcier, le chef sacré, le père, la mère, etc.).

● Une source légale : la loi, le statut officiel donne un pouvoir d'autorité (le policier, le juge, la directrice, etc.).

● Une source liée au «charisme», dite «charismatique» : une forme de pouvoir découlant d'une somme d'attributs personnels. Une sorte de magnétisme qui amène à accepter l'autorité et à obéir (Napoléon, Hitler, René Lévesque, notamment, avaient beaucoup de charisme).

Dans la réalité, on assiste souvent à des combinaisons, à divers degrés, de ces sources fondamentales. Bien entendu, l'idéal est d'avoir, de façon savamment équilibrée, une certaine «dose» de chacune.

LES RÔLES STRUCTURELS DU DIRIGEANT

On appelle «rôles structurels» les façons dont le dirigeant exerce son travail de cadre, selon la position ou la fonction que lui confèrent les structures de l'entreprise à laquelle il appartient.

---

3. Le célèbre et richissime businessman américain J.P. Morgan avait coutume de dire qu'il embauchait des avocats pour qu'ils lui disent «comment» il pourrait faire ce qu'il avait envie de faire, et non pour qu'ils lui disent ce qu'il ne pouvait pas faire (Toffler, 1980).

- **Rôle formel et rôle informel.** Il existe toute une littérature, qui remonte aux années 1930, sur ce qu'on a appelé le «leader formel» et le «leader informel». Brièvement, soulignons que le premier correspond à une position de leadership attribuable à une nomination officielle à un poste de direction. C'est la structure formelle (officielle, visible, légale) qui lui confère cette position et la possibilité d'exercer un pouvoir. Le second, le leader informel, correspond pour ainsi dire à l'arrière-plan non visible, non officiel, de la structure : la partie informelle où les choix des collègues, et non la volonté de la haute direction, désignent la personne qui sera considérée comme leader. Cette personne se verra attribuer par ses pairs un certain pouvoir d'influence, très souvent lié à la compétence ou à l'expérience, ou encore à des capacités de facilitation des relations, de fluidification des rouages du travail, de rétablissement de l'équilibre socio-émotif, d'appui affectif, etc. Tout comme le groupe informel ou l'organisation informelle, ce leader doit son existence – et est une réponse implicite – à certains besoins non satisfaits par la structure formelle : besoin de s'associer, de se confier, d'être écouté, conseillé, réconforté, etc. On peut souvent voir dans ce genre de leadership des bases liées à la tradition de certains groupes (quand on a affaire à des ethnies différentes ou à des «cultures de métiers», chacune se choisira son leader informel selon ses traditions) ou au charisme de la personne choisie.

- **Rôle fonctionnel et rôle hiérarchique.** C'est, encore ici, la structure qui, selon la position qu'elle confère à un individu cadre, lui associera soit un rôle dit fonctionnel ou d'autorité fonctionnelle (lié à la fonction, à la spécialité qu'exerce l'individu : comptabilité, finances, informatique, etc.), soit un rôle dit «hiérarchique» ou «d'autorité hiérarchique» (lié au niveau, à la strate où l'on se situe dans la hiérarchie de l'entreprise, comme dans le cas d'un grade dans l'armée).

- **Rôle de conseil et rôle de commandement.** Encore souvent dénommées «rôle *staff*» et «rôle *line*», ces positions renvoient à des types d'autorité qui sont, d'un côté, une autorité de consultation, liée à une fonction d'analyse, d'études et de conseil, et, d'un autre côté, une autorité liée à une fonction d'exercice de commandement, de relais dans une chaîne ordres-exécution. Évitons les nuances inutiles et disons que ces rôles sont de même nature que le rôle hiérarchique. Si l'on veut faire une analogie avec l'armée, le rôle de conseil s'apparenterait à ce que font les membres d'un état-major et le rôle de commandement, à ce que font les officiers d'unités opérationnelles.

Bien entendu, il peut souvent arriver, entre ces différents rôles, des conflits relatifs à l'autorité et à la nature du travail de direction (voir la figure 5.1). Ce livre n'est pas le lieu pour expliciter cela, mais disons que le leader fonctionnel et le leader hiérarchique peuvent se heurter lorsque le «spécialiste» et le «chef» ne sont pas d'accord, par exemple, sur une procédure à instaurer au sein d'une unité dont le leader hiérarchique veut être le patron absolu ; le leader formel et le leader informel peuvent entrer en conflit si les normes formelles et informelles de production, de comportement, etc., ne vont pas dans le même sens ; enfin, le conseiller de la haute direction et le directeur-patron d'une sous-structure peuvent diverger sur des orientations à prendre. Bien entendu, tous les rôles «officiels», soit de conseil, hiérarchique ou fonctionnel, sont des rôles formels.

QUELQUES THÉORIES CLASSIQUES DU DIRIGEANT

Il ne s'agit pas de revenir ici, même succinctement, sur les nombreuses et prolifiques théories de la direction et du leadership : des manuels entiers et des cours spécialisés y sont consacrés. Nous proposons simplement un rapide tour d'horizon de l'essentiel. Précisons d'emblée qu'on n'a pas été, fondamentalement, plus loin que les inévitables travaux des Lewin, Lippit et White (1939), Bales (1958), Lewin (1964), Blake et Mouton (1969), McGregor (1971), Likert (1974). Tout juste pouvons-nous parler d'une récente différence d'approches, distinguant ce qu'il est convenu d'appeler des **approches normatives,** qui sont basées sur des prescriptions de comportements, des « normes » pour être de

FIGURE 5-1   **Les différents rôles « organisationnels » du dirigeant**

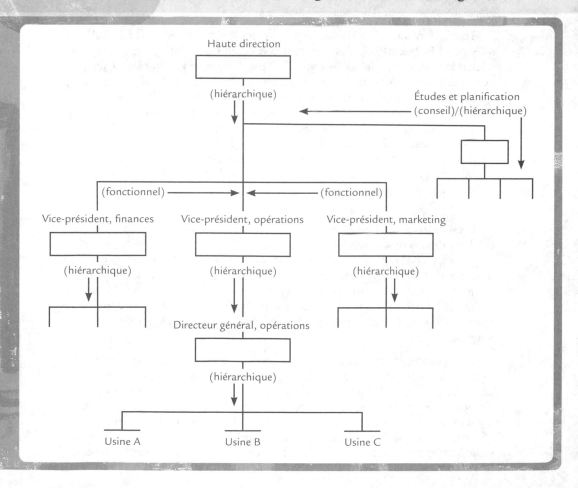

«bons» leaders, et des **approches descriptives,** qui décrivent ce qui se passe dans l'action de diriger en situation réelle plutôt que de prescrire à partir de situations théoriques ou expérimentales.

Les approches normatives ont dominé la scène jusque vers le milieu des années 1970. Seulement depuis Mintzberg (1973) l'approche descriptive a-t-elle vraiment pris du poids dans la littérature du management. Les théories du dirigeant se concentrent traditionnellement sur l'étude des traits de personnalité (les facteurs relevant de la personne même du dirigeant), l'étude des habiletés (le savoir-être et le savoir-faire que doit connaître et acquérir le dirigeant), l'étude des pôles sur lesquels est centré le dirigeant (sur l'accomplissement de la tâche ou sur le bien-être du groupe).

Les pistes concernant les traits de personnalité n'ont rien donné de convaincant et les pistes mettant l'accent sur les habiletés et les pôles ont, en gros, abouti à ce que le «bon» dirigeant devrait savoir trouver un heureux équilibre entre tout ce qui peut conduire à la réalisation la plus efficace de la tâche et tout ce qui peut entretenir le meilleur moral possible parmi les subordonnés et les employés. Ce dosage représente, bien sûr, le climat de travail idéal, puisque efficacité et bon moral renvoient l'un à l'autre.

Tout naturellement, les chercheurs en management en sont venus à l'étude de styles liés aux deux pôles désignés précédemment, dont ils ont retenu les deux principaux : le style **socio-émotif** et le style **centré sur la tâche.** On peut aussi parler de «rôles» socio-émotifs ou centrés sur la tâche. Ces rôles ou styles peuvent être remplis par des personnes différentes, par exemple par le leader formel pour la tâche et par le leader informel pour les aspects socio-émotifs. Mais, bien sûr, le but visé est que le leader formel, le dirigeant, puisse, à lui seul, remplir ces deux rôles. Ainsi, il n'y aura pas de dichotomie, de disjonctions, entre accomplir la tâche et satisfaire les besoins socio-affectifs. Trouver à travers la réalisation efficace du travail la satisfaction et le bien-être psychologique reste le souhait majeur du management et la base la plus solide d'une productivité soutenue.

C'est ainsi qu'on a traditionnellement cherché à cerner le profil du dirigeant idéal. Certaines descriptions énumérant les qualités du «bon» cadre (par exemple, celles qu'ont rapportées Bergeron *et al.,* 1979) sont de véritables portraits d'apollons doublés de *supermen*! Heureusement, on s'est assez vite rendu compte que cette voie menait à un cul-de-sac. On s'est alors penché sur les savoirs et les habiletés – soit les prescriptions de Fayol, Lewin, McGregor, Blake et Mouton, Likert, etc. –, puis sur les descriptions – particulièrement celles de Mintzberg.

Les «prescripteurs» nous enseignent que le dirigeant ne doit pas oublier qu'il se fait une conception de ceux qu'il dirige, et donc, selon la façon dont il les conçoit, qu'il agira d'une manière ou d'une autre. S'il est adepte de la conception X (l'employé est paresseux, indigne de confiance, incapable de travailler seul), il agira en autocrate autoritaire ; s'il est adepte de la conception Y (l'employé est sérieux, mûr, digne de confiance), il agira en «démocrate» qui admet la discussion et la participation (McGregor, 1971 ; Livingston, 1988). Ces mêmes prescripteurs (en particulier Lewin, 1964 ; Blake et Mouton, 1969 ; Likert, 1974) nous indiquent aussi comment le dirigeant doit se situer, dans son style de direction, à un point idéal de «démocratie» entre le laisser-faire total et l'autocratie, et à un point idéal de jonction entre les habiletés menant vers la réalisation du travail et les habiletés assurant un climat serein et détendu parmi les employés.

Les «descripteurs», eux (surtout Mintzberg), nous montrent, à partir de ce qui se passe sur le terrain, ce que fait effectivement le dirigeant, dans différentes situations : ses habiletés principales consisteraient alors en sa capacité d'analyse des nombreuses situations auxquelles il doit faire face quotidiennement et d'adaptation à ces situations. Ces situations, classées et regroupées, donnent lieu, comme nous le verrons, à l'énonciation d'une dizaine de rôles répartis comme suit : décisionnels, informationnels et interpersonnels.

En réalité, les auteurs et les chercheurs se détachent progressivement des théories traditionnelles qui tournaient sans cesse autour des traits, des habiletés et des pôles, pour reconnaître davantage, dans l'acte de diriger, les relations d'interdépendance, les influences réciproques entre supérieurs et subordonnés, les circonstances changeantes et différentes ainsi que la nécessité de l'adhésion des personnes qu'on veut diriger. Aussi en arrive-t-on aujourd'hui à parler de valeurs, de culture et de représentations symboliques, dont le dirigeant devrait être le moteur et auxquelles les employés devraient s'identifier pour se mobiliser dans le sens désiré par la firme. C'est toute la question de la «culture d'entreprise», de la «gestion stratégique» et de la nouvelle espèce de dirigeant qu'on souhaite : le héros mobilisateur, producteur d'une direction à suivre, de valeurs et de symboles.

LE HÉROS DE LA CULTURE D'ENTREPRISE ET DU MANAGEMENT STRATÉGIQUE

Depuis, en particulier, les livres de Ouchi (1981), de Deal et Kennedy (1982), et surtout les livres à succès de Peters et Waterman (1983) et de Porter (1979, 1987, 1993) qui présentent et décortiquent les entreprises «compétitives» et gagnantes, on assiste à une véritable vogue du leader-héros. Celui-ci sera soit le «créateur visionnaire», «pourvoyeur de sens et d'une direction à suivre» de la firme, autour duquel on entretiendra une «mythologie», de «champion», de «battant», de «gagneur», capable, tel Henri IV, de faire suivre par tous son panache blanc au milieu des batailles.

Cette mode de la culture d'entreprise, du management stratégique et du héros d'entreprise vient essentiellement du fait que, face à l'«excellence» d'autres modèles d'entreprise et de conduite du travail industriel, notamment japonais, le management classique se trouvait démuni. En un mot, on s'est rendu compte que rien ne pouvait valoir, en matière de motivation, l'engagement volontaire, l'adhésion spontanément et pleinement consentie. On s'est alors mis à parler de «valeurs» (croyances profondes qui prédisposent à certaines façons d'agir), de «mythes» et de «symboles» (systèmes par lesquels ces croyances sont créées et renforcées), de «rites» et de «cérémonies» (activités sociales destinées à entretenir mythes, valeurs, etc.), de «pensée stratégique», et ainsi de suite. On voudrait, je caricature à peine, forger de véritables «ethnies d'entreprises» à l'instar des ethnies que les anthropologues observent, et dont tous les membres sont unis, dans leur façon d'être et de se comporter, par une sorte d'«esprit commun» largement insufflé par les leaders-héros-visionnaires émetteurs de stratégies et d'esprit compétitif...

Nous reviendrons plus loin sur certains aspects centraux de cette dernière mode du management; mais j'en aborderai, pour le présent propos, un point fondamental. On croit créer, depuis la mode du courant de la culture d'entreprise (*corporate culture*) et aussi, d'une certaine façon, depuis la mode dite de la stratégie d'entreprise (*corporate strategy*), des valeurs communes et une adhésion d'ensemble à partir d'énoncés de missions, de chartes de valeurs, de plans stratégiques, et parfois aussi de quelques histoires de style hagiographique (baptisées «mythes») concernant les patrons ou les propriétaires-fondateurs, colportées dans toute l'entreprise. Ces valeurs seraient renforcées par des «cérémonies» de propagande et de martèlement de style «marketing» et slogans répétant missions et valeurs de l'entreprise, frisant parfois le «lavage de cerveau».

CONCLUSION ET PERSPECTIVES : QUEL DIRIGEANT ?

Il existe, bien sûr, toute une littérature sur la motivation du dirigeant lui-même. À peu près toutes les «théories» en la matière tournent autour de la notion d'estime de soi (*self-esteem*), des relations et des interinfluences supérieurs-subordonnés, des jeux de pouvoir et de contre-pouvoir auxquels se livrent les dirigeants, de l'équilibre à trouver entre gratifier ses subordonnés, se gratifier et gratifier son organisation.

Mais dans tout cet amas de théories et de contre-théories, on ne trouve à peu près rien sur deux des aspects les plus décriés de nos jours chez les hauts dirigeants et autres «leaders»: d'une part, leur manque de perspective et de vision générales (Delvin, 1986; Lussato et Messadié, 1986; Bloom, 1987; et même Peters et Waterman 1983) et, d'autre part, plus grave encore et plus récemment avec les vagues de délocalisations et de licenciements et avec les vagues de scandales (de type Enron, AOL, Warner, Xerox, Nortel, Hollinger, Parmalat, Vivendi, etc.), leur manque de compassion, de souci à long terme, de scrupules, et parfois leur malhonnêteté, sinon leur duplicité, leur égoïsme ou leur cynisme, qui tendent à faire plus de mal que de bien aux entreprises (Stiglitz, 2002 et 2003; Mintzberg, 2004; Tremblay et Bédard, 2004; Aktouf, 2002).

Les premiers théoriciens américains du leadership, dont en particulier le plus célèbre, K. Lewin (1964), étaient beaucoup plus animés du désir de démontrer combien l'idéologie démocrate-pluraliste de type américain était souhaitable et «efficace» (Lewin, Allemand qui a fui le nazisme, avait à cœur de glorifier la démocratie à l'américaine).

L'ensemble des écrits sur la propre motivation du dirigeant et sur les relations supérieurs-subordonnés démontre indirectement l'existence d'un fossé important entre organisations et membres des organisations. Car, invariablement (par exemple, Laurin, 1973 ; Katz et Kahn, 1978), on y voit une certaine antinomie fondamentale entre, d'un côté, intérêts et objectifs de l'entreprise et, de l'autre, intérêts et objectifs des individus – des employés surtout. En gros, cela veut dire : comment se faire aimer à la fois de la direction et des subordonnés-employés ? Comment se faire aimer de ses subordonnés sans s'exposer à des manquements envers la direction ? Une illustration presque caricaturale de ce dilemme du dirigeant nous est fournie par Taylor, qui, souvenons-nous, décrit sa relation avec ses anciens camarades mécaniciens comme une relation d'ennemis, aussitôt qu'il est devenu contremaître, aux ateliers de la Midvale, aussitôt, comme il le dit lui-même, qu'il est « passé de l'autre côté de la barrière » et que ses anciens « camarades » lui ont posé la question : « Vas-tu être, toi aussi, un de ces salauds de la direction ? »

L'important débat sur l'autorité imposée et sur l'autorité reconnue est, dans les écrits consacrés à la direction, presque systématiquement évité. En fait, pour qu'une autorité soit réellement acceptée et reconnue par adhésion, il faudrait qu'il y ait des conditions de transparence et d'équité ainsi que des rapports de travail très près du type informel et égalitaire. Au lieu de débattre les circonstances qui peuvent rendre une telle adhésion possible, on s'attache traditionnellement à discuter des nuances entre le fait d'être un leader ou un gestionnaire, centré sur l'individu ou sur la tâche, etc. Alors que l'adhésion est impossible sans partages – sources d'appropriation et de responsabilisation – et sans une certaine tolérance au « bruit », une certaine indiscipline, un certain désordre, dont nous avons vu les possibles conséquences positives dans la partie du chapitre 4 traitant de l'organisation. Or, un dirigeant classique ne saurait trop tolérer que des choses se fassent en marge de lui ou hors de son contrôle, et encore moins partager quoi que ce soit de ce qu'il considère comme ses privilèges et ses « droits » exclusifs comme l'information, la gestion, la conception, le pouvoir, la décision ou l'utilisation discrétionnaire des profits.

En fait de « héros », c'est bien plus d'« antihéros » que l'entreprise a le plus besoin : des dirigeants capables d'avoir l'héroïsme de s'effacer derrière les employés, d'être humbles, « interpellables », susceptibles de se laisser remettre en question, proches de leurs employés et mêlés à eux, aussi soucieux d'eux et de la compagnie que de leur propre intérêt (Denis, 1983 ; Sievers, 1986b ; Aktouf, 1991 et 1992 ; Mintzberg, 2004)[4].

Si l'on s'intéresse à une autre littérature que celle du management traditionnel sur la question, on peut voir que des Allemands et certains auteurs du Québec et de la France, entre autres, parlent aujourd'hui, à propos des théories du dirigeant et du leadership, de *perpetuation of immaturity* (en gros : perpétuation envers l'employé ou le subordonné d'un rapport et d'une conception de dépendance-infantilisation et de fantasmes de toute-puissance immature), ou

---

4. Quand, par exemple, en 1983-1984, les dirigeants de General Motors s'octroient à eux-mêmes des primes avoisinant le million de dollars chacune, et qu'en même temps ils mettent à pied des milliers d'employés pour cause de « crise économique », comment peuvent-ils espérer susciter l'adhésion ou être des « héros » aimés, admirés ? Par ailleurs, nous verrons que la compétence ainsi que l'intimité et l'humilité sont les « habiletés » cardinales qui font le « bon chef » japonais, allemand ou suédois.

encore de *maverick theories* (le leader conçu un peu comme le jeune taureau fougueux, le *maverick*, qui fait son chemin par la force de ses cornes comme le «battant», le *winner*)[5].

Enfin, on pourrait aussi s'interroger sur les mécanismes de maquillage et de transformation des réalités que provoquent beaucoup de dirigeants chez leurs collaborateurs (Ketz de Vries, 1979; Ketz de Vries et Miller, 1985), ou encore sur le véritable rôle que joue la hiérarchie pyramidale et élitiste, que l'on considère presque comme sacrée dans nos organisations. Pour Marglin (1973), de l'université Harvard, cette forme de hiérarchie, donc de dirigeants, ne vise qu'à surveiller, à dominer et à accaparer le profit, et non pas à assurer l'efficacité de l'entreprise. De fait, on peut être beaucoup moins hiérarchisé et bien plus efficace: Toyota au Japon, SAS en Suède et Cascades au Québec nous en offrent les exemples les plus convaincants[6].

S'il y a une conclusion à tirer de tout cela, c'est que le gestionnaire-dirigeant d'aujourd'hui et de demain a beaucoup plus à gagner du côté des théories prônant la culture de collaboration, par la mise en place de conditions d'adhésion et d'appropriation, à travers l'ouverture, la disponibilité et la concertation, le partage et la générosité. Ce dirigeant devra avoir des comportements d'antihéros et de représentant-symbole sincère des intérêts de ses employés. C'est, comme le dit Bernard Lemaire, PDG de Cascades, du «gros bon sens», à la portée de tous et profitable à tous.

B. LE CONTRÔLE : ENTRE SURVEILLANCE ET GESTION DE LA QUALITÉ

Selon une tradition tenace, le contrôle reste souvent rattaché à la volonté, de la part de ceux qui supervisent une situation, d'éviter de glisser vers des circonstances où leur pouvoir pourrait être remis en question. C'est dire que le contrôle a toujours été le corollaire de l'ordre et de la discipline (songeons, par exemple, au nombre de règles de contrôle dans les institutions au niveau de discipline très élevé, telles que l'institution militaire).

Qui dit «contrôle» dit «règles» et «pratiques de surveillance» pour s'assurer du respect de ces règles. Aujourd'hui, la tendance la plus prometteuse semble être celle qui oriente la pratique du contrôle vers des situations propices à un minimum de règles et à un maximum d'autodiscipline, donc d'auto-organisation et d'autocontrôle. Voyons d'abord ce que signifie et implique, de façon classique, l'acte de contrôle dans le cadre du management traditionnel.

---

5. Voir, par exemple, Sievers (1986a et 1986b), Lapierre (1988), Ketz de Vries (1988).
6. Il ne faut pas confondre, comme nous le verrons plus loin, société élitiste, hiérarchisante, ayant un profond «respect de l'autorité», et distanciation, coupure, voire mépris, entre dirigeants et dirigés. C'est là, il me semble, une source d'erreur d'interprétation, comme dans le traitement que fait Hofstede (1980) des cultures américaine et japonaise face au travail.

DÉFINITIONS ET GÉNÉRALITÉS

Le terme «contrôle» serait né de la combinaison de deux mots français : «contre» et «rôle», qui ont donné «contre-rôle». On parlait, dans l'ancien usage de la langue française, de «tenir un contre-rôle» : enregistrer les transactions et les opérations de façon contradictoire, sur un autre registre, un autre «rôle», donc tenir deux registres différents où sont portées par ordre chronologique les transactions effectuées, pour pouvoir comparer, et s'assurer que les protagonistes en affaires ont consigné des faits qui se recoupent.

Le sens le plus fort du terme «contrôle» reste donc celui de «vérification», avec des connotations de «surveillance» et d'«inspection» très marquées. Cependant, et particulièrement en management, il s'y combine un sens dérivé du sens anglo-saxon du vocable : celui de «maîtriser», de «conduire en étroit suivi», de «garder sous sa supervision». Un survol des différentes définitions contenues dans la littérature du management nous montre, le plus souvent, un amalgame de ces deux grandes significations de base avec, plus récemment, une dimension supplémentaire de relation d'aide et de correction vis-à-vis des personnes soumises à un contrôle.

Une définition très générale du contrôle, qui nous intéresse en management, serait la suivante : toute activité qui consiste à suivre, à vérifier et à évaluer le degré de conformité des actions entreprises ou réalisées par rapport aux prévisions et aux programmes, en vue de combler les écarts et d'apporter les corrections nécessaires.

Mais contrôler, c'est aussi connaître en permanence ses forces et ses faiblesses ; c'est mettre au point un système par lequel on peut, de manière formelle ou informelle, assurer la régulation[7] des activités des membres d'une organisation ; c'est également disposer des moyens de vérifier que toutes les sous-unités de l'organisation agissent effectivement d'une façon coordonnée et synergique[8] ; c'est finalement canaliser les comportements vers la performance et pousser dans le sens de l'élimination des comportements antiperformants.

On voit tout de suite que le contrôle est loin de ressembler à un acte de simple vérification périodique, notamment et généralement en fin d'activités, destiné à dresser un constat et à sévir avant de reprendre ce qui a été raté. Les auteurs les plus progressistes en management nous le présentent plutôt comme une véritable «philosophie». Sa définition et son usage doivent inclure une ouverture sur le processus de gestion tout entier : il doit être à la fois prévention, correction, incitation, canalisation des comportements et concertation.

---

7. Au sens de «fonctionnement correct».
8. Dont les efforts convergent et se complètent les uns les autres.

LES NIVEAUX, LES TYPES ET LES FORMES DE CONTRÔLE

Les niveaux de contrôle

Comme pour ce qui concerne la planification, il existe plusieurs niveaux de contrôle, dont deux sont essentiels : le contrôle externe et le contrôle interne. Mais il faut aussi envisager différentes façons d'adapter le contrôle aux multiples «strates» de l'entreprise, que ces «strates» soient verticales (plusieurs niveaux d'autorité, de responsabilité, de portée des décisions) ou horizontales (diverses activités, divers produits).

On parle de **contrôle externe** pour ce qui est de la connaissance et du suivi de ce qui se passe dans l'environnement de l'entreprise : son marché, ses produits, sa technologie, ses concurrents. Il s'agit de surveiller l'évolution de tous les facteurs externes, qui touchent l'entreprise et ses activités, ainsi que, systématiquement, les effets de ces activités sur le milieu. Cette surveillance de l'environnement est de première importance si la firme veut garantir un ajustement continu de son comportement relativement aux exigences de situations fluctuantes en ce qui a trait à la technologie, à la clientèle, etc. C'est aussi ce qu'on appelle l'«écoute permanente du marché».

Le **contrôle interne,** c'est exactement la même chose, mais pour ce qui concerne l'ensemble des facteurs propres à l'entreprise, tout ce qui, en son sein, lui permet d'assurer sa production et sa présence sur le marché. Procéder au contrôle des facteurs internes équivaut à vérifier que l'on a, de la façon la plus constante possible, la combinaison la plus adéquate des ressources et des façons de satisfaire à la demande. Le contrôle interne doit être une sorte de diagnostic permanent, un inventaire quantitatif et qualitatif continu touchant tous les points névralgiques intervenant, directement ou indirectement, dans les flux qui assurent la production et la qualité du bien ou du service spécifique que l'entreprise met sur le marché.

Les différents outils de planification, en particulier opérationnelle, tels que la méthode de programmation optimale (PERT), la méthode du chemin critique (CPM) ou les diagrammes de Gantt, peuvent être d'une très grande utilité pour ce niveau de contrôle. On y utilisera aussi de façon très profitable ce qu'on appelle les «tableaux de bord». Comme l'analogie le suggère, il s'agit d'un outil qui s'apparente dans sa fonction au tableau de bord d'une automobile ou d'un avion. On opère une sélection, par service, par section, de quelques données significatives (ratios, chiffres indiquant les quantités produites, rejetées, retournées, les absences, les retards, les pannes) qu'on réunira et consultera à intervalles très réguliers.

Par ailleurs, il faut, bien entendu, que le contrôle s'exerce partout dans l'entreprise, mais de façon adaptée à chaque genre d'activité et à chaque champ de responsabilités. Ainsi, on se constituera une vision d'ensemble permanente et on sera en mesure de localiser les points précis qui sont à l'origine des inadéquations éventuelles constatées à un niveau ou à un autre. Il convient d'éviter d'avoir un contrôle ou un contrôle beaucoup plus serré sur les seuls plans de l'exécution et de la production, ce qui est une faute très courante. De graves erreurs de conception ou de stratégie peuvent ainsi passer inaperçues pendant des mois ou se révéler fort coûteuses une fois la production lancée.

Les types de contrôle

Quant aux types de contrôle, il en existe aussi, en gros, deux : le **contrôle de prévention** ou **proactif** et le **contrôle d'alerte** ou **réactif.** Le premier type renvoie à un contrôle qui s'exerce avant que ne survienne la situation fâcheuse, de façon préventive. On n'attendra pas de se trouver face à un problème pour agir ; le contrôle proactif permet de prévoir, de voir venir une difficulté et de faire ce qu'il faut pour l'éviter ou la réduire. Ce type de contrôle s'effectue avec l'aide de toutes sortes d'outils, dont PERT, CPM et les tableaux de bord, qui rendent possible une analyse des tendances (retards prévisibles, conséquences sur les tâches suivantes, etc.) et une correction à l'avance. Bien sûr, les différentes façons d'assurer le maintien et la continuité des flux constituent, elles aussi, d'excellents moyens de suivi et de contrôle préventif au jour le jour.

Le second type, le contrôle d'alerte ou réactif, s'oriente davantage vers la «guérison», une fois que le constat d'une difficulté a été fait. C'est donc un contrôle qui ne permet que la réaction et qui appelle une correction pour le rétablissement des flux.

Pour illustrer cela de façon simple, on peut penser aux systèmes de contrôle dont tout un chacun a l'usage, par exemple, dans une automobile : le système de contrôle proactif ou préventif consiste à lire des cadrans indiquant les niveaux de fluides, les tours par minute, les pressions, alors que le système de contrôle réactif consiste à donner une alerte. Le voyant rouge indique qu'il y a un problème, et qu'il faut sans délai confier son véhicule à un garagiste. Quand on en arrive là, c'est soit parce que la voiture est fort usée, soit parce que le contrôle de continuité a fait défaut, ou parce qu'on a négligé de suivre les prescriptions du contrôle préventif. Une fois sur deux, c'est la troisième raison qui est la bonne.

Les formes de contrôle

Les différentes formes de contrôle peuvent se résumer à cinq catégories. Il y a d'abord ce qu'on pourrait appeler le **contrôle en temps réel** : ce genre de contrôle nécessite une quasi-instantanéité entre constat et réponse (lever le pied de l'accélérateur aussitôt qu'on a constaté un dépassement du maximum de tours par minute). Dans les contextes de gestion où les variables délais-coûts sont très sensibles, comme en gestion par projets ou par programmes, la possibilité d'une réaction en temps réel est de première importance.

Il y a ensuite ce qu'on désigne par le **contrôle en temps différé** : entre le constat et la correction, il peut s'écouler un certain délai sans dommage pour l'activité d'ensemble (on peut rouler jusqu'à la prochaine station-service pour rétablir la pression des pneus ou rajouter le demi-litre d'huile manquant). Dans les contextes de gestion où les variables délais-coûts sont moins sensibles, telle la fabrication en série, on peut se permettre un temps plus ou moins long de transmission de l'information ou d'analyses et d'études avant d'apporter une réponse à la situation problématique.

On peut évidemment associer le contrôle en temps réel au contrôle d'alerte et le contrôle en temps différé au contrôle préventif, mais tous les contextes organisationnels ne le permettent pas aussi facilement, selon leur degré de centralisation ou de «bureaucratisation», le degré d'autonomie conféré aux membres, la liberté d'initiative locale, le degré d'appropriation de la part des membres, la proximité par rapport à ces derniers et la confiance qui leur est témoignée, l'étendue de l'aspect contraignant et paralysant des règles et de procédures.

Il existe aussi ce qu'on dénomme le **contrôle budgétaire.** Il s'en pratique plusieurs variantes (budgets variables, budget à base zéro, approche du point mort), mais, pour le présent propos, il suffit de savoir qu'il s'agit d'une forme de contrôle qui s'exerce à partir du suivi de l'usage des fonds alloués pour telle ou telle activité. On s'assure que les fonds sont d'abord disponibles et, ensuite, qu'ils sont utilisés aux fins prévues, dans les conditions prévues et avec les résultats prévus. Ce genre de contrôle implique la possibilité de traduire en une expression financière à peu près tout ce qui concourt à une activité donnée. Cela offre un bon complément de contrôle, mais quelle que soit l'importance qu'on lui donne, l'aspect financier ne doit en aucun cas constituer le noyau dur du suivi et de la correction des actions, et encore moins l'unique base de ceux-ci.

Une autre forme de contrôle est ce qu'on désigne par le **contrôle de gestion** (ou «audit») : un contrôle «intégré» mais qui, de façon générale, se résume à une sorte de contrôle comptable élargi dont les experts-comptables et les vérificateurs (internes ou externes) restent les agents privilégiés. Il s'agit, en bref, de mettre en place et d'utiliser les moyens de cerner, derrière les constats chiffrés, les manquements ou les erreurs imputables à la façon de gérer le service ou l'entreprise, etc., lorsque des écarts sont mis au jour. Ce genre de contrôle serait le plus susceptible de conduire à l'établissement d'un diagnostic permanent.

Mentionnons une dernière forme de contrôle qu'on peut retenir parmi les formes générales et englobantes : le **contrôle de la qualité.** Nous verrons plus loin qu'on en fait de plus en plus – les exemples allemands et japonais aidant – non seulement la forme de contrôle à promouvoir, presque à l'exclusion de toutes les autres, mais aussi une forme de management et de production. En bref, ce contrôle vise à s'assurer qu'un niveau minimal de qualité est respecté par tous les intervenants que concerne le produit ou le service offert. Mais, là aussi, nous verrons plus loin pourquoi il est préférable de viser un «état d'esprit» ou un «climat» de qualité, plutôt que de s'acharner à exercer un «contrôle» de la qualité (ce qu'on désigne d'ailleurs de plus en plus par le vocable de «qualité totale»).

LES ÉTAPES, LES INSTRUMENTS ET LES OBJECTIFS DU CONTRÔLE

Les étapes du contrôle

Dès la préparation des plans, que ceux-ci soient stratégiques ou opérationnels, il convient de prévoir soigneusement ce que nous avons appelé les «électrodes» ou les points d'information (avec leurs mécanismes de fonctionnement, d'acheminement des données, de traitement) qui doivent, à chaque phase charnière du processus de production, tenir l'entreprise au courant des états d'avancement, des écarts, des changements. Ce serait là, véritablement, la toute première étape du contrôle. Ensuite, il est recommandé de respecter, dans les grandes lignes, le cheminement suivant :

- Confirmer, expliquer, accepter, comprendre et hiérarchiser les **objectifs.** Des grandes divisions de l'entreprise jusqu'à l'atelier et au poste de travail, l'ensemble des objectifs doit être explicité, compris, réparti. On acceptera d'autant plus facilement des normes de réalisation et des moyens de contrôle qu'on aura été plus largement informé et qu'on aura apporté sa participation.

- Déterminer et confirmer les **budgets,** les délais et les moyens qu'on met à la disposition de chacun pour réaliser les objectifs qu'on lui assigne : un contrôle appuyé sur des ressources clairement établies et négociées sera encore plus légitime.

- Définir et, si possible, expliquer et négocier les **normes** et les **standards**[9], aussi bien sur le plan quantitatif que sur le plan qualitatif. Les bases, les logiques et les méthodes d'établissement des normes et des standards doivent, elles aussi, être claires, explicites et connues de la majorité des intervenants et, en particulier, des opérateurs les plus directement en cause.

- Préciser et faire connaître (aussi bien dans leur mode d'usage que dans leur esprit) les **mécanismes** et les **outils** du contrôle qu'on se propose de mettre en application, à chaque niveau. Il doit en être de même pour les moyens et les modalités de constat, de mesure et d'acheminement des données enregistrées.

- **Diffuser** à tous et à tous les échelons de l'organisation le plus d'informations et de détails possible sur les modes, les moyens, les normes et les mesures rattachés au contrôle. Si le tout est, comme il se devrait, soumis à un processus de concertation-négociation, cette information circulera par elle-même, et chacun sera d'autant plus vigilant qu'il saura plus exactement comment et sur quoi on le juge.

On peut dire qu'il s'agit, jusque-là, d'étapes préparatoires ou préliminaires du contrôle lui-même. Elles sont aussi indispensables et importantes que les étapes opératoires qui, elles, se présentent de la façon suivante :

- **Enregistrer,** après les avoir recueillies, les données, aussi bien préventives que de résultats, chiffrées ou non chiffrées. Il existe toute une panoplie d'états et de matrices spécialement conçus pour l'enregistrement des différentes sortes d'informations qu'un système de contrôle peut générer. Nous ne les développerons pas ici, mais on peut parler d'états de travaux (diagramme de Gantt), d'états financiers (comptes d'exploitations par centres de frais), de tables des incidents critiques (où l'on tient un enregistrement quotidien des

---

9. Nous verrons une brève définition de ces termes un peu plus loin.

événements les plus importants, dits «critiques») et de tables des variances (écarts entre ce qui était prévu et ce qui a été réalisé).

- **Comparer** les constats, qu'ils proviennent de l'enregistrement des résultats d'opérations ou des données du contrôle, d'alerte ou de prévention, avec les normes, les standards, les prévisions, les marges admises, et dégager les écarts quantitatifs ou qualitatifs entre constats et attentes.

- **Analyser** tous les écarts, qu'ils soient favorables ou défavorables, et essayer de dégager et d'expliquer les raisons de ces écarts, en collaboration avec les opérateurs en cause. (Un dépassement des résultats prévus peut très bien, par exemple, s'expliquer par des facteurs complètement externes ou échappant à l'influence de l'entreprise.)

- **Soumettre,** s'il y a lieu, les écarts et les explications avancées pour étude aux services en cause : les services de la planification, des finances, de la recherche et développement, de la qualité, le service à la clientèle, etc.

- **Exposer** ces écarts et ces explications aux opérateurs en cause, et en discuter avec eux.

- Enfin, **arrêter en commun** les mesures de correction à apporter dans les objectifs, les normes, les moyens ou dans la conception, l'exécution, etc., sur tous les plans : stratégique, fonctionnel, opérationnel, externe, interne.

Les instruments du contrôle

Nous avons déjà, çà et là dans le texte, parlé de ce qu'on peut appeler les «instruments du contrôle». À titre d'indication et de rappel, on peut retenir principalement :

- les programmes de travail (table linéaire des responsabilités [TLR], PERT, CPM, diagramme de Gantt) ;

- les états financiers prévisionnels (budgets) ;

- les tableaux de bord (chiffres et données les plus importants qu'on enregistre et vérifie au jour le jour) ;

- les normes et les standards (objectifs cibles minimaux à atteindre pour les quantités et la qualité, par jour, par semaine, par mois, etc.) ;

- les systèmes de communication et d'information qui permettent de se concerter, de s'entendre, de consigner les retours d'informations, de les acheminer, de les réaliser ;

- les matrices et tables d'incidents critiques, des écarts ;

- l'inspection périodique et systématique (surtout aux points les plus sensibles, les plus importants et les plus stratégiques du processus de production).

Il ne peut être question ni de choix exclusif d'un instrument parmi les instruments qui ont été cités, ni de l'adoption exhaustive de tous ces instruments. Selon la situation, ou mieux, selon les situations successives, on pourra choisir un instrument, combiner plusieurs instruments, en éliminer un, deux ou plusieurs. Des modes de gestion, lorsqu'ils visent à mieux circonscrire les «frontières» et à mieux téléguider les différents flux d'informations et d'opérations, peuvent très bien être aussi des instruments de contrôle, souvent plus ou moins déguisés: la direction par résultats (DPR), la direction par objectifs (DPO), les cercles de qualité (dans leurs usages erronés) et même ce que l'on dénomme «qualité de vie au travail» (QVT) et «approche sociotechnique» (Davis et Cherns, 1975; Davis et Taylor, 1972; Boisvert, 1980).

Les objectifs du contrôle

Même s'il semble évident que les objectifs du contrôle sont de vérifier et de corriger, il n'est pas inutile de donner quelques précisions dont malheureusement trop peu de gestionnaires font leur bénéfice. Bien que le contrôle serve à vérifier et à suivre des activités pour corriger ce qui ne va pas, il doit aussi viser à aider les personnes éprouvant des difficultés à renforcer ou à créer la mobilisation et l'adhésion-coopération tant souhaitées partout. Il peut également servir à encourager, à reconnaître et récompenser, à conseiller, à discuter et se comprendre, à réajuster et réaménager à court terme, à réorienter à moyen terme, tout en dégageant les tendances et en tirant les leçons à long terme.

LES CONDITIONS DU CONTRÔLE

Comme plusieurs auteurs l'ont établi, le contrôle devrait, pour mieux atteindre les objectifs qu'on lui assigne, respecter les conditions minimales suivantes:

- Se montrer clairement, dans les modalités, les procédures et les conséquences, sous l'aspect d'une opération qui s'inscrit naturellement dans les flux de réalisation des activités; ce doit être une partie intégrante de la tâche que chaque opérateur remplirait en même temps qu'il s'acquitte de son travail.

- Servir d'occasion non pas pour accentuer la surveillance et le harcèlement, mais pour favoriser le rapprochement, la concertation et le dialogue. Le contrôle doit ainsi susciter la réflexion en commun sur ce qui ne va pas, plutôt que de présenter un caractère punitif. Il ne s'agit pas de trouver des coupables ni des boucs émissaires, mais de voir comment on peut, ensemble, améliorer et corriger ce que nous faisons.

- Être cohérent par rapport à la philosophie de gestion de l'entreprise: on ne peut être tatillon au jour le jour quand on professe la décentralisation, ni juger les actions courantes quand on dit que l'on est orienté vers les résultats finaux.

- Être en conformité avec les exigences imposées par les facteurs de contingence: on ne contrôle pas de la même façon éternellement; tout comme les modes organisationnels et les modes de gestion, le contrôle doit suivre les changements de taille, d'effectifs, d'environnement, de modes opératoires, de technologie, etc., que connaissent toutes les organisations.

- Correspondre aux différents genres d'activités et de responsabilités: on ne contrôle pas de la même manière une activité routinière et une activité pleine d'imprévus, une tâche d'exécution et une tâche de supervision, une tâche de conception et une tâche de coordination.

- Être adapté aux valeurs affichées et aux credo (certains diraient à la «culture») de l'entreprise : quand on dit former une «famille» et être «ouvert», on n'instaure pas un contrôle de type policier, méfiant et coercitif.

- Être cohérent face aux variables clés, aux particularités qui renforcent la capacité compétitive de l'organisation. On contrôlera différemment selon qu'on est, pour maintenir sa compétitivité, axé sur l'innovation, sur le service, sur le suivi étroit des coûts, sur le produit, l'image ou la qualité spécifique. Le système de contrôle doit toujours aller dans le sens du renforcement des compétences distinctives de l'entreprise.

- Enfin, être adapté, conforme aux modes de communication, à la nature de l'information, à la façon de la faire circuler qui ont cours dans l'organisation. Sans système d'information et de retour d'information, le contrôle est impensable, mais sans harmonisation avec la façon dont est générée et acheminée concrètement cette information, le contrôle sera plus une source de pertes qu'une source de gains. Aussi peut-on souvent voir des sommes considérables dépensées en installations de systèmes de contrôle très sophistiqués, informatisés, hypergadgétisés, alors que les moyens et les possibilités d'alimenter ces systèmes en données réellement et efficacement utilisables sont très faibles, peu fiables ou trop coûteux.

LES PROBLÈMES ET LES INSUFFISANCES DU CONTRÔLE TRADITIONNEL

Le contrôle, quels que soient les précautions qu'on prend ou le «maquillage» qu'on y applique, comportera toujours, peu ou prou, une connotation de méfiance, de surveillance plus ou moins bienveillante, de coercition possible. C'est une des activités de gestion qui contiennent et véhiculent de la façon la plus tenace la conception X de l'employé, décrite par McGregor (1960)[10]. Ensuite, plusieurs auteurs insistent sur le fait que le contrôle amène, par les normes et les critères qu'il met en avant, non pas à essayer de se dépasser, de s'améliorer, mais plutôt à essayer de se conformer à ces normes, standards et critères : on aura tendance à agir dans le sens de l'accomplissement strict de ce sur quoi on est jugé. Les comportements au travail tendent à se couler dans le moule du système de contrôle. Toutefois, précisons qu'on observe cette situation davantage dans les organisations de type classique qui n'admettent pas, ou admettent peu, de concertation et de participation.

Depuis le taylorisme, on maintient, sans trop se poser de questions, un mode de fonctionnement des entreprises qui conçoit comme naturel et souhaitable

---

10. Plus exactement «théorie X»: conception, rappelons-le, selon laquelle l'employé ou l'ouvrier est vu comme paresseux, ignorant, inintelligent, juste capable de faire ce qu'on lui impose en le surveillant.

le fait que la direction puisse être au courant de tout et conserve le pouvoir d'assigner normes et gestes. Il s'ensuit un risque de confusion entre l'efficacité et le maintien du pouvoir par le contrôle: ce dernier concourt-il à améliorer la performance ou à renforcer la mainmise des dirigeants?

Les coûts direct et indirect du contrôle peuvent souvent être plus élevés que les bénéfices qu'il procure. Par contre, le droit à l'erreur peut éviter bien des dépenses et stimuler bien des initiatives. Or, le contrôle classique, basé en général sur le bannissement des erreurs et des comportements non standard, peut coûter très cher en grèves du zèle et en mécanismes de liaison et postes intermédiaires de surveillance rendus indispensables. D'après de nombreuses études, il en coûterait (et ce, depuis les années 1980) 60% moins en effectifs par unité de production pour le contrôle de la qualité dans l'industrie automobile japonaise que dans cette industrie aux États-Unis! Par ailleurs, les coûts de travail indirects, dont ceux associés aux cadres intermédiaires (au *middle management*) et à leur rôle de contrôle, représenteraient jusqu'à 45% des coûts de production dans l'industrie manufacturière américaine.

Enfin, soulignons que le contrôle auquel on a recours dans le management classique s'accompagne de la croyance selon laquelle les employés et les ouvriers sont les principales sources d'erreurs et de manquements. Au dire de celui qui a été à l'origine de la gestion de la qualité japonaise, W.E. Deming (1987), les directions seraient responsables de 94% des défauts d'un produit, et les travailleurs, de seulement 6%!

EN CONCLUSION

Grâce à des exemples plus performants, on s'est mis à admettre que la productivité, la qualité et la performance sont affaire de travailleurs qui aiment ce qu'ils font, qui adhèrent aux objectifs, qui sont intéressés, et non pas affaire de contrôles de plus en plus sophistiqués, bien au contraire.

Le contrôle s'intéresse désormais aux attitudes et à la qualité des rapports aux autres et à son travail. De là à parler de «valeurs», le pas est vite franchi. Or, qui dit «valeurs» dit «culture»... Nous voilà donc ramenés à ce leitmotiv du management à la mode tenace (quoique sous diverses formes, y compris celle du management dit «stratégique»): former, au sein de l'entreprise, une culture de convergence et de complicité, c'est-à-dire un ensemble de personnes partageant les mêmes croyances, buts, espoirs, valeurs, symboles, etc. On garantirait ainsi, croit-on, le meilleur de tous les contrôles qui soient: l'autocontrôle par l'adhésion volontaire, l'intérêt à ce que l'on fait, l'attachement au produit, l'identification à l'organisation.

En soi, l'idée n'est pas entièrement blâmable: arriver à ce que chaque personne, dans l'organisation, exerce son propre contrôle (et, donc, soit un peu son propre maître) constitue même un objectif louable. Mais ce qui l'est beaucoup moins, c'est de penser que cela peut se manipuler, artificiellement, de l'extérieur de l'individu, que cela peut être un outil ou une recette de management qu'on applique aux autres, pour leur «inculquer» un «système de guidage». Pour que l'autocontrôle soit, il doit d'abord naître en chaque individu, sinon il ne sera jamais.

Pour parvenir à cet autocontrôle, il convient de «changer radicalement», et à «commencer par le haut[11]». Et ce changement doit, entre autres et en particulier, passer du contrôle de la qualité à la «gestion de la qualité».

Se diriger vers ce type de contrôle repensé permettrait de se prémunir contre les effets pernicieux des règles mesquines. Car combien de règles de contrôle et de surveillance dans les organisations sont vraiment mesquines, tant elles comportent de méfiance et de tracasseries à propos de détails insignifiants! Elles sont même, souvent, de véritables marques de mépris et de cynisme envers l'employé: pensons aux contrôles exercés par ordinateur (par exemple pour minuter les communications téléphoniques) présentés comme le souci du «bon service» à offrir aux clients…

Il faudrait penser, partout, et surtout en haut lieu, «qualité» et non plus coûts, compressions, pouvoir, domination, méfiance, etc. La gestion de la qualité constitue une philosophie générale et une façon d'être de tous dans l'entreprise: ce n'est pas la responsabilité de spécialistes, ni de techniciens… qu'on va jusqu'à appeler des «qualiticiens»!

Le contrôle devrait se fondre dans un état d'esprit généralisé à toute l'organisation, où chacun veillerait à la qualité de ce qu'il fait et non à la seule qualité du produit que l'ouvrier fabrique. Le contrôle deviendrait alors une ambiance organisationnelle, où les dirigeants veilleraient aussi à la qualité des relations et à l'éclosion de ce que beaucoup aujourd'hui dénomment «le sentiment de propriété» (amener, par des faits, chaque membre à se sentir partie prenante de l'entreprise et à agir de cette manière). C'est également ce que les auteurs scandinaves de l'école suédoise (Berg et Witkin, 1984; Alvesson, 1986) appellent avoir des employés qui sont aussi des parties intéressées (*stakeholders*) qui partagent, avec les dirigeants, aussi bien les risques que les gains potentiels (Aktouf, 1992).

---

11. Cela est la phrase textuelle de W.E. Deming (1987). (Voir aussi Patton, 1982; McMillan, 1982; Ingle, 1982; Brown, 1982; Tarrab, 1982; Harbour, 1986; Morita, 1986; Kélada, 1987.)

LES IDÉES IMPORTANTES

SUR LES ACTIVITÉS

La direction

La tâche principale du dirigeant, dans le management traditionnel, consiste à exercer son pouvoir en vue de faire converger les activités des membres de l'entreprise vers la réalisation d'objectifs préalablement déterminés. L'autorité que le dirigeant impose aux membres se rattache aux rôles formels qu'il doit jouer à l'intérieur de la structure de l'entreprise. Un «bon» dirigeant possède des habiletés interpersonnelles en plus d'habiletés techniques, et son pouvoir d'influence peut aussi relever d'un choix de la part des membres de l'entreprise. Une fois que le dirigeant a reconnu que les besoins des membres doivent être comblés pour que ceux-ci adhèrent pleinement aux objectifs de l'entreprise, il peut prendre conscience de son rôle de producteur de représentations symboliques. La culture d'entreprise peut devenir un instrument de contrôle ou encore permettre un autocontrôle par l'adhésion volontaire des membres.

Questions

1. Quels événements ont amené les chercheurs et les praticiens à se pencher sur le problème de la culture d'entreprise?

2. Quelles conditions permettent au dirigeant d'avoir une autorité reconnue, acceptée par l'adhésion des membres?

3. Quelles sont les principales critiques adressées aujourd'hui aux dirigeants et aux théories du leadership et de la direction?

Le contrôle

L'activité de contrôle – prise dans le sens de la surveillance – est intimement liée à la conception des autres activités du processus administratif dans une perspective traditionnelle. Les points de contrôle externes et internes permettent de suivre le déroulement des opérations et d'en mesurer le degré de conformité par rapport aux prévisions ou aux objectifs fixés et de corriger et d'éliminer les actions déviantes. Le type de contrôle exercé est adapté aux responsabilités et aux activités qui caractérisent chaque niveau de l'entreprise. Les pratiques de surveillance et la nécessité de respecter les règles seront plus présentes lors de l'exécution des décisions programmées. Dans un contexte où les pratiques visent davantage l'auto-organisation, le processus de contrôle est intégré à la réalisation des activités et prend la forme d'un autocontrôle.

Questions

1. Au-delà des impératifs de vérification ou de surveillance, quelles peuvent être les visées de l'activité de contrôle?

2. Quel est le type de contrôle que privilégient les entreprises allemandes ou japonaises?

3. Quels sont les coûts associés à un contrôle de type coercitif?

BIBLIOGRAPHIE DE LA SECTION II

La planification générale et stratégique

AKTOUF, O. (2002). *La stratégie de l'autruche. Post-mondialisation, management et rationalité économique*, Montréal, Écosociété.

ALLAIRE, Y. et M. FIRSIROTU (1984). «La stratégie en deux temps, trois mouvements», *Gestion*, vol. 9, n° 2, avril, p. 13-20.

ALLAIRE, Y. et M. FIRSIROTU (1988). «La nature contractuelle de la planification stratégique», *Gestion*, vol. 13, n° 2, mai, p. 5-19.

ANDREWS, K. (1980). *The Concept of Corporate Strategy*, Homewood, Ill., Richard D. Irwin.

ANDREWS, K. et W.G. CHRISTENSEN (1965). *Business Policy, Texts and Cases*, Homewood, Ill., Richard D. Irwin.

ANSOFF, H.I. (1971). *Stratégie et développement de l'entreprise*, Paris, Éditions Hommes et Techniques.

ANSOFF, H.I. *et al.* (1976). *From Strategic Planning to Strategic Management*, Londres, John Wiley & Sons.

CHANDLER, A. (1972). *Stratégie et structure*, Paris, Les Éditions d'Organisation.

CHANLAT, A. (1984). *Gestion et culture d'entreprise: le cheminement d'Hydro-Québec*, Montréal, Québec/Amérique.

DRUCKER, P. (1958). *The Practice of Management*, New York, Harper & Brothers.

FAYOL, H. (1979). *Administration industrielle et générale*, Paris, Dunod (première publication en 1916).

FREUND, J. (1966). *La sociologie de Max Weber*, Paris, PUF.

GALBRAITH, J.K. (1968). *Le nouvel État industriel*, Paris, Gallimard.

GLUECK, W.F. (1976). *Business Policy: Strategy Formation and Management Action*, New York, McGraw-Hill.

GRAY, D.J. (1986). «Uses and Misuses of Strategic Planning», *Harvard Business Review*, vol. 64, n° 1, janvier-février, p. 89-97.

GULICK, L. et L.F. URWICK (1937). *Papers on the Science of Administration*, New York, Columbia University Press.

HAFSI, T. (1985). «Du management au métamanagement: les subtilités du concept de stratégie», *Gestion*, vol. 10, n° 1, février, p. 6-14.

LEAVITT, T. (1960). «Marketing Myopia», *Harvard Business Review*, vol. 38, n° 4, juillet- août, p. 4-18.

LUSSATO, B. et G. MESSADIÉ (1986). *Bouillon de culture*, Paris, Robert Laffont.

MINTZBERG, H. (1973a). *The Nature of Managerial Work*, New York, Harper and Row (en français: *Le manager au quotidien*, Montréal, Agence d'Arc, 1984).

MINTZBERG, H. (1973b). «Strategy Making in Three Modes», *California Management Review*, vol. XVI, n° 2, hiver, p. 44-53.

MINTZBERG, H. (1976). «Planning on the Left Side and Managing on the Right», *Harvard Business Review*, vol. 54, n° 2, juillet-août, p. 49-59.

MINTZBERG, H. (1979). *The Structuring of Organizations*, Englewood Cliffs, N.J., Prentice-Hall (en français: *Structure et dynamique des organisations*, Montréal, Agence d'Arc, 1982).

MINTZBERG, H. (1982). *Power and the Life Cycles of Organizations*, Montréal, Université McGill, Faculté de management.

MINTZBERG, H. (1984). *Le manager au quotidien*, Montréal, Agence d'Arc.

MINTZBERG, H. (2004). *Managers not MBA's*, San Francisco, Berret-Koehler.

MORGAN, G. (1989). *Images de l'organisation*, Québec-Paris, PUL-ESKA.

NADEAU, B. (1973). «L'administrateur et le planning», dans P. Laurin (dir.), *Le management – textes et cas*, Montréal, McGraw-Hill, p. 123-137.

NEUMAN, J. von et O. MORGENSTERN (1947). *Theory of Games and Economic Behavior*, Princeton, N.J., Princeton University Press.

NEWMAN, W.H. et J.P. LOGAN (1965). *Business Policies and Central Management*, Cincinnati, Ohio, South-Western Pub. Co.

PETERS, T. (1988). *Le chaos management*, Paris, InterÉditions.

PETERS, T. et R. WATERMAN (1983). *Le prix de l'excellence*, Paris, InterÉditions.

PORTER, M.E. (1979). «Stratégie: analysez votre industrie», *Harvard-L'Expansion*, n° 13, été, p. 100-111.

PORTER, M.E. (1987). «The State of Strategic Thinking», *The Economist*, vol. 303, n° 7499, 23 mai, p. 17-24.

REID, D. (1986). «Genèse du fayolisme», *Sociologie du travail*, n° 1, p. 75-83.

STIGLITZ, J. (2003). *Quand le capitalisme perd la tête*, Paris, Fayard.

THANHEISER, H. (1979). «Stratégie et planification allemandes», *Gestion*, vol. 4, n° 4, novembre, p. 79-84.

WEBER, M. (1959). *Le savant et le politique*, Paris, Plon.

La planification opérationnelle

ACKOFF, R.L. (1967). «Management Misinformation System», *Management Science*, vol. 14, n° 4, décembre, p. 147-157.

AKTOUF, O. (1986). *Le travail industriel contre l'homme?*, Alger, ENAL/OPU.

AKTOUF, O. (1987). «Les rapports chefs de projets-directions générales: fonctionnement matriciel ou structure matricielle», *Revue PMO*, vol. 2, n° 2, avril, p. 36-40.

BEYNON, H. (1973). *Working for Ford*, Londres, Penguin Books.

CHANLAT, A. (1984). *Gestion et culture d'entreprise: le cheminement d'Hydro-Québec*, Montréal, Québec/Amérique.

CLELLAND, D.I. et W.R. KING (1975). *Systems Analysis and Project Management*, 2ᵉ édition, New York, McGraw-Hill.

DESJARDINS, M. (1973). «Le planning stratégique et structurel dans les PME», dans P. Laurin (dir.), *Le management – textes et cas*, Montréal, McGraw-Hill, p. 141-161.

GÉLINIER, O. (1968). *La direction participative par objectifs*, Paris, Éditions Hommes et Techniques.

GÉLINIER, O. (1979) *Nouvelle direction de l'entreprise, personnaliste et compétitive*, Paris, Éditions Hommes et Techniques.

LATOUR, R. (1973). «Initiation à la méthode du chemin critique», dans P. Laurin (dir.), *Le management – textes et cas*, Montréal, McGraw-Hill, p. 201-217.

LINHART, R. (1978). *L'établi*, Paris, Éditions de Minuit.

MINTZBERG, H. (1973). *The Nature of Managerial Work*, New York, Harper and Row (en français: *Le manager au quotidien*, Montréal, Agence d'Arc, 1984).

MINTZBERG, H. (1979). *The Structuring of Organizations*, Englewood Cliffs, N.J., Prentice-Hall (en français: *Structure et dynamique des organisations*, Montréal, Agence d'Arc, 1982).

MINTZBERG, H. (1982). *Power and the Life Cycles of Organizations*, Montréal, Université McGill, Faculté de management.

MINTZBERG, H. (1984). *Le manager au quotidien*, Montréal, Agence d'Arc.

NADEAU, B. (1973). «L'administrateur et le planning», dans P. Laurin (dir.), *Le management – textes et cas*, Montréal, McGraw-Hill.

PETERS, T. (1988). *Le chaos management*, Paris, InterÉditions.

PETERS, T. et R. WATERMAN (1983). *Le prix de l'excellence*, Paris, InterÉditions.

PFEFFER, R. (1979). *Working for Capitalism*, New York, Columbia University Press.

SFEZ, L. (1976). *Critique de la décision*, Paris, Presses de la Fondation Nationale des Sciences Politiques.

SIMON, H.A. (1977). *The New Science of Management Decision*, 3e édition, Englewood Cliffs, N.J., Prentice-Hall.

TERKEL, S. (1976). *Gagner sa croûte*, Paris, Fayard.

La décision

AKTOUF, O. (1986). *Les sciences de la gestion et les ressources humaines, une analyse critique*, Alger, ENAL/OPU.

ALLISON, G.T. (1971). *The Essence of Decision*, Boston, Little, Brown and Co.

ARGYRIS, C. (1958). «The Organization: What Makes it Healthy?», *Harvard Business Review*, vol. 36, n° 6, p. 107-116.

ARGYRIS, C. (1973). «Some Limits of Rational Man Organizational Theory», *Public Administration Review*, vol. 33, n° 3, mai, p. 253-268.

AUDET, M. *et al.* (1986). «Science et résolution de problèmes: liens, difficultés et voies de dépassement dans le champ des sciences de l'administration», *Philosophie des sciences sociales*, n° 16, p. 409-440.

AXELROD, R. (dir.) (1976). *Structure of Decision. The Cognitive Maps of Political Elites*, Princeton, N.J., Princeton University Press.

BARNARD, C. (1950). *The Functions of the Executive*, Cambridge, Mass., Cambridge University Press.

BELLEMARE, D. et L. POULIN-SIMON (1986). *Le défi du plein emploi*, Montréal, Éditions Saint-Martin.

BENN, S.I. et G.W. MORTIMORE (1976). *Rationality and the Social Sciences*, Londres, RKP.

BEYER, J.B. (1981). «Ideologies, Values and Decision Making in Organizations», dans P.C. Nystrom et W.H. Starbuck (dir.), *Handbook of Organizational Design*, vol. 2, Oxford, OUP, p. 166-202.

BOISVERT, M. et R. DÉRY (1980). *Le manager et la gestion*, Montréal, Agence d'Arc.

BRAVERMAN, H. (1976). *Travail et capitalisme monopoliste*, Paris, Maspero.

CHANLAT, A. et M. DUFOUR (dir.) (1985). *La rupture entre l'entreprise et les hommes*, Montréal-Paris, Québec/Amérique et Les Éditions d'Organisation.

CHANLAT, J.-F. et F. SÉGUIN (1983). *L'analyse des organisations, une anthologie sociologique*, tome 1, Montréal, Gaëtan Morin Éditeur.

CHANLAT, J.-F. et F. SÉGUIN (1987). *L'analyse des organisations, une anthologie sociologique*, tome 2, Montréal, Gaëtan Morin Éditeur.

CLELLAND, D.I. et W.R. KING (1971). *L'analyse des systèmes, technique avancée de management*, Paris, Entreprise Moderne d'Édition.

COHEN, M.D. *et al.* (1972). «A Garbage Can Model of Organizational Choice», *Administrative Science Quarterly*, vol. 17, n° 1, p. 1-25.

CROZIER, M. (1983). «La rationalité du décideur du point de vue du sociologue», dans B. Roy, *La décision, ses disciplines, ses acteurs*, Lyon, Presses Universitaires de Lyon, p. 29- 44.

CROZIER, M. et E. FRIEDBERG (1977). *L'acteur et le système*, Paris, Éditions du Seuil.

CYERT, R.M. et J.G. MARCH (1970). *Processus de décision dans l'entreprise*, Paris, Dunod.

DAVAL, R. (1981). *Logique de l'action individuelle*, Paris, PUF.

FAYOL, H. (1979). *Administration industrielle et générale*, Paris, Dunod (première publication en 1916).

FERICELLI, A.M. (1978). *Théorie statistique de la décision*, Paris, Economica.

HAFSI, T., F. SÉGUIN et J.M. TOULOUSE (2000). *La stratégie des organisations: une synthèse*, 2e édition revue et augmentée, Montréal, les Éditions Transcontinentales.

HERZBERG, F. (1972). *Le travail et la nature de l'homme*, Paris, Entreprise Moderne d'Édition.

JACQUEMIN, A. (1967). *L'entreprise et son pouvoir de marché*, Québec, PUL.

LABORIT, H. (1970). *L'homme imaginant*, Paris, Union générale d'édition, coll. «10-18».

LABORIT, H. (1974). *La nouvelle grille*, Paris, Robert Laffont.

LANDRY, M. (1983). «Qu'est-ce qu'un problème?», *INFOR*, n° 21, p. 31-45.

LANOIX, M. (1973). «La décision et l'analyse du point mort», dans P. Laurin (dir.), *Le management – textes et cas*, Montréal, McGraw-Hill, p. 83-104.

LEROY, G. (1973). «L'administrateur et la décision», dans P. Laurin (dir.), *Le management – textes et cas*, Montréal, McGraw-Hill, p. 25-48.

LINDBLOM, C.E. (1959). «The Science of Muddling Through», *Public Administration Review*, vol. 19, n° 2, printemps, p. 79-89.

LINDBLOM, C.E. (1979). «Still Muddling not yet Through», *Public Administration Review*, vol. 39, n° 1, p. 517-526.

MAGEE, J.F. (1973). «L'arbre de décision, outil de la décision», dans P. Laurin (dir.), *Le management – textes et cas*, Montréal, McGraw-Hill, p. 52-74.

MARCH, J.G. et J.P. OLSEN (1976). *Ambiguity and Choice in Organizations*, Bergen, Norvège, Universitetsforlaget.

MINTZBERG, H. (1973). *The Nature of Managerial Work*, New York, Harper and Row (en français: *Le manager au quotidien*, Montréal, Agence d'Arc, 1984).

MINTZBERG, H. (1976a). «Planning on the Left Side and Managing on the Right», *Harvard Business Review*, vol. 54, n° 2, juillet-août, p. 49-59.

MINTZBERG, H. *et al.* (1976b). «The Structure of Unstructured Decision Process», *Administration Science Quarterly*, vol. 2, n° 21, p. 246-275.

MINTZBERG, H. (1979). *The Structuring of Organizations*, Englewood Cliffs, N.J., Prentice-Hall.

MINTZBERG, H. (1982). *Structure et dynanique des organisations*, Montréal, Agence d'Arc.

MINTZBERG, H. (1984). *Le manager au quotidien*, Montréal, Agence d'Arc.

MINTZBERG, H. (2004). *Managers not MBA's*, San Francisco, Berret-Koehler.

MORITA, A. (1986). *Made in Japan*, Paris, Robert Laffont.

MOUZELIS, N.P. (1967). *Organization and Bureaucracy*, Chicago, Aldine Publishing.

NUGENT, P.S. (1981). «Intégrer le rationnel et l'intuitif pour mieux gérer», *Gestion*, vol. 6, n° 4, p. 30-44.

PASSET, R. (1983). *L'économique et le vivant*, Paris, Payot.

PETERS, T. et R. WATERMAN (1983). *Le prix de l'excellence*, Paris, InterÉditions.

PORTER, M. (1995a). «An Economic Strategy for America's Inner Cities: Addressing the Controversy», *Review of Black Political Economy*, automne 1995/hiver 1996.

PORTER, M. (1995b). *The Competitive Advantage of the Inner City*. Harvard Business Review, May.

RAPAPORT, A. (1967). *Combats, débats et enjeux*, Paris, Dunod.

SALANCIK, G.R. et J. PFEFFER (1974). «The Bases and Use of Power in Organizational Decision Making», *Administrative Science Quarterly*, vol. 19, n° 4, p. 453-473.

SERVAN SCHREIBER, J.-J. (1980). *Le défi mondial*, Montréal, Presses Select.

SFEZ, L. (1976). *Critique de la décision*, Paris, Presses de la Fondation Nationale des Sciences Politiques.

SFEZ, L. (1984). *La décision*, Paris, PUF, coll. «Que sais-je?», n° 2181.

SIEVERS, B. (1986). *Leadership as a Perpetuation of Immaturity. A New Perspective on Corporate Culture*, inédit, Bergischen Universität, Gesamtochschule, Wuppertal, RFA.

SIMON, H.A. (1955). «A Behavioral Model for Rational Choice», *Quarterly Journal of Economics*, n° 69, p. 99-118.

SIMON, H.A. (1959). «Theories of Decision Making in Economic and Behavioral Sciences», *American Economic Review*, vol. 49, n° 2, juin, p. 253-283.

SIMON, H.A. (1973). «Organizational Man: Rational and Self Actualizing», *Public Administration Review*, vol. 33, n° 3, mai-juin, p. 354-358.

SIMON, H.A. (1976). *Administrative Behaviour*, 3e édition, New York, McMillan.

SIMON, H.A. (1977). *The New Science of Management Decision*, 3e édition, Englewood Cliffs, N.J., Prentice-Hall.

SIMON, H.A. (1978). «Rationality as Process and as Product of Thought», *American Economic Review*, n° 68, p. 1-16.

SIMON, H.A. (1980a). *Le nouveau management: la décision par les ordinateurs*, Paris, Economica.

SIMON, H.A. (1980b). «Les processus de décision dans le domaine de la gestion», dans *Le nouveau management: la décision par les ordinateurs*, Paris, Economica, p. 35-75.

SIMON, H.A. (1983). *Administration et processus de décision*, Paris, Economica.

SIMON, H.A. et J.G. MARCH (1958). *Organizations*, New York, John Wiley & Sons.

TAYLOR, F.W. (1947). *Scientific Management*, New York, Harper & Brothers.

THOMPSON, J.D. *et al.* (1959). *Comparative Studies in Administration*, Pittsburgh, UPP.

VROOM, V.H. (1973). «A New Look at Managerial Decision Making», *Organizational Dynamics*, vol. 1, n° 4, printemps, p. 62-80.

WEEKS, D.R. (1980). «Organizations and Decision Making», dans G. Salaman et K. Thompson (dir.), *Control and Ideology in Organizations*, Cambridge, Mass., MIT Press, p. 187-215.

L'organisation

AKTOUF, O. (1986a). *Le travail industriel contre l'homme?*, Alger, ENAL/OPU.

AKTOUF, O. (1986b). *Les sciences de la gestion et les ressources humaines, une analyse critique*, Alger, ENAL/OPU.

AKTOUF, O. (1986c). «Une vision interne des rapports de travail : le cas de deux brasseries», *Le travail humain*, vol. 49, n° 3, septembre, p. 238-248.

AKTOUF, O. (1989). «L'interpellation de l'autorité et la transgression de tabous managériaux comme symboles de leadership puissant», document non publié, Montréal, HEC.

AKTOUF, O. (1990). «Le symbolisme et la culture d'entreprise : des abus conceptuels aux leçons du terrain», dans J.-F. Chanlat (dir.), *L'individu dans l'organisation : les dimensions oubliées*, Québec-Paris, PUL-ESKA.

AKTOUF, O. (1991). «Adhésion et pouvoir partagé», *Gérer et Comprendre – Annales des mines*, Paris, juin, p. 44-57.

AKTOUF, O. et M. CHRÉTIEN (1987). «Le cas Cascades : comment se crée une culture d'entreprise», *Revue française de gestion*, n°s 65-66, novembre-décembre, p. 156-166.

ALBERT, M. (1991). *Capitalisme contre capitalisme*, Paris, Éditions du Seuil.

ARCHIER, G. et H. SÉRIEYX (1984). *L'entreprise du troisième type*, Paris, Éditions du Seuil.

ATLAN, H. (1972). «Du bruit comme principe d'auto-organisation», *Communications*, n° 18, p. 21-36.

ATLAN, H. (1979). *Entre le cristal et la fumée*, Paris, Éditions du Seuil.

BARNARD, C. (1938). *The Functions of the Executive*, Cambridge, Mass., Harvard University Press.

BERTALANFFY, L. von (1973). *La théorie générale des systèmes*, Paris, Dunod.

BEYNON, H. (1973). *Working for Ford*, Londres, Penguin Books.

BUSINESS WEEK (1985). «How G.M.'s Saturn Could Run Rings around Old-Style Car Makers», 28 janvier, p. 660-662.

BUSINESS WEEK (1986). «High Tech to the Rescue», 16 juin, p. 100-108.

CESSIEUX, R. (1976). *Recherche sur les processus de la division du travail*, Grenoble, IREP.

CHANLAT, A. (1984). *Gestion et culture d'entreprise : le cheminement d'Hydro-Québec*, Montréal, Québec/Amérique.

CHANLAT, A. et M. DUFOUR (dir.) (1985). *La rupture entre l'entreprise et les hommes*, Montréal-Paris, Québec/Amérique et Les Éditions d'Organisation.

CHANLAT, J.-F. et F. SÉGUIN (1983). *L'analyse des organisations, une anthologie sociologique,* tome 1, Montréal, Gaëtan Morin Éditeur.

CHANLAT, J.-F. et F. SÉGUIN (1987). *L'analyse des organisations, une anthologie sociologique,* tome 2, Montréal, Gaëtan Morin Éditeur.

CHAUSSÉ, R. et A. CHANLAT (1980). *PME: possibilités de développement*, inédit, Montréal, HEC.

CLEGG, S.R. et D. DUNKERLEY (1980). *Organization, Class and Control*, Londres, Routledge.

CLEGG, S.R., et C. HARDY (1999). *Organization Theories,* London, Routledge.

COTTEREAU, A. (1980). *Le sublime*, Paris, Maspero.

CROZIER, M. (1963). *Le phénomène bureaucratique*, Paris, Éditions du Seuil.

CROZIER, M. et E. FRIEDBERG (1977). *L'acteur et le système*, Paris, Éditions du Seuil.

CUGGIA, G. (1989). *Cascades, le triomphe du respect*, Montréal, Québec/Amérique.

DEJOURS, C. (1980). *Le travail, usure mentale: essai de psychopathologie du travail*, Paris, Le Centurion.

DEMING, W.E. (1987). «Pourquoi sommes-nous si mauvais?», *Revue Commerce*, vol. 88, n° 10, octobre, p. 109-117.

DENIS, H. (1983). «Les défis de l'organisation matricielle», *L'Ingénieur*, vol. 69, n° 358, novembre-décembre, p. 23-27.

DESFORGES, J.-G. (1973). «L'administrateur et l'organisation», dans P. Laurin (dir.), *Le management – textes et cas*, Montréal, McGraw-Hill, p. 283-307.

ETZIONI, A. (1971). *Les organisations modernes*, Bruxelles, Duculot (traduit de: *Modern Organizations*, Englewood Cliffs, N.J., Prentice-Hall, 1964).

FISCHER, F. et C. SIRIANNI (dir.) (1984). *Critical Studies in Organization and Bureaucracy*, Philadelphie, Temple University Press.

FRIEDMANN, G. (1946). *Problèmes humains du machinisme industriel*, Paris, Gallimard.

FRIEDMANN, G. (1964). *Le travail en miettes*, Paris, Gallimard, coll. «Idées».

GASSE, Y. (1982). «L'entrepreneur moderne, attributs et fonctions», *Gestion*, vol. 7, n° 4, novembre, p. 3-10.

GEORGESCU-ROEGEN, N. (1971). *The Entropy Law and the Economic Process*, Cambridge, Mass., Harvard University Press.

GORZ, A. (1973). *Critique de la division du travail*, Paris, Éditions du Seuil, coll. «Points».

Grand dictionnaire encyclopédique Larousse, Paris, Larousse, 1985, 15 vol.

KATZ, D. et R. KAHN (1978). *The Social Psychology of Organizations*, 2e édition, New York, John Wiley & Sons.

KÉLADA, J. (1987). *La gestion intégrale de la qualité*, 2e édition, Dorval, Éditions Quafec.

KÉLADA, J. (1990). *Pour une qualité totale*, Dorval, Éditions Quafec.

LABORIT, H. (1974). *La nouvelle grille*, Paris, Robert Laffont.

LAWRENCE, P.R. et J.W. LORSCH (1973). *Adapter les structures de l'entreprise*, Paris, Les Éditions d'Organisation.

LINHART, D. (1991). *Le torticolis de l'autruche – L'éternelle modernisation des entreprises françaises,* Paris, Éditions du Seuil.

LINHART, R. (1978). *L'établi*, Paris, Éditions de Minuit.

LUKES, S. (1974). *Power: A Radical View*, Londres, McMillan.

LUSSATO, B. et G. MESSADIÉ (1986). *Bouillon de culture*, Paris, Robert Laffont.

MANTOUX, P. (1959). *La révolution industrielle au xviiie siècle*, Paris, Génin.

MARCUSE, H. (1968). *L'homme unidimensionnel, essai sur l'idéologie de la société industrielle avancée*, Paris, Éditions de Minuit.

MARGLIN, S. (1973). «Origines et fonctions de la parcellisation des tâches», dans A. Gorz (dir.), *Critique de la division du travail*, Paris, Éditions du Seuil, coll. «Points», p. 43-81.

McMILLAN, C.J. (1982). «From Quality Control to Quality Management: Lessons from Japan», *The Business Quarterly*, vol. 47, n° 1, printemps, p. 31-40.

MINTZBERG, H. (1979). *The Structuring of Organizations*, Englewood Cliffs, N.J., Prentice-Hall (en français: *Structure et dynamique des organisations*, Montréal, Agence d'Arc, 1982).

MINTZBERG, H. (1982). *Structure et dynamique des organisations*, Montréal, Agence d'Arc.

MORGAN, G. (1989). *Images de l'organisation*, Québec-Paris, PUL-ESKA.

MOUZELIS, N.P. (1967). *Organization and Bureaucracy*, Chicago, Aldine Publishing.

OUCHI, W.G. (1981). *Theory Z: How American Business Can Meet the Japanese Challenge*, Reading, Mass., Addison-Wesley.

PASCALE, R., et A. ATHOS (1970). *Japanese Management*, San Francisco, Sage.

PASSET, R. (1983). *L'économique et le vivant*, Paris, Payot.

PASSET, R. (1987). «Prévision à long terme et mutation des systèmes économiques», *Revue d'économie politique*, n° 5, septembre-octobre, p. 532-555.

PERROW, C. (1983). «La théorie des organisations dans une société d'organisation», dans J.-F. Chanlat et F. Séguin, *L'analyse des organisations, une anthologie sociologique,* tome I, Montréal, Gaëtan Morin Éditeur, p. 461-472.

PETERS, T. et N. AUSTIN (1985). *La passion de l'excellence*, Paris, InterÉditions.

PETERS, T. et R. WATERMAN (1983). *Le prix de l'excellence*, Paris, InterÉditions.

PFEFFER, R. (1979). *Working for Capitalism*, New York, Columbia University Press.

PRIGOGINE, I. et I. STENGHERS (1979). *La nouvelle alliance*, Paris, Gallimard.

RIFKIN, J. (1980). *Entropy: A New World View*, New York, The Vicking Press.

ROSNAY, J. de (1975). *Le macroscope*, Paris, Éditions du Seuil, coll. «Points».

SAINSAULIEU, R. (1983). «La régulation culturelle des ensembles organisés», *L'Année sociologique*, n° 33, p. 195-217.

SALAMAN, G. (1979). «The Determinants of Organizational Structure», dans *Work Organization: Resistance and Control*, Londres, Longman, p. 81-100.

SÉRIEYX, H. (1989*). Le zéro mépris*, Paris, InterÉditions.

SIEVERS, B. (1986a). «Beyond the Surrogate of Motivation», *Organization Studies*, vol. 7, n° 4, p. 335-351.

SIEVERS, B. (1986b). «Participation as a Collusive Quarrel over Immortality», *Dragon, The SCOS Journal*, vol. 1, n° 1, janvier, p. 72-82.

SPROUSE, M. (1992). *Sabotage in the American Workplace*, San Francisco, Pressure Drop.

TAYLOR, F.W. (1947). «Testimony Before the Special House Committee», dans *Scientific Management*, New York, Harper & Brothers.

TERKEL, S. (1976). *Gagner sa croûte*, Paris, Fayard.

TOFFLER, A. (1986). *S'adapter ou périr*, Paris, Denoël.

TOULOUSE, J.-M. (1979). *L'entrepreneurship au Québec*, Montréal, Presses des HEC.

TOULOUSE, J.-M. (1980). *Les réussites québécoises*, Ottawa, Agence d'Arc.

VOGEL, E. (1983). *Le Japon, médaille d'or*, Paris, Gallimard.

WALRAFF, G. (1986). *Tête de Turc*, Paris, La Découverte.

WEIL, S. (1964). *La condition ouvrière*, Paris, Gallimard, coll. «Idées».

WEITZMAN, M.L. (1986). *L'économie de partage, vaincre la stagflation*, Paris, L'Expansion – Hachette – J.C. Lattès.

WORK IN AMERICA (1973 et 1983). «Report of a Special Task Force to the Secretary of Health, Education and Welfare», W.E. Upjohn Institute for Employment Research, Cambridge, Mass., MIT Press.

La direction

AKTOUF, O. (1991). «Adhésion et pouvoir partagé», *Gérer et comprendre – Annales des Mines*, Paris, juin, p. 44-57.

AKTOUF, O. (1992). «Theories of Organizations and Management in the 1990's: Towards a Critical Radical-Humanism?», *Academy of Management Review*, vol. 17, n° 3, juillet, p. 407-431.

AKTOUF, O. (2004). *La stratégie de l'autruche*, Montréal, Écosociété.

AKTOUF, O. et M. CHRÉTIEN (1987). «Le cas Cascades: comment se crée une culture d'entreprise», *Revue française de gestion*, n°s 65-66, novembre-décembre, p. 156-166.

ATLAN, H. (1979). *Entre le cristal et la fumée*, Paris, Éditions du Seuil.

BALES, R.F. (1958). «Task Roles and Social Roles in Problem Solving Groups», *Reading in Social Psychology*, New York, Holt, Rinehart and Winston, p. 437-447.

BERGERON, J.-L. *et al.* (1979). *Les aspects humains de l'organisation*, Montréal, Gaëtan Morin Éditeur.

BERLE, A. (1957). *Le capital américain et la conscience du roi: le néocapitalisme aux États-Unis*, Paris, Armand Colin.

BERLE, A. et G.C. MEANS (1937). *The Modern Corporation and Private Property*, New York, McMillan.

BLAKE, R. et J. MOUTON (1969). *Building a Dynamic Corporation through Grid Organization Development*, Reading, Mass., Addison-Wesley.

BLOOM, A. (1987). *L'âme désarmée: essai sur le déclin de la culture générale*, Paris, Guérin.

BOSCHE, M. (1984). «Corporate culture: la culture sans histoire», *Revue française de gestion*, n°s 47-48, septembre-octobre, p. 29-39.

CARLISLE, H.M. (1973). «L'organisation fonctionnelle est-elle périmée?», dans P. Laurin (dir.), *Le management – textes et cas*, Montréal, McGraw-Hill.

CHANLAT, A. (1984). *Gestion et culture d'entreprise: le cheminement d'Hydro-Québec*, Montréal, Québec/Amérique.

DEAL, T.E. et A.A. KENNEDY (1982). *Corporate Culture: The Rites and Rituals of Corporate Life*, Reading, Mass., Addison-Wesley.

DELVIN, E. (1986). «Ne tirez pas sur les M.B.A.», *Revue Commerce*, vol. 88, n° 10, octobre, p. 168-180.

DENIS, H. (1983). «Les défis de l'organisation matricielle», *L'Ingénieur*, vol. 69, n° 358, novembre-décembre, p. 23-27.

ETZIONI, A. (1971). *Les organisations modernes*, Bruxelles, Duculot (traduit de: *Modern Organizations*, Englewood Cliffs, N.J., Prentice-Hall, 1964).

FAYOL, H. (1979). *Administration industrielle et générale*, Paris, Dunod (première publication en 1916).

GIASSON, F. et P. LAURIN (1973). «Les concepts de staff et line et d'autorité fonctionnelle», dans P. Laurin (dir.), *Le management – textes et cas*, Montréal, McGraw-Hill, p. 314-320.

HEILBRONER, R. (1971). *Les grands économistes*, Paris, Éditions du Seuil, coll. «Points».

HOFSTEDE, G. (1980). *Culture's Consequences: International Differences in Work-Related Values*, Beverly Hills, Sage Publications.

KATZ, D. et R. KAHN (1978). *The Social Psychology of Organizations*, 2e édition, New York, John Wiley & Sons.

KETZ DE VRIES, M. (1979). «Comment rendre fous vos subordonnés», *Harvard-L'Expansion*, n° 15, hiver 1979-1980, p. 51-59.

KETZ DE VRIES, M. (1988). «Narcissisme et leadership: une perspective de relations d'objet», *Gestion*, vol. 13, n° 4, p. 41-50.

KETZ DE VRIES, M. et D. MILLER (1985). *L'entreprise névrosée*, Paris, McGraw-Hill.

KILMAN, R.H. *et al.* (1985). *Gaining Control of the Corporate Culture*, San Francisco, Jossey-Bass.

LAFERRIÈRE, P. (1973). «Le formel et l'informel dans l'organisation», dans P. Laurin (dir.), *Le management – textes et cas*, Montréal, McGraw-Hill, p. 451-466.

LAPIERRE, L. (1988). «Puissance, leadership et gestion», *Gestion*, vol. 13, n° 2, mai, p. 39-69.

LAURIN, P. (dir.) (1973). «L'administrateur et l'élément humain, dans *Le management – textes et cas*, Montréal, McGraw-Hill, p. 489-502.

LEWIN, K. (1964). *Psychologie dynamique*, Paris, PUF.

LEWIN, K., R. LIPPIT et R.K. WHITE (1939). «Patterns of Aggressive Behavior», *Journal of Social Psychology*, vol. 10, n° 2, mai, p. 271-300.

LIKERT, R. (1974). *Le gouvernement participatif de l'entreprise*, Paris, Gauthier-Villars.

LIVINGSTON, J.S. (1988). «Pygmalion in Management», *Harvard Business Review*, septembre-octobre, p. 121-130.

LUSSATO, B. et G. MESSADIÉ (1986). *Bouillon de culture*, Paris, Robert Laffont.

MANTOUX, P. (1959). *La révolution industrielle au XVIIIe siècle*, Paris, Génin.

MARGLIN, S. (1973). «Origines et fonctions de la parcellisation des tâches», dans A. Gorz (dir.), *Critique de la division du travail*, Paris, Éditions du Seuil, coll. «Points», p. 43-81.

MAYO, F. (1933). *The Human Problems of an Industrial Civilisation*, New York, McMillan.

McGREGOR, D. (1971). *La dimension humaine de l'entreprise*, Gauthier-Villars McGraw-Hill, 1960).

MINTZBERG, H. (1973). *The Nature of Managerial Work*, New York, Harper and Row (en français: *Le manager au quotidien*, Montréal, Agence d'Arc, 1984).

MINTZBERG, H. (2004). *Managers not MBA's*, San Francisco, Berret-Koehler.

MORGAN, G. (1989). *Images de l'organisation*, Québec-Paris, PUL-ESKA.

NEUVILLE, J. (1976). *La condition ouvrière au XIXe siècle*, 2 tomes, Paris, Éditions Vie ouvrière.

OUCHI, W.G. (1981). *Theory Z: How American Business Can Meet the Japanese Challenge*, Reading, Mass., Addison-Wesley.

PAGÈS, M. (dir.) (1984). *L'emprise de l'organisation*, Paris, PUF, coll. «Économie en liberté».

PETERS, T. et R. WATERMAN (1983). *Le prix de l'excellence*, Paris, InterÉditions.

PORTER, M.E. (1979). «Stratégie: analysez votre industrie», *Harvard-L'Expansion*, n° 13, été, p. 100-111.

PORTER, M.E. (1987). «The State of Strategic Thinking», *The Economist*, vol. 303, n° 7499, 23 mai, p. 17-24.

PORTER, M.E. (1993). *L'avantage concurrentiel des nations*, Paris, InterÉditions.

SAINSAULIEU, R. (1983). «La régulation culturelle des ensembles organisés», *L'Année sociologique*, n° 33, p. 195-217.

SCHUMPETER, J. (1979). *Capitalisme, socialisme et démocratie*, Paris, Payot.

SIEVERS, B. (1986a). *Leadership as a Perpetuation of Immaturity. A New Perspective on Corporate Culture*, inédit, Bergischen Universität, Gesamtochschule, Wuppertal, RFA.

SIEVERS, B. (1986b) «Participation as a Collusive Quarrel over Immortality», *Dragon, the SCOS Journal*, vol. 1, n° 1, janvier, p. 72-82.

SKINNER, B.F. (1972). *Par-delà la liberté et la dignité*, Paris, Robert Laffont.

STIGLITZ, J. (2002). *La grande désillusion: la mondialisation ne marche pas*, Paris, Fayard.

STIGLITZ, J. (2003). *Quand le capitalisme perd la tête*, Paris, Fayard.

TAYLOR, F.W. (1947). «The Testimony Before the Special House Committee», dans *Scientific Management*, New York, Harper & Brothers.

THÉVENET, M. (1986). *Audit de la culture d'entreprise*, Paris, Les Éditions d'Organisation.

TOFFLER, A. (1980). *La troisième vague*, Paris, Denoël.

VARRON, M.T. (1877). *De l'agriculture*, livre I, Paris, Nisard, 2 volumes (cité par M. Godelier, *Rationalité et irrationalité en économie*, Paris, Maspero, 1966, p. 48-49).

WEBER, M. (1971). *Économie et société*, Paris, Plon.

Le contrôle

ACKOFF, R.L. (1967). «Management Misinformation System», *Management Science*, vol. 14, n° 4, décembre, p. 147-157.

AKTOUF, O. (1986). *Le travail industriel contre l'homme?*, Alger, ENAL/OPU.

AKTOUF, O. (1992). «Theories of Organizations and Management in the 1990's: Towards a Critical Radical-Humanism?», *Academy of Management Review*, vol. 17, n° 3, juillet, p. 407- 431.

AKTOUF, O. et M. CHRÉTIEN (1987). «Le cas Cascades: comment se crée une culture d'entreprise», *Revue française de gestion*, n°s 65-66, novembre-décembre, p. 156-166.

ALVESSON, M. (1986). «On the Idea of Organizational Culture», *Dragon, the SCOS Journal*, n° 7, décembre, p. 92-123.

ARCHIER, G. et H. SÉRIEYX (1984). *L'entreprise du troisième type*, Paris, Éditions du Seuil.

ARCHIER, G. et H. SÉRIEYX (1986). *Pilotes du troisième type*, Paris, Éditions du Seuil.

ARGYRIS, C. (1973). «Some Limits of Rational Man Organizational Theory», *Public Administration Review*, vol. 33, n° 3, mai, p. 253-268.

AXTELL-RAY, C. (1986). «Corporate Culture, the Last Frontier of Control?», *Journal of Management Studies*, vol. 23, n° 3, mai, p. 287-297.

BERG, P.O. et R. WITKIN (1984). «Organization Symbolling: Toward a Theory of Action in Organizations», document non publié, University of Lund, Suède.

BOISVERT, M. (1980). *L'approche sociotechnique*, Montréal, Agence d'Arc.

BROWN, D.S. (1982). «The Changing Role of the Manager», *Supervisory Management*, vol. 27, n° 7, juillet, p. 13-20.

BUSINESS WEEK (1986). «High Tech to the Rescue», 16 juin, p. 100-108.

CHANLAT, J.-F. (1973). «Coûts, décision et contrôle», dans P. Laurin. (dir.), *Le management – textes et cas*, Montréal, McGraw-Hill, p. 648-658.

CHARBONNEAU, R. (1973). «Le contrôle budgétaire», dans P. Laurin (dir.), *Le management – textes et cas*, Montréal, McGraw-Hill, p. 671-692.

CHAUSSÉ, R. (1973). «Le contrôle et l'évaluation des cadres dans l'entreprise», dans P. Laurin (dir.), *Le management – textes et cas*, Montréal, McGraw-Hill, p. 724-735.

CROZIER, M. (1963). *Le phénomène bureaucratique*, Paris, Éditions du Seuil.

DAVIS, L.E. et A.R. CHERNS (1975). *The Quality of Working Life*, New York, The Free Press, 2 volumes.

DAVIS, L.E. et J. TAYLOR (1972). *Design of Jobs: Selected Readings*, Londres, Middlessex, Penguin Books.

DEMING, W.E. (1987). «Pourquoi sommes-nous si mauvais?», *Revue Commerce*, vol. 88, n° 10, octobre, p. 109-117.

GOULDNER, A.W. (1955). *Patterns of Industrial Bureaucracy*, Londres, Penguin Books.

GUINDON, M. (1980). «La vérification de gestion», *Gestion*, vol. 5, n° 2, p. 73-81.

HARBOUR, J. (1986). «Managing for Quality: Is New-Tech Really the Answer?», *Automotive Industries*, 19 juillet, p. 10.

INGLE, S. (1982). «How to Avoid Quality Circle Failure in Your Company», *Training and Development Journal*, juin, p. 54-59.

KÉLADA, J. (1987). *La gestion intégrale de la qualité*, 2e édition, Dorval, Éditions Quafec.

KÉLADA, J. (1990). *Pour une qualité totale*, Dorval, Éditions Quafec.

LANGLOIS, M. (1973). «L'administrateur et le contrôle», dans P. Laurin (dir.), *Le management – textes et cas*, Montréal, McGraw-Hill, p. 605-629.

LAROCHE, C. (1985). «Le contrôle interne», *Gestion*, vol. 10, n° 2, p. 30-36.

LEBAS, M. et J. WEIGENSTEIN (1986). «Management Control: The Role of Rules, Markets and Culture», *Journal of Management Studies*, vol. 23, n° 3, mai, p. 259-272.

MAYO, E. (1924). «Revery and Industrial Fatigue», *Personnel Journal*, vol. 3, n° 28, décembre, p. 273-292.

McGREGOR, D. (1960). *The Human Side of Enterprise*, New York, McGraw-Hill.

McMILLAN, C.J. (1982). «From Quality Control to Quality Management : Lessons from Japan», *The Business Quarterly*, vol. 47, n° 1, printemps, p. 31-40.

MERTON, R.K. (1952). *Reader in Bureaucracy*, Glencoe, Ill., The Free Press.

MORITA, A. (1986). *Made in Japan*, Paris, Robert Laffont.

PAQUIN, B. (1987). *L'organisation du travail*, Montréal, Agence d'Arc.

PATTON, J.A. (1982). «Managers and Productivity... No One to Blame but Themselves», *Management Review*, vol. 71, n° 10, octobre, p. 13-18.

PETERS, T. (1987). «There Are no Excellent Companies», *Fortune*, vol. 115, n° 9, 27 avril, p. 341-352.

PETERS, T. (1988). *Le chaos management*, Paris, InterÉditions.

PETERS, T. et N. AUSTIN (1985). *La passion de l'excellence*, Paris, InterÉditions.

PETERS, T. et R. WATERMAN (1983). *Le prix de l'excellence*, Paris, InterÉditions.

ROSEN, M. et G. INZERILLI (1983). «Culture and Organizational Control», *Journal of Business Research*, 11 septembre, p. 281-292.

TARRAB, G. (1982). «Les cercles de qualité : progrès social et rentabilité sont-ils conciliables ?», *Revue Commerce*, novembre, p. 108-112.

SECTION III

Les remises en cause rituelles des dysfonctionnements du management traditionnel : d'Elton Mayo à Henry Mintzberg[1] et Michael Porter

J'aimerais, dans cette troisième section, amener le lecteur à compléter le tour d'horizon de ce qui constitue aujourd'hui l'essentiel de la littérature du management, en passant en revue les principaux auteurs du domaine, qu'on a considérés comme de grands réformateurs, sinon comme des agents de renouveau radical.

La grande dominante du classicisme initial en management avait pour pivot l'organisation scientifique du travail (OST), le taylorisme et, au second plan, le fayolisme. Beaucoup d'auteurs successifs vont faire de ce second grand volet des théories administratives que constituent les travaux d'Elton Mayo une école à part, dite «néoclassique». Beaucoup vont aussi jusqu'à y voir une forme de remise en question de l'organisation scientifique du travail.

Personnellement, et je tâcherai de m'en expliquer, je considère qu'il n'y a aucune raison de faire des expériences d'Elton Mayo et du mouvement dit des «relations humaines» (et plus tard des «sciences du comportement organisationnel») un courant aussi radical et différent de l'ensemble du management classique que nous venons de voir dans les chapitres précédents. En fait, il s'est avéré qu'il manquait au management de la tradition OST-Fayol-Weber un très important et indispensable complément qui touche à la dynamique sociale et humaine de l'entreprise. Comment amener les employés à être plus productifs, autrement que par des salaires qui se révèlent de moins en moins motivants avec le temps et qu'on refuse de «pousser trop loin»? Comment arriver à créer un attachement des employés à l'entreprise et à ses buts? Quel doit être alors le comportement du chef? Peut-on commander, dans l'entreprise, comme on le fait dans l'armée? Quelle influence le groupe peut-il avoir sur le comportement au travail?

Ni le taylorisme, ni le fayolisme n'apportent de réponses à ces questions, sinon par des prescriptions aussi générales que péremptoires du genre: «travailler en équipe», dans un «esprit de collaboration», avec «équité», avec «bonté», «en donnant l'exemple», etc.

---

1. Des parties de la présente section reprennent la matière de certains chapitres d'un ouvrage déjà publié par l'auteur ou s'en inspirent: *Les sciences de la gestion et les ressources humaines, une analyse critique*, Alger, ENAL/OPU, 1986 (avec autorisation).

Elton Mayo et son équipe marqueront, à partir du milieu des années 1930, une façon de considérer le travail industriel et les relations dans les entreprises qui donnera naissance à une énorme branche du management moderne : les «sciences du comportement organisationnel». Cette «science» prétendra donner au gestionnaire, en plus des méthodes d'organisation dite rationnelle du travail et de direction administrative, des façons de faire pour créer et entretenir un climat social le plus propice possible à la productivité accrue de chacun.

Trois autres branches, en gros, vont achever de donner au management son ossature actuelle : à partir de la fin des années 1940 et des années 1950, une branche dite «scientifique moderne», inaugurée par l'école «de la prise de décision» avec les travaux de Simon et poursuivie par, entre autres, l'école des systèmes d'information de gestion (*Management Information Systems*) ; beaucoup plus récente, une branche considérée comme pragmatique et réaliste, dite école «descriptive», lancée par les recherches de Mintzberg au début des années 1970 ; enfin, une branche réactivée à partir des années 1980, issue de certains classiques tels que Barnard, Ansoff, Chandler, etc., dénommée «management stratégique» et culminant largement avec les travaux de Porter.

Toutes ces branches et écoles ne constituent, comme nous allons le voir, que différentes tentatives pour relancer le management classique, tout en prétendant le renouveler. Elles lui donneront soit de nouveaux points d'appui, soit un nouveau vocabulaire, soit encore de nouveaux outils, à la mesure des développements des techniques statistiques et informatiques, par exemple.

Néanmoins, sous le couvert du renouvellement, du réformisme ou de la remise en question, l'ensemble de ces travaux n'a apporté que des changements de surface, et a été, par manque de radicalisme, une pure et simple continuité de l'approche initiale. Cependant, comme cela a été le cas pour Taylor, Fayol et Weber, il ne manquera pas ici non plus d'abus d'interprétation, ni de partis pris, ni de contradictions dans les apports et dans la façon dont on tiendra compte des apports de chacun.

Chapitre 6
Elton Mayo et les sciences du comportement face au management du comportement organisationnel

A. LES TRAVAUX DE MAYO ET LE LANCEMENT DU MOUVEMENT DES RELATIONS HUMAINES

ELTON MAYO (1880-1949) ET LE FACTEUR HUMAIN

Au milieu des années 1930, on s'est rendu compte qu'il y avait de l'«humain» dans l'entreprise. On a parlé de la «découverte du facteur humain». Cela montre combien la vision liée au modèle de la machine était tenace.

Nous devons à J.A.C. Brown (1954) des témoignages sur ce qui se passait dans le monde industriel américain entre 1920 et 1940, ce qui a ouvert la voie à la psychosociologie d'entreprise. Brown parle d'une sorte de mal-être qui se généralise dans les firmes, d'un «abattement moral», d'une sorte de «déprime ouvrière» générale.

Taylor et les taylloristes croyaient qu'en dispensant l'ouvrier de penser, en évacuant l'usage de son cerveau au profit de ses muscles et réflexes, on lui permettrait de «se livrer à des rêveries» qu'on supposait d'avance bienfaisantes pour le moral. Mais, constatent Brown (1954) et Mayo (1924), les ouvriers se livraient plutôt à des «rêveries pessimistes». Cela conduisit à des taux d'absentéisme et de rotation de plus en plus élevés, et à une productivité de plus en plus basse, malgré des conditions de travail, des salaires, des avantages sociaux qui s'amélioraient presque partout en Amérique. Mayo consacrera plus de 10 années à l'étude de ce problème, aussi grave qu'inattendu.

Elton Mayo est natif d'Australie. Il fut formé d'abord en philosophie et en médecine, avant de faire partie de la faculté d'administration de l'université Harvard, en 1926. En 1923, il commence à s'intéresser à des questions de rotation des employés et de baisse de productivité. Plus tard, on l'invite à se joindre à l'équipe de chercheurs qui se penchait sur les problèmes de productivité de l'usine de Hawthorne de la Western Electric. C'est là que fut faite la découverte du fameux «facteur humain»: on se rendit compte que les éléments d'ordre affectif et émotionnel étaient aussi importants pour la productivité que les incitations matérielles. L'être humain ne peut plus être traité comme une mécanique rationnelle guidée par le seul appât du gain. Il a besoin de se sentir engagé, sollicité, considéré dans ce qu'il fait, ce qu'on a appelé l'«effet Hawthorne».

Mais plutôt que d'y voir, comme essayaient de l'expliquer Mayo et son équipe (composée aussi de psychiatres et d'anthropologues), un appel à un plus grand respect et à un plus grand souci de la personne de l'employé et de ses problèmes, les gestionnaires, aidés en cela par les continuateurs de Mayo, n'ont mis en avant que des «recettes» et des manipulations pour faire passer plus en douceur l'organisation scientifique du travail et les côtés, devenus difficilement supportables, du management classique.

La devise taylorienne était désormais inversée: l'efficacité et les gains qu'elle entraîne ne provoquent pas, à eux seuls, la satisfaction, mais c'est la satisfaction qui devient un préalable à l'efficacité. Il faut d'abord chercher à avoir des employés «psychologiquement satisfaits», le rendement suivra et sera, alors, durable, sinon il déclinera vite. On y arrivera par les sentiments, la vie de groupe, le «système informel», l'affectif. Voilà, en raccourci, le noyau dur de la contribution de Mayo au management. Voyons tout cela de plus près, dans l'optique de la construction de la doctrine du management générale.

LES TRAVAUX À L'USINE DE HAWTHORNE

On attribue à l'école des relations humaines, et aux expériences menées à l'usine de Hawthorne de la Western Electric, les premières préoccupations concernant l'homme au travail.

La pyramide des besoins de Maslow, nous dit Lee (1980), n'est qu'un modèle plus dynamique d'une hiérarchie des besoins déjà établie par Aristote, environ trois siècles avant notre ère. Au début du XIXe siècle, il y eut aussi des hommes d'un bon sens supérieur à celui de la majorité des industriels de l'époque, tel Robert Owen, qui fonda la toute première entreprise des temps modernes soucieuse de ses «ressources humaines» et de leur bien-être physique et moral. Dans un texte cité par Lee, Owen s'étonne que les chefs d'entreprise soient si préoccupés de leurs machines, de l'état des lieux, des outils, etc., et si peu de leurs employés, au point que ces derniers deviennent tellement misérables et dégradés qu'ils produisent bien en deçà de leurs capacités. En traitant humainement et généreusement ses ouvriers, il fut l'un des industriels les plus prospères, connu dans toute l'Europe et visité de partout[1].

S. Chase (1941), un des rapporteurs de l'expérience menée à l'usine de Hawthorne et de ce qu'on a appelé la «grande illumination», parle textuellement du fait d'avoir «donné aux ouvriers le sentiment de leur importance» comme facteur explicatif fondamental de l'augmentation de la productivité.

---

1. Lee (1980, p. 41). Nous reviendrons plus loin sur le cas Owen (voir aussi Heilbroner, 1971), rarissime, sinon unique, exemple de «gestion humaine» à l'époque de la Révolution industrielle. Les milieux des affaires, peu enclins à en faire autant (bien que ce fût là une façon, comme le fait Cascades aujourd'hui, d'être beaucoup plus rentable et plus productif), finirent par l'amener à s'exiler et à presque se ruiner avant qu'il ne devienne l'un des instigateurs des mouvements syndicaux anglais!

Mais revenons à l'expérience de Hawthorne. Tout d'abord, il faut signaler que les travaux de l'équipe de Mayo constituent la référence et la source classiques de tout ce qui fonde la psychologie ou la psychosociologie industrielle; il n'est pas un ouvrage ou un manuel traitant de ces questions qui ne se base sur les expériences qui ont eu lieu à l'usine de Hawthorne.

À partir des années 1920, avec l'expansion des machines et de l'organisation du travail à la Taylor et à la Ford, s'est répandu dans les entreprises américaines un phénomène, baptisé par certains «spleen industriel[2]», qui consistait en une perte d'intérêt pour le travail. Ce phénomène découle de l'asservissement à la machine, à la chaîne, aux normes et rythmes des bureaux des méthodes. Les différents auteurs de l'époque, dont Mayo (1924), y ont vu les effets de la monotonie, de la fatigue.

Cette orientation de la recherche vers les problèmes d'ennui et de fatigue a prévalu dès la première intervention de Mayo dans une usine de textile. Cette expérience, que l'on ne cite pas souvent, préfigure ce qui se passera plus tard à Hawthorne. Elle eut lieu en 1923 lorsque Mayo fut appelé à Philadelphie pour résoudre un grave problème de rotation du personnel et d'absentéisme. Après diverses expériences, incluant notamment des pauses et un **système de prime effectif,** Mayo obtint des résultats spectaculairement positifs. Dans l'interprétation qu'il en donna immédiatement (Mayo, 1924), il mit en cause la monotonie, le peu de fierté que les ouvriers retiraient de leur travail et, surtout, la fatigue.

Si nous reprenons la chronologie des travaux menés à l'usine de Hawthorne sur les raisons de la baisse de productivité, nous ne voyons, de 1924 à 1928, aucun résultat particulier. En avril 1928, on y appelle Mayo, «pour une analyse des résultats obtenus et une mise au point de la poursuite de l'expérience» d'amélioration des conditions et façons de travailler. L'expérience fondamentale de Mayo, celle de l'atelier d'assemblage (petits groupes où l'on expérimente des formes de liberté dans la façon de travailler ou de leadership bienveillant), eut lieu de manière systématisée du 25 avril 1927 au 26 juin 1929. Quatre mois après son entrée, soit le 3 juillet 1928, Mayo préconisa un retour aux conditions initiales de travail, ce qui voulait dire supprimer toutes les «améliorations» apportées jusque-là par le plan d'expérimentation.

À ma connaissance, aussi bien chez Mayo que chez Roethlisberger et Dickson (1939), il n'y avait pas de justification claire et vraiment satisfaisante de ce genre d'opération, sinon «pour voir» ce que cela pouvait donner. Toujours est-il que le maintien du haut niveau de productivité pendant trois mois, malgré la suppression de tous les éléments d'expérimentation, qui étaient censés être responsables des progrès observés au point de vue de la productivité, sembla causer une grande surprise, en particulier chez Mayo, qui avait déjà eu l'occasion de constater un pareil «mystère» et d'y réfléchir depuis 1923. On peut toutefois faire ressortir l'essentiel des découvertes à l'usine de Hawthorne qui ont suivi cette «illumination»: le seul fait de montrer, concrètement, par les expériences

---

2. Le terme *spleen* veut dire en anglais «mélancolie» et «absence de joie de vivre»; il a été introduit dans la langue française à l'ère du romantisme triste et languissant du XIXe siècle (Baudelaire, Vigny, etc.).

et par la présence des expérimentateurs, que l'on s'intéresse à eux et à leur sort a provoqué chez les ouvriers un regain de motivation et d'intérêt à leur travail.

De là découleront les grandes questions qu'auront à étudier les sciences du comportement organisationnel :

- le groupe comme unité analytique et non seulement l'individu ;

- le problème de l'interface organisation formelle et organisation informelle comme étant l'une des clés de l'harmonie dans l'entreprise ;

- la nécessité de réexaminer la motivation et la satisfaction au travail, notamment l'inversion du rapport efficacité-satisfaction, à la lumière des phénomènes de groupe ;

- le contremaître ou, d'une façon générale, le mode de direction comme donnée centrale dans le moral et l'efficience des groupes ;

- enfin, le « sentiment » qui représente, selon les propres paroles de Roethlisberger, la « logique » des ouvriers face à celle de l'entreprise, qui est l'efficacité.

Ces éléments constituent, encore de nos jours, l'essentiel de la table des matières de tout ouvrage traitant du comportement organisationnel. On peut dire que Mayo et son équipe ont, dès cette phase de leurs travaux, mis en évidence l'aspect systémique et complexe de la question de l'homme en situation de travail industriel.

LES PRINCIPAUX CONTINUATEURS D'ELTON MAYO

Il est possible de replacer l'édification et l'évolution du courant amorcé par Mayo à travers cinq auteurs fondamentaux, soit, chronologiquement, Kurt Lewin, Abraham H. Maslow, Chris Argyris, Rensis Likert et Douglas McGregor.

- **Kurt Lewin** a effectué, dès 1938, à l'université de l'Iowa, avec Lippit et White des expériences sur les modes d'exercice de l'autorité dans des groupes de jeu d'enfants. Féru de démocratie, il donnera au comportement organisationnel non seulement les bases majeures de l'étude du leadership, mais aussi presque tous les fondements de la psychologie dynamique, de la dynamique des groupes, du changement, de la prise de décision en concertation. Il s'est fait connaître par sa célèbre expérience de changements d'habitudes alimentaires chez les ménagères américaines. Une mention spéciale devrait être faite également de sa théorie du « champ psychologique » qui introduit la dimension de l'influence réciproque individu-milieu et qui servira grandement, notamment dans les travaux sur les groupes et sur les liens entre développement individuel et développement organisationnel (Lewin, 1935, 1947 et 1958).

- **Abraham H. Maslow,** quant à lui, aura apporté une contribution quasi impérissable aux théories de la motivation, tant le modèle de hiérarchie, de complémentarité et de combinaison des cinq besoins fondamentaux tiré de ses travaux est un exemple de clarté, de simplicité et de cohérence. Dès 1943, il donne à la psychologie industrielle l'un de ses piliers centraux: *Motivation and Personality*. Quoique ses idées aient été tronquées et abusivement simplifiées[3], Maslow continue de figurer dans toutes les études psychologiques concernant la motivation au travail et dans tous les programmes de gestion. La très grande majorité des auteurs ultérieurs se référera à lui ou s'appuiera sur une des dimensions de sa théorie pour développer l'étude de la motivation.

- **Chris Argyris** (1967) et Rensis Likert (1961) influenceront la pensée du management dès la fin des années 1940. Nous devons à Argyris la réanimation, après les Barnard et les Selznick, de l'étude de l'interaction personnalité-organisation. Il apporte un complément important aux travaux d'Allport (1924, 1933), qui comptent parmi les plus grands approfondissements de l'étude de la personnalité, en posant le problème de l'adaptation de l'individu relativement aux exigences organisationnelles. On le citera beaucoup, mais on ne fera pas, en management, grand cas de son incessant combat pour, comme il le dit, un «modèle d'homme organisationnel» plus humain.

- **Rensis Likert,** pour sa part, a proposé une théorie de l'intégration des groupes et des cadres dans une hiérarchie de type «pyramides en intersections» où le leader joue avant tout un rôle de «liaison» entre les membres de l'organisation, à l'intérieur de laquelle il doit assurer la cohésion et la solidarité. Ce sera un courant s'intéressant au «moral» des groupes et utilisant des concepts tels que ceux de «relations de soutien», de «supervision bienveillante» et de «groupes à hautes performances».

- **Douglas McGregor** (1960), enfin, aura apporté au comportement organisationnel ce qui lui manquait le plus: une vision synthétique précisant l'esprit de la démarche générale postérieure à l'organisation scientifique du travail. Il entame le défrichement du cœur du problème: de quel «être humain» parlons-nous en management? On peut dire que McGregor aura grandement contribué aux courants prônant plus de participation et d'esprit de concertation de la part des gestionnaires. Son influence se retrouvera dans de nombreux travaux sur le leadership, influence que continueront, entre autres, Blake et Mouton (1964).

LE MANAGEMENT, ELTON MAYO ET LES RELATIONS HUMAINES

Il y a eu évidemment, dès le départ, une complicité étroite entre l'équipe de Mayo et le management. Cependant, bien que le mouvement des relations humaines ait joué pleinement en faveur des intérêts du management, il semble qu'il s'en soit méfié et, parfois, trouvé sérieusement ébranlé dans ses préjugés, ses volontés et ses pratiques.

---

3. On ne tient, à ma connaissance, aucun compte, par exemple, de l'importance que Maslow accorde à une sorte de «sixième besoin» qu'il qualifie de «spirituel» et dont les effets joueraient sur l'ensemble des autres besoins.

Nous prendrons, pour illustrer cet état de choses, deux exemples avant de voir la portée et les conséquences plus générales des expériences conduites à l'usine de Hawthorne. Le premier exemple est fourni par E. Mayo (1945) et par J.A.C. Brown (1954), dans leurs rapports de l'expérience de la filature de Philadelphie, en 1923 : après le départ de Mayo, les cadres ont décidé que les pauses devaient être «gagnées», et qu'il était inadmissible de «gâter les ouvriers sur le dos du consommateur». Les dirigeants avaient en fait grand-peur de perdre la totale maîtrise de la situation en laissant une marge de liberté quelconque aux ouvriers, qui décidaient entre eux, par exemple, sur le conseil de Mayo, des pauses et des arrêts des machines pour faire de courtes siestes.

Le deuxième exemple concerne la campagne de consultation ouvrière entreprise à Hawthorne après les premiers résultats importants. Dans l'esprit de l'équipe de Mayo, elle devait constituer un sincère rapprochement vis-à-vis des employés et de leurs problèmes. En cherchant à entendre les ouvriers, en leur donnant carte blanche pour s'exprimer, on imposait un recul à la direction, qui n'admettait que la soumission. C'est sans doute pour ces raisons que la campagne a été interrompue brutalement en 1930 (on a invoqué la crise économique).

En fait se posait au management la question suivante : jusqu'où aller dans la consultation, dans les libertés laissées aux employés, sans risquer sa propre remise en cause en tant que pôle dominant d'un rapport qui est par tradition un rapport de subordination et de soumission ?

Le mouvement des relations humaines n'a jamais prétendu effacer ni remplacer l'organisation scientifique du travail. Le management ne l'aurait certainement pas admis. Il n'est donc pas étonnant de voir le management s'ériger en obstacle face à ce qu'essayait d'apporter Mayo, et qui aurait réduit le pouvoir et les privilèges des dirigeants.

Tout cela implique le maintien du rapport de domination et le *statu quo*, derrière l'adhésion, en apparence, à des changements. La philosophie du management classique, avec ses traditions rationalistes et hiérarchisantes, a largement limité l'influence du mouvement des relations humaines. La nature humaine, «sentimentale» et «irrationnelle» redécouverte à Hawthorne devra, bon gré mal gré, se couler dans le moule rationnel et économique de l'organisation industrielle et n'y avoir droit de cité que si la productivité s'en trouve améliorée.

Le mouvement a été dénommé «humanisation» du travail et de l'industrie, mais on a plutôt assisté à une industrialisation de l'humain. Comme le rappelle M. Godelier : «Si le travailleur ne veut pas de lui-même devenir rationnel ou "raisonnable", la science offrirait une partie des moyens pour l'amener malgré lui à ce résultat[4].»

_____

4. Godelier (1966, p. 67).

UNE DISCUSSION DES TRAVAUX DE MAYO ET DU MOUVEMENT DES RELATIONS HUMAINES

Pour mieux comprendre la nature et l'ampleur de la distance entre l'esprit original du mouvement des relations humaines et ce que le management en a fait, nous passerons en revue certains éléments parmi les plus importants exploités après l'expérience menée à Hawthorne : le groupe, la communication (de haut en bas et de bas en haut), le leadership, l'identification à l'entreprise et la participation.

Le groupe

Dans la construction théorique, le groupe informel était reconnu comme une entité sociologique fonctionnant selon une dynamique socio-affective et des objectifs propres, parallèles à ceux de l'organisation. Dans la visée pratique, on s'est attaché très vite à déceler les facteurs d'attraction entre les personnes pour canaliser le fonctionnement des groupes dans le sens des intérêts des dirigeants de l'entreprise, intérêts conçus comme étant prioritaires et comme englobant les intérêts de toutes les parties en présence.

La communication de haut en bas

La philosophie de la communication dans le sens dirigeants-ouvriers était censée satisfaire les besoins d'information des employés et amener ceux-ci à une connaissance optimale des activités de l'entreprise dans une optique de transparence et d'une franche participation. Or, ce qu'on en a fait et retenu représente plutôt une sorte de pratique de propagande au service des organisations. En effet, depuis le «dépliant à l'embauche» qui insiste sur la communauté ouvrier-entreprise jusqu'au journal de l'usine, en passant par les diverses brochures, affiches, conférences, tout n'est qu'apologie de l'organisation et de ses bienfaits[5].

La communication de bas en haut

La communication dans le sens employés-dirigeants devait concrétiser la prise en considération des préoccupations des travailleurs et stimuler leur initiative. Mais, en fait, elle a plutôt revêtu l'aspect d'une opération de surveillance et de quasi-espionnage des employés ; les multiples enquêtes, sondages, consultations, etc., ont été autant de méthodes de connaissance indirecte des attitudes et des opinions non exprimées. Cela a permis de déceler insidieusement le degré de loyauté ou d'hostilité des employés, et d'essayer de devancer les réactions de ces derniers ou d'en neutraliser les meneurs.

---

5. C. Argyris (1980) montre dans «The Individual and Organizational Structure», dans *Readings in Human Relations*, comment le contenu de la presse d'usine représente, à 82 %, les intérêts des dirigeants.

Le leadership

Nous touchons là à un problème très proche de celui des groupes. La visée première était la recherche de la détente et de l'assouplissement dans la raideur des rapports imposés par l'organisation scientifique du travail. Dans les applications, on a plutôt tenté d'exercer une influence sur la vie sociale des équipes de travail en vue d'obtenir les comportements désirés. Et le mieux, a-t-on pensé, est de passer par le leader informel, la personne centrale des groupes, qui doit être identifiée et utilisée. K. Lewin (1947) lui-même déclare qu'il est plus aisé de modifier le comportement des membres d'un groupe que celui des individus isolés et qu'un bon raccourci consiste à changer le comportement des «meneurs naturels», à le leur «suggérer» habilement.

L'identification à l'entreprise

Pour les théoriciens de Hawthorne, il était question d'opérer un rapprochement entre dirigeants et dirigés, en faisant en sorte que le lieu de travail soit un lieu agréable à vivre, où l'employé puisse satisfaire d'autres attentes en plus des attentes salariales. Cela a amené une grande diversité de doctrines et de pratiques destinées à combler, sur le plan purement psychologique, la séparation socio-économique de fait entre direction et employés. On s'est mis alors aux réunions familiales, aux cérémonies de récompense des «anciens» et des «loyaux», aux «clubs d'employés», etc., dans le but de créer une dépendance affective vis-à-vis de l'entreprise.

La participation

Dans l'esprit initial du mouvement des ressources humaines, la participation n'était certes pas une forme de cogestion, mais au minimum un mécanisme de consultation, même sur des aspects assez anodins de la vie de l'entreprise, entre direction et employés. Cet appel à la consultation est vite devenu une manipulation destinée à faire mieux accepter des changements, des restrictions ou des mesures qui auraient été impopulaires sans «participation». Même D. McGregor (1960) a dénoncé cela, parlant de «duperie», d'«illusion» et de «farce»[6].

EN CONCLUSION : UN PSYCHOLOGISME ABUSIF

L'équipe de recherche à l'usine de Hawthorne visait une connaissance plus intime de l'employé et de ses attentes pour lui assurer un meilleur moral, lui-même nécessaire à un rendement accru. Mais la volonté de faire le maximum de profits à un minimum de coûts, qui a toujours marqué le management traditionnel, a entraîné des mesures manipulatrices qui ont transformé les résultats originels en

---

6. On pourrait, sur les mêmes bases, mieux comprendre les très nombreux échecs que connaît actuellement l'instauration de la gestion dite de «qualité totale» dans les entreprises occidentales.

recettes. Ce qui devait être la prise de conscience de la nécessité d'un rappro-chement vis-à-vis de l'employé est alors devenu des «outils de gestion».

Cela explique le peu de réussite opérationnelle du mouvement, comme nous pouvons le constater jusqu'à présent.

Il ne faut cependant pas perdre de vue que les travaux d'Elton Mayo, ainsi que l'ensemble du mouvement des relations humaines, feront qu'un problème essentiellement de pouvoir, de rapports de forces, de domination économique et d'exploitation, comme le précise Morgan (1989), sera occulté et «scientifique-ment» transporté sur un terrain presque exclusivement psychologique et socio-affectif[7]. Mais on ne résout les problèmes ni en les occultant, ni en les déplaçant. Les résultats que connaissent des systèmes qui n'enseignent ni n'appliquent ce genre de pratiques, comme en Allemagne ou au Japon, témoignent, s'il en est besoin, de leur faible capacité opérationnelle réelle[8].

B. L'APRÈS-ELTON MAYO, LES SCIENCES DU COMPORTEMENT ORGANISATIONNEL : L'INVENTION DE L'HOMME DES ORGANISATIONS ?

QUELQUES PRISES DE POSITION GÉNÉRALES

Lorsqu'on jette un coup d'œil sur ce qui se publie constamment dans le do-maine, on remarque, paradoxalement, que le nombre de publications, d'arti-cles ou d'ouvrages témoigne de tout sauf d'une crise de la quantité. Dans le *Business Periodical Index,* la rubrique «Organizational Behavior» comprend depuis 1970, bon an mal an, deux pages de références : à peu près 60 titres, en moyenne, pour les seuls articles de revues.

Mais cela n'empêche pas une indigence des contenus, le gros de la littérature du domaine étant encore basé sur des notions tirées de la psychologie et de la sociologie de 10 et 20 ans antérieures aux années 1970!

D'autres courants et d'autres auteurs apportent depuis quelques années des réserves encore plus profondes. Ainsi, la dénonciation du caractère idéologique et la non-remise en cause des présupposés de base du management classique, les insuffisances méthodologiques figurent également parmi les thèmes les plus fréquemment abordés dans les reproches faits aux sciences du comportement organisationnel.

La réserve à caractère idéologique a été la première et la plus prolifique, avec, notamment, les écrits de Mills (1955), Bendix (1949) et Touraine (1952).

---

7. Friedmann (1946), Gorz (1973), Braverman (1976).
8. Thanheiser (1979), Peters et Waterman (1983), Morita (1986).

Elle connaît un regain avec des travaux tels que ceux de Braverman (1976), Burawoy (1979a et 1979b), Sievers (1986a, 1986b et 1986c), Morgan (1983 et 1989), et même Mintzberg (1989a et 2004) ou Aubert et Gaulejac (1992).

Aussi surprenant que cela puisse paraître, F. Herzberg, l'un des auteurs qui ont le plus contribué au champ des sciences du comportement organisationnel, estime vers la fin de sa carrière que ce champ n'est pas à la mesure de ses prétentions: il reste, selon lui, prisonnier du mythe de la «gestion scientifique» des conduites humaines, il se répète, il est dépassé et, enfin, il manque totalement sa mission qui est de donner une formation «humaniste» au gestionnaire[9].

D'autres auteurs, tels que Carey (1967), Lee (1980), Kaplan (1964) et Devereux (1980), adressent, pour leur part, de sérieux reproches méthodologiques et épistémologiques aux sciences du comportement dans le management. Ils s'inquiètent des faiblesses des expérimentations, de la dissimulation ou de l'omission de faits et d'actes qui auraient pu changer bien des conclusions, de la surestimation des possibilités de formulations valides de lois ou de théories, de la négligence grave de l'interaction observateur-observé et de l'évacuation abusive de la subjectivité.

Cependant, les indices d'échec et de remise en question les plus indiscutables proviennent de l'évolution même dans les milieux de travail. Les conflits sociaux au sein de l'entreprise ne connaissent ni répit ni recul; ils semblent au contraire s'aggraver avec les effets des «crises» des années 1980-1990, de 1998 et de 2003.

Enfin, le champ disciplinaire du comportement organisationnel, depuis une trentaine d'années, ne fait que se reproduire, simulant l'évolution sous le couvert de différentes «approches»: «systémique», «situationnelle», «expérientielle», «managériale»[10]. Il n'y a rien de nouveau, en fait, sinon l'ajout çà et là de quelques chapitres traitant des modes du moment: cercles de qualité, stress, excellence, culture d'entreprise, qualité totale, reconnaissance, etc., depuis Mayo et ses quatre ou cinq principaux continuateurs[11].

LES FACTEURS EXTERNES DU DÉCLIN DES SCIENCES DU COMPORTEMENT ORGANISATIONNEL

Ce déclin se traduit, en gros, par une double impasse, que la plupart des auteurs reconnaissent actuellement: une impasse théorique et épistémologique ainsi qu'une impasse opérationnelle, c'est-à-dire observable dans la vie concrète des entreprises. Dans le cas de la première impasse, il s'agit non seulement de

---

9. Articles et interviews publiés dans *Industry Week*, septembre-octobre 1980.
10. Voir Knudson (1978), Lau (1979), Stuart-Kotze (1980) ainsi que les innombrables manuels parus après 1950 et que Herzberg dénonce comme d'inutiles répétitions.
11. Voir, par exemple, Dunette (1976), Bergeron *et al.* (1979), Abravanel et Benabou (1986).

l'incapacité de générer des lois et des ensembles théoriques qui résistent à l'épreuve scientifique[12], mais aussi de l'influence néfaste des innombrables hypothèses et postulats que construisent ou retiennent *a priori* les auteurs avant d'élaborer une théorie[13]. Dans le cas de la seconde impasse, il s'agit de l'échec sur le terrain : très peu d'entreprises sont aujourd'hui épargnées par les problèmes de satisfaction, de motivation, de productivité, malgré l'arsenal de recettes et d'outils, à l'usage des gestionnaires, accumulé en la matière depuis plus de 50 ans.

Pour expliquer synthétiquement, sous l'angle des facteurs externes, cette double impasse, on pourrait retenir quatre facteurs fondamentaux, à savoir le contexte de la naissance et de l'établissement du mouvement des relations humaines, le rapport entre psychologie industrielle et management, la crise du management de même que l'évolution du niveau d'éducation et de conscience des employés et des étudiants en gestion.

Le contexte de la naissance et de l'établissement du mouvement des relations humaines

Il s'agit de la période, 1925-1945, et du lieu, les États-Unis, où le courant initial a vu le jour, mais aussi de l'état et des orientations doctrinales, idéologiques et théoriques dans les différentes sciences de l'époque.

Sur le plan doctrinal, le champ du comportement organisationnel profitera d'abord, tout en les déformant, du courant personnaliste qui se répand en philosophie vers les années 1930-1940, du courant culturaliste en sociologie et en anthropologie[14] et du courant psychosociologique naissant[15] qui redonnent à la personne et à l'étude des groupes un intérêt assez considérable.

C'est là le cadre général du «consensus scientifique» de l'Organization Behavior (O.B.) qu'alimenteront les différentes disciplines en cause, chacune à sa façon :

- La psychologie, avec l'expansion de l'expérimentation des tests, verra d'un bon œil le «laboratoire» de Hawthorne. Avec la consolidation de la psychologie industrielle et du behaviorisme[16], on adopte sans difficulté le schéma

---

12. Voir, entre autres, Carey (1967), Friedmann (1946), Kaplan (1964), Kuhn (1972), Devereux (1980).
13. Nous expliciterons tout cela plus loin, mais disons ici qu'il s'agit surtout d'hypothèses sur la «nature humaine», sur la finalité des actes humains, sur le rôle de l'entreprise, des dirigeants, de la société, ces hypothèses étant la plupart du temps conçues comme allant de soi, sans autres explications.
14. Jankélévitch (*Traité des vertus*, 1939), Mounier (*Qu'est-ce que le personnalisme?*, 1946), Lévy-Bruhl (*Les fonctions mentales dans les sociétés inférieures*, 1922), Malinowski (*Les argonautes du Pacifique Sud*, 1922).
15. McDougall (*The Group Mind : A Sketch of the Principles of Collective Psychology*, 1920), Lewin (*A Dynamic Theory of Personality*, 1935), Durkheim (*Le suicide : étude de sociologie*, 1897).
16. Myers (*Industrial Psychology*, 1925), Muensterberg (*Psychology and Industrial Efficiency*, 1913), Skinner (*The Behavior of Organisms : An Experimental Analysis*, 1938), Watson (*Behaviorism*, 1931).

SOR[17] comme modèle explicatif du comportement et de l'interaction employé-entreprise.

- La sociologie apportera son appui grâce au développement du courant dit «du consensus», face aux dangers potentiels que représente pour les économies libérales l'autre courant sociologique, dit «du conflit», de tradition plus marxienne. La vocation pour la «paix sociale» du mouvement des relations humaines et du comportement organisationnel trouvera là un terrain très accueillant[18].

- Le fonctionnalisme du management[19] se généralise ; avec ses notions de «fonctions» et de «dysfonctions», il se reconnaîtra dans les troubles psychosociologiques de l'entreprise et leurs remèdes, qu'essaient de systématiser les théoriciens des relations humaines.

Il ne faut pas oublier de signaler le climat de guerre froide de l'époque, devant la montée des régimes communistes. La recherche de la paix sociale et la défense contre les idées marxistes-socialistes étaient partout bienvenues en Occident. C'étaient là deux moteurs importants dans le cheminement des idées issues des travaux de Mayo, dans leur facilité d'acceptation et dans la mobilisation des volontés pour les propager.

Ce visa d'acceptation «scientifique» et idéologique, peut-être un peu trop rapide et conjoncturel, constitue le premier facteur externe ayant favorisé l'essor et l'expansion des sciences du comportement organisationnel.

Le rapport entre psychologie industrielle et management

L'esprit du management traditionnel ne pouvait risquer de voir ses fondements mis en échec par une approche sentimentalo-humaniste qui viendrait saper les principes de l'organisation scientifique du travail. Dès lors, le mouvement se décentrera pour passer du «facteur humain» au **service aux dirigeants à travers le facteur humain.** On finira par perdre de vue l'humain, derrière un épais rideau de présupposés et de préjugés davantage destinés à rendre service à ceux qui détiennent le pouvoir qu'à résoudre les problèmes que vit l'employé dans son travail.

---

17. Stimulus-organisme-réponse, schéma selon lequel le comportement de l'individu peut se réduire à une façon de répondre aux stimuli extérieurs ; ce qu'on peut isoler, observer, énoncer sous forme de lois et généraliser, pour pouvoir prédire, devancer ou provoquer, etc., les actions des employés (Skinner, 1953 ; Skinner et Fertser, 1957).
18. Durkheim (*De la division du travail social*, 1893), Gurvitch (*La vocation actuelle de la sociologie*, 1950).
19. Courant fonctionnaliste issu entre autres de Malinowski (1922), Radcliffe-Brown (1969) et Durkheim (1893 et 1897), mais largement déformé par l'usage qui en est fait en management, où les notions de fonction et de fonctionnalisme sont réduites à «utilité» et à «utilitarisme» (Séguin et Chanlat, 1983 ; Séguin, 1988).

La crise du management

Un autre élément extérieur qui expliquerait la double impasse devant laquelle se trouvent les sciences du comportement organisationnel serait l'état endémique de crise du management lui-même en tant que doctrine, en tant que contenu «scientifique» et en tant que pratique. Depuis Simon (1946), March et Olsen (1976), jusqu'à Sayles (1970), Herzberg (1980a et 1980b) et même jusqu'à Mintzberg (1971, 1989a et 2004)[20], Aubert et Gaulejac (1992) et Sérieyx (1993), on se rend compte que le management ne s'accorde pas avec la réalité à laquelle il prétend s'appliquer. On prend conscience du fait que, dans le monde et dans l'entreprise, les choses ne fonctionnent pas tout à fait comme on le dit dans les livres et dans les programmes de gestion.

Les sciences du comportement organisationnel ayant depuis longtemps été érigées au rang de partie intégrante du corps doctrinal du management, elles ne peuvent échapper à la crise qui affecte ce dont elles ne sont qu'une composante. En quelque sorte, le management les a emportées dans son sillon volontariste, d'où la réalité a été progressivement exclue au profit de formalisations, de postulats, de croyances et de modélisations abstraites. Comme tout système à grande composante idéologique, le management est condamné à mener de front l'explication-justification et la légitimation.

L'évolution du niveau d'éducation et de conscience des employés et des étudiants en gestion

La doctrine du management et des relations humaines continue encore à fournir des enseignements tirés des conclusions des travaux menés à Hawthorne et des premiers continuateurs de Mayo. Nous voyons rééditer sans cesse des manuels répétitifs, alors même que ce qu'ils reproduisent est désuet[21]. Cette obsolescence est double: d'abord sur le plan universitaire, où les sciences humaines fondamentales n'ont cessé de progresser et où la «clientèle» n'est plus tout à fait satisfaite de ce qu'elle apprend parce qu'elle voit des magazines, des documents télévisés, des débats et des films qui lui apportent des points de vue antinomiques, plus avancés et souvent plus cohérents; ensuite sur le plan de l'entreprise, où tous les protagonistes sont désormais conscients que les doctrines du comportement organisationnel, même les plus avancées, ne sont que des moyens pour, comme le dit Braverman (1976), «lubrifier» les engrenages de la «machinerie humaine» à l'usine. De plus, l'amélioration du niveau d'éducation et de conscience des travailleurs, favorisée par les médias et l'action syndicale et politique, fait qu'ils comprennent mieux l'irréductibilité traditionnelle des intérêts en jeu. Cela ne fait que s'aggraver avec les doubles discours qui ont cours depuis les années 2000,

---

20. Remarquons que nous retrouvons ici cinq des plus grands théoriciens du management. Nous verrons plus en détail, dans la prochaine partie, cette «crise» du management, et d'autres auteurs importants qui en dévoilent plusieurs aspects différents.
21. Voir, entre autres, la critique sévère de l'école de Harvard faite à ce propos dans le numéro de *Business Week* du 15 juillet 1993.

et qui parlent du «capital le plus précieux» au sujet des employés tout en s'en servant avant toute autre considération comme moyen de réduction des coûts, par des délocalisations, des plans sociaux, des fusions et acquisitions, du travail précaire, et ainsi de suite. On ne peut tout simplement plus imaginer que le discours de type «O.B.» ou relations humaines puisse encore se faire entendre sans provoquer dérision et quolibets, tant la réalité le dément.

LES FACTEURS INTERNES DE L'IMPASSE DES SCIENCES DU COMPORTEMENT ORGANISATIONNEL

À la lecture des reproches adressés aux sciences du comportement organisationnel par des auteurs tels que Staw et Salancik (1977) ainsi que Argyris (1973a, 1973b et 1973c), et à la lumière de mes propres expériences et recherches, il me semble pouvoir retenir, parmi les causes de l'impasse de la psychosociologie industrielle du management, trois grands facteurs internes (provenant de la propre élaboration et évolution du champ des relations humaines). Ces facteurs tiendraient au fait d'avoir étudié l'entreprise comme s'il s'agissait d'un univers isolé du reste de la société, d'avoir traité la dimension affective dans les relations interpersonnelles sous un angle conservateur et mécaniste, et d'avoir échafaudé des théories qui se voulaient tellement simplificatrices, abordables et utilisables qu'elles sont finalement simplistes et peu opérationnelles.

L'entreprise comme monde fini et isolé de la société

Depuis les toutes premières critiques, notamment celles de G. Friedmann (1946), il est bien établi que l'une des faiblesses majeures des théories des relations humaines, dès leur naissance, a été de considérer l'entreprise comme un vase clos. L'entreprise reste non située sociologiquement, implicitement considérée comme un lieu «neutre» lui-même inséré dans un milieu aussi neutre.

Il n'y est jamais question de «forces centrifuges» telles que la conscience d'intérêts divergents, l'appartenance à des syndicats élargis ou la dynamique de groupes sociopolitiquement ou socioéconomiquement opposés[22]. Le vide sociologique dans lequel est placée l'entreprise reste l'un des grands manques dont souffrent toujours les sciences du comportement organisationnel.

Le problème du vide affectif

Il est habituel de dire que les travaux de Mayo et les conclusions des expériences menées à l'usine de Hawthorne ont réintroduit contre l'organisation scientifique

---

22. Qu'on le nie ou qu'on l'ignore, l'ouvrier et le PDG (ou le patron-propriétaire) ne peuvent être considérés comme animés des mêmes consciences, représentations, aspirations et, surtout, intérêts. C'est là l'opposition sociopolitique qui persistera tant que les bas salaires signifieront «coûts abaissés» et plus gros profits.

du travail le facteur humain et la dimension affective. Il suffit de reprendre les termes mêmes utilisés par Mayo (1933) ou par Roethlisberger et Dickson (1939), qui assimilent «affectif» à «irrationnel», pour voir que le modèle de l'organisation scientifique du travail reste le cadre de référence par rapport auquel on définit le concept de «facteur humain». Cette logique dite «du sentiment» est d'ailleurs clairement vue comme «opposée» à la logique «de l'entreprise», et ce qui est recherché, ce sont les moyens de faire coïncider ces deux logiques. On devinera aisément qu'on explorera tout, sauf des voies de transformation ou de manipulation de la «logique de l'entreprise», conçue comme «naturellement» supérieure et souhaitable pour tous.

On s'intéresse non pas aux mécanismes profonds et fondamentaux des faits humains subjectifs, à leur nature et à leur spécificité, mais à la possibilité de rendre ces mécanismes visibles, prévisibles et contrôlables. Les éléments affectifs sont pris uniquement comme des «clés» de comportement qu'on cherche à influencer ou à diriger à volonté, selon les besoins et les désirs des dirigeants, et non selon les impératifs de leur nature propre.

Le monde de sentiments mis au jour à Hawthorne s'en trouve réduit à des études de réalisation possible d'un conditionnement opérant plus ou moins habile.

Le problème des constructions pseudo-scientifiques

Comme presque toutes les matières enseignées en management, les «sciences» du comportement organisationnel veulent être un instrument facile d'accès et opérationnel, empruntant les schémas les plus simples aux différentes disciplines, pour se donner une apparence «scientifique».

On peut dénombrer au moins cinq disciplines différentes ainsi utilisées:

- la psychologie, pour tout ce qui concerne l'individu, la motivation, les attitudes, les aptitudes, le leadership, la personnalité;

- la sociologie et la psychosociologie, pour tout ce qui touche aux groupes, aux communications, au pouvoir, au «moral», aux systèmes d'influences et d'appartenance;

- la biologie, pour tout ce qui a trait au «confort» au travail, aux nuisances, à la sécurité, à la fatigue, ce qui implique des investigations physiologiques et psychophysiologiques;

- les mathématiques et la statistique, en ce qui concerne les tests, les pronostics, les validations, les modélisations;

- la psychanalyse, notamment dans les domaines de la compréhension du leadership, du retrait du travail, des comportements agressifs, des comportements du consommateur, du «déviant».

Notons ici que seuls les aspects pertinents par rapport à la démarche liée au «service aux dirigeants» ont été retenus, quitte à rendre l'éclairage très partiel ou même partial. Il s'agit alors de juxtapositions de points de vue qui n'amènent aucune perspective unitaire. Cette approche tombe dans des travers relevés et explicités par plusieurs critiques scientifiques, dont Mitroff (1978).

L'analyse multidisciplinaire a, en effet, été indûment appliquée à une réalité dont le contenu et les problèmes étaient encore mal connus et ont toujours été mal définis et peu structurés, car il s'agit d'une réalité qui se situe aux frontières de plusieurs sciences et démarches très différentes. Leur amalgame ne procure pas à l'objet étudié une unité de signification scientifiquement acceptable.

L'éclairage multiple ainsi conçu n'apporte aucune continuité entre le biologique, le psychanalytique, le psychologique et le sociologique. Ce n'en est qu'une juxtaposition superficielle, car jamais on ne va au fond d'aucune de ces sciences, ni du problème de la légitimité des liens qu'on peut faire de l'une à l'autre.

On a par ailleurs trop mis l'accent sur les modélisations et la méthode. Ainsi, l'humain et le social ont été délaissés, dans ce qu'ils sont en eux-mêmes, au profit d'une image de l'homme et du groupe comme «objets» quantifiables et comme «outils» de production (Kaplan, 1964 ; Herzberg, 1980a, 1980b et 1980c ; Devereux, 1980).

Tout comme on reconduit la biologie de Gustave Le Bon dans certains principes de management, on conserve des notions complètement dépassées en matière de comportement organisationnel, même si, pendant ce temps, les sciences dont on a extrait les concepts ont, elles, considérablement évolué. Il en est ainsi, par exemple, des modèles de communication ou de leadership, qui continuent d'ignorer les apports fondamentaux (et souvent opposés) de la linguistique (Benveniste, 1973 et 1980), de la sociolinguistique (Bateson *et al.*, 1981 ; Watzlawick *et al.*, 1979) ou de la psychanalyse[23].

Chacune des grandes **pseudo-théories** qui sont apparues dans le domaine peut être caractérisée à l'aide de termes qui frisent peut-être la caricature, mais qui illustrent fort bien ce dont il est question.

- Tout d'abord, on trouve ce que j'appellerais les **théories-graphes.** Selon les auteurs (Maslow, Blake et Mouton, Likert, Argyris), elles peuvent aller du simple «profil» jusqu'à la «matrice» à double entrée, en passant par des pyramides ou des axes orthogonaux[24]. D'ailleurs, la plupart des auteurs ayant fait date dans le domaine ont eu recours à un graphe ou à un autre pour «visualiser» leur pensée, et c'est ce qu'on en conserve en général. Or, un graphe, un axe ou une matrice n'ont jamais constitué une théorie.

---

23. Tout ce que je dis ici vaut pour les sciences du comportement organisationnel associées au management traditionnel ; il y a, heureusement, aujourd'hui, de nombreux chercheurs et enseignants qui essaient de changer les choses dans ce domaine. Mais, comme en management, ils sont la minorité. On peut citer, parmi eux, Lapierre (1988), Kets de Vries (1979), Kets de Vries et Miller (1985), Sievers (1986a, 1986b et 1986c), Chanlat (1984), Chanlat *et al.* (1990), Séguin et Chanlat (1983, 1987), Dejours (1980, 1985).

24. Je fais référence à ce qui est le plus communément retenu chez chacun des auteurs. Il serait fastidieux d'énumérer chaque fois ce à quoi je me réfère avec exactitude, car ces travaux sont suffisamment connus pour que cela ne soit pas indispensable.

- Viennent ensuite les **théories-*check-lists,*** qui consistent en une énumération de «types» ou de «catégories» élaborés par différents auteurs et englobés dans une tentative de synthèse ou créés de toutes pièces à partir d'enquêtes ou d'observations. Cela donne des «théories» du genre de celles de Flowers et Hugues (1973), de l'université Harvard, où l'on va du type d'employé «tribal» au type «existentiel», en passant par le type «sociocentrique», avec, pour chacune de ces «personnalités», le mode d'emploi concernant ses centres d'intérêt, sa tâche préférée, le genre de motivation le plus opérant, etc.

- Il y a aussi les **théories-questionnaires** qui avancent, en guise d'éclaireurs, les inévitables qui? quand? comment? où? combien? (remarquons que le pourquoi? et le pour qui? sont plutôt rares). Ce genre de théories a le grand avantage d'être direct et d'offrir des réponses concrètes. Des exemples peuvent être trouvés dans les modèles de planification des besoins en formation, du changement, du développement individuel, et surtout dans les modèles de communication: qui s'adresse à qui? comment? par quel canal? en vue de quoi?

- Il y a également les **théories-anecdotes** ou **théories-fables,** typiques de l'esprit simple et pratique dont aime à s'entourer la littérature du management. Il s'agit de récits qui s'érigent en vérités expérimentales à partir d'anecdotes vécues, imaginées ou inspirées de la réalité. Cela consiste à raconter une histoire ou un événement habilement montés, puis à en dégager une espèce de morale utilisant quelques «concepts clés». Les tenants les plus en vue de ces «théories» sont E. Berne (1971) et ses continuateurs en «analyse transactionnelle» et, plus récemment, S. Culbert (1974 et 1980) en «développement individuel et organisationnel».

- On rencontre aussi des **théories-œdèmes.** Il s'agit de sortes d'enflures démesurées que connaissent certaines notions du comportement organisationnel. L'exemple type en est l'«estime de soi» (*self-esteem*): parti de la pointe de la pyramide de Maslow (comme elle a été retenue en management), ce vocable a été érigé en système explicatif quasi universel de la dynamique de la personnalité (leadership, satisfaction intrinsèque), de la motivation, du style de commandement, du style de gestion, de l'aptitude à la direction, à l'«entrepreneurship». Il y a également la démesure qu'a connue la notion de «besoin d'accomplissement» de McClelland (1953), jusqu'à prétendre transformer des nations et des cultures entières[25].

- On peut trouver également des **théories-dichotomies** ou **théories-ratios.** Elles consistent à opposer, à associer, à comparer ou à mettre en fraction deux variables ou concepts et à échafauder une théorie. Les exemples ne manquent pas: le X/Y de McGregor (1960), la satisfaction-non-satisfaction de Herzberg (1972), les contributions-rétributions d'Adams (1963 et 1964), les contributions-incitations de Simon et March (1958). On prétend ainsi comprendre, influencer et même modifier le comportement humain.

---

25. Des programmes basés sur cette théorie ont été implantés en Inde pour la doter en gestionnaires ayant un besoin d'accomplissement élevé, et ont failli l'être en Tunisie et ailleurs en Asie.

- Il existe, par ailleurs, des théories qui se contentent d'un seul terme, que je désigne par **théories-adjectifs.** Ici, ce sont des foisonnements autour de simples qualificatifs tels que *gamesman, linking-pin-man, self-actualizing-man, decision-making-man, high supportive group-leader*[26].

EN CONCLUSION : CONCEPTS VIEILLIS ET MANIPULATION INOPÉRANTE

Ce tour d'horizon, rapide et concentré sur l'essentiel du mouvement des relations humaines et du comportement organisationnel, ne doit pas laisser au lecteur l'impression que tout est à rejeter. Cette phase d'évolution du management a été décisive en un temps et des circonstances qui en ont permis un usage profitable. Comme pour Smith, Taylor, Fayol et Weber, nous mesurerons les contributions apportées, jaugerons les progrès permis et discernerons en quoi certains aspects sont encore utiles et utilisables.

Nous nous pencherons plus loin sur le contexte et les défis du management d'aujourd'hui et de demain, mais on peut déjà tracer les contours d'une réflexion plus poussée sur les raisons de la survie et du succès des sciences du comportement organisationnel, ainsi que sur les conditions les plus apparentes de leur propre dépassement.

Grâce à leur vocation pour la «paix sociale», les sciences du comportement organisationnel ont réussi, presque indépendamment de la valeur intrinsèque de la démarche d'ensemble, parce que ni leurs fondements, ni leurs conclusions, ni leurs prescriptions ne sont susceptibles d'être remises en question dans un management où elles sont, quelles qu'elles soient, les bienvenues pour sortir celui-ci de l'impasse de l'organisation scientifique du travail, déjà ressentie dans les années 1930.

Les concepts et les élaborations théoriques y ont toujours été d'un accès rapide et facile. N'importe qui, avec un peu de sens commun, peut comprendre en quelques heures l'essentiel des schémas explicatifs du comportement dans les organisations ainsi présentés. Le simplisme devient même presque une qualité prisée : les élaborations un tant soit peu complexes ou sophistiquées sont quasi systématiquement rejetées parce qu'elles relèveraient de la «philosophie» ou de «débats d'intellectuels». La démarche et ses conclusions les plus diverses restent ainsi intimement inscrites dans le volontarisme du management qui lui octroie son droit de cité et de survie.

Par ailleurs, les sciences du comportement organisationnel, qui, à leurs origines, devaient apporter une solution au problème du «spleen industriel», n'ont pu contribuer à résoudre celui de l'ouvrier moderne en général qui continue de se poser partout, en fonction de la motivation et de la productivité.

---

26. On retrouve cela, notamment, dans les travaux de Simon et March (1958), Argyris (1967), Maccoby (1976), Cyert et Cohen (1965).

L'ensemble des mesures et des pratiques préconisées et adoptées par le management n'ont été que des transformations de surface destinées à faire passer la dureté et le manque d'intérêt des conditions de travail préexistantes. Les problèmes sociaux et humains de l'entreprise ne se posent plus aujourd'hui dans les mêmes termes: le monde industrialisé s'est élargi, de nouveaux et redoutables concurrents apparaissent (le Japon, Singapour, Hong-Kong, la Corée du Sud), le marché est mondialisé et plus ouvert, l'O.B. ne peut plus suffire à réparer les dégâts de la phase de paupérisation générale du système du capital dans lequel on est entré depuis la fin des années 1990 (Stiglitz, 2002, 2003; Aktouf, 2002; Krugman, 2004). Pour survivre et continuer à générer un minimum de profits, le management d'aujourd'hui est de plus en plus obligé de sacrifier les facteurs mêmes qui permettent la continuité de la firme: le travail et la nature. Les sciences du comportement organisationnel et la psychologie de l'entreprise sont des survivances inutiles d'une époque révolue: le travailleur ou le dirigeant d'aujourd'hui ne peuvent y trouver quoi que ce soit qui «compense» les effets dévastateurs de la machine à enrichir indéfiniment les actionnaires, quitte à ne plus espérer de profits qu'en créant du chômage et en délocalisant sans cesse les activités en vue d'obtenir de moindres coûts, au mépris des lois les plus élémentaires de la «saine économie» (Stiglitz, 2003; Aktouf, 2002; Généreux, 2001, 2002; Courville, 1994).

Il n'y a, fondamentalement, dans les théories du comportement organisationnel, plus rien de nouveau depuis la belle époque des Maslow, Herzberg, Lewin, Likert et Blake et Mouton[27]. On tourne en rond, on répète et on ajoute çà et là quelques effets de mode marginaux du genre «excellence», «management stratégique des ressources humaines», «reconnaissance» ou autre «leadership intégral». Mais tout cela n'est qu'un vernis cosmétique appliqué à un management devenu, en fait, plus cruel, plus cynique et plus violent que jamais (Forrester, 1996, 2002; Brunstein et al., 1999; Dejours, 1998; Chossudovsky, 1998, 2004).

Cet extrait de la conclusion de *Work in America* (1973) est un véritable réquisitoire, plus que jamais d'actualité, élaboré par des chercheurs américains, en même temps qu'un évident constat d'insuffisance adressé aux sciences du comportement organisationnel:

> Albert Camus avait écrit: «Sans le travail, toute la vie est gâtée, mais quand le travail est sans âme, alors la vie s'étouffe et se meurt». Notre analyse du travail en Amérique nous conduit aux mêmes conclusions: parce que le travail occupe une place centrale dans la vie de tant d'Américains, aussi bien l'absence d'emploi que le travail dénué de signification sont en train de créer une situation de plus en plus intolérable. Les coûts humains de cet état de choses se manifestent par l'aliénation du travailleur, par l'alcoolisme, par la toxicomanie et par bien d'autres symptômes de santé mentale déficiente[28].

---

27. À très peu d'exceptions près, c'est là encore la matière des manuels et des cours qui sont proposés dans le domaine, comme si, dans l'intervalle de 20 à 30 ans et parfois plus, les choses en étaient restées au même stade.

28. Traduction libre.

LES IDÉES IMPORTANTES

Les membres de l'entreprise

L'entreprise a longtemps été envisagée d'un point de vue mécanique et le mérite revient à Elton Mayo d'avoir mis au jour sa dimension humaine. Alors que la logique qui guide le fonctionnement de l'entreprise est économique et rationnelle, celle qui guide ses membres relève du domaine de l'affectivité et des sentiments. Le travail du gestionnaire se voit ainsi modifié, puisqu'il doit tenir compte d'une organisation informelle qui possède sa dynamique et ses objectifs propres, lesquels peuvent entraver ou faciliter la poursuite des objectifs de l'organisation formelle. Certains mécanismes devant permettre de prendre en considération les groupes informels peuvent être mis en place de façon à assurer la participation, l'identification et l'attachement de ces groupes à l'entreprise.

Questions

1. Dans quel contexte de travail Elton Mayo a-t-il entrepris ses expérimentations ?

2. Quels facteurs ont limité la portée des travaux d'Elton Mayo ?

3. Quelle est la contribution importante du mouvement des relations humaines ?

Les sciences du comportement organisationnel

L'étude du comportement organisationnel depuis les travaux d'Elton Mayo a donné lieu à un foisonnement d'écrits caractérisés aujourd'hui par leur pauvreté et leur désuétude. L'objet de cette discipline se restreint aux problèmes liés à la dynamique de groupe, au leadership, à la motivation et aux tâches au sein de l'entreprise considérée comme un système fermé. C'est à partir d'une perspective mécaniste, de concepts empruntés à diverses disciplines et de schémas simples que se fait l'étude de la dimension affective dans l'entreprise.

Questions

1. Quelles sont les principales réserves formulées face au corpus de théories et de recherches dans le domaine du comportement organisationnel ?

2. Ce corpus peut-il être qualifié de scientifique ? Pourquoi ?

3. Quelles sont les raisons de l'échec de la vague de l'enrichissement des tâches, des équipes de travail semi-autonomes ou encore des cercles de qualité ?

Chapitre 7
Management «scientifique» et réformismes contemporains : Simon, Mintzberg, Porter

D'entrée de jeu, soulignons que les trois auteurs dont il sera question dans ce chapitre sont ceux qui ont le plus marqué la pensée du management contemporain. Leurs travaux réunis constituent le noyau de la matière qui est enseignée dans les écoles de gestion. Une déconstruction en profondeur de l'apport de ces trois «gourous» est donc de première importance si l'on veut comprendre la direction que semble emprunter la pensée du management moderne.

A. HERBERT SIMON ET L'ÉCOLE DE LA PRISE DE DÉCISION : RETOUR AUX PREMIERS CLASSIQUES ?

GÉNÉRALITÉS ET CONTEXTE DE NAISSANCE

Après la première vague de gestion scientifique imaginée et lancée par Frederick Taylor, on voit une sorte de retour du pendule, avec en tête de file Herbert Simon.

Lauréat du prix Nobel de science économique en 1978 pour sa contribution à l'analyse des processus de décision, Simon constitue un jalon décisif dans la formation de la pensée du management moderne.

Ce n'est pas un hasard si ce genre de travaux se construit autour des années 1950 et 1960. Les retombées de la Seconde Guerre mondiale y sont pour beaucoup. Un vigoureux regain d'esprit scientifique se fait jour, non seulement dans les états-majors des armées où des calculs et des programmations effectués minutieusement soutiennent les opérations, mais aussi dans les entreprises industrielles. Celles-ci font face à un environnement en pleine ébullition, à un marché soudain mondialisé par les avancées spectaculaires dans les communications et les transports, à une technologie en mutation radicale et à une internationalisation des affaires qui introduisent de nouvelles structures, de nouvelles procédures et, surtout, de nouveaux outils de gestion (méthodes quantitatives, statistiques, recherche opérationnelle). Jamais l'analyse, le calcul et la planification n'auront été aussi présents dans le management que dans le contexte de l'après-guerre.

L'usage de l'ordinateur se répand et une nouvelle forme d'administration apparaît : la gestion par projet. Presque simultanément, la Marine américaine et la compagnie Du Pont de Nemours lancent une façon de gérer qui consiste à combiner la distinction entre opérations courantes et nouveaux développements – appelés «projets» ou «programmes» – avec un usage intensif des outils d'aide à la prévision et à la planification rigoureuses, dont l'ordinateur.

L'ŒUVRE ET L'APPORT DE SIMON

Herbert Simon se montre un fervent adepte de l'ordinateur et de l'extension de ses capacités à tous les aspects de la gestion, particulièrement dans son ouvrage intitulé *The New Science of Management Decision*, publié en 1960, et dans ses travaux postérieurs portant sur ce qu'on dénomme «intelligence artificielle», et sur les processus de résolution de problèmes (*problem solving*).

Dès 1946, Simon devient un critique sévère de la pensée du management qui a cours autour de lui. Dans un article au titre provocateur, «The Proverbs of Administration», il attaque très durement ce qu'il considère comme une sorte de recueil de proverbes dénués de sens pratique, de réalisme et de rationalité. Notamment, il fustige, comme croyances quasi irrationnelles, la foi en certains «principes» solidement ancrés, comme la **spécialisation**, l'**unité de commandement** et l'**étendue des niveaux de contrôle.**

Puis, en 1947, dans son premier livre majeur, *Administrative Behavior*, et, en 1958, dans *Organizations* (avec J.G. March), Simon indique les distances qu'il compte prendre par rapport à l'ensemble des théories qui l'ont précédé. Il met en avant notamment l'idée que les membres d'une organisation ne doivent plus être vus comme des soldats qui obéissent, mais **comme des partenaires qui font des choix,** en particulier celui de coopérer efficacement avec les dirigeants dans le sens des objectifs tracés.

Simon placera alors au centre du processus de comportement (coopératif – ou non – de l'employé) l'élément «décision», d'où l'appellation du courant inauguré par lui : l'école de la prise de décision.

Sans trop entrer dans les détails, disons que, pour cette école, l'organisation devient de plus en plus un lieu où s'entrecroisent des processus constants de reconnaissance de problèmes, de recherche de solutions, de choix et de décisions.

Apparaît alors un concept central pour l'école de la prise de décision : la **rationalité limitée.** C'est, en termes simples, le fait qu'aucun individu ne peut avoir la connaissance de tous les éléments d'ensemble d'une situation, ni de toutes les conséquences des actes qu'il pourrait entreprendre, ni de toutes les options possibles. Le choix (ou la décision) se fait donc dans un contexte qui relève plus souvent de la façon habituelle de fonctionner que d'une analyse exhaustive et rationnelle : ce choix ne peut être **la meilleure** décision, mais seulement la décision **la plus satisfaisante,** dans les circonstances, parmi plusieurs options possibles.

Même ce qu'on appelle «motivation» est, alors, **une décision de coopérer ou non.** Cette décision résulte d'un processus rationnel de satisfaction de ses propres aspirations par rapport aux incitations offertes par l'organisation.

Herbert Simon a aussi contribué à la relance de l'approche scientifique par l'importance nouvelle que prendront les travaux sur les systèmes d'information de gestion et les outils d'aide à la décision. C'est avec *The New Science of Management Decision* (1960) que Simon synthétise sa pensée en ce domaine.

La troisième édition (1977[1]), qui présente l'état le plus achevé des positions de Herbert Simon, sera la base privilégiée pour en discuter l'aspect «remise en cause rituelle» du management classique.

Comme nous le verrons, Simon n'a fait qu'apporter sa part d'oxygène à un management qui commençait à souffrir des contradictions issues du courant de Mayo. Malgré ses critiques acerbes dans «The Proverbs of Administration», il ne fait que reproduire, à sa manière, des prescriptions dont l'esprit et la finalité demeurent fondamentalement les mêmes.

UNE DISCUSSION DE L'APPORT DE SIMON

L'école de Simon prétend dépasser la doctrine de la rationalité absolue (*one best way*), mais elle conserve intact l'essentiel de ses présupposés de base :

- la décision comme élément fondamental, comme étape clé ;
- la conception de toute action comme une combinaison rationnelle de moyens et de fins, de causalité linéaire ;
- la préséance de la rationalité, même limitée ;
- la conception formaliste hiérarchisée de l'organisation ;
- la conception mécaniste du travail, dont la division et la standardisation sont nécessaires à l'établissement d'un système d'information rationnel.

D'étape qu'elle était dans le management classique préexistant, la **décision** devient la fin et le centre de tout. Sa genèse est alimentée par le **réseau d'informations** qu'est dorénavant l'entreprise et par les **modèles** qui serviront à faire les choix.

L'individu n'est plus qu'un maillon d'une chaîne dont la fonction est de véhiculer les informations vers les sommets qui vont traiter, choisir et décider. La rationalité décisionnelle préside au fonctionnement de l'entreprise avec ses compagnons nécessaires : la formalisation, la centralisation, la hiérarchie et la spécialisation.

Évidemment, Simon ne se pose pas la question de savoir ce que signifie, sociologiquement parlant, une «décision satisfaisante». Or, celle-ci ne peut être neutre, ni satisfaisante pour tous.

---

1. Publiée en français à Paris aux éditions Economica en 1980, sous le titre *Le nouveau management : la décision par les ordinateurs.*

Dans un mode de structuration de l'entreprise où prévaut le processus de décision, il n'est pas besoin de démontrer beaucoup d'imagination pour voir se réaliser la parabole du «cerveau» de Fayol. En effet, étant donné que ce n'est pas l'information qui fait défaut mais les capacités et les habiletés pour la filtrer et la traiter, l'ensemble du système «chaîne d'information-décision» fonctionnera comme un vaste réseau de collecte et de préparation de données, pour faire converger celles-ci vers un centre de traitement et de décision : le **cerveau de l'entreprise** ou la **haute direction**.

Les systèmes d'information, qui sont au cœur du management scientifique d'aujourd'hui, constituent l'épine dorsale de l'entreprise avec un système périphérique de collecte et d'acheminement, et un système central de mémoire et de traitement. L'organisation est ici considérée comme une entité formelle, rationnelle, hiérarchisée et cloisonnée. Le formalisme se rattache à la conception de base d'une «logique informationnelle» à laquelle doit se conformer la structure : les flux, les canaux, les émetteurs, les récepteurs, les mémoires, etc., qui imposent un ordre, des séquences, des types particuliers d'interactions. La rationalité, ou plutôt la néo-rationalité (à la Simon), et la hiérarchisation découlent directement de la philosophie décisionnelle qui sous-entend des façons et des moyens de faire des analyses rationnelles, ainsi que des lieux et des statuts de décideurs, nécessairement, **au-dessus** des producteurs.

Quant au cloisonnement, il est une conséquence inévitable du processus lui-même, car on voit clairement affirmée la nécessité de sérier et de séparer les tâches, les séquences et les sous-tâches pour les constituer en «unités informationnelles». Il faut distinguer des niveaux et tracer des frontières entre les tâches, les activités et les rôles pour pouvoir appliquer la logique informationnelle et la logique analytique, qui ont besoin de découper ce qui se passe dans l'entreprise pour rendre opérationnels leurs propres instruments d'analyse et algorithmes.

La domination et le contrôle du travail sont assurés par la conformité de l'ensemble de l'entreprise avec les présupposés et les hypothèses du modèle : travail mécanique, sécable, isolable, et gestion assurée par un complexe techniques-machines-opérateurs-décideurs.

Tous les éléments de domination permis par le taylorisme et le fayolisme se trouvent réunis sous l'aspect d'outils, de modèles et de calculs sophistiqués, de cloisonnements et de hiérarchisations stricts et, enfin, d'une nouvelle dichotomie : d'une part, spécialistes des systèmes d'information et décideurs, et, d'autre part, générateurs, véhicules ou collecteurs d'information.

Plus encore, Simon prétend étendre l'autorité et la faculté de commandement aux «experts de la décision» plutôt que de laisser ces derniers jouer un vague rôle d'«état-major».

Sous un autre angle, un des éléments qui ont rapproché l'école de la prise de décision et les systèmes d'information de gestion reste indubitablement la comptabilité analytique. Les informations qu'il importe de contrôler sont les informations comptables et, parmi elles, celles qui permettent l'analyse et la détermination des coûts, pour mieux réduire ces derniers.

Grâce à cette allure scientifique et rentabiliste, l'école de la prise de décision a pu se tailler une place dans le management. Son succès très important auprès du monde des affaires s'est appuyé sur une croyance redoublée dans les vertus de la science et des techniques pour améliorer, presque à elles seules, la performance économique. L'argument principal reste la rapidité de l'accès à l'information, et donc la rapidité proportionnelle de la décision et de la réaction. Mais il y a aussi la prétendue économie de coûts, nombreux et variés, liés aux systèmes classiques de bureaux, de dossiers, de fichiers et d'employés administratifs. À une plus grande rentabilité par un meilleur contrôle des données comptables et des coûts viendrait s'ajouter un gain supplémentaire, consécutif à l'automatisation de la production (et d'une bonne partie de la gestion). Cette automatisation rendrait les opérations plus accessibles à la gestion par les systèmes d'information et les conformerait aux langages et aux circuits de la structure informationnelle. Dès lors, nous dit Simon[2], à moins que la loi des avantages comparés ne préconise le contraire, dans certains secteurs particuliers, le nombre d'employés requis pour la transformation sera en baisse constante ; à tout le moins, précise-t-il, en baisse « par unité de produit ou par unité d'équipement en capital », en baisse du nombre d'employés considérée, bien sûr, comme un bienfait. On ne peut ici s'empêcher de faire le lien avec ce qui se passe en ces années 2000, où l'on voit partout le travail et l'employé poursuivis et pourchassés, **réduits,** comme autant d'ennemis du profit et de l'actionnaire.

Comme pour mieux séduire les éventuels réticents, Simon précise que le couple formé par l'ordinateur et le système d'information représente une force de travail inépuisable en énergie et en régularité, et une infatigable force de gestion qui n'a aucunement l'intention de « partager les fruits » des activités de l'entreprise[3]. Peut-on concevoir un rationalisme et un formalisme poussés plus loin que dans ce rêve d'éliminer l'humain et de le remplacer dans son travail par des machines désormais intelligentes, téléguidées, autocontrôlées et inlassables ?

Le contrôle du travail, qui était un élément clé, souvenons-nous, du taylorisme et de l'organisation scientifique du travail, se retrouvera dans une position tout aussi centrale à cause du besoin du suivi étroit des éléments comptables, qui reste le but avoué et le premier point de pénétration des systèmes d'information dans l'entreprise. Le poste, le service et l'atelier sont désormais des « comptes budgétaires », des « centres de frais » qu'il faut surveiller afin qu'ils n'absorbent pas plus qu'ils ne produisent. On voit aisément les conséquences sur les politiques d'embauche, de conservation ou de suppression des postes, de licenciement, de compression du personnel et d'information donnée à la direction au sujet des moindres faits et gestes de chacun. Si, avec les relations humaines, le renseignement apporté à la direction était une chose indirecte et plus ou moins camouflée sous diverses pratiques paternalistes, ici il devient une fonction de fait avec fichiers et chronométrages informatisés.

On peut aussi voir, dans la centralisation inévitable des flux d'information et des décisions, un facteur supplémentaire de contrôle par la haute direction qui n'aurait rien à envier à Taylor lui-même, les unités de traitement « stratégiques »

---

2. Voir Simon (1980, p. 17-18).
3. Simon (1980, p. 2).

l'imposant. Les décisions qui ne sont pas de routine doivent être prises à partir d'un point de vue qui embrasse un ensemble, un service, une division, donc à l'échelon des cadres dirigeants ou «stratégiques»[4]. Simon reconnaît d'ailleurs ce fait en affirmant que, dans tous les cas, les organisations «conserveront une forme hiérarchique» selon les normes habituelles de la séparation en services ou en divisions, comprenant trois niveaux de décisions: un niveau de «routines» de production physique, un niveau de décisions programmées pour distribuer les moyens et les régulariser ainsi qu'un niveau supérieur de décisions non programmées[5].

Voilà un langage qui garantit au moins le *statu quo* en matière de management traditionnel, de subordination et de contrôle.

On voit comment cette école, à l'instar du management classique traditionnel, fournira de nouveaux arguments quant à la dévalorisation du travail subalterne et «inférieur», en le dépouillant de la capacité de décision, puisqu'il est ou programmé, ou routinier. De l'aveu même de Simon, la décision digne de ce nom, soit la décision «non programmée», aura tendance à se retrouver de plus en plus haut dans la hiérarchie, et uniquement là, puisque même le niveau intermédiaire est susceptible d'automatisation, du fait qu'il relève de décisions programmées ou programmables. La valeur, économique et intrinsèque, du travail de non-décision ne pourra qu'être en baisse proportionnelle à la survalorisation de celui des décideurs.

EN CONCLUSION: L'IMPASSE RATIONALISANTE

Du point de vue du comportement des employés et des gestionnaires, on retiendra qu'être motivé, coopérer ou participer est une question de décision de la part de chaque personne. Nous verrons plus loin comment cela représente un problème central dans la nouvelle vogue de la «culture d'entreprise», et comment, en conséquence, Simon et son école sont encore, au moins sous cet angle, actuels et pertinents.

Cependant, bien que le système de Simon représente un effort extrêmement judicieux de réintégration du caractère complexe et multidimensionnel des conduites, des choix et des décisions dans les entreprises, il n'en demeure pas moins entaché d'un néo-rationalisme qui, au fond, reproduit un modèle d'humain tout aussi mécanique que l'*homo œconomicus* de Taylor. À vrai dire, on trouve dans ce système, et en cela il n'apporte lui aussi qu'une remise en cause rituelle, les mêmes présupposés que ceux qu'on trouvait chez les prédécesseurs de Simon: l'organisation comme lieu de consensus, comme lieu plus ou moins fermé aux influences et aux contradictions externes, comme terrain de prédilection de l'être humain «rationnel». Mais, surtout, on trouve la conception implicite de l'employé exécutant et inintelligent, derrière la coupure effectuée entre les décisions routinières ou automatiques à la base, les décisions programmées aux

---

4.   Voir Simon (1976, p. 280 et suivantes).
5.   Voir Simon (1980, p. 125-127).

échelons intermédiaires et les décisions non programmées, créatrices et intelligentes, au sommet «stratégique».

Simon et son école n'ont cependant pas tiré toutes les conséquences de l'idée que **la coopération ou la participation est une décision volontaire de la part de chacun,** idée qui aurait pu être bien plus féconde. En effet, cette idée aurait dû amener à poser la question plus fondamentale qui consiste à tenter de comprendre les raisons – et les conditions propices à l'apparition de ces raisons – pour lesquelles l'employé décide de coopérer ou non.

Aujourd'hui, d'après des exemples qui se révèlent plus performants, tels que ceux que nous étudierons (Allemagne, Suède, Japon, Corée du Sud), on reconnaît au contraire la nécessité que chacun, là où il se trouve, même au plus bas de l'échelle, puisse penser, participer, être créatif et prendre des décisions les moins «programmées» possible.

B. HENRY MINTZBERG: DU RÉFORMISME PRAGMATIQUE À LA CRITIQUE MODÉRÉE

C'est à partir du milieu des années 1970 que Henry Mintzberg commence à devenir, dans la littérature du management, celui par qui le renouveau arrive. Il est sans doute l'auteur en management le plus cité, le plus repris et le plus enseigné de nos jours. Mintzberg suscite toujours une certaine controverse. Dès ses premiers écrits, il était parfois décrié par ceux-là mêmes qui le portent voyaient en lui le salut de la pensée du management. Ses détracteurs pouvaient être des enseignants, des chercheurs, des praticiens, des dirigeants, etc.

Professeur et chercheur à la Faculté d'administration de l'Université McGill de Montréal, Henry Mintzberg publie en 1973 le premier livre qui allait le faire connaître partout dans le monde: *The Nature of Managerial Work*. Ce livre, réédité depuis, est issu de sa thèse de doctorat au Massachusetts Institute of Technology, soutenue en 1968 à la Sloan School of Management. Cette thèse consiste en une description systématique du travail de cinq directeurs généraux «efficaces», soumis à la présence constante de Mintzberg, durant une semaine chacun.

Mintzberg adopte la méthode de l'observation directe et structurée. Il s'agit de suivre pas à pas chacun des directeurs généraux, quelle que soit l'activité effectuée, et de noter soigneusement le moindre acte accompli, tout en le chronométrant et en l'enregistrant dans une grille qui servirait plus tard à opérer des regroupements, des comparaisons, des calculs, etc.

Cette observation méticuleuse et le travail de bénédictin qu'il faut accomplir pour en dépouiller les résultats valent à Mintzberg d'être baptisé le chef de file d'une nouvelle école dans le domaine du management: l'école dite «descriptive», par opposition aux écoles dites «prescriptives» ou «normatives» qui existaient alors. En effet, dans la pensée issue des Taylor, Fayol, Urwick et Simon, on s'évertuait à «prescrire» et à édicter des «normes» pour montrer ce que «doit» ou «devrait» faire le gestionnaire. Avec Mintzberg, il est plutôt question de ce que «fait» réellement, durant sa journée, un gestionnaire.

LA CONTRIBUTION DE MINTZBERG AU MANAGEMENT

Henry Mintzberg raconte que, jeune enfant, il ne cessait de s'interroger sur ce que pouvait être le travail de dirigeant, parce qu'il voyait son père, alors patron d'une petite entreprise, assis toute la journée ou presque, signer des lettres de temps en temps et faire des choses qui n'avaient rien de systématique ni de clair, comme pouvait l'être le travail des machinistes ou des dactylographes. Cette énigme l'avait conduit à regarder de près ce qu'un patron faisait.

En 1975, Mintzberg publie un article au titre retentissant, dans la prestigieuse *Harvard Business Review* : «The Manager's Job : The Folklore and Fact». Tout comme pour Herbert Simon en 1946, on peut dire que Mintzberg commence sa carrière de théoricien de la gestion par une critique assez violente du management : là où Simon parlait de «proverbes», lui parle de «folklore», à 30 ans de distance. Et ce folklore, pour lui, n'est autre que le sempiternel PODC (planifier, organiser, diriger et contrôler)!

Mintzberg a fait part des nombreux témoignages de gestionnaires qui se sont reconnus dans ses descriptions et qui se sont sentis réhabilités parce qu'ils croyaient être les seuls à travailler de cette façon pendant que les «vrais» gestionnaires arrivaient à s'organiser pour planifier, analyser, coordonner, etc.

Pour l'essentiel, voici les observations que Mintzberg a pu faire sur le terrain :

- Le travail du gestionnaire n'est pas ordonné, continu et séquentiel, ni uniforme, ni homogène. Il est fragmenté, irrégulier, haché, extrêmement changeant et variable. À peine le gestionnaire a-t-il fini une activité qu'il lui faut passer à autre chose, et ainsi de suite, sans arrêt.

- Le travail quotidien du dirigeant n'est pas une série d'actions provenant de son initiative, mais plutôt une série ininterrompue de réactions à toutes sortes de sollicitations.

- Le dirigeant passe plus des deux tiers de son temps en communication verbale, sous forme de discussions en face à face, de réunions, de coups de téléphone, etc.

- Le dirigeant revient plusieurs fois, pour de courtes périodes, sur les mêmes questions ; il est loin de traiter un problème à la fois, dans l'ordre et la sérénité.

- Le dirigeant est une sorte d'axe focal, d'interface ou de point de convergence entre plusieurs groupes d'intervenants dans la vie de l'organisation : l'environnement externe, l'environnement interne, les collaborateurs, les partenaires, les supérieurs, les subordonnés, les pairs, etc.

Les rôles du gestionnaire

Mintzberg a formulé, à partir de ses observations, ce qui assurera très rapidement sa notoriété : les 3 séries de rôles principaux, subdivisés en 10 rôles secondaires, que le gestionnaire assume :

1. Les **rôles interpersonnels** regroupent les rôles secondaires suivants :

    – Un rôle de **symbole.** Le gestionnaire représente l'organisation dans toutes sortes de cérémonies, vis-à-vis des sollicitations externes, relevant de son statut de dirigeant et relatives à l'image de l'entreprise.

    – Un rôle de **leader.** Le dirigeant est la personne qui motive ses troupes, les guide, galvanise ses collaborateurs, donne l'exemple.

    – Un rôle d'**agent de liaison.** Le gestionnaire crée et entretient des réseaux d'informateurs, participe à des conseils d'administration d'autres entreprises, est membre de différents clubs, assure la continuité et le développement de relations nécessaires au meilleur fonctionnement de l'entreprise.

2. Les **rôles informationnels** comprennent ces rôles-ci :

    – Un rôle d'**observateur.** Le gestionnaire recherche et reçoit toute information pertinente par rapport à la conduite de l'entreprise, à la meilleure connaissance de son environnement ou de l'impact de ses activités.

    – Un rôle de **diffuseur.** Le dirigeant diffuse, à l'intérieur de l'organisation, les éléments pertinents de l'information reçue, s'assure que la bonne information va au bon destinataire, provoque les actes nécessaires à la meilleure exploitation des données qu'il a en main.

    – Un rôle de **porte-parole.** Le dirigeant représente, sur le plan de l'information, son organisation, ses collaborateurs et ses subordonnés vis-à-vis de l'extérieur, du conseil d'administration, du siège social, le cas échéant.

3. Les **rôles décisionnels** consistent dans les rôles suivants :

    – Un rôle d'**entrepreneur.** Le gestionnaire est à l'affût, dans l'entreprise et hors de celle-ci, des occasions d'expansion, d'amélioration des activités et de lancement de projets.

    – Un rôle de **régulateur.** Le gestionnaire fait face à toute situation nouvelle, s'assure, chaque fois que c'est nécessaire, que des corrections sont apportées et vérifie si les réactions aux situations de crise ou de perturbations sont appropriées.

    – Un rôle de **répartiteur de ressources.** Le dirigeant veille à ce que chacun dispose, au moment voulu, des moyens appropriés pour réaliser l'activité qui lui est impartie dans l'organisation. Dans la section de l'organisation qu'il dirige, il accorde les autorisations requises et approuve les programmes de travail.

    – Un rôle de **négociateur.** Le gestionnaire prend part à toutes sortes de discussions devant engager son institution, et la représente, notamment vis-à-vis des partenaires et des interlocuteurs externes.

Le cadre d'action du gestionnaire

L'apport complémentaire le plus important de Mintzberg est celui qui décrit, analyse et dynamise le cadre d'action du gestionnaire : l'organisation, sa structuration, sa dynamique, son évolution, ses transformations, ses éléments constitutifs, ses flux internes, ses mécanismes de vie et d'interactions, etc. Il s'agit de la deuxième œuvre fondamentale de Mintzberg, *The Structuring of Organizations*, parue en 1979[6], qui consiste à la fois en une synthèse majeure et en une présentation originale de la constitution et de la vie des entreprises.

Ce deuxième ouvrage peut être subdivisé en cinq grandes formes de contributions qui traitent, respectivement, des **éléments de base** composant l'organisation, des **flux** qui parcourent celle-ci pour la dynamiser, des **mécanismes** qui président aux interactions et à la coordination des efforts, des **facteurs de contingence** et, enfin, des différentes **formes d'organisations** les plus typiques ainsi que des principaux agents de changement et d'évolution qui sont à l'œuvre aussi bien à l'intérieur qu'à l'extérieur de l'entreprise.

1. Les éléments de base d'une organisation

    Les éléments de base sont les cinq sortes de tâches que remplissent les cinq groupes de membres d'une entreprise qui constituent autant de sous-parties fondamentales de toute organisation :

    – le **sommet stratégique,** où se trouvent les hauts dirigeants qui définissent la mission, les orientations et les stratégies de l'entreprise ;

    – la **ligne hiérarchique,** qui constitue la courroie de transmission entre le sommet et les bases opérationnelles ;

    – le **centre opérationnel,** qui constitue le lieu de production du bien ou du service qui, eux, sont la raison d'être de l'entreprise ;

    – l'**appui logistique,** soit le soutien direct tel que le transport, la restauration, le recrutement ou l'informatique ;

    – la **technostructure,** soit le soutien d'analystes et d'experts qui étudient les moyens d'améliorer les activités, les projets nouveaux, l'évaluation de l'environnement, et qui aident à la prévision et à la planification.

    Les deux derniers éléments regroupent les tâches de soutien direct et indirect des activités de l'entreprise.

2. Les flux organisationnels

    Ce sont les flux qui constituent la circulation de différents types de **courants** dans toute l'entreprise, et qui, comme l'afflux sanguin dans un organisme, donnent son dynamisme à l'organisation. Mintzberg les distingue ainsi :

    – les **flux d'autorité formelle,** à savoir la chaîne des relations de supérieurs à subordonnés qui forme l'organigramme officiel de l'entreprise ;

---

6. Publiée en français en 1982 sous le titre *Structure et dynamique des organisations*, Montréal et Paris, Agence d'Arc et Les Éditions d'Organisation.

- les **flux d'activités régulées,** c'est-à-dire les activités programmées et prévues dans les procédures et les opérations assurant la production du bien ou du service que l'entreprise fournit ;

- les **flux de communication informelle,** soit l'ensemble des relations spontanées, non officiellement prévues ou codifiées, qui ont cours dans toute l'organisation et qui en facilitent la vie sociale et le rendement ;

- les **flux de constellations de travail,** c'est-à-dire les comités informels, mouvants et spontanés qui naissent çà et là dans l'entreprise et qui sont destinés à faciliter l'achèvement de tâches spécifiques, momentanées, concernant des membres de deux ou plusieurs structures différentes ;

- les **flux de décisions *ad hoc,*** soit les décisions qui ne sont prises que lorsque des problèmes ou des difficultés surviennent, d'où l'appellation *ad hoc* qui indique qu'il s'agit de décisions visant à trouver une réponse au problème spécifique posé ; ce type de décision n'entre pas dans le cadre des politiques et procédures habituelles.

3. Les mécanismes d'ajustement et de couplage

Mintzberg appelle «mécanismes d'ajustement» et «mécanismes de couplage» les façons de faire visant à coordonner les différentes activités et structures :

- L'**ajustement mutuel.** Les opérateurs sont assez peu nombreux pour ajuster leurs activités respectives par des contacts directs, de gré à gré.

- La **supervision directe.** Comme dans l'armée, un chef surveille et suit directement les activités de plusieurs personnes.

- La **standardisation des procédés.** La manière de travailler est standardisée et imposée à l'ensemble des opérateurs d'une activité donnée, comme le travail à la chaîne.

- La **standardisation des résultats.** Ce ne sont pas les façons de travailler, mais les produits et les services qui sont uniformisés, spécifiés, par le détail, dans leurs composants et caractéristiques. Le contrôle peut donc se faire à distance, comme dans le cas précédent.

- La **standardisation des compétences.** L'uniformisation des façons de faire est ici transposée dans la combinaison connaissances-habiletés détenues par les opérateurs. C'est le cas pour les techniciens et les membres de professions libérales, qui, par leur formation, portent en eux la standardisation de leur travail.

Le second type de mécanismes, les mécanismes de couplage, renvoie plutôt aux différents types d'interdépendance qu'on peut trouver entre les divers opérateurs dans une entreprise. Mintzberg en distingue trois :

- Le **couplage communautaire.** Les interdépendances sont réalisées sur la base de l'usage de moyens communs, avec une relative indépendance entre les tâches et les groupes de tâches. C'est le cas pour un hôpital ou pour une université.

– Le **couplage séquentiel.** Comme son nom l'indique, il s'agit d'une inter-dépendance en séquences, où le travail des uns représente la « matière pre-mière » des autres. C'est, par exemple, le principe du travail à la chaîne.

– Le **couplage réciproque.** Il est question ici du genre d'activités où il y a réciprocité dans l'interdépendance, c'est-à-dire où l'on a besoin, mutuelle-ment, d'utiliser le travail de l'autre pour faire le sien. C'est le cas pour les équipes de blocs chirurgicaux ou les instituts de recherche, où des équipes d'experts travaillent à différents aspects du même projet.

4. Les facteurs de contingence

Ces facteurs sont des faits, des agents qui provoquent des modifications et une évolution dans les organisations, et qui changent eux-mêmes, échappant à l'action du gestionnaire. Mintzberg les présente comme suit :

– L'**âge** et la **taille.** Toute organisation, en prenant de l'âge ou en aug-mentant de taille, devient plus formalisée, plus chargée de procédures et de règles qui la bureaucratisent et qui accentuent les spécialisations et les cloisonnements.

– Le **système technique.** Selon que le système technique entraîne un type de production de masse (à la chaîne), par prototype (projet) ou en continu (processus automatisé comme dans une raffinerie), et selon qu'il implique une technologie simple ou sophistiquée, l'organisation est plus ou moins bureaucratique, centralisée, pourvue d'un personnel d'expertise technique ou de soutien fonctionnel.

– L'**environnement.** Il s'agit de l'ensemble du milieu externe qui est cons-titué par les marchés, les fournisseurs, les clients et les concurrents de l'entreprise. Cet environnement peut être :

– **stable :** les choses y changent peu ou très lentement, et les change-ments y sont connus et prévisibles ;

– **dynamique :** les choses y changent rapidement et de façon moins connue et moins prévisible ;

– **simple :** les connaissances, les habiletés et les techniques pour pro-duire sont bien maîtrisées, routinières, présentant une évolution con-trôlable ;

– **complexe :** ces mêmes connaissances, habiletés et techniques sont peu maîtrisées, de pointe, évolutives ;

– **paisible :** la clientèle est fidèle, le marché en progression et le créneau assuré ;

– **hostile :** il faut se battre sans arrêt pour attirer et retenir la clientèle, et pour affronter une concurrence sauvage ;

– **à marché intégré :** l'entreprise offre un seul produit, pratiquement non substituable, à une clientèle quasi captive, comme une mine qui vend tout son minerai à une fonderie ;

- **à marchés diversifiés :** l'entreprise s'adresse à plusieurs genres de clientèle, aux différents goûts, elle occupe des créneaux spécifiques et fait des affaires dans différentes régions du monde.

– Le **pouvoir.** Il s'exprime par le lieu à partir duquel s'exerce le contrôle et par l'intensité nécessaire ou désirée en ce qui a trait au contrôle. Ce contrôle peut être très intense et :

- **externe :** les entreprises étatiques en sont un exemple ; ce type de contrôle pousse à la formalisation et à la concentration ;

- **interne :** on le trouve dans les entreprises où le patron est le fondateur ; il pousse plus à la centralisation excessive ou à la succession de « modes » organisationnelles imposées par les dirigeants qui veulent se mettre au goût du jour.

5. Les configurations organisationnelles

Mintzberg désigne par le terme « configurations » les différentes formes structurales que peuvent prendre les organisations. Il distingue cinq configurations, de l'organisation la plus élémentaire à l'organisation la plus élaborée :

– La **structure simple** (PME, entreprise familiale) est généralement une entreprise de petite taille, relativement jeune, marquée par l'ajustement mutuel ou la supervision directe. Le pouvoir y est centralisé et concentré au sommet stratégique, et l'entreprise peut agir aisément dans un environnement dynamique, quoique simple.

– La **bureaucratie mécaniste** (production de masse, travail à la chaîne) existe depuis plus longtemps ou exerce son activité depuis plus longtemps, et elle est plus grosse. Elle fonctionne selon la standardisation des procédés. Son élément le plus important est la technostructure, qui analyse, planifie et élabore les procédés de travail. La bureaucratie mécaniste est centralisée et se conçoit dans un environnement stable et simple.

– La **bureaucratie professionnelle** (produit ou service mettant en présence des « professionnels » : hôpitaux, universités, institutions de la fonction publique) existe depuis plus longtemps ou exerce son activité depuis plus longtemps et elle est de grande taille, mais elle base son fonctionnement sur la standardisation des compétences (professionnels formés au préalable et portant en eux les façons de faire). Elle est plus décentralisée, et une bonne partie du pouvoir est entre les mains des professionnels qui en constituent le centre opérationnel. Elle se meut dans un environnement stable, mais généralement complexe.

– L'**adhocratie** (d'après *ad hoc,* qui veut dire « pour la circonstance » : cabinet-conseil, société de consultants, équipe de projet) est, quant à elle, toujours renouvelée, de petite taille (sinon éclatée en équipes par programme ou par projet). Elle fonctionne suivant l'ajustement mutuel. Elle est décentralisée. Le soutien logistique constitue l'élément le plus permanent et le plus important de l'adhocratie, et celle-ci est adaptée à un environnement plutôt dynamique et complexe.

– La **structure divisionnalisée** (très grosses entreprises éclatées en divisions comme les entreprises de fabrication automobile, aéronautiques, alimentaires) est basée sur la standardisation des résultats. Son élément le plus important est la ligne hiérarchique ; les tâches stratégiques sont centralisées tandis que les tâches opérationnelles sont décentralisées. Ses moyens et ses structures de recherche et développement lui permettent de suivre l'évolution de l'environnement, même si celui-ci devient complexe et dynamique ou hostile.

LES CONSÉQUENCES DE L'APPORT DE MINTZBERG ET LES DÉVELOPPEMENTS PLUS RÉCENTS : UN RELATIF CRITICISME

La première conséquence de l'œuvre de Mintzberg est sans doute l'apparition d'un «néo-pragmatisme». En effet, la pensée du management a toujours été une pensée pragmatique : ce qui compte le plus, ce n'est pas d'analyser, ni de réfléchir, ni de mieux comprendre, mais d'arriver aux résultats qu'on s'est fixés.

Avec le primat qu'il donne à l'observation et à la description, Mintzberg réintroduit le concret et la pensée utilitariste, qui ne s'encombrent plus de principes, de normes, de jugements, de prescriptions ou d'idéaux. Il suffit, pour savoir «comment réussir», d'observer ce que font de grands dirigeants qui réussissent et s'en inspirer.

Ce pragmatisme inflige un recul à toute pensée intellectualisante ou radicaliste : il n'y a rien à élaborer ou à expliquer à partir de visions plus philosophiques, sociopolitiques ou autres, il n'y a pas à se demander «pourquoi» ni «pour qui», il n'y a pas de présupposés à remettre en cause. Il n'y a qu'une chose à faire : bien s'imprégner de ce que font les dirigeants qui ont du succès et tenter d'en faire autant.

Mintzberg semble avoir conservé cette attitude comme une constante de sa pensée, jusqu'au contenu de son tout dernier livre : *Managers not MBA's*[7]. La deuxième conséquence importante concerne le statut même du management. Mintzberg répète à plusieurs reprises que le management n'est pas une science, que le travail du dirigeant n'a rien de scientifique, qu'il consiste dans des habiletés, en grande partie innées et mystérieuses, qu'il faudra d'abord reconnaître, ensuite cultiver et développer.

La troisième conséquence concerne la nature polyvalente et contingente du travail du gestionnaire et des situations qui caractérisent son milieu d'action, l'organisation. Si le gestionnaire planifie, organise, dirige et contrôle, il le fait d'une façon singulièrement plus éclatée, moins systématique et moins «scientifique» que ce qu'on a toujours prétendu.

7. San Francisco, Berret-Koehler, 2004.

La conséquence suivante touche à l'**enseignement** de la gestion[8] : comment peut-on enseigner une activité si fragmentée et si peu propice à la systématisation scientifique ? Que dire d'un métier qui est si difficile à saisir, puis à traduire dans une logique pédagogique claire ?

Mintzberg a aussi montré qu'on pouvait faire de la recherche aussi riche que les traditionnelles recherches quantitatives, et plus appropriée à l'objet étudié, en observant et en enregistrant, sur peu de cas mais en profondeur, ce qui se passe et la façon dont cela se passe[9].

Par ailleurs, Mintzberg réintroduit un élément qu'on a perdu de vue depuis Henri Fayol : l'importance de la communication en général et de la communication directe, verbale, en particulier. Il a fallu attendre Mintzberg pour que la parole et les faits de parole redeviennent le pivot du travail du gestionnaire, qui passerait près de 70 % de son temps à exécuter des activités verbales[10].

Comme corollaire, Mintzberg nous sensibilise d'une nouvelle façon à la question des relations interpersonnelles, qu'il met au cœur du travail du gestionnaire. Le gestionnaire apparaît au centre de ce qui constitue son habileté majeure : moduler et canaliser des comportements de personne à personne, à travers la modulation de son propre comportement avec les autres.

Cependant, de nombreux aspects sont peu clairs ou discutables dans l'apport de Mintzberg, aspects surtout rattachés à ce que j'appelle une **remise en cause rituelle.**

UNE DISCUSSION DES TRAVAUX DE MINTZBERG

Dans ses travaux subséquents, que ce soit sur la stratégie, la planification ou la valeur des détenteurs de maîtrises de gestion (MBA) en tant que dirigeants, Mintzberg se montrera de plus en plus critique. Mais une constante parcourt cette pensée critique comme un leitmotiv : **la fausse prétention qu'ont les écoles de gestion de pouvoir théoriser et enseigner le travail de gestionnaire.** Mintzberg s'en prend systématiquement aussi à la prétention des hauts dirigeants, surtout des détenteurs de MBA, de savoir (comme sauraient des scientifiques) ce qu'il faut faire pour effectuer une bonne planification, pour élaborer des stratégies, pour diriger ; en ce sens, il oppose, par exemple, l'idée de **stratégie émergente,** émanant d'éléments **remontant** du terrain, à l'idée de **stratégie délibérée,** émanant des « analyses savantes » des hauts dirigeants.

---

8. Wren (1979) ne retient pratiquement de Mintzberg, dans son ouvrage sur l'évolution de la pensée du management, que cette conséquence touchant à l'enseignement et aux programmes de gestion.
9. Voir Mintzberg (1979a).
10. Nous montrerons plus loin comment les activités liées à la parole doivent aujourd'hui être prises en considération dans la compréhension de la vie des organisations. Voir Chanlat (1984 et 1990), Girin (1984), Aktouf (1986b et 1989a) pour une idée sur la place et l'importance des phénomènes de langage dans la gestion.

On retrouve cette constante, de manière plus appuyée, dans son dernier livre. Mintzberg s'en prend de nouveau, et à juste titre, à la fausse et même dangereuse prétention de former des dirigeants, des gestionnaires, des leaders à partir de théories et de cas étudiés dans les salles de cours des écoles de gestion.

Dans cet ouvrage, Mintzberg dénonce le fait que la formation offerte actuellement dans les écoles de gestion donne naissance à de «froids calculateurs sans états d'âme». Il y répète haut et fort que le management n'est ni une science ni une profession, mais une connaissance profonde et fine de contextes. Tout comme je l'ai fait à plusieurs reprises[11], il souligne l'inadéquation de l'enseignement par la méthode des cas de type Harvard, ou la méthode des jeux de type Stanford. L'arrogance et l'excessive confiance en soi seraient, selon lui, les principales attitudes que ces formations inculquent aux détenteurs de MBA, qui deviennent alors nocifs à l'entreprise et à l'économie. En gros, comme il le fait en citant un recteur d'une importante école de gestion américaine, Mintzberg dénonce avec vigueur la faillite de l'enseignement du management à l'américaine (ce que je n'ai cessé de faire depuis des années), pour donner comme exemple (ce que je fais aussi depuis des années) la façon dont Japonais et Allemands (qui n'ont pas d'écoles de gestion!) forment leurs dirigeants et gestionnaires. L'essentiel pour Mintzberg reste les contextes et les expériences sur le terrain, puis l'élaboration d'habiletés réfléchies à partir de ces contextes et expériences. En cela, encore une fois, j'appuie de telles positions, avec cependant une réserve majeure: il ne suffit pas de s'intéresser au management sur le terrain et aux expériences des futurs «formés», encore faut-il **remettre en question les fondements, les conceptions, les croyances à la base de l'acte de gestion et du rôle même de l'entreprise et de l'économie qu'implique le modèle américain**[12]. Brandir les exemples du Japon et de l'Allemagne sans tenir compte des différences de nature qui séparent les conceptions industrielles, économiques et sociales de ces pays par rapport au «modèle» américain, c'est commettre une erreur grave (erreur que nous tentons d'éviter ici en replaçant ces exemples dans leurs dimensions contextuelles, historiques et idéologiques).

Même si Mintzberg dénonce quelques-uns des travers (graves, il est vrai) qui jalonnent les convictions du management de type américain, tels que les excès de la domination du point de vue financier, la présence de l'actionnaire-roi, la mise en avant de l'analyse au détriment de l'expérience ou l'obsession de la réduction des coûts, Mintzberg reste en deçà d'une réelle critique radicale, qui est désormais urgente.

Cependant, la contribution de Henry Mintzberg témoigne d'une très grande culture sur le plan du management. Elle apparaît comme une synthèse monumentale agrémentée de riches résultats obtenus par l'auteur lui-même, résultats qui apportent un éclairage à la fois renouvelé, multidimensionnel, concret et en profondeur. Mais, à l'instar de beaucoup d'autres, il se montre **ritualiste**: il est

---

11. Voir Aktouf (1984a et 1984b, 1986a et surtout *Administración y Pedagogia*, Medellín, Colombie, EAFIT, 2000).
12. Voir Stiglitz (2003), Krugman (2004), Aktouf (2002).

un chercheur qui dénonce sans remettre en question les fondements de ce qu'il critique. Or, l'heure n'est plus à la discussion des modalités seulement.

Il faut aussi noter que Mintzberg s'inscrit dans un courant contestataire du management – ce dont il ne se cache pas – qui a pris naissance plusieurs années avant lui avec les auteurs suivants : Simon (1946), Burns (1954), Guest (1956), Jasinski (1956), Stewart (1963), Wrapp (1967), Sayles (1970), etc.

Mais qu'on le veuille ou non, dans l'ensemble du système mintzbergien, le gestionnaire est toujours le maître à bord, il a le quasi-monopole de la pensée, de la décision, de la stratégie et des orientations. Le « mythe » du gestionnaire omnipotent et omniscient ne semble touché qu'en surface et en fonction de modalités (l'expérience versus l'analyse).

Mintzberg ne présente-t-il pas **son** dirigeant comme une sorte de personne surdouée, hyperdynamique qui effectue de nombreuses tâches à la fois ou presque ? Dans *The Nature of Managerial Work* (1973), il emploie à plusieurs reprises des termes ou des commentaires (qui n'ont, à ma connaissance, pas été reniés par la suite) tels que ceux-ci : « mystérieux », « complexe », « héros », « héroïsme », « difficulté », « submergé », « travail excessif », « conscient de sa valeur », « à la fois le compositeur et le chef d'orchestre », « haute tension », « dévoré par un travail des plus exigeants », « centre nerveux », « expertise considérable », « axe focal », « expert qui gère des experts ». Toutes ces descriptions contribuent à maintenir intacte la mythologie du dirigeant de la plus pure tradition, sans compter les appellations que Mintzberg donne aux différents rôles – « leader », « meneur », « pilote », « symbole », « figure de proue », « entrepreneur », etc. –, qui sont très évocatrices.

Or, nous sommes à une époque où il faut, au contraire, revoir tous ces clichés dans le sens d'un rapprochement par rapport à la base et de la recherche d'une authentique collaboration avec l'ensemble des employés. Cela implique que le gestionnaire doit descendre de son piédestal pour permettre au modeste employé de penser, lui aussi, et d'aider à gérer… sinon à se gérer.

Tout comme nous l'avons vu chez Fayol, le plus classique des classiques, Mintzberg fait, lui aussi et à sa façon, l'apologie du métier du dirigeant.

Toutefois, lorsque le tout est ramené à de justes dimensions, il ne reste à peu près, du Mintzberg des années 1970-1980, rien de plus qu'une série de 10 rôles, fort simples à assimiler, et une taxinomie des organisations, somme toute un néo-nominalisme. En quoi cela fait-il avancer la compréhension de la vie et de l'avenir des organisations que de s'évertuer à mettre des noms sur les « configurations », fruits de conjonctions de contingences et autres « paramètres de conception » ? Ce travail est évidemment loin d'être inutile, mais il semble qu'on s'arrête en chemin, car le fait de proposer des classifications et des taxinomies ne permet ni de mieux connaître, ni de mieux comprendre, ni de renouveler.

Enfin, du Mintzberg des années 1990-2000, il reste une louable dimension plus critique à la fois de la prétention des dirigeants d'être des « stratèges », de purs calculateurs-analystes, et de l'enseignement par excellence dont ils se réclament : la formation de type MBA à l'américaine.

Cette critique est pertinente et marquante à plus d'un titre, mais elle ne va pas assez loin. Le fait de miser uniquement sur l'expérience – discutée, réfléchie, mise en perspective et en contexte – de dirigeants qui gèrent selon des convictions et des conceptions liées à ce que sont l'économie et la société, lesquelles convictions et conceptions ne sont ni remises en question ni soumises à la discussion, peut-il réellement changer les choses ? Comprendra-t-on mieux ce que font les médecins en les observant et en les décrivant ? La gestion se ferait donc sans savoirs préalables qui donnent un sens à ce qu'on fait ? Est-elle seulement l'art de faire de l'argent ; sinon, quel dirigeant pourrait garder son emploi aujourd'hui ?

La tentation est grande de suivre Mintzberg sur un sentier (même à son corps défendant) où le « bon » gestionnaire n'aurait pas forcément besoin de sciences ni de connaissances rigoureuses et approfondies : les spectres dangereux du *self-made man* et du leader *sui generis* pointent sous de nouveaux habits.

Par ailleurs, Mintzberg revendique pour l'usage du dirigeant des calculs, des analyses, des modèles et des simulations (préparés par des « analystes ») qui soient « simples et puissants ». Comme s'il pouvait y avoir des analyses simples pour des situations que tous s'accordent à estimer de plus en plus complexes, voire chaotiques ! Et comme si un dirigeant, par la seule puissance de son intuition et de ses habiletés, pouvait réintroduire la complexité des déterminants et des conséquences des situations réelles complexes (situations qu'on lui synthétise sous une forme « simple ») pour prendre des décisions sages et éclairées ! Cela est-il possible sans une culture générale solide permettant d'acquérir une compréhension globale et intégrée ?

« Il faut penser la nature avant de l'observer », disait Albert Einstein. Et pour « penser la nature », qu'on le veuille ou non, il faut des têtes autant « bien remplies » que « bien faites ». Ces têtes doivent être remplies non pas de « comment faire » mis au service de faiseur de fortunes, mais de savoirs fondamentaux, de vraies sciences (humaines et sociales en premier lieu), comme on en rencontre souvent chez les dirigeants japonais et allemands. L'énorme complexité et la non moins énorme dégradation des choses, partout dans ce monde dominé par le management, exigent non seulement qu'on s'appuie sur l'expérience de « dirigeants efficaces », mais aussi qu'on fasse une remise en question radicale de ce qu'être « efficace » veut dire.

Ainsi, Mintzberg souligne avec raison l'importance de la parole et de la communication directe, mais il n'en tire nullement les conséquences qui s'imposent, dont la moindre serait de faire appel aux sciences du langage et de la communication entre les personnes pour tenter de mieux comprendre les contextes. Pourquoi le dirigeant parle-t-il tant ? Que dit-il ? Ce qu'il dit a-t-il le même sens pour tous ? Ne confisque-t-il pas la parole ? Qu'est-ce que son attitude entraîne pour les autres personnes ? Qu'est-ce que le dirigeant sait du rôle, de l'influence, des conséquences, des troubles, etc., de la parole ? Dans quelle école de gestion enseigne-t-on la linguistique ? Quelle place cette science occupe-t-elle dans la « systématisation » de la pensée de dirigeants expérimentés de Mintzberg ?

EN CONCLUSION

Il y aurait encore beaucoup à dire à propos de Mintzberg, car son apport à la pensée du management semble loin d'avoir atteint son aboutissement et, comme bien des auteurs dans ce domaine, ses conceptions comportent presque autant de renforcements de l'orthodoxie que de germes de son dépassement.

En bref, on peut dire que Mintzberg a su redonner du souffle au management, qui perdait dangereusement de son pragmatisme, et a comblé un vide doctrinal qui créait l'érosion des théories traditionnelles et exacerbait leur inadéquation. Pourtant, il n'a pas vraiment quitté la tour d'ivoire dans laquelle on a toujours enfermé les gestionnaires ; il ne s'est pas attardé sur le fléau que représentent souvent leur ignorance des sciences fondamentales, leur anti-intellectualisme et leur absence de culture générale ; il ne s'est pas réellement soucié de ce qui se passe du côté du travailleur de la base, aujourd'hui de plus en plus reconnu, à côté du dirigeant, comme une clé du succès ou de l'échec de l'entreprise.

C. MICHAEL PORTER ET LE STRATÉGISME : LA TRANSFORMATION DES DESIDERATAS DES HAUTS DIRIGEANTS EN LOIS ÉCONOMIQUES[13]

Le maximalisme économique infini et la course à l'avantage concurrentiel (ou compétitif) désignée comme la tâche centrale, même aux États-Unis, sont devenus, avec Michael Porter, une sorte de dogme, de cadre de pensée – et d'action –, que ce soit dans le domaine des affaires ou en matière de gouvernance ou de politique économique de pays.

On en est maintenant venu à parler de stratégie indifféremment au sujet de l'État et des entreprises, à évoquer la «compétition entre les États», «entre les entreprises», «entre les ressources humaines», à traiter de «gestion financière», de «production», de «marketing». Tout semble voué à devenir «stratégique» et «compétitif»[14].

C'est dire à quel point le portérisme est devenu bien davantage qu'une simple théorie, ou un simple décalogue de normes à l'usage de gestionnaires qui veulent se croire stratèges. La preuve, dans chacune des éditions et des innombrables rééditions de ses deux ouvrages majeurs, soit *L'avantage concurrentiel* et *L'avantage concurrentiel des nations*, on qualifie systématiquement Porter de «maître à penser» des «spécialistes de la stratégie», et, selon la plupart des

---

13. Je tiens à remercier tout particulièrement M. Miloud Chennoufi pour ses synthèses brillantes et ses remarques toujours profondes et adéquates, auxquelles ce texte doit beaucoup.

14. Il n'est pas jusqu'à l'inamovible gourou des fondements de la «science» du marketing, Philip Kotler, qui publie un livre intitulé… *Marketing des nations* !

recensements en la matière, il est de très loin l'auteur le plus cité, ces 10 dernières années, dans les revues de management et – souvent aussi – d'économie. La façon portérienne de concevoir notre monde et l'économie se répand sur la planète et s'enracine dans les consciences et l'enseignement.

MICHAEL PORTER ET LE PORTÉRISME

À la fin des années 1970 et au début des années 1980, la pensée de Porter a commencé à influencer les écrits, les enseignements, les pratiques et les consultations en management. Tout a débuté par un article qui a immédiatement suscité émules et reproducteurs admiratifs. Cet article contient l'essentiel d'une pensée qui ne fera que s'étendre, se décliner, se conjuguer autrement, au gré du succès qu'elle rencontre : que ce soit dans le champ du marketing, dans celui du management, dans celui de la politique d'entreprise, voire dans celui de l'analyse stratégique et de l'économie politique des nations, rien de moins !

Michael Porter est un ingénieur, diplômé de l'université Princeton, en 1969, en génie mécanique et aérospatial. Il a prolongé ces études par l'obtention d'autres diplômes : d'abord en administration des affaires (*business administration*) (MBA à la Harvard Business School, achevé en 1971), puis en économie des affaires (*business economics*) (Ph.D. terminé en 1973 à l'université Harvard).

Il s'agit d'un pur produit des «raccourcis» à l'américaine : il s'est écoulé quatre années seulement entre sa sortie de l'école des ingénieurs et l'obtention de sa maîtrise et de son doctorat. Et, dès 1973, sans avoir la moindre expérience de terrain, on le retrouve enseignant à la Harvard Business School…

Finalement, ni «technologue» pur, ni lauréat des sciences sociales, Porter est un des prototypes, en quelque sorte, de cette pensée – à propos des choses de l'humain et du social – approximative et volontiers arrogante, produite par un certain nombre d'ingénieurs devenus «gourous» du management, et qui ont été «initiés» aux sciences du social et de l'humain par un travail d'autodidacte, sur le tas, au gré de lectures hétéroclites ou, sans doute pire, par les matières enseignées en ce domaine dans les écoles de gestion.

L'essentiel de l'œuvre de Porter se résume aux diverses extensions d'un article : «Stratégie : analysez votre industrie», paru au printemps 1979 dans la *Harvard Business Review* sous le titre «How Competitive Forces Shape Strategy». On y trouve le noyau dur de la théorie portérienne qui se développera dans les ouvrages suivants : *Competitive Strategy : Techniques for Analyzing Industries and Competitors*, en 1980 ; *Competitive Advantage : Creating and Sustaining Superior Performance*, en 1985 ; *The Competitive Advantage of Nations*, en 1990 ; et ainsi de suite.

Même si l'harmonie et la concorde sont loin de régner dans le monde de la pensée du management stratégique, comme en témoignent les querelles récurrentes entre partisans de la formulation, ceux du processus, ceux de l'implantation ou encore ceux du planning ou des ressources[15], Michael Porter reste l'auteur du domaine le plus cité. Ainsi, dans un des plus récents ouvrages en la matière, *La stratégie des organisations: une synthèse*[16], Porter est mentionné dans l'index exactement 60 fois, loin devant des classiques tels qu'Andrews (22 fois), Ansoff (9 fois), Barnard (18 fois) ou Chandler (26 fois). Ses livres servent de manuels à peu près partout, son article princeps de 1979 sur l'analyse sectorielle est lu et relu dans de multiples cours, et même sa vision du «positionnement stratégique» sert de base à des logiciels de simulation utilisés dans les deuxième et troisième cycles en management stratégique, en gestion internationale, etc.[17].

Les idées de Porter, apprend-on, «sont vite devenues les fondements de cours obligatoires à Harvard[18]». Il est l'auteur de 16 livres et de plus de 60 articles publiés par les revues les plus prestigieuses. Son ouvrage *Competitive Strategy: Techniques for Analyzing Industries and Competitors* (1980) a été réimprimé 53 fois et traduit en 17 langues, tandis que *Competitive Advantage: Creating and Sustaining Superior Performance* (1985) a été réimprimé 32 fois.

Globalement, le portérisme s'est construit en trois grands mouvements, correspondant chacun à la parution d'un livre charnière. Le premier mouvement est constitué par l'élaboration de la théorie dite du «positionnement stratégique», dès la parution en 1980 de *Competitive Strategy*, inspiré de l'économie industrielle et surclassant d'emblée, avec son fameux modèle de présentation de l'analyse des forces concurrentielles «en losange», les écoles jusque-là prédominantes, dites «de la conception» et «de la planification». Le deuxième mouvement, qui coïncide avec la publication de *Competitive Advantage* en 1985, consacre l'un des piliers majeurs du portérisme: la notion de «chaîne de valeurs» intégrées. Le troisième mouvement, enfin, qui accompagne la sortie du livre *The Competitive Advantage of Nations*, étend l'analyse et les prescriptions portériennes vers la compétitivité entre États et économies nationales.

---

15. Nous verrons cette question plus loin, mais il ne s'agit là que de querelles byzantines autour de «modalités» et des angles d'attaque d'un problème autrement considéré comme identique quant au fond: donner à l'entreprise les moyens de devenir plus performante par rapport à ses rivales, toujours en ce qui a trait à la rentabilité financière – en dernière instance –, tout en divergeant sur des questions secondaires, somme toute de détails, de *modus operandi*, d'aspects du «fait stratégique» à privilégier. On cherche alors à obtenir cela sans renoncer à aucune des hypothèses fondatrices d'ensemble du domaine, qui sont une reconduction pure et simple des hypothèses les plus contestables de l'économie et du management dominants, et tout en endossant, en gros, les mêmes errements épistémologiques et méthodologiques.
16. Hafsi, Séguin et Toulouse (2000).
17. Il s'agit de logiciels fort connus et aussi utilisés dans le cadre de cours «interuniversités», tels que Mondiastrat ou Startsim.
18. Voir l'article sur M. Porter disponible sur Internet. Cliquer sur un des liens qui mènent à sa biographie.

UNE CRITIQUE THÉORIQUE ET MÉTHODOLOGIQUE DE LA PENSÉE STRATÉGIQUE EN GÉNÉRAL ET DU PORTÉRISME EN PARTICULIER

Pour illustrer à quel point le type de pensée stratégique à la Michael Porter, imprégnée de la recherche de la «compétitivité» et des «avantages concurrentiels» peut être prégnante jusque dans les milieux de la direction politique de pays, voici ce que déclarait l'ex-vice-premier ministre du Québec Bernard Landry à l'automne 1999:

> Le Québec détient un avantage concurrentiel en ce qui a trait aux coûts de sa main-d'œuvre […] inférieurs de 37,4% à ceux des États-Unis et de 52,7% à ceux de l'Allemagne […]. Le Québec offre une fiscalité concurrentielle […], les taux d'imposition sur le revenu appliqués aux entreprises y étant les plus bas […].

On trouve là deux des chevaux de bataille chers à Porter, à savoir l'expression même des deux «stratégies génériques» dont il se fait l'apôtre: le «positionnement par les coûts» et le «positionnement par la différenciation».

On était habitué à ce genre de cynisme présenté comme fondement d'une «saine» gouvernance dans les raisonnements économiques appliqués aux pays du Tiers-Monde, pays qu'on force à admettre – ont-ils le choix? – que la misère de leurs travailleurs est pour eux un atout qu'ils doivent conserver jalousement[19]. Par contre, si l'on revient aux pères des théories du libre-échange et des avantages comparatifs, Adam Smith et David Ricardo, il est assez aisé de déduire (que ce soit en fonction d'avantages absolus ou d'avantages relatifs) que les «secteurs» les plus «avantageux» (concurrentiels selon les termes portériens) dans un pays donné sont **les secteurs où les salaires sont les plus élevés** (qui, bien entendu, n'entrent pas en concurrence avec le pays partenaire, sont plutôt spécifiques pour des raisons climatiques, de dotation en facteurs, etc.), **puisque des salaires élevés correspondent à un produit ou à un service demandé, à une main-d'œuvre qualifiée et demandée.** À l'opposé, les secteurs où les salaires sont les plus faibles ne peuvent en aucun cas être considérés comme «porteurs» ou «locomotives», sauf si l'on n'envisage que les intérêts des propriétaires et des actionnaires, et qu'on mette le facteur «capital» au-dessus de tout le reste et le profit en soi au rang d'objectif central.

Non seulement Porter ne semble accorder aucune attention à cet argument fondamental, mais, plus grave, il paraît soit ignorer en grande partie, soit négliger de façon inacceptable l'essentiel de certaines théories originales en matière de libre-échange et d'avantages comparatifs. Ainsi, il se situe de façon molle et nullement convaincante (en quelques pages vagues à souhait) par rapport aux deux grandes traditions dans la conception économique des avantages comparatifs:

---

19. C'est ce que j'ai entendu dans un colloque à Cali, en Colombie, en avril 1997: l'analyse portérienne de la compétitivité du pays (consignée dans un document intitulé «Informe monitor: la ventaja competetiva de Colombia») indiquait que le premier des «avantages concurrentiels» de la Colombie était le bas niveau moyen des salaires de ses travailleurs…

d'une part, la tradition smithienne et, d'autre part, la tradition ricardienne. Examine-t-il l'hypothèse des «rendements non croissants» (Ricardo), l'hypothèse des «rendements croissants» (Smith) ou encore l'hypothèse de la réhabilitation de la tradition ricardienne, à travers la théorie du cycle de vie des produits de Raymond Vernon, ce qui nous ramène à l'approche dite «de la dotation en facteurs»[20]?

Le fait que Porter renvoie tout le monde dos à dos, en l'espace de quelque 20 pages de son *Competitive Advantage of Nations,* n'est certainement pas suffisant!

Par ailleurs, Michael Porter affirme[21]: «plus grave encore que l'absence de consensus sur la définition de la compétitivité, il n'existe pour l'expliquer aucune théorie largement acceptée». Or, c'est là une notion centrale de toute son œuvre! Puis, abordant le problème de la validité du passage des hypothèses aux vérifications de terrain, il dit: «bon nombre d'explications se fondent sur des postulats très éloignés de la réalité [*sic*] de la concurrence [...] j'ai eu quelque peine à faire coïncider la majorité de ces hypothèses avec l'expérience acquise en étudiant et en travaillant avec des entreprises internationales». Dans ces conditions, comment peut-on continuer à «faire comme si» ce qu'a écrit Porter était valide, méthodologiquement fondé et construit?

Le portérisme prône en plus, et sans nuances, une compétitivité généralisée et une course à des avantages concurrentiels, non pas complémentaires, équilibrés, soucieux du bien-être réciproque, inscrits dans la durée, dans un souci d'homogénéité, mais tout à fait égoïstes, immédiats, dans un état d'esprit résolument belliqueux[22]. Par opposition, la philosophie qui est à l'arrière-plan des théories du libre-échange et des avantages comparés est basée davantage sur un

---

20. Pour les «puristes», rappelons que, dans les milieux universitaires, c'est la théorie de tradition ricardienne (de l'échange, des avantages comparés, etc.) qui est la plus répandue, même si Ricardo n'y consacre que quelques pages de ses *Principes d'économie politique* (1817) et même si elle est sous l'«hypothèse de rendements non croissants», contrairement à la tradition smithienne, qui postule la possibilité d'une croissance des rendements (ce qui peut justifier *ex post* et non plus *ex ante* l'avantage comparé). Il semble que les thèses des ricardiens de tradition marxienne aient davantage été confirmées par l'histoire (chacun à sa façon, Rosa Luxemburg – les débouchés extérieurs comme exutoire aux produits de consommation sous la poussée de la baisse du pouvoir d'achat du prolétariat –, Lénine – la baisse tendancielle des taux de profits qui amène le capital à «s'exporter» vers les régions où les taux de profits sont plus élevés, c'est-à-dire les régions moins développées ou précapitalistes – et Samir Amin et les théoriciens du cercle vicieux du drainage continu par les «centres capitalistes» de la valeur ajoutée réalisée en «périphérie»). Vernon a aussi, avec la notion de «cycle de vie des produits», réactivé la tradition ricardienne: quand le produit se «banalise», le prix des facteurs retrouve toute son importance (regain d'intérêt, donc, pour la dotation en facteurs: Hecksher-Ohlin, Samuelson, etc.). De toute manière, dans la tradition ricardienne, la notion d'avantage comparé pousserait non pas à l'affrontement, mais à la complémentarité-spécialisation, permettant aux uns de produire ce dans quoi ils sont les plus efficaces, et aux autres, «inefficaces partout», de se consacrer davantage à «ce dans quoi ils sont les moins inefficaces».

21. Porter (1993, p. xvi).

22. Ce genre de théorie utilise couramment des termes tels que «conquête», «offensive», «guerre économique», «ennemi», «bataille» ou «champ de bataille».

esprit de complémentarité, d'homogénéité et de coopération que sur un esprit de belligérance commerciale[23].

Mais est-il indifférent que ce fleuron du monde de l'économie-management contemporain soit un des produits les plus typiques des mariages fructueux entre universités et gros cabinets de consultants de la région de Boston, berceau depuis les années 1950-1960 de ce qu'on appelle le «management stratégique»?

Porter ne semble faire aucun cas de nombre de positions critiques ou plus humanistes quant à la finalité «humaine» de l'activité économique, positions défendues par des écoles et des auteurs (incontournables lorsqu'on se prétend économiste) tels que les substantivistes-anthropologiques (le «jeune» Marx, Karl Polanyi, Maurice Godelier, etc.), les tiers-mondistes (Celso Furtado, André Gunder Frank, Samir Amin, Pierre Jalée, René Dumont, René Gendarme, etc.), les sociaux (John Stuart Mill, Max Weber, John Hobson, Thorstein Veblen, Dennis Meadows et Jay Forrester du MIT et du Club de Rome, etc.), les marxistes et les néo-marxistes (Rosa Luxemburg, Ernst Mandel, Leszek Kolakowski, Paul A. Baran et Paul M. Sweezy, Stephen Marglin, etc.), les énergétistes (soumettre le raisonnement économique à l'analyse physique de la transformation de l'énergie, comme Nicholas Georgescu-Roegen, Howard Odum, Gonzague Pillet ou René Passet)[24] et même certains critiques de la pensée «planifiante-stratégisante» (comme Henry Mintzberg, ou des auteurs un peu périphériques mais non moins importants comme David Knights[25]).

Porter postule implicitement, mais non moins nettement, comme tous les économistes orthodoxes, que la production et l'accumulation de richesses peuvent être «infinies», et que l'organisation de la société qui va de pair – société capitaliste, résolument dominée par la finance, industrialisée et néolibérale – est un constant progrès en soi, qu'il convient de généraliser à tous, pour le bonheur de tous.

Cela mérite – et je m'en excuse d'avance auprès du lecteur non spécialiste – que l'on s'arrête quelque peu sur cette omniprésente invocation de la notion de «marché» en tant que concept opératoire fondateur et pivot.

23. Pour les puristes, encore une fois, voir cette question sous cet angle (Porter, 1993, p. 11 et suivantes) en se référant conjointement aux deux auteurs suivants : à Smith (la «poussée vers le niveau des coûts de production» de tous les prix) et à sa théorie dite des «avantages absolus» ainsi qu'à Ricardo (les conséquences des écarts de productivité de la main-d'œuvre) et à sa théorie dite des «avantages relatifs». Cela montrera que chaque pays a intérêt à exporter ce que ses facteurs et ses forces productives lui permettent de faire le mieux, à importer le «produit symétrique» du pays partenaire et à être prêt à aider (puisqu'il y va de son propre intérêt) l'autre pays à demeurer toujours assez «efficace» pour produire et vendre ce qu'il exporte au plus près des coûts.

24. Comme le dit Robert Heilbroner (1984) il ne s'agit pas d'être encyclopédiste, mais de savoir qu'**il faut absolument se situer** par rapport à des auteurs (ou à des écoles) «incontournables», tels Weber, Marx, Polanyi ou Braudel. On peut être pour ou contre, mais on ne peut les ignorer sans handicaper gravement son propre discours.

25. Professeur à la University of Manchester Institute of Science and Technology et auteur d'un article très critique : «Changing Spaces : The Disruptive Impact of a New Epistemological Location for the Study of Management», *Academy of Management Review*, vol. 17, n° 3, 1992, p. 514-536.

Adam Smith, le fondateur de l'analyse économique de la société, a utilisé deux fois l'expression «main invisible» – ancêtre du concept de «marché autorégulé». Mais il fallait à la «science» économique ultérieure, avec les néoclassiques, un concept moins poétique et une possibilité de faire rentrer ce concept dans des calculs voulus savants et aussi exacts que les calculs de la physique. Ce fut la tâche à laquelle s'attela, d'abord, Leon Walras. En quête d'une solution de simultanéité des équilibres entre quantités, prix et valeurs nécessaires au bon fonctionnement du marché de l'économie «pure», il postula, sans autre forme de procès, l'équivalent d'une «mécanique céleste de la société» (d'où les formulations pré-économétriques des problèmes de l'équilibre des marchés selon l'optique newtonienne) et l'intervention d'un «crieur des prix» (équivalent du démon de Maxwell en physique et du «secrétaire général du marché» de Quesnay) qui annoncerait les prix d'équilibre de l'ensemble des produits et des services, en restant neutre par rapport aux pôles du jeu de gravitation entre offreurs et demandeurs.

Il restait cependant une question de taille à résoudre: comment peut-on rendre compte, mathématiquement et scientifiquement, d'un tel état de simultanéité des équilibres dans un marché tout en évitant les embarrassantes hypothèses de «mécanique céleste» et de «crieur de prix»?

Deux lauréats du prix Nobel d'économie, Kenneth Arrow et Gérard Debreu, s'attaquèrent à ce problème. Leur conclusion est aussi angoissante que déroutante: s'il existe une solution mathématique au problème de Walras, elle est si hautement probabiliste que l'état des équilibres simultanés du marché ne peut être qu'un fabuleux accident! Autrement dit, la chose est aussi improbable que de rencontrer Bouddha en personne! Car, expliquent-ils, rien ne permet d'affirmer que les mécanismes de l'offre et de la demande puissent conduire «naturellement» vers l'équilibre.

Que reste-t-il alors de l'ensemble de l'édifice de l'économie-management et des fondements de l'analyse stratégique si l'on retire l'hypothèse d'un état d'équilibre «naturel» du marché et la notion même de «marché autorégulé»?

Alors se posent de multiples questions: qui manipule ce marché qui ne saurait, en aucun cas, être autorégulé (ce qui reviendrait à rencontrer Bouddha)? Comment soutenir encore l'édifice portérien, tout entier construit sur le postulat, comme Porter l'écrit lui-même, de la «réalité de la concurrence et des forces du marché»?

Porter ignore aussi superbement – ce qui est grave pour quelqu'un qui traite du devenir des nations et de leurs économies – l'apport d'un mouvement aussi important de l'historiographie contemporaine que l'est celui des Annales[26], qui montre comment les avantages tirés par les nations occidentales modernes l'ont toujours été – depuis l'essor de grandes métropoles économiques occidentales, comme Gênes, Venise et Amsterdam, jusqu'à la montée en puissance de l'Angleterre et de l'Empire américain – au détriment de régions, coloniales ou

---

26. Dont en particulier l'œuvre monumentale de Fernand Braudel, *Civilisation matérielle, économie et capitalisme, les jeux de l'échange*, Paris, Armand Colin, 1980, 3 volumes.

non, entières du Sud, soit les pays aujourd'hui les plus démunis. Dans bien des cas, ces régions ont été tellement pillées qu'elles n'arrivent toujours pas à s'en relever[27].

Comment admettre le fait qu'aucune mention ne soit faite de Karl Marx et du matérialisme historique, dans un ouvrage qui a l'ambition d'expliquer – pire, de prescrire – le développement historique des nations ? Même si l'on prétend que le matérialisme historique est faux, encore faut-il se situer par rapport à lui et expliquer en quoi on peut le disqualifier par avance et, implicitement, promouvoir le capitalisme néolibéral au rang d'achèvement de l'Histoire (au lieu d'une simple étape parmi les autres).

Par ailleurs, Porter fait un usage abusif de la méthode dite «des cas», démarche à prétention heuristique qui consiste, en gros, comme on le fait souvent avec la méthode des cas dans l'enseignement du management, à induire pour ensuite déduire, à partir de situations limitées et étroitement circonscrites dans l'espace (espace généralement américain ou, plus rarement, d'autres pays dits «avancés»), dans le temps (l'après-guerre et l'ascension de l'économisme financier), dans l'idéologie (celle du néolibéralisme, des dirigeants et des détenteurs d'intérêts financiers, à l'exclusion de tout le reste), des règles et des lois à **prétentions universelles** pour la prise de décision et la conduite des institutions en général.

Porter fait appel aux règles de l'inférence à partir d'observations empiriques trop limitées et dont la validité de généralisation n'est nullement prouvée : l'échantillon de pays retenus pour l'établissement de la théorie générale de l'avantage concurrentiel des nations est de 10 pays, sur lesquels ont été plaquées les catégories déduites de réalités encore plus limitées : les entreprises des secteurs industriels étudiés auparavant (de son propre aveu, Porter a simplement transposé, à l'échelle des nations, ce qu'il déduisait à partir des «cas» d'entreprises examinés 10 ans auparavant dans ses travaux[28]).

Dans la préface de *L'avantage concurrentiel des nations*, il écrit[29] : «l'essentiel de ma théorie repose sur les principes de stratégie concurrentielle dans des industries précises […] j'ai commencé par étudier certains secteurs, certains acteurs de la concurrence, pour remonter ensuite jusqu'à l'économie comme un tout».

Dans *Choix stratégiques et concurrence* (on peut en dire presque autant de *L'avantage concurrentiel des nations*), Porter cite, pour appuyer ses développements, les cas d'une trentaine de firmes différentes, presque toutes

---

27. Voir à ce sujet les nombreux ouvrages, dûment chiffrés et documentés, de Pierre Jalée, René Dumont, Samir Amin, André Gunder Frank, Celso Furtado, Michel Chossudovsky et même Max Weber, notamment dans certains passages de son *Histoire économique* concernant le pillage des trésors amérindiens par les Espagnols et les Anglais.

28. Voir Porter (1980).

29. Porter (1993, p. xvii).

américaines[30], comme si la seule multiplication des cas, soumis à l'application systématique de la même grille, constituait en soi la connaissance scientifique, l'universalité, la validité interne et la validité externe.

Depuis quand la simple description de ce qui convient aux intérêts des dominants et l'accumulation d'indicateurs de satisfaction de ces mêmes dominants peuvent-elles tenir lieu de description objective des phénomènes ou de méthode scientifique?

Peut-on transformer ainsi les États en comités de gestion des intérêts financiers transnationaux et les nations en espaces voués à la compétition entre géants des affaires tentant par tous les moyens de s'accaparer l'unique résultat présenté comme désirable : la multiplication la plus rapide possible de l'argent pour l'argent?

Voici un certain nombre de positions adoptées par Porter qui me paraissent les plus intellectuellement douteuses :

1. Comment peut-on imaginer sérieusement que notre planète puisse supporter 6 milliards d'individus – et bientôt 8 ou 10 milliards –, tous vivant pour la croissance maximale, tous entrant en concurrence avec tous, et tous atteignant des niveaux de vie comparables ou supérieurs à ceux des nantis?

2. Les nations et les États – et leurs politiques économiques – peuvent-ils être mis sur le même pied, sur les plans institutionnel, intellectuel, éthique, moral, social et politique, que les entreprises, quelles qu'elles soient? L'État-entreprise peut-il être une catégorie de pensée ou un fondement d'action collective soutenable, ou même un idéal théoriquement formulable? Les objectifs des États ou des nations sont-ils réductibles à la recherche d'avantages, de gains, de la rentabilité?

3. Le simplisme (candidement admis par Porter lui-même dans la préface de *Competitive Strategy*) du modèle du «losange à quatre variables» peut-il rendre compte de l'énorme complexité (tout aussi candidement admise par Porter) des faits et des processus qui sont traités?

4. La mondialisation de l'économie dont on nous rebat les oreilles n'a-t-elle rien à voir avec la phase impérialiste du capital, la phase néocolonialiste de la géopolitique mondiale d'après-guerre, choses qui ont été abondamment examinées depuis Rosa Luxemburg, Lénine et Amin, et même par des non-marxistes comme John Hobson[31] ou Galbraith?

---

30. On peut recenser, entre les pages 15 à 40 environ, les mentions des entreprises suivantes : Xerox, Philip Morris, Kodak, Polaroid, Hewlett-Packard, Bosh, Sony, Procter & Gamble, Charmin Paper, Miller Beer, Chrysler, Ford, General Motors, Emerson Electric, Texas Instruments, Black and Decker, Du Pont, Harnischfeger, Fieldcrest, Mercedes, Hyster, MacIntosh, Coleman, Crown Cork & Seal, IBM, Illinois Tool Works et Martin Brower.

31. Dans un livre intitulé *Impérialisme*, écrit au retour d'un voyage édifiant en Afrique, livre méprisé par les économistes officiels et jeté, bien sûr, aux oubliettes.

5. Par ailleurs, peut-on négliger les analyses des tiers-mondistes et ne tenir aucun compte des «dualismes» criants qui nuisent structurellement aux pays non développés, depuis les débuts de l'ère coloniale (la scission de ces pays en deux secteurs coupés et antagonistes: d'un côté, le secteur «moderne», minoritaire, occidentalisé, le plus souvent corrompu et maffieux, extraverti et ploutocrate, et, de l'autre, le secteur «traditionnel» largement majoritaire, déstructuré, appauvri, voué à la misère, livré en pâture aux exploiteurs les plus voraces[32])? Peut-on ne faire aucun cas de l'inégalité extrême de l'évolution des termes de l'échange entre Nord et Sud?

6. Peut-on sérieusement faire l'hypothèse que la domination de fait, que nous vivons de plus en plus chaque jour, de l'économie planétaire par les multinationales et les transnationales puisse favoriser la concurrence et la compétitivité, et non pas, en toute logique, la concentration, les mégafusions, les quasi-monopoles?

7. Cette hypothèse est-elle, de surcroît, compatible avec une position ouverte en faveur du libre-échange tant clamé? Quel libre-échange peut-on imaginer entre des Goliath (comme les États-Unis ou l'Union européenne) et des David (comme le Mexique, le Canada ou la Tunisie)? Où est l'homogénéité (sociale, culturelle, technologique, économique, etc.) minimale que supposent les bénéfices respectifs auxquels on est en droit de s'attendre pour des pays s'adonnant à un libre commerce?

8. La logique financière maximaliste du marché autorégulé qu'implique le capitalisme à l'américaine (poussant ces derniers temps vers des sommets de spéculations aussi inimaginables qu'irrationnels, depuis le fol engouement suscité et entretenu par les entreprises issues d'Internet[33]) doit-elle être mise sur le même pied que celle du «marché social régulé par l'État» que comporte le capitalisme industriel à l'allemande ou à la japonaise? Pourtant, Porter cite abondamment – et prend indifféremment comme exemples – des entreprises américaines, anglaises, suédoises, allemandes ou japonaises[34].

9. Le terme «avantage» lui-même est-il un concept neutre, quand on sait combien le jeu est inégal entre pays nantis et pays dits «en développement», entre pays producteurs de matières de base et pays détenteurs de haute technologie, entre toutes-puissantes multinationales et États du Tiers-Monde?

---

32. Voir, entre autres, René Gendarme, *La pauvreté des nations*, Paris, Cujas, 1963, et *Des sorcières dans l'économie: les multinationales*, Paris, Cujas, 1981.

33. Comme le célèbre cas de la firme Yahoo! qui valait en Bourse (aux derniers sommets atteints en 1999-2000, avant la chute libre de la fin 2000) autour de 77 milliards de dollars américains, alors qu'elle enregistre presque uniquement des pertes depuis qu'elle existe et que son chiffre d'affaires s'établissait aux alentours des 200 millions de dollars, avec des actifs... à valeur virtuelle.

34. Voir les distinctions fort importantes que M. Albert (1991) établit entre le comportement des actionnaires (et donc des systèmes boursiers) à l'américaine et les comportements à la japonaise, à la scandinave ou à l'allemande.

10. Comment peut-on faire l'hypothèse – au moins implicite – que cette arène mondiale dénommée «marché» est une sorte de laboratoire transparent, propre et aseptisé où tous les acteurs sont honnêtes, égaux devant les institutions internationales, font preuve de fair-play? Michael Porter rêve-t-il d'un monde sans corruption, sans corrupteurs[35], sans maffias, sans puissances financières, politiques et militaires qui manipulent tous les marchés de tous les produits, tous les commerces… et même les régimes de pays aussi «démocratiques» et aussi puissants que l'était l'Allemagne de l'Ouest[36]?

11. Porter ignorerait-il un phénomène, depuis longtemps considéré comme central dans l'analyse de l'environnement en management et dénommé *enactment*[37]? Il s'agit d'un phénomène selon lequel on projette (à partir du point de vue et des intérêts de ceux qui font l'analyse) dans l'environnement analysé autant de caractéristiques qu'on en «mesure» ou «observe» réellement dans celui-ci. Ce n'est alors plus l'environnement qui fait la stratégie de l'entreprise, mais l'inverse.

12. Un instrument tel que le PNB (produit national brut) est, sous tous ses aspects, pris comme indicateur privilégié (7 fois parmi les 16 critères retenus dans *L'avantage concurrentiel des nations*). Porter ignorerait-il les nombreuses critiques adressées à cet indicateur macroéconomique, qui, selon de nombreux spécialistes, ne voudrait à peu près plus rien dire[38]?

13. Les PNB, PIB (produit intérieur brut) et autres indicateurs de «compétitivité» ne présentent-ils pas d'impardonnables contradictions, lorsqu'on cite, sans distinctions, le Japon, l'Allemagne, le Danemark ou la Suède comme exemples de réussites «compétitives» tout en se situant dans une idéologie politique, économique, industrielle et sociale à l'américaine, aux antipodes de ce que font ces pays?

14. Que dire de l'hypothèse, implicite mais omniprésente, que, somme toute, les gains des uns ne sont jamais que les pertes des autres? Ne s'agit-il pas plutôt, en particulier – et exponentiellement –, des pertes nettes que subissent les pays les plus faibles et non industrialisés, pertes sous toutes leurs formes, et surtout, de façon dramatique, sur le plan écologique?

15. La notion de «grappes industrielles», sorte d'épicentre du modèle portérien, ressemble étrangement à certains concepts comme celui de «pôles de développement» élaboré par François Perroux ou celui de «complexes d'industries industrialisantes» mis en avant par Gérard d'Estanne De Bernis, sans

---

35. Que l'on songe au sombre rôle joué par la Bank of New York dans le blanchiment et le détournement de sommes colossales issues de l'argent du Fonds monétaire international destiné à la Russie…

36. Je fais allusion ici à la réélection du chancelier Helmut Kohl de l'ex-Allemagne de l'Ouest grâce à l'argent fourni par une société pétrolière française, sous la pression des plus hautes autorités françaises de l'époque du président François Mitterrand.

37. Fort bien rendu en français par le vocable «enaction» et développé dans l'ouvrage de G. Morgan (1989).

38. Voir, entre autres, la remise en question du PNB, étayée de nombreux faits et références, par C. Cobb, T. Halstead et J. Rowe, «If the GDP is Up, Why is America Down?», *The Atlantic Monthly*, octobre 1995, p. 59-78.

parler de l'analogie avec les maillages de l'industrie japonaise. Or, ces concepts supposent la coopération et la non-compétition, l'interventionnisme et la présence de l'État, et non le laisser-faire, la concertation, l'entraide et le partage, et non la lutte et l'affrontement.

16. Porter projette systématiquement le modèle de Harvard (modèle construit par la traditionnelle interaction de cette université avec les gros cabinets de consultation de la région de Boston) dans sa prétendue théorisation des mécanismes de la stratégie des avantages concurrentiels.

17. Il effectue la fusion entre la problématique de sa propre construction théorique et l'objet même de cette théorie, c'est-à-dire qu'il pose *a priori* les entreprises comme lieu d'avantages concurrentiels, pour ensuite se mettre à la recherche de leurs avantages concurrentiels.

18. Porter opère une symbiose entre sa théorie et les services que peuvent rendre les cabinets de consultation avec lesquels lui et Harvard ont toujours eu partie liée. Il est impossible de ne pas recourir aux portériens comme consultants dès lors qu'on admet leur théorie.

19. Il y a dans les écrits de Porter l'omission, aux conséquences incalculables, de l'évidence suivante : si les entreprises appliquaient les principes des avantages concurrentiels et en sortaient gagnantes, plus personne ne pourrait prétendre recourir à de tels avantages : la théorie se tuerait elle-même du fait de sa propre généralisation.

20. Porter construit des problèmes de stratégie et de management dont la théorie portérienne est «la» solution. Ainsi, dans l'ensemble de l'édifice, se profile la tautologie suivante : les problèmes posés sont ceux pour la résolution desquels la théorie portérienne est faite.

EN CONCLUSION

On pourrait allonger la liste de tels reproches susceptibles d'être adressés à l'ensemble de la théorie portérienne.

Il apparaît que le lecteur peut désormais se faire une idée des failles qui lézardent des pans entiers de la pensée de l'économie-management actuelle, laquelle est marquée par la vogue de la gouvernance et de la stratégie de l'entreprise. Cette pensée est largement dominée par les travaux de Michael Porter et de ses innombrables émules.

Comment peut-on admettre, sans se poser de questions, que des générations entières d'étudiants en management soient formés, souvent sans aucun esprit critique ni recul, à penser selon le système élaboré par Porter ? Et que des programmes de gestion dite «stratégique» s'appuient essentiellement, et sans discernement, sur les constructions portériennes ?

Cela ne relève-t-il pas davantage du parti pris idéologique que de l'objectivité scientifique ?

LES IDÉES IMPORTANTES

SUR LES ACTIVITÉS

La décision

Avec Herbert Simon, le processus de décision devient le centre des activités de l'entreprise et un processus d'intégration des membres à la structure. Chaque membre de l'organisation est décideur et possède des préférences, des aspirations personnelles. Chacun peut choisir de coopérer ou non dans le sens des objectifs de l'entreprise en fonction des incitations mises à sa disposition. Puisque les membres de l'organisation se caractérisent aussi par leur rationalité limitée, c'est au moyen des mécanismes structurels qu'il devient possible de gagner en rationalité sur le plan de l'ensemble de l'entreprise. Cette dernière est alors conçue comme un vaste système d'information coordonné par un centre de traitement qui fragmente et standardise le processus de décision.

Questions

1. Quel est l'apport fondamental de l'œuvre de Herbert Simon ?

2. Quels sont les présupposés essentiels du modèle de la prise de décision qui s'apparentent à ceux du management classique ?

3. Quelle conception de l'être humain sous-tend cette approche ?

4. Comment ce modèle permet-il de concevoir une organisation dépourvue de personnes ?

Le processus administratif

Les activités administratives ont longtemps été conceptualisées sous la forme d'un processus d'analyse rationnel, séquentiel, ordonné et pratiquement universel. À partir d'une étude descriptive du travail du dirigeant, Henry Mintzberg montre au contraire que ce travail est fragmenté, variable, inconstant et que, loin de s'apparenter au travail d'un analyste, il se fait la plupart du temps au fil de multiples communications verbales. La variété et la complexité des contextes d'action du dirigeant sont évoquées par une typologie de configurations organisationnelles qui sont le fruit de dynamiques particulières. Les rôles que tient le dirigeant se rattachent à sa position d'interface entre l'entreprise et son environnement, de facilitateur des interactions entre les différents agents.

Questions

1. Sous quels aspects Henry Mintzberg se montre-t-il réformateur des théories classiques?

2. En quoi Mintzberg contribue-t-il à perpétuer certains principes et présupposés relevant de l'approche traditionnelle du management?

3. Quelles conceptions de l'employé et du dirigeant sous-tendent les travaux de Mintzberg?

Le management stratégique

Avec Michael Porter, le management stratégique, héritier de courants harvardiens anciens, tels que la politique d'administration (*business policy*), est devenu une sorte de base universelle de la «bonne gouvernance» autant des firmes que des nations elles-mêmes. Or, ce mode de pensée s'est vite avéré très proche des intérêts de gros cabinets de consultants nord-américains et de ceux des actionnaires importants et des hauts dirigeants, qui deviennent «ceux par qui tout – y compris la culture et les valeurs – arrive». Il s'agit d'un retour au classicisme le plus centralisateur: la haute direction est l'épicentre et le cerveau. Cependant, il est possible, en s'appuyant sur des auteurs issus de l'économie et du management mêmes, d'apporter de nombreuses critiques à l'œuvre de Porter en ce qui a trait à ses théories et à ses méthodes.

Questions

1. Qu'est ce que le «portérisme»?

2. Comment le cheminement de Michael Porter peut-il expliquer en partie les faiblesses de ses théories?

3. Quelles théories ou quels auteurs fondamentaux pouvez-vous citer pour relativiser le portérisme en tant que théorie à prétention scientifique?

4. Quelles sont les hypothèses sous-jacentes à la théorie portérienne qui peuvent être facilement invalidées? Citez-en au moins six.

BIBLIOGRAPHIE DE LA SECTION III

ABRAVANEL, H. et C. BENABOU (dir.) (1986). *Le comportement des individus et des groupes dans l'organisation,* Chicoutimi, Gaëtan Morin Éditeur.

ACKOFF, R.L. (1967). «Management Misinformation System», *Management Science,* vol. 14, n° 4, décembre, p. 147-157.

ADAMS, J.S. (1963). «Toward an Understanding of Iniquity», *Journal of Abnormal and Social Psychology,* n° 67, p. 422-436.

ADAMS, J.S. (1964). «Effects of Wage Iniquities on Work Quality», *Journal of Abnormal and Social Psychology,* n° 69, p. 19-25.

AKTOUF, O. (1984a). «Le management et son enseignement: entre doctrine et science?», *Gestion,* avril, p. 44-49.

AKTOUF, O. (1984b). «La méthode des cas et l'enseignement du management: pédagogie ou conditionnement?», *Gestion,* novembre, p. 37-42.

AKTOUF, O. (1985). «À propos du management», dans A. Chanlat et M. Dufour (dir.), *La rupture entre l'entreprise et les hommes,* Montréal-Paris, Québec/Amérique – Les Éditions d'Organisation, p. 363-388.

AKTOUF, O. (1986a). *Les sciences de la gestion et les ressources humaines, une analyse critique,* Alger, ENAL/OPU.

AKTOUF, O. (1986b). «La parole dans la vie de l'entreprise: faits et méfaits», *Gestion,* vol. 11, n° 4, novembre, p. 31-37.

AKTOUF, O. (1989a). «Parole, travail et productivité. Une étude de cas et une perspective comparée», document non publié, Montréal, HEC.

AKTOUF, O. (1989b). «L'interpellation de l'autorité et la transgression des tabous managériaux comme symboles de leadership puissant», document non publié, Montréal, HEC.

AKTOUF, O. (1990). «Management et théories des organisations des années 90: vers un radical-humanisme critique?», document non publié, Montréal, HEC.

AKTOUF, O. (1991). «Adhésion et pouvoir partagé: le cas Cascades», *Gérer et Comprendre – Annales des mines,* Paris, n° 23, juin, p. 44-57.

AKTOUF, O. (1992). «Theories of Organizations and Management in the 1990's: Towards a Critical Radical-Humanism?», *Academy of Management Review,* vol. 17, n° 3, juillet, p. 407-431.

AKTOUF, O. (1993). «Le management de l'excellence: de la déification du dirigeant à la dépersonnification de l'employé (ou "les dégâts du dilemme du Roi Lear dans les organisations")», communication présentée au colloque international *Sociologie de l'excellence: formation et déformation des ressources humaines,* Paris, Sorbonne, 20-23 juillet.

AKTOUF, O. (2000). *Administración y pedagogia,* Medellín, Colombie, EAFIT, 122 p.

AKTOUF, O. (2002). *La stratégie de l'autruche. Post-mondialisation, management et rationalité économique,* Montréal, Écosociété.

AKTOUF, O. et M. CHRÉTIEN (1987). «Le cas Cascades: comment se crée une culture organisationnelle», *Revue française de gestion,* n°s 65-66, novembre-décembre, p. 156-166.

ALBERT, M. (1991). *Capitalisme contre capitalisme,* Paris, Éditions du Seuil.

ALLPORT, E.H. (1924). *Social Psychology,* Boston, Houghton Mifflin.

ALLPORT, E.H. (1933). *Institutional Behavior,* Chapel Hill, N.C., University of North Carolina Press.

ANTHONY, R.N. (1965). *Planning and Control Systems: A Framework for Analysis,* Boston, Harvard University Press.

ARGYLE, M. (1953). «The Assembly Relay Test Room in Retrospect», *Occupational Psychology,* vol. 7, p. 103-110.

ARGYRIS, C. (1967). *Executive Leadership: An Appraisal for Manager in Action,* Handem, Conn., Archon Books.

ARGYRIS, C. (1973a). «Personality and Organization Theory Revisited», *Administrative Science Quarterly,* vol. 18, n° 2, juin, p. 141-168.

ARGYRIS, C. (1973b). «Sorne Limits of Rational Man Organizational Theory», *Public Administration Review,* vol. 33, n° 3, mai, p. 253-268.

ARGYRIS, C. (1973c). «Organization Man: Rational or Self Actualizing?», *Public Administration Review,* vol. 33, n° 4, juillet-août, p. 346-354.

ARGYRIS, C. (1980). «The Individual and Organizational Structure», *Reading in Human Relations.*

ATTAU, J. (1990). *Lignes d'horizon,* Paris, Fayard.

AUBERT, N. et V. de GAULEJAC (1992). *Le coût de l'excellence,* Paris, Éditions du Seuil.

AUBREY, B. (1993). «Repensons le travail du cadre», *Harvard-L'Expansion,* Paris, été.

BATESON, G. *et al.* (1981). *La nouvelle communication,* Paris, Éditions du Seuil, coll. «Points».

BÉDARD, R. et A. CHANLAT (1993). «Être patron aujourd'hui», *Revue Notre-Dame,* n° 6, juin.

BENDIX, R. (1949). «The Perspectives of Elton Mayo», *Review of Economics and Statistics,* vol. 31, n° 4, novembre, p. 312-321.

BENVENISTE, É. (1973). *Problèmes de linguistique générale I,* Paris, Gallimard.

BENVENISTE, É. (1980). *Problèmes de linguistique générale II,* Paris, Gallimard.

BERGERON, J.-L. *et al.* (1979). *Les aspects humains de l'organisation,* Montréal, Gaëtan Morin Éditeur.

BERGERON, P.-G. (1983). *La gestion moderne, théories et cas,* Chicoutimi, Gaëtan Morin Éditeur.

BERGERON, P.-G. (1986). *La gestion dynamique, concepts, méthodes et applications,* Chicoutimi, Gaëtan Morin Éditeur.

BERNE, E. (1971). *Analyse transactionnelle et psychothérapie,* Paris, Payot.

BLAKE, R. et J. MOUTON (1964). *The Managerial Grid: Key Orientations for Achieving Production Through People,* Houston, Gulf Pub. Co.

BLANKEVOORT, P.J. (1984). «Effects of Communication and Organization», *International Journal of Project Management,* vol. 2, n° 3, août.

BLOOM, A. (1987). *L'âme désarmée, essai sur le déclin de la culture générale,* Paris, Guérin.

BLUMENTHAL, S.C. (1969). *Management Information Systems: A Framework for Planning and Development,* Englewood Cliffs, N.J., Prentice-Hall.

BOISVERT, M. et R. DÉRY (1980). *Le manager et la gestion,* Montréal, Agence d'Arc.

BOURGOIN, H. (1984). *L'Afrique malade du management,* Paris, Jean Picollec.

BOYER, R. et J.-P. DURAND (1993). *L'après-fordisme,* Paris, Syrox.

BRAUDEL, F. (1980). *Civilisation matérielle, économie et capitalisme, les jeux de l'échange,* Paris, Armand Colin, 3 volumes.

BRAVERMAN, H. (1976). *Travail et capitalisme monopoliste,* Paris, Maspero.

BROWN, J.A.C. (1954). *The Social Psychology of Industry: Human Relations in the Factory,* Harmondsworth, Middlesex, Penguin Books.

BRUNSTEIN, I. (dir.) (1999). *L'homme à l'échine pliée,* Paris, Desclée de Brouwer, coll. «Sociologie Clinique», 206, p.

BURAWOY, M. (1979a). «Toward a Marxist Theory of the Labor Process: Braverman and Beyond», *Politics and Society,* vol. 8, nᵒˢ 3-4, p. 247-312.

BURAWOY, M. (1979b). *Manufacturing Consent,* Chicago, Chicago University Press.

BURNS, T. (1954). «The Direction of Activity and Communication in a Departmental Executive Group», *Human Relations,* vol. VII, n° l, p. 73-97.

CAREY, A. (1967). «The Hawthorne Studies: A Radical Criticism», *American Sociological Review,* vol. 32, n° 3, juin, p. 403-416.

CHANLAT, A. (1984). *Gestion et culture d'entreprise: le cheminement d'Hydro-Québec,* Montréal, Québec/Amérique.

CHANLAT, A. (1990). «La gestion, une affaire de parole», dans J.-F. Chanlat (dir.), *L'individu dans l'organisation: les dimensions oubliées,* Québec-Paris, PUL-Eska.

CHANLAT, A. (1992). *L'administration municipale à la croisée des chemins,* CETAI, Montréal, École des hautes études commerciales, septembre.

CHANLAT, A. (1993). «La société malade de ses gestionnaires», *Interface,* vol. 14, n° 6, novembre-décembre, Montréal, ACFAS.

CHANLAT, A. et R. BÉDARD (1990). «La gestion, une affaire de parole», dans J.-F. Chanlat (dir.), *L'individu dans l'organisation: les dimensions oubliées,* Québec-Paris, PUL-ESKA.

CHANLAT, J.-F. (1983). «Usure différentielle au travail, classes sociales et santé: un aperçu des études épidémiologiques contemporaines», dans A. Cottereau, «L'usure au travail», *Le mouvement social,* Éditions ouvrières, n° 124, juillet-septembre, p. 153-169.

CHANLAT, J.-F. (dir.) (1990). *L'individu dans l'organisation: les dimensions oubliées,* Québec-Paris, PUL-ESKA.

CHARTIER, L. et H. SÉRIEYX (1992). Rapport de mission *Face à face du Pacifique II,* du 6 au 21 décembre 1991, Montréal, Groupe CFC.

CHASE, S. (1941). «What Makes Workers Like to Work?», *Reader's Digest,* février, p. 15-20.

CHOSSUDOVSKY, M. (1998). *La mondialisation de la pauvreté,* Montréal, Écosociété.

CHOSSUDOVSKY, M. (2004). *Mondialisation de la pauvreté et nouvel ordre mondial,* 2ᵉ édition revue et augmentée, Montréal, Écosociété, 383 p.

CLEGG, S.R. et D. DUNKERLEY (1977). *Critical Issues in Organizations,* Londres, Routledge and Kegan Paul.

COBB, C., T. HALSTEAD et J. ROWE (1995). «If the GDP is Up, Why is America Down?», *The Atlantic Monthly,* octobre, p. 59-78.

COLLECTIF SCIENCES HUMAINES PARIS IX – DAUPHINE (1987). *Organisations et management en question(s),* Paris, L'Harmattan, coll. «Logiques sociales».

CORIAT, B. (1993). *Penser à l'envers,* Paris, Christian Bourgois éditeur.

CROZIER, M. (1989). *L'entreprise à l'écoute,* Paris, InterÉditions.

COURVILLE, L. (1994). *Piloter dans la tempête,* Montréal, Québec/Amérique, 152 p.

CROZIER, M. et E. FRIEDBERG (1977). *L'acteur et le système,* Paris, Éditions du Seuil.

CUGGIA, G. (1989). *Cascades, le triomphe du respect,* Montréal, Québec/Amérique.

CULBERT, S. (1974). *The Invisible War : Pursuing Self Interests at Work,* New York, Wileyand Sons.

CULBERT, S. (1980). *The Organizational Trap and How to Get Out of It,* New York, Basic Books.

CYERT, C. et K.J. COHEN (1965). *Theory of the Firm,* Englewood Cliffs, N.J., Prentice-Hall.

DEJOURS, C. (1980). *Le travail, usure mentale : essai de psychopathologie du travail,* Paris, Le Centurion.

DEJOURS, C. (1998). *Souffrance en France,* Paris, Éditions du Seuil, 183 p.

DEJOURS, C. *et al.* (1985). *Psychopathologie du travail,* Paris, Entreprise Moderne d'Édition.

DELVIN, E. (1986). « Ne tirez pas sur les M.B.A. », *Revue Commerce,* vol. 88, n° 10, octobre, p. 168-180.

DEMING, W.E. (1987). « Pourquoi sommes-nous si mauvais ? », *Revue Commerce,* vol. 88, n° 10, octobre, p. 109-117.

DERTOUZOS, M., R. LESTER et R. SOLOW (1990). *Made in America,* New York-Paris, MIT Press et InterÉditions.

DÉRY, R. (1990). « La multidisciplinarité des sciences de l'organisation », dans *L'organisation, un objet multidisciplinaire,* compte rendu du 12ᵉ Congrès international de sociologie, ISA, Madrid, du 9 au 13 juillet.

DÉRY, R. (1992). « Enjeux et controverses épistémologiques dans le champ des sciences de l'administration », *Revue canadienne des sciences de l'administration,* vol. 1.

DEVEREUX, G. (1970). *Essais d'ethnopsychiatrie générale,* Paris, Gallimard.

DEVEREUX, G. (1980). *Ethnopsychanalyse complémentariste,* Paris, Gallimard.

D'IRRIBANE, P. (1989). *La logique de l'honneur,* Paris, Éditions du Seuil.

DUMONT, L. (1970) *Homo æqualis,* Paris, Éditions de Minuit.

DUMONT, L. (1979). *Homo hierarchicus : le système des castes et ses implications,* Paris, Éditions de Minuit.

DUMONT, R. (1988). *Un monde intolérable. Le libéralisme en question,* Paris, Éditions du Seuil.

DUNETTE, M.D. (1976). *Handbook on Industrial and Organizational Psychology,* Chicago, Rand McNally.

DURKHEIM, É. (1893). *De la division du travail social,* Paris, F. Alcan (réédité aux PUF en 1968, 8ᵉ édition).

DURKHEIM, É. (1897). *Le suicide : étude de sociologie,* Paris, F. Alcan.

ÉCOLE POLYTECHNIQUE ET CNRS (1989). *Actes du séminaire Contradictions et dynamique des organisations,* Cahiers du Centre de Recherche en Gestion, n° 5, Paris.

EVANS-PRITCHARD, E.E. (1969). *Anthropologie sociale,* Paris, Payot.

FAYOL, H. (1979). *Administration industrielle et générale,* Paris, Dunod (première publication en 1916).

FERRANDON, M.E. et R. JAMMES (1978). *La division du travail,* Paris, Hatier.

FEUILHADE DE CHAUVIN, T. de (1991). *Éthique et pouvoir dans l'entreprise,* Paris, ESF éditeur.

FLEMING, J.E. (1968). « Étude d'une décision d'entreprise », *Synopsis,* juillet-août, p. 39-47.

FLOWERS, V.S. et G.L. HUGUES (1973). «Why Employees Stay?», *Harvard Business Review,* vol. 51, n° 2, juillet-août, p. 49-61.

FOLLET, M.P. (1942). *Dynamic Administration: The Collected Papers of M.F. Follet,* dans H.C. Metcalf et L. Urwick (dir.), New York, Harper and Row.

FORRESTER, J.W. (1961). *Industrial Dynamics,* Cambridge, Mass., MIT Press.

FORRESTER, J.W. (1971). «Counterintuitive Behavior of Social Systems», *Technology Review,* vol. 73, n° 3, janvier, p. 53-68.

FORRESTER, V. (1999). *L'horreur économique,* Paris, Librairie générale française, coll. «Livre de poche», 186 p.

FORRESTER, V. (2000). *Une étrange dictature,* Paris, Fayard, 223 p.

FORTUNE (1993). «Managing the Chaos», New York Time inc., Time Life Building, Rockefeller Center, avril.

FRANKE, R.H. et J.D. KAUL (1978). «The Hawthorne Experiments: First Statistical Interpretation», *American Sociological Review,* vol. 43, n° 5, octobre, p. 623-643.

FRIEDMANN, G. (1946). *Problèmes humains du machinisme industriel,* Paris, Gallimard.

FRIEDRICH, O. (1981). «Business School Solutions May Be Part of the US Problem», *Time Magazine,* 4 mai, p. 52-59.

GARVIN, D. (1993). «Construire une organisation intelligente», *Harvard-L'Expansion,* Paris, été.

GASPARINI, G. (1990). «Temps et travail en Occident», dans J.-F. Chanlat (dir.), *L'individu dans l'organisation: les dimensions oubliées,* Québec-Paris, PUL-ESKA, p. 199-214.

GENDARME, R. (1963). *La pauvreté des nations,* Paris, Cujas.

GENDARME, R. (1981). *Des sorcières dans l'économie: les multinationales,* Paris, Cujas.

GÉNÉREUX, J. (2001). *Les vraies lois de l'économie,* tome I, Paris, Éditions du Seuil.

GÉNÉREUX, J. (2002). *Les vraies lois de l'économie,* tome II, Paris, Éditions du Seuil.

GIRIN, J. (1981). «Quel paradigme pour la recherche en gestion?», *Économies et sociétés,* série «Sciences et gestion», n° 2, p. 1871-1889.

GIRIN, J. (1984). «Langages en actes et organisations», *Économies et sociétés,* série S-6, n° 3, p. 1559-1591.

GOLDSMITH, J. (1993). *Le piège,* Paris, Éditions du Seuil, coll. «Points».

GODELIER, M. (1966). *Rationalité et irrationalité en économie,* Paris, Maspero.

GONDRAND, F. (1989). *Quand les hommes font la différence,* Paris, Les Éditions d'Organisation.

GORZ, A. (1973). *Critique de la division du travail,* Paris, Éditions du Seuil, coll. «Points».

GUÉHENNO, J.-M. (1993). *La fin de la démocratie,* Paris, Flammarion.

GUEST, R.H. (1956). «Of Time and the Foreman», *Personnel,* vol. 32, n° 6, p. 478-486.

GURVITCH, G. (1950). *La vocation actuelle de la sociologie,* Paris, PUF (publié de nouveau en 1969 comme second tome de *La vocation actuelle de la sociologie: vers la sociologie différentielle,* Paris, PUF, 1963. L'édition de 1969 porte en sous-titre: *Antécédents et perspectives*).

HAFSI, T., F. SÉGUIN et J.-M. TOULOUSE (2000). *La stratégie des organisations: une synthèse,* 2ᵉ édition revue et enrichie, Montréal, Les Éditions Transcontinentales.

HANDY, C. (1989). *The Age of Unreason,* Londres, Basic Books.

HAYEK, F. (1993). *La présomption fatale,* Paris, PUF.

HEILBRONER, R. (1971). *Les grands économistes,* Paris, Éditions du Seuil, coll. «Points».

HEILBRONER, R. (1984). *Marxisme, pour et contre* (traduction française de *Marxism: For and Against*), Paris, Economica, 121 p.

HERZBERG, F. (1972). *Le travail et la nature de l'homme,* Paris, Entreprise Moderne d'Édition.

HERZBERG, F. (1980a). «Herzberg, the Humanist Takes on Scientific Management», entretien accordé à la revue *Industry Week,* vol. 206, n° 6, 15 septembre, p. 45-50.

HERZBERG, F. (1980b). «Humanities: Practical Management Education», *Industry Week,* vol. 206, n° 7, 29 septembre, p. 69-72.

HERZBERG, F. (1980c). «Maximizing Work and Minimizing Labour», *Industry Week,* vol. 207, n° 1, 13 octobre, p. 61-64.

HOGUE, J.-P. (1980). *L'homme et l'organisation,* Montréal, Éditions Commerce, Beauchemin.

JACOUD, R. et M. METSCH (1991). *Diriger autrement, les cinq réflexes du leader,* Paris, Les Éditions d'Organisation.

JANKÉLÉVITCH, V. (1939). *Traité des vertus,* Paris, P. Alcan.

JASINSKI, P.J. (1956). «Foreman Relationships Outside the Work Group», *Personnel,* vol. 33, n° 2, septembre, p. 130-136.

KANTER, R. (1992). *L'entreprise en éveil,* Paris, InterÉditions.

KAPLAN, A. (1964). *The Conduct of Inquiry: Methodology for Behavioral Science,* San Francisco, Chandler Pub.

KENNEDY, C. (1993). *Guide to the Management Gurus. Shortcuts to the Ideas of Leading Management Thinkers,* San Francisco, Josey-bass (en français: *Toutes les théories du management,* Paris, Maxima).

KETS de VRIES, M. (1979). «Comment rendre fous vos subordonnés», *Harvard-L'Expansion,* n° 15, hiver 1979-1980, p. 51-59.

KETS de VRIES, M. et D. MILLER (1985). *L'entreprise névrosée,* Paris, McGraw-Hill.

KING, A. et B. SCHNEIDER (1991). *Question de survie,* Club de Rome, Paris, Calmann-Lévy.

KNUDSON, H.R. (1978). *Organizational Behavior: A Management Approach,* Cambridge, Mass., Winthrop Publishers Press.

KUHN, T.S. (1972). *La structure des révolutions scientifiques,* Paris, Flammarion.

KNIGHTS, D. (1992). «Changing Spaces: The Disruptive Impact of a New Epistemological Location for the Study of Management», *Academy of Management Review,* vol. 17, n° 3, p. 514-536.

KRUGMAN, P. (2004). *L'Amérique dérape,* Paris, Flammarion, 482 p.

LABORIT, H. (1974). *La nouvelle grille,* Paris, Robert Laffont.

LABORIT, H. (1987). *Dieu ne joue pas aux dés,* Paris, Les Éditions de l'Homme.

LANDIER, H. (1989). *L'entreprise polycellulaire,* Paris, Entreprise Moderne d'Édition.

LAPIERRE, L. (1988). «Puissance, leadership et gestion», *Gestion,* vol. 13, n° 2, mai, p. 39-69.

LAU, J.B. (1979). *Behavior in Organizations: An Experiential Approach,* Homewood, Ill., Richard D. Irwin.

LAUFER, R. et C. PARADEISE (1982). *Le Prince bureaucrate, Machiavel au pays du marketing,* Paris, Flammarion.

LEE, J.A. (1980). *The Gold and the Garbage in Management Theories and Prescriptions,* Athens, Ohio, Ohio University Press.

LEVITT, T. (1991). *Réflexions sur le management,* Paris, Dunod.

LÉVY-BRUHL, L. (1922). *Les fonctions mentales dans les sociétés inférieures,* Paris, P. Alcan.

LEWIN, K. (1935). *A Dynamic Theory of Personality,* New York, McGraw-Hill.

LEWIN, K. (1947). «Frontiers in Group Dynamics», *Human Relations,* vol. 1, n° 1, juin, p.143-157.

LEWIN, K. (1958). «Group Decision and Social Change», dans E. Maccoby (dir.), *Readings in Social Psychology,* New York, Holt.

LIKERT, R. (1961). *New Patterns of Management,* New York, McGraw-Hill.

MACCOBY, M. (1976). *The Gamesman: The New Corporate Leaders,* New York, Simon and Schuster.

MALINOWSKI, B. (1922). *Les argonautes du Pacifique Sud,* Londres, G. Routledge.

MARCH, J.G. et J.P. OLSEN (1976). *Ambiguity and Choice in Organizations,* Bergen, Norvège, Universitetsforlaget.

MARTINEAU, J. (1989). *Le réveil de l'intelligence,* Paris, Les Éditions d'Organisation.

MASLOW, A. (1943). *Motivation and Personality,* New York, Harper and Row.

MAYO, E. (1924). «Revery and Industrial Fatigue», *Personnel Journal,* vol. III, n° 28, décembre, p. 273-292.

MAYO, E. (1933). *The Human Problems of an Industrial Civilization,* New York, Macmillan.

MAYO, E. (1945). *The Social Problems of an Industrial Civilization,* Boston, Harvard University Press.

McCLELLAND, D.C. (1953). *The Achieving Motive,* New York, Appleton-Century Crofts.

McDOUGALL, W. (1920). *The Group Mind: A Sketch of the Principles of Collective Psychology,* New York, Putman's Sons.

McGREGOR, D. (1960). *The Human Side of Enterprise,* New York, McGraw-Hill.

MILLER, R. (dir.) (1985). *La direction des entreprises, concepts et applications,* Montréal, McGraw-Hill.

MILLS, C.W. (1955). «Note sur l'idéologie des relations humaines», *La revue socialiste,* n° 84, février, p. 28-37.

MINTZBERG, H. (1971). «Managerial Work: Analysis from Observation», *Management Science,* vol. 18, n° 2, octobre, p. 97-111.

MINTZBERG, H. (1973). *The Nature of Managerial Work,* New York, Harper and Row (en français: *Le manager au quotidien,* Montréal, Agence d'Arc, 1984).

MINTZBERG, H. (1975). «The Manager's Job: The Folklore and Fact», *Harvard Business Review,* vol. 53, n° 4, p. 49-61.

MINTZBERG, H. (1976). «Planning on the Left Side and Managing on the Right», *Harvard Business Review,* vol. 54, n° 2, juillet-août, p. 49-59.

MINTZBERG, H. (1979a). «An Emerging Strategy for «Direct» Research», *Administrative Science Quarterly,* vol. 24, n° 4, décembre, p. 582-589.

MINTZBERG, H. (1979b). *The Structuring of Organizations,* Englewood Cliffs, N.J., Prentice-Hall (en français: *Structure et dynamique des organisations,* Montréal, Agence d'Arc, 1982).

MINTZBERG, H. (1984). *Le manager au quotidien,* Montréal, Agence d'Arc.

MINTZBERG, H. (1989a). «Formons des managers, non des M.B.A.», *Harvard-L'Expansion,* n° 51, hiver 1988-1989, p. 84-92.

MINTZBERG, H. (1989b). *On Management. Inside our Strange World of Organizations,* New York, The Free Press.

MINTZBERG, H. (2004). *Managers, not MBA's,* San Francisco, Berret-Koehler.

MITROFF, I.I. (1978). *Methodological Approaches to Social Sciences,* San Francisco, Jossey-Bass.

MORENO, J.L. (1954). *Fondements de la sociométrie,* Paris, PUF.

MORGAN, G. (1983). *Beyond Method,* Londres, Sage Publications.

MORGAN, G. (1989). *Images de l'organisation,* Québec-Paris, PUL-ESKA.

MORITA, A. (1986). *Made in Japan,* Paris, Robert Laffont.

MOUNIER, E. (1946). *Qu'est-ce que le personnalisme?,* Paris, Éditions du Seuil.

MUENSTERBERG, H. (1913). *Psychology and Industrial Efficiency,* Boston, Houghton, Mifflin and Co.

MYERS, C.S. (1925). *Industrial Psychology,* New York, People's Institute.

NAULLOEAU, G. et C. MENDOZA (1993). «Le grand désarroi des chefs de service», *Harvard-L'Expansion,* Paris, été.

OUCHI, W.G. (1981). *Theory Z: How American Business Can Meet the Japanese Challenge,* Reading, Mass., Addison-Wesley.

PARSONS, H.M. (1974). «What Happened at Hawthorne?», *Science,* vol. 183, mars, p. 922-933.

PARSONS, T. (1964). *Social Structure and Personality,* New York, Free Press of Glencoe.

PAUCHANT, T.C. et I.I. MITROFF (1992). *Transforming the Crisis-Prone Organization – Preventing Individual, Organizational and Environmental Tragedies,* San Francisco, Jossey-Bass.

PETERS, T. et R. WATERMAN (1982). *In Search of Excellence,* New York, Harper and Row.

PETERS, T. et R. WATERMAN (1983). *Le prix de l'excellence,* Paris, InterÉditions.

PITCHER, P. (1993). «L'article, l'artisan et le technocrate», *Gestion,* mai.

PORTER, M.E. (1979). «Stratégie: analysez votre industrie», *Harvard-L'Expansion,* n° 13, été, p. 100-111.

PORTER, M.E. (1980). *Competitive Strategy: Techniques for Analyzing Industries and Competitors,* New York, The Free Press (en français: *Choix stratégiques et concurrence,* Paris, Economica).

PORTER, M.E. (1985). *Competitive Advantage: Creating and Sustaining Superior Performance,* New York, The Free Press.

PORTER, M.E. (1986). *L'avantage concurrentiel: comment devancer ses concurrents et maintenir son avance,* Paris, InterÉditions, 647 p.

PORTER, M.E. (1990). *The Competitive Advantage of Nations,* New York, the Free Press.

PORTER, M.E. (1993). *L'avantage concurrentiel des nations,* Paris, InterÉditions.

RADCLIFFE-BROWN, A.R. (1969). *Structure et fonction dans la société primitive,* Paris, Éditions de Minuit.

ROETHLISBERGER, F. et W. DICKSON (1939). *Management and the Worker,* Cambridge, Mass., Harvard University Press.

SAUL, J. (1993). *Les bâtards de Voltaire : la dictature de la raison en Occident,* Paris, Payot.

SAUTTER, C. (1987). *Les dents du géant. Le Japon à la conquête du monde,* Paris, Olivier Orban.

SAYLES, L. (1970). «Whatever Happened to Management?», *Business Horizons,* vol. 13, n° 2, avril, p. 25-35.

SÉGUIN, F. (1988). *Les organisations ou deux ou trois choses que je sais d'elles,* rapport de recherche, n° 88-02, Montréal, HEC, mars.

SÉGUIN, F. et J.-F. CHANLAT (1983). *L'analyse des organisations,* tome I, Chicoutimi, Gaëtan Morin Éditeur.

SÉGUIN, F. et J.-F. CHANLAT (1987). *L'analyse des organisations,* tome II, Chicoutimi, Gaëtan Morin Éditeur.

SELZNICK, P. (1957). *Leadership in Administration, A Sociological Interpretation,* Evanston, Ill., Row Peterson.

SEMLER, R. (1993). *À contre-courant,* Paris, Dunod.

SÉRIEYX, H. (1989). *Le zéro mépris,* Paris, InterÉditions.

SÉRIEYX, H. (1993). *Le Big-Bang des organisations,* Paris, InterÉditions.

SFEZ, L. (1976). *Critique de la décision,* Paris, PFNSP.

SHAPERO, A. (1977). «What Management Says and What Managers Do», *Interface,* vol. 7, n° 2, février, p. 106-108.

SIEVERS, B. (1986a). «Beyond the Surrogate of Motivation», *Organization Studies,* vol. 7, n° 4, p. 335-351.

SIEVERS, B. (1986b). «Participation as a Collusive Quarrel over Immortality», *Dragon, The SCOS Journal,* vol. 1, n° 1, janvier, p. 72-82.

SIEVERS, B. (1986c). *Leadership as a Perpetuation of Immaturity. A New Perspective on Corporate Culture,* inédit, Wuppertal, Allemagne, Bergischen Universitat, Gesamtochschule.

SIMON, H.A. (1946). «The Proverbs of Administration», *Public Administration Review,* vol. VI, n° 1, février, p. 53-68.

SIMON, H.A. (1947). *Administrative Behavior,* New York, John Wiley & Sons.

SIMON, H.A. (1960). *The New Science of Management Decision,* New York, Harper and Row.

SIMON, H.A. (1973a). «Applying Information Technology to Organization Design», *Public Administration Review,* vol. 33, n° 3, mai-juin, p. 268-279.

SIMON, H.A. (1973b). «Organizational Man : Rational and Self Actualizing», *Public Administration Review,* vol. 33, n° 3, mai-juin, p. 354-358.

SIMON, H.A. (1976). *Administrative Behaviour,* 3e édition, New York, McMillan.

SIMON, H.A. (1977). *The New Science of Management Decision,* 3e édition, Englewood Cliffs, N.J., Prentice-Hall.

SIMON, H.A. (1980). *Le nouveau management : la décision par les ordinateurs,* Paris, Economica.

SIMON, H.A. et J.G. MARCH (1958). *Organizations,* New York, John Wiley & Sons.

SKINNER, B.F. (1938). *The Behavior of Organisms : An Experimental Analysis,* 3e édition, New York, Appleton-Century Crofts.

SKINNER, B.F. (1953). *Science and Human Behavior,* New York, Macmillan.

SKINNER, B.F. et C.B. FERTSER (1957). *Schedules of Reinforcement,* New York, Appleton-Century Crofts.

STAW, B.M. et G.R. SALANCIK (1977). *New Directions in Organizational Behavior,* Chicago, St. Clair Press.

STEWART, R. (1963). *The Reality of Management,* New York, Heinemann.

STIGLITZ, J. (2002). *La grande désillusion : la mondialisation ne marche pas,* Paris, Fayard.

STIGLITZ, J. (2003). *Quand le capitalisme perd la tête,* Paris, Fayard.

STUART-KOTZE, R. (1980). *Introduction to Organizational Behavior : A Situational Approach,* Reston, Va., Reston.

STUART MILL, J. (1864). *L'utilitarisme* (nouvelle traduction), Toulouse, Privat.

TARRAB, G. (1982). «Les cercles de qualité : progrès social et rentabilité sont-ils conciliables ?», *Revue Commerce,* novembre, p. 108-112.

THANHEISER, H. (1979). «Stratégie et planification allemandes», *Gestion,* vol. 4, n° 4, novembre, p. 79-84.

THURLEY, K. et H. WIRDENIUS (1991). *Vers un management multiculturel en Europe,* Paris, Les Éditions d'Organisation.

TOFFLER, A. (1980). *La troisième vague,* Paris, Denoël.

TOFFLER, A. (1991). *Les nouveaux pouvoirs,* Paris, Fayard.

TOURAINE, A. (1952). «Ambiguïté de la sociologie industrielle américaine», *Cahiers internationaux de sociologie,* vol. 7, n° 12, p. 49-72.

URWICK, L. (1965). «Have we Lost our Way in the Jungle of Management Theory ?», *Personnel,* vol. 42, n° 3, mai-juin, p. 12-23.

VARRON, M.T. (1877). *De l'agriculture,* livre 1, Paris, Nisard, 2 volumes (cité par M. Godelier, *Rationalité et irrationalité en économie,* Paris, Maspero, 1966, p. 48-49).

WATERMAN, R. (1990). *Les champions du renouveau,* Paris, InterÉditions.

WATSON, J.B. (1931). *Behaviorism,* 2e édition, Londres, Paul Kegan.

WATZLAWICK, P. *et al.* (1979). *Une logique de la communication,* Paris, Éditions du Seuil, coll. «Points».

WEBER, M. (1991). *Histoire économique,* Paris, Gallimard.

WEIL, S. (1964). *La condition ouvrière,* Paris, Gallimard, coll. «Idées».

WHITE, R. et R. LIPPIT (1960). *Autocracy and Democracy : An Experimental Inquiry,* New York, Harper and Row.

WORK IN AMERICA (1973 et 1983) «Report of a Special Task Force to the Secretary of Health, Education and Welfare», W.E. Upjohn Institute for Employment Research, Cambridge, Mass., MIT Press.

WRAPP, C.E. (1967). «Good Managers don't Make Policy Decisions», *Harvard Business Review,* vol. 45, n° 2, septembre-octobre, p. 91-100.

WREN, D.A. (1979). *The Evolution of Management Thought,* 2e édition, New York, John Wiley & Sons.

DEUXIÈME PARTIE

Étude de quelques «modèles» toujours «globalement performants»: Japon, Corée du Sud, Allemagne, Suède[1]

1. Des auteurs occidentaux aussi réputés que J.K. Galbraith (*Voyage dans le temps écono-mique,* 1997) ou H. Mintzberg («Du capitalisme et de l'État», *Commerce,* juin 1997; et «Managers not MABA's», 2005) ou encore J. Stiglitz («Quand le capitalisme perd la tête», 2003) affirment que le Japon, l'Allemagne et les pays scandinaves «sont ceux qui s'en sortent le mieux, malgré tout», et que ce sont des exemples à toujours regarder de près.

SECTION I

Le Japon et la Corée du Sud[1]

<hr />

1. Il n'a échappé à personne que la région du Sud-Est asiatique a subi de sérieux contrecoups régionaux ces dernières années, et particulièrement en 1998. Cependant, il convient de noter soigneusement que les crises successives, depuis la Corée du Sud et la Thaïlande jusqu'au Japon (et plus récemment, la Russie), ont de nombreuses causes exogènes (venant d'attaques spéculatives extérieures, et ne remettant nullement en question le «modèle» japonais – pas plus que la crise de 1929 n'a condamné le «modèle» américain). Mais, par-dessus tout, il s'agit de cesser de confondre «turbulences monétaires et financières» avec état de santé d'une économie... À ce chapitre, les infrastructures et les capacités installées, la qualité de vie et de l'environnement, la solidarité sociale, le degré de qualification et de sophistication technologique des forces productives, etc., garantissent une capacité de résistance et de relance hors du commun pour les économies de la région (il n'est qu'à voir comment la Corée a su dominer une crise qui annonçait un désastre total). Pour moi donc, encore en cette année 2005, il n'est nullement question, au vu de crises conjoncturelles, de condamner le mode de production «germano-nippon», bien au contraire.

Chapitre 8
Le management à la japonaise et le modèle nippon

Bien des controverses, des polémiques et des incompréhensions alimentent les écrits sur le Japon. Il y a déjà plusieurs décennies que l'on débat, inquiets, fascinés ou agacés, à propos du miracle japonais. Il s'est publié des centaines, sinon des milliers d'écrits sur l'essor de l'économie japonaise, presque dans toutes les langues : articles, numéros spéciaux de revues prestigieuses, livres, essais et études historiques ou socioéconomiques, etc. Bref, le Japon ne laisse personne indifférent. Avec l'élévation soutenue de ses taux de croissance et de productivité et la place qu'il a prise comme puissance financière (le yen fait figure de monnaie de référence avec le dollar et l'euro), le Japon est un pays et une économie qui interrogent l'ensemble du monde industrialisé.

Du fait de son espace agricole extrêmement réduit[1] et de l'absence de ressources naturelles ou énergétiques, le Japon importe à peu près tout ce qu'il lui faut pour produire, depuis le minerai jusqu'à l'énergie : 99,8 % de son pétrole, 100 % de son aluminium, 66 % de son bois[2].

La puissance industrielle japonaise est considérable. Elle représente près du quart de celle de l'ensemble des pays de l'Organisation de coopération et de développement économiques (OCDE), si l'on y ajoute les entreprises japonaises ayant leurs activités à l'étranger.

Voilà un pays qui a acquis un génie de la productivité et de la qualité qui laisse songeur. Il est clair que les Japonais ont su s'organiser et organiser leur façon de produire de telle manière qu'ils arrivent à obtenir mieux du facteur « travail ». Mais, au-delà de leur capacité d'amener ainsi le facteur « travail » à rendre davantage, ce qui incite à la réflexion, c'est la capacité des Japonais non seulement de maintenir la productivité, mais aussi de l'améliorer constamment, que ce soit en rendements purs, en qualité ou en créativité et innovation. Depuis des

---

1. À cause du relief montagneux, un dixième du territoire japonais est mis en valeur par l'agriculture. L'exploitation des sols est très intensive et, en moyenne, chaque kilomètre carré de terre arable est cultivé par 154 agriculteurs, contre 101 en Inde, 16 en Italie et un seul aux États-Unis (Pitte, 1991).
2. Bien qu'elle soit riche et diversifiée, la forêt japonaise est peu exploitée. Pour des raisons culturelles et économiques, le Japon fait largement appel aux ressources forestières du Sud-Est asiatique (Indonésie, Philippines, Malaisie).

décennies, études, dossiers et livres analysent le Japon et ses énigmes, tant sa réussite est spectaculaire et sa menace pour l'Occident grandissante[3].

Au Japon, on ne cherche pas les moyens de pousser encore plus loin les limites de ce que l'on peut tirer du travail. Il s'agit surtout de déterminer s'il existe une façon de travailler plus intelligemment. Et si l'intelligence n'exclut pas la productivité, alors pourquoi pas?

Le Japon a souvent été présenté comme un concurrent plus ou moins déloyal dans un contexte de libre concurrence. Cependant, Dominique Nora montre, dans *L'étreinte du samouraï ou le défi japonais* (1991), que le Japon ne «triche» pas, mais «joue» autrement. En effet, certains analystes réduisent l'explication de la réussite de ce pays au fait que les entreprises nippones travaillent de concert avec les institutions politiques et que le marché intérieur reste relativement inaccessible[4]. L'image d'un Japon longtemps qualifié de «servile imitateur» est une erreur qui n'est pas innocente puisqu'elle donne bonne conscience aux acteurs économiques occidentaux. En réalité, les Japonais ont beaucoup emprunté – à la Chine, à la Corée, à l'Occident –, mais ils ont beaucoup transformé et adapté, à leur usage et à leur espace, les idées et les techniques qu'ils importaient[5]. »

Nous ne visons pas à idéaliser la réussite du Japon (nous verrons que les coûts sociaux, psychologiques et humains payés par la société sont assez élevés), mais à quoi cela sert-il de se réfugier derrière quelques failles pour ignorer l'avance ou les points forts de ce pays? Cependant, ce que les Japonais réussissent mieux doit aussi être connu, non pour être calqué sans discernement, mais pour être compris dans ses fondements et, dans la mesure du possible, adapté, tout comme on le fait depuis tant d'années avec le modèle américain qui ne saurait être unique et éternel. Sur ce point, l'Orient et l'Extrême-Orient, où le Japon occupe une place de choix, sont, selon Deming (1987), des «marathoniens» et non des «sprinters» (car la «course» est une course de fond). Ainsi, le «modèle» japonais et d'autres modèles performants (ceux de l'Allemagne, de la Suède, l'expérience sud-coréenne) nous renvoient à des considérations sociohistoriques et sociopolitiques fondamentales en management. Mais revenons à ce que le modèle japonais a à nous dire de plus significatif.

---

3. Voir Vogel (1983), Bellon et Niosi (1987), *L'Express* (1987), Sautter (1987), Peters (1988), *Le Point* (1989), Leclerc (1989), *Le Devoir* (1990), Albert (1991), Birat (1991), Donnet (1991), *Le Monde diplomatique* (1991), Nora (1991), Pitte (1991), *Le Monde* (1992); *Business Week*, 15 juillet 1993, où l'on fait le procès des écoles de gestion nord-américaines qui, entre autres, «persistent à ignorer les pratiques à succès du management japonais, allemand», Dourille-Feer (2002), Le Diascorn (2003).
4. Toutefois, selon une enquête effectuée en juin 1991 par la Chambre de commerce américaine (Fair Trade Commission), les échecs des sociétés étrangères au Japon s'expliquent surtout par leur politique de gestion à courte vue, le peu d'efforts qu'elles font pour adapter leurs produits au marché japonais et leur inconscience du haut niveau de qualité exigée.
5. Pitte (1991, p. 15).

QUELQUES FAITS ET CHIFFRES

Depuis le début des années 1990, le PNB par habitant du Japon se rapproche de celui des États-Unis malgré une population deux fois moins nombreuse. Le PNB global du Japon a atteint 60 % de celui des États-Unis en 1990. On prévoit même qu'il pourrait le dépasser avant 2040[6] (voir les tableaux 8.1 et 8.2).

Le Japon a connu une longue période de crise au début des années 1990 après l'éclatement de la bulle financière et immobilière de Tokyo, et son expansion économique n'a retrouvé de la vigueur que durant les derniers mois de 2003, grâce à l'accélération de l'investissement et des exportations. La

TABLEAU 8-1

Les principaux agrégats économiques

	1997	1998	1999	2000
PNB global (milliards de dollars)	266	3 863	4 395	4 689
PNB *per capita* (dollars)	38 350	32 250	32 030	34 120
Variation du volume du PNB (pourcentage)	1,9	1,1	0,8	1,7
Inflation (pourcentage)	1,7	0,7	–0,3	0,6
Chômage (pourcentage)	3,4	4,1	4,7	4,71

Source : Atlaseco, *Atlas économique mondial*, Paris, Éditions du Sérail, 2002.

TABLEAU 8-2

Les données comparatives États-Unis–Japon

	1997		1998		1999		2000	
	États-Unis	Japon	États-Unis	Japon	États-Unis	Japon	États-Unis	Japon
PNB (milliards de dollars)	8 246,4	4 266	8 736,9	3 863	9 163,1	4 395	9 48,3	4 689
PNB par habitant (dollars)	30 040	38 350	30 570	32 250	31 910	32 030	34 640	34 120
Variation du PNB (pourcentage)	+4,4	1,9	+4,4	1,1	+4,2	0,8	+5,0	1,7

Source : Adapté de Atlaseco, *Atlas économique mondial*, Paris, Éditions du Sérail, 2002.

---

6. *L'état du monde 1992*, p. 95.

croissance a été de 6,4% au quatrième trimestre de 2003, taux le plus élevé que le pays ait connu depuis 1990[7]. Les réformes structurelles mises en place dès 2001 par le premier ministre Junichiro Koizumi commencent à donner des résultats probants[8].

Cependant, dans un monde souffrant d'un manque de liquidités et d'une épargne insuffisante, le Japon, malgré la crise, demeure le premier créancier de la planète en détenant environ le tiers des actifs des principales banques[9].

Jusqu'en 1991, vu la très légère augmentation de la population en âge de travailler[10], les taux d'activité de la main-d'œuvre se sont accrus. Suivant la tendance amorcée depuis 1988, le nombre d'heures ouvrées par an et par travailleur a continué à diminuer, notamment en raison de la mise en œuvre des principes fixés dans le cadre de la législation du travail dont le but est de ramener progressivement le temps de travail hebdomadaire à 40 heures (c'est-à-dire à 1 800 heures par an contre 2 008 durant l'exercice 1991).

Rappelons aussi que plus de 128 millions de Japonais «s'entassent[11]» sur environ 377 000 kilomètres carrés, comparativement aux Américains qui sont 250 millions répartis sur un territoire de 9 363 000 kilomètres carrés! Plus des trois quarts (77%) de la superficie du Japon sont occupés par des montagnes et 18% par des villes.

Depuis sa défaite en 1945 face aux États-Unis, le Japon s'est voué à son développement économique. Il a tout misé sur les seules ressources dont il dispose: les capacités, le sens collectif et la discipline de ses habitants, comme le relève Le Diascorn: «Ce sont les qualités de la population nippone, jointes à celles de l'organisation économique, qui ont fait du Japon une remarquable machine à produire des biens industriels et à conquérir les marchés mondiaux[12].»

Sur une longue période, le taux de croissance moyen du Japon depuis l'après-guerre se situe à 5,2%, comparativement à 3,5% en Amérique du Nord. Autre caractéristique surprenante, entre 1981 et 1990, le taux d'accroissement de la productivité industrielle de la main-d'œuvre japonaise a connu une hausse annuelle moyenne de 3,9%, tandis que les États-Unis sont loin derrière avec un taux de 0,7%[13]. En outre, durant les six premiers mois de l'année 2004, le Japon a enregistré la plus forte croissance du groupe des sept pays les plus industrialisés, devant les États-Unis[14].

En achetant et en copiant les brevets et les technologies tous azimuts, les Japonais sont passés maîtres dans l'industrie de la transformation et dans le

---

7. Perspectives économiques de l'OCDE (2004).
8. Voir le tableau 8.14 à l'annexe 8.3.
9. *Le Monde diplomatique* (1991).
10. La population active progresse d'environ 2% par an. En octobre 1991, elle représentait 52,4% de la population totale.
11. Plus des trois cinquièmes (63,2%) de la population vivent dans des régions ayant une très forte densité sur 5% de la superficie du pays (OCDE, 1992).
12. Le Diascorn (2003).
13. Étude du Centre japonais de la productivité, publiée en mai 1990.
14. *L'Expansion-Croissance* (2004).

développement des produits, dans l'art de créer de la valeur ajoutée, à partir de ressources et d'idées importées. Alors qu'il y a moins de 20 ans le Japon avait l'image d'un pays fabricant de produits de piètre qualité (les montres japonaises se vendaient au kilo), le voilà parvenu, avec pour seul concurrent sérieux l'Allemagne, au sommet de la qualité et de la fiabilité, dans différents domaines.

Depuis la fin des années 1960, les firmes japonaises ont plus que doublé leur part du commerce mondial en produits de haute technologie : de 8 % à 16 %[15]. En 1990, par exemple, 50 % du marché mondial de l'électronique grand public et de l'informatique était contrôlé par le Japon[16] et, en 2004, où l'on a vu le matériel grand public passer de l'analogique au numérique, l'écart se creusait entre les groupes japonais et leurs concurrents étrangers. Les entreprises sud-coréennes ou chinoises cassent les prix sur les produits d'ancienne génération, mais les entreprises japonaises concentrent leurs efforts sur les nouvelles technologies et les segments de marché qui disposent du plus fort potentiel de croissance[17]. Les conglomérats japonais et le tissu d'entreprises qui les soutiennent ont pris une avance considérable (une révolution d'avance, disent certains spécialistes) dans plusieurs secteurs où les Occidentaux pensaient être indélogeables (voir le tableau 8.3). En «copieurs» intelligents, les Nippons ont su combiner leurs propres idées avec celles des autres, et ainsi arriver à mieux faire.

En 1992, un tiers des voitures immatriculées aux États-Unis provenaient du Japon (0,4 % des véhicules en circulation au Japon étaient d'origine

TABLEAU 8-3   **La part du marché mondial des principaux pays industrialisés (pourcentage)**

	Automobiles		Acier (milliers de tonnes métriques)		Centrales nucléaires	
	2000	2001	2000	2001	2000	2001
Japon	17,61	20,7	12,0	12,6	12,2	12,2
Allemagne	8,9	9,2	5,3	5,5	–	–
États-Unis	23,2	21,5	12,3	12,0	27,5	27,5
France	–	5,6	2,6	2,5	17,7	17,7
Royaume-Uni	3,5	3,0	2,1	1,8	3,6	3,5
Italie	3,0	2,9	3,2	3,1	–	–

Source : Adapté d'Atlaseco, *Atlas économique mondial*, Paris, Éditions du Sérail, 2002.

---

15. Sautter (1987, p. 4-8).
16. *Le Monde diplomatique* (1991).
17. *Images économiques du monde* (2004, p. 182).

américaine[18]) et, dès 1991, la Honda Accord y était la voiture la plus vendue[19]. Depuis quelque temps, les automobiles japonaises figurent chaque année parmi les 10 meilleurs vendeurs en Amérique du Nord[20]. Outre qu'il exportait plus de 2 millions d'automobiles vers les États-Unis, le Japon fabriquait dans ce pays plus d'un million d'unités, dès 1988, sans compter les unités déjà produites sous les bannières Ford (Probe, Laser, Festiva), General Motors (Sprint, Spectrum, Nova, Vibe) et Chrysler (Colt, Dodge, Diamond Stars). À partir des États-Unis, Honda est le premier exportateur automobile américain, ce qui permet à cette firme de contourner le problème de la surévaluation du yen qui freine les exportations (produire en Amérique du Nord lui revient moins cher) et celui du contingentement des exportations vers l'Europe (les voitures ne sont plus cataloguées «made in Japan»).

La productivité japonaise dans la construction automobile est mondialement reconnue, par les milieux spécialisés américains eux-mêmes, comme étant supérieure de 25 % à celle des autres constructeurs[21]. En 2003, pour la première fois, le fabricant japonais Toyota est devenu le deuxième constructeur mondial au détriment du fabricant américain Ford. Déjà, en août 2003, Toyota avait doublé le fabricant américain Chrysler aux États-Unis. Ainsi, la part de marché consolidée de General Motors, Ford et Chrysler, les trois grands constructeurs américains, est, pour la première fois, tombée sous les 60 %, alors qu'elle était de 73 % en 1996. Avec cette pression qui s'exerce sur eux, les trois grands constructeurs se trouvent pris dans une sorte de fuite en avant, qui consiste à continuer à produire, alors que leurs produits ne sont plus compétitifs par rapport à ceux de leurs concurrents japonais[22] (Toyota, Honda, Nissan principalement).

Le secteur automobile américain n'est pas le seul visé par les investissements japonais. En 1990, le montant des investissements japonais aux États-Unis a atteint la somme colossale de 47 milliards de dollars. Des pans entiers de l'industrie américaine sont désormais contrôlés par le capital nippon[23] : le Rockefeller Center de New York, les films de la Columbia, les disques de CBS, une partie de Walt Disney, d'immenses ranches du Wyoming ainsi que des parties de parcs nationaux américains appartiennent désormais à des intérêts japonais.

En 2001, le commerce extérieur japonais a atteint un excédent de 58 milliards de dollars vis-à-vis des États-Unis, alors que 90 % des matières premières du Japon sont importées. D'octobre à décembre 2003, le Japon présentait une croissance de son produit intérieur brut (PIB) de 6,4 % sur une base annuelle. La reprise japonaise est due, entre autres, à la croissance des exportations vers les États-Unis et la Chine (la croissance des achats de produits japonais a été dans ce dernier pays de 42 % en 2003). L'excédent commercial, qui connaît une progression ininterrompue depuis 2003, profite du boom des exportations d'automobiles et de produits de haute technologie vers ces deux pays. Les

---

18. *L'état du monde 1993*.
19. *Le Monde diplomatique* (1991).
20. *L'automobile magazine* (2005).
21. *Le Point* (1988, p. 51-54).
22. Voir le tableau 8.13 à l'annexe 8.3.
23. Sur cette question, voir Albert (1991) et Nora (1991).

exportations représentent 11% du PIB nippon[24]. Ainsi, pour remédier à sa dépendance face au marché américain, le Japon s'est tourné vers ses voisins asiatiques[25] où il a diversifié son commerce et ses flux d'investissements de sorte que les importations chinoises dépassent déjà les importations américaines. On constate la même tendance en ce qui concerne les échanges bilatéraux avec la Corée du Sud, la Thaïlande, la Malaisie et Singapour.

Cette réussite ne s'est pas faite sans douleur. Le prix que paie la société japonaise est assez élevé. Voyons quelques aspects de cette question.

UN CERTAIN PRIX À PAYER

Un enfant japonais va à l'école primaire environ 70 jours de plus par an qu'un enfant occidental. Étudier à l'université peut représenter plus du quart du revenu d'une famille moyenne par an.

La semaine de travail normale était encore récemment de 55 heures pour 7 jours de vacances par an. Mais, en 1991, ce nombre d'heures n'était plus que de 44[26], et cette tendance à la baisse s'est poursuivie pour atteindre 38 heures en 2003[27].

Le surmenage, le suicide et le «technostress», comme dit Sautter (1987), font des ravages dans toutes les couches de la société et dans toutes les tranches d'âge[28].

Le journal québécois *Les Affaires* rapportait en mars 1989 qu'il n'y avait pas de place dans la vie du Japonais pour autre chose que le travail: ni vacances, ni loisirs, sinon l'alcool. Seuls, y lisait-on, 15% des Japonais se disent heureux[29]. On sait aussi que le coût de la vie au Japon est élevé, que le logement, avec si peu d'espace disponible, est un casse-tête insoluble, que les transports peuvent être cauchemardesques, que les jeunes sont de moins en moins intéressés à mener une vie d'un tel labeur[30] de sorte que, depuis quelques années, on observe de nouveaux comportements des jeunes face au travail[31]. La montée de la précarité de l'emploi et leur désir de se garder du temps libre semblent les pousser à

---

24. *Le Monde* (2004).
25. *Le Monde diplomatique* (2003, p. 14-15).
26. OCDE (1992).
27. *Statistical Handbook of Japan* (2004).
28. Quoique le taux de suicide au Japon (17,7 par 100 000 habitants) soit inférieur à celui de la Suède (19,5), qui est au neuvième rang mondial, équivalent à celui du Québec (17,6 en 1986) et proche de celui de la France (17,2) – voir Faramond (1988). Il faut savoir que le suicide y est une sorte de rituel (hara-kiri) intégré dans un ensemble de significations culturelles millénaires, qu'il serait imprudent de comparer à celui qu'on observe en Occident (Pinguet, 1984).
29. *Les Affaires* (1989, p. 30-32).
30. Voir *Le Point* (1989), *Le Devoir*, 18 janvier 1990.
31. Évelyne Dourille-Feer, du Centres d'études prospectives et d'informations internationales (CEPII), qui étudie actuellement le marché du travail au Japon, a constaté que les jeunes ne souhaitent plus travailler comme leurs parents et préfèrent passer d'une entreprise à une autre, sur une base temporaire.

changer fréquemment d'emploi (en 2001, plus de 50 % des jeunes âgés de moins de 30 ans ayant quitté leur emploi l'ont fait pour des raisons personnelles)[32]. De plus, la population vieillit : en 2010, on comptera 4 retraités pour 10 personnes actives, à l'instar de l'Allemagne et de la France, dit Sautter (1987).

Il faut cependant, en toutes choses, juger en connaissance de cause. N'oublions pas que si les Japonais ne représentaient pas une menace pour les économies occidentales, nous n'en aurions sans doute jamais tant parlé. De plus, selon quels critères peut-on juger de leur bonheur ? On entend souvent dire que les Japonais sont très disciplinés, qu'ils fonctionnent sur un mode militaire, qu'ils sont soumis à l'autorité et ne la contestent jamais, qu'ils appliquent strictement les règles, et ainsi de suite. Certes, pour un esprit attaché à l'individualisme et aux valeurs occidentales, l'organisation sociale japonaise peut sembler déconcertante et pénible à supporter. Mais elle soulève aussi beaucoup de questions fondamentales : le prix à payer pour la «liberté individuelle» (souvent confondue avec l'«individualisme») n'est-il pas trop lourd au regard de la violence sociale (chômage, itinérance, inégalités criantes[33], élargissement de l'écart entre les plus riches et les plus pauvres, désintégration de la famille, perte du sens de la solidarité communautaire) ? L'autorité doit-elle être systématiquement contestée ? Et si cette autorité-là convenait aux Japonais et les arrangeait ? Une autorité considérée comme bienveillante, généreuse, un bienfait[34], n'est-elle pas concevable ? Et puis, comment concilier cela avec le légendaire «esprit d'équipe» des Japonais ? avec les cercles de qualité où la liberté d'expression et d'adhésion est la condition de base ?

Sautter (1987) écrit que le cas du Japon suscite de la lassitude et des réactions épidermiques, au point qu'on peut rencontrer des visions carrément méprisantes, voire racistes, ou folkloriques. Les premières traiteront les Nippons d'«anormaux», d'«animaux économiques», de «fourmis», de «bêtes à usines» qui ne savent pas vivre, ou qui ne vivent que pour le système. Les secondes voient en eux une sorte de curiosité ethnologique, enfantée non pas par l'exotisme du primitif, mais par l'anormale efficacité du producteur : le Japon fait ce qu'il fait parce qu'il est peuplé de Japonais !

Cependant, l'interprétation la plus courante consiste à monter en épingle les à-côtés pervers du système, les coûts sociaux. On ne saurait ignorer cela mais, comme le disait un homme d'affaires québécois de retour du Japon, «on peut très bien essayer de développer la compétitivité de façon aussi efficace, tout en maintenant la qualité de vie nord-américaine[35]».

C'est exactement là notre objectif : que ce soit les Japonais, les Allemands, les Suédois ou les Sud-Coréens, souhaitons qu'ils se rendent compte des

---

32. Rapport annuel mondial sur le système économique et les stratégies (RAMSES) (2003).
33. Albert (1991), Nora (1991). Vogel (1983), par exemple, rapporte que la pyramide des revenus au Japon est de 1 à 4 ou 5 environ, alors qu'elle dépasse souvent de 1 à 10 ou 20 en Occident.
34. Nous verrons que cela est le cas aussi dans certaines entreprises occidentales, comme Cascades au Québec.
35. *Les Affaires* (1989, p. 32).

malheurs qui les frappent et, si nous pouvons les aider, faisons-le. En attendant, essayons de comprendre ce qu'ils font le mieux, adaptons-le et évitons-en, autant que possible, les aspects néfastes.

UN PEU D'HISTOIRE ET DE SOCIOLOGIE

Pour appréhender le Japon d'aujourd'hui et sa façon de produire, il faut comprendre ce qu'il était hier et ce qu'a été son évolution.

La civilisation Yayoi (IIIe siècle avant J.-C. – IIIe siècle après J.-C.) de la deuxième culture néolithique est considérée comme la civilisation fondatrice du Japon historique et actuel. Le royaume Yamato lui succéda du IIIe siècle après J.-C. à 710. C'est probablement à cette époque qu'est édifié, à Ise, le temple shintoïste qui est le cœur de la japonité. De leur conquête du royaume coréen de Silla à la fin du IVe siècle, les armées des Yamato importèrent[36] des éléments des civilisations chinoise et coréenne comme l'écriture[37], le bouddhisme[38], la sériciculture ou le tissage (Pitte, 1991). Puis, les dynasties Nara (710-794) et Heian (794-1192) favorisèrent le développement de la culture chinoise en raison du prestige immense de cette civilisation.

À cette période, soutenus par l'empereur, les guerriers, ou samouraïs, commencent à prendre une grande importance. Sur le plan religieux, bon nombre d'entre eux adoptent la doctrine de la secte bouddhiste Zen pour sa simplicité et son dépouillement.

Entre 1192 et 1603, le Japon apparaît comme une société féodale gouvernée par des shoguns, alors que l'empereur ne conserve qu'un pouvoir symbolique et les fonctions de chef de la religion shintoïste.

Fait marquant, au XVe siècle, le confucianisme venu de Chine et de Corée s'implante durablement, soutenu par le pouvoir central qui voit dans cette philosophie une école d'ascétisme, de morale et de rigueur sociale bénéfique. Les paysans (85 % de la population), qui représentent l'essentiel de la société roturière, se laissent gagner par les idéaux confucianistes, particulièrement le désintéressement, la passion du service communautaire et le goût du savoir sous toutes ses formes.

En 1543, des marins portugais développent le commerce des armes à feu avec les guerriers de la région de Kyushu. Puis, à l'arrivée d'un missionnaire jésuite espagnol, saint François-Xavier, un petit nombre de Japonais se

---

36. «Tout au long de leur histoire, les Japonais ont beaucoup appris des contacts avec les autres peuples. Cela expliquerait chez eux cette passion d'apprendre et de comprendre, tout comme cette incapacité à parler d'eux-mêmes, car ils ne se sont jamais expatriés dans le but de transmettre un message de civilisation» (Pitte, 1991).

37. La langue japonaise s'écrit à partir du *kanji* (idéogrammes chinois) et du *kana* (caractères simplifiés phonétiques spécifiquement japonais).

38. Mais le bouddhisme prit réellement de l'extension au Japon dès 538, à partir du moment où il fut imposé comme religion officielle, sans pour autant supprimer le shintoïsme (religion très peu dogmatique), fondement du pouvoir impérial.

convertissent au christianisme. À cette période, les Hollandais, prêchant la Réforme, tentent d'ouvrir un comptoir commercial, mais sans réel succès.

Entre 1603 et 1867, le shogun Tokugawa Ieyasu et ses successeurs réorganisent la société japonaise selon un mode strict régissant les devoirs de chacun, à la manière confucianiste. Ils instituent le système du *sankin-kotai*[39], pour constituer un État fort, stable et éviter tout risque de sédition.

À partir de 1639, le «shogunat» renforce l'interdiction de séjour de tout étranger à l'exception d'une petite colonie de Hollandais protestants et de Chinois non chrétiens cantonnés sous surveillance dans l'île de Dejima, située dans le port de Nagasaki. Cette fermeture quasi totale du Japon et ces 250 ans de paix intérieure permettront à la culture japonaise de se conforter dans ses acquis et dans l'idée qu'elle n'est semblable à nulle autre (Pitte, 1991).

Le Japon s'est aussi affermi dans sa volonté de fermeture à l'Occident en tenant compte «des enseignements de la conquête étrangère pendant l'âge d'or de l'impérialisme colonial occidental, et notamment de la mise à sac de l'Inde[40]». N'est-ce pas aussi l'ex-ambassadeur de Grande-Bretagne Herbert Spencer (1835-1901) qui déconseilla au baron Kaneko, l'un des stratèges de l'industrialisation du Japon, d'«ouvrir l'empire tout entier aux étrangers et aux capitaux étrangers[41]»?

En 1853 et 1854, le commodore américain Perry, qui est à la tête d'une escadre de quatre navires puissamment armés, exige la signature d'un traité de commerce. Dès 1858, divers traités commerciaux sont signés avec les États-Unis, la Russie, la Hollande, l'Angleterre et la France. Les commerçants sont plutôt favorables aux bouleversements qui s'annoncent, mais l'aristocratie s'y oppose. Dans le milieu de la cour impériale et parmi les samouraïs, l'opposition au shogunat s'organise et cela aboutit à la prise de contrôle du gouvernement par l'empereur.

Appelée ère Meiji (1867-1912), cette nouvelle période est caractérisée par des réformes politiques et économiques de grande envergure entreprises par l'empereur Mutsuhito[42]. Le Japon connaît ainsi un énorme essor économique et une ouverture sans pareille aux sciences et aux technologies occidentales. Une nouvelle Constitution d'inspiration allemande est promulguée par l'empereur, des chargés de mission sont envoyés un peu partout dans les pays occidentaux pour rapporter une masse d'informations. L'enseignement se généralise (calqué sur le système allemand), les infrastructures et le potentiel militaire se développent rapidement.

Doté d'une puissante armée, le Japon se lance dans une guerre victorieuse contre la Russie à cause de l'action de ce pays en Corée. À la mort de Meiji, l'empereur Taisho, peu enclin aux affaires politiques, gouverne de 1912 à 1926.

---

39. Organisation centralisée du pouvoir politique et de l'administration du royaume.
40. Clairmonte, cité par Pitte (1991, p. 34).
41. *Ibid.*
42. L'empereur Mutsuhito fut appelé Meiji après sa mort, du nom de l'ère qui a commencé le jour de son accession au trône.

Le Japon, qui est considéré comme une grande puissance, entre dans le camp des Alliés lors de la Première Guerre mondiale.

Hirohito (dénommé Showa, depuis sa mort en 1989) accède au trône impérial en 1926. Le poids des militaires est alors considérable et, malgré quelques tentatives sur lesquelles subsistent de nombreuses controverses, l'empereur ne peut entraver cette évolution. La domination japonaise s'étend sur le continent (la Corée est annexée depuis 1910); en 1931, la Mandchourie est occupée et, en 1937, une grande partie de la Chine du Nord. Utilisant le shintoïsme (surtout le culte impérial), les militaires galvanisent la population. Allié à l'Allemagne nazie et à l'Italie en 1940, le Japon engage les hostilités contre les États-Unis en 1941 en détruisant une partie de la flotte américaine de Pearl Harbor. En 1945, après la destruction totale de Hiroshima et de Nagasaki par des bombes atomiques, le Japon capitule. Le pays, en ruine, a perdu son empire colonial (source de matières premières et de produits énergétiques) qui allait de Sakhaline à l'Indonésie.

Grâce au plan Marshall et malgré les années difficiles de la reconstruction, le Japon retrouve sa place dans le concert des nations avec un large soutien américain. Cela est couronné en 1964 par la tenue des Jeux olympiques de Tokyo.

De façon schématique, on peut dire que c'est l'intégration industrialisation-tradition qui fait la base du Japon actuel: «Il semble épouser l'avenir sans divorcer du passé[43].» C'est l'un des rares pays du monde qui soient restés longtemps fermés à toute influence extérieure, notamment occidentale, et qui n'aient jamais connu au cours de leur histoire de véritables invasions. Vu son caractère insulaire, le Japon est en fait un pays fermé, et les conditions de vie, combinées avec l'influence du confucianisme, avec la culture du riz, avec l'esprit du samouraï et du shintoïsme, en font un pays de traditions de solidarité, de préséance du collectif sur l'individu.

Un élément important à comprendre est que l'industrialisation du Japon s'est effectuée sur la base d'un effort national concerté – surtout après 1945 –, avec un appui direct et actif de l'État, mais aussi qu'elle ne s'est pas, comme en Occident, édifiée sur les ruines de l'ordre socioéconomique précédent[44]. Le Japon n'a pas eu besoin de détruire le système préexistant pour s'industrialiser. L'industrialisation s'est faite en douceur et l'essentiel de la tradition ancestrale a été sauvegardé pour l'intégration de la civilisation industrielle. Ce processus ne s'est pas déroulé sans conflits. Après une période relativement semblable à celle que connaissait l'Occident, on note au début du XXe siècle des grèves massives, notamment dans le secteur minier et dans celui de la métallurgie. De plus, à cette époque, la fidélité à l'entreprise n'existait pas et la mobilité était extrême. Avant la Seconde Guerre mondiale, les principes du salaire basé sur l'ancienneté

---

43. Maury (1986, p. 23).

44. Nous en verrons les détails plus loin, mais retenons pour l'instant que ce qu'on a appelé la Révolution industrielle en Occident a été l'installation du nouvel ordre par la destruction, même physique, de tout ce qui représentait l'ordre précédent: l'aristocratie, le système rural traditionnel et tout ce qui allait avec, notamment, l'esprit de communauté (Stuart Mill, 1864; Weber, 1971; Mantoux, 1959; Braverman, 1976; Schumpeter, 1979; Braudel, 1980 et 1985).

et de l'emploi à vie étaient déjà en vigueur, mais ils n'étaient pas considérés comme une norme. C'était plutôt le fruit de l'idéologie paternaliste (le patriarche à la tête d'une organisation avait une grande autorité, et devait ne pas l'exercer pour ses intérêts personnels).

Après la défaite de 1945, les Américains ont institutionnalisé le syndicalisme au Japon. Les principes du salaire basé sur l'ancienneté et l'emploi à vie, la gestion conjointe de l'amélioration de la productivité et du partage des dividendes[45] furent alors formalisés. Cette formalisation ne fut pas sans conséquence, car l'autorité du patriarche qu'entraînait l'idéologie paternaliste fut remise en question et les «devoirs» de ce dernier lui sont depuis imposés par la loi.

La différence avec l'Occident est, sur ce point, tout à fait déterminante : l'opposition – et donc les pertes d'énergies, les dégâts et la violence – entre l'ancien système et le nouveau y fut nettement réduite, et ses effets ne se firent sentir que progressivement. L'industriel japonais n'a pas eu besoin de recourir à la force, à l'exploitation de la misère des paysans et à la coercition pour construire le tissu industriel.

Le processus de modernisation[46] de la société japonaise s'est déroulé différemment de celui des sociétés occidentales. En Occident, c'est le système socioculturel qui a d'abord été modernisé (la révolution familiale, la Réforme et la Renaissance), ensuite le système politique (la révolution démocratique), enfin le système économique (la Révolution industrielle). Au Japon, par contre, c'est le système économique qui fut le premier modernisé. Notons qu'au début de l'ère moderne le code civil Meiji a, paradoxalement, institutionnalisé le système prémoderne : la «famille-institution», caractéristique du *ié* où l'entreprise est régie à l'image de la famille avec une puissante hiérarchie. Plus récemment, pendant l'entre-deux-guerres, ce système a été renforcé quand le gouvernement militaire agissait en collaboration avec les conglomérats familiaux. En 1947, après la Seconde Guerre mondiale, cela fut aboli[47]. C'est sur cette base que les principaux conglomérats d'entreprises, les *zaibatsu* puis les *keiretsu*[48], ont pris naissance[49].

Les éléments de la culture la plus traditionnelle, aux racines féodales, communautaires et rurales, se sont donc modulés sans heurt selon ceux de l'ordre industriel. Et ces éléments permettent de mieux comprendre le comportement, si déroutant pour un esprit occidental, des patrons, des ouvriers et des syndicats

---

45. Ujihara (1991).
46. Modernité que l'on peut résumer comme étant le passage des valeurs de la parenté à celles du marché ; les premières se basent sur le particularisme, les secondes, sur l'universalité.
47. Pour permettre la mise en place d'industries modernes, le gouvernement Meiji fonda des entreprises publiques et favorisa la naissance d'entrepreneurs modernes (*seisho*) ayant des relations privilégiées avec lui.
48. Précisément, les *zaibatsu* ont été démantelées après la guerre, mais elles ont réapparu sous forme de groupes industriels aux contours plus flous, les *keiretsu*.
49. Tominaga (1991).

japonais. Ainsi, le caractère volcanique[50] de la terre nippone, à lui seul (combiné avec la nécessaire cohésion-solidarité que comporte la culture du riz), implique toute une tradition de soutien mutuel et d'adaptation constante à un milieu instable. Le peuple japonais est une entité socioculturelle homogène avec une langue unique et des coutumes uniformes. Le confucianisme a pénétré cette socioculture depuis le VIIe siècle, lui apportant les valeurs cardinales qu'on lui connaît aujourd'hui. Le respect de certaines valeurs constitue une obligation pour tout Japonais : la loyauté, l'épargne, la fidélité, le travail, le profit légitime et gratifiant (dans un esprit mutuel), la condamnation de l'usage d'autrui en vue d'objectifs égoïstes (que ce soit le commerce ou l'emploi). Ces valeurs s'expriment de nos jours par la place centrale accordée au groupe et à l'esprit de groupe.

La cohésion, l'homogénéité et le consensus reposant sur les principes du confucianisme sont des caractéristiques incontournables du modèle japonais. De plus, « les Japonais considèrent l'affirmation de soi comme immorale et le sacrifice de soi comme la voie raisonnable à suivre tout au long de la vie[51] ». Parler de soi, de ses états d'âme, reste profondément choquant et passe pour impudique. Traditionnellement, il ne s'agit pas d'affirmer sa personnalité, mais de trouver des points d'accord avec ses interlocuteurs.

> Lorsqu'une population nombreuse et homogène est vouée à se partager quatre petites îles, il est tout à fait naturel qu'elle mette l'accent sur les moyens d'éviter l'affrontement, de rechercher l'entente. C'est ce phénomène qui a poussé les Japonais à adopter certaines habitudes de langage, notamment celles qui consistent à s'en remettre à l'opinion d'autrui et à modérer ses propos de manière à ne pas blesser ses interlocuteurs[52].

Le conformisme, l'obéissance à des règles très strictes, la nécessité de rester à sa place dans la société et de ne pas paraître usurpateur sont autant de traits saillants qui caractérisent l'effacement de l'individu. Mais cela n'exclut pas un grand sens de la responsabilité individuelle[53].

Au sein de l'entreprise japonaise, le sentiment quasi familial d'appartenance à une communauté fonde l'*amae*, désir de solidarité et de protection. Le *iemoto*,

---

50. À la charnière de trois plaques (Eurasie, Philippines et Pacifique), le Japon est l'un des pays les plus menacés du monde par les secousses telluriques (en 1987, le pays a subi 741 tremblements de terre assez forts pour être ressentis, soit une moyenne de deux par jour), les typhons, les éruptions volcaniques et autres risques naturels. Plus qu'ailleurs, au Japon, on a mis au point les techniques et les moyens de prévention pour éviter les effets les plus meurtriers des désastres. Cette sensation de précarité de la vie, renforcée par une dévotion sans borne à la nature (due, entre autres, aux origines animistes du shintoïsme, la plus ancienne religion du Japon, qui qualifie de *kami* – divinité – tout ce qui entoure l'homme et sacralise les forces de la nature), conduirait les Japonais à privilégier les notions de solidarité et d'entraide.
51. Behr (1989).
52. Kinosita Korea, cité par Pitte (1991, p. 36).
53. Pour ne pas « perdre la face », le président-directeur général de la banque Sumitomo, l'une des banques les plus importantes du Japon, a démissionné, car le directeur de l'une de ses succursales avait été arrêté pour avoir persuadé des clients de financer un groupe de spéculateurs boursiers douteux (Pitte, 1991).

qui exprime le leadership du chef, comporte par ailleurs une nuance d'affectivité familiale. Selon le sociologue Marcel Bolle de Bal :

> L'*amae* et le *iemoto* se complètent et s'équilibrent mutuellement : conjonction d'un principe féminin – l'amour, le sentiment, l'émotion, le groupe – et d'un principe masculin – l'autorité, la hiérarchie, la production, l'individu –, étroitement unis dans la construction quotidienne d'une organisation durable[54].

Les principes régissant la vie des entreprises japonaises ne sont que la traduction de particularités culturelles qui s'expriment par l'emploi à vie, la rémunération selon l'ancienneté, le système communautaire de motivation, etc. Le sentiment communautaire d'appartenance à l'entreprise, l'*affectio societatis*, est aussi fort dans le modèle rhénan ou japonais qu'il est devenu faible dans le modèle anglo-saxon[55].

Il est vrai que l'on assiste de plus en plus à l'éclosion d'une certaine forme d'individualisme[56]. Les diverses composantes du *Japanese dream* (notamment la famille nucléaire articulée autour du couple) perdent de leur attrait[57] et l'État japonais, qui avait toujours tenu un rôle dominant dans la vie du pays et exercé une grande influence sur les individus, perd relativement de son prestige.

La cohésion du système japonais qui contribue à perpétuer le consensus social s'est toujours inspirée du caractère égalitaire de la société même si l'on constate depuis quelques années des perturbations chez tous les groupes sociaux. La société japonaise est en effet engagée dans une course à la consommation qui bouleverse ses habitudes, bouscule ses traditions et remet en question ses valeurs.

> Les nouveaux riches japonais sont désormais l'équivalent de ce qu'étaient les bourgeois anglais de la fin du XIXᵉ siècle ou de ces Américains flambeurs des années cinquante-soixante qui jouaient des millions de dollars dans les casinos de la Côte d'Azur... Or, c'est un fait que cette majorité silencieuse est de moins en moins disposée à accepter le mode de vie traditionnelle fait de travail, d'épargne et de dévouement civique[58].

De nombreux phénomènes commencent à avoir des conséquences sur la jeunesse en particulier, chez qui « le snobisme et la priorité spontanément accordée aux produits de luxe étrangers remettent en cause le fameux nationalisme économique qui était le meilleur garant de l'excédent commercial[59] ». Les habitudes d'épargne des ménages sont elles-mêmes perturbées (le taux d'épargne

---

54. Cité par Albert (1991, p. 133).
55. Albert (1991, p. 133).
56. On est encore très loin de la mystique de l'ego qui a cours dans les pays occidentaux et l'attachement des Japonais aux différents groupes qui constituent la société est encore très fort (Pitte, 1991).
57. Dourille-Feer (2002) précise que les fondations de la société japonaise sont ébranlées, alors que se construisent ses nouveaux piliers, sans dire encore leur nom.
58. Albert (1991, p. 196). Cet auteur fait notamment référence au résultat d'un sondage paru dans le quotidien *Asahi Shimbun*, qui estime qu'une proportion importante de Japonais n'a pas une vie aisée.
59. Albert (1991, p. 196).

selon le revenu disponible brut est passé de 24% en 1970 à 16% en 1989, pour se situer autour de 6,9% en 2001[60]).

Malgré l'émergence de ces nouvelles tendances, l'attachement aux groupes sociaux[61] cohérents, hiérarchisés, unis par des intérêts et des liens multiples (professionnels, intellectuels et sentimentaux) reste élevé. La hiérarchie elle-même n'est pas considérée comme un poids ou un handicap, car les compétences de chacun avec tous sont utilisées au maximum et personne n'est confiné dans un rôle déterminé et intangible.

L'organisation sociale actuelle du Japon est donc tributaire de cet état d'esprit hérité de Confucius et de l'ancienne vie rurale que l'on trouve dans la symbolique du *ié*. L'individu est d'abord un membre d'un groupe qui agit au service du groupe, et ce, depuis la famille jusqu'à la nation, en passant par le quartier et l'entreprise. La réciproque est également vraie : le groupe a le devoir de se préoccuper de chaque individu[62].

Sur cette structure communautaire de base se greffe une omniprésence puissante de l'autorité et de la hiérarchie. Celles-ci, comme dans le clan familial, sont conçues comme paternalistes, bienveillantes, protectrices, désirant et recherchant, en toutes circonstances, le bien de chacun et de tous. Voilà certainement la raison pour laquelle l'autorité, qui est si bien acceptée, mobilise et crée dans les entreprises un esprit de coopération, une intimité en tout, et des comportements de solidarité, de soutien et de partage[63].

La famille, centre du *ié*, correspond à la structure élémentaire de la vie sociale et d'apprentissage de l'*uchi*. Malgré les contraintes de la modernité[64], l'attachement à la cellule familiale reste remarquablement fort. Bien que les pères soient physiquement peu présents, leur autorité morale est très affirmée.

Il convient aussi de savoir ce que signifient la mort et le suicide dans la culture nippone[65]. Au risque de schématiser l'explication, on peut dire qu'il y a une différence essentielle dans la conception du suicide en Occident et au Japon. Lié à l'extrême importance de ne pas perdre la face et à l'obligation d'être sincère – surtout avec soi-même – jusqu'au bout, le suicide est un code social, presque une coutume, renforcé par l'esprit samouraï, selon lequel cet acte extrême est une porte de sortie honorable. Yukio Mishima, un des plus grands écrivains

---

60. Mais cette dysfonction serait liée au découragement face à l'épargne pour le logement compte tenu de la spéculation foncière et de la crise de l'habitat.
61. La notion d'*uchi*, qui exprime l'idée d'intérieur, de solidarité, d'intimité, de cohésion interne, rend bien compte de cette organisation verticale de la société.
62. Pour trouver des éléments de l'histoire et de la culture du Japon, consulter, entre autres, Bernier (1988), Chang (1980), Courdy (1979), Dawson (1915), Nora (1991), Redding et Wong (1986), Sabouret (1988), Sautter (1987), Vogel (1983).
63. Voir Inohara (1991), Pitte (1991), Ouchi (1981), Vogel (1983). (On peut comprendre que dans de telles conditions on ne soit pas poussé à combattre l'autorité à tout prix.)
64. Nous faisons ici référence à la longueur des horaires de travail et du temps de transport, à l'importance du travail féminin (sans oublier que les jeunes enfants sont généralement élevés par leurs mères), à la relative exiguïté des logements modernes qui rend contraignante la cohabitation de deux ou trois générations sous le même toit.
65. Pinguet (1984).

japonais du XXe siècle, disait que le suicide, dans sa culture, est une solution valorisée, un ultime acte de victoire, et non un acte de défaite ou de désespoir. Son œuvre est particulièrement éloquente sur ce que signifie se donner la mort en pays nippon. Il a lui-même mis fin à ses jours, publiquement, par seppuku (hara-kiri) en 1970. Symboliquement, le seppuku est censé dévoiler aux yeux de tous le siège anatomique de la sincérité (dans la région du plexus solaire). On met à nu le lieu où l'on a mobilisé sa sincérité dans ce qu'on voulait atteindre. C'est dans un tel contexte que les kamikazes deviennent concevables[66].

Que pouvons-nous dire d'assuré quand nous parlons du suicide japonais ou du taux de suicide au Japon?

Compte tenu de ce que nous avons vu précédemment sur les éléments de la socioculture du Japonais, celui-ci est naturellement conduit à ne pas agir d'une manière individualiste, à quelque niveau qu'il se trouve[67]. Même s'il paraît être un âpre lutteur, le Japonais agit d'abord dans le sens de la compétition avec soi-même: se dépasser, constamment, comme individu, comme personne, comme équipe, comme entreprise, comme nation. Cela est très différent du fait de s'acharner à dépasser l'autre, car on peut se croire fort alors qu'on n'a fait qu'affaiblir l'autre.

Le long terme, le gain différé et l'esprit marathonien sont inscrits dans la mentalité japonaise. Une difficulté n'est pas un obstacle à abattre, mais le cours des choses qu'il faut prendre le temps de contourner, sans faire de dégâts.

De même, il est inscrit dans la mentalité japonaise de se montrer méticuleux jusqu'à l'obsession. La tradition de la miniaturisation, depuis le bonsaï jusqu'au baladeur, imposée par le resserrement de l'espace disponible, fait que l'esprit d'application est une seconde nature[68].

Par ailleurs, les Japonais, quelle que soit leur condition sociale, s'éduquent et se cultivent toute leur vie durant. Ils lisent beaucoup, et plus que les Occidentaux (voir l'encadré *La lecture et la presse*), ils alimentent sans cesse leur culture générale et y sont aidés par une politique de formation dans les entreprises qui, comme le dit Lussato, est une éducation et non une formation spécialisée de chacun. Cette politique de la formation, qui dure tant que l'employé fait partie de l'entreprise, porte sur l'acquisition et la mise à jour de connaissances géné-rales, incluant les arts[69].

---

66. Mishima (1971 et 1985), Pinguet (1984).
67. Le président d'un grand groupe industriel japonais répondait à Peter Ustinov, lors de la série télévisée *Le défi mondial*, qu'il pourrait, s'il le voulait, acheter une «supervilla» et une Rolls-Royce, mais qu'il ne le faisait pas parce que cela ferait un mauvais effet sur les employés.
68. Peters (1988, p. 25 et suivantes) fait ainsi ressortir le contraste entre le faire grand des Américains et le faire mieux des Japonais.
69. Sabouret (1988) qualifie les Japonais de «peuple de lecteurs». Voir aussi Vogel (1983), Lussato et Messadié (1986), *L'Express* (1987), *Le Devoir*, 16 janvier 1990, Pitte (1991), Albert (1991).

> ### La lecture et la presse
>
> Les Japonais sont aussi numéro un au monde pour ce qui est de la consommation de livres, magazines et journaux. Plus de 4 milliards et demi d'exemplaires de périodiques de tous ordres sont publiés chaque année au Japon. La lecture (livres, magazines, bandes dessinées ou journaux) est pratiquée partout et à tous les moments de la journée. On lit souvent debout, dans le métro, en autobus, dans les magasins. À tel point que «lire debout» est passé dans le vocabulaire usuel : *tachiyomi*. Quant à la presse quotidienne, elle est à la mesure du gigantisme japonais. Les 124 quotidiens japonais ont un tirage de 70 millions d'exemplaires, ce qui est un autre record inégalé dans le monde. Les principaux quotidiens japonais sont aussi parmi les plus importants de la planète : le *Yomiuri Shimbun*, classé premier, tire chaque jour à 14 millions d'exemplaires en deux éditions (9,7 millions le matin et 4,8 millions le soir). L'*Asahi Shimbun* est brillant second avec 8 millions de numéros le matin et 5 millions le soir, mais garde la première place pour ce qui est du prestige. Le tirage du *Keizai Shimbun*, le quotidien de l'économie, 4 millions d'exemplaires, est supérieur à ceux du *Financial Times* et du *Wall Street Journal* réunis.
>
> Source : P.A. Donnet, *Le Japon achète le monde*, Paris, Éditions du Seuil, 1991, p. 88-89.

L'ÉDUCATION ET LE RECRUTEMENT

En matière d'éducation et de formation professionnelle, le Japon, tout comme l'Allemagne ou les pays scandinaves, s'efforce de promouvoir les ressources humaines dans le cadre d'une politique de gestion prévisionnelle des carrières qui vise à assurer l'harmonie sociale et l'efficacité économique (voir, à la page 257, l'encadré *L'éducation au Japon : l'apprentissage de la compétition et du groupe*).

La formation scolaire joue un grand rôle dans la pérennisation de la culture japonaise et donc dans le système économique. L'enseignement public est standardisé partout dans le pays ; les Japonais ont les mêmes références et constituent une population homogène.

L'école est une institution qui jouit d'un prestige considérable et pour laquelle les parents dépensent des sommes importantes. Les établissements scolaires se caractérisent par une grande hiérarchisation et les familles ont pour idéal de faire entrer leurs enfants dans les meilleurs d'entre eux.

L'enseignement primaire permet aux jeunes enfants le difficile apprentissage de ce que Pitte (1991) appelle la «japonité» et qui passe par la maîtrise progressive de l'écriture, de la discipline sociale et de l'esthétique. Depuis quelques années, l'importance accordée à la mémorisation dans l'enseignement est remise en cause au profit de réformes accordant plus d'importance à la créativité. Certains pensent que le fait de porter l'accent sur la faculté de la mémoire a nui à l'exercice du raisonnement hypothéticodéductif ou au maniement des idées et du langage, limitant et écartant ainsi nombre de personnalités fortes et potentiellement créatives. Notons toutefois que, lors de tests mathématiques auxquels ont été soumis en 1983 des élèves du secondaire du monde entier, les Japonais ont obtenu les meilleurs résultats. Leurs scores étaient même deux fois supérieurs à ceux des enfants américains[70]. Et quand ils passent des tests d'intelligence, la plupart des adolescents occidentaux réalisent en moyenne un score de 100, alors que les jeunes Japonais obtiennent en moyenne un score de 117.

Préparant au système universitaire, les établissements secondaires sont également classés selon leur prestige. Ainsi, l'on ne peut intégrer une grande université sans être passé par un lycée de haut niveau. Afin d'aider leurs enfants à se préparer à l'examen d'entrée à l'université, les parents les inscrivent à des cours du soir intensifs (*juku*[71]) dans des établissements spécialisés.

Au Japon, les vacances scolaires d'été dépassent à peine un mois, et au total, à la fin de leurs études secondaires, les Japonais ont suivi en moyenne un an de plus de cours que les élèves américains[72]. En tout, 94 % des enfants poursuivent leur instruction dans un établissement secondaire : c'est la proportion la plus élevée du monde. Les différences entre les résultats scolaires sont considérées comme le fruit du travail et sont donc perçues comme légitimes. Ce système très exigeant donne aux jeunes l'habitude du travail intensif et leur permet d'accepter une sélection qui les suivra jusque dans leur vie professionnelle. Mais, chose remarquable, les difficiles épreuves que subissent les jeunes adolescents sont compensées par l'attention bienveillante des adultes. Comme le rappelle Pitte (1991) :

> Contrairement à une tenace idée reçue, les suicides d'adolescents ne sont pas plus nombreux au Japon qu'en France. Cependant, un certain nombre de Japonais, d'intellectuels et de journalistes en particulier, contestent ce système auquel ils reprochent de former des bêtes à concours et non des esprits créatifs. Comme tout système éducatif, il a ses faiblesses, ses excès, ses absurdités, mais il est sans doute abusif de lui reprocher de tuer la créativité. Le peuple japonais n'est pas constitué de robots, loin de là.

Le Japon compte un nombre impressionnant d'universités (plus de 700 universités à cycle long de 4 ans et plus), dont un bon nombre sont de taille moyenne et spécialisées. Les universités les plus prestigieuses sont celles de Tokyo (secteur public), Waseda et Keio (secteur privé).

L'un des traits originaux du système universitaire est d'être pluridisciplinaire et généralement peu spécialisé. Les études en lettres et sciences humaines sont appréciées puisqu'elles attirent 50 % des étudiants. L'enseignement donne à l'étudiant des ressources intellectuelles qui nourrissent sa culture générale, quel que soit le domaine de sa spécialisation.

Le système éducatif (public et privé) est payant, mais l'accès à un généreux système de bourses et de prêts est couramment utilisé. Les entreprises japonaises accordent également de l'aide aux enfants méritants de leur personnel.

---

70. *The Economist* (1990, p. 19).
71. *Le Devoir*, 25 février 1992.
72. Donnet (1991, p. 88).

L'éducation au Japon :
l'apprentissage de la compétition et du groupe

Dès l'âge de deux ans, l'enfant est pris dans un système éducatif et social déjà fort sophistiqué. Les activités obligatoires dépassent très largement les heures de cours. Les mères sont associées à ces nombreuses manifestations artistiques, culturelles et sportives au cours desquelles l'enfant n'existe que par sa relation au groupe.

À partir de quatre ans, l'enfant reçoit un uniforme et apprend à diviser sa journée en cinq parties réparties sur six jours par semaine :

- sept heures de cours traditionnels ;

- une heure d'activité de groupe (sport, théâtre, musique, chant) ;

- deux heures de *Juku*, cours privé permettant de suivre ou d'anticiper le cursus normal ;

- une heure de répétition à domicile, par la mère ou un répétiteur professionnel ;

- une heure de travail individuel correspondant aux devoirs.

La plus grande partie du cursus japonais est tournée vers l'assimilation de connaissances, donnant ainsi à la plupart des étudiants une mémoire nettement au-dessus de la moyenne occidentale et une grande curiosité des faits et des événements significatifs.

Source : Centre de prospective et d'études, *L'acquisition de technologies étrangères par le Japon*, numéro hors série, Paris, Ministère de la Recherche et de la Technologie, avril 1986, p. 13-14.

Quant à la politique d'emploi à vie, si elle permet un climat serein à l'intérieur des entreprises, elle génère aussi dans la vie professionnelle des Japonais des points de non-retour, et l'on imagine facilement le stress que doit vivre le jeune diplômé au moment de son entrée sur le marché du travail, sachant que son emploi dépend de ses résultats scolaires passés.

Pour le recrutement des nouveaux diplômés, les écoles jouent un rôle capital. En effet, longtemps avant l'obtention du diplôme, les étudiants, avec l'aide de leur école, recherchent activement auprès des entreprises des possibilités d'emplois ; de leur côté, les entreprises recherchent les meilleurs candidats directement dans les universités.

Les étudiants évaluent les grandes entreprises selon leur atmosphère générale ou la culture d'entreprise, la philosophie de management, le niveau technologique et les activités internationales. Il est à noter que les meilleurs d'entre eux dans les différentes filières universitaires choisissent d'aller à la fonction publique, considérée, contrairement à ce qu'on observe en Amérique du Nord, comme plus valorisante que l'entreprise privée, sans doute à cause de l'importance qu'accorde la socioculture japonaise au service public, à la valorisation de soi par le service aux autres, à la collectivité (voir, à la page suivante, l'encadré *Le choix des entreprises, et non du travail*).

Le choix des entreprises, et non du travail

N'ayant encore aucune expérience professionnelle, les nouveaux diplômés ne recherchent pas un emploi spécifique, mais plutôt un employeur, une entreprise, de préférence agréable, grande, stable et en croissance. On désigne familièrement cette attitude par l'expression *shû-sha* (découvrir une entreprise), par opposition à l'expression traditionnelle *shû-shoku* (trouver un emploi ou, littéralement, un «job»).

Source : H. Inohara, *Ressources humaines dans les entreprises japonaises,* Paris, Eyrolles, 1991, p. 21.

Aussi, la compétition pour accéder aux grandes entreprises est particulièrement vive, ce qui oblige les entreprises plus petites et moins prestigieuses à se tourner vers les diplômés n'ayant pas vu leur premier choix accepté.

Un des faits marquants du processus de sélection consiste dans le fait que le nouveau diplômé n'est pas au courant des termes de l'embauche et en particulier du salaire et des avantages sociaux. Ce dernier se fie à la renommée de l'entreprise et s'attend à recevoir un salaire concurrentiel. L'entreprise n'embauche pas non plus pour un poste donné et elle a généralement une politique de recrutement qui vise à maintenir aussi basse que possible la moyenne d'âge de l'entreprise, considérée comme garant de son dynamisme. Cette moyenne est d'ailleurs présentée dans les états financiers.

Il existe encore peu d'écoles de gestion qui forment des gestionnaires au Japon. Les entreprises privilégient la formation qu'elles donnent elles-mêmes à leurs employés et à leurs cadres.

Les entreprises recrutent leurs cadres selon les critères de connaissances générales, du potentiel intellectuel et de la capacité de jugement acquis à l'université (et non selon un profil «professionnel» étroit). Les capacités de rassemblement et d'intégration en équipes et en groupes sont aussi examinées sérieusement. Le futur cadre suivra un stage d'une année pour apprendre à connaître l'entreprise et pour préparer sa future place (les délimitations de prérogatives, de titres, de descriptions de postes sont nettement plus souples et plus élastiques qu'en Occident). Il aura aussi un «parrain» qui le guidera et le conseillera, et une formation continue[73]. L'entreprise est offerte à tous comme lieu de vie sociale et de célébration, largement financé par l'employeur. On célèbre aussi bien les nouveaux employés, collectivement, que la fidélité ou l'exploit d'un individu. Les locaux et les moyens, y compris de transport, de l'entreprise sont à la disposition de chacun, qui s'y sent chez lui. Les symboles de la firme sont puissamment unificateurs et ils sont adoptés et arborés par tous : les logos, les devises, les uniformes, les chants, etc.

---

73. On voit tout de suite ce que cela implique quant à l'intégration, à la stabilité et à la connaissance de l'entreprise. La politique d'emploi à vie permet en effet d'agir en investisseur vis-à-vis des employés (Saso, 1981 ; Iwatar, 1982 ; Courdy, 1979 ; Pitte, 1991 ; Inohara, 1991).

Michel Albert[74] fait une comparaison intéressante entre les réponses apportées par les modèles anglo-saxon et germano-nippon quant au rôle de l'entreprise en matière d'éducation et de formation professionnelle.

La réponse anglo-saxonne est : le moins possible. Pour deux raisons : c'est un coût immédiat pour un rendement à long terme. Or, quand on n'a plus le temps de travailler à long terme, il faut maximiser les profits tout de suite. D'autre part, c'est un investissement trop incertain compte tenu de l'instabilité de la main-d'œuvre et cette instabilité elle-même traduit le bon fonctionnement du marché du travail. Réponse exactement opposée du côté germano-nippon, où l'on s'efforce au contraire de promouvoir officiellement tous les employés dans le cadre d'une politique de gestion prévisionnelle des carrières qui vise à assurer, dans la mesure du possible, l'harmonie sociale et l'efficacité économique. [...] À partir de ce problème concret, il est permis d'extrapoler dans plusieurs directions : la tradition anglo-saxonne assigne à l'entreprise une fonction précise et spécifique qui consiste à faire du profit ; la tradition d'Europe continentale[75] et du Japon lui attribue une fonction élargie qui va de la création d'emplois à la compétitivité internationale.

Avant de rentrer dans le détail du management à la japonaise, regardons d'un point de vue économique comment fonctionne l'industrie japonaise.

L'ÉCONOMIE

Il importe de prendre toute la mesure de l'humiliation qu'a ressentie le Japon après la défaite de 1945. Les particularités de la culture japonaise ont permis de mobiliser toute la population pour la reconstruction du pays. Les résultats de cette mobilisation se voient dans le taux de croissance soutenu depuis, dans les exportations et dans le PNB, par exemple.

Ce que nous savons sur l'éducation, l'effort personnel d'éducation, l'importance du groupe et de la compétition couplée au dépassement de soi nous aide à comprendre pourquoi cette économie est une économie de «maillage», où les recherches effectuées par une entreprise profitent à toutes les autres[76]. On comprend aussi comment les entreprises ont pu, «en chœur», s'aligner, des années durant, sur les directions et les orientations définies sous l'impulsion du puissant MITI[77]. On voit comment elles ont pu facilement copier et dépasser l'ensemble, ou presque, des technologies occidentales.

---

74. Albert (1991, p. 19).
75. L'auteur se réfère entre autres à l'Allemagne et à la Suède.
76. Voir, notamment, Sautter (1987), Archier et Sérieyx (1984), *L'Express* (1987), *Le Point* (1989), Albert (1991), Nora (1991).
77. Ministry of International Trade and Industry ou ministère du Commerce international et de l'Industrie. C'est le ministère le plus important du gouvernement japonais, qualifié de chef d'orchestre ou encore de chef d'état-major de l'industrie japonaise (*L'Express,* 1987), qui dose subtilement planification et encouragement au commerce libre. C'est là que se réalisent les études portant sur l'avenir industriel du pays, lesquelles donnent sans cesse des recommandations aux entreprises. Avec près de 2 600 ingénieurs et chercheurs, le MITI s'apparente à un gigantesque laboratoire de recherche. Ses cadres âgés de plus de 55 ans sont d'office envoyés dans les états-majors des géants industriels. Faire carrière au MITI est considéré au Japon comme l'une des plus brillantes réussites.

L'État japonais s'est toujours fermement engagé dans l'économie par le truchement du MITI, qui veille à dynamiser les secteurs prometteurs, mais aussi au moyen des subventions, des garanties bancaires (l'État garantit les emprunts des entreprises), des autres ministères qui peuvent intervenir directement, en vue du bénéfice à long terme du pays. Le MITI et les autres ministères peuvent obliger des entreprises à se regrouper (ce qui a été le cas du secteur de l'informatique, par exemple, pour contrecarrer IBM) et à coopérer pour permettre à un secteur jugé vital de s'épanouir. Contrairement à ce qui se passe dans les pays occidentaux, l'interventionnisme de l'État n'est pas envisagé au Japon comme l'ennemi juré de l'entreprise. Les milieux d'affaires traitent l'État en allié, puisqu'il représente l'intérêt suprême à long terme de la nation, et non des intérêts particuliers conjoncturels. Ils le perçoivent comme leur associé dans l'aventure du développement : il affecte les ressources, définit les priorités, canalise les importations, stimule les exportations, assure redistribution et justice sociale.

Il ne faut pas non plus penser que le Japon fonctionne comme une économie de type planifié où les fonctionnaires dirigent le pays. Comme le rapporte l'OCDE[78], bien que le soutien de l'industrie de la part de la puissance publique soit souvent considéré comme le moteur de la croissance extraordinaire du Japon, c'est paradoxalement l'intensité de la concurrence interne qui a constitué l'ingrédient essentiel de cette croissance.

On trouve au Japon une sorte de polarisation de l'économie où un certain nombre d'entreprises sont en pleine expansion dans des secteurs de pointe, tandis que des secteurs moins avancés (le bois, le textile) regroupent des entreprises où les conditions de travail, les salaires, les avantages sociaux et les subventions sont moins intéressants. Il y existe aussi une sorte de hiérarchie des entreprises où l'on va des géants aux PME, dont la grande majorité servent de réservoir de soustraitance pour les plus grandes. Ces dernières sont des conglomérats ou *keiretsu* (Toyota, Yamaha, Mitsubishi, etc.) qui peuvent comprendre nombre d'entreprises ou de marques différentes œuvrant dans des secteurs de pointe. Néanmoins, le taux de concentration industrielle reste plutôt inférieur à la moyenne des pays industrialisés. Les groupes industriels peuvent prendre plusieurs formes : groupement d'entreprises de différents secteurs autour d'une banque ou d'une maison de commerce, groupement formé d'une entreprise industrielle indépendante et de ses filiales ou groupement de distributeurs formé à la suite de la décision d'un fabricant d'organiser son propre réseau de distribution.

---

78. OCDE (1992).

Les différents types de *keiretsu*

La plupart des groupes intégrés verticalement se trouvent dans le secteur manufacturier (*sangyô keiretsu* ou groupement industriel), où l'on voit une grande entreprise de production réunir ses fournisseurs autour d'elle. Lorsqu'une entreprise est très grande et qu'elle fabrique d'importants volumes de produits différents, il y a généralement deux ou trois niveaux de fournisseurs, chacun apportant des pièces (ou des services) au niveau supérieur, lequel approvisionne en dernier lieu l'entreprise de production. Afin de s'assurer des fournitures en quantités stables, selon la qualité désirée et à des prix raisonnables, la grande entreprise procure à ses fournisseurs, qui s'efforcent de maintenir des relations continues et confiantes, une assistance financière, technique et de gestion. Ces relations sont basées davantage sur une confiance et une compréhension mutuelles implicites que sur un contrat explicite et une participation au capital. La grande entreprise de production, qui a pour objectif d'abaisser ses coûts de production tout en maintenant les normes techniques requises pour ses produits, tend à exercer un contrôle considérable sur les opérations de ses fournisseurs. Pour une entreprise de production, l'idéal, pour autant qu'il soit réalisable, est de n'effectuer qu'un travail d'assemblage final de haute qualité avec des pièces et des services à bas prix fournis par des sous-traitants reguliers.

Les groupes horizontaux typiques sont ceux dont le noyau est constitué par une grande banque ou une société commerciale (on les appelle *kinyû keiretsu*, groupement financier). Ils sont horizontaux en ce sens que les entreprises membres sont toutes indépendantes, mais elles coopèrent les unes avec les autres dans leur intérêt mutuel, par exemple pour un nouveau projet de développement. Dans le cas de Mitsubishi, les sociétés Mitsui, Sumitomo et Fuyo (Fuji Bank), une banque communale, une banque commerciale, une compagnie d'assurances, une entreprise générale de commerce et un petit nombre d'entreprises manufacturières constituent le noyau du groupe. Au sein des groupes industriels, les relations entre les entreprises varient d'une situation à l'autre. Généralement, elles sont semi-familiales et à long terme; la grande entreprise est souvent appelée *oyagaisha* (l'entreprise mère) et les petites entreprises sont appelées *kogaisha* (entreprises filles). Du point de vue de la gestion du personnel, les relations comprennent des transferts de personnel pour une période limitée ou en permanence, à des fins de supervision, d'assistance technique et de formation, voire comme mesure de «dégraissage». Ces transferts de personnel à une entreprise alliée se nomment *shukko* (prêts de personnel)[79].

Au Japon, la prise de contrôle offensive d'une entreprise n'existe pas et le rachat par une entreprise de ses propres actions est interdit. Il n'est donc pas possible pour une entreprise de rattraper un retard technologique au moyen de l'acquisition d'une autre entreprise. La seule façon pour une entreprise de rester compétitive consiste à investir dans la recherche et le développement (R&D). Le volume de ces investissements a crû plus rapidement que le PNB au cours des années 1980, tandis que le nombre des brevets a doublé. Ces investissements se concentrent en général dans des domaines voisins, caractérisés par des

---

79. Inohara (1991, p. 20-21).

économies de gamme, en particulier grâce aux informations, à la technologie et au savoir-faire. L'intensité technologique a supprimé les barrières entre les branches d'activité, si bien que des entreprises qui appartenaient autrefois à des secteurs différents sont devenues concurrentes (ce processus est appelé *gyousaika*). De surcroît, la prise en charge de la R&D est réalisée à 98 % par les entreprises, tandis qu'aux États-Unis 34 % des dépenses de R&D sont assumées par l'État[80] (alors qu'on croit et affirme habituellement le contraire).

D'un point de vue économique, l'une des caractéristiques des entreprises japonaises est leur mode de financement par participations croisées avec les institutions financières qui détiennent respectivement 25 % et 45 % de leur capital (aux États-Unis, 0,3 % du capital des entreprises est détenu par les banques). La prise de participation se réalise avec des partenaires amicaux par l'imbrication des équipes dirigeantes et par l'échange de personnel à presque tous les niveaux. Une entreprise peut ainsi établir des réseaux de relations complets avec ses divers partenaires, notamment les sous-traitants, les banques et les maisons de commerce.

Cette façon de procéder permet aux petits actionnaires d'être protégés par les grandes banques qui assurent un contrôle très efficient et voient à l'intérêt de tous. Au Japon, les actionnaires ont un droit de regard beaucoup plus important que leurs homologues américains : **ils peuvent exercer leur droit de vote en ce qui concerne notamment la rémunération des dirigeants et le montant des dividendes.** Ce droit de regard leur permet aussi d'obtenir les informations nécessaires à une bonne évaluation financière, ce qui limite la spéculation à court terme, car les indicateurs tels les profits ou les dividendes n'ont pas autant d'importance qu'aux États-Unis (voir le tableau 8.4).

Les experts s'accordent à dire que la stabilité des principaux actionnaires dans une organisation est un facteur de sécurité et d'apaisement pour les gestionnaires. « Au Japon […] le capitalisme reste marqué par des traits féodaux qui lui sont propres. Mais les dirigeants n'y vivent pas […] sous la menace constante d'une restructuration imposée de l'extérieur[81]. »

Les facteurs qui influencent l'image des entreprises japonaises sont leur statut légal, leurs parts du marché, leur admission à la Bourse des valeurs mobilières et leur philosophie de management. Ces facteurs sont plus importants que leur cotation boursière et leur rentabilité. En retour, l'image de l'entreprise influence son accessibilité au financement externe et à des ressources humaines au potentiel élevé[82]. Dans ce cadre, les administrateurs ont un horizon de planification beaucoup plus long, la priorité étant accordée aux plus-values, sur la base de niveaux élevés de R&D.

Avec derrière eux le MITI, les *keiretsu* visent sans relâche l'exportation, et, aujourd'hui, toujours sous l'impulsion de l'État, ces conglomérats cherchent à produire à l'extérieur, à se « multinationaliser ». Principalement dans la zone

---

80. OCDE (1991).
81. Albert (1991, p. 129).
82. Inohara (1991).

TABLEAU 8-4	Les objectifs de gestion dans les entreprises japonaises et américaines (indices comparatifs)	

Objectifs de gestion	Indices comparatifs	
	États-Unis	Japon
Rendement de l'investissement	2,43	1,24
Élévation du cours des actions	1,14	0,02
Augmentation de la part du marché	0,73	1,43
Amélioration du portefeuille de produits	0,50	0,68
Rationalisation de la production et de la distribution	0,46	0,71
Élévation du ratio de fonds propres	0,38	0,59
Élévation de la proportion de produits nouveaux	0,21	1,06
Amélioration de l'image de la société	0,05	0,09
Amélioration des conditions de travail	0,04	0,09

Source : OCDE, *Études économiques 1991-1992 : le Japon*, 1992, p. 83.

Asie-Pacifique, de même qu'aux États-Unis et en Europe, les entreprises japonaises accélèrent depuis quelques années leur délocalisation et leur mondialisation. Soulignons le fait que cette «multinationalisation» ne s'accompagne pas d'un appauvrissement des pays «hôtes», comme cela est souvent le cas de l'Occident vis-à-vis du Tiers-Monde, mais, au contraire, d'une montée de marchés et d'économies en croissance qu'on dénomme les «dragons» (Corée du Sud, Malaisie, Thaïlande, etc.).

L'ENTREPRISE ET LES SYNDICATS[83]

L'entreprise japonaise diffère totalement de l'entreprise américaine, qui est pilotée à vue de façon que soient garantis des profits trimestriels substantiels sur les

83. Moins de 28 % des salariés qualifiés sont syndiqués ; il s'agit dans la plupart des cas de salariés de grandes entreprises et de ceux du secteur public. Aussi les relations sociales au Japon ne sont-elles guère influencées par le syndicalisme, si l'on excepte l'engagement des salariés dans l'«offensive salariale de printemps» (*shunto*). En revanche, la consultation conjointe, formelle et informelle entre la direction et le syndicat (*roshi-kyogi-sei*), les activités de petits groupes (*sho-shudan-katsudo*) et autres moyens de communication semblent fonctionner comme des substituts efficaces. Dans les entreprises syndiquées, ces moyens agissent comme des sous-structures de la négociation collective. Aujourd'hui, aucune entreprise ne domine le syndicat, bien que la forme d'organisation de celui-ci soit interne (*kigyo-nai kumiai*) et ne soit faite que pour le personnel régulier. (Voir Inohara, 1991, p. 246 et suivantes.)

marchés financiers. Birat (1991) estime que l'entreprise japonaise élabore une vision de l'avenir qui s'appuie sur divers leviers :

- une démarche prospective à long terme, par laquelle l'entreprise se projette dans l'avenir sur plus de 10 ans ;

- un réflexe «innovation», actif dans tout le personnel, qui conduit à se préparer à cet avenir en réagissant rapidement à l'environnement et à ses défis ;

- la reconnaissance du rôle fondamental de la technique dans les métiers de base de l'entreprise (et donc la nécessité d'innover en permanence sur ce plan) ;

- une structure d'autorité fonctionnelle (*staff*) et d'autorité hiérarchique (*line*) qui donne aux cadres le temps d'exercer leur métier technique et d'innover ;

- la description complète et détaillée des méthodes de qualité totale pour permettre au personnel de production de s'associer à cette démarche du progrès permanent.

Les entreprises géantes garantissent l'emploi à vie, et elles comprennent de 30 % à 40 % des emplois[84]. La population active restante est évidemment sujette à une moins bonne sécurité de l'emploi, mais il faut savoir que les 60 % à 70 % des emplois restants, qui se trouvent dans les PME, regroupent l'essentiel de la population active féminine[85]. Ce fait est de première importance car, dans la culture japonaise, la femme doit, à un certain âge, fonder un foyer et consacrer plusieurs années à la famille et, surtout, aux enfants. C'est dans cette main-d'œuvre féminine, culturellement destinée à interrompre son emploi, qu'on observe le gros du chômage tampon qui permet aux grandes firmes, comptant une majorité d'employés masculins, de maintenir des emplois à vie[86].

Avant d'aborder l'entreprise et le management à la japonaise, penchons-nous sur le syndicalisme japonais, si particulier et surprenant, qui marche main dans la main avec l'employeur et dont les dirigeants peuvent aussi être des cadres supérieurs de l'entreprise ! Dans le dossier déjà cité du journal *Les Affaires*, un chef d'entreprise québécois rapporte les propos d'homologues japonais qui se disent étonnés de la capacité des dirigeants nord-américains de fonctionner avec des syndicats si revendicateurs et si contrariants.

---

84. Cela devrait singulièrement relativiser le préjugé, largement répandu en Occident, voulant que la garantie ou la sécurité de l'emploi (et l'on prend souvent pour exemple la caricature du fonctionnaire désœuvré et paresseux) soit un facteur de démotivation et de démobilisation. Nous verrons que de nombreux arguments permettent de soutenir le contraire.
85. Sautter (1987).
86. Avec le prix élevé du beurre et du steak, le grand nombre de bourreaux de travail (*workaholics*), l'exiguïté des logements, la soumission et le suicide, le rôle de chômage tampon attribué au secteur des PME est l'un des éléments traditionnellement présentés parmi les revers graves du miracle japonais. Nous ne prétendons pas qu'il soit moins grave de mettre au chômage des femmes (quoique l'effet du travail féminin sur la famille soit à discuter), mais il faut situer les choses à leur plus juste place. Si cela permet une répartition plus équitable des revenus sur l'ensemble des familles, pourquoi s'en priver, puisque la culture japonaise s'en accommode ?

Si les employeurs japonais se montrent, à juste titre, inquiets ou étonnés devant un syndicalisme revendicateur et batailleur, c'est qu'ils ont réussi, eux, à instituer un syndicalisme coopératif et complice. Pourquoi et comment cela s'est-il fait? Voilà les questions qu'il faut (se) poser, et qui peuvent effectivement nous aider. Pourquoi ne pas simplement considérer que chacun a le syndicalisme qu'il mérite, puisque, partout, l'entreprise a précédé le syndicat dans l'histoire? L'exemple du résultat de la négociation sur la rémunération selon l'ancienneté illustre bien la volonté commune de coopération entre les syndicats et les patrons. Les premiers voulaient un système de rémunération basé sur les besoins de l'employé, où, par exemple, un père de famille nombreuse devait gagner plus qu'un célibataire. Les seconds, comme l'enseigne la microéconomie, voulaient lier la rémunération à la compétence. Rémunérer selon l'ancienneté fut un compromis acceptable pour les deux parties, car généralement les besoins et les compétences croissent avec l'âge.

Souvenons-nous que l'industrialisation du Japon s'est faite en douceur, sans dresser radicalement, comme cela s'est fait en Occident, les milieux des affaires contre l'aristocratie, contre la tradition et contre le travailleur[87].

Le syndicalisme japonais n'est pas le fruit de luttes engendrées par d'irréductibles conflits de travail, mais il a été, pour ainsi dire, politiquement encouragé, sinon imposé, sous l'occupation américaine. Cela a donné un singulier paradoxe: les dirigeants des entreprises ont organisé le mouvement ouvrier! Comme le rapporte Vogel[88], par suite des ordres donnés par les occupants alliés, dès la fin de la guerre, aux dirigeants japonais afin qu'ils développent rapidement le syndicalisme, ces derniers se sont mis à y envoyer leurs employés zélés et même des cadres. Mais ils se sont vite aperçus que le syndicalisme coopté ne menait pas loin.

Encore une fois, la tradition régla le problème: la loyauté, l'intérêt général, le devoir de protection et la poursuite du profit mutuellement bénéfique ont fait que les employeurs ont cherché sincèrement à comprendre les problèmes des employés en se rapprochant des syndicats et en œuvrant pour la satisfaction effective de la main-d'œuvre. Ces syndicats sont en grande majorité des syndicats d'entreprises et de groupes, et ils mobilisent, il est vrai, leurs troupes dans le sens de l'accroissement des bénéfices. Il n'est pas rare que les entreprises, les syndicats et l'État se consultent[89], se concertent pour arrêter de grandes orientations et des décisions d'intérêt général. Souvent aussi, les syndicats proposent, de leur propre chef, des réductions de salaires quand les résultats de l'entreprise sont en baisse, ou quand la compétitivité est menacée[90]!

Il en est ainsi pour plusieurs raisons que nous verrons à propos du management japonais, mais aussi parce que l'entreprise est ressentie par chacun

---

87. Il ne sert plus à personne de continuer à occulter l'histoire et à refuser un passé mille fois éprouvé. Il suffit de lire Taylor pour se rendre compte de l'ampleur de l'antagonisme employeurs-travailleurs, encore au XXIe siècle, en Occident.
88. Vogel (1983, p. 180 et suivantes).
89. Cela est à rapprocher des systèmes qu'on trouve en Allemagne et en Suède notamment.
90. Iwatar (1982). Mais il faut aussi savoir que ce sont les patrons et les dirigeants qui donnent le plus souvent l'exemple en commençant par abaisser leur propre rémunération.

comme un lieu où l'on veille à son bien-être et comme un lieu d'identification, de fierté et d'appartenance, puisque les intérêts des uns sont considérés comme étant ceux des autres. Pour les travailleurs japonais, le lieu de travail est de façon idéale l'endroit où, d'un point de vue industriel, ils naissent, se développent et meurent. Une telle vision est renforcée par la reconnaissance et l'évaluation qu'ils obtiennent socialement, sur la base du rang occupé par l'entreprise. La survie et le développement de l'individu dépendent de la survie et du développement de l'entreprise. Les travailleurs s'identifient avec l'entreprise dans laquelle ils travaillent et s'efforcent de rendre leur travail (et le lieu où ils l'exercent) le plus agréable et le plus sûr possible. L'entreprise est une partie de leur vie, égale en importance à leur vie personnelle[91]. Vogel explique cela par le fait que, comparativement à l'Occident, et aux États-Unis en particulier, l'écart des revenus entre dirigeants et employés est très réduit. Il précise qu'une différence moindre de salaires entre gestionnaires et ouvriers d'un certain âge aide à conforter l'ouvrier dans son identification avec la firme. L'employé cadre âgé de 23 ans, diplômé de la prestigieuse université de Tokyo, touchera près de trois fois moins qu'un ouvrier de 45 ans[92]!

Avant de voir le style de gestion de l'entreprise nippone et les nombreuses autres raisons qui donnent une telle main-d'œuvre et un tel syndicat, voici un fait que Sautter a rapporté et qui montre, contrairement aux préjugés très répandus, que le syndicalisme japonais n'est pas une docile institution entre les mains du patronat. Un patron qui voulait transmettre la direction de son entreprise à son fils a trouvé une opposition de la part du syndicat qui jugeait le fils incompétent, donc susceptible de mettre en danger et l'entreprise et l'emploi. Sautter raconte que le syndicat obtint gain de cause et que le fils ne succéda pas à son père[93].

LA GESTION ET LES RAPPORTS DE TRAVAIL

Comme le rappellent Albert (1991), Pitte (1991), Vogel (1983) et le dossier de l'hebdomadaire *L'Express* (1987), on commet souvent l'erreur de se livrer à une interprétation «folklorique» de la vie économique japonaise. Parce que cela les arrange, beaucoup croient que la nature et le fonctionnement de l'entreprise japonaise relèvent de quelque trait de «race» ou de «culture». «Race» chez qui une mystique du travail, du patron et de l'autorité, aussi étrange qu'exotique, ferait de tout individu une bête enragée de la production, à la limite de l'imbécile hyperlaborieux et heureux[94].

---

91. Inohara (1991).
92. Vogel (1983, p. 183); Sabouret (1988, p. 90).
93. Sautter (1987, p. 29).
94. Dans un dossier de l'hebdomadaire *Le Point* (1988), il est presque insidieusement suggéré que la réussite des entreprises japonaises qui s'installent aux États-Unis est due au fait qu'elles recrutent une main-d'œuvre non syndiquée et, surtout, une main-d'œuvre qui accepte d'être payée moins et de travailler plus… Si tel est le cas, il n'y a que deux explications: il s'agit d'une main-d'œuvre moins qualifiée (mais elle réussit mieux!) ou alors d'une main-d'œuvre aussi docile, peu combative et extrêmement travaillante que les Japonais… Et que Honda et Toyota savent trouver sur le sol américain même!

En fait, l'enjeu est de comprendre, au-delà des visions agacées ou folkloriques, pourquoi l'entreprise japonaise dispose effectivement d'une des mains-d'œuvre les plus qualifiées, les plus dynamiques, les plus engagées, les plus loyales et les plus productives du globe.

Nous avons déjà vu, et c'est là le premier point important, que l'entreprise nippone est toujours prête à attendre des profits différés. Le long terme est à la source de l'industrie japonaise. Cette vision explique que l'entreprise n'est pas une machine à générer des profits immédiats et maximaux, mais une institution dont l'objectif est d'abord de faire mieux (si c'est mieux, cela se vend mieux), ensuite de soutenir, conjointement avec ses concurrentes, l'essor du Japon et, enfin, de satisfaire loyalement les membres, à commencer par l'employé de base. Soucieuse au premier chef du bien-être de tous ses employés, y compris sur le plan physique[95], l'entreprise représente une institution à la fois protectrice et stimulante[96]. On tient pour acquis, selon Ouchi (1981) et Inohara (1991), le fait que le rendement et la qualité dépendent étroitement des sentiments des travailleurs envers leur organisation et leurs employeurs.

Birat (1991) rapporte que « passer douze heures par jour dans son bureau, au service jaloux et exclusif de son entreprise, est une chose tout à fait naturelle pour un Japonais qui manifeste le plaisir qu'il tire de son travail ». Ce goût du travail semble entretenu par la qualité des relations professionnelles et par un ensemble de règles qui ont pour effet de susciter une sorte de mobilisation permanente. Et ce n'est pas l'ambition au sens occidental qui peut guider les travailleurs japonais ; les motivations plus profondes doivent être cherchées ailleurs : elles se trouvent dans le plaisir évident de travailler dans un milieu amical où l'on est écouté personnellement, dans la confiance mise en chacun pour qu'il assure de véritables responsabilités, dans la fierté ainsi ressentie...

« Cette motivation donne l'impression d'un mouvement continuel et s'accompagne d'une remise en cause perpétuelle de ce que l'on fait et de la façon de le faire[97]. » Au Japon, personne ne considère jamais qu'« il a réussi », qu'« il est arrivé », chacun est occupé en permanence à introduire un progrès dans son univers professionnel. C'est même l'une de ses missions majeures.

Après avoir connu une immersion d'une année dans la société Akita (nom fictif), Birat dit : « Je n'ai jamais assisté à la moindre altercation. Qui plus est, j'ai pris part à de nombreuses réunions de travail – sans doute les plus efficaces de ma carrière – au cours desquelles toute forme de prise de pouvoir était absente, laissant le champ libre au sujet abordé dans sa totalité. »

En matière de prise de décision, chacun, de la base au sommet de la hiérarchie, a son mot à dire.

---

95. L'Allemagne (une des meilleures économies d'Occident) et la Suède sont les seuls pays qui suivent de près le Japon, loin devant les autres, en ce qui concerne les programmes de santé et de bonne forme physique sur les lieux de travail.
96. Morita (1986, p. 33).
97. Birat (1991, p. 59-60).

Ainsi, il est étonnant de constater que les scénarios de croissance, qui sont de la responsabilité des dirigeants, circulent de société en société et sont commentés au cours de nombreux contacts informels que les responsables entretiennent entre eux et avec leurs collègues du MITI. «Le responsable est donc souvent davantage le porte-parole de son groupe que son leader autocratique ou son inspirateur charismatique. Les deux règles de base sont pour lui la courtoisie et l'écoute[98].»

Au Japon, le pouvoir est assez diffus et appartient à tous. La prise de décision est élaborée sur le **principe de l'adhésion et du consensus.** À l'instar de l'Allemagne, l'entité cohérente que constitue l'entreprise japonaise trouve sa place dans son sens inné du consensus (le *nemawashi*).

Il est utile aussi de savoir que l'entreprise japonaise s'est largement servie, à l'intérieur de ces cadres, des principes de management nés et articulés aux États-Unis. Ainsi en est-il du taylorisme, du fordisme, de la direction par objectifs, etc. Et surtout, elle s'est servie de quelque chose dont les industries américaines ne voulaient pas, dans les années 1940: le cycle de gestion de la qualité dénommé PDCA (*plan, do, check, action*) mis au point par un Américain, W.E. Deming! C'est là le point de départ et le catalyseur du fonctionnement des cercles de qualité[99].

Par ailleurs, contrairement à des clichés très répandus et faussement sécurisants, la tradition féodale n'a qu'une faible part dans le système de l'emploi à vie, de protection et de sécurité des revenus. Ces avantages ont été consentis au fur et à mesure, avec l'industrialisation du pays et les états successifs de pénurie de la main-d'œuvre et de plein emploi[100].

L'entreprise forme ainsi une sorte de communauté où tous les aspects de la vie du travailleur, depuis le logement jusqu'à l'éducation des enfants, en passant par la bonne forme physique, le transport et les loisirs, sont pris en considération, sinon en charge[101]. La firme japonaise, suivant Morita (1986), est l'affaire autant des propriétaires que des employés. Inohara (1991), Lussato et Messadié (1986) et Ouchi (1981) expliquent comment les promotions se font sur la base de l'ancienneté ainsi que de l'éducation générale, de la capacité de mener des relations de qualité, de communiquer et d'établir un climat de soutien mutuel. Il s'agit, en bref, d'accorder autant d'importance au travailleur qu'au produit.

Bien que Hofstede (1980a) ait vu dans le Japon l'une des cultures les plus masculines et les plus inégalitaires et hiérarchiques parmi la quarantaine de nations étudiées, tous les témoignages, et même les témoignages occidentaux comme ceux de Vogel (1983), Courdy (1979), Peters et Waterman (1983) ou

---

98. Birat (1991, p. 69).
99. Sabouret (1988, p. 265); Crocker, Charney et Leung Chiu (1991, p. 13-28); Ealey (1990).
100. Courdy (1979). Le Japon n'a pas recours, comme les milieux d'affaires de la plupart des pays occidentaux, à l'importation de main-d'œuvre extérieure pour contribuer au développement et, en même temps, juguler le plein emploi et sa pression à la hausse sur les salaires et sur les conditions de travail.
101. Tazezwa et Whitehill (1981).

Dourille-Feer (2002), montrent des entreprises japonaises fort différentes. Elles sont dotées de la moitié moins de niveaux hiérarchiques qu'aux États-Unis et de 10 fois moins d'encadrement administratif. Du directeur général au commis, on y travaille autour de la même immense table, il n'y a presque pas de bureaux fermés, tous les niveaux se parlent avec simplicité, les conditions de confort sont souvent identiques pour tous (le climatiseur, entre autres), les hauts dirigeants s'habillent comme les employés, en portant, par exemple, l'uniforme de la firme[102].

Toutes les couches, toutes les coalitions de l'entreprise sont mobilisées pour sa constante amélioration, parce que, pour tout un chacun, et le comportement des dirigeants le prouve, l'entreprise est l'émanation de l'intérêt de tous, et suprêmement, du Japon. Aussi, l'arme absolue de la réussite économique aujourd'hui, l'information, est partout dans la firme japonaise recueillie, étudiée, canalisée, exploitée par tous, du plus modeste employé au PDG. L'information circule dans l'entreprise avec efficacité et rapidité, et le Japonais, pragmatique, privilégie les contacts directs et personnalisés. De plus, la fonction «communication» est décentralisée dans l'entreprise, qui conserve une grande cohérence interne. La communication fuse dans toutes les directions, de façon non seulement verticale, mais aussi horizontale par différents moyens, tels que le journal de l'entreprise (*shanai-ho*), les panneaux d'affichage (*keiji-ban*) et les réunions formelles et informelles d'unités, incluant les sessions du matin (*chorei*). Tous les membres de l'entreprise se préoccupent de la productivité et des ventes de l'entreprise. La primauté accordée à l'information se répercute sur le produit, sur la qualité, sur la satisfaction du client, sur l'innovation, etc. Le temps de réponse des firmes japonaises à un nouveau besoin est de 50% inférieur à celui des firmes concurrentes occidentales[103]! Si chaque membre de l'entreprise, quand celle-ci en compte des dizaines de milliers, se sent «chez lui», intéressé et écouté au point de rechercher activement, de transmettre et de faire exploiter immédiatement la moindre information utile, on imagine la rapidité et la force colossale que cela représente.

On coopère non seulement d'un service à un autre, d'un employé à un autre (au lieu de se concurrencer pour «monter» plus vite que l'autre), mais aussi d'une entreprise à une autre. Cette coopération, disent Inohara, Vogel et Sautter, est déroutante pour un esprit occidental. On a su, au Japon, être à la fois concurrents et alliés, avec un grand respect mutuel, un partage (par l'entremise du MITI, par exemple) des innovations et des informations et le souci de la réussite japonaise avant la réussite individuelle de l'entrepreneur ou de la firme. À tous

---

102. Hofstede classe les États-Unis parmi les cultures à faible distance de pouvoir, c'est-à-dire beaucoup moins formalistes et moins hiérarchiques que le Japon. Mais ce sont des apparences trompeuses: tout en étant plus attachés au respect de l'autorité, les Japonais n'en sont pas moins très proches; Carlzon (1986), PDG suédois de SAS, a fait le même constat.
103. Albert (1991), Tazezwa et Whitehill (1981) et Sautter (1987); pour ce dernier auteur, «les Japonais agissent lentement mais réagissent très vite».

les niveaux, dans les compagnies nippones, on peut se livrer à une lutte féroce et en même temps coopérer[104].

Précisons ici que si les conglomérats (*keiretsu*) garantissent l'emploi à tous les employés durant toute leur vie active jusqu'à la retraite, cette tradition n'est pas institutionnalisée. Inohara (1991) rappelle même que, paradoxalement, il est interdit par la loi d'établir un contrat de travail ayant une durée illimitée. Le personnel régulier, en règle générale, n'a pas de contrat de travail écrit. **L'embauche repose sur une confiance mutuelle durable et le respect inconditionnel de la parole donnée.** Les retraités (en général à 55 ans) continuent à être actifs dans l'entreprise, car on les considère comme une ressource importante en ce qui concerne les connaissances, l'expérience et la sagesse.

Malgré la crise, la mobilité et la rotation sont moins élevées au Japon qu'en Occident, ce qui favorise l'investissement à long terme, et surtout l'établissement de relations sociales d'une stabilité, d'une proximité («intimité», dira Ouchi) et d'une qualité telles que tout le monde est le complice actif de tous[105].

La rémunération[106] progresse avec l'ancienneté, le salaire mensuel ne représente qu'une partie de celle-ci, une grosse portion (jusqu'à 35 %) provenant des primes semestrielles (juin et décembre). Ces primes sont liées aux performances de l'entreprise, mais il ne s'agit pas de primes de rendement, car elles peuvent être distribuées même avec des résultats financiers peu brillants ou un endettement élevé. En contrepartie, les employés sont toujours prêts à subir une baisse ou un report de leur salaire dans le cas d'une situation précaire. Mis au chômage, le salarié touche, pour une période variable de six mois à un an, de 60 % à 80 % de son dernier salaire, s'il a cotisé plus de six mois. En plus des traditionnels protections et soutiens de la famille, les Japonais disposent de ceux de leur entreprise (*keiretsu*) et de l'État, avec une assurance maladie nationale, des allocations familiales, etc. L'entreprise peut dépasser de 72 % le montant obligatoire des charges sociales[107] !

La délégation et la responsabilisation dans les équipes quasi autonomes sont la règle, ainsi que l'encouragement aux permutations, à la polyvalence, à l'apprentissage de tâches variées, tout au long de la carrière. Le droit à l'erreur, en vertu de la notion de responsabilisation des groupes et non des personnes, permet de n'avoir presque jamais à punir, à humilier, à rétrograder ou à renvoyer un individu (l'importance culturelle vitale de ne jamais perdre la face implique d'éviter à tout prix d'humilier qui que ce soit).

La transparence de l'information, la facilité des contacts, le rétrécissement de la hiérarchie, éléments dont nous avons parlé, sont de puissants facilitateurs de la communication. Les employés et les ouvriers définissent conjointement

---

104. Iwatar (1982), Morita (1986), Vogel (1983), Sautter (1987). Ce dernier utilise la formule «concurrentes proches, mais alliées éloignées». Cela exprime le fait qu'il y a compétition dans le respect des intérêts de tous (du Japon) et collaboration quand cet intérêt le nécessite. Voir aussi Inohara (1991), Pitte (1991), Albert (1991), *L'Expansion* (1992).
105. Vogel (1983), Saso (1981), Inohara (1991).
106. Voir à l'annexe 8.3 le tableau 8.6 sur l'évolution des salaires.
107. Sabouret (1988, p. 90-91).

avec les dirigeants les tâches et les objectifs, ils sont consultés pour tout ce qui concerne les techniques de production et l'organisation du travail. Cela est tout aussi vrai dans les bureaux. On évite au maximum la parcellisation et la spécialisation étroite, on pousse à la variété et à la capacité de faire face à la complexification autant qu'on peut et partout où on le peut[108].

Le dirigeant et le supérieur sont choisis en fonction de leur aptitude à composer avec cette grande quantité d'échanges avec les collaborateurs et les employés, à l'encourager, à la faciliter et à promouvoir l'esprit d'équipe et l'initiative ; évidemment, ils sont généralement sélectionnés parmi les employés de l'entreprise. Leur sens de l'appartenance au groupe et l'absence de visées personnelles sont leurs principales qualités, à côté de leur acceptation comme leader par la collectivité et de la confiance qu'ils inspirent à leurs employés. Le gestionnaire japonais, dit Ouchi (1981), suscite constamment une remise en question de lui-même et de ce que fait l'entreprise, pour stimuler la créativité et le changement. Tout cela doit évidemment être mis en contraste avec les qualités ordinairement requises pour être cadre en Occident, et surtout avec la manière dont le cadre occidental mène sa carrière : de façon à hausser constamment, avant tout, sa propre valeur marchande. C'est donc plus l'ambition individuelle et l'autosatisfaction qui dominent chez ce dernier que l'esprit de groupe et l'autocritique[109]. On trouve ici la même légitimité que celle qu'on a constatée dans la formation scolaire. En effet, le supérieur hiérarchique n'est pas parachuté de l'extérieur, mais il a été choisi selon des critères de bon «fonctionnement» avec les autres ; il sera donc naturellement accepté de tous[110]. D'autre part, les critères de sélection ne sont pas la responsabilité d'une seule personne, car rappelons que l'employé circule dans l'entreprise, il a donc été évalué par de nombreux supérieurs, et même si l'un d'eux, pour des raisons partiales, a été tenté de mal le juger, ce supérieur sera mal évalué à son tour, par son propre supérieur, puisqu'il aura fait la démonstration de son incapacité de s'entendre avec un employé dont les mérites sont reconnus. Ainsi, le dirigeant a, avec cette légitimité, toutes les chances de voir son autorité plus facilement acceptée.

Quand on parle d'autorité, on ne parle pas de dirigisme ; le supérieur a plutôt un rôle d'animateur, il n'est pas là pour recueillir de l'information et prendre une décision, mais pour orchestrer le débat, jusqu'à ce qu'un consensus émerge. Tous les membres prennent part au processus décisionnel, depuis la recherche d'information jusqu'au choix d'options. L'entreprise s'arrange pour être informée par ses membres et, à son tour, elle les informe par divers mécanismes sur tout ce qui se passe à l'intérieur et à l'extérieur de ses murs, sur les projets, les orientations, les axes de recherche et développement, etc. Une telle pratique paraît lourde et consommatrice de temps, mais soulignons de nouveau que le

---

108. Vogel (1983), Iwatar (1982), Morita (1986), Inohara (1991). On peut imaginer ce que tout cela implique quant à la lutte contre la routine, l'ennui, la dévalorisation, l'aliénation et quant à l'adhésion, à la coopération, à la formation, à l'enrichissement personnel. Voir aussi Kélada (1986 et 1990) pour un exposé détaillé de la collaboration et de l'orientation vers la qualité dans la gestion de la production ouvrière au Japon, ainsi que Crocker, Charney et Leung Chiu (1991).
109. Allaire et Firsirotu (1989), Inohara (1991).
110. La démarche est identique dans les entreprises allemandes.

temps de réponse des entreprises japonaises est inégalé. Le temps «perdu» dans ce processus sera largement compensé par la rapidité d'exécution[111].

Concrètement, les décisions peuvent être prises à la suite d'une proposition du groupe de base, avec les discussions, les corrections et les approbations nécessaires des différents paliers de l'entreprise du bas vers le haut. Si la proposition émane des dirigeants, les paliers successifs, vers le bas, l'examinent, la discutent et la corrigent jusqu'à ce qu'il y ait consensus, puis la proposition étudiée retourne vers le haut. Ainsi, chacun est assuré d'être entendu même s'il n'est pas d'accord avec la direction. Ce genre de processus, qui est appelé *ringi* (confirmation-autorisation), permet d'assurer l'adhésion et la compréhension, de recueillir un maximum d'idées et de ne pas faire porter tout le poids ou tout le mérite d'une décision sur une personne.

Bien sûr, il ne s'agit pas d'idéaliser cette façon de procéder ni de prétendre qu'elle est aussi systématique et démocratique que ce qu'on vient de dire. Souvent, le *ringi* se limite à un certain nombre d'échelons hiérarchiques plus directement en cause. De même, on fait entériner des décisions dont l'essentiel est déjà arrêté. Mais l'exercice n'en est pas moins réel et n'en joue pas moins le rôle souhaité par les firmes : que chacun mette, autant que possible, son grain de sel et soit un agent d'initiative plutôt que, contrairement à ce qu'on affirme, un agent toujours consentant et soumis[112].

Du *ringi* aux fameux cercles de qualité, il n'y a qu'un pas. Au vu de tout ce qui précède, on comprendra qu'il s'agit non pas d'un gadget de gestion, mais d'une façon d'être en harmonie avec l'ensemble de l'entreprise et la société japonaise. Les cercles de qualité sont des groupes informels de 5 à 10 employés qui se réunissent volontairement, une ou deux fois par mois en général, pendant ou après les heures de travail, avec le chef d'équipe pour discuter de l'état des choses dans leur travail – rebuts, défectuosités, insuffisances, etc. – et pour rechercher des causes et des solutions possibles[113] (voir le tableau 8.5). Un secrétariat pour les activités de ces petits groupes est établi à l'échelle de l'entreprise, de manière à leur porter assistance et à coordonner leurs activités. On y trouve une ou deux personnes à plein temps et d'autres personnes mutées temporairement par différentes divisions. Actuellement, il existe deux grandes associations chargées de promouvoir les activités de ces groupes qui visent plusieurs objectifs complémentaires.

---

111. *Japon inc.* Film documentaire. Là encore, on note une similitude avec la démarche consensuelle de concertation pour la prise de décision au sein de l'entreprise allemande, même si l'économie sociale de marché et la cogestion du modèle rhénan sont inconnues au Japon.

112. Odaka (1975), Courdy (1979), Ouchi (1981), Tazezwa et Whitehill (1981), Morgan (1989), Inohara (1991).

113. On connaît l'intérêt que l'Occident a porté aux cercles de qualité, entre la fin des années 1970 et le milieu des années 1980. Aujourd'hui, on n'en parle même plus comme «outils de management» isolés, car évidemment, en dehors de leur contexte général, ils sont inapplicables. Même si le principe est né aux États-Unis, l'état d'esprit qui lui convient correspondait davantage à ce qu'on trouvait au Japon.

TABLEAU 8-5	Les objectifs des cercles de qualité par ordre d'importance

– Amélioration du moral et de la qualité de la vie au travail

– Amélioration du climat général de l'entreprise

– Amélioration de la qualité du produit ou service

– Amélioration de la fiabilité

– Amélioration de la capacité des salariés et de la formation

– Amélioration des relations humaines au travail

– Amélioration du système et des méthodes de travail

– Amélioration de la productivité

– Réduction des coûts

– Amélioration des performances de l'entreprise

– Sécurité et prévention des accidents

Source : H. Inohara, *Ressources humaines dans les entreprises japonaises,* Paris, Eyrolles, 1991, p. 91.

Pourtant, alors que cette façon de procéder pourrait convenir à tout être humain, certains qualifient encore les Japonais d'«animaux économiques»; d'autres, par contre, soulignent l'incapacité des travailleurs occidentaux de se comporter comme des individus responsables.

D'une certaine manière, nous devons remercier les Japonais, car nous aurions peut-être eu besoin de quelques décennies pour démonter cette logique, si ces derniers, par leur implantation aux États-Unis, n'étaient venus nous y sensibiliser et nous faire la démonstration de son efficacité.

Nous prendrons pour exemple le cas de NUMMI[114] (New United Motors Manufacturing Inc.), qui est une association, née en 1984, entre General Motors et Toyota. NUMMI n'est rien d'autre que la réouverture par Toyota de l'usine de General Motors de Fremont, près de San Francisco. General Motors avait fermé cette usine en raison d'irréductibles conflits sociaux, et Toyota y a réembauché 80 % du personnel en acceptant le syndicat (et non le moindre puisqu'il s'agit de UAW, reconnu pour sa puissance). Le tableau 8.6, à la page suivante, compare la performance de cette usine, condamnée par General Motors, avec celle de Framingham, toujours gérée par elle.

Toutefois, comme l'écrit Dominique Nora :

Les managers ne jouissent pas des mêmes privilèges matériels que dans les usines américaines. Ouvriers et cadres se garent sur le même parking, portent le même uniforme de travail, déjeunent à la même cantine. Avant de prendre des décisions majeures, les cadres sont censés consulter les travailleurs concernés. Ces derniers sont multispécialisés, ce qui permet davantage de flexibilité dans leur affectation.

114. Pour plus d'informations, voir le site web de l'entreprise : www.nummi.com.

Ils changent régulièrement de tâches. La nomenclature des travaux, ainsi que les droits d'ancienneté, ont été considérablement réduits : NUMMI ne distingue que 4 catégories de postes, au lieu de 183 dans une usine américaine typique[115].

TABLEAU 8-6   **Une comparaison de la performance de NUMMI avec celle de General Motors**

	NUMMI	General Motors
Temps de fabrication d'un véhicule	20 heures	28 heures
Absentéisme non excusé	2 %	9 %
Prix de la qualité des voitures sur le marché américain	Chevrolet Nova : 2e	Meilleure General Motors : 16e

L'exportation culturelle a trouvé une limite à la seule traditionnelle gymnastique matinale des employés, qui a dû être abandonnée...

Par ailleurs, Akio Morita, le fondateur de Sony, précise :

Le remplacement d'un PDG ne peut pas provoquer de changement drastique. Le patron d'une entreprise japonaise n'est pas Superman, comme aux États-Unis. Il a un poids dominant sur certaines questions, mais il représente d'abord un symbole, un emblème. Cela fait partie de la philosophie orientale[116].

Le syndicat est, à NUMMI, coopératif et joue un rôle d'intermédiaire plutôt que de régisseur de plaintes formelles. La crédibilité de Toyota s'est affirmée en 1988 quand, malgré une baisse de 30 % des ventes des Chevrolet Nova, aucune mise à pied n'a été effectuée, ce qui a considérablement contribué à gagner la confiance des employés.

Dans le domaine de la production et du savoir-faire, Albert dresse un tableau dramatique de la régression des États-Unis par rapport au Japon.

Ne disposant pas d'une épargne intérieure suffisante pour financer ses investissements, elle [l'Amérique] est obligée d'emprunter chaque année environ 150 milliards de dollars (3 % du PIB), notamment aux Japonais et aux Allemands dont les excédents financiers sont à la mesure de son propre endettement. Cruelle revanche de l'Histoire que celle des vaincus de la dernière guerre, les fourmis allemande et japonaise volant au secours de la cigale américaine. Et humiliante dépendance : à chaque nouvelle adjudication de titres d'État, le Trésor américain doit attendre le bon vouloir des souscripteurs japonais[117].

---

115. Nora (1991, p. 108-109).
116. Morita (1986, p. 96).
117. Albert (1991, p. 71).

LA SITUATION ÉCONOMIQUE ACTUELLE DU JAPON

Le Japon a connu depuis la fin des années 1980 une décennie de contre-performances économiques entraînant le pays dans une crise dont il se relève difficilement. Différentes raisons semblent être à l'origine de la crise[118] :

- Deux chocs exogènes liés à l'offre ont lourdement pesé sur l'économie japonaise depuis le milieu des années 1980. D'une part, à la suite des accords du Plazza en 1985, le yen s'est très fortement apprécié en valeurs réelles et la parité dollar/yen est rapidement passée de 260 yens pour un dollar à environ 150, puis s'est stabilisée à ce niveau durant presque toutes les années 1990. D'autre part, dans le contexte d'une forte augmentation des échanges internationaux, et sans doute aussi largement à cause de la réévaluation du yen, la concurrence économique des voisins asiatiques s'est faite plus vigoureuse, notamment sur les marchés de prédilection des Japonais.

- L'enrichissement de la population et une meilleure qualité de vie ont soutenu l'augmentation d'une bulle spéculative immobilière et financière qui a conduit les entreprises à investir massivement dans divers actifs financiers et dans l'immobilier. Les investisseurs japonais détenaient de l'argent virtuel qu'ils ont utilisé en conséquence (soit pour du financement, soit pour des remboursements) et l'éclatement de cette bulle en 1991 a laissé à l'économie japonaise une quantité considérable de créances douteuses, ce qui a poussé un bon nombre d'entreprises, notamment du secteur financier, à court de crédit (ou de sources de financement), à la faillite ou au licenciement massif.

En 2001, Junichiro Koizumi est devenu premier ministre avec un ambitieux programme de réformes structurelles dans trois domaines importants qui ont été fortement touchés par la crise :

- les créances douteuses du système bancaire ;

- la revitalisation du secteur privé ;

- la consolidation des finances publiques à moyen terme.

Malgré les répercussions de cette crise, la société japonaise et son émanation politique largement hostiles au libéralisme sauvage, et donc peu tentées par le modèle libéral anglo-saxon dont la mise en place rapide se traduirait par une transition socialement douloureuse, ont privilégié une approche progressive des ajustements afin de préserver au maximum le bien-être de la population.

---

118. Site web du ministère de l'Économie, des Finances et de l'Industrie de France ; sites web des marchés extérieurs, «Présentation de l'économie du Japon, l'économie japonaise à la recherche d'une troisième voie» (14 avril 2004).

LA PERFORMANCE ENVIRONNEMENTALE DU JAPON

Le Japon a toujours soutenu différents projets (à l'échelle locale ou internationale) en faveur d'une gestion environnementale et du développement durable. Ainsi, les entreprises japonaises sont des leaders quant à la mise en place de systèmes de gestion environnementale (SGE) avec près de 14 000 entreprises[119] dans différents secteurs d'activité détenant la certification ISO 14001[120].

Prochainement, le Japon lancera une base de données publiques d'analyse des cycles de vie[121] de plus de 300 produits, afin d'inciter les consommateurs, les entreprises et les collectivités à s'intéresser à l'impact environnemental des produits ou des activités auxquels ils ont recours. Cette initiative s'inscrit dans une démarche plus globale et active en faveur du développement durable. Touboul précise :

> C'est après deux années d'études, menées entre 1995 et 1997, sur les applications des Analyses de Cycle de Vie (ACV), en collaboration avec les plus grandes entreprises, administrations et universités du pays, que le ministère de l'Économie, de l'Industrie et du Commerce japonais (le MITI) a décidé de lancer un programme quinquennal pour généraliser le recours à cet outil de management environnemental. Pierre angulaire de ce programme, une base de données publique, consultable sur le site du Jemai (Association japonaise pour le management environnemental dans l'industrie), permettra aux entreprises, mais aussi aux consommateurs, de connaître les ACV de près de 350 produits, tels que des pneus ou des téléviseurs. Également connu sous le nom d'éco-bilan, l'ACV permet d'évaluer, de manière scientifique, l'impact environnemental d'un produit, d'un procédé ou d'une activité, et ce, pendant toute la durée de vie de ce dernier et, de plus en plus, recyclage inclus[122].

Un budget important a été alloué pour ce projet (196,9 millions de yens pour la première année). Ses objectifs sont de mettre en place et de généraliser l'éco-conception au sein des industries japonaises, de favoriser la consommation de produits présentant un label environnemental et de former la population à diminuer ses impacts environnementaux.

---

119. G. Barchman, «Le management environnemental», 2003, site web du Groupe de recherche et d'action sur le développement durable et le développement économique local : www.groupeone.be.
120. La certification ISO 14001 constitue un référentiel international pour les entreprises qui souhaitent déployer une stratégie environnementale dans le cadre d'un développement durable. Au terme d'une démarche volontaire, l'entreprise est soumise à un audit extérieur, réalisé par un organisme international agréé, qui décide de lui délivrer (ou non) la certification ISO 14001 (International Standard Organization [ISO], www.iso.ch).
121. La méthode de l'analyse des cycles de vie fait partie des principes de l'écologie industrielle. Elle fait l'objet, depuis plusieurs années, d'une standardisation, à travers notamment la série des normes ISO 14040, relative à l'analyse du cyle de vie des produits.
122. S. Touboul, «Le Japon sensibilise citoyens et entreprises à l'éco-bilan», 2004, site web de Novethic : www.novethic.fr.

CONCLUSION

Commençons par citer un spécialiste et grand observateur du phénomène nippon, Pitte:

> Le Japon est surprenant par son histoire à la fois si fermée et, en même temps, si ouverte sur les idées étrangères, adoptées sans effet de mode, après mûre réflexion et toujours au terme d'un effort d'adaptation. Ce qui était vrai il y a quinze siècles l'est encore aujourd'hui, et prétendre que le Japon est de plus en plus occidentalisé est la simple projection d'un fantasme typiquement européen ou nord-américain. Il en résulte, comme on l'a vu, une culture sûre d'elle-même au point de frôler la mégalomanie. Et comme celle-ci s'accompagne très généralement d'une modestie individuelle très réelle, l'observateur étranger est dérouté [...] Le Japon illustre l'adage de Jean Bodin selon lequel **« il n'y a de richesse que d'hommes »**. En effet, celui-ci n'est vrai que si les hommes ont à la fois le sens de l'action et un sens à donner à leur vie intérieure et sociale. Les deux conditions sont depuis longtemps réunies par le Japon[123].

Tout n'est pas rose au Japon, comme à peu près n'importe où dans le monde aujourd'hui. Mais cela doit-il excuser ou fonder une attitude de fermeture ou de rejet par rapport à ce qui s'y passe?

Par exemple, sur le plan foncier, depuis une vingtaine d'années la valeur du patrimoine a augmenté dans des proportions exceptionnelles (plus de 1 000%!) et représente environ quatre fois le PIB du pays.

Cette spéculation foncière[124] s'est notamment accélérée au cours des années 1980 dans les grands centres urbains. Le Japon n'avait jamais connu ce genre de phénomène aberrant aux conséquences fâcheuses, et Pitte (1991) avance plusieurs explications de ce problème:

- la rareté de l'espace, particulièrement dans les centres urbains;

- la conservation de la terre par les propriétaires fonciers qui bénéficient d'une fiscalité très avantageuse alors que les plus-values sont lourdement taxées;

- l'excès de liquidités en attente d'investissement et la facilité à obtenir des prêts bancaires en vue d'acquisitions foncières;

- l'inconscience de certains partis politiques qui ont participé à des opérations spéculatives pour le financement de campagnes électorales.

Cette situation risquée a engendré de sérieux problèmes qui ont contribué à fragiliser l'homogénéité sociale. De plus, des intermédiaires douteux et occultes tirent de nombreux avantages de cette situation. Pour remédier à cela, les autorités japonaises ont mis en place une réforme de la fiscalité foncière et élaborent une planification urbaine assortie de règles juridiques plus contraignantes pour

---

123. Pitte (1991, p. 125).
124. Dans certains quartiers des mégalopoles japonaises, le prix du mètre carré de terrain est 100 fois supérieur à celui de la construction d'un mètre carré de bureau. Par ailleurs, le fonds représente 99% du coût de la construction d'une autoroute urbaine (Pitte, 1991).

le spéculateur. Par ailleurs, la création de nouveaux pôles de croissance (à la périphérie de Tokyo ou gagnés sur la mer) est d'ores et déjà envisagée.

Bien entendu, la culture est en train de changer, l'occidentalisation des mœurs, pas toujours bien vue, avance à grands pas, l'individualisme pointe et les jeunes s'accommodent de moins en moins du sacrifice, réel, qui est demandé à chaque Japonais, en tant qu'individu. Les bienfaits et les avantages liés au travail ne sont que l'œuvre des grandes entreprises publiques ou privées, la promotion se fait de plus en plus attendre pour les jeunes cadres et les femmes, et les travailleurs temporaires et ceux des PME compensent (par un vaste système de travail partagé) l'emploi à vie des *keiretsu*.

Le Japon a été occupé par les Alliés de 1945 à 1952. Dès le début de l'occupation, le pays s'est orienté vers une économie à forte valeur ajoutée axée sur l'exportation. Rappelons que les États-Unis ont fourni au Japon, pour s'en faire un allié stratégique, une aide multiforme, particulièrement à l'époque de la «guerre froide».

Comme par le passé, le Japon a continué à investir des ressources considérables dans l'éducation pour former la main-d'œuvre spécialisée nécessaire à sa croissance économique. La planification à long terme a toujours été l'un des facteurs clés du développement du Japon moderne.

Les coûts de la main-d'œuvre n'ont, semble-t-il, pas joué un rôle déterminant dans la réussite du pays.

Autrefois, le Japon protégeait fortement son marché intérieur pour se donner le temps de développer des produits compétitifs. Mais peu de barrières subsistent sous la pression de la mondialisation, tandis que l'Occident, et surtout les États-Unis, se montrent de plus en plus protectionnistes. Il faut signaler que le marché japonais est particulièrement concurrentiel. Les firmes japonaises qui s'aventurent à l'étranger ne délaissent jamais le marché intérieur ; certaines firmes s'installent d'abord à l'étranger pour s'aguerrir contre la concurrence intérieure.

Prenons garde, cependant, de ne pas nuancer et de ne pas mesurer soigneusement chaque chose, dans son propre contexte. De cette manière, nous nous rendrons compte qu'il y a bien des «secrets», à la portée de tout être humain, que nous pouvons copier chez les Japonais, comme eux ont imité l'Occident depuis la fin du XIXᵉ siècle.

> L'une des forces maîtresses du Japon est l'admirable gestion de son économie qui s'appuie sur un système de relations État-industrie unique au monde, parfois qualifié négativement de «Japan Inc.» et de «complexe bureaucratique industriel». Il existe au Japon une bureaucratie extrêmement qualifiée, très orientée affaires, qui entretient des relations complexes avec la grande industrie et opère dans l'environnement stable du Parti démocratique libéral[125].

---

125. Gow (1990, p. 18).

L'entreprise japonaise a un caractère très spécifique. «Le capital y est au service des hommes et non l'inverse[126].» L'entreprise-communauté, dirigée selon le modèle familial traditionnel, a souvent servi à expliquer la réussite du Japon. **Pour les dirigeants japonais, le personnel entre davantage en ligne de compte que les détenteurs du capital.** En effet, malgré le statut que leur donne la loi, ceux-ci sont tout juste considérés comme des «prêteurs d'argent».

La continuité de l'entreprise, plus que la recherche du profit à court terme, constitue la véritable force motrice de ces grandes organisations. Gow précise : «les employés permanents sont considérés comme des membres plutôt que comme des salariés[127]». Même s'il s'agit là d'une représentation idéale, le recrutement et le développement d'une force de travail homogène restent au Japon un atout majeur. Il faut toutefois rester prudent face au terme «modèle familial», dont l'interprétation varie selon le contexte. Il peut s'agir d'une structure hiérarchique autoritaire (mais mutuellement solidaire) dans la tradition des samouraïs ou d'une structure interdépendante du type paysan.

La tendance au regroupement se retrouve dans le système des relations inter-entreprises. Aux grands groupes familiaux d'avant-guerre (*zaibatsu*) ont succédé les gigantesques et complexes regroupements horizontaux (*kigyo shudan*) ou verticaux (*keiretsu*) dont la compétitivité mondiale est indéniable.

Dans sa préface au livre de Vogel (1983), Jean-Jacques Servan Schreiber demandait de bien réfléchir à l'incroyable performance japonaise mesurée selon la progression du PNB. Une mission européenne dépêchée en 1979 pour faire un rapport sur le phénomène Japon masquera son angoisse, nous dit Servan Schreiber, derrière des formules du genre «alcooliques du travail» ou «logements-cages à lapins».

L'Occident, s'inquiètent Servan Schreiber et Vogel, a suffisamment cultivé de clichés à propos du Japon pour se rassurer sur sa supériorité. Ils précisent aussi, rejoints en cela par Sautter, Courdy et bien d'autres, que les Japonais n'ont rien fait pour démentir ces clichés. Ces derniers auraient même, par leur tendance à s'autocritiquer, contribué à renforcer les préjugés et les stéréotypes négatifs que le reste du monde s'est forgés à leur égard. Cela ne peut qu'arranger le Japon, puisque l'heure du changement en Occident en est ainsi toujours reculée.

Servan Schreiber a parfaitement raison de constater que les Japonais n'ont fait que valoriser sans cesse le gisement unique et inépuisable qu'ils ont découvert : la ressource humaine. Et cette ressource-là, ils n'en ont pas le monopole ! Comment ils ont su si bien la mobiliser reste la vraie question sur laquelle nous devons nous interroger. Maintenant, nous connaissons les éléments de leur réussite :

- un État conçu et agissant comme arbitre suprême entre l'intérêt général et l'intérêt des entreprises (un peu comme en Suède et en Allemagne) ;

- l'ouverture et la transparence ;

---

126. Gow (1990, p. 18).
127. *Ibid.,* p. 19.

- le bien-être des employés (attribution, souvent, de plus de 67 % d'avantages sociaux et de protection de plus que ce qu'exige la loi) ;

- l'engagement et l'écoute ;

- la primauté de l'intérêt général ;

- le sort lié des dirigeants, de l'entreprise et des employés et la proximité de ceux-ci ;

- une redistribution des revenus plus équitable ;

- la santé et le bien-être physique des employés sur les lieux de travail ;

- la sécurité de l'emploi ;

- l'absence de privilèges accordés aux dirigeants ;

- la main-d'œuvre considérée comme un investissement ;

- la formation à vie et la primauté de la formation générale ;

- la rémunération de tous liée aux profits réalisés ;

- l'effacement du chef devant le groupe ;

- des patrons qui donnent l'exemple du sacrifice en baissant leurs revenus les premiers lors du ralentissement des affaires.

Même la robotisation s'est faite au Japon non pas contre les ouvriers mais avec eux, dans le contexte d'une pénurie de main-d'œuvre qualifiée. Mais, comme le précise Servan Schreiber, la leçon la plus importante est ce désir de lire, de se cultiver, d'apprendre toute sa vie durant, et même dans l'entreprise (et pas uniquement sur son métier ou sa profession) dont fait preuve le Nippon. Là résident les fondements solides du comportement intelligent et créatif de tous[128].

En toute logique et en accord avec ce qu'en disent de nombreux observateurs compétents et autorisés, c'est là que doivent être recherchées les principales raisons de la réussite du système japonais. C'est pourquoi on ne devrait pas souscrire à des analyses qui tentent de sous-estimer ces facteurs au profit de facteurs plus exogènes tels que le coût du capital, les subventions déguisées ou le dumping indirect. Ces analyses, au demeurant fondées et méritoires, tendent malheureusement à minimiser dans l'esprit des lecteurs l'importance primordiale des facteurs cités précédemment, lesquels semblent créer une différence.

Sur les plans gestionnaire, social et humain, **rien n'empêche qui que ce soit sur la planète de faire comme les Japonais.** N'importe quelle entreprise peut différer les profits, réinvestir sans cesse, donner l'emploi à vie, partager, réduire la différence entre les salaires, former à vie, informer ses employés de ce qu'elle fait, les associer aux décisions, se soucier de leur sort, se contenter de marges plus basses et renoncer à des privilèges souvent exorbitants, etc., et il ne s'agit là ni d'exotisme ni de «valeurs spécifiques», mais simplement de volonté, de la part, d'abord, des dirigeants.

---

128. Vogel (1983), *L'Express* (1987).

À ces conditions, nos employés seront aussi intéressés que ceux du Japon à faire avancer l'entreprise[129]. Or, cette démarche est sans doute considérée partout comme trop coûteuse pour ceux qui détiennent les pouvoirs et les privilèges. Pourtant, les Japonais réussissent à le faire à l'extérieur et avec des ouvriers américains ou européens (Kawasaki, Mitsubishi, Sony, Toyota, Honda, Sumitomo, Akaï, etc.)[130]; ce n'est donc pas une question de race ou de culture, mais bel et bien d'état d'esprit, de manière d'être et de philosophie gestionnaire. D'autres que les Japonais, encore hélas trop rares, le font aussi, pratiquant également le partage et le souci du travailleur : Dana Corporation, Herman-Miller et, d'une certaine façon, IBM aux États-Unis, Shermag, Temisko, Tembec, Cascades au Québec et en Europe. Ils le font sans renoncer à leur culture ni à leur qualité de vie, bien au contraire.

---

129. Comme nous l'avons déjà dit, il ne s'agit pas de foncer dans le sens de la production et dans la course au profit et à la puissance. Tout cela devra se faire dans le cadre d'un travail plus intelligent, c'est-à-dire plus profitable à tous et plus respectueux d'un développement durable.

130. Voir *Le Point* (1989), *L'Express* (1987), Morita (1986), Peters et Waterman (1983), Vogel (1983) ; voir aussi *Le Monde*, «Les Japonais plus forts que jamais», sélection hebdomadaire, 16 août 1989.

LES IDÉES IMPORTANTES

SUR LE JAPON

La société

Le trait distinctif qui explique la vigueur de l'économie japonaise est la relation particulière existant entre l'État et l'industrie. L'économie du Japon est une économie de maillage caractérisée par une concentration industrielle très faible. L'industrialisation de ce pays s'est effectuée sans rupture avec les valeurs de la culture ancestrale et la tradition propres à cette nation. C'est dans les facteurs historiques qu'il faut rechercher l'explication du sens collectif, de la discipline, du dévouement, de la créativité et de la capacité de travail et d'innovation de la main-d'œuvre japonaise, et surtout de la place prépondérante accordée à celle-ci.

Questions

1. Quelles caractéristiques du management sont à la source de la performance économique du Japon?

2. Quels facteurs historiques expliquent la cohésion, le sens de la responsabilité et l'effacement de l'individu au profit de la communauté?

3. Quels facteurs pourraient perturber le fonctionnement particulier de l'économie japonaise? À quels coûts le système nippon se maintient-il?

L'entreprise

Les activités de l'entreprise japonaise sont guidées par un souci de l'intérêt général, de loyauté envers le personnel et du devoir de protection de la main-d'œuvre. Des politiques claires d'emploi à vie, d'éducation générale et de formation professionnelle et un mode de fonctionnement caractérisé par la transparence de l'information et un minimum de paliers hiérarchiques assurent une prise de décision sur la base du consensus et de l'adhésion. Ce mode de coopération se trouve aussi dans les relations avec le syndicat, et les préoccupations de rentabilité s'inscrivent dans une perspective à long terme de gains mutuels. L'entreprise est ainsi un lieu où l'on constate un fort sentiment d'appartenance et d'identification.

Questions

1. Quelle conception de l'employé sous-tend ce mode de fonctionnement?

2. Qu'en est-il des principes de spécialisation et de parcellisation du travail?

3. Quel est le rôle du dirigeant dans le contexte d'activité de l'organisation japonaise?

ANNEXE 8.1
LES GRANDES INSTITUTIONS POLITIQUES
ET ÉCONOMIQUES

TABLEAU 8-1

La composition du Parlement (avril 2004)

	Chambre des représentants	Sénat
Parti libéral démocrate	243	178
Parti démocratique	178	72
Nouveau Komeito	34	23
Parti communiste japonais	9	20
Parti social et démocratique	6	5
Kaikaku	4	–
Divers	6	12
Total	480	247

La nouvelle Constitution japonaise, largement influencée par les principes de la démocratie américaine, a été promulguée le 3 novembre 1946. L'empereur est le symbole de l'État et de l'unité du peuple, mais il ne peut prendre aucune décision politique et ne fait qu'appliquer les décisions qui sont prises par le Sénat et par le gouvernement. Il demeure toutefois le chef de la religion shintoïste. L'attachement des Japonais au système impérial ne s'est pas atténué au cours des années, comme l'indique la grande homogénéité des résultats d'un sondage[1] effectué à Tokyo lors du décès de l'empereur Hirohito le 7 janvier 1989 (voir le tableau 8.2).

TABLEAU 8-2

Que pensez-vous du système impérial? (réponses en pourcentage)

	Février 1986	Janvier 1989
Il doit rester inchangé.	72,4	82,0
Il doit être renforcé.	3,9	8,7
Il doit être aboli.	5,6	5,1
Indifférents	14,7	1,7
Sans réponse	3,5	2,5

1. Sondage paru dans le journal *Yomiuri Shimbun*, le 10 janvier 1989.

Le pouvoir est structuré autour des institutions démocratiques suivantes:

- la Diète (le pouvoir législatif), composée de la Chambre des représentants et de la Chambre des conseillers;

- le cabinet du premier ministre (le pouvoir exécutif), dont le gouvernement est composé exclusivement de civils;

- la Cour suprême (le pouvoir judiciaire).

Le devant de la scène politique est occupé par le Parti libéral démocrate (PLD), de tendance conservatrice modérée, qui est au pouvoir quasiment sans interruption depuis 1948.

En général, les Japonais s'intéressent peu au débat politique[2] et ils sont portés à faire confiance au parti qui assure la prospérité économique. De nombreux scandales ont éclaboussé le parti au pouvoir depuis l'affaire de corruption dans laquelle était impliqué le premier ministre Tanaka en 1972. Mais le PLD a conservé la majorité absolue des sièges et ses leaders ont été réélus.

Le Parti socialiste japonais, qui était présidé par Mme Doï jusqu'en 1993, est très populaire auprès de l'électorat féminin. Certains de ses membres sont également mêlés à des affaires occultes.

Traditionnellement, les rapports entre les dirigeants politiques et les acteurs économiques ont toujours été étroits et complexes. Cela remonte probablement à l'époque Meiji, et plus récemment aux années de l'entre-deux-guerres, quand le gouvernement militaire agissait en collaboration avec les conglomérats familiaux (les *zaibatsu*).

L'État conserve une influence sur les grandes entreprises privées, auxquelles il accorde un certain nombre de faveurs. Il joue un rôle d'orientation dans les grands secteurs de l'économie du pays par l'entremise du MITI (Ministry of International Trade and Industry). Très complexe et difficilement saisissable pour des Occidentaux, le système de relations État-entreprises est soutenu par un nombre réduit de hauts fonctionnaires et de politiciens. Le MITI est un superministère qui a les attributions suivantes: le commerce extérieur et le développement international, la planification, la recherche, la protection de l'environnement, l'aménagement du territoire, l'industrie, la distribution et l'artisanat. Cette grande organisation s'efforce de créer ou de susciter un environnement favorable aux affaires, tout en observant dans ses politiques industrielles un grand principe, celui du respect de l'économie de marché dans le cadre du bien-être de tous. Avec de multiples représentations dans le monde entier, le MITI met à la disposition des entreprises un volume considérable d'informations.

---

2. Comparativement aux traditions des pays occidentaux.

ANNEXE 8.2
LES ACTEURS ÉCONOMIQUES

L'organisation patronale japonaise regroupe l'ensemble des fédérations des organisations économiques dénommé *Keizai dantai rengotai*. Le *Keidaren* (en abrégé) constitue un puissant partenaire auprès du MITI et des leaders politiques lors de multiples concertations.

Cette organisation regroupe plusieurs centaines de dirigeants des plus grands conglomérats (*zaibatsu*). Ces grandes entreprises familiales, fortement concentrées, ont été le fer de lance de la politique expansionniste japonaise (comme les *Krupp* soutenus par l'État allemand). Pitte rappelle ceci:

> Ces grandes entreprises étaient organisées sous la forme de holding, c'est-à-dire que les différentes sociétés les constituant étaient liées entre elles par des prises de participation structurées hiérarchiquement en fonction de la taille de la société, seules les plus grandes possédant une partie du capital des plus petites. Tous les dirigeants étaient membres de la famille du propriétaire[3].

Totalement démantelés par l'administration militaire américaine après 1945, les *zaibatsu* ont fait place aux *keiretsu*. Seize d'entre eux dominent aujourd'hui l'économie du pays. Mitsubishi, le plus important, regroupe 160 compagnies liées entre elles par des participations mutuelles et croisées (exactement comme le système allemand). L'ensemble de ces conglomérats dispose de maisons de commerce très performantes sur le marché intérieur et l'import-export, de banques, de compagnies d'assurances, etc. Leurs activités sont variées et diversifiées dans le monde entier. (Signalons une autre similitude avec l'Allemagne et la Suède: l'impôt sur les revenus des entreprises est en moyenne deux fois supérieur à celui des pays de l'OCDE[4]!)

Les petites et moyennes entreprises sont particulièrement nombreuses; elles représentent 95 % du total des établissements privés du secteur non primaire. Leur nombre (près de 7 millions) augmente d'année en année. Elles emploient 80 % de la population active occupée dans les activités industrielles et manufacturières. On observe que leur dynamisme et leur faculté de s'adapter rapidement leur ont permis d'obtenir des résultats très encourageants. Ces PME sont souvent présentées comme une sorte d'«amortisseur» des problèmes liés à l'évolution des marchés des grandes entreprises avec lesquelles elles collaborent intensément. La majorité d'entre elles agissent en sous-traitance pour les conglomérats qui leur confient la fabrication de produits, de pièces détachées et d'équipements industriels, sans jamais viser à en prendre le contrôle ou à les affaiblir pour mieux les «acquérir» comme cela se fait souvent dans les pays occidentaux. Les grandes entreprises s'appuient de plus en plus sur leurs sous-traitants à mesure que les structures industrielles se développent et que les valeurs ajoutées augmentent.

---

3. Pitte (1991, p. 61).
4. Voir le tableau 8.9 à l'annexe 8.3.

La production des industries de fabrication de machines (mécanique, machines électriques, matériel de transport et machines de précision), où le nombre des sous-traitants est particulièrement important, s'est élevée à 103 783,5 milliards de yens en 1986, soit 40,9 % de la production totale des industries manufacturières. La valeur des exportations a été en 1986 de 75 % du total des exportations japonaises[5].

Nakamura, cité par Takahashi (1990), observe que les sous-traitants de haut niveau possèdent des capacités techniques supérieures à celles des services de production des entreprises, créant dans leur domaine de véritables industries de transformation spécialisées :

- Certaines entreprises acquièrent de nouvelles machines, qui permettent une production en grande série, ou s'équipent pour la production d'une large gamme de produits en petite quantité.

- Elles acquièrent des connaissances technologiques approfondies en automatisme et en informatique.

- Elles possèdent des capacités de conception qui leur permettent de reproduire des produits dont seule l'idée générale et les fonctions leur ont été communiquées, sans spécifications particulières.

- Elles améliorent les processus de contrôle de la production et apportent des perfectionnements à leurs équipements pour une utilisation plus efficace dans leur spécialité.

- Elles obtiennent une productivité élevée.

---

5. Sur le développement des petites et moyennes entreprises et leur financement au Japon, consulter l'étude de Noriyuki Takahashi (1990), directeur du service économique de People's Finance Corporation Tokyo.

ANNEXE 8.3
TABLEAUX ET DONNÉES STATISTIQUES SUR LE JAPON

TABLEAU 8-1

Les principaux agrégats économiques

	1997	1998	1999	2000
PNB global (milliards de dollars)	4 265,9	3 863,2	4 395	4 862,4
PNB par habitant (dollars)	38 350	32 550	32 030	34 120
Variation du volume du PIB (pourcentage)	1,9	-1,1	0,8	1,7
Inflation (pourcentage)	1,7	0,7	-0,3	-0,6
Chômage (pourcentage)	3,4	4,1	4,7	4,7

Source : Atlaseco, *Atlas économique mondial*, Paris, Éditions du Sérail, 2002.

Dans son classement des pays selon le PNB (/PIB) global, Atlaseco (2002) situe le Japon au deuxième rang, derrière les États-Unis et devant l'Allemagne. Par contre, en ce qui concerne le classement du PNB (/PIB) par habitant, le Japon se situe au septième rang mondial, devançant les États-Unis, qui sont au quatorzième rang.

TABLEAU 8-2

Les données comparatives États-Unis–Japon

	1998		1999		2000	
	États-Unis	Japon	États-Unis	Japon	États-Unis	Japon
PNB (milliards de dollars)	8 736,9	3 863,2	9 163,1	4 395	9 948,3	4 682,4
PNB par habitant (dollars)	30 570	32 250	31 910	32 030	34 640	34 120

Source : Adapté d'Atlaseco, *Atlas économique mondial*, Paris, Éditions du Sérail, 2002.

Les données comparatives pour la période 1998-2000 indiquent que le Japon a pu maintenir sa croissance malgré la crise asiatique de 1998.

TABLEAU 8-3

La part du marché mondial des principaux pays industrialisés (pourcentage)

	Automobiles		Acier (milliers de tonnes métriques)		Centrales nucléaires	
	2000	**2001**	**2000**	**2001**	**2000**	**2001**
Japon	17,61	20,7	12,0	12,6	12,2	12,2
Allemagne	8,9	9,2	5,3	5,5	–	–
États-Unis	23,2	21,5	12,3	12,0	27,5	27,5
France	–	5,6	2,6	2,5	17,7	17,7
Royaume-Uni	3,5	3,0	2,1	1,8	3,6	3,5
Italie	3,0	2,9	3,2	3,1	–	–

Source : Adapté d'Atlaseco, *Atlas économique mondial*, Paris, Éditions du Sérail, 2002.

Dans les secteurs de l'automobile et de l'informatique, les États-Unis ne cessent de perdre des parts du marché à l'échelle mondiale au profit du Japon. Dans le secteur des machines-outils, l'Allemagne et le Japon détiennent près de 50 % du marché mondial.

TABLEAU 8-4

Données générales sur le Japon

Population	128 millions d'habitants
Superficie	377 765 km^2
Densité	336 habitants/km^2
Pourcentage des terres cultivées	13 %
Accroissement annuel moyen de la population	0,37 %

TABLEAU 8-5

La répartition de la population active au Japon

Secteurs d'activité économique	Pourcentage de la population active	Pourcentage du PIB
Agriculture et sylviculture	4,5	3,5
Industries	20,0	0,5
Services	61,2	39,6
Autres	14,3	56,0

Source : OCDE, *Études économiques: le Japon*, 2002.

TABLEAU 8-6

L'évolution des salaires au Japon
(établissement constitué d'au moins 5 employés)

Années	Nombre d'heures travaillées (moyenne mensuelle)	Salaire (milliers de yens)
1990	172,0	329
1995	159,2	363
2000	154,4	355
2003	152,3	342

Source : *Statistical Handbook of Japan 2004*, www.stat.go.jp.

Notons ici que les salariés japonais ont vu leur nombre d'heures de travail diminuer tout en maintenant leur salaire, et ce, malgré la crise économique qui a secoué le monde en 1998.

TABLEAU 8-7

Le commerce extérieur du Japon (milliards de dollars)

	2001	2002	2003	2004
Exportations de biens et services	433,1	446,5	508,5	594
Importations de biens et services	406,9	395,3	439,4	487
Balance commerciale	26,2	51,2	69,1	107

Source : OCDE, *Perspectives économiques*, vol. 2004, n° 1, 2004, p. 53.

Comme nous pouvons le voir, la balance commerciale du Japon est largement excédentaire.

TABLEAU 8-8

La répartition des exportations japonaises en 2002 (pourcentage)

Destination	2002
États-Unis	33,0
Pays de l'OCDE	25,7
Extrême-Orient	34,0
Autres pays	7,3

Source : OCDE, *Études économiques 2001-2002 : le Japon*, 2002.

D'une manière générale, les exportations japonaises sont très dépendantes du marché américain. Pour y remédier, le Japon s'est dirigé vers l'Asie et la Chine en particulier.

TABLEAU 8-9

L'impôt sur les bénéfices des sociétés, données comparatives Japon-OCDE (pourcentage du PIB)

	Japon				Moyenne pour les pays de l'OCDE			
	1995	**1996**	**1997**	**1998**	**1995**	**1996**	**1997**	**1998**
Recettes fiscales provenant de l'impôt sur les bénéfices des sociétés	4,3	4,5	4,3	4,5	2,7	2,9	3,1	3,2

Source : OCDE, *Statistiques des recettes publiques, 1965-1999,* 2000.

Les prélèvements fiscaux sur les revenus des sociétés sont au Japon plus élevés que la moyenne des pays de l'OCDE.

TABLEAU 8-10

Les raisons qui fondent des relations commerciales de longue durée au Japon (pourcentage)

	Produits manufacturiers	**Biens d'équipement**
Offre stable	88,4	44,0
Bas prix	50,0	53,8
Bonne qualité	73,3	82,4
Livraison rapide	7,0	18,7
Termes et conditions de paiement favorables	4,7	9,9
Flexibilité	5,8	13,2
Intégration horizontale	2,3	2,2
Intégration verticale	5,8	3,3
Produits mis au point conjointement	5,8	2,2
Importateur-acheteur de nos produits	4,7	3,3
Confiance dans la relation commerciale de longue durée	47,7	46,2
Pas d'autre source	1,2	5,5
Autres	1,2	4,4

Source : OCDE, *Études économiques 1991-1992 : le Japon,* 1992, p. 89.

TABLEAU 8-11

Les motifs de dépenses de recherche et développement au Japon et aux États-Unis (pourcentage)

Branches d'activités/pays	R&D	Commer-cialisation	Production	Clientèle
TOTAL				
Japon	47	18	15	15
États-Unis	58	21	9	9
Produits chimiques				
Japon	49	23	15	3
États-Unis	45	25	14	8
Machines électriques				
Japon	47	21	5	27
États-Unis	90	7	1	1
Mécanique générale				
Japon	44	22	11	20
Frats-Unis	56	21	4	18
Automobiles, mécanique, métaux				
Japon	48	8	26	13
Frats-Unis	51	25	12	11

TABLEAU 8-12

Les dépenses de recherche et développement des grandes entreprises japonaises

Rang	Montant (milliards de yens)
1. Hitachi	247,6
2. Toyota Motor	240,0
3. NEC	230,0
4. Matsushita Electric	220,0
5. Nissan Motor	170,0
6. Fujitsu	150,0
7. Honda Motor	120,0
8. Mitsubishi Electric	106,0
9. Mazda	80,0
10. Mitsubishi Heavy Ind.	79,0
11. Sharp	60,0
12. Nippondenso	58,5

Source : *Nikkei Kaisha Joho*, numéro du printemps 1986, cité par J.-R. Pitte, *Le Japon, mémentos de géographie*, Paris, Sirey, 1991, p. 144.

En pourcentage du PIB, les dépenses de R&D au Japon (largement financées par le secteur privé) sont plus importantes que dans les autres pays de l'OCDE.

Contrairement à ce que bon nombre de préjugés laissent croire, les entreprises des pays occidentaux (pas loin du double pour les États-Unis) sont beaucoup plus «subventionnées» par l'État pour ce qui est, par exemple, de la R&D.

TABLEAU 8-13

La production mondiale d'automobiles selon la marque

Marques	Production	Situation par rapport à 2002
General Motors (États-Unis)	6 785 000	Baisse
Ford (États-Unis)	5 612 500	Baisse
Toyota (Japon)	5 452 000	Hausse
Renault-Nissan (France/Japon)	4 813 000	Hausse
Volkswagen (Allemagne)	3 952 000	Baisse
DaimlerChrysler (Allemagne/États-Unis)	3 125 300	Baisse
Honda	2 951 000	Hausse

Parmi les sept premiers producteurs d'automobiles dans le monde, seules les marques japonaises ont progressé de 2002 à 2003. Il en découle des prises de parts de marché, surtout aux États-Unis, où Toyota et Honda sont les marques les plus vendues.

TABLEAU 8-14

Résumé du calendrier de réformes du gouvernement japonais en 2001

1. Privatisation et réformes de la réglementation : assouplir les restrictions à l'entrée d'opérateurs privés dans les services publics, réviser le rôle des sociétés publiques spécialisées et celui du *Programme triennal de réforme de la réglementation*.
2. Apurement des créances improductives : encourager la création d'entreprises, la restructuration des entreprises, le contrôle spécial des grandes banques, encourager les investisseurs individuels à opérer sur le marché boursier et entamer une réforme juridique en profondeur.
3. Améliorer la protection et l'assurance sociales : accroître l'efficience du système de santé ainsi que de la sécurité sociale, réexaminer le système de retraite en adéquation avec l'évolution des pratiques de travail et développer les structures de soins infirmiers en autorisant l'entrée d'entreprises privées.
4. Développer les actifs intellectuels : améliorer le développement du capital humain aux niveaux élémentaire, secondaire et supérieur, cibler les ressources sur quatre secteurs lors de l'allocation des budgets scientifiques (sciences de la vie, technologie de l'information, environnement et nanotechnologie), généraliser l'utilisation d'Internet à haut débit (bibliothèques, écoles), instaurer une concurrence entre les universités en allouant davantage de fonds aux universités performantes.
5. Améliorer la qualité de vie : renforcer le filet de protection sociale, supprimer les listes d'attente dans les crèches, instaurer une société de recyclage et promouvoir le marché des logements d'occasion.
6. Favoriser l'autonomie des collectivités locales : promouvoir les fusions entre collectivités locales, réexaminer les pouvoirs de ces collectivités et encourager la naissance à l'échelon local d'entreprises de haute technologie.
7. Mettre en place des réformes budgétaires : réexaminer les travaux à long terme et adopter un plan économique et budgétaire à moyen terme.

Source : OCDE, *Études économiques 2001-2002 : le Japon*, 2002.

Chapitre 9
La Corée du Sud comme variante du «miracle» asiatique

INTRODUCTION

Avec une superficie de 99 260 kilomètres carrés, dont la plus grande partie est montagneuse (23% seulement du sol est cultivable), et une population de 48 600 000 habitants en 2004, la Corée du Sud possède, depuis les années 1970, une économie ayant une forte croissance.

Traditionnellement agricole et disposant de très peu de ressources naturelles, le pays s'est transformé par une industrialisation à outrance. Soixante-dix pour cent de la population se concentre dans les centres urbains et la densité moyenne est très élevée (494,9 habitants au kilomètre carré en 2004).

L'agglomération de Séoul regroupe près du quart de la population du pays sur 628 kilomètres carrés. Cette mégalopole constitue le centre économique et culturel du pays. L'économie de la ville repose sur les services, le commerce, le tourisme et l'industrie. Les principaux secteurs industriels sont le textile, la chimie, l'électronique, l'agroalimentaire, l'électroménager et la construction mécanique. Des industries lourdes (pétrochimie, cimenterie, métallurgie) se sont implantées à proximité.

À l'instar de ses voisins de l'Asie du Sud-Est (Singapour, Taiwan et Hong-Kong) que l'on qualifie de «nouveaux pays industriels» (NPI), la Corée du Sud est un pôle de développement qui, en moins de trois décennies, s'est hissé à un niveau de rayonnement mondial.

La Corée du Sud s'impose en tant que pays industrialisé particulièrement dynamique. Le produit intérieur brut (PIB) global, en croissance constante depuis les années 1960, s'élevait en 2002 à plus de 477 milliards de dollars (voir le tableau 9.1).

TABLEAU 9-1

La croissance du PIB et du PIB *per capita* en Corée du Sud

	1980	1990	2001	2002
PIB global (milliards de dollars)	95,83	314,8	714,2	749
PIB *per capita* (dollars)	2 510	7 340	15 090	15 729

Source: *L'état du monde 2004*, Montréal-Paris, Boréal – La Découverte.

De 1980 à ce jour, la croissance moyenne du PIB est restée largement positive malgré la crise asiatique qui a secoué le marché mondial en 1997.

Le taux de chômage, relativement faible, a connu une forte poussée après la crise financière de 1997. Cependant, à la suite des efforts de restructuration qui ont été déployés, ce taux est revenu aux environs de 3 %, son niveau le plus bas depuis la crise (voir le tableau 9.2).

TABLEAU 9-2

La croissance du PIB, le taux d'inflation et le taux de chômage en Corée du Sud (pourcentage)

	1980	1990	2001	2002	2003
Croissance du PIB	8,9	5,5	3,0	6,1	5,8
Taux d'inflation	28,7	8,6	4,1	2,8	–
Taux de chômage	–	2,4	3,8	3,1	2,8

Source : Adapté de *L'état du monde 2004*, Montréal-Paris, Boréal – La Découverte, et OCDE, *Études économiques 2002-2003 : la Corée*, 2003.

Le président Roh Moo-Hyun, élu en décembre 2002, a pris sept engagements économiques pour la Corée du Sud pour l'horizon 2007 :

1. Encourager les investissements étrangers.

2. Favoriser l'industrie des services et les PME pour créer des emplois, et stabiliser les marchés financiers.

3. Aider les familles à bas revenus à accéder au logement.

4. Étendre le bénéfice de l'assurance maladie aux familles à bas revenus.

5. Accroître le potentiel de croissance économique en désignant 10 industries high-tech comme moteurs.

6. Assainir le climat social.

7. Ouvrir à l'industrie coréenne les grands marchés émergents comme le Brésil, la Russie, l'Inde ou la Chine.

Cette politique ambitieuse s'inscrit dans un environnement économique qui semble s'éclaircir depuis la crise asiatique de 1997.

Pour sa part, la dette extérieure est passée de 29,4 milliards de dollars en 1980 à 122,5 milliards aujourd'hui. La dette publique ne représente que 20 % du PIB (contre 70 % en moyenne pour l'ensemble des pays de l'OCDE[1]).

---

1. Voir OCDE (2003).

La Corée du Sud occupe une place enviée dans le commerce international et ses grandes entreprises, les conglomérats ou *zaebol*, font partie des sociétés mondiales les plus importantes.

Dans un passé récent, de nombreux clichés et stéréotypes défavorables, véhiculés en Occident, ont entouré les produits *made in Korea*, mais, maintenant, cette étiquette est le signe d'un bon rapport qualité-prix.

Dans ce chapitre, nous analyserons les mécanismes qui ont permis, en moins de 30 ans, à un pays ayant un faible niveau de développement de rivaliser avec les grandes puissances industrielles. Nous tirerons quelques enseignements de la gestion des entreprises.

QUELQUES ÉLÉMENTS D'HISTOIRE

Tout au long de son histoire médiévale, la Corée a été marquée par l'influence culturelle chinoise. Au VIIe siècle, les sociétés tribales de la péninsule coréenne se regroupèrent pour constituer trois royaumes : Koguryo (37 avant J.-C. – 668), Paekche (18 avant J.-C. – 660) et Silla (57 avant J.-C. – 935). Le royaume du Silla instaura une monarchie absolue qui domina et unifia progressivement les autres royaumes. D'autres lui succédèrent : Parhae (669-928), Shila (618-935), Koryo (918-1392) puis Choson (1392-1910).

Le royaume du Choson, qui adopta le confucianisme comme religion officielle, fut fondé par le général Yi Songgye. Celui-ci bénéficia du soutien de la très puissante dynastie des Ming qui régna en Chine de 1368 à 1644. Cette période fut marquée par de nombreux conflits intérieurs et extérieurs, puis par un grand isolement aux XVIIIe et XIXe siècles, ce qui valut à la Corée le nom de « Royaume ermite ».

En 1910, la Corée est annexée et occupée par le Japon dont le peuple de la Corée du Sud garde jusqu'à aujourd'hui des traces profondes.

En 1945, lors de la reddition du Japon, les troupes américaines s'installent en Corée du Sud pour établir un bastion anticommuniste. Dans leur zone d'influence allant jusqu'au 38e parallèle, ils nomment, le 15 août 1948, Singman Rhee au poste de premier président de la république de Corée du Sud.

Le 9 septembre de la même année, dans la partie nord de la péninsule sous l'influence de l'Union soviétique, un gouvernement marxiste est mis en place à Pyongyang avec, à sa tête, Kim Ilsong.

Le 25 juin 1950, une guerre éclate entre les deux régimes, et ce n'est que le 27 juillet 1953 qu'un cessez-le-feu est conclu. Il aboutit à la création d'une zone démilitarisée qui sépare désormais les deux Corées au 38e parallèle.

De multiples tragédies ont marqué l'histoire du pays. Plusieurs auteurs (Chung, 1993 ; Teissier du Cros, 1990 ; Bidet, 2003) font l'hypothèse que, pour résister aux humiliations de la domination coloniale et aux déportations, le peuple sud-coréen a acquis un puissant sentiment patriotique. Les nombreuses tentatives visant à gommer son identité et sa culture ont eu pour effet de renforcer la personnalité sud-coréenne. Le patriotisme sud-coréen aurait été un ferment efficace dans la lutte pour le développement[2].

LA RELIGION ET LA SOCIÉTÉ

Longtemps sous l'influence culturelle de la dynastie chinoise des Ming, la Corée du Sud a accordé une place privilégiée au confucianisme, comme philosophie dominante, à l'époque du général Yi Songgye de la dynastie du Choson, vers 1392. Les origines du confucianisme en Corée du Sud remontent tout de même à 200 ans avant Jésus-Christ.

Confucius (555-479 avant J.-C.), savant et humaniste chinois, estimait que c'est

> [lorsque] et seulement lorsque l'affection naturelle qui règne à l'intérieur des familles a dépassé tout à fait librement l'horizon familial, pour s'étendre aussi bien aux membres extra-familiaux qu'aux étrangers les plus complets, que la nature humaine atteint la perfection et que l'ordre social peut être maintenu convenablement[3].

La doctrine du confucianisme met l'accent sur la pratique du *Jen* (humanité, bonté, générosité, charité) qui va de l'individu à la famille, à l'État et à l'humanité progressivement. Le *Jen* a de multiples similitudes avec le *Ying* qui caractérise le shintoïsme pratiqué au Japon. Religion de la famille impériale, le shintoïsme est né de plusieurs adaptations et métaphores dont les sources, le confucianisme et le taoïsme, furent introduites au Japon à peu près à la même époque. D'ailleurs, comme le précise Morishima, «les mutations des canons du taoïsme en shintoïsme et l'évolution [nationaliste] du confucianisme japonais ont favorisé le développement du Japon moderne contemporain[4]».

L'école confucianiste enseigne plusieurs vertus cardinales: la piété filiale (*hsiao*), l'affection entre frères (*ti*), la loyauté (*tchong*), la fidélité (*sin*), le rite (*li*), l'équité (*yi*), l'intégrité (*lien*) et le sens de l'honneur (*tchi*). Le confucianisme attache une importance de premier ordre au savoir et aux études (notamment en rendant accessible l'enseignement au plus grand nombre) et minimise l'importance des armes, de la guerre et de la violence.

Le bouddhisme, dont les origines dans le pays remontent à 300 ans avant Jésus-Christ, est également une religion très présente en Corée du Sud car elle est pratiquée par 46,9% de la population. Cette religion prêche la méditation et la compassion. Ses caractéristiques essentielles sont la recherche du salut de l'âme par la renonciation au désir temporel, le désir d'entrer au nirvana et

---

2. Dans son livre intitulé *Corée du Sud: économie sociale et société civile* (2003), Éric Bidet précise: «Pays parmi les plus pauvres de la planète au début des années 1960, la Corée du Sud est devenue, en une trentaine d'années, une puissance économique de premier ordre. Dans le même temps, un des phénomènes sociaux les plus marquants à l'échelle mondiale a été la montée d'une société civile organisée et pesant de plus en plus sur les décisions politiques et économiques. Cette nouvelle forme de citoyenneté marque l'émergence d'un pouvoir citoyen à côté du pouvoir politique et du pouvoir économique.»
3. Cité par Morishima (1987, p. 18).
4. Morishima (1987, p. 38).

d'éviter le cycle de la réincarnation, l'importance de la générosité et de la miséricorde ainsi que la recherche de la paix.

Le taoïsme et le chamanisme ont peu d'adeptes en Corée du Sud.

Bien que les jésuites installés à Pékin aient favorisé dès le XVIIIe siècle l'envoi de prédicateurs, le christianisme fut proscrit et réprimé jusque vers la fin du XIXe siècle. Par contre, la religion chrétienne enregistre une nette progression depuis quelques années. Teissier du Cros (1990) traite de manière détaillée des particularités et des conditions d'introduction du protestantisme et du catholicisme en Corée. En 1832, dit-il, un missionnaire de l'Église protestante de Hollande fit un premier séjour très discret sur la côte occidentale de la Corée. En 1885, l'Église presbytérienne des États-Unis s'installa à Séoul en s'associant à une institution bénévole américaine, l'hôpital Royal. Elle fut suivie plus tard par l'Église méthodiste.

Le confucianisme et le bouddhisme ont très fortement marqué, des siècles durant, l'esprit et les mœurs du peuple coréen, et imprégné et façonné son mode de vie en prônant un code de conduite et de morale très précis et très observé. Blanc voit deux caractéristiques centrales dans ce code :

> [Il est] profondément orienté vers une gestion sociale ; loin de prôner le retrait du monde, l'illusion du monde réel, il recommande de rechercher, de construire un équilibre social. Le prince doit procurer au peuple les biens matériels et assurer son éducation. La société est ordonnée, hiérarchisée. Les relations sociales sont dominées par l'idéal, l'image des relations père-fils, seigneur-subordonné qui sont basées sur l'affection, l'autorité, la protection d'une part, l'obéissance et la déférence d'autre part[5].

La société sud-coréenne contemporaine est très imprégnée par le *ye*. Sur le plan individuel, le *ye* s'apparente à une éthique personnelle, mais il revêt une dimension qui le situe bien au-dessus des règles de la bienséance. Sur le plan de la société, il se retrouve dans le *p'ungsok*, un ensemble de coutumes et d'influences du système d'éducation.

Le *ye* est aussi considéré comme une discipline, une règle d'obéissance et de respect des ancêtres, de la hiérarchie des classes sociales. Il permet ainsi à chacun de reconnaître et d'accepter sa place dans la société, de distinguer dans la vie sa position par rapport à autrui.

> Si vous gouvernez le peuple par des lois, si vous maintenez l'ordre dans ses rangs par des châtiments, il s'enfuira loin de vous et perdra le respect de lui-même. Si vous le gouvernez par la force morale, si vous maintenez l'ordre dans ses rangs par les rites (caractéristiques du *ye*), il gardera le respect de soi et il viendra vers vous de lui-même[6].

Chacun apprend à connaître les limites de son audience, de son influence, et se comporte en conséquence. En s'intégrant dans la société, les jeunes trouvent des repères rassurants. Les effets de ce système social communautaire et le

---

5. Blanc (1989).
6. Paroles de Confucius citées par Teissier du Cros (1990).

poids des cultures et des traditions ont, d'une certaine façon, modelé les comportements sociaux.

La morale confucianiste affirme que l'inégalité des hommes n'est pas naturelle et qu'en fait ils sont égaux par leurs capacités et leurs dons individuels. Elle reconnaît néanmoins une différence dans les degrés de moralité et de conscience.

Les traditions ancestrales ont enseigné aux Coréens à saisir l'harmonie, à dominer leurs instincts, leurs pulsions et à refouler les forces de leur personnalité individuelle. Il en résulterait même, selon Paek Sang-Chang, une disposition à la tristesse par un faisceau de sentiments et d'états émotifs où se mêlent regret, remords et désir de revanche. Ce «malaise psychologique», le *han*, lié à l'accumulation au cours des siècles de privations, de désirs réprimés, engendrerait, une fois libéré, des forces psychiques considérables. Le *han* se serait amplifié pendant l'occupation japonaise et «la population coréenne, normalement passive et fataliste, a commencé à résister». Le dramatique démembrement de la Corée et la guerre fratricide entre la Corée du Sud et la Corée du Nord ont également modifié le *han* et fait naître dans la population «des sentiments ambivalents de haine et d'amour[7]».

Le *taeguk* renvoie à un certain ordre du monde et de la société où la personne – ou l'individu – est secondaire par rapport au collectif. L'individu s'efface devant la collectivité (la famille, l'école, l'entreprise); il veille à entretenir des relations harmonieuses et équilibrées. D'ailleurs, on constate que le mot *kaein*, qui signifie «personne» ou «individu», a une connotation péjorative. Il désigne un être isolé qui ne s'associe pas aux autres. On remarque aussi que le mot «responsabilité», *ch'aegim*, ne singularise pas l'auteur d'un acte séparément de la hiérarchie ou du groupe. En fait, la responsabilité est perçue comme un engagement collectif.

Imprégnés de leurs référents culturels et fortement attachés aux valeurs familiales, les Sud-Coréens privilégient les prouesses de l'esprit, récompensées, valorisées, et considèrent, par exemple, les faits d'armes comme des prouesses de second ordre. Se servir de la force était et reste l'affaire des ignorants.

Teissier du Cros (1990) rappelle que le sentiment d'appartenance à une ethnie (les Hans, de tradition matriarcale), à une langue, à une culture et à une histoire a formé l'identité sud-coréenne.

Sur un autre plan, le fonctionnement de la société sud-coréenne est marqué par le poids des liens de parenté et de camaraderie, souvent érigés en règle, parfois au détriment d'une certaine compétition. Le pouvoir d'une multitude de groupes de pression (liés à des jalousies régionalistes), voire de clans, prend de temps à autre des dimensions envahissantes et hégémoniques. Mais Teissier du Cros considère que c'est un moindre mal :

> Du moins, l'université, l'entreprise y gagnent-elles en cohésion, en bonne entente et finalement en efficacité, d'autant que les critères de compétence et d'expérience

---

7. Paek Sang-Chang, cité par Teissier du Cros (1990).

s'y imposent progressivement, alors que le gain obtenu en Occident, grâce à une sélection plus objective, est souvent annulé faute de vues communes, de coordination, d'esprit d'équipe[8].

Il est vrai également qu'à Séoul et dans les grandes villes on rencontre de plus en plus de familles nucléaires, et les solidarités claniques traditionnelles ont tendance à se fixer sur d'autres foyers de cohésion, comme les associations ou les clubs d'anciens élèves.

- Les liens familiaux deviennent moins déterminants, sauf sur le plan de la propriété de l'entreprise. La famille reste une référence importante davantage symbolique que pratique.

- Les réseaux (anciens élèves, originaires de la même localité, camarades de service militaire) jouent un rôle croissant dans les affaires et tendent à se substituer aux liens familiaux[9].

Cette situation paraît différente de celle du Japon où les cohésions naissent et sont entretenues à l'intérieur et autour de l'entreprise. Mais ces éléments n'entament pas le fait que la société sud-coréenne est hiérarchisée tout en étant solidaire, et «l'autorité» y est considérée comme «paternelle», bienveillante et «conférée» du fait des obligations du *ye*. «Ce qui a pu servir le développement des entreprises, c'est davantage la loyauté, le respect de l'autorité, le conformisme[10]».

L'ENSEIGNEMENT ET LE SYSTÈME DE FORMATION PROFESSIONNELLE

Le système d'enseignement est sélectif. La fin de l'enseignement secondaire est la période la plus redoutée car on y prépare l'examen d'accès à l'université. C'est un moment capital pour le jeune étant donné que son classement au concours d'entrée décidera du choix de l'université et de sa carrière.

L'enseignement primaire est gratuit et obligatoire pour tous les enfants âgés de 6 à 11 ans. Au-delà, l'enseignement comprend trois années de collège et trois années de lycée (en 2003, le taux d'alphabétisation atteignait 97,9 % de la population[11]).

Au secondaire, l'enseignement met l'accent sur les sciences sociales et scientifiques. Au niveau supérieur, les inscriptions ont plus que triplé ces 20 dernières années, entraînant une augmentation des dépenses publiques consacrées à

8. Teissier du Cros (1990).
9. Cazal (1991).
10. *Ibid.*
11. *Images économiques du monde* (2004, p. 138).

l'éducation. Le pays compte plus de 100 universités[12]. Les principales sont l'université de Corée (fondée en 1905), l'université nationale de Séoul (1946), l'université Ewha pour femmes (1886) et l'université Yonsei (1885), qui se trouvent toutes à Séoul ; l'université Chosun (1946) à Kwangju, et l'université nationale de Pusan (1946).

Les milieux d'affaires estiment que la formation actuelle ne répond pas correctement aux besoins de main-d'œuvre de l'économie. Cependant, malgré les critiques adressées au système d'enseignement et le fait que les parents s'intéressent surtout à l'obtention du diplôme, signe de promotion sociale, on a pu combler les besoins d'une trentaine d'années d'industrialisation effrénée.

N'oublions pas qu'à partir de 1970 la Corée du Sud est passée d'une situation d'excédent de main-d'œuvre peu qualifiée à une situation de relative pénurie. Les conséquences de ce plein emploi ont été, d'une part, l'augmentation rapide des taux de salaires réels pour ce type de main-d'œuvre et, d'autre part, la diminution de plus en plus marquée de l'intérêt des investisseurs étrangers pour les activités utilisant beaucoup de main-d'œuvre.

À ce phénomène s'est ajouté celui d'une forte concurrence de la demande d'emplois qualifiés. Il s'en est suivi une mobilité de la main-d'œuvre facilement transférable d'une entreprise à l'autre.

Salomé et Charmes (1988) évaluent à 5 % le taux moyen mensuel de mobilité de la main-d'œuvre au début des années 1980 et ils estiment que ce taux a fortement baissé à la fin de la décennie. Dans le domaine de la formation en général, les statistiques récentes de l'UNESCO montrent que de plus en plus d'étudiants suivent un enseignement scientifique et technique à l'université, mais, dans l'ensemble, les entreprises ont atténué le déséquilibre entre l'offre et la demande de main-d'œuvre qualifiée en assurant des programmes de formation en cours d'emploi.

En 1974, une loi spéciale sur la formation professionnelle obligeait les entreprises de plus de 500 employés à former elles-mêmes au moins 15 % de leur main-d'œuvre :

> Pendant les premiers plans quinquennaux, la stratégie d'industrialisation par la promotion des exportations ne nécessitait pas une main-d'œuvre très qualifiée et avait accoutumé les employeurs à se reposer entièrement sur les institutions publiques d'enseignement pour satisfaire leurs besoins. Les employeurs semblent avoir considéré cette loi comme un abandon par l'État d'une de ses fonctions essentielles[13].

---

12. Selon un récent compte rendu d'un déplacement d'une délégation du Groupe sénatorial d'amitié France-Corée du Sud (2004), intitulé *Économie et culture : le cas de la Corée du Sud*, il apparaît que le pays compte 374 établissements d'enseignement supérieur (dont 84 % sont privés), plus de 3,5 millions d'étudiants et près de 60 000 professeurs. L'organisation de l'enseignement dépend totalement du ministère de l'Éducation nationale, qui détermine les quotas d'étudiants, la qualification des enseignements, les programmes et les diplômes. La répartition des étudiants par filières montre bien l'adéquation entre les diplômes, les filières et les besoins économiques de la nation.

13. Salomé et Charmes (1988, p. 49).

Depuis 1976, la loi fondamentale sur la formation professionnelle a été renforcée, obligeant les entreprises de plus de 300 personnes à offrir une formation de base à la main-d'œuvre permanente. Cette mesure s'est étendue en 1985 aux entreprises sud-coréennes exerçant leurs activités à l'étranger. L'une des dispositions de cette loi prévoit, en outre, que si l'entreprise forme un nombre de personnes inférieur au quota fixé annuellement par le ministère du Travail, elle doit verser à l'État une taxe compensatoire.

Selon les conclusions d'une étude menée auprès d'un large échantillon d'entreprises sud-coréennes, Salomé et Charmes (1988) estiment qu'entre 1967 et 1984 la formation en entreprise a produit plus de 59 % de la main-d'œuvre qualifiée, 29 % de la main-d'œuvre qualifiée a été prise en charge par les institutions publiques et seulement 11,7 % par les organisations habilitées (le milieu associatif, le secteur privé de formation à but lucratif). Ils observent, de plus, qu'une désaffection relative a été le fait des entreprises de taille réduite. Peu nombreuses ont été les autres entreprises qui se sont déchargées de leur tâche de formation sur des structures externes, mais le nombre de celles qui ont préféré payer la taxe gouvernementale a augmenté.

À titre d'exemple, le *zaebol* Samsung consacre annuellement un budget de 20 millions de dollars à la formation professionnelle et à l'apprentissage. Au fronton de son centre de formation, on peut lire une inscription en chinois : « L'Homme d'abord ». Ses six centres pédagogiques accueillent en moyenne 75 000 travailleurs chaque année ; la formation donnée est multidisciplinaire et une place prépondérante est accordée à l'enseignement de l'anglais et du japonais.

Les formateurs diffusent une philosophie dont les principes s'inspirent des valeurs suivantes :

- la créativité (l'esprit pionnier, la recherche de l'innovation) ;

- la moralité (la sincérité, la bonne conduite) ;

- le leadership (les qualités du chef, de celui qui donne l'exemple) ;

- l'intégrité (la conscience professionnelle, la recherche de l'excellence) ;

- la coopération (le respect et l'assistance mutuels).

Une journée débute le matin à 5 h 30. Elle est entourée d'un important rituel : l'hymne national, le chant de l'entreprise et une période de jogging précèdent en effet l'enseignement proprement dit.

En Corée du Sud, les parents accordent la priorité absolue à la formation de leurs enfants. Cette caractéristique se retrouve d'ailleurs au Japon et dans plusieurs autres pays d'Asie. L'acquisition des connaissances est perçue comme un élément de promotion sociale et de prestige. Pour cela, les étudiants recherchent les universités de renom à Séoul ou à l'étranger. Teissier du Cros (1990) estime que, chaque année, plus de 500 étudiants sud-coréens poursuivent des études de deuxième cycle aux États-Unis et passent leur doctorat dans des universités comme l'université Harvard et le Massachusetts Institute of Technology.

L'arrivée sur le marché du travail des jeunes diplômés pose de plus en plus de problèmes aux pouvoirs publics. Alors que, en 1980, 57,7 % d'entre eux trouvaient un emploi dès qu'ils sortaient de l'université, en 1986 ce taux a chuté à 38,3 %. En 1990, trois étudiants sur quatre ne dénichaient pas immédiatement un emploi.

Par ailleurs, le coût des études est élevé et il y a peu de bourses distribuées par les pouvoirs publics aux étudiants nécessiteux ; certains s'orientent alors vers l'académie militaire ou l'école normale, où les études sont gratuites.

Le Japon et les États-Unis offrent un nombre important de bourses aux étudiants sud-coréens méritants pour qu'ils poursuivent leurs études à l'étranger, et 25 000 jeunes ont bénéficié de cette aide au cours des dernières années.

L'ÉCONOMIE ET L'ENTREPRISE

À partir des années 1980, les résultats de l'économie sud-coréenne ont inquiété les Occidentaux. Les Jeux olympiques de Séoul, en 1988, ont servi de catalyseur en propulsant la réussite sud-coréenne sur la scène internationale.

En 1930, la colonisation japonaise avait développé un embryon d'industrie légère, totalement intégré dans le réseau économique japonais (Blanc, 1989). Mais après la guerre civile qui avait opposé la Corée du Nord à la Corée du Sud, la majorité des infrastructures et la machinerie installée par les Japonais étaient inutilisables. Sortie de cette guerre ruinée et affaiblie, la Corée du Sud a pu survivre en partie grâce à l'aide alimentaire et financière américaine.

En 1962, à la veille du premier plan quinquennal, le pays était très pauvre. L'agriculture avait souffert de la destruction massive des digues et des rizières, et il y avait un important mouvement de retour de Coréens qui s'étaient expatriés ou qui avaient fui la guerre civile. Les matières premières et la main-d'œuvre qualifiée faisaient défaut.

Par contre, la Corée du Sud disposait d'une main-d'œuvre abondante, disciplinée, habituée à un bas niveau de vie, expérimentée dans les activités agricoles, ou ayant servi dans l'industrie japonaise pendant l'occupation.

Sans épargne nationale mobilisable, avec un marché intérieur réduit à cause de la pauvreté et sans accès à ses marchés traditionnels (la Chine et le Japon), le pays se trouvait démuni lors du lancement du premier plan quinquennal. L'armée, composée de 650 000 hommes en état d'alerte permanent (à cause des tensions avec la Corée du Nord), mobilisait les rares ressources disponibles.

Entre 1946 et 1960, la Corée du Sud a reçu une aide américaine dépassant les trois milliards de dollars, destinée principalement à soutenir l'armée, à financer les importations de surplus de blé américain et à acquérir des matières premières.

La croissance de la production industrielle a dépassé 20 % chaque année entre 1967 et 1976. Durant la période qui comprend les quatre plans quinquennaux, de 1962 à 1981, les exportations sud-coréennes ont été multipliées par 500 (en dollars constants). Déjà, en 1976, la part des biens manufacturés représentait 92 % des exportations.

Le premier plan quinquennal (1962-1967) a donné la priorité aux « industries blanches » : la farine, le sucre et le coton. Le secteur de la construction, les petites usines textiles et d'autres activités de production semi-artisanales ont absorbé dès le début une main-d'œuvre à bon marché.

La brutale reprise en main du pays par l'armée avec, à sa tête, le général Park en 1962 a constitué un coup d'accélérateur pour le processus de développement. L'une des mesures les plus importantes a été l'instauration d'une structure centralisée de planification, l'Economic Planning Board, chargée de définir les priorités et de superviser l'affectation des ressources. Ce superministère a établi des politiques de substitution aux importations et de développement des industries de base, ce qui n'est pas sans rappeler le fameux et puissant MITI (ministère de l'Industrie et du Commerce international japonais).

Pour sortir le pays de la situation de dépendance vis-à-vis de l'aide extérieure et générer les devises nécessaires au développement, le gouvernement s'est orienté par la suite, de manière radicale, vers les activités d'exportation.

Afin de maximiser l'avantage comparatif des coûts très bas de la main-d'œuvre, l'exportation des produits textiles a remplacé en premier celle des biens primaires. La part du PNB de cette activité d'exportation est passée de 2,4 % en 1962 à 38,3 % en 1987.

Cependant, la structure des exportations a profondément changé (voir le tableau 9.3) : la part des biens et des services est passée de 9,34 milliards de dollars en 1974 à 190,69 milliards en 2002.

Au cours du deuxième plan quinquennal (1967-1971), le gouvernement a engagé une politique industrielle de promotion de l'industrie lourde et de « remontée des filières technologiques » en créant des pôles industriels. Citons ceux des industries pétrochimiques pour la production de biens intermédiaires, ceux des fibres synthétiques destinées au secteur textile et ceux des industries métallurgiques et sidérurgiques.

En 1970, ces activités représentaient plus de 42,5 % de la valeur ajoutée industrielle. Le deuxième plan quinquennal a aussi été celui des infrastructures

TABLEAU 9-3	**Les exportations et les importations sud-coréennes en 1974, 1986, 2001 et 2002 (milliards de dollars)**			
	1974	**1986**	**2001**	**2002**
Exportations de biens	7,80	34,13	151,26	162,55
Exportations de services	1,53	5,28	29,05	28,14
Importations de biens	8,40	29,83	137,77	148,37
Importations de services	1,19	3,93	32,88	35,60

Source : *L'état du monde 2004*, Montréal-Paris, Boréal – La Découverte, p. 288.

lourdes (le réseau autoroutier, le rail, les zones aéroportuaires, les cimenteries, les raffineries, les barrages) et de l'accélération de l'industrialisation.

Ce plan a marqué également la concrétisation d'une entente de coopération entre la junte militaire et le Japon dans le domaine du transfert de technologie (mise en œuvre des accords de 1965).

Limités au début à des activités de montage à partir d'éléments importés, les produits de la branche électronique, déclarés «priorités d'exportation», se sont particulièrement développés et diversifiés pendant cette période. Au cours des années 1980, la fabrication et l'exportation de composants et de produits électroniques rivalisaient déjà avec celles des géants mondiaux.

Durant le deuxième plan quinquennal, il y a aussi eu l'implantation des parcs industriels spécialisés : Ulsan, Yeochom, Koumi, Masan (sidérurgie, machinerie, pétrochimie, etc.).

Le troisième plan quinquennal (1971-1976) a renforcé la priorité accordée aux industries lourdes. La construction navale, par exemple, est devenue un fleuron de l'économie. Ce secteur s'est développé et adapté aux changements de la conjoncture mondiale. En quelques années, les capacités de construction ont été doublées et, à partir de 1987, la Corée du Sud a disputé au Japon le deuxième rang mondial.

Le secteur de la construction automobile, intégré à 90 %, a enregistré une très forte croissance. En 1970, la capacité de production était de 300 000 véhicules ; en 1987, elle était de 700 000 ; en 2003, Hyundai Motors (qui regroupe Hyundai et KIA, les deux principales marques sud-coréennes) a produit plus de 2 348 200 véhicules.

Le gouvernement sud-coréen a mis en place un comité interministériel voué à la promotion des industries stratégiques d'exportation. Le secteur d'exportation a vu ses performances augmenter considérablement grâce à des activités de construction et de génie au Moyen-Orient, notamment dans les pays du golfe Persique.

Les parcs industriels de machinerie, de composants électroniques et de pièces d'automobiles se sont consolidés pendant cette période avec le soutien actif du Japon, qui a alloué à la Corée du Sud d'importantes aides gouvernementales.

Entre 1962 et 1992, les entreprises japonaises ont investi en Corée du Sud 8,1 milliards de dollars, ce qui correspondait à 48,2 % de l'ensemble des investissements étrangers.

Globalement, au cours des trois premiers plans quinquennaux entre 1962 et 1976, la croissance économique a été de 10 % par année en moyenne et celle des exportations, de 42 % par année. L'excédent commercial sud-coréen a bondi de 50 % en 2003, à 15 milliards de dollars, ce qui dépasse largement l'objectif de 8 milliards de dollars que s'était fixé le gouvernement. Les exportations ont explosé pour atteindre 200 milliards de dollars, soit une hausse de 20 % par rapport à 2002. De même, les importations ont enregistré une forte progression (+17,5 %). Supplantant les États-Unis, la Chine est devenue en 2003 le principal partenaire commercial de la Corée.

Avant de clore cette partie sur les étapes de l'industrialisation (le passage d'une industrie de substitution des importations à une industrie de promotion des exportations) et les prouesses du décollage de l'économie sud-coréenne, essayons d'évaluer quelques facteurs de ce succès.

Tout d'abord, la disponibilité d'une main-d'œuvre abondante comportant des coûts salariaux faibles est une donnée incontournable, de même que l'importance des femmes ouvrières des secteurs de l'électronique et du textile. Mais il faut signaler qu'au cours des années 1980 les fortes augmentations du salaire horaire dans l'industrie (accroissement moyen de 20 % par année) ont modifié la nature de la compétitivité sud-coréenne.

De plus, sur le plan des relations du travail, ce n'est que récemment que l'exercice du droit syndical s'est assoupli avec la levée des restrictions qui étaient imposées.

Malgré l'élargissement des libertés individuelles et bien que le droit de grève existe officiellement depuis la réforme constitutionnelle, dans les faits, le déclenchement d'une grève est soumis à des préalables réglementaires complexes qui enlèvent à celle-ci toute son efficacité. Par ailleurs, le taux de syndicalisation est assez faible : 20,3 % des travailleurs étaient syndiqués en 1963 et 21,7 % en 1991.

Un autre élément du succès économique de la Corée du Sud est sans conteste le dynamisme et la puissance des *zaebol*, équivalents de holdings ou trusts financiers que contrôlent les groupes familiaux propriétaires par l'intermédiaire d'entreprises liées par des réseaux de participation croisée. Ces conglomérats, qui agissent dans une multitude de secteurs d'activité et dominent l'économie sud-coréenne, ont été les principaux bénéficiaires des mesures d'encouragement et d'aide gouvernementale en inscrivant leurs activités dans les secteurs prioritaires.

Toutes les politiques économiques (l'implantation, la localisation industrielle, les conditions d'accès au crédit, la fiscalité, la tarification douanière) ont accordé la préférence à ces *zaebol* aux dépens des petites et moyennes entreprises. Sur le plan financier, par exemple, des crédits importants ont été octroyés aux industries d'exportation gérées par ces conglomérats (taux de change et intérêts bonifiés).

Si leur gigantisme leur permet encore de rivaliser avec les plus grandes sociétés mondiales, les *zaebol* font l'objet de critiques de la part des acteurs sociaux. On leur reproche d'avoir monopolisé les crédits en empêchant le développement des petites et moyennes entreprises, fragilisant ainsi le tissu économique[14].

14. De Bourbon fait remarquer que la crise financière, qui, en 1997, a touché de nombreux pays de l'Asie du Sud-Est, a permis de constater le surendettement des *zaebol,* ces vastes conglomérats qui sont à la base de l'essor coréen et grâce auxquels le pays est devenu la onzième puissance économique du monde et le deuxième membre asiatique de l'OCDE. Pour remédier à la situation, les *zaebol* semblent avoir adopté un nouveau mot d'ordre, à savoir la conquête de l'étranger. Par exemple, ces dernières années, Samsung a dépensé 400 millions d'euros en publicité, 2 milliards en marketing et autant en R&D.

De son côté, le succès de la politique de développement rural a permis d'atteindre une autosuffisance en riz et en produits alimentaires. À l'inverse de ce qui se passe dans de nombreux pays d'Amérique latine ou d'Afrique, engagés dans des efforts de développement, l'agriculture n'a pas été marginalisée et une symbolique particulière est rattachée au monde agricole, qui a toujours été l'objet d'attentions dans les programmes de développement.

Dans les années 1950, les pouvoirs publics avaient entrepris une réforme foncière de grande envergure dont le principe était la distribution des terres à ceux qui la travaillent. La taille moyenne des parcelles a été limitée à un hectare.

Les coûts de production des produits agricoles sont assez élevés, la balance agricole est déficitaire depuis un certain nombre d'années et la part de la population active dans le secteur de l'agriculture diminue progressivement (elle était de 42,3 % en 1977, contre 10,5 % en 2002). Ce phénomène est compensé par des gains de productivité. La surface consacrée à la culture du riz correspond à 56 % des terres arables et le rendement des rizières est l'un des plus élevés du monde : 6 463 kilos par hectare en 1991, la moyenne mondiale étant de 3 581 kilos par hectare.

LE MANAGEMENT

Les *zaebol* ont un poids considérable, et peut-être même démesuré, dans le potentiel économique du pays. Ces conglomérats ont été choisis par l'État pour constituer un noyau performant capable d'affronter les marchés mondiaux tout en bénéficiant de programmes spéciaux d'assistance et d'encouragement.

L'État – rarement entrepreneur – a presque toujours eu le rôle déterminant d'orienter, de suggérer, d'inciter ou de décourager, et de fixer les priorités dans le cadre des plans successifs, en indiquant «aux chefs d'entreprises ce qu'il fallait faire et ce dont il fallait se garder [...]. Ce rôle paternel des pouvoirs publics, qui dérange les économies des écoles libérales et qui, il est vrai, va en s'estompant, est le reflet du système ancien et des traditions[15]».

À l'image du Japon de l'après-guerre (situation d'un pays en ruine poussé à un élan réparateur), dans une économie où régnait la morale confucianiste, qui se préoccupait sans cesse du bien de la nation et où les grandes entreprises étaient dirigées par des hommes d'affaires dévoués à l'État, ce type de développement était assurément possible (Morishima, 1987).

Les *zaebol* interviennent dans de multiples sphères de l'activité économique et ont une dimension internationale. Soutenus par leurs réseaux d'information dans le monde entier et par leurs propres maisons de commerce, ils rivalisent avec les géants mondiaux.

---

15. Teissier du Cros (1990, p. 232).

Jusqu'en 1988, la politique gouvernementale – pragmatique mais aussi très partiale – n'avait délibérément favorisé que ce type d'entreprises avec la levée des restrictions à l'importation, l'accès direct au crédit, l'octroi de subventions à l'exportation et les dégrèvements fiscaux.

Mais les autres partenaires sociaux ont jusque-là considéré la politique fiscale comme une source d'injustice sociale. L'impôt sur l'immobilier, sur les revenus de la spéculation boursière ou sur la fortune en général était dérisoire par rapport à la stricte imposition sur les salaires à laquelle étaient assujettis 40 % des salariés.

D'une certaine manière, également, les alliances entre politiciens, technocrates et familles propriétaires des *zaebol* ont stimulé les réseaux d'allégeance et une certaine forme de corruption. Cela ne semble pas avoir nui aux performances économiques de la Corée du Sud ou à l'amélioration très nette du niveau de vie de la population.

Depuis août 1988, l'opposition parlementaire, devenue majoritaire au sein de l'Assemblée nationale à Séoul, a dénoncé plusieurs lacunes et malversations, et a amené le gouvernement à modifier divers aspects de sa politique, tels que la révision de la fiscalité, la limitation de la grande propriété foncière spéculative, l'introduction de mesures de justice sociale, le soutien en faveur des défavorisés, la détermination d'un revenu minimum obligatoire ou la création d'un régime de retraite et d'un régime d'assurance maladie.

Au cours de leur expansion, les *zaebol* ont accumulé des flux financiers considérables. Ils ont pu, ainsi, engager de nouveaux investissements en Corée du Sud et dans le monde. La manne financière a permis d'augmenter les salaires et d'acquérir des biens mobiliers et immobiliers. Cette situation a généré une spéculation foncière, suivie d'une hausse importante des prix de l'immobilier.

En 2004, les 30 premiers *zaebol* représentaient environ 15 % du PIB, 30 % du PIB manufacturier, 700 000 salariés et 75 % des exportations sud-coréennes. L'écart entre les quatre principaux *zaebol* (Samsung, Hyundai, LG et SK) et les autres conglomérats est aujourd'hui en train de se creuser.

Comparativement aux *zaebol*, les petites et moyennes entreprises, très nombreuses, représentent près de 80 % des emplois sud-coréens. Bon nombre d'entre elles sont des affaires familiales qui se sont développées progressivement, certaines avec la collaboration des *zaebol* dont elles deviennent des ramifications. Elles gravitent autour de gros pôles industriels décentralisés ou s'installent dans des zones d'activité au cœur et à la périphérie des grands centres urbains. Elles sont de plus en plus souvent dirigées par de jeunes chefs d'entreprise très qualifiés, diplômés, qui succèdent à leurs parents.

Ces petites et moyennes entreprises sont, à 98 %, des entreprises manufacturières dont plus de la moitié sont directement intégrées dans les *zaebol*. Ces PME, qui ont un statut de «sous-assembleurs» ou de producteurs, ont de ce fait, pour la plupart, des relations quasi exclusives, complexes et multidimensionnelles avec leur *zaebol*.

Ce schéma de relations entre le *zaebol* et ses sous-traitants présente de multiples analogies avec l'exemple du Japon que Masayoshi Ikeda[16] présente dans son article intitulé «Trajectoires d'évolution de la sous-traitance japonaise». En effet, comme au Japon, une grande proportion des petites et moyennes entreprises sud-coréennes, qui emploient de 100 à 200 personnes, sont équipées de machines spécifiques entièrement adaptées à l'usinage, au montage d'une gamme déterminée de pièces pour un seul client final.

De la même façon que les *zaibatsu*, les *zaebol* organisent des associations de sous-traitants (de 50 à 100 entreprises membres) de premier niveau avec lesquelles ils ont un contrat direct. Ce système facilite les échanges d'information et favorise le partenariat dans la recherche de solutions communes.

Par ailleurs, la systématisation des méthodes d'amélioration continue de la performance des systèmes de production (*kanban*, juste-à-temps) a eu pour effet de renforcer la coordination et l'articulation entre l'entreprise dirigeante, le *zaebol*, et ses sous-traitants, les petites et moyennes entreprises.

Les petites et moyennes entreprises sud-coréennes évoluent, sur le plan technologique principalement, grâce à la révision systématique de leurs connaissances en tirant profit du savoir-faire des représentants de l'entreprise principale ; ce personnel technique, fréquemment détaché dans les chaînes de production ou d'assemblage du sous-traitant, est directement responsable des performances à atteindre.

Compte tenu de la réduction du cycle de vie des produits sur les marchés mondiaux, les *zaebol* ont modifié les régimes de production de masse en les transformant en une production plus diversifiée de moyennes séries. Cela a contribué à raffermir les relations avec la sous-traitance.

Les grandes entreprises ont des formes d'organisation qui paraissent fortement hiérarchisées. Les décisions sont en général prises au sommet de manière unilatérale et imposées aux cadres intermédiaires (Chung, 1993). Il faut cependant comprendre le contexte culturel d'un système hérité du confucianisme où l'autorité supérieure n'est pas ressenti comme oppressive, mais comme légitime et «alliée». Toutefois, le système japonais du *nemawashi*, où les décisions émanent d'une sorte de consensus, est inconnu en Corée du Sud.

Les mécanismes décisionnels sont assez complexes et la direction elle-même est fortement structurée :

- le président du groupe : *hoejang* ;

- le vice-président du groupe : *buhoejang* ;

- le président d'une société dans le conglomérat : *sajang* ;

- le vice-président du conglomérat : *busajang* ;

- le directeur général : *jonnemou* ;

---

16. Ikeda (1991, p. 135-147).

- le directeur : *sangmou* ;

- le directeur-cadre : *isa*.

Les *zaebol* sont la propriété de familles très proches des groupes de pression politiques et financiers. Pour stabiliser et renforcer les relations, il est fréquent que les parties organisent des mariages (Chung, 1993). L'existence de ces réseaux d'alliances est considérée comme la réapparition de certaines formes d'obligations claniques (Morishima, 1987 ; Chung, 1993 ; Teissier du Cros, 1990), voire, par analogie avec le Japon, d'«obligations féodales» des descendants des familles seigneuriales.

Le plus souvent, les membres des familles dirigent et contrôlent directement l'entreprise. Lorsque celle-ci est de taille moyenne, les propriétaires participent à la gestion et assurent eux-mêmes le management quotidien. C'est le cas pour la société Hanzing, dont les membres de la famille propriétaire sont les dirigeants des sociétés du groupe ; il s'agit là d'un contrôle direct.

Si le groupe a une taille plus importante, la famille propriétaire intervient par un contrôle indirect. Ce contrôle s'opère grâce à une structure centrale équivalente à l'état-major d'un holding. Les postes clés (la direction générale et la direction de la planification) sont réservés, en général, aux membres de la famille et à leurs alliés. Mais les autres centres de décision sont partiellement accessibles aux cadres supérieurs venus principalement de la haute administration publique, de l'armée ou des universités de prestige comme l'université nationale de Séoul ou les universités Yonsei, Koryo ou Sogang.

Une autre forme de contrôle indirect des propriétaires s'opère dans le cas d'organisations aux ramifications complexes. Les membres de la famille propriétaire du *zaebol* se retrouvent en général dans deux centres de décision distincts. L'un est constitué par une société centrale, dont la structure est équivalente à celle du holding dont nous avons déjà parlé, et l'autre a des pouvoirs tout aussi importants, mais il agit surtout d'après un plan philanthropique et s'apparente à une fondation à but non lucratif. Ces deux structures sont complémentaires et interviennent directement dans la gestion de la multitude d'entreprises qu'elles supervisent.

Dans une récente étude portant sur 41 *zaebol* parmi les plus importants, Chung (1993) pose le problème du manque d'intégration entre les fonctions de production et de planification. Il constate une séparation entre les centres de planification stratégique et les centres de production qui, selon lui, prennent peu d'initiatives et sont peu créatifs. Un autre aspect de l'étude a porté sur la propriété du capital dans chacun des *zaebol*. La part du capital sous le contrôle d'une seule famille est élevée. Ainsi, entre 1997 et 2002, la part du capital des 10 premiers *zaebol* détenue par les familles fondatrices est passée de 9,5 % à 3,7 %, tandis que les participations croisées entre filiales se sont accrues (comme le capital détenu en propre par les entreprises), ce qui a permis de renforcer le contrôle de ces familles (39,5 % de droits de vote en 1997, 46,9 % en 2002).

En matière de recrutement des cadres, les *zaebol* privilégient certaines sources. Le tableau 9.4, à la page suivante, présente les sources de recrutement les plus souvent citées pour la période s'étendant de 1962 à 1978.

TABLEAU 9-4	Les principales sources de recrutement (1962-1978) (pourcentage)
1. La fonction publique	23,0
2. Le secteur financier	12,5
3. Le secteur public	9,9
4. Le secteur politique	8,0
5. Les médias	7,4
6. Les universités	5,8
7. L'armée	5,2
8. Autres	28,2
TOTAL	100,0

Cette politique d'embauche élitiste crée une discrimination salariale, d'une part, entre les diplômés issus d'universités différentes et, d'autre part, entre la haute direction et les cadres intermédiaires.

Notons aussi le degré de mobilité du personnel qui, à l'opposé du Japon, est assez élevé en Corée du Sud.

D'autres enquêtes, effectuées par Jackson (1990), présentent les forces et les faiblesses de l'entreprise sud-coréenne. On y recense les points forts suivants :

- une main-d'œuvre lettrée et très bien formée (par l'État et l'entreprise) ;

- la persévérance au travail et le sens de l'effort ;

- l'aptitude à saisir les occasions d'affaires ;

- un certain goût du risque allié à un sens remarqué du leadership (l'auteur cite le cas de la société Samsung, qui a décidé de pénétrer le marché des semi-conducteurs avec sa propre puce, juste avant la pire récession du secteur de l'électronique en 1984 ; l'entreprise, qui a injecté 150 milliards de dollars en 18 mois, est aujourd'hui un leader incontesté sur le marché mondial) ;

- la solidité financière des *zaebol*.

Jackson (1990) et Henriot et Rol (2001) précisent aussi les points faibles qui suivent :

- la rigidité des systèmes de gestion ;

- la lenteur dans la prise de décision ;

- la trop grande diversité des activités : les *zaebol* se lancent dans des activités sans toujours se soucier de leur bien-fondé (Samsung a 64 filiales, LG en a 60) ; l'auteur voit là une vanité exacerbée des fondateurs («Ils veulent être partout») et peut-être la nécessité de réduire les risques que le gouvernement gèle l'accès à de nouveaux secteurs ;

- la longueur des journées de travail (en moyenne de 12 heures, et même parfois au-delà);

- le surendettement: après la crise asiatique, le gouvernement a pris des mesures pour amener ces grands groupes à réduire leur endettement.

La plupart des entreprises assurent une formation interne à leur personnel. Il s'agit d'une formation professionnelle à prédominance technique, de même que d'un enseignement général incluant les langues et la culture générale. Cette formation interne, perçue comme un investissement à long terme, sert à améliorer les compétences et renforce l'esprit d'équipe et l'aptitude à la sociabilité. C'est la voie privilégiée pour le développement de carrière et la promotion.

Le système de rémunération et les modes d'intéressement comme complément du salaire sont à peu près les mêmes dans les divers conglomérats. Depuis une dizaine d'années, les salaires ont fortement augmenté sous la pression des associations professionnelles et syndicales, mais l'échelle des salaires et la pyramide des revenus restent déséquilibrées.

Chung (1993) fait remarquer que les cadres supérieurs sud-coréens ont des salaires disproportionnés, sans compter toute une gamme d'avantages en nature. Leur lien, souvent direct (parents ou alliés), avec les propriétaires de l'entreprise et leur statut antérieur (membre de la haute fonction publique, de la finance, de l'armée) favorisent l'obtention de multiples faveurs. Ces hauts revenus ont permis de nombreux placements fonciers spéculatifs et généré une consommation effrénée de produits de luxe, importés pour la plupart.

Quant aux profits mirobolants accumulés par les *zaebol*, ils ont largement été réinvestis dans les pays de la région de l'Asie du Pacifique (notamment dans les pays de l'Association des nations de l'Asie du Sud-Est) et en Corée du Sud. Ils ont également alimenté la spéculation foncière, à Séoul particulièrement, et la spéculation sur le marché boursier.

Mais cela n'enlève rien au fait que les travailleurs soient soutenus et «protégés» de manière quasi paternelle par l'entreprise qui les emploie. Les employés bénéficient, en plus du salaire, de primes mensuelles et annuelles directement en rapport avec leur rendement individuel et celui de leur groupe. Les stimulants financiers s'accompagnent de diverses formes d'aide comme l'aide au logement (émission télévisée *Géopolis*, 1993), l'octroi de prêts, la distribution de bourses d'études pour les enfants (méritants) du personnel.

Sur le plan social, l'entreprise est également présente au sein d'organisations à caractère philanthropique et le soutien apporté aux œuvres du personnel est loin d'être négligeable.

Pendant longtemps, les gouvernements qui se sont succédé en Corée du Sud ont maintenu le pays sous surveillance, avec un régime de restriction des libertés individuelles. Le mouvement syndical était donc interdit et le droit de grève n'existait pas. Mais au cours des années 1980, il y a eu un retour progressif aux libertés démocratiques.

LA RECHERCHE ET LE DÉVELOPPEMENT : UNE POLITIQUE SOUTENUE D'INNOVATION

Pendant les années 1980, face à la récession du marché mondial, aux contre-coups de la crise pétrolière et à la montée du protectionnisme, le gouvernement sud-coréen a décidé de promouvoir la recherche et d'encourager les gains de productivité.

Dans le domaine de la recherche fondamentale et expérimentale, les *zaebol* ont concentré leurs efforts sur des secteurs précis, comme l'électronique, l'automobile, la chimie et l'industrie lourde. Les investissements en R&D programmés en 1993 étaient très ambitieux. Samsung a annoncé un investissement record de 3 800 milliards de wons, soit une augmentation de 8 % par rapport à 1992, Hyundai, un investissement de 2 600 milliards de wons, soit une augmentation de 28,1 % par rapport à 1992, et Daewoo s'est dotée d'un budget spécial de 1 950 milliards de wons (*Le Courrier de la Corée*, 30 janvier 1993).

De son côté, l'État soutient les activités de recherche. Pendant la durée du cinquième plan quinquennal (1982-1986), la contribution financière pour le secteur prioritaire de l'électronique a été évaluée à 186 millions de dollars (Lorot et Schwob, 1986). En 2000, le budget de R&D était de 12 milliards d'euros, soit 2,68 % du PIB. Les investissements privés représentaient 75 % du total. Les effectifs du secteur de la R&D croissent régulièrement : de moins de 130 000 chercheurs et assistants en 1991, ils sont passés à plus de 230 000 en l'an 2000. Les chercheurs forment 5 % de la population active sud-coréenne et sont, pour près de la moitié, directement liés à l'industrie (Groupe sénatorial d'amitié France-Corée du Sud, 2004).

Les programmes de coopération scientifique et technologique portent sur des domaines aussi variés que l'industrie aérospatiale, le génie maritime, les biotechnologies, la chimie, l'informatique, les énergies nouvelles, les matériaux nouveaux, etc.

Ces données effacent certaines idées reçues qui ont eu cours il y a quelques années et qui attribuaient à certains produits sud-coréens une valeur de pacotille.

LA PERFORMANCE ENVIRONNEMENTALE DE LA CORÉE DU SUD

La forte densité de la population (la plus élevée des pays de l'OCDE : 481 personnes au kilomètre carré), la forte concentration de la population en zone urbaine et la croissance exponentielle des véhicules motorisés dans les villes accentuent les problèmes liés à l'environnement en Corée du Sud.

Selon l'OCDE (2003), les questions environnementales et le développement durable ne sont venus au premier plan des priorités de l'action nationale qu'à une date relativement récente, et cela bien qu'une loi-cadre ait été adoptée à la fin des années 1970 et au début des années 1980. Ce n'est finalement qu'à partir des années 1990 que des lois complémentaires et des ordonnances d'application ont imposé des règles contraignantes en faveur de la protection de l'environnement[17].

En 2000, une commission présidentielle pour le développement durable a été chargée de fixer les orientations stratégiques et de formuler des plans afin d'intégrer les préoccupations environnementales dans le quotidien de l'économie sud-coréenne. Et, depuis la fin de 2002, les autorités locales sont responsables, en collaboration avec les industries locales et sous la supervision du ministère de l'Environnement, de la mise en place et de l'application de la politique environnementale du pays.

Bien que la Corée du Sud ne se soit que récemment engagée dans la voie d'une gestion environnementale efficiente, elle était classée, en 2001, parmi les nations dont au moins 500 organisations avaient obtenu la certification ISO 14001, aux côtés du Canada, du Danemark, de la Finlande, des Pays-Bas et de la Suisse.

CONCLUSION

La réussite du décollage économique et du processus d'industrialisation en Corée du Sud pourrait s'expliquer par l'importance initiale de la base agricole du pays (Maurer et Regnier, 1989), par le rôle primordial de l'État et par les attitudes des populations confucianistes à l'égard du travail, de la solidarité sociale, de l'éducation et de l'acquisition des connaissances.

Les petites paysanneries microparcellaires, qui avaient une tradition séculaire de la maîtrise hydraulique et de l'agriculture intensive qui lui est liée, ont véhiculé les valeurs et les traditions rurales de la vieille civilisation asiatique de la riziculture.

Omniprésente, l'administration publique a été la grande organisatrice du gigantesque effort de développement et d'industrialisation en Corée du Sud. Maurer et Regnier (1989) résument ainsi l'enclenchement du processus : soutenue par l'État, la petite paysannerie familiale, autosuffisante, relativement homogène, diversifie ses activités économiques dans le domaine de l'artisanat et des petites industries rurales, du transport, du commerce. Accroissant sa mobilité géographique et sociale grâce à l'accès à l'éducation et à la formation professionnelle mis en place par l'administration, elle rejoint progressivement le secteur industriel moderne.

Les difficiles conditions d'accession à l'indépendance de la Corée du Sud et les épisodes violents de son histoire pourraient expliquer partiellement l'existence d'un État puissant et dirigiste comme garantie de la stabilité politique et

---

17. Ces règles touchaient principalement le contrôle de la qualité de l'air, de l'eau, de la toxicité des produits chimiques, du bruit et des vibrations, des déchets et la contamination des sols (ministère de l'Environnement de la république de Corée, http://eng.me.go.kr).

sociale. Chargé d'organiser et d'imposer au besoin un processus de modernisation et de changement social de grande ampleur, l'État centralisé et autoritaire, s'appuyant sur l'armée, la haute fonction publique et certains milieux d'affaires, a défini les priorités, affecté les ressources et abouti à un développement économique pour le plus grand nombre.

Nos propos se limitent ici à constater les effets de politiques interventionnistes sur un pays qui est passé, en 30 ans, d'un état de sous-développement à une situation de relative prospérité pour la population, sans pour autant cautionner les terribles excès de la «période des généraux». Mais la Corée du Sud diffère totalement de nombre de régimes autoritaires semblables dans le monde où la dictature va de pair avec la misère.

Par ailleurs, le chemin de la démocratie politique, c'est aussi la «démocratie du ventre», et la Corée du Sud, malgré des accidents de parcours certes regrettables, paraît suivre une voie que bien des pays en phase d'industrialisation lui envient.

Le dirigisme économique s'est accompagné d'un recours sélectif à certaines forces du marché. Empreint de pragmatisme, le gouvernement sud-coréen, et notamment le tout-puissant ministère de la Planification (dont le titulaire est placé au rang de vice-premier ministre), a privilégié des choix flexibles, selon des objectifs prioritaires, et adapté ses stratégies aux étapes du développement industriel. De ce fait, l'«ordre» social n'a pas servi à libérer de manière débridée les forces du marché, mais à mobiliser l'épargne des ménages, à canaliser l'investissement étranger et à soutenir un puissant secteur industriel.

Les pouvoirs publics ont modelé profondément l'espace économique et social de la Corée du Sud, et rien ne serait plus abusif que de mettre les succès enregistrés en matière de développement au crédit d'un libéralisme pur et dur, aussi avancé fût-il.

De plus en plus soumise à des pressions monétaires et protectionnistes de la part des États-Unis et de l'Europe, la Corée du Sud (comme le Japon et les autres nouveaux pays industrialisés) a décidé de s'orienter vers une mondialisation accrue de son économie et a amorcé en 1988 un redéploiement de ses activités en les recentrant sur l'Asie-Pacifique, la première zone économique du monde.

LES IDÉES IMPORTANTES

SUR LA CORÉE DU SUD

La société

La Corée du Sud est une société fortement hiérarchisée, dont le tissu social est composé par des valeurs communautaires et une grande solidarité. Toute forme d'autorité s'accompagne d'un rôle paternaliste et bienveillant et d'obligations liées à cette position. Ces traits caractérisent les interventions de l'État, qui occupe un rôle central sur les plans social et économique. Ce rôle particulier est le fruit du développement historique et de la tradition sud-coréens. L'enseignement et la formation sont des dimensions clés du développement de cette société.

Questions

1. Quels facteurs historiques ont favorisé le développement soutenu de l'économie sud-coréenne ?

2. Quelle est l'orientation particulière des programmes de formation ?

3. Pour quelles raisons l'État est-il considéré comme un acteur clé dans cette économie ?

L'entreprise

Il existe une forte concentration économique des entreprises en Corée du Sud. Les grandes entreprises, qui sont aussi très hiérarchisées, reposent sur des mécanismes décisionnels complexes, les décisions importantes étant concentrées au sommet. La main-d'œuvre, disciplinée et abondante, reçoit un solide apprentissage et une bonne formation conformément aux lois en vigueur. Ce sont les programmes de coopération scientifique, de partenariat entre les petites, moyennes et grosses entreprises ainsi que les réseaux d'alliances entre les domaines politique, financier et organisationnel qui forment la trame des activités économiques en Corée du Sud.

Questions

1. Quelles sont les forces et les faiblesses de l'entreprise sud-coréenne ?

2. Quelles sont les principales différences quant au mode de fonctionnement des entreprises sud-coréennes et des entreprises japonaises ?

3. Quel est le rôle des syndicats dans l'économie de la Corée du Sud ?

ANNEXE 9.1
LA PART DE LA CORÉE DU SUD
DANS LE COMMERCE MONDIAL EN 2000

TABLEAU 9-1

Exportations

Pays	Valeur (milliards de dollars)	Valeur (pourcentage)
États-Unis	781,1	12,3
Allemagne	551,5	8,7
Japon	479,2	7,5
France	298,1	4,7
Royaume-Uni	284,1	4,5
Canada	276,6	4,3
Chine	249,3	3,9
Italie	237,8	3,7
Pays-Bas	212,5	3,3
Hong-Kong	202,4	3,2
Belgique	186,1	2,9
Corée du Sud	172,3	2,7
Mexique	166,4	2,6
Taiwan	148,3	2,3
Singapour	137,9	2,2
Espagne	113,7	1,8
Fédération de Russie	105,2	1,7
Malaisie	98,2	1,5
Suède	86,9	1,4
Suisse	81,5	1,3
TOTAL	4 869,1	76,5

Importations

Pays	Valeur (milliards de dollars)	Valeur (pourcentage)
États-Unis	1 257,6	48,9
Allemagne	502,8	7,5
Japon	379,5	5,7
Royaume-Uni	337,0	5,1
France	305,4	4,6
Canada	244,8	3,7
Italie	236,5	3,5
Chine	225,1	3,4
Hong-Kong	214,2	3,2
Pays-Bas	198,0	3,0
Mexique	182,6	2,7
Belgique	173,0	2,6
Corée du Sud	160,5	2,4
Espagne	153,5	2,3
Taiwan	140,0	2,1
Singapour	134,5	2,0
Suisse	83,6	1,3
Malaisie	82,2	1,2
Suède	72,8	1,1
Australie	71,5	1,1
TOTAL	5 155,1	77,4

Source : Organisation mondiale du commerce, 2001, www.wto.org.

BIBLIOGRAPHIE DE LA SECTION I

AFFAIRES (LES) (1989). «Dossier sur le Japon», semaine du 18 mars, p. 30-32.

AKTOUF, O. (2002). *La stratégie de l'autruche. Post-mondialisation, management et rationalité économique*, Montréal, Écosociété.

ALBERT, M. (1991). *Capitalisme contre capitalisme*, Paris, Éditions du Seuil.

ALLAIRE, Y. et M. FIRSIROTU (1989). «Les racines de l'innovation. Le système japonais et l'expérience américaine», *Gérer et Comprendre*, n° 17, décembre, p. 62-72.

ARCHIER, G. et H. SÉRIEYX (1984). *L'entreprise du troisième type*, Paris, Éditions du Seuil.

ATLASECO. *Atlas économique mondial*, années 1990, 1991, 1992, 1993, 2002, Paris, Éditions du Sérail.

ATLASECO. *Atlas économique mondial*, année 1997, Paris, Éditions O.C.

AUTOMOBILE MAGAZINE (L'). Hors série 2001-2002, 2002-2003, 2003-2004, 2004-2005, Paris, Motor Presse France.

BARCHMAN, G. (2003). «Le management environnemental», sur le site web de Groupe de recherche sur le développement durable et le développement économique local, www.groupeone.be.

BEHR, E. (1989). *Hiro-Hito*, Paris, Robert Laffont.

BELLON, B. et J. NIOSI (1987). *L'industrie américaine, fin du siècle*, Montréal, Boréal.

BERNIER, B. (1988). *Capitalisme, société et culture au Japon : aux origines de l'industrialisation*, Montréal, Les Presses de l'Université de Montréal.

BIDET, E. (2003). *Corée du Sud : économie sociale et société civile*, Paris, L'Harmattan.

BIRAT, J.-P. (1991). *Réussir en affaires avec les Japonais : comprendre la mentalité japonaise, l'entreprise japonaise et ses rites*, Paris, Éditions du Moniteur.

BLANC, M. (1989). «La Corée du Sud», dans *La nouvelle Asie industrielle : enjeux, stratégies et perspectives*, Paris, PUF, publication de l'Institut universitaire des hautes études internationales de Genève.

BOSCHE, M. (1987). «Corée-France : au-delà du langage international des affaires», *Revue française de gestion*, n° 64, septembre-octobre, p. 83-90.

BOSCHE, M. (1991). «Stéréotypes culturels d'hommes d'affaires : deux visions de la Corée», *Intercultures*, n° 12, p. 57-68.

BRAUDEL, F. (1980). *Civilisation matérielle, économie et capitalisme, les jeux de l'échange*, Paris, Armand Colin, 3 tomes.

BRAUDEL, F. (1985). *La dynamique du capitalisme*, Paris, Arthaud.

BRAVERMAN, H. (1976). *Travail et capitalisme monopoliste*, Paris, Maspero.

CARLZON, J. (1986). *Renversons la pyramide !*, Paris, InterÉditions.

CAZAL, D. (1990). «Corée : recrutement et affinités», *Ressources humaines*, n° 21.

CAZAL, D. (1991). «Communautarisme en Corée et au Japon : le réseau et l'arbre», *Intercultures*, n° 13, avril, p. 87-96.

CAZAL, D. (1992). «Visage, communication interculturelle et éthique : l'exemple de la Corée», *Intercultures*, n° 17, avril.

CAZAL, D. (1993). *Stéréotypes interculturels: une approche constructiviste appliquée à la Corée*, Marseille, Groupe EIA.

CAZAL, D. (1994). «Éthique et management interculturel: le cas du confucianisme d'entreprise», dans M. Bosche (dir.), *Le management interculturel s'apprend-il?*, Paris, Nathan.

CENTRE DE PROSPECTIVE ET D'ÉTUDES (1986). *L'acquisition de technologies étrangères par le Japon*, numéro hors série, avril, Paris, Ministère de la Recherche et de la Technologie.

CHANG, C.Y. (1980). *Confucianism: A Modern Interpretation*, Taipei (Taiwan), The HWA Kang Press.

CHAPONNIÈRE, J.-R. (1982). *La république de Corée: un nouveau pays industriel,* Paris, La Documentation française, Notes et études documentaires, n°s 4667-4668.

CHOURAK, M. (1990). «La Corée du Sud à la conquête de l'URSS et de l'Europe centrale», *Le Courrier des pays de l'Est*, Paris, La Documentation française, Notes et études documentaires, n° 347.

CHUNG, J. (1993). «Démystification du miracle économique coréen», conférence, Montréal, Centre d'études de l'Asie de l'Est, Université de Montréal, 18 février.

CHUNG, J. et S. BUCKLEY (1993). *Séminaire: facteurs économiques et négociations en Corée*, Montréal, Fondation Asie-Pacifique du Canada, 4 mars.

CHUNG, S.W. (1978). «Administration et développement: le cas sud-coréen», *Revue française d'administration publique*, n° 7, juillet-septembre.

CLAIRMONTE, F. et J. CAVANAGH (1986). «Comment le tiers-monde finance les pays riches», *Le Monde diplomatique*, septembre, p. 14.

COURDY, J.-C. (1979). *Les Japonais, la vie de tous les jours dans l'empire du Soleil levant*, Paris, Belfond.

COURRIER DE LA CORÉE (LE). Publications des années 1990 à 1993.

CROCKER, O., C. CHARNEY et J. LEUNG CHIU (1991). *Guide pratique des cercles de qualité: l'expérience des États-Unis et du Japon au service des entreprises françaises*, Paris, Eyrolles.

DAWSON, M.M. (1915). *The Ethics of Confucius*, New York, G.P. Puman's Sons.

DEMING, W.E. (1987). «Pourquoi sommes-nous si mauvais?», *Revue Commerce*, vol. 88, n° 10, octobre, p. 109-117.

DEVOIR (LE) (1990). Numéros des 16, 17, 18 et 19 janvier.

DONNET, P.A. (1991). *Le Japon achète le monde*, Paris, Éditions du Seuil.

DOURILLE-FEER, É. (dir.) (2002). *Japon: Le renouveau?,* Paris, La Documentation française, 192 p.

EALEY, L. (1990). *Les méthodes taguchi dans l'industrie occidentale: accroître la qualité en diminuant les coûts*, Paris, Les Éditions d'Organisation.

ECONOMIST (THE) (1997). *Country Profile: South Korea, 1996-1997.*

ECONOMIST INTELLIGENCE UNIT (THE). *World Outlook 1992, South Korea.*

ÉTAT DU MONDE (L') 1990, 1991, 1992, 1993, 2004. Montréal-Paris, Boréal – La Découverte.

ÉTIEMBLE (1966). *Confucius*, Paris, Gallimard.

EXPANSION-CROISSANCE (L') (2004). Le 18 heures.com, «Le Japon devant les États-Unis», n° 1303, 9 juin, www.lexpansion.com.

EXPRESS (L') (1987). «Spécial Japon: les maîtres du monde», n° 1899, du 27 novembre au 3 décembre.

FAR EASTERN ECONOMIC REVIEW. Annuaire Asia Yearbook 1991, Hong-Kong.

FARAMOND, G. de (1988). «Les pièges du consensus», *Ressources humaines*, n° 10, janvier, p. 30-32.

FOUCOUNAU, D. (1991). «Corée, État divisé», *Relations internationales et stratégiques*, Paris, IRIS/Stock, n° 1.

GÉOPOLIS. Émission télévisée consacrée à la Corée du Sud, Paris, France 2, septembre 1993.

GIRAUD, P.N. et M. GODET (1987). *Radioscopie du Japon*, Paris, Economica.

GOW, Y. (1990). «Systèmes d'enseignement, formation et perfectionnement dans l'entreprise: le Japon», dans C. Handy, C. Gordon, Y. Gow et C. Randlesome (dir.), *Formation: managers*, Paris, Eyrolles.

GROUPE SÉNATORIAL D'AMITIÉ FRANCE-CORÉE DU SUD (2004). *Économie et culture: le cas de la Corée du Sud*, compte rendu publié sur le site web du Sénat français, www.senat.fr.

HAMILTON, C. (1986). *Capitalist Industrialization in Korea*, Londres, Westview Press, Praeger.

HEALEY, D. (1991). *Les exportations japonaises de capitaux et le développement économique de l'Asie*, Paris, OCDE, Études du Centre de développement.

HENRIOT, A. et S. ROL (2001). *L'Europe face à la concurrence asiatique,* Paris, L'Harmattan, coll. «Points sur l'Asie», 190 p.

HOFSTEDE, G. (1980a). *Culture's Consequences: International Differences in Work-Related Values*, Beverley Hills, Calif., Sage Publications.

HOFSTEDE, G. (1980b). «Motivation, Leadership, and Organization: Do American Theories Apply Abroad?», *Organizational Dynamics*, été, p. 42-63.

HOLEINDRE, R. (1983). *L'Asie en marche (Japon, Corée du Sud, Taiwan, Hong-Kong, Singapour)*, Paris, Robert Laffont.

IKEDA, M. (1991). «Trajectoires d'évolution de la sous-traitance japonaise», *Sociologie du travail*, n° 1/91, Dunod.

IMAGES ÉCONOMIQUES DU MONDE (2004). Paris, Armand Colin.

IMANO, K. et S. DAVIS (1991). «La recherche-développement et la formation des chercheurs et ingénieurs au Japon», *Sociologie du travail*, n° 1/91, Paris, Dunod.

INAGAMI, T. (1991). «Tendances récentes du système japonais de relations industrielles: néo-corporatisme et nouvelle identité syndicale», *Sociologie du travail*, n° 1/91, Paris, Dunod.

INOHARA, H. (1991). *Ressources humaines dans les entreprises japonaises*, Paris, Eyrolles.

INSTITUT DE RECHERCHE ÉCONOMIQUE ET DE PLANIFICATION DU DÉVELOPPEMENT (1987). *La république de Corée: concurrent ou nouveau partenaire?*, Grenoble, Cahiers IREP-D, n° 11.

ITO, I. (1991). «Les mouvements du personnel comme vecteurs des transferts de technologie et de la compétitivité des entreprises japonaises», *Sociologie du travail*, n° 1/ 91, Paris, Dunod.

IWATAR, R. (1982). *Japanese-Style Management*, Tokyo, Asian Productivity Organization.

JACKSON, T. (1990). Articles sur la Corée du Sud dans *The Economist*, 18 août 1990, publiés par *Problèmes économiques*, n° 2215, 6 mars 1991.

KEIZAI KOHO CENTER (1989). *Japan 1989, An International Comparison*, Tokyo.

KÉLADA, J. (1986). «Le phénomène japonais: historique et évolution», dans J. Nollet, J. Kélada et M.O. Diorio (dir.), *La gestion des opérations et de la production*, Chicoutimi, Gaëtan Morin Éditeur, p. 692-698.

KÉLADA, J. (1990). *Pour une qualité totale*, Dorval, Éditions Quafec.

KIM DONG KI (1988). «Corée: management et éthique professionnelle», *Harvard-L'Expansion*, n° 50, automne, p. 110-115.

KITAMURA, K. (1991). «L'avenir de l'enseignement supérieur au Japon», *Sociologie du travail*, n° 1/91, Paris, Dunod.

KOIKE, K. (1991). «Le développement professionnel des ''cols blancs'' diplômés d'université», *Sociologie du travail*, n° 1/91, Paris, Dunod.

KOREA, K. (1987). Dans *Cahiers du Japon*, n° 31, p. 69.

LECLERC, Y. (1989). «Le méritocratisme pragmatique: vers une nouvelle politique salariale au Japon», *Gérer et Comprendre, Annales des mines*, septembre.

LE DIASCORN, Y. (2003). «Japon, miracle ou mirage?», 2e édition, Paris, Ellipses.

LOROT, P. et T. SCHWOB (1986). *Singapour, Taiwan, Hong-Kong, Corée du Sud: les nouveaux conquérants*, Paris, Hatier.

LUSSATO, B. et G. MESSADIÉ (1986). *Bouillon de culture*, Paris, Robert Laffont.

MAHON, J.-E. (1992). «Stratégies d'industrialisation: une comparaison entre l'Amérique latine et l'Asie du Sud-Est», *The Journal of Development Studies*, Londres, *Problèmes économiques*, n° 2299, 11 novembre.

MANTOUX, P. (1959). *La révolution industrielle au XVIIIe siècle*, Paris, Génin.

MAURER, J.-L. et P. REGNIER (1989). *La nouvelle Asie industrielle: enjeux, stratégies et perspectives*, Paris, PUF, publication de l'Institut universitaire des hautes études internationales de Genève.

MAURY, R. (1986). *Marianne à l'heure japonaise*, Paris, Plon.

McMILLAN, C.J. (1982). «From Quality Control to Quality Management: Lessons from Japan», *The Business Quarterly*, vol. 47, n° 1, printemps, p. 31-40.

MINISTÈRE DE L'ÉCONOMIE, DES FINANCES ET DE L'INDUSTRIE FRANÇAISE (2004). «Présentation de l'économie du Japon: l'économie japonaise à la recherche d'une troisième voie», www.missioneco.org.

MINISTÈRE DE L'ENVIRONNEMENT DE LA RÉPUBLIQUE DE CORÉE (2005). http://eng.me.go.kr.

MISHIMA, Y. (1971). *Confessions d'un masque*, Paris, Gallimard.

MISHIMA, Y. (1985). *La mort en été*, Paris, Gallimard.

MONDE (LE) (1992). «Dossiers et documents», janvier.

MONDE (LE) (2004). «Le Japon renoue avec l'expansion», avril.

MONDE DIPLOMATIQUE (LE) (1991). «Manière de voir: Allemagne Japon, les deux titans», n° 12.

MONDE DIPLOMATIQUE (LE) (2003). «Cinq ans après la crise, Pékin s'impose dans une Asie convalescente», octobre.

MONITEUR DU COMMERCE INTERNATIONAL (MOCI). Articles sur la Corée: (1991) «Corée du Sud: stabiliser l'économie», n° 1058, 4 janvier, p. 71; (1992) n° 1041, 7 septembre; (1992) n° 1009, 27 janvier; (1993) numéro spécial, n° 1058, 4 janvier, p. 68-69.

MOO KI BAI et CHANG NAM KIM (1985). *Industrial Development and Structural Changes in the Labour Market: The Case of Korea*, Institute of Development Economics, JRP Series, n° 46, mars.

MORGAN, G. (1989). *Image de l'organisation*, Québec-Paris, PUL-ESKA.

MORISHIMA, M. (1987). *Capitalisme et confucianisme – technologie occidentale et éthique japonaise*, Paris, Flammarion.

MORITA, A. (1986). *Made in Japan*, Paris, Robert Laffont.

NITTA, M. (1991). «Diversification industrielle et stratégie de gestion des ressources humaines dans l'industrie japonaise du textile synthétique», *Sociologie du travail*, n° 1/91, Paris, Dunod.

NORA, D. (1991). *L'étreinte du samouraï ou le défi japonais*, Paris, Calmann-Lévy.

OCDE (1990). *Études économiques, 1989-1990: le Japon*.

OCDE (1991). *Études économiques, 1990-1991: le Japon*.

OCDE (1992). *Études économiques, 1991-1992: le Japon*.

OCDE (1993). *Études économiques, 1992-1993: le Japon*.

OCDE (1994). *Études économiques, 1993-1994: le Japon*.

OCDE (1996). *Études économiques, 1996: le Japon*.

OCDE (1996). *Statistiques des recettes publiques, 1965 1995*.

OCDE (1997). *Études économiques, 1997: la France*.

OCDE (2000). *Statistiques des recettes publiques, 1965-1999*.

OCDE (2002). *Études économiques, 2001-2002: le Japon*.

OCDE (2003). *Études économiques, 2002-2003: la Corée*.

OCDE (2004). *Perspectives économiques,* vol. 2004, n° 1.

ODAKA, K. (1975). *Towards Industrial Democracy*, Cambridge, Mass., Harvard University Press.

OKUDA, K. (1991). «L'ouvrier qualifié à l'ère de la mécatronique: bricoleur et artisan», *Sociologie du travail*, n° 1/91, Paris, Dunod.

ORGANISATION DES NATIONS UNIES POUR LE DÉVELOPPEMENT INDUSTRIEL (ONUDI) (1988). *The Republic of Korea*, Vienne, Industrial Development Review Series, PPD, 29-30 mars.

OUCHI, W.G. (1981). *Thoery Z: How American Business can Meet the Japanese Challenge*, Reading, Mass., Addison-Wesley.

PETERS, T. (1988). *Le chaos management*, Paris, InterÉditions.

PETERS, T. et R. WATERMAN (1983). *Le prix de l'excellence*, Paris, InterÉditions.

PINGUET, M. (1984). *La mort volontaire au Japon*, Paris, Gallimard.

PITTE, J.-R. (1991). *Le Japon, mémentos de géographie*, Paris, Sirey.

POINT (LE) (1989). N° de la semaine du 18 au 24 décembre.

PROBLÈMES ÉCONOMIQUES (1991). «Forces et déséquilibres de l'économie coréenne», Paris, La Documentation française, 6 mars.

RAPPORT ANNUEL MONDIAL SUR LE SYSTÈME ÉCONOMIQUE ET LES STRATÉGIES (RAMSES) (2003). «Le Japon, crises et réformes», www.pubgouv.com.

REDDING, G. et X.Y. WONG (1986). «The Psychology of Chinese Organisation Behaviour», dans M.H. Bond (dir.), *The Psychology of the Chinese People*, Oxford, Oxford University Press, p. 265-296.

REVET, R. (1989). «Un regard sur la Corée», *Le Courrier de l'ACAT*, n° 97.

REVUE FINANCES & DÉVELOPPEMENT (1990). «La croissance du marché financier coréen», vol. 27-28.

REVUE FRANÇAISE DE GESTION (1987). «Activité internationale et processus décisionnel: le cas sud-coréen», n° 61, janvier-février.

SABOURET, J.-F. (dir.) (1988). *L'État du Japon*, Paris, La Découverte.

SALOMÉ, B. et J. CHARMES (1988). *La formation en cours d'emploi: cinq expériences asiatiques*, Paris, OCDE, Études du Centre de développement.

SASO, M. (1981). *Japanese Industry*, Londres, EIU.

SAUTTER, C. (1987). *Les dents du géant, le Japon à la conquête du monde*, Paris, Olivier Orban.

SCHUMPETER, J. (1979). *Capitalisme, socialisme et démocratie*, Paris, Payot.

SEDES (1997). *Images économiques du monde, 1996-1997*, Paris.

SEDES (2002). *Images économiques du monde, 2001-2002, Paris.*

SHIN, Y.K. (1988). *Contrôle et stratégie d'expansion internationale des firmes d'un NPI, le cas de la Corée du Sud*, Toulouse, thèse de 3e cycle.

STATISTICAL HANDBOOK OF JAPAN 2004. www.stat.go.jp.

STUART MILL, J. (1864). *L'utilitarisme*, Toulouse, Privat.

STUART MILL, J. (1887). *Mes mémoires. Histoire de ma vie et de mes idées*, Paris, Gérus Baillière.

STUART MILL, J. (1889). *Principes de l'économie politique*, Paris, Guillaumin.

TAKAHASHI, N. (1990). *Les petites et moyennes entreprises et leur financement au Japon*, Tokyo, People's Finance Corporation.

TAZEZWA, S. et A. WHITEHILL (1981). *Work Ways: Japan and America*, Tokyo, The Japan Institute of Labor.

TEISSIER du CROS, R. (1990). *Les Coréens*, Paris, L'Harmattan.

TOMINAGA, K. (1991). «Les expériences historiques du Japon pour une théorie de la modernisation des sociétés non occidentales», *Sociologie du travail*, n° 1/91, Paris, Dunod.

TOUBOUL, S. (2004). «Le Japon sensibilise citoyens et entreprises à l'éco-bilan», sur le site web de Novethic, www.novethic.fr.

UJIHARA, S. (1991). «Essai sur la transformation historique des pratiques d'emploi et des relations professionnelles au Japon», *Sociologie du travail*, n° 1/91, Paris, Dunod.

VANDERMEERSCH, L. (1986). *Le nouveau monde sinisé*, Paris, PUF, coll. «Perspectives internationales».

VOGEL, E. (1983). *Le Japon, médaille d'or*, Paris, Gallimard.

WEBER, M. (1971). *Économie et société*, Paris, Plon.

SECTION II

L'Allemagne et la Suède

Chapitre 10

L'Allemagne : concertation et cogestion, les moteurs d'une forme de réussite

INTRODUCTION

L'Allemagne[1] fait partie du peloton de tête sur le plan de la réussite économique[2] des nations (voir les tableaux 10.1 à 10.4), mais aussi sur le plan de l'équilibre social, de la relative satisfaction de tous les agents et partenaires du processus économique.

TABLEAU 10-1   Quelques paramètres économiques (rétrospective)

Allemagne	1981	1991	2001	2003
Population (millions d'habitants)	60,7	81	82,3	82,6
Balance commerciale (milliards de dollars US)	17,4	24,5	36,9	102,7
Importations (milliards de dollars US)	29,9	383,1	619,9	758,2
Exportations (milliards de dollars US)	34,2	391,9	657,45	860,95
Produit national brut (milliards de dollars US)	173,5	1 554	2 086,8	2 400,7
PNB *per capita* (dollars US)	2 860	24 038	25 350	24 009,8
Taux d'inflation	3,4	4,2	1,9	1
Taux de chômage	0,6 (ex-RFA)	4,4 (ex-RFA)	7,9	9,6
Solde de l'administration publique (pourcentage du PIB)	0,4	3,2	−3	−3,8
Dette de l'administration publique (pourcentage du PIB)	18,4	42	59,8	63,7

Sources : *The Economist, Country Profile : Germany, 1996-1997*, 1997 ; Atlaseco, *Atlas économique mondial*, année 1997, Paris, Éditions O.C. ; *L'état du monde 2004*, Montréal-Paris, Boréal – La Découverte ; *Alternatives économiques*, hors série, n° 62, 4ᵉ trimestre 2004.

---

1. Nous faisons ici référence à l'Allemagne réunifiée.
2. Bellemare et Poulin-Simon (1986), Barou et Keizer (1984), *Le Devoir*, 6 septembre 1989.

TABLEAU 10-2 ### Les indicateurs de croissance

		2001	2002	2003
Taux de croissance du PIB à prix constant (pourcentage de variation par rapport à l'année précédente)	Allemagne	0,8	0,1	−0,1
	États-Unis	0,8	1,9	3,0
	Japon	0,4	−0,3	2,5
	Zone euro	1,6	0,8	0,5
Taux de chômage (pourcentage de la population active)	Allemagne	7,9	8,7	9,6
	États-Unis	4,8	5,8	6,0
	Japon	5,0	5,4	5,3
	Zone euro	8,0	8,5	8,9
Solde de la balance des paiements courants (pourcentage du PIB)	Allemagne	0,1	2,2	2,2
	États-Unis	−3,8	−4,5	−4,8
	Japon	2,1	2,8	3,2
	Zone euro	0,2	0,8	0,3

Source : *Alternatives économiques*, hors série, n° 62, 4ᵉ trimestre 2004.

TABLEAU 10-3

A. Caractéristiques de l'entreprise allemande et de son environnement	
Paramètres	**Caractéristiques**
Contexte	Importance de l'État : gouvernement local fort
	Syndicalisation : de 40 % à 50 % de la population active
Structure industrielle	Taille des entreprises : plusieurs de taille moyenne
	Principaux secteurs : mécanique, chimie, industries de l'environnement
Qualification et structures hiérarchiques	Qualification : selon le diplôme professionnel obtenu
	Emploi préféré : ouvrier qualifié (*Fasharbeïter*)
	Avancement : après l'obtention du diplôme de qualification
	Hiérarchie des salaires : très faibles écarts, pas de clivage
Relations professionnelles	Syndicat : réformiste, cogestion, non corporatiste ou strictement contestataire
	Négociations : par branche
	Modalités : consensus, participation, affrontement exceptionnel
	Législation du travail : forte, négociée avec les partenaires sociaux
	Modèle éducatif : professionnel
	Relations État-entreprises : locales au niveau du land
	Détermination des contenus de formation : fédérale et locale
	Relations écoles-entreprises : l'école est dans l'entreprise
	Reconnaissance des diplômes : par l'entreprise et par l'État
	Hiérarchie des diplômes : relativement forte

B. Appréciations	
1.	Les entreprises sont nettement plus importantes que les entreprises européennes quant au chiffre d'affaires et à l'effectif.
2.	Elles sont restées familiales.
3.	Elles pratiquent une direction collégiale.
4.	Elles sont spécialisées dans un métier, voire un créneau.
5.	Elles sont souvent sous-traitantes de grosses entreprises.
6.	Elles sont mondiales et exportent la majeure partie de leur production.
7.	Elles sont d'origine artisanale.
8.	Elles sont très modernisées.
9.	Elles pratiquent toutes les méthodes de consensus et de formation et sont beaucoup plus souples que les grosses entreprises face à la conjoncture et à l'évolution commerciale et technologique.
10.	Elles sont localisées hors des grands centres urbains et sont surtout présentes dans le Sud de l'Allemagne.

Source: Adapté de M. Bommensath, *Secrets de réussite de l'entreprise allemande: la synergie possible*, Paris, Les Éditions d'Organisation, 1991.

TABLEAU 10-4   **Données générales**

A. Taux de croissance du PIB à prix constant (variation en pourcentage d'année en année)

	1981-1995	1996-2000	1999	2000	2001	2002	2003
Allemagne	2,0	1,8	2,0	2,9	0,8	0,1	-0,1
À titre de comparaison: l'ensemble des pays de la zone euro							
	1,3	2,6	2,8	3,5	1,6	0,8	0,5

Source: *Alternatives économiques,* hors série, n° 62, 4e trimestre 2004.

B. Taux de chômage (pourcentage de la population active totale)

	1996-2000	2000	2001	2002	2003
Allemagne	8,7	7,8	7,9	8,7	9,6
À titre de comparaison: l'ensemble des pays de la zone euro					
	9,9	8,5	8,0	8,5	8,9

Source: *Alternatives économiques*, hors série, n° 62, 4e trimestre 2004.

C. Variation de l'indice des prix à la consommation (variation en pourcentage d'année en année)						
	1991-1995	**1996-2000**	**2000**	**2001**	**2002**	**2003**
Allemagne	3,5	1,1	1,4	1,9	1,3	1,0
À titre de comparaison : l'ensemble des pays de la zone euro						
	3,4	1,6	2,0	2,4	2,3	2,1

Source : *Alternatives économiques*, hors série, n° 62, 4e trimestre 2004.

D. Solde de la balance des paiements courants (pourcentage du PIB)				
	1996-2000	**2001**	**2002**	**2003**
Allemagne	−0,8	0,1	2,2	2,2
À titre de comparaison :				
États-Unis	−2,6	−3,8	−4,5	−4,8
Japon	2,3	2,1	2,8	3,2

Source : *Alternatives économiques*, hors série, n° 62, 4e trimestre 2004.

Il n'échappe à personne que nombre de produits allemands, dont la qualité et la fiabilité sont excellentes, se répandent dans le monde : les machines-outils, les automobiles, les produits chimiques, les équipements liés aux industries de l'environnement, les appareils de précision, etc.

L'Allemagne est restée le premier pays exportateur du monde en 1990, année de la réunification[3] marquée pourtant par le lancement d'un gigantesque effort de reconstruction et de transferts financiers vers sa partie orientale (130 milliards de Deutsche Marks, soit 9 % du produit intérieur brut, ont été affectés aux cinq länder[4] orientaux constituant le territoire de l'ancienne République démocratique allemande ou RDA).

---

3. Le processus de la réunification de l'Allemagne s'est fait selon la chronologie suivante : 9 novembre 1989, ouverture de la frontière entre la République fédérale d'Allemagne (RFA) et la République démocratique allemande (RDA) ; 18 mars 1990, l'Allemagne fédérale, en votant massivement pour le CDU (le parti du chancelier Helmut Kohl), plébiscite la réunification ; 1er juillet 1990, union économique et monétaire entre la RDA et la RFA ; 3 octobre 1990, réunification des deux États allemands ; 2 décembre 1990, élections législatives dans l'Allemagne réunifiée, les premières depuis 1932, où le CDU remporte 319 sièges sur 662 au Bundestag ; 20 juin 1991, Berlin redevient la capitale de l'Allemagne réunifiée. Le gouvernement et le Bundestag sont transférés de Bonn à Berlin.

4. Le land est une région administrative dotée de très larges pouvoirs. Chaque land a son Parlement élu et ses propres institutions gouvernementales. À l'exception des douanes et de la poste, l'administration fédérale n'existe pas dans les régions. Doté d'une compétence très large dans le domaine de la culture et de l'enseignement, le land légifère et fixe les programmes tout en respectant les principes d'harmonisation qui s'exercent dans le cadre fédéral, mais sans prédominance de la capitale nationale (Berlin). La réglementation qui touche la formation professionnelle dans les entreprises est, quant à elle, du domaine fédéral. L'Allemagne réunifiée compte 16 länder (8 pour l'ex-RFA, 5 pour l'ex-RDA et 3 métropoles ayant le même statut, Berlin, Hambourg et Brême).

En 1991, alors que l'effort national de soutien visant les cinq länder de la partie orientale s'accentue, la croissance allemande s'accélère sous l'effet de l'augmentation rapide des revenus dans les régions orientales. Passé la période d'euphorie, à la fin de 1991, l'évolution s'est inversée avec un ralentissement de la croissance plus marqué en Allemagne que dans le reste de l'Europe.

Cependant, tout en faisant face aux défis considérables posés par la réunification et du fait de la récession internationale durable qui freine la croissance mondiale, l'Allemagne demeure l'un des pays les plus compétitifs de la planète (voir les tableaux précédents). Ainsi, plus de 10 000 entreprises étrangères, employant plus de 2 millions de personnes et générant un chiffre d'affaires annuel de plus de 750 milliards d'euros, sont établies en Allemagne. Une enquête d'Ernst & Young révèle que la popularité du pays découle de ses infrastructures ainsi que de sa logistique de recherche et développement et de design. Les investisseurs se fient d'abord aux Allemands lorsqu'il s'agit d'élaborer un produit de haute technologie, fiable et au design attrayant. L'Allemagne, troisième exportateur mondial et deuxième lieu de production, derrière la Chine en 2003, séduit toujours en raison de la qualité de sa production (Ministère fédéral des Affaires étrangères d'Allemagne, 2004a).

Comment ce pays, ruiné, anéanti et amputé au lendemain de la Seconde Guerre mondiale, en est-il arrivé là? Quelle gestion pratique-t-il pour avoir des entreprises si performantes? Comment, malgré les défis politiques et socioéconomiques de la réunification, a-t-il pu maintenir l'efficacité et la compétitivité de ses entreprises?

L'ÉCONOMIE SOCIALE DE MARCHÉ, BASE DU «MODÈLE» ALLEMAND

L'analyse des performances économiques de l'Allemagne nous renvoie à des caractéristiques propres au «modèle rhénan», ou «capitalisme rhénan [...] dans lequel l'économie de marché, la propriété privée et la libre entreprise sont la règle[5]». Par son mode de régulation et sa vision de l'organisation socioéconomique, ce «modèle» rejette le culte de l'immédiat dans lequel «le spéculateur prend le dessus sur l'entrepreneur industriel et où les gains faciles sapent les richesses collectives de l'investissement à long terme[6]».

Encadré par les pouvoirs publics, «concurrencé par d'autres valeurs sociales que celles de l'argent», le système économique, créateur de richesses, ne risque pas de devenir «destructeur de valeurs sociales à long terme[7]».

Les particularités du modèle allemand, qui sont en relation dans une dynamique systémique (qui augmente la flexibilité et l'adaptabilité du système dans son ensemble), se retrouvent dans les principes fondamentaux de l'économie sociale de marché, ou *Soziale Marktwirtschaft*, dont Albert relève deux postulats:

---

5. Albert (1991).
6. Jean Padioleau, cité par Albert (1991).
7. Albert (1991).

- Le dynamisme de l'économie doit reposer sur le marché auquel doit être assurée la plus grande liberté de fonctionnement, ce qui vise au premier chef les prix et les salaires.

- Le fonctionnement du marché ne peut à lui seul régir l'ensemble de la vie sociale. Il doit être équilibré par une même exigence sociale posée *a priori*, et dont l'État est le garant.

Cela ne signifie pas que l'État allemand soit excessivement interventionniste. Il se limite volontairement à un rôle de régulateur[8] et d'arbitre, ce qui ne l'empêche pas de consulter en permanence les acteurs sociaux afin de dégager avec eux une vision stratégique des enjeux et des défis à relever. De plus, la doctrine de la *Soziale Marktwirtschaft* crée pour l'État de véritables «devoirs d'intervention». Ceux-ci sont particulièrement apparents dans deux cas précis.

Premièrement, le contrôle des conditions d'une concurrence saine (entre les acteurs économiques) a pour effet d'exclure les ententes abusives et les monopoles de situation tout en apportant une aide indirecte (avantages fiscaux et subventions principalement). Au niveau du *Mittelstand* (tissu économique régional comprenant un nombre important de petites et moyennes entreprises traditionnellement exportatrices), l'aide permet un aménagement équilibré du territoire en développant les infrastructures dans les länder les moins favorisés et sert à stimuler la compétitivité et le potentiel économique. Dans les länder orientaux, les principaux bénéficiaires sont les manufactures industrielles, l'agriculture et le secteur du logement social.

Deuxièmement, l'État intervient dans les questions à caractère social, où, à titre conjoncturel, «les subventions aux chantiers navals et aux mines aident à humaniser le rythme des adaptations[9]» et de la reconversion des filières industrielles (secteurs à intégration technologique verticale).

Sur le plan social, le modèle rhénan offre à ses citoyens, comme au Japon ou dans les pays scandinaves, un degré de sécurité appréciable contre les risques de maladie, de chômage, de déséquilibres divers. Les inégalités sociales y sont réduites et de nombreux programmes d'aide aux défavorisés corrigent les exclusions les plus criantes. L'attitude collective vis-à-vis de la pauvreté est révélatrice de l'idée qu'ont les Allemands de la responsabilité commune et du sens de la solidarité. La loi fédérale sur l'aide sociale garantit aux plus démunis un revenu minimum. «Au terme de cette loi, la collectivité doit assurer à ceux qui n'en ont pas les moyens le logement, la nourriture, les soins et les besoins de consommation essentiels[10]». De plus, les inégalités sont combattues car elles sont considérées comme une source d'injustice.

À la différence de bon nombre de pays industrialisés, la spéculation est marginale par rapport à l'entrepreneuriat industriel en Allemagne, et la recherche

---

8. En veillant, par exemple, à égaliser les ressources des länder afin d'éviter des écarts de revenu par habitant de plus de 5 % par rapport à la moyenne nationale (Albert, 1991).

9. Albert (1991).

10. *Ibid.*

de gains à court terme ne se fait pas au détriment de l'investissement à long terme.

Fort de sa tradition de dialogue avec les intervenants socioéconomiques, le modèle allemand favorise les réflexions conjointes afin de tendre vers le consensus.

Pour Hager et Noelke (1986), il y aurait dans la société allemande une «tendance à éviter les questions qui pourraient diviser et mettre en question le consensus». Albert observe qu'une tendance identique, et au moins aussi forte, est perceptible dans la société japonaise :

> Il est vrai que ces deux champions de l'économie mondiale, tous deux vaincus de la dernière guerre, ont en commun la même conscience aiguë de leur propre **vulnérabilité.** Dans ces pays, la démocratie politique et le bien-être économique sont trop récents pour ne pas être fragiles, d'où la facilité avec laquelle s'impose une discipline sociale spécifique qui est l'un des traits du modèle rhénan[11].

La concertation et la recherche constante d'un consensus entre pouvoirs publics et partenaires sociaux représentent des traits saillants, incontournables, de la réalité allemande. Les grandes orientations font l'objet de consultations étendues et de larges campagnes d'information entre tous les acteurs. Parmi ces derniers, citons les associations patronales d'employeurs (la BDI, pour les grosses entreprises industrielles, et la DIHT, pour les petites et moyennes entreprises), les *Hausbank* (des banques à vocation multiple liées par tradition à la vie de l'entreprise), les syndicats (qui font corps autour d'une puissante organisation : la fédération des syndicats allemands (DGB/Deutscher Gewerkschaftsbund, qui comptait environ 7,7 millions d'adhérents fin 2002[12], et qui sont associés à la direction de l'entreprise par la loi sur la cogestion), le gouvernement fédéral, les gouvernements territoriaux ou provinciaux rattachés aux länder, les universités et les centres de recherche intimement liés aux entreprises.

Chaque fois que cela est nécessaire, des structures *ad hoc* de concertation sont mises en place ou activées. Les décisions stratégiques de portée fédérale ou régionale naissent toujours d'une concertation à la base. Il existe auprès des ministères qui sont en rapport avec la sphère économique des structures permanentes qui favorisent les contacts avec les dirigeants d'entreprise et les corporations professionnelles.

Ce sont ces cadres de rencontre qui stimulent l'émergence de synergies et contribuent à la définition de stratégies concertées.

«Les conseils d'entreprise et les autres cadres de concertation entre employeurs et employés» – que nous présenterons plus loin – «constituent une source remarquable de consensus qui aide les entreprises allemandes à s'adapter au changement[13]».

---

11. Albert (1991).
12. L'Allemagne compte le plus grand nombre de travailleurs syndiqués du monde.
13. Kathleen Thelen, politicologue à l'université Princeton, citée par Wevert et Allen (1992).

Les syndicats, de leur côté, épaulent l'effort d'adaptation des entreprises aux nouveaux modes de la concurrence mondiale et aux tensions que celle-ci génère.

Dans son analyse comparative des divers pôles industriels dans le monde, Gary Herrigel, de l'université de Chicago, a étudié le cas du land du Bade-Wurtemberg, siège de la machine-outil allemande. C'est l'un des centres industriels les plus prospères du pays, qui compte un nombre élevé de petites et moyennes entreprises. Ce land a attiré de puissants consortiums, tels que DaimlerBenz (devenu DaimlerChrysler depuis) et Bosch, qui ont tissé des liens très étroits avec le réseau des petites et moyennes entreprises locales. L'environnement favorable à la compétitivité des entreprises s'est renforcé, dans ce cas, grâce à la coopération entre les pouvoirs publics et les milieux d'affaires, notamment par l'introduction d'innovations technologiques dans les métiers traditionnels de la transformation des métaux et par l'encouragement à l'échelle du land à la mise à jour et au renforcement des programmes d'enseignement technique et professionnel.

Il ne s'agit pas pour les différents niveaux de gouvernement d'intervenir sur un marché qui reste ouvert et où la concurrence est forte et stimulée. Il s'agit plutôt de façonner un environnement économique favorable, mis en œuvre sur le terrain par les institutions paritaires du land.

Cette coordination «quasi institutionnelle» des acteurs économiques locaux et des partenaires sociaux apparaît aussi comme un fondement de l'économie sociale de marché.

L'ENVIRONNEMENT DE L'ENTREPRISE

Très favorable à l'entrepreneurship, l'environnement sociopolitique accorde à l'entreprise une place centrale et lui confère une grande légitimité. Au cours des années 1970, quelque 150 000 entreprises étaient créées chaque année; ce nombre est passé à environ 300 000 dans les années 1980, avant de se situer entre 350 000 et 450 000 dans les années 1990. Depuis 10 ans, de 450 000 à 500 000 entreprises sont créées chaque année (Ministère fédéral des Affaires étrangères d'Allemagne, 2004a).

Largement préférée à l'administration, l'entreprise, qui attire spontanément les ressources humaines, est perçue comme un cadre stable et sécuritaire qui est en même temps ouvert au défi et à la compétition.

Les consommateurs, quant à eux, perçoivent positivement les entreprises et n'hésitent pas à privilégier l'achat de produits nationaux, d'autant que leur qualité et l'efficacité du service après-vente comblent les goûts d'une clientèle très exigeante.

Mais, comme le précisent Wevert et Allen (1992), la compétitivité du tissu industriel allemand reste une énigme pour bon nombre de dirigeants nord-américains ou européens.

En Allemagne, les coûts de la main-d'œuvre sont particulièrement élevés[14], les congés payés sont deux ou trois fois plus importants qu'aux États-Unis et les syndicats interviennent à tous les niveaux de l'entreprise. Bien payés, les salariés travaillent moins que les salariés nord-américains, japonais ou européens (à l'exception de ceux des pays scandinaves). La durée annuelle de travail est de 1 633 heures en moyenne dans l'industrie manufacturière (environ 1 800 heures pour les pays de l'OCDE). Cependant, l'Allemagne continue de maintenir d'importants excédents avec l'étranger et les produits allemands dominent le commerce mondial.

L'INDUSTRIE ALLEMANDE

L'environnement économique est caractérisé par l'omniprésence du secteur industriel, qui en demeure l'épine dorsale. En 2001, les entreprises industrielles ont réalisé un chiffre d'affaires proche de 1,35 billion d'euros. Près de 98 % d'entre elles emploient moins de 500 personnes, fournissant environ 40 % des emplois industriels et enregistrant 33 % du chiffre d'affaires de l'industrie. Les grandes entreprises, qui emploient plus de 1 000 personnes, réalisent environ 51 % du chiffre d'affaires total. Des firmes comme les constructeurs automobiles Volkswagen, DaimlerChrysler et BMW, les grands groupes chimiques Aventis, Bayer et BASF, le groupe électrique Siemens AG, et d'autres, emploient environ 2,6 millions de salariés.

Cependant, le poids de l'industrie dans l'économie régresse continuellement depuis quelques années. Le secteur tertiaire public et privé prend de plus en plus d'expansion, et les prestataires de services publics et privés ont réalisé 20,2 % de la création de valeur ajoutée brute en 2001 (Ministère fédéral des Affaires étrangères d'Allemagne, 2004a).

Les petites et moyennes entreprises sont l'ossature de l'industrie et le fer de lance des exportations. Ces PME, qui sont membres d'associations professionnelles puissantes et actives, s'avèrent redoutables sur les marchés étrangers, jouant un rôle stratégique sans commune mesure avec les groupes de pression d'entreprises nord-américains qui ont « une approche plus défensive et réactive pour contrer les interventions gouvernementales ou tenter d'obtenir des privilèges[15] ».

Très spécialisées et maîtrisant à la perfection leur production (notamment en intégrant de la haute technologie dans les secteurs traditionnels), les petites et moyennes entreprises interviennent sur le marché mondial dans des zones géographiques très diversifiées. Elles réalisent la plus grosse part de l'excédent commercial allemand.

---

14. La rémunération des travailleurs allemands est parmi les plus élevées du monde, « 33 marks de l'heure (en moyenne) contre 25 aux États-Unis et au Japon », et « les plus homogènes, au sens où les écarts de salaires sont beaucoup plus faibles qu'ailleurs – en Amérique du Nord par exemple » (Albert, 1991).
15. Wevert et Allen (1992).

Les PME ont la réputation de mettre leurs clients au cœur de leurs préoccupations en étant présentes sur le terrain, à l'écoute de l'utilisateur final. Une étude (Simon, 1992) portant sur un groupe de 39 PME allemandes (chacune étant le leader mondial dans sa spécialité) indique que la démarche d'internationalisation a débuté dès 1950 et, pour certaines, avant la Seconde Guerre mondiale. Ces entreprises disposent d'une dizaine de filiales à l'étranger, toutes actives, opérationnelles, dotées d'un personnel (expatrié et local) très stable. Selon Simon, «on ne connaît nulle part ailleurs de PME qui aient d'aussi importants réseaux commerciaux à l'étranger[16]». En s'engageant à long terme, en réalisant des investissements directs à l'étranger, les PME allemandes gagnent la confiance de leur clientèle qui fait affaire avec un personnel qui s'engage sur de longues périodes (les directeurs de filiales des PME étudiées sont en fonction à l'étranger depuis plus de 10 ans).

À l'échelle des länder, les PME sont souvent implantées à l'écart des grands centres industriels ou urbains, dans de petites agglomérations. Leurs propriétaires, les fondateurs ou leurs familles, sont généralement originaires de ces localités.

Les secteurs de la mécanique, de la machine-outil et des biens d'équipement représentent les fleurons de l'industrie. Ces secteurs qualifiés de traditionnels sont toutefois très avancés sur le plan technologique. Les secteurs de pointe sont pour leur part particulièrement performants. Citons en particulier les biotechnologies (5 sociétés allemandes figurent parmi les 12 premiers groupes mondiaux de ce secteur) et les industries de l'environnement (l'Allemagne est le premier exportateur mondial de matériel et de stations de protection de l'environnement; de plus, les entreprises allemandes sont propriétaires de 29 % des brevets internationaux de ce secteur et 6 sociétés sont classées parmi les 12 premiers groupes mondiaux).

Les PME allemandes sont rarement cotées en Bourse malgré leurs bonnes performances. Cela s'explique par le fait que l'entreprise se préoccupe davantage de la place des personnes et de la prééminence du métier et des produits, envisagés à long terme, que des objectifs de rentabilité immédiate et de profit à court terme. Bommensath considère que, d'une manière générale, les comportements de l'entreprise et l'environnement dans lequel elle évolue montrent «une peur des prouesses financières et surtout monétaires», car l'intérêt se porte essentiellement sur une économie réelle, concrète et durable. De plus, l'entreprise «est protégée par sa banque et peut donc s'abstraire dans le court terme des pressions financières, sans avoir besoin d'être rivée à son cours de bourse et aux commentaires des analystes[17]».

Le Nouvel Économiste[18] traite de la priorité donnée au pôle technique/dirigeant par rapport au pôle financier dans l'entreprise allemande, contrairement à l'entreprise anglo-saxonne qui est obnubilée par la croissance externe et le

---

16. Simon (1992).
17. Bommensath (1991).
18. *Le Nouvel Économiste*, 8 juin 1990.

goût de la spéculation boursière. On ne peut non plus ignorer le rôle social de l'entreprise allemande (participation des syndicats à la gestion, formation de la main-d'œuvre pour le réservoir d'emplois où elle se situe, prise en charge des objectifs écologiques nationaux), qui privilégie la place des personnes dans l'organisation.

LE SYSTÈME D'ENSEIGNEMENT ET DE FORMATION PROFESSIONNELLE

Dès la fin du XIXᵉ siècle, la puissance économique allemande, déjà très ouverte à l'exportation, était soutenue, d'un côté, par un système d'enseignement universitaire théorique solide et, de l'autre, par un système dit «dual» de formation professionnelle tourné vers l'entreprise.

La spécificité de l'enseignement et de la formation professionnelle conduit de nombreux spécialistes à considérer qu'elle serait, pour une bonne part, à l'origine de la compétitivité des entreprises allemandes.

L'enseignement n'est pas élitiste, il favorise l'apprentissage du savoir et du savoir-faire directement utilisables dans la vie professionnelle. Il offre de multiples passerelles entre écoles, universités et entreprises. Ainsi, la formation supérieure courte d'ingénieur d'application est particulièrement développée et encouragée. Elle est liée au système dual de formation et d'emploi.

En effet, à l'issue de l'enseignement secondaire, la voie qui attire le plus de jeunes est la formation professionnelle par alternance, soit le système dual. En moyenne, 72% des jeunes sortant du cycle scolaire général rejoignent ce type d'enseignement. La partie théorique (enseignement général et technique) de la formation professionnelle offerte à l'école publique est de compétence régionale (un programme-cadre fédéral permet d'harmoniser les programmes d'enseignement).

Dans l'entreprise, la formation théorique et pratique est régie par un contrat entre l'employeur et le jeune apprenti. **Les entreprises ont l'obligation d'assumer le coût de la formation** qu'elles donnent. Son **contrôle dépend de l'État fédéral** qui fixe les règles d'organisation de la formation selon les termes de la loi de 1969 sur la formation professionnelle.

Des commissions mixtes dans chaque land participent avec les entreprises à la définition du contenu des programmes. Plus de 10 millions de jeunes sont chaque année en formation dans ce système.

L'importance accordée à l'enrichissement et à la valorisation des ressources humaines est remarquable.

Soixante pour cent de la population active occupée dans le secteur industriel possède un brevet dual. Les diplômés de l'enseignement supérieur représentent environ 10% de cette population. En outre, 90% des ouvriers qualifiés allemands ont un titre professionnel et sont diplômés.

L'insertion dans l'emploi est assez précoce, en particulier dans les activités de production. Cette situation est favorisée par la politique de recrutement et la formation dans l'entreprise. L'accès à la qualification est le préalable incontournable à l'entrée dans la vie active. Il y a donc une interdépendance entre la formation professionnelle, la qualification et la classification du poste de travail. Ce fait est très apparent dans les conventions collectives.

Ce système d'apprentissage a permis de réduire le taux de chômage chez les jeunes de moins de 25 ans et a encouragé la création de nombreux emplois.

Depuis longtemps, les pouvoirs publics et les entreprises se préoccupent conjointement de **l'amélioration continue de la qualification** professionnelle des travailleurs.

Dans le passé, l'apprentissage et le compagnonnage étaient assurés par le corps des artisans. L'industrie trouvait ainsi, parmi les apprentis, les premiers ouvriers qualifiés dont elle avait besoin. Les industries ayant des techniques spécifiques ont traditionnellement fondé leurs propres écoles.

La séparation nette entre l'enseignement général et l'enseignement professionnel a permis à l'enseignement alterné de s'épanouir grâce à la collaboration entre l'État et les branches industrielles. La diffusion des technologies s'est trouvée facilitée notamment par les ateliers-écoles dotés d'un équipement très performant, par le monitorat sur le lieu de travail qui développe l'esprit d'équipe, par le sens des responsabilités qui cimente le collectif de travail et, enfin, par les vertus pédagogiques de l'alternance.

Fait à remarquer, les deux tiers des jeunes Allemands entreprennent une formation dans ce double système.

La formation pratique dure de deux à trois jours et demi par semaine. Le reste du temps (un jour et demi ou deux), les écoles professionnelles régionales offrent la théorie et la culture générale.

Malgré l'efficience reconnue de ce système, certains partenaires sociaux lui reprochent parfois d'offrir aux apprentis une formation théorique insuffisante, ce qui pourrait être un frein à l'assimilation de nouvelles technologies de pointe.

Par ailleurs, ce système aurait une orientation excessive vers la production. En effet, la majorité des apprentis sont formés dans une monoprofession (*Monoberuf*) répertoriée dans un groupe de professions agréées.

Au cours des années 1980, de grandes améliorations ont été apportées par les écoles professionnelles dans les länder qui étendent les programmes d'éducation générale et développent les filières. Il y a ainsi une grande diversité de formations possibles, de façon continue, en cours du soir ou dans les universités populaires.

Précisons que **l'accès au système éducatif est gratuit,** y compris au cycle supérieur. Les élèves en apprentissage **dans les écoles d'entreprises sont payés** et ont toute liberté de travailler ailleurs à la fin de leur formation.

LE SYSTÈME BANCAIRE

La nature des relations entre l'entreprise et sa banque, la *Hausbank* (banque maison), est une autre caractéristique du modèle allemand.

D'une manière générale, la banque a un poids important dans le capital de l'entreprise qu'elle soutient et à laquelle elle donne d'intéressantes facilités de financement. La *Hausbank* est, en fait, l'interlocuteur financier privilégié et quasi exclusif de l'entreprise allemande (on préfère emprunter à son banquier qui agit aussi comme conseiller dans le cadre d'une coopération durable, plutôt que recourir aux mécanismes de la Bourse). Par la taille des portefeuilles de valeurs mobilières qu'elles détiennent, les banques sont les premiers investisseurs du pays.

Le rôle des banques est renforcé par l'exercice des procurations attachées aux actions détenues par leurs déposants. Nombreux sont les actionnaires des petites et moyennes entreprises à caractère familial qui confient leur droit de vote à la banque, qui détient les titres en dépôt. Ce type de relation évite les offres publiques d'achat (OPA) intempestives ou inamicales sur les entreprises et donne une grande stabilité aux équipes de direction.

Ces relations, qui sont essentielles, expliquent en grande partie la performance des entreprises. Le système bancaire a un rôle dominant dans le marché financier allemand où la capitalisation boursière a un poids moindre.

Les lieux de décision bancaire sont très décentralisés et les succursales locales disposent d'une large autonomie. Bien qu'elles soient membres à part entière du *Beirat*, ou conseil d'entreprise, les banques ne cherchent pas à prendre le contrôle des entreprises qu'elles financent.

Sous la compétence des länder, les banques allemandes ont été soumises, à partir de 1957, à la réglementation de la banque centrale, la Deutsche Bundesbank.

La loi bancaire de 1961 a consacré le principe de la «banque universelle» sous la supervision de l'Office fédéral de surveillance du crédit.

Le système financier de l'Allemagne a toujours été dominé par les banques, et l'efficacité de l'entremise bancaire a su réduire la fonction du marché boursier dans la satisfaction des besoins de financement des entreprises. Cependant, depuis les années 1990, la Frankfurt Stock Exchange, plus connue sous l'acronyme FWB (pour Frankfurter Wertpapierbörse), est devenue le deuxième marché européen après Londres avec plus de 5 100 valeurs cotées et le troisième marché mondial avec des valeurs de renommée internationale telles que BASF, Allianz, Deutsche Telekom, Volkswagen ou la Deutsche Bank[19]. Les marchés financiers sont de plus en plus actifs, et les places boursières bénéficient d'un prestige croissant.

Cela n'empêche pas la *Hausbank* d'exercer une influence considérable au sein des conseils d'administration des entreprises par la propriété directe d'une partie du capital ou par l'exercice du droit de vote des actionnaires qui leur confient les procurations de représentation.

---

19. Voir edubourse.com, site web sur la Bourse (7 janvier 2005).

Par ce moyen, la Deutsche Bank détient un nombre important de voix chez DaimlerChrysler, ce qui lui assure la minorité de blocage au conseil. À l'inverse, les grands groupes industriels, dans le cadre de participations croisées, siègent souvent au conseil de surveillance des banques dont ils sont les principaux actionnaires, même si leurs participations unitaires dépassent rarement 5 %. C'est le cas de DaimlerChrysler à la Deutsche Bank. Ces participations croisées créent un véritable tissu de relations et de communautés d'intérêts.

LES SYNDICATS

Traditionnellement, les organisations syndicales allemandes ont une attitude favorable aux mutations technologiques. Étudiant les stratégies syndicales sur les nouvelles technologies en Allemagne entre 1967 et 1991, Rehfeldt constate que «le mouvement syndical puise ses racines dans les conceptions «matérialistes», productivistes et évolutionnistes des fondateurs de la social-démocratie allemande[20]».

Le soutien qu'apporte le mouvement syndical au processus de modernisation continue ne garantit pas seulement une productivité accrue (récupérable sous forme d'augmentations de salaires), il permet aussi la revendication d'un droit de regard croissant, aussi bien sur le plan des entreprises que sur celui de l'économie nationale. Même la puissante fédération des métallurgistes allemands, IG Metal, noyau dur et avant-gardiste du mouvement syndical, n'a pas abandonné (malgré les effets de la crise économique mondiale) l'objectif stratégique de compromis social et de consensus. Elle a adapté ses actions à l'évolution des conditions économiques, sociales et politiques de l'Allemagne réunifiée.

Se conformant strictement aux dispositions réglementaires sur l'activité syndicale et la cogestion, le syndicat agit à l'échelle de la branche et du land pour négocier les conditions générales de salaires et de travail dans le cadre d'une concertation collective.

À l'échelle de l'entreprise, la représentation syndicale est distincte juridiquement du conseil d'entreprise. Ce conseil, qui est constitué de représentants élus des salariés, dispose d'une série de droits d'information, de consultation et de participation.

LA RECHERCHE ET LE DÉVELOPPEMENT

Le fort potentiel de recherche et développement (voir le tableau 10.5) de l'industrie et le nombre de brevets et de droits de propriété déposés pour enregistrement constituent une caractéristique majeure du système allemand.

---

20. Rehfeldt (1987).

TABLEAU 10-5	Les indicateurs de recherche et développement (évolution à prix courants)			
	1980	**1990**	**2001**	**2002**
Dépenses totales de R&D en pourcentage du PIB	2,43	2,67	2,49	2,50

Source : *L'état du monde 2004*, Montréal-Paris, Boréal – La Découverte, p. 452.

La R&D privée, financée par les entreprises, a augmenté entre 1995 et 2002 de 40,7 à 52,8 milliards d'euros malgré la situation économique difficile. Entre 1997 et 2000, environ 500 000 emplois ont été créés dans les secteurs économiques axés sur la recherche et le fort taux de connaissance (Ministère fédéral des affaires étrangères d'Allemagne, 2004a). Le tableau 10.6 présente quelques caractéristiques de l'environnement de l'entreprise.

TABLEAU 10-6 — Quelques caractéristiques de l'environnement de l'entreprise

1. L'entreprise a été codifiée comme une institution. Sa place et ses rapports avec l'État et les syndicats sont bien définis dans le cadre de l'économie sociale de marché mise en place au début des années 1950.

2. Toute intervention directe de l'État dans la gestion est exclue (liberté des prix, etc.), ce qui n'empêche pas les actions communes. Le rôle des autorités est essentiellement de maintenir un cadre concurrentiel et monétaire rigoureux. Le mark, qui est soustrait aux aléas politiques (stricte indépendance de la banque centrale), ainsi que la concurrence internationale exercent une forte pression pour renforcer la compétitivité.

3. Des mécanismes sociaux précis sont prévus pour assurer dans tous les cas le consensus aux différents niveaux. Citons le système de cogestion (*Mitbestimmung*, le personnel participant à égalité avec le capital au conseil de surveillance). Les syndicats (huit millions de syndiqués) riches et actifs acceptent les règles du jeu.

4. Les rapports entre les entreprises et l'enseignement ont toujours été très étroits, dans l'optique commune d'une application efficace des connaissances scientifiques. Ils se traduisent par des partenariats de formation, et plus particulièrement dans un système dual d'apprentissage traditionnel qui touche près des deux tiers des jeunes.

5. La recherche est organisée de manière systématique, assurant une liaison entre les entreprises et d'autres partenaires.

6. Les banques «universelles» jouent un rôle bien plus grand que la Bourse. Elles interviennent dans toutes les entreprises, elles les soutiennent et leur permettent une gestion plus stable privilégiant le long terme.

7. Les charges fiscales et sociales sont élevées, mais les règles de fixation des provisions, des réserves (régimes de retraite, etc.) et des amortissements sont libérables, favorisant le financement de l'entreprise.

8. La protection de l'environnement, qui a une importance considérable, est étroitement prise en considération par l'entreprise dans ses objectifs.

9. La démographie déclinante handicape les entreprises, à la fois face à leur recrutement et à leurs marchés.

Source : M. Bommensath, *Secrets de réussite de l'entreprise allemande : la synergie possible*, Paris, Les Éditions d'Organisation, 1991.

QUELQUES FAITS ET CHIFFRES

Première puissance économique européenne, l'Allemagne est au troisième rang mondial en ce qui a trait au produit intérieur brut, après les États-Unis et le Japon.

Entre 1950 et 1985, la croissance du taux de productivité industrielle de l'Allemagne s'est maintenue autour de 5,5% par année, juste derrière celle du Japon et bien avant celle des États-Unis. Mais à partir de la fin des années 1980, ce taux a décliné dans le secteur manufacturier (en 1989, il était de 2,3%; en 1990, de 1,7%; en 1991, de 0,9%). Cependant, la compétitivité élevée des entreprises allemandes n'a cessé de croître, permettant une croissance continue des exportations de biens et de services, lesquelles ont atteint 721 milliards d'euros en 2003.

L'Allemagne a toujours été l'un des premiers pays exportateurs du monde. En 2003, elle a même dépassé les États-Unis, devenant ainsi «championne du monde des exportations»; sa part dans le commerce mondial était d'environ 10,5% (Ministère fédéral des Affaires étrangères d'Allemagne, 2004a). Les tableaux 10.7 et 10.8 présentent respectivement les paramètres économiques de l'Allemagne et le PIB total de ce pays comparativement à ceux des États-Unis et du Japon.

Peuplée de 82,5 millions d'habitants répartis sur un territoire de quelque 357 030 kilomètres carrés (230 habitants par kilomètre carré), l'Allemagne réunifiée représente les deux tiers de la population japonaise pour une superficie

TABLEAU 10-7   Les paramètres économiques de l'Allemagne

	1980	1990	2001	2002
PIB global total (milliards de dollars US)	803,3	1 431,9	2 086,8	2 113
PIB par habitant (dollars US)	10 260	18 030	25 350	25 650
Taux d'inflation (pourcentage)	5,5	2,7	2,4	1,3
Taux de chômage (pourcentage)	2,7	4,5	7,3	7,8
Exportation de biens et services (milliards de dollars US)	–	–	657,45	721
Importation de biens et services (milliards de dollars US)	–	–	619,92	643,2

Source: *L'état du monde 2004*, Montréal-Paris, Boréal – La Découverte, p. 452.

TABLEAU 10-8	Le produit intérieur brut total de l'Allemagne, des États-Unis et du Japon (milliards de dollars US)			
	1980	**1990**	**2001**	**2002**
Allemagne	803,3	1 431,9	2 086,8	2 113,0
États-Unis	2 957,1	5 848,5	9 792,5	10 145,5
Japon	1 085,0	2 329,6	3 193,0	3 216,6

Source : *L'état du monde 2004*, Montréal-Paris, Boréal – La Découverte.

presque équivalente (le Japon a une superficie d'environ 377 000 kilomètres carrés), mais le relief est infiniment moins montagneux.

Quatre-vingt-cinq pour cent des Allemands vivent dans les villes ; en 2001, 97,5 % des personnes actives étaient employées dans l'industrie et les services et seulement 2,4 % dans l'agriculture[21], mais cela suffit presque à assurer l'auto-suffisance pour tout ce qui est essentiel.

Sur le plan démographique, un problème crucial se pose à l'Allemagne. L'indice de fécondité (1,49 en 2002) ne permet plus le renouvellement de la population sans le recours à l'immigration. À la fin des années 1980, le taux net d'accroissement de la population était négatif, soit de – 0,1 %. Fin 1990, il n'était que de 0,5 % et, en 2002, de 0,1 %[22].

Sur le plan des ressources naturelles, de très riches bassins de houille ont donné à l'Allemagne aussi bien ses ressources énergétiques que de nombreux dérivés pour l'industrie chimique[23].

QUELQUES ÉLÉMENTS D'HISTOIRE ET DE CULTURE

L'ex-République fédérale d'Allemagne est née en 1949, après la fin du procès de Nuremberg, qui marquait la liquidation du nazisme. La situation était évidemment catastrophique au sortir de la guerre : destruction presque totale, monnaie dévaluée, inflation galopante, amputation de la zone d'occupation soviétique, etc. Le redressement du pays n'en fut que plus spectaculaire : dès 1952, la production industrielle dépassait le niveau de 1936. L'aide financière américaine, l'afflux de main-d'œuvre (réfugiés des pays de l'Est et immigrés), l'abondance de houille, le développement international, l'expansion de grandes sociétés comme Mercedes, Volkswagen et BASF, etc., mirent rapidement l'Allemagne sur la voie d'une économie prospère. La discipline et l'ardeur au travail des Allemands, qui sont légendaires, firent le reste.

---

21. OCDE (2002, p. 1).
22. *L'état du monde 2004*, p. 452.
23. Réalville (1987), Keizer (1981), Ménudier (1986).

À mi-chemin entre l'Europe de l'Ouest et l'Europe de l'Est, le peuple allemand a toujours été à la charnière des bouleversements qui ont secoué périodiquement le continent. Il a connu tous les régimes, toutes les religions, toutes les révolutions et toutes les idéologies qui ont jalonné l'histoire de l'Europe.

Un fait culturel particulier touchera cependant plus en profondeur ce peuple : la Réforme, au XVIᵉ siècle, qui sera à l'origine du grand schisme dans la chrétienté et du vaste mouvement protestant. Elle aura pour point de départ une désillusion accumulée, le mouvement humaniste de la Renaissance et trois personnages du début du XVIᵉ siècle. La désillusion accumulée est relative aux contradictions, aux abus et à la corruption dont faisaient preuve bien des membres de la hiérarchie de l'Église, jusqu'à certains papes. Le mouvement humaniste de la Renaissance est un important mouvement artistique, scientifique, littéraire et philosophique qui remit au goût du jour la pensée et les travaux de l'Antiquité, ce qui favorisa notamment, sur le plan religieux, un regain d'intérêt pour les écritures bibliques. Les trois personnages marquants du début du XVIᵉ siècle, enfin, sont le pape Léon X, l'archevêque de Mayence, Albert de Brandebourg, et un moine augustin allemand, Martin Luther.

Pour se procurer les fonds nécessaires à l'achèvement de la basilique Saint-Pierre, le pape Léon X eut l'idée de promulguer, en 1515, une indulgence (remise de tous les péchés) en faveur de tous ceux qui donneraient de l'argent pour la basilique. L'archevêque de Mayence, chargé de la prédication de cette indulgence dans une bonne partie de l'Allemagne, en profita pour se livrer à un détournement des dons afin de régler ses propres dettes. Le moine Luther, outré de toute cette affaire, de la prétention à effacer les péchés avec de l'argent et du zèle malsain avec lequel certains membres du clergé se livraient à la prédication pour voler des auditoires naïfs et bernés, lança un cri de véhémente protestation, sous forme de 95 thèses, dans lesquelles il dénonça le principe des indulgences.

Luther en profita pour exposer ses idées sur les pouvoirs de l'Église, sur la foi, sur les réelles conditions de rémission des péchés, sur le retour aux écritures originelles (il traduira entièrement la Bible en allemand). Il ne pensait certainement pas rompre avec l'Église, mais la condamnation de ses thèses par Léon X et les polémiques qui s'ensuivirent entraînèrent son excommunication. Ainsi naquit une doctrine qui allait s'enraciner solidement en Allemagne et dans les pays scandinaves.

Le plus intéressant pour nous dans cette doctrine, c'est la notion de *Beruf*, à savoir la vocation, l'appel ou la destinée que chacun, selon Luther, doit accomplir, dans la foi et dans le respect de la voie que Dieu a tracée pour lui. Seul l'accomplissement pieux et honnête, dans l'approfondissement personnel de la foi, peut sauver l'âme ; ce ne seront ni les Églises, ni les dons, ni les œuvres d'argent. D'ailleurs, l'expression allemande *Arbeit als Beruf* (le travail comme vocation) est tout à fait édifiante.

À travers cette notion de *Beruf*, le protestantisme luthérien accorde une grande valeur au travail, à la réussite et à la fructification des résultats du travail, et ce, d'autant plus que la réussite dans la voie ou la vocation tracée par Dieu serait un signe de grâce. À en croire Weber, entre autres, il y a cependant une différence qu'il faut connaître entre luthéranisme et calvinisme[24]. Ce dernier entraîne, essentiellement dans sa variante dite «puritanisme» anglo-américain, une attitude beaucoup plus individualiste, voire égoïste, en vertu de la survalorisation de la réussite – l'enrichissement – sur terre et de la quasi-légitimation de la course au profit personnel, en plus de l'acceptation officielle de l'intérêt et de l'usure[25], notamment.

Voilà de quoi éclairer bien des comportements : ce n'est pas par hasard que des formes d'organisation du travail et de gestion telles que celles que nous aborderons ont vu le jour dans des pays comme l'Allemagne et la Suède, et non aux États-Unis ou en Angleterre.

Détournant aussi bien de l'individualisme que de la poursuite de la jouissance immédiate et de la maximalisation, tout en valorisant le sérieux et le travail, le luthéranisme est une doctrine qui, sans peut-être jouer le rôle prédominant que lui accorde Weber, a certainement contribué à fonder nombre de valeurs, d'attitudes et de comportements des Allemands et des Scandinaves d'aujourd'hui.

On peut relever de nombreux points communs entre divers modèles comme le modèle japonais, le modèle issu de l'expérience sud-coréenne ou les modèles allemand et scandinave. L'un de ces points communs est que ces cultures valorisent le travail (dans le sens de l'honorabilité et de l'utilité aux autres en même temps qu'à soi, et non dans le sens d'un individualisme forcené, exploiteur d'esclaves toujours consentants, dont on a souvent faussement l'image), l'utilité et le service réciproque, en même temps que la beauté de ce qui est fait collectivement. Ce genre de culture a donc toutes les chances, si les individus qui sont au pouvoir respectent ces valeurs, de conduire à des formes d'organisations et à des institutions propices à l'adhésion et à l'épanouissement de chacun.

Une longue tradition humaniste et libérale structure les institutions allemandes. Les différents agents socioéconomiques pensent non seulement en fonction de la rentabilité financière, mais aussi, sinon plus, en fonction du bien-être de tous, de la sécurité de l'emploi, du plein emploi, de l'humanisation du travail, du droit à une information authentique, de la protection de l'environnement, de la dignité de l'être humain, de la paix sociale et de l'entraide[26].

---

24. De Calvin, théologien français qui joignit la Réforme en 1533. Sa doctrine, le calvinisme, se répandit surtout en Suisse, aux Pays-Bas, en Angleterre et aux États-Unis. Et c'est son «adaptation» aux idéologies capitaliste et industrielle de ces deux derniers pays qui servit de base à l'analyse de Weber.

25. Avec, bien sûr, des nuances du genre «quand il y a risque couru», «quand il y a manque à gagner» ou encore «quand l'emprunt a des fins lucratives». On le sait, l'usure et l'intérêt étaient proscrits par l'Église, sous peine d'excommunication. Nous reviendrons dans la dernière partie sur cette importante question, et nous verrons comment les éthiques en œuvre dans une société peuvent se refléter dans la gestion.

26. Keizer (1981), Engelen-Kefer (1976), Ménudier (1986). Ce qu'a fait, par exemple, et c'est un cas unique en Occident, un Günter Walraff (1986), qui s'est transformé en ouvrier turc pour observer de l'intérieur et dénoncer les abus, les trafics, les violations de la loi, la destruction du milieu, les complicités avec le pouvoir, etc., auxquels se livrent plusieurs grosses industries en Allemagne, est significatif de tout cela.

Comment cela se traduit-il sur le plan de l'activité économique et de la marche de l'entreprise?

LES PARAMÈTRES DU CADRE ÉCONOMIQUE ALLEMAND

Lorsqu'on parle de performances économiques et qu'on prend, après les économistes, les exemples du Japon, de l'Allemagne et de la Suède, ce n'est pas uniquement sur la base d'exploits économiques purs, mais sur la base de ces performances combinées avec une situation où la violence sociale est aussi réduite que possible. Cet état de fait correspond à la capacité que se donne une société de prendre soin de tous ses membres, à travers la lutte au chômage, des installations récréatives et sportives dans l'entreprise, la réduction des maux sociaux, l'éducation, l'aide aux démunis, et ainsi de suite. On sait qu'au Japon le *ié* pourvoit grandement à ces besoins, tandis que les entreprises offrent souvent beaucoup plus que ce que prévoit la loi en matière de protection sociale, et que les politiques sociales de l'Allemagne et de la Scandinavie, en particulier, sont de loin les plus développées du monde.

Une société en bonne santé donne de meilleurs résultats économiques. Si ces résultats sont équitablement répartis pour le bien de tous, il sera d'autant plus facile de mobiliser les travailleurs. Tôt ou tard, l'accaparement par une minorité des fruits de la production économique, aussi florissante soit-elle, finit par faire s'effondrer l'ensemble de l'appareil social et matériel. Ils auraient beau être géniaux, les quelques milliers de chefs et de dirigeants ne pourront jamais atteindre qu'une infime proportion de la capacité de combiner et de générer des idées nouvelles que possèdent des dizaines de millions de femmes et d'hommes effectivement mobilisés pour le bien commun de l'entreprise. Ainsi, en octobre 1989, *Le Devoir* rapportait qu'il y avait, grâce aux cercles de qualité, 15 millions de «cerveaux actifs» dans l'entreprise au Japon, contre 4 millions aux États-Unis. C'est pourquoi, pour comprendre l'état de l'économie allemande, il faut en connaître le système sociopolitique, car les deux sont intimement liés.

LES NÉGOCIATIONS ET LES RELATIONS DE TRAVAIL

Les rapports patronat-ouvriers ont toujours été inscrits dans un contexte de paix sociale et de démocratie industrielle.

Avant 1914, l'Allemagne pratiquait déjà un système d'assurance maladie et de retraite très en avance sur ceux des autres pays. Et, pour ainsi dire, la responsabilité sociale et la justice sociale sont les fondements des attitudes et des comportements de tous les groupes d'acteurs socioéconomiques : le gouvernement, les syndicats et le patronat[27].

---

27. Bellemare et Poulin-Simon (1986), Réalville (1987), Engelen-Kefer (1976), Thimm (1980).

Le principe de négociations collectives entre organisations syndicales et patronales a été établi pour la première fois dans la Constitution de la République de Weimar en 1919. Après 1945, un consensus social et politique a maintenu le principe constitutionnel suivant lequel les salaires et la plupart des conventions d'emploi doivent être déterminés par voie de négociations collectives entre les partenaires sociaux.

Il n'y a pas de salaire minimum légal fixé par l'État. Par ailleurs, les dispositions réglementaires qui déterminent les modalités d'application des conventions collectives visent même les entreprises qui ne participent pas aux négociations.

Les travailleurs non syndiqués sont également protégés par les conventions ayant trait à leur entreprise si l'employeur est membre de l'organisation qui a négocié les accords. D'importantes dispositions juridiques concernant la cogestion (*Mitbestimmung*) et les restrictions à la liberté de licenciement renforcent la position des travailleurs dans l'entreprise. Même si des conflits apparaissent dans les relations de travail, ils sont réglés par des accords-cadres entre les employeurs et les employés.

Les travailleurs, qui sont pleinement responsabilisés par le système de cogestion, sont représentés dans la gestion de l'entreprise au conseil de surveillance (*Aufsichtsrat*). La loi sur la cogestion s'applique à toutes les entreprises ayant plus de 2 000 employés. La représentation syndicale est égalitaire dans le conseil d'entreprise (*Betriebsrat*). Ce conseil mixte, qui est élu par les travailleurs, décide, conjointement avec la direction, des conditions de travail et de ce qui touche aux relations professionnelles.

Les acteurs syndicaux se retrouvent dans une puissante organisation, la DGB (Deutscher Gewerkschafsbund), qui est très écoutée par le patronat et les pouvoirs publics.

Ainsi, la Confédération des associations d'employeurs, la BDA, se consacre aux problèmes de responsabilité sociale du patronat, tandis que la Fédération de l'industrie, la BDI, se penche davantage sur les questions économiques. Les concertations systématiques entre le gouvernement, les syndicats et le patronat ont évité à l'Allemagne de connaître des grèves vraiment sérieuses et lourdes de conséquences.

Les syndicats, de plus en plus socialistes ou sociaux-démocrates, sont considérés comme des partenaires de fait et de droit, aussi bien à l'échelle de l'État qu'à celle de l'entreprise (50 % des députés au Parlement sont des syndicalistes[28]). Les syndicats sont puissants par leur nombre et leur rôle, mais aussi par les fonds qu'ils amassent : la DGB (Confédération des syndicats) possède la quatrième banque de l'Allemagne réunifiée et est, proportionnellement à ses membres, parmi les plus riches du monde[29].

L'idée de cogestion trouve ses racines dans celle de la dignité de l'humain et de son travail, quel qu'il soit, et dans le droit au libre épanouissement de tous.

---

28. Keizer (1981), Ménudier (1986).
29. Thimm (1980). Précisons que l'affiliation syndicale n'est pas obligatoire en Allemagne.

En restreignant le pouvoir de ceux qui possèdent les leviers de l'économie – les employeurs –, on va vers un équilibre propice à une plus grande justice sociale, puisque les différents partenaires sociaux doivent tenir compte les uns des autres, se concerter et négocier. La cogestion est un système qui oblige l'entreprise à se soucier davantage des facteurs humains, sociaux et même écologiques, dans ses décisions et ses modèles d'investissements.

LE MANAGEMENT DE L'ENTREPRISE ALLEMANDE

Les entreprises sont en général dirigées par des scientifiques, ingénieurs et technologues dont la plupart sont passés par le terrain de la production. Il est rare de trouver à la tête de ces entreprises des dirigeants ayant uniquement une formation de gestionnaire ou d'administrateur. La légitimité du dirigeant s'acquiert dans un système où la carrière se construit par l'apprentissage des différents métiers de l'entreprise. Dans une enquête du Centre national de la recherche scientifique français (CNRS) sur le parcours des chefs d'entreprise[30], Michel Bauer et Bénédicte Bertin-Mourot estiment qu'au moins les deux tiers des patrons allemands sont formés par leur propre entreprise. Ils y gravissent les échelons et possèdent une vaste expérience multiforme.

Compte tenu des problèmes posés par la réunification, cette situation doit être relativisée, en particulier en ce qui concerne les länder orientaux. Mais la précarité de l'emploi et la forte hausse du chômage dans les länder orientaux sont dues, pour une grande part, aux privatisations massives des entreprises publiques de l'ex-RDA. Notons que les opérations de restructuration et de privatisation des entreprises se trouvant sur le territoire des cinq länder orientaux (l'ex-RDA) sont assurées par la Treuhandanstalt. Il s'agit d'une organisation gouvernementale ayant, entre autres, pour mandat de vendre le patrimoine et les actifs des entreprises publiques de l'ex-RDA. En 1992, soit deux ans après la réunification allemande, 5 800 entreprises sur 10 000 avaient déjà trouvé acquéreur. La plupart d'entre elles ont été achetées par des sociétés situées en Allemagne occidentale.

Dans une interview accordée au *Figaro-Magazine*, le vice-président du groupe Volkswagen, G. Goeudevert, donne sa vision du management dans les entreprises allemandes : «Je considère que la mission d'un industriel [et d'un gestionnaire] va au-delà de son bilan chiffré et de ses perspectives de carrière [...] Organiser, ce n'est pas mettre de l'ordre, c'est donner de la vie.» Il est vrai qu'en Allemagne on rejette l'image de l'homme universel, omniscient et infaillible, et cela se traduit par le fait que «l'entreprise allemande se présente davantage comme un échiquier sur lequel est dispersé le pouvoir[31]».

---

30. Citée par *L'Expansion*, 9-22 janvier 1992.
31. *Moniteur du commerce international*, dossier spécial sur l'Allemagne, n° 1026, 25 mai 1992.

Soixante-cinq pour cent des patrons allemands sont issus des entreprises qu'ils dirigent. Goeudevert fait d'ailleurs le pari que le «capitalisme rhénan», tout comme le capitalisme nippon, mélange de consensus, d'équilibre social et de vue à long terme, continuera de démontrer sa supériorité[32].

Le groupe Volkswagen a lancé, à l'initiative de son comité directeur, plusieurs actions particulières. Il y a, ainsi, le projet de création d'un campus international, qui est une adaptation scolaire du système dual de formation. On y prévoit un recyclage des professeurs tous les deux ans grâce à des séjours opérationnels de six mois dans une entreprise. Le projet comporte deux chaires spécialisées d'enseignement : l'une réservée à l'enseignement du syndicalisme, de la codétermination et du consensus, l'autre destinée au recyclage des cadres sans travail ou «fraîchement remerciés». On admettra aisément que de telles initiatives sont assez rares, voire inexistantes, dans bon nombre de pays développés.

Le système de promotion interne dans l'entreprise est directement lié à la formation et à l'expérience. Axée sur un métier, la formation est conçue comme la préparation à une succession de responsabilités pratiques. Et le prestige individuel s'acquiert au fil des résultats. «C'est la valorisation des compétences acquises et un parcours professionnel réussi qui conditionnent l'accès aux responsabilités managériales les plus élevées, jamais le diplôme exclusivement[33] ».

La Constitution allemande comporte une affirmation qui représente déjà, à elle seule, non seulement l'état d'esprit dans lequel doit se concevoir la gestion, mais aussi un sérieux garde-fou contre les abus de la liberté d'entreprendre. Elle stipule expressément que «la propriété crée des obligations et doit aussi servir au bien-être général[34] ». L'État intervient et veille à assurer ce principe par l'instauration (concertée) de politiques industrielle, de l'emploi et de la monnaie.

La notion même de «cogestion» remonterait au XIXe siècle quand, en 1848, on créa le premier conseil d'entreprise, une structure qui faisait participer les ouvriers à la gestion. Mais, en 1920, la loi rendit obligatoire la mise en place de tels comités dans toute entreprise comptant 20 employés et plus.

Avec la montée du nazisme et la Seconde Guerre mondiale, ces lois disparurent, mais aussitôt la guerre terminée, le gouvernement invita syndicats et patronat à élaborer ensemble un projet sur le mode d'organisation et de gestion de l'entreprise. Il en résulta en 1952 **une loi préconisant la cogestion par l'intermédiaire d'un conseil d'entreprise, d'un conseil de surveillance et d'une assemblée générale des actionnaires.** Les entreprises de plus

---

32. Cela est confirmé, entre autres, par Stiglitz (2003), Mintzberg (2004) et Yamamura et Streeck (2003).

33. René Lasserre, secrétaire général du Centre d'information et de recherche sur l'Allemagne contemporaine (CIRAC).

34. Thimm (1980). Ajoutons que cette notion d'«obligations» relativement à la propriété contraste singulièrement avec celle de «droits» ayant cours en Occident. En Allemagne, cette notion va jusqu'à s'appliquer, par exemple, à une obligation de partage, de location ou de cession d'un logement ou d'un espace habitable à l'égard des citoyens sans logis...

de cinq employés (sauf dans les secteurs de la sidérurgie et des mines pour lesquels une loi spéciale de 1951 prévoit la constitution de conseils de surveillance paritaires) doivent, depuis, se plier à la pratique de la codécision assurée par le conseil d'entreprise.

En 1972, une autre loi a instauré une commission paritaire (composée à part égale de représentants des ouvriers et de la direction) qui se penche sur les politiques à long terme de l'entreprise. Depuis 1976, la législation a généralisé ce système à tout secteur regroupant 2 000 employés et plus[35]. Disons, avec Thimm (1980), que la notion de «cogestion» englobe les différentes possibilités et formes de gestion en commun : la codécision, la codétermination, la coopération, la codirection, *etc.* L'essentiel du rôle qu'on prête à la cogestion consiste à **concrétiser la démocratie industrielle et** à **rapprocher le plus possible le capital du travail.**

L'organe principal de la cogestion est le **conseil d'entreprise,** élu pour deux ans par l'ensemble des salariés âgés de plus de 18 ans. Il est composé uniquement de salariés. Ouvriers et cadres y sont représentés de façon proportionnelle. Le conseil d'entreprise se réunit une fois par mois et peut inviter le chef d'entreprise à participer à ses délibérations. Il a accès à toutes les informations, il propose des améliorations (locaux, santé, confort, méthodes, etc.), il veille au respect de la convention collective, à l'intérêt des travailleurs, il «codécide» en ce qui concerne les questions de mouvements du personnel, de licenciement, de recrutement, de formation, d'évaluation et de rémunération. Il peut s'opposer à toute décision patronale jugée contraire à la convention ou basée sur des motifs personnels, à tout licenciement dont il n'a pas été dûment informé. En cas de litige, le tribunal du travail est saisi. Les membres du conseil d'entreprise ont le droit d'être libérés pour leurs activités et peuvent suivre des cours susceptibles de les aider à mieux jouer leur rôle dans le conseil d'entreprise.

Un deuxième organe, la **commission économique** (paritaire), se penche sur les politiques à long terme, examine les rapports mensuels : production, ventes, états économiques, etc. (informations qui sont, tous les trois mois, données à l'ensemble du personnel). Le chef d'entreprise doit consulter cette commission pour toute action pouvant toucher le personnel (acquisitions, fusions, fermetures)[36].

Le **conseil de surveillance,** quant à lui, est composé pour le tiers de salariés et pour les deux tiers d'actionnaires. Il se réunit quatre fois par an. Il nomme le comité directeur, suit ses actions et veille au respect des aspects sociaux dans les décisions arrêtées par l'entreprise.

Enfin, le **comité directeur,** ou directoire, est composé de trois membres et comprend obligatoirement un directeur du personnel. L'assemblée générale des actionnaires élit les membres du conseil de surveillance et se penche, à l'occasion, sur les doléances du conseil d'entreprise et sur les problèmes qu'il éprouve. Les amendements apportés à la législation au cours des années 1980

---

35. Thimm (1980), Delay (1976), Adams et Rummel (1984).
36. Delay (1976), Thimm (1980).

donnent une plus grande marge de manœuvre aux travailleurs. Ils ont ainsi le droit d'être renseignés, d'être entendus, de discuter de la façon dont on les utilise dans l'entreprise, du mode de calcul de leur salaire, du mode d'évaluation, du mode de promotion, etc. Chaque employé peut consulter à volonté les dossiers le concernant et s'en servir pour réclamer des modifications, au besoin[37].

Tout employé bénéficie de quatre semaines de congé payées, de primes, d'assurances, de services de sports et loisirs, et même de services de garderie et de logement. L'employeur cotise pour moitié à l'assurance-chômage. Un chômeur reçoit non seulement ses allocations de chômage, mais aussi une aide sociale, une aide pour le loyer et un remboursement pour tout programme de recyclage ou d'études qu'il entreprend.

Selon les observateurs, la cogestion a apporté un climat des plus coopératifs, des communications ouvertes dans tous les sens, un sentiment de justice et d'impartialité de même qu'une autorité nettement plus rattachée à la compétence qu'à la position hiérarchique ou à la détention du capital[38].

LA PERFORMANCE ENVIRONNEMENTALE DE L'ALLEMAGNE

Un rapport de l'OCDE indique ceci : «En Allemagne, la protection de l'environnement demeure au cœur des préoccupations de la population et hautement prioritaire dans l'action des pouvoirs publics[39].»

Ce rapport précise que la législation environnementale allemande n'a cessé d'évoluer sous l'influence d'une législation européenne qu'elle a elle même influencée. La politique environnementale allemande s'inspire de trois principes, soit les principes du pollueur-payeur, de précaution et de coopération, lesquels ont favorisé l'éclosion du secteur des technologies renouvelables qui se pose de manière croissante comme un bon secteur d'exportation.

Depuis l'entrée en vigueur de la loi sur les énergies renouvelables en avril 2000, la production d'énergie a été multipliée par deux dans le cas de la biomasse, par quatre dans le cas de l'énergie éolienne et par six dans le cas de l'énergie photovoltaïque.

Le secteur des technologies renouvelables est un des nouveaux moteurs de l'emploi (120 000 emplois en 2002), le chiffre d'affaires du secteur ayant atteint 9,6 milliards d'euros en 2002. Selon la Fédération des énergies renouvelables, la croissance des exportations de ce secteur pourrait créer 200 000 emplois d'ici 2020 (Ambassade d'Allemagne à Paris, 2004).

---

37. Dans son article sur la planification stratégique en RFA, Thanheiser (1979) explique en détail comment se déroulent la concertation et les discussions, de comité paritaire en comité paritaire, depuis l'atelier ou l'unité de production, à la base, jusqu'au comité directeur, au sommet de la hiérarchie.

38. Thimm (1980), Adams et Rummel (1984), Delay (1976).

39. OCDE (2001).

L'Allemagne ayant décidé d'**abandonner l'énergie nucléaire,** le gouvernement fédéral souhaite faire passer la part de l'énergie renouvelable dans l'approvisionnement électrique au moins à 12,5 % en 2010 et à 20 % d'ici 2020.

Une étude commandée par le ministère de l'Environnement et publiée en mars 2003 affirme qu'il serait possible de produire 65 % de la consommation électrique et 50 % des besoins en chauffage grâce aux énergies renouvelables d'ici 2050. Cela réduirait d'au moins 75 % les émissions de gaz carbonique par rapport aux émissions enregistrées en 2000.

Ces différentes actions montrent l'action du gouvernement fédéral qui, en 2002, a adopté une stratégie de développement durable intitulée *Perspective pour l'Allemagne : notre stratégie de développement durable.* Cette stratégie distingue 21 domaines d'intérêt suivis sur une base régulière[40].

CONCLUSION

Des changements profonds se sont produits en Allemagne sous la direction de Gerhard Schröder, issu du parti SPD (sociaux-démocrates), élu une première fois le 27 octobre 1998, puis réélu en 2002. Le chancelier allemand (chef du gouvernement allemand) a mis en place, en 2003, un vaste programme de réformes baptisé «Agenda 2010», qui remet en cause des pans entiers de l'État providence : baisse des allocations pour les chômeurs de longue durée, réduction au maximum de la durée du chômage, assouplissement du droit de licenciement, relèvement de l'âge de la retraite, etc. Dans une déclaration faite le 25 mars 2004, le chancelier a indiqué qu'il était déterminé à poursuivre les réformes, qui ont pour but, selon lui, d'assurer la croissance et de **ménager l'avenir d'un État providence protecteur** pour les générations futures, malgré le vieillissement de la population, qui dégrade le rapport entre individus actifs et retraités (Ministère fédéral des Affaires étrangères d'Allemagne, 2004a).

Ces réformes touchent différents domaines socioéconomiques, comme le précise communiqué suivant du ministère fédéral des Affaires étrangères d'Allemagne :

> Sur le fond, l'«Agenda 2010» se consacre à différents domaines : l'économie, la formation, le marché de l'emploi, la santé publique, la fiscalité, l'éducation, les retraites et la promotion des familles. Avec un total de trente mesures ponctuelles, l'«Agenda 2010» veut faire baisser les coûts para salariaux, augmenter la demande intérieure et assouplir le marché de l'emploi[41].

Les milieux d'affaires (qui approuvent les réformes) et la direction de la banque centrale allemande, acquise aux idées monétaristes, ont influencé les politiques gouvernementales en matière de lutte contre le déficit budgétaire, de programmes sociaux et d'emploi[42], et ce, depuis les années 1990.

Depuis que le processus de réunification a débuté, en 1990, l'intégration

---

40. OCDE (2002, p. 170).
41. Ministère fédéral des Affaires étrangères d'Allemagne (2004a).
42. Pour plus de détails et pour des données factuelles, voir Bellemare et Poulin-Simon (1986, p. 395-412), ainsi que la série *Études économiques* de l'OCDE, années 1990 à 1993.

progressive des länder occidentaux et orientaux a nécessité des transferts financiers considérables (250 milliards de dollars US) pour soutenir la perte de revenu des travailleurs de l'ex-RDA (effondrement brutal de l'économie des länder orientaux) et engager les programmes de reconstruction, en infrastructures notamment.

Outre qu'il a lancé un appel à l'épargne nationale, le gouvernement allemand a dû créer un impôt de solidarité et augmenter la pression fiscale. Les incertitudes liées au coût de la réunification font que l'Allemagne, après avoir été un important exportateur de capitaux, est devenue un importateur net (OCDE, 1993).

Toutefois, les pressions inflationnistes (l'augmentation nette des prix à la consommation), l'accroissement de la dette publique, le renforcement de la vigueur de l'euro, le taux de chômage croissant depuis les années 1990, la faiblesse de la demande intérieure et les catastrophes naturelles (inondations répétitives depuis quelques années[43]) posent de plus en plus de problèmes au gouvernement du chancelier Schröder.

Dans ce contexte de morosité, l'ensemble des secteurs traditionnellement les plus performants sont en contraction et, en 2004, le taux de chômage atteignait 9,7 %, sans compter le nombre de travailleurs à temps partiel. Cependant, **les perspectives semblent plus optimistes** puisque l'OCDE constate une croissance de l'économie depuis 2004, après trois années de stagnation. Ce sont en particulier les secteurs classiques – construction mécanique, industrie automobile, électrotechnique et industrie chimique – de même que les nouveaux secteurs de l'industrie, tels que les biotechnologies et les énergies renouvelables, qui ont contribué à l'augmentation de la valeur ajoutée nette.

Ayant choisi d'abandonner la poursuite du plein emploi au profit de l'assainissement budgétaire, le gouvernement allemand a permis que le nombre de personnes en chômage grimpe à vive allure, dès le début des années 1980.

À la même époque, avec une politique économique beaucoup moins axée sur l'emploi, l'Allemagne a vu la principale institution chargée de juguler le chômage, l'Institut fédéral de l'emploi, perdre grandement de son poids. Par ailleurs, le Comité de l'action concertée (comité national de participation), qui assurait l'influence des associations syndicales sur la politique macroéconomique, a cessé de fonctionner en 1977, par suite du retrait de la Confédération des syndicats face à la tentative du patronat pour faire déclarer inconstitutionnelle la loi de 1976 sur la codétermination.

Sans mésestimer les effets de la réunification (les migrations massives d'Allemands venus des länder orientaux) et de la crise du commerce mondial, on peut penser que si le chômage prend aujourd'hui une telle ampleur en Allemagne, c'est principalement en raison de la rupture du système de participation des partenaires sociaux et du choix de l'orientation de la politique économique. En abandonnant le système de participation à l'échelle nationale, l'Allemagne a renoncé à la poursuite du plein emploi[44].

---

43. Les inondations de l'été 2002 ont causé pour 9,2 milliards d'euros de dommages (400 kilomètres de voie ferrée et 640 kilomètres de routes endommagées uniquement en Saxe). Voir *Images économiques du monde* (2004, p. 95).
44. Bellemare et Poulin-Simon (1986, p. 410).

LES IDÉES IMPORTANTES

SUR L'ALLEMAGNE

La société

L'Allemagne possède une longue tradition de dialogue et de communication entre ses différents acteurs socioéconomiques. Puisque la recherche du consensus, de l'entente sur les objectifs à atteindre est à la base des échanges entre les différents partenaires dans le processus économique, cette nation se caractérise par une forte imbrication des domaines économique et social. Sur le plan économique, le secteur industriel joue un rôle prépondérant. Les petites et moyennes entreprises assurent largement le volet de l'exportation et les banques occupent une place prédominante dans le système financier.

Questions

1. Quels facteurs historiques ont favorisé l'émergence de ce modèle particulier?

2. Quelles sont les similitudes, sur le plan social, entre le modèle allemand et le modèle japonais, d'une part, et entre le modèle allemand et le modèle suédois (voir le chapitre 11), d'autre part?

3. Quel est le rôle de l'État dans la sphère des activités économiques?

L'entreprise

La logique de la concertation et de la cogestion anime aussi les activités de l'entreprise, qui intègre des objectifs de protection de l'environnement à l'échelle de la nation, un engagement dans la formation de la main-d'œuvre et des relations de partenariat avec sa banque et le syndicat. Les objectifs de rentabilité à court terme cèdent la place aux objectifs de qualité du produit, de bonnes conditions de travail et de satisfaction des clients. Les employés, qui sont bien payés et travaillent moins que dans d'autres pays, voient dans l'entreprise un milieu de travail sécuritaire, stable et stimulant.

Questions

1. Quel type d'apprentissage favorise le système d'enseignement universitaire et de formation professionnelle?

2. Quel est le principal avantage des pratiques de collaboration entre l'entreprise et son établissement financier?

3. Sur quoi est construite la légitimité du dirigeant dans l'entreprise?

Chapitre 11
La Suède : une troisième voie réussie

INTRODUCTION

Relevant d'une «troisième voie» de développement économique et social, le «modèle» suédois, qui prône la justice et la concertation entre les partenaires sociaux, se situe entre le libéralisme et l'économie planifiée. Il a été et reste, malgré les turbulences qu'il subit, porteur d'une amélioration durable, d'égalité et de paix sociale[1].

Les économistes Gosta Rehn et Rudolf Meidner ont été, en 1948, les principaux instigateurs de la formulation du modèle suédois. Les fondements de ce modèle qui soutiennent les politiques de concertation procèdent «d'une critique de la politique économique d'inspiration keynésienne en vigueur en Suède comme dans d'autres pays occidentaux pendant les années de guerre et la première décennie de l'après-guerre[2]».

Dans leur livre intitulé *Le défi du plein emploi*, Bellemare et Poulin-Simon (1986) placent la Suède au rang des pays qui ont le mieux réussi à dynamiser leur économie, tout en atteignant, notamment en matière d'emploi, des objectifs de bien-être de leur société parmi les plus élevés[3].

Voilà un petit pays, particulièrement sous l'angle de la population, qui étonne par ses percées technologiques, industrielles et même gestionnaires. Sur ce dernier point, il suffirait de citer les effets mondiaux qu'a entraînés, au début des années 1970, le réaménagement par Volvo de ses usines de production de Kalmar; tout un mouvement dénommé «socialisation de la chaîne de travail», «organisation par groupes» ou «équipes semi-autonomes». On peut aussi rappeler l'expérience, plus récente, de Jan Carlzon avec la compagnie aérienne scandinave SAS, qui fut une expérience extrêmement efficace de démocratisation de l'entreprise, d'une culture d'entreprise de convergence et de collaboration.

Plusieurs grands groupes industriels suédois sont passés au rang de multinationales très prospères un peu partout dans le monde, comme Volvo, ASEA, IKEA, SAS, SKF et bien d'autres.

---

1. Thakur *et al.* (2003).
2. Gill (1989, p. 14).
3. Excepté pour l'Allemagne, jusqu'au début des années 1980; pour plus de détails, voir l'annexe 11.1 et les dossiers consacrés à l'efficacité gestionnaire suédoise dans la revue *Ressources humaines*, n° 10, janvier 1988, ainsi que le quotidien *La Presse*, 8 janvier et 5 août 1989.

La Suède a, à sa façon, et à l'instar du Japon et de l'Allemagne, construit une forme très réussie de coopération sociale où les différents partenaires, soit le gouvernement, les syndicats et le patronat, négocient et collaborent. Ce pays illustre aussi éloquemment le fait que l'intervention de l'État et la régulation des activités de production de richesses ainsi que de redistribution sont loin d'être un danger pour la prospérité, bien au contraire.

QUELQUES FAITS ET CHIFFRES

La Suède est l'un des pays qui ont pratiqué la politique dite de l'État providence et son économie est parmi celles qui se sont le mieux adaptées, jusqu'à la fin des années 1980, aux différentes crises qui ont déchiré la plupart des économies industrialisées. Cependant, la Suède est entrée en récession au début des années 1990 à la suite de la mauvaise conjoncture économique mondiale et du ralentissement des exportations. Ce renversement de tendance a entraîné une diminution de la production industrielle et l'accroissement rapide du chômage. Mais contrairement à de nombreuses puissances économiques, depuis la fin des années 1990, le pays connaît une reprise régulière. L'activité économique s'accélère progressivement, ayant atteint, en 2003, un taux proche de son taux potentiel de 2% par an.

Avec un territoire de 450 000 kilomètres carrés, la Suède compte près de 8,9 millions d'habitants, dont plus de la moitié est active (4,6 millions de personnes actives en 1990[4]). La majorité de la population est concentrée dans le sud du pays, fortement urbanisé[5].

La forêt couvre 50% des terres suédoises, ce qui permet de développer une solide industrie des produits du bois, et l'agriculture comble presque tous les besoins alimentaires du pays. Des ressources naturelles, notamment minérales (d'importants gisements à haute teneur en fer), et des percées constantes dans les technologies avancées ont permis à la Suède de maintenir une bonne performance industrielle.

Pour faire face aux crises et aux chocs pétroliers successifs, durant les années 1970 et 1980, la Suède, qui était particulièrement vulnérable comme tous les petits pays, a eu recours à la discipline sociale que son régime lui permettait de solliciter. Les différents acteurs économiques ont consenti des efforts afin de sauvegarder le sort commun : les consommateurs en économisant, les travailleurs en soutenant leur taux de production et les patrons en gelant les mises à pied[6].

Jusqu'en 1991, la politique suédoise a été résolument interventionniste, même durant les périodes de gouvernement plus «bourgeois» (comme entre 1976 et 1982), et le plein emploi en a été le centre de gravité, avec des mesures énergiques de canalisation de la main-d'œuvre, de formation, de recyclage, d'aide au déplacement ; une politique d'équité dans les revenus, les salaires et les

---

4. OCDE (1992b).
5. Au total, 84% de la population vit en milieu urbain.
6. *Skandinaviska Enkilda Banken* (1983), Ardant (1976), Feigelson (1986), Jones (1977).

avantages sociaux (qui «suivent» le travailleur où qu'il aille, sans perte ni chan-gements dommageables, au lieu d'être rattachés à un employeur) ; une politique de développement régional ferme, de protection de la nature, de contrôle des prix, etc. ; et surtout **une politique de limitation de l'accroissement des fortunes privées par le biais de la fiscalité.**

Ces mesures ont permis d'établir une réelle justice sociale dans la redistribu-tion des richesses et de financer d'importants services aux citoyens en matière de santé, d'éducation, de retraite, de chômage, de sport, de culture, etc.[7].

QUELQUES ÉLÉMENTS SOCIOCULTURELS

Il faut dire d'emblée que le régime suédois, un peu à la manière des régimes japonais et allemand, a illustré une forme de social-démocratie, sinon de socia-lisme. Au-delà des connotations péjoratives que sont susceptibles de comporter ces termes, il faut y voir une volonté de réalisation d'un équilibre et d'une équité sur le plan social dans le respect de la dignité de la personne.

Le premier facteur en jeu est le travail. Conçu non pas comme un privilège, une faveur ou un simple moyen de vie ou de survie, **le travail est considéré comme un droit fondamental du citoyen et comme un facteur de res-pect de sa dignité d'humain** (ce qui rejoint la notion luthérienne de *Beruf*). Conséquemment, la société suédoise a pendant longtemps été marquée par l'inscription du plein emploi comme objectif central du pouvoir, de tout pouvoir, même conservateur.

Les Suédois sont l'un des peuples – y compris son patronat – qui paient les taxes les plus élevées du monde, mais c'est l'un des pays les mieux pourvus quant aux services publics et aux programmes sociaux (bien mieux que le Canada, où le niveau de taxation est pourtant élevé, notamment pour les particuliers).

La cohésion sociale, la quasi-unanimité de l'opinion publique et la cons-cience de la nécessité de faire des efforts mutuels pour réaliser la plus grande justice sociale constituent, malgré les fissures et les dérapages de ces dernières années, de puissantes données socioculturelles de la Suède.

Ne perdons pas de vue que, avec l'Allemagne, la Suède est le pays qui a le plus subi – et intégré – le luthéranisme, auquel, selon le mot de Max Weber, l'individualisme provoqué par le courant puritain (très répandu, entre autres, aux États-Unis) dérivé du calvinisme «fait horreur». C'est, là aussi, une donnée socioculturelle déterminante[8].

---

7. Feigelson (1986).
8. Ne perdons pas de vue, non plus, que l'éthique chrétienne en général et l'éthique catho-lique en particulier (sans parler de celle du confucianisme et de celle de l'islam) rejettent la poursuite de buts individualistes, l'usure, le profit à des fins égoïstes, etc., la question importante restant le respect de ces valeurs par les couches qui détiennent le pouvoir.

Depuis des décennies, les protagonistes et les partenaires dans la production des richesses en Suède se sont livrés régulièrement à un authentique travail de concertation. Leurs intérêts respectifs trouvaient leur satisfaction dans la poursuite, arbitrée par l'État, du bien-être global.

Cette organisation, qui n'est évidemment pas sans rappeler le Japon, permet de dire que les Suédois ont pu accepter momentanément de faire des efforts et des sacrifices, parce qu'ils ont confiance que, une fois rétablie, la richesse sera redistribuée équitablement. Tout le monde joue le jeu parce que tout le monde y trouve son profit. Sans la redistribution équitable des richesses, la collaboration entre le travail et le capital ne fonctionnerait pas.

Ainsi, les grands programmes sociaux n'ont pas été perçus comme des obstacles à la productivité des entreprises, mais comme autant de moyens de consolider celle-ci[9]. Il y a là une différence fondamentale avec les attitudes et les idées répandues dans les milieux dirigeants nord-américains.

Dès l'arrivée au pouvoir, en 1932, du Parti social-démocrate, les syndicats ouvriers très combatifs et bien organisés ont accru leur mobilisation.

> [Mais] à la mobilisation et à l'action revendicative, qui font ressortir les divergences d'intérêts entre capital et travail et posent de fait la question de la direction de la société sur des bases autres que celle du profit, vont se substituer les perspectives de concertation, la recherche des moyens de gérer en commun une économie de marché dont on veut garantir la permanence[10].

Cette orientation, selon l'expression de Per Albin Hansson, premier ministre social-démocrate de la Suède de 1932 à 1945, est celle de la *folkhem*, ou «maison de tout le peuple», libérée des conflits et de l'injustice sociale[11].

Le mouvement ouvrier ne revendique donc pas la propriété collective des moyens de production, il s'applique plutôt à rechercher un partage équilibré des intérêts avec le patronat. Cependant, vers les années 1970, une tendance à la socialisation, fortement soutenue par le gouvernement du premier ministre social-démocrate Olof Palme, est apparue ; en conséquence, deux séries de lois renforçant la participation des travailleurs à l'institution et à la gestion de «fonds salariaux d'investissement[12]» ont été promulguées à cette époque.

Dès 1938, des accords-cadres historiques ont été conclus entre la Confédération des employeurs, la SAF (Svenska Arbetgivarforeningen), et la Confédération suédoise des syndicats, la LO (Landsorganisationen i Sverige), à Saltsjobaden. Cette entente concrétisera un consensus général entre le patronat et le monde syndical pendant plusieurs décennies.

À partir des années 1960, des modifications ont été apportées au cadre global de l'accord, mais les principes régissant l'esprit de la solidarité salariale,

---

9. Extraits de Milner et Versailles (1986), articles II et III. Voir aussi Faramond (1976), Jalbert (1985), le dossier de la revue *Ressources humaines* (1988).
10. Gill (1989, p. 43).
11. *Ibid.,* p. 42.
12. L'objectif de ces fonds est de permettre, à terme, une participation collective des travailleurs à la propriété des entreprises.

de la responsabilité sociale des syndicats et du plein emploi ont été développés et soutenus.

Dans l'esprit des théoriciens du modèle suédois (Rehn et Meidner), l'égalité et l'équité des salaires – un salaire égal pour un travail égal – étaient considérées comme importantes pour la stabilité des prix et le plein emploi ; «une élaboration centralisée de la politique salariale était donc nécessaire si on voulait éviter que des négociations non contrôlées, secteur par secteur, n'alimentent continuellement la spirale prix-salaires[13]».

Rehn et Meidner voyaient également **la nécessité de maintenir les profits patronaux suffisamment bas** (grâce à une fiscalité conséquente) pour limiter les revendications salariales des syndicats à des seuils qui ne soient pas susceptibles d'entraîner des tensions inflationnistes.

Dans les années 1950, le modèle suédois «est axé sur la construction de l'État providence, le développement de politiques fiscales redistributives, de politiques sociales et familiales, de politiques du logement et du travail, de politiques salariales et de régimes de retraite[14]».

Gill, un des spécialistes de la Suède les plus reconnus, estime que les premières fissures dans le consensus social sont apparues après l'introduction des mesures de rationalisation dans l'industrie et la fermeture d'usines dues au ralentissement de l'économie mondiale et aux conditions défavorables en Europe. De plus, la forte concentration de l'industrie suédoise (l'une des plus élevées du monde occidental ; une vingtaine de groupes industriels relevant de grandes familles ou d'institutions contrôlent des entreprises employant quelque 600 000 travailleurs[15]) accentue cette tendance. Le gigantesque holding de la famille Wallenberg contrôlait en 1987 un empire de 50 milliards de dollars employant 476 000 travailleurs... Parmi les entreprises de ce groupe, une vingtaine comptaient pour le tiers du PNB de la Suède en 1987 et pour 44 % de la valeur totale des entreprises inscrites à la Bourse de Stockholm[16].

Pour **soutenir les politiques de plein emploi,** la Suède a compensé les pertes importantes d'emplois industriels (attribuables à la rationalisation et aux compressions dans le secteur privé) par **la création de nombreux postes de travail dans le secteur public** (ce secteur absorbe plus de 50%[17] de la population active, particulièrement les femmes).

C'est également à partir des années 1950 que se sont renforcées les bases du système social et économique de la Suède : solidarité et équité dans les revenus (les patrons et le mouvement syndical, particulièrement uni, s'entendent sur un partage satisfaisant des surplus entre salaires et profits), négociation constante (la Confédération générale du travail et les autres regroupements ouvriers

---

13. Gill (1989, p. 46).
14. *Ibid.,* p. 49.
15. *Ibid.,* p. 53.
16. *Ibid.*
17. L'administration fédérale américaine n'emploie que 3 millions de personnes sur une population active totale de 117,4 millions (OCDE, 1992b, p. 171).

négocient, avec l'État comme arbitre, face à la Fédération suédoise des employeurs, jusqu'aux taux de profits et à leur destination) et, enfin, politique d'aide à la flexibilité et à l'adaptation du travail (le gouvernement, les patrons et les syndicats coopèrent pour soutenir avec souplesse et générosité les efforts d'adaptation de la main-d'œuvre à l'évolution technologique, à l'essor des différentes régions[18]).

Les négociations collectives sont renouvelées tous les deux ans, et une fois la convention signée, il est interdit de faire la grève. Dans le cas d'un litige important, l'État intervient. Mais il faut savoir que le cadre, l'esprit et même souvent la lettre de ces négociations-conventions son préétablis de façon centralisée par des discussions menées dans des associations à l'échelle nationale et régionale.

La Direction nationale du travail (AMS), avec ses agences de districts et de régions, est composée pour près de la moitié des membres par le syndicat. Elle s'occupe de la gestion des programmes liés au marché du travail et à la mobilité de l'emploi.

Les Suédois sont, aussi, des gens qui se forment beaucoup et qui lisent beaucoup. Ainsi, ce sont les premiers lecteurs de quotidiens dans le monde (Ardant, 1976). Les classes de base de la société sont les plus instruites de toute l'Europe.

La qualité d'être et la qualité de la vie sont des préoccupations très concrètes[19], et la législation a prévu des lois et des commissions très actives dans ce domaine (le bruit dans les entreprises, la nuisance aux personnes et au milieu, l'incitation à l'utilisation de combustibles solides, l'abandon total de l'énergie nucléaire d'ici 2010).

Toutefois, l'obligation pour la Suède de ne plus rester isolée de l'Union européenne l'incite à se soumettre aux contraintes fiscales et monétaires que cela impose, et à modifier en conséquence ses politiques.

Après la Seconde Guerre mondiale, le pays avait connu une croissance rapide. En concertation avec le milieu des affaires, le mouvement ouvrier et le gouvernement, des décisions politiques ont été prises en vue d'une redistribution équitable des fruits de la croissance, notamment par la mise en place de programmes sociaux, de formation et d'éducation de la main-d'œuvre. C'est sur la base de politiques de plein emploi et d'amélioration de la qualité de la vie que s'est construite une industrie manufacturière exportatrice performante. Mais, depuis le début des années 1990, les résultats économiques témoignent d'une situation de crise.

Les différentes solutions pour contrecarrer la chute des exportations (la dévaluation de la couronne, entre autres) n'ont pas abouti et l'inflation a alors atteint des niveaux jusque-là inconnus.

---

18. Par exemple, durant les stages de recyclage, les stagiaires reçoivent un salaire… Et avec 6 % des dépenses publiques (3 % du PNB), la Suède a un des taux les plus élevés du monde consacrés à la politique de la main-d'œuvre : création d'emplois, formation et mobilité, chômage (Milner et Versailles, 1986).
19. Spar (1984), Glayman (1978), Levinson (1976), Jalbert (1985).

Dans le passé, les compromis qui permettaient l'efficacité et l'équité étaient possibles grâce à une croissance suffisante et à la concertation permanente entre les acteurs sociaux. Or, la coalition «bourgeoise» qui était alors au pouvoir parut abandonner l'objectif du plein emploi, et des réajustements importants dans la politique salariale, les services sociaux et la politique fiscale furent mis en œuvre pour favoriser la relance et s'inscrire dans la «norme» européenne.

Face à la mondialisation des marchés et à l'internationalisation rapide des grands groupes suédois, les milieux patronaux, encouragés par les groupes politiques conservateurs et par la politique monétariste, ont tendance à se détourner de la concertation, d'autant qu'en Europe s'ouvrent de nouveaux marchés de capitaux et de travailleurs.

Cependant, malgré la pression du milieu des affaires, les élections législatives du 15 septembre 2002 ont vu le gouvernement social-démocrate en place conforter sa position en obtenant 39,8 % des suffrages. Avec l'appoint des anciens communistes (8,3 % des voix) et des «verts», la «gauche» suédoise totalise 53 % des suffrages, contre 44 % aux quatre partis dits «bourgeois» (libéraux, centristes, chrétiens-démocrates et modérés). **Cette victoire est d'abord l'expression d'un bilan économique et social jugé positif par la majorité de l'électorat inquiet de la mise en cause de l'État providence**[20]. Le premier ministre Göran Persson (et le Parti social-démocrate qu'il dirige) est le plus à même de convaincre les citoyens car il est le plus proche des employés et des allocataires qui dépendent du large secteur public. Toutefois, le débat européen continue de diviser très nettement l'opinion publique, même au sein des sociaux-démocrates. Ainsi, le 14 septembre 2003, 56,1 % des Suédois ont rejeté l'euro comme monnaie nationale, contre 41,8 % (la participation a atteint 81,2 %). Le premier ministre Persson, défenseur de la monnaie unique, a déclaré : «Le résultat reflète un profond scepticisme vis-à-vis de tout le projet de l'Union économique et monétaire. Je ne vais pas démissionner même si j'ai le cœur lourd. Nous défendrons les intérêts de la Suède en Europe et dans le reste du monde[21]. »

La Suède semble avoir connu ses heures les plus sombres au début des années 1990. Après les élections législatives de 1991, le gouvernement de coalition non socialiste dirigé par le leader des modérés, Carl Bildt, a opéré de nombreuses compressions dans le secteur public afin de relancer l'économie nationale.

De plus, en 1992 une fuite importante de capitaux a ébranlé la Bourse de Stockholm (chute de 40 %, le 24 août). Cette situation était due au risque de dévaluation et à la passivité du gouvernement de l'époque qui ne voulait pas se substituer à la banque centrale chargée de défendre le cours de la couronne suédoise. Cela a généré une forte hausse des taux d'intérêt (les plus élevés depuis 1920). Devant la gravité de la situation, plusieurs parlementaires de la coalition ont proposé un rassemblement national avec l'opposition de l'époque (les sociaux-démocrates).

---

20. *Images économiques du monde* (2003, p. 251).
21. Ministère des Finances de Suède (2003).

Les tensions sur les marchés financiers et la hausse vertigineuse du taux directeur de la banque centrale (500 %) ont amené ce gouvernement à prendre des mesures exceptionnelles. Le 20 septembre 1992, Carl Bildt (le chef du gouvernement, leader des modérés) et Ingvar Carlsson (le chef de l'opposition sociale-démocrate) se sont entendus pour adopter des mesures jusqu'alors impensables :

- une réduction de 2 % du montant de la retraite ;

- l'accroissement de l'âge de la retraite à partir de 1994 ;

- l'introduction d'une franchise de remboursement à la charge de l'assuré social (ticket modérateur) ;

- une réduction des allocations de logement et des allocations destinées aux régimes du travail ;

- de fortes compressions dans le budget de la défense ;

- une réduction très sensible de l'aide au Tiers-Monde ;

- une augmentation des taxes sur le tabac ;

- l'abandon du projet de réduction de 30 % à 25 % de l'impôt sur le capital et de la progression des salaires (le gel de la majoration de 2 % prévue annuellement).

Pour soulager les entreprises, le gouvernement a décidé aussi l'allégement des charges patronales. Mais, au sein du gouvernement, les centristes et d'autres tendances modérées de la coalition étaient sensibles au fait que les mesures anti-crise devaient également toucher la population favorisée comme le réclamaient les sociaux-démocrates.

Ce gouvernement a donc mis en œuvre, en 1992-1993, une nouvelle politique économique, fortement libérale sous les aspects suivants :

- le démantèlement graduel des régimes salariaux gérés par les syndicats ;

- l'encouragement de l'épargne privée et des mesures de libéralisation en faveur des investissements étrangers ;

- des mesures de privatisation de plusieurs entreprises publiques ;

- une réduction de la pression fiscale au moyen d'une diminution de la taxe sur la valeur ajoutée (TVA) et le projet d'annulation de l'impôt sur la fortune en 1994 ;

- une diminution des subventions aux municipalités et au secteur industriel, en particulier, ainsi qu'une compression importante des dépenses publiques ;

- une réduction des programmes d'assurance maladie et une restriction des congés parentaux ;

- la promulgation de mesures draconiennes contre l'absentéisme dans l'administration.

La Suède fait partie des pays de l'OCDE qui ont vu très vite leurs résultats économiques se dégrader en raison des tensions engendrées par une crise mondiale durable. Le constat, en 1991, était significatif : le déclin du PIB de 1,5 %, la stagnation de la consommation privée (0,3 %), la chute des investissements (9,5 %), la réduction de la production industrielle (5,5 %), la hausse du chômage et de l'inflation, la compression des salaires (4,8 %), l'augmentation très forte des faillites (71,0 %).

Cependant, l'entrée de la Suède dans l'Union européenne le 1er janvier 1995 a ouvert de nouveaux horizons. L'économie suédoise connaît une reprise régulière depuis les années 2000. La croissance de la production s'accélère et la demande extérieure ne cesse de progresser.

Voulant s'aligner sur l'Europe, la Suède procède, sous la pression des milieux financiers, à une adaptation de ses politiques sociales et fiscales aux règles communautaires.

LA RECHERCHE ET LE DÉVELOPPEMENT

La Suède est l'un des pays industrialisés où l'investissement dans la recherche et le développement est le plus élevé[22] : 4,27 % de son PIB en 2002. Depuis les années 1970, l'État s'efforce d'encourager l'industrie à accroître ses dépenses de recherche par un régime d'incitations fiscales consistant à déduire des bénéfices avant impôt une partie des coûts de R&D.

D'autres dispositions visant à renforcer les compétences du personnel de recherche ont été prises, notamment les « fonds de modernisation » destinés au financement des programmes de formation[23].

Les PME ayant une vocation technique, qui avaient besoin d'acquérir des compétences scientifiques et technologiques supplémentaires et des technologies nouvelles, bénéficient depuis 1984 d'un programme spécial soutenu par la « loi de modernisation et de croissance industrielle ».

Le Riksdag a également recommandé des priorités dans la planification des activités de R&D en privilégiant les domaines suivants[24] :

- le bien-être social, la santé et l'éducation ;
- le développement technique et scientifique ;
- le respect de l'environnement ;
- l'amélioration des activités du service public ;
- le secteur alimentaire.

22. Pour plus d'informations, consulter *L'état du monde 2004*, p. 471.
23. Le niveau de la formation professionnelle est très élevé en Suède, ce qui a permis de lutter efficacement contre le chômage, qui devait s'abaisser à 3,6 % en 2003 (*Images économiques du monde*, 2003, p. 252).
24. OCDE (1987, p. 16).

Dans le domaine de l'industrie, plusieurs volets stratégiques ont été ciblés. Citons, parmi eux, les technologies de l'information, la biotechnologie, la technologie des matériaux, les technologies de la santé et de l'hygiène publique, les technologies de l'énergie et les technologies des industries de la foresterie (le bois, les pâtes et papiers). La Suède se trouve depuis plusieurs années parmi les économies les plus compétitives du monde, selon le Forum économique mondial[25].

La majeure partie de la R&D est financée par le secteur privé[26]. La R&D industrielle[27] est menée dans le secteur de la fabrication du matériel électrique et électronique (22 %), dans le secteur des transports (23 %), dans l'industrie des machines et de l'équipement (11 %), dans l'industrie pharmaceutique (7 %).

En matière de diffusion des techniques de l'information, la Suède est l'un des pays où le secteur industriel a adopté le plus rapidement les robots et les techniques de conception et de fabrication assistées par ordinateur. Dans le secteur manufacturier, le nombre de robots par 10 000 travailleurs est passé de 1,3 en 1974 à 29,9 en 1981. Les chiffres correspondants sont respectivement de 1,9 et 13,9 pour le Japon et de 0,8 et 4,0 pour les États-Unis. Le secteur manufacturier a vu, entre 1975 et 1984, son taux d'équipement et de machines passer de 68 % à 80 %.

L'ÉCONOMIE ET L'ENTREPRISE

Le développement de la Suède est récent puisque, jusqu'au milieu du XIXe siècle, il y régnait une grande pauvreté. À partir de 1870, la croissance est devenue manifeste, fondée sur la foresterie et sur la métallurgie[28]. Jusqu'à la Seconde Guerre mondiale, la croissance a été plus rapide en Suède que dans les autres pays industrialisés de l'Europe et elle a bien résisté à la grande dépression des années 1930. Le développement a été principalement industriel, mais l'agriculture a aussi connu une évolution importante.

Le secteur primaire dépend principalement des forêts. Et depuis l'adhésion de la Suède à l'Union européenne, les exploitants agricoles suédois bénéficient des mesures de soutien de la Politique agricole commune (PAC).

La Suède est l'un des pays les plus industrialisés du monde. On y trouve deux grandes familles d'industries : les industries principalement orientées vers l'exportation et les industries plus spécialisées sur le marché intérieur.

L'industrie de la foresterie, qui est compétitive à l'échelle mondiale, totalise un dixième des exportations mondiales de produits forestiers. Le patrimoine forestier recouvre 59 % des terres du pays. Une politique forestière efficace de

---

25. *Le Devoir*, 14 octobre 2004, p. 1.
26. « En 1983, les dépenses suédoises de R&D industrielle, mesurées par rapport au PIB, ont dépassé les dépenses sectorielles correspondantes du Japon » (OCDE, 1987, p. 27).
27. « Les activités d'ingénierie absorbent les deux tiers des activités de R&D » (OCDE, 1987, p. 27).
28. Sur le plan énergétique, la Suède est très dépendante de l'étranger.

protection, d'exploitation et de renouvellement des espèces, appliquée depuis les années 1970, donne des résultats très encourageants. Le fonds forestier s'accroît annuellement de 85 000 000 de mètres cubes. L'introduction de nouvelles méthodes de coupe et d'exploitation qui respectent l'écosystème forestier de même que l'application stricte de normes environnementales ont permis à la Suède d'atteindre des résultats reconnus sur le plan international. Dans le domaine des pâtes et papiers, la Suède est l'un des plus grands fabricants de machines et d'équipement utilisés par cette industrie. Le papier suédois, produit d'une manière particulièrement respectueuse de l'environnement, est très apprécié sur les marchés mondiaux.

L'industrie de la transformation des métaux est l'une des industries les plus importantes. La politique des firmes suédoises a consisté à se spécialiser dans des produits hautement techniques pour lesquels elles disposent d'une situation avantageuse et parfois même d'une véritable suprématie sur le marché mondial en raison de leur savoir-faire, de la qualité des méthodes et de la main-d'œuvre. L'excellente qualité des produits suédois compense leur coût élevé, lié surtout au prix du travail. Les industries mécanique, électrique et électrotechnique (matériel lourd et produits grand public, construction d'automobiles et de camions avec Volvo et Saab), la construction navale, les télécommunications, l'industrie des pâtes et papiers et, dans une moindre mesure, l'industrie chimique se sont beaucoup développées. D'autres spécialités suédoises peuvent être citées : l'industrie des roulements dominée par le leader mondial SKF, le matériel téléphonique et de radiocommunication Ericsson, les écrémeuses et l'équipement spécialisé pour l'agro-industrie, de même que l'industrie de l'environnement.

L'adhésion de la Suède à l'Union européenne a créé de nouvelles occasions pour les investisseurs étrangers. De plus, les efforts de dérégulation et de privatisation entrepris depuis une dizaine d'années ont contribué à un regain de compétitivité et ainsi rendu le marché suédois plus attrayant que par le passé.

La Suède est considérée comme un leader en matière de technologies de l'information et de la communication ainsi que d'Internet. Elle est actuellement le leader mondial de la téléphonie mobile et des applications Internet sans fil. Comme le confirme un article du magazine *L'Express* : «Après plusieurs années d'une crise sans précédent, la Suède a été récemment sacrée «leader mondial des technologies de l'information». Son secret? Un goût prononcé pour l'innovation, une forte implication de l'État et une coopération très poussée entre universités et entreprises[29].»

Le gouvernement suédois a mis en place, en 1998, une politique visant à favoriser une société de l'information pour tous. Ainsi, à moins de 15 minutes de la capitale Stockholm, la technopole de Kista concentre plus de 600 entreprises issues d'un grand nombre de pays, dont une grande majorité dans le secteur des nouvelles technologies.

Cependant, les entreprises suédoises ont toujours eu tendance à délocaliser leurs activités vers les pays à bas salaires et vers ceux dans lesquels la pression fiscale est moins élevée qu'en Suède (comme IKEA).

---

29. *L'Express*, 13 avril 2000.

En ce qui touche à l'approvisionnement en énergie, à la suite de la traditionnelle opposition au nucléaire de son opinion publique, le Parlement suédois a entériné, le 11 juin 2002, une décision concernant l'abandon du nucléaire négocié avec les grands groupes énergétiques et une échéance relative au démantèlement définitif des installations nucléaires d'ici 30 à 40 ans et le remplacement progressif du nucléaire par d'autres types d'énergies[30].

Comme tout pays de petite dimension, la Suède dépend dans une large mesure du commerce international. Les capacités de coopération et de mobilisation concertée de ses différents agents socioéconomiques lui ont permis de s'en sortir bien mieux que beaucoup d'autres pays.

Par ailleurs, c'est faute d'un marché intérieur d'envergure et de ressources naturelles et énergétiques suffisantes que la Suède s'est résolument tournée vers le développement des capacités techniques et des connaissances, pour mieux faire fructifier des investissements intensifs et améliorer les performances de l'exportation.

Mais revenons aux acteurs sociaux avant de nous intéresser au management de l'entreprise suédoise. Environ 90 % des ouvriers du secteur privé se trouvent dans la plus grande association syndicale, la Confédération générale du travail (LO), qui réunit près de deux millions de membres. Avec le deuxième syndicat, l'Organisation centrale des employés salariés (TCO), qui regroupe les travailleurs du secteur public (environ 1,1 million de membres), la LO constitue l'un des protagonistes du processus de négociation centralisée (avec le patronat et l'État) qui donne naissance aux grandes orientations et aux politiques nationales de l'emploi, de la formation, de la stratégie industrielle, notamment. **Les syndicats participent ainsi de façon directe et officielle au jeu de la politique économique et de la politique tout court,** puisqu'ils sont consultés de droit sur des questions telles que la taxation, les réformes sociales, la formation et l'éducation ainsi que les principes de relations du travail[31].

Le système de l'entreprise suédoise est, par la loi, inscrit dans un vaste cadre de démocratie industrielle. Celui-ci est devenu une force solidement dynamisée au tournant des années 1970. On a donc commencé à se rapprocher de l'employé et de ses problèmes. Il s'est ensuivi **une série de lois sur la qualité de la vie au travail au sens large:** le bien-être et la satisfaction aussi bien matériels que psychiques. Bien que l'arrivée d'un régime conservateur ait quelque peu gelé le mouvement, entre 1976 et 1982, plusieurs lois fondamentales ont pu voir le jour. Ainsi, **une loi passée en 1973 garantit la sécurité de l'emploi; sauf pour un motif sérieux et grave dûment prouvé, nul ne peut licencier un employé.** Même en cas de contraintes économiques, l'employeur est tenu d'essayer d'abord de replacer, de muter dans d'autres postes ou d'autres usines les employés touchés.

Une deuxième loi garantit la sécurité et l'intégrité physique du travailleur, et assure sa protection en ce qui a trait aux accidents du travail ou aux maladies

---

30. Ministère de l'Économie, des Finances et de l'Industrie de France (2004).
31. Levinson (1976), Glayman (1978).

professionnelles. Toute entreprise ayant plus de cinq employés doit avoir au moins un délégué syndical affecté aux questions de santé et de sécurité. Lorsqu'elle compte plus de 50 employés, l'entreprise doit former des comités paritaires, et, chose quasi impensable pour beaucoup, **20 % des profits doivent être affectés aux besoins des nouveaux projets ou aux aménagements visant l'amélioration des conditions de travail**[32].

On voit bien quel genre de philosophie organisationnelle feront naître de telles lois. Mais d'autres facteurs influencent cette philosophie. Ainsi, tout ce qui peut relever de la poursuite d'une qualité de la vie au travail appréciée par les employés est systématiquement encouragé et renforcé, avec l'appui de l'État.

D'autre part, les différents partenaires sont soucieux de réduire le stress, l'angoisse et les tensions dans les milieux de travail. En fait, ils se préoccupent d'éliminer des pratiques, largement utilisées ailleurs, visant à entretenir un prétendu esprit compétitif : les employeurs suédois rassurent constamment les salariés sur leur poste, leur carrière, leur potentiel, leur avancement, leurs conditions matérielles, etc. C'est la recherche du sentiment de sécurité et de la solidarité comme base de la motivation qui est partout mise en avant[33].

Les systèmes de salaire horaire ou à la pièce ont été abandonnés dès le début des années 1970, à cause de la tension et de l'iniquité qu'ils risquaient de générer. Depuis, on a tendance à pratiquer une politique de salaires fixes, augmentés de primes à la production atteignant de 20 % à 30 % du salaire de base. La prime est attribuée de façon équitable, par groupe ou équipe de travail.

LE MANAGEMENT DE L'ENTREPRISE SUÉDOISE

La première caractéristique du mode de gestion de l'entreprise suédoise est qu'il ne peut s'exercer dans un rapport de distance et de subordination entre employeurs et employés[34]. Comme le précisent Ardant (1976), Faramond (1988), Gras (1988) et Thakur *et al.* (2003), l'esprit de solidarité qui s'est installé fait que les formalismes, les procédures bureaucratisantes et leur cortège de pratiques de l'inertie sont presque totalement absents. Les paliers hiérarchiques sont également réduits, ainsi que les tensions et les cloisonnements d'un service à l'autre. Il règne presque partout une détente, un climat propice aux échanges et aux dialogues sans langue de bois ni faux-fuyants et un respect mutuel.

---

32. Faramond (1976 et 1988), Glayman (1978).
33. Faramond (1976).
34. Voir les articles de Gras (1988) et Lévy (1988), qui montrent comment la gestion à la suédoise est une philosophie de vie caractérisée, entre autres, par l'absence de barrières hiérarchiques et de cloisonnements, l'abolition de tout piédestal et du formalisme ainsi que des pratiques bureaucratiques. La priorité est accordée à la qualité de la vie de tous, à l'esprit d'équipe, à l'absence de privilèges, au respect mutuel, à l'information pour tous. Les dirigeants doivent avoir prouvé leur compétence, leur capacité de rester humbles, faciles d'accès, d'accepter la remise en question. Tout cela rappelle un peu le Japon et l'Allemagne.

En 1976, tout juste avant l'arrivée au pouvoir des conservateurs, on a fait passer une loi déterminante quant au style du management suédois, loi qui donnait le droit aux syndicats de désigner deux des leurs comme représentants au conseil d'administration de toute société par actions comptant plus de 25 salariés! Ces représentants ont les mêmes droits que les autres membres du conseil d'administration, sauf en ce qui a trait aux négociations relatives aux conventions collectives. **Cela oblige l'entreprise à faire connaître aux travailleurs, et à discuter avec eux, ses plans de développement, ses projets, ses orientations.**

En 1977 est entrée en vigueur la loi sur la participation aux décisions. Cette loi oblige l'entreprise à négocier avec les syndicats tout changement majeur dans ses orientations, ses installations ou ses activités. L'entreprise est tenue de mettre à la disposition des représentants des travailleurs toute l'information voulue afin que la défense des intérêts des employés soit assurée le plus adéquatement possible. Le syndicat a aussi, en vertu de cette loi, un droit de veto dans certains cas tels que les projets de sous-traitance[35]. Cette gestion participative s'installe progressivement et au rythme de l'assimilation par les acteurs en place. Il ne viendrait à l'idée de personne en Suède d'en imposer les modalités ou les pratiques du jour au lendemain. Tout se fait selon les attitudes et les besoins ressentis, avec des ajustements au fur et à mesure de l'évolution des rapports entre les employeurs et les employés.

Les employeurs essaient de rendre ce processus le plus transparent et le plus naturel possible, tout en mesurant à sa juste valeur la possibilité de mobiliser ainsi la volonté, l'intérêt, l'intelligence et l'imagination de tous, jusqu'au bas de l'échelle. L'écoute de chacun, corollaire obligé de toute gestion participative, est inscrite dans les modalités d'application des lois de codécision.

La coopération est au mieux si l'on sait aller chercher toutes les énergies, toutes les connaissances et tous les talents que possèdent les travailleurs[36]. Des comités et groupes paritaires sont formés dans les entreprises partout où il y a matière à décision et à changement. Les discussions sont animées par la personne responsable du problème débattu (le contremaître, le chef d'atelier, etc.) et peuvent être élargies par l'ajout de personnes-ressources externes. Plus couramment, employés et cadres peuvent se réunir tous les matins, hebdomadairement ou mensuellement[37], pour décider ensemble du plan de travail de la journée. Le même genre de réunions se tient à l'occasion de l'élaboration des budgets, de nouveaux cycles de production ou de l'examen de nouveaux projets, que ces derniers soient d'ordre technique ou administratif.

Ainsi, chez Volvo ou Saab, il existe depuis plus de 10 ans un système d'équipes semi-autonomes qui permet aux ouvriers de s'auto-organiser et de se responsabiliser pour tout ce qui touche à la production d'une phase complète de montage. On ne trouve plus d'ouvriers enchaînés à la monotonie, ou utilisés

---

35. Glayman (1978).
36. Harrison (1976), Jones (1977), Faramond (1988), Lévy (1988).
37. Faramond (1976), Jones (1977).

comme appendices passifs de robots. À l'instar du Japon, tout, ou presque, se fait avec leur aide, leur avis et leur complicité. Les tâches de contrôle (du rendement, de la qualité) sont laissées entre les mains de l'équipe, qui est responsable du résultat final (encore un point commun avec le Japon). **Il n'y a pas, en Suède, de chef ou de supérieur formel ; un des membres de l'équipe assure un rôle de coordonnateur** ou d'instructeur, formant les jeunes et aidant à corriger les erreurs. Ce coordonnateur est **désigné à cette responsabilité après consultation avec le syndicat.** Mais, comme pour les exemples précédents, il ne faut pas croire que les équipes semi-autonomes peuvent «fonctionner» sans tout ce qui rend possible le contexte de leur naissance et de leur succès.

Le management de l'entreprise suédoise a élaboré des modes de gestion et d'organisation du travail qui ne se sont pas construits aux dépens des salariés. Bien au contraire, la démarche visait à développer les compétences du personnel en rendant celui-ci maître de technologies nouvelles.

Pour «humaniser» le travail, la compagnie «Saab-Scania a été l'une des premières de l'industrie automobile à supprimer la chaîne de montage à cadence automatique en installant dans son usine de Södertälje une boucle de montage des moteurs, [et] l'usine de Volvo de Kalmar a été la première au monde à ne plus utiliser la chaîne à cadence automatique pour le montage final[38]». Utilisant des techniques nouvelles et des méthodes de manutention plus adaptées, les équipes réduites et relativement autonomes effectuent le montage des véhicules à leur propre rythme.

Pendant les années 1970, le contexte global dans lequel évoluait l'entreprise a été mis à rude épreuve à cause des difficultés économiques du pays. Même si les services publics étaient nombreux et même si la qualité de la vie était l'une des meilleures des pays de l'OCDE, le poids du système fiscal a réduit considérablement le revenu disponible. Ce qu'on appelle désormais la crise suédoise des années 1970 s'articule autour de quatre faits majeurs :

1. Il existe une tendance à la désindustrialisation, ce qui a entraîné une chute de la production industrielle dans le PNB.

2. La consommation du secteur public (les dépenses des collectivités locales en matière de bien-être social, d'éducation, etc.) a connu une croissance trop forte.

3. Le déficit public a crû rapidement ; pour financer ce déficit, l'État a fait appel à la taxation indirecte parce que le poids fiscal et parafiscal qui pesait sur les Suédois était considérable et qu'en raison de la dépression le rendement des impôts avait tendance à stagner.

4. Comme dans la plupart des pays de l'OCDE, l'inflation a connu en Suède, durant cette décennie, une hausse importante.

La Suède est un pays très dépendant du commerce extérieur. Ses exportations sont tributaires d'un groupe réduit de secteurs d'activité (la métallurgie,

---

38. Auguren, Edgeren et SAF (1981, p. 10).

l'industrie des pâtes et papiers, l'industrie mécanique). Des déficits de la balance commerciale se sont ajoutés à ceux de la balance des paiements et au service de la dette.

LA PERFORMANCE ENVIRONNEMENTALE DE LA SUÈDE

Les problèmes environnementaux et le développement durable demeurent au premier plan des préoccupations suédoises du fait de leur dimension internationale attribuable à l'interdépendance économique et environnementale de la région : la pollution de la mer Baltique, la proximité de l'océan Arctique, la proximité des pays de l'ex-URSS.

S'appuyant sur des politiques environnementales nationales très efficaces et novatrices, la Suède a obtenu une série de résultats conforme à plusieurs de ses objectifs nationaux et de ses engagements internationaux concernant la pureté de l'air, le retour à des taux naturels d'acidification, l'assainissement des lacs et des cours d'eau, l'équilibrage du milieu marin, la durée de vie des forêts, la diversification du paysage agricole, etc. (OCDE, 2004a).

La méthode de comptabilité environnementale européenne, la matrice NAMEA, a été mise en place avec succès en Suède. Dans certains cas, des expérimentations ont été menées dans des collectivités territoriales plus petites (par exemple, les communes).

La matrice NAMEA, proposée en 1994 par l'Institut hollandais de statistiques CBS, est un système comptable conçu pour représenter les interactions entre économie et environnement en réunissant dans un même tableau des comptes économiques et environnementaux de type physique.

Ce système se caractérise par la possibilité de réaliser un budget environnemental avec des données financières et physiques déjà existantes, sans que de nouvelles informations s'avèrent nécessaires. Il s'agit donc d'une nouvelle forme d'agrégat des données provenant de différentes sources (statistiques officielles, agences environnementales, etc.) sous une forme matricielle permettant d'associer systématiquement aux agrégats économiques les données des pressions environnementales correspondantes.

La Suède est souvent citée comme exemple pour la manière dont le principe du développement durable et la politique environnementale du gouvernement sont concrétisés au sein des différents ministères. Ainsi, même le ministère de la Défense traite les problèmes environnementaux dans le cadre de l'instruction militaire, ce qui démontre l'adéquation qui existe entre les forces armées suédoises et la politique environnementale.

CONCLUSION

Après avoir, plus longtemps que la plupart des pays de l'OCDE, maintenu le plein emploi comme objectif prioritaire de sa politique économique, la Suède a maintenant rejoint les rangs de ceux qui considèrent le rétablissement de la stabilité des prix comme une condition *sine qua non* pour assurer une croissance soutenue en situation de plein emploi. S'il est vrai que cette modification de l'action gouvernementale avait déjà commencé un peu avant l'élection générale de septembre 1991, c'est au nouveau gouvernement (coalition des partis «bourgeois») qu'il a appartenu de mettre en œuvre un certain nombre de réformes fondamentales de la politique structurelle et de la politique microéconomique[39].

Mais avant d'être une politique ou une forme spécifique d'action et de protection sociale, le modèle suédois est une construction symbolique, un discours idéologique dont la force de légitimation tient à sa justification démocratique.

Dans cette représentation, le développement de l'État providence se confond avec l'idée de démocratie en permettant de lier croissance économique et justice sociale. Les agents porteurs de cet État providence deviennent agents de progrès et de justice sociale[40].

La thèse d'un déclin de l'État providence par l'«assaut de forces conservatrices» reste peu probable en raison du corporatisme des modes de résolution des conflits et de prise de décision ainsi que de la nécessité d'un système fort de sécurité sociale pour faire face aux fluctuations et aux incertitudes de l'économie internationale. L'enjeu continuera d'être, pour le gouvernement, de positionner l'économie suédoise dans la division internationale du travail. Comme ce positionnement passe par des contraintes ayant trait au niveau de vie, les impératifs économiques risquent de tracer, pour les années à venir, des limites au projet égalitaire[41].

Depuis 1991, la Suède offre l'image d'une société plus instable, troublée par la poussée du libéralisme, le recul de la social démocratie et des valeurs contestataires (la gauche, les verts).

Cependant, comme le précisent Thakur *et al.* (2003), le modèle suédois a toujours tenté d'optimiser les actions sociales afin de réduire les inégalités, d'éradiquer la pauvreté et d'assurer la population contre les risques sociaux.

Ainsi, nous partageons pleinement les propos de Barthélémy pour qui «il serait abusif de proclamer la fin du modèle suédois [...] parce que le système de relations sociales qui en est le fondement n'a pas été atteint[42]».

---

39. OCDE (1992b, p. 105).
40. Groulx (1990, p. 93).
41. *Ibid.,* p. 123.
42. Barthélémy (1993, p. 467).

LES IDÉES IMPORTANTES

SUR LA SUÈDE

La société

Dans le cas de la Suède, la dimension sociale englobe et régit le fonctionnement de toutes les sphères d'activité. La recherche du bien-être commun et de la justice sociale est un puissant agent de cohésion des différents acteurs économiques comme le gouvernement, les syndicats et le patronat. Ayant adopté l'objectif du plein emploi, l'État a longtemps été le régulateur et le redistributeur des richesses. Il existe en Suède toute une législation sur la qualité de la vie au travail et un souci de formation de la main-d'œuvre et d'investissement dans la recherche et le développement.

Questions

1. Quelles sont les bases du système social et économique de la Suède?

2. Quelle est la réaction des milieux patronaux face au phénomène de la mondialisation?

3. Quels mécanismes assurent à la Suède un développement durable?

L'entreprise

L'entreprise suédoise est reconnue pour sa capacité d'innovation et ses produits de grande qualité. Les multinationales dominent l'industrie suédoise avec leurs pratiques de délocalisation face aux coûts élevés de la main-d'œuvre. Au sein des entreprises – dont les pratiques sont régies par la législation sur la qualité de la vie au travail et l'amélioration des conditions de travail et de sécurité de l'emploi –, on observe une réduction maximale de la bureaucratie. Se fondant sur les connaissances et les capacités des travailleurs, l'entreprise peut fonctionner par équipes de travail qui procèdent par autocontrôle, dans un climat de transparence de l'information, de dialogue et de respect.

Questions

1. Quel est le domaine d'engagement des syndicats?

2. Quel style de leadership assure au dirigeant suédois la motivation des employés?

3. Qu'observez-vous en comparant les activités de l'entreprise suédoise avec celles de l'entreprise japonaise?

ANNEXE 11.1
TABLEAUX ET DONNÉES STATISTIQUES
SUR LA SUÈDE

TABLEAU 11-1

Données socioéconomiques

Indicateurs	Année	Valeur
Superficie (milliers de km²)		449,96
Population (millions)	2003	9
Population urbaine (pourcentage)	2002	83,3
Densité au km² (habitants au km²)	2002	19,7
Croissance annuelle de la population (pourcentage)	2000-2002	0,1
Emploi (civil total, milliers)	2002	4 241
Répartition de la population active (pourcentage du total):	2002	
Agriculture, sylviculture et pêche	2002	23,1
– Industrie	2002	2,1
– Autres	2002	74,6
Taux de chômage (pourcentage de la population active)	2003	4,9
Taux d'inflation (pourcentage)	2003	2,3
PIB (milliards de dollars)	2001	215,1
Croissance annuelle moyenne du PIB sur la période	1991-2001	2,5
Croissance nette du PIB pour l'année	2002	1,9
PIB par habitant (dollars)	2001	24 180
Dépenses de l'État (pourcentage du PIB):	2002	
– Éducation	2002	7,8
– Défense	2002	1,9
– Recherche et développement	2002	4,27
Taux de scolarisation dans le troisième degré (pourcentage)	2000	70
Énergie (consommation/habitant, millions de TEC)	2000	5,4
Exportations (millions de dollars)	2002	72 850
Importations (millions de dollars)	2002	70 548
Principaux pays fournisseurs (pourcentage des importations)	2002	UE 67,9 Asie 9,4 Ex-pays de l'Est 7,5
Principaux pays clients (pourcentage des exportations)	2002	UE 53,5 Reste de l'Europe 20,2 É.-U. 11,9

Sources : Adapté de *L'état du monde 2004*, Montréal-Paris, Boréal – La Découverte, p. 471, et OCDE, *Études économiques: la Suède*, 2004a (synthèse de plusieurs pages).

Malgré sa hausse spectaculaire depuis 1992, le taux de chômage reste très au-dessous de celui de la plupart des pays de l'OCDE. En ce qui concerne son commerce extérieur, la Suède est très dépendante de l'Europe en général.

Par ailleurs, on constate que les budgets de l'éducation ainsi que de R&D restent traditionnellement les plus importants dans les dépenses de l'État (ils représentent respectivement 7,8 % et 4,27 % du PIB).

TABLEAU 11-2

La répartition de la population active par secteur

	Pourcentage de la population active
Agriculture, sylviculture et pêche	2,1
Industries	23,1
Autres	74,6

Source : OCDE, *Études économiques: la Suède*, 2004a, p. 7.

On remarquera ici que l'industrie, autrefois fleuron de l'économie suédoise, a été dépassée par les autres secteurs quant à l'emploi. L'agriculture est en constant recul.

TABLEAU 11-3

Les importations de biens et de services (pourcentage du PIB)

	2002
Bois, pâtes à papiers, papiers	3,5
Minéraux	8,3
Produits chimiques	10,8
Énergie	8,9
Construction mécanique	47,8
Autres produits	20,7
Importations de biens et de services	34,9

Source : OCDE, *Études économiques: la Suède*, 2004a, p.7.

Amorcées en 1990, les restrictions budgétaires draconiennes ont eu un effet direct sur les importations. Actuellement, avec la reprise économique, la tendance s'inverse, puisque tous les secteurs de biens et de services ont enregistré une croissance des importations.

TABLEAU 11-4

Les exportations de biens et de services (pourcentage du PIB)

	2002
Bois, pâtes à papiers, papiers	14,0
Minéraux	9,6
Produits chimiques	11,3
Énergie	3,0
Construction mécanique	50,8
Autres produits	11,3
Exportations de biens et de services	45,4

Source : OCDE, *Études économiques: la Suède*, 2004a, p.7.

L'ensemble des secteurs d'exportation de biens et de services montre une croissance. Comme l'indique ce tableau, les marchés traditionnels d'exportation sont encore à la base de la bonne santé économique du pays. Cependant, le développement des nouvelles technologies modifiera sensiblement la situation au cours des prochaines années.

TABLEAU 11-5

Données économiques

	2003
PIB (milliards de dollars)	300,8
PIB par habitant (dollars)	23 180,7
Croissance du PIB (pourcentage)	1,6
Chômage (pourcentage de la population active)	4,9
Inflation (variation annuelle, pourcentage)	2,3
Dette publique (pourcentage du PIB)	51,9
Solde courant (pourcentage du PIB)	6,1

Source : *Alternatives économiques*, hors série, n° 62, 4ᵉ trimestre 2004. p. 92.

L'économie suédoise a connu ces dernières années des résultats brillants : forte croissance, chômage en baisse, finances publiques assainies et inflation maîtrisée.

TABLEAU 11-6

Les partis politiques au Parlement après les élections de septembre 2002

Parti	Président du parti (2005)	Nombre de sièges
Socialdemokratiska Arbetarepartiet – Parti social-démocrate	Göran Persson	144
Moderata Samlingspartiet – Parti du rassemblement des modérés (conservateurs)	Fredrik Reinfeldt	55
Folkpartiet Liberalema – Parti du peuple (libéraux du centre droite)	Lars Leijonberg	48
Centerpartiet – Parti du centre	Maud Olofsson	22
Kristdemokraterna – Parti Chrétiens-démocrates	Göran Hagglund	33
Miljopartiet de Grona – Verts	Maria Wetterstrand et Peter Eriksson	17
Vansterpartiet – Parti de la gauche (anciennement Parti communiste)	Lars Ohly	30

Source : Members of the Riksdag (2005).

Nous observons dans ce tableau que le Parti social-démocrate détient le plus grand nombre de sièges. Sa coalition avec les verts et le parti de gauche lui assure une majorité absolue au Parlement.

TABLEAU 11-7

Le modèle des politiques sociales

	Socio-démocrate ou socio-étatique	Néo-libéral	Socio-communautaire
1. Services publics	Universels et étatiques (services sociaux et transferts)	Filet de secours et sélectifs (minimum)	Universels et publics non gouvernementaux, réseaux d'associations volontaires
2. Bénéficiaires	Usagers et citoyens (droit social)	Consommateurs	Coproducteurs et droit social
3. Qualité des services	Professionnels et accessibles	Libres choix et efficaces	Déprofessionnalisés et autogérés ou cogérés
4. Éthique	Service	Profit	Entraide
5. Interprétation des politiques sociales	Institutionnalisation des besoins sociaux	Analyse économique de la bureaucratie	Institués-instituants : appareil État-réseaux sociaux
6. État	État interventionniste	État de droit	État social

7. Économie	Économie publique (biens publics et besoins socialement reconnus)	Économie privée (demande)	Économie sociale (besoins sociaux)
8. Valeurs	Égalité et progrès	Liberté de choix et individualisme	Solidarité et participation
9. Rationalité	Rationalité juridique et politique	Rationalité utilitaire et économique	Rationalité sociale et écologique
10. Démocratie	Représentative	Marché électoral	Participation/directe/sociale
11. Égalité	Égalité des chances et des résultats	Égalité juridique et civique	Égalité dans la différence (équité)
12. Bien-être	Par l'État	Par le marché	Par la communauté et la société : réseaux sociaux
13. Justice	Distributive	Productive	Communicative
14. Effets pervers	Centralisme, étatisme	Commercialisme	Localisme, ethnocentrisme

Source : L.-X. Groulx, *Où va le modèle suédois ?*, Montréal-Paris, Les Presses de l'Université de Montréal – L'Harmattan, 1990, p. 108-109.

TABLEAU 11-8

Le taux de chômage : comparaison internationale (moyenne annuelle, pourcentage)

	2002
Suède	5,1
Allemagne	7,8
États-Unis	6,0
Japon	5,4

Source : *L'état du monde 2004*, Montréal-Paris, Boréal – La Découverte, p.471

La Suède demeure l'un des pays dont le taux de chômage est le plus bas.

TABLEAU 11-9

Le vieillissement de la population (millions d'habitants)

	1985	1995	2001	2002	2003
Suède	8,3	8,8	8,9	8,9	8,9

La population suédoise évolue lentement et vieillit à un rythme accéléré. De plus, le taux de mortalité est supérieur au taux de natalité (10,58 pour 1 000 contre 9,71 pour 1 000 en 2002). Depuis les années 1990, seule la balance positive de l'immigration permet l'augmentation sensible du nombre d'habitants. En 1995, près d'un habitant sur cinq était né à l'étranger ou l'un de ses parents était né à l'étranger, soit 1,6 million d'habitants (Institut suédois, 2003).

BIBLIOGRAPHIE DE LA SECTION II

ADAMS, R. et C. RUMMEL (1984). «Worker Participation in Management in West Germany», *International Labor Review*, vol. 123, p. 615-630.

ALBERT, M. (1991). *Capitalisme contre capitalisme*, Paris, Éditions du Seuil.

ALTERNATIVES ÉCONOMIQUES (2004). Hors série, n° 62, 4ᵉ trimestre.

AMBASSADE D'ALLEMAGNE À PARIS (2004). Site web de l'ambassade, www. amb-allemagne.fr/.

ARDANT, G. (1976). *La révolution suédoise*, Paris, Robert Laffont.

ARDANT, G. et H. SÉRIEYX (1984). *La révolution suédoise*, Paris, Robert Laffont.

ATLASECO (1993). *Atlas économique mondial*, Paris, Éditions du Sérail.

ATLASECO (1997). *Atlas économique mondial*, Paris, Éditions O.C.

ATTALI, J. (1990). *Lignes d'horizon*, Paris, Fayard.

AUGUREN, S., J. EDGEREN et SAF (1981). *Des usines différentes*, Stockholm, SAF (Confédération des employeurs suédois), coll. «Études et recherches».

BAROU Y. et B. KEIZER (1984). *Les grandes économies*, Paris, Éditions du Seuil, coll. «Points».

BARTHÉLÉMY, M. (1993). Dans *L'état du monde 1993*, Montréal-Paris, Boréal – La Découverte.

BAUER, M. et B. BERTIN-MOUROT (1992). «Études sur le parcours professionnel de chefs d'entreprises en Allemagne et en France», CNRS, résultats publiés dans l'enquête de N. Villard, dans *L'Expansion*, 9-22 janvier.

BELLEMARE, D. et L. POULIN-SIMON (1986). *Le défi du plein emploi*, Montréal, Éditions Saint-Martin.

BLONDAL, S. et T. EGEBO (1992). «Coup de projecteur sur la Suède», *L'Observateur de l'OCDE*, n° 177, août-septembre, p. 33-34.

BOMMENSATH, M. (1987). *Manager l'intelligence de votre entreprise*, Paris, Les Éditions d'Organisation.

BOMMENSATH, M. (1991). *Secrets de réussite de l'entreprise allemande: la synergie possible*, Paris, Les Éditions d'Organisation.

BOURNOIS, F. et M. PETIT (1992). «La gestion des ressources humaines en Allemagne», *Revue Personnel*, n° 331, mars-avril.

BREITMEIER, W. (1987). «L'employeur et l'éducateur», *Revue française de gestion*, novembre-décembre.

BRISOU, S., T. GLOBOCAR, V. LAINÉ et H. MÉDUNIER (1990). *Les deux Allemagne 1984-1989*, Paris, La Documentation française, Notes et études documentaires.

BROUSSOLE, D. (1990). «Le modèle suédois dans les années 80 et la tertiarisation de l'économie», *Problèmes économiques*, n° 2205, 28 décembre, p. 11-18.

BRUHNES, B. (1989). «Syndicats ouvriers et organisations patronales en Europe, trois modèles de culture sociale», *Projet*, mai-juin.

BULLETIN DE LA COMMISSION BANCAIRE (1992). N° 6, avril, «Le système bancaire allemand», publié par *Problèmes économiques*, n° 2293, 30 septembre.

CAMPINOS-DUBERNET, M. et J.-M. GRANDO (1989). «Formation professionnelle ouvrière: 3 modèles européens», *Formation-Emploi*, n° 22, avril-juin.

CAPDEVIELLE, P., F. HERAN et P. POLITANSKI (1992). «Le rôle de la formation professionnelle dans la diffusion des technologies en Europe (Le cas allemand)», *Revue d'économie industrielle*, 1ᵉʳ trimestre, publié par *Problèmes économiques*, n° 2294, 7 octobre.

CARLANDER, I. (1992). «La Suède à la recherche d'un autre «modèle»», *Le Monde diplomatique*, n° 461, août, p. 22-23.

CAREY-BÉLANGER, É. (1987). «Une étude comparative des systèmes de bien-être social avec référence particulière à l'organisation des services sociaux : Finlande, Suède, Québec», *Synthèse critique, Rapport no 39*, Québec, Université Laval, Les Publications du Québec.

CARROUÉ, L. (1991). «Nouvelles alliances germano-nippones», *Le Monde diplomatique*, «Manière de voir», n° 12, mai.

CFCE (1989). *Suède (Un marché)*, n° 18, Paris, Centre français du commerce extérieur, Direction de l'information.

CHOME, G. (1985). «La formation professionnelle en RFA», *Travaux et documents du CIRAC* (Centre d'information et de recherche sur l'Allemagne contemporaine), Paris, décembre.

COCHARD, P.-D. (1992). «Goeudevert : le bolide franco-allemand», interview du vice-président de Volkswagen, *Figaro-Magazine*, 16 mai.

COOPER, R.M. (1982). *La recherche d'un consensus : l'expérience de cinq pays*, Paris, OCDE.

CORIAT, B. (1992). «Dans le cercle vertueux de la qualité du travail», *Le Monde diplomatique*, «Manière de voir», n° 12, mai.

COURRIER INTERNATIONAL (LE) (1993). «Tableau noir d'une Allemagne en panne», extrait de *Der Spiegel*, Hambourg, n° 133, 19-26 mai, p. 9-11.

DELAY, P. (1976). *Techniques de participation et vie dans l'entreprise*, Lausanne, HEC Lausanne.

DEMOTES-MÉNARD, M. (1989). *L'économie allemande*, Paris, La Découverte.

DEVOIR (LE) (1989). «L'Allemagne fédérale connaît un boom économique sans équivalent en 20 ans», 6 septembre.

DROZ, J. (1991). *Histoire de l'Allemagne*, Paris, Presses Universitaires de France.

DUPEUX, L. (1989). *Histoire culturelle de l'Allemagne*, Paris, PUF.

DUSSAULT, F. (1982). *Les modèles scandinaves et la détermination des ententes salariales des industries manufacturières canadiennes*, Montréal, Université de Montréal, Département des sciences économiques et Centre de recherche en développement économique.

ÉCONOMIE ET PERSPECTIVE INTERNATIONALE (1990). «Une économie allemande : points de vue, analyses, perspectives», Paris, La Documentation française, Notes et études documentaires, n° 43, 3ᵉ trimestre.

ECONOMIST (THE) (1996). *Country Profile : Japan, 1995-1996*.

ECONOMIST (THE) (1997). *Country Profile : Germany, 1996-1997*.

ECONOMIST (THE) (1997). *Country Profile : USA, 1996-1997*.

EDUBOURSE.COM (2005). Site web sur la Bourse, www.edubourse.com.

ENGELEN-KEFER, U. (1976). «L'humanisation du travail en République fédérale allemande : une approche axée sur les travailleurs», *Revue internationale du travail*, mars-avril, p. 245-260.

ÉTAT DU MONDE (L') *1991, 1992, 1993, 1994, 2004*, Montréal-Paris, Boréal – La Découverte.

FARAMOND, G. de (1976). *La Suède et la qualité de la vie*, Paris, Le Centurion.

FARAMOND, G. de (1988). «Les pièges du consensus», *Ressources humaines*, n° 10, janvier, p. 30-32.

FEIGELSON, K. (1986). «La Suède : crise et prospérité de l'État social», *Projet,* n° 198, mars-avril, p. 92-102.

FIGARO (LE) (1990). «Dossier sur la réunification allemande», 1er octobre.

FRITZSCH-BOURNADEL, R. (1987). *L'Allemagne, un enjeu pour l'Europe*, Bruxelles, Éditions Complexe.

GALBRAITH, J.K. (1989). *L'économie en perspective*, Paris, Éditions du Seuil.

GERSTENBERGER, W. (1992). «La compétitivité de l'industrie allemande dans le domaine des technologies de pointe», *Ifo-Schnelldienst*, mai 1992, publié par *Problèmes économiques*, n° 2316, 10 mars 1993.

GHERARDI, S. (1991). «Allemagne : pivot de l'espace européen», extrait de «Europe : l'heure allemande», *Dynasteurs, le mensuel des Échos*, décembre 1991, publié par *Problèmes économiques*, n° 2259, 22 janvier 1992.

GILL, L. (1989). *Les limites du partenariat : les expériences social-démocrates de gestion économique en Suède, en Allemagne, en Autriche et en Norvège*, Montréal, Boréal.

GLAYMAN, C. (1978). *Suède : la réforme permanente*, Paris, Stock.

GLAYMAN, C. et G. de FARAMOND (dir.) (1977). *Suède : la réforme permanente*, Paris, Stock.

GRAS, A. (1988). «Pourquoi les Suédois sont-ils si forts en affaires? Culture nationale et business international», *Ressources humaines*, n° 10, janvier, p. 26-28.

GROULX, L.-H. (1990). *Où va le modèle suédois?*, Montréal-Paris, Les Presses de l'Université de Montréal – L'Harmattan.

HAGER, W. et M. NOELKE (1986). *La RFA, ses idéaux, ses intérêts et ses inhibitions*, rapport au président de la Communauté économique européenne, European Research Associates.

HALL, E. et M.-R. HALL (1990). *Guide du comportement dans les affaires internationales : Allemagne – États-Unis – France*, Paris, Éditions du Seuil.

HARRISON, R. (1976). *Work Participation in Western Europe*, Londres, Central House.

IMAGES ÉCONOMIQUES DU MONDE (2003). *La Suède*, Paris, Armand Colin.

IMAGES ÉCONOMIQUES DU MONDE (2004). Paris, Armand Colin.

INSTITUT SUÉDOIS (2003). Données sur la Suède publiées par les services du gouvernement suédois, www.sweden.se.

IRIBARNE, P. d' (1989). *La logique de l'honneur : gestion des entreprises et traditions nationales*, Paris, Éditions du Seuil.

JALBERT, P. (1985). «La Suède et l'adaptation à la crise», *Interventions économiques*, nos 14-15, printemps, p. 92-108.

JONES, H. (1977). *Planning and Productivity in Sweden*, Londres, Croom Helm.

KEIZER, B. (1979). *Le modèle économique allemand : mythes et réalités*, Paris, La Documentation française, Notes et études documentaires.

KEIZER, B. (1981). *La RFA : le modèle dans l'impasse*, Paris, Hatier.

LEVINSON, C. (1976). *La démocratie industrielle*, Paris, Éditions du Seuil.

LÉVY, A. (1988). «Un management à la suédoise ou... une autre manière de vivre», *Ressources humaines*, n° 10, janvier, p. 28-30.

LIZÉE, M. (1992). *Même le soleil a des tâches*, Montréal, FTQ.

MEMBERS OF THE RIKSDAG (2005). Site web du Parlement suédois, www.riksdagen.se.

MÉNUDIER, H. (1986). «La RFA en 1985 : 40 ans après, le poids du passé», *Notes et études documentaires*, n° 4813, p. 37-60.

MÉTIVIER, E. et A. DUFOUR (1989). *Les cahiers de l'Europe : la république fédérale d'Allemagne*, Paris, Pierre Dubois et Les Éditions d'Organisation.

MILNER, H. (1993). «La concertation à la suédoise», *Relations*, n° 589, avril, p. 85-88.

MILNER, H. et G. VERSAILLES (1986). «Le modèle suédois», articles I à IV, Montréal, *Le Devoir*, 3, 4, 5 et 6 novembre.

MINC, A. (1989). *La grande illusion*, Paris, Grasset.

MINC, A. (1990). *L'argent fou*, Paris, Grasset.

MINISTÈRE DE L'ÉCONOMIE, DES FINANCES ET DE L'INDUSTRIE DE FRANCE (2004). Site web, www.industrie.gouv.fr.

MINISTÈRE DES AFFAIRES ÉTRANGÈRES DE FRANCE (2004). «Situation économique», www.diplomatie.gouv.fr.

MINISTÈRE DES FINANCES DE SUÈDE (2003). Site web, http://finans.regeringen.se.

MINISTÈRE FÉDÉRAL DES AFFAIRES ÉTRANGÈRES D'ALLEMAGNE (2004a). «Allemagne faits et réalités», www.tatsachen-ueber-deutschland.de.

MINISTÈRE FÉDÉRAL DES AFFAIRES ÉTRANGÈRES D'ALLEMAGNE (2004b). «Informations sur l'Allemagne», www.auswaertiges-amt.de.

MINTZBERG, H. (2004). *Managers, not MBA's*, San Francisco, Berret-Koehler.

MONDE (LE) (1979). *Vingt ans de réussite allemande*, Paris, Economica, coll. «Enquêtes».

MONITEUR DU COMMERCE INTERNATIONAL (1992). «Dossier spécial sur l'Allemagne», n° 1026, 25 mai.

OCDE (1987). *Politiques nationales de la science et de la technologie en Suède*, Paris, publications de l'OCDE.

OCDE (1989). *Études économiques, 1988-1989 : la Suède,* Paris, publications de l'OCDE.

OCDE (1991). *Études économiques, 1990-1991 : la Suède,* Paris, publications de l'OCDE.

OCDE (1992a). *Études économiques, 1991-1992 : l'Allemagne,* Paris, publications de l'OCDE.

OCDE (1992b). *Études économiques, 1991-1992 : la Suède,* Paris, publications de l'OCDE.

OCDE (1992c). *Perspectives économiques*, Paris, publications de l'OCDE.

OCDE (1993). *Études économiques, 1992-1993 : l'Allemagne,* Paris, publications de l'OCDE.

OCDE (1995). *Perspectives de l'emploi*, juillet, Paris, publications de l'OCDE.

OCDE (1996). *Statistiques rétrospectives, 1960-1994,* Paris, publications de l'OCDE.

OCDE (2001). *Examen des performances environnementales : l'Allemagne,* www.oecd.org.

OCDE (2002). «Études économiques, 2001-2002 : l'Allemagne», Paris, publications de l'OCDE.

OCDE (2004a). *Études économiques, 2004 : la Suède,* Paris, publications de l'OCDE.

OCDE (2004b). *Perspectives économiques,* vol. 2004, n° 1, Paris, publications de l'OCDE.

OIT (ORGANISATION INTERNATIONALE DUTRAVAIL) (1973). *La participation des organisations d'employeurs et de travailleurs à la planification économique et sociale,* Genève.

ONU (1992). *Étude sur l'économie mondiale,* New York, Département du développement économique et social.

ONU (1995). *Manuel des statistiques du commerce international et du développement,* CNUCED, 1994.

ONU (1996). *Commission économique pour l'Europe : études sur la situation économique de l'Europe en 1994-1995.*

ORENGO, P. (1989). «La Suède en 1988 : sous le double signe de la morale et de l'écologie», dans A. Grosset (dir.), *Les pays d'Europe occidentale,* Paris, La Documentation française, Notes et études documentaires.

ORENGO, P. (1990). «La Suède en 1989 : la refonte du système fiscal», dans A. Grosset (dir.), *Les pays d'Europe occidentale,* Paris, La Documentation française, Notes et études documentaires.

ORENGO, P. (1991). «La Suède en 1990 : vers l'adhésion à la CEE», dans A. Grosset (dir.), *Les pays d'Europe occidentale,* Paris, La Documentation française, Notes et études documentaires.

ORENGO, P. (1992). «La Suède en 1991 : la fin d'un modèle ?», dans A. Grosset (dir.), *Les pays d'Europe occidentale,* Paris, La Documentation française, Notes et études documentaires.

ORENGO, P. (1993). «La Suède de 1992 : une année mouvementée», dans A. Grosset (dir.), *Les pays d'Europe occidentale,* Paris, La Documentation française, Notes et études documentaires, n° 4975-4976, 13 octobre

PALMIER, J.-M. (1991). «Aux sources de la nation allemande», *Le Monde diplomatique,* «Manière de voir», n° 12, mai.

PAQUIN, B. (1990). *Monographie sur l'usine Volvo à Kalmar,* rapport de recherche n° 90-04 sous la direction de M.-C. Malo, avril, Montréal, École des Hautes Études Commerciales.

PARIBAS. «Les pays nordiques en marche vers une intégration européenne», extrait du bulletin *Conjoncture, Problèmes économiques,* n° 2284, 16 juillet 1992, p. 5-8.

POPULATIONDATA.NET (2004). Site web d'information et de statistiques sur les populations, www.populationdata.net.

RAPPORT MENSUEL DE LA DEUTSCHE BUNDESBANK D'AVRIL 1992 (1993). «L'épargne des ménages allemands depuis 20 ans», *Problèmes économiques,* n° 2316, 10 mars.

RAPPORT MENSUEL DE LA DEUTSCHE BUNDESBANK DE JUILLET 1992 (1992). «Impact économique de la réunification allemande sur les échanges avec ses partenaires européens», *Problèmes économiques,* n° 2305, 23 décembre.

RÉALVILLE, C. (1987). «Allemagne de l'Ouest : les défis du miracle économique de l'après-guerre», *L'Histoire,* n° 105, novembre, p. 91-93.

REBOUL, A. et P. ESLIMBAUM (1988). «Recherche industrielle : les secrets de la réussite allemande», *Problèmes économiques,* n° 2098.

REHFELDT, U. (1987). *Stratégie syndicale et négociations sur les nouvelles technologies en RFA,* Paris, Cahier du GIPMI.

REHFELDT, U. (1988). «Les racines du consensus: stratégies et rationalisation entre 1910 et 1933», *Gérer et Comprendre – Annales des mines*, juin.

REHFELDT, U. (1991). «Stratégies syndicales et négociations collectives: 1967-1991», *Gérer et Comprendre – Annales des mines*, décembre.

RÉMY, A. (1988). «Les stratégies japonaise et allemande dans les secteurs en crise: le cas de la sidérurgie», *Problèmes économiques*, n° 2095.

RESSOURCES HUMAINES (1988). N° 10, janvier. RUDWIG, S. (1993). «Allemagne: la facture de l'unification», *L'état du monde*, Montréal-Paris, Boréal – La Découverte.

SCHWEIKERT, K. (1989). «Le système dual de formation professionnelle en RFA», mai-juin.

SIMON, H. (1992). «Les PME allemandes, championnes du monde», *L'Expansion*, n° 65, été.

SKANDINAVISKA ENKILDA BANKEN (1983). «Some Data about Sweden», Stockholm.

SPAR, C. (1984). «Suède: l'envers de la médaille», *L'Actualité*, vol. 9, n° 2, février, p. 65-66.

STATISTISK ARSBOK' (1993). *Statistical Yearbook of Sweden*, Stockholm.

STIGLITZ, J. (2003). *Quand le capitalisme perd la tête*, Paris, Fayard.

TANGUY, B. et A. KIEFFER (1982). «L'école et l'entreprise: l'expérience des deux Allemagne», Paris, La Documentation française, Notes et études documentaires.

THAKUR, S.M., M.J. KEEN, B. HORVATH et V. CERRA (2003). «Sweden's Welfare State: Can the Bumblebee Keep Flying?», Washington, International Monetary Fund.

THANHEISER, H. (1979). «Stratégie et planification allemandes», *Gestion*, vol. 4, n° 4, novembre, p. 79-84.

THIMM, A. (1980). *The False Promise of Codetermination*, Cambridge, Mass., Lexington Books.

THURLEY, K. (1991). *Vers un management multiculturel en Europe*, Paris, Les Éditions d'Organisation.

URBAN, S. et E.-M. LIPP (1988). *L'Allemagne: une économie gagnante?*, Paris, Hatier.

VILLARD, N. (1992). «Le parcours des 200 premiers patrons français et allemands», enquête du CNRS et Herdrick & Struggles, *L'Expansion*, 9-22 janvier.

WALRAFF, G. (1986). *Tête de Turc*, Paris, La Découverte.

WEVERT, K. et C. ALLEN (1992). «Les entreprises allemandes à l'épreuve», *Harvard-L'Expansion*, n° 67, hiver.

YAMAMURA, K. et W. STREECK (2003). *The End of Diversity? Prospects for German and Japanese Capitalism*, Ithaca, New York, Cornell University Press.

ANNEXE À LA DEUXIÈME PARTIE

Nous vous présentons ici quelques données qui permettent de comparer les performances de divers pays industrialisés face au Japon, à l'Allemagne et à la Suède.

À la lecture des indicateurs retenus dans les tableaux qui suivent, on se rendra compte de la position plutôt désavantageuse qu'occupent les États-Unis et le Canada. Au contraire, le Japon, l'Allemagne et la Suède se trouvent plus souvent dans une position favorable. Cela peut être considéré comme un signe clair de l'efficience et de la qualité des systèmes de gestion qui ont cours dans ces derniers pays. Par conséquent, il est urgent que les choses changent – et en toute logique dans le sens des pays qui présentent les indices les plus favorables – au Canada et aux États-Unis, qui sont le berceau du management traditionnel le plus vivace.

TABLEAU 1
Les indicateurs économiques de différents pays industrialisés (année 2003)

	PIB (milliards de dollars US)	PIB par habitant (dollars US)	Croissance du PIB (pourcentage)	Taux de chômage (pourcentage)
Japon	4 326,4	24 491,0	2,7	5,3
États-Unis	10 881,6	32 482,9	2,9	6,0
Allemagne	2 400,7	24 009,8	0,0	9,6
Suède	300,8	23 180,7	1,6	4,9
Corée du Sud	605,3	15 573,9	3,1	2,8
Autriche	251,5	26 065,3	0,7	4,4
Canada	834,4	26 492,0	1,8	7,6
Royaume-Uni	1 794,9	23 572,6	2,2	5,0
France	1 748,0	23 764,9	0,1	9,4
Finlande	161,5	23 699,6	1,9	9,0

Source : *Alternatives économiques*, hors série, n° 62, 4e trimestre 2004.

TABLEAU 2

Le produit intérieur brut par habitant: classement des divers pays industrialisés par rapport au Japon, à l'Allemagne et à la Suède (année 2003)

	PIB par habitant (dollars US)
1. Luxembourg	54 651,8
2. États-Unis	32 482,9
3. Irlande	31 981,0
4. Canada	26 492,0
5. Autriche	26 065,3
6. Pays-Bas	25 577,7
7. Belgique	24 694,4
8. Japon	24 491,0
9. Allemagne	24 009,8
10. France	23 764,9
11. Finlande	23 699,6
12. Italie	23 523,7
13. Royaume-Uni	23 572,6
14. Suède	23 180,7

Source : *Alternatives économiques*, hors série n° 62, 4ᵉ trimestre 2004.

TABLEAU 3

Les soldes de la balance des paiements courants de divers pays industrialisés et du Japon, de l'Allemagne et de la Suède (année 2003) (pourcentage du PIB)

Suède	6,4
Finlande	5,7
Belgique	3,8
Japon	3,2
Danemark	3,0
Allemagne	2,2
Pays-Bas	2,2
Slovénie	0,1
États-Unis	– 4,8

Source : *Alternatives économiques*, hors série n° 62, 4ᵉ trimestre 2004.

TROISIÈME PARTIE

Les questions contemporaines du management : les enjeux et défis du XXIᵉ siècle

Chapitre 12

La mondialisation, le néolibéralisme et le management : des excès de l'analyse du côté de l'offre aux excès du maximalisme financier

> *Tout dirigeant d'entreprise qui se soucie d'autre chose*
> *que de maximiser les dividendes de ses actionnaires doit être considéré*
> *comme un subversif.*
>
> MILTON FRIEDMAN

Cette citation du célèbre père des «Chicago Boys», lauréat du prix Nobel d'économie en 1976 et non moins père des idées néolibérales en économie, reflète sans doute le mieux l'état d'esprit et les convictions qui entourent la conduite des affaires économiques et gestionnaires depuis plus de 30 ans, en particulier en Amérique du Nord. Les idées issues de l'analyse néo-monétariste de l'école de Chicago, sous l'influence de Friedman, continueront à dominer la conception de la «mondialisation», le dit «libre-échange», la dite «crise mondiale», etc., et des institutions financières internationales, telles que le Fonds monétaire international (FMI), la Banque mondiale (BM) et l'Organisation mondiale du commerce (OMC, organisation héritière de l'ex-GATT ou General Agreement on Tariffs and Trade). Ces idées ont directement inspiré bien des politiques économiques dites «libérales», puis dites «néolibérales», comme celles de Ronald Reagan aux États-Unis, de Margaret Thatcher au Royaume-Uni, de Jim Bolger en Nouvelle-Zélande, de Ralph Klein en Alberta, de Mike Harris en Ontario, jusqu'aux actuels gouvernements en place, en 2005, en Amérique du Nord. Et, évidemment, il est impossible que ces idées ne pénètrent pas aussi les conceptions et les principes du management partout sur la planète, puisque ce «management» est, d'un côté, largement nord-américain et, d'un autre côté, forcément inscrit dans une conception de la société, des rapports sociaux et des rapports commerciaux qui l'englobent et lui donnent sens et direction. C'est ce que j'ai appelé ailleurs[1] le fait que, somme toute, le management (dominant de type américain, répétons-le) n'est rien d'autre que **le bras armé** (dans le sens d'une mise en application par la façon de faire fonctionner l'entreprise, les rapports de travail et d'échanges) **d'une pensée économique qui l'encadre et le conditionne : la pensée dominante de type néolibéral.**

Toutefois, les dégâts considérables causés par l'expansion de ces idées à travers ce qu'on se contente généralement d'appeler la «mondialisation», partout dans le monde (voir les livres de Stiglitz, 2002 et 2003 ; Krugman, 2004 ; Aktouf, 2002 ; Nell, 1998a et 1998b ; Chossudovsky, 1998 et 2004) on continue,

---

1. Voir Aktouf (2002).

dans l'économie et le management dominants, à croire qu'il s'agit du remède à la crise mondiale (inaugurée par le deuxième choc pétrolier du début des années 1980), à la pauvreté dans le monde, au sous-développement, et ainsi de suite.

Dans ce chapitre, nous tenterons, après avoir apporté quelques définitions, de comprendre comment l'ordre mondial a évolué vers cette situation de «mondialisation néolibérale», autrement que de la manière dont les discours officiels (en particulier des politiciens et des économistes libéraux) nous présentent les choses, puis d'en décortiquer les mécanismes, les objectifs, les dangers et les promesses, avant de voir en quoi une réforme en profondeur, touchant à la conception et à l'enseignement – en économie et en management –, est aussi indispensable qu'urgente.

LIBÉRALISME ET NÉOLIBÉRALISME

Il importe, en premier lieu, de comprendre que le «management» et la «pensée économique néolibérale» sont indissociables l'un de l'autre, qu'ils se génèrent l'un l'autre. Comment, en effet, peut-on imaginer une théorie, une conception ou une pratique du management désincarnées, venues de nulle part et ne traduisant que le souci technique ou technocratique de bien diriger les organisations? Déjà, ce que l'expression «bien diriger les organisations» veut dire pose problème. En dehors des sempiternels et fameux débats concernant «art» ou «science», «dirigeants» ou «leaders», «doctrine des grands chefs» ou «organisation scientifique du travail» comme disaient Fayol et Taylor, il reste qu'au sein même de la pensée économique il y a obligatoirement une conception de ce qu'est l'«efficacité», donc, en dernier ressort, une conception de ce que signifie «faire fonctionner les organisations de manière efficace». Ainsi, la pensée économique porte en elle les éléments clés qui encadreront en quelque sorte la façon dont seront pensés l'entreprise et son fonctionnement. C'est pourquoi le management n'est pas autre chose que **le bras armé de la pensée économique dans le cadre de laquelle il se développe.**

En effet, depuis la conception de la société, du marché ou de l'entreprise comme «lieux de concurrence» jusqu'aux comportements dits «rationnels» des acteurs et agents économiques (entrepreneurs, actionnaires, employés, consommateurs, etc.), en passant par la centralité de l'*homo œconomicus*, il n'existe rien, dans la théorie du management, qui ne se réfère au cadre plus englobant et plus général de la théorie économique. Or, cette théorie économique, nord-américaine après avoir été anglaise, depuis Smith jusqu'à Friedman et à Porter, s'appuie sur des présupposés fort précis sur ce que veulent dire produire des biens et des services, traiter ses semblables en des termes «rationnels», satisfaire la demande, être efficace, donc, en un mot, sur ce que veut dire **gérer.** Par conséquent, le management dont nous parlons est largement d'inspiration **néolibérale,** puisqu'il est imbriqué dans un cadre sociopolitique et socioéconomique qui se présente comme tel.

Mais, enfin, qu'est-ce que le néolibéralisme? Le terme fait nécessairement référence à un précédent «libéralisme». Qu'est-ce, alors, que le libéralisme? Il s'agit, en fait, du **contraire du néolibéralisme!** En anglais, le libéralisme (être libéral) renvoie au positionnement vers la gauche politique, vers une conception sociale-démocrate de l'économie et de son fonctionnement. C'est ce libéralisme (keynésien au départ) qui a influencé et la mise en place et l'esprit des institutions (le FMI, la Banque mondiale, le GATT) de Bretton Woods (du nom du lieu où se tinrent des négociations en juillet 1944). Au départ, ces institutions devaient, par un **esprit résolument régulateur et interventionniste,** veiller à ce que le monde entre dans une ère de commerce dans l'ordre et la paix, après les ravages occasionnés par la Seconde Guerre mondiale.

C'est ce qui a été tenté durant les «trente glorieuses» (nom donné aux trois décennies de prospérité qui ont suivi la fin de la Seconde Guerre mondiale et l'application en Europe du plan Marshall) : aider les pays les plus pauvres à se doter d'instruments de développement, réglementer de manière homogène le fonctionnement des économies et du commerce ainsi que des taux de change (ainsi, le dollar américain était à taux fixe garanti en équivalent or jusqu'en août 1971, moment où le président Richard Nixon annonça unilatéralement la fin de cette convertibilité), etc. Bref, le libéralisme consiste, entre autres, à intervenir par des lois dans la marche économique, à donner aux États des droits et des pouvoirs de réglementer les mouvements de capitaux, les comportements des entreprises, les transactions nationales et internationales, enfin à peu près tout sauf le marché roi, libre, autorégulé, au-dessus des nations et des États, à peu près tout sauf ce qui allait devenir le credo central du néolibéralisme : le marché sans contrainte, et la liberté pour le capital d'agir à sa guise partout où il le souhaite.

Après l'euphorie des «trente glorieuses», à partir en gros de la fin des années 1970 et de la confirmation du fait que le Japon, l'Allemagne et les pays scandinaves étaient devenus les meilleurs acteurs économiques de la planète, on s'est mis à parler de «crise mondiale» et de «mondialisation», puis à brandir les théories économiques néo-monétaristes et néo-smithiennes de Friedman et de l'école de Chicago comme solutions à cette crise et comme mode de fonctionnement de cette mondialisation. C'est le regain tous azimuts, explosif, triomphant, de la théorie du laisser-faire et du non-État généralisés. Ou plutôt, comme l'explique le lauréat du prix Nobel Joseph Stiglitz, du non-État lorsqu'il n'intervient pas pour aider les affaires. Voilà ce qu'on dénommera, de manière paradoxale, le néolibéralisme. Il s'en est suivi toute une série de transformations dans les politiques économiques mondiales[2], à commencer par celles des États-Unis sous Reagan et du Royaume-Uni sous Thatcher. On parlera alors de la théorie de l'analyse du côté de l'offre (résurgence de l'antique théorie de Jean-Baptiste Say [1767-1832], la «loi des débouchés», selon laquelle toute offre finirait par engendrer la demande correspondante) et de la théorie de la stimulation par la baisse de l'impôt (ce que Stiglitz dénomme «théorie économique vaudou», due à Arthur Laffer, qui prétendait que minimiser l'impôt inciterait à travailler plus – puisqu'on empocherait plus du fruit de son labeur – et augmenterait donc la consommation, le nombre d'emplois, les richesses).

---

2. Jusque-là d'inspiration plutôt keynésienne (interventionniste) et sociale-démocrate (seuls les pays du Nord de l'Europe conserveront ces traditions).

En fait, des deux côtés de ces «nouvelles théories», comme nous le verrons plus loin, il s'est agi simplement de trouver les moyens de permettre aux plus riches de continuer à faire grossir leur part du gâteau des richesses, alors que le gâteau de l'économie réelle avait cessé de grossir pour tous. Et tout cela enflera sans cesse, jusqu'à devenir la plate-forme théorique de l'organisation des échanges mondiaux et du prétendu libre commerce mondialisé.

UNE GENÈSE DIFFÉRENTE DE LA MONDIALISATION NÉOLIBÉRALE

Par «genèse différente», j'entends une autre façon d'expliquer la mondialisation et ses mécanismes, ses origines, ses tenants et aboutissants que celle que proposent les milieux orthodoxes de l'économie et de la politique depuis deux ou trois décennies. La mondialisation dont nous démonterons les rouages, les étapes et les processus n'est ni une évolution naturelle de l'ordre économique par lui-même, ni un progrès des échanges, ni une généralisation spontanée des mécanismes du marché libre, mais un ordre nouveau dans les affaires économiques mondiales voulu, ordonné, préparé et guidé par des intérêts précis. Stiglitz (2002) osera parler, dans *La grande désillusion*, d'un «véritable complot pour faire main basse sur l'économie mondiale» mettant en jeu le FMI, la Banque mondiale, l'OMC, la banque centrale américaine (Federal Reserve Board), les milieux financiers de Wall Street et Département du Trésor américain! Quand on sait qu'il a aussi été vice-président de la Banque mondiale et patron du Conseil économique de Bill Clinton durant plusieurs années, on ne peut l'accuser de ne pas savoir de quoi il parle.

Dans les faits et dans l'histoire, la mondialisation à laquelle nous assistons est le résultat d'un mouvement multiforme, qui a commencé immédiatement après la fin de la Seconde Guerre mondiale. Ce mouvement multiforme s'est accompli (et se poursuit) selon six étapes : la mise sur pied des institutions de Bretton Woods, la Guerre froide et la doctrine Truman dite de l'endiguement (*containment*) pour limiter les sphères d'influence de l'ancienne Union soviétique et des pays de l'ancien bloc de l'Est, le maccarthysme aux États-Unis, l'effondrement du mouvement des pays non-alignés, la guerre des prix entre multinationales des deux capitalismes (américain, d'un côté, et germano-nippo-scandinave, de l'autre) et la mise au pas des pays du Tiers-Monde par les effets souvent dévastateurs des Programmes d'ajustements structurels imposés par le FMI[3].

Les institutions de Bretton Woods

À la fin de la Seconde Guerre mondiale, et dans un souci affirmé de promouvoir le commerce et la paix plutôt que l'isolationnisme et la guerre, des institutions de promotion, de régulation et de surveillance des activités économiques, financières et commerciales ont été mises en place partout dans le monde.

---

3. Pour une analyse plus technique et plus détaillée, voir Stiglitz, 2002; Aktouf, 2002; Chossudovsky, 2004.

Entre le 1er et le 22 juillet 1944, il s'est tenu une conférence monétaire et financière, placée sous les auspices de la future Organisation des Nations unies (ONU), sur la côte est des États-Unis, à Bretton Woods, dans le New Hampshire. Quarante-quatre pays étaient présents à cette conférence souhaitée surtout par les États-Unis. La Grande-Bretagne et la France y ont participé activement. La relance des échanges et la reconstruction des économies détruites à l'issue des graves affrontements mondiaux étaient de grandes questions à l'ordre du jour. Les capacités américaines de production étaient à leur niveau maximal et les dirigeants pensaient à la reconversion d'industries de guerre dans des activités civiles tournées vers l'exportation. Comme le précise l'article consacré à ce sujet dans l'*Encyclopædia Universalis* :

> Ce changement d'orientation n'est possible que si un vaste marché international peut être rapidement reconstitué en présentant à moyen terme de bonnes garanties de solvabilité dans une perspective d'expansion. Deux conditions doivent être impérativement remplies pour les Américains : l'existence d'un système monétaire stable, qui assure la reprise et la progression des échanges, et la remise en marche des économies durement touchées par le conflit, notamment celles d'Europe occidentale. [...] Ce sont les propositions américaines et anglaises qui retiennent principalement l'attention des experts. Le plan américain mis au point et défendu par le secrétaire d'État H.D. White bénéficie d'un préjugé favorable par la seule existence d'un rapport de force et de négociation qui tourne indiscutablement à l'avantage des États-Unis. Ce plan veut éviter tout retour aux pratiques discriminatoires des années trente par la pratique du contrôle des changes et du relèvement des tarifs douaniers. [...] Le plan britannique conçu et présenté par John Maynard Keynes traduit à la fois le génie imaginatif du grand auteur et le souci de rendre le futur système indépendant des États-Unis : les propositions de Keynes visent à créer une véritable monnaie internationale (appelée Bancor) définie par rapport à l'or selon un taux variable. [...] Ce plan s'avère beaucoup plus ambitieux et supranational que celui présenté par les autorités américaines, mais les décisions finales qui vont sortir de la conférence sont en fait très proches de celles préconisées par White.

Il n'est donc pas étonnant de voir le plan de Keynes repris, pour ainsi dire, 50 ans plus tard, sous le slogan « Un monde, une monnaie (*One world, one money*) », par Robert A. Mundell, lauréat du prix Nobel d'économie en 1999 et parrain de la monnaie unique européenne, l'euro[4].

> Le Fonds monétaire international qui est finalement créé ne sera pas une véritable banque centrale internationale mais plutôt, comme le souhaitaient les Américains, un fonds d'égalisation des changes. Cependant, la création de la Banque internationale pour la reconstruction et le développement marque le souci exprimé par la plupart des pays d'accélérer la remise sur pied des économies dévitalisées par plus de quatre ans de guerre.
>
> Sur le plan strictement monétaire, l'or conserve sa place ; pour éviter cependant la distorsion prévisible entre le développement rapide des échanges et la relative pénurie de métal fin, on institue à côté de l'or deux monnaies jouant un rôle international comparable et appelées monnaies de réserves (en l'occurrence le dollar américain et la livre sterling britannique).

---

4. Voir Mundell (1968, 1971, 1999).

Ces passages de l'article consacré par l'*Encyclopædia Universalis* à la conférence de Bretton Woods montre à quel point Américains et Anglais, par ailleurs « maîtres » des devises utilisées comme moyens de paiements internationaux, sont intéressés (même s'ils sont quelque peu rivaux) à mener (ou tout au moins à influencer le plus possible) le jeu de la réorganisation de la planète après la Seconde Guerre mondiale, et à la veille de la généralisation des mouvements de décolonisation à l'exemple de l'Inde et de leaders tels que le Mahatma Gandhi.

Trois institutions seront mises sur pied après une vingtaine de journées de « négociations » dominées par les États-Unis et la Grande-Bretagne : le Fonds monétaire international, la Banque mondiale et, un peu plus tard, le GATT. Le FMI, en gros, sera chargé de garantir une certaine stabilité monétaire internationale, de veiller à ce que tous les partenaires économiques jouent au même jeu avec les mêmes règles. La Banque mondiale devra fournir des crédits, de l'aide et du soutien aux pays qui en ont besoin pour sortir de la pauvreté, et encourager l'entrée du plus grand nombre de pays dans le « libre » commerce mondial. Le GATT, enfin, devra concevoir, faire appliquer et surveiller, à travers des rondes de négociations multilatérales pouvant durer plusieurs années, les « bonnes règles » du commerce international. Tout cela, bien entendu, peut sembler partir de nobles sentiments : quoi de plus louable, en effet, que de vouloir remplacer les conflits et le protectionnisme par le commerce et la liberté des échanges ? On reconnaît là des intentions de type « libéral », suivant la définition qui a été donnée à ce terme précédemment. Mais, hélas ! nous verrons que ces institutions transformeront graduellement leurs missions respectives pour devenir, par idéologie et dogmatisme (Stiglitz, 2002 et 2003 ; Krugman, 2004 ; Chossudovsky, 2004 ; Aktouf, 2002), de véritables obstacles à leur propre vocation d'origine.

Cependant, à la mise sur pied des institutions elles-mêmes, il convient d'ajouter le plan Marshall (du nom du secrétaire d'État américain de l'époque, George C. Marshall), qui vise à donner à l'Europe les moyens de se redresser à la suite des destructions immenses subies depuis 1939. Là aussi, les intérêts bien pensés des États-Unis sont à considérer. Outre le fait qu'ils n'avaient subi aucun effet de la guerre chez eux, les Américains étaient devenus de très gros producteurs de biens en tout genre et les détenteurs d'énormes moyens financiers. Il fallait trouver des débouchés pour tout ce que le marché nord-américain ne pouvait absorber, et en même temps commencer à « exporter » l'*American way of life*, tout en faisant barrage à la « menace » communiste en Europe centrale (« sauver » la Grèce et la Turquie qui risquaient de basculer dans ce camp, et renforcer les alliés face à l'URSS qui déclinait l'offre d'aide et incitait ses « satellites » à en faire autant). Ainsi, à la fin des années 1940, 12 milliards de dollars américains arrosèrent l'Europe, en plus des produits américains massivement exportés vers le Vieux Continent. Ce plan Marshall échappait à toute forme de contrôle ou d'administration de la part des institutions de Bretton Woods ou de tout autre organisme ; il relevait strictement de la Maison Blanche.

Voilà donc le premier pas important vers ce qu'on désignera quelques décennies plus tard par le terme « mondialisation » : l'ensemble de la planète commence à être soumis à une conception économique et commerciale précise, voulue par les États-Unis et leurs alliés « naturels » de toujours, les Anglais. Cette conception devra, bien sûr, être opposée à celle qui a cours dans les pays du bloc de l'Est, et être résolument capitaliste-libérale, avant de devenir «néolibérale», ou mieux, «ultralibérale».

Guerre froide et doctrine de l'endiguement de l'Est

Menés par le président Harry Truman, à la fin de la seconde Guerre mondiale, les États-Unis adoptèrent, face à la menace soviétique qui tentait d'élargir sa zone d'influence et à la crainte de l'expansion du communisme, la doctrine politique de l'endiguement (*containment*). Il s'agissait de «contenir» l'URSS, en particulier, et le bloc de l'Est, en général, en créant tout autour de leurs frontières des «digues» aussi hermétiques que possible. Avec l'Europe – Angleterre, République fédérale allemande et France en tête – qui était déjà bien engagée dans l'application du plan Marshall et bien décidée à contrer le communisme vers l'Ouest, il fallait surtout songer aux frontières sud et est du bloc soviétique.

Lors d'un discours prononcé en Pennsylvanie, en mars 1946, le premier ministre britannique Winston Churchill, faisant allusion aux limites qui devaient séparer hermétiquement l'Est et l'Ouest (ce sera concrètement, pour l'Europe, le futur mur de Berlin érigé à partir de 1961), utilisa le premier l'expression «rideau de fer», véritable mot d'ordre du *containment* et de la «Guerre froide». Il s'agissait, pour l'Ouest capitaliste, de considérer qu'il était en état de belligérance, larvée mais réelle, avec le bloc communiste, et qu'un rideau de fer devait à tout prix être dressé contre cette «mortelle menace pour le monde libre» d'autant qu'avec les mouvements d'indépendance des anciennes colonies qui s'accéléraient, souvent soutenus par Moscou, les idées socialistes et communistes risquaient de se répandre encore davantage. Comme l'a précisé, dans une des émissions célèbres *National Geographic*, un ancien haut responsable de la CIA (Central Intelligence Agency, les services d'espionnage et de contre-espionnage américains): «La guerre froide, c'était comme un jeu d'échecs, chacun devait enlever le maximum de pièces à l'autre[5].» Nous verrons, notamment avec le rappel de la façon dont fut «neutralisé» le mouvement des pays non-alignés, comment il s'est agi effectivement d'enlever la maximum de pièces à l'adversaire…

Cependant, cette doctrine de l'endiguement contribua à poser les jalons de la future mondialisation, en ce sens qu'elle tendait à faire prévaloir partout, et par tous les moyens, la vision économique de Bretton Woods. Empêcher le modèle concurrent de s'étendre, c'est garantir de l'espace pour son propre modèle à soi. C'est ainsi que se paracheva une longue série d'organisations et de réorganisations des frontières et des pays situés aux limites sud-est et sud-ouest de l'URSS. Du même coup, on s'assurait le contrôle des immenses réserves d'hydrocarbures que ces «terres du centre» (espace qui s'étend de la Turquie jusqu'au Pakistan et qui regorge de pétrole et de gaz, sans doute plus de 80% des réserves mondiales). Le réaménagement de cette énorme région débuta en fait durant la Première Guerre mondiale et se poursuivit jusqu'après la Seconde. Contre la promesse de laisser libres et souverains les pays arabes, les nations

5. *National Geographic*, émission télédiffusée le 23 avril 2005 sur la chaîne RDI.

alliées exigèrent dès 1915 le concours des tribus arabes dans l'offensive contre les Turcs, dont l'Empire ottoman couvrait presque tout le Moyen-Orient. Mais pétrole et doctrine d'endiguement obligent, on fit plutôt de successives répartitions en «mandats» (la Société des Nations, ancêtre de l'ONU, et l'ONU aidant), qui donnaient le contrôle à la France, à l'Angleterre et en sous-main aux États-Unis sur ce qui se faisait et se défaisait de Damas à Téhéran. Ainsi, des régimes très favorables aux Alliés, aux États-Unis et aux principes de Bretton Woods furent installés à la tête de l'Arabie Saoudite, de la Syrie, du Liban, de l'Égypte, de la Jordanie, de l'Iraq.

Toutefois, restait l'épineux problème des frontières soviétiques du Sud-Ouest, en direction de l'Iran, de l'Afghanistan et jusqu'aux confins du Pakistan. La religion musulmane fut alors mise à contribution. On peut, en effet, présenter le communisme aux musulmans de deux façons presque antinomiques : soit en insistant sur son côté collectiviste, soucieux des travailleurs et des démunis, de justice sociale, soit en insistant sur son côté athée[6]. Dans le premier cas, les musulmans ont tendance à voir dans le communisme un complément à l'islam ; dans le second, ils peuvent y voir un ennemi radical de l'islam puisque le communisme nie Dieu et la religion. C'est bien sûr sous la seconde forme que le communisme fut montré dans la région, en particulier à partir de l'Arabie Saoudite et de sa conception dite du «wahhabisme» de l'islam, conception plutôt fondamentaliste, belliqueuse, réductionniste, radicale et ultraconservatrice. L'Arabie Saoudite paraît encore à ce jour le pays musulman où les droits civiques et démocratiques sont les plus violemment réprimés, au nom de la religion. Mais cette conception fondamentaliste et radicale du message musulman servira fort bien la doctrine de l'endiguement du bloc de l'Est, jusqu'à aboutir, à la fin des années 1970, à la guerre soviéto-afghane. En finançant à flots continus (grâce aux pétrodollars) l'expansion de cette attitude férocement anticommuniste, à travers le pivot du wahhabisme, fut mis en place, tout le long du Sud-Est soviétique, un écran farouche, franchement hostile à l'URSS, proche de la guerre sainte musulmane. On ne pouvait rêver d'une meilleure protection contre le principal adversaire de la marche en avant de la mondialisation telle que voulue par Washington et le bloc de l'Ouest.

C'est ainsi que se déroula la deuxième étape de la préparation de la future mondialisation néolibérale, garantie de la non-expansion du modèle adverse ni vers l'Ouest, grâce à l'Europe et au futur mur de Berlin, ni au Sud et au Sud-Est, grâce au contrôle exercé sur les régimes du Moyen-Orient, au renforcement et à l'expansion de l'idéologie du wahhabisme et du radicalisme musulman anticommuniste[7].

---

6. Mentionnons également que, pour les musulmans, il est à peu près inconcevable de ne pas avoir de religion, quelle qu'elle soit.
7. Cela culminera, en quelque sorte, avec la guerre que mènera l'URSS en Afghanistan (une sorte de Vietnam soviétique destiné à maintenir à Kaboul le régime favorable à Moscou) de 1979 à 1988.

Le maccarthysme et l'antisyndicalisme : l'étouffement brutal des idées non libérales aux États-Unis

Voici un sombre épisode de l'histoire récente des États-Unis, épisode peu enseigné et peu connu, en particulier sur le continent nord-américain. Cependant, il vaut la peine qu'on s'y attarde un moment si l'on veut comprendre la troisième étape de l'appui à l'élan de la mondialisation de l'idéologie néolibérale, tant sur le plan économique que sur le plan politique.

L'antisyndicalisme et l'incapacité pour la classe ouvrière américaine de se constituer un tant soit peu comme force sociale et surtout politique datent de fort longtemps. Déjà, au XIXe siècle, un «socialiste utopiste», entrepreneur à succès, un Anglais du nom de Robert Owen, subira un cuisant échec en voulant réaliser sur le sol des États-Unis, vers 1824, le rêve de l'État de droit et des libertés en tentant d'y implanter – croyait-il avec moins de difficultés – le modèle d'intégration de la manufacture, de la qualité de la vie et de la défense des droits fondamentaux des ouvriers et de leurs familles, comme il l'avait fait à New Lanark, en Écosse, à la fin du XVIIIe siècle. Sa déception, à la mesure de la férocité avec laquelle il a été victime d'escrocs et d'attaques des milieux des affaires américains, le convainquirent de s'en retourner en Grande-Bretagne, où il devint un ardent défenseur du mouvement syndicaliste naissant. Signalons que, à partir du XIXe siècle, nombre de socialistes, de communistes et de marxistes affluèrent de l'Europe vers les États-Unis, rêvant d'instaurer dans le Nouveau Monde une société plus juste, plus encline à intégrer et à protéger les démunis, moins injustement élitiste. Même Karl Marx obtint vers le milieu du XIXe siècle une proposition de travail comme rédacteur dans une revue à New York ! Le comble de l'intolérance envers la présence sur le sol américain de tant de socialo-communistes sera précisément l'ère maccarthyste.

Mais revenons à l'antisyndicalisme et à l'anti-ouvriérisme. Déjà, le 1er mai 1886, la police américaine recevait l'ordre de faire feu sans pitié sur les foules d'ouvriers en grève qui défilaient à Chicago ; c'est cet événement qui est commémoré par la «fête du Travail», célébrée partout dans le monde le 1er mai, sauf en Amérique du Nord. La lutte par tous les moyens, y compris l'appel à la maffia et les faux procès, pour étouffer dans l'œuf toute velléité syndicaliste, peut se voir à visage presque découvert, par exemple dans la sombre affaire Sacco et Vanzetti, du nom de deux ouvriers de la région de Boston, Nicolas Sacco et Bartolomeo Vanzetti, activistes de gauche et syndicalistes, qui furent selon toute vraisemblance victimes d'un coup monté (où se télescopent patronat, maffia et police), puis accusés de hold-up et de meurtre, et exécutés (le juge qui les a condamnés à mort en 1927 dira que «la preuve de leur culpabilité est leur conscience d'avoir fait le mal»!). On ne peut, bien sûr, nier qu'il existe un mouvement syndical aux États-Unis, mais, en bref, il ressortit plutôt à un syndicalisme particulier, dit «d'affaires», largement habité par la violence et les méthodes maffieuses, au mieux corporatiste, et surtout **totalement apolitique.** Si l'on ajoute à cela que nombre d'États américains se clament *free work State* (État où l'on travaille librement, comprendre : là où le syndicalisme est prohibé), il se dégage de ce portrait le fait qu'aucun mouvement politique favorable aux travailleurs n'y a eu de chances de se construire. Le système politique américain est entièrement dominé, à travers les deux grands partis qui se partagent la scène, par la défense des intérêts de l'argent : les démocrates (aussi dénommés *yankees*), même lorsqu'ils se présentent comme des libéraux (sociaux-démocrates en terre américaine, rappelons-le), sont depuis leurs origines les représentants des intérêts des familles riches et des fortunes «traditionnelles» du Nord-Est américain, tandis que les républicains (aussi dénommés *cow-boys*) sont les défenseurs des fortunes plus récentes du Sud et du Sud-Ouest américain. Dès lors est-il étonnant que l'argent privé prenne tant de place dans la vie éducative et universitaire américaine? Est-il possible que l'idéologie dominante des écoles d'économie et de gestion n'en soit pas profondément marquée?

Mais le maccarthysme et l'acharnement à l'endroit de la gauche du plus célèbre et farouche directeur du FBI (Federal Bureau of Investigation), Edgar Hoover, parachèveront la construction de la chape de plomb qui étouffera pour longtemps toute forme de pensée «officielle» échappant à la norme capitaliste et financière à la manière de la classe dominante américaine[8]. En novembre 1946, le président Truman institue une commission chargée d'abord d'enquêter sur la «loyauté des fonctionnaires fédéraux», lançant par là la chasse aux fonctionnaires dont les activités ou les idées seraient considérées comme partisanes du fascisme, de l'anarchisme, du communisme, ou plus simplement subversives, antiaméricaines. L'année suivante, les administrations américaines reçoivent l'instruction d'enquêter, au moyen d'interrogatoires, au sujet de leurs employés et de renvoyer sans ménagement tous ceux qui seront considérés, en raison de leurs convictions, comme «dangereux» ou «constituant une menace» pour le système et la sécurité des États-Unis (ces employés étant qualifiés de *security risks*). Depuis 1938, la Chambre des représentants dispose d'une commission sur les activités antiaméricaines (House Un-American Activities Committee), qui combat les influences nazies, fascistes et communistes aux États-Unis.

Comme le dit André Kaspi :

C'est le 9 février 1950 que Joseph R. McCarthy, sénateur républicain du Wisconsin, dénonce, dans son discours de Wheeling (Virginie-Occidentale), la mainmise des communistes sur le département d'État. Des preuves, il n'en a pas. Il prêche la croisade, accentue un traumatisme et tâche d'en profiter pour sa carrière politique. [...] Des listes noires circulent avec les noms de ceux qu'il faut écarter. [...] La délation se transforme en instrument de défense. Pour se disculper, on donne des noms.

Cette chasse aux sorcières du maccarthysme durera 10 ans, jusqu'en 1957. Entre-temps, des dizaines de personnalités des arts, des lettres et du spectacle sont bannies, salies, poussées à l'exil, tandis que des centaines, voire des milliers, d'employés et de syndicalistes sont brisés, arrêtés net dans leurs carrières, jetés au chômage et à la misère. La paranoïa maccarthyste ira jusqu'à faire peser des soupçons sur le général Marshall (l'instigateur du fameux plan Marshall) lui-même et, partant, sur l'ensemble de l'armée américaine! Ses amis finirent

---

8. Les passages qui suivent sont inspirés de Kaspi (1988).

par lâcher le sénateur McCarthy, qui mourut dans l'oubli... mais après 10 ans de dégâts irréversibles causés à la société américaine, dont les grands gagnants furent les républicains et les franges les plus conservatrices, les plus antilibérales (au sens américain premier du terme) des États-Unis. Le futur néolibéralisme avait désormais la voie libre devant lui en terre américaine.

Cependant, cette vaste entreprise de «nettoyage idéologique» pour déblayer la route vers les idées radicalement néolibérales sur le territoire américain ne s'arrêtera pas là. Le FBI et Edgar Hoover en continueront méticuleusement la mission jusqu'au début des années 1970. Edgar Hoover a dirigé le FBI de 1924 à 1972. D'abord sous le nom de «Bureau of Investigation» (qui est devenu le «Federal Bureau of Investigation» en 1935), le FBI fut créé en 1908 afin de surveiller par des activités de renseignement tout ce qui pourrait se développer de «subversif» ou d'antiaméricain sur le territoire américain. Mais Hoover en élargira considérablement le pouvoir et les prérogatives, jusqu'à devenir un véritable contre-pouvoir à Washington, et ce, même face aux présidents des États-Unis ; ce patron du FBI en aura d'ailleurs vu passer sept au cours de son règne. Il a su vite devenir inamovible et tout-puissant en démultipliant les dossiers sur les personnalités américaines, Maison Blanche comprise. Il créa fichiers sur fichiers et listes sur listes, qui ne cessaient de grossir. Ainsi fut fichée toute personne manifestant de la sympathie non seulement pour le nazisme, mais aussi pour le communisme, ses dérivés et les idéologies proches. Sous Hoover, le FBI fit feu de tous bois : relevés des abonnements aux journaux et périodiques «suspects», des activités ou contacts avec des associations jugées subversives, censure du courrier, écoute téléphonique, micros clandestins, etc. Il profita de la Seconde Guerre mondiale pour se donner les coudées franches et rendre ses services encore plus redoutables, lesquels détenaient des fichiers redoutés. En 1951, la purge visant les adversaires du système capitaliste et financier américain prit de l'ampleur avec la promulgation de l'*Internal Security Act*, qui élargit les pouvoirs du FBI et permit qu'on se passe de preuves de déloyauté, le seul soupçon étant désormais suffisant pour renvoyer tout fonctionnaire indésirable. Par la suite, le FBI et Hoover s'activèrent avec férocité – n'hésitant pas à recourir aux complots et à la violence – à déraciner tout mouvement aux idées progressistes et à mettre hors d'état de nuire toute personne ou personnalité sympathisante vis-à-vis de ce genre de mouvements, qu'il s'agisse de la défense des droits des Noirs ou des autochtones, des revendications sociales d'universitaires ou d'intellectuels, et ainsi de suite.

Tel fut le résultat de la doctrine Truman à usage interne, le pendant de la doctrine de l'endiguement à usage externe. Cela ouvra la voie au triomphe des idées néolibérales qui culmineront avec le règne de Ronald Reagan et l'énorme influence des conceptions économiques ultraconservatrices, venues de Chicago et de la Californie : les conceptions issues des travaux de Milton Friedman et de l'économiste anti-impôts Arthur Laffer. Rien, désormais, aux États-Unis, et particulièrement dans les milieux proches des pouvoirs politique et économique, ne pourra faire obstacle à ces doctrines qui mettront en avant, comme moteurs de la mondialisation, les dogmes du marché libre et de l'État-*business*, comme nous le verrons plus loin.

L'effondrement du mouvement des pays non-alignés

Voici un épisode de l'histoire mondiale contemporaine lui aussi peu connu, peu analysé et peu enseigné. Mais la mondialisation de l'idéologie ultralibérale (qui sera dénommée plus tard «néolibérale») nécessitera le démantèlement de ce mouvement qui unissait la majorité des pays du Tiers-Monde dans une conception économique et commerciale s'éloignant assez radicalement de celle qui découlait de l'esprit de Bretton Woods, de la Guerre froide, du maccarthysme et du capitalisme maximaliste financier à l'américaine.

Le mouvement des pays non-alignés est une sorte d'accord, lancé à Bandung, en Indonésie, au milieu des années 1950 (puis consacré à Belgrade, en Yougoslavie, en 1961) entre les pays du Tiers-Monde nouvellement indépendants et ceux en voie de le devenir, afin de ne «s'aligner» sur les intérêts d'aucune des deux superpuissances de l'époque (États-Unis et URSS) et de protéger avant tout ceux de leurs propres peuples, avec des régimes politiques très nationalistes et plutôt gauchisants. Il s'agissait, au début des années 1960, d'une centaine de pays de presque tous les continents (mais surtout d'Afrique et d'Asie). Leur mode d'échanges commerciaux entre eux et avec les pays dits de l'Est se faisaient essentiellement sur la base du troc. Ainsi, l'URSS livrait des tracteurs et des foreuses à Cuba ou à l'Algérie, et ceux-ci lui retournaient du sucre ou du vin. Ce commerce se passait hors du contrôle des systèmes traditionnels de la livre anglaise et du dollar américain. On a alors observé, entre 1962 et 1974 environ, les phénomènes suivants :

1. La disparition de presque tous les régimes, figures de proue, leaders ou proches de ce mouvement (tel Enrico Mattei, patron à l'époque du secteur énergétique italien, qui voulait organiser une co-exploitation du pétrole plus favorable aux pays producteurs, mort lors d'un mystérieux accident d'avion privé, au-dessus de la Méditerranée, en 1962).

2. La multiplication, dans le Tiers-Monde en général et en Amérique du Sud en particulier, de dictatures militaires aussi sauvages que résolument partisanes du néolibéralisme à l'américaine[9].

3. Un enchaînement d'assassinats politiques et d'emprisonnements de leaders favorables au mouvement des pays non-alignés : de Lumumba, au Congo, en 1962, remplacé par le dictateur sanguinaire et corrompu Mobutu, jusqu'à Allende, au Chili, en septembre 1973, remplacé par le non moins dictateur sanguinaire et corrompu Pinochet, en passant par Nu, de Birmanie, Nehru, de l'Inde, Ngô Dinh Diem, du Vietnam du Sud, Nkrumah, du Ghana, Sukarno, d'Indonésie, Mossadegh, d'Iran, Ben Bella, d'Algérie, Ben Salah, de Tunisie, Ben Barka, du Maroc, Norodom Sihanouk, du Combodge, etc.

---

9. Particulièrement en Amérique du Sud, le fameux «plan Condor», préparé par le pouvoir américain à partir du Chili de Pinochet, devait aboutir à l'élimination de toute opposition non partisane du capitalisme ultralibéral dans l'ensemble des pays du centre et du sud-ouest du continent.

La plupart de ces leaders attachés au non-alignement ont été écartés du pouvoir ou carrément éliminés et remplacés par des régimes qui ont rompu avec l'esprit de Bandung et de Belgrade. Cela constitue la quatrième étape de la construction de la mondialisation en dehors de toute concurrence non capitaliste et financière. L'ensemble du commerce mondial devra passer, sans exception hormis le bloc de l'Est, sous la houlette des devises fortes et des règles de l'Occident, dollar et multinationales américains en tête. Le capitalisme financier commençait à concrétiser sa mainmise planétaire, appuyé par les organisations de Bretton Woods, le Département du Trésor américain et le FMI, comme en témoigne sans équivoque le lauréat du prix Nobel et ex-vice-président de la Banque mondiale Joseph Stiglitz (2002 et 2003). Cette mise au pas de l'ensemble des pays qui avaient l'audace de vouloir commercer sur les marchés internationaux **sans passer par les moyens de paiements occidentaux dominés jusque-là par le Royaume-Uni et les États-Unis** (et consacrés par Bretton Woods) s'avérait d'autant plus urgente que bon nombre de pays du bloc de l'Est, l'URSS en premier, en profitaient directement.

En effet, le Tiers-Monde et les pays du bloc soviétique disposaient désormais d'un inestimable ballon d'oxygène, car ils pouvaient obtenir toutes sortes de matières – biens, services et ressources – sans avoir à vendre leurs propres produits sur les marchés mondiaux pour se procurer des devises fortes tel le dollar, pour ensuite acheter aux autres pays[10]. Ce marché *clearing,* comme on l'appelait, qui touchait une bonne partie du commerce mondial, avait ouvert la voie à une sorte de devise internationale des pays du bloc soviétique et du groupe des non-alignés : le **rouble** (monnaie soviétique) **convertible.** De toute évidence, cela a été pris comme une menace directe à la domination jusque-là sans partage des monnaies d'échanges internationaux anglo-saxonnes : la livre sterling et le dollar. Et l'éradication du mouvement non-aligné devenait d'autant plus pressante. Ce fut un pas de plus vers l'uniformisation capitaliste et financière de l'ordre économique mondial.

La guerre des prix entre multinationales des deux formes de capitalisme et l'affaiblissement du Tiers-Monde par les Programmes d'ajustements structurels du FMI

La cinquième étape du processus de mondialisation néolibérale consiste, à partir du milieu des années 1970, dans la riposte enclenchée par les entreprises du capitalisme financier et du «management traditionnel» (de pays comme les États-Unis, l'Angleterre, le Canada, la France et la Suisse) contre les succès du capitalisme industriel (de pays comme l'Allemagne, le Japon, la Corée du Sud et la Suède) qui commençait à dominer les marchés, que ce soit à travers

---

10. Cette situation a certainement joué un rôle dans l'appauvrissement continu des pays du Tiers-Monde depuis et dans la chute des économies de l'URSS et des pays de l'Est. Cela devrait relativiser également les analyses hâtives mettant en cause uniquement le facteur idéologique dans l'explication de cette «chute».

l'automobile, la téléphonie, les machines-outils, l'électronique, la construction navale ou l'informatique.

Précisons que les expressions «capitalisme financier» et «capitalisme industriel», qui sont empruntées à Michel Albert (1991), désignent le fait qu'il existe deux formes de capitalisme dans l'arène économique mondialisée, lesquelles se livrent une lutte sans merci sur les marchés «plus ouverts» depuis le dernier quart du XXᵉ siècle. On parle de «capitalisme financier» parce que le point de vue dominant avant de produire ou de mettre sur le marché quoi que ce soit, c'est **la rentabilité financière évaluée à court terme** (en général trimestriellement). Par ailleurs, on parle de «capitalisme industriel» en raison de la primauté du point de vue technique et industriel, le souci majeur étant de **faire, à plus long terme, le meilleur produit possible, sans accorder la priorité aux coûts ou aux rapports financiers.**

Néanmoins, l'arme choisie par le camp du capitalisme financier pour contrer la pénétration des marchés de plus en plus grande des produits et des services venus de l'Europe du Nord et de l'Asie du Sud-Est fut de baisser par tous les moyens les coûts et le prix de revient afin de battre l'ennemi sur le terrain de la consommation. Cela nécessitait, et nécessite encore et davantage, des licenciements, des fermetures, des recentrages, des fusions, des déréglementations, des privatisations, l'élimination de programmes sociaux (pour transférer plus d'argent dans le secteur privé) ainsi que l'ouverture des frontières et la libéralisation (la suppression des entraves non désirées par les milieux des affaires) des échanges commerciaux. Par la combinaison de ces mesures, le capitalisme financier, toujours appuyé par le consensus de Washington (accord de points de vue entre l'OMC, la Banque mondiale, le Département du Trésor et le FMI – avec à l'arrière-plan Wall Street et la banque centrale américaine –, «préconisant, comme le dit Stiglitz[11], un certain dogmatisme, fondé sur le culte du marché, se faisant par là même les instruments d'intérêts privés, au détriment du bien-être collectif»), entendait faire plier son rival, plus social-démocrate et moins dépendant de la classe des affaires. Il s'ensuivit une véritable **guerre des prix** à l'échelle planétaire, sur fond de créations de zones de libre-échange, telles que l'Accord de libre-échange nord-américain (ALENA) entre le Canada, les États-Unis et le Mexique, pour privilégier les produits et les services venant du continent nord-américain, et aussi sur fond de débâcles économiques successives de pays du Tiers-Monde soumis aux terribles «remèdes» du FMI et du consensus de Washington combinés. C'est ce qu'on a appelé les Programmes d'ajustements structurels, qui ont été le plus souvent (Stiglitz, 2002 et 2003 ; Aktouf, 2002 ; Chossudovsky, 1998 et 2004) des mesures conduisant à la baisse des prix des matières de base (pour exporter plus et payer la dette) et des salaires locaux (par la mesure dite de la «vérité des salaires»), à l'inflation galopante par la dévaluation des monnaies nationales (par la mesure dite de la «vérité des prix»), au chômage et à la récession (par les privatisations et les «cures d'amaigrissement» des États). C'est aussi cela, la mondialisation néolibérale : la paupérisation d'une bonne partie du Tiers-Monde devenu source de matières et de main-d'œuvre toujours meilleur marché au service des multinationales, qui y ont recours à

---

11. Stiglitz (2002).

grands coups de surenchère à la baisse sur les prix des matières et du travail (voir le célèbre cas de Wal-Mart, parmi bien d'autres), et de délocalisations, et ce, en vue d'obtenir une compétitivité toujours plus grande... compétitivité financière, s'entend.

Voilà ce que recouvre le vocable fourre-tout de «mondialisation», qui consiste en des mesures visant avant tout à mieux servir les milieux des affaires du capitalisme financier national et international.

LES EXCÈS DE L'ANALYSE DU CÔTÉ DE L'OFFRE ET LA FINANCIARISATION DE L'ÉCONOMIE ET DU MANAGEMENT

De la différence entre «mondialisation» et «mondialisation néolibérale»

Il importe de comprendre que la mondialisation en soi n'est pas un problème, pas plus que le libre-échange. Bien au contraire. Une planète sur laquelle la totalité ou la plupart des pays se livreraient à un libre commerce débarrassé de toutes les entraves indésirables, et marqué au sceau de la complémentarité des intérêts jumelée avec l'expansion des échanges, ne peut être qu'un idéal souhaitable par tous et pour tous. Or, **le problème est le type de mondialisation et de libre-échange proposé**[12]. Et lorsqu'on s'attarde à analyser ce type de mondialisation et de libre-échange qui nous est donné, on constate les faits suivants :

1. La conception de base, qui est très dogmatique, refuse d'admettre les rôles et les conséquences de ce que nous avons étudié précédemment, et qui montre que cette mondialisation néolibérale n'a pas été le fait d'une expansion naturelle ou rationnelle de l'institution du **marché libre autorégulé**, élevé au rang de dogme et de mécanisme de régulation **auto-organisé universel.**

2. Le point de départ de l'idéologie soutenant la conception et les prescriptions de la mondialisation néolibérale est non seulement le dogmatisme entourant le pouvoir intrinsèque du marché de tout équilibrer et réguler, mais aussi une vieille idée économique remontant au XVIIIe siècle et à Jean-Baptiste Say : l'idée qu'il suffit de stimuler l'offre pour que la demande suive quasi automatiquement et permette de trouver des débouchés solvables pour tous les produits et services mis sur le marché. Cela est une «foi» pure et simple, absolument pas une règle ou une loi scientifique quelconque. La preuve en est que notre planète est aujourd'hui bien plus en état de surproduction d'à peu près tout, et de rétrécissement généralisé de la demande solvable (ne serait qu'à cause des centaines de milliers de chômeurs générés dans le monde industrialisé par les délocalisations et la volonté des entreprises d'être plus «compétitives»). Signalons ici qu'un professeur d'économie émérite de la prestigieuse New School University de New York, E.J. Nell (2005), a déjà

---

12. Pour une analyse plus technique et plus complète de cette question, voir Aktouf (2002).

à son actif une œuvre monumentale qui, avec le concept central de «croissance transformationnelle», élabore une nouvelle façon de concevoir la théorie économique, qui tient compte à la fois de la croissance et des équilibres, des redistributions et du maintien d'une réelle demande effective. Tout cela rejoint parfaitement mes propres analyses et les complète, et tout particulièrement son dernier ouvrage (écrit avec F. Mayor-Zaragoza et A. Errouaki), dont le titre est très évocateur : *Humanizing Globalization : A Message of Hope*[13].

3. Ce point de départ est en contradiction flagrante avec les idées fondatrices des institutions de Bretton Woods, soit des idées keynésiennes de régulation et de contrôle des marchés, des mouvements des capitaux et des monnaies, d'intervention des États pour veiller aux équilibres entre l'offre, la demande et l'emploi. Or, le consensus de Washington, comme nous l'avons vu, va dans le sens inverse en préconisant la suprématie du marché et du capital, la non-intervention de l'État, la libéralisation et la dérégulation maximales, la privatisation totale des activités économiques et même des services publics.

4. La philosophie globale encadrant ce libre-échange mondialisé est une philosophie qui reconduit et élargit les façons de faire et les intérêts de l'entreprise privée. Le tout est couronné par une idéologie radicale du laisser-faire et de la compétitivité, quitte à provoquer une concurrence sauvage (pour attirer les capitaux) entre les pays portant sur une baisse incessante des prix des matières de base et du travail (salaires)[14].

5. Cette philosophie est opposée à la philosophie originelle des théories du libre-échange (Ricardo, par exemple)[15], qui stipulent que les conditions d'un libre-échange profitable de façon égale aux pays qui le pratiquent sont les suivantes :

   – l'homogénéité des économies, des niveaux et des capacités de production, des niveaux technologiques ;

   – la complémentarité et l'entraide de manière que chaque pays produise le mieux ce qu'il fait le mieux ;

   – la réciprocité des intérêts et des mesures touchant aux secteurs entrant dans un libre-échange ;

   – l'appui aux secteurs les plus productifs et les plus efficaces de chaque pays, c'est-à-dire les secteurs où la main-d'œuvre possède une qualification élevée et une valeur ajoutée (et non les secteurs les moins chers en soi).

---

13. Voir aussi Nell (1992, 1998a et 1998b).
14. Voir le rapport d'OXFAM 2001, qui montre comment le commerce mondial se fait à plus de 90 % entre multinationales, comment seulement 3 $ sur 100 $ vont aux pays pauvres dans le cadre de ce commerce, comment la chute des prix du café, du sucre, du coton, etc., et les iniques subventions aux agriculteurs des pays riches ruinent les pays démunis qui n'ont d'autre choix que de se livrer une concurrence en adoptant des pratiques déloyales qui font chuter les prix internationaux.
15. Pour des explications plus techniques et plus détaillées, voir Aktouf (2002).

6. La question de l'efficacité est vue avant tout en fonction des rendements financiers et de la baisse des coûts. Cela pousse les acteurs économiques à jouer, à l'échelle des pays et de la planète, le jeu de la rentabilité à court terme, où les producteurs de matières sans valeur ajoutée (matières de base surtout dans le Tiers-Monde), les salariés (licenciements massifs, privatisations, délocalisations, fusions et acquisitions, etc.) et la nature (pollution industrielle, urbaine, agricole, atmosphérique, etc.) sont de plus sacrifiés. Une telle approche est incompatible avec l'idée du développement durable ou d'une saine croissance économique à long terme.

7. L'espace économique mondial est transformé en arène de luttes sans merci, où chacun se bat contre tous, au nom d'une mondialisation basée sur la compétitivité plutôt que sur la coopération et la complémentarité.

L'économie «vue du côté de l'offre» devenue finance et la finance devenue comptabilité à court terme

Ce système qu'on nous présente comme la «fin de l'histoire», c'est la réponse à ce que désiraient les gros businessmen occidentaux : organiser un marché planétaire sans entraves, pour que l'argent puisse se multiplier partout où il veut, comme il le veut. Les politiques économiques de presque tous les États (en dehors du capitalisme industriel ou des développements autocentrés pratiqués par la Chine ou la Malaisie) ne sont plus que ce que souhaitent les milieux des affaires : d'inspiration néolibérale et à vocation financière maximaliste à court terme. Déjà Frederick Taylor et Henri Fayol écrivaient, ce que peu de gens savent, que leurs «pires ennemis» dans leurs tentatives pour mieux organiser et faire régner le travail loyal et la qualité dans l'entreprise étaient les «financiers».

Le point de vue financier consiste à viser, de manière la plus prompte et infinie, le maximum de rémunération pour le capital. Or, ni la vie, ni la nature, ni l'univers ne fonctionnent selon les lois du maximum et de l'infini! Ce sont plutôt l'optimum, l'équilibre et le limité qui s'imposent. Cela veut dire, pour l'entreprise, se contenter de réaliser des gains qui s'arrêtent là où l'exigent le respect de la dignité des autres et l'intégrité de la nature, rien de plus. Les filets de protection sociale, la qualité des systèmes de santé et d'éducation ainsi que la qualité de l'environnement des pays du capitalisme industriel ont un prix : la nécessaire limitation de l'enrichissement personnel et des actionnaires.

L'idée même d'enrichissement infini n'est qu'une illusion ravageuse et destructrice. Aristote, déjà, et John Hobson bien plus tard (économiste anglais du XIXᵉ peu connu) ont compris que l'enrichissement maximaliste et infini ne peut que détruire les communautés humaines et la nature, puisque la nature n'est pas infinie et que toute concentration excessive du capital assèche la demande globale effective et engendre plus de pauvreté. Voilà la vraie nature du problème, tant à l'échelle nationale qu'à l'échelle mondiale. Comme me l'a exprimé en toute simplicité et bon sens un chauffeur de taxi d'un pays d'Amérique du Sud : «On a tout ce qu'il faut dans notre pays, il y a tout ce qu'on veut. Seulement, il manque l'argent pour se l'acheter.»

Cependant, lorsque ce sont les businessmen qui mènent, le glissement de l'économie vers le seul point de vue maximaliste financier et comptable nous entraîne là où nous sommes : dans la quasi-impossibilité de faire de l'argent autrement que par la spéculation, dans le chômage, la pollution, l'exclusion, la tricherie et l'escroquerie. Tout cela se produit avec la complicité d'hommes et de femmes d'État (sortis des mêmes rangs ou appuyés par ces mêmes milieux de la finance et des affaires), qui permettent des monstruosités comme des fermetures d'usines ou de villes, de massives évasions fiscales, de non moins massifs dégrèvements fiscaux, alors même que les firmes en cause profitent de bénéfices accumulés et de subventions publiques considérables. Ces hommes et ces femmes d'État laissent également le banditisme comptable de haut vol faire les ravages que l'on sait (Enron, Tyco, Hollinger, Xerox, Waste Management, Vivendi, Parmalat, ou Groupe Everest et Groupaction dans le scandale des «commandites» au Canada et au Québec en 2004-2005, etc.), et ce, presque impunément. Il ne s'agit pas là de cas de mauvais management ou d'absence d'éthique à étudier isolément, comme on le dit parfois, mais de tout un système qui est vicié, de cette mondialisation néolibérale, qui occasionne **un excès de l'analyse du côté de l'offre.**

Une analyse élémentaire du côté de la demande[16] montrerait à quel point le raisonnement dominant en matière de mondialisation néolibérale est biaisé. En effet, on constate aisément qu'on a affaire à un large surplus de production de tout partout dans le monde, et non à un excès de moyens et de pouvoir d'achat. Ainsi, des patrons de constructeurs automobiles en viennent à dire qu'il y a sur terre environ trois ou quatre fois plus d'automobiles à vendre que de pouvoir d'achat solvable pour les acheter (et c'est avec ce genre d'arguments que de nombreux patrons de constructeurs automobiles – comme celui de GM – justifient les délocalisations et les fermetures d'usines un peu partout). Par conséquent, ce qui manque le plus dramatiquement pour soutenir et améliorer l'économie à l'échelle mondiale, ce ne sont pas des produits et des services supplémentaires plus compétitifs, moins chers et réalisés plus rapidement, mais **une demande solvable pour absorber ce qui est déjà produit et mis sur les marchés.** Cela conduit à considérer les problèmes, quant à une mondialisation efficace, en fonction non pas de la compétitivité de la production, mais du soutien et du renforcement de la solvabilité des marchés et des consommateurs. Et cette question passe par un facteur aussi central qu'incontournable, à savoir le salariat. Vue du côté de la demande, la mondialisation apparaît donc comme une situation dans laquelle il faut déployer de gros efforts essentiellement dans le renforcement de la disponibilité du travail et du salariat, ce qui correspond à des profits non maximaux et au partage, en plus de l'intervention des États et de l'élargissement des services publics (éducation, culture, santé, transports, etc.) aptes à favoriser une main-d'œuvre toujours plus qualifiée et performante. Et, comme nous le verrons, cela conduit à **une modification radicale du point de vue autant du niveau macroéconomique que du niveau microéconomique ou du niveau gestionnaire.**

---

16. Pour plus de détails et une analyse plus approfondie, voir Aktouf (2002, chap. V).

CONCLUSION : QUATRE SOLUTIONS GLOBALES ET UN ENSEIGNEMENT DIFFÉRENT DU MANAGEMENT ET DE L'ÉCONOMIE

Encadrer les façons de faire des multinationales, des entreprises et du marché, désarmer les pouvoirs nocifs de la finance et rétablir le rôle de l'État

Il convient ici de rendre hommage à deux pionniers dans la façon de repenser la mondialisation et d'en faire quelque chose d'humain et de démocratique. Il s'agit d'abord de l'ancien secrétaire général de l'ONU, Boutros Boutros Ghali, qui, dans son livre traduit en plusieurs langues, *Démocratiser la mondialisation*, posait déjà en des termes forts et justes le fait que la mondialisation néolibérale telle que conduite connaissait un «déficit flagrant de démocratie». Il peut s'agir, par exemple, de la façon dont sont désignés les dirigeants des autorités supervisant la mondialisation, soit le FMI et la Banque mondiale (tour à tour, un Européen et un Américain sont systématiquement nommés à la tête de ces organismes), ou de la manière dont fonctionne l'OMC, dont le siège est à Genève et où les pays les plus riches sont presque les seuls pays à pouvoir maintenir en permanence des cohortes d'experts pour prendre part sur une base continue aux dizaines de tables de négociations (et adopter des décisions qui sont unilatéralement imposées aux pays du Tiers-Monde au nom du principe dit du «consensus négatif[17]»). Le second pionnier est l'ex-directeur général de l'UNESCO, Federico Mayor-Zaragoza, qui, dans ses livres, également traduits en plusieurs langues, *The World Ahead : Our Future in the Making* (écrit avec J. Bindé), *Los nudos gordianos* et *Humanizing Globalization : A Message of Hope* (ouvrage paru en 2005 et écrit avec Nell et Errouaki), n'a cessé d'attirer l'attention, rejoignant en cela Boutros Ghali, sur l'obligation d'accompagner la mondialisation d'un processus de profond respect des diversités et des richesses culturelles, tout en conduisant la mise en place d'un quadruple contrat : un **contrat social** (redresser les déficits démocratiques), un **contrat environnemental** (respecter la nature et la biodiversité), un **contrat culturel** (sauvegarder les particularités des groupes humains) et un **contrat moral** (sauvegarder les grandes valeurs morales communes à l'humanité). De grandes figures de la pensée économique, comme J. Stiglitz (2002 et 2003), lauréat du prix Nobel, E.J. Nell (1998), professeur à la New School of New York, P. Krugman (2004), professeur à l'université Columbia et *columnist* au *New York Times*, et M. Chossudovsky (2004), professeur d'économie à l'Université d'Ottawa, donneront raison aux intuitions et aux idées principales de Boutros Ghali et Mayor-Zaragoza : hélas ! la mondialisation néolibérale n'entraîne ni de gains en démocratie, ni une plus juste répartition des

---

17. Principe selon lequel tout pays membre de l'OMC (l'adhésion y est inévitable si l'on veut prendre part à l'économie mondiale) est considéré comme ayant accepté et signé tout accord résultant de ces négociations, même s'il est absent et n'a participé à aucune décision.

richesses, ni une baisse de la pauvreté, de la pollution, des inégalités, de l'injustice ou des guerres, bien au contraire, le plus souvent.

Par ailleurs, la question de la monnaie est centrale dans cette problématique de la démocratie, de l'équité et de la justice en relation avec la mondialisation. C'est l'un des thèmes de prédilection des travaux de R.A. Mundell, lauréat du prix Nobel d'économie en 1999. Récemment, deux collègues de Mundell, soit E.J. Nell et A.K. Errouaki, me rappelaient combien l'apport de Mundell est fondamental à ce sujet, tant une bonne partie des solutions aux problèmes que pose la mondialisation néolibérale passe par la question de la monnaie. Il vaut la peine de s'y attarder un peu. Nell et Errouaki m'ont rappelé (voir, entre autres, Mundell, 1971) que c'est lui qui, il y a une vingtaine d'années, a remis à l'ordre du jour la nécessité de reconnaître les mérites et le besoin d'une **monnaie mondiale** (qu'il ne faut pas confondre avec une monnaie unique dominante d'un pays quelconque). Il convient de distinguer entre «monnaie parallèle» et «monnaie unique». Mundell plaide pour une monnaie mondiale parallèle. De même qu'il est bon d'avoir un langage commun avec lequel tout le monde pourrait se comprendre, de même il serait bon d'avoir une devise internationale commune pour les transactions internationales. À l'inverse, de même qu'il n'est pas question pour Mundell, si l'on reprend l'analogie avec les langues, d'abolir les langues nationales afin d'adopter une sorte d'espéranto ou la langue anglaise, de même il n'est pas question d'abandonner les monnaies nationales en faveur du dollar ou d'une autre monnaie «mondiale». Cependant, il faut admettre qu'**une économie mondiale a besoin d'une monnaie mondiale.** Pour appuyer son slogan «Un monde, une monnaie», Mundell rappelle qu'il y a environ 2 000 ans, aux temps de César, l'*aureus* remplissait cet office dans le monde romain ; il y a un siècle, c'était le souverain or ; il y a moins de 30 ans encore, c'était le dollar or… On peut dès lors soutenir qu'en fait notre monde n'a été sans monnaie universelle, pour les transactions internationales, que pendant une petite fraction de son histoire. Rappelons toutefois que les États-Unis, lors des négociations de Bretton Woods, en 1944, ont saboté un projet de monnaie universelle, car ils craignaient pour le destin du dollar[18]. L'intérêt principal d'une telle monnaie universelle, sous les auspices d'une autorité tout aussi universelle, pour tous et pour toutes les transactions sur les marchés internationaux, est de permettre d'éviter qu'une banque centrale d'un pays donné ne prenne les rênes du commerce international en en contrôlant la devise, sans contrepartie ni obligations envers le reste du monde.

---

18. À Bretton Woods, durant les négociations de 1944 dont nous avons parlé précédemment, les Américains et les Anglais prévoyaient pour le nouvel ordre de l'après-guerre des arrangements monétaires qui incluaient l'idée d'une monnaie mondiale universelle. Le plan anglais mené par John Maynard Keynes proposait le *bancor* comme nom de cette monnaie, tandis que le plan américain soumis par Harry Dexter White suggérait l'*unitas*. Mais à mesure que les négociations avançaient, les Américains ont renoncé à l'idée d'une monnaie universelle, refusant d'en discuter davantage, par peur de voir cette monnaie porter atteinte à leur dollar, ou rivaliser trop avec lui. Mundell soutient que cela est ironique, car une telle mesure aurait au contraire sauvé le dollar, qui est aujourd'hui attaqué par l'euro, le yuan et le yen. Il ajoute que l'échec de la création de cette monnaie universelle à Bretton Woods, est, justement, **l'une des raisons de la chute du système du taux de change fixe… élaboré à Bretton Woods.**

Si nous revenons à des préoccupations plus proches des applications quotidiennes, pour que la pensée du management et de l'économie puisse progresser vers une plus juste redistribution, une plus grande démocratie et une meilleure adaptation aux nouvelles réalités du XXIe siècle[19], il faut l'acceptation par les dirigeants politiques et économiques des pays des économies et du management à l'américaine de changements radicaux que cette pensée implique aux quatre niveaux de l'analyse et de la pratique économiques, soit les niveaux mondial, macroéconomique, mésoéconomique et microéconomique.

La solution à l'échelle mondiale

L'application de la taxe Tobin (du nom de son promoteur, le lauréat du prix Nobel James Tobin), c'est-à-dire d'une taxe qui consisterait à prélever un taux d'environ 0,5 % sur les transactions boursières quotidiennes, ce qui générerait des milliards de dollars, est une première solution à l'échelle mondiale, aussi prometteuse qu'elle est inquiétante pour les milieux de la finance et des affaires qui ne veulent surtout pas de la transparence à laquelle cette mesure obligerait. Une deuxième solution consisterait à penser des mécanismes – somme toute pas plus compliqués que ceux que les mesures du FMI imposent aux États – qui **forceraient les multinationales à payer des salaires plus décents aux travailleurs du Tiers-Monde.** Cela aurait pour effet, d'une part, de hausser la demande globale effective et, d'autre part, de diminuer les fuites que représente le détournement fréquent de l'aide transitant par des gouvernements ou des institutions fréquemment corrompus ou corrupteurs[20]. Une troisième solution serait, comme l'a évoqué le président français Jacques Chirac lui-même, d'imposer **une taxe sur les profits de multinationales,** qui sont de toute manière toujours exorbitants par rapport à ce qu'elles laissent aux pays où elles œuvrent[21].

---

19. Il sera question plus en détail de ces nouvelles réalités (entre autres, les situations radicalement nouvelles en ce qui concerne l'écologie, l'équilibre climatique planétaire, le quasi-état de guerre pour ce qui est de l'eau et du pétrole, le gigantisme des firmes qui font preuve de démesure dans leurs fusions et alliances, la multiplication des délocalisations, la baisse exponentielle du salariat et l'extrême pauvreté qui se répand et ronge le pouvoir d'achat, les nouvelles et anciennes maladies qui font des ravages, les menaces terroristes mondiales, le nouvel impérialisme unilatéral – y compris sur les plans économique et gestionnaire – des États-Unis, l'éveil du géant qu'est la Chine, la chute annoncée de l'ordre néolibéral) et de leurs conséquences sur l'adaptation économique et gestionnaire dans un livre à venir : *Marché, marchandage et nature humaine : quelle rationalité économique et managériale pour le XXIe siècle ?*, à paraître aux éditions Liber, à Montréal.

20. Si, par exemple, Chiquita payait seulement 200 $ par mois ses 18 000 employés du Honduras (au lieu de 50 $), cela aurait des répercussions considérables sur le niveau de vie de ce pays. Imaginons cela à l'échelle mondiale, avec toutes les multinationales ! Mais, évidemment, cela implique pour les directeurs généraux américains des niveaux de profits et de «salaires» bien moins astronomiques.

21. Prenons un exemple parmi mille : la multinationale américaine ITT a contribué à réaliser, au début des années 1970, des «profits» de l'ordre de 4 milliards de dollars avec un investissement d'à peine une trentaine de millions (fait cité par Morgan, 1989, p. 361).

La solution au niveau macroéconomique

Inscrire les grandes lignes de la politique économique et sociale dans les textes supérieurs des nations et dissocier les politiques économiques des échéances électorales, cela serait un énorme pas à franchir pour diminuer la trop grande complicité et la dépendance réciproque entre milieu d'argent et milieu politique. Un exemple intéressant est celui de la Suède et de l'Allemagne, qui ont inscrit leurs politiques économiques dans la Constitution, de même que les lois fondamentales qui transcendent toute la hiérarchie de leurs textes de loi. Ainsi, le travail, la cogestion de même que la participation du syndicat (et, de différentes façons, de l'État) aux conseils d'administration et aux décisions stratégiques sont des droits constitutionnellement garantis. Cela a l'avantage (et ce n'est pas le moindre) d'empêcher les candidats politiques, à chaque élection, de privilégier les intérêts des plus offrants, au détriment des démunis, des masses et de la nature. À quand une OMC et un FMI qui réguleraient et contrôleraient, à l'échelle de la planète et à côté des États, une telle équation, en obligeant le capital à pondérer ses revenus en fonction du respect de niveaux d'emplois et de pollution minimaux ?

La solution au niveau mésoéconomique

La solution au niveau mésoéconomique (niveau intermédiaire entre les niveaux macroéconomique et microéconomique) résiderait dans le fait que les États s'attachent à protéger contre la logique du profit maximal à court terme et la spéculation financière les secteurs qui assurent le bien-être des individus et de la société en général ainsi que le respect de la nature. Les secteurs tels que ceux de la santé, de l'éducation, des transports, de la culture, des communications, du logement et de l'alimentation, dont l'objectif est de garantir au citoyen sa dignité, doivent rester sous la protection et la surveillance stricte de l'État (dont c'est la mission par excellence, et non de veiller au rendement du capital et de l'argent). Il est donc dans l'intérêt des populations que l'État soit plus présent que jamais, au moins dans ces secteurs clés. Cela ne s'oppose nullement à la libre entreprise, dans la mesure où celle-ci ne cherche pas à utiliser comme source de profit ce qui est fondamental pour un bien-être minimal, pour la dignité de la communauté et la conservation de la nature. Sans compter que des mesures de protection de la nature et de valorisation du citoyen ne peuvent qu'être des atouts majeurs pour la rentabilité même de l'entreprise privée.

La solution au niveau microéconomique

Au niveau microéconomique, qui touche au fonctionnement de l'entreprise elle-même (privée ou publique), il est temps de mettre fin au pouvoir absolu des dirigeants, des patrons et des propriétaires. Il faut démystifier la figure du dirigeant, qu'on veut nous présenter comme l'unique tête pensante ayant réponse à tout et **méritant tout, même les salaires les plus fous et les primes les plus indécentes.** La productivité, l'innovation et l'intelligence sont le propre de tout être humain, et il est indispensable de prendre en considération les points de vue de l'ouvrier et de l'employé de base. Dans cette perspective, la présence de syndicats forts et puissants, capables d'articuler et d'exprimer les idées de la base, est une quasi-obligation pour toute organisation qui se veut démocratique (en admettant un nécessaire contre-pouvoir au capital), intelligente, apprenante, innovatrice, axée sur la qualité totale. Voilà encore une solution qui peut paraître indésirable aux yeux de l'*establishment* gestionnaire et politico-économique mondial qui a trop de privilèges à perdre, alors même qu'elle serait, dans une logique à long terme, salutaire pour le capital lui-même, puisqu'elle permettrait une salvatrice augmentation du pouvoir d'achat global.

Mais c'est un fait reconnu que la santé économique d'une société est étroitement liée à la capacité qu'elle a de générer et d'entretenir une masse critique constituant une **véritable classe moyenne** (c'est le cas pour le Japon et les pays du nord de l'Europe). Car c'est en proportion directe de l'étendue de cette classe moyenne que la société peut soutenir un niveau de revenus fiscaux, de consommation et d'épargne propice à une bonne performance économique d'ensemble, y compris la garantie des retraites (un des cauchemars des politiques et des décideurs économiques actuels, qui oublient que, tout simplement, lorsque le capital est laissé la bride sur le cou et qu'il délocalise et licencie au gré de la maximisation de ses taux de rendement, les niveaux de salaires – le coût par excellence à réduire – versés glisseront toujours en deçà de la capacité de soutenir ces deux piliers de l'équilibre à long terme : une demande globale solvable et une alimentation suffisante et continue de caisses d'épargne et de retraites : ce n'est pas avec les quelques misérables cents de l'heure que paient les multinationales à leurs ouvriers en se délocalisant aux Philippines, au Mexique ou en Indonésie que les régimes américains garantiront la retraite des travailleurs américains). Et, chose qu'on a tendance à oublier, c'est aussi là la première source de toute idée de développement durable (expression tellement à la mode, aujourd'hui, qu'on la retrouve même dans des noms de ministères[22]), car quelle durabilité économique peut-on envisager sans un minimum de permanence de la solvabilité du plus grand nombre ? Autrement dit, qui assurera la consommation des biens et des services produits si le salariat et les retraites de travailleurs rétrécissent sans cesse (pour permettre de grossir dividendes et profits), si aucune classe moyenne planétaire solvable n'est entretenue ? Ce n'est certainement pas en gonflant sans cesse les salaires des PDG et les dividendes à court terme sur la base d'un chômage exponentiel qu'on y arrivera. Cependant, on entend de plus en plus de professions de foi dans de nouvelles économies dites de l'information, du savoir, des nouvelles technologies, du cyberespace, du super-tertiaire ou du virtuel, comme si la solution aux problèmes qui concernent actuellement l'humanité et la nature résidait dans le changement de type d'économie.

On ne le dira sans doute jamais assez : le problème n'est pas et n'a jamais été le type ou la nature de l'économie que nous pratiquons – peu importe qu'elle soit primaire, secondaire, de l'informatique, virtuelle ou autre –, le problème est et a toujours été ce que nous faisons dans le cadre de ce que nous appelons l'économie, en amont, d'une part, selon notre mode d'usage de la nature, et en aval, d'autre part, selon nos modes de production (rapports sociaux de production) et de redistribution des résultats.

---

22. Un ministère du Développement durable a été officiellement créé lors de la formation du gouvernement français après l'élection présidentielle du 5 mai 2002… ainsi qu'au Québec à l'hiver 2005.

C'est la conception que nous nous faisons de la place de la nature dans la vie économique et le projet de société que nous envisageons pour les communautés humaines (le marché ne peut en aucun cas constituer un projet social) qui sont et seront toujours les vrais problèmes.

Lorsque j'entends des partis et des personnalités politiques rivaliser de professions de foi néolibérales et se prononcer, avec une candeur inouïe, en faveur d'un plus grand nombre de privatisations et du «marché libre», je crains pour l'intégrité et l'intelligence. Voyant ce qui se passe en Argentine, en Uruguay, au Mexique, en Afrique et jusqu'au cœur du capitalisme financier néolibéral, qu'attend-on pour admettre qu'il est urgent de bannir les dogmes du Dieu-Marché et du non-État ?

Une crise de solvabilité et non de production : son influence sur les conceptions et les pratiques du management

Comme nous venons de le voir, s'il y a une crise à résoudre de toute urgence sur notre planète mondialisée, c'est avant tout une **crise de solvabilité et non de production.** Cela veut dire qu'il faut augmenter le niveau d'emploi et le salariat, tout en baissant proportionnellement l'intenable hyperconcentration du capital entre de moins en moins de mains. Ainsi, quelque 250 grands fortunés possèdent à eux seuls l'équivalent des revenus réunis de près de la moitié de la planète : environ 50 pays ! Deux personnes : J. Welch, de General Electric, et D. Grasso, de la NYSE, sont partis à la retraite avec des primes – on parle seulement de primes – équivalentes à près de 15 000 ans du revenu moyen américain ! Une heure de salaire du PDG de Walt Disney correspond à 17 ans de travail de son ouvrier aux Philippines ! Etc.

Plus que jamais, James Tobin, Joseph Stiglitz (tous deux lauréats du prix Nobel)… et même George Soros (ce qui est significatif venant d'un magnat de la finance internationale) ont raison : la solution la plus urgente est de **mettre des mécanismes de contrôle sur le capital et sur ce qu'il fait sous la houlette d'un autre projet de société que le marché.** C'est aussi permettre une réelle «compétitivité» de nos économies (et non pas de la finance) par la mise en place de programmes de revalorisation de la main-d'œuvre, de filets de protection sociale décents, de politiques des salaires et de l'emploi qui respectent la dignité du citoyen où qu'il soit, par le rétablissement du rôle de l'État comme garant de cette dignité et du minimum de culture, d'éducation, de santé, de qualité de la vie pour tous, **dont l'entreprise privée serait, comme dans les pays du capitalisme industriel, la première à tirer profit.**

Le discours, assez nouveau en matière de management, de la gestion par la reconnaissance est également en décalage avec la précarisation des emplois, une des réalités les plus criantes du travail aujourd'hui. À titre d'exemple, 9 emplois sur 10 qui ont été créés ces dernières années en France sont des emplois à durée déterminée, intérimaires, à contrat limité ; un Américain sur 5 vit dans le besoin, bien qu'il ait un emploi[23].

Comment peut-on s'attendre à des retombées bénéfiques de la gestion par la reconnaissance lorsque la confiance et la loyauté sont laminées par la crainte que porte tout un chacun d'être sur la liste des postes supprimés lors d'un prochain plan social et par la conscience d'être une victime à sacrifier pour le maintien (pire, pour l'accroissement) du profit et des privilèges des dominants (dirigeants et actionnaires confondus) ?

Comment, en outre, peut-on envisager une quelconque efficacité des actions dites « éthiques » ou « de reconnaissance » lorsque les différences de privilèges, de statuts, de salaires ou de revenus sont gigantesques et s'accroissent constamment ? Dans les pays du capitalisme financier (les États-Unis, l'Angleterre, la France, etc.), les pyramides de revenus accusent un écart de 1 à 425 entre les revenus les plus bas et les revenus les plus élevés, tandis que pour le Japon et la Suède, pays de « l'autre capitalisme », cet écart est de 1 à 23[24]. Avouons qu'il y a là de quoi générer chez les employés de ces pays de grandes différences sur le plan de la motivation et du sentiment d'être reconnu !

Notons encore qu'au Japon la couverture sociale et les avantages divers peuvent, dans certains cas, excéder de 70 % les prescriptions des lois et des règlements (il en est même, rapporte *L'état du monde 2004*, qui accordent de trois à quatre mois de vacances payées par an) et que l'emploi est un droit garanti constitutionnellement en Scandinavie et par la tradition en Corée du Sud et au Japon[25].

Réitérons notre question : la seule affirmation de la nécessité de reconnaître l'existence et la contribution de l'employé suffit-elle ?

Afin de bien mesurer le décalage qui existe entre, d'une part, le discours d'une gestion de type « capital humain le plus précieux » ou d'une gestion « par la reconnaissance » et, d'autre part, la réalité, examinons quelques chiffres révélateurs de la nature du modèle économico-gestionnaire dominant, sur lequel repose un prétendu continuel miracle américain :

● Les salaires réels, considérés globalement, n'ont pas augmenté depuis 1973.

● Durant la deuxième moitié des années 1990, les revenus des PDG et des hauts dirigeants des plus grandes firmes ont augmenté en moyenne de

---

23. D'après les déclarations de Martine Aubry (décembre 1998), alors ministre française du Travail, et les données de *L'état du monde 1999* et *2000*.
24. Chiffres publiés par le quotidien *Le Monde*, 13 juin 1992.
25. On connaît, à ce propos, l'immense différence qui existe dans la façon dont ont été traités (par les employeurs et par l'État) les travailleurs de la sidérurgie, lors de la grande dépression qu'a traversée ce secteur il y a quelques années, en Allemagne et au Japon, d'un côté, et en Grande-Bretagne, en France et aux États-Unis, de l'autre. Voir Albert (1991) et Nora (1992).

400 %, alors que la productivité de leurs entreprises a connu une hausse moyenne d'environ 20 %.

- Le revenu familial (malgré l'allongement de la semaine de travail et le plus grand nombre de travailleurs par famille) stagne à son niveau de 1989.

- Les 10 % les plus défavorisés ont vu leurs revenus baisser de 10 % entre 1977 et 1987.

- Les 10 % les plus riches ont vu leurs revenus s'accroître de 25 % durant les années 1980-1990.

- Les revenus des 1 % les plus riches ont augmenté de 74,2 %.

- Le salaire des PDG des 360 plus grosses entreprises a crû de 92 % entre 1990 et 1995.

- Par rapport à 1990, le salaire annuel moyen des PDG, en 1998, s'est accru de 1,8 million de dollars, tandis que celui des employés s'est accru de seulement 4 000 dollars.

- En 1992, déjà, 1 % de la population détenait 50 % des actions, 63 % des obligations et 61 % du capital des entreprises.

- En 1996, 10 % de la population possédait 87 % des actions, 92 % des obligations et 92 % du capital des entreprises.

- En 1994 (et la situation a empiré depuis), le bénéfice des grandes entreprises a connu une augmentation de 40 %, pendant que ces dernières éliminaient près de 520 000 emplois.

- Des centaines de milliers d'emplois ne procurent, annuellement, qu'un revenu inférieur au seuil de pauvreté.

- La pauvreté des enfants a augmenté, durant les années 1990, de 50 %.

- Le taux de chômage chez les jeunes (de 15 à 28 ans) était de 15 % en 1998.

- L'industrie américaine est responsable, à elle seule, de 25 % des émissions de dioxyde de carbone de la planète, alors que les Américains ne représentent que 4 % de la population mondiale.

Si l'on se penche sur les différents « miracles » américain, anglais, néo-zélandais[26] ou argentin[27], on constate l'ampleur du fossé qui sépare de plus en plus les riches des pauvres, les dirigeants des employés, les intérêts de la finance de ceux du travail, les intérêts de l'industrie de ceux de la nature.

---

26. Douze années de néolibéralisme sauvage en Nouvelle-Zélande se sont soldées par des villes entières de chômeurs, des cohortes de citoyens n'ayant accès à aucun soin de santé, une augmentation sans précédent de la criminalité, de la toxicomanie, de l'évasion fiscale – un milliard de dollars par an –, plus que le doublement de la dette nationale… alors que ce pays était une social-démocratie exemplaire.

27. Un journaliste titrait, avant le début de la crise en Argentine : « Miracle économique sur fond d'appauvrissement généralisé ».

Si la pensée économico-gestionnaire dominante doit évoluer – et c'est urgent –, ce sera inexorablement dans la direction suivante :

- Il faut aller au-delà du management orthodoxe basé sur les privilèges unilatéraux, sur l'exclusivité des «droits», sur l'autorité (même dissimulée derrière les manipulations de la perception, de la subjectivité, des symboles, comme le font les différentes théories de la motivation à la mode).

- Il faut transformer l'organisation et la stratégie imposées par les «états-majors», lesquelles sont par essence contraires à la participation, à la coopération, à l'initiative et à la synergie.

- Il faut mettre fin aux divers «scientismes» qui ont successivement envahi le champ du management (l'organisation scientifique du travail, les sciences du comportement, les sciences de la prise de décision, les sciences de l'information de gestion, la bureautique, la robotique, l'informatique, les modèles économétriques, la recherche opérationnelle, etc.), lesquels ne font que chosifier davantage les personnes et les traiter en ressources, voire en objets quantifiables, interchangeables, jetables, manipulables.

Ainsi, il devient essentiel d'ouvrir la voie à une conception et à une pratique gestionnaires qui fassent naître chez l'employé le désir d'adhérer aux objectifs de l'entreprise, de mobiliser son intelligence dans son travail.

Comment est-il possible d'en arriver à une telle pratique si l'on ne remet pas en cause, radicalement, ce qui semble en avoir été jusque-là l'obstacle majeur : la conception (et le traitement), dans le cadre de l'économie et du management traditionnels, de l'être humain au travail comme un instrument de production, comme, à travers un behaviorisme étroit, une «mécanique de besoins», comme un être visant la maximisation égoïste et soi-disant rationnelle de ses gains, comme un moyen qu'il faut rentabiliser et surveiller, comme un coût qu'il faut contrôler et minimiser ?

Les théories du renouveau en management ne semblent pas mesurer les implications profondes des changements qu'elles appellent, qui touchent, à travers la conception de la personne, à la théorie de l'organisation tout entière. Or, s'il ne se produit pas un changement de perspective plus fondamental, la tentative pour amener l'employé à coopérer et à s'approprier les buts de l'entreprise pourrait représenter, plutôt qu'une libération, le comble de l'aliénation et de l'exploitation. C'est en cela que ces théories paraissent s'arrêter en chemin, même si elles partent souvent, comme nous le verrons, de questions et de constats judicieux.

La reconnaissance de la nécessité, même strictement économico-gestionnaire, de passer d'une manière de gérer et d'une conception de l'employé qui le poussent à se conduire comme un rouage passif et obéissant (comme une partie muette et aveugle du système, ainsi que le diraient les physiciens) à une manière et à une conception qui en fassent un collaborateur engagé et actif, jouissant d'autonomie et de possibilités d'autodétermination, constitue déjà un progrès considérable. Peters et Waterman, qui furent en ce sens des pionniers, parlaient de la nécessité de faire en sorte que chaque employé se sente et se comporte comme un «ambassadeur» de son entreprise. C'est là un but louable, à condition de ne pas négliger le fait qu'un ambassadeur est nécessairement doté d'une certaine latitude, de certains pouvoirs, d'une certaine autonomie et que, souvent, il est autorisé à se comporter en ministre plénipotentiaire. De plus, ce supplément d'autonomie et d'autodétermination qu'on voudrait accorder aux employés ne peut se concevoir en dehors d'une cession à ceux-ci d'une parcelle toujours plus substantielle du pouvoir au sein de l'entreprise, du droit de gérer et de décider, de disposer des moyens, des profits, etc.

Or, c'est là le tour de passe-passe qu'ont tenté d'effectuer les courants de l'excellence, du symbolisme, de la culture d'entreprise, de la qualité totale, de la reconnaissance, etc., après l'échec évident des précédents courants de la motivation et des relations humaines : ils ont pensé pouvoir réaliser, sans coup férir, une relation d'appropriation abstraite (symbolique) entre travailleur et entreprise, sur le plan matériel et concret de l'asymétrie du pouvoir (partage des profits, de l'autorité, du pouvoir décisionnel, de la propriété, de la capacité d'influer sur la destination et les usages des gains obtenus)[28].

En raison de l'implicite conservation du *statu quo* pour tout ce qui touche au pouvoir, au contrôle des profits, à la division du travail et, pire, aux incessantes opérations de réingénierie, de fusions et acquisitions, il ne s'agit là que d'un humanisme de façade, d'un humanisme trompeur, portant les germes de sa trahison et de sa destruction.

Comment, en effet, peut-on prétendre inviter l'employé à se libérer, à s'exprimer, à participer, à s'accomplir et à adhérer à des valeurs partagées si l'on s'acharne à désigner les dirigeants comme les acteurs et les réalisateurs de cette libération (ce que dit explicitement toute théorie exposant les rôles «stratégiques» des chefs)? Cette libération est essentiellement conçue comme le résultat d'une nouvelle culture d'entreprise organisée, téléguidée, diffusée et octroyée par des leaders et des hauts dirigeants[29]. Il n'est évidemment pas question de nier le rôle déterminant des dirigeants, mais d'insister sur le fait que ce rôle doit essentiellement consister à promouvoir un changement radical dans les conditions du vécu quotidien de chacun à son travail : une culture de synergie et de complicité doit être enracinée dans des pratiques réelles exprimant convergence, rapprochement et partage. Tout cela ne doit cependant pas faire oublier le fait que de nombreux auteurs, notamment européens, proposent aujourd'hui des voies de recherche et d'action différentes et plus proches d'un humanisme «authentique»[30].

Il s'agit d'une quête vouée au radicalisme, et non au réformisme cosmétique et au changement de modes de gestion, tandis qu'il faut changer de conceptions, de fondements et de paradigmes.

Paradoxalement, le rôle que peuvent jouer les écoles de gestion suscite beaucoup d'espoir. Plus que jamais, en effet, nous avons besoin d'écoles de gestion.

---

28. Pour une analyse théorique et pratique de ce «tour de passe-passe», voir Aktouf (1990).
29. Ainsi chez Schein (1985), Peters et Waterman (1982), Mintzberg (1973), Waterman (1987), Hafsi, Séguin et Toulouse (2000).
30. Nous y reviendrons, mais citons pour l'instant des auteurs tels que Sievers, Sérieyk, Dejours et Albert.

D'abord, il faut prendre les termes «gestion» (de *gerere*, «conduire»), «administration» (de *ad minister*, «au service de») et «management» (du français «ménager») dans **leurs sens étymologiques et premiers.**

Ensuite, il faut veiller à faire des futurs gestionnaires et décideurs des gens qui apprennent à «conduire des activités communes et partagées» (ce qui est différent de diriger, commander, accaparer et contrôler), à «être au service de» et à «ménager». Voilà un programme qui ne contredit nullement l'axe conducteur de ce que je propose : faire de l'économie et du management une activité **responsable et prudente,** destinée davantage à la sauvegarde et à la conservation qu'à l'exploitation et à la croissance inconsidérées. Ainsi, il importe de **rompre avec la conception financière et comptable de la notion d'efficacité.** Le fait d'être efficace, efficient ou productif n'a rien à voir avec le fait d'être financièrement rentable! On peut être financièrement fort rentable, mais lamentablement peu efficace, efficient ou productif. Si l'on sort du strict raisonnement financier et que l'on s'intéresse un tant soit peu à ce que disent les sciences fondamentales et la nature au sujet de l'efficacité, on se rendra compte qu'il s'agit d'une question de ménagement des facteurs, et non de ménagement des moyens de paiement des facteurs (coûts). Ainsi, un système quelconque, dans la nature, est plus efficace s'il atteint le même résultat (disons, attraper le même nombre de saumons pour un ours), si les facteurs qui y ont contribué sont mieux traités (un ours qui piétine moins de saumons inutilement, qui en laisse plus aux autres ours, qui dérange moins les autres espèces, qui laisse intacts les rives et le lit du cours d'eau). Transposée dans la production industrielle, que ce soit de produits ou de services, cette efficacité voudrait dire, par exemple, construire la même automobile ou le même ordinateur aujourd'hui qu'hier, avec moins de chômage, moins de pollution, plus de services publics, des employés mieux traités, et non l'inverse. Car que signifie l'efficacité de General Motors lorsque cette compagnie annonce des profits accumulés de plus de 30 milliards de dollars, tout en mettant au chômage des centaines de milliers d'employés? À qui bénéficie cette efficacité? Si toutes les compagnies agissent ainsi pour maintenir les profits – et c'est ce qu'elles font –, à qui des compagnies comme GM vendront-elles leur production, à force de remplacer des employés solvables par des chômeurs qui non seulement sont insolvables, mais deviennent des coûts sociaux?

Mieux gérer est certainement ce dont notre planète a le plus urgent besoin. Cependant, tout est dans ce «mieux», qui ne doit absolument pas signifier «accroître toujours davantage et plus vite les revenus des plus puissants et des détenteurs de capital».

Une réflexion en profondeur sur la refonte des programmes des écoles de gestion s'impose. L'immense majorité des programmes actuels restent assis sur des enseignements hypermathématisés et hypertechnicisés. Ils font la part belle aux considérations de type «production-finance-comptabilité», y compris dans les matières touchant aux employés et aux consommateurs, où les premiers ne représentent pratiquement que des coûts et les seconds, des portefeuilles indécis. Donner une large place aux humanités (incluant la science économique débarrassée des scories de la financiarisation à outrance et réintégrant de plein droit les dimensions sociales et écologiques) et aux sciences de la vie et de la nature sera l'une des tâches prioritaires, et parmi les plus ardues, pour cultiver, civiliser et responsabiliser les futurs décideurs.

Pour paraphraser Imre Lakatos (parlant des rapports entre l'histoire et la méthode), on pourrait dire, en ce qui concerne la gestion, son enseignement et ses praticiens : gérer sans connaître et comprendre est aveugle, et connaître et comprendre sans être outillé pour gérer est vide. Plus que jamais, les lauréats des écoles de gestion doivent être des sages. Les responsabilités et les pouvoirs dont l'économie mondiale moderne les dote leur imposent prudence, jugement, finesse et capacité de discernement. Ce ne peut plus être des mécaniques à multiplier l'argent.

Des alliés de taille viennent m'appuyer dans le même sens : H. Mintzberg ainsi que deux autres éminents collègues et leaders dans les affaires, R. Simons et K. Basu, se déclarent en faveur d'une profonde révision des croyances et des matières enseignées en gestion. Ils appellent à en finir avec au moins cinq « demi-vérités » dommageables aux affaires humaines, qui sont à la base de dérives graves comme celles qu'on a pu observer lors des scandales de détournements et de faux en comptabilité qui ont secoué de nombreuses entreprises depuis la fin du siècle dernier. Les cinq demi-vérités à bannir laissent croire ceci :

1. Les affaires et la gestion sont avant tout une question d'individualisme (chacun pour soi) et d'égoïsme visant la seule maximisation de ses propres gains (comme on l'enseigne, précisent ces auteurs, entre autres en finance).

2. Les entreprises n'existent que pour maximiser la valeur des actions et les gains des actionnaires.

3. Les entreprises ont besoin de dirigeants qui soient des « leaders héroïques et charismatiques » portant celles-ci sur leurs seules épaules et méritant des avantages et des salaires exorbitants.

4. Les entreprises à succès doivent être « minces et agressives » ou encore « amaigries et impitoyables » (*lean and mean*) – ce qui conduit à des excès barbares contre les humains et la nature et à des licenciements démentiellement massifs.

5. La prospérité, la reprise et la croissance non seulement sont quasi automatiques, mais elles se font également pour tous, et passent d'abord par l'enrichissement des actionnaires et des hauts dirigeants, comme une vague montante ferait se hisser tous les bateaux – ce qui conduit à des comportements d'accaparement aussi égocentriques qu'injustifiables.

Voilà un louable programme de refonte des contenus de l'enseignement dans les écoles de gestion qui serait, à n'en pas douter, un excellent début ! Mais que d'obstacles, que de préjugés profondément ancrés, que d'idéologies tenaces ne faudra-t-il pas vaincre auparavant !

LES IDÉES IMPORTANTES

SUR LA MONDIALISATION

La mondialisation n'est pas une simple expansion de la façon de faire des activités économiques et de commercer à l'échelle de la planète. Elle s'est construite pendant plusieurs décennies, tout en faisant l'objet de divers intérêts et de réorientations. Cette mondialisation qu'on dit aujourd'hui «néolibérale» s'est effectuée en six étapes historiques. Et comme elle tient lieu d'idéologie, de conception et de prescriptions en matière d'économie et de politiques économiques, elle influence immanquablement le management de même que l'administration des affaires sur les plans des prescriptions et des pratiques.

Questions

1. Quelles sont les principales étapes de la genèse de la mondialisation et leurs enchaînements logiques?

2. Qu'est-ce que le libéralisme et le néolibéralisme?

3. Y a-t-il une seule et unique conception ou pratique du capitalisme? du management? du marché et de la société?

4. Quelles sont les quatre grandes pistes de solutions qui feraient de la mondialisation une réussite pour tous?

Chapitre 13

L'environnement en management et le management environnemental : enjeux et perspectives d'avenir

Par *Olivier Boiral*

INTRODUCTION

Les gestionnaires ne peuvent, aujourd'hui, ignorer l'ampleur des défis que soulèvent pour les organisations le réchauffement climatique et la gestion des matières résiduelles. La prise en considération de ces défis ne répond pas seulement à la nécessité de mettre l'organisation en phase avec les attentes de la société, d'améliorer son image, de répondre aux normes réglementaires ou encore de réaliser certaines économies en réduisant les pertes de matière et d'énergie. Elle est d'abord et avant tout un impératif de base pour assurer la pérennité des activités économiques et réduire des impacts environnementaux qui hypothèquent chaque jour davantage les possibilités de développement pour les générations futures. Cet impératif, souvent associé au «développement durable», est porteur d'un véritable renouvellement des pratiques de gestion, lesquelles ont largement contribué à la crise écologique actuelle.

Un tel renouvellement appelle des changements profonds, tant à l'intérieur des organisations que dans les fondements mêmes du système économique actuel. Il y a une soixantaine d'années, Polanyi (1947 et 1983) a dénoncé la subordination du social à l'économie de marché et plaidé pour un «réencastrement» de l'économique dans le système social. Le management renouvelé s'attache, dans une certaine mesure, à promouvoir ce renversement des priorités entre l'économie et le social. La même analyse pourrait être faite au sujet des questions environnementales. Alors que dans les sociétés traditionnelles l'économie est étroitement intégrée dans la nature, harmonisée avec elle, dans les sociétés modernes, c'est plutôt la nature qui est inféodée à l'économie. Et la remise en ordre des priorités n'est plus seulement une question d'éthique, de redistribution des richesses, d'efficacité ou de lutte des classes. Elle concerne «notre avenir à tous» (Commission mondiale sur l'environnement et le développement, 1988) et interpelle au premier chef les dirigeants économiques et politiques. Ainsi, les enjeux écologiques ne sauraient demeurer à la périphérie des préoccupations du management et des dirigeants, lesquels ne sont pas étrangers à la dégradation croissante des écosystèmes.

Cependant, parler d'environnement en gestion conduit le plus souvent à des malentendus liés soit à la conception restrictive de ce concept en management, soit à la perception, largement répandue, que les préoccupations «vertes» sortent du cadre établi de cette discipline et ne sont donc pas du ressort des gestionnaires. Ces deux types de malentendus sont en réalité rattachés à une seule et même cause : les réflexions sur le management se sont développées en ignorant, la plupart du temps, l'ancrage de l'organisation dans la réalité matérielle et écologique qui conditionne son existence comme celle de chacun d'entre nous. Tout se passe comme si l'organisation et sa gestion existaient dans un univers presque abstrait, clos, dissocié des éléments naturels constitutifs de notre monde, comme l'air, l'eau ou la végétation. Des thèmes tels que la décision, la motivation, la planification, le contrôle ou la culture organisationnelle se définissent par rapport à un contexte socioéconomique qui semble se suffire à lui-même, n'avoir d'autre finalité que sa propre existence et son propre développement. Ainsi affranchi des effets qu'il peut entraîner sur le milieu naturel et sur la pérennité des sociétés humaines, ce cadre de gestion comme suspendu dans le vide est longtemps resté étranger aux enjeux écologiques.

L'objectif de ce chapitre est d'examiner les raisons de cette rupture ainsi que les principaux défis que soulèvent les problèmes environnementaux pour les pratiques de management. Dans un premier temps, les perceptions de l'environnement en gestion et dans l'enseignement de cette discipline seront étudiées et mises en perspective par rapport à quelques problèmes écologiques majeurs qui requièrent des changements dans les rôles traditionnels des gestionnaires. Dans un second temps, un essai de synthèse des réflexions actuelles sur la gestion environnementale sera proposé.

A. L'ENVIRONNEMENT EN GESTION

Avant de définir certains principes du management environnemental, il importe de comprendre la signification du concept d'environnement en management, en soulignant les changements que suppose une vision plus réaliste de ce concept dans l'enseignement de la gestion et dans le travail des gestionnaires. La description de problèmes écologiques saillants permettra également d'illustrer les responsabilités et les défis des organisations et de leurs dirigeants dans ce domaine.

UN ENVIRONNEMENT DÉNATURÉ

La prise en compte des préoccupations vertes dans les réflexions générales sur le management demeure aujourd'hui encore très superficielle, voire, dans bien des cas, inexistante, en dépit de l'importance croissante que prennent les questions écologiques et leurs implications pour la gestion des organisations. De façon paradoxale, le concept d'«environnement» est pourtant omniprésent dans les ouvrages d'initiation au management utilisés dans les écoles de gestion. Cependant, ce concept a une signification très différente de celle qui lui est habituellement attribuée dans le langage courant. Au sens large, le dictionnaire *Le Petit Robert* définit l'environnement comme «l'ensemble des conditions naturelles (physiques, chimiques, biologiques) et culturelles (sociologiques) dans lesquelles les organismes vivants (en particulier l'homme) se développent». Au sens strict, les normes internationales homologuées définissent l'environnement comme le «milieu dans lequel un organisme fonctionne, incluant l'air, l'eau, la terre, les

ressources naturelles, la flore, la faune, les êtres humains et leurs interrelations[1]».
Ces définitions reflètent assez bien le sens commun associé à ce concept, y
compris par les individus à l'intérieur des organisations. Bien que l'organisation
s'insère elle aussi dans un milieu incluant l'air, l'eau, la terre, les ressources naturelles, etc., ces aspects écologiques concrets sont la plupart du temps ignorés
dans les ouvrages de base de gestion, dont la conception de l'environnement
est pour le moins «dénaturée». Ces ouvrages[2] décrivent généralement plusieurs
niveaux d'environnement, définis en fonction de critères socioéconomiques :

- l'environnement général, qui regroupe des aspects externes pouvant avoir
  une influence indirecte, à long terme ou ponctuelle sur le fonctionnement
  quotidien des organisations : conditions politiques, situation économique,
  contexte juridique, influences socioculturelles, technologie, etc. ;

- l'environnement spécifique ou de la tâche, qui désigne des aspects externes
  qui influencent plus directement les activités quotidiennes et la réalisation des
  objectifs : fournisseurs, clients, actionnaires, associations professionnelles,
  concurrents, entreprises affiliées, etc. ;

- l'environnement interne, qui regroupe des éléments se situant à l'intérieur
  des organisations : employés, système de production, structure, culture organisationnelle, etc.

Ce découpage tend à établir des frontières et des distinctions arbitraires entre
des éléments qui, souvent, se manifestent simultanément aux différents niveaux
énoncés[3], tout en occultant des aspects écologiques plus concrets, voire plus
fondamentaux. L'absence récurrente du milieu naturel dans ces descriptions
est d'autant plus frappante que la plupart des ouvrages soulignent l'importance
d'éviter une vision isolée, introvertie, coupée de l'extérieur des pratiques de
management. Par exemple, Bergeron explique que l'entreprise «n'existe pas
dans un *vacuum*» et appelle les dirigeants à une plus grande conscience de l'environnement, lequel «comprend des facteurs économiques, politiques, légaux,
technologiques, sociaux, éthiques et internationaux[4]». Pour Hellriegel, Slocum
et Woodman (1998), l'environnement est une «contingence essentielle» qui inclut des aspects divers, dont les «terroristes et autres», alors qu'aucun élément
du milieu naturel n'est évoqué !

Les représentations élargies ou systémiques de l'entreprise, qui entendent
proposer une vision plus ouverte, plus globale des interactions s'exerçant entre

---

1. Cette définition est notamment utilisée par l'Organisation internationale de normalisation
   et par l'Association française de normalisation (AFNOR). Elle est reprise dans des normes
   internationales comme ISO 14001.
2. Voir, par exemple, Robbins, Coulter et Stuart-Kotze (2000, p. 59-69) ; Daft (1988, p. 65-74) ;
   Hellriegel, Slocum et Woodman, (1998, p. 392-403) ; Bergeron (1989, p. 55-68) ; Koontz
   et O'Donnell (1955, p. 33-49).
3. La culture d'entreprise, par exemple, souvent associée à l'«environnement interne», est
   solidaire d'un contexte socioculturel plus large et ne saurait se réduire à une «variable»
   organisationnelle qui dépend du bon vouloir des dirigeants.
4. Bergeron (1989, p. 56).

l'organisation et l'«environnement», tendent elles aussi, faut-il s'en étonner, à exclure le milieu naturel de leurs analyses. Ainsi, la modélisation classique de l'organisation comme un système ouvert transformant des intrants issus de son environnement en extrants destinés à différents marchés ne tient généralement pas compte des aspects écologiques inhérents au fonctionnement de ce système. Ce type de représentation systémique quant aux flux, à la transformation et à la circulation des capitaux, des produits ou des matières premières prédispose pourtant à une prise en compte, même très schématisée, des externalités de l'entreprise : émissions atmosphériques, production de résidus, destruction de ressources naturelles, pollution des eaux, pressions écologistes, etc. De même, les théories sur l'«écologie des organisations», en dépit de leur appellation, ne s'intéressent pas réellement à l'écologie, discipline dont on se limite ici à emprunter certaines méthodes d'analyse. Il s'agit en fait d'expliquer, à partir d'une perspective inspirée du darwinisme et de l'écologie des populations, la variété et la survie de diverses formes d'organisations en fonction d'un processus d'adaptation qui s'observerait dans le temps et à un niveau global, un peu à la manière de la «sélection naturelle» des espèces (Amburgey, et Hayagreeva, 1996 ; Boone et Witteloostuijn, 1995 ; Hannan et Freeman, 1977). Le caractère atypique et exclusif de ces conceptions gestionnaires de l'environnement conduit Shrivastava (1994) à proposer le concept d'«environnement castré». Les lettres du terme anglais «CASTRATED» sont utilisées par Shrivastava comme un acronyme pour dénoncer l'usage restrictif et elliptique du mot «environnement» en matière de stratégie et de théorie des organisations[5].

Ces représentations dénaturées ou «castrées» de l'environnement traduisent un déni de la réalité qui n'est pas sans conséquences sur les pratiques de gestion et sur leurs impacts écologiques. En effet, elles véhiculent implicitement la croyance que les problèmes environnementaux *stricto sensu* ne méritent qu'une considération marginale ou ne concernent carrément pas le travail et la responsabilité des gestionnaires pour autant qu'ils ne s'accompagnent pas de contraintes socioéconomiques bien définies. Ces problèmes n'étant pas directement abordés et la signification du mot «environnement» ayant été, au départ, vidée de sa substance, le milieu naturel disparaît à peu près complètement de l'horizon du management. Une conception artificielle, utilitaire et floue de l'environnement se substitue ainsi aux éléments concrets du milieu naturel dont l'entreprise peut librement disposer pour répondre à ses objectifs économiques. L'organisation semble exister en apesanteur par rapport aux réalités matérielles

---

5. La **C**ompétition pour les ressources qui prime sur la protection de ces dernières ; l'**A**bstraction et l'immatérialité des concepts utilisés pour caractériser l'environnement (incertitude, turbulence, stabilité, etc.) ; la **S**uperficialité dans la description des frontières de l'organisation ; les **T**héories immatures sous-jacentes aux représentations de l'environnement ; le **R**éductionnisme à des aspects socioéconomiques mesurables ; l'**A**nthropocentrisme, qui suppose implicitement que la nature existe d'abord et avant tout pour satisfaire les besoins humains ; l'oubli du **T**emps (à l'exception de l'écologie des organisations), qui a pour conséquence une vision stable et prédéfinie des aspects de l'environnement ; l'**E**xploitation indéfinie des ressources que tend à favoriser l'absence de prise en compte de la rareté et de la fragilité des éléments naturels ; la **D**énaturation du terme, qui réduit l'environnement à des institutions ou à des actions humaines étrangères au milieu naturel.

qui conditionnent pourtant son existence et sa survie, de même que celles de la collectivité. Le management et les ouvrages classiques sur la question exigent instamment du gestionnaire qu'il tienne compte d'un «environnement» qui, à l'analyse, se révèle une coquille à peu près vide au regard de l'acception usuelle du terme. La conception «castrée» de l'environnement favorise donc une «politique de l'autruche[6]», ignorant les problèmes de pollution, de rareté, d'épuisement de certaines ressources naturelles. Cette politique de l'autruche sur les questions environnementales se reflète tant dans le corpus théorique du management que dans l'enseignement de base de cette discipline.

L'ÉCOLOGIE DANS L'ENSEIGNEMENT DE LA GESTION

Si les ouvrages de base en management demeurent relativement imperméables aux préoccupations environnementales, de nombreuses publications se sont efforcées, à partir du milieu des années 1990, de proposer une vision plus «écocentrique» de l'organisation et de promouvoir un mode de gestion davantage respectueux de l'intégrité des écosystèmes. En 1995, la très sérieuse *Academy of Management Review* lançait un numéro spécial axé sur la définition d'un nouveau paradigme du management tenant compte des interactions complexes entre l'organisation et le milieu naturel (Gladwin, Kennelly et Krause, 1995; Starik et Rands, 1995; Devereaux Jennings et Zandbergen, 1995). Cependant, en dehors de recherches spécifiques sur les questions écologiques, ces constructions théoriques n'ont pas modifié le cadre de référence fondamental du management et sa conception atypique de l'environnement. Ce manque d'intégration des questions environnementales dans le corpus théorique de base du management se prolonge dans l'enseignement de cette discipline. En effet, si des cours spécialisés sur la gestion environnementale sont apparus de façon plus ou moins sporadique dans les écoles de gestion, ce type d'enseignement demeure relativement rare et peu intégré dans les programmes de formation de futurs gestionnaires.

C'est ce que montrent des études réalisées depuis la fin des années 1990 par le World Resource Institute, un organisme américain dédié à la promotion des questions environnementales dans les entreprises. Ainsi, une enquête effectuée par cet organisme en 1999 auprès de 313 programmes de MBA en Amérique du Nord a montré que seulement 20% de ces programmes proposaient des cours pour former les étudiants aux enjeux sociaux et environnementaux (Finlay, Bunch et Prakash-Mani, 2000). De plus, la plupart de ces cours ne portaient pas directement sur les questions environnementales, mais plutôt sur l'éthique, le droit, les politiques publiques et l'économie, avec un volet sur les questions écologiques. La quasi-totalité des cours spécifiques sur les questions environnementales étaient optionnels. Les enquêtes subséquentes réalisées par le World

6. Comme l'a montré Aktouf (2002), cette «stratégie de l'autruche» est une des caractéristiques de la rationalité économique dominante et se manifeste dans de nombreuses facettes du management.

Resource Institute montrent que le nombre de ces cours sur l'environnement tend à augmenter, mais qu'ils conservent dans la plupart des cas un caractère facultatif. Malgré cette progression, et contrairement à d'autres disciplines enseignées dans les universités, les possibilités de spécialisation en environnement dans les écoles de gestion demeurent encore très limitées. Ainsi, selon un rapport du Conseil de la science et de la technologie du Québec (2001), environ 15 % des 1 083 possibilités de spécialisation dans les universités québécoises concernent les questions environnementales, alors que cette proportion tombe à seulement 2 % dans le domaine de l'administration et de la gestion (voir le tableau 13.1).

Certains objecteront sans doute que le retard très important de l'administration par rapport à d'autres domaines dans la formation en environnement s'explique par la vocation et la finalité particulières de cette discipline, centrée sur l'organisation, sa gestion, la recherche du profit, etc. Cependant, outre les effets pervers d'une définition trop étroite de cette finalité, qui sont largement débattus dans le présent ouvrage, de tels arguments relatifs à la pertinence des problèmes écologiques dans l'enseignement de la gestion sont injustifiés. En effet, même en demeurant enfermées dans le paradigme dominant du management, les questions environnementales devraient avoir leur place et leur raison d'être en raison notamment de leurs implications économiques, des pressions externes qui leur sont associées et de leurs implications à long terme sur les pratiques de gestion.

En premier lieu, indépendamment des préoccupations éthiques et écologiques, les questions environnementales sont l'objet d'enjeux économiques d'envergure qui ne sauraient être ignorés par les dirigeants en exercice ou par les futurs gestionnaires. Dans certains secteurs industriels, comme la production d'aluminium, il n'est pas rare que les équipements environnementaux représentent de 10 % à 15 % des investissements totaux de la construction d'une nouvelle usine, soit des dépenses de plusieurs dizaines de millions de dollars. Les actions environnementales peuvent également représenter une source substantielle d'économies et de bénéfices. Par exemple, pour la seule année 2002, les économies et les coûts évités attribuables aux actions environnementales du groupe IBM (prévention de la pollution, recyclage des matériaux, économies d'énergie, réduction du coût des assurances, etc.) ont représenté, à l'échelle mondiale, près de 240 millions de dollars[7].

En deuxième lieu, les problèmes environnementaux sont la source de pressions réglementaires ou sociétales qui peuvent compromettre la marge de manœuvre des dirigeants. Outre les poursuites à l'encontre des organisations et la remise en cause de la légitimité sociale de ces dernières, les gestionnaires peuvent, dans certains cas, être tenus pour responsables personnellement des impacts environnementaux et être l'objet de poursuites. Ce fut le cas pour les dirigeants d'une usine canadienne du groupe Bata après que les inspecteurs du ministère de l'Environnement ontarien eurent découvert des barils de produits chimiques entreposés de façon non sécuritaire et en infraction aux règlements

---

7. *IBM Corporate Responsibility Report 2002*, p. 56.

dans ce domaine. Le président-directeur général du groupe ainsi que le directeur de l'usine en question furent inculpés (Paquin, 1992). La sensibilisation à ce type de menaces avant l'entrée dans le milieu de travail semble d'autant plus indispensable que, au Canada, les programmes de formation continue en entreprise, en particulier sur les questions environnementales, sont souvent faibles, voire inexistants (Boiral, 1999). Dans ce contexte, il semble plus logique d'intégrer dans la formation des futurs gestionnaires des savoirs et des savoir-faire environnementaux que de considérer que ces compétences s'acquerront spontanément dans le milieu de travail.

TABLEAU 13-1 — **Programmes de formation universitaires et possibilités de spécialisation en environnement dans les universités québécoises**

Domaine	Nombre de programmes	Spécialisation possible répertoriée			Premier cycle			Études supérieures		
		Total	Env.	%	Total	Env.	%	Total	Env.	%
Environnement	15	15	15	100	10	10	100	5	5	100
Biologie et chimie*	65	159	28	18	78	17	22	81	11	14
Terre, eau, atmosphère	38	61	15	25	19	8	42	42	7	17
Aménagement, urbanisme	32	80	11	14	42	5	12	62	6	10
Génie	182	339	57	17	142	19	13	197	38	19
Agronomie**	48	48	11	23	21	6	29	27	5	19
Géographie	42	42	13	31	32	13	41	10	nd	nd
Administration	180	241	6	2	100	3	3	141	3	2
Économie	38	98	3	3	26	0	0	72	3	4
TOTAL	**640**	**1083**	**159**	**15**	**470**	**81**	**17**	**637**	**78**	**12**

* Ne comprend pas les programmes de biochimie, microbiologie et sciences biomédicales.

** Ne comprend que les programmes de sciences de l'agriculture des universités Laval et McGill.

Source : Conseil de la science et de la technologie du Québec, *Innovation et développement durable : l'économie de demain*, Québec, Gouvernement du Québec, 2001, p. 77.

En troisième lieu, les actions environnementales peuvent représenter un excellent moyen de renforcer le sentiment d'appartenance à l'organisation, l'adhésion aux objectifs de l'organisation et la motivation des employés, qui constituent des thèmes dominants du management et de son enseignement. En effet, contrairement à la recherche du profit ou de l'excellence, les préoccupations écologiques sollicitent des valeurs quasi universelles qui peuvent améliorer le rôle de «citoyen» des organisations. L'insertion des préoccupations environnementales dans l'enseignement du management aide donc indirectement à promouvoir des organisations plus responsables, au personnel plus motivé. Si, jusqu'à une époque récente, il existait relativement peu d'outils, de méthodes et de connaissances sur la façon de promouvoir des organisations plus vertes, les nombreux ouvrages, articles et thèses publiés sur la question depuis une quinzaine d'années ont contribué à combler cette lacune. La gestion environnementale n'est plus aujourd'hui un domaine de recherche nouveau, mais une discipline plus ou moins établie. Cette discipline est, certes, encore en marge du «noyau dur» du management, mais ses nombreuses ramifications sont autant de thématiques reposant sur un corpus susceptible d'être enseigné : les enjeux économiques des actions environnementales, l'intégration des préoccupations vertes dans la stratégie, les normes ISO 14 000, l'écologie industrielle, l'éthique environnementale, la gestion des crises, les enjeux réglementaires, la prévention de la pollution, etc.

En dernier lieu, en raison de leur ampleur, de leur complexité et de leur caractère concret, les défis environnementaux que connaissent un grand nombre d'organisations ne sont pas appelés à s'effacer à court ou à moyen terme. La quête de la «pollution zéro», comme toute quête d'absolu, demeurera d'ailleurs à jamais inachevée[8]. De fait, la gestion environnementale n'est certainement pas une mode évanescente, à l'image d'un certain nombre de courants de management aujourd'hui passés à l'histoire. L'ancrage biophysique de phénomènes comme l'effet de serre ou encore la contamination des eaux de même que leurs enjeux socioéconomiques devraient préoccuper pour longtemps encore les gestionnaires et la société en général. Un rappel rapide des problèmes les plus frappants permet d'illustrer l'ampleur de ces problèmes et de proposer une vision plus écocentrique de l'environnement en gestion.

QUELQUES ENJEUX ENVIRONNEMENTAUX MAJEURS

Si l'air, l'eau, les ressources naturelles et les autres composantes du milieu naturel font partie intégrante de l'environnement, on ne saurait passer sous silence les défis que soulève leur dégradation pour la gestion environnementale. Cette dernière peut en effet se définir comme l'ensemble des pratiques et des décisions qui s'attachent à réduire de façon efficiente et importante les impacts des activités des organisations sur l'air, l'eau, les ressources, les populations et les autres

---

8. Sur la recherche d'absolu dans les entreprises à travers des concepts comme la qualité totale et l'excellence, voir notamment Aubert et Gaulejac (1991).

aspects du milieu naturel à travers la mobilisation de personnes et de moyens à la hauteur des défis qui se présentent. Un inventaire précis ou exhaustif de ces défis est à toutes fins utiles impossible et varie sensiblement suivant les secteurs d'activité[9]. Aussi, seuls quelques problèmes majeurs concernant l'air, l'eau et la gestion des résidus seront ici évoqués et mis en perspective par rapport aux responsabilités environnementales des organisations.

L'air

La pollution atmosphérique est sans doute le problème écologique qui a été le plus médiatisé, en raison notamment des débats qui ont entouré la signature du protocole de Kyoto. Rappelons que ce protocole, plutôt minimaliste, repose sur l'engagement, par les pays signataires, d'une réduction des gaz à effet de serre de 5,2 % en moyenne d'ici la période 2008-2012 par rapport au niveau de 1990. Ces objectifs ont été assortis de plusieurs mécanismes dits «de flexibilité». Il s'agit en particulier des «permis d'émission» (achat ou vente de droits d'émettre), de la «mise en œuvre conjointe» (investissements visant à réduire les gaz à effet de serre entre pays développés) et du «mécanisme de développement propre» (investissements visant à réduire les gaz à effet de serre en dehors des pays signataires du protocole). Ces mécanismes, qui se mettent actuellement en place, représentent dès à présent des enjeux économiques d'envergure pour les organisations qui rejettent une proportion non négligeable des émissions de gaz à effet de serre. Au Québec, par exemple, environ le tiers de ces émissions provient du secteur industriel (voir la figure 13.1, à la page suivante). Entré officiellement en vigueur le 16 février 2005, le protocole de Kyoto exigera des actions vigoureuses de la part des plus grands pollueurs (producteurs gaziers et pétroliers, mines, producteurs de ciment, producteurs d'aluminium, centrales électriques, etc.) qui, à l'échelle canadienne, sont responsables de près de la moitié des émissions totales de gaz à effet de serre. Les mesures envisagées en 2005 dans le cadre du plan d'action canadien (système d'échanges intérieurs de droits d'émissions, déclaration obligatoire des émissions de gaz à effet de serre, protocoles d'ententes avec les grands émetteurs industriels, subventions, etc.) devraient avoir un impact non négligeable sur la stratégie des organisations qui, trop souvent, voient dans ces mesures des contraintes, alors qu'elles représentent de réelles occasions économiques pour les organisations qui ont choisi de prendre le virage vert. Cependant, les incertitudes, les pressions (émanant entre autres des groupes de pression des industries pétrolière et automobile) et les atermoiements sur l'application des mesures de ce plan d'action ne favorisent pas un tel virage.

À l'image de l'effet de serre, le trou dans la couche d'ozone a été l'objet d'une grande mobilisation internationale, notamment à travers la ratification des protocoles de Montréal, en 1987, et de Londres, en 1990. Ces accords ont permis de bannir l'utilisation des chlorofluorocarbones (CFC) et des halons, gaz responsables de l'appauvrissement de la couche d'ozone dans les hémisphères nord et sud. Le remplacement de ces gaz utilisés comme agents aérosol et

---

9. Pour une analyse des principaux contaminants industriels, voir, par exemple, Lambert *et al.* (1994).

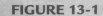

| FIGURE 13-1 | Répartition sectorielle des émissions québécoises de gaz à effet de serre en 2001 |

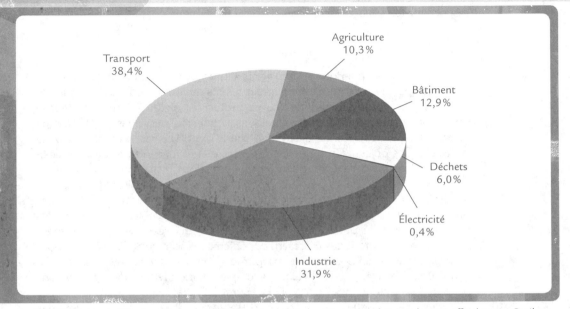

Source : Ministère de l'Environnement du Québec, *Inventaire des émissions québécoises de gaz à effet de serre*, Québec, Gouvernement du Québec, 2001.

réfrigérants a exigé, depuis les années 1980, d'importants investissements en recherche et développement pour des entreprises chimiques comme Du Pont, ICI ou Atochem. Signalons enfin les problèmes associés aux précipitations acides responsables, dans des régions comme le Québec ou les pays scandinaves, de l'acidification des lacs, du dépérissement des forêts et de la détérioration des bâtiments. La transformation des émissions de dioxyde de soufre et d'oxyde d'azote en acides sulfurique et nitrique joue un rôle majeur dans ce phénomène, qui est encadré, en Amérique du Nord et en Europe, par différents règlements transfrontaliers.

L'eau

Dans un nombre croissant de régions du monde, la pénurie et la pollution des eaux représentent les principaux problèmes environnementaux. D'une part, l'eau douce constitue une ressource de première nécessité, comme l'illustrent les catastrophes naturelles et d'autres crises majeures, où la disponibilité de l'eau potable est souvent la préoccupation la plus urgente des sinistrés. D'autre part, les réserves d'eau douce renouvelables sont très inégalement réparties et tendent à diminuer de façon inquiétante à l'échelle mondiale. Selon le *Rapport mondial pour la mise en valeur des ressources en eau* des Nations unies (UNESCO, 2003), l'Asie, qui comprend plus de 60 % de la population mondiale, ne dispose que d'environ un tiers des ressources aquifères de la planète, alors que, à l'échelle mondiale et selon les estimations de consommation actuelles, plus de 90 % des ressources en eau douce seront utilisées d'ici 25 ans. La consommation mondiale d'eau, laquelle a été multipliée par six depuis le début du xxᵉ siècle, a trois sources principales : l'agriculture (environ 70 %), l'industrie (environ 23 %) et l'utilisation domestique (environ 8 %). Cette répartition varie sensiblement suivant les régions, et la part du secteur industriel tend à augmenter avec le niveau de développement. Au Canada, les utilisations non municipales de l'eau douce représentent près de 90 % de la consommation totale (voir la figure 13.2).

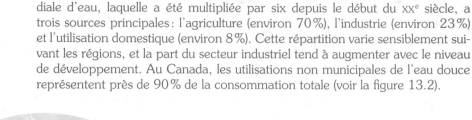

FIGURE 13-2   **Les principales utilisations de l'eau au Canada**

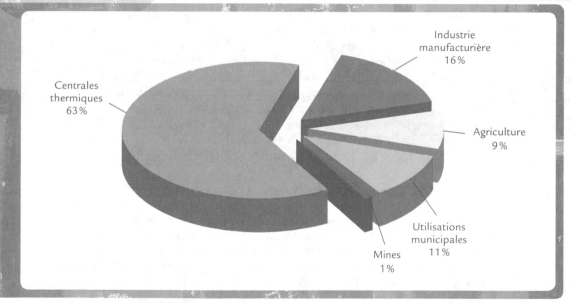

Source : Données extraites du site sur l'eau d'Environnement Canada, www.ec.gc.ca.

Pour les organisations, la réduction de la consommation d'eau constitue un défi d'autant plus important que dans la plupart des régions du monde le coût de cette ressource augmente rapidement en même temps qu'elle se raréfie. De plus, la fabrication de nombreux produits exige un volume d'eau très important. Ainsi, la construction d'une automobile nécessite plus de 120 000 litres d'eau[10], dont près des deux tiers pour la production de l'acier qui entre dans sa composition[11]. Les exemples présentés dans le tableau 13.2, à la page suivante, illustrent les quantités d'eau nécessaires à la fabrication de différents produits.

---

10. Le volume d'eau utilisé varie selon le poids des automobiles et des modèles considérés.
11. Voir Environnement Canada, www.ec.gc.ca.

TABLEAU 13-2

Quantité moyenne d'eau, exprimée en litres, nécessaire pour fabriquer un kilogramme de divers produits

Rayonne	de 400 à 11 000	Carton	de 60 à 400
Acier	de 300 à 600	Ciment	environ 35
Papier	environ 500	Savon	de 1 à 35
Sucre	de 300 à 400	Matière plastique	de 1 à 2

Source : Dossier sur l'eau douce du Centre national de recherche scientifique, www.cnrs.fr.

Outre la réduction de la quantité d'eau utilisée, les organisations doivent s'efforcer de diminuer les concentrations de contaminants rejetées dans les cours d'eau, lesquelles sont généralement soumises à des normes réglementaires plus ou moins sévères. Ces normes, qui ne couvrent qu'une partie des nombreuses substances chimiques rejetées, peuvent s'exprimer à travers divers indicateurs tels que la demande biochimique en oxygène, le carbone organique total, les matières en suspension, les matières pouvant être décantées, la turbidité, la neutralité, la température, la salinité ou la toxicité aiguë et chronique (Lambert *et al.*, 1994). Le respect de ces normes nécessite généralement l'installation de systèmes de traitement qui représentent des investissements considérables. Ces investissements sont autant de sources d'occasions et/ou de coûts pour les organisations, selon leurs activités et leurs marchés. Ainsi, selon les estimations de la Banque mondiale, le marché mondial du traitement de l'eau devrait représenter, entre 2000 et 2010, plus de 600 milliards de dollars américains (Rekik, 2004).

Les résidus[12]

À l'image de la consommation d'eau et de l'émission de contaminants atmosphériques, la production de résidus semble inhérente à tout processus de production. Dans la production d'aluminium primaire, par exemple, dont le Canada est le principal exportateur mondial, on estime qu'il faut environ quatre tonnes de bauxite pour produire deux tonnes d'oxyde d'alumine. La transformation de ces deux tonnes d'oxyde d'alumine par un processus d'électrolyse permettra finalement d'obtenir une tonne d'aluminium. Environ 75 % de la matière première utilisée au départ se retrouve donc sous forme de résidus divers, comme les boues rouges, issues de la transformation de la bauxite. À ces matières résiduelles de base s'ajoutent des sous-produits industriels qu'il est possible ou non de valoriser, provenant des diverses étapes du processus de production, comme les brasques (blocs de carbone utilisés dans les cathodes du processus d'électrolyse) ou les écumes (impuretés qui se forment à la surface de l'aluminium liquide).

---

12. Dans les réflexions sur les enjeux environnementaux, le concept de résidu, c'est-à-dire «ce qu'il reste après une opération physique ou chimique» (*Le Petit Robert*), se substitue de plus en plus à celui de déchet, qui désigne «un résidu [...] inutilisable (et en général sale ou encombrant)» (*Le Petit Robert*). Cette substitution sémantique reflète la recherche et le développement des filières de récupération et de valorisation des matières résiduelles, dont seule une partie n'est pas utilisable compte tenu des connaissances actuelles.

Le cas de l'aluminium montre que les activités industrielles génèrent souvent un volume de sous-produits industriels beaucoup plus important que celui des produits finis. La croissance économique et la consommation de masse se traduisent donc inévitablement par une croissance plus que proportionnelle des résidus en amont des circuits de production et de distribution, sans compter la disposition des produits finis à la fin de leur durée de vie utile. Ainsi, les entreprises sont, dans les pays industrialisés, le principal producteur de matières résiduelles. Au Canada, par exemple, plus de la moitié des résidus solides proviennent du secteur industriel et commercial (voir la figure 13.3).

L'accumulation de matières résiduelles découlant de notre mode de production et de consommation est à la base des recherches sur le « sac à dos écologique » et sur « l'intensité matérielle par unités de services » (indice MIPS), des indicateurs qui s'attachent à mesurer la quantité de ressources nécessaires à la fabrication de diverses catégories de produits (Schmidt-Bleek, 1992). On estime, par exemple, que la production d'un jean de 600 grammes nécessite environ 32 kilogrammes de ressources (sans compter 8 000 litres d'eau), alors qu'une alliance de 2 grammes implique le déplacement ou la transformation de près

| FIGURE 13-3 | **Répartition sectorielle de la production de résidus solides au Canada en 2000** |

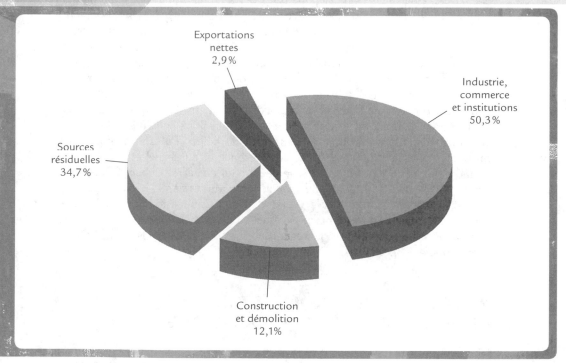

Source : Statistique Canada, 2000, cité dans J. Lapalus, *Les déchets solides au Canada*, Toronto, Les Missions économiques du Canada, 2003.

de 500 tonnes de matières. Selon Weizsäcker, Lovins et Lovins (1997), auteurs d'un ouvrage sur la question qui fut un best-seller en Allemagne, les consommations d'énergie et de matières premières par unité de production devraient être réduites selon un «facteur 4» au cours des deux ou trois prochaines décennies pour répondre aux prévisions de croissance en diminuant de moitié les pressions sur l'environnement. Mais pour Schmidt-Bleek, lauréat en 2001 du prix mondial de recherche environnementale Takeda pour ses travaux sur l'indice MIPS, de même que pour l'institut scientifique allemand Wuppertal, les économies des pays de l'OCDE, compte tenu de leur niveau actuel de consommation, devraient plutôt réduire l'intensité de l'utilisation des ressources naturelles par un «facteur 10» (Weaver et Schmidt-Bleek, 2000).

Ces estimations semblent accréditer les prévisions malthusiennes du Club de Rome qui, au début des années 1970, proposait de stopper la croissance pour limiter une dégradation rapide et irréversible des écosystèmes (Meadows, 1972). Cependant, la réduction de l'intensité de l'utilisation des matières premières peut également contribuer à stimuler l'économie et à améliorer la productivité. D'une part, elle encourage le développement de filières de récupération, de recyclage et de valorisation des résidus tout en diminuant les coûts d'enfouissement. Cette démarche, qui consiste à transformer des «déchets» en sous-produits industriels pouvant être ultérieurement réutilisés ou valorisés dans diverses filières de récupération, est au centre de l'écologie industrielle (Allenby, 1999 ; Allenby, Richards, *et al.*, 1994 ; Boiral et Croteau, 2004). Ainsi, au Québec, l'usine Guillaume-Tremblay, du groupe Alcan, utilise un procédé au plasma pour traiter de façon économique les écumes (résidus provenant des alumineries) et en extraire de l'aluminium ainsi que du flux utilisé dans les aciéries. D'autre part, la réduction des résidus et de l'intensité de l'utilisation des ressources par unité de production tend à améliorer la productivité tout en réduisant les pressions exercées sur les écosystèmes. Par exemple, la société québécoise NovaFrit transforme des brasques usées provenant notamment de l'aluminerie Alcoa Canada pour produire un substitut de la poudre de ciment. Ce substitut utilisé par Ciment Saint-Laurent permet de réduire de 20 % à 30 % l'utilisation de poudre de ciment dans la production du mortier et du béton tout en améliorant les propriétés physiques de ces matériaux (résistance et durabilité) et en réduisant de façon appréciable les émissions de gaz à effet de serre (Dubuc, 2005). Ces économies de matière et d'énergie sont au centre du concept d'«éco-efficience», qui est activement diffusé par le World Business Council for Sustainable Development, une coalition d'entreprises multinationales qui entend promouvoir le développement durable et la responsabilité sociale dans les organisations (DeSimone et Popoff, 1997 ; Boiral et Kabongo, 2004).

RÉEXAMINER LES RÔLES ET LES RESPONSABILITÉS DES DIRIGEANTS

La réduction des impacts environnementaux exige l'utilisation de diverses technologies dont la maîtrise relève d'une logique technique qui peut paraître étrangère à la discipline du management. Cependant, par leur ampleur, leur complexité et leur caractère transversal, les problèmes écologiques nécessitent surtout un engagement ferme de la part des gestionnaires. Cet engagement, qui suppose un élargissement de la conception gestionnaire de l'environnement, peut se manifester à travers les différents rôles des dirigeants. Comme cela a été exposé au chapitre 7 dans l'analyse de la contribution de Mintzberg au management, le travail des gestionnaires peut se décomposer en 3 principaux types de rôles (interpersonnels, informationnels, décisionnels) subdivisés en 10 rôles secondaires (Mintzberg, 1984). Chacun de ces rôles peut s'appliquer à diverses facettes de la gestion des questions environnementales.

Ainsi, les rôles interpersonnels sont indispensables à la promotion de valeurs environnementales dans l'organisation et à l'établissement de relations de confiance avec différents intervenants. Le gestionnaire est appelé à représenter l'organisation dans différents événements ou projets liés à l'environnement afin de démontrer son engagement dans ce domaine. La présence à des audiences publiques sur l'environnement, à des conférences et à d'autres événements publics sur ces questions, de même que la rencontre de groupes de citoyens ou de représentants d'associations écologistes sont autant de manières d'exprimer ce rôle symbolique, qui est essentiel lorsque l'organisation est soumise à de fortes pressions sociétales. Le dirigeant doit également s'efforcer de responsabiliser les employés à l'endroit des questions environnementales, de favoriser une mobilisation quotidienne sur ces questions, d'encourager la récupération et le recyclage, de solliciter des suggestions environnementales, etc. Il va de soi qu'un tel leadership ne peut véritablement porter des fruits que si le dirigeant est lui-même convaincu et engagé dans ce domaine. Enfin, le rôle d'agent de liaison sera souvent sollicité car il permet de tisser et de maintenir des liens avec différents intervenants externes : des représentants du ministère de l'Environnement ou des municipalités, des associations professionnelles engagées dans le domaine de l'environnement, des comités de gestion intégrée d'un écosystème (lac, rivière, etc.), des fournisseurs d'équipements de dépollution, et ainsi de suite. Ces réseaux de relations sont nécessaires pour résoudre des problèmes environnementaux qui transcendent généralement les frontières organisationnelles ou encore pour comprendre les attentes de différentes parties prenantes[13].

Les rôles informationnels du dirigeant ne sont pas moins importants en raison des nombreux aspects techniques, juridiques et socioéconomiques qui doivent être examinés dans la gestion environnementale. Ainsi, le gestionnaire doit être bien informé des normes réglementaires en vigueur, des moyens techniques pour y répondre, de la performance environnementale de l'organisation et des pressions sociétales associées à ces questions. La connaissance de certaines pratiques et de certains outils, comme l'analyse du cycle de vie des produits, la prévention de la pollution ou encore la norme ISO 14001, est également

---

13. Selon la théorie des parties prenantes, les attentes souvent contradictoires de différentes catégories d'acteurs doivent être considérées par les dirigeants au risque de compromettre la légitimité sociale des entreprises (Freeman, 1984 ; Donaldson et Preston, 1995). Cette prise en compte appelle plus de transparence, d'ouverture, et une remise en cause de la logique de concurrence à travers, par exemple, la création d'alliances et de collaborations interorganisationnelles à vocation environnementale (Boiral et Jolly, 1997).

nécessaire à la promotion de divers projets environnementaux. Ces informations et ces connaissances doivent évidemment être diffusées au sein de l'organisation. Les moyens pour le faire sont nombreux : réunions, discussions informelles, politique de l'entreprise, circulaires, journal interne, réalisation d'un rapport environnemental annuel, tableaux de bord, etc. Par exemple, dans certaines entreprises, les performances environnementales sont systématiquement affichées et mises à jour afin de favoriser la sensibilisation des employés. Quels que soient les moyens envisagés, la collaboration des services environnementaux, lorsqu'ils existent, s'avérera essentielle à ce processus d'observation et de diffusion d'informations qui peuvent être techniquement complexes et qui doivent donc être vulgarisées. Enfin, le dirigeant pourra être amené à devenir le porte-parole des affaires environnementales de l'organisation dans diverses circonstances : crise environnementale et rencontres avec les médias, présentation du rapport environnemental de l'organisation aux actionnaires, à la maison mère ou à d'autres acteurs externes, réponse à des demandes d'informations externes, etc.

Les rôles décisionnels sont indispensables pour éviter que les discours ou les informations véhiculées sur les questions environnementales n'apparaissent comme un simple exercice de rhétorique effectué par des dirigeants plus soucieux de leur image que d'engagements substantiels. Les gestionnaires devront donc entreprendre des projets, mettre sur pied des programmes et prendre des décisions concrètes dans ce domaine. Ce rôle d'entrepreneur peut se manifester à travers la décision d'installer un nouveau procédé d'épuration des eaux, de remplacer les épurateurs d'air, de lancer des recherches pour la valorisation de certains résidus industriels, de s'engager dans un processus de certification pour la norme ISO 14001, de redéfinir la mission de l'organisation en fonction de considérations environnementales, etc. Les gestionnaires devront également s'assurer de la régulation des actions et des résultats environnementaux. Le recours à des audits internes ou externes, le contrôle des indicateurs de performance environnementale ou la réalisation d'exercices de simulation de crise peuvent aider les dirigeants à exercer ce rôle régulateur et à apporter les corrections qui s'imposent. Pour donner corps à ces différentes initiatives, les gestionnaires devront s'assurer que l'organisation dispose des moyens humains, financiers et techniques suffisants : affectation du budget de fonctionnement de la fonction « environnement », planification d'investissements pour le traitement des contaminants, autorisations pour le recrutement ou l'intervention sous contrat de spécialistes pour améliorer les systèmes d'épuration, approbation de programmes de formation ou de réduction des contaminants, etc. Enfin, les dirigeants seront appelés à négocier sur différents aspects de la gestion environnementale : affectation budgétaire, contrats d'acquisition d'équipements verts, objectifs de réduction des rejets de contaminants, négociation d'alliances avec des partenaires externes pour la création de filières de récupération, discussions avec la maison mère à propos de l'augmentation des budgets environnementaux ou de la promotion de certains projets, etc.

Cette mise en perspective environnementale des rôles des gestionnaires, selon Mintzberg, montre bien que la réduction des impacts sur le milieu naturel peut et doit faire partie intégrante du travail des dirigeants. L'intégration des préoccupations écologiques dans les rôles traditionnels des gestionnaires et dans la formation de ces derniers contribuerait certainement à un plus grand respect de l'environnement par les organisations et à la remise en question d'une certaine politique de l'autruche à ce sujet. Cependant, une telle démarche est loin d'être suffisante. D'un côté, les critiques attribuées aux travaux de Mintzberg, et qui ont déjà été débattues dans le présent ouvrage, pourraient également s'appliquer aux questions environnementales. Ainsi, l'établissement d'un portrait idéal du dirigeant vert débouche sur une logique autosuffisante, qui tend notamment à passer sous silence la contribution essentielle des employés et les nombreuses compétences que suppose la maîtrise des impacts environnementaux. En faisant du dirigeant un être exceptionnel, sorte de héros omniscient garant de la protection des écosystèmes et de l'avenir des générations futures, cette approche tend à ignorer la complexité et l'ampleur de ces enjeux. De l'autre côté, la promotion d'une véritable organisation verte appelle des remises en cause fondamentales qui vont bien au-delà d'une simple redéfinition ou d'un élargissement des rôles traditionnels des dirigeants. La pollution atmosphérique, la contamination et l'appauvrissement des sources d'eau potable, la croissance exponentielle des matières résiduelles et la diminution corrélative de certaines ressources non renouvelables sont en effet porteurs d'une critique assez radicale des entreprises et du mode actuel de croissance économique (Hawken, Lovins et Lovins, 1999 ; Passet, 1979).

Ce caractère « subversif » des problèmes écologiques explique peut-être pourquoi ils demeurent aujourd'hui encore à la périphérie des « sciences de gestion ». Dans cette perspective, la politique de l'autruche entretenue depuis plusieurs décennies d'histoire du management ne relève pas d'une simple erreur d'appréciation liée à une définition trop abstraite et restrictive de l'environnement. Elle traduit surtout un déni de la réalité et une fuite en avant permettant d'éviter, pour le moment, de placer trop directement l'organisation et ses gestionnaires devant des responsabilités que peu souhaitent pleinement assumer. Elle reflète enfin un enfermement dans une rationalité gestionnaire confortable parce qu'imperméable à des préoccupations écologiques perçues, peut-être à juste titre, comme attentatoires aux fondements mêmes du modèle économique dominant. L'analyse des travaux plus spécifiques sur la gestion environnementale montre d'ailleurs que ces fondements sont rarement remis en cause, et que les principes du management vert épousent souvent ceux du management traditionnel.

B. LA GESTION ENVIRONNEMENTALE : DU DÉVELOPPEMENT DURABLE À LA MOBILISATION DES EMPLOYÉS

Depuis le milieu des années 1990, le management vert a connu une certaine effervescence avec la multiplication d'articles et d'ouvrages proposant diverses approches pour promouvoir une meilleure prise en considération des problèmes écologiques par les organisations. Cette effervescence a touché la plupart des domaines de la gestion ou de l'administration en général à travers des travaux plus ou moins spécialisés sur l'analyse des stratégies vertes, la finance et l'environnement, la comptabilité environnementale, le marketing écologique, l'éthique environnementale, etc. Si les travaux portant sur la gestion environnementale sont relativement éclectiques, la majorité d'entre eux gravite autour de quelques thèmes dominants : l'application du concept de développement durable, l'analyse des bénéfices économiques associés aux actions écologiques et la mise en œuvre d'un système de gestion environnementale. De façon générale, ces travaux reflètent la tendance de plus en plus nette à envisager les organisations comme des acteurs à part entière dans la promotion d'actions environnementales volontaires ne reposant pas uniquement sur des réglementations contraignantes. Ainsi, le concept de développement durable peut être assimilé à une sorte d'impératif écologique auquel les organisations sont appelées à souscrire de façon volontaire pour des raisons environnementales, certes, mais aussi pour les bénéfices économiques qui en découlent souvent. Les systèmes de gestion apparaissent comme des outils pratiques pour guider cet engagement, dont l'efficacité dépend dans une large mesure de la mobilisation de l'ensemble des employés.

LE DÉVELOPPEMENT DURABLE EN GESTION OU LES MÉTAMORPHOSES D'UN « CONCEPT CAMÉLÉON »

Depuis la publication et la très large diffusion de l'ouvrage *Notre avenir à tous* de la Commission mondiale sur l'environnement et le développement (1988), le concept de développement durable a connu un succès sans précédent ainsi que de nombreuses métamorphoses sémantiques. On retrouve ainsi ce concept dans presque tous les discours sur l'environnement, quels que soient les milieux, les types d'organisations, les situations, les cultures, les langues, etc. Il serait vain de tenter de dresser un inventaire même approximatif des colloques, des tables rondes, des ouvrages et des articles qui lui ont été consacrés et qui lui ont rendu hommage, sans pour autant que sa signification opérationnelle ait été clairement établie (Boiral et Croteau, 2004). À l'origine et selon la définition de la Commission mondiale sur l'environnement et le développement, il s'agit « d'un développement qui répond aux besoins du présent sans compromettre la capacité des générations futures de répondre aux leurs[14] ».

Le caractère globalisant, conciliateur et pour le moins imprécis de cette définition explique en grande partie la grande popularité du développement durable. D'une part, la simplicité et l'universalité du concept emportent immédiatement l'adhésion. On ne saurait remettre en question l'importance de la préservation des conditions qui permettent notre survie et d'une éthique intergénérationnelle qui n'hypothèque pas les ressources d'aujourd'hui afin de permettre aux générations futures de mener une existence décente. En effet, les menaces qui pèsent sur ces conditions d'existence sont aujourd'hui largement documentées, bien que quelques auteurs de plus en plus isolés, comme Lomborg (2001), en contestent encore la gravité. D'autre part, la définition du développement durable de même que le rapport de la Commission mondiale sur l'environnement

---

14. Commission mondiale sur l'environnement et le développement (1988, p. 51).

et le développement sont porteurs d'un optimisme rassurant et mobilisateur sur les possibilités de concilier économie et environnement. En effet, contrairement aux propositions du Club de Rome et son option «croissance zéro» (Meadows, 1972), la croissance et le niveau de vie élevés des pays riches n'apparaissent pas, en soi, comme des menaces pour l'environnement à condition qu'ils respectent les principes du développement durable, dont les modalités ne sont pas véritablement définies. Ainsi, à l'image de la pierre philosophale, le développement durable apparaît comme un mythe mobilisateur proposant un «élixir de vie immortelle» supposé pouvoir prolonger indéfiniment l'existence humaine à l'aide d'une formule qui reste à découvrir et à appliquer, mais dont les arcanes suscitent d'innombrables vocations.

Ce caractère mythique et flottant du concept de développement durable explique les nombreuses interprétations équivoques dont il a été l'objet, en particulier dans les organisations. Véritable «concept caméléon» (Gutsats, 1983) qui s'adapte et change constamment d'apparence en fonction des contextes dans lesquels il se fond, le développement durable se prête à toutes les interprétations, même aux plus fantaisistes. Dans leur ouvrage intitulé *Développement durable : guide à l'usage des gestionnaires*, Conklin, Hodgson et Watson indiquent ainsi que, «par ce concept, on reconnaît l'utilité de la croissance et du changement économique, ainsi que le droit des individus et des entreprises à atteindre des objectifs économiques, y compris les ventes et les profits[15]». Pour beaucoup d'organisations, la signification nébuleuse et la plasticité sémantique du développement durable offrent la possibilité d'utiliser ou de «recycler» indéfiniment un concept largement reconnu, offrant une grande visibilité en matière d'image et de reconnaissance, sans pour autant se compromettre dans des engagements environnementaux trop contraignants ou trop précis. De façon paradoxale, le développement durable, qui devrait théoriquement déboucher sur des remises en cause profondes compte tenu de la fragilisation des écosystèmes, de la surconsommation de ressources, de la contamination des eaux, de l'effet de serre, etc., véhicule plutôt, dans les faits, une sorte d'immobilisme bien-pensant et de conformisme politiquement correct. Parfois même, son utilisation par les responsables politiques et les dirigeants d'entreprise est aux antipodes de ce qu'il est censé définir. C'est ainsi que Jean Charest, premier ministre du Québec et ancien ministre canadien de l'Environnement[16], déclarait, en décembre 2004, pour justifier la décision de son gouvernement de protéger la pratique de la motoneige de poursuites provenant de citoyens exaspérés du bruit que cela occasionne :

> C'est un principe de développement durable que nous voulons mettre en application dans le cas de l'industrie de la motoneige. [...] Le développement durable, c'est une obligation de concilier développement économique et le respect du patrimoine et de le faire dans une perspective de générations futures. On s'est engagé là-dessus[17].

---

15. Conklin, Hodgson et Watson (1991, p. 11).
16. Jean Charest a d'ailleurs participé en 1992, à titre de ministre de l'Environnement du gouvernement canadien, au sommet de Rio sur le développement durable.
17. Ouellet (2004).

Dans les organisations, où le développement durable est souvent traduit par «croissance durable» (Boiral et Croteau, 2004 ; Boiral, 1994), les abus de langage se multiplient, comme l'illustre un site web consacré au «bêtisier du développement durable[18]». La citation suivante, extraite d'une intervention du président de BP France lors de travaux parlementaires français sur l'énergie, fait partie de ce bêtisier :

> Le développement durable, c'est tout d'abord produire plus d'énergie, plus de pétrole, plus de gaz, peut-être plus de charbon et de nucléaire, et certainement plus d'énergies renouvelables. Dans le même temps, il faut s'assurer que cela ne se fait pas au détriment de l'environnement.

En dépit de ces abus de langage, le développement durable a donné lieu à une multitude de travaux ouvrant diverses perspectives, qu'il s'agisse de la promotion de valeurs plus écocentriques (Gladwin, Kennelly et Krause, 1995 ; Purser, Park et Montuori, 1995), de l'élaboration de nouvelles technologies propres (Hart et Milstein, 1999 ; Smith *et al.*, 1993) ou de la redéfinition de l'activité des organisations à partir des principes de l'écologie industrielle (Allenby, 1999 ; Allenby, Richards *et al.*, 1994 ; Boiral et Croteau, 2004). Ces travaux soulignent de plus en plus les avantages économiques de l'engagement vert des organisations.

«FAIRE DE L'ARGENT ET SAUVER LA TERRE»?

Si les réflexions sur la gestion environnementale se sont multipliées dans les années 1990, c'est en partie en raison de leur propension nouvelle à considérer, parfois à juste titre, que les actions écologiques des organisations contribuent à améliorer leurs performances économiques. Cette hypothèse, que le concept de développement durable a contribué à répandre, a permis de remettre en cause certains postulats de l'économie classique qui, la plupart du temps, ignorent les problèmes écologiques ou, le cas échéant, considèrent ces derniers comme une source inévitable de coûts. Ainsi, un des modèles de base de l'économie de l'environnement repose sur le calcul du «niveau optimal de pollution» (voir la figure 13.4). Selon ce modèle, la diminution des polluants industriels entraîne inévitablement une augmentation des coûts d'épuration. De façon symétrique, l'augmentation de la pollution se traduit par des externalités négatives, c'est-à-dire par des coûts pour la société qui ne sont pas pris en charge par l'entreprise : risques pour la santé, contamination des eaux, etc. La relation inverse entre ces deux tendances opposées conduit à déterminer un «niveau optimal de pollution», défini comme le niveau où les coûts marginaux de dépollution sont égaux aux coûts marginaux des externalités négatives (Lipsey, Purvis et Steiner, 1993 ; Pillet, 1993 ; Prud'homme, 1980). Diminuer ce niveau optimal est donc considéré comme une situation de déséquilibre inéquitable pour les organisations polluantes, qui doivent indûment supporter des coûts disproportionnés. Ainsi, ce modèle économétrique, qui repose sur des hypothèses réductrices[19], débouche

---

18. www.decroissance.org.
19. Voici quelques-unes de ces hypothèses : la possibilité d'affecter un coût aux impacts écologiques et donc à la vie, l'ignorance des effets de seuils de pollution sur les écosystèmes, la transposition simpliste du modèle de l'*homo œconomicus* et de l'analyse marginaliste. À ce sujet, voir, par exemple, la thèse de doctorat de Gagnon (1993), p. 344-353.

sur une justification «mathématique» d'un niveau de pollution jugé optimal en fonction d'une rationalité économique réduisant les problèmes de pollution à des variables quantifiables attentatoires aux intérêts de l'entreprise.

Plusieurs études ont confirmé l'existence d'une relation conflictuelle entre l'économie et l'environnement (Jaffe *et al.*, 1995 ; Palmer, Oates et Portney, 1995). Cependant, durant les années 1990, un nombre croissant de recherches se sont attachées à montrer, au contraire, les bénéfices économiques découlant des actions écologiques. Ces travaux sont parfois regroupés sous la dénomination d'«hypothèse de Porter». En effet, pour Michael Porter, un des principaux auteurs dans le domaine de la stratégie, le renforcement de la réglementation environnementale tend à stimuler l'innovation et donc à favoriser la compétitivité des entreprises comme celle des nations (Porter et Van Der Linde, 1995). D'une part, les procédés plus propres sont généralement plus modernes et donc plus efficaces. D'autre part, la pollution se traduisant par une perte de matière ou d'énergie, sa réduction apporte des économies parfois substantielles, qui ont été illustrées par diverses études (Berry et Rondinelli, 1998 ; Shrivastava, 1995). Enfin, des travaux ont mis en évidence une corrélation parfois très significative entre les performances financières et l'engagement environnemental des

FIGURE 13-4   Représentation graphique du «niveau optimal de pollution»

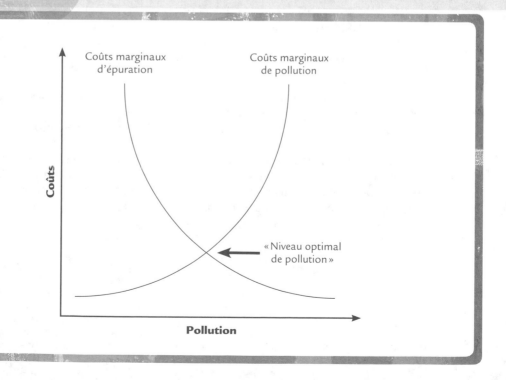

entreprises (Hart, 1997 ; Cormier, Magnan et Morard, 1993 ; Dowell, Hart et Yeung, 2000).

Si l'hypothèse de Porter est de nature à encourager les initiatives vertes dans les organisations, la protection de l'environnement est ici clairement subordonnée aux intérêts économiques et, à la limite, n'a de sens que si elle permet d'améliorer les profits. Il s'agit en fait, pour reprendre le titre de l'ouvrage de Berle (1990), de « faire de l'argent et sauver la terre ». En réalité, les relations entre l'économie et l'environnement sont complexes, contingentes et ne sauraient se réduire à une logique unilatérale de type « gagnant-gagnant » ou « gagnant-perdant » (Roy, Boiral et Lagacé, 2001 ; Boiral, 2005). Il est en effet aisé de trouver, dans la plupart des organisations, divers exemples d'actions environnementales qui ont apporté des bénéfices économiques, et d'autres qui ont eu l'effet inverse. Et les mesures les plus coûteuses ou les moins rentables, comme l'installation d'une station de traitement des eaux usées dans une usine chimique, ne sont pas nécessairement les moins urgentes. La recherche d'actions vertes économiquement rentables est donc insuffisante pour répondre aux défis environnementaux. De plus, les bénéfices ou les coûts d'une mesure environnementale dépendent de la perspective adoptée. Par exemple, si certains secteurs d'activité peuvent considérer la réduction des gaz à effet de serre comme une véritable contrainte, pour d'autres, comme les entreprises qui vendent des équipements de dépollution, il s'agit bien d'occasions. Enfin, les coûts indirects de la pollution pour la santé et les écosystèmes peuvent être difficiles à calculer, se manifester à long terme et dépasser de beaucoup la logique strictement économique. Ainsi, selon une étude de l'Organisation mondiale de la santé (OMS), les effets sur la santé de la pollution automobile seraient responsables de trois millions de décès dans le monde, soit trois fois plus que les accidents routiers (Francoeur, 2002). Outre les impacts économiques réels sur le système de santé de cette pollution très dispersée, ses implications humaines se prêtent difficilement à une analyse « coûts-bénéfices ».

Dans ce contexte, le refus de l'administration Bush de signer le protocole de Kyoto en invoquant des coûts prohibitifs, des risques pour la croissance et des incertitudes scientifiques constitue une position difficilement défendable, tant sur le plan environnemental que sur le plan économique[20]. Cette position se défend mal sur le plan environnemental parce que les études qui démontrent la contribution des activités économiques au phénomène du réchauffement climatique se multiplient et que le fait de soulever certaines incertitudes scientifiques est, au mieux, une attitude peu responsable qui ignore le principe de précaution. Selon ce principe, aujourd'hui largement accepté en Europe :

---

20. Rappelons que, au Canada, une telle position a également été adoptée par les dirigeants de certaines provinces, comme l'Alberta ou Terre-Neuve, pour s'opposer à la signature du protocole de Kyoto par le gouvernement fédéral. Malgré les campagnes publicitaires organisées pour discréditer ces accords, et de fortes pressions de la part de certains secteurs industriels, aucune justification économique crédible n'a été apportée relativement aux coûts présumés de telles mesures.

L'absence de certitudes, compte tenu des connaissances scientifiques et techniques du moment, ne doit pas retarder l'adoption des mesures effectives et proportionnées visant à prévenir un risque de dommages graves et irréversibles à l'environnement à un coût acceptable[21].

Sur le plan économique, une telle position postule que les investissements environnementaux constituent, de façon monolithique, un coût irrémédiable. Or, les retombées économiques positives ou non des actions environnementales dépendent d'une multitude de facteurs qui sont difficilement comparables d'une organisation à une autre et qui varient suivant les circonstances : le type de contaminant ou de problème considéré, les objectifs environnementaux visés, la nature des actions adoptées, le processus de production, le cycle de renouvellement des équipements, la nature préventive ou palliative des programmes environnementaux, l'émergence de nouvelles technologies, la possibilité de vendre des crédits de pollution, la reconnaissance ou la valorisation au point de vue du marketing des initiatives écologiques, etc.[22].

Les aspects humains et organisationnels ne doivent pas non plus être négligés. En effet, la sensibilisation et la responsabilisation des employés jouent un rôle essentiel dans les programmes de prévention de la pollution, lesquels conduisent souvent à des bénéfices tant économiques qu'environnementaux (Cairncross, 1992 ; Hart, 1995 ; Boiral, 1998a). Ces programmes sont de plus en plus associés à la mise en œuvre d'un système de gestion environnementale, dont la norme ISO 14001 est aujourd'hui jugée comme le modèle de référence.

LA NORME ISO 14001 : UN NOUVEL AVATAR DU MANAGEMENT TRADITIONNEL ?

Le développement des systèmes de gestion environnementale depuis la fin des années 1980 traduit le passage d'une vision surtout technique du contrôle de la pollution à une approche plus gestionnaire et plus intégrée. Jusqu'à une époque récente, les mesures visant à réduire les rejets de contaminants se limitaient essentiellement à l'installation de systèmes de dépollution en aval des procédés. La responsabilité des actions environnementales incombait surtout à une fonction technique spécialisée et les préoccupations écologiques n'étaient pas réellement intégrées dans la gestion quotidienne (Boiral, 1998a). La promotion de démarches préventives, qui cherchent à réduire la pollution à la source par des changements sur le plan des méthodes de travail et des procédés à l'origine des rejets de contaminants, favorisera, outre une réduction des impacts environnementaux, des économies liées à l'amélioration des pratiques et à la réduction du gaspillage. Ces démarches encourageront également une participation plus large aux actions écologiques, en particulier de la part des gestionnaires et des employés dont les activités quotidiennes peuvent avoir une incidence notable sur l'environnement.

---

21. Article L.110-1 du Code de l'environnement français.
22. Pour une analyse des relations équivoques entre environnement et économie, et des différents facteurs de contingence à ce sujet, voir Boiral (2005).

Dans cette perspective, l'établissement d'un système de gestion environnementale entend répondre à une double exigence. Premièrement, il s'agit de proposer des lignes directrices structurées pour favoriser la prise en compte des préoccupations vertes depuis le sommet de l'organisation jusqu'aux activités opérationnelles. La norme ISO 14001 définit ainsi le système de gestion environnementale comme «la composante du management global qui inclut la structure organisationnelle, les activités de planification, les responsabilités, les pratiques, les procédures pour élaborer, mettre en œuvre, réaliser, réviser et maintenir la politique environnementale». Deuxièmement, il s'agit de favoriser la reconnaissance des actions écologiques de l'organisation auprès des clients, des citoyens ou des pouvoirs publics. Cette reconnaissance suppose l'instauration de systèmes de gestion environnementale relativement normalisés et répondant à des critères précis. Ainsi, le programme de gestion responsable, conçu notamment par l'Association canadienne des fabricants de produits chimiques, a été lancé pour répondre à la crise de légitimité de ce secteur à la suite de la catastrophe de Bhopal en 1984. D'autres systèmes de gestion, comme les principes de Valdez, répondent à des objectifs similaires. Cependant, le système ISO 14001 est aujourd'hui, de loin, le plus adopté et le plus reconnu.

Mise en place en 1996 par l'Organisation internationale de normalisation, la norme ISO 14001 repose sur des principes analogues au référentiel ISO 9000, qui est aujourd'hui apparu en 1987 et qui est implanté dans plus de 600 000 organisations dans le monde (Boiral, 1998b). À l'image de ce référentiel sur l'assurance qualité, le système de gestion environnementale ISO 14001 permet aux organisations certifiées de bénéficier d'une reconnaissance internationale. Avec plus de 70 000 organisations certifiées, huit ans à peine après son lancement, ISO 14001 a connu une croissance exponentielle au cours des dernières années, en particulier en Europe et dans nombre de pays asiatiques (voir la figure 13.5). Au Japon, par exemple, plus de 16 000 organisations avaient adopté cette norme en octobre 2004 (Peglau, 2004).

Pour les organisations certifiées, la norme ISO 14001 apporte évidemment des avantages sur les plans du marketing et du commerce, dont les suivants : elle permet d'améliorer l'image de l'organisation auprès du public, de répondre à la demande de certains clients et de différencier l'organisation par rapport à certains concurrents. Elle offre également un cadre précis et structuré aux organisations qui souhaitent adopter une politique environnementale.

Cependant, les propositions de ce cadre de gestion reposent sur des principes traditionnels de management :

- Engagement et politique : les dirigeants doivent appliquer une politique environnementale exprimant leur engagement envers la prévention de la pollution, l'amélioration continue, le respect des règlements, etc.

- Planification : des plans, des objectifs, des cibles ainsi que des programmes doivent être définis en fonction d'une évaluation des aspects environnementaux concernant directement l'organisation.

- Implantation et exploitation : les procédures ainsi que les rôles et les responsabilités liés à l'environnement doivent être clairement documentés, des actions de formation et d'information devront éventuellement être mises en œuvre en fonction des besoins relevés, etc.

- Contrôle et actions correctrices : les performances environnementales doivent être mesurées et comparées aux objectifs et aux cibles, les non-conformités éventuelles seront l'objet d'actions correctrices, etc.

- Révision du système et «amélioration continue» : les dirigeants doivent prévoir la réalisation d'audits environnementaux et réviser périodiquement le fonctionnement du système de gestion ISO 14001 dans l'organisation.

En définitive, les propositions contenues dans la norme ISO 14001 tout comme celles que prévoit la norme ISO 9001[23] ne sont que la transposition dans le domaine de l'environnement du principe «planifier, organiser, diriger, contrôler» que l'on trouve dans la plupart des ouvrages d'introduction au management (Boiral, 1998b). En dépit des discours souvent enthousiastes sur la norme, sur son caractère novateur ou sur son importance dans le développement des entreprises dites de «classe mondiale», aucune des propositions de ce système ne sort véritablement du cadre fondamental du management

FIGURE 13-5 **Nombre d'organisations certifiées ISO 14001 dans le monde**

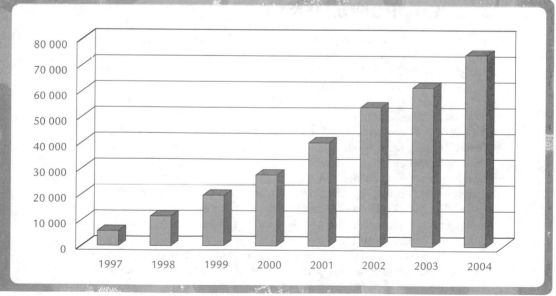

Source : Statistiques compilées à partir de données de l'Organisation internationale de normalisation et d'informations recueillies par R. Peglau, «The Number of ISO 14001/EMAS Registration of the World», Allemagne, Agence fédérale allemande de l'environnement, 2004.

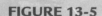

23. Dans la version 2000 du référentiel, la nouvelle norme ISO 9001 a remplacé l'ancienne série ISO 9001-2-3.

traditionnel, dont les limites et les effets pervers sont débattus dans cet ouvrage. L'application à la lettre de ces propositions peut même conduire à une logique tout à fait taylorienne. En effet, la norme ne comporte aucune recommandation en matière de participation, de mobilisation ou d'écoute du personnel. Faute d'une telle participation, l'application du principe «écrire ce qu'on fait, faire ce qu'on écrit», qui est à la base du processus de certification, risque fort de déboucher sur un clivage entre ceux qui écrivent les procédures, ou la «bonne façon de faire», et ceux qui sont censés les appliquer, bref, entre ceux qui «pensent» (les gestionnaires, les consultants) et ceux qui «exécutent» (les employés). Ce clivage est d'autant plus probable que les aspects liés au marketing de la norme ISO 14001 ou de la norme ISO 9001 l'emportent souvent sur le souci de promouvoir une approche véritablement participative, favorisant ainsi une application directive et superficielle du système. Des études empiriques réalisées dans des organisations certifiées montrent d'ailleurs qu'une majorité d'employés et de cadres intermédiaires n'adhèrent pas réellement à ce type de normes ou le font de façon assez rituelle, surtout pour satisfaire en surface aux exigences de l'audit de certification (Boiral, 2000a et 2003).

Qu'il s'agisse de la mise en œuvre d'un système de gestion tel que ISO 14001 ou de projets d'écologie industrielle, l'adhésion et la mobilisation de tous sont essentielles à la réussite des actions environnementales.

LE MANAGEMENT RENOUVELÉ AU SERVICE DE L'ENVIRONNEMENT

Le renouvellement des approches traditionnelles du management trouve un écho particulier dans le domaine de la gestion environnementale, tant en raison de la nature spécifique des enjeux en question qu'en raison d'aspects plus praxéologiques liés à la nécessité d'une approche participative pour réduire ou prévenir certains impacts écologiques. D'une part, contrairement aux enjeux socioéconomiques autour desquels gravitent les réflexions sur le management, les problèmes environnementaux supposent, à plus ou moins long terme, des changements assez radicaux dans la finalité et dans l'organisation des modes actuels de production et d'organisation. Il est en effet peu réaliste de présumer que les organisations pourront faire face à des défis majeurs tels que les changements climatiques, l'appauvrissement des sources d'eau potable, la croissance des résidus industriels ou la contamination des sols par des ajustements somme toute cosmétiques comme le lancement de nouvelles politiques environnementales ou la mise en œuvre du système ISO 14001. Il ne s'agit pas tant, à la limite, de réformer le management que de réinventer de nouveaux modes de production, de gestion et de consommation plus respectueux des écosystèmes et plus centrés sur les inégalités dans la répartition mondiale des ressources[24]. Ainsi, plutôt que de parler d'un management écologique, peut-être vaudrait-il mieux parler d'une

---

24. C'est par exemple ce que recherche Natural Step, une organisation créée à la fin des années 1980 par un oncologue suédois préoccupé par les impacts croissants de la pollution sur la santé des populations et composée d'experts internationaux sur l'environnement et les affaires (www.naturalstep.org/).

«écologie du management» remettant en question les fondements et les fins socioéconomiques[25] de cette discipline en fonction de contraintes imposées par la survie des écosystèmes.

D'autre part, au-delà d'inévitables changements structurels à plus ou moins long terme, l'efficacité des actions environnementales dépend non seulement de solutions techniques, mais aussi de la mobilisation de tous et de chacun face à des enjeux qui transcendent les cloisonnements internes et les frontières entre les organisations. En effet, la diversité et la complexité des opérations à l'origine des rejets de contaminants exigent un engagement environnemental élargi, ne se limitant pas aux services techniques ou à quelques gestionnaires. À l'image des questions de santé et de sécurité du travail ou encore de qualité totale, la gestion environnementale au quotidien nécessite donc une perspective transversale, pluridisciplinaire et participative. Depuis la fin des années 1990, diverses études ont d'ailleurs démontré l'efficacité de l'application d'une approche participative en ce qui a trait à la réduction des impacts environnementaux (Theyel, 2000; Hanna, Newman, et Johnson, 2000; Ruiz-Quintanilla *et al.*, 1996). Comme l'explique Georg Winter, qui dirige une entreprise allemande d'outils diamantés ayant reçu de nombreux prix et distinctions en raison de son engagement environnemental exceptionnel: «Le projet, même le mieux préparé matériellement, sera voué à l'échec si le personnel n'est pas convaincu. Par contre, si celui-ci est préalablement gagné à l'idée de la gestion écologique de l'entreprise, le succès viendra de lui-même[26]».

Ces projets environnementaux peuvent se dérouler à l'intérieur comme à l'extérieur de l'organisation. Ainsi, certaines organisations vertes comme Winter, The Body Shop ou encore Patagonia, encouragent un certain militantisme écologique chez leurs employés. Par exemple, chez Patagonia, une organisation californienne spécialisée dans la fabrication de vêtements de sport, les salariés peuvent prendre un congé sabbatique de deux mois payé par l'entreprise pour travailler dans un organisme non gouvernemental (ONG) environnemental (Laville, 2002). Par ailleurs, Patagonia distribue 10% de ses profits annuels à des groupes environnementaux. Cependant, les actions écologiques des organisations doivent concerner d'abord et avant tout leurs activités quotidiennes et les moyens de réduire les impacts qu'elles génèrent à travers une mobilisation aussi large que possible. La promotion d'une démarche de participation et d'écoute est d'autant plus nécessaire que les employés, en particulier les opérateurs de procédés, acquièrent des connaissances tacites du fait de leur proximité physique avec les équipements à l'origine des rejets de contaminants. La prise en compte de ces savoirs tacites, c'est-à-dire reposant sur une expérience et sur des compétences qui sont difficiles à expliciter, est essentielle si l'on veut préciser certaines sources de pollution, réagir à des interventions d'urgence, proposer des solutions préventives ou encore localiser d'anciens lieux d'enfouissement

---

25. Certains parleront de fondements «anthropocentriques» du management, bien que cette expression quelque peu abstraite soit très équivoque, puisque la protection de l'environnement n'est pas, bien au contraire, incompatible avec le bien de l'humanité et que les mesures dans ce domaine ne sauraient reposer sur un idéal écocentrique libéré de l'être humain comme agent de changement et de protection d'écosystèmes dont il est partie intégrante.

26. Winter (1989, p. 101).

(Boiral, 2002). Par exemple, dans une usine chimique de la région de Montréal, les gestionnaires et les services environnementaux qui ne parvenaient pas à retrouver l'endroit où avaient été enfouies certaines matières dangereuses ont fait appel à la «mémoire des anciens». Des travailleurs ayant participé à ces opérations plusieurs décennies auparavant ont pu, après s'être rendus sur place, déterminer avec précision les emplacements, ce qui a permis d'entreprendre rapidement des opérations de décontamination. Sans cet apport, qui a sollicité des connaissances tacites qu'il aurait été difficile d'expliciter autrement que par une visite sur les emplacements, la localisation de ces derniers aurait été beaucoup plus longue et coûteuse.

De façon plus générale, la gestion environnementale exige qu'on tienne compte de connaissances opérationnelles, techniques et scientifiques, lesquelles supposent un climat de partage et de collaboration. Ainsi, une étude empirique sur les pratiques d'écologie industrielle dans des organisations québécoises a montré que la mobilisation de savoirs environnementaux transversaux était indispensable à la mise sur pied d'opérations de récupération et de valorisation des résidus (Boiral et Kabongo, 2004). Elle débouchait même souvent sur l'émergence de véritables «noyaux de compétences» (Prahalad et Hamel, 1990), c'est-à-dire de savoir-faire clés résultant d'un apprentissage collectif difficilement imitable par les concurrents et permettant d'améliorer la compétitivité des organisations. Ces noyaux de compétences sur les pratiques d'écologie industrielle se manifestent sur différents plans, comme l'innovation technologique constante pour l'élaboration de méthodes de valorisation non standardisées, la maîtrise de la variabilité de la composition et des propriétés des flux de matières, les ajustements permanents des savoir-faire opérationnels, la maîtrise d'aspects juridiques et administratifs liés notamment au transport des résidus ou les compétences commerciales.

Qu'elle s'applique aux actions en matière de revalorisation des matières résiduelles ou à la prévention de la pollution, la mobilisation des compétences collectives tacites et explicites associée à des actions environnementales souvent complexes ne peut se faire sans la pleine participation de l'ensemble des employés. La promotion de cette participation peut prendre diverses formes : formation environnementale, comités verts, consultation directe des travailleurs, décentralisation des services environnementaux, etc. Toutefois, elle suppose avant tout un climat de confiance qui ne s'improvise pas et qui ne se réduit pas à des actions écologiques ponctuelles, quelle que soit la pertinence sociale de ces dernières. Le cas d'une aluminerie québécoise dont un des gestionnaires, après avoir lu l'ouvrage de Ricardo Semler, *À contre-courant* (1993), essaya en vain de promouvoir un climat de participation environnementale dans une organisation marquée par l'héritage culturel du taylorisme (casques de couleurs différentes selon le niveau hiérarchique, cantines séparées pour les dirigeants et les travailleurs, etc.) montre bien les illusions des démarches de management renouvelé plaquées sur une structure sclérosée (Boiral, 2000b).

CONCLUSION

L'émergence de la gestion environnementale au sein des organisations et du domaine du management ne constitue pas une mode appelée à disparaître rapidement en raison d'un manque de pertinence, de réalité ou de gravité des enjeux en question. Ces enjeux, longtemps masqués par une définition restrictive de l'environnement, appellent aujourd'hui des transformations concrètes et à long terme dans les organisations. Ces transformations ont des implications sur le travail des gestionnaires, sur la formation de ces derniers et sur les pratiques de management en général. En effet, longtemps considérée comme un problème technique concernant une fonction spécialisée, la question de la réduction des impacts environnementaux apparaît de plus en plus comme une responsabilité collective devant être assumée dans la gestion quotidienne.

Pour répondre à ces nouveaux défis, la gestion environnementale se trouve aujourd'hui, sous plusieurs aspects, à la croisée des chemins. D'une part, elle semble osciller entre une vision abstraite des problèmes écologiques et une approche plus concrète, centrée sur la reconnaissance et la réduction des impacts environnementaux à travers des politiques et des engagements clairement définis. Si le concept de développement durable a contribué à sensibiliser les organisations aux problèmes environnementaux globaux, son utilisation souvent abusive n'a pas favorisé la mise en œuvre de politiques précises et substantielles dans ce domaine. La généralisation de ces politiques semble pourtant inévitable, en particulier dans les organisations dont les activités sont fortement polluantes.

D'autre part, les réflexions sur le management vert sont encore subordonnées à des considérations économiques gravitant autour de deux conceptions en apparence antinomiques. La première conception, héritée de l'économie classique, envisage les mesures de protection de l'environnement comme des contraintes et comme une source de coûts. Cette conception conservatrice, que les débats sur la signature du protocole de Kyoto ont illustrée, se traduit par une approche réactive et défensive plutôt que par une approche résolue et proactive des questions environnementales. La seconde conception, véhiculée notamment par l'hypothèse de Porter, s'attache au contraire à mettre en lumière les bénéfices économiques qui résultent des mesures de protection de l'environnement et donc à favoriser des initiatives volontaires dans ce domaine. Par ailleurs, les approches relatives à la gestion environnementale traduisent les débats sur le management traditionnel ou le management renouvelé. Le premier se reflète notamment dans le système ISO 14001, adopté par un nombre croissant d'organisations. Quant au second, il débouche sur une approche plus participative et plus à l'écoute des savoirs tacites des employés. Cette démarche d'écoute et de mobilisation est essentielle à l'instauration de mesures de prévention de la pollution ou d'écologie industrielle. Elle suppose cependant une remise en cause d'habitudes de gestion trop souvent marquées par l'héritage culturel du taylorisme, par une vision instrumentale des employés et par une conception étroite de l'environnement.

LES IDÉES IMPORTANTES

SUR L'ENVIRONNEMENT ET LA GESTION

Les enjeux écologiques sont le plus souvent absents des réflexions générales sur le management, qui se limitent à énoncer de façon plus ou moins abstraite différents niveaux d'environnements en excluant des aspects plus concrets tels que l'eau, l'air et les écosystèmes en général. Cette vision quelque peu dénaturée de l'environnement n'est pas étrangère au manque d'intégration des préoccupations écologiques dans la formation générale des gestionnaires. L'analyse de quelques problèmes écologiques majeurs montre pourtant l'importance de la responsabilité des organisations dans la dégradation des écosystèmes. La réinterprétation environnementale des rôles des dirigeants énoncés par Mintzberg illustre comment ces enjeux peuvent avoir des incidences directes sur le travail quotidien des gestionnaires. Toutefois, ils appellent également des changements plus profonds qui remettent en cause les fondements mêmes du modèle économique dominant.

Questions

1. Quelle est la conception dominante ainsi que les différents niveaux de l'environnement dans le domaine de la gestion ?

2. Que pensez-vous de l'intégration des préoccupations environnementales dans les écoles de gestion ?

3. En quoi les questions environnementales sont-elles essentielles à la formation des futurs gestionnaires ?

4. Comment décrivez-vous les principaux enjeux environnementaux en ce qui concerne l'air, l'eau et les résidus ainsi que leurs implications pour la gestion des organisations ?

5. Comment décrivez-vous les rôles que jouent les gestionnaires dans la prise en compte des questions environnementales dans leur organisation ?

SUR LA GESTION ENVIRONNEMENTALE

Depuis la fin des années 1980, une large part des réflexions sur la gestion environnementale gravite autour de l'application du concept de développement durable. Si la définition élastique et floue de ce concept a peu incité à de véritables remises en question dans les organisations, elle a contribué à mettre à l'ordre du jour certains enjeux écologiques et à promouvoir une vision moins conflictuelle des relations entre économie et environnement. Ces relations demeurent néanmoins équivoques. Ainsi, l'hypothèse de Porter, qui encourage les investissements verts, tend à ignorer, comme la perspective économique classique, la diversité des actions environnementales et à subordonner ces dernières à une approche de type «coûts-bénéfices». En réalité, l'analyse des effets économiques des mesures de protection de l'environnement dépend d'une multitude d'aspects souvent contingents, contradictoires et difficilement comparables d'une organisation à une autre. Un de ces aspects est la distinction entre des actions palliatives et des actions préventives. Étant donné qu'elle s'attache à réduire la pollution à la source et à intégrer les préoccupations vertes dans l'ensemble des fonctions de l'organisation, la prévention de la pollution rend nécessaires des changements dans les pratiques de management. Ces changements sont le principal objet des systèmes de gestion environnementale, dont la norme ISO 14001 constitue le modèle de référence. Bien que cette norme repose sur des principes de management classiques, elle offre un cadre clair et structuré pour guider la mise en œuvre de politiques environnementales. Néanmoins, pour être véritablement efficaces, ces politiques supposent une approche participative et une mobilisation aussi large que possible des employés qui requièrent une démarche de management renouvelé.

Questions

1. Quelles est la signification du concept de développement durable et ses implications pour les organisations ?

2. Pouvez-vous expliquer la notion de «niveau optimal de pollution», ses hypothèses implicites et ses conséquences possibles sur les décisions environnementales ?

3. Quels sont les principaux postulats de l'hypothèse de Porter ? Décrivez-les.

4. À partir d'exemples d'enjeux environnementaux, pouvez-vous montrer les applications et les implications pour les organisations du principe de précaution ?

5. Selon vous, la signature du protocole de Kyoto représente-t-elle un coût pour les organisations et pour les économies des pays signataires ?

6. Quels sont les fondements théoriques et les propositions d'un système de gestion environnementale comme la norme ISO 14001 ?

7. De quelle manière le management renouvelé peut-il être au service de la prévention de la pollution et de la promotion de pratiques de revalorisation des matières résiduelles ?

Chapitre 14

Le management de l'innovation et des connaissances : de l'ère industrielle à celle du savoir et de l'intangible

Par *Mehran Ebrahimi* et *Anne-Laure Saives*

Il est évidemment beaucoup question des technologies de l'information et de la communication. Mais aussitôt après, on insiste toujours sur le fait que, si les technologies sont importantes, plus importantes encore sont les réalités qui y correspondent : et immanquablement c'est de réalités immatérielles qu'on nous parle : des informations, et encore des informations, de la connaissance et de la compétence.

ÉPINGARD (1999)

INTRODUCTION

En raison des progrès importants qui ont été réalisés dans le domaine des nouvelles technologies de l'information et de la communication (NTIC), nous avons été témoins de bouleversements majeurs dans nos sociétés, dans nos organisations et dans nos vies personnelles. Cette tendance s'est fortement accélérée au début des années 1990. L'avènement d'Internet, l'augmentation fulgurante des capacités des réseaux de télécommunication, le multimédia et les logiciels de conception nous ont fait faire un saut d'une nature totalement nouvelle.

Ce qui distingue la révolution récente, du moins selon certains chercheurs, c'est notre rapport à l'information. De nos jours, ce n'est pas le rôle majeur du savoir et de l'information qui nous importe, mais plutôt «l'application de ceux-ci aux procédés de création de connaissances et de traitement/diffusion de l'information en boucle de rétroaction cumulative entre l'innovation et ses utilisations pratiques[1]». Puisque nous entrons graduellement dans un monde beaucoup plus cérébral et immatériel, comme le précise J. Rifkin, «un monde de forme platonicienne, d'idées, d'images et d'archétypes, de concept et de fiction[2]», cette boucle de rétroaction (entre l'introduction de la nouvelle technologie, son utilisation et sa mise en œuvre) peut s'appliquer à n'importe quel champ et accélérer l'apparition de nouveaux paradigmes technologiques. Ce rapport nouveau à la technologie, d'une part, et à l'information, d'autre part, est tel que nous ne sommes plus des utilisateurs d'outils mais des développeurs de procédés. Castells va encore plus loin en affirmant que «pour la première fois dans l'histoire, l'esprit humain est une force de production directe, et pas simplement un élément

---

1. Castells (1996, p. 54).
2. Rifkin (2000, p. 22).

décisif du système de production[3] ». Voilà précisément ce qui caractérise notre époque et notre relation avec l'information. Cela nous semble être l'explication du fondement même de la nouvelle société dite «de l'information», à la consolidation de laquelle nous assistons.

Dans la production industrielle, il existe une rupture entre la machine et l'homme. La machine a, en effet, sa propre logique de fonctionnement, souvent rigide et préétablie. La machine soumet l'homme à sa logique. Dans le cas de la société de l'information, par contre, la logique du décodage et de la programmation, les ordinateurs ainsi que l'ensemble des systèmes de communication existent comme une extension de l'esprit humain. L'idée, l'image, la créativité et la pensée générées par l'utilisateur deviennent des marchandises et des services ou des productions intellectuelles et culturelles fondant une économie essentiellement basée sur l'intangible. C'est précisément cette immatérialité de la production qui permet la connectivité, d'où l'apparition de l'organisation dite «en réseau». Comme l'indique Rifkin :

> Dans un monde gouverné par la logique de l'accès et des réseaux, ce sont les idées qui deviennent la matière première de l'activité économique, et le but suprême est la connaissance universelle. Être capable d'étendre à l'infini sa présence mentale, être universellement connecté afin de pouvoir affecter et façonner la conscience des êtres humains, telle est l'ambition de toute entreprise économique[4].

MANAGEMENT ET SOCIÉTÉ DE L'INFORMATION ?

Des crises majeures depuis les années 1970 (les chocs pétroliers, la crise de la productivité, la concurrence mondiale croissante, la montée des pays asiatiques, dont le Japon, le défi de la qualité) placent le capitalisme, notamment anglo-saxon, face à ses contradictions et à ses dysfonctionnements. L'organisation rigide taylorienne et hiérarchisée est montrée du doigt. L'organisation même des infrastructures économiques des pays industrialisés est mise en cause face à cette complexité grandissante. La littérature du management déborde de prises de positions de toutes sortes, pour dénoncer une situation qui paraissait alors sans issue. Peters et Waterman (1983), entre autres, ouvrent le bal avec leur livre-culte *Le prix de l'excellence* en introduisant la notion de «chaos-management» et en affirmant qu'au-delà d'un certain niveau de complexité il devient impossible de planifier, de prévoir quoi que ce soit. Toute tentative pour rationaliser le «chaos» qui résulte de cette grande complexité aboutit nécessairement à des plans aléatoires, à des décisions hasardeuses fondées sur des données tout aussi aléatoirement extraites d'un contexte mouvant. Il faut, selon ces auteurs, en revenir à des considérations plus fondamentales, plus simples, qui en fait permettent une meilleure gestion, une gestion plus réelle, plus réaliste tenant compte de la culture de l'organisation, de la motivation et de la créativité des employés.

---

3. Castells (1996, p. 55).
4. Rifkin (2000, p. 76).

Ainsi, la recherche d'une plus grande productivité et de la qualité fait tourner les regards vers le Japon, où l'on trouve d'autres logiques organisationnelles. Certains déifient le management japonais, tandis que d'autres le diabolisent. Mais le débat est désormais ouvert sur l'efficacité et la suprématie du modèle du management américain. Toutes les modes de gestion dans les années 1980 (qualité totale, cercle de qualité, recherche de l'excellence, culture d'entreprise, etc.) avaient en commun une certaine rupture avec la logique industrielle taylorienne et fayolienne, une plus grande participation des employés, le souci d'intégrer une certaine subjectivité, un assouplissement et un aplatissement des organisations, le partage du processus décisionnel, etc.

C'est ainsi que le discours de la nouvelle économie dans les années 1990 parut séduisant en raison de la place qui était accordée à l'humain dans l'organisation. Le management est la première discipline qui a manifesté de l'engouement pour la nouvelle économie. On pensait qu'avec l'avènement de cette dernière, dont l'essence même est la création, l'innovation et la création de connaissances, l'individu reviendrait au centre des préoccupations de l'organisation, dans la mesure où lui seul peut être créateur et porteur de l'innovation et de la connaissance. L'homme n'est plus l'extension de la machine et il peut aller au-delà des limites que l'organisation traditionnelle lui imposait. Ce virage est accompagné par les nouvelles formes d'organisation du travail, plus souples, plus flexibles et moins hiérarchisées. On fait alors la promotion de la collaboration au sein de l'organisation, et l'on passe d'un management directif et autoritaire à un management consensuel. Le président d'une grande entreprise technologique annonçait que pour la première fois, en ce qui concerne les employés, il faisait face à une réalité que le capitalisme ne connaissait pas jusque-là. Il affirmait ceci : « Chaque soir, la totalité de mes employés, mon capital, quittent l'entreprise pour revenir le lendemain, s'ils sont satisfaits. » Il faisait ainsi référence aux cerveaux qui essentiellement créent la richesse. Ce genre de discours, très présent dans le milieu des affaires, dans le milieu des consultants de même que parmi les universitaires, ne pouvait que plaire à ceux qui ressentaient la nécessité du changement dans la gestion des organisations. En fait, c'est en quelque sorte la revanche de l'humain sur l'organisation taylorienne.

La majorité des économistes, toutes tendances idéologiques confondues, a renforcé ce discours enchanteur en faveur de la nouvelle économie. Non seulement celle-ci révolutionnera les organisations en mettant l'humain au premier plan, mais elle apportera aussi une croissance forte et durable, disaient-ils. Enfin, le rêve des économistes se réalisait : une croissance forte mais sans inflation. Ce fut comme si une nouvelle réalité émergeait, impliquant de nouvelles lois de l'économie et de la gestion des entreprises, et abolissant les anciennes lois et normes de gestion, et qu'on allait pouvoir s'affranchir de toute une série de contingences. La crise de la haute technologie au début des années 2000 et la disparition de beaucoup d'entreprises dans ce secteur nous ont montré qu'on avait tort.

La crise du printemps 2000 nous a révélé la face cachée de cet eldorado, c'est-à-dire le poids du cours de l'action dans les décisions de gestion et la prédominance de la gouvernance financière dans les entreprises cotées en Bourse. Aussi, il faut aujourd'hui interroger le management pour comprendre la situation actuelle. Peut-il offrir à l'humain la place qu'il lui avait promise à l'ère de l'économie du savoir ? Quelle est la place accordée à la connaissance et à l'innovation dans le management d'aujourd'hui ?

LA SOCIÉTÉ DES SAVOIRS INDUSTRIELS CANADIENS

Selon Épingard :

> [...] le monde de production change en profondeur et les forces motrices du développement ne cessent de se déplacer de la matière vers l'information dont la montée en puissance est telle qu'on ne peut plus la considérer comme un simple adjuvant facilitant les échanges et se superposant au système existant sans en modifier la nature[5].

Il s'agit plutôt de considérer la connaissance, issue des processus sociocognitifs de transformation de l'information, comme la locomotive du système de création de valeur des pays industrialisés.

En se sens, et comme l'affirme Drucker (2001), la société de demain sera une société du savoir où prédominera une main-d'œuvre de «travailleurs du savoir». Cette évolution est déjà tangible dans les secteurs de la haute technologie (Foray, 2000), et notamment au Canada où l'on dénombre, selon l'OCDE (1999), la plus forte croissance de l'emploi hautement qualifié ainsi qu'un dynamisme notoire dans les principaux secteurs de la haute technologie, entre autres ceux des télécommunications, de l'aéronautique et de la biotechnologie.

Le Canada est en effet considéré comme l'un des acteurs les plus importants dans le monde en matière d'innovation et de production d'équipements de télécommunications. Selon Statistique Canada, le PIB de ce secteur a atteint environ 6,2 % du PIB national en 2002 avec une croissance annuelle moyenne de 14 % depuis 1997, alors que l'économie dans son ensemble ne progressait que de 3,5 %. En 2000, sur l'ensemble des travailleurs canadiens, 3,9 % travaillaient dans ce secteur. Le secteur des télécommunications est le plus important en matière de R&D dans le secteur privé. Plus de 42 % des employés de cette industrie possèdent un diplôme universitaire, soit plus du double de la moyenne nationale, qui se situait à 20 %. Enfin, plus de 75 % des produits du secteur des télécommunications fabriqués au Canada sont exportés, dont 80 % vers les États-Unis, ce qui correspond à quelque 26 milliards de dollars.

De plus, comme le secteur pharmaceutique (au deuxième rang, derrière l'industrie des télécommunications, en matière de dépenses de R&D en 2002 [Statistique Canada, 2005]) et parallèlement, entre autres, au secteur agroalimentaire, le tissu des entreprises de biotechnologie participe également de la renommée internationale du Canada. L'industrie des biotechnologies modernes est au deuxième rang, après les États-Unis et avant la Grande-Bretagne (Niosi, Cloutier et Lejeune, 2002). En particulier, le Québec, l'Ontario et la

---

5. Épingard (1999, p. 21).

Colombie-Britannique concentrent près de 80 % des entreprises valorisant des biotechnologies au Canada (McNiven, Raoub et Traoré, 2003). Depuis plusieurs années, les pouvoirs publics ont multiplié leurs efforts pour appuyer l'essaimage et le transfert technologique hors des universités où germent des connaissances scientifiques de calibre international, positionnant notamment le Québec comme la sixième plaque tournante nord-américaine dans ce domaine.

Plus globalement, le Canada est une place forte de l'innovation sur le plan international ainsi que de dynamiques de création de connaissances dans une perspective de plus en plus interdisciplinaire, cohérente par rapport à l'accroissement de la complexité technologique du monde qui nous entoure, et, pour reprendre les termes de Castells, «parce que, à partir des années 1990, la biologie, l'électronique et l'informatique semblent converger et interagir dans leurs applications, leurs matériaux, et plus fondamentalement, leur approche conceptuelle[6]».

Dans ce chapitre, nous décrirons en quatre temps les concepts utiles à la compréhension de la nature de l'innovation et des modèles de gestion des connaissances dans cet environnement économique et technologique de plus en plus imprévisible. Nous présenterons d'abord un bref historique de l'évolution de la question de la compétitivité en matière de management de l'innovation, pour en arriver à une définition de la discipline récente de la gestion des connaissances (*knowledge management*). Nous définirons ensuite les concepts classiques relatifs à la gestion de l'innovation. Puis, nous aborderons le processus d'innovation comme tel et les nouvelles formes organisationnelles adaptées à cette économie du savoir (l'ère du réseau). Enfin, nous plaiderons pour une approche renouvelée du management (de l'innovation) intégrant l'apport fondamental des approches japonaises de la gestion des connaissances.

A. DU MANAGEMENT À LA GESTION DES CONNAISSANCES : LA QUESTION DE LA COMPÉTITIVITÉ AU XXIᴱ SIÈCLE

LA NAISSANCE D'UNE DISCIPLINE ?

Comme nous l'avons dit précédemment, la ressource clé des économies avancées est la connaissance. Elle est même qualifiée aujourd'hui de moteur de la création de richesse. Soulignons qu'à travers cette affirmation admise unanimement nous laissons entendre que le «capital humain» est désormais au centre de l'activité de la création de valeur. Cela représente une rupture fondamentale, du moins théorique, avec la littérature traditionnelle de l'économie et du management. Le couple travail-capital prétend laisser sa place au couple connaissance-capital. On estime aujourd'hui que le capital intangible (connaissance, R&D, formation, etc.) est largement supérieur au stock de capital tangible. Ainsi,

---

6. Castells (1996).

l'activité de la création de connaissances paraît une affaire collective, alors que la conception taylorienne de l'organisation enferme chaque membre dans un univers préétabli et isolé.

Cela nous conduit vers une situation paradoxale. À ses débuts, le capitalisme était basé sur la notion d'appropriation du capital, d'une part, et sur celle d'exploitation de la force de travail, d'autre part. Les locaux, la machinerie, les outils et les procédés de production appartenaient de façon exclusive au capitaliste. Or, la connaissance est un bien particulier, elle est non exclusive (Foray, 2000). Elle appartient ainsi à l'employé qui en est le premier porteur, et c'est en partie avec cette connaissance que l'entreprise crée de la richesse. À lui seul, ce paradoxe bouleverse les principes de l'économie classique. Comment valoriser et s'approprier ce flux de connaissances qui n'est plus nécessairement le capital à part entière de l'entreprise ?

Un détour dans l'histoire récente de la gestion des connaissances

Au début des années 1980, face à la crise qui avait débuté avec les chocs pétroliers, le management occidental, impuissant dans sa capacité de faire face à l'émergence de la concurrence japonaise et nordique, cherche des voies de solution. Un de ces mouvements, par réaction à l'approche de Porter (1985), propose un renouvellement de la démarche stratégique classique issue de l'analyse industrielle. Il s'agit d'un nouveau paradigme avec le «mouvement ressources-compétences». Selon les tenants de cette approche, la réalité de l'entreprise ne se limite pas à une équation de positionnement entre son produit et son marché, mais elle se définit comme un ensemble de ressources et de compétences à valoriser.

La théorie fondée sur les ressources

Les premiers auteurs qui se sont penchés sur la question sont à l'origine de ce qu'on a appelé la «théorie fondée sur les ressources» (*resource-based view*) (Wernerfelt, 1984 ; Barney, 1986). C'est en 1984, avec le célèbre article de Birger Wernerfelt que le terme *resource-based view* est né. L'objectif de cet article était essentiellement de remettre en question l'approche dominante «structure-comportement-performance» élaborée par M. Porter. Selon Wernerfelt, inspiré par les travaux plus anciens d'Edith Penrose (1959), l'entreprise se distingue de ses concurrents par ses compétences. Ces dernières font partie des **ressources organisationnelles.** Pour les tenants de cette approche, les compétences sont fondamentalement liées à l'expérience accumulée dans le temps et dans l'espace, et confèrent un différentiel fonctionnel à l'entreprise qui en est dépositaire. Barney (1986 et 1991) établit un lien entre le concept de «ressources» et l'avantage concurrentiel soutenu de l'entreprise. Pour lui, la définition des ressources est très large dans la mesure où elle inclut «tous les actifs, capacités, processus organisationnels, attributs, informations, savoir, etc., contrôlés par une firme qui lui permettent de concevoir et de mettre en œuvre des stratégies qui améliorent son bon fonctionnement et son efficacité[7] ». Dans la mesure où cette définition couvre un large éventail d'éléments, Barney classe les ressources en trois catégories : le capital physique, le capital humain et le capital organisationnel. Ainsi, le succès concurrentiel d'une firme dépend de sa capacité de combinaison et de mise en œuvre de ses ressources afin d'élaborer une stratégie de création de valeur difficilement imitable par les concurrents actuels et potentiels.

En outre, quelle est la source de la durabilité de l'avantage concurrentiel découlant de ces ressources organisationnelles ? La théorie des capacités dynamiques fournit une réponse à cette question.

La théorie des capacités dynamiques

La théorie des capacités dynamiques (*dynamic capabilities*) renvoie à deux notions importantes concernant l'univers des organisations, à savoir les **compétences** et les **capacités**. Selon les tenants de cette approche (Nelson et Winter, 1982 ; Stalk, 1992), chaque entreprise possède des compétences, c'est-à-dire des savoirs fondamentaux, qui se manifestent à travers les technologies, les procédés et les brevets[8] dont elle dispose. De leur côté, les capacités ont trait aux savoir-faire de l'entreprise qui conditionnent la qualité de la mise en œuvre des compétences centrales. L'entreprise doit non seulement utiliser sa capacité d'agir dans certains domaines (et donc sa capacité d'activer son stock de compétences), mais aussi exceller dans les processus d'apprentissage associés à ces domaines. Autrement dit, elle doit posséder des capacités lui permettant de recourir à ses ressources actuelles pour créer de nouvelles ressources et pour concevoir de nouvelles manières d'utiliser ses ressources en les combinant avec d'autres, nouvellement intégrées. C'est dans cette dynamique de renouvellement constant des ressources qu'elle conserve un avantage concurrentiel qui peut être durable. Il existe également, selon cette école, plusieurs moyens de protéger les compétences de l'entreprise de manière à assurer la durabilité de l'avantage concurrentiel. Winter (2000) montre, par exemple, que la valeur créée par la firme à partir de ces combinaisons de ressources et de compétences dépend de sa capacité de s'approprier le résultat de ces combinaisons, soit par le maintien d'un temps d'avance sur ses concurrents, soit par une barrière à l'entrée légale (brevet, marque de commerce), soit par une gestion habile des secrets de fabrication ou encore par la maîtrise des actifs complémentaires nécessaires à la fabrication, à la commercialisation et/ou à l'utilisation du produit ou du service offert (gestion éclairée de l'intégration).

7.　Barney (1986).

8.　Le brevet est un document légal attribué par le Bureau national des brevets qui donne un monopole temporaire à un inventeur pour l'exploitation commerciale de son invention. La durée de ce monopole est de 17 ans au Canada et aux États-Unis et de 20 ans dans certains pays comme le Royaume-Uni et l'Italie. Au-delà de cette durée, l'inventeur n'a plus de droits spéciaux.

La théorie des compétences clés

Au début des années 1990, le débat entourant la question de la capacité organisationnelle s'intensifie en insistant davantage sur les concepts de ressources et de capacités dynamiques élaborés au cours des années 1980. On en vient à tenir compte de nouveaux aspects de l'interaction complexe des ressources, des capacités, des processus organisationnels et de la perception gestionnaire, de même que des interactions sociales à l'intérieur des firmes et entre celles-ci. On assiste à l'émergence de la notion de **compétence clé** (*core competency*) (Sanchez, 2001). Les deux auteurs qui ont marqué ce courant, Hamel et Prahalad[9], s'intéressent essentiellement à la question de l'exploitation des compétences organisationnelles, une fois qu'elles sont détenues par l'entreprise. En d'autres termes, il s'agit ici de déterminer de quelle manière l'entreprise valorise et protège ses compétences. Ainsi, l'entreprise cherche à combiner l'ensemble des savoirs et des technologies qu'elle possède pour proposer un avantage particulier à ses clients. Dans cette optique, si elle cherche à créer de la valeur, elle doit combiner intelligemment ses ressources et ses compétences sur tous les plans et les faire converger vers ses objectifs fondamentaux. Pour certains auteurs:

> [...] les compétences organisationnelles sont alors intimement liées aux processus de management et aux éléments organisationnels construits **autour de la connaissance et des savoir-faire individuels.** D'un côté, il y a des ingrédients, un patrimoine, des actifs tangibles ou intangibles, et de l'autre, leur mise en action combinée portée par des individus et des processus organisationnels, pour atteindre un objectif voulu[10].

Il convient alors de réfléchir à ces processus d'activation des ressources (Saives, 2002) et aux systèmes de management des connaissances adéquats.

LA GESTION DES CONNAISSANCES: CONCEPTS, DÉFINITION

Comme nous venons de le voir, on ramène l'individu et le processus organisationnel au cœur du fonctionnement de l'entreprise pour augmenter ses capacités d'innovation et assurer une position concurrentielle. Dès lors, le processus de création de savoirs et de connaissances devient primordial. Le management est la discipline qui s'est le plus penchée sur ce processus, ce qui a permis à une discipline basée sur les nouvelles variables socio-économico-technologiques d'émerger: la gestion des connaissances (*knowledge management*).

Qu'est-ce que la gestion des connaissances?

La première étape d'une démarche d'explication et de compréhension doit évidemment être la définition des concepts abordés. Si cette étape est nécessaire,

---

9. Voir Hamel et Prahalad (1994) et Prahalad et Hamel (1990).
10. Sanchez et Heene (1997).

elle est également risquée, notamment dans le cas des concepts complexes. Il est difficile de choisir entre, d'un côté, offrir une définition large afin d'intégrer tous les points de vue mais perdre en finesse et, de l'autre, fournir une définition plus pointue qui ne fait pas l'unanimité. La gestion des connaissances fait partie de ces concepts complexes où l'exercice de définition s'avère ardu. Nous sommes dans le champ épistémologique de la gestion, un champ marqué par les idéologies, où les définitions varient d'une approche idéologique à une autre quant à la finalité, aux moyens, aux perspectives, à la culture, etc. Nous sommes également dans le champ épistémologique de la connaissance, cette dernière étant un concept central dans plusieurs disciplines comme la philosophie, l'économie, les sciences exactes ou la psychologie. Il est difficile, dans ces conditions, d'établir un contour précis pour la notion de «connaissance». Pour notre part, nous abordons ce concept d'un point de vue humaniste n'ayant pour finalité que l'humain, son bien-être, son épanouissement spirituel et matériel en harmonie avec son milieu social et son environnement écologique.

Les progrès technologiques et l'importance grandissante de la technologie de l'information dans l'organisation des sociétés nous conduisent, à tort, à confondre le concept de «gestion des connaissances» avec la circulation de l'information. Aussi, avant de définir ce concept, nous distinguerons les notions suivantes : les données, l'information, la connaissance et le savoir.

Les données

Une donnée est le résultat d'une mesure obtenue, effectuée à l'aide d'un instrument naturel ou construit. On peut faire une mesure de façon qualitative (par exemple, la nuit est tombée ; le climat organisationnel est bon) ou bien quantitative (par exemple, le soleil se couche à 18 h 10 ; la productivité a augmenté de 10 %). Généralement, on accorde de l'importance aux données quand on considère celles-ci comme objectives. En principe, il n'y a pas là une expression d'intention ou une volonté quelconque ; le phénomène mesuré existe en dehors de notre volonté. Toutefois, si la donnée est réputée objective, l'instrument de mesure, lui, ne l'est pas toujours, comme le rappelle Prax :

> L'intentionnalité de l'observateur peut être tellement forte qu'elle fausse complètement la fiabilité de l'acquisition [...] en fait, c'est dans la relativité que réside l'objectivité de la donnée : lorsque plusieurs données sont acquises de la même façon, alors leur comparaison (scoring) offre un renseignement objectif[11].

L'information

Une information est un ensemble de données recueillies qui doit être organisé afin de former un message. «La façon d'organiser les données résulte d'une intention de l'émetteur, et est donc parfaitement subjective[12]». L'information est également la matière première de la connaissance. Une information est par définition codifiable et s'exprime sous la forme d'un ensemble de propositions. Selon Mansell et Steinmueller (2000), «la codification est devenue l'essence même de l'activité économique[13]». Nombreux sont les auteurs qui pensent que

---

11. Prax (2000, p. 35).
12. Prax (2000).
13. Mansell et Steinmueller (2000, p. 21).

cette possibilité de codification est à la base de l'expansion économique des pays industrialisés. Cette codification rendue accessible et très performante par la contribution des technologies de l'information crée l'illusion selon laquelle la gestion des connaissances se limite à cette étape. Nous reviendrons sur ce point un peu plus loin.

La connaissance et le savoir

Dès qu'on parle de la connaissance, cela implique obligatoirement l'être humain. La connaissance n'existe qu'à travers l'individu ou le groupe qui la génère.

> Elle suppose, pour exploiter l'information, l'existence de catégories cognitives, de codes d'interprétation et d'aptitudes le plus souvent tacites […] C'est pourquoi il est nécessaire de soigneusement distinguer circulation de l'information et transfert de connaissances. Du fait qu'elle est tacite, la connaissance n'est pas transportable d'un usager à un autre sans coût ni déperdition, à l'image du programme informatique qu'il suffit de charger sur une machine pour qu'il tourne immédiatement et de façon pleinement efficiente[14].

Maintenant que nous avons défini sommairement ces notions importantes, nous pouvons nous engager prudemment sur la voie d'une définition de la gestion des connaissances :

> La gestion des connaissances est un processus d'apprentissage, de création, de transformation, de circulation des connaissances explicites et tacites dans un contexte donné, effectué par les hommes, intégré dans les différents processus de l'organisation, soumis à la logique de gestion en vigueur. Elle est cumulative et non rivale[15].

Cette définition met l'accent sur quelques éléments fondamentaux :

- Tout processus de création de connaissances intègre la notion d'**apprentissage.** En effet, chaque fois qu'on entreprend une action (production d'un bien ou d'un service), on s'expose à une suite d'événements et d'expériences non planifiés, ce qui nous conduit vers des interrogations nouvelles auxquelles on n'avait pas pensé au moment de la conception de cette action. L'effort qu'on déploie pour résoudre ces problèmes met en marche un processus d'apprentissage (*learning by doing* [en faisant] ou *learning by using* [en utilisant]). Ces apprentissages, si le contexte le permet, feront partie du bagage d'expériences des individus, ce qui permettra d'améliorer le processus de production.

- Le processus de création, de transformation et de circulation de connaissances est valable aussi bien pour les connaissances **tacites** que pour les connaissances **explicites.** Il est important d'insister sur ce point dans la mesure où les théories dominantes en gestion des connaissances, même si elles acceptent dans le discours l'importance des connaissances tacites, accordent souvent une plus grande place aux connaissances explicites. La raison en est

14. Épingard (1999).
15. Ebrahimi et Saives (2005).

simple. Les connaissances explicites peuvent être codifiées, exploitées sur des supports informatiques ou des documents d'entreprise et elles éliminent le lien entre l'entreprise et l'humain porteur des connaissances. Même si l'individu n'est plus au sein de l'entreprise, les connaissances nécessaires à l'exercice de ses fonctions restent dans l'entreprise. Cela est une illusion, car, comme nous l'avons vu, les connaissances explicites répertoriées disponibles sur différents supports ne sont que la partie visible de l'iceberg, donc une partie infime de l'ensemble du capital intellectuel.

● Le processus de création de savoirs est **lié à un contexte.** Il ne peut pas s'effectuer en dehors d'un milieu sociopolitique avec ses caractéristiques propres intégrant les représentations, les croyances et la culture des individus. Dans la mesure où l'être humain est partie intégrante du processus, tout ce qui l'influence joue un rôle déterminant dans cette démarche.

● Ce processus de création est à la fois **individuel** et **collectif.** Il intervient sur tous les plans du fonctionnement de l'entreprise. Toutefois, il n'est ni automatique ni optimal en soi. C'est la philosophie de gestion en vigueur dans l'entreprise qui engendrera des résultats très différents. Un style de management très hiérarchisé, excessivement rationnel, ne valorisant que les cadres supérieurs de l'entreprise ne peut que ralentir, voire détruire, le processus de création et de circulation de connaissances. Ce n'est pas un hasard si les organisations dont la structure est plus aplatie, et où les individus s'expriment dans les lieux de socialisation, ont des résultats plus intéressants en ce qui a trait à l'innovation, à la position concurrentielle et à la rentabilité.

● La connaissance est également **cumulative.** Selon Foray (2000, p. 62), une connaissance est le facteur principal de la production de nouvelles connaissances et de nouvelles idées. Une nouvelle connaissance interviendra comme un tremplin permettant d'aller vers d'autres horizons. Cela s'ajoutera à ce qu'on savait déjà et ne prendra pas sa place.

● Ce processus est **non rival.** Cela signifie que, pour reproduire une action, un individu peut utiliser une infinité de fois la même connaissance sans qu'il lui en coûte (Foray, 2000). De plus, un très grand nombre d'individus peuvent utiliser la même connaissance sans que personne n'en soit privé. Cela a été expliqué par Thomas Jefferson[16] dans un langage beaucoup plus poétique que celui des économistes: «Celui qui reçoit une idée de moi reçoit un savoir sans diminuer le mien, tout comme celui qui allume sa bougie à la mienne reçoit la lumière sans me plonger dans la pénombre.» Certains auteurs parlent même de l'«expansion infinie» des connaissances indéfiniment multipliées par ses détenteurs.

À travers la définition que nous en avons présentée, nous pouvons entrevoir la complexité de la notion de «gestion des connaissances». Elle ne se réduit pas à une simple dimension technologique. Comme nous l'avons souligné, un nombre important de chercheurs et de gestionnaires limitent malheureusement la gestion des connaissances à la mise en place d'un système d'information sophistiqué capable de stocker, de codifier, de contrôler et d'organiser les connaissances

---

16. Troisième président des États-Unis, de 1801 à 1809.

explicites dans des bases de données. L'idée sous-jacente à cette approche, qu'on qualifie de «personne-vers-document», est que la connaissance peut être extraite de l'individu, classée dans des bases de données qui appartiennent à l'entreprise et qui peuvent être réutilisées. Cela donne l'occasion à tous les membres de l'organisation de chercher les informations emmagasinées, sans entrer en contact avec les personnes qui ont créé cette information ni comprendre le contexte de leur création. Cette approche peut être pratique si, dans l'entreprise, on a besoin de la même information et de façon routinière. Dès qu'on sort de cet environnement, ce qui est de plus en plus la réalité des entreprises œuvrant dans le domaine de la nouvelle économie, cette approche ne suffit pas. C'est pour cette raison que certaines entreprises préfèrent investir dans une approche favorisant les interactions entre les individus plutôt que dans le stockage des connaissances. Il ne s'agit pas ici de nier l'importance des technologies de l'information et les possibilités qu'elles offrent. Deux options s'offrent aux gestionnaires : réduire toute la complexité de la gestion des connaissances à sa dimension de la codification et du stockage de l'information et mettre ainsi la technologie au centre des choix stratégiques, ou bien utiliser la technologie parallèlement à d'autres approches pour favoriser les interactions et la communication (Foray, 2000).

Un des éléments qui expliquent le succès des entreprises japonaises en matière d'innovation réside précisément dans cet effort incessant pour créer des lieux de socialisation entre les individus, ce qui favorise le processus de création de savoirs, en particulier à partir des connaissances tacites.

Cependant, avant d'aborder la logique organisationnelle des entreprises japonaises qui met en relief l'importance des différentes dimensions du processus de la création de connaissances pour innover, nous préciserons ce que la littérature entend par «innovation».

B. L'INNOVATION : DÉFINITION DES CONCEPTS CLASSIQUES

> *L'innovation, c'est l'art d'intéresser un nombre croissant d'alliés qui vous rendent de plus en plus fort.*
>
> AKRICH, CALLON ET LATOUR (1988A)

Nous avons insisté sur le fait que la qualité et la maîtrise des coûts ne sont plus les atouts suffisants pour affronter la concurrence, en particulier dans les sociétés marquées par l'hypercompétition (D'Aveni, 1994) et dans des environnements techno-économiques turbulents et dynamiques où les marchés évoluent à un rythme accéléré. Dans la société contemporaine, l'innovation, la création de connaissances et la capacité de changement font donc partie des déterminants clés de la compétitivité et de la croissance des firmes (Loilier et Tellier, 1999). L'innovation, en particulier, est **la seule compétence distinctive,** au sens où l'entendent Prahalad et Hamel (1990), permettant de s'affranchir des barrières imposées par les concurrents et d'entretenir ou de créer des avantages concurrentiels sur des marchés sans cesse renouvelés (Porter et Stern, 2001).

DÉFINIR L'INNOVATION

Dans une perspective stratégique, plusieurs auteurs s'accordent aujourd'hui à rassembler les positions des tenants des deux approches de l'innovation pour décrire celle-ci à la fois comme un **résultat** et comme un **processus,** ce processus pouvant en être un de création de produits, de procédés et/ou de services ou encore en être un de création de nouveaux processus ou de nouvelles activités routinières dans l'organisation (Dosi, 1982 ; Teece, 1989 ; Tarondeau, 1994), c'est-à-dire un processus de changement (Bernoux, 2004) dans l'articulation des ressources de l'entreprise.

Ainsi, l'innovation consiste souvent en la mise au point de nouveaux produits, présentant au moins une nouveauté par rapport à l'offre existante, cette nouveauté étant perçue comme telle par l'utilisateur. Néanmoins, l'innovation de produit est souvent inséparable de l'innovation de procédé, à savoir de la mise au point de nouveaux procédés industriels et/ou de nouvelles technologies pour réduire les coûts de production des biens et des services associés aux procédés existants ou pour permettre la conception de nouveaux produits, services et procédés. Enfin, l'innovation de produit et/ou de procédé peut aussi être accompagnée d'une innovation organisationnelle. Ainsi, on peut distinguer quelques grands types d'innovations (Barreyre, 1975), dont les suivants :

- Les **innovations à connotation technologique** comprennent les nouveaux matériaux (le formica, l'acier inoxydable et, plus récemment, le polyéthylène extrudé servant au thermoformage des bouteilles plastiques, etc.), les nouveaux ingrédients (le chitosane extrait de la carapace de crevette et doté de multiples applications industrielles, les protéines animales incorporées dans la viande reconstituée, etc.) ou les nouvelles sources d'énergie (la bioénergie tirée de traitements de récupération de la biomasse), de nouveaux composants (la puce à ADN utilisée pour la recherche génomique, etc.), les nouveaux systèmes complexes (la programmation Linux, les jeux électroniques multimédias, la compression MP3, etc.), les nouvelles combinaisons technologiques de procédés connus (le téléphone cellulaire, le laser, le DVD, le RFID, etc.), les nouveaux produits finis fondés sur des applications innovantes de quelques principes simples (le stylo à bille, l'appareil photo jetable, le rasoir à lames interchangeables, la brosse à dents électrique, la motoneige, etc.), de nouveaux modes de conditionnement (les produits en tube ou en aérosol, les produits alimentaires solubles, le conditionnement longue durée à ultrahaute température, les aliments surgelés à l'azote liquide, etc.) ou encore les nouveaux procédés utilisant de nouveaux équipements de fabrication (l'ultrafiltration du lait, l'extrusion, la découpe au laser des matières textiles et alimentaires, etc.).

- Les **innovations à connotation commerciale** portent plutôt sur les fonctions « distribution » et « marketing ». Elles peuvent consister en de nouveaux modes de présentation d'un produit ou d'un service (le livre en format de poche, le cyberjournal et l'information à télécharger, les emballages individualisés, etc.), de nouveaux modes de distribution (la distribution automatique, la livraison à domicile, la location de services ou d'équipements), de nouvelles applications d'un produit connu (le nylon, le chitosane, etc.), de nouveaux moyens de promotion des ventes (les bannières commerciales, les portails et la vente en ligne), de nouveaux systèmes commerciaux (le libre-service, les programmes de fidélité des grandes surfaces, le paiement en ligne, etc.).

- Les **innovations à connotation organisationnelle,** comme leur nom l'indique, portent sur l'organisation de l'entreprise, depuis son processus d'administration jusqu'à ses modalités de développement (les méthodes de gestion qui se sont succédé depuis l'organisation scientifique du travail conçue par Taylor au XIXe siècle, la gestion participative par objectifs et l'instauration de la démocratie participative dans l'entreprise, l'informatique de gestion, la réingénierie avec l'implantation des NTIC dans l'entreprise, le franchisage appliqué à l'hôtellerie, les organisations en réseau, etc.).

Ces changements peuvent avoir une intensité variable (Durand, 1992) dans un continuum allant des innovations incrémentielles aux innovations radicales. En effet, les innovations modifient plus ou moins le jeu concurrentiel, les caractéristiques des marchés de consommation, les compétences technologiques et organisationnelles des entreprises en place et plus globalement les institutions sociétales (Abernathy et Clark, 1985). À un extrême, les innovations relatives, mineures, ou **innovations incrémentielles,** consistent souvent en une amélioration graduelle des caractéristiques d'un produit, d'un procédé, d'une prestation de service ou d'un processus. Cette amélioration se fait par l'intégration répétée des expériences et des apprentissages des concepteurs et/ou des utilisateurs de cette innovation sans qu'on ait à recourir à des compétences ou à des savoir-faire nouveaux, et sans que cela implique des progrès techniques majeurs. Ces innovations permettent d'entretenir un effet de différenciation de l'offre auprès des consommateurs-utilisateurs. On peut ainsi valoriser la nouveauté auprès de ces derniers tout en minimisant les risques liés à l'introduction commerciale d'un produit nouveau. Citons, à titre d'exemples, la variété des formats (individualisation des portions) ou l'amélioration écologique des matériaux d'emballage (matériaux recyclables), l'augmentation de la capacité de stockage de données des supports numériques (disquette, cédérom, DVD, clé USB, etc.) ou de la puissance des générations successives de microprocesseurs.

À l'autre extrême, les innovations de rupture, majeures, ou **innovations radicales,** consistent dans le développement et la mise en œuvre des connaissances techno-scientifiques et des savoir-faire nouveaux visant à révolutionner la performance de l'offre de l'entreprise. Ce genre d'innovations est nettement moins fréquent que le premier. Par contre, ces innovations sont souvent qualifiées d'innovations de rupture car elles peuvent entraîner des mutations techniques, concurrentielles et sociales considérables. Elles peuvent en effet donner naissance à de nouvelles industries (comme l'industrie des processeurs informatiques, d'Internet, des téléphones cellulaires, de la photographie numérique), modifier les caractéristiques de la demande et les règles du jeu concurrentiel (par exemple, l'impact sur les standards de prix de la substitution d'un produit ou d'une technologie par un autre, comme la vidéocassette versus le DVD), voire les pratiques sociales (la déstructuration des trois repas familiaux traditionnels avec la multiplication des produits alimentaires industriels élaborés, ce qui donne lieu à la pratique du grignotement ; la croissance de la formation scolaire à distance avec l'amélioration des technologies de la communication multimédia ; l'extension du télétravail avec le développement des NTIC, etc.).

La dynamique de l'innovation

L'innovation suit une dynamique cyclique où des vagues successives, en partie concourantes, d'innovations de produits et de procédés se succèdent (Utterback, 1994) (voir la figure 14.1, page 466). Aux machines à écrire manuelles se sont substituées les machines électriques, puis les ordinateurs dotés de logiciels de traitement de texte de plus en plus sophistiqués ; dans le domaine de la réfrigération, à la glace naturelle s'est substituée la glace fabriquée par machine, puis la réfrigération électromécanique et aujourd'hui le conditionnement aseptique ; dans le domaine de l'éclairage, les lampes à huile et les bougies ont fait place à l'éclairage au gaz, puis à l'éclairage électrique et plus récemment aux lampes fluorescentes ; dans le domaine de la photographie, le daguerréotype est un des ancêtres de la photographie argentique, aujourd'hui supplantée par la photographie numérique ; et ainsi de suite.

Plus récemment, depuis les années 1990, avec l'avènement de la troisième génération des sciences du génome (génomique, protéomique, etc.), poussée par les progrès de l'informatique et des nanosciences, le mode d'évolution des connaissances scientifiques dans le domaine du vivant est également de plus en plus « complexe, accéléré et transdisciplinaire » (Saives, Desmarteau et Seni, 2003) et l'industrie pharmaceutique ne cesse de se restructurer autour d'un nouvel acteur qu'est la recherche biotechnologique (Saives *et al.*, 2005). Dans le secteur des télécommunications (Petit, Brousseau et Phan, 1996 ; Roux, 2000), nous sommes témoins d'un rythme grandissant de substitution par rupture/ intégration de nouvelles technologies (téléphonie numérique, par fibre optique, satellitaire, par protocole Internet, etc.). Ces vagues d'innovations s'insèrent dans un processus de changement où l'innovation de produit précède souvent l'innovation de procédé (voir la figure 14.1).

La performance d'une entreprise innovante dépend alors de sa capacité de détecter les vagues successives d'innovation, leur force de « destruction créatrice » des innovations en place (selon les termes de Schumpeter) ainsi que la « transilience » de ces innovations nouvelles (Abernathy et Clark, 1985), c'est-à-dire leur propension à modifier considérablement, voire à redéfinir, les ressources, les compétences et les relations des entreprises, pour s'y adapter et, mieux, les prévoir. Le dilemme stratégique du gestionnaire réside dans la difficulté de discerner le moment où il faut passer d'un cycle de développement d'une technologie à un autre, notamment pour éviter une obsolescence et un déclin rapides des activités menacées par ses substituts.

Distinguer « innovation » et « invention » ?

Toutes les idées novatrices ne se transforment pas pour autant en succès commerciaux. On doit à l'économiste et historien Schumpeter la définition de l'innovation comme première introduction commercialement réussie d'une invention (nouveau produit, nouveau procédé ou nouveau système) ainsi que la distinction entre « innovation » et « invention ». L'innovation est la mise en application fructueuse d'un nouveau concept, d'une découverte ou d'une invention, la sanction positive de ceux-ci ou encore le jugement approbateur de l'utilisateur à leur sujet.

FIGURE 14-1   La dynamique de l'innovation

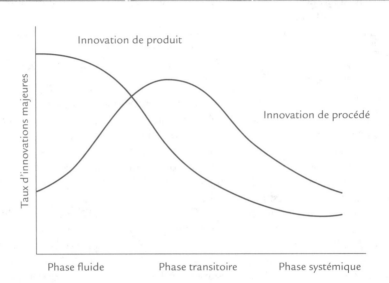

Produit	D'une grande variété au standard dominant, puis à l'innovation incrémentielle sur des produits standardisés
Procédé	De progrès manufacturiers fortement dépendants d'une main-d'œuvre qualifiée et d'équipements génériques à des équipements spécialisés opérés par une main-d'œuvre peu qualifiée
Organisation	D'une forme d'entreprise organique à des firmes hiérarchiques mécaniques comportant des tâches et des procédures définies et peu de mécanismes d'encouragement de l'innovation radicale
Marché	D'un marché fragmenté et instable avec des produits divers et un feed-back rapide à un marché de produits de consommation largement indifférenciés
Compétition	D'un grand nombre de petites firmes avec un produit unique à un oligopole de firmes avec des produits similaires

Sources : Traduit de W.J. Abernathy et J.M. Utterback, « Patterns of Industrial Innovation », *Technology Review*, juin-juillet 1978, et de J. Utterback, *Mastering the Dynamics of Innovation*, Boston, Harvard Business School Press, 1994.

Quant à l'invention, elle consiste en une idée, un projet, un plan, un prototype ou un pilote plus ou moins fiable techniquement et pensé comme une solution potentiellement utile, bref, «tout ce qui précède la première et incertaine rencontre avec le client et le jugement qu'il rendra[17]». Néanmoins, les inventions, bien qu'elles soient une source de coûts pour leur développement, ne sont pas forcément mises sur le marché. L'histoire fourmille d'exemples d'inventions partout dans le monde n'ayant pas dépassé le stade du laboratoire ou du garage de l'inventeur (Baumol, 2002). Dans la perspective capitaliste schumpétérienne, où les changements technologiques modifient principalement la structure et la croissance de l'économie (Scherer, 1999), il n'y a création de valeur dans l'activité de création technologique que s'il y a «innovation» permanente, c'est-à-dire une transformation économique soutenue de l'invention[18].

Comment s'opère la transformation des inventions en innovations ?

Dans la perspective schumpétérienne, l'innovation est le fruit de la créativité des entrepreneurs, porteurs de projets particuliers sachant allier risques et idées nouvelles pour transformer des découvertes, des inventions, des projets en produits ou prestations de services valables, à force de passion et de motivation. Toutefois, dans une perspective plus moderne, la gestion de l'innovation et la mise en relation du marché et des nouveautés technologiques sont plus souvent le résultat d'une activité collective que le monopole d'un individu, aussi inspiré et obstiné soit-il (Akrich, Callon et Latour, 1988a, p. 5).

Classiquement, l'innovation est fréquemment présentée comme un point de rencontre entre science, technologie et marché (Le Bas, 2004, p. 40). Là où la science (et ses chercheurs) vise à découvrir, à comprendre et à développer des connaissances universelles et des théories du réel, la technologie (et ses ingénieurs) essaie d'inventer, par un double processus de construction/destruction créatrice de l'existant, de nouveaux modèles de création de valeur (Baumol, 2002 ; Scherer, 1999). Dans un contexte sélectif économique, politique, social et juridique donné (Wiener, 1996), les compétences distinctives des entreprises émergent de leur capacité de rendre pratiques les concepts inventés et potentiellement utiles pour des consommateurs et plus généralement pour une société, de contrôler les plans, de rendre routiniers les processus de leur mise en œuvre et, enfin, de spécialiser, d'imposer et d'entretenir leurs connaissances (Saives, Desmarteau et Seni, 2003). Plus globalement, pour nombre d'historiens, d'anthropologues, d'économistes et de sociologues, «ce qui permet à une invention de se développer, de se transformer en innovation, c'est donc la possibilité de la réinventer, de lui trouver un sens adapté aux circonstances spécifiques d'une action, d'une culture, ou d'une économie[19]».

---

17. Akrich, Callon et Latour (1988).
18. Voir Baumol (2002), Scherer (1999) ainsi que les théoriciens évolutionnistes (des capacités dynamiques), Dosi (1982), Nelson et Winter (1983), Utterback et Suarez (1993), etc.
19. Alter (2004, p. 70).

C. LE PROCESSUS DE GESTION DE L'INNOVATION

L'innovation est un parcours qui de décision en décision vous amène au bon moment sur le bon marché avec le bon produit.

AKRICH, CALLON ET LATOUR (1988a, p. 8)

Peut-on gérer l'innovation ? La tentation est grande de répondre par la négative tant le processus d'innovation peut apparaître comme une reconstruction *a posteriori* ou une rationalisation chemin faisant d'une succession d'actes de création et de décision. Cependant, on trouve dans la littérature différentes propositions fournissant un cadre de lecture des étapes concourant à la mise sur le marché d'une invention ou d'une découverte.

LES ÉTAPES DU PROCESSUS

Les étapes du processus d'innovation sont représentées à la figure 14.2 dans deux modèles complémentaires aujourd'hui classiques de ce processus, soit le modèle séquentiel et le modèle tourbillonnaire. Le processus d'innovation comme tel n'est pas, loin s'en faut, linéaire. Il suppose une série d'étapes, qu'il faut parfois franchir plusieurs fois, et comporte nombre d'allers-retours. Ces modèles procèdent de la même juxtaposition de phases concernant la recherche d'idées nouvelles, la transformation des idées en concepts et projets, le développement technique et l'expérimentation de prototypes, le test, la démonstration et le lancement du prototype, puis la diffusion commerciale et sociale.

La recherche d'idées repose souvent sur la recherche fondamentale. À l'étape de la **recherche fondamentale,** des travaux sont entrepris essentiellement dans la perspective de repousser les limites des connaissances scientifiques et de créer des connaissances nouvelles sans qu'un but pratique soit spécifiquement poursuivi.

Les chercheurs s'efforcent de découvrir de nouvelles lois de l'univers et/ou des éléments scientifiques nouveaux. Cette recherche a souvent lieu dans les universités ou les grands centres gouvernementaux de recherche (par exemple, l'Institut de recherche en biotechnologie, l'Institut de recherche aérospatiale ou l'Institut de technologie de l'information). Elle peut aussi se dérouler dans les grandes entreprises privées dotées de capacités de R&D. Les découvertes et les inventions ne pourront devenir des innovations qu'à la condition que la **recherche appliquée** s'empare de ces lois et utilise ces connaissances nouvelles de manière à concevoir et à expérimenter des solutions optimales pour résoudre des problèmes pratiques. Alors intervient l'étape du **développement,** voué à la construction et à la mise au point de protocoles efficients de fabrication de différents prototypes à petite ou à moyenne échelle industrielle. Cette étape comprend également tous les essais techniques et industriels visant l'optimisation de cette fabrication. Elle précède le passage à l'échelle plus massive de la

FIGURE 14-2   La modélisation du processus d'innovation : le modèle séquentiel et le modèle tourbillonnaire

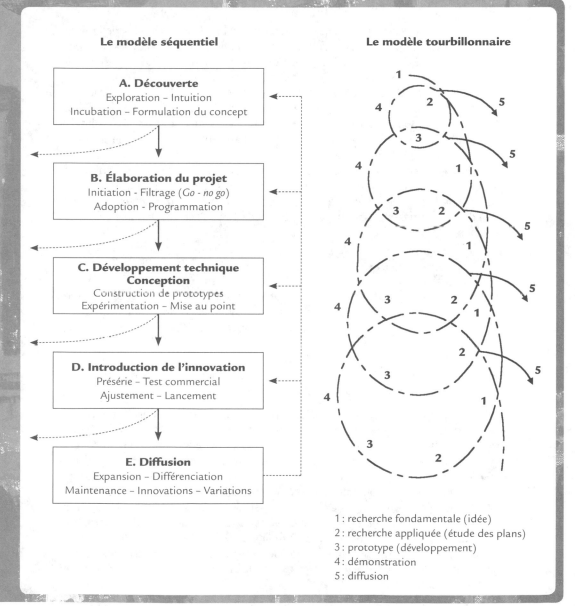

Le modèle séquentiel

A. Découverte
Exploration – Intuition
Incubation – Formulation du concept

B. Élaboration du projet
Initiation - Filtrage (*Go - no go*)
Adoption - Programmation

C. Développement technique Conception
Construction de prototypes
Expérimentation – Mise au point

D. Introduction de l'innovation
Présérie – Test commercial
Ajustement – Lancement

E. Diffusion
Expansion – Différenciation
Maintenance – Innovations – Variations

Le modèle tourbillonnaire

1 : recherche fondamentale (idée)
2 : recherche appliquée (étude des plans)
3 : prototype (développement)
4 : démonstration
5 : diffusion

Source : Adapté de J.-C. Tarondeau, *Recherche et développement,* Paris, Vuibert, coll. «Gestion», 1994 (inspiré de P.-Y. Barreyre, *Stratégie d'innovation dans les moyennes et petites entreprises,* Suresnes, France, Éditions Hommes et Techniques, 1975, p. 94).

Source : M. Akrich, M. Callon et B. Latour, «À quoi tient le succès des innovations. Deuxième épisode : l'art de choisir les bons porte-parole», *Gérer et Comprendre – Annales des mines,* 1988b, p. 21.

production industrielle. Les étapes de la recherche appliquée et du développement concernent plus souvent les entreprises privées qui veulent s'approprier une rente d'innovation et miser sur leur expérience pour bâtir leur avance technologique sur les concurrents potentiels. La dernière étape de la démonstration, ou encore la diffusion, est définie différemment selon les perspectives disciplinaires. Nous y reviendrons plus loin.

Au Canada, les cinq principaux secteurs de la recherche industrielle sont les industries des équipements de télécommunication (Nortel Networks Corporation, Ericsson Canada, etc.), l'industrie pharmaceutique et biotechnologique (Apotex, Pfizer Canada, GlaxoSmithKline, Biovail, QLT Inc., GenPharm, etc.), l'industrie des services de télécommunication (Bell Canada, Telus, BCE Emergis, Rogers), l'industrie des logiciels et services informatiques (IBM Canada, Creo, Cognos, Geac Computer Corporation, etc.), l'aéronautique (Pratt & Whitney, Bombardier, CAE, Honeywell, etc.), l'équipement automobile (Magna International) et le secteur de l'énergie primaire (Énergie atomique du Canada, Ballard Power Systems, Precision Drilling Corporation, etc.). Le tableau 14.1 mentionne les principales entreprises canadiennes innovantes dans ces secteurs. Remarquons que l'effort de recherche et développement, mesuré par la part des revenus des entreprises consacrés aux dépenses de R&D, est très variable selon les secteurs.

LA DIFFUSION

> *Adopter une innovation, c'est l'adapter : telle est la formule qui rend le mieux compte de la diffusion.*
> Akrich, Callon et Latour (1988b, p. 15)

Dernière étape du processus d'innovation, la **diffusion** est le processus par lequel une innovation est progressivement communiquée auprès des membres du système social (Rogers, 1962) et affronte le marché.

Il convient de distinguer le modèle classique de la diffusion, d'inspiration épidémiologique, de celui de l'intéressement, dans une perspective socio-technique de l'innovation. Dans la perspective classique, l'innovation se propage, telle une maladie, en fonction de ses qualités propres, à travers son adoption progressive par les individus, et son imitation par les concurrents. Elle s'impose peu à peu comme un standard dominant par rapport aux offres concurrentes. Par exemple, le modèle automobile *T* de Ford au XIXe siècle, la cassette VHS et le système d'exploitation Windows se sont imposés comme des standards dominants en leur temps (Tushman, Anderson et O'Reilly, 1997). Pour les sociologues, une innovation qui se répand par effet de démonstration n'est reprise que si elle parvient à intéresser les acteurs de plus en plus nombreux du milieu social, qui s'en saisissent.

> Le succès d'une innovation peut être expliqué de deux manières différentes suivant que l'on insiste sur ses qualités intrinsèques ou sur sa capacité à susciter l'adhésion de nombreux alliés (utilisateurs, intermédiaires, etc.). Dans le premier cas on fait appel au modèle de la diffusion (l'innovation se répand d'elle-même par contagion grâce à ses propriétés intrinsèques) ; dans le second cas on recourt au modèle de

l'intéressement (le destin de l'innovation dépend de la participation active de tous ceux qui sont décidés à la faire avancer)[20].

Tout comme la genèse d'une innovation fait intervenir un réseau d'acteurs et non pas un acteur unique incarné par l'entrepreneur schumpétérien, la diffusion de l'innovation est un processus social dont la maîtrise est complexe.

Ce processus de création technologique est un processus d'essais et erreurs dont sont évacuées au fur et à mesure les idées infructueuses, d'où les flèches en pointillé qui ont été ajoutées au modèle séquentiel de l'innovation (voir la figure 14.2, page 469) à toutes les étapes du processus et pas seulement au stade du filtrage des projets. C'est aussi un processus itératif et rétroactif de cumul, de combinaison et de recombinaison des savoirs et des expériences au cours duquel on mûrit ou élabore de nouveaux projets. C'est pourquoi l'on trouve sur le schéma du processus séquentiel de la figure 14.2 une série de flèches rétroactives signifiant l'interaction en double sens entre chacune des étapes du processus (Barreyre, 1975). C'est aussi pourquoi apparaissent sur le schéma du modèle tourbillonnaire de la figure 14.2 des spirales dont la circonférence a été représentée comme croissante par rapport au modèle tourbillonnaire original d'Akrich, Callon et Latour (1988a et 1988b) pour mieux signifier l'augmentation du capital intangible notamment dans l'organisation (connaissances tacites accumulées avec l'expérience, capital intellectuel, etc.).

Nous pouvons convenir avec Loilier et Tellier (1999) de la complémentarité du modèle séquentiel, qui se veut un modèle d'organisation, et du modèle tourbillonnaire, qui est plutôt un modèle de diffusion de l'innovation. Pour ces auteurs, le processus d'innovation suppose un «double mouvement de transfert d'informations et de connaissances», soit un transfert vertical, selon la séquence recherche-développement-industrialisation-commercialisation ou encore invention-innovation-industrialisation (Saives, Desmarteau et Seni, 2003), qui détermine en grande partie l'organisation du processus d'innovation dans l'entreprise, et un transfert horizontal, correspondant au phénomène ancré socialement de la recherche de l'ensemble des parties prenantes et des porte-parole participant à la génération d'idées, à des applications nouvelles, aux premières utilisations et plus globalement à la «stabilisation progressive des propriétés d'une innovation et de son marché[21]».

---

20. Akrich, Callon et Latour (1988b, p. 14). Dans ce chapitre, nous n'examinons pas le volet stratégique de l'innovation, mais précisons tout de même que, de fait, ce n'est pas nécessairement le meilleur produit qui s'impose sur le marché, mais le mieux «négocié» et «médiatisé» auprès de ses porte-parole. Il importe aussi de déconstruire deux mythes. Selon le premier mythe, la stratégie d'innovation, qui consiste à être le «premier sur le marché», remporte la palme des profits et l'imitation par les concurrents est un processus évident et une menace naturelle. Or, l'histoire foisonne d'exemples d'entreprises dont les innovations pionnières se sont soldées par des échecs et n'ont pas remporté l'avantage au pionnier escompté, tandis que s'imposaient d'autres standards, pas nécessairement plus performants. Selon le deuxième mythe, la faisabilité de la stratégie d'imitation ne va pas nécessairement de soi, car elle peut, elle aussi, représenter des coûts considérables.

21. Loilier et Tellier (1999, p. 37).

Les 25 leaders de la R&D industrielle au Canada

TABLEAU 14-1

Rang	Nom de l'entreprise	Dépenses en R&D (millions de dollars canadiens) (2003)	Effort de recherche (pourcentage des revenus)	Industrie
1	Nortel Networks Corporation	2 789	20,3	Équipements de télécommunication
2	Bell Canada	1 000	6	Services de télécommunication
3	Magna International	631	2,9	Équipement automobile
4	Pratt & Whitney Canada	423	20,1	Aéronautique
5	ATI Technologies Inc.	329	16,9	Équipement informatique
6	IBM Canada Ltd.	322	6,1	Logiciels et services informatiques
7	Ericsson Canada Inc.	232	44,7	Équipements de télécommunication
8	Alcan Inc.	196	1	Exploitation minière et métallurgique
9	Bombardier Inc.	188	0,9	Aéronautique
10	Énergie atomique du Canada	156	27,3	Énergie atomique
11	Apotex Inc.	154	18,4	Produits pharmaceutiques
12	Ballard Power Systems Inc.	146	86,9	Énergie primaire (piles à combustible)
13	Creo Inc.	145	17,9	Logiciels et services informatiques
14	Pfizer Canada Inc.	143	9,5	Produits pharmaceutiques
15	GlaxoSmithKline Inc.	132	12	Produits pharmaceutiques
16	Zarlink Semiconductors Inc.	124	45,8	Équipements de télécommunication
17	Biovail Corporation	121	10,5	Produits pharmaceutiques
18	Merck Frosst Canada	116	13,4	Produits pharmaceutiques
19	CAE	115	10,2	Aéronautique
20	Aventis	112	110,9	Produits pharmaceutiques
21	Cognos Inc.	109	14,2	Logiciels et services informatiques
22	PMC Sierra Ltd	99	57,8	Composants électroniques
23	Hydro-Québec	99	0,9	Électricité
24	MDS Inc.	92	5,1	Services de santé
25	Research in Motion Ltd	91	21,2	Équipements de télécommunication

Source : Adapté de Re$earch Infosource Canada Inc., « Canada's Top 100 Corporate R&D Spenders », 2004.

L'innovation a ceci de paradoxal qu'elle crée de l'instabilité, de l'imprévisibilité pour l'entreprise, ce qui la rend difficilement maîtrisable. Il appert qu'une organisation innovante doit composer avec cette instabilité en favorisant la flexibilité, et l'adaptation rapide que rendent possibles l'ouverture aux interactions (Chesbrough, 2003), des allers-retours permanents entre les étapes de l'innovation et des négociations multiples avec les acteurs de l'innovation (Akrich, Callon et Latour, 1988a et 1988b).

Dans cet environnement incertain et imprévisible, devant ce processus parfois plus intuitif que planifié, quelles sont les conditions véritables de l'innovation et de la création de connaissances ?

D. LES CONDITIONS DE L'INNOVATION ET DE LA CRÉATION DE CONNAISSANCES

Je trouve d'abord, je cherche ensuite.

Claude Bernard, cité par Pablo Picasso

AVOIR DES IDÉES

La genèse d'idées nouvelles et utiles dans différents domaines relève souvent d'une forte créativité. Mais peut-on stimuler la créativité ?

La créativité dépend de nombreux facteurs individuels, personnels ou environnementaux. Trois composantes en particulier sont nécessaires à la créativité, selon Amabile (1988 et 1996) : la créativité résulte de la rencontre de l'expertise, de compétences créatrices et d'une forte motivation (intrinsèque ou extrinsèque par rapport à la tâche) (voir la figure 14.3, page 474).

Les compétences créatrices (*creativity skills*) font référence à un style cognitif individuel particulier, obstinément porté à envisager les problèmes sous un jour nouveau, à appliquer des techniques connues pour l'exploration de voies nouvelles ; ce style est articulé autour des traits de personnalité singuliers comme l'indépendance, l'imperméabilité au jugement social, la tolérance au risque, à l'ambiguïté, la persévérance face à la frustration, etc.

LA FERTILITÉ DE L'ENVIRONNEMENT

La créativité est le point de départ nécessaire mais non suffisant de l'innovation. L'innovation est en effet le processus organisationnel de l'application réussie d'idées créatrices. Elle dépend de la capacité de la firme de mettre en œuvre les idées nouvelles nées à l'interne ou à l'externe (Chesbrough, 2003).

Amabile (1988) a montré qu'un **environnement propice à la créativité** a des propriétés particulières. Ainsi, il se caractérise par une forme de liberté laissant une grande autonomie opérationnelle aux employés, par un bon système de gestion de projet, piloté par un leader enthousiaste, par des ressources suffisantes, par une atmosphère encourageante dépourvue de systèmes d'évaluation menaçants, par un climat organisationnel marqué par la coopération et la collaboration entre divisions dans lequel l'innovation est valorisée et l'échec non définitif, par la perception d'une reconnaissance du travail créatif, par un temps suffisant alloué aux activités créatives, par un sens personnel du défi lié au fait d'innover, etc. Stimuler la créativité revient à opérer des choix organisationnels favorisant ces conditions. Cela se traduit par un renouvellement des compétences et du style de management des savoirs dans l'organisation. La stimulation de la créativité suppose le passage à une organisation organique (Burns et Stalker, 1966) marquée par l'interaction et l'interdépendance systématique des expertises des acteurs de l'innovation (voir le tableau 14.2).

L'ACCÈS À DE NOUVELLES IDÉES

Comment peut-on accéder à de nouvelles idées, précurseurs d'innovations ? Les nouvelles idées qui donnent naissance à une innovation proviennent de l'une ou l'autre des deux sources suivantes : d'une part, la connaissance des besoins du marché, ou la perception de certains problèmes pratiques à résoudre (*market pull*),

FIGURE 14-3   **Un modèle de créativité à trois composantes**

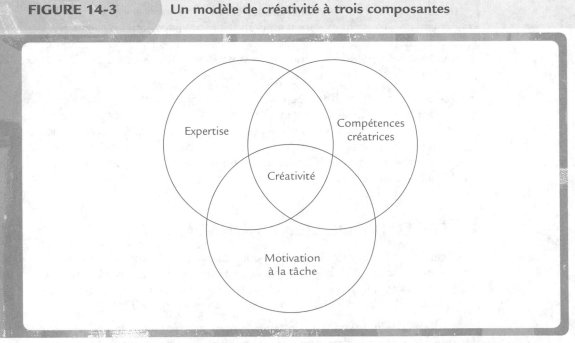

Source : Traduit de T.M. Amabile, *Creativity and Innovation in Organizations*, Boston, Harvard Business School Press, janvier 1996.

et, d'autre part, la connaissance des possibilités qu'offrent des développements scientifiques ou technologiques (*technology push*).

Les sources de l'innovation sont non seulement internes par rapport à l'entreprise, mais aussi externes[22]. Le client et plus généralement l'ensemble des partenaires de la firme sont des sources d'idées de produits ou de technologies pour l'entreprise (Von Hippel, 1988 ; Von Hippel, Thomke et Sonnack, 2000 ; Leonard-Barton, 1998 ; Miller et Moris, 1999).

Von Hippel insiste, par exemple, sur l'importance des premiers utilisateurs dans le processus de développement de nouveaux produits et sur l'importance de «traquer» ces «utilisateurs leaders» (*lead users*) pour éprouver les idées et diffuser les innovations (Von Hippel, 1998 ; Von Hippel, Thomke et Sonnack, 2000). Pour Alter, «une nouveauté ne se diffuse qu'à la condition d'être portée par des innovateurs qui, initialement, transgressent les normes régissant les rapports sociaux à un moment donné[23]». Ces comportements initialement conçus comme «déviants» par la majorité deviennent progressivement, si la nouveauté se diffuse, des comportements «normaux» et même normatifs[24]. Ces utilisateurs

	l'évolution des compétences	
TABLEAU 14-2	**dans l'organisation innovante**	
Facteur	**Ancien contenu de la tâche**	**Nouveau contenu de la tâche**
Formation	Minimisée Ciblée et de surface	Investissement Étendue et importante
Fréquence de la formation	Une fois Investissement unique	Continue Actualisation fréquente
Responsabilité	Comportementale Responsabilité de l'effort Discipline	Basée sur l'attitude Responsabilité de l'intégrité du processus et des résultats Disposition
Expertise	Basée sur l'expérience Manuelle ou « par cœur »	Cognitive Détermination et résolution de problèmes
Interaction	Faible Autonome ou séquentielle	Interdépendance systématique Travail en équipe Coopération interfonctionnelle

Source : Traduit de P. Adler, «Managing Flexible Automation», dans M.L. Tushman et P. Anderson (dir.), *Managing Strategic Innovation and Change : A Collection of Readings*, New York, Oxford University Press, 1997, p. 396.

---

22. Dans le paradigme de l'innovation «ouverte», celle-ci «signifie que les idées de valeur peuvent venir de l'intérieur ou de l'extérieur de l'entreprise, et qu'elles peuvent être dirigées vers le marché aussi bien de l'intérieur que de l'extérieur de l'entreprise» (Chesbrough, 2003, p. 43).
23. Alter (2004, p. 71).
24. Alter (2004, p. 72).

ou consommateurs innovateurs convaincus, qui sont très peu nombreux, constituent aussi les porte-parole initiaux de l'innovation dans le processus de sa diffusion auprès de la majorité innovante, puis de la majorité retardataire de consommateurs. Rogers (1962) a en effet relevé différentes catégories d'adeptes de l'innovation et Miller et Morris (1999) font un lien schématique entre cette classification des utilisateurs et le rythme d'adoption du produit ou du service qui se traduit traditionnellement par la courbe du cycle de vie en S (voir la figure 14.4). Les utilisateurs innovateurs sont souvent les premiers expérimentateurs des innovations proposées par l'entreprise et une source d'apprentissage pour l'entreprise. Il peut s'agir d'entreprises, d'organisations ou d'individus qui se situent bien au-delà des tendances du marché et dont les besoins dépassent largement ceux de l'utilisateur moyen.

Von Hippel, Thomke et Sonnack (2000) rappellent l'importance de détecter ces utilisateurs innovateurs comme source d'apprentissage, en particulier dans le cas d'innovations radicales. Ces auteurs en proposent une illustration avec le cas d'une équipe de développement de produit dans le domaine de l'imagerie médicale, où la tendance au développement de machines dotées de capacités de détection d'entités de plus en plus petites (comme des tumeurs à des stades de développement très précoces) est connue.

Pour cerner les problématiques des utilisateurs potentiels de nouvelles technologies d'imagerie médicale, l'équipe de développeurs a bâti un réseau de relations et identifié quelques radiologues travaillant à résoudre les problèmes les plus complexes dans leur domaine. L'équipe a ainsi découvert que ces utilisateurs de pointe avaient développé leurs propres innovations, des solutions imaginatives très en avance par rapport aux produits disponibles sur le marché. Par effet de dominos, ces utilisateurs avancés ont aussi donné à l'équipe innovante, à la demande de cette dernière, les noms des spécialistes innovateurs dans les champs liés à leur innovation comme la reconnaissance de formes ou l'imagerie fine. L'équipe biomédicale a ainsi activé un réseau d'innovation indirect[25]. Les spécialistes dans le champ militaire habitués au besoin de reconnaissance fine et informatisée des formes se sont révélés des atouts majeurs pour le projet. Ces utilisateurs avancés avaient mis au point des moyens pour améliorer la résolution de l'image en adaptant des logiciels de reconnaissance de formes. Leur apport a permis de mieux orienter le projet de l'équipe biomédicale. Initialement, cette équipe recherchait une façon de créer des images ayant une meilleure résolution. L'interaction avec les utilisateurs innovateurs de l'armée a conduit à raffiner leur but : trouver des méthodes plus poussées de reconnaissance de formes médicales significatives dans des images soit par l'amélioration de la résolution de l'image, soit par d'autres moyens. Dans ce cas, l'équipe biomédicale a mieux compris la nature de la découverte qu'elle cherchait à faire en interagissant avec ces utilisateurs leaders.

---

25. Voir Salman et Saives (2005) sur le lien entre la capacité d'innovation des firmes de biotechnologie, par exemple, et leur position centrale dans un réseau indirect de relations.

Il est rare, par contre, qu'une entreprise adopte telle quelle une innovation d'un utilisateur innovateur. Le plus souvent, le concept d'un nouveau produit est basé sur l'information tirée non seulement de l'expérience de plusieurs utilisateurs leaders, mais aussi de développeurs situés à l'intérieur de l'entreprise, lesquels sont des courroies de transmission essentielles qui traduisent et absorbent les savoirs externes (Cohen et Levinthal, 1990 ; Leonard-Barton, 1998).

FIGURE 14-4   **La diffusion des innovations et les types de consommateurs**

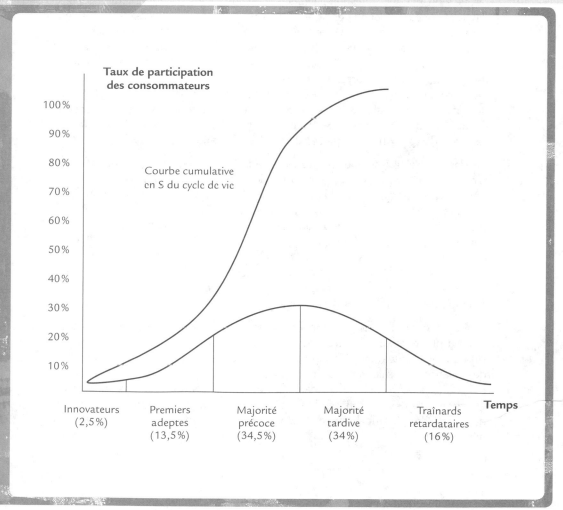

Source : Traduit de L.M. Miller et L. Morris, *4th Generation R&D : Managing Knowledge, Technology and Innovation*, New York, John Wiley and Sons, 1999, p. 47, traduction inspirée de P.-Y. Barreyre, *Stratégie d'innovation dans les moyennes et petites entreprises*, Suresnes, France, Éditions Hommes et Techniques, 1975, p. 191.

L'ACCÈS AUX SAVOIR-FAIRE

Plus globalement, une entreprise peut obtenir des savoir-faire technologiques nouveaux d'un réseau de relations qu'elle entretient avec son environnement (Chesbrough, 2003 ; Venkatraman et Subramaniam, 2002). L'ensemble des partenaires de la firme sont, en effet, des sources d'idées, de nouvelles connaissances et d'innovation. Parmi ces partenaires, il y a les laboratoires de recherche universitaires et leurs « stars » scientifiques (Zucker et Darby, 1997 ; Audretsch et Stephan, 1996), les laboratoires de recherche publics, les clients, les fournisseurs, les consultants spécialisés et les entreprises, concurrentes ou non.

Leonard-Barton (1998) explique qu'il existe de nombreux mécanismes par lesquels on peut accéder aux savoirs des acteurs de l'environnement technologique et concurrentiel de l'entreprise. Les relations avec ces acteurs s'inscrivent dans un continuum selon le niveau d'engagement des parties formant des partenariats centrés sur l'innovation (axe vertical de la figure 14.5). L'entreprise peut en effet s'engager sur divers plans, depuis la veille et le repérage stratégique des pratiques des concurrents par l'observation jusqu'à l'absorption de savoirs technologiques par fusion ou acquisition. Cependant, le degré d'engagement des partenaires n'est pas nécessairement corrélé avec le niveau d'intégration des savoirs des entreprises partenaires, lequel dépend plutôt de la qualité des relations des personnes engagées dans la collaboration.

Par contre, il y a une progression dans le degré d'engagement du court terme au long terme entre, d'un côté, des pratiques économiques d'observation de technologies et, de l'autre, des pratiques d'acquisition d'entreprises et de leurs portefeuilles de technologies spécifiques (Leonard-Barton, 1998). Les mécanismes d'accès à de nouvelles technologies diffèrent aussi selon la nature des savoirs et des compétences retirés de la collaboration. L'observation, l'achat de licences[26] non exclusives ou des contrats de sous-traitance de R&D avec des universités, par exemple, ne génèrent habituellement pas de nouvelles capacités dans l'entreprise. Ils fournissent une « fenêtre » de veille sur les technologies émergentes, les savoirs modernes et leurs potentiels.

Les accords de coopération consistent à partager l'effort de R&D avec une ou plusieurs autres entreprises. Ces accords peuvent concerner des entreprises concurrentes (coopération horizontale) ou des entreprises qui entretiennent des relations de clients ou de fournisseurs (coopération verticale). Les grands consortiums de recherche, réseaux de recherche coordonnés regroupant des entreprises et des institutions de recherche, en sont un exemple (projet de séquençage du génome humain [HUGO], réseau de recherche sur la thérapie génique, etc.).

---

26. Cette formule consiste à acheter le droit d'exploiter, dans des conditions déterminées lors d'un contrat, des connaissances développées par un innovateur externe (Loilier et Tellier, 1999, p. 71). La licence d'exploitation est ainsi une concession à un tiers du droit d'exploiter une marque de fabrique ou un brevet d'invention, en partie ou totalement, le titulaire du brevet conservant la propriété de son invention.

La prise de participation dans une autre entreprise fournit de plus grandes possibilités de découvrir en profondeur le potentiel d'une nouvelle technologie. Les alliances de co-développement passent par des fertilisations croisées entre entreprises partenaires ; elles constituent une source potentielle de nouvelles capacités et d'apprentissage (Doz et Hamel, 1997). Les prises de participation et de contrôle consistent à faire l'acquisition, au moins partielle, d'une autre entreprise innovatrice. Cela permet d'obtenir rapidement des compétences nouvelles, par exemple pour combler un écart avec les concurrents (Loilier et Tellier, 1999). Ainsi les coentreprises (*joint ventures*) et l'achat d'entreprises innovantes permettent de procéder à un transfert véritable de connaissances dans l'entreprise, intégrant l'expertise et les savoir-faire liés à la technologie, les équipements matériels, les systèmes de formation et de reconnaissance, le capital intellectuel et les valeurs des employés dédiés au développement de ces technologies et savoir-faire.

Ces différentes formes d'organisations multipartites ne cessent aujourd'hui de se complexifier.

FIGURE 14-5   **Les mécanismes d'accès à la technologie**

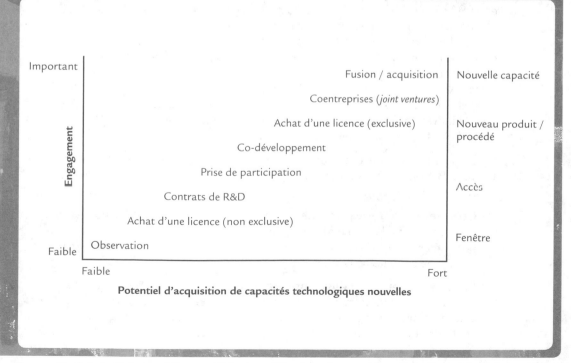

Source : Traduit de D. Leonard-Barton, *Wellsprings of Knowledge*, Boston, Harvard Business School Press, 1998, p. 153.

LES NOUVELLES FORMES D'ORGANISATIONS INNOVANTES ET CRÉATRICES DE CONNAISSANCES

Selon Foray (2000), l'économie de la connaissance se traduit par une augmentation puissante des externalités de savoir ainsi que par un accroissement de la place du changement (dans le sens des activités consacrées à l'innovation) dans l'activité économique. Selon Épingard, «la multiplication et l'extension des réseaux, en assurant le stockage et la définition de l'information à grande échelle et à un coût toujours moindre, en effaçant les frontières traditionnelles des organisations, tend à transformer le monde en une immense toile d'araignée informationnelle interconnectée[27]». Cela entraîne la transformation des organisations à travers un allègement des structures (cadres intermédiaires), des modes de coordination plus flexibles et la modification des approches de gouvernance.

Dans les secteurs de haute technologie, selon la théorie de la firme fondée sur les ressources (Penrose, 1959 ; Amit et Shoemaker, 1993 ; Barney, 1991 ; Mahoney et Pandian, 1992), et notamment la ressource du savoir (Teece, 2001 ; Grant, 1996), il est reconnu que la compétitivité des entreprises repose sur leur aptitude différenciée à créer, à transférer, à utiliser et à protéger des connaissances, actifs difficilement imitables et échangeables par les concurrents. Aujourd'hui, le **lieu de l'innovation** réside dans l'**échange** des savoirs à l'interne et à l'externe par le **réseau de valeur** (interconnectivité) (Pisano, 1991 et 1994 ; Powell, Koput et Smith-Doerr, 1996 ; Powell, 1998 ; Cockburn et Henderson, 1998 ; DeCarolis et Deeds, 1999 ; Parolini, 1999 ; Ingelgard *et al.*, 2002). Les capacités distinctives nouvelles des firmes de biotechnologie, par exemple (Baker, 2003), relèvent surtout de l'articulation des capacités internes d'innovation, dans le sens de l'absorption et de la conversion de savoirs nouveaux (Nonaka, Umemoto et Sasaki, 1998 ; Cohen et Levinthal, 1990), et des capacités réticulaires de détection des savoirs (*network capacity*) pour provoquer l'innovation. La clé stratégique est alors la position centrale de l'entreprise au sein de réseaux d'innovation et d'expertise (voir le tableau 14.3).

De la nécessité de ces pratiques d'innovation en réseau découle, selon Leonard-Barton (1998, p. 155), quelques règles nouvelles de management, à savoir :

- **Créer des frontières poreuses** pour rendre l'entreprise perméable aux idées circulant à l'externe (notamment dans les communautés scientifiques), pour défier les activités routinières en place et encourager la découverte par chance ou sagacité de résultats qu'on ne cherchait pas.

- **Scruter largement l'environnement,** en exploitant les possibilités des technologies de veille informatisée ou bien la richesse des externalités liées à la proximité géographique (et à la proximité organisationnelle au sens où l'entendent Rallet et Torre, 2001) d'expertises clés.

---

27. Épingard (1999, p. 21).

- **Assurer une interaction constante** avec cet environnement pour permettre une actualisation continuelle des connaissances, et non pas ponctuelle et orientée uniquement vers un calendrier de projets préétablis.

- **Identifier et valoriser les experts-veilleurs** à l'interne, détecteurs et évaluateurs éclairés des savoirs nouveaux à importer dans l'entreprise.

- **Associer au maximum des agents de liaison «traducteurs de savoirs»** dans l'entreprise. Ces agents, qui connaissent les différents mondes (et souvent les cultures différentes) des partenaires d'alliance et/ou de collaboration, sont aptes à traduire les connaissances dans les différents environnements partenaires de façon à maintenir un dialogue effectif et à favoriser l'absorption et/ou la co-création de connaissances.

- **Lutter contre le syndrome du «non-inventé ici»** et la tendance à repousser les idées «des autres» ou les idées nées à l'extérieur de l'organisation. Chesbrough (2003) renchérit sur ce point en montrant combien, tout en se centrant sur ses compétences clés, et avec une politique de gestion de la propriété intellectuelle adéquate, il est possible pour une entreprise ayant cerné tout le potentiel de son «réseau de valeur» d'exploiter des idées nées à l'interne comme à l'externe.

TABLEAU 14-3   L'évolution de la stratégie dans une perspective théorique

	Ère 1	Ère 2	Ère 3
Description	Portefeuille d'activités	Portefeuille de capacités	Portefeuille de relations
Déterminants de l'avantage concurrentiel	Économies d'échelle	Économies d'échelle et d'envergure	Économies d'échelle, d'envergure et d'expertise
Ressources clés	Actifs physiques	Compétences organisationnelles pour gérer les synergies entre activités	Position dans un réseau d'expertise
Unité d'analyse	Unité d'affaires	Entreprise	Réseau de relations internes et externes
Concept clé	Tirer parti des imperfections de l'industrie	Tirer parti des ressources intangibles	Tirer parti du capital intellectuel
Questions clés	Quels produits ? Quels marchés ?	Quelles capacités ?	Quels flux d'expertises ?
Approche dominante	Positionnement	Inimitabilité des processus et des activités routinières	Position centrale dans le réseau

Source : Traduit de N. Venkatraman et M. Subramaniam, «Theorizing the Future of Strategy : Questions for Shaping Strategy Research in the Knowledge Economy», dans A. Pettigrew, H. Thomas et R. Whittington (dir.), *Handbook of Strategy and Management*, Londres, Sage, 2002.

Ainsi, dans les perspectives occidentales les plus récentes de la gestion de l'innovation et de la gestion des connaissances, le capital humain désignant le stock de connaissances pouvant être valorisées économiquement et incorporé aux individus est susceptible d'être approprié par l'individu qui en est porteur, contrairement aux autres formes de capitaux (matériels, technologiques, financiers, etc.). La perspective de l'innovation se déplace donc peu à peu vers une approche plus sociocognitive de l'innovation, selon laquelle l'innovation peut être enchâssée dans des activités routinières de l'organisation qui en dépassent les frontières traditionnelles. Il s'agit d'une approche plus interactive où le rôle des acteurs et du système social dans lequel intervient l'innovation doit être pris en compte (Akrich, Callon et Latour, 1988a et 1988b). Nous verrons dans la conclusion combien la philosophie japonaise de la gestion intègre depuis toujours cette dynamique des interactions sociales à l'origine de la création de connaissances.

EN CONCLUSION : LA RUPTURE AVEC LE MODÈLE CLASSIQUE OU LA GESTION DES CONNAISSANCES À LA JAPONAISE

Après avoir longuement étudié les entreprises japonaises, Nonaka et Takeuchi (1995) proposent une synthèse, aujourd'hui largement répandue dans la littérature universitaire, de leurs observations des pratiques des entreprises innovantes au Japon (approche de gestion, structuration, participation, création et distribution de savoirs, conditions et contexte de la création de connaissances, etc.).

Le modèle de la création de connaissances de Nonaka et Takeuchi (1995) est ancré dans le postulat fondamental que la connaissance humaine est créée et entendue à travers l'interaction sociale entre connaissance tacite et connaissance explicite. C'est donc **un processus de conversion de la connaissance du savoir conceptuel au savoir opérationnel qui naît de l'activité collective.** Il est fondé sur une dimension ontologique, d'une part, c'est-à-dire que la connaissance n'est créée que par l'individu et que le processus s'inscrit uniquement dans une communauté d'interaction, et sur une dimension épistémologique, d'autre part, qui intègre à la fois les connaissances tacites (informelles, issues de l'expérience, contextuelles, etc.) et les connaissances explicites (formelles, codifiées, répertoriées, etc.).

Le modèle comprend quatre phases de conversion (voir la figure 14.6) : la socialisation, l'extériorisation, la combinaison et l'intériorisation.

La **socialisation** est le processus qui permet le partage des expériences et produit de la connaissance tacite : il peut se faire sans l'utilisation du langage (observation, initiative, expérience), mais il nécessite la construction d'un champ d'interactions, d'un lieu d'échange ou de socialisation (cercle de qualité, réunion de discussion, séance de créativité, rencontres fortuites, rencontres formelles et informelles, etc.) afin que s'y partagent les expériences, les modèles mentaux, les aptitudes techniques, etc. La socialisation est rendue possible par la création d'un espace commun qui peut être physique ou virtuel (Schrage, 1995). Cet espace commun permettra la production d'artefacts collectifs, appelés à jouer un rôle essentiel dans la création de connaissances. Ce processus produit ce qu'on appelle des «connaissances assimilées». À titre d'exemple, chez Honda, les mêmes artefacts comme «espace», «sécurité», «nouveaux matériaux» ou

FIGURE 14-6   **Le modèle de la circulation des connaissances**

Source : M. Ebrahimi et et A.-L. Saives, «Rethinking the Strategic Role of Ageing Knowledge Workers in High-tech Businesses. A Multisectorial Analysis», communication présentée à la *R&D Management Conference, Organizing R&D Activities, A Balancing Act*, Pise, Italie, 6-8 juillet 2005, d'après I. Nonaka et H. Takeuchi, *La connaissance créatrice : la dynamique de l'entreprise apprenante*, Bruxelles, De Boeck, 1995.

« faible coût d'exploitation » servent aussi bien à la conception des automobiles qu'à celle des moteurs de bateaux ou des avions (Honda Jet). Ces artefacts sont issus des rapports sociaux entre les membres de l'organisation.

Quant à l'**extériorisation,** il s'agit d'un mode de conversion qui joue un rôle clé dans la création de connaissances parce qu'il crée à partir de connaissances tacites de nouveaux concepts explicites ; il extériorise pour l'ensemble d'une communauté ou d'une organisation les connaissances implicites d'un groupe ou d'un individu. En effet, les connaissances tacites qui se sont formalisées (puisqu'elles sont partagées par tous les membres d'une communauté ou d'une organisation lors de la « socialisation ») pourront devenir explicites par l'utilisation de métaphores ou d'analogies. Le recours à une métaphore stimulante ou à une analogie permettra aux différents intervenants de se comprendre et de renforcer leur adhésion directe au processus créatif. Le dialogue et la réflexion collective favoriseront par la suite l'émergence de nouveaux concepts. Ce processus produit donc une connaissance conceptuelle constituée d'artefacts, d'objets transactionnels (*boundary objects*) comme des documents, des guides de pratique, des protocoles, des rapports ou des comités de liaison des ordres professionnels.

La **combinaison** correspond à un exercice d'organisation, de structuration des connaissances explicites dans un système. Puisqu'il ne s'agit pas de créer une unité de savoir isolé, les connaissances explicites générées lors de l'« extériorisation » sont intégrées dans des pratiques et des référentiels communs. Les individus échangent et combinent alors les connaissances par le tri, l'addition, la combinaison et/ou la catégorisation de connaissances explicites. Il s'agit d'une mise en réseau des savoirs récemment créés qui s'ajoutent aux connaissances déjà détenues dans une communauté. Pour optimiser ce processus, il s'effectue un recouvrement intentionnel d'informations sur l'objet de connaissance (redondance) qui donne lieu à la création de nouvelles connaissances. La redondance fait référence au fait que même dans le contexte d'une spécialisation poussée, il est important d'avoir des savoirs communs. Cette plate-forme commune de savoirs est la base de la synergie, résultante de la circulation des connaissances.

Ces trois premières dynamiques contribuent à un processus de co-création de connaissances. Le véritable test de ce processus est toutefois l'appropriation, ou intériorisation – l'internalisation selon les mots de Nonaka et Takeuchi (1995) –, par les acteurs qui donnent un sens à ces connaissances, les rendent opérationnelles et les intègrent dans leur pratique.

Ainsi, l'**intériorisation** est un mode de conversion qui favorise l'incorporation des connaissances explicites en connaissances tacites. Le savoir nouvellement créé sera intégré dans les pratiques organisationnelles ; on parle alors d'« apprentissage en faisant ». L'organisation produit une connaissance dite opérationnelle et relance une nouvelle dynamique de création de connaissances dans une spirale incessante.

La socialisation, l'extériorisation, la combinaison et l'intériorisation sont des activités continues, permanentes et non séquentielles. Tous les contenus de connaissances s'inscrivent dans une interaction dynamique entre connaissances tacites et connaissances explicites. Ce phénomène qui prend le mouvement d'une spirale permet l'émergence d'une innovation. Il s'agit d'un phénomène construit, organisé par l'entreprise. Celle-ci doit donc mobiliser ces connaissances tacites, créées et accumulées sur le plan individuel.

Si cette spirale fonctionne bien dans la culture japonaise, c'est d'abord en raison d'une dynamique de gestion où l'individu adhère volontairement au projet de l'entreprise et où, réciproquement, l'entreprise fournit un lieu de créativité et incite à l'initiative.

La difficulté à implanter cette dynamique en Occident ne relève pas tant de la différence culturelle que de la conception même de la relation individu-organisation. Ainsi, plusieurs cas d'entreprises occidentales (3M, Hewlett Packard, Airbus, etc.) ayant adopté des pratiques de gestion allant à l'encontre de l'approche instrumentale et hiérarchisée traditionnelle sont aujourd'hui des fers de lance en matière d'innovation organisationnelle et technologique. Lorsqu'on parle de lieux de socialisation dans le modèle de Nonaka et Takeuchi (1995), il s'agit de créer des lieux de participation et d'expression, authentiques et intégrateurs, où ne se manifestent pas seulement les volontés des dirigeants. Pour assurer le succès de ces démarches de socialisation et de participation, il faut intervenir dans un esprit de consensus parmi l'ensemble des membres participants. Le concept même de consensus est étranger à la logique organisationnelle classique hiérarchique. Il faut comprendre que dans la logique de l'économie du savoir on doit retenir les individus porteurs du capital intellectuel dans ces lieux de socialisation, par le consensus et le respect mutuel. La spirale de Nonaka et Takeuchi montre combien le point de départ de l'innovation, tout comme son point d'arrivée, est l'individu. Notons également que le savoir est le seul capital qui augmente quand on le partage. Cela implique de renverser les principes de gestion classiques selon lesquels le pouvoir naît du contrôle et de l'asymétrie d'informations, pour au contraire favoriser la co-construction et le partage collectif de savoirs.

Si le moteur de l'innovation est l'individu en quête de ruptures avec les technologies ou des activités routinières existantes (Épingard, 1999 ; Castells, 1996), dans un contexte de changement permanent, cette logique de l'innovation repose sur un couple paradoxal formé par la rupture (sauts techno-scientifiques, initiative) et la continuité (Ebrahimi, 2002 ; Sennett, 2000 ; March, 1991). En effet, l'individu (l'innovateur) n'est porté à innover que s'il peut se forger une identité et se construire un itinéraire dans une organisation (Sennett, 2000) à travers une adhésion volontaire au projet collectif qui s'inscrit dans une continuité et une communauté de destins. Dans cette perspective théorique du capital humain où la connaissance s'incarne dans les individus, et surtout dans des phénomènes d'apprentissage qui se déroulent à long terme, dans quelle mesure le management contemporain valorise-t-il l'expérience et la stabilité des individus qui confèrent des aptitudes distinctives à l'entreprise pour renforcer ses compétences en matière d'innovation ?

LES IDÉES IMPORTANTES

SUR L'INNOVATION

La fin du XXe siècle et le début du XXIe siècle marquent une rupture avec la littérature économique et gestionnaire traditionnelle. La société de l'information et du savoir, qui valorise le couple connaissance-capital plutôt que le couple classique travail-capital, a remplacé la société industrielle dans les pays développés. L'innovation et la création de connaissances sont les moteurs contemporains de la création de valeur dans des environnements de plus en plus changeants et imprévisibles. Leur gestion, par contre, pose de nombreux défis et implique une relecture des concepts classiques en matière de gestion de l'innovation. En particulier, le cycle de la création technologique fondé sur le processus séquentiel invention-innovation-industrialisation fait intervenir de plus en plus des réseaux de valeur dans lesquels interviennent de nombreux acteurs socioéconomiques et un système de management fondé sur l'individu, l'ouverture et la connectivité. En replaçant l'individu au cœur de la création de connaissances, les approches de gestion japonaises prônent plus encore un système de management consensuel.

Questions

1. Quelles sont l'origine et les caractéristiques de la société du savoir dans laquelle est née la discipline de la gestion des connaissances (*knowledge management*)?

2. En quoi la gestion de l'innovation apparaît-elle comme paradoxale dans le modèle occidental?

3. Quelles sont les caractéristiques d'un management renouvelé de l'innovation et des connaissances au XXIe siècle?

BIBLIOGRAPHIE DE LA TROISIÈME PARTIE

ABERNATHY, W.J. et K.B. CLARK (1985). «Innovation: Mapping the Winds of Creative Destruction», *Research Policy*, vol. 14, n° 1, p. 3-22.

ABERNATHY, W.J. et J.M. UTTERBACK (1978). «Patterns of Industrial Innovation», *Technology Review*, juin-juillet, p. 40-47.

ADLER, P. (1997). «Managing Flexible Automation», dans M.L. Tushman et P. Anderson (dir.), *Managing Strategic Innovation and Change: A Collection of Readings*, New York, Oxford University Press, p. 385-401.

AKRICH, M., M. CALLON et B. LATOUR (1988a). «À quoi tient le succès des innovations. Premier épisode: l'art de l'intéressement», *Gérer et Comprendre – Annales des mines*, juin, p. 4-17.

AKRICH, M., M. CALLON et B. LATOUR (1988b). «À quoi tient le succès des innovations. Deuxième épisode: l'art de choisir les bons porte-parole», *Gérer et Comprendre – Annales des mines,* septembre, p. 14-29.

AKTOUF, O. (1990). «Corporate Culture, the Catholic Ethic and the Spirit of Capitalism: A Quebec Experience», dans Barr A. Turner et Walter de Gruyter (dir.), *Organizational Symbolism*, Berlin et New York, p. 43-53.

AKTOUF, O. (1992). «Theories of Organizations and Management in the 1990's: Towards a Critical Radical Humanism?», *Academy of Management Review*, vol. 17, n° 3, p. 407-431.

AKTOUF, O. (2002). *La stratégie de l'autruche. Post-mondialisation, management et rationalité économique*, Montréal, Écosociété.

ALBERT, M. (1991). *Capitalisme contre capitalisme*, Paris, Éditions du Seuil.

ALLAIS, M. (1990). *Pour l'indexation, condition d'efficacité, d'équité et d'honnêteté*, Paris, C. Juglar.

ALLENBY, B.R. (1999). *Industrial Ecology: Policy Framework and Implementation*, Upper Saddle River, N.J., Prentice Hall.

ALLENBY, B.R., D.J. RICHARDS *et al.* (1994). *The Greening of Industrial Ecosystems*, Washington, D.C., National Academy Press.

ALTER, N. (2000). *L'innovation ordinaire*, Paris, PUF.

ALTER, N. (2004). «Les composantes d'un processus d'innovation», dans B. Ferrandon (dir.), *Croissance et Innovation*, La Documentation française, Cahiers français, n° 323, p. 70-73.

AMABILE, T.M. (1988). «A Model of Creativity and Innovation in Organizations», dans B.W. Staw et L.L. Cummings (dir.), *Research in Organization Behavior*, Greenwich, Conn., JAI Press, vol. 10, p. 123-167.

AMABILE, T.M. (1996). «Creativity and Innovation in Organizations», Boston, Harvard Business School Press, 5 janvier, 15 p.

AMABLE, B., R. BARRÉ et R. BOYER (1997). *Les systèmes d'innovation à l'ère de la globalisation*, Paris, Economica.

AMBURGEY, T. L. et R. HAYAGREEVA (1996). «Organizational Ecology: Past, Present, and Future Directions», *Academy of Management Journal*, vol. 39, n° 5, p. 1265-1286.

AMIN, S. (1991). *L'empire du chaos: la nouvelle mondialisation capitaliste*, Paris, L'Harmattan.

AMIN, S. (1971). *L'accumulation à l'échelle mondiale*, Paris, Anthropos.

AMIT, R. et P.J.H. SHOEMAKER (1993). «Strategic Assets and Organizational Rent», *Strategic Management Journal*, vol. 14, p. 33-46.

ANDERSON, S., J. CAVANAGH et R. ESTES (1999). *A Decade of Executive Excess : The 1990s Sixth Annual Executive Compensation Study Survey*, Colombo, Sri Lanka, Institute for Policy Studies, 1ᵉʳ septembre.

ARISTOTE (1970). *Éthique à Nicomaque*, 2ᵉ édition, Paris, Béatrice Nauwlaerts, 2 volumes.

ARISTOTE (1993). *Politique : livre I à VIII,* Paris, Gallimard, 376 p.

ARROW, K.J. (1983). *General Equilibrium*, Cambridge, Belknap Press.

ATLAN, H. (1972). «Du bruit comme principe d'auto-organisation», *Communications*, n° 18, p. 21-37.

ATLAN, H. (1986). *À tort et à raison*, Paris, Éditions du Seuil.

ATTALI, J. (1981). *Les trois mondes. Pour une théorie de l'après-crise*, Paris, Fayard.

ATTALI, J. (1995). *L'économie de l'apocalypse*, Paris, Éditions du Seuil.

AUBERT, N. et V. DE GAULEJAC (1991). *Le coût de l'excellence*, Paris, Éditions du Seuil.

AUDRETSCH, D.B. et P.E. STEPHAN (1996). «Company-scientist Locational Links : The Case of Biotechnology», *The American Economic Review*, vol. 86, n° 3, p. 641-651.

AVENI, R. d' (1994). *Hypercompetition : Managing the Dynamics of Strategic Manoeuvring*, New York, The Free Press.

BAKER, A. (2003). «Biotechnology's Growth-innovation Paradox and the New Model for Success», *Journal of Commercial Biotechnology*, vol. 9, n° 4, juin, p. 286-288.

BARAN, P.A. et P.M. SWEEZY (1966). *Monopoly Capital : An Essay on the American Economic and Social Order*, New York, Monthly Review Press.

BARNEY, J.B. (1986). «Strategic Factor Markets : Expectations, Luck and Business Strategy», *Management Science*, vol. 32, n° 10, p. 1231-1241.

BARNEY, J.B. (1991). «Firm Resources and Sustained Competitive Advantage», *Journal of Management*, vol. 17, p. 99-120.

BARREYRE, P.-Y. (1975). *Stratégie d'innovation dans les moyennes et petites entreprises,* Suresnes, France, Éditions Hommes et Techniques.

BAUMOL, W. (2002). *The Free-market Innovation Machine. Analyzing the Growth Miracle of Capitalism*, Princeton, N.J., Princeton University Press.

BEAUD, M. et G. DOSTALER (1993). *La pensée économique depuis Keynes*, Paris, Éditions du Seuil.

BECK, U. (2001). *La société du risque. Sur la voie d'une autre modernité*, Paris, Aubier.

BERGERON, P.C. (1983). *La gestion moderne : théorie et cas*, Montréal, Gaëtan Morin Éditeur.

BERLE, G. (1990). *The Green Entrepreneur : Business Opportunities that Can Save the Earth and Make You Money*, Blue Ridge Summit, Penn., Liberty Hall Press.

BERNARD, M. et L.-P. LAUZON (1996). *Finances publiques, profits privés. Les finances publiques à l'heure du néolibéralisme*, Montréal, Éditions du Renouveau québécois.

BERNOUX, P. (2004). *Sociologie du changement dans les entreprises et les organisations*, Paris, Éditions du Seuil.

BERNSTEIN, A. et D.E. ADLER (1994). *Understanding American Economic Decline*, Cambridge, Mass., Cambridge University Press.

BERRY, M.A. et D.A. RONDINELLI (1998). «Proactive Corporate Environmental Management: A New Industrial Revolution», *The Academy of Management Executive*, vol. 12, n° 2, p. 38-50.

BERTHOUD, A. (1981). *Aristote et l'argent*, Paris, Maspero.

BOIRAL, O. (1994). «La stratégie québécoise de développement durable: grandeurs et illusions d'un projet de société», dans J.A. Prades, R. Tessier et J.-G. Vaillancourt (dir.), *Instituer le développement durable*, Montréal, Fides, p. 165-191.

BOIRAL, O. (1998a). «Vers une gestion préventive des questions environnementales», *Gérer et comprendre*, mars, p. 27-37.

BOIRAL, O. (1998b). «ISO 14001: Against the Tide of Modern Management?», *Journal of General Management*, vol. 24, n° 1, p. 35-52.

BOIRAL, O. (1999). «La formation environnementale dans l'entreprise», dans M. Ebrahimi (dir.), *Éducation et démocratie, entre individu et société*, Montréal, Isabelle Quentin éditeur, p. 119-128.

BOIRAL, O. (2000a). «Vers une gestion environnementale des entreprises?», *Revue française de gestion*, vol. 127, p. 4-18.

BOIRAL, O. (2000b). «Les démarches participatives à l'épreuve de la gestion environnementale», *Gestion 2000*, vol. 17, n° 4, p. 37-51.

BOIRAL, O. (2002). «Tacit Knowledge and Environmental Management», *Long Range Planning*, vol. 35, n° 3, p. 291 317.

BOIRAL, O. (2003). «ISO 9000, Outside the Iron Cage», *Organization Science*, vol. 14, n° 6, p. 720-737.

BOIRAL, O. (2005). «Concilier environnement et compétitivité, ou la quête d'éco-efficience», *Revue fançaise de gestion*, à paraître.

BOIRAL, O. et G. CROTEAU (2004). «Du développement durable à l'entreprise durable, ou l'effet Tour de Babel», dans L. Guay *et al.* (dir.), *Les enjeux et les défis du développement durable: connaître, décider, agir*, Québec, Les Presses de l'Université Laval, p. 259-281.

BOIRAL, O. et D. JOLLY (1997). «Relever le défi environnemental: des alliances interentreprises aux collaborations interorganisationnelles», *Revue internationale de gestion*, vol. 22, n° 2, p. 66-75.

BOIRAL, O. et J. KABONGO (2004). «Le management des savoirs au service de l'écologie industrielle», *Revue française de gestion*, vol. 30, n° 149, p. 173-191.

BOLTANSKI, L. et E. CHIAPELLO (1999). *Le nouvel esprit du capitalisme*, Paris, Gallimard.

BOONE, C.A. et A. V. WITTELOOSTUIJN (1995). «Industrial Organization and Organizational Ecology», *Organization Studies*, vol. 16, n° 2, p. 265-298.

BOURDIEU, P. (2000). *Les structures sociales de l'économie*, Paris, Éditions du Seuil.

BOURGOIN, H. (1984). *L'Afrique malade du management*, Paris, Jean Picollec.

BOUTROS GHALI, B. (1994). *Agenda for Development*, New York, United Nations.

BOUTROS GHALI, B. (1996). *Agenda for Democracy*, New York, United Nations.

BOUTROS GHALI, B. (2002). *Démocratiser la mondialisation*, Paris, Éditions du Rocher.

BOVÉ, J. et F. DUFOUR (2000). *Le monde n'est pas une marchandise*, Paris, La Découverte.

BOYER, R. (1995). *La théorie de la régulation. L'état des savoirs*, Paris, La Découverte.

BOYER, R. et P.F. SOUYRI (dir.) (2001). *Mondialisation et régulations. Europe et Japon face à la singularité américaine*, Paris, La Découverte.

BRAUDEL, F. (1980). *Civilisation matérielle, économie et capitalisme, les jeux de l'échange,* Paris, Armand Colin, 3 volumes.

BRAVERMAN, H. (1976). *Travail et capitalisme monopoliste*, Paris, Maspero.

BURNS, T. et R. STALKER (1966). *The Management of Innovation*, Londres, Tavistock.

CAIRNCROSS, F. (1992). *Costing the Earth*, Boston, Harvard Business School Press.

CANS, R. (1990). *Le monde poubelle*, Paris, First.

CASTELLS, M. (1996). *La société en réseaux*, Paris, Fayard.

CASTELLS, M. (1999). *L'ère de l'information*, Paris, Fayard, 3 tomes.

CHANLAT, J.-F. (dir.) (1990). *L'individu dans l'organisation. Les dimensions oubliées*, Québec, PUL.

CHESBROUGH, H. (2003). *Open Innovation The New Imperative for Creating and Profiting from Innovation*, Boston, Harvard Business School Press.

CHOSSUDOVSKY, M. (1998). *La mondialisation de la pauvreté*, Montréal, Écosociété.

CHOSSUDOVSKY, M. (2004). *Mondialisation de la pauvreté et nouvel ordre mondial*, Montréal, Écosociété.

COCKBURN, I.M. et R.M. HENDERSON (1998). «Absorptive Capacity, Coauthoring Behavior, and the Organization of Research in Drug Discovery», *The Journal of Industrial Economics*, vol. 46, n° 2, p. 157-182.

COHEN, W.M. et D.A. LEVINTHAL (1990). «Absorptive Capacity : A New Perspective on Learning and Innovation», *Administrative Science Quarterly*, vol. 35, p. 128-152.

COMMISSION MONDIALE SUR L'ENVIRONNEMENT ET LE DÉVELOPPEMENT (1988). *Notre avenir à tous*, Montréal, Fleuve.

CONKLIN, D.W., R.C. HODGSON et E. WATSON (1991). *Développement durable : guide à l'usage des gestionnaires*, Ottawa, Table ronde nationale sur l'environnement et l'économie.

CONSEIL DE LA SCIENCE ET DE LA TECHNOLOGIE (2001). *Innovation et développement durable : l'économie de demain*, Québec, Gouvernement du Québec.

CORMIER, D., M. MAGNAN et B. MORARD (1994). «L'effet socio-économique de la performance environnementale de l'entreprise : une étude canadienne», *Gestion 2000*, n° 3, p. 29-49.

COURVILLE, L. (1994). *Piloter dans la tempête : comment faire face aux défis de la nouvelle économie*, Montréal, Éditions Québec/Amérique et Presses de l'École des HEC.

DAFT, R.L. (1988). *Management*, Chicago, The Dryden Press.

DAMIAN, M. et J-C. GRAZ (dir.) (2001). *Commerce international et développement soutenable*, Paris, Economica.

DeCAROLIS, D.M. et D.L. DEEDS (1999). «The Impact of Stocks and Flows of Organizational Knowledge on Firm Performance : An Empirical Investigation of the Biotechnology Industry», *Strategic Management Journal*, vol. 20, n° 10, p. 953-968.

DEJOURS, C. (1998). *Souffrance en France*, Paris, Éditions du Seuil.

DeSIMONE, L.D. et F. POPOFF (1997). *Eco-efficiency. The Business Link to Sustainable Development*, Cambridge, Mass., The MIT Press.

DESSUS, B. (1995). *Systèmes énergétiques pour un développement durable*, thèse de doctorat en économie appliquée, Grenoble, Université Pierre Mendès France.

DEVEREAUX JENNINGS, P. et P.A. ZANDBERGEN (1995). «Ecologically Sustainable Organizations: An Institutional Approach, *Academy of Management Review*, vol. 20, n° 4, p. 1015-1052.

DONALDSON, T et L.E. PRESTON (1995). «The Stakeholder Theory of the Corporation: Concepts, Evidence and Implications», *Academy of Management Review*, vol. 20, n° 1, p. 65-91.

DOSI, G. (1982). «Technological Paradigms and Technological Trajectories», *Research Policy*, vol. 11, n° 3, p. 147-162.

DOWELL, G., S. HART et B. YEUNG (2000). «Do Corporate Global Environmental Standards Create or Destroy Market Value?», *Management Science*, vol. 46, n° 8, p. 1059-1074.

DOZ, Y. et G. HAMEL (1997). «The Use of Alliances in Implementing Technology Strategies», dans M.L. Tushman et P. Anderson P. (dir.), *Managing Strategic Innovation and Change: A Collection of Readings*, New York, Oxford University Press, p. 556-580.

DRUCKER, P. (2001). «The Next Society», *The Economist*, 1er novembre.

DUBUC, A. (2005). «Des déchets dangereux recyclés pour fabriquer du ciment», *Les Affaires*, 12 février, p. 29.

DUMONT, R. (1988). *Un monde intolérable. Le libéralisme en question*, Paris, Éditions du Seuil.

DURAND, T. (1992). «Dual Technologies Trees: Assessing the Intensity and Strategic Significance of Technology Change», *Research Policy*, vol. 21, n° 4, p. 361-380.

EBRAHIMI, M. (dir.) (2001). *Nouvelle économie; nouveaux enjeux de la formation*, Montréal, IQ Édition.

EBRAHIMI, M. (2002). *Management et gouvernance dans le secteur de la nouvelle économie: le cas d'une importante entreprise canadienne de télécommunication*, thèse de doctorat, HEC Montréal.

EBRAHIMI, M. et A.-L. SAIVES (2005). «Rethinking the Strategic Role of Ageing Knowledge Workers in High-tech Businesses. A Multisectorial Analysis», communication présentée à la *R&D Management Conference, Organizing R&D Activities, A Balancing Act*, Pise, Italie, 6-8 juillet.

ÉPINGARD, P. (1999). *L'investissement immatériel*, Paris, CNRS Éditions.

ÉTAT DU MONDE (L') 1999, 2000, Montréal-Paris, Boréal – La Découverte.

FACCARELLO, G. (1983). *Travail, valeur et prix. Une critique de la théorie de la valeur*, Paris, Anthropos.

FINLAY, J., R. BUNCH et K. PRAKASH-MANI (2000). *Beyond Gray Pinstripes: Preparing MBAs for Social and Environmental Stewardship*, Washington, D.C., World Resources Institute.

FITOUSSI, J.-P. (2000). *Le débat interdit*, Paris, Éditions du Seuil.

FORAY, D. (2000). *L'économie de la connaissance*, Paris, La Découverte.

FRANCOEUR, L.-G. (2002). «La pollution automobile tue davantage que les accidents de la route», *Le Devoir*, 22 septembre.

FRANK, A.-G. (1967). *Le développement du sous-développement*, Paris, Maspero.

FREEMAN, C.C. (1992). *The Economics of Industrial Innovation*, Cambridge, Mass., MIT Press.

FREEMAN, R.E. (1984). *Strategic Management : A Stakeholder Approach*, Marshfield, Mass., Pitman Publishing.

FURTADO, C. (1964). *Development and Underdevelopment*, Berkeley, University of California Press.

GAGNON, L. (1993). *Échec des écologistes ? Bilan des décennies 70 et 80*, Montréal, Méridien.

GALBRAITH, J.K. (1987). *Economics in Perspective. A Critical History*, Boston, Hougton Mifflin, 1987.

GALBRAITH, J.K. (1989). *Voyage à travers le temps économique,* Paris, Éditions du Seuil.

GÉNÉREUX, J. (2001). *Les vraies lois de l'économie*, Paris, Éditions du Seuil.

GEORGESCU-ROEGEN, N. (1971). *The Entropy Law and the Economic Process*, Cambridge, Mass., Harvard University Press.

GEORGESCU-ROEGEN, N. (1989). *Demain la décroissance*, Paris, Payot.

GLADWIN, T.M., J.J. KENNELLY et T.S. KRAUSE (1995). «Shifting Paradigms for Sustainable Development : Implications for Management Theory and Research», *Academy of Management Review*, vol. 20, n° 4, p. 874-907.

GRANT, R.M. (1996). «Toward a Knowledge-based Theory of the Firm», *Strategic Management Journal*, vol. 17, hiver, p. 109-122.

GUELLEC, D. (1999). *Économie de l'innovation*, Paris, La Découverte.

GUTSATS, M. (1983). «Les dangers de l'auto», dans P. Duchoumel et J.-P. Dupuy (dir.), *L'auto-organisation, de la physique au politique*, colloque de Cérisy, Paris, Éditions du Seuil.

HAFSI, T., F. SÉGUIN et J.-M. TOULOUSE (2000). *La stratégie des organisations : une synthèse*, 2e édition revue et enrichie, Montréal, Les Éditions Transacontinentales.

HAMEL, G. et C.K. PRAHALAD (1994). *Competing for the Future*, Boston, Harvard Business School Press.

HANNA, M.D., W.R. NEWMAN et P. JOHNSON (2000). «Linking Operational and Environmental Improvement Through Employee Involvement», *International Journal of Operations and Production Management*, vol. 30, n° 2, p. 148-165.

HANNAN, M.T. et J. FREEMAN (1977). «The Population Ecology of Organizations», *American Journal of Sociology*, vol. 82, p. 929-964.

HART, S.L. (1995). «A Natural-Resource-Based View of the Firm», *Academy of Management Review*, vol. 20, n° 4, p. 986-1014.

HART, S.L. (1997). «Beyond Greening : Strategies for a Sustainable World», *Harvard Business Review*, vol. 75, n° 1, p. 66-76.

HART, S.L. et M. MILSTEIN (1999). «Global Sustainability and Creative Destruction of Industries», *Sloan Management Review*, vol. 1, n° 1, p. 23-33.

HAWKEN, P., A. LOVINS et L.H. LOVINS (1999). *Natural Capitalism : Creating the Next Industrial Revolution,* Boston, Little Brown.

HEILBRONER, R. (1970). *The Wordly Philosophers*, New York, Washington Square Press (en français : *Les grands économistes*, Paris, Éditions du Seuil, 1971).

HEILBRONER, R. (1986). *Le Capitalisme, nature et logique*, Paris, Atlas et Economica.

HELLRIEGEL, D., J. SLOCUM et R. WOODMAN (1998). *Organizational Behavior,* 3ᵉ édition, Cincinnati, Ohio, South-Western College Publishing.

HOBSON, J.A. (1965). *Imperialism*, Michigan, University of Michigan Press.

HOLLIS, M. et E.J. NELL (1975). *Rational Economic Man: A Philosophical Critique of Neoclassical Economics*, Cambridge, Mass., Cambridge University Press.

HOULE, G. *et al.* (2002). *Inventaire québécois des gaz à effet de serre 1990-2000*, Québec, Ministère de l'Environnement du Québec.

INGELGARD, A., J. ROTH, A.B. SHANI et A.L. STYHRE (2002). «Dynamic Learning Capability and Actionable Knowledge Creation: Clinical R&D in a Pharmaceutical Company», *The Learning Organization*, vol. 9, n° 2, p. 65-77.

JACQUARD, A. (1994). *Voici venu le temps du monde fini*, Paris, Éditions du Seuil.

JACQUARD, A. (1995). *J'accuse l'économie triomphante*, Paris, Éditions du Seuil.

JAFFE, A.B., S.R. PETERSON, P.R. PORTNEY et R.N. STAVINS (1995). «Environmental Regulation and the Competitiveness of U.S. Manufacturing: What Does the Evidence Tell Us?», *Journal of Economic Literature*, vol. 33, p. 132-163.

JALÉE, P. (1965). *Le pillage du tiers-monde*, Paris, Maspero.

KASPI, A. (1988). *Les Américains*, Paris, Éditions du Seuil, coll. «Points».

KOONTZ, H. et C. O'DONNELL (1955). *Principles of Management*, 1ʳᵉ édition, New York, McGraw-Hill.

KRUGMAN, P. (2004). *L'Amérique dérape*, Paris, Flammarion.

LABARRE, P. et B. MARIS (2000). *La bourse ou la vie. La grande manipulation des petits actionnaires*, Paris, Albin Michel.

LAMBERT, S. *et al.* (1994). *Manuel environnement à l'usage des industriels*, Paris, AFNOR.

LAPALUS, J. (2003). *Les déchets solides au Canada*, Toronto, Les Missions économiques du Canada.

LAVILLE, E. (2002). *L'entreprise verte*, Paris, Village Mondial.

Le BAS, C. (2004). «L'innovation dans la théorie économique», dans B. Ferrandon (dir.), *Croissance et innovation*, La Documentation française, Cahiers français, n° 323, p. 36-41.

LEONARD-BARTON, D. (1998). *Wellsprings of Knowledge*, Boston, Harvard Business School Press.

LIPSEY, R.G, D.O. PURVIS et P.O. STEINER (1993). *Microéconomique*, Montréal, Gaëtan Morin Éditeur.

LOILIER, T. et A. TELLIER (1999). *Gestion de l'innovation*, Paris, Éditions Management et Société.

LOMBORG, B. (2001). *The Skeptical Environmentalist: Measuring the Real State of the World,* New York, Cambridge University Press.

LOVELOCK, J. F. (1979). *Gaïa, a New Look at Life on Earth*, New York, W.W. Norton and Co.

LUTTWAK, E.N. (1995). *Le rêve américain en danger*, Paris, Odile Jacob.

LUXEMBOURG, R. (1967). *L'accumulation du capital,* Paris, Maspero.

MAHONEY, J.T. et J.R. PANDIAN (1992). «The Resource-based View Within the Conversation of Strategic Management», *Strategic Management Journal*, vol. 13, p. 363-380.

MANSELL, R. et W.E. STEINMUELLER (2000). *Mobilizing the Information Society*, Oxford, Oxford University Press.

MARCH, J. (1991). «Exploration and Exploitation in Organizational Learning», *Organization Science*, vol. 2, n° 1, février, p. 71-87.

MARCUSE, H. (1968). *L'homme unidimensionnel, essai sur l'idéologie de la société industrielle avancée*, Paris, Éditions de Minuit.

MARÉCHAL, J.-P. (2000). *Humaniser l'économie*, Paris, Desclée De Brouwer.

MARIS, B. (1999). *Lettre ouverte aux gourous de l'économie qui nous prennent pour des imbéciles*, Paris, Albin Michel.

MARX, K. (1967). *Le capital*, Paris, Éditions Sociales, 3 tomes.

MARX, K. (1994). *Écrits de jeunesse*, Paris, Quai Voltaire.

MAYOR-ZARAGOZA, F. (1999). *Los nudos gordianos*, Barcelone, Galaxia Gutenberg.

MAYOR-ZARAGOZA, F. et J. BINDÉ (2001). *The World Ahead : Our Future in the Making*, Londres, Zed Books.

McNIVEN, C., L. RAOUB et N. TRAORÉ (2003). «Caractéristiques des entreprises canadiennes innovatrices en biotechnologie : résultats de l'Enquête sur l'utilisation et le développement de la biotechnologie – 2001», *Document de travail 88F0006XIF N°5*, mars, Statistique Canada.

MEADOWS, P. (1972). *Halte à la croissance?*, rapport au Club de Rome, Paris, Fayard.

MILLER, L.M. et L. MORRIS (1999). *4th Generation R&D : Managing Knowledge, Technology, and Innovation*, New York, John Wiley and Sons.

MINC, A. (1990). *L'argent fou*, Paris, Grasset.

MINISTÈRE DE L'ENVIRONNEMENT DU QUÉBEC (2001). *Inventaire des émissions québécoises de gaz à effet de serre*, Québec, Gouvernement du Québec.

MINTZBERG, H. (1973). *The Nature of Managerial Work*, New York, Harper and Row (en français : *Le manager au quotidien*, Montréal, Agence d'Arc, 1984).

MINTZBERG, H. (1984). *Le manager au quotidien*, Montréal, Agence d'Arc.

MINTZBERG, H. (2004). *Managers, not MBA's*, San Francisco, Berret-Koehler.

MORGAN, G. (1989). *Images de l'organisation*, Québec-Paris, PUL-ESKA.

MORIN, E. (1993). *Terre patrie*, Paris, Éditions du Seuil.

MUNDELL, R.A. (1968). *Man and Economics*, Toronto, Toronto University Press.

MUNDELL, R.A. (1971). *Monetary Theory, Inflation, Interest and Growth in the World Economy*, Toronto, Toronto University Press.

MUNDELL, R.A. (1999). *A Pro-Growth Fiscal System : The Rising Tide*, dans Jerry J. Jasinowski (dir.), *The Leading Minds of Business and Economics Chart : A Course Toward Higher Growth and Prosperity*, New York, John Wiley & Sons, p. 195-205.

MUSTAR, P. et H. PENAN (dir.) (2002). *L'encyclopédie de l'innovation*, Paris, Economica.

NELL, E.J. (1992). *Transformational Growth and Effective Demand*, Londres-New York, Macmillan – New York University Press.

NELL, E.J. (1993). *Economics and Wordly Philosophy*, Londres, Macmillan.

NELL, E.J. (1996). *Making Sense of a Changing Economy*, Londres-New York, Routledge.

NELL, E.J. (1998a). *Transformational Growth and the Business Cycle*, Londres-New York, Routledge.

NELL, E.J. (1998b). *General Theory of Transformational Growth*, Cambridge, Mass., Cambridge University Press.

NELL, E.J., F. MAYOR-ZARAGOZA et A. ERROUAKI (2005). *Humanizing Globalization: A Message of Hope*, Cambridge, Mass., Harvard University Press, à paraître.

NELSON, R.R. et S. WINTER (1982). *An Evolutionary Theory of Economic Change*, Boston, Belknap Press.

NIOSI, J., M. CLOUTIER et A. LEJEUNE (dir.) (2002). *Biotechnologie et industrie au Québec*, Montréal, Éditions Transcontinentales.

NONAKA, I et H. TAKEUCHI (1995). *La connaissance créatrice: la dynamique de l'entreprise apprenante*, Bruxelles, De Boeck.

NONAKA, I., K. UMEMOTO et K. SASAKI (1998). «Three Tales of Knowledge-creating Companies», dans G. Von Krogh, J. Roos et D. Kleine (dir.), *Knowing in Firms*, Londres, Sage Publications, p. 146-172.

NORA, D. (1992). *L'étreinte du samouraï*, Paris, Éditions du Seuil.

OCDE (1999). *Rapport annuel*.

ODUM, H. et G. PILLET (1987). *E3: énergie, écologie, économie*, Genève, Georg éditeur.

OUELLET, M. (2004). «Deux notions compatibles, dit Charest», *Le Soleil*, 17 décembre.

PACKARD, V. (1989). *The Ultra Rich, How Much is Too Much*, Londres, Little, Brown and Co.

PAGÈS, M. (dir.) (1984). *L'emprise de l'organisation*, 3e édition, Paris, PUF, coll. «Économie en liberté».

PALMER, K., W.E. OATES et P. PORTNEY (1995). «Tightening Environmental Standards: The Benefit-Cost Paradigm», *Journal of Economic Perspectives*, vol. 9, p. 119-131.

PAQUIN, M. (1992). *Le droit de l'environnement et les administrateurs d'entreprises*, Montréal, Les Éditions Yvon Blais.

PAROLINI, C. (1999). *The Value Net*, New York, Wiley & Sons.

PASSET, R. (1979). *L'économique et le vivant*, Paris, Payot.

PASSET, R. (2000). *L'illusion néolibérale*, Paris, Fayard.

PEGLAU, R. (2004). «The Number of ISO14001/EMAS Registration of the World», Allemagne, Agence fédérale allemande de l'environnement.

PENROSE, E. (1959). *Theory of the Growth of the Firm*, New York, John Wiley & Sons.

PESTEL, E. (1988). *L'homme et la croissance*, Rapport du Club de Rome, Paris, Economica.

PETERS, T. et R. WATERMAN (1982). *In Search of Excellence*, New York, Harper and Row.

PETERS, T. et R. WATERMAN (1983). *Le prix de l'excellence*, Paris, InterÉditions.

PETIT, P., E. BROUSSEAU et D. PHAN (1996). *Mutation des télécommunications, des industries et des marchés*, Paris, Economica.

PFEFFER, R. (1979). *Working for Capitalism*, New York, Columbia University Press.

PILLET, G. (1993). *Économie écologique*, Genève, Georg éditeur.

PISANO, G.P. (1991). «The Governance of Innovation: Vertical Integration and Collaborative Arrangements in the Biotechnology Industry», *Research Policy*, vol. 20, n° 3, p. 237-249.

PISANO, G.P. (1994). «Knowledge, Integration, and the Locus of Learning: An Empirical Analysis of Process Development», *Strategic Management Journal*, vol. 15, hiver, p. 85-100.

POLANYI, K. (1947). «Our Obsolete Market Mentality», *Commentary*, vol. 3, février, p. 109-118.

POLANYI, K. (1983). *La grande transformation*, Paris, Gallimard.

POLANYI, K. et C. ASENBERG (1960). *Les systèmes économiques dans l'histoire et dans la théorie*, Paris, Larousse.

PORTER, M.E. (1985). *Competitive Advantage*, New York, The Free Press.

PORTER, M.E. (1993). *L'avantage concurrentiel des nations*, Paris, InterÉditions.

PORTER, M.E. et S. STERN (2001). «Innovation: Location Matters», *Sloan Management Review*, vol. 42, n° 4, été.

PORTER, M.E. et C. VAN DER LINDE (1995). «Green and Competitive: Ending the Stalemate», *Harvard Business Review*, septembre-octobre, p. 120-134.

POWELL, W.W. (1998). «Learning from Collaboration: Knowledge and Networks in the Biotechnology and Pharmaceutical Industries», *California Management Review*, vol. 40, n° 3, p. 228-240.

POWELL, W.W., K.W. KOPUT et L. SMITH-DOERR (1996). «Interorganizational Collaboration and the Locus of Innovation: Networks of Learning in Biotechnology», *Administrative Science Quarterly*, n° 41, p. 116-145.

PRAHALAD, C. et G. HAMEL (1990). «The Core Competencies of the Corporations», *Harvard Business Review,* vol. 68, n° 3, mai-juin, p. 79-91.

PRAX , J.-Y. (2000). *Le guide du knowledge management*, Paris, Dunod.

PRUD'HOMME, R. (1980). *Le ménagement de la nature: des politiques contre la pollution*, Paris, Dunod.

PURSER, R.E., C. PARK et A. MONTUORI (1995). «Limits to Anthropocentrism: Toward an Ecocentric Organization Paradigm?», *Academy of Management Review*, vol. 20, n° 4, p.1053-1089.

RALLET, A. et A. TORRE (2001). «Proximité géographique ou proximité organisationnelle? Une analyse spatiale des coopérations technologiques dans les réseaux localisés d'innovation», *Économie Appliquée*, tome LIV, vol. 1, p. 147-171.

REKIK, C. (2004). «Misez sur le formidable pactole du marché mondial de l'eau», *Le Journal des finances*, n° 6106, p. 6.

RIFKIN, J. (1989). *Entropy: A New World View,* édition révisée, New York, Bentam Books.

RIFKIN, J. (2000). *L'âge de l'accès: survivre à l'hyper capitalisme*, Montréal, Boréal.

ROBBINS, S., M. COULTER et R. STUART-KOTZE (2000). *Management*, Scarborough, Ont., Prentice-Hall.

ROGERS, E.M. (1962). *Diffusion of Innovations*, New York, The Free Press.

ROUX, D. (2000). *La convergence des télécommunications*, Paris, Descartes.

ROY, M.J., O. BOIRAL et D. LAGACÉ (2001). «Environmental Commitment and Manufacturing Excellence: A Comparative Study within Canadian Industry», *Business Strategy and the Environment*, vol. 10, n° 5, p. 257-268.

RUIZ-QUINTANILLA, S.A., J. BUNGE, A. FREEMAN-GALLANT et E. COHEN-ROSENTHAL (1996). «Employee Participation in Pollution Reduction: A Socio-technical Perspective», *Business Strategy and the Environment*, vol. 5, p. 137-144.

SAINT-MARC, P. (1994). *L'économie barbare*, Paris, Frison-Roche.

SAIVES, A.-L. (2002). *Territoire et compétitivité de l'entreprise*, Paris, L'Harmattan.

SAIVES, A.-L., R.H. DESMARTEAU et D. SENI (2003). «Y a-t-il des bio-industries? Fondements et représentations», document 21-2002, CRG, École des sciences de la gestion, Université du Québec à Montréal

SAIVES, A.-L., M. EBRAHIMI, R.H. DESMARTEAU et C. GARNIER (2005). «Les logiques d'évolution des entreprises de biotechnologie», *Revue Française de Gestion*, juin.

SALMAN, N. et A.-L. SAIVES (2005). «Indirect Networks: An Intangible Resource for Biotechnology Innovation», *R&D Management*, vol. 35, n° 2, p. 203-215.

SANCHEZ, R. (2001). *Knowledge Management and Organizational Competence*, New York, Oxford University Press.

SANCHEZ, R. et A. HEENE (1997). «Reinventing Strategic Management: New Theory and Practice for Competence-based Competition», *European Management Journal*, vol. 15, n° 3, juin, p. 303-317.

SANCHEZ, R. et J.T. MAHONEY (1996). «Modularity, Flexibility, and Knowledge Management in Product and Organization Design», *Strategic Management Journal*, vol. 17, hiver, p. 63-76.

SCHEIN, E. (1985). *Organizational Culture and Leadership*, San Francisco, Jossey-Bass

SCHERER, F.M. (1999). *New Perspectives on Economic Growth and Technological Innovation*, Washington, D.C., Brookings Institution Press.

SCHMIDT-BLEEK, F. (1992). «MIPS-A Universal Ecological Measure», *Fresenius Environmental Bulletin*, vol. 1, p. 306-311.

SCHRAGE, M. (1995). *No More Teams!: Mastering the Dynamics of Creative Collaboration*, New York, Currency.

SCHRÖDINGER, E. (1978). *Qu'est-ce que la vie?*, Paris, Payot.

SCHUMPETER, J. (1942). *Capitalism, Socialism and Democracy*, New York, Harper and Brothers.

SEMLER, R. (1993). *À contre-courant*, Paris, Dunod.

SEN, A. (2000). *Repenser l'inégalité*, Paris, Éditions du Seuil.

SENNETT, R. (2000). *Le travail sans qualités*, Paris, Albin Michel.

SHRIVASTAVA, P. (1994). «Castrated Environment: Greening Organizational Studies», *Organization Studies,* vol. 15, n° 5, p. 705-726.

SHRIVASTAVA, P. (1995). «The Role of Corporations in Achieving Ecological Sustainability», *Academy of Management Review,* vol. 20, n° 4, p. 936-960.

SIMONS, R. et K. BASU (2002). «Business at a Crossroads», *The Magazine*, 22 mai, www.fascompany.com.

SMITH, A. (1995). *Enquête sur la nature et les causes de la richesse des nations*, Paris, PUF.

SMITH, D. *et al.* (1993). *Business and the Environment: Implications of the New Environmentalism*, New York, St. Martin's Press.

STALK, G. (1992). «Time-based Competition and Beyond: Competing on Capabilities», *Planning Review*, vol. 20, n° 5, septembre-octobre, p. 27-29.

STARIK, M. et G. RANDS (1995). «Weaving an Integrating Web: Multilevel and Multisystem Perspectives of Ecologically Sustainable Organizations», *Academy of Management Review*, vol. 20, n° 4, p. 908-935.

STATISTIQUE CANADA (2005). *Recherche et développement industriel, perspective 2004*, n° 88-202-XIF.

STEIN, E.W. et V. ZWASS (1995). «Actualizing Organizational Memory with Information Systems», *Information Systems Research*, vol. 6, n° 2, p. 185-217.

STIGLITZ, J. (2002). *La grande désillusion. La mondialisation ne marche pas*. Paris, Fayard.

STIGLITZ, J. (2003). *Quand le capitalisme perd la tête*, Paris, Fayard.

TARONDEAU, J.-C. (1994). *Recherche et développement*, Paris, Vuibert, coll. «Gestion».

TEECE, D.J. (1989). «Inter-Organizational Requirements of the Innovation Process», *Managerial and Decision Economics*, Chichester, Angl., printemps, p. 35-42.

TEECE, D.J. (1998). «Capturing Value from Knowledge Assets: The New Economy, Markets for Know-how, and the Intangible Assets», *California Management Review*, vol. 40, n° 3, p. 55-79.

TEECE, D.J. (2001). «Strategies for Managing Knowledge Assets: The Role of Firm Structure and Industrial Context», dans I. Nonaka et D.J. Teece (dir.), *Managing Industrial Knowledge*, Thousand Oaks, Calif., Sage, p. 125-144.

THEYEL, G. (2000). «Management Practices for Environmental Innovation and Performance», *International Journal of Operations and Production Management*, vol. 20, n° 2, p. 249-266.

THUROW, L.C. (1996). *The Future of Capitalism*, New York, Penguin Books.

TIJERINA-GARZA, E. (2000). *Aprendiendo economía con los Nobel*, Mexico, Plaza y Valdes.

TODD, E. (1998). *L'illusion économique*, Paris, Gallimard.

TUSHMAN, M.L., P. ANDERSON et C. O'REILLY (1997). «Technology Cycles, Innovation Streams, and Ambidextrous Organizations: Organization Renewal Through Innovation Streams and Strategic Change», dans M.L. Tushman et P. Anderson P. (dir.), *Managing Strategic Innovation and Change: A Collection of Readings*, New York, Oxford University Press, p. 3-23.

UNESCO (2003). *Rapport mondial pour la mise en valeur des ressources en eau*, Paris, Organisation des Nations unies.

UTTERBACK, J. (1994). *Mastering the Dynamics of Innovation*, Boston, Harvard Business School Press.

UTTERBACK, J. et F.F. SUAREZ (1993). «Innovation, Competition and Industry Structure», *Research Policy*, vol. 22, n° 1, p. 1-21.

VEBLEN, T. (1970). *La théorie de la classe de loisir*, Paris, Gallimard.

VENKATRAMAN, N. et M. SUBRAMANIAM (2002). «Theorizing the Future of Strategy: Questions for Shaping Strategy Research in the Knowledge Economy», dans A. Pettigrew, H. Thomas et R. Whittington (dir.), *Handbook of Strategy and Management*, Londres, Sage, p. 461-473.

VERNON, R. (1973). *Les entreprises multinationales: la souveraineté nationale en péril*, Paris, Calmann-Lévy.

VOGEL, E. (1983). *Le Japon, médaille d'or*, Paris, Gallimard.

VON HIPPEL, E. (1988). *The Sources of Innovation*, New York, Oxford University Press.

VON HIPPEL, E., S. THOMKE et M. SONNACK (2000). «Creating Breakthroughs at 3M», *Health Forum Journal*, vol. 43, n° 4, juillet-août, p. 20-27.

VON KROGH, G., I. NONAKA et M. ABEN (2001). «Making the Most of your Company's Knowledge : A Strategic Framework», *Long Range Planning*, vol. 34, p. 421-439.

WALLEY, N. et B. WHITEHEAD (1994). «It's Not Easy Being Green», *Harvard Business Review*, vol. 72, n° 3, p. 46-52.

WALRAS, L. (1952). *Éléments d'économie politique pure : théorie de la richesse sociale*, Paris, Librairie générale de droit et de jurisprudence.

WATERMAN, R. (1987). *The Renewal Factor*, New York, Bentam Books.

WEAVER, P. et F. SCHMIDT-BLEEK (2000). *Factor 10 – Manifesto for a Sustainable Planet*, Londres, Greenleaf.

WEBER, M. (1964). *L'éthique protestante et l'esprit du capitalisme*, Paris, Plon.

WEBER, M. (1971). *Économie et société*, Paris, Plon.

WEITZMAN, M. L. (1984). *The Share Economy : Conquering Stagflation*, Cambridge, Mass., Harvard University Press, 1984.

WEIZSÄCKER, E., L.H. LOVINS et A. LOVINS (1997). *Facteur 4*, Mens, Terre Vivante.

WERNERFELT, B. (1984). «A Resource-based View of the Firm», *Strategic Management Journal*, vol. 5, p. 171-180.

WIENER, N. (1996). *Invention : The Care and Feeding of Ideas*, Cambridge, Mass., MIT Press.

WINTER, G. (1989). *Entreprise et environnement*, Paris, McGraw-Hill.

WINTER, S. (2000). «Appropriating the Gains from Innovation», dans G. Day et P.J.H. Shoemaker (dir.), *Wharton on Managing Emerging Technologies*, Hoboken, N.J., John Wiley and Sons, p. 242-266.

WOLMAN, W. et A. COLAMOSCA (1998). *The Judas Economy. The Triumph of Capital and the Betrayal of Work*, Reading, Mass., Addison-Wesley.

YERGIN, D. et J. STANISLAS (2000). *La grande bataille. Les marchés à l'assaut du monde*, Paris, Odile Jacob.

ZUCKER, L.G. et M.R. DARBY (1997). «Individual Action and the Demand for Institutions : Star Scientists and Institutional Transformation», *The American Behavioral Scientist*, vol. 40, n°4, février, p. 502-513.

CONCLUSION GÉNÉRALE

Vers un nouveau management et d'autres valeurs en gestion

Chapitre 15

La question de l'éthique en gestion : des préjugés et des «vérités premières» à dépasser

La leçon principale que nous donne l'ensemble de ce qui précède est que le management ne peut plus se concevoir comme une série de techniques et de recettes. Il devient urgent d'opérer certaines ruptures avec beaucoup d'éléments du passé. La première rupture, qui est sûrement cardinale, concerne un changement fondamental de mentalité, aussi bien envers les leaders et les dirigeants qu'envers les employés et leurs organes de représentation, les syndicats. Les premiers doivent admettre la nécessité d'associer **réellement... et jusqu'aux profits,** les travailleurs, d'en faire des partenaires actifs, et non plus des «ressources» passives. C'est la condition incontournable pour tout regain de productivité, et même pour la survie des entreprises. Telle est aussi la leçon qui ressort des modèles considérés comme figurant dans le peloton de tête de l'efficacité, selon les observateurs autorisés dont nous avons longuement traité dans les chapitres précédents.

Les seconds, les syndicats, doivent, devant des tentatives patronales sincères (comme Cascades) d'association avec les travailleurs, ne plus continuer à se comporter selon une logique défensive qui était légitime face au management traditionnel. Il s'agit, pour eux aussi, d'une question de survie.

Qu'on me comprenne bien : la présence et la force des syndicats constituent une exigence démocratique. Ils sont nécessaires, car le point de vue des travailleurs doit être représenté, articulé, véhiculé, exprimé. Les syndicats sont une des forces dynamiques indispensables pour réaliser des socioéconomies performantes et une redistribution plus équitable des richesses.

Il incombe toutefois aux dirigeants de faire le premier pas, car ce sont eux qui détiennent l'initiative de la décision, le pouvoir de lancer le changement.

Le dirigeant d'aujourd'hui et de demain ne peut plus fermer les yeux sur la dimension éthique de ses activités, et sur l'importance de sa manière d'être avec les autres, ainsi que dans son milieu naturel. Il ne peut plus se comporter, pour ainsi dire, en simple «rapace du profit» envers la planète et ses habitants.

Bien sûr, chaque personne, où qu'elle soit, gestionnaire ou pas, doit apporter sa contribution au bien-être de tous. Mais qu'est-ce que cela représente devant les colossales capacités polluantes de la moindre usine ? ou de la moindre ferme du règne de l'industrie agrochimique ? L'éthique du gestionnaire d'aujourd'hui et de demain doit se préoccuper du sort et de l'épanouissement de la société et de la nature, ainsi que des personnes, toutes les personnes, composant l'entreprise et la société.

Sur la base de ce double mouvement éthique se construira la façon de gérer plus «intelligemment» dont il était question dans l'introduction.

Compte tenu de la place que les gestionnaires occupent, et aspirent de plus en plus à occuper, dans des rouages de la vie de populations de plus en plus larges partout dans le monde, il est impératif qu'ils sachent, plus que n'importe qui, comment les choses humaines, sociales, économiques et écologiques fonctionnent, et vers quoi elles sont dirigées.

Afin de tracer les contours de la gestion de demain, commençons par ce qu'on a toujours, de mille manières différentes, occulté ou édulcoré, dans le management traditionnel : le passé, le contexte de naissance de l'ancêtre direct de l'entreprise industrielle d'aujourd'hui.

LE XVIIIᵉ SIÈCLE, L'APPARITION DE L'ENTREPRISE, LES FAITS D'ALORS ET LES CONSÉQUENCES D'AUJOURD'HUI

La contradiction interne

Comme le dit l'historien Fernand Braudel (1980), le consensus est encore loin de régner parmi les spécialistes, y compris britanniques, en ce qui concerne les facteurs d'émergence de la Révolution industrielle et de l'usine moderne. Le terrain est miné par les idéologies, et beaucoup tentent de faire dire aux faits juste ce qu'il faut pour légitimer leur vision.

Il y aurait des centaines de pages à écrire pour tenter de comprendre ce qui s'est passé aux XVIIIᵉ et XIXᵉ siècles. Contentons-nous de résumer l'essentiel, tiré de quelques références qui font largement autorité en la matière et qui ont l'avantage de s'appuyer systématiquement sur des faits dûment documentés[1].

Signalons d'abord que, contrairement à ce qui s'est passé au Japon, l'installation de la classe industrielle en Occident s'est faite par la destruction du système sociopolitique préexistant : le féodalisme et l'aristocratie. L'industrialisation naissante brisera les derniers restes de communauté et de solidarité coutumières légués par le Moyen Âge[2]. Mais ce qui intéresse plus particulièrement le gestionnaire, c'est ce qu'on peut appeler la **contradiction interne** de l'entreprise, contradiction qu'on n'a toujours pas résolue, sinon, sous certains angles, comme nous le verrons, dans certaines entreprises et dans certaines économies[3].

Un peu simplement et communément, on retient trois facteurs explicatifs de la Révolution industrielle : les entrepreneurs, la science et la technique. Or, lors

---

1. Braverman (1976), Braudel (1980 et 1985), Gorz (1973 et 1988), Mantoux (1959), Neuville (1976 et 1980), Rioux (1971), etc.
2. Voir, entre autres, Weber (1971), Schumpeter (1979), Galbraith (1968), Mantoux (1959).
3. Cette contradiction interne est également assez largement étudiée par Bettelheim (1976), sous l'appellation de «séparation interne».

de l'analyse historique, on se rend compte qu'en guise d'entrepreneurs, dont le prototype est Sir Richard Arkwright, il n'y a pas, comme le veut la tradition, que des artisans ou des maîtres artisans, devenus industriels, grâce à leur «génie», à leur savoir-faire et à leurs «techniques». Ce genre d'artisans en étaient certes, mais ils étaient loin de former la majorité. Les nouveaux industriels et patrons des XVIIIe et XIXe siècles étaient plutôt des marchands, drapiers surtout, qui avaient amassé assez d'argent en abaissant constamment le salaire payé aux tisserands, pour réunir en un seul lieu plusieurs dizaines de travailleurs. Leurs habiletés les plus particulières étaient de discipliner et de contrôler le travail comme jamais on ne l'avait fait auparavant[4].

Quant aux sciences et aux techniques, dont l'image typique invoquée est la machine à vapeur, il suffit de préciser que cette dernière n'a vu le jour que très tard, bien après que l'industrie textile fut déjà installée et opulente. Il a fallu des années à James Watt pour la développer, sous contrat, avec un industriel déjà établi et fortuné : John Roebuck. Les commerçants, devenus progressivement industriels, se sont arrangés pour obtenir non seulement des monopoles de façonnage et de distribution, mais aussi des interdictions de transformer l'outillage ! Ce sont également eux qui sont à l'origine de l'impopularité de William Lee, l'inventeur, à la fin du XVIe siècle, d'une machine à tricoter les bas (*stocking frame*), et de l'exil qui lui a été imposé. Tant qu'on pouvait faire de l'argent à profusion avec une main-d'œuvre nombreuse et fortement sous-payée, les «milieux d'affaires» ne voulaient ni des sciences ni des nouvelles techniques.

La révolution agricole qui a eu lieu entre les XVIIe et XVIIIe siècles, suivie des lois sur les clôtures des champs, et la capacité de réunir sous un même toit des dizaines de travailleurs non artisans et très peu payés, ont été les vrais facteurs de lancement de la Révolution industrielle.

La révolution agricole est venue de la Hollande où l'on a développé des techniques de très hauts rendements pour des terres durement gagnées et protégées contre l'envahissement de la mer : les polders. Ces techniques ont profité à la production céréalière et, exportées en Angleterre, ont donné là aussi des surplus considérables. Les suppléments de revenus ainsi réalisés ont trouvé un débouché surtout dans la consommation de produits textiles, ce qui a eu pour effet de pousser à la hausse la production de drap, de toile et de tissu.

La pratique des «enclosures», commencée dès le XVIIe siècle (et, dit Rioux[5], entérinée et accélérée par plus de 5 000 actes du Parlement), a permis de remembrer les terres des propriétaires et, en particulier, de les entourer de clôtures (ainsi que les «communes», terres paroissiales exploitées par de petits paysans libres) pour qu'on y élève le mouton à une plus grande échelle, en raison d'une demande croissante de la laine. Cela a nécessité des lois, car il fallait libérer les propriétaires des obligations du droit coutumier qui imposait, entre autres, l'attachement du serf à la terre. Afin de pouvoir élever le mouton ou seulement remembrer les terrains pour cultiver le blé selon les nouvelles techniques plus

---

4. Voir Braudel (1980), Mantoux (1959), Marglin (1973), Braverman (1976).
5. Rioux (1971, p. 30 et suivantes).

rentables, il fallait chasser une bonne partie des paysans encore établis sur les terres seigneuriales. Ici aussi on a légiféré. Mais cela a renforcé l'exode rural et l'afflux de masses de serfs et de petits paysans ayant perdu emploi et terre, et ne possédant aucun autre métier. Le tissage était alors le secteur en expansion, la main-d'œuvre excédentaire y trouvait un débouché tout tracé.

Il s'est ensuivi plusieurs conséquences très importantes. Les plus déterminantes ont été la baisse dramatique des revenus des tisserands, à cause de l'excédent de main-d'œuvre affluant dans le travail de tissage, et la possibilité pour le marchand-drapier, après leur ruine, de réunir de nombreux tisserands dans un même lieu, les métiers à tisser et les matières premières étant aussi désormais sa propriété. Ce lieu est le véritable ancêtre de l'entreprise moderne. Il se distinguait radicalement des ateliers et échoppes, même de taille respectable, des artisans : la main-d'œuvre y était de plus en plus sans qualification, la hiérarchie y était pyramidale et non rotative (l'apprenti pouvait devenir un jour maître ouvrier et patron de l'échoppe), le temps et le rythme de travail y étaient imposés et contrôlés. C'est par la force qu'on y engouffrait, selon Mantoux (1959), pauvres, orphelins, femmes, etc. Souvent la prison ou l'hospice fournissaient la main-d'œuvre, qui recevait des salaires de famine ou un gîte et une pitance misérables.

Les fortunes réalisées étaient aussi énormes que rapides, pendant que les masses d'ouvriers miséreux se multipliaient. Ce rapport inverse entre industriels qui s'enrichissent considérablement et travailleurs qui restent pauvres ou s'appauvrissent n'était pas sans inquiéter les penseurs de l'époque, en particulier les économistes. Ainsi, explique Galbraith (1989), chaque école, excepté l'école marxiste, a trouvé sa façon d'éluder le problème. Les classiques faisaient de la pauvreté une sorte de tare ou de vice dus à la propension effrénée à procréer chez les «couches inférieures» de la société. De leur côté, les néoclassiques se targuaient d'être des «scientifiques» préoccupés de faits et de mesures, avec pour seul souci d'expliquer et de prédire les faits.

Mais, pour le gestionnaire, ce point est de toute première importance car la poursuite, abusivement légitimée au nom de la «main invisible» d'Adam Smith, de l'égoïsme individuel a largement profité aux industriels qui détenaient d'entrée de jeu le pouvoir, pouvoir sans partage jusque vers la dernière moitié du XIXᵉ siècle. Leur intérêt égoïste, justement compris, les a conduits à offrir «naturellement» un salaire minimal pour un travail maximal. Là réside le nœud de ce qu'on peut appeler la «contradiction interne» : l'employeur s'acharne à désirer le profit le plus élevé en abaissant au maximum ses coûts, dont les salaires, alors que l'employé, lui, s'acharne à avoir le salaire le plus élevé possible. Malheureusement, dans l'immense majorité des cas, nous sommes encore prisonniers de cette contradiction.

Il ne faut pas non plus croire que la vie et le travail des artisans et des paysans d'avant l'usine n'étaient que plaisirs et gratifications. L'usine a été pour beaucoup une amélioration relative de leur sort, mais beaucoup aussi, beaucoup trop, y connurent la misère, la réclusion et l'aliénation. Des enfants, parfois âgés de quatre ans à peine, étaient attachés au métier à tisser ou à la machine ; le mépris écrasant des dirigeants et des possédants ainsi que les mauvais traitements corporels et les abus sexuels étaient courants, la maladie et l'extrême pauvreté étaient plutôt la règle que l'exception[6].

Un aspect plus pernicieux de la contradiction interne réside dans les conséquences de ce désir de payer toujours moins le travail : la subdivision, la spécialisation et l'aliénation.

Tout d'abord, il ne faut pas confondre division sociale et division technique du travail. La première est naturelle, universelle ; elle consiste dans la répartition de corps de métiers différents dans toute société : chasseurs, cueilleurs, agriculteurs, forgerons, boulangers, etc. La seconde est artificielle, récente, propre au monde industriel : il s'agit de l'éclatement du métier en sous-tâches suffisamment insignifiantes, en vue d'un salaire réduit au minimum, pour un maximum de production.

La division du travail n'est pas sans conséquences sur l'acte de travail ni sans retombées sur le travailleur, ce qu'on peut désigner globalement par le terme « aliénation[7] ». En subdivisant le travail à l'infini, on lui a fait perdre tout sens et tout intérêt pour celui qui l'exécute, on a amené l'être humain à être « étranger à lui-même », aliéné.

Quatre **coupures** déterminantes ont été la conséquence aliénante de la subdivision du travail : entre le travailleur et le produit, entre le travailleur et l'acte de travail, entre le travailleur et la nature et, enfin, entre le travailleur et le possédant-employeur[8].

La première coupure a consisté à enlever au producteur le produit de son travail, accaparé par le marchand qui s'occupe de le commercialiser.

La deuxième coupure s'est faite lorsque, après avoir réuni des travailleurs sans compétences précises (des paysans chassés des terres ou des tisserands ruinés) dans un lieu unique de production, on leur a imposé une façon de faire et d'utiliser des outils de production qui ne leur appartenaient plus[9]. C'est la perte de sens du travail.

La troisième coupure, la coupure avec la nature, concerne l'ordre et le rythme artificiels de la production en manufacture. Ils sont artificiels du fait que les lois de la biologie, par exemple (fatigue, cycles de veille et de sommeil, saisons, rythme personnel, etc.), ne sont plus respectées.

La dernière coupure sépare le producteur du possesseur par l'opposition foncière de leurs intérêts.

Cependant, retenons que la coupure la plus grave de conséquences pour ce qui est du management reste celle qui s'est opérée entre le producteur et son acte. Ne pas maîtriser ce qu'on fait, ne pas savoir dans quel but, ni

---

6. Voir Mantoux (1959) ou Neuville (1976 et 1980), ou encore l'œuvre d'Émile Zola, *Germinal* en particulier.
7. Voir Arvon (1960), Calvez (1978), Perroux (1970).
8. Voir Marglin (1973).
9. Ce que Max Weber (1970), par exemple, appelle le « droit » que s'arroge le propriétaire de fixer « le mode d'usage des moyens de production ».

pourquoi, ni pour qui on fait ce qu'on fait est profondément dénué d'intérêt et «démotivant».

De plus, cet acte a été voulu et imposé par des concepteurs dont l'état d'esprit relève de l'ordre de l'ingénieur et de la rentabilité financière. Au centre de cet univers d'argent et de choses, l'être humain devient instrument au milieu des instruments, une «ressource», comme on dit si bien.

Faire quelque chose qui n'est pas «son» acte n'est pas naturel pour l'être humain. Et l'acte humain par excellence, c'est l'acte de travail. L'être humain y exprime sa nature de façonneur, de «créateur», de son milieu (parce que la nature de son travail est de «fabriquer» de l'information qui transforme en objets inédits les matériaux bruts). Cela suppose non pas l'acte aliéné, mais l'acte libre, sans lequel la responsabilité et l'engagement ne se conçoivent pas.

La culture industrielle traditionnelle est aussi une culture de la «double contrainte[10]», dans le sens où elle porte en elle l'aliénation et, en même temps, survalorise l'autonomie; elle implique la dépendance et louange la liberté; elle entraîne l'infantilisation de l'employé (Argyris, 1958) et met en avant la responsabilité et la maturité; elle impose l'exécution et prône l'initiative et la créativité, clame fort la démocratie et le droit d'expression tout en obligeant à l'obéissance stricte et au silence dans l'entreprise…

De la double contrainte à l'inhibition de l'action, il n'y a qu'un pas. Le système nerveux central de l'être humain est fait pour agir, non pour être inhibé.

Cependant, il faut aussi compter avec les nombreuses formes de violence symbolique, de harcèlement, que les divers paliers hiérarchiques font subir les uns aux autres pour compenser leurs propres doubles contraintes: exercice pathologique de la communication, refus de donner la parole, abus d'autorité, pratiques de contrôle et règles dégradantes[11], etc.

Quel sens humain et social peut avoir un tel travail? Comment peut-il conduire à la coopération ou à une prise en main de l'acte comme sien? au simple désir de cette prise en main?

Le plus étonnant est sans doute le fait qu'un travail industriel comportant de telles caractéristiques n'ait pas causé de dégâts autrement plus graves que ceux que nous connaissons. Nous avons, tout compte fait, affaire à une main-d'œuvre infiniment souple et responsable qui a su s'adapter et trouver le chemin d'une rentabilité toujours croissante, malgré des conditions si peu propices à l'épanouissement de l'humain, créature qui vit de sens et qui est productrice de sens.

Le système nerveux de l'être humain, d'une complexité inouïe, est fait pour les situations riches et variées, non pour la monotonie infinie. Non pour

---

10. Concept introduit par G. Bateson (voir Bateson *et al.*, 1981), qui renvoie au fait de donner simultanément un message et son contraire, une incitation et son opposé, sans qu'il soit possible d'y échapper, ce qui conduit les sujets qui la subissent à des troubles du psychisme et du comportement pouvant être graves.
11. Chanlat (1984), Peters et Austin (1985), Aktouf (1986b), Peters (1988).

développer la docilité et la vitesse de production pour un management obsédé par le profit à court terme.

Nous voici ainsi au terme d'un des héritages du passé de l'entreprise moderne que le gestionnaire d'aujourd'hui se doit de reconnaître et d'assumer. Son premier défi consiste à trouver des solutions adéquates à cette première contradiction, plutôt que de s'évertuer à en nier l'existence comme le fait si souvent le management traditionnel.

On a pu se passer de la participation des employés jusqu'ici, car l'Occident était à peu près seul sur la scène industrielle mondiale. Tant qu'on pouvait rester «gagnant» avec une main-d'œuvre parcellisée et standardisée, on s'en est contenté. Mais aujourd'hui, la participation créatrice de chacun, à tous les niveaux, est indispensable si l'on veut rester en scène. Cela ne s'impose pas et ne se commande pas.

La contradiction externe

Pour comprendre les fondements de cette seconde contradiction, il faut retourner encore une fois à la notion centrale de «poursuite des égoïsmes individuels» de Smith. Souvenons-nous qu'en vertu de cette notion, érigée par la suite en principe de vie, chacun peut contribuer au bien-être de tous en cherchant à satisfaire au maximun son propre égoïsme. Or, précisément, la contradiction externe s'enracine dans la poursuite de l'égoïsme individuel et du maximum.

L'idéologie dominante laisse croire que la poursuite de la croissance et du maximum de gains est une chose possible, souhaitable et bénéfique pour tous, à tel point que, pour la grande majorité des publics, lancer une entreprise ou une affaire ne se conçoit pas sans la volonté de toujours «grossir».

Si cette façon de penser a été un puissant moteur dans l'accélération de la croissance économique de nombreux pays tout au long des XIXe et XXe siècles, elle ne va toutefois pas sans conséquences graves aujourd'hui. Selon les lois scientifiques qui nous aident à comprendre le fonctionnement de l'univers, surtout la théorie générale des systèmes et les principes de la thermodynamique[12], ce comportement des agents économiques est radicalement en contradiction avec les principes qui gouvernent la nature et la vie[13].

La théorie des systèmes nous enseigne l'interdépendance inévitable entre tous les éléments et facteurs qui constituent l'univers, et l'équilibre par l'homéostasie, ou la boucle de rétroaction négative[14]. Les lois de la thermodynamique, elles, montrent que la quantité d'énergie disponible dans l'univers est constante

---

12. Voir Bertalanffy (1973), Katz et Kahn (1978), Rosnay (1975), Rifkin (1980), Capra (1983).

13. Le lecteur intéressé à comprendre en détail les mécanismes qui sont en jeu dans cette contradiction avec la nature et la vie peut consulter Rifkin (1980 et 1989), Georgescu-Roegen (1971), Guitton (1975), Aktouf (2002).

14. Rétroaction négative : qui contrecarre le mouvement initial et le force à toujours respecter un état d'équilibre. Une application intéressante de cette notion au monde de la gestion et des organisations est élaborée dans Morgan (1989, notamment dans les chapitres 4 et 8).

et qu'elle ne se transforme, à l'échelle humaine, que dans un sens : de l'énergie utile à l'énergie inutile[15]. Il n'y a ni création ni destruction d'énergie, mais transformation de l'état d'énergie disponible en une quantité équivalente d'énergie non disponible.

Or, le principe de la croissance indéfinie (du revenu individuel, du profit de l'entreprise, du PNB) implique une boucle de rétroaction positive[16], et la croyance en une réserve indéfinie ou inépuisable de ressources et d'énergie. Il implique de plus une sorte d'absence d'interdépendances, un peu comme si tout le monde pouvait s'enrichir indéfiniment et indépendamment de ce qui arrive aux autres (individus, groupes ou nations) et à l'environnement. Cela n'est évidemment pas possible. La rétroaction positive accélère la propre destruction du système qui en est le siège. Tout dans l'univers, et *a fortiori* sur notre planète, est interdépendant : personne ne peut accomplir un acte local qui n'ait de répercussions globales.

Par conséquent, personne ne peut s'enrichir un peu plus dans une partie de la planète sans que ce soit au détriment de quelqu'un d'autre ailleurs, ou, du moins, de la nature. Nous le voyons dans l'appauvrissement constant des pays du Tiers-Monde, et même dans l'appauvrissement des couches les plus basses des sociétés des pays industrialisés. La croissance indéfinie, autrement dit la possibilité de toujours grossir, est impossible, à cause du caractère fini des ressources naturelles et de l'énergie disponible. Même l'usage de l'énergie solaire, si nous arrivions à la «domestiquer» convenablement, n'est concevable que si nous faisons l'effort de maintenir l'atmosphère en un état tel que cette énergie puisse toujours nous parvenir en «qualité utilisable», d'une part, et ne pas nous être plus dommageable qu'utile, d'autre part. Or, chacun connaît les dégâts déjà causés à l'atmosphère par les chlorofluorocarbones (CFC) et par le monoxyde de carbone...

Éviter cette dégradation aurait été possible grâce à une croissance, non pas maximale, mais optimale, équilibrée, c'est-à-dire respectant le rythme de renouvellement des ressources et de l'énergie et, surtout, les conditions de «bonne santé» des humains et de la nature[17].

Une grave confusion fait que l'on continue à agir comme si la croissance infinie était possible, soit la confusion entre l'efficacité économique et l'efficacité

---

15. Voir Rosnay (1975) pour les notions de «système» et de «boucle de rétroaction», et Rifkin (1980) pour la question de la transformation de l'énergie. En deux mots, l'énergie (notamment fossile) ne se renouvelle qu'à l'échelle géologique (sur des milliers d'années), tandis que nous l'usons à l'échelle humaine (sur des dizaines d'années). Toutes nos activités, économiques surtout, sont autant de façons d'user l'énergie disponible sans qu'elle se renouvelle.

16. Boucle d'action en retour ou de réaction consistant à renforcer positivement le sens initial d'un mouvement. Dans le cas qui nous concerne, le mouvement initial consistant à toujours faire plus est constamment renforcé dans le sens ascendant. Cela conduit à l'épuisement du système.

17. Les différents rapports au Club de Rome (surtout Meadows, 1972, et Pestel, 1988) établissent que la croissance aurait dû être considérablement ralentie depuis les années 1960, sous peine de catastrophe planétaire majeure au tournant du XXIe siècle.

dans l'utilisation de l'énergie. On parle de création économique ou de création de valeur, alors qu'en fait, physiquement, on ne fait, dans toute activité économique, que «détruire» de l'énergie utile[18]. Cela se traduit par l'aggravation de la pollution, l'augmentation du chômage partout dans le monde, l'accélération de l'inflation (du fait, entre autres, que l'énergie est de plus en plus coûteuse à obtenir et à utiliser).

Par ailleurs, la croyance au maximalisme et à la croissance infinie transforme les agents économiques en ennemis qui doivent se battre. Cette lutte entraîne, comme le notent Bellon et Niosi (1987), pour l'économie américaine de ces 10 dernières années, un état de duplications et de gaspillage extrêmement dommageables sur le plan mondial. Cette mentalité est aussi due à la croyance en ce que Stiglitz (2002 et 2003), Galbraith (1989), Bellemarre et Poulin-Simon (1986) et bien d'autres appellent le «mythe» ou la «magie» du «marché libre» et de la «libre concurrence». Pour le bien du «marché» et pour en respecter les «lois», il faut impitoyablement se battre les uns contre les autres, quitte à être des dizaines à faire séparément des recherches sur les mêmes choses, à développer les mêmes produits ou à réinventer vingt fois la roue. Sur le plan d'une économie mondiale, cela est évidemment un handicap absurde et coûteux, surtout à long terme.

Pendant que les entreprises occidentales se faisaient la guerre, les entreprises du Japon (surtout), sous la houlette du MITI, pratiquaient la collaboration et l'échange de découvertes ou de procédés d'amélioration de la production (Kélada, 1986 ; Sautter, 1987). C'est ce qu'on désigna par le terme «politique de maillage». Ainsi, on peut réellement stimuler la créativité et l'innovation à l'échelle d'une économie tout entière[19].

Ne perdons pas de vue non plus que la notion de croissance infinie conduit à l'émergence de géants monopolistiques ou oligopolistiques. D'ailleurs, ce phénomène est fort bien illustré par les résultats, par exemple, des déréglementations et des privatisations en matière de transports et de tarifs aériens. Ces déréglementations, devant entraîner des services améliorés et des bas prix, grâce aux vertus de la «libre concurrence», ont, après quelques années, abouti à l'abandon ou à la réduction des lignes économiquement non rentables, au détriment des populations comme celles qui étaient desservies par Québecair au Canada. Cela a aussi abouti à une augmentation des prix et à la diminution de la qualité des services. Mais le résultat le plus pernicieux est la prise de contrôle des plus faibles par les plus forts. Le consommateur y a certes à gagner, mais à court terme, c'est-à-dire le temps que les compagnies les plus vulnérables se fassent évincer, au bout de leur résistance.

Voilà donc, très sommairement, les principales facettes de la seconde contradiction dont nous parlions.

---

18. Tout «travail» est une utilisation, donc une dégradation, d'une certaine quantité d'énergie.
19. Nous avons vu que les nations dont les économies donnent les signes les plus clairs de bonne santé, et dont les produits sont les plus appréciés partout dans le monde, sont celles qui pratiquent, à l'intérieur de l'entreprise, des formes de partage et, à l'extérieur, des formes de maillage (Japon, Allemagne et Suède, par exemple).

Il faut comprendre, cependant, que le principe de la concurrence n'est pas mis en cause. Bien au contraire, si on laissait ce principe jouer vraiment et librement, dans un réel esprit de fair-play, comme le supposait Adam Smith, les «bas prix» régneraient et la satisfaction aussi, car à qualité égale, toute marchandise se vendrait quasiment à son coût… Mais cela est une autre histoire[20]. Retenons que c'est l'aspect profondément dysfonctionnel de la course au maximum, sous prétexte de concurrence, qui est en cause, et qui conduit à des situations oligopolistiques (aujourd'hui à l'échelle mondiale), à un gaspillage dramatique des «ressources» humaines, naturelles et de l'énergie, et à une dégradation souvent irrémédiable du milieu naturel. Or, affaiblir son semblable ou la nature, c'est affaiblir son espèce et, en fin de compte, s'affaiblir soi-même.

Telle est malheureusement la loi de la croissance infinie; cela ne peut se faire qu'au prix de l'affaiblissement du milieu ou des autres. Que ces autres soient les concurrents, les pays non développés ou les couches les plus démunies de l'Occident, ou les chômeurs ou les assistés sociaux, au bout du compte, l'espèce tout entière devra en payer le prix. Cela est profondément anti-éthique (l'éthique étant, selon Aristote, «le bien-être de soi et des autres, et la recherche des moyens d'y parvenir») du simple fait que nous ne pouvons, tous, augmenter nos niveaux de vie de façon équivalente, ni de façon exponentielle. C'est le principe des vases communicants: tout ce qui est «gain» pour les uns a forcément son équivalent sous forme de «perte» pour les autres.

Meadows (1972), du Massachusettes Institute of Technology, et Pestel (1988), du Club de Rome, montraient déjà de façon irréfutable qu'il est impossible de continuer à croître économiquement comme nous le faisons. Cela voudrait dire, sur la base des taux moyens de croissance des années 1960, que la quantité de richesses et de biens devrait être multipliée par 500 en l'an 2100! Cela est impensable, sinon dans des conditions invivables pour la majeure partie de la planète[21].

À cela le Club de Rome oppose la notion de «croissance différenciée et qualitative», autrement dit une péréquation, à l'échelle mondiale, de la croissance, supposant la poursuite d'un état d'équilibre et de «rattrapage» progressif par les plus démunis. Cette solution suppose un changement des mentalités d'un bout à l'autre de la planète, un changement bien plus radical que celui qui est souhaité, même, par le programme de Rio en 1992 sur le respect de la biodiversité, ou celui de Kyoto en 2002 sur le contrôle des gaz à effet de serre.

Les contradictions interne et externe constituent les premiers grands éléments tirés de l'histoire et des lois de la nature que le gestionnaire a désormais l'obligation de connaître. C'est en trouvant des solutions, entre autres, à ces deux contradictions que le gestionnaire de demain sera le mieux en mesure de gérer plus «intelligemment[22]».

---

20. En effet, cette discussion implique que l'on saisit convenablement de quoi on parle lorsqu'on parle de «coût», notamment en ce qui a trait à l'énergie globale, à la «juste» rémunération des facteurs, aux effets des externalités ou aux délais de renouvellement des ressources.
21. Pestel (1988, p. 4).
22. Le mot «intelligence» étant aussi pris dans son sens de «connaissance» des choses, de leurs principes et de leurs dynamiques.

LES ABUS DE LANGAGE ET D'ANALOGIES DANS LA PENSÉE GESTIONNAIRE CLASSIQUE

De la convergence des intérêts au monde animal « en concurrence »

Les abus de langage et d'analogies dans le discours et la mentalité du management traditionnel concernent tout un lot de préjugés et d'idées reçues qu'on véhicule, et parfois sous le couvert de « sciences », pour légitimer certains actes de gestion et tâcher de paraître éthique sous pretexte de ressembler à ce que fait la nature.

Le premier grand abus et peut-être le plus pernicieux est celui qui consiste à prétendre, *a priori*, que les intérêts des protagonistes dans l'entreprise sont identiques et que leurs objectifs sont – sauf cas « pathologiques » – partagés et convergents. Il s'agit là d'une façon de fuir la réalité, car cette croyance est contraire aux vérités historiques dûment documentées. Pour nous en convaincre, souvenons-nous des propos et réflexions de Taylor qui parlait d'« ennemis », de « guerre », de « gestion égoïste ».

Il ne suffit pas non plus d'établir que les intérêts sont divergents et de se contenter du constat, comme s'il s'agissait d'une fatalité. Il importe de reconnaître simplement une réalité pour ce qu'elle est et non de la remplacer par une autre qui nous plaît ou qui nous convient mieux. Cette observation devrait conduire à une attitude d'ouverture active et de recherche systématique d'une compréhension des phénomènes en jeu. Pourquoi en est-il ainsi ? Pourquoi les intérêts et les objectifs sont-ils plus souvent divergents que convergents ? À partir de la réponse à ce pourquoi, on peut se demander comment transformer la situation, comment faire de ces rapports dirigeants-employés historiquement et fondamentalement figés et opposés des rapports d'harmonie et de collaboration.

Le deuxième préjugé, quoique indirect et peu évident, mais tout aussi dommageable, est celui que véhiculent les notions de « création économique » et de « création de richesses, de valeur ». Est en cause ici, comme nous l'avons vu au sujet de la contradiction externe, l'idée de « création ». Lorsque les gestionnaires comprendront, avec toutes les conséquences que cela suppose, que, du point de vue de la physique et des lois gouvernant l'univers, il n'y a aucune création, mais au contraire destruction (transformation en un équivalent inutile) de l'énergie disponible, ils comprendront aussi que l'attitude maximaliste est une façon d'user plus vite les « ressources » humaines, les ressources naturelles et leur milieu environnant[23]. Cela est, encore une fois, le contraire d'un comportement éthique.

---

23. Le lecteur qui désirerait avoir plus de détails et d'explications peut se référer à une grande variété de publications traitant de toutes les formes de gaspillage et de dégâts irréversibles dus à l'activité industrielle débridée, notamment Aktouf (2002), Stiglitz (2003).

Et quand on se sent déjà, comme de nos jours, privilégié d'avoir un emploi, on n'en revendiquera que moins[24].

L'entreprise peut bien sûr y gagner à court terme, mais il ne faut jamais oublier – et le Japon est là pour le montrer – qu'une main-d'œuvre qui se sent en sécurité, bien traitée et protégée, est une main-d'œuvre infiniment plus engagée, plus intéressée à ce qu'elle fait et, en fin de compte, infiniment plus productive[25]. Pour atteindre une situation où la main-d'œuvre est une main-d'œuvre de collaboration, d'initiative et de productivité, il faut que les travailleurs soient rassurés sur leur sort. Cela implique une certaine garantie du travail et une réelle volonté de plein emploi, lesquelles ne sont concevables qu'avec l'intervention d'un arbitre suprême au-dessus des «égoïsmes», comme dirait Smith, des uns et des autres : l'État. Toutefois, cet État ne doit pas être un simple «comité de gestion des classes dominantes», comme on le voit un peu partout depuis l'avènement de l'idéologie néolibérale ; ce doit être un État semblable à ce qui se fait dans les social-démocraties et les économies sociales de marché, comme la Norvège, le Danemark ou l'Allemagne.

L'autre ordre d'abus consiste à en appeler, même dans les manuels, à des analogies mettant à contribution la biologie, l'éthologie ou la psychologie animale. On attribuera par exemple à Darwin la légitimation du fait que les uns s'enrichissent ou «évoluent» et que les autres s'appauvrissent ou «disparaissent». On invoquera la sélection naturelle, en ajoutant : «le plus fort survit, le plus fort gagne», ou «c'est la loi de la nature». Or, le darwinisme et les lois de l'évolution des espèces sont loin d'être une question de «loi du plus fort». S'il en était ainsi, il n'y aurait aujourd'hui sur terre que des mammouths ou des dinosaures ! Ensuite, il ne faut pas confondre individu et espèce : la sélection et l'évolution «naturelles» concernent l'adaptation des espèces à la nature environnante, et non pas la «réussite» d'un individu. Par ailleurs, si les loups n'avaient pas élaboré des rites d'apaisement permettant d'éviter que les plus forts n'éliminent ou n'affaiblissent les plus faibles, il n'y aurait plus de loups depuis longtemps.

Toujours selon la même inspiration, on dira que «le gros poisson mange le petit», afin de justifier l'exploitation et la domination comme étant naturelles. Mais, sauf cas particuliers ou aberrants[26], jamais, dans la nature, l'alimentation ou l'agression ne se fait au détriment de sa propre espèce ; on n'a encore jamais vu, dans des conditions normales, une grosse baleine manger une petite baleine, ou une grosse sardine en manger une petite, sinon il n'existerait plus ni baleines

---

24. Souvenons-nous du cynisme de ce membre du patronat qui affirmait que rien ne valait une bonne «récession» pour revigorer la «motivation» des employés... Voir aussi Dejours (1998), Forrester (1999, 2000 et 2004)

25. Tandis qu'il était en tournée à Montréal au début de mai 1989, Makoto Ohtsu, professeur à l'université Nanzan de Nagoya, a expliqué que, lorsque les revenus des entreprises japonaises baissent, ce sont d'abord les patrons et les dirigeants qui réduisent leurs salaires et leurs avantages, avant que, sur une base volontaire, ne suivent les syndicats et les ouvriers.

26. Par exemple, dans des circonstances isolées et selon certaines conjonctures, un lion mâle peut tuer des lionceaux, ou des gorilles peuvent pratiquer le cannibalisme. La mante religieuse dévore le mâle lors de la copulation, les rats trop nombreux s'agressent entre eux. Mais cela est loin d'être la règle.

ni sardines! Et puis, même si les animaux s'entre-dévoraient, s'entre-tuaient gratuitement, dans et entre les espèces, ou laissaient mourir leurs éléments les plus faibles, cela justifierait-il que nous le fassions?

Ce «darwinisme social» est venu à temps (par exemple, Spencer, 1878, 1882 et 1940; Summer, 1914) pour donner bonne conscience à la classe d'affairistes montante, et la dispenser de se poser des problèmes éthiques ou moraux face à l'injustifiable misère imposée aux classes démunies. Ce genre d'idées, abusivement empruntées à Darwin, reviennent avec force de nos jours. J.K. Galbraith explique:

> [...] en montrant que les riches étaient les produits de la sélection naturelle du processus darwinien, Herbert Spencer avait soulagé les heureux élus de tout sentiment de culpabilité et leur avait fait comprendre qu'ils incarnaient, en fait, leur propre supériorité biologique[27].

Il faut être naïf ou aveuglé par l'idéologie pour croire encore à la fable de l'égalité des chances, quand on sait que fréquenter l'école et le collège privés vous prépare beaucoup mieux à grimper l'échelle sociale, ou que, même dans les grandes villes d'Amérique du Nord, les enfants de quartiers pauvres vont en classe le ventre vide, ou se nourrissent de façon telle qu'ils ne disposent pas de l'énergie requise pour fournir les efforts nécessaires aux exigences des normes d'excellence. Sans compter les conditions, purement physiques, d'espace à la maison, de lieux calmes et adéquats pour le travail intellectuel, de disponibilité de livres, d'ouvrages de référence, de personnes-ressources dans la famille.

Mais le mythe de «l'égalité des conditions et des chances» arrange encore beaucoup de monde, et tient lieu d'éthique. Le darwinisme social, en étant accueilli et reconduit avec enthousiasme par les milieux dominants, dans toutes les sphères de la vie sociale, y compris l'entreprise, ne peut que retarder davantage l'avènement d'une mentalité de gestion plus propice à la collaboration et à la mobilisation des employés.

Toutefois, les abus analogiques issus de la biologie ne s'arrêtent pas là. Que de fois n'a-t-on entendu ou lu que l'entreprise est une ruche, ou une fourmilière, un lieu où tous les membres doivent s'affairer frénétiquement et docilement à réaliser leur part, spécialisée et presque immuable, du travail commun? Le prototype de l'employé idéal est alors la fourmi, l'abeille ou le termite: hyperspécialisé, silencieux et laborieux. Heureusement pour notre espèce qu'il n'en est pas du tout ainsi, sinon le totalitarisme le plus sauvage régnerait. Il n'en est pas ainsi tout simplement parce que la comparaison ou l'analogie est scientifiquement intenable: l'organisme qui vit, survit, «travaille» et s'adapte, c'est la ruche ou la fourmilière tout entière, et non une abeille ou une fourmi isolée. On a démontré, expérimentalement, que ce n'est qu'à partir de la réunion de plusieurs dizaines, sinon de centaines, de fourmis ou d'abeilles que celles-ci peuvent survivre. Donc, si comparaison il doit y avoir, c'est beaucoup plus entre une personne et une ruche qu'entre une personne et une abeille. D'ailleurs, nous avons affaire là à des niveaux d'organisation de la vie tellement différents et éloignés que tout rapprochement est saugrenu.

---

27. Galbraith (1989, p. 207).

J'ai également entendu et lu maintes autres comparaisons du genre «l'ours accumule» ou «l'écureuil accumule»: par conséquent, «il est naturel» et «dans l'ordre de la nature» de se mettre à «accumuler», à s'enrichir et à poursuivre des gains maximaux, égoïstes. Mais a-t-on jamais vu des ours ou des écureuils accumuler «au maximum» (ils le font pour un hiver à la fois), les a-t-on jamais vus engranger en faisant travailler d'autres ours ou d'autres écureuils?

La notion de «territoire» chez les animaux a également son office, aussi bien dans le domaine du comportement que dans celui de l'économie de l'entreprise ou dans celui du marketing. Il est question de «territoire» personnel à défendre, de «territoires» commerciaux à conquérir ou à agrandir, de «territoire» d'influence où étaler son autorité, etc. Or, un biologiste, Paul Hopkins (1985), parmi les spécialistes les plus en vue de ces questions, analysant les liens entre gestion et biologie, a montré qu'on ne sait de la notion de «territoire» animal que ce qu'on en a observé, d'abord dans des situations particulières telles que les moments de reproduction, ensuite sur des mâles exclusivement, et à propos de quelques espèces seulement.

Hopkins montre que nous sommes anthropocentristes dans nos interpréta-tions et que nous ne savons même pas ce que signifie réellement se battre ou s'agresser, dans de telles situations, chez les animaux. Quel sens donner au fait que, même dans des «espèces à territoires», il est de nombreux cas sans territoire et qu'entre deux phases «agressives» les individus «coopèrent» tranquillement[28]? Il y a très loin de la coupe aux lèvres quant à tenter de rapprocher «territoire» animal et «propriété» humaine, ou de légitimer nos propres façons d'agir pour «défendre» nos «territoires», et présenter cela comme «naturel» ou comme étant «dans la nature»… donc **automatiquement éthique.**

D'un point de vue purement sémantique, il s'est opéré un glissement dans les termes à partir de la notion primitive introduite par les zoologistes et premiers éthologues de l'école autrichienne, Konrad Lorenz et Karl von Frisch, ou par des psychologues du comportement animal, comme Wolfgang Köhler ou Niko-laas Tinbergen. La notion en question se dit, en langue allemande, *Umwelt* et signifie quelque chose comme «monde propre», ou «environnement propre» de l'animal. Elle renvoie au fait que chaque espèce animale utilise, dans un espace donné, un certain nombre d'éléments particuliers nécessaires à sa vie et à sa survie.

Même si, parmi les pionniers de ces notions, on a pu utiliser aussi le mot «territoire», il faut comprendre que cela n'a strictement rien à voir avec la pro-priété. D'abord, cette notion n'implique aucun droit ni privilège, sinon la néces-sité de «reconquérir» inlassablement l'«espace vital», dès qu'un intrus est ressenti comme une menace à la **survie de soi et de l'espèce** (c'est-à-dire comme une charge supplémentaire, écologiquement insupportable pour «l'environnement propre» à l'espèce, à l'intérieur de l'espace disponible). Ensuite, le territoire n'implique aucune sorte de pouvoir, ou de droit d'agir selon son bon vouloir: tout se fait dans le strict respect des lois de l'harmonie avec la nature et de la

---

28. Hopkins (1985, p. 80 et suivantes).

survie des autres espèces et des congénères. Et, par-dessus tout, on n'a encore jamais vu un animal, quel qu'il soit, tenter d'agrandir son territoire par instinct de croissance! Comme on prétend le faire, «naturellement», pour la propriété.

De même, Hopkins met en garde contre la tentation de transposer les prétendues connaissances établies sur le monde animal et son comportement. Depuis les notions de défense, d'agression, de territoire, de compétition, etc., jusqu'à celles de sélection et de hiérarchie, il montre comment les savoirs sont imprécis, contestés et contestables, et donc les rapprochements faux et dangereux.

Enfin, j'aimerais faire miennes ces exhortations de Hopkins (1985) qui résument l'essentiel de ce sur quoi je voulais faire réfléchir le futur gestionnaire en matière de rapprochements avec la vie naturelle et animale, et, *ipso facto*, d'absolution éthique :

> [Il s'agit] d'essayer plutôt de comprendre comment le groupe dépend de l'individu et, inversement, comment l'individu dépend du groupe. C'est ce problème qui préoccupe et continuera de préoccuper la biologie. Si la gestion veut s'inspirer de la biologie, elle devra en tenir compte (p. 114).

> Notre idée du conflit et de la concurrence chez l'animal porte donc toutes les traces […] d'un désir profond de retrouver chez l'animal la justification de comportements humains difficiles à justifier (p. 116).

Certaines «vérités premières» à reconsidérer et à dépasser

J'appellerais abus de «vérités premières» l'usage systématique de principes, de préceptes, voire de proverbes, présentés comme d'indiscutables bases de la pensée et du raisonnement. Plusieurs auteurs, en particulier Lucien Sfez (1976), ont déjà traité du rôle joué par de telles notions se voulant vérités premières, par exemple dans les processus de décision.

Précisons d'abord que ces notions jouent un rôle qui fausse les manières de penser et de conduire un raisonnement, puisque les prémisses sont prises pour indiscutables alors même qu'elles sont très discutables, et à plus d'un titre. Parmi ces termes ou ces concepts figurent en bonne place les notions de «nature humaine maximaliste», de «droits de propriété», de «productivité financière synonyme de progrès», de «recherche légitime du plaisir égoïste», de «droits du chef». On les traite comme s'il n'y avait qu'une façon universelle et définitive de les concevoir. Voyons cela de plus près.

On a tendance à aborder la notion de propriété privée, qui est à la base de la légitimation de la détention du pouvoir et de l'exercice de la domination, comme s'il s'agissait d'un instinct. Il n'est d'ailleurs pas rare qu'on associe les termes «instinct» et «propriété», surtout lorsqu'on en profite pour appeler à la rescousse le «territoire» des animaux. Le biologiste Henri Laborit le déclare sans détour :

> Il n'y a pas d'instinct de propriété, il y a seulement l'apprentissage par un système nerveux de l'agrément qui peut résulter de l'emploi ou de l'indispensabilité de garder à sa disposition des objets et des êtres gratifiants. Il n'y a pas non plus d'instinct

de défense du territoire […]. Ces comportements ne sont donc pas innés mais résultent de l'apprentissage du plaisir[29].

Ainsi, la notion de propriété, notamment de la terre, telle que la connaît l'Occident aujourd'hui, non seulement lui est propre, mais n'est apparue, en Europe, qu'au xvᵉ siècle! Avant cela, la terre ne se vendait ni ne s'achetait. Ailleurs sur le globe, en Afrique, en Asie, en Orient, de larges contrées vivent encore sous des régimes de propriété tribale, ou clanique, qui sont des formes de «possession» collective des terres. La propriété privée et individuelle leur est aussi inconnue qu'elle l'est pour les peuplades autochtones d'Amérique du Nord, chez qui la seule idée de «posséder», en tant que personne, des pâturages, des collines, des bois ou des ruisseaux, est totalement saugrenue. La propriété individuelle privée et le cortège de «droits» et de privilèges qui vont avec elle ne sont ni «naturels», ni «instinctifs», ni «universels», ni «aussi vieux que le temps».

Voyons à présent les «droits» du détenteur de pouvoir, du «chef», du patron. Le statut rattaché à la propriété et la fonction de chef sont invariablement présentés comme étant associés à la propriété et aux «droits naturels», donc éminemment **éthiques,** qu'elle confère. Ce sont le pouvoir, les privilèges réservés, le «droit» de se servir le premier, de donner des ordres, de se faire obéir, de décider, et ainsi de suite. Là aussi, on n'hésite pas à faire appel au monde animal où il y aurait «hiérarchie», «domination» et privilèges réservés, comme s'alimenter ou copuler en priorité, les choses étant ainsi pour «éliminer» les plus faibles, entretenir en bonne santé les plus forts, qui sont les reproducteurs «choisis par la nature». Est-il besoin de rappeler combien, en particulier en management, est populaire l'idée que nos maîtres d'industrie s'arrogent des droits, des pouvoirs et des privilèges tout compte fait semblables à ceux des chefs animaux?

On invoquera les loups, les lions ou les gorilles pour exprimer le sentiment que le chef et ses attributs existent bel et bien dans la nature. Mais d'abord, la biologie elle-même est encore loin de savoir quel sens mettre dans les mots «statut», «hiérarchie», «domination» quand on parle des animaux. Ensuite, la force d'un loup, fût-il le chef, n'est rien sans celle de la meute et, réciproquement, celle de la meute n'est rien sans la force de chacun de ses loups. Que fait-on de la nécessaire coopération et solidarité entre les membres d'une meute ou d'une horde? Pourquoi n'y voit-on, d'abord, que compétition et domination?

Sait-on qu'on a déjà vu des meutes de loups dirigées par des louves? Physiquement plus menue que le mâle, la louve ne peut en aucun cas être la plus forte du groupe. Sait-on que lorsqu'il y a menace grave (des chasseurs, par exemple), le chef de meute se comporte de façon à attirer à lui les agresseurs, mettant délibérément sa vie en danger (la fin est d'ailleurs souvent tragique pour lui) jusqu'à ce que la troupe soit hors de portée? A-t-on vu beaucoup de nos chefs et dirigeants se porter aux avant-postes des sacrifices à consentir lorsque la collectivité, ou seulement leur propre affaire, est en danger? Ainsi, lorsqu'on fait appel à l'analogie avec les animaux, il faut aller jusqu'au bout de l'analogie, et non ne retenir d'eux ou ne leur prêter que ce qui nous arrange.

---

29. Laborit (1987, p. 121).

Par ailleurs, la fonction de chef n'est, chez les animaux, ni permanente ni héréditaire. Aussitôt qu'est affaiblie sa capacité d'assurer de façon optimale la survie du groupe, le chef est remplacé, et ce, par un mécanisme qui met en jeu et fait participer l'ensemble des membres.

Il n'est évidemment pas question de faire du monde des animaux un monde idyllique, mais seulement de montrer que, quoi qu'il s'y passe, nous n'avons pas à nous en réclamer. Après tout, nous sommes, nous, «doués de raison», et il est hasardeux de nous référer aux animaux alors que nous ne savons tout simplement pas de quoi nous parlons.

On a appris aussi que, dans de très nombreuses peuplades dites primitives, le chef n'a aucun pouvoir, sinon celui de persuasion, ne donne d'ordres à personne, tient sa case et ses biens ouverts et à la disposition de tous, n'est reconnu chef que par la grâce de ses habiletés oratoires et de sa capacité de concilier ou de réconcilier les protagonistes en cas de rivalités. Et souvent, il n'est pas le plus riche, ni celui qui reçoit le plus.

Les notions de productivité, de recherche du maximum, de poursuite âpre et systématique du gain sont également présentées comme un attribut «naturel» et humain fondamental. Or, la plupart des sociétés non industrialisées sont marquées par un rapport avec la production de biens matériels qui en fait un élément très secondaire de la vie. Ainsi, les indigènes du Kalahari ne consacrent, dit Eiblesfeldt (1979), que l'équivalent de deux heures par jour à des activités que nous qualifierions de «travail». Et Devereux (1970) rappelle que le travail du genre de celui de l'humanité industrielle, qu'il dénomme «hyperactivité quotidienne soutenue», n'a d'équivalent ni dans l'histoire ancienne, ni chez les «primitifs».

Clastres (1974) raconte comment on a essayé d'introduire la hache en acier chez des indigènes «bûcherons» d'Amérique du Sud, avec l'idée que ceux qui auraient les premiers ce genre de hache (la leur était en bois dur ou en pierre et coupait donc très lentement) se mettraient à «accumuler» pour acquérir puissance et richesse, ravis de devenir si «productifs». Ce qui se passa laissa les observateurs pantois: nul ne chercha à couper encore plus de bois, ni à accumuler. On coupa la même quantité de bois qu'auparavant en beaucoup moins de temps. On en profita seulement pour augmenter le temps consacré à des activités ludiques ou à des cérémonies sociales !

LES IDÉES IMPORTANTES

SUR LA SOCIÉTÉ

En adoptant une perspective historique afin de mieux comprendre le contexte de naissance de l'entreprise industrielle, il devient possible de mesurer les conséquences de cette évolution particulière sur les façons de faire actuelles, de réfléchir au changement de contexte et aux solutions de rechange possibles et même nécessaires. Durant la Révolution industrielle, il s'est en effet opéré des ruptures fondamentales sur les plans social et économique, plus précisément dans l'acte de travail. Ces coupures ont été légitimées ensuite par des systèmes de pensée largement idéologiques.

Questions

1. Quelles sont les coupures fondamentales qu'a entraînées la Révolution industrielle et quelles sont leurs conséquences sur l'acte de travail ?

2. Quelle est la finalité dominante de l'idéologie gestionnaire qui s'en est suivie ?

3. Quels sont les changements requis pour remédier aux conséquences néfastes de cette logique particulière ?

4. À quel groupe revient-il de prendre l'initiative de lancer ces changements ? Pourquoi ?

SUR L'ENTREPRISE

Cette évolution particulière a donné lieu à une entreprise régie par la logique du gain rapide et maximal. L'efficacité de l'entreprise est assurée par la séparation entre l'exécution et le contrôle serré du travail. Cette façon de faire n'est pas sans conséquences morales et physiques sur la main-d'œuvre, sur la qualité de la production et sur la productivité de l'entreprise. Elle provoque aussi de vives oppositions entre les milieux patronaux et syndicaux.

Questions

1. La communauté d'intérêts entre travailleurs et patrons est-elle réellement envisageable dans un tel mode de fonctionnement ? Pourquoi ?

2. Comment percevez-vous ce système d'organisation par rapport aux capacités de l'être humain ?

3. Quelle direction doivent prendre les changements à effectuer ?

Chapitre 16
Les bases et les orientations d'un management renouvelé

Nous avons passé en revue les fondements historiques et la dynamique de l'entreprise d'un point de vue autre que purement économique. Nous avons relevé les préjugés, les «vérités premières» et les idées reçues qui dominent la pensée du management traditionnelle. Nous avons établi que le gestionnaire d'aujourd'hui et de demain doit s'ouvrir à différentes voies qui semblent déjà se dessiner, mais qui rencontrent encore résistance et combats d'arrière-garde. C'est à l'explication de ces voies que nous consacrerons ce chapitre.

Depuis la division du travail et ses conséquences en ce qui a trait à l'aliénation jusqu'à la notion de «culture d'entreprise», en passant par l'importance de la parole et de la reconnaissance en milieu de travail, nous tenterons d'éclairer, dans un premier temps, l'essentiel des nouvelles façons de parler de la gestion.

Dans un deuxième temps, nous nous intéresserons plus particulièrement au cas d'une entreprise très prospère, innovatrice et toujours aussi prometteuse : la compagnie papetière multinationale québécoise Cascades. Nous essaierons de comprendre en quoi le style de gestion de cette entreprise est porteur de l'essentiel de ce qui semble devoir faire le management renouvelé et intelligent de demain.

Enfin, dans un troisième temps, nous nous attacherons à explorer les grands axes d'un management renouvelé aussi bien en ce qui concerne les pratiques dans les organisations qu'en ce qui touche aux théories et à l'enseignement dans les écoles de gestion.

DE L'ALIÉNATION À LA RÉHABILITATION DU SUJET-ACTEUR «RECONNU» DANS UNE «CULTURE» PARTAGÉE ET DE PARTAGE

Il est question ici du dépassement des situations dans lesquelles nous avons vu les bases de la contradiction interne de l'entreprise.

Il faut comprendre d'abord qu'on continue d'entretenir une inadmissible confusion entre division sociale et division technique du travail.

La division technique du travail a consisté à faire éclater les tâches et les métiers en autant de sous-tâches ou de gestes élémentaires simples, pour faire produire plus en moins de temps, et surtout pour payer moins[1] un travail de plus en plus déqualifié, et augmenter le rendement par unité de temps, dans une économie dite mondialisée et plus compétitive. Mais rappelons-nous qu'Adam Smith lui-même a formulé (déjà au XVIIIe siècle!) un sévère avertissement quant aux dangers d'abêtissement – donc de désintérêt, de désengagement – accéléré de la masse de la main-d'œuvre, occupée à des travaux aussi étroits que la fabrication d'un dix-huitième d'épingle.

Or, non seulement on n'a tenu aucun compte de cet avertissement, mais on a été infiniment plus loin dans la parcellisation des tâches. Taylor avec la rationalisation du travail, le couple Gilbreth avec l'étude des temps et mouvements de même que Henry Ford I avec la chaîne de montage ont fait en sorte que le travail ne cesse jamais de s'émietter davantage.

Smith voyait trois «avantages» à la division du travail: le gain de temps, la spécialisation-augmentation d'habiletés et la stimulation de la propension à innover. Il est facile de montrer que le «gain de temps» ne se justifie que lorsqu'il y a des changements fréquents de tâches, d'outillage (Marglin, 1973; Rifkin, 1980). On peut aussi voir facilement que, en fait d'augmentation d'habiletés accompagnant la surspécialisation, il n'y a qu'habiletés de détails, que perfectionnement de gestes insignifiants!

Enfin, quel genre d'innovations peut-on attendre d'une main-d'œuvre dont la formation est de plus en plus étroite et la tâche de plus en plus réduite, même, comme nous le verrons dans le prochain chapitre, et contrairement à l'opinion commune, dans les métiers dits des nouvelles technologies?

Par ailleurs, ce qui reste fort répandu, ne serait-ce qu'à cause de l'omniprésence des fiches de postes et des descriptions du travail, appliquer le principe de «l'homme qu'il faut à la place qu'il faut», c'est réduire les capacités de la personne aux exigences du poste occupé. Si cela a été une bonne (rentable) façon de faire fonctionner les usines, durant les années de production de masse de l'après-guerre, cela entraîne aujourd'hui un handicap majeur. En effet, à présent, la compétition porte sur la qualité, la qualification et la créativité de chacun, la durabilité, l'élimination des gaspillages. Ces nouvelles exigences impliquent des capacités et des attitudes qui mobiliseraient l'intelligence dans toute l'entreprise.

Comment espérer, sans contreparties différentes de celles qui ont empêché cela jusqu'ici, de l'employé une attitude propice à l'inventivité, à l'initiative, à l'imagination, à l'engagement créateur dans ce qu'il fait? Si l'on veut rivaliser avec les Japonais, les Allemands et les Suédois, chez qui la formation continue et la polyvalence sont investissements et non dépenses, il faudrait songer au même type de contreparties. Ainsi seront possibles l'initiative et la mobilisation de l'intelligence. Cela implique une révision profonde de nos façons d'organiser et de conduire les entreprises: il faut admettre que le management classique à l'américaine a entraîné une déperdition de l'énergie créatrice et un gaspillage du potentiel humain.

---

1. Souvenons-nous du principe de Babbage. Voir aussi à ce propos des classiques comme Friedmann (1950), Gorz (1973 et 1989), Mantoux (1959), Cessieux (1976).

L'être humain, du fait des capacités uniques de son cerveau de générer constamment des «informations», donc des façons nouvelles de s'adapter – de répondre – adéquatement aux variations des conditions du milieu, a su se faire à tous les environnements, y compris ceux de l'espace et des fonds des mers, mais en profite-t-on dans les organisations traditionnelles?

Tolérer un certain niveau d'interpellation par la base, une certaine dose de «bruit» veut dire qu'on a plus que des façons habituelles, répétitives et standardisées de trouver des réponses aux sollicitations variables du milieu, au changement.

Des pratiques comme celles qui découlent de l'esprit du «PODC», l'autoritarisme, les descriptions de postes, la sélection étroite, le contrôle et la discipline sont autant de pratiques sclérosantes. Si l'on regarde de plus près les pratiques japonaises de décisions collégiales, ascendantes et descendantes, de cercles de qualité, on comprend pourquoi la firme y connaît une meilleure performance que ses équivalents nord-américains. Mais tolérer, voire susciter, l'initiative, l'interpellation des ouvriers, ce n'est pas forcément l'obtenir. Cela doit être quelque chose de spontané et de volontaire de la part des employés, et le rôle du management consiste à mettre en place les conditions pour ce faire.

Les conditions courantes actuelles, faisant du travail industriel un travail «aliéné», ne sont sûrement pas les bonnes. Cette séparation de l'humain avec lui-même est due au fait que la tâche est devenue si parcellisée et tellement spécialisée que l'opérateur n'est plus qu'un quasi-outil. Le travail aliéné ne contribue qu'au désengagement et au refuge passif dans l'état d'«objet»: l'employé attend qu'on l'«utilise» (comme le laisse entendre la désastreuse appellation de «ressource humaine») ou qu'on lui dise quoi faire. La première tâche du gestionnaire de demain sera de tout tenter pour mettre fin à cette situation: désaliéner l'employé, (re)donner un sens à son travail et lui fournir une place de sujet-acteur pensant et agissant, quel que soit son rang.

Kélada (1986) ainsi que Kozo et Wolfgang (2003) montrent comment la recherche du sens du travail caractérise le mode de conduite et de gestion des opérations de production au Japon. Les cadres, les ingénieurs et les ouvriers y travaillent de concert; ils se consultent et se respectent. Leurs salaires, leurs privilèges et leurs statuts ne sont pas très éloignés ni très différenciés. Un ouvrier a le pouvoir d'arrêter la chaîne de production s'il le juge nécessaire. Il est formé durant toute sa carrière et effectue des stages dans tous les services de l'entreprise pour tout savoir et tout comprendre. Il est polyvalent, responsabilisé et invité à intervenir constamment, à améliorer les conditions et à suggérer des améliorations. Il est toujours écouté et, en retour, informé de tout. Tout cela, note à plusieurs reprises Kélada, est souvent à l'inverse de ce qui se passe dans l'entreprise occidentale, nord-américaine en particulier. Tout cela représente les conditions centrales d'un travail moins aliéné.

Désaliéner l'employé, c'est faire en sorte que chaque acte qu'il accomplit au travail soit, autant que possible, l'expression de sa volonté et de son désir. L'acte doit aussi permettre une connaissance claire et complète de ce que l'individu fait et de la raison pour laquelle il le fait. Et l'employé doit être reconnu pour cela.

On doit adopter des façons de gérer qui fassent que chacun, où qu'il se trouve, ait accès à l'information globale, et participe à tout ce qui peut l'intéresser.

Avec *Le prix de l'excellence* est né en Occident un courant qui, s'il respecte un certain nombre de principes essentiels, pourra conduire à un tel résultat: le courant dit de la «culture d'entreprise[2]». Conçu à partir de ce qu'on a pu observer chez les Japonais, ce courant propose à l'entreprise occidentale de se transformer en un lieu de complicité agissante où chaque employé se sentira comme un «ambassadeur» de sa firme. Mais on a encore commis l'erreur de croire que cela peut prendre l'allure d'outils de management au moyen desquels il est possible de révolutionner sans faire de révolution.

Pour en arriver à une situation de partage sur le plan des valeurs, des symboles, des croyances, bref, à une situation où régnerait une culture de partage des objectifs, de convergence, de solidarité et de complicité active, il faut bien plus que d'habiles cérémonies, des beaux parleurs et des répétitions rituelles de credo et de valeurs laborieusement choisis par les hauts dirigeants. Il faut des conditions concrètes de partage, de transparence et de solidarité-complicité dans la vie quotidienne du travail.

Ces conditions seront propices aussi pour créer un contexte d'échange et de dialogue, de discussion et de concertation qui ne soient pas de pure forme ou stérilement téléguidés. On commence à se rendre compte de l'importance de la parole en milieu de travail. Très longtemps, et encore souvent, proscrite, parce qu'associée à la perte de temps et à l'indiscipline, la parole devient aujourd'hui un sujet de préoccupation de premier plan. Partout en Occident on se met à rechercher la concertation et le dialogue avec les employés.

Toutefois, on se heurte à un obstacle de taille, difficile à surmonter s'il ne se produit pas de changements radicaux du côté du management d'abord: le bon vouloir des employés! Peut-on obliger des personnes à s'exprimer et à dialoguer? Bien sûr que non. Mais, encore une fois, on peut créer des conditions «organisationnelles» telles que chaque employé sera disposé et aura conscience d'un intérêt, aussi bien matériel que moral, à parler, à dire ce qu'il pense, à se dire[3]. Il faut de plus que cette parole trouve un espace où s'exercer et une écoute symétrique, attentive et complice, et non condescendante et dominatrice, une écoute qui soit suivie d'effets clairs, honnêtes et convaincants.

Le terme «communication» porte, étymologiquement, le sens de «mettre en commun», de partager. Or, on peut facilement montrer que la communication organisationnelle telle qu'elle est conduite et traditionnellement enseignée vise bien plus le contrôle et la domination que la mise en commun. Cela a souvent

---

2. Voir Peters et Waterman (1983), Deal et Kennedy (1982) et Lemaître (1984) pour une prise de conscience du phénomène, bien que, évidemment, je ne partage en rien les «recettes» et les déviations utilitaristes et manipulatrices qui sont avancées par ces auteurs.

3. Il existe déjà nombre de travaux et de publications qui explorent ces problèmes sous l'angle de la linguistique et en dehors des cadres manipulateurs habituels en management: Chanlat (1984 et 1990), Girin (1982), Sainsaulieu (1983), Vacquin (1986), Aktouf (1986b et 1989a). Voir aussi les actes du premier colloque international en la matière, *Travail et pratiques langagières*, Paris, CRG-École Polytechnique, 24-26 avril 1989.

pour effet de faire de la communication un acte de violence symbolique ou de harcèlement psychologique et moral, sans qu'on s'en rende compte. Voici certains phénomènes de pathologies liées à la communication qui sont issues de la combinaison «pouvoir – fantasme de tout savoir – mode pyramidal de management»:

- l'**annulation**: divers procédés d'annulation de la communication, comme un changement brusque de sujet, des contradictions, des incohérences, des phrases inachevées, l'obscurité du style;

- la **collusion**: autoduperie mutuelle par occultation, tricheries, demi-vérités (dire aux patrons ce qu'ils veulent entendre);

- la **complémentarité** et la **métacomplémentarité**: attitude consistant à faire sentir à l'un des interlocuteurs qu'il est en relation de dépendance ou d'infériorité;

- la **double contrainte**: réception d'un message et de son contraire, d'une sollicitation et de son inverse sans possibilité de s'en sortir (contremaîtres qui sont invités à suivre une formation de relations humaines et qui savent très bien que la direction ne veut pas de chefs «mous»);

- le **refus de symétrie**: de même que le refus d'engagement, le rejet, etc., pratiques permettant d'éviter le dialogue et la vraie rétroaction (feed-back);

- la **réponse tangentielle**: réponse invalidant la communication de l'interlocuteur ou la fuyant délibérément (comme couper court à un entretien, parler d'autre chose, s'en aller, garder le silence);

- le **surcodage**: communication par codes restreints, par des signes verbaux et non verbaux, par des mouvements des yeux, etc., pour ne pas être compris de la hiérarchie (comme le font les prisonniers ou les soldats dans les casernes).

Selon les spécialistes de ces problèmes, se mettre sur un pied d'égalité avec l'interlocuteur est une condition de base pour une communication réussie. Ce qui se passe sur le terrain, au point de vue du produit, du client, de la machine, c'est l'employé de base qui le sait, plus que tout autre. Sans sa contribution, sans l'information précieuse qu'il peut fournir en vertu de sa position privilégiée, l'entreprise sombrera vite dans la routine, la passivité, l'esprit d'obéissance attentiste.

Le dirigeant de demain devra faire un choix clair: veut-il «tenir», «contrôler», «manipuler» ses employés ou en faire des partenaires actifs, engagés et interpellants? Les deux chemins sont incompatibles. C'est par l'appropriation, le fait de se sentir un peu «propriétaire» de l'entreprise et de ce qui s'y passe, que l'employé y deviendra l'agent engagé et vigilant que l'on souhaite. Et cela ne se décrète pas artificiellement, cela se vit! Il incombe à ceux qui détiennent les leviers de décision de faire en sorte que chacun puisse se sentir chez lui dans l'entreprise.

Par la transparence, l'honnêteté, la générosité, le sens du bien commun, le partage de tout ce qui peut être partagé (depuis les actions jusqu'aux décisions, en passant par les profits, les produits de l'entreprise, les véhicules, les locaux, les privilèges, le confort, etc.), on peut arriver à créer une telle situation et un tel sentiment. C'est ce qu'ont réussi les dirigeants-propriétaires de la société Cascades au Québec.

CASCADES INC.: UN EXEMPLE DE VISION PARTAGÉE ET DE PARTENARIAT ENTRE DIRIGEANTS ET EMPLOYÉS

Cascades inc. constitue une entreprise, aujourd'hui multinationale prospère, qui a connu une croissance fulgurante en quelques années entre 1978 et 1985. Lancée au début des années 1960, elle a aujourd'hui un chiffre d'affaires qui frise les 4 milliards de dollars, compte 15 400 employés et 150 filiales sur trois continents (toutes gérées sur le même mode). Spécialisée dans les pâtes et papiers, Cascades connaît une grande réussite, notamment dans l'achat et la relance de faillites dans ce domaine. Cette entreprise se distingue par un style de gestion très particulier dont de nombreux journaux ont parlé: maintien de petites usines, décentralisation maximale, gestion très peu paperassière, liberté et autonomie laissées aux employés qui sont très peu encadrés, confiance généralisée, réduction maximale des postes de contrôle, de chefs et de surveillants, partage étendu (profits, informations, décisions, projets, outillage, locaux, véhicules, installations sportives et récréatives, etc.) et proximité-complicité constante entre les dirigeants (propriétaires ou cadres) et les employés à travers une politique des portes ouvertes, la présence assidue aux cérémonies à caractère festif et informel.

L'entreprise est née dans un village de l'est du Québec, c'est là que vivent les patrons fondateurs et c'est là que l'«identité» de Cascades semble la plus vivace et la mieux installée: dans la demi-douzaine d'usines localisées autour du siège social à Kingsey Falls.

Les éléments les plus frappants du mode de gestion de cette entreprise montrent qu'il s'agit d'une organisation dont le fonctionnement ne ressemble en rien à la pratique qu'on observe le plus couramment en management:

- un ensemble de rites d'initiation soigneusement observés et appliqués à tous les «jeunes» par leurs pairs plus anciens;

- un «héros fondateur», considéré comme tel, encore vivant, et connu de tous pour sa simplicité et sa générosité;

- de nombreuses anecdotes confirmant la «mythologie» des héros fondateurs et des dirigeants;

- de nombreuses cérémonies collectives, assidûment suivies par l'écrasante majorité;

- des valeurs ancrées et mûries avec le temps et les actes, largement diffusées et rattachées aux héros fondateurs (et surtout ni écrites, ni martelées, ni claironnées), aucun discours sur la «culture d'entreprise» ou la «famille unie» (sinon dans la bouche des employés) ;

- de nombreux faits, tangibles, de proximité et de partage :

  - il n'y a ni fiche de poste ni description de poste, que des ajustements mutuels de personne à personne ;

  - il n'existe aucun titre ou presque ;

  - les dirigeants ne cessent de répéter qu'ils «ne seraient rien sans les ouvriers» ;

  - les employés sont investis du pouvoir de «s'organiser» ;

  - chacun est associé aux décisions qui le concernent et en est «responsable» ;

  - le droit à l'erreur et la liberté d'essayer sont garantis ;

  - il existe trois ou quatre échelons hiérarchiques, de l'employé aux hauts dirigeants ;

  - la confiance et le dialogue règnent ;

  - le président en personne a son bureau et son téléphone ouverts à tous ;

  - la parole, l'écoute et le contact directs sont généralisés ;

  - il est courant et accepté de contourner la hiérarchie ;

  - une partie substantielle des profits est partagée (avant amortissements et impôts) avec tous, en plus de très bons salaires ;

  - toutes les informations, même celles qui sont traditionnellement considérées comme confidentielles, sont affichées : ventes, profits, commandes ;

  - les outils, le matériel, les véhicules et les produits de l'entreprise sont mis gratuitement à la disposition de tous pour leurs besoins personnels ;

  - les achats d'actions par les employés sont financés sans intérêts par l'entreprise (jusqu'à deux ans) ;

  - le souci de la qualité de la vie de tous, de la protection de l'environnement et le soin apporté aux lieux entourant les installations de production (écoles, villages, infrastructures communes, parcs, etc.) constituent une des données de base de la stratégie du groupe Cascades ;

  - on s'applique à faire suivre d'une action toute demande légitime et tout engagement pris envers les employés, à ne licencier personne, «quitte à renoncer aux profits» (mots du président lui-même).

Chez Cascades, tout le monde aime répéter l'histoire de la création et du développement de l'entreprise par son président, que chacun connaît, souvent en personne, ainsi qu'on connaît son père (du moins pour les plus anciens) et ses deux frères vice-présidents. Les gestes exceptionnels de générosité, de modestie et de simplicité de la part du président, de même que ceux, dans une moindre mesure cependant, de ses deux frères, font l'objet de nombreuses conversations.

Tout le monde désigne par son prénom chacun des dirigeants (ils mettent eux-mêmes un point d'honneur à «être comme tout un chacun»). Les cérémonies, auxquelles s'associent toujours le président ou ses frères, ne sont nullement ressenties comme des corvées; on y revit et confirme toutes les «légendes» et anecdotes diffusées à propos des patrons (un ouvrier de base peut interpeller au micro un des frères vice-présidents et lui demander de «moins se prendre pour un boss»). On y réitère avec force la proximité par rapport aux héros fondateurs, on y concrétise de diverses manières l'affirmation du président selon laquelle il se considère comme «un homme ordinaire», de la même façon que chacun de ses employés.

Est-il utile de préciser que cette entreprise connaît un degré de motivation des employés aussi constant qu'élevé, un climat de travail exemplaire, une productivité croissante et soutenue, un succès financier phénoménal? Bref, c'est le rêve des tenants de la «bonne et forte culture d'entreprise» et des stratégies de compétitivité tous azimuts!

Cependant, loin de moi l'idée d'idéaliser cette entreprise. Toute médaille a son revers, que ce soit la croissance trop rapide, la cristallisation autour de la personne du président, la distanciation qui accompagne inévitablement l'expansion et la multinationalisation, l'écran grandissant que forment les cadres intermédiaires (le *middle management*), plus technocrates, plus sensibles au pouvoir, le caractère paternaliste-féodal du style qui, déjà, en agace plus d'un dans l'entreprise, et ainsi de suite. Mais Cascades constitue, par le temps qui court, un exemple de comportement de dirigeants qui ont su, «par humanisme et gros bon sens» comme le dit le président, réaliser des conditions de partage et de convivialité au travail telles que le travailleur s'y sent partie prenante, et non un simple outil doté de muscles, un objet passif, susceptible de manipulation, naïf et crédule.

Pour mieux comprendre tout cela et pénétrer le mode de gestion pratiqué dans cette entreprise où, répétons-le, la productivité et la performance sont aussi continues qu'étonnantes[4], donnons la parole à son président-directeur général, et à l'un de ses frères, vice-président[5]:

- «Je ne veux pas de descriptions de postes ni de titres: personne n'aura d'autorité par le titre.»

- «Ma philosophie, c'est la franchise et l'honnêteté.»

- «Il ne faut pas raconter de mensonges aux employés: il faut 10 ans pour gagner leur confiance et quelques minutes pour la perdre, peut-être à jamais.»

- «L'employé est un humain, on a les mêmes problèmes, exigences et aspirations.»

---

4. Entre 1999 et 2004, le nombre d'employés du groupe Cascades est passé de 8 000 à plus de 15 000, son chiffre d'affaires, de 1,5 milliard de dollars à plus de 4 milliards, ses filiales dans le monde, de 65 à 150. Voir aussi Aktouf (1988b, en particulier les annexes), ainsi que Chayriguès et Aktouf (1994).

5. Entrevues réalisées à l'automne 1985, puis réactualisées à l'automne 1990, au printemps 2003 et à l'été 2004.

- «Il faut que les travailleurs prennent des décisions; c'est ça, l'intérêt à ce qu'on fait.»

- «Dès les débuts, quand j'étais content des profits, je le disais à tous, et je partageais; je continue.»

- «Le «bon employé» est celui qui parle, et qui parle franchement.»

- «Communiquer, c'est dire tout ce qui se passe, c'est être franc et direct.»

- «Ce qui crée la confiance chez les employés, c'est qu'on leur dit tout.»

- «Ils m'appellent chez moi, mon numéro n'est pas confidentiel, ils me font savoir des choses, même le week-end.»

- «Il ne faut pas dire des choses et en faire d'autres.»

- «C'est les employés qui ont bâti l'entreprise. Ils travaillent tellement dur!»

- «Les employés sont fiers de voir «leur» Cascades réussir.»

- «Il faut créer une camaraderie avec les employés [...] des souvenirs à partager avec eux [...] créer des liens d'amitié entre nous.»

- «Danser toute la nuit avec les ouvriers et leurs familles, et être tous au travail le lendemain matin, c'est mieux que les plus grands discours.»

- «Je suis un «partageux», j'aime partager, j'ai toujours été ainsi, je ne suis pas égoïste...»

Dans un souci de symétrie, donnons également la parole aux employés, à propos de leurs dirigeants[6]:

- «Ce sont des patrons à qui on peut parler.»

- «Avec eux, on est gâtés, choyés.»

- «Ce sont des gens bien compréhensifs.»

- «Le président [désigné par son prénom, Bernard] nous écoute, ça lui fait même plaisir.»

- «Ils sont toujours prêts à partager avec nous.»

- «Bernard n'a pas peur de parler avec un pauvre petit gars comme moi.»

- «Bernard est égal à moi.»

- «On peut demander, poser des questions: ils vont écouter et ils vont ré-pondre.»

- «Ici, chez Cascades, tu ne reçois pas d'ordres!»

---

6. Propos extraits au hasard d'une quinzaine d'entrevues tirées parmi une centaine réalisées jusqu'ici, à l'usine de Kingsey Falls, et largement confirmés ensuite, lors de séjours, de rencontres, dans diverses usines Cascades, de moi-même ou de mes assistants, en 1990, 1999 et 2003.

- «Ils consultent les employés sur n'importe quelle décision; c'est leur point fort.»

- «C'est des gens qui se comportent comme du monde ordinaire, comme toi puis moi.»

- «Bernard dit bonjour à tous, il se souvient de toi et de ton nom... C'est un gars parlant, il aime ça te parler.»

- «Bernard, il peut me demander n'importe quoi, n'importe quand, je le ferai!»

- «Ils ne vont jamais te demander quelque chose qu'ils ne feraient pas eux-mêmes.»

- «On s'aide tous, boss ou pas!»

- «Ils ont beaucoup de plaisir à voir les gars heureux.»

- «C'est vraiment comme dans une famille!»

- «Ce sont des gens à part, comme patrons: Bernard, je dirais, n'est peut-être pas un saint, mais il est bien proche!»

- «Même si je vous dis des choses qui ne vont pas très bien, n'allez pas en profiter pour écrire du mal sur eux ou sur la compagnie.»

- «Ils aiment aider les employés.»

- «Ils veulent que les gens réagissent, qu'ils se sentent chez eux dans la compagnie!»

- «La compagnie, c'est à nous tous!»

- «C'est pour toi que tu travailles...»

Ces propos peuvent laisser songeur, tant ils sont peu répandus dans le monde du travail industriel d'aujourd'hui. Mais, ayant mené cette recherche sous forme d'observation, je peux témoigner d'une exacte correspondance entre ce qui est dit et ce qui est pratiqué, que ce soit dans les usines du village natal de la compagnie à Kingsey Falls, ou ailleurs au Québec (au moins trois autres emplacements étudiés: East Angus, Louiseville et Cap-de-la-Madeleine).

Cascades se présente comme un lieu où le droit et l'exercice de la parole consentis et souhaités par les dirigeants sont bien réels et même revendiqués par tous en tant que mode de fonctionnement indispensable. On constate ici une parole qui joue son rôle de «communication» dans le sens de «mise en commun»: elle participe au maintien du «nous» sans qu'elle soit instrumentale ou utilitaire; elle permet l'intervention du «je» du travailleur qui s'adresse de sa propre initiative à un supérieur, lequel est un «tu» identifiable comme personne en face de soi, même s'il s'agit d'un patron-propriétaire. Cette parole constitue également chacun comme acteur, comme sujet interpellant envers l'ordre et l'autorité en place.

On observe ainsi, chez Cascades, plusieurs différences fondamentales par rapport à la gestion classique qui font que la parole octroyée sera effectivement assumée. Cette situation est le résultat d'un comportement d'ouverture de la part des dirigeants, d'un partage, d'une convivialité, d'une entreprise qui s'offre comme lieu d'appropriation. Ainsi que le disait un des frères propriétaires-dirigeants : «Ça va avec tout le reste : il ne suffit pas de faire participer ou de partager juste les profits ; c'est un tout.» Si l'on souhaite instaurer l'initiative, la collaboration, le dialogue complice et la parole active, il faut que cette parole puisse, sur la base de faits quotidiens et tangibles, dire la proximité, la complicité et la convergence d'intérêts qu'on a alors avantage à défendre ensemble. La prise de parole authentique par l'employé de base – facteur par excellence pour parvenir à l'innovation, à la qualité, à l'«organisation apprenante» – est un acte que les travailleurs n'assumeront que si le contexte permet à cet acte de devenir leur propre désir.

Cet exemple montre comment la mise en pratique d'un mode de gestion hétérodoxe et en totale rupture avec le modèle gestionnaire classique peut déboucher sur le dépassement des contradictions inhérentes à la situation industrielle. La politique des multiples formes de partage, et en particulier le partage du profit, contribue grandement à résorber les effets néfastes de la «contradiction interne» (voir le chapitre 15), tout en faisant en sorte que chacun se sente, à son niveau et à sa façon, «propriétaire» et partie prenante de l'entreprise et de ce qui s'y passe. Imagine-t-on ce qu'on peut réaliser comme économies de surveillance, de contrôle, de règlements ou de suspicion, sans compter les surplus de satisfaction, de plaisir au travail et donc de productivité et de qualité qu'on peut en retirer ?

Pour ce qui est de la contradiction externe, la firme Cascades est connue pour être toujours prête à partager avec n'importe quelle entreprise le «secret» de sa réussite, à consentir des conditions exceptionnelles à des fournisseurs et à des clients, à cultiver des liens de réciprocité et d'entraide, plutôt que des rapports de concurrence rude et sans compassion.

La question de l'environnement est aussi un point de plus en plus présent chez les dirigeants de Cascades, qui se soucient aussi bien des aspects socio-communautaires (comme à Kingsey Falls, où ils sont engagés dans divers projets de la vie municipale : la construction d'une école, d'un gymnase) que des aspects écologiques (comme l'idée de remplacer le procédé de blanchiment du papier à base de chlore par d'autres procédés plus coûteux mais moins dommageables pour le milieu naturel). Le 2 février 2005, un vice-président du groupe Cascades est venu expliquer aux étudiants de HEC Montréal que cette entreprise est un des leaders mondiaux dans le recyclage en tout genre et dans l'usage de technologies les moins dommageables à l'environnement, et que, en définitive, plutôt que de nuire à la rentabilité de l'entreprise, cela l'augmente, au contraire.

En somme, les dirigeants de Cascades agissent un peu comme les Japonais, les Allemands ou les Suédois... mais à la façon de Cascades. Comme dénominateurs communs de ces modes de fonctionnement, citons les divers types de partage, le souci manifesté à l'employé, l'appropriation de l'entreprise, le dialogue, la gestion concertée, la sécurité de l'emploi, l'autonomie et l'auto-organisation, la proximité dirigeants-employés, la simplicité et la quasi-absence de privilèges, la transparence et l'information ouverte.

Cascades représente un «modèle» de gestion très particulier en Amérique du Nord, et un «modèle» humain pour ainsi dire universel. Là où les détenteurs du pouvoir consentent à descendre de leur tour d'ivoire, à se rapprocher de l'employé et de son intelligence, à partager et à dialoguer sur un pied d'égalité, à se faire des partenaires et des agents d'une plus grande justice sociale, etc., il y a solidarité, collaboration, participation et, plus volontiers, partage des objectifs.

Cela peut s'expliquer sur le plan théorique : les Lemaire correspondent presque trait pour trait à ce que recouvre, sur le plan symbolique et mythologique, la notion de héros, par leur façon de transgresser les «tabous» du management classique, comme l'exclusivité de l'information, du profit, de la propriété, du statut, des privilèges[7], et ainsi de suite. Par ailleurs, le fait d'être simplement salarié, et traité comme tel, n'incite pas à agir autrement qu'en «ressource», en «loueur de force de travail» qui attend qu'on lui indique quoi faire pour le faire. Que les choses aillent mieux dans l'entreprise ou non, cela ne change rien pour lui. Il sait qu'on se débarrassera de lui dès les premiers signes du ralentissement des affaires, il aura donc constamment un œil et un pied en dehors de l'entreprise, prêt à sauter sur le premier emploi plus payant. Comment peut-on penser qu'il puisse en être autrement ? Voudrait-on que les employés soient des saints, tout pétris d'altruisme et d'esprit de sacrifice, prêts à la plus grande loyauté et aux plus gros efforts, quand ils savent que leur employeur peut les licencier – et il existe mille et une possibilités pour cela, syndiqués ou non – dès la moindre menace qui pèse sur les niveaux de profits ?

Les Suédois et les Allemands rassurent constamment leur main-d'œuvre sur son sort, le Japon garantit l'emploi à vie. Cascades, à sa manière, s'efforce d'en faire autant. Est-il étonnant, dans ces conditions, de voir que ses employés sont si fidèles à l'entreprise, si attachés à elle, si préoccupés par son sort ? Martin Weitzman (1986), un économiste du Massachusetts Institute of Technology, écrit que, pour remettre l'économie sur les rails d'un avenir plus serein, il faut lier la rémunération de tous (y compris des dirigeants) aux résultats de l'entreprise. De cette façon, l'emploi pourra être stable et fournir une base constante de demande solvable. Mais il faut aussi, comme le font les Japonais, accepter des marges de profits plus réduites et une rentabilité différée plusieurs années durant. Est-on prêt à cela ? Les boulimiques hauts dirigeants et actionnaires du capitalisme financier peuvent-ils le comprendre ?

Les exemples japonais, sud-coréen, allemand, suédois et de Cascades montrent à quel point le fait de s'acharner, en particulier, à réduire les emplois et à transformer ce qu'il en reste en travail à temps partiel, flexible, sur appel, est, à terme, bien plus nocif que bénéfique. En effet, quel travailleur à temps partiel irait mobiliser son intelligence et ses énergies pour penser à la façon d'améliorer ce qu'il fait ? S'il le peut, il fera encore bien moins que ce qu'on lui demande, sûrement pas plus ! La qualité et la performance seront assurées par des employés qui n'ont d'autres soucis à leur travail que de penser à la façon de mieux faire, et

---

7. Dans toutes les mythologies, les héros sont «surnaturels», du fait qu'ils se rendent capables de transgresser des tabous, ce que les simples mortels ne peuvent pas faire. Voir Aktouf (1989b et 1991) pour l'analyse du cas Cascades en ce sens.

cela parce que le sort de l'entreprise et le leur sont liés, et non parce qu'on les manipule à l'aide de gadgets de gestion. «Le secret de notre réussite, s'évertue à dire Bernard Lemaire, c'est la reconnaissance, la proximité et le partage envers nos employés!»

Pour que l'organisation puisse survivre demain, il faudra être capable de mobiliser au bénéfice de ses activités tous les cerveaux et toutes les énergies, tout en ménageant au maximum le milieu environnant. Il faudra faire en sorte que chacun agisse dans l'entreprise comme pour lui-même et adopte une attitude d'amélioration constante, dans la sérénité et, si cela est possible, l'enthousiasme. Et ce résultat, seul un climat d'appropriation, de sécurité de l'emploi, de partage effectif du sort, en bien comme en mal, peut le procurer.

QUEL MANAGEMENT ET QUEL DIRIGEANT POUR L'ENTREPRISE DE DEMAIN?

Avant d'examiner plus en profondeur le management de demain, il convient de s'interroger sur une question qui fait l'objet d'un débat houleux : le management est-il une science, un art ou un ensemble de techniques?

J'ai traité ailleurs plus en détail de cette question (Aktouf, 1984a). Il s'agit d'abord de se rappeler qu'il n'existe aucune tradition de gestion systématisée avant l'ingénieur français Henri Fayol, auteur du premier traité d'administration essayant de rassembler et d'énoncer les idées et les principes des grands chefs d'industrie. Fayol a aussi été le premier à parler de la «possibilité d'enseigner la gestion». Cependant, il ne parle à peu près pas de «science», mais bien plus expressément de «doctrine». Comme l'indique *Le Petit Robert*, ce terme désigne «l'ensemble de notions qu'on affirme être vraies et par lesquelles on prétend fournir une interprétation des faits, orienter ou diriger l'action humaine». Que viendrait faire ici la science?

La science n'a été sollicitée qu'à titre de pourvoyeuse de méthodes – notamment de calculs, de standardisations, de chronométrages, de relevés systématiques – pour produire plus par unité de temps. Tout comme la «science» politique, la gestion emprunte aux différentes sciences ce qui sert le mieux ses buts : augmenter rendements et profits. Bien sûr, cette démarche est parfaitement légitime, mais ce qui l'est moins, c'est l'abus de langage auquel on en vient vite lorsqu'on confère au management le statut de science ou lorsqu'on lui attribue un caractère scientifique.

Pour résoudre le problème, on a, dans les écoles, parlé de «science et art», de «logique et intuition», de «connaissances et habiletés», etc. Mais alors on élude la question plus qu'on ne la résout. Comme dans toute activité humaine, il entre dans celle qui consiste à gérer une part de connaissances scientifiques, une part d'expérience, de techniques, de sens de l'esthétique, d'intuition, etc., mais essayer de déterminer l'importance relative de chacun de ces éléments constitutifs représente une tâche très ardue.

La gestion est une pratique, une action concrète continue, et le gestionnaire est une personne d'action, d'abord et avant tout, comme l'établit Mintzberg (1984 et 2004). Est-ce à dire que n'existe plus la nécessité d'une science, mais uniquement d'«habiletés»? Pas du tout, car celui qui possède plus de «science» ou d'expérience réfléchie sera forcément plus «habile». Il s'agirait davantage d'une forme de sagesse que d'un ensemble de techniques. Cette sagesse consisterait à répondre aux mille sollicitations ponctuelles et difficultés de son organisation et de son milieu, à satisfaire aux exigences des rôles que le gestionnaire doit remplir quotidiennement vis-à-vis de ses collaborateurs, de ses employés, de ses fournisseurs, de ses clients, de la société, de la nature : représenter, informer, comprendre, synthétiser, communiquer, orienter, distribuer des ressources, etc.

La gestion comme problème de «climat» et de qualité des relations

Déjà, plusieurs auteurs parmi les premiers en management, comme M. P. Follet (1942) ou C. Barnard (1950), insistaient sur le rôle qu'ils considéraient comme cardinal chez le gestionnaire : être capable de susciter l'adhésion, de favoriser la coopération. Très tôt a donc surgi la question de savoir comment y arriver.

Dès les années 1930, Elton Mayo (1933 et 1945) posait le problème de ce qu'il a appelé le «facteur humain» et le «système social» dans l'entreprise comme centres de gravité de la gestion. Mais, malheureusement, dans un souci devenu obsessionnel de conquérir le statut de «science exacte», les chercheurs, ainsi que les méthodes d'analyse et les programmes de formation, ont dévié vers l'acquisition de techniques, d'outils et de principes basés presque exclusivement sur les calculs et les chiffres (le 9 février 2005, le prestigieux *New York Times* dénonce cela comme étant la voie et la source ayant conduit à des comportements secs, déshumanisés, aussi aberrants que dénués de scrupules et d'éthique, tels que ceux dont se sont rendus coupables les hauts dirigeants de Enron, Tyco, Xerox, Nortel, Hollinger, etc., depuis quelques années). La gestion est devenue une question de mesures, de statistiques, de standardisation, de possession de techniques toutes prétendues plus scientifiques les unes que les autres, et même capables de transfigurer la réalité en jouant habilement sur la «magie» des chiffres[8].

Les sciences dites exactes, ainsi que leurs émules, les sciences économiques, financières, etc., ont trop été considérées comme neutres et «objectivement fondées». Elles ont donc acquis le statut de matières les plus importantes dans tout ce que le gestionnaire doit savoir, appliquer et maîtriser, si bien que la partie sociale et humaine de la vie de l'entreprise a été considérée ou comme allant de soi, ou comme réductible aux raisonnements comptables, ou comme «techniquement» gérable.

Les visions «mécaniste» (voir toutes les choses selon les principes newtoniens de la mécanique, de la machine, y compris l'organisation et l'humain) et «économiste» (envisager à peu près tout comme étant régi par la maximalisation des

8. Voir Mintzberg (1990 et 2004).

gains) ont énormément nui et continuent de nuire à nos façons de gérer, et à la performance de nos entreprises.

À partir de ces constats et des exemples de plus en plus nombreux de réussites basées sur un climat relationnel et social conduisant à la coopération avec l'ensemble des employés, on voit que la gestion est de moins en moins affaire de savoirs spécialisés et de plus en plus affaire de principes et d'habiletés propres à favoriser une certaine qualité d'être ensemble et l'effort collectif.

Le travail du gestionnaire ne peut plus être conçu exclusivement en fonction de calculs, de techniques, d'outils ou de recettes. Il est plus que jamais une pratique sociale, une capacité de faire vivre en harmonie et en coopération tous les acteurs au sein de l'entreprise. Les éléments techniques et économiques qui peuvent être gérés techniquement et scientifiquement sont secondaires – même s'ils restent importants – par rapport à cette habileté fondamentale du gestionnaire qui ne peut plus être celui, aujourd'hui dépassé, des années 1950 : comptable en chef et père Fouettard ou même, pour reprendre l'expression de Hammer et Champy (1993), « dictateur bienveillant » !

Le gestionnaire de demain saura comprendre avant d'agir, utiliser sa réflexion et son jugement, appuyés sur des connaissances et des expériences intériorisées, riches et variées, plutôt que sur des « instruments » tout faits. Et surtout, il saura susciter l'intérêt et miser sur les « ressources » les plus adaptatives, les plus innovatrices, les plus créatrices et les plus enrichissantes qui soient : les employés.

À propos des notions d'innovation et de créativité

Il n'est pas très avisé, comme beaucoup le font, de se complaire dans la croyance en une magie des sciences, du marché, investis du rôle de trouver une solution à nos problèmes, un jour ou l'autre. Maintenant qu'on a constaté les dégâts qui ont été causés à la nature, après les Hopkins, les Jacquard, les Meadows et les Saul, on peut dire que cette croyance est le rêve du technocrate qui veut rester aveugle à ce qui se passe autour de lui et à ce qui ne cadre pas avec ses objectifs d'accroissement indéfini de la puissance et des profits. Mais, déjà, les techniques et la science se retournent contre nous, parce que le sens de leur développement n'est souvent plus ni naturel ni humain. Tout cela concerne à plus d'un titre le gestionnaire, qui ne peut plus ignorer les retombées autres que financières de ses activités.

Une des pièces maîtresses, brandie par certains milieux comme solution à presque tous les maux, est la robotisation, puis les « nouvelles technologies ». On veut oublier que celles-ci coûtent bien plus qu'on ne le pensait et qu'elles posent autant de problèmes qu'elles en résolvent[9]. En particulier, la robotisation adoptée en vue d'éliminer la main-d'œuvre directe (contrairement au Japon, par exemple, qui s'est robotisé dans un contexte d'une pénurie de main-d'œuvre

---

9. Ebrahimi (2002), Brandt et Treece (1986), Harbour (1986), Deming (1987), Whiteside et Brandt (1985) et Sprouse (1992) donnent des indications sur les retombées, les enjeux, les coûts, etc., de la robotisation et des nouvelles technologies de l'information et de la communication en Occident.

qualifiée, et en collaboration avec les ouvriers) ne peut qu'exclure, en même temps que les personnes, les capacités d'un usage intelligent des moyens de production et des robots… y compris des ordinateurs.

Aussi ingénieux soient-ils, les ordinateurs ne remplaceront jamais les capacités du cerveau humain quant à la compréhension des situations spécifiques et variables et quant à la réaction à ces dernières. La présence de l'être humain est tout à fait irremplaçable, dès qu'il s'agit de la moindre capacité d'adaptation ou de réaction à l'imprévu, ou d'imagination.

La clé du succès du Japon et de plusieurs «excellentes» entreprises américaines, d'après Kélada (1986) et Peters (1988), réside dans une mentalité de qualité et d'innovation. Ainsi, ce n'est qu'après avoir obtenu un haut niveau de qualité, impliquant l'initiative et la contribution, en particulier, de l'ouvrier, que la direction de l'entreprise se préoccupe de coûts, de volumes ou du point mort au Japon, contrairement à l'entreprise occidentale. Pour sa part, Dana Corporation, une entreprise américaine qui a connu un redressement spectaculaire, pratique une évaluation et un système de récompenses basés sur l'inventivité des employés.

Mais, en définitive, qu'est-ce qu'être inventif et créatif ? Pour certains, il peut s'agir d'une sorte de don, comme un sixième sens. Toutefois, cela est rarissime, et, par exemple dans le monde des sciences, il se produit environ un cas tous les siècles : Einstein, Newton, Léonard de Vinci. Pour le commun des mortels, il faut chercher ailleurs l'explication et la source de la créativité. La biologie et la neurophysiologie peuvent nous donner une bonne partie de cette explication[10] : l'être humain est la seule créature dotée, grâce à son système nerveux central, d'un système dit «associatif». Ce système, au moyen de cellules nerveuses spécialisées dans les associations-combinaisons (entre éléments stockés dans le cerveau), permet la pensée créatrice. Les combinaisons ainsi effectuées constituent une nouvelle information générée par le cerveau humain, ce qui donne la capacité d'invention et de créativité.

Cependant, pour qu'un individu soit plus créatif qu'un autre, hormis les cas de dons exceptionnels, il n'y a qu'une condition possible : que le nombre d'éléments à combiner soit plus grand et que ces éléments soient plus riches et plus variés. Autrement dit, un système associatif ne peut «associer» que ce dont il dispose dans la mémoire de chacun. La créativité et l'intuition ne sont pas, comme hélas beaucoup de préjugés – et de vendeurs de séminaires – le laissent croire, une génération spontanée. Une tête plus ou moins vide de connaissances et d'expériences réfléchies n'associera et ne créera que peu de chose. Il n'y aura de possibilité d'associations et d'imagination créatrice que s'il y a un minimum de variété et de richesse dans les éléments accumulés et mis à la disposition du système associatif pour qu'il remplisse son office. L'intelligence individuelle, c'est une mémoire combinée, et l'intelligence collective, ce sont des cerveaux combinés.

---

10. Laborit (1974, 1979 et 1985), McLean (1992).

Notre «système-mémoire», pour ainsi dire, individuel et collectif, doit être constamment «alimenté» en variété et en connaissances pour pouvoir mener à la moindre capacité créatrice. Il s'agit d'une sorte de culture générale permanente. Plus on connaîtra de choses diverses (par l'étude, par la lecture, par la discussion avec autrui ou par l'expérience réfléchie), plus on sera capable d'associations variées, originales, plus adaptées, plus créatrices.

Fayol ne faisait-il pas de la **culture générale** une des qualités centrales du gestionnaire? Lussato et Messadié (1986) de même que Mintzberg (1976 et 2004) montrent comment l'éducation générale permanente reste l'une des forces des dirigeants japonais. Herzberg (1980) lui-même en a appelé à une bonne éducation générale et à une formation aux humanités systématique dans la préparation des gestionnaires. Les employés suédois, allemands et japonais sont plus éduqués en moyenne que les Occidentaux, à poste égal, et se cultivent, lisent et sont formés en permanence. Par exemple, l'effort de formation des employés dans la firme allemande est sept fois supérieur à celui de la firme canadienne, et les heures de formation par employé, en moyenne par an, du Japon et de l'Allemagne sont de 140, contre 2 en Amérique du Nord! C'est, dirait-on, une question mathématique: plus la formation de chacun sera générale, variée, continue, plus il aura de chances d'être créatif. Plus il aura de possibilités de s'exprimer, de participer, d'être écouté, plus il aura de chances d'être créatif au niveau de l'organisation tout entière, en «combinaison» avec les autres.

La loi de la combinatoire nous apprend que les capacités de combinaisons (d'associations) s'accroissent vertigineusement dès qu'on augmente un tant soit peu le nombre d'éléments à combiner[11].

La culture générale n'exclut absolument pas la spécialisation ou la professionnalisation. C'est plutôt la spécialité ou l'expertise professionnelle, solidement appuyée sur une recherche de sens générale et sur une mise en perspective, qui donne un relief et une signification plus complète aux décisions et aux actes de gestion, ainsi qu'aux savoirs qui sont mis à contribution par la gestion.

Plus que jamais, et plus que tout autre, le gestionnaire est dans l'obligation de connaître, de soupeser et d'évaluer les multiples facettes et conséquences de ses actes, de même que les nécessaires interdépendances qui régissent le fonctionnement de toutes choses dans l'univers. Il ne peut plus, en particulier, ignorer les lois des systèmes et traiter la complexité à l'aide de méthodes et

---

11. Un des fondements de la combinatoire est basé sur la fonction factorielle «$f(n) = n!$» («$n!$» se lit «factorielle de n»). Si l'on s'amuse à faire des calculs, on peut s'apercevoir qu'en passant, par exemple, simplement de 5 éléments (5!) à 10 (10!), on arrive à un nombre de combinaisons plusieurs dizaines de milliers de fois supérieur! À titre d'illustration, 5! = 120, tandis que 10! = 3 628 800. Cela montre combien la variété et la quantité d'éléments à la base sont importantes dans la possibilité de génération de combinaisons nouvelles (combinaisons qui alimentent un système de «tirage» à vue – et non probabiliste – et qui n'ont nul besoin d'être convergentes pour être plus efficaces, pas plus qu'elles ne sont une menace à des «mouvements browniens», puisque l'ensemble en question – comité, cercle de qualité, etc. – se limite au traitement d'un thème ou d'un problème précis à la fois).

de solutions triviales[12]. Cette complexité fonde la formule qu'on doit à René Dumont, spécialiste des questions alimentaires mondiales, et qu'on entend de plus en plus : «penser globalement et agir localement». En effet, toute action, aussi localisée soit-elle, a des répercussions sur de multiples éléments interdépendants. Un résultat d'une absence de réflexion globale, c'est, par exemple, la mort des baleines blanches du golfe du Saint-Laurent (tôt ou tard sera atteint l'homme qui est au bout de la chaîne alimentaire, laquelle commence ou passe nécessairement par l'eau), à cause des multiples effets conjugués d'actes de gestion isolés ou locaux, que ce soit la gestion de fermes, d'usines, de municipalités ou de bases militaires.

Voyons à présent ce que ces changements nécessaires impliquent sur le plan du travail du dirigeant et sur celui de l'élaboration des activités d'administration.

LA PRATIQUE ET LES SAVOIRS EN GESTION : QUELLES HABILETÉS ET QUELS PROGRAMMES DANS LES ÉCOLES ?

Avant d'aborder plus directement ce qu'on peut indiquer en matière de renouvellement didactique du management, il serait utile de se demander pourquoi ce qu'on appelle la «crise de gestion[13]» met tant de temps à se résorber. Cette crise perdure essentiellement pour les raisons suivantes :

- Les dirigeants et les écoles de gestion ont ignoré la dimension historique qui montre en quoi le passé porte et nourrit le présent et l'avenir.

- Ils ont ignoré, par conséquent, la contradiction interne, qui est un obstacle majeur à la cohérence et à l'harmonie dans l'entreprise.

- Ils ont ignoré l'apport des sciences fondamentales, à tout le moins ils y ont eu recours de façon partiale et partielle.

- Ils ont ignoré les facteurs alimentant la contradiction externe : l'impossibilité physique et les dangers considérables (dégradation accélérée de l'énergie disponible et de la nature, entre autres) de la croissance maximale ou indéfinie.

- Ils ont servi trop longtemps, même à l'encontre des sciences et du bon sens, les désirs maximalistes des milieux d'affaires et des actionnaires.

- Ils ont choisi leurs théoriciens et leurs prévisionnistes selon le sens de ces désirs (en ne tenant aucun compte, par exemple, des divers rapports du Club de Rome).

- Ils ont ignoré, au profit de la logique technico-comptable, les dimensions humaine et sociale profondes dans l'entreprise et à l'extérieur de l'entreprise.

---

12. Bertalanffy (1973), Rosnay (1975), Atlan (1972 et 1985), Morgan (1989), Aktouf (2002).
13. Aktouf (2002), Mintzberg (2004), De Gaulejac (2004), *The New York Times* (8 février 2004).

Le journal *Les Affaires*, de Montréal, parlait, dès le 6 mai 1989, d'un «nouveau management», qu'on attend toujours et qui ressemble étrangement à ce qu'on fait dans les pays du capitalisme industriel (Japon, Europe du Nord, Corée du Sud) et chez Cascades :

- éliminer les organigrammes ;

- faire sauter les titres ;

- remplacer l'autorité par la crédibilité ;

- prêcher par l'exemple et non par les ordres ;

- ne plus se croire au-dessus des lois parce qu'on est patron ;

- informer ses employés de tout ce qu'on fait ;

- accorder ses actes avec ses paroles et en rendre compte ;

- abandonner les credo et les slogans bidon ;

- faire participer les employés non seulement aux bénéfices, mais aussi aux décisions ;

- lier l'amélioration de la production à l'amélioration des conditions de travail ;

- admettre la nécessité de court-circuiter la hiérarchie si l'on veut être «participant» ;

- cesser de recruter des cadres pour leur seule expertise technique ;

- ne plus chercher uniquement des subalternes qui pensent comme soi ;

- donner aux subalternes et aux employés le goût de travailler pour soi ;

- ne plus réunir les hauts dirigeants en Floride ou changer sa voiture, alors qu'on dit aux employés qu'on est en récession.

Il va sans dire que je souscris pleinement à une tel programme fixant les habiletés du dirigeant du XXIe siècle. Mais il s'agit là d'un défi de taille à relever. On revient, 80 ans après, à l'exhortation de Frederick Taylor : changer les mentalités, mais **changer d'abord la mentalité des dirigeants,** car les changements chez les employés en sont tributaires et n'en sont, souvent, que la conséquence.

Le management renouvelé dans l'entreprise

Synthétiser en quelques paragraphes tout ce que nous avons vu et discuté à propos des voies de renouvellement du management, et en faire une sorte de capsule indicative de ce qui devrait se passer sur le terrain de la gestion, dans le quotidien du gestionnaire, est loin d'être chose facile. Néanmoins, en partant des expérimentations et des différentes façons d'administrer qui semblent çà et là donner de bons résultats, et en puisant chez les observateurs, les chercheurs et les praticiens les plus autorisés ou les plus écoutés, on peut dresser un tableau des principaux éléments qui ne devraient plus ou qui, au contraire, devraient de plus en plus figurer dans la tâche du dirigeant.

Henry Mintzberg montre la voie qui semble la plus évocatrice, bien qu'indirectement, de ce qui sera la base des habiletés requises. Que dit-il, en effet, lorsqu'il révèle que le travail du gestionnaire est extrêmement varié, fragmenté, à la fois spécifique et polyvalent, et s'exerce sur des situations totalement non structurées, non reproductibles, multidimensionnelles[14], sinon qu'il y a là complexité, et donc nécessité de développer des capacités *ad hoc*? On peut résumer l'essentiel de ces capacités en une seule : la capacité de «lire» des situations, d'effectuer des synthèses, des combinaisons, des associations, afin de comprendre ce qui se passe et d'enclencher un processus de réactions adaptées, intelligentes (Morgan, 1989). C'est ce que signifie remplir simultanément la dizaine de rôles informationnels, décisionnels et interpersonnels que recense Mintzberg.

Plus les choses vont vite, plus la planète devient un village global, et plus la situation se complexifie. Or, nous l'avons vu, l'habileté qui permettrait de faire face à cette situation le plus adéquatement est celle qui touche aux aptitudes à générer des combinaisons originales, aussi bien pour comprendre que pour agir et, surtout, pour comprendre avant d'agir. On ne peut y parvenir sans l'aide d'une culture générale basée sur des savoirs pluridisciplinaires et fondamentaux, ce que préconise également un gestionnaire prestigieux comme Lee Iaccoca (1985). Le dossier du journal *Les Affaires,* dont nous parlions précédemment, n'en dit pas moins lorsqu'il affirme : «L'entreprise doit apprendre à se développer selon plusieurs logiques et non plus une seule.» De même, il constate que les cadres ne sont malheureusement pas «embauchés pour leurs qualités de gestionnaires, mais pour leur expertise technique». Pourtant, on a toujours pris la gestion pour un ensemble de techniques (le sempiternel «comment faire» ou *how to*), et les diplômés en gestion pour des experts-techniciens, détenteurs d'outils plus scientifiques les uns que les autres.

Il est clair aujourd'hui, après tout ce que nous avons vu, que si le gestionnaire doit viser une compétence cardinale, ce serait celle d'être capable de **générer un climat et des conditions tels qu'ils suscitent adhésion et mobilisation de tous.** C'est ce que visent les promoteurs et les adeptes de la culture organisationnelle.

Le but des adeptes de la culture d'entreprise et de la «qualité totale» est très louable, mais pour l'atteindre on ne peut faire l'économie de changements profonds dans les rapports de travail, ni d'un nécessaire ancrage dans des conditions matérielles porteuses de «preuves» de solidarité et de communion d'intérêts. La plupart de ces changements, si l'on tente une synthèse des plus récentes contributions, consisteraient en une sorte de double mouvement simultané de ruptures et d'ouvertures.

Les ruptures consisteraient à se résoudre à abandonner :

- la quasi-exclusivité accordée au modèle rationnel, dominant le management traditionnel et charriant la croyance magique en une rationalité presque

---

14. C'est là la matière, surtout, de son livre *Le manager au quotidien,* paru en 1984, reprise autrement dans son dernier ouvrage, *Managers, not MBA's,* publié en 2004.

absolue qui guide, rend prévisibles et fonde les comportements ainsi que les circonstances[15] ;

- l'usage systématique d'instruments basés sur le calcul, l'analyse chiffrée, qui mène à tout transformer en variables mesurables ;

- la croyance, grâce à ces instruments, en la possibilité de prédictions, de prévisions, d'actions sur les circonstances, qui seraient presque infaillibles (puisqu'elles seraient «scientifiques») ;

- la croyance, comme corollaire, en sa propre omnipotence et omniscience, en tant que dirigeant ;

- la croyance, symétrique, que les employés et les ouvriers sont limités, incapables de gérer leur travail, incapables de décisions ou d'initiatives sensées ;

- la conviction qu'il faut maintenir le plus de distance possible vis-à-vis des employés pour mieux les contrôler ;

- la conviction qu'il faut tout planifier et s'assurer, par une surveillance et un contrôle étroits, que les plans se réalisent ;

- la conviction que deux grandes spécialités doivent diviser l'entreprise en deux catégories de personnes : d'un côté, celles qui pensent et conçoivent, et, de l'autre, celles qui obéissent et exécutent ;

- la croyance qu'il est normal de ne pas partager les informations, les profits, les décisions avec ses employés, que cela ne les regarde pas ;

- la croyance qu'il est tout aussi normal de se réserver des privilèges : luxe des bureaux, salaires, primes et dividendes hors de proportion ;

- la conviction que seuls les dirigeants possèdent les connaissances et les capacités permettant de savoir et de décider ce qui est à faire, comment le faire ;

- la croyance que tout système de participation, de concertation, de codécision équivaut à des risques de perte de temps, d'infinies discussions, de bavardages stériles ;

- la croyance parallèle qu'on peut, avec succès, se contenter d'une pseudo-participation, faire semblant d'associer les employés à la détermination d'objectifs ou aux décisions ;

- la conviction, plus ou moins consciente, que l'employé est une personne crédule, naïve, toujours consentante et incapable de se rendre compte du caractère manipulateur de la plupart des façons dont on le gère ou dont on cherche à le motiver ;

- la croyance que, quel que soit le travail à effectuer, il suffit de jouer sur les dispositions psychologiques de l'individu (les perceptions, les valeurs, les symboles) pour en faire une activité stimulante ;

---

15. Peters et Waterman (1983), Peters (1988), Chanlat (1984), Chanlat et Dufour (1985), Villette (1988), Lussato et Messadié (1986), Toffler (1986), Mintzberg (1989a et 1990), Morgan (1989), Saul (1993).

- la croyance que la poursuite du maximum (profits, rendements, efforts) est non seulement légitime, mais naturelle et n'a pas de conséquences sur les personnes et l'environnement;

- la conviction que le profit à court terme est la meilleure mesure de l'efficacité (calculer les profits par trimestre);

- la croyance que l'ordre, la discipline et le contrôle exercés par les dirigeants (qu'on confond volontiers avec l'organisation et l'efficacité) sont les plus sûrs moyens d'atteindre la rentabilité;

- la croyance non clairement avouée, mais omniprésente et diffuse, que l'employé est plus un coût (salaires et effectifs qu'il faut toujours essayer de réduire) qu'autre chose;

- la conviction que la satisfaction (maximaliste et à très court terme) des actionnaires est la mesure de toutes les formes d'efficacité;

- la conviction que la croissance est infinie et à la portée de tous;

- la croyance que le point de vue financier est l'alpha et l'oméga de tout acte de gestion efficace.

Ainsi, il faut remettre en question presque l'ensemble de la tradition gestionnaire occidentale, de type nord-américain, la plus ancrée dans les mentalités.

Quant aux ouvertures auxquelles le gestionnaire devra consentir de plus en plus, la plupart d'entre elles représentent simplement le contraire des éléments de rupture que nous venons de voir. Il faudra ainsi s'ouvrir davantage à:

- une gestion de bon sens et de «logiques diverses» dont il faut être capable de réaliser la synthèse;

- une gestion qui mobilise et associe un maximum de personnes dans l'entreprise;

- une gestion de proximité, de solidarité, de plus grande équité (y compris matérielle) avec tous les employés;

- une gestion de partage et de mise en commun de l'information, de la réflexion, des décisions, des privilèges, des gratifications, des profits;

- une attitude de rejet des dogmes: ordre, discipline, obéissance, prévisions, contrôle, poursuite du maximum à court terme et à tout prix;

- une attitude de sensibilité aux savoirs plus fondamentaux et moins instrumentaux: comprendre avant d'agir, agir localement tout en étant capable de réfléchir globalement;

- une attitude de sensibilité envers la qualité de la vie et le bien-être des personnes, ainsi qu'envers la qualité de l'environnement;

- une attitude de plus grande humilité, de prudence et de recours à toute l'intelligence disponible, en particulier celle des employés de la base, pour mieux faire face à la complexité;

- une reconnaissance sans équivoque de l'existence des contradictions interne et externe, et une volonté de traiter les problèmes qu'elles engendrent, soit une divergence d'intérêts fondamentale et une maximalisation à outrance ;

- une recherche de réintégration du sens au travail industriel, de dépassement de l'aliénation ;

- une recherche d'autonomie relative pour chacun dans l'entreprise et non pas seulement pour les cadres et les dirigeants ;

- une poursuite de la polyvalence des employés et d'un réel enrichissement de leurs tâches, qui consiste à donner vie aux notions de «pouvoir d'agir» (*empowerment*) et d'«auto-organisation» ;

- une gestion basée sur la confiance et le dialogue, qui implique que les dirigeants quittent leur tour d'ivoire pour discuter sur un pied d'égalité avec leurs employés.

Cependant, tout cela pourrait demeurer stérile et totalement inopérant si l'on ne réalise d'abord une condition fondamentale, celle que l'exemple de Cascades illustre : permettre aux employés de s'approprier le plus possible ce qui constitue l'entreprise, et ce, par la transparence, l'équité, la proximité et le partage, par le lien effectif entre le sort de l'organisation et le sort de tous ses membres. Mais encore faut-il que la façon dont sont formés les futurs gestionnaires soit en conformité avec tout cela.

Le management renouvelé dans les écoles de gestion

Le prototype de la formation au management, le MBA (*master of business administration*), est depuis plusieurs années déjà l'objet de très sévères critiques et remises en question[16]. La majorité des reproches qui sont faits à ces hauts diplômés en management rejoignent l'essentiel de ce que nous avons débattu jusqu'ici. En résumé, on avance que les titulaires de MBA :

- manquent d'une perspective générale ;
- ont des connaissances trop techniques et étroites ;
- manquent de sensibilité humaine ;
- analysent et calculent à l'excès ;
- manquent de réelles capacités de réflexion (analyser et calculer n'est ni penser ni réfléchir) ;
- sont inutilement hyperactifs ;
- sont souvent imbus de leur supériorité ;

16. Friedrich (1981), Delvin (1986), Peters et Waterman (1983), Villette (1988), Deming (1987), Herzberg (1980), Sayles (1970), Etzioni (1989), Saul (1993), Mintzberg (1989a, 1990 et 2004).

- sont trop enclins à croire qu'ils savent tout ;

- sont maladroits, sinon nuisibles, dans leurs façons de communiquer et de conduire leurs relations interpersonnelles ;

- manquent du sens de l'histoire ;

- témoignent d'une profonde insensibilité aux valeurs sociales et humaines ;

- sont trop préoccupés du court terme et de leur carrière.

Peters et Waterman (1983) effectuent une attaque en règle, dans un chapitre entier, à l'encontre de la façon dont sont éduqués et formés les détenteurs de ce prestigieux diplôme. Ils citent à ce propos Edward Wrapp, professeur de l'université de Chicago et auteur réputé, qui aurait déclaré : «Nous avons créé un monstre […] les *business schools* ont, plus que toute autre chose, assuré le succès de l'invasion japonaise et ouest-allemande sur le marché américain[17].»

Cette affirmation remonte au début des années 1980. C'est dire qu'il devient urgent, dans les années 2000, de s'interroger sérieusement sur ce qui s'enseigne dans les écoles de gestion de type management à l'américaine. Remarquons qu'il ne s'agit pas de nier certains progrès réels qui ont été permis grâce à ces écoles, mais d'en faire un bilan lucide et sans complaisance.

Aucune façon de faire ne peut être éternelle, ni simplement réaménagée en surface, quand tout change en profondeur. Ainsi, la plupart des outils mis au point en management pourront toujours s'avérer utiles et efficaces. Ils doivent toutefois s'adapter à leur temps et se mettre au service d'un état d'esprit différent (plus participatif, moins maximaliste, plus orienté vers la qualité des environnements, du faire et de l'être), et ne pas remplacer les savoirs plus larges ou la réflexion. Ces outils sont faits, répétons-le, pour qu'on s'en serve et non pour être servis.

Alain Chanlat s'interrogeait ainsi il y a déjà plus de 20 ans :

La formation en gestion prédispose-t-elle ceux qui l'ont reçue à trouver des solutions aux genres de problèmes et de difficultés que rencontrent les entreprises ? Les prépare-t-elle à comprendre ce monde complexe et à agir de façon plus éclairée[18] ? »

Plus que jamais, l'école de management devrait remplir son rôle d'institution universitaire, c'est-à-dire être avant tout un forum intellectuel, un lieu de réflexion pour mieux donner un sens à l'action, et un lieu de débat autant sur ce qui va que sur ce qui ne va pas[19].

---

17. Peters et Waterman (1983, p. 55).
18. Chanlat (1984, p. 225).
19. Par exemple, les iniquités sociales, les dégâts du maximalisme, les dégradations multiples du milieu, le désastre des rapports Nord-Sud actuels, les vices du modèle économique dominant (modèle dénoncé aujourd'hui, rappelons-le, non seulement par le Club de Rome, mais aussi aux États-Unis par plusieurs groupes de personnalités prestigieuses – dont des lauréats du prix Nobel – du management et des sciences économiques, tels que H. Simon, A. Solow, A. Chandler et A. Etzioni), les raisons profondes de la démotivation et de la stagnation de la productivité.

Dans son introduction à *La rupture entre l'entreprise et les hommes*[20], Chanlat attive l'attention, en 1985, sur le fait que les disciplines de la gestion sont «enfermées» dans une «perspective technique et limitée» et ne préparent pas les gestionnaires «à comprendre ce qui se passe». En 1989, 1990 et… 2004, Henry Mintzberg[21] fait le même constat. «J'ai vu, dit-il, l'enseignement de ces écoles devenir plus analytique au lieu du contraire.» Et, s'inquiétant de ce que les professeurs de finance, de comportement et de stratégie se déguisent de plus en plus en enseignants de «modèles mathématiques inappropriés» ou en «mangeurs de chiffres», il en appelle à une «modification radicale du corps enseignant et des programmes»! Et il précise que ces changements doivent intervenir même dans les écoles de gestion les plus renommées. Et le fameux périodique américain *Business Week* se demande, en 1993 (numéro du 15 juillet), s'il ne convient pas tout simplement de fermer des écoles comme la Harvard Business School et son programme de MBA!

Les jugements de Mintzberg à l'endroit des écoles de gestion et de leurs programmes actuels sont très durs. Il n'hésite pas à parler de superficialité, de fuite en avant ou dans l'abstrait (y compris dans les choix les plus populaires parmi les options du MBA: finance, stratégie, marketing, système d'information) pour éviter la complexité tourbillonnante de la réalité. Le rôle négatif joué par ce qu'il appelle l'«exploitation» de la méthode des cas lui semble aussi dangereux que le refuge dans les abstractions mathématiques et les calculs: on se croit trop vite «expert» et capable, à la lecture de quelques pages, de prendre des décisions sur des choses dont la complexité et les conséquences sont très au-dessus de tout ce qu'on a pu lire ou débattre en classe[22].

Bien que je ne partage pas tout ce que cet auteur préconise et indique comme portes de sortie, je ne peux que me joindre à Mintzberg lorsqu'il réclame une expérience un peu plus sérieuse du terrain (ateliers de production, relations avec la clientèle, contacts avec les employés, connaissance concrète des organisations) avant qu'on ne s'engage dans des études de techniques abstraites[23]. Mintzberg fustige, à ce propos, ceux qui se lancent sur la «voie express» de la gestion sans avoir jamais «retroussé les manches» ou «vu un client» ou un atelier de production, autrement que dans des séries statistiques ou sous forme de «variables» désincarnées dans une étude de cas. Par ailleurs, Mintzberg réclame des écoles de gestion «plus d'ouverture sur le monde tel qu'il est et non tel qu'il devrait être», ainsi qu'un enseignement qui fasse «connaître aux managers le fonctionnement de l'univers dans lequel ils évoluent». Il demande aussi la revalorisation du rôle des savoirs théoriques et de l'importance de connaître différentes théories, afin

20. Chanlat et Dufour (1985, p. 19).
21. «Formons des managers, non des M.B.A.!» (1989b) et «La gestion n'est pas qu'une question de chiffres» (1990) et *Managers, not MBA's* (2004).
22. J'écrivais à peu près la même chose à propos de la méthode des cas en 1984 (Aktouf, 1984b).
23. Mintzberg souhaite aussi, ce qui est fort logique, que les enseignants aient le même genre d'expérience. (Est-il nécessaire de s'étendre sur l'avantage que tirent les entreprises allemandes du fait qu'un de leurs PDG sur trois ou quatre a commencé comme ouvrier dans son entreprise?)

d'acquérir «les aptitudes à la formalisation et à la conceptualisation» et de pouvoir «confronter» ces théories avec ses propres «théories implicites».

Mais, autre signe des temps, l'ensemble de son plaidoyer n'est pas sans rappeler la façon dont sont formés les gestionnaires au Japon et en Allemagne[24] : un solide bagage de connaissances générales, théoriques et conceptuelles donné par l'université, puis une formation (toujours accompagnée d'une mise à jour des connaissances générales) à la gestion, à la profession, dans l'entreprise. Aucune entreprise allemande ni japonaise ne s'attend à ce que ses cadres lui arrivent, fût-ce de la plus prestigieuse école de gestion (qui, rappelle Mintzberg [2004], ne délivrent pas de MBA) tout formés et tout prêts à fonctionner[25].

Voilà donc bien des réflexions, des reproches et des pistes qui devraient guider l'enseignement de la gestion vers un renouvellement adapté et cohérent. Reprenons tout cela et extrayons une synthèse de ce que l'école de gestion devrait viser :

- Intégrer l'expérience comme base importante, sinon principale, de la formation, en même temps qu'on acquiert des connaissances générales solides ou après avoir acquis celles-ci.

- Intégrer l'enseignement de savoirs plus larges et plus rigoureux que les seuls techniques et outils de spécialistes.

- Redonner leur place à l'effort intellectuel et à la culture générale, bases, comme nous l'avons vu, de la créativité et de l'innovation.

- Intégrer la nécessité de systèmes participatifs, de transparence, de collaboration et s'assurer que les étudiants en comprennent les raisons profondes.

- Enseigner les raisons et les avantages d'une gestion basée sur la confiance, la générosité et le partage.

- Réduire l'importance et la séduction facile de l'enseignement spécialisé et technicisé, au profit de savoirs permettant de mieux connaître le fonctionnement de l'univers.

- Remplacer les idéologies par les sciences, par les fondements scientifiques actuellement acceptés comme les moins inexacts, même s'ils contredisent (comme la biologie ou la physique) beaucoup de pratiques et de souhaits gestionnaires traditionnels.

- Réduire l'exploitation abusive de la méthode des cas, au profit d'outils de réflexion et de compréhension plus «intellectuels» mais aussi plus propices au développement des habiletés cardinales du gestionnaire de demain : rigueur, recherche de sens, jugement, intelligence globale des choses.

- Réduire les aspects «boîte à outils» et «recettes toutes faites» dans les cours de gestion (que la tradition a eu tendance à développer par la recherche systématique du «comment»).

---

24. Voir, entre autres, Courdy (1979), Sautter (1987), Breitmeier (1987), Ohtsu (1989).
25. Il faut savoir en plus que le système de formation japonais est traditionnellement inspiré du modèle allemand.

- Mettre ce «comment» en perspective par l'exploration de réponses à un plus grand nombre de «pourquoi» et de «pour qui».

- Réduire les enseignements à caractère manipulateur (manipuler les perceptions, les croyances, les comportements) au profit de l'acquisition d'habiletés de démonstration, d'argumentation, de persuasion, pour convaincre et mobiliser, plutôt que pour duper ou faire obéir. Cela améliorera les capacités d'expression orale et écrite.

- Réduire l'envahissement de la mathématisation de la pensée qui fait que les enseignements donnés dans les écoles de gestion se veulent plus quantitatifs et plus scientifiques les uns que les autres.

- Intégrer le souci de l'éthique dans les actes de gestion, le souci des conséquences directes et indirectes des activités de l'entreprise sur les personnes, sur la société, sur la nature.

- Enseigner pourquoi et comment une gestion basée sur le partage et l'ouverture est propice à une plus grande collaboration, à une plus grande synergie et donc à une plus grande efficacité.

Ce ne sont là que certaines pistes indicatives générales, mais sans doute le chemin obligé, déjà urgent, de la refonte des idées dominantes en management. En effet, si l'on s'y arrête un instant, n'est-il pas significatif que les indications «oubliées» de Taylor (collaborer, travailler en équipe avec les employés, partager les bénéfices une fois tous les coûts payés, payer mieux l'ouvrier qui s'améliore, avoir le souci de la qualité du produit et de la qualification de ses ouvriers, etc.), de Fayol (gérer par l'exemple, gérer avec bonté, avec cœur, avoir du bon sens et de la culture, dialoguer directement, etc.) et de Mayo (écouter les employés, les consulter, se soucier des problèmes qu'ils vivent «de leur point de vue», laisser s'exprimer l'informel, tolérer un minimum d'auto-organisation, etc.) soient appliquées, à peu près à la lettre, chez Cascades, ainsi que dans les systèmes suédois, allemand, sud-coréen et japonais?

LES IDÉES IMPORTANTES

SUR L'ENTREPRISE

Il existe peu d'exemples d'entreprises en Amérique du Nord qui ont su remplacer le mode de fonctionnement centralisé par une façon de faire reposant sur l'auto-organisation des parties. L'entreprise Cascades matérialise certaines solutions de rechange discutées. Son fonctionnement ne repose pas sur une rupture entre les dimensions sociale et économique ; il s'apparente plutôt à un système de responsabilités partagées. La «culture» de l'entreprise est construite sur des relations de partage, de respect et elle amène une productivité élevée.

Questions

1. Est-il possible d'envisager cette forme de changement à court terme dans les entreprises ayant un fonctionnement traditionnel ? Pourquoi ?

2. Quelle conception de l'employé sous-tend ce mode d'organisation ?

3. De quelle façon le fonctionnement de l'entreprise Cascades suscite-t-il un fort esprit d'équipe ?

SUR LA DIRECTION

Contrairement au modèle traditionnel d'organisation construit sur la logique du contrôle du travail, la logique de l'autocontrôle doit se fonder sur un leadership caractérisé par le partage, le droit à l'erreur et la confiance. La culture ou le climat des relations entre dirigeants et travailleurs peut alors donner un sens aux activités organisationnelles, devenir le ciment normatif de l'entreprise. Cette façon de faire permet et encourage les processus de coopération, d'innovation et de créativité dans un contexte de satisfaction plus générale.

Questions

1. Que devient le rôle primordial du dirigeant dans un contexte de ce genre ?

2. Quelle est la condition fondamentale d'un management renouvelé sur le plan de l'entreprise ?

3. Quelle approche faudrait-il favoriser quant à la formation des futurs dirigeants ?

Chapitre 17
Concepts et pratiques d'un management renouvelé : quelques exemples de management renouvelé réussi

Si nous voulons tirer des leçons utiles de la mise au point que nous avons effectuée tout au long de ce livre, nous devons nous interroger, sur au moins quatre dimensions fondamentales, quant au présent et à l'avenir de l'entreprise et du management. Ces quatre dimensions, qui seront traitées sous l'angle de la compréhension globale plus que sous celui des «recettes», comme le veut l'esprit de ce livre, constituent la matière de prédilection des auteurs contemporains dans ce domaine :

- le management et le changement «radical» ;

- le management par l'excellence et la qualité totale ;

- la gestion de projet et le management «transversal», «en réseau», etc. ;

- le «facteur humain» et son traitement comme source ultime de productivité.

A. LE CHANGEMENT : EN SURFACE OU EN PROFONDEUR ?

De ma propre expérience du terrain et du constat d'échecs répétés qu'on peut effectuer face aux incessants «plans de rationalisation» et de compressions de personnel qui jalonnent les actions gestionnaires depuis le début des années 1990, j'en déduis que ce qu'on cherche réellement à «changer», ce sont les modalités du maintien du *statu quo* !

Autrement dit, on recherche les moyens de conserver, tels quels, le système et ses pivots : les taux de profits et leur usage, les taux de rendement du capital, les niveaux de revenus des dirigeants, les privilèges et les «droits» de ces derniers, des propriétaires, des actionnaires, des holdings, et ainsi de suite. Changer réellement et, encore plus, «radicalement», c'est tout sauf faire la révolution des moyens de laisser intacts l'ordre établi et sa répartition traditionnelle du pouvoir et des richesses.

Il apparaît aujourd'hui comme inévitable d'effectuer certains renversements majeurs dans les manières traditionnelles de concevoir et de traiter les affaires : dans le rapport entre l'actionnaire et le client et entre l'actionnaire et l'employé, dans le rapport entre la légalité des transactions et la satisfaction réciproque retirée des transactions, et dans la relation entre les outils de management et les types de problèmes à traiter (ne plus confondre la complexité avec les difficultés techniques) que nous analyserons sous l'angle du rapport entre ces mêmes outils de gestion et les aspects tangibles ou intangibles de la vie organisationnelle.

L'INVERSION DU RAPPORT ENTRE L'ACTIONNAIRE ET LE CLIENT ET ENTRE L'ACTIONNAIRE ET L'EMPLOYÉ

Il est une très vieille «coutume» dans l'univers des affaires qui consiste à s'efforcer de satisfaire au maximum le propriétaire ou l'actionnaire. Cela implique – encore et toujours – la poursuite du profit maximal à court terme. Mais cela ne peut se faire qu'au détriment d'autres agents économiques qui, eux, supportent les conséquences du maximalisme visé par la rétribution des détenteurs du capital[1]. Ces agents sont, en premier lieu, le client et l'employé. Le premier doit accepter d'en avoir moins pour son argent (en qualité, en durabilité) et le second, d'en avoir moins pour son travail (ce dont témoignent les dramatiques compressions, fusions et acquisitions et délocalisations auxquelles on assiste sans arrêt).

Un actionnaire satisfait au maximum et à court terme finira immanquablement par entraîner non seulement l'insatisfaction du client et de l'employé, mais aussi une exploitation toujours plus dommageable de la nature. Cela conduit à un inexorable cercle vicieux : compressions, baisse de la demande, nouvelles compressions, stress et surmenage, hausse des coûts sociaux, hausse de la pollution, baisse du revenu global, baisse de la consommation, etc. Alors que si l'on fait passer, dans l'ordre, le souci de la préservation du milieu, l'employé et le client avant l'actionnaire, c'est plutôt un cercle vertueux qu'on observera : une nature mieux préservée garantira le long terme et une bonne qualité de la vie pour tous, tandis qu'un employé rassuré, satisfait et plus serein fera mieux son travail et avec plus de plaisir, fera moins d'erreurs et de gaspillage, moins de rebuts ; il représentera donc moins de coûts et une plus grande qualité pour le client. À la fin, l'actionnaire trouvera sa satisfaction dans les gains qui sont le résultat de la satisfaction préalable de l'employé et du client. L'inverse (satisfaire le client et le travailleur après l'actionnaire) est non seulement incertain, mais contradictoire. Comme nous l'avons vu tout au long de ce livre, l'un des grands vices à la base du système de gestion du XXᵉ siècle est d'avoir confondu la rentabilité financière du travail avec la productivité du travail.

---

1. Voir Forrester (1999), Dejours (1998), Stiglitz (2003), Aktouf (2002) et Chossudovsky (2004) pour une analyse en profondeur et sous différents angles des dégâts causés aux autres agents économiques et aux facteurs de production par le maximalisme à court terme du capitalisme financier.

L'INVERSION DU RAPPORT ENTRE LA LÉGALITÉ DES TRANSACTIONS ET LA SATISFACTION RÉCIPROQUE

Philippe d'Iribarne (1992) montre que deux logiques différentes sont à l'œuvre dans les relations du travail aux États-Unis, d'une part, et en France, d'autre part. Il parle de «logique du contrat» dans le premier cas et de «logique de l'honneur» dans le second cas. Il y a donc plus d'une logique qui intervient dans les relations constituées autour du travail industriel et dans la nature des «transactions» qui en découlent.

Sachant que c'est aux États-Unis qu'ont été élaborés la doctrine gestionnaire moderne ainsi que tous ses dérivés théoriques et prescriptifs, on peut avancer qu'à peu près toute transaction qui a lieu à l'occasion d'une activité de gestion, quelle qu'elle soit, se fera d'abord sur un mode tel qu'il garantit le respect de l'aspect légal des choses (ce n'est pas un hasard s'il y a 20 fois plus d'avocats aux États-Unis qu'au Japon et 5 fois moins d'ingénieurs). Tout, ou presque, fait l'objet d'un contrat, où les parties contractantes doivent se conformer avant tout au respect des clauses du contrat. C'est le genre d'attitude qui peut mener à la «grève du zèle», à la stricte exécution de ce que requiert la fiche du poste.

Il est question, ici, de ce qui, dans les transactions de gestion courantes, fait obstacle à un véritable esprit de collaboration et à un climat de confiance sereine («collaboration» et «confiance sereine» sont les pivots incontournables de la productivité, de l'amélioration et de la qualité).

Ce qui fait la qualité, la longévité ou l'intérêt de toute transaction, c'est le degré de satisfaction des agents qui sont en interaction. Force est de constater que rien n'existe, sous l'égide du management traditionnel, qui soit destiné à prendre en considération les niveaux de satisfaction des différentes parties.

La pérennité et la réussite de l'entreprise sont directement fonction de la fidélisation des employés et des clients. Or, cette fidélisation n'est possible que si l'employé et le client ont des raisons concrètes d'être fidèles, en d'autres termes si, préalablement à tout, ils ont, de leur point de vue, vécu des expériences, de préférence jamais démenties, gratifiantes et satisfaisantes.

Tenter toujours de tirer plus du travail en le payant moins (individuellement ou collectivement), ou de tirer plus du consommateur en lui en donnant moins pour son argent, reste une attitude qui ne fait que s'aggraver avec la crise générale que connaît le capitalisme depuis les années 1990, et est totalement contreproductif. Il n'est qu'à voir, pour prendre deux exemples, les tristement célèbres cas de General Motors et de Wal-Mart, en ces années 2000, qui font face à la chute de leur image auprès du public et à l'obligation de s'enfoncer encore davantage dans l'exploitation de la main-d'œuvre la plus fragile et la plus maltraitée du Tiers-Monde. Mais une des bases implicites de l'esprit dans lequel on forme les gestionnaires, c'est de traiter l'employé comme un coût et le client comme une occasion de faire un surplus financier.

Il importe désormais de mener les interactions d'affaires dans un esprit de jeu dont la somme n'est pas nulle, c'est-à-dire dans un esprit de jeu «gagnant-gagnant».

La relation employeur-employé ou vendeur-client ne devrait plus se conce-voir autrement que dans la recherche d'une **satisfaction réciproque perma-nente.** Et cela implique que tout se négocie, tout se discute, jusqu'à ce qu'il y ait entente. Le rapport de force n'est plus de mise lorsqu'il s'agit d'emporter l'adhésion, de créer un sentiment de satisfaction et de confiance chez l'autre. Il est cependant bien plus compliqué qu'il n'y paraît à première vue de faire passer au second plan le souci de la légalité des transactions au profit de la satisfaction des agents, de quelque côté qu'ils se trouvent. Cela requiert un minimum de transparence, de franchise, de renoncement à tout un héritage traditionnel de «secrets», de «droits» ou de privilèges rattachés au statut de ceux qui disposent du pouvoir. Nul ne peut, indéfiniment, maximiser ses gains si cela se traduit par la minimisation d'autres gains.

Plus que jamais, le management et les dirigeants ont à se soucier d'équité, de transparence et de redistribution.

L'INVERSION DU RAPPORT ENTRE LE TRAITEMENT DU TANGIBLE ET CELUI DE L'INTANGIBLE

Ici, les termes «tangible», d'un côté, et «intangible», de l'autre, désignent l'en-semble de ce qui, dans une organisation, en constitue les aspects concrets, ma-tériels ou palpables par rapport aux aspects plus immatériels, moins palpables, symboliques, mais non moins importants.

Il s'agit d'une autre façon de traiter d'un phénomène que tous les auteurs contemporains en la matière avancent comme caractéristique essentielle des temps modernes : la **complexité.** Parler de l'intangible, c'est parler du com-plexe. Cependant, dans le management traditionnel, on élabore, enseigne et utilise des «outils de gestion» visant presque exclusivement les aspects matériels de la vie organisationnelle. C'est le cas de l'immense majorité des matières abor-dées dans les écoles de gestion, depuis la comptabilité jusqu'à la microéconomie, en passant par la recherche opérationnelle et les systèmes d'information. Mais c'est aussi, hélas! le cas pour ce qui touche aux aspects humains et sociaux, tels que la «gestion des ressources humaines» ou le «marketing», où l'on s'efforce de «chosifier» l'être humain pour en faire un objet de «sciences».

En transformant ainsi en objet gérable à l'aide d'instruments du tangible ce qui est par essence intangible, on a cru pouvoir contourner les difficultés que comportent la compréhension et la «gestion» des comportements humains.

Le complexe-intangible ne peut (à l'inverse du compliqué-tangible) se prêter à l'analyse, à la dissection, aux calculs sophistiqués. Il s'agit du je-ne-sais-quoi impalpable qui fait que la vie dans une organisation est plus belle que dans une autre, plus conviviale, moins frustrante, moins stressante, plus créatrice, etc. Ce je-ne-sais-quoi peut s'appréhender, se comprendre et se partager, à défaut d'être calculé ou mesuré : c'est le climat dans lequel règnent la sérénité, le sentiment d'équité, la confiance, le désir et le plaisir de faire ce qu'on fait ensemble. Les

aspects humains et intangibles de la gestion des organisations sont nettement plus déterminants, quant aux facteurs de succès actuels, que les **aspects matériels et tangibles.**

Ces derniers restent, bien sûr, très importants, mais ils sont le nécessaire non suffisant. La performance, le non-gaspillage et la qualité permanente exigent des contextes où chacun, quel que soit son rang, sera maintenu dans un état de sérénité et de non-frustration. C'est l'unique état propice à l'éclosion du désir de bien faire et de bien faire ensemble.

Tout outil de gestion est subordonné à une alchimie complexe qui relève de la **qualité d'être ensemble** dans une organisation. Cela ne se gère pas, ni ne se décrète, ni ne s'impose. C'est en ce sens qu'on ne répétera jamais assez que le gestionnaire d'aujourd'hui et de demain est non pas le machiniste en chef de la mécanique-organisation, le gardien des comptes et des règles ou le maître de la vision d'entreprise et de la stratégie, mais le subtil et fin catalyseur de façons de se traiter les uns les autres dans l'entreprise. Voilà la tâche primordiale que devra exécuter l'organisation du XXIe siècle. Pour tout le reste, il existe des spécialistes, des supertechniciens, des supermachinistes capables de résoudre les problèmes les plus compliqués. Le plus important, ce sont les contextes humain et affectif dans lesquels ces problèmes sont traités, plutôt que le traitement des problèmes en soi.

Lorsqu'on essaie d'aller dans ce sens, il est extrêmement courant d'invoquer, du côté des directions d'entreprise, la «résistance au changement», et de situer cette résistance chez les dirigés, les employés, les syndicats, etc. Or, le premier pas dans tout changement doit être fait par ceux qui le proclament. Il appartient aux dirigeants de montrer, les premiers, en quoi leur volonté de changement se manifeste dans le quotidien et dans leurs propres activités, prérogatives et responsabilités.

Les dirigés et les syndicats ne se comportent qu'en réaction, le plus souvent, à ce que disent et font (ou ne font pas) les dirigeants. Il est donc fallacieux de situer la résistance au changement *a priori* chez ceux qui ont le moins à perdre : les employés. Bien au contraire – et des auteurs comme Morgan[2] ou des patrons comme Semler[3] en font la preuve –, la résistance la plus farouche se trouve (souvent inconsciemment) davantage aux plus hauts niveaux des organisations qu'aux plus bas niveaux.

Il est aussi courant de constater que le changement est considéré comme une péripétie occasionnelle, à laquelle doivent faire face les chefs, qui doivent prévoir, édicter, expliquer, planifier et faire appliquer les modifications nécessaires pour devancer et non subir le changement. Il s'agit là d'une vision démiurgique tenace du rôle des dirigeants. Le changement n'est pas plus l'objet d'une planification que d'une stratégie conçue pour être implantée, à travers des programmes et des objectifs imposés. Comment, en effet, ce qui change peut-il être planifié ? On ne peut planifier que le prévisible et, à la limite, les modalités et

---

2. Voir Morgan (1989, notamment le chapitre «En explorant la caverne de Platon»).
3. Voir Semler (1993).

les politiques pour intégrer le changement comme élément de fonctionnement accompagnant l'ensemble des activités de l'organisation. **Le changement doit donc autant, sinon plus, émerger, par flux continus, de la base que du sommet.** Les lieux du changement sont la totalité de l'organisation et de ses composantes comme système.

« Se changer d'abord soi-même » ne doit plus être réservé aux rangs « inférieurs », ni constituer un slogan vide de sens. Les employés ont au moins autant de changements à exiger de leurs dirigeants que l'inverse.

Par ailleurs, tant que les indications, les buts et la finalité du changement ne seront ni comprises ni acceptées par la base, on n'observera que des luttes, de l'inertie, des boucs émissaires et des pertes d'énergie. Personne ne résiste au changement pour le plaisir de le faire, et, contrairement à ce que beaucoup affirment, il n'est pas plus naturel d'avoir peur du changement que de l'imposer. Ce qui fait peur, c'est le manque de sens, de finalité claire, de transparence. Toute direction qui désire le changement doit être elle-même aux premières lignes et rendre autant de comptes à la base que celle-ci lui en demande[4].

B. DU MANAGEMENT DE L'EXCELLENCE À LA « QUALITÉ TOTALE » : FAÇONS D'ÊTRE ENSEMBLE OU OUTILS DE GESTION ?

Walter H. Deming est celui qui a pris le flambeau de la qualité vers le milieu des années 1940[5]. Son célèbre programme de « contrôle statistique de la qualité » n'a alors intéressé personne aux États-Unis, et c'est au Japon qu'il a trouvé preneur.

Les dirigeants américains ont redécouvert, après qu'elles ont fait leurs preuves ailleurs, des idées dont eux-mêmes ne voulaient pas – bien qu'ils en fussent les précurseurs – en raison simplement de la poursuite de la rentabilité financière maximale et à court terme. C'est dans le sillage de la popularité grandissante de la notion de « culture d'entreprise » que le « management de l'excellence » et la « qualité totale » ont envahi les théories et les prescriptions gestionnaires.

Nous avons déjà vu que la venue de l'entreprise industrielle a été marquée, dès sa naissance au XVIIIe siècle, par une contradiction interne qui ne cesse de miner les relations au sein des organisations et autour de la question de la production et de la répartition des richesses. On a, en fait, commodément éludé ce problème en associant *de facto* les droits et le pouvoir à la propriété ou à ses représentants. Et l'on a, depuis lors, confondu la santé d'une économie,

---

4. C'est ce que j'appellerais, après Perrow (1979), Semler (1993) et Saul (1993), la « confiscation » industrielle (en particulier) et organisationnelle (en général) de la démocratie : la base est en effet, dans les sociétés occidentales industrialisées, censée avoir son mot à dire à peu près sur tout et partout, sauf dans l'entreprise où les droits et les pouvoirs des dirigeants sont presque aussi absolus que ceux des rois d'anciens régimes (Berle, 1957).
5. Voir Scherkenbach (1988).

le progrès d'une nation, le bien-être matériel, la satisfaction des besoins d'une population avec l'enrichissement et la satisfaction des désirs des propriétaires et des dirigeants d'entreprise (d'où une formule telle que «ce qui est bon pour General Motors est bon pour les États-Unis»). Cependant, une telle façon d'escamoter l'opposition originelle entre capital et travail ne peut perdurer que dans un contexte de croissance constante. C'est ce qui s'est produit durant les «trente glorieuses», soit les décennies suivant la Seconde Guerre mondiale, avec le plan Marshall et l'expansion des multinationales.

Malgré plus d'un demi-siècle d'affirmations contraires dans la littérature du management à l'américaine, il n'y a jamais eu de «convergence spontanée» d'intérêts entre employés et employeurs, pour la simple raison que le capital fructifiant grâce aux profits, le salaire (et donc le salarié) devient l'ennemi du capital puisque, comme coût, il est l'ennemi du profit!

Par ailleurs, la croissance infinie étant inconcevable, il faudra se résigner à poser la question du bien-fondé du mode de répartition des richesses devenues de plus en plus difficiles à produire, dans une économie mondiale que plus de deux siècles de course effrénée ont essoufflée.

C'est là que les diverses formes de management par l'excellence et certaines applications de la qualité totale ont cru pouvoir, par une sorte de fuite dans les mots, résoudre cette contradiction qui est avant tout d'ordre concret, matériel, vécu.

Une des conséquences de cette contradiction s'exprime à travers l'exercice du pouvoir dans les organisations. Rattaché à la propriété et à ses représentants, le pouvoir s'exerce sur un mode unilatéral, autoritaire et conflictuel. De là viennent les éternels affrontements, les relations tendues entre les syndicats et le patronat, dont on constate quotidiennement les méfaits sur le climat dans les entreprises et sur la qualité des produits et des services. Cette situation, en plus de créer constamment des frictions – donc d'incessantes pertes d'énergie –, est marquée par des relations de subordination et de mépris vis-à-vis d'une main-d'œuvre qu'on voudrait complice et enthousiaste parce qu'on lui parle d'excellence, de qualité totale ou de reconnaissance[6]. Il faut admettre que les rapports de travail restent, dans le management traditionnel, des rapports de force. Le «système», comme le disait Schumpeter, est devenu le pire ennemi de lui-même. Le capital et le capitalisme sont en train de devenir, en effet, les victimes de leur propre succès, de leur propre capacité d'éliminer leurs contre-pouvoirs[7]. En ces débuts du XXIe siècle, le capital est donc entré dans une phase où «trop de profits tuent les profits»: à force de vouloir le maximum, on en arrive à porter atteinte aux facteurs mêmes qui permettent le profit, c'est-à-dire la main-d'œuvre et la nature. Comme le dit l'économiste Bernard Maris (2001), «ce n'est plus le profit qui crée l'emploi, c'est le chômage qui crée le profit». La course aux restructurations et aux diminutions d'effectifs a atteint ses limites, désormais mesurables

6. Voir, entre autres, Villette et Breton (1989), où l'on affirme expressément que de gros cabinets de consultants internationaux en la matière n'hésitent pas à proclamer que «la qualité est un problème d'attitude et de comportement du personnel».

7. Voir Schumpeter (1942), Albert (1991), Cotta (1992), Heilbroner (1994).

selon l'ampleur des délocalisations et des bouleversements dus à la pollution, ce qui a fait dire au candidat démocrate John Kerry aux élections présidentielles américaines de 2004 «qu'il convient de légiférer afin de stopper la fuite du travail hors des États-Unis» et au président français Jacques Chirac, lors du sommet de Johannesburg en 2000, «qu'il est inquiétant de voir la France devenir un pays sans usines ni ateliers» et «de regarder ailleurs lorsque notre maison brûle».

Il va de soi que toute personne réduite à l'état de «ressource» (c'est-à-dire d'objet «gérable» et «utilisable») et traitée comme telle ne peut être qu'une personne chosifiée, aliénée, pour mieux se couler dans l'organisation d'un travail devenu «travail mort» (puisque le libre arbitre, le choix et l'initiative qui peuvent émaner d'une personne-sujet sont éliminés par l'effort même de l'organisation qui est destiné à faciliter l'exercice du contrôle par ceux qui en ont le «droit» et le «pouvoir»). L'expression «ressource humaine», ou, pire, «gestion des ressources humaines», est en soi un non-sens et une violence faite à l'humain dans ce qu'il a de plus caractéristique : son statut de «sujet», doté de libre arbitre, et «programmé» pour traiter le complexe, pour inventer (fabriquer de l'information), bref pour s'engager dans un travail vivant, collectif et évolutif, et non pour être le serviteur d'un processus figé, exécutant des gestes répétitifs, isolés, étroitement prescrits, planifiés et contrôlés. Ce n'est pas pour rien que le robot peut – mieux que l'être humain! – s'acquitter de ce genre de «travail» destiné à des «ressources».

L'humain n'est pas fait pour être la «ressource» de son semblable. Tout au plus est-il fait pour en être le **partenaire, conscient et consentant.** La question qui se pose alors est de savoir comment une «ressource» peut être transformée en «partenaire» responsabilisé, intéressé. Une ressource, c'est-à-dire un «objet utilisable», aura la caractéristique de tout objet passif : opposer sa force d'inertie à tout effort de manipulation venant de l'extérieur.

Un management dont la philosophie reste marquée par l'idée sous-jacente de trouver les moyens de vaincre l'inertie de ressources peut-il établir un climat d'entente cordiale entre partenaires? À défaut de changer rapidement et radicalement de management, il faudrait commencer par changer de vocabulaire et cesser de parler de «ressources humaines». Une ressource ne peut être humaine que si, forcément, l'on déshumanise l'humain... et il faut alors en payer le prix.

L'organigramme et la hiérarchie pyramidale sont le fondement ancestral d'une relation aussi réifiante que méprisante : ils désignent ceux qui savent, peuvent et doivent «gérer», par opposition à ceux qui ne le savent pas, ne le peuvent pas. Même avec la meilleure volonté du monde, il ne peut s'installer, dans ces conditions, entre les deux catégories de personnes qu'une relation méprisants-méprisés, puisque ceux qui «ne savent pas et ne peuvent pas» sont, de fait, inférorisés, infantilisés. Sans cette inférorisation, le rôle de ceux qui «savent, peuvent et doivent» n'aurait aucun sens[8].

---

8. Voir à ce propos l'excellente analyse de Stephen Marglin (1973), professeur à l'université Harvard.

Lorsqu'on tente de pénétrer les phénomènes liés aux mécanismes psychiques mis en jeu dans les relations organisationnelles, on peut commencer à appréhender la nature plus profonde des obstacles qui se dressent sur le chemin du partenariat dans l'entreprise.

Le management anglo-saxon, largement dominant durant les deux premiers tiers du XXe siècle, est né, matériellement, en Angleterre, puis s'est épanoui sur les plans doctrinal et théorique aux États-Unis. Il y a là des principes fondateurs qui sont loin d'être négligeables pour la question qui nous préoccupe, car le dirigeant est l'héritier (ainsi que les traités et les théories du management) de tout ce qui a animé (et justifié dans son action) le «capitaine d'industrie» anglo-américain des XVIIIe et XIXe siècles. En bref, il s'agit d'un mélange astucieux et très opportun d'éléments du puritanisme calviniste, de la «main invisible» smithienne, du darwinisme. C'est l'acte de naissance de l'individualisme comme «valeur», alors que c'était jusque-là plutôt un quasi-péché, sinon un péché !

Une bonne partie de la littérature du management traditionnel, sinon la totalité, est constituée de véritables cultes de l'«individu exceptionnel», du «héros» (étymologiquement demi-dieu !) créateur, bâtisseur d'organisations. Cette littérature comporte aussi de quoi fonder profondément et durablement l'idée que l'humanité est dotée de quelques individus d'exception qui portent en eux (de façon quasi innée) le phénomène entrepreneurial. Ce mythe du management fondamental fait du dirigeant un démiurge créateur-organisateur (un dieu) qui, seul, sait et peut gérer. Songeons à l'expression – si chère à la mentalité entrepreneuriale – self-made-man[9] ! Quoi de plus déifiant, en effet, que la «création de soi-même», ajoutée à la «création» d'une entreprise, d'emplois, de richesses ?

Tout se passe donc comme suit : à l'omnipotence, à la déification du leader-entrepreneur doit correspondre une chosification, une non-personne du côté de l'employé.

Mais l'identification à l'organisation, de la part du dirigeant, se fera forcément sur un mode où l'«objet» organisation sera, autant que possible, systématiquement gratifiant. Le renforcement de l'autosatisfaction, l'autoglorification, voire la mégalomanie des dirigeants, sera l'un des résultats de ce processus. Et les exemples abondent : Morgan (1989) explique ainsi l'aveuglement des constructeurs automobiles américains devant la «menace» japonaise, pendant de si nombreuses années : leurs organisations auraient cessé d'être gratifiantes si elles les avaient placés devant l'évidence (inacceptable) qu'ils produisaient des voitures de plus en plus dépassées et de moins en moins appréciées du public.

À la limite, tout cela serait amusant s'il ne s'agissait de mécanismes qui occasionnent des souffrances, des dégâts considérables et la destruction d'organisations entières (et souvent de secteurs industriels au complet, de régions entières, d'économies ou de communautés[10]).

---

9. Ce terme a très peu à voir avec l'expression française «autodidacte», car le self-made-man renvoie, jusqu'à preuve du contraire, à l'aspect quasi exclusivement matériel : devenir riche, c'est se «faire», se «créer» soi-même !

10. Pauchant et Mitroff (1992).

Partout, dans les pays «avancés», le PIB *per capita*, la productivité et la production augmentent (grâce aux nouvelles technologies) tandis que le chômage et la paupérisation frappent toujours plus les travailleurs et les cadres intermédiaires. L'**employé comme coût variable** (dont l'usage varie selon les quantités produites et les résultats financiers) est toujours la condition nécessaire du maintien des **dirigeants comme coût fixe :** non seulement ceux-ci ne sont pas pris en considération dans les frais de production, contrairement aux employés dits de «main-d'œuvre directe» – ce qui a pour avantage de maintenir leur position et leurs privilèges quoi qu'il arrive –, mais ils sont traités royalement, avec des «salaires» qui, aux États-Unis, se chiffrent par dizaines et par centaines de millions de dollars, et des primes et autres réalisations d'options qui peuvent (c'était le cas de Jack Welch, ancien PDG de General Electric en 2002) correspondre à plus de 10 000 ans du revenu moyen américain ! En ce début du XXIe siècle, ces choses font l'objet d'âpres discussions sur la façon dont sont formés et adulés ces «grands chefs»[11].

Le fait est que la déification-omnipotence des dirigeants-héros a besoin, pour se perpétuer, de maintenir en état de dépendance-infantilisation des armées d'«impotents», de non-sujets, qui renvoient – par leur «impotence» même – tous les problèmes, décisions et questions ardues (stratégiques, critiques non programmées, névralgiques) vers le «haut». C'est seulement ainsi que les membres du «sommet» peuvent se servir de l'organisation comme point d'appui pour leur état permanent de «héros» hyper-occupés à faire le bien des autres tout en se servant royalement au passage… et plus ils se servent, plus ils sont convaincus de faire encore plus de bien autour d'eux (Stiglitz, 2003).

Il n'y a alors pas de place, dans l'écrasante majorité des cas, à la base de la pyramide organisationnelle, pour des personnes qui seraient traitées et admises à agir en tant que personnes.

Il est assez significatif de constater, colloque après colloque, que, dès qu'on aborde la question du changement sous un angle un tant soit peu radical, on entend s'élever des voix criant à l'utopie, au rêve, au génocide culturel ourdi par l'envahissement rampant du «modèle japonais». La fuite dans le rituel et le symbolique que propose l'idéologie de l'excellence, de la qualité totale, de la reconnaissance et du leadership intégral est en fait le refus de voir le problème de la productivité pour ce qu'il est réellement : un fossé matériel gigantesque, et qui ne cesse de se creuser, entre dirigeants et dirigés[12].

---

11. Des revues spécialisées comme *The Economist* (17 février 2005) et des auteurs prestigieux comme H. Mintzberg, de l'Université McGill, S. Goshal, de l'université Harvard, ou encore J. Pfeffer, de l'université Stanford (cités par *The Economist*), dénoncent véhémentement la façon dont sont formés les «MBA» comme une source de turpitude morale et d'absence d'éthique et de scrupules. Ils désignent notamment ce diplôme et la manière de l'enseigner aux États-Unis comme le principal coupable qui a permis des scandales aussi énormes que ceux de Enron, Tyco ou Xerox au début des années 2000. Voir aussi *Business Week* (1992).

12. Par exemple, les statistiques nord-américaines montrent qu'en 2005 le taux d'augmentation moyen réel des revenus des directeurs généraux depuis la décennie précédente a été de l'ordre de 600 %, tandis que les revenus des travailleurs stagnent au niveau de 1990.

Quand on sait que dans les «modèles rivaux» (allemand, nippon) on forme en permanence, dans l'entreprise, tous les employés et qu'on consacre à cette formation en moyenne 140 heures par an par employé (contre 2 heures pour les États-Unis); quand on sait qu'un PDG sur 4 en Allemagne a commencé sa carrière comme ouvrier[13]; quand on sait qu'il ne se pratique aucune nomination par népotisme (familial ou politique) au Japon; quand on sait qu'un ouvrier japonais âgé de 45 ans et père de 3 enfants peut toucher **trois fois le salaire d'un jeune cadre célibataire** (même issu des plus grandes universités), on mesure l'ampleur du fossé qui sépare le management de type américain et celui de type germano-nippon.

Soyons clairs : en fait de «culte du changement», dans le milieu du management de type américain, il ne s'est jamais agi d'autre chose que de **sauvegarder le *statu quo,*** de changer les attitudes et les comportements des employés sans rien changer à l'ordre établi, au mode de production ni au mode d'accaparement des richesses produites.

L'employé doit continuer à être traité comme un «intrant» et un coût; et, avec la course à la compétitivité des années 2000, il est invité à se réduire lui-même en tant que coût financier. Le management à l'américaine se refuse obstinément à échanger le coût contre l'investissement pour ce qui touche à l'employé, et à se mettre non pas à le «rationaliser» et à le «supprimer», mais à le former, à le valoriser, à le bonifier.

On a de plus en plus affaire à une main-d'œuvre angoissée, frustrée, souffrante, sous-formée et sujette à d'incessants doubles discours. Car cette main-d'œuvre sait que, grâce aux nouvelles techniques, on produit toujours plus en ayant moins besoin d'elle. Mais là où le bât blesse, c'est qu'en elle seule réside la capacité d'innovation et de perfectionnement permanents, de l'amélioration du rapport «qualité-performance-prix» et, conséquemment, du succès et de la survie de toute entreprise aujourd'hui. Mais il y a à cela des conditions que le management de type américain ne peut voir, car elles sont trop menaçantes pour le *statu quo* : les dirigeants, aussi «hauts» soient-ils, sont désormais, s'ils veulent obtenir l'adhésion de leur personnel et assurer la pérennité de leur organisation, condamnés à la transparence, à l'exemple, au partage, à l'interpellation, à l'équité, à l'éthique, au sens du bien commun. Il s'agit alors de l'inévitable traitement de l'employé comme personne-partenaire et non plus comme objet : il n'y a pas plusieurs chemins qui conduisent à cela; le gestionnaire doit accepter de descendre, symboliquement et matériellement, de son piédestal de suprapersonne qui «gère» les autres. Puis il doit correspondre aux véritables attributs que la mythologie accorde au héros : transgresser, pour le compte de ses semblables et au risque (symbolique) de sa vie, des tabous que les simples mortels ne peuvent transgresser; être, dans les faits, au service de la société et de ses employés, et prêt à se sacrifier pour cela.

Le management a tout intérêt à cesser de glorifier les surhommes-dirigeants pour favoriser une appropriation collective des organisations par un vaste

---

13. Consulter à ce sujet l'étude menée par Bauer et Bertin-Mourot (1993).

partage où tous auraient accès au statut de sujet agissant et pensant. Dé-déifier le dirigeant et re-personnifier l'employé, dans le cadre de fins et de stratégies négociées, comprises et acceptées, qui s'appuient sur une action quotidienne libérée, décentralisée et auto-organisée, voilà la tâche urgente à accomplir. Le partage équitable, ouvert et transparent des actes de gestion et des résultats de l'effort commun, voilà la condition indiscutable.

En ce qui concerne les écoles de gestion, par ailleurs, il serait temps qu'on mette fin au culte du dirigeant présenté comme un individu d'exception et omnipotent. Si les attributs, qualités, dons ou droits du dirigeant sont rabâchés *ad nauseam*, ses défauts, ses excentricités et ses devoirs, surtout, le sont trop rarement.

Or, c'est de cette seule façon que les organisations d'ici feront, à l'instar des États, leur passage du «monarchisme» au «républicanisme»; tout comme la cité, l'entreprise doit devenir, dans le quotidien, pour ses membres, une «chose publique».

C. DE LA GESTION DE PROJET AU «MANAGEMENT TRANSVERSAL» ET «PAR ÉQUIPES»: TAYLORISATION HORIZONTALE OU ENTREPRISE HUMANISÉE?

La gestion de projet (ou par projet) est, de toute évidence, le canevas dont on a dérivé des modes de structuration et de gestion dits «matriciels», «transversaux» ou encore «en réseau», en «équipes». Nous l'abordons ici sous les aspects gestionnaire et socio-humain.

LA GESTION DE PROJET: DE LA DÉFINITION À LA MISE EN PLATEAU

Définition du projet

Un projet consiste en un but à réaliser, par la combinaison de ressources de natures et d'origines variées, dans les limites de contraintes qui ont trait aux spécifications techniques, aux coûts et aux délais, ces contraintes étant caractérisées par la faiblesse des marges d'erreur, de liberté ou de dépassement tolérées.

On admet généralement qu'il y a nécessité de mettre en place une forme de gestion de projet quand les critères suivants sont réunis:

- L'opération est **nouvelle, inhabituelle,** complexe, n'est pas appelée à se répéter, ne fait pas partie des activités courantes.

- L'opération implique, pour sa réalisation, la combinaison (séquentielle et simultanée) des efforts de plusieurs services, structures ou sous-structures disséminés dans l'entreprise et/ou hors de l'entreprise.

- L'opération implique un risque suffisamment important (défi technique, financier) pour pouvoir constituer une menace sérieuse quant à la réputation, à l'image, à l'avenir de l'entreprise ou d'une partie de celle-ci.

- L'opération comporte des contraintes strictes quant aux délais, où l'on peut préciser clairement le moment de son début et le moment de sa fin.

Le projet et les structures

Il n'est pas toujours nécessaire de se lancer dans les complications d'une structure matricielle généralisée pour intégrer une gestion de projet. Si l'essentiel ou la partie la plus importante (techniquement, quantitativement) du projet ne concerne qu'un service de l'entreprise, il serait logique de confier l'opération au service en question.

Cependant, dans l'introduction de n'importe quel projet ou de tout autre mode de gestion qui implique la représentation concomitante de deux points de vue ou plus (le produit, le marché, la région, le programme) s'inscrivent des conflits et des négociations tous azimuts.

C'est alors qu'on aborde le management «matriciel» ou, pour employer un terme plus usité de nos jours, «transversal». Il n'est nullement nécessaire de le proclamer officiellement, l'entrée dans le «fonctionnement» transversal[14] et matriciel se fait automatiquement dès l'introduction d'un projet, d'un programme, d'une gestion de produit ou de marché qui vient s'ajouter à la «configuration verticale» de l'habituelle division par fonctions ou métiers. Dès lors, des frictions dans ces contacts d'un type nouveau risquent de mobiliser des énergies qui peuvent handicaper et le projet et les activités plus habituelles. Il est donc indispensable de clarifier à l'avance un ensemble de règles du jeu qui délimitent les prérogatives fixes de chaque protagoniste, les prérogatives évolutives, les lieux et les modes de négociation, de règlement de litiges, d'arbitrage, etc. Qu'il y ait, dans un tel contexte, des frictions, des conflits et le besoin de négociations quasi permanentes est tout à fait normal.

Quelques principes élémentaires peuvent permettre d'éviter certains écueils majeurs quand on aborde la gestion de projet (ou la gestion transversale, qui sera de plus en plus le lot des entreprises du XXIe siècle) :

---

14. Fonctionnement qui fait sortir les relations interpersonnelles de l'organisation de leurs habituelles frontières hiérarchiques, fonctionnelles, pour les faire éclater par de multiples «passerelles» trans-structurelles qui ajoutent aux rapports traditionnels verticaux de nouveaux rapports, plus directs, horizontaux et diagonaux. Ce mode de fonctionnement est nécessaire au bon déroulement de tout projet, qui ne saurait souffrir les délais ou la soumission aux voies hiérarchiques et fonctionnelles pour avancer. Il lui faut, au contraire, une souplesse, une capacité de contacts et d'actions en temps réel dont s'accommode souvent très mal «l'esprit pyramidal» conçu pour la centralisation, le contrôle, l'ordre, le prévu-prévisible, le non-bruit et le temps différé.

- Il faut désigner clairement un responsable (sorte de PDG) du projet qui agira dès les débuts de celui-ci.

- Ce responsable doit être plus généraliste que spécialiste, plus gestionnaire que technicien (nous y reviendrons un peu plus loin).

- Il doit être doté de pouvoirs et de prérogatives officiellement discutés, acceptés et consignés.

- Il est pleinement responsable notamment de tout ce qui relève du «quoi» et du «quand»; son vis-à-vis de métier ou de fonction, quant à lui, est pleinement responsable de tout ce qui relève du «qui» et du «comment» (tous les autres types de «questions» imaginables étant négociables).

Il convient de considérer le principe précédent comme une convention, un *modus vivendi*, qui doit admettre bien des exceptions, des compromis, des chevauchements, imposés par le déroulement du projet, l'évolution de son contexte et de ses phases. Cette convention a l'immense avantage de réduire les effets négatifs de la dualité des chefs, de l'autorité, de l'évaluation, du contrôle, des carrières des agents de projets. On peut mieux composer avec cette inévitable dualité en faisant d'un élément conflictuel une occasion de complémentarité et d'action conjointe. Ainsi, un agent de projet sera évalué par son responsable de fonction ou de métier sur le respect ou la maîtrise des règles de l'art dans sa façon de contribuer au projet, tandis que le chef de projet, lui, le jugera sur la conformité de ses actes avec les besoins du projet et sur sa capacité de composer avec les contraintes en matière de coûts, de délais et de qualité.

Dans un contexte de multiprojets ou de multiproduits, il est nécessaire de prêter attention aux risques d'une domination ou d'une préséance nocives de certains projets sur d'autres. Ainsi:

- Il faut se préoccuper du «poids» relatif des chefs de projets, quant à leur personnalité, à leur expérience, à leur réputation, etc., et veiller à répartir équitablement les pouvoirs, les ressources, etc.

- Il faut distinguer et hiérarchiser les projets vitaux (dont dépend à court terme la survie de l'entreprise), les projets intermédiaires (dont l'entreprise a besoin pour compléter sa gamme de produits et de services à moyen terme) et les projets stratégiques (grâce auxquels l'entreprise pourra durer encore longtemps).

- Il faut mettre en place, selon le nombre et l'importance des projets, une ou plusieurs structures de conciliation et d'arbitrage (et non d'autorité unilatérale) entre les projets, entre les projets et les fonctions, entre les projets et les métiers, entre les projets et les détenteurs de ressources. Ces structures peuvent être simplement des comités périodiques (ou selon la demande) dont les membres seraient dotés d'une qualité essentielle: être légitimes du point de vue des personnes auprès desquelles elles devront remplir leur office.

LA COMMUNICATION, LES INTERFACES, LE CHEF DE PROJET ET LA NOTION DE « PLATEAU »

Plateau et ingénierie simultanée

Derrière ces deux notions de «plateau» et de «réingénierie simultanée», qu'on pourrait nuancer à l'infini, se trouve le souci fondamental de faire en sorte que les différents spécialistes engagés dans un projet puissent avoir des interactions maximales qui tiennent compte, en temps réel et en direct, de leurs particularités, de leurs règles, de leurs contraintes et de leurs besoins réciproques. Pour y arriver et **maximiser la synergie** dans les équipes du projet et entre elles, on intègre, dès les premières ébauches et études, non seulement les agents de projets et les métiers et fonctions, mais aussi les fournisseurs, les sous-traitants, les clients, les opérateurs, etc. Ainsi, tous les points de vue sont exprimés, pris en considération et traités simultanément, dès le départ.

La notion de «plateau», qui est plus spécifique, renvoie à la façon concrète de mettre **sur le même plan, pour un temps donné, des personnes appartenant à des structures différentes** et éloignées les unes des autres, dont le principal lien est leur participation au même projet. Le plateau est un **lieu** où l'on réunit, au fur et à mesure que le projet avance, autour d'un noyau permanent, tous les agents intervenant dans chacune des phases du projet, jusqu'à l'acheteur, aux fournisseurs, aux clients, etc. Il est un **espace de parole,** de convivialité et de collaboration cordiale, où l'on peut facilement voir où en est le travail commun, demander un avis, soumettre une idée ou obtenir une information. L'intérêt du plateau réside dans le fait que chacun peut s'y exprimer et traiter toute question en temps réel et dans une relation en face à face, quels que soient son statut, sa spécialité, son ancienneté, etc.

Pour minimiser les frictions, la démotivation et l'anxiété, il n'y a rien de mieux que la transparence et la clarté dès le départ : comment sera-t-on évalué ? Par qui ? À quel titre fait-on partie du plateau ? Pour quelle durée ? Quelles sont les chances de pouvoir contribuer aux plateaux suivants ? Selon quels critères, quelles conditions ? Que deviendra-t-on après ? Il s'agit, dans un contexte aussi marqué par l'incertitude que celui des projets, de rassurer la personne aussitôt que possible, et sur un maximum de points.

Le responsable d'un projet, d'un plateau ou d'un système de gestion par équipes est d'abord un gestionnaire d'**interfaces.** Par «interface», on entend les points de rencontre et les surfaces de chevauchement entre les phases, les équipes, les spécialités, les partenaires, les plateaux ou les structures, tout au long du déroulement d'un projet. Il importe de distinguer les interfaces sur lesquelles il faudra faire porter le plus gros des énergies. Sommairement, il y a des interfaces **internes** (dans l'organisation : entre les structures, les fonctions, les métiers), des interfaces **externes** (à l'extérieur de l'organisation : avec le client, le banquier, le fournisseur, les autorités publiques), des interfaces **statiques** (entre le projet et le financier, entre le projet et l'acheteur, entre le projet et l'ensemble des ressources internes) et, enfin, des interfaces **dynamiques** (entre le projet et les sous-traitants, entre le projet et les experts externes, entre le projet et les autorités publiques, entre le projet et le client), dont les protagonistes et les contenus évoluent ou échappent au contrôle de l'organisation.

Pour **permettre aux énergies de se consacrer aux interfaces délicates**, changeantes et névralgiques, on doit au préalable faire un important **effort de définition** et de délégation des rôles, afin que tout ce qui relève des interfaces internes, contrôlées par l'organisation, puisse aller de soi et faire l'objet le moins possible de litiges ou de flottements.

Le chef de projet et ses compétences particulières

Le chef de projet, plus que tout autre, est soumis à la nécessité de favoriser l'émergence d'une vision partagée entre les équipes, les membres des équipes et les intervenants externes. Plus la vision liée à un contexte de travail est commune, plus les chances de voir les différents participants s'y engager et s'y intégrer seront grandes. Plus on partage de présupposés et de convictions à propos des tenants et aboutissants de ce qu'on fait ensemble, plus on sera en mesure de se comprendre vite et de se convaincre qu'on chemine dans le même sens, animés par des objectifs communs. Dans le contexte d'un projet, ou du management en équipes, chaque individu se comportera comme «acteur», comme «sujet» considéré, consulté et appelé à donner son point de vue, à faire de sa tâche son acte propre.

Le chef de projet ou le responsable d'équipe doit donc être avant tout celui qui saura mettre en place des conditions telles qu'elles favorisent cette appropriation de la part de chacun.

D. QUELQUES EXEMPLES DE MANAGEMENT RENOUVELÉ RÉUSSI

Je ne reprendrai pas la description et l'analyse détaillées de certains exemples de styles de management qui semblent opérer un réel renouvellement empirique de la gestion. Je me contenterai d'en souligner les points communs et d'en signaler l'essentiel.

De prime abord, on est frappé par la nature commune du «noyau dur» sur lequel s'appuient ces entreprises – qui connaissent aujourd'hui un grand succès –, bien qu'elles appartiennent à des types, à des contextes, à des cultures extrêmement différents, à savoir le Québec, la France, les États-Unis et le Brésil. Il s'agit de cinq entreprises qui ont plus ou moins fait parler d'elles ces dernières années, soit par la voie de livres, de thèses ou d'articles, soit par la voie de reportages télévisés, comme Cascades au Québec mais aussi en France et ailleurs, Semco au Brésil, Johnsonville-Saussage aux États-Unis, Forbo au Canada anglais et au Québec, et, enfin, Kimberley-Clark aux États- Unis[15].

De ces entreprises, deux sont multinationales, présentes sur trois continents et plus et totalisent, respectivement, autour de 15 000 à 40 000 employés. Les autres sont plutôt de taille moyenne et non multinationales.

Le noyau dur commun à ces exemples reste le mode de rapports établis entre dirigeants et dirigés, employeurs et employés et, surtout, employés et entreprise. De façon différente dans chacun des cas, on a fait, au fond, un peu autrement, ce que font les Japonais, les Scandinaves et les Allemands depuis près d'un siècle. D'une manière ou d'une autre, l'organisation est offerte comme espace de parole libre, comme lieu d'appropriation et comme lieu de partage. Répétons-le : il ne s'agit nullement de transférer quoi que ce soit de « culturel », sinon, comment les Japonais, de l'aveu même de l'Occident, auraient-ils pu aussi habilement copier, « espionner » et transférer chez eux ce qui venait non seulement de cultures, mais de civilisations différentes ? Plutôt, il s'agit simplement d'une décision sur le genre d'entreprises que nous voulons : comportant un pouvoir unilatéral, individualiste, égoïste, maximaliste, ou un pouvoir partagé, plus altruiste, moins aveuglément matérialiste et plus communautaire. C'est là une question de choix, quelle que soit la culture.

La preuve qu'il est question de choix (de la part de ceux qui en ont le pouvoir, d'abord), c'est l'existence et la prospérité des exemples traités ici. Comment des entreprises multinationales comme Cascades ou Kimberley-Clark pourraient-elles recourir au même type de gestion sur plusieurs continents si cela était affaire de « cultures non transférables » ? (Comment les Japonais pourraient-ils faire ce qu'ils font avec Sumitomo et Akaï jusque dans la France profonde, à Montluçon et à Honfleur ?)

Voyons le noyau dur commun à ces exemples :

- une pyramide aplatie (deux ou trois échelons) ;

- des bureaux ouverts à tous ;

- l'interpellation possible de quiconque à tout instant ;

- la transparence de toute l'information (sauf, bien entendu, ce que tout un chacun peut concevoir comme devant être à distribution restreinte) ;

- aucune décision sans l'avis des employés en cause ;

- la simplicité et la spontanéité des rapports ;

- l'absence de signes distinctifs de statuts ;

- l'absence de privilèges exclusifs ou occultes ;

---

15. Cascades : voir mes propres publications ainsi que Cuggia (1989) ; Johnsonville-Saussage : voir Stayer (1990) ; Semco : voir Semler (1993) ; Forbo et Kimberley-Clark : voir Maisonneuve (1994).

- l'écoute systématique de l'employé de base ;

- l'auto-organisation et l'autocontrôle ;

- aucun acte, « règle » ou signe de méfiance ;

- d'excellentes conditions de travail (y compris les salaires) ;

- le partage de tout ce qui est habituellement réservé à quelques-uns (les actions, les moyens matériels, les profits, les loisirs, etc.) ;

- la multiplication de gestes et de signes symboliques de la vie en commun (le mobilier, l'habillement, l'accès aux locaux, aux cérémonies, etc.) ;

- un management « à visage humain » (traiter tous les employés sur un mode plus amical que d'affaires, faire preuve de souplesse quant aux règles, être compréhensif, accorder le droit à l'erreur, faire confiance, etc.).

SEMCO (BRÉSIL, TAILLE MOYENNE, TURBINES, FROID INDUSTRIEL ET ÉLECTROMÉNAGER)

- Les emplois de secrétariat ont été supprimés car ils n'avaient pas de « potentiel » (chacun fait son propre courrier et les secrétaires occupent des postes plus valorisants).

- On trouve la même situation dans le cas des emplois de téléphonistes, de réceptionnistes, etc.

- Dans l'atelier de production, les ouvriers disposent d'une aire de repos aménagée avec fauteuils, plantes vertes, boissons.

- Dans cet atelier, les ouvriers disposent d'une cabine téléphonique insonorisée pour leurs besoins personnels.

- Les salaires versés aux employés de base (participation aux bénéfices exclue) représentent plus de 10 fois le salaire minimum communément offert au Brésil.

- Les informations sur les marges, les profits et les ventes sont à la disposition de tous, et les bénéfices font l'objet d'un partage négocié et accepté (23 % du profit net).

- Les repas du restaurant de l'entreprise (copieux et d'excellente qualité) sont payés par les employés en fonction de leur salaire : de 20 % à 40 % de leur valeur réelle.

- L'embauche ou la promotion des cadres (y compris le directeur de l'usine) sont décidées, en dernière instance, par les employés qui peuvent arrêter la production pour faire les interviews nécessaires.

- Tout cadre est évalué par ses employés qui peuvent mettre fin à son emploi, en cas de besoin.

- Les employés et les ouvriers ont toute liberté de s'auto-organiser, de discuter du traitement des commandes avec la direction, de planifier les activités et les délais.

- Il n'y a aucun signe de différence de statuts dans l'entreprise : ni uniformes, ni bureaux fermés, ni lieux réservés, ni mobilier particulier.

- L'ensemble des employés, et leur syndicat, sont encouragés, chaque fois qu'ils le jugent utile, à discuter (sinon à contester) les ordres, les directives et les orientations venant de l'entreprise et de ses cadres et dirigeants. Un texte distribué à tous affirme que la haute direction voit dans l'exercice de la contradiction et du contre-pouvoir ouvrier ou syndical un élément sain et nécessaire à l'évolution de l'entreprise.

- Le PDG et propriétaire affirme que, depuis qu'il a eu l'idée de négocier avec ses employés et de leur confier l'entreprise, lui-même n'a besoin d'y consacrer que 30 % de son temps ; il dit que son rôle principal, aujourd'hui, c'est de « ne rien y faire ».

- Tous les indicateurs de bonne santé et de prospérité de l'entreprise ont été améliorés dans des proportions qui vont du simple au triple, au sextuple et plus, soit le chiffre d'affaires, les bénéfices, la productivité, les accidents, les maladies, les absences, les coûts, la qualité, les innovations, etc.

- Enfin, signalons que lors d'une récession grave qui s'est produite au début des années 1980, au lieu d'opérer des compressions, le patron a prêté à certains de ses ouvriers des machines et de l'outillage ; ainsi, 15 ouvriers ont lancé leurs propres entreprises, qui emploient aujourd'hui 120 personnes.

JOHNSONVILLE-SAUSSAGE (MIDWEST AMÉRICAIN, MOYENNE ENTREPRISE, SECTEUR ALIMENTAIRE)

De l'aveu même du patron-propriétaire, dans la très prestigieuse *Harvard Business Review*[16], il aurait, « en apprenant à laisser ses ouvriers prendre les décisions », transformé ses « troupes » en un « magnifique vol solidaire d'oies sauvages », alors qu'auparavant son entreprise ressemblait plutôt à un « troupeau de bisons se vautrant en désordre dans la boue ».

Il aurait réussi ce « tour de force », affirme-t-il, **en « apprenant » à « rendre son propre rôle inutile »**, jusqu'à confier à ses employés les entrevues d'embauche ou les décisions de licenciement et de restructuration. Inutile de préciser que, là aussi, le patron se félicite d'avoir enregistré des records d'améliorations, jusqu'à assurer que, sans ces mesures, si l'entreprise avait maintenu un style de gestion plus traditionnel, sa survie aurait été compromise.

---

16. Voir Stayer (1990).

KIMBERLEY-CLARK (MULTINATIONALE AMÉRICAINE, PLUSIEURS DIZAINES DE MILLIERS D'EMPLOYÉS, PRODUITS D'HYGIÈNE NOTAMMENT)

Un peu comme Cascades, la philosophie de cette multinationale est appliquée à l'ensemble de ses filiales, partout dans le monde :

- L'uniforme est le même pour tous, y compris le directeur et les cadres.

- Les lieux de réunions, de repos, de repas et les menus sont les mêmes pour tous.

- Les bureaux des cadres et des ingénieurs sont ouverts à tous et en priorité aux employés et aux ouvriers dont on traite immédiatement les demandes.

- Le point de vue de l'employé de base sur toutes les questions, même techniques et financières, est systématiquement sollicité et pris en considération, sinon prédominant (même vis-à-vis des ingénieurs pour des questions d'ajustements sur les lieux de production).

- Toute information touchant les divers aspects de la vie de l'entreprise (y compris les « orientations stratégiques ») est accessible, partagée, commentée.

- Un très savant programme de gestion par la qualité totale, transformé en un lourd appareillage de démarches tatillonnes, a été subordonné à la concertation directe avec la base, à qui l'on a laissé l'initiative.

Parmi les résultats spectaculaires qui ont été obtenus, les dirigeants citent certaines **opérations délicates qui prenaient 10 heures et qui ont été réduites à 10 minutes** avec, en prime, une meilleure qualité et 3 fois moins d'accidents, de maladies et d'absences.

FORBO (QUÉBEC ET ONTARIO, ENTREPRISE MOYENNE, PRODUITS DÉRIVÉS DU BOIS ET DU PLASTIQUE)

En ce qui concerne ce dernier exemple, avant de passer à l'essai de compréhension théorique plus global du cas Cascades, signalons qu'en dehors de mesures et de modes de relations semblables aux précédents on y a notamment donné aux employés la tâche de définir, de choisir et de chiffrer leur propre programme de formation pour s'améliorer et améliorer la qualité ; on y a organisé des sessions de formation communes aux employés et aux cadres ; enfin, le directeur général des installations au Québec s'est accordé cinq ans pour supprimer son rôle et son poste et « confier l'entière gestion » à la collaboration entre les cadres et les employés.

On voit bien qu'entre les façons de faire de ces entreprises américaines, québécoises, brésilienne, anglo-canadienne et les façons de faire relevant des modèles allemand, scandinave ou nippon, il n'y a en fait pas de différence de nature, mais des variations, pour ainsi dire, autour d'un thème fondamental: donner, sous une forme ou une autre, la possibilité à l'ensemble des membres de s'approprier réellement tout ce qui constitue la vie de l'entreprise. L'indispensable est que chacun sente qu'il peut constamment se dépasser, qu'il en ait le désir et soit reconnu par les autres membres de l'organisation.

CASCADES INC. (QUÉBEC, ENTREPRISE MULTINATIONALE, SECTEUR DES PÂTES ET PAPIERS, PRÈS DE 16 000 EMPLOYÉS, PLUS DE 100 FILIALES SUR 3 CONTINENTS)

L'étude du cas de Cascades se fera ici non pas sur un plan descriptif et factuel (nous en avons parlé précédemment), mais sur un plan analytique et conceptuel, récapitulant en quelque sorte les attributs qui doivent présider au mode de gestion et de direction propice à cette fameuse «relation de réappropriation[17]».

La transgression du mythe de la gestion et la possibilité d'être interpellé semblent conférer aux dirigeants une base de légitimité et une capacité de mobilisation des volontés de leurs «dirigés» encore bien plus grandes et plus solides que ne le permettrait n'importe quelle forme de pouvoir autoritaire ou manipulateur. C'est le genre de pouvoir que Schumpeter (1979) met dans les attributs de ce qu'il appelle le «chef mythique» ou «romantique» et qu'on peut rapprocher de la notion de «chef charismatique» ou de mode d'autorité propre à instaurer un contexte de «communauté domestique», solidaire, semblable au modèle de l'*oïkos*[18] cher à Max Weber (1971).

Pour mieux comprendre le contexte des relations dans cette entreprise et le mode de leadership qui y est pratiqué, voici quelques propos édifiants de son président-directeur général, l'aîné des trois frères patrons-propriétaires, et d'un de ses frères, vice-président:

- «Il faut que les employés s'aperçoivent que le patron est comme eux, qu'il a des défauts, des faiblesses, des problèmes, etc. Ils l'accepteront plus facilement.»

- «Il ne faut pas de mythe du patron... Il faut dire aux employés qu'on ne sait pas tout.»

- «Je dis mes profits et ce que j'en fais. Les employés voient que cela (investissements, etc.) protège les emplois, et tout n'en va que mieux.»

---

17. Une étude plus détaillée sur ce sujet a été publiée sous le titre «Adhésion et pouvoir partagé» dans la revue *Gérer et Comprendre* du Centre de recherche en gestion de l'École polytechnique de Paris; voir Aktouf (1991).

18. L'*oïkos* désignait, dans la Grèce ancienne, la «maison» communautaire, genre de ferme autarcique où maîtres des lieux, esclaves et travailleurs libres accomplissaient conjointement les divers travaux nécessaires à la vie économique, tout en conservant entre eux des liens de solidarité et d'entraide.

- «On partage le travail et les profits, j'ai, et mes frères aussi, travaillé sur tous les postes, et même là où les ouvriers ne voulaient pas aller (parce que c'était très salissant ou pénible). Quand on parle, on n'en est que plus crédibles aux yeux des employés[19].»

- «Les ouvriers doivent tout savoir. Un ouvrier qui sait a moins de pourquoi dans la tête… C'est pour cela qu'on dit tout.»

- «Il y a le partage des profits, mais ça va avec tout le reste: il ne suffit pas de faire participer ou de partager juste les profits; c'est un tout.»

Voici également, question de symétrie, des propos typiques d'ouvriers de Cascades au sujet de leurs dirigeants[20]:

- «Ce sont des patrons à qui on peut parler.»

- «Avec eux, on est gâtés, choyés.»

- «Le président [désigné par son prénom, Bernard] nous écoute, ça lui fait même plaisir.»

- «Ils sont toujours prêts à partager avec nous.»

- «Bernard n'a pas peur de parler avec un pauvre petit gars comme moi.»

- «Bernard est égal à moi.»

- «Ici, chez Cascades, tu ne reçois pas d'ordres!»

- «Ils consultent les employés sur n'importe quelle décision; c'est leur point fort.»

- «C'est des gens qui se comportent comme du monde ordinaire, comme toi puis moi.»

- «J'ai déjà fait de l'équitation avec Laurent [frère de Bernard et vice-président]».

- «Bernard dit bonjour à tous, il se souvient de toi et de ton nom… C'est un gars parlant, il aime ça te parler.»

- «Ils ne vont jamais te demander quelque chose qu'ils ne feraient pas eux-mêmes.»

- «On s'aide tous, boss ou pas!»

- «Ils ont beaucoup de plaisir à voir les gars heureux.»

- «C'est vraiment comme dans une famille!»

- «Ce sont des gens à part, comme patrons: Bernard, je dirais, n'est peut-être pas un saint, mais il est bien proche!»

---

19. Rappelons que les frères propriétaires sont partis de zéro, à la fin des années 1950, avec leur père, ex-ouvrier et syndicaliste, et ont été habitués à «travailler comme tout le monde», dès l'achat du premier «vieux moulin» de pâtes à papier.
20. Propos tirés d'entrevues réalisées dans l'entreprise en 1990, 1999 et 2003.

- «Même si je vous dis des choses qui ne vont pas très bien, n'allez pas en profiter pour écrire du mal sur eux ou sur la compagnie.»

- «Ils veulent que les gens réagissent, qu'ils se sentent chez eux dans la compagnie!»

- «La compagnie, c'est à nous tous!»

- «C'est pour toi que tu travailles[21].»

On peut appuyer sur trois axes une interprétation du genre d'autorité et de relations auxquelles renvoie le cas Cascades :

- l'étude d'un type de leadership qui semble charismatique ;

- l'essai de compréhension des sources et des bases de ce pouvoir charismatique ;

- la réflexion sur les conditions et les conséquences de la mise en place d'un pouvoir facilement accessible et auquel on peut demander des comptes.

Au vu de la façon dont les employés parlent, en particulier, de Bernard Lemaire, le président-propriétaire fondateur, on comprend qu'on est en présence d'un charisme en même temps que d'un retour d'une forme d'autorité «traditionaliste» et saint-simonienne. Si l'on commence par l'aspect «tradition», on trouve en effet plusieurs facettes convergentes de ce type d'exercice du pouvoir[22] :

- Tout d'abord, la tradition, bien installée dans la civilisation occidentale, veut que la propriété confère des droits dont, en ce qui concerne l'entreprise, ceux de fixer le mode d'usage des moyens de production (Weber, 1971) et de jouir du «droit de pouvoir» (Berle, 1957 ; Etzioni, 1964). Il y a donc une source de légitimation très puissante qui rend inadéquates, ici, les réserves énoncées depuis longtemps quant à la dilution de la propriété et à ses conséquences sur l'exercice du pouvoir dans les entreprises (Galbraith, 1968 ; Berle, 1957). Par conséquent, il n'y a rien de plus «naturel» que d'être le «chef» d'une entreprise lorsqu'on en est le propriétaire fondateur.

- Ensuite, le président et ses frères se prêtent volontiers à de multiples formes d'intervention dans le milieu et auprès des employés (prêts consentis à certains commerçants locaux, attention portée à l'endettement des employés pour l'achat d'actions, conseils, visite aux employés lorsqu'ils sont malades ou accidentés et lors du décès de parents, etc.); il apparaît nettement un caractère d'interpénétration de la vie sociale et de la vie au travail.

---

21. Tout cela ne doit pas laisser croire que tout est parfait à Cascades. Il existe des aspects (l'ambiance physique, les conditions de travail, la gestion) dont certains se plaignent ainsi que des employés mécontents, mal intégrés ou en désaccord avec la philosophie de Cascades ; mais ils représentent une petite minorité, presque les exceptions qui confirment la règle, en particulier à Kingsey Falls, le village où est née l'entreprise.

22. Rappelons que Weber (1971, p. 232) définit le pouvoir traditionnel comme le fait d'«obéir non pas à des règles mais à la personne appelée à cette fin par la tradition».

- Enfin, plusieurs éléments relèvent d'une tradition proche du saint-simonisme, telle qu'elle s'exprime dans la doctrine de Le Play, par exemple : une «autorité» toujours basée sur la bonté, l'amour du prochain, le souci du sort des employés, l'équité, la justice, etc.[23].

Une dimension indéniablement charismatique transparaît également dans les termes utilisés par les employés à propos, particulièrement, du président : «c'est un homme extraordinaire», «c'est un homme à part», «j'en ai jamais vu comme lui», «un patron comme ça, ça n'existe pas»[24].

Il est d'autres dimensions du charisme recensées par Weber, moins connues, et qu'on peut déceler chez Cascades : **le caractère absent ou très flou de la hiérarchie,** compensé par «l'intervention directe du chef», la capacité de **«vivre avec le «seigneur» dans un communisme d'amour ou de camaraderie» ;** celle de **«bouleverser le passé»** et d'être «spécifiquement révolutionnaire»[25]. Cascades rompt, en effet, avec tout management classique. Bien que Weber oppose le type charismatique «pur» aux types rationnel et traditionnel (surtout patriarcal et patrimonial) en vertu de son caractère irrationnel et de son **relatif détachement des affaires matérielles** du quotidien, Cascades paraît réaliser une coexistence intermédiaire entre le type charismatique et le type traditionnel.

Le charisme et l'héroïsme – bien que Weber n'utilise pas le terme «héros» – sont des notions très proches puisque les exploits d'un héros (d'un «chef guerrier», par exemple) peuvent en faire un porteur de charisme[26]. Il n'y a aucun doute, lorsqu'on se fie à la façon dont les employés en parlent, que les trois frères propriétaires-dirigeants, et en particulier le président, font figure de héros, accomplissant à peu près toujours des actes hors du commun du point de vue de la générosité, de la solidarité, de la simplicité, de la fraternité, de la bonté, de la magnanimité, etc.

Des spécialistes de la mythologie comme Eliade (1963 et 1979) ou Caillois (1981), ou encore des auteurs comme Sievers (1986b), nous apprennent que le héros est caractérisé par un double attribut : d'abord transgresser, pour le commun des mortels, les tabous, puis être capable d'exposer sa vie à tout moment,

---

23. On retrouve, çà et là, des traces de cette tradition chez Fayol (1979) dans son *Administration industrielle et générale* où il parle de «bonté», d'«équité». D'ailleurs, son prédécesseur et supérieur hiérarchique, Stéphane Mony, avait un comportement saint-simonien avec les ouvriers, et était disciple de Le Play (Reid, 1986).
24. Weber (1971, p. 249) définit la domination charismatique comme «la qualité extraordinaire d'un personnage, qui est, pour ainsi dire, doué de forces ou de caractères surnaturels ou surhumains ou tout au moins en dehors de la vie quotidienne».
25. Weber (1971, p. 250 et 252).
26. Weber cite l'exemple de Napoléon. Schumpeter (1979) désigne ce genre de chef par le terme «chef mythique» ou «romantique».

de vivre avec ce risque et de faire face, et ce, en toute conscience, à l'idée de sa propre mort[27].

En ce qui concerne le premier attribut, la transgression des tabous, pour les besoins de l'argumentation, prenons la liberté d'élever au rang de tabous un certain nombre d'interdits consacrés comme intouchables par la tradition industrielle, et constatons l'hétérodoxie de Cascades :

- La transgression du tabou de la hiérarchie, contournable à volonté, dans tous les sens.

- La transgression du tabou de l'exclusivisme entourant le capital et le profit, par tradition chose appartenant strictement au propriétaire.

- La transgression du tabou du secret de l'information financière et comptable, considérée d'habitude comme une arme entre les mains des dirigeants (contre les concurrents, les syndicats et même les employés).

- La transgression du tabou du caractère de quasi-paria de l'employé ou de l'ouvrier avec qui il convient, traditionnellement, de maintenir une distance.

- La transgression du tabou de l'exclusivité de la propriété par le fait d'offrir des véhicules, du matériel, des produits, de l'outillage, des locaux, un gymnase et même la piscine du président ou son hélicoptère, à l'usage des employés et de leurs familles (pour des baptêmes de l'air, etc.).

- La transgression du tabou de la différenciation des statuts par les postes, les locaux, les privilèges, etc.

- La transgression du tabou entourant l'organisation et la façon de produire, à travers la liberté d'organisation des équipes, le droit de tenter des expériences, le droit à l'erreur, etc.

- La transgression du tabou de l'association de l'employé à la décision, à la conception, à l'orientation, ou du tabou de le laisser agir à sa guise[28].

---

27. Cascades ferait ici figure d'exemple de relativisation de la «contradiction symbolique» dont nous parlions précédemment. Les archétypes de ce genre d'héroïsme peuvent être représentés par les mythes où les héros transgressent les tabous de l'inceste, de la contestation des dieux ou des lois (Antigone), ou par les légendes et les mythes où les héros sont en quête, au risque constant de leur vie, de quelque symbole ou source d'immortalité, quête au bout de laquelle ils finissent par acquérir la certitude de la mort, par faire acte de renoncement à l'immortalité et, de cette manière, par accéder à une forme de sagesse. Ainsi se présente l'un des mythes les plus anciens, celui de Gilgamesh (XXVIIe siècle avant J.-C.), roi semi-légendaire d'Uruk, parti en quête de l'immortalité et revenu assagi et acceptant l'idée de la mort, après avoir vu mourir son meilleur ami. C'est par ailleurs une des caractéristiques des héros de n'être éternels qu'après leur mort.

28. Il s'agit d'un tabou de taille, peut-être aussi important que les tabous liés au profit, à l'information ou à la promiscuité, car il rejoint (Sievers, 1986c) un profond mythe du management où seuls les dirigeants «savent» et «peuvent» décider. À cela Berle (1957, p. 47 et suivantes) ajoute que, traditionnellement, celui qui détient l'autorité se croit seul à détenir l'information et la capacité de jugement pour décider.

Pour ce qui est du deuxième attribut, l'acceptation de leur état de «simples mortels», les frères Lemaire expriment celle-ci en faisant de l'employé un partenaire et un allié quasi inconditionnel. Ainsi, un ouvrier ou un employé peut faire de l'équitation avec l'un deux; se baigner dans leur piscine personnelle; monter dans leur hélicoptère; leur téléphoner à leur domicile; passer des soirées de danse avec eux et leurs familles; pratiquer des sports dans le même gymnase qu'eux; et ainsi de suite.

Le style de direction des propriétaires de Cascades est également caractérisé par la **capacité de se laisser interpeller.** De cela, il existe plusieurs manifestations différentes:

- Les portes de tous les dirigeants, y compris le président et les vice-présidents, sont ouvertes.

- Les numéros de téléphone sont affichés partout.

- L'écoute systématique de l'employé constitue une obligation.

- La concertation a lieu dans les deux sens.

- Une assemblée se déroule au moins une fois l'an, avec tous les employés et ouvriers, en présence d'un des frères Lemaire, que l'usine soit syndiquée ou non.

- Les reproches adressés aux dirigeants sont tolérés, voire encouragés.

Le fait de contourner la hiérarchie et l'incitation, par plusieurs signes et comportements explicites et implicites, à s'exprimer, à questionner, sinon à contester, constituent l'épine dorsale du climat général de l'entreprise. C'est une **façon d'être, de la part des dirigeants, qui réduit considérablement les effets nocifs de l'exercice du pouvoir,** à travers ce que Berle (1957) dénomme l'«appel à la conscience du roi», au sens du bien du pouvoir absolu. C'est une manière de tempérer le pouvoir et de lui mettre des garde-fous.

C'est également **un contrepoids au pouvoir absolu** (qui peut conduire à des dérives catastrophiques). Ce contrepoids assure la légitimité, la pérennité, l'acceptation et la défense du pouvoir par ceux-là mêmes qui le «subissent». Car, précise Berle, derrière cette interpellation permise du pouvoir, il y a une conception du bien, de l'acte moral et de l'équité, une **conception et un souci du bien-être d'autrui.** Sans ce contrepoids, tout pouvoir (particulièrement absolu) devient despotique, insupportable.

Mais il y a encore plus à considérer: on peut, avec la linguistique, montrer que cette **capacité d'interpellation** est, en fait, la modalité organisationnelle d'une **condition de base de constitution de la personne en tant que personne,** du sujet en tant que sujet. C'est le fait de pouvoir se poser, dans un dialogue, comme un «je» qui s'adresse à un «tu» (Benveniste, 1973), d'être reconnu comme partenaire dans l'exercice d'une compétence partagée au sein d'un «marché» de la langue «autorisée» (Bourdieu, 1982). C'est, en bref, conserver son statut d'humain, du fait que «l'homme n'est homme qu'en tant qu'il est celui qui parle» (Heidegger, 1981).

Tout compte fait, dans le style de gestion de Semco, Kimberley-Clark, Johnsonville-Saussage, Forbo et Cascades, on remarque que le pouvoir est largement démocratisé et reconnu, accepté, légitimé et incontesté.

Comment arriver à un tel degré d'adhésion et de complicité ? Une première hypothèse est que cela est possible quand l'organisation est propice à l'expression et à l'existence de chacun en tant que personne. C'est un tout, un faisceau d'actes et de faits convergents : bons salaires, transparence, partage, auto-organisation, décentralisation, proximité, générosité, humilité, écoute, solution des problèmes en commun, etc.

Quant au leadership lui-même, nous voyons, et c'est la seconde hypothèse, une situation où le pouvoir des dirigeants est d'autant plus légitime et plus fort, d'autant moins contesté, qu'il affiche des symboles paradoxaux de sa puissance : il se laisse interpeller, il réalise l'équilibre indispensable à son renforcement par la possibilité d'expression et de recours, et s'appuie sur le sens du «bien» de ses dirigeants.

Les Lemaire, Semler et Stayer ont su montrer comment leur mode de direction était basé sur un **renoncement à la toute-puissance.** Ils ont su éviter et dépasser les deux formes de pièges symboliques du pouvoir : celui (déjà reconnu par Argyris, 1958) qui consiste à pousser l'employé à se comporter de façon dépendante et infantile, et celui (Sievers, 1986b ; Kets de Vries, 1979 ; Morgan, 1989) qui consiste à céder au fantasme de toute-puissance.

LES IDÉES IMPORTANTES

SUR LES PERSONNES, LES ACTIVITÉS, L'ENTREPRISE

Le management renouvelé

La pratique réelle d'un management renouvelé implique une remise en question de nombreux présupposés, idées, principes et surtout attitudes qui ont fondé la tradition du management. Le «management de l'excellence» ou celui de la «qualité totale» sont encore considérés trop souvent comme des recettes additionnelles, des moyens d'ordre symbolique qui permettent d'embrasser le changement tout en maintenant le *statu quo*. La gestion de projet, par exemple, est fréquemment envisagée comme une activité de remaniement des structures et des rôles qui ne tient pas compte des problèmes humains et sociaux. Le partage d'une vision, qui est nécessaire à la réussite commune, repose pourtant sur la cohérence entre le discours et les répercussions des changements sur l'expérience quotidienne de chacun.

Questions

1. Quelles habiletés et compétences fondamentales devrait posséder le chef de projet ?

2. De quelle façon le «management de l'excellence» ou celui de la «qualité totale» renforcent-ils la «déification» du dirigeant et quelles sont les conséquences de cette attitude sur l'employé, l'entreprise, la communauté et l'économie?

3. Quelles devraient être les principales connaissances à la base du management de demain?

SUR LA SOCIÉTÉ

Un changement en profondeur relève en définitive d'un choix de société, le choix d'une éthique de la dignité humaine. L'être humain est doté du libre arbitre, d'une grande capacité d'adaptation à la complexité, d'un potentiel créateur. En maintenant une répartition des richesses et du pouvoir telle que l'employé reste considéré comme un coût, une ressource alors dénuée de volonté et de conscience, les entreprises se voient coupées de leur source première d'innovation. Il y a des conditions à mettre en place dans l'entreprise afin de faire de la main-d'œuvre un partenaire complice et engagé, et ces conditions passent par une transformation radicale du statut du dirigeant et surtout de l'employé, de l'objet au sujet.

Questions

1. Quelles sont les différences entre le modèle de gestion nord-américain et les «modèles rivaux» (allemand, nippon, suédois)? Discutez ces points.

2. De quelle façon le management «anglo-saxon» a-t-il alimenté les théories du management traditionnel? Quelles en sont les idées fondamentales?

3. Quel est le contenu des principales critiques concernant le «caractère humain» de l'entreprise nord-américaine?

BIBLIOGRAPHIE
DE LA CONCLUSION GÉNÉRALE

ABRAHAM, K. (1970). *Œuvres complètes*, tome II, Paris, Payot.

AKTOUF, O. (1984a). «Le management et son enseignement: entre doctrine et science?», *Gestion*, avril, p. 44-49.

AKTOUF, O. (1984b). «La méthode des cas et l'enseignement du management: pédagogie ou conditionnement?», *Gestion*, novembre, p. 37-42.

AKTOUF, O. (1985). «À propos du management», dans A. Chanlat et M. Dufour (dir.), *La rupture entre l'entreprise et les hommes*, Montréal-Paris, Québec/Amérique – Les Éditions d'Organisation, p. 363-388.

AKTOUF, O. (1986a). *Le travail industriel contre l'homme?*, Alger, OPU-SNED.

AKTOUF, O. (1986b). «La parole dans la vie de l'entreprise: faits et méfaits», *Gestion*, vol. 11, n° 4, novembre, p. 31-37.

AKTOUF, O. (1987a). «Le cas Cascades: comment se crée une culture organisationnelle», *Revue française de gestion*, n°s 65-66, novembre-décembre, p. 156-166.

AKTOUF, O. (1987b). «Les rapports chefs de projets – directions générales: fonctionnement matriciel ou structure matricielle?», *Revue PMO*, Chicoutimi, vol. 2, n° 2, avril, p. 36-40.

AKTOUF, O. (1988a). *Corporate Culture, the Catholic Ethic and the Spirit of Capitalism: A Québec Experience*, Montréal, Centre d'études en administration internationale, École des hautes études commerciales, Cahier de recherche n° 88-06, septembre.

AKTOUF, O. (1988b). La communauté de vision au sein de l'entreprise: exemples et contre-exemples», dans G.L. Symons (dir.), *La culture des organisations*, Montréal, Institut québécois de recherche sur la culture, coll. «Question de culture», p. 71-98.

AKTOUF, O. (1989a). *Le management entre tradition et renouvellement*, édition révisée en 1990, Montréal, Gaëtan Morin Éditeur.

AKTOUF, O. (1989b). «L'interpellation de l'autorité et la transgression des tabous managériaux comme symboles de leadership puissant», document non publié, Montréal, HEC.

AKTOUF, O. (1990). «Le symbolisme et la culture d'entreprise: – des abus conceptuels aux leçons du terrain», dans J.-F. Chanlat (dir.), *L'individu dans l'organisation: les dimensions oubliées*, Québec-Paris, PUL-ESKA, p. 553-588.

AKTOUF, O. (1991). «Adhésion et pouvoir partagés: le cas Cascades», *Gérer et Comprendre – Annales des mines*, n° 23, juin, p. 44-57.

AKTOUF, O. (2002). *La stratégie de l'autruche. Post-mondialisation, management et rationalité économique*, Montréal, Écosociété.

AKTOUF, O. et M. CHRÉTIEN (1987). «Le cas Cascades: comment se crée une culture d'entreprise», *Revue française de gestion*, n°s 65-66, novembre-décembre, p. 156-166.

ALBERT, M. (1991). *Capitalisme contre capitalisme*, Paris, Éditions du Seuil.

AMADIEU, J.-F. (1989). «Les entreprises: églises ou équipages de rafting?», *Gérer et Comprendre*, n° 17, décembre, p. 36-40.

ARCHIER, G. et H. SÉRIEYX (1984). *L'entreprise du troisième type*, Paris, Éditions du Seuil.

ARGYRIS, C. (1957). *Personality and Organization*, New York, Harper.

ARGYRIS, C. (1958). «The Organization: What Makes it Healthy?», *Harvard Business Review*, vol. 36, n° 6, p. 107-116.

ARGYRIS, C. (1967). *Executive Leadership: An Appraisal for Manager in Action*, Handem, Conn., Archon Books.

ARGYRIS, C. (1980). «Some Limitations of the Case Method: Experiences in a Management Development Program», *Academy of Management Review*, vol. 5, n° 2, avril, p. 291-299.

ARVON, H. (1960). *La philosophie du travail*, Paris, PUF, coll. «Sup.».

ATLAN, H. (1972). «Du bruit comme principe d'auto-organisation», *Communications*, n° 18, p. 21-36.

ATLAN, H. (1979). *Entre le cristal et la fumée*, Paris, Éditions du Seuil.

ATLAN, H. (1985). «Ordre et désordre dans les systèmes naturels», dans A. Chanlat et M. Dufour (dir.), *La rupture entre l'entreprise et les hommes*, Paris, Les Éditions d'Organisation, p. 119-140.

AUBERT, N. et V. de GAULEJAC (1992). *Le coût de l'excellence*, Paris, Éditions du Seuil.

AUTREMENT (1988). «Le culte de l'entreprise», n° 100 (numéro spécial), septembre.

BABBAGE, C. (1963). *On the Economy of Machinery and Manufacturers,* Londres, C. Knight.

BARNARD, C. (1950). *The Functions of the Executives*, Cambridge, Mass., Cambridge University Press.

BATESON, G. *et al.* (1981). *La nouvelle communication*, Paris, Éditions du Seuil, coll. «Points».

BAUER, M. et B. BERTIN-MOUROT (1993). «Comment les entreprises françaises et allemandes sélectionnent-elles leurs dirigeants?», *Problèmes économiques*, n° 2337, 11 août, p.14-19.

BELLEMARE, D. et L. POULIN-SIMON (1986). *Le défi du plein emploi*, Montréal, Éditions Saint-Martin.

BELLON, B. et J. NIOSI (1987). *L'industrie américaine, fin du siècle*, Montréal, Boréal.

BENOIT, J. (1988). *La folle aventure*, Paris, Filipacchi.

BENVENISTE, É. (1973). *Problèmes de linguistique générale I*, Paris, Gallimard.

BENVENISTE, É. (1980). *Problèmes de linguistique générale II*, Paris, Gallimard.

BERLE, A. (1957). *Le capital américain et la conscience du roi: le néocapitalisme aux États-Unis,* Paris, Armand Colin.

BERTALANFFY, L. von (1973). *La théorie générale des systèmes*, Paris, Dunod.

BETTELHEIM, C. (1976). *Calcul économique et forme de propriété*, Paris, Maspero.

BEYNON, H. (1973). *Working for Ford*, Londres, Penguin Books.

BLANKEVOORT, P.J. (1984). Effects of Communication and Organization», *International Journal of Project Management*, vol. 2, n° 3, août.

BOUCHARD, S. (1985). «Être truckeur (routier)», dans A. Chanlat et M. Dufour, *La rupture entre l'entreprise et les hommes*, Montréal-Paris, Québec/Amérique – Les Éditions d'Organisation, p. 351-359.

BOURDIEU, P. (1982). *Ce que parler veut dire*, Paris, Fayard.

BOURGOIN, H. (1984). *L'Afrique malade du management*, Paris, Jean Picollec.

BRANDT, R. et B. TREECE (1986). «High Tech to the Rescue», *Business Week*, 16 juin, p.100-108.

BRAUDEL, F. (1980). *Civilisation matérielle, économie et capitalisme, les jeux de l'échange*, volume II, Paris, Armand Colin, 3 volumes.

BRAUDEL, F. (1985). *La dynamique du capitalisme*, Paris, Arthaud.

BRAVERMAN, H. (1974). *Labor and Monopoly Capital*, New York, Monthly Review Press.

BRAVERMAN, H. (1976). *Travail et capitalisme monopoliste*, Paris, Maspero.

BREITMEIER, W. (1987). «Le système allemand, l'employeur et l'éducateur», *Revue française de gestion*, nos 65-66, novembre-décembre, p. 88-92.

BROWN, L.R. (1990). *State of the World 1990*, Washington, D.C., Worldwatch Institute.

BURR, I.W. (1976). *Statistical Quality Control Methods*, New York, Marcel Dekker.

BURR, I.W. (1984). *Elementary Statistical Quality Control*, New York, Marcel Dekker.

BURRELL, G. et G. MORGAN (1979). *Sociological Paradigms and Organizational Analysis*, Londres, Heineman Educational Books, chap. 5, 8 et 10.

BUSINESS WEEK (1992). «Executive Pay, Compensation at the Top Is out of Control», 30 mars, p. 52-58.

CAILLÉ, A. (1989). *Critique de la raison utilitaire,* manifeste du MAUSS, Paris, La Découverte.

CAILLOIS, R. (1981). *Le mythe et l'homme*, Paris, Gallimard, coll. «Idées».

CALVEZ, J.-Y. (1978). *La pensée de Karl Marx*, Paris, Éditions du Seuil, coll. «Points».

CANS, R. (1990). *Le monde poubelle*, Paris, Éditions du Seuil.

CAPRA, F. (1983). *Le temps du changement. Science – société – nouvelle culture,* Paris, Le Rocher.

CESSIEUX, R. (1976). *Recherche sur les processus de la division du travail,* Grenoble, IREP.

CHANLAT, A. (1984). *Gestion et culture d'entreprise: le cheminement d'Hydro-Québec,* Montréal, Québec/Amérique.

CHANLAT, A. (1990). «La gestion, une affaire de parole», dans J.-F. Chanlat (dir.), *L'individu dans l'organisation: les dimensions oubliées*, Québec-Paris, PUL-ESKA.

CHANLAT, A. (1993). «La Société société malade de ses gestionnaires», *Interface*, vol. 14, n° 6, novembre-décembre, p. 25-31.

CHANLAT, A. et R. BÉDARD (1990). «La gestion, une affaire de parole», dans J.-F. Chanlat (dir.), *L'individu dans l'organisation: les dimensions oubliées*, Québec-Paris, PUL-ESKA, p.79-100.

CHANLAT, A. et M. DUFOUR (dir.) (1985). *La rupture entre l'entreprise et les hommes*, Montréal-Paris, Québec/Amérique – Les Éditions d'Organisation.

CHANLAT, J.-F. (dir.) (1990). *L'individu dans l'organisation: les dimensions oubliées*, Québec-Paris, PUL-ESKA.

CHANLAT, J.-F. et F. SÉGUIN (1987). *L'analyse des organisations, une anthologie sociologique*, tome 2, Montréal, Gaëtan Morin Éditeur.

CHAYRIGUÈS, M. et O. AKTOUF (dir.) (1994). *Rapport de stage ouvrier à Cascades Kingsey-Falls*, Cahiers du CETAI, Montréal, HEC.

CHOSSUDOVSKY, M. (2004). *Mondialisation de la pauvreté et nouvel ordre mondial,* Montréal, Écosociété.

CLASTRES, P. (1974). *La société contre l'État*, Paris, Éditions de Minuit.

CLEGG, S.R. (1975). *Power Myth and Domination*, Londres, Routledge and Kegan Paul.

CLEGG, S.R. (1990). «Pouvoir symbolique, langage et organisation», dans J.-F. Chanlat (dir.), *L'individu dans l'organisation: les dimensions oubliées*, Québec-Paris, PUL-ESKA, p. 663-681.

CLEGG, S.R. et D. DUNKERLEY (1977). *Critical Issues in Organizations*, Londres, Routledge and Kegan Paul.

CLELLAND, D.I. (1988). «The Cultural Ambience of Project Management», *Project Management Journal*, vol. 19, 3 juin, p. 49-56.

CODY, J. (1987). Policies for Industrial Progress in Developing Countries, New York, Oxford University Press.

CONDOMINAS, G. (1980). *L'espace social à propos de l'Asie du Sud-Est,* Paris, Flammarion.

COTTA, M. (1992). *Le capitalisme dans tous ses états*, Paris, Éditions du Seuil.

COURDY, J.-C. (1979). Les Japonais, la vie de tous les jours dans l'empire du Soleil levant, Paris, Belfond.

COURDY, J.-C. (1992). *Japonais. Plaidoyer pour les fourmis*, Paris, Belfond.

COURRIER INTERNATIONAL (LE) (1993). Mention de l'article du *Wall Street Journal* «Classics in American Business Schools», n° 125, 25 mars, p. 36-37.

CROSBY, P.B. (1979). Quality Is Free: The Art of Making Quality Certain, New York, McGraw-Hill.

CROZIER, M. (1963). *Le phénomène bureaucratique*, Paris, Éditions du Seuil.

CROZIER, M. (1989). *L'entreprise à l'écoute*, Paris, InterÉditions.

CROZIER, M. et H. SÉRIEYX (1994). *Le management panique*, Paris, Maxima et PUF.

CUGGIA, G. (1989). *Cascades, le triomphe du respect*, Montréal, Québec/Amérique.

DANDRIDGE, T.C. (1976). *Symbols at Work: Types and Functions in Relected Organizations*, thèse de doctorat, Los Angeles, University of California.

DEAL, T.E. et A.A. KENNEDY (1982). *Corporate Culture: The Rites and Rituals of Corporate Life*, Reading, Mass., Addison-Wesley.

DEJOURS, C. (1980). *Le travail, usure mentale: essai de psychopathologie du travail,* Paris, Le Centurion.

DEJOURS, C. (1990). «Nouveau regard sur la souffrance humaine dans les organisations», dans J.-F. Chanlat (dir.), *L'individu dans l'organisation: les dimensions oubliées*, Québec-Paris, PUL-ESKA, p. 687-708.

DEJOURS, C. (1998). *Souffrance en France*, Paris, Éditions du Seuil.

DEJOURS, C. et al. (1985). *Psychopathologie du travail*, Paris, Entreprise Moderne d'Édition.

DELVIN, E. (1986). «Ne tirez pas sur les M.B.A.», *Revue Commerce*, vol. 88, n° 10, octobre, p. 168-180.

DEMING, W.E. (1987). «Pourquoi sommes-nous si mauvais?», *Revue Commerce*, vol. 88, n° 10, octobre, p. 109-117.

DENIS, H. (1983). «Les défis de l'organisation matricielle», *L'Ingénieur*, vol. 69, n° 358, novembre-décembre, p. 23-37.

DE PREE, J. (1989). *Leadership Is an Art*, New York, Doubleday.

DEVEREUX, G. (1970). *Essais d'ethnopsychiatrie générale*, Paris, Gallimard.

DEVOIR (LE) (1994). Le succès «en cascade», entrevue avec Bernard Lemaire de Cascades, réalisée par Claude Turcotte, lundi 14 mars, p. B-1.

DUMONT, R. (1988). *Un monde intolérable: le libéralisme en question,* Paris, Éditions du Seuil.

DUNCAN, A.J. (1974). *Quality Control and Industrial Statistics*, Homewood, Ill., R.D. Irwin.

DURKHEIM, É. (1893). *De la division du travail social*, Paris, F. Alcan (réédité aux PUF en 1968 – 8ᵉ édition).

EBRAHIMI, M. (2002). *Management et gouvernance dans le secteur de la nouvelle économie: le cas d'une importante entreprise canadienne de télécommunication,* thèse de doctorat, HEC Montréal.

EIBESFELDT, E. (1979). *Par delà nos différences*, Paris, Flammarion.

ELIADE, M. (1963). *Aspects du mythe*, Paris, Gallimard, coll. «Aspects».

ELIADE, M. (1979). *Traité d'histoire des religions*, Paris, Payot.

ELIADE, M. (1982). *Le phénomène religieux*, Paris, Payot.

ÉTAT DU MONDE 1991 (L') (1991-1992). Montréal-Paris, Boréal – La Découverte.

ETCHEGOYEN, A. (1990). *Les entreprises ont-elles une âme?,* Paris, François Bourrin.

ETZIONI, A. (1964). *Modern Organizations*, Englewood Cliffs, N.J., Prentice Hall.

ETZIONI, A. (1989). *The Moral Dimension: Toward a New Economics*, New York, The Free Press.

EVANS-PRITCHARD, E.E. (1950). *Social Anthropology*, Londres, Cohen and West

FAYOL, H. (1979). *Administration industrielle et générale*, Paris, Dunod (première publication en 1916).

FOLLET, M.P. (1942). *Dynamic Administration: The Collected Papers of M.P. Follet,* dans H.C. Metcalf et L. Urwick (dir.), New York, Harper and Row.

FORRESTER, V. (1999). *L'horreur économique,* Paris, Librairie générale française, coll. «Livre de poche», 186 p.

FORRESTER, V. (2000). *Une étrange dictature*, Paris, Fayard, 223 p.

FORRESTER, V. (2004). *Le crime occidental,* Paris, Fayard, 226 p.

FORTUNE (1989). «The Trust Gap», de A. Farnham, vol. 120, n° 14, 4 décembre, p. 56-78.

FRIEDMAN, M. (1962). *Capitalism and Freedom*, Chicago, University of Chicago Press.

FRIEDMANN, G. (1950). *Où va le travail humain?*, Paris, Gallimard.

FRIEDMANN, G. et P. NAVILLE (1969). *Traité de sociologie du travail*, Paris, Armand Colin, 2 volumes.

FRIEDRICH, O. (1981). «Business School Solutions May Be Part of the US Problem», *Time Magazine*, 4 mai, p. 52-59.

FROMM, E. (1961). *Marx's Concept of Man*, New York, Frederick Ungar.

FROMM, E. (1975). *La passion de détruire*, Paris, Robert Laffont.

GALAMBAUD, B. (1988). *L'initiative contrôlée ou le nouvel art du manager*, Paris, Entreprise Moderne d'Édition.

GALBRAITH, J.K. (1968). *Le nouvel État industriel*, Paris, Gallimard.

GALBRAITH, J.K. (1989). *L'économie en perspective*, Paris, Éditions du Seuil.

GASPARINI, G. (1990). «Temps et travail en Occident», dans J.-F. Chanlat (dir.), *L'individu dans l'organisation : les dimensions oubliées*, Québec-Paris, PUL-ESKA, p. 199-214.

GAULEJAC, V. de (2005). *La société malade de la gestion,* Paris, Éditions du Seuil, 282 p.

GEAG, J.M. (1977). «Aggression and Submission in Monkey Societies», *Animal Behaviour*, vol. 25, n° 2, p. 465-474.

GEORGESCU-ROEGEN, N. (1971). *The Entropy Law and the Economic Process*, Cambridge, Mass., Harvard University Press.

GIRIN, J. (1982). «Langage en actes et organisations», *Économie et sociétés,* Cahiers de l'ISMEA, série Sciences de gestion», vol. 3, n° 16, p. 1559-1591.

GIRIN, J. (1990). «Problèmes de langage dans les organisations», dans J.-F. Chanlat (dir.), *L'individu dans l'organisation : les dimensions oubliées*, Québec-Paris, PUL-ESKA, p. 37-77.

GODELIER, M. (1966). Rationalité et irrationalité en économie, Paris, Maspero.

GORZ, A. (1973). *Critique de la division du travail*, Paris, Éditions du Seuil, coll. «Points».

GORZ, A. (1988). Métamorphoses du travail, quête du sens : critique de la raison économique, Paris, Galilée.

GORZ, A. (1989). Les chemins du paradis : l'agonie du capital, Paris, Galilée.

GUITTON, H. (1975). *Entropie et gaspillage*, Paris, Cujas.

HAFSI, T. (1985). «Du management au métamanagement : les subtilités du concept de stratégie», *Gestion*, vol. 10, n° 1, février, p. 6-14.

HAMMER, M. et J. CHAMPY (1993). *Le reengineering*, Paris, Dunod.

HARBOUR, J. (1976). «Is New-Tech Really the Answer?», *Automotive Industries*, 19 juillet, p. 10.

HASSARD, J. (1988). *Time, Work and Organization*, Londres, Routledge and Kegan Paul.

HASSARD, J. (1990). «Pour un paradigme ethnographique du temps de travail», dans J.-F. Chanlat (dir.), *L'individu dans l'organisation : les dimensions oubliées*, Québec-Paris, PUL-ESKA, p. 215-230.

HEIDEGGER, M. (1981). *Acheminement vers la parole*, Paris, Gallimard.

HEILBRONER, R. (1971). *Les grands économistes*, Paris, Éditions du Seuil.

HEILBRONER, R. (1994). *Le capitalisme du XXIᵉ siècle*, Paris, Bellarmin.

HERZBERG, F. (1980). «Humanities : Practical Management Education», *Industry Week*, vol. 206, n° 7, 29 septembre, p. 69-72.

HOFMAIER, B. (1980). *Construction Worker : A Life of Permanent Temporality*, thèse de doctorat, Göteborg, Suède.

HOPKINS, P. (1977a). «Des femelles en quête de groupe», *La Recherche*, vol. 8, n° 74, janvier, p. 94-95.

HOPKINS, P. (1977b). «Les combats entre animaux de même espèce», *La Recherche*, vol. 8, n° 79, juin, p. 588.

HOPKINS, P. (1985). «Compétition, coopération, l'individu et le groupe», dans A. Chanlat et M. Dufour (dir.), *La rupture entre l'entreprise et les hommes*, Québec-Paris, PUL-ESKA.

IACCOCA, L. (1985). *Iaccoca par Lee Iaccoca*, Paris, Robert Laffont.

INTERNATIONAL PROJECT MANAGEMENT JOURNAL (1984). Numéro spécial sur l'éducation et la formation des chefs de projet, vol. 2, n° 3, août.

IRIBARNE, P. d' (1992). *La logique de l'homme*, Paris, Éditions du Seuil.

JACCARD, P. (1960). *Histoire sociale du travail*, Paris, Payot.

JACCARD, P. (1966). *Psychosociologie du travail*, Paris, Payot.

JANIS, I.L. (1972). *Victims of Group Think*, Boston, Mass., Houghton Mifflin.

JOLLY, P. (1933). *L'éducation du chef d'entreprise*, Paris, L. Eyrolles.

JULIEN, C. *et al.* (1990). «La planète mise à sac», *Le Monde diplomatique*, «Manière de voir», n° 434, mai, p. 15-23.

JURAN, J.M. et F.M. GRYNA (1980). *Quality Planning and Analysis*, New York, McGraw-Hill.

KAKAR, S. (1970). *Frederick Taylor: A Study in Personality and Innovation*, Cambridge, Mass., MIT Press.

KAMDEM, E. (1990). «Temps et travail en Afrique», dans J.-F. Chanlat (dir.), *L'individu dans l'organisation: les dimensions oubliées*, Québec-Paris, PUL-ESKA, p. 231-255.

KAPLAN, A. (1964). The Conduct of Inquiry: Methodology for Behavioral Science, San Francisco, Chandler Pub.

KATZ, D. et R. KAHN (1978). *The Social Psychology of Organizations*, 2e édition, New York, John Wiley & Sons.

KÉLADA, J. (1986). «Approches japonaises en gestion des opérations», dans J. Nollet, J. Kélada et M.O. Diorio (dir.), *La gestion des opérations et de la production*, Montréal, Gaëtan Morin Éditeur, p. 690-723.

KERVERN, G.-Y. (1989). «Le coût de l'excellence», *Gérer et Comprendre*, n° 17, décembre, p. 41-52.

KETS DE VRIES, M. (1979). «Comment rendre fous vos subordonnés», *Harvard-L'Expansion*, n° 15, hiver 1979-1980, p. 51-59.

KETS DE VRIES, M. (1988). «Narcissisme et leadership: une perspective de relations d'objet», *Gestion*, vol. 13, n° 4, p. 41-50.

KETS DE VRIES, M. et D. MILLER (1985). *L'entreprise névrosée*, Paris, McGraw-Hill.

KILMAN, R.H. *et al.* (1985). *Gaining Control of the Corporate Culture*, San Francisco, Jossey-Bass.

KLEIN, M. (1940). *Développement de la psychanalyse*, Paris, Payot.

KLEIN, M. (1978). *Essais de psychanalyse*, Paris, Payot.

KNIGHT, K. (1976). «Matrix Organization: A Review», *Journal of Management Studies*, vol. 13, n° 2, mai, p. 111-130.

KOLAKOWSKI, L. (1987). *Histoire du marxisme*, Paris, Fayard, p. 280 et suivantes.

KOZO, Y. et S. WOLFGANG (2003). *The End of Diversity? Prospects for German and Japanese Capitalism,* Cornell, N.J., Cornell University Press.

LABORIT, H. (1970). *L'homme imaginant*, Paris, Union générale d'édition, coll. «10/18».

LABORIT, H. (1974). *La nouvelle grille*, Paris, Robert Laffont.

LABORIT, H. (1979). *L'inhibition de l'action*, Montréal-Paris, Les Presses de l'Université de Montréal – Masson.

LABORIT, H. (1985). «Niveaux d'organisation biologiques, comportements et structures psychosociales productivistes», dans A. Chanlat et M. Dufour (dir.), *La rupture entre l'entreprise et les hommes*, Québec-Paris, PUL-ESKA.

LABORIT, H. (1987). *Dieu ne joue pas aux dés*, Paris, Les Éditions de l'Homme.

LATTA, L.M. (1968). *Occupational Attitudes of Over-the-Road Truck Drivers: An Exploratory Survey,* D.B.A., Michigan State University.

LEE, J.A. (1980). *The Gold and the Garbage in Management Theories and Prescriptions,* Athens, Ohio, Ohio University Press.

LEMAÎTRE, N. (1984). «La culture d'entreprise, facteur de performance», *Revue française de gestion*, nᵒˢ 47-48, septembre-octobre, p. 51-59.

LINHART, D. (1978). «Quelques réflexions à propos du refus du travail», *Sociologie du travail*, vol. 20, nᵒ 3, juillet-septembre, p. 310-321.

LINHART, D. (1991). Le torticolis de l'autruche – l'éternelle modernisation des entreprises françaises, Paris, Éditions du Seuil.

LOVELOCK, J. (1979). *Gaïa, a New Look at Life on Earth*, New York, W.W. Norton and Co.

LOVELOCK, J. (1984). *The Ages of Gaïa*, New York, W.W. Norton and Co.

LUSSATO, B. (1986). «Complot contre la culture», *L'Express international*, nᵒ 1848, 12 décembre, p. 48-56.

LUSSATO, B. (1989). *Dirigeants, le défi culturel*, Paris, Nathan.

LUSSATO, B. et G. MESSADIÉ (1986). *Bouillon de culture*, Paris, Robert Laffont.

MAISONNEUVE, P. (1994). Émission *Enjeux*: «Embaucheriez-vous votre patron?», Société Radio-Canada, 23 février.

MALINOWSKI, B. (1923). «The Problem of Meaning in Primitive Languages», dans C.R. Ogden et A.I. Richards, *The Meaning of Meaning*, Londres, International Library of Psychology.

MANTOUX, P. (1959). La révolution industrielle au XVIIIᵉ siècle, Paris, Génin.

MARCUSE, H. (1968). L'homme unidimensionnel, essai sur l'idéologie de la société industrielle avancée, Paris, Éditions de Minuit.

MARGLIN, S. (1973). «Origines et fonctions de la parcellisation des tâches», dans A. Gorz (dir.), *Critique de la division du travail*, Paris, Éditions du Seuil, coll. «Points», p. 43-81.

MARGLIN, S. (1974). «What Do Bosses Do? The Origins and Functions of Hierarchy in Capitalist Production», *Mimeo, Review of Radical Political Change*, vol. 6, nᵒ 2, p. 53-69.

MARIS, B. (2001). *Lettre ouverte aux gourous de l'économie qui nous prennent pour des imbéciles,* Paris, Éditions du Seuil.

MASLOW, A. (1954). *Motivation and Personality*, New York, Harper.

MASLOW, A. (1969). «Toward Humanistic Biology», *American Psychologist,* vol. 24, p. 724-735.

MAURY, R. (1990). *Les patrons japonais parlent*, Paris, Éditions du Seuil.

MAUSS, M. (1968). *Sociologie et anthropologie,* Paris, Presses Universitaires de France.

MAYO, E. (1933). *The Human Problems of an Industrial Civilization,* New York, Macmillan.

MAYO, E. (1945). *The Social Problems of an Industrial Civilization*, Boston, Harvard University Press.

McLEAN, P. (1992). *Les trois cerveaux de l'homme,* Paris, Éditions du Seuil.

McMILLAN, C.J. (1982). «From Quality Control to Quality Management: Lessons from Japan», *The Business Quarterly*, vol. 47, n° 1, printemps, p. 31-40.

MEADOWS, D.L. (1972). *Halte à la croissance?,* Rapport du Club de Rome, Paris, Fayard.

MICHEL, S. (1989). *Peut-on gérer les motivations?,* Paris, Presses Universitaires de France.

MILLER, D. (1992). *Le paradoxe d'Icare*, Québec, PUL.

MINC, A. (1990). *L'argent fou*, Paris, Grasset.

MINTZBERG, H. (1973). *The Nature of Managerial Work*, New York, Harper and Row (en français: *Le manager au quotidien*, Montréal, Agence d'Arc, 1984).

MINTZBERG, H. (1976). «Planning on the Left Side and Managing on the Right», *Harvard Business Review*, vol. 54, n° 2, juillet-août, p. 49-59.

MINTZBERG, H. (1982). *Structure et dynamique des organisations*, Montréal, Agence d'Arc.

MINTZBERG, H. (1984). *Le manager au quotidien*, Montréal, Agence d'Arc.

MINTZBERG, H. (1989a). *On Management. Inside our Strange World of Organizations*, New York, The Free Press.

MINTZBERG, H. (1989b). «Formons des managers, non des M.B.A.», *Harvard-L'Expansion*, n° 51, hiver 1988-1989, p. 84-92.

MINTZBERG, H. (1990). «La gestion n'est pas qu'une question de chiffres», *La Presse*, 23 janvier, p. D-4.

MINTZBERG, H. (2004). *Managers, not MBA's*, San Francisco, Berret-Koehler.

MITROFF, I.I. et T.C. PAUCHANT (1990). *We're so Big and Powerful Nothing Bad Can Happen to Us*, New York, Birch Lane Press.

MONDE DIPLOMATIQUE (LE) (1989). «Dossier sur le partage du travail», coordonné par B. Cassen, n° 468, mars, p. 1 et 11-17.

MONDE DIPLOMATIQUE (LE) (1991). «Manière de voir: Allemagne, Japon, les deux titans», n° 12.

MONDE DIPLOMATIQUE (LE) (1993). «Faut-il partager l'emploi? Vers une révolution du travail», de B. Cassen, mars, n° 468, p. 11-17.

MONTHOUX, P.G. de (1989), *The Moral Philosophy of Management*, inédit, Suède, Université de Stockholm.

MORGAN G. (1986). *Images of Organizations*, Beverly Hills, Calif., Sage Publications.

MORGAN, G. (1989). *Images de l'organisation*, Québec-Paris, PUL-ESKA.

MORRIS, P.W. (1979). «Interface Management: An Organization Theory Approach to Project Management», *Project Management Quarterly*, juin.

NEUVILLE, J. (1976). *La condition ouvrière au XIXᵉ siècle. L'ouvrier objet*, tome 1, Paris, Éditions Vie ouvrière.

NEUVILLE, J. (1980). *La condition ouvrière au XIXᵉ siècle. L'ouvrier suspect*, tome 2, Paris, Éditions Vie ouvrière.

NORA, D. (1992). *L'étreinte du samouraï ou le défi japonais*, Paris, Éditions du Seuil.

NORD, W.R. (1974). «The Failure of Current Applied Behavioral Science: A Marxian Perspective», *Journal of Applied Behavioral Science*, vol. 10, p. 557-578.

OHTSU, M. (1989). «The Post Confucian Hypothesis Reconsidered», inédit, Nagoya, Japon, Université Nanzan, Département d'administration.

OLIVE, D. (1987). *Just Rewards: The Case of Ethical Reform in Business,* Toronto, Key Porter Books.

ORGOGOZO, I. et H. SÉRIEYX (1989). *Changer le changement*, Paris, Éditions du Seuil.

OUCHI, W.G. (1981). *Theory Z: How American Business Can Meet the Japanese Challenge*, Reading, Mass., Addison-Wesley.

PACKARD, V.O. (1989). *The Ultra Rich, How Much Is Too Much*, Londres, Little, Brown and Co.

PAGÈS, M. (dir.) (1979). *L'emprise de l'organisation*, Paris, PUF, coll. «Économie en liberté».

PAGÈS, M. (dir.) (1984). *L'emprise de l'organisation*, 3ᵉ édition, Paris, PUF, coll. «Économie en liberté».

PASCALE, R.T. et A.G. ATHOS (1981). *The Art of Japanese Management*, New York, Simon and Schuster.

PASSET, R. (1983). *L'économique et le vivant*, Paris, Payot.

PAUCHANT, T.C. *et al.* (dir.) (1994). *In Search of Meaning*, San Francisco, Jossey-Bass.

PAUCHANT, T.C. et I. MITROFF (1992). *Transforming the Crisis-Prone Organization – Preventing Individual, Organizational and Environmental Tragedies,* San Francisco, Jossey-Bass.

PERROUX, F. (1970). *Aliénation et société industrielle*, Paris, Gallimard.

PERROW, C. (1972). *Complex Organizations: A Critical Essay*, Glenview, Ill., Scott, Foresman and Co.

PERROW, C. (1979). «Organizational Theory in a Society of Organizations», *Actes du colloque international L'administration publique: perspectives d'avenir*, mai, Québec.

PERROW, C. (1986). *Complex Organizations: A Critical Essay*, New York, Random House.

PESTEL, E. (1988). *L'homme et la croissance*, Rapport du Club de Rome, Paris, Economica.

PETERS, T. (1987). *Thriving on Chaos*, San Francisco, Alfred A. Knopf Inc.

PETERS, T. (1988). *Le chaos management*, Paris, InterÉditions.

PETERS, T. et N. AUSTIN (1985). *La passion de l'excellence*, Paris, InterÉditions.

PETERS, T. et R. WATERMAN (1982). *In Search of Excellence*, New York, Harper and Row.

PETERS, T. et R. WATERMAN (1983). *Le prix de l'excellence*, Paris, InterÉditions.

PFEFFER, R. (1979). *Working for Capitalism*, New York, Columbia University Press.

PIAGET, J. (1976). «Épistémologie économique», *Logique des connaissances scientifiques*, Paris, Gallimard (La Pléiade), p. 1020.

POLANYI, K. et C. ASENBERG (1960). *Les systèmes économiques dans l'histoire et dans la théorie*, Paris, Larousse.

REID, D. (1986). «Genèse du fayolisme», *Sociologie du travail*, n° 1, p. 75-93.

RIFKIN, J. (1980). *Entropy: A New World View*, New York, Bentam Books.

RIFKIN, J. (1989). *The Entropy Law: In to the Green House World*, New York, Bentam Books.

RIOUX, J.-P. (1971). *La Révolution industrielle*, Paris, Éditions du Seuil, coll. «Points».

ROSEN, M. et G. INZIRILLI (1983). «Culture and Organizational Control», *Journal of Business Research*, 11 septembre, p. 281-292.

ROSNAY, J. de (1975). *Le macroscope*, Paris, Éditions du Seuil, coll. «Points».

SAINSAULIEU, R. (1983). «La régulation culturelle des ensembles organisés», *L'année sociologique*, n° 33, p. 195-217.

SAINSAULIEU, R. *et al.* (1987). *Organisation et management en question(s),* Paris, L'Harmattan.

SAUL, J. (1993). *Les bâtards de Voltaire: la dictature de la raison en Occident,* Paris, Payot.

SAUTTER, C. (1987). *Les dents du géant. Le Japon à la conquête du monde,* Paris, Olivier Orban.

SAYLES, L. (1970). «Whatever Happened to Management?», *Business Horizons*, vol. 13, n° 2, avril, p. 25-35.

SCHEIN, E. (1985). *Organizational Culture and Leadership*, San Francisco, Jossey-Bass.

SCHERKENBACH, W. (1988). *The Deming Route to Quality and Productivity*, Washington, D.C., CEE Press.

SCHUMPETER, J. (1942). *Capitalism, Socialism and Democracy*, New York, Harper Brothers.

SCHUMPETER, J. (1979). *Capitalisme, socialisme et démocratie*, Paris, Payot.

SEEMAN, M. (1967). «On the Personal Consequences of Alienation in Work», *American Sociological Review*, vol. 32, n° 2, p. 273-285.

SÉGUIN, F. (1988). *Les organisations ou deux ou trois choses que je sais d'elles*, rapport de recherche, n° 88-02, Montréal, HEC, mars.

SÉGUIN, F. et J.-F. CHANLAT (1983). *L'analyse des organisations*, tome I, Chicoutimi, Gaëtan Morin Éditeur.

SEMLER, R. (1993). *À contre-courant*, Paris, Dunod.

SÉRIEYX, H. (1989). *Le zéro mépris*, Paris, InterÉditions.

SÉRIEYX, H. (1990). *Mobiliser l'intelligence de l'entreprise: cercles de qualité et cercles de pilotage,* Paris, ESF.

SÉRIEYX, H. (1993). *Le Big-Bang des organisations*, Paris, InterÉditions.

SFEZ, L. (1976). *Critique de la décision*, Paris, Presses de la Fondation nationale des sciences politiques.

SIEVERS, B. (1986a). «Beyond the Surrogate of Motivation», *Organization Studies*, vol. 7, n° 4, p. 335-351.

SIEVERS, B. (1986b). «Participation as a Collusive Quarrel Over Immortality», *Dragon, The SCOS Journal*, vol. 1, n° 1, p. 72-82.

SIEVERS, B. (1986c). *Leadership as a Perpetuation of Immaturity. A New Perspective on Corporate Culture*, inédit, Wuppertal, Allemagne, Bergischen Universität, Gesamtochschule.

SIMON, H.A. (1977). *The New Science of Management Decision*, 3e édition, Englewood Cliffs, N.J., Prentice-Hall.

SMITH, A. (1976). *Recherche sur la nature et les causes de la richesse des nations,* Paris, Gallimard.

SOLOMON, R.C. et K.R. HANSEN (1985). *It's Good Business*, New York, Atheneum.

SPENCER, H. (1878). *Social Statics*, New York, D. Appleton.

SPENCER, H. (1882). *The Study of Sociology*, New York, D. Appleton.

SPENCER, H. (1940). *The Man versus the State*, Caldwell, Idaho, Coxton Printers.

SPROUSE, M. (1992). *Sabotage in the American Workplace*, San Francisco, Pressure Drop.

STAYER, R. (1990). «How I Learned to Let my Workers Lead», *Harvard Business Review*, novembre-décembre, p. 66-83.

STIGLITZ, J. (2002). *La grande désillusion : la mondialisation ne marche pas,* Paris, Fayard.

STIGLITZ, J. (2003). *Quand le capitalisme perd la tête,* Paris, Fayard.

SUMMER, W.G. (1914). «The Challenge of Facts and Other Essays», dans A.G. Keller (dir.), New Haven, Conn., Yale University Press.

SYME, G.J. (1974). «Competitive Orders as Measures of Social Dominance», *Animal Behaviour*, vol. 22, n° 4, p. 931-940.

TAYLOR, F.W. (1947). «Shop Management : The Principles of Scientific Management» et «The Testimony Before the Special House Committee», *Scientific Management,* New York, Harper & Brothers.

TERKEL, S. (1967). *Chicago : carrefour de la solitude*, Paris, Fayard.

TERKEL, S. (1974). *Working : People Talk about what they Do all Day and how they Feel about what they Do,* New York, Pantheon Books.

TERKEL, S. (1976). *Gagner sa croûte*, Paris, Fayard.

THINÈS, G. (1966). *Psychologie des animaux*, Bruxelles, Charles Dessart.

TOCQUEVILLE, A. de (1961). *De la démocratie en Amérique*, Paris, Gallimard.

TOFFLER, A. (1980). *La troisième vague*, Paris, Denoël.

TOFFLER, A. (1986). *S'adapter ou périr*, Paris, Denoël.

TURNER, B.A. (dir.) (1990). *Organizational Symbolism*, Berlin-New York, Walter de Gruyter.

URWICK, L. et E.F.L. BRECH (1945). *The Making of Scientific Management*, Londres, Management Publications Trust, 3 volumes (1945, 1946 et 1948).

VACQUIN, H. (1986). *Paroles d'entreprises*, Paris, Éditions du Seuil.

VALLÉE, L. (1985). «Représentations collectives et sociétés», dans A. Chanlat et M. Dufour (dir.), *La rupture entre l'entreprise et les hommes,* Montréal-Paris, Québec/ Amérique – Les Éditions d'Organisation, p. 195-242.

VARELA, F.J. (1980). *Principles of Biological Autonomy*, New York, Elsevier North Holland.

VILLETTE, M. (1988). *La nomenklatura*, Paris, Pierre Belfond.

VILLETTE, M. et A. BRETON (1989). «La qualité totale au banc d'essai», *Gérer et Comprendre – Annales des mines*, mars, p. 15-25.

VINCENT, C.-P. (1990). *Des systèmes et des hommes*, Paris, Les Éditions d'Organisation.

WALRAFF, G. (1986). *Tête de Turc*, Paris, La Découverte.

WATERMAN, R. (1987). *The Renewal Factor*, New York, Bentam Books.

WATERMAN, R. (1990). *Les champions du renouveau*, Paris, InterÉditions.

WATZLAWICK, P. *et al.* (1979). *Une logique de la communication*, Paris, Éditions du Seuil, coll. «Points».

WEBER, M. (1964). *L'éthique protestante et l'esprit du capitalisme,* Paris, Plon.

WEBER, M. (1971). *Économie et société*, Paris, Plon.

WEITZMAN, M.L. (1984). *The Share Economy: Conquering Stagflation*, Cambridge, Mass., Harvard University Press.

WEITZMAN, M.L. (1986). *L'économie de partage, vaincre la stagflation*, Paris, L'Expansion – Hachette – J.C. Lattès.

WEST, E.G. (1976). *Adam Smith: The Man and his Work*, Indianapolis, Ind., Liberty Press.

WHITESIDE, D. et R. BRANDT (1985). «How G.M.'s Saturn Could Run Rings around Old-Style Car Makers», *Business Week*, 28 janvier, p. 660-663.

WHYTE, W.H. (1956). *The Organization Man*, New York, Simon and Schuster (en français: *L'homme de l'organisation*, Paris, Plon, 1959).

WILSON, D.S. (1975). «Theory of Group Selection», *Proceedings of the National Academy of Science,* États-Unis, vol. 72, p. 143-146.

WIME-EDWARDS, V.C. (1962). *Animal Dispersion in Relation to Social Behaviour*, Édimbourg, Écosse, Oliver and Boyd.

WOLFEREN, K. van (1989). *L'énigme de la puissance japonaise*, Paris, Robert Laffont.

En guise d'épilogue

Le management performant : éthique, écologie et humanisme

Le terme «performant» est ici conforme à l'esprit du présent livre qui sous-entend une rentabilité équilibrée des activités économiques, surtout pas une rentabilité maximaliste, à n'importe quel prix.

Plus que jamais, l'humanité a besoin de choix clairs et réfléchis de projets de société. Le «chacun pour soi» ne saurait en aucun cas constituer un choix autre que celui où l'humain subit de plus en plus les lois absurdes – et inhumaines – de l'économisme pour l'économisme.

Je ne peux être de ceux qui considèrent les questions de management comme des questions «techniques» traitant l'entreprise et les dirigeants comme des entités isolées du reste de la vie d'une nation ou d'une société. L'institution entreprise a pris aujourd'hui une telle importance – directement et indirectement – dans la vie des humains qu'elle ne saurait se dispenser de réfléchir à la place qu'elle occupe et au rôle qu'elle remplit dans tous les aspects de la vie. C'est un agent de concrétisation de choix de société et de rapports entre les humains et entre les humains et la nature.

Les firmes Semco, Cascades, Kimberley-Clark et autres démontrent bien la supériorité soutenue des sociétés qui savent passer (peu importent la manière et l'habillage culturel) du «monarchisme industriel» au républicanisme, en faisant de l'organisation un lieu de transparence, de justice, de droit d'expression et d'appropriation pour tous.

C'est la condition *sine qua non* pour la performance de l'entreprise : que les employés y soient mieux formés, plus sereins, moins frustrés, plus coopératifs, plus responsables, plus inventifs.

Il s'agit du respect de la dignité humaine : faire en sorte que chacun de nos semblables ait le droit à tout ce qui en fait une personne et un citoyen à part entière : l'éducation, la santé, le travail, le logement, tout ce qui fait partie des besoins fondamentaux. La satisfaction de ces besoins nécessite qu'on traite les citoyens et les employés comme des investissements et non comme des coûts qu'il faut constamment réviser à la baisse.

Se résoudre à investir dans le citoyen et l'employé, les rassurer, leur garantir dignité, décence et sécurité, tout en prenant un soin jaloux de leurs milieux de vie, voilà la voie de l'avenir.

Tenir loin des considérations de profits le seuil minimal de ce qui touche aux besoins fondamentaux des citoyens (alimentation, éducation, santé, logement, culture, transport, etc.), d'une part, et à l'intégrité de la nature, d'autre part, voilà un minimum de comportement éthique et d'intérêt économique intelligemment compris.

Tout ce qui n'est pas de l'ordre de ces besoins peut être laissé à l'initiative de l'entreprise «libre», mais sans qu'on perde de vue le fait qu'il y a des limites à la volonté de «faire de l'argent»:

- Il ne faut pas polluer (ou alors contrôler en amont toute source de pollution, aux frais de l'entreprise).

- Il ne faut pas créer de chômage (les critères et les conventions d'amortissements, de marges, de rendement du capital, de taux de profits, etc., peuvent être aisément négociés et revus de façon à réduire le recours aux licenciements devenus abusifs).

- Il ne faut pas se soustraire à l'obligation de payer l'impôt sur les profits, c'est-à-dire qu'il faut se comporter en entreprise citoyenne responsable.

Schumpeter a plus raison qu'on ne le pense quand il soutient que les scolastiques italiens faisaient preuve de bon sens lorsqu'ils condamnaient les «progrès» scientifiques du XVe au XVIIe siècle, y «devinant» par un «instinct sûr» les conséquences néfastes de la montée de la mentalité «rationaliste individualiste».

Il ne s'agit pas de condamner Copernic ou Galilée. Mais, avec Schumpeter, j'estime que l'allure utilitariste des sciences, dès le XVe siècle (notamment l'évolution quasi exclusive, à l'époque, des mathématiques vers les problèmes d'arithmétique commerciale et d'architecture), marque la naissance d'un nouvel état d'esprit dans l'Occident européen, que Weber nommera «esprit du capitalisme».

Si nous retenons les éléments communs des sources qui font autorité en la matière (Weber, Sombart et Schumpeter[1]), il s'agit d'un esprit dont les racines tiennent aux progrès de l'usage de la monnaie et de ses corollaires: le calcul des coûts et la comptabilité à partie double[2]. La percée du rationalisme dans la pensée scientifique après la Renaissance, accompagnée de la mentalité qui sous-tend le dogme calviniste de la prédestination, fondera durablement le système moral des promoteurs du capitalisme industriel d'Europe de l'Ouest et du Nord.

De la même façon, Sombart affirme que «sans la comptabilité à partie double», on ne pourrait «tout simplement pas imaginer le capitalisme»: l'un serait le «contenu» et l'autre, la «forme[3]».

À quoi tout cela a-t-il abouti dans la vie de l'entreprise? À un dessèchement des relations, à un règne omniprésent de la froideur technico-comptable qui dicte l'organisation, la division du travail, les décisions, les modes de gestion, le

---

1. Voir Weber (1971), Schumpeter (1979).
2. Mode de comptabilité qui a pris forme à partir du XIVe siècle dans le sud de l'Italie avec l'œuvre de Lucas Paciole *Summa de aritmetica* et qui consiste à passer de la comptabilité simple (ou de caisse) à une comptabilité où l'on peut différencier «actifs» de «passifs», introduire l'amortissement, le salariat, etc.
3. Cité par Braudel (1980, p. 510).

recrutement, etc. La qualification, la formation, la présence et le rôle attribués aux personnes sont tributaires de la logique des coûts-gains, qui fait de l'employé un intrant à rentabiliser en le minimisant. C'est en ce sens qu'il faudrait comprendre ce passage de Schumpeter :

> Engendré initialement par l'évolution vers la rationalité économique, le calcul des coûts et des profits réagit à son tour sur cette rationalité : de par son pouvoir de clarification et de précision arithmétique, il imprime une impulsion vigoureuse à la logique de l'entreprise. Or, une fois ainsi défini et quantifié dans le secteur économique, ce type de logique de méthode ou de comportement poursuit sa carrière de conquérant en subjuguant – en rationalisant les outils et les philosophies de l'homme, ses pratiques médicales, sa vision de l'univers cosmique, sa conception de l'existence, en fait tout ce qui le préoccupe, y compris ses notions d'esthétique et de justice[4] […].

C'est là encore une mainmise de la comptabilité à partie double. comme le rappelle Granger : dès Quesnay, «la science économique va consister à décrire, à la façon des comptables, la circulation des quantités globales de produits et de monnaie[5]». La société se résume en «producteurs», en «consommateurs» et en «services», tous trois pris comme des mécanismes servant à faire circuler la monnaie et des sièges de coûts et de gains, de la même façon que la «nation» devient «concert d'entreprises».

Pourtant, dit Braudel, la logique de la comptabilité et son usage, même en écriture double, sont loin d'être l'apanage de l'Europe du Nord et des contrées protestantes. Ainsi, pourquoi l'«esprit du capitalisme» a-t-il tellement moins – ou beaucoup moins vite – triomphé dans les régions du sud de l'Europe, plus latines et catholiques ?

Il faut sans doute remonter à Aristote et à l'hostilité qu'inspire alors partout l'usage de la monnaie, «intrusion de l'échange impersonnel dans les vieilles économies agraires[6]». Mais, en même temps, le crédit s'avère nécessaire à ces économies basées sur les saisons agricoles, et la monnaie constitue un facteur de progrès. On ne peut donc les bannir, pas plus que l'usure qui suscitera une ambivalence pendant des siècles. La position aristotélicienne, qui se répand dans la chrétienté dès le début du XIIIe siècle et prend de l'ampleur par l'intermédiaire de saint Thomas d'Aquin, est une condamnation radicale de l'usure qui détourne l'argent de sa fonction initiale de facilitateur des échanges[7].

Bien que le deuxième concile de Latran ait décidé, en 1139, de priver l'«usurier non repentant» des sacrements et de l'inhumation en terre chrétienne, le débat ne cessa pas et ne fit que renforcer l'ambivalence, mais, cette fois, vers un élan de libéralisme qui aboutit à baisser pavillon devant un fait déjà largement accompli. Ce sont les scolastiques eux-mêmes qui ouvrirent une brèche en

---

4. Schumpeter (1979, p. 170).
5. Cité par Piaget (1976, p. 1020).
6. Braudel (1980, p. 501).
7. Le terme grec *tokos* («rejeton»), qui désigne l'usure, exprime bien le mépris qu'on lui porte : la formule «l'argent ne fait pas de petits» sera reprise avec insistance au concile de Trente.

condamnant, d'une part, l'intérêt usuraire comme une «vente du temps», alors que le temps «n'appartient qu'à Dieu», et en concédant, d'autre part, que cela puisse se pratiquer «quand il y a pour le prêteur un risque ou un manque à gagner». Cela a donné libre cours à toutes sortes de façons déguisées de faire de l'usure: le change, les prêts d'une foire à l'autre, les lettres de change qui prennent de la valeur en circulant, les dépôts à intérêts sous couvert de «participation aux entreprises», etc. Tous ces procédés rentrèrent largement dans les mœurs, même dans celles de l'Église[8]. Braudel décortiquera ces procédés comme des séries de ruses et de tricheries visant la prédominance définitive du «marché privé» aux transactions cachées, anonymes, impersonnelles – mais combien propices aux manœuvres retorses et lucratives – sur le «marché public» dont le fondement a toujours été la transaction «l'œil dans l'œil et la main dans la main».

Weber, lui, parle de la «froideur rationnelle» par opposition à l'«émotion» féodale, de la «finalité de profit maximal» et de la «séparation» entre vie civile et vie économique: l'éclatement de la communauté domestique. C'est ce que nécessite la logique comptable: scinder distinctement la vie en ce qui touche, d'une part, aux affaires domestiques et, d'autre part, aux affaires économiques, le second aspect devenant (l'éthique calviniste aidant) progressivement le pôle dominant et absorbant. C'est, dit Weber, l'accroissement de la «calculabilité» qui multipliera l'attrait de l'individualisme. «L'activité orientée vers le profit [...] devient une profession distincte [...] entraînant la formation d'une société séparée[9]», société que Weber oppose à la communauté domestique. Ce n'est pas la séparation physique entre lieux de vie privée et lieux d'activités économiques qui est décisive (celle-ci existait déjà, par exemple, entre bazar, souk et casbah en Orient), mais «la distinction comptable et juridique entre maison et exploitation et le développement d'un droit, propre à l'Occident, construit sur cette séparation[10]».

Paradoxalement, c'est, semble-t-il, dans un retour vers une forme de nouvel humanisme, une éthique plus «domestique», plus féodalo-charismatique et plus méditerranéo-catholique, qu'on peut lire aujourd'hui les signes de ce qui sauvera l'économie industrielle et postindustrielle dont le modèle actuellement dominant s'essouffle. À travers nos exemples québécois, brésilien et aussi suédois, allemand et japonais, je tenterai de dégager des éléments préliminaires à verser

---

8. On n'en constate pas moins des kyrielles de restitutions d'usure par repentir (jusqu'au XIVe siècle surtout) et de nombreux cas de retrait des affaires pour les mêmes motifs, ou de pathétiques consultations de docteurs en théologie, jusque vers la fin du XIVe siècle. Il faudra attendre 1789 pour que la législation française, par exemple, cesse officiellement d'interdire l'usure comme un délit!

9. Weber (1971, p. 403).

10. *Ibid.*, p. 404.

dans un débat, aujourd'hui inévitable, sur la nature des éthiques et des projets de société en jeu[11].

Si nous tentons un rapprochement entre ces exemples, nous trouverons un minimum de fondements communs[12]. Force est de constater qu'on observe dans ces différents cas, à des degrés divers et sous des manifestations spécifiques, nombre d'éléments rappelant les modes de rapports préexistant au capitalisme dominant de l'Occident: en particulier, la communauté domestique de Weber. Le shintoïsme au Japon conserve maints aspects de la vie rurale féodale traditionnelle en s'infiltrant dans la vie sociale et économique depuis toujours. La Suède et l'Allemagne sont, dans leur Réforme, bien plus luthériennes que calvinistes[13]. Leur est donc étrangère la notion d'individualisme-solitude du destin. À l'instar de Weber, on peut voir là un des multiples facteurs (comme le disait Weber lui-même) de l'actuelle forme de «cogestion de droit» allemande et de concertation entre le patronat, l'État et les syndicats en Suède, et plus globalement leurs régimes plutôt sociaux-démocrates.

Voyons à présent ce que pourraient être les raisons, les conditions et les fondements d'une entreprise plus humanisée.

Il ne se passe pas de jour sans que paraissent, çà et là, livres, articles, pamphlets, tour à tour inquiets ou alarmistes, montrant que nous vivons une période de profond questionnement à propos de l'être humain, de ses productions, de son avenir. On sent que l'ère des certitudes est dépassée, et beaucoup regardent avec étonnement et anxiété la «bonne gestion», les richesses, la productivité et l'efficacité économique changer de camp, tandis que la dégradation de la nature et de la qualité de la vie prend de l'ampleur[14].

Si l'on s'attarde aux conséquences implicites de ces écrits, et si l'on veut mieux cerner la portée et les limites de ce qui est préconisé, il apparaît comme nécessaire de recourir à des concepts traditionnellement étrangers à l'univers du management dominant, tels que ceux de «radicalisme», de «radical-humanisme», de «vision conflictuelle-dialectique»[15].

---

11. Ce n'est pas pour rien qu'il n'existe aucun livre au titre équivalent à ceux de Stiglitz (*Quand le capitalisme perd la tête*, 2003) et de Krugman (*L'Amérique dérape*, 2004) à propos de ces pays. Bien au contraire: Mintzberg (*Managers, not MBA's*, 2004), Kozo et Wolfgang (*The End of Diversity? Propects for German and Japanese capitalism*, 2003) montrent que ces pays, loin de «perdre la tête», indiquent plutôt le chemin vers une combinaison alliant politiques économiques, projets de société, forme de management… non pas tournés vers les seules satisfactions du «marché» livré à lui-même et des plus riches, mais vers des équilibres durables et plus justes sur le plan de la redistribution des richesses et de la sauvegarde de la nature.

12. Voir, entre autres, Bellemare et Poulin-Simon (1986), où l'on passe en revue, bien que de façon partielle, les modèles suédois, allemand, autrichien, etc.

13. On sait que le calvinisme a toujours été bien plus prégnant en Suisse, aux Pays-Bas, en Grande-Bretagne, en France et aux États-Unis d'Amérique.

14. Lovelock (1979 et 1984), Julien *et al.* (1990), Dumont (1988), Brown (1990), Pestel (1988), Cans (1990), Mitroff et Pauchant (1990).

15. Burrell et Morgan (1979, chap. 5).

Quelles sont les conséquences plus profondes de la convergence actuelle de l'ensemble de cette littérature du «nouveau souffle[16]» du management vers un credo central: la qualité totale et le rôle déterminant des personnes, de leur valorisation, de leur cohésion, de leur engagement, de leur mobilisation, etc.?

L'un des premiers chevaux de bataille enfourchés dans cette remise en question du management traditionnel est celui de la culture d'entreprise. Issu des premières tentatives pour comprendre le modèle japonais, ce concept a connu, dans le courant dominant de la *corporate culture*, une fortune dont l'élan et le ton ont été donnés, notamment, avec le fameux *In Search of Excellence* de Peters et Waterman (1982). Voilà une notion de management par laquelle on invite le gestionnaire, avec la vogue plus récente du «stratégisme», à se muer en héros créateur de valeurs, de vision commune, de symboles autour desquels, enthousiastes et galvanisées, les foules laborieuses se mobiliseraient.

Le second cheval enfourché, souvent considéré comme complémentaire du premier, est celui de la qualité totale.

Sur ces thèmes se greffent, accessoirement, des considérations d'écologie ou d'éthique et, surtout, des propositions de modes de gestion visant la cohésion, la complicité, l'esprit d'initiative et la créativité sur tous les plans. Et cela se ferait, proclame-t-on, par la «revalorisation» du «capital humain».

Le fait est que les facteurs de succès ont changé de nature tout en changeant de camp[17].

L'ère de la mondialisation, de la qualité et de la créativité étend ses exigences et montre que tous les employés doivent être parties prenantes, actifs et pensants. Le management traditionnel n'est pas préparé à cela. Plus grave, il n'est pas armé, sur les plans conceptuel et théorique, pour saisir l'ampleur du bouleversement qui se déclenche. Aveuglés par le fonctionnalisme et l'idéologie du consensus, les théoriciens et les praticiens du management dominant ne pouvaient voir qu'à des facteurs de succès profondément différents doivent correspondre une philosophie de gestion et une conception du travail, du travailleur, du contexte économique mondial tout aussi profondément différentes.

Cependant, on voit se profiler de façon de plus en plus nette un appel insistant à la mise au premier plan de l'humain et de son intelligence «convergente» en vue d'une plus grande efficacité. Mais de quel humain est-il question? De quelle société d'humains? D'un humain, si j'ose dire, tronqué. Car nulle part on ne fait mention du souci d'une théorie de l'être humain. Quel est cet être humain qu'on veut valoriser, libérer, acculturer, mettre en synergie? À qui l'on veut «redonner» du sens dans son lieu de travail?

---

16. Ce que j'appelle le «nouveau souffle», c'est essentiellement le mouvement qui a été amorcé depuis le début des années 1980 et qui tend à rénover les théories et les pratiques de gestion face à de nouvelles règles du jeu de la productivité comme celles dont témoigne le Japon. On peut penser dans ce sens à Ouchi (1981), à Pascale et Athos (1981), à Peters et Waterman (1983), à Peters et Austin (1985).
17. Le changement de nature renvoie aux nouvelles bases et aux nouveaux critères de gestion qui font la performance et la qualité totale; quant au changement de camp, il évoque le Japon, qui semble avoir pris la relève des États-Unis.

Il est, en fait, constamment sous-entendu, considéré comme allant de soi[18]. Comme s'il suffisait de l'invoquer, cet être humain, de s'en réclamer. Tout se passe comme si on n'avait nul besoin d'avoir une idée plus claire des raisons, des faits et des circonstances qui provoqueraient une telle métamorphose.

On ne peut tenter de comprendre cela que si l'on passe par le point de vue de l'employé.

Il devient inévitable d'ouvrir la voie à une pratique de gestion qui permette l'éclosion du désir de l'employé d'adhérer à son travail, d'y mobiliser son intelligence, son attachement. Comment concevoir une telle pratique si l'on n'interroge pas ce qui semble en avoir été jusque-là l'obstacle : la conception (et le traitement) de l'être humain au travail comme instrument de production, comme «ressource»?

Ce qui paraît néanmoins certain, à en croire les différents gourous du management, c'est qu'il faut trouver les moyens d'adopter une manière de gérer où prime la «promotion humaine» du travailleur : plus de respect, d'autonomie, d'autodétermination, de reconnaissance.

Il est impossible de mettre en œuvre ce supplément d'autonomie et d'autodétermination si l'on ne cède pas une parcelle de pouvoir, de «droits» de gestion et de décision, de «droits» d'usage des moyens, des profits, etc.

Il s'agit là d'un autre volet des limites du réformisme du management des années récentes : celui-ci refuse obstinément de s'engager dans la remise en question des fondements du rapport concret avec le travail dans l'entreprise.

Par l'implicite conservation du *statu quo* pour ce qui touche au pouvoir, au contrôle des profits, à la division du travail, cet humanisme ne peut être que de façade, cosmétique.

Mais, alors, qu'entend-on par «humanisme» et «radical-humanisme»?

Tout d'abord, me référant à Burrell et Morgan (1979), je dirais que l'humanisme suppose essentiellement une chose : retenir de chacune des grandes écoles ce qui paraît convergent, complémentaire, mutuellement plus éclairant, dans cette quête difficile et complexe d'une conception humaine de l'homme. Cette quête me semble inéluctablement vouée au radicalisme, dans le sens de la réinterrogation en profondeur, du retour aux sources et aux racines des choses (historicisme, diachronie, structure), d'où l'idée de «radical»-humanisme.

En schématisant à l'extrême, je pourrais avancer les éléments suivants comme bases essentielles de ce radical-humanisme :

---

18. Comme le rappelle très justement Nord (1974), à peu près seuls Maslow (1954 et 1969) et Argyris (1957) ont réellement manifesté le souci d'une définition non instrumentale de l'être humain dans la littérature du management dominant. Mais on n'y fait guère plus référence.

1. Considérer l'être humain comme un être voué, du fait de son statut unique d'être conscient de lui-même, à la recherche de ce qui le libère, l'émancipe, le «rend à lui-même» et le conduit vers un accomplissement de ce qu'il est par vocation : un être doté de conscience, de jugement et de libre arbitre, aspirant à sa propre élévation. Cet humanisme exprime le fait d'être tout entier centré sur l'homme, sur la signification humaine (pour et par l'homme) de ce qui est entrepris.

2. Une longue tradition, depuis Aristote (le fameux «l'homme est un animal politique») jusqu'à Weber (le passage de la société organique à la société mécanique, de l'*oïkos* à la bureaucratie), fait de l'humain un être fondamentalement de communauté, de société, de rapports avec ses semblables, rapports dans et par lesquels il vit, fonde et incarne son sens de lui-même (ce qui en fait son lieu et ses conditions de réalisation privilégiés).

3. Le cœur du processus de déshumanisation, c'est l'aliénation par le travail industriel, d'où l'intérêt primordial de ce qui se passe, concrètement, lors du processus du travail et dans les rapports dans lesquels il s'inscrit. Dans ce processus, le travailleur s'aliène en vendant sa force de travail (et non son travail qui serait, lui, l'expression d'un acte créatif), tout en contribuant au développement de puissances (marchandises, profits, dirigeants) qui lui sont extérieures et d'autant plus hostiles qu'il contribue à les renforcer.

4. Enfin, je plaiderais pour une position humaniste qui tende vers une théorie du «sujet», par opposition aux théories (particulièrement en management) qui font de l'humain un «objet-ressource» à diriger, à motiver, à contrôler.

Une certaine anthropologie, représentée, entre autres, par Evans-Pritchard (1950), s'est précisément attelée à cette question de la «théorie du sujet». Il y est rappelé que les êtres humains ne sont pas semblables à des «organismes» : c'est à des raisons, à des sentiments et à des choix qu'ils obéissent, et non à des causes[19].

La remise en question de l'économisme et de l'utilitarisme étroits dans lesquels baignent les théories et les pratiques du management dominant (et qui font que dirigeants et actionnaires se transforment en prédateurs cyniques d'humains-instruments manipulables et corvéables à merci) me semble devoir constituer un premier pas vital[20].

Une question importante doit cependant être tranchée ici : ce mouvement vers une plus grande humanité dans l'entreprise n'est ni un idéal romantique, ni un acte de philanthropie gratuite, ni une utopie, mais une nécessité. C'est à cette condition que s'instaurera l'entreprise intelligente tant recherchée, car elle ne peut être que le résultat de la combinaison des différentes intelligences individuelles, animées du désir de collaborer.

---

19. Sauf, encore une fois, lorsqu'ils sont contraints, hétérodéterminés ou aliénés, auxquels cas ce n'est plus de sujets qu'on parle, mais d'êtres objectivés, chosifiés.
20. Voir en ce sens Aktouf (2002), Gaulejac, de (2005).

J'en appelle donc rien de moins qu'à un tout nouveau genre de management pour un employé «traité en humain», et à un tout nouveau genre de rapports de travail, d'entreprise, d'éthique et de conception de la société.

Il s'agit avant tout d'une entreprise où les rapports et les règles du jeu changent radicalement. Cela touche à la nature du pouvoir et du contrôle que la tradition continue à perpétuer dans les organisations et dans les sociétés qui admettent que des élites de leaders méritent de se servir comme elles le veulent. On demande la mise en place de conditions de travail telles que l'employé aura le désir d'être complice. Comme cela ne se manipule ni ne se commande mais se vit, il n'est guère qu'une voie possible : que le travailleur puisse vivre son rapport avec son travail sur un mode d'appropriation plus réel que formel, c'est-à-dire qu'il puisse, concrètement, vivre ce qu'il fait dans l'entreprise comme une extension de lui-même, comme une occasion d'expression de lui-même, autant que de poursuite et de satisfaction de ses propres désirs et intérêts, en convergence avec ceux de l'entreprise – entreprise devenue lieu de partenariat et de concertation, lieu de travail et non plus lieu d'exploitation intensive et unilatérale de la force de travail.

Mais cela passe par l'abolition du salariat comme seule forme de rémunération du travail : le partage de tout, depuis les projets, le pouvoir, les décisions et la stratégie jusqu'aux profits, doit en être le complément (exactement comme cela se pratique chez Cascades et au Japon).

Comment la pensée du management peut-elle prétendre à un tel changement si elle ne remet pas en question ses présupposés, ses prémisses et ses cadres, comme la pensée économique néolibérale dominante ? C'est là un radicalisme qui demanderait qu'on voie, par exemple, au-delà des comportements de l'employé japonais, suédois ou allemand[21] les raisons qui le poussent à agir comme il le fait (raisons liées à la teneur de son travail, aux relations avec ses dirigeants, aux politiques sociales de son pays, au mode de répartition des richesses nationales, à la signification, pour lui, de sa tâche), et non qu'on cherche coûte que coûte à y déceler quelque recette d'un management magico-ésotérique.

Il n'est pas difficile d'admettre que le cadre conceptuel fonctionnalo-pragmatiste traditionnel du management est plutôt démuni devant de telles questions, questions qu'il a toujours rejetées comme étant hors de son champ de préoccupations et relevant de la philosophie, sinon d'une sociologie plus ou moins subversive ou gauchiste.

Cependant, devant la concurrence de systèmes différents comme le Japon, la Corée du Sud et de plus en plus la Chine, il devient ardu de réaliser de la valeur ajoutée seulement en organisant le travail, en le disciplinant et en rentabilisant au maximum le temps qu'il utilise. Le machinisme et la robotisation

---

21. Sans faire, bien entendu, quelque amalgame que ce soit de systèmes politiques, ou sociaux, de régimes de travail, de cultures entre les trois pays visés. Il s'agit ici uniquement du fait que ces pays sont sans cesse cités comme exemples de performances et de productivité, sinon de qualité de la vie (voir *L'état du monde 2004* ; Mintzberg, 2004 ; Kozo et Wolfgang, 2003).

atteignent leurs limites, l'obsolescence est toujours plus rapide. L'inventivité et la souplesse du cerveau humain restent, plus que jamais, indispensables à une meilleure rentabilité[22].

La poursuite du profit ne doit plus être ni maximaliste, ni à court terme, ni égoïstement administrée par le patronat exclusivement – presque à son seul avantage –, mais envisagée comme le fruit d'un labeur commun, dont le taux, la destination et l'usage sont pensés et décidés en commun, entre dirigeants et dirigés. Le prix à payer est le renoncement à des privilèges nombreux et séculaires (souvent abusifs) au bénéfice d'une forme d'organisation où la flexibilité, la créativité et la qualité puissent provenir du seul facteur qui en est capable : l'être humain.

Quant à la sempiternelle question de l'«obstruction des syndicats», ceux qui l'invoquent devraient expliquer comment font les Allemands, les Scandinaves, les Japonais (et même Cascades en France, avec la CGT) pour avoir des syndicats qui coopèrent et qui aident leurs entreprises. Ne serait-ce pas parce qu'on a les syndicats qu'on mérite ? Tout syndicat qui a en face de lui un patronat soucieux du sort commun et du bien-être de ses employés a tout à perdre s'il persiste dans la logique de l'affrontement (en outre, le patronat ne peut plus ignorer que ce contre-pouvoir est une nécessité pour l'harmonie et le progrès, et non un ennemi à éliminer).

Par ailleurs, je ne voudrais pas être indûment alarmiste, mais il n'est guère possible de continuer à baigner dans une sérénité béate s'appuyant sur la politique de l'autruche et sur une confiance renforcée par la foi en nos modèles de gestion et en nos «sciences sans conscience». Il faut savoir ce qu'on fait lorsqu'on choisit de privilégier certains analystes, certains théoriciens ou certains prévisionnistes, parce qu'ils nous arrangent plus que d'autres.

C'est un peu de cette manière que se dessinera un management plus intelligent[23]. Ce management respectera la nature des choses, évitera les violences et les souffrances, qu'elles soient infligées aux humains ou à la nature, connaîtra et assumera les données de l'histoire et des sciences. Il se conformera, en connaissance de cause, à leur verdict le moins contesté à propos des savoirs de l'heure, comme les contradictions interne et externe. Ce management saura tirer les leçons de ce que font d'autres systèmes aujourd'hui plus performants, et de l'importance de la vision à long terme, plutôt que de celle du maximalisme à court terme.

Ce management-là ne doit jamais oublier la leçon des principes physiques de l'univers selon lesquels tout gain, y compris économique, en un lieu correspond à une perte équivalente ailleurs. Et ce raisonnement est valable autant dans les rapports entre l'employé et l'employeur que dans ceux entre les nations nanties et les nations démunies. L'affaiblissement d'autrui finira tôt ou tard par nous atteindre, quelle que soit notre force.

---

22. Ainsi, on rapporte que les entreprises japonaises, par exemple, accentuent la place donnée aux humains par rapport aux robots (Maury, 1990 ; Nora, 1992).

23. Je ne fais en cela que paraphraser d'autres auteurs, comme Deming (1987), qui s'exclame : «*Work smarter, not harder !*» (travailler plus intelligemment, pas plus fort !)

Le gestionnaire doit savoir ce qui se passe sur la planète, connaître l'histoire de l'entreprise, les différents systèmes économiques existants, la géopolitique et l'ethnographie, la nature de l'humain et de ce qui le fait coopérer.

Le management, les dirigeants et les enseignants en gestion doivent, enfin, tirer toutes les conséquences de la nécessaire interdépendance régnant dans tous les aspects de leurs activités: faire plus de profits au détriment de leurs salariés, de la nature, des chômeurs ou des pays plus pauvres n'est qu'une façon provisoire de se mettre à l'abri, de croire qu'on se met à l'abri.

Mieux traiter l'environnement, nos employés et nos partenaires moins nantis, c'est assurer moins de gaspillage et plus de productivité, c'est assurer des possibilités d'échanges effectifs (un pays ruiné ne peut rien échanger avec personne, sinon sa misère); c'est, au bout du compte, assurer un meilleur avenir à tous, à commencer par soi-même.

Au-delà des outils et des techniques, les plus sophistiqués soient-ils, c'est d'un nouvel état d'esprit, d'une certaine sagesse, d'une nouvelle générosité et d'un retour au sens de l'humain et au bon sens que le management du troisième millénaire a le plus besoin.

Après Jean Rostand, j'aimerais inviter le lecteur à ne jamais perdre de vue le fait que le degré d'élévation de toute civilisation se mesure à la façon dont on traite les plus faibles.

POSTFACE

Choisissant indéfiniment une chose en vue d'une autre, nous ne connaîtrons ni contentement ni repos, et cette poursuite indéfinie du plaisir nous en éloigne sans cesse.

ARISTOTE, *Éthique à Nicomaque*, I, I

La richesse des sociétés dans lesquelles règne le mode de production capitaliste s'annonce comme une «immense accumulation de marchandises».

KARL MARX (1857)[1]

Puisque nos dirigeants sont aussi incompétents, fous et pervers, notre type très particulier de civilisation risque de s'éteindre.

JOHN MAYNARD KEYNES (1918)

Le professeur Omar Aktouf est un ami. Amitié de longue date pour l'un de nous, et plus récente pour l'autre. Il nous arrive de parler longuement de ce que fait et essaie de faire cet ami commun, tant sa voix est différente et originale, interpellant et sonnant des cloches là ou le ronronnement confortable et l'autosatisfaction sont trop souvent la règle et la clé du succès chez les auteurs du domaine. En effet, est-il quelque chose de plus systématiquement publié en management que *ce que désirent lire les dirigeants*? Bien peu de voix osent dire certaines vérités à celles et ceux qui font, pourtant, leur propre fonds de commerce: managers et dirigeants, politiques et chargés de politiques économiques. Le professeur Aktouf s'adresse, par sa façon d'aborder le management, autant aux gestionnaires qu'aux étudiants, aux professeurs de gestion qu'aux économistes et aux politiques. Mais, il est un point important, sur lequel nous reviendrons: *il ne s'adresse pas à eux de n'importe quelle manière, ou de manière volontariste – pragmatiste –*, comme c'est si souvent le cas en pareille matière. Non, il s'adresse à eux de façon à forcer leur jugement, à les obliger à rechercher un *effet miroir* qui les renvoie à l'interrogation en profondeur de leurs conceptions et pratiques, qui les pousse à *se poser la question du sens et de la finalité de ce qu'ils font ou désirent faire*. Ces visées donnent à ce livre une «dimension philosophique» dont nous avons à reconnaître le bien-fondé et l'ampleur. Dimension qui renvoie, par l'appel à une certaine «sagesse» dans les

---

1. Toute première phrase du premier tome du *Capital*.

affaires du commerce et de l'économie, à des géants de la pensée économique et politique, par exemple Aristote, Marx et Keynes. Osons dire que ceux-ci se seraient retrouvés sans aucune difficulté dans les propos de notre auteur, vu le ton, le fond théorique et le fil conducteur souvent *métathéorique* adoptés. Ce livre d'Omar Aktouf nous a inspiré les phrases mises en épigraphe et écrites avec quelle force prémonitoire! par ces géants qui nous rappellent l'importance de comprendre dans toute leur portée deux points essentiels : 1) le fait d'être dirigeant implique mesure, humilité, sagesse, sens, intelligence... tout sauf la folie des grandeurs ou la perversion de la volonté de puissance ; et 2) la logique de la croissance propre au capitalisme pratiqué sans «garde-fous» irait inexorablement vers quelque chose de fondamentalement contre nature : le désir infini de plaisir et l'accumulation tout aussi infinie de biens, de marchandises, de numéraire, *pour le simple fait de les accumuler*. Ce qui, évidemment, n'a aucun sens.

Qui nierait aujourd'hui qu'il y a quelque chose de «fou» et de «pervers» dans la façon dont les affaires gestionnaires, économiques et politiques sont menées un peu partout? Qui nierait qu'une démentielle illusion d'accumulation illimitée de «marchandises» est de nos jours l'alpha et l'oméga de tout ce que fait – et fait faire – le système capitaliste, maximaliste et mondialisé? «Consommez! Consommez!» tel était le cri de ralliement poussé par le président des États-Unis à l'adresse du peuple américain afin de relever l'économie et d'éviter la récession à la suite des attentats du 11 septembre 2001. Aujourd'hui, il en résulte une somme colossale de déficits et un ʻendettement astronomique des ménages. La fuite en avant dans la course infinie à la production, à la consommation, à la destruction, à la re-production et à la re-consommation qui alimente la machine économique capitaliste depuis toujours, semble, avec la vogue néolibérale, s'être emballée de façon spectaculaire et toucher à sa fin. C'est là un des phénomènes que l'un de nous étudie depuis de longues années[2]. La production de biens en vue de produire d'autres biens, et le cycle consommer-détruire-produire-redétruire vont toujours s'accélérant. Cette *théorie de la croissance transformationnelle* inaugure un nouveau champ de recherche et de réflexion. Appuyant certainement la pensée du professeur Aktouf, elle consiste en une analyse systématique de l'essentiel de ce que la pensée économique dominante peut offrir comme conceptions théoriques et voies de solutions aux problèmes contemporains de conduite de nos affaires. Un de ses aspects importants (qui constitue aussi un des fondements de la vision, au sens de Schumpeter, du professeur Aktouf) a trait au rôle clé attribué à l'histoire pour comprendre l'économie. Le système économique évolue. Le fonctionnement des marchés se modifie dans le temps et l'espace. La technologie avance et la structure des coûts change. Des politiques économiques qui étaient efficaces à un moment et à un endroit donnés peuvent devenir gravement dysfonctionnelles lorsque les conditions varient. Pour parer aux inconvénients, les acteurs économiques mettent au point, par exemple, des techniques leur permettant de se soustraire aux règlements et au fisc. Ils proposent donc aux gouvernements des moyens d'adapter en permanence leur réglementation et leur fiscalité. Quand les marchés à évolution lente s'adaptaient en modifiant les prix et les salaires, les politiques de l'État «gardien»

---

2. Edward J. Nell, *The General Theory of Transformational Growth*, Cambridge University Press, 1998.

étaient appropriées. Il fallait recourir aux politiques de l'État providence. Et le professeur Aktouf ne manque pas de nous rappeler, avec force détails pertinents à l'appui, comment les pays du «capitalisme industriel» ont été et restent, pour l'essentiel, des «États sociaux», évitant bien des dérapages dus à l'aveugle idéologie du «marché intégralement libre». Notre éminent collègue le professeur Heilbroner de la New School University de New York estime, lui aussi, que la compréhension du développement capitaliste dépasse de loin les capacités de la théorie économique dominante, au moins dans sa version formalisée. Le développement économique est intrinsèquement novateur et progresse de façon irrégulière selon les secteurs et les pays; il évolue à la faveur de changements qualitatifs dans la structure institutionnelle. Cela suppose une telle complexité que les intuitions, y compris celles de Marx, Veblen, Schumpeter, Kuznets, Lewis et North, se manifestent souvent à l'extérieur de la théorie formelle. Mais la force de ces intuitions donne à penser qu'il faut conceptualiser la théorie pour comprendre le développement capitaliste. À l'exemple du professeur Aktouf, dans son ouvrage *La stratégie de l'autruche*, publié en 2002, nous tentons ce «saut paradigmatique» avec la théorie de la croissance transformationnelle. Nous partons du constat suivant: au siècle dernier, l'analyse économique était imprégnée de l'idée d'équilibre, bien que la plupart des relations économiques fussent éminemment fluctuantes.

La théorie de la croissance transformationnelle se substitue à l'équilibre dans l'histoire et complète les thèses élaborées par le professeur Aktouf aussi bien dans cette quatrième édition du *Management entre tradition et renouvellement* (au chapitre 12, notamment) que dans *La stratégie de l'autruche*. Selon la théorie de la croissance transformationnelle, le rôle du marché n'est pas d'allouer des ressources, mais de lancer des innovations, choisies par la concurrence dans un processus évolutif. Ces innovations, à leur tour, modifient le fonctionnement des marchés et s'adaptent, créant de ce fait de nouveaux problèmes et de nouvelles pressions innovantes. On distingue plusieurs périodes historiques, la prochaine perçant peut-être déjà à l'horizon. Chaque période se caractérise par la domination d'un style distinct de technologie, associé aux institutions correspondantes et aux modèles d'orientation des marchés. L'analyse du comportement du marché exige le recours à la théorie. Cette étude repose sur un noyau de relations de base entre les prix et les profits, entre la croissance et les volumes, noyau basé sur la condition intersectorielle des besoins en capital de la masse salariale, qui reflète la règle d'or et qui suppose un échange linéaire entre les profits et les salaires. Les relations de base constituent les fondements d'une théorie du flux monétaire, qui rend possible une approche keynésienne actualisée et refondée sur ses assises classiques. Approche tout à fait compatible avec les travaux récents du prix Nobel Robert Mundell. Nous aimerions signaler ici que le professeur Aktouf et nous-mêmes (Errouaki et Nell) travaillons actuellement à une synthèse de ces travaux qui servira de complément à *La stratégie de l'autruche*[3] et au contenu du chapitre 12 du présent livre. Cela, précisons-le, n'a plus rien à voir avec les belles théories des «équilibres» et des cycles qui se réalimentent en une sorte d'éternel «retour à la case départ».

---

3. Ouvrage qui porte le titre provisoire: *La fin de la stratégie de l'autruche: vers une économie transformationnelle.*

La machinerie du maximalisme destructeur semble avoir dépassé la capacité des hommes à raisonner. Keynes et Marx n'avaient-ils pas raison, encore une fois, de parler de folie, de perversion et de boucle infinie d'accumulation? Le professeur Aktouf nous remet sans cesse ces considérations en mémoire tant est dense et constante son interrogation au sujet de la place et du rôle de l'entreprise, du manager, du management, de l'économique, etc. Son livre montre avec une grande rigueur que Marx et Keynes sont plus que jamais d'actualité. Où nous mèneront des dirigeants (du commerce et du politique-économique dont les intérêts ont rarement été aussi convergents sinon confondus) plus que jamais animés par les seules volontés d'accumulation et de puissance financière? Pensons à la multiplicité de scandales financiers, de collusions entre argent et politique, des guerres locales et régionales engagées pour des questions de contrôle de richesses naturelles à laquelle nous assistons. Bien entendu, nous ne prétendons pas, et le professeur Aktouf non plus, que tous nos dirigeants actuels «sont fous et pervers». Toutefois, devant certains faits récents, il est difficile de nier les graves dérives frisant la démence et le gangstérisme organisé qui marquent toute une série de décisions et d'actes économiques, politiques et gestionnaires, et qui ont abouti à la mise à genoux de pays entiers tels que l'Argentine, et à la mise à sac de régions comme le Moyen-Orient. Si on ajoute à cela les colossales tricheries comptables qui ont été perpétrées pour mieux séduire des actionnaires infiniment boulimiques et l'octroi à des dirigeants de «salaires» et de primes pouvant représenter plusieurs milliers d'années de travail pour un employé moyen (l'équivalent de 8000 années de revenu moyen américain a été accordé comme «prime de départ» au seul ex-PDG de General Electric, Jack Welch!) et dûment avalisés par les conseils d'administration (aval qui en faisait des actes non seulement «légaux», mais de «bonne et saine gouvernance»), n'est-on pas en droit de se demander où se trouve désormais la limite entre la raison et la déraison? Tout cela est-il réellement dicté par une logique, une science, une rationalité, une fatalité dictatoriale du Dieu-marché, comme ne cessent de le répéter économistes, politiciens et gestionnaires? Ou cela relève-t-il d'actes répréhensibles et évitables? À quand une vraie «bonne gouvernance» où gestionnaires, organismes internationaux et gouvernements se décideront à contenir dans des limites viables la course à l'enrichissement pour l'enrichissement? À faire en sorte, à tout le moins, que cette course cesse de s'opérer systématiquement au détriment des peuples et de la nature? Voilà de graves questions d'ordre proprement philosophique, au sens premier de «recherche de sagesse», que pose le présent livre d'Omar Aktouf. N'est-ce pas là, finalement, le *vrai rôle* d'un manuel de gestion?

Enfin un ouvrage en rupture avec l'irresponsable tradition des manuels de management qui, ultimement, ne posent qu'une seule et unique question: «Comment faire de l'argent, infiniment d'argent?»! Notre auteur a l'audace non seulement de rompre avec la quasi-obligation de n'exister que pour dire ce que veulent entendre les dirigeants – faiseurs d'argent –, mais aussi d'en proposer la déconstruction (intelligente) et l'autocritique. Et son coup porte! Il a mille fois raison: l'important n'a jamais été de savoir comment faire de l'argent, mais pourquoi, de quelle façon, et pour qui. Car, enfin, l'argent n'est pas une fin; il n'est qu'un moyen! Dans ce contexte, se donner pour but dans la vie d'être un *money maker* n'a aucun sens!

Avec le professeur Aktouf, nous posons la question: «Où finira par nous conduire l'absence de questionnement sur le sens de ce que nous faisons?» Pour paraphraser Engels, rappelons que ce qui est «déterminant dans la vie, c'est ce qui détermine la vie», autrement dit, c'est, avant toute autre chose, l'activité matérielle que déploient les humains pour se maintenir et améliorer leur sort: l'économique, donc le gestionnaire. S'il est un domaine dans lequel la question du sens est d'une nécessité cruciale, c'est bien celui-là. Merci à notre auteur d'insister là-dessus avec autant de conviction et de persévérance.

Omar Aktouf ne choisit jamais la voie de la facilité. Il est notre ami non seulement pour ses courageuses prises de position et «déviances» théoriques sur lesquelles nous reviendrons, mais aussi pour des considérations plus personnelles, plus intimes, qui, selon nous, font l'unité de la personne, unité qui force l'estime et le respect. Cette unité repose d'abord et avant tout sur une intégrité intellectuelle absolue, sans concessions, et implique des renoncements, l'acceptation de risques personnels, voire l'engagement concret, radical, à contre-courant. Voilà un homme qui vit et «agit» ses idées. Rare et admirable!

Nous sommes, l'un et l'autre, fort bien placés et très actifs dans les milieux tant nationaux qu'internationaux de l'économie et de la finance; à ce titre, nous agissons comme «hauts» consultants tant auprès de gouvernements et de grandes entreprises privées, qu'auprès d'établissements universitaires. Lorsqu'on nous a demandé de rédiger une postface pour la quatrième édition de *Management entre tradition et renouvellement*, nous avons accepté avec enthousiasme. Outre le fait que nous endossons tout ce que notre ami commun Son Excellence le Dr Boutros Boutros Ghali écrit en préface, nous prétendons, sans doute en dépit ou au-delà de ses objectifs, montrer à quel point cette quatrième édition est une œuvre majeure dans le domaine, en ce qu'elle procure un appui et un complément à bien des tentatives faites en économie «pure», les nôtres par exemple, pour mettre un peu plus de raison, d'humanisme et de sens dans nos façons de produire et de distribuer les richesses.

Posons d'emblée ceci: avec ce que semble être le fil conducteur de l'œuvre du professeur Aktouf, *il n'est de management et d'économies utiles et sains que si, globalement, la demande solvable et l'offre de biens et de services s'équilibrent et s'alimentent réciproquement*; cela signifie, nécessairement, inscrire politiques économiques et gestion dans un *projet de société, lequel projet ne saurait être ni le marché ni le libre bon vouloir des dirigeants et des actionnaires d'entreprises*. Il convient de se demander pourquoi un ancien secrétaire général de l'ONU, en l'occurrence notre ami Son Excellence le Dr Boutros Boutros Ghali, a accepté d'écrire une préface pour un livre – pour ne pas dire un manuel – consacré à la gestion et au management. En fait, il est plus d'une raison à cela. Tout d'abord, il y a la personne, l'auteur, le professeur, l'homme. L'un de nous (Errouaki) a eu l'occasion d'entendre le professeur Omar Aktouf, orateur aux idées clairement tranchées et courageuses, à l'occasion d'une conférence internationale sur le terrorisme et l'après-11 septembre, prononcée à l'Académie de la paix et de la sécurité internationale, à Monaco, en mars 2002. L'auditoire a alors été frappé par l'originalité d'analyse, le franc-parler et l'intégrité intellectuelle de cet homme originaire du monde dit «arabe», du Tiers-Monde, et venant du Canada. Il découvrait un professeur particulièrement heureux d'être là où il se trouvait, se disant «certainement dans l'un des endroits du monde où il fait encore bon d'être intellectuel : le Canada, le Québec, l'Université de Montréal et son école affiliée, HEC Montréal». Ce tiers-mondiste avoué au cœur d'un univers en partie hostile à de telles idées, surtout chez les voisins du Sud, affirmait en outre que nulle part ailleurs il avait vu une telle liberté d'expression, un tel forum de débats et autant de latitude pour le développement d'idées personnelles, voire iconoclastes.

Comment refuser de signer la postface d'un tel livre, d'un tel auteur, déjà reconnu aux quatre coins de la planète, qui traite en maître d'une matière jusque-là considérée comme l'exclusivité, la marque de fabrique... de «l'Occident» le plus avancé : le management ? Une deuxième raison, davantage liée celle-là à l'«esprit» et au «fil conducteur» de l'ouvrage nous a dicté notre réponse. Comme le mentionne Son Excellence Boutros Boutros Ghali dans sa préface, ce livre, est bien plus qu'un manuel (ce qui contribue à expliquer sa longévité) ; c'est une synthèse quasi encyclopédique de l'ensemble du domaine, une prise de position originale, une affirmation et un plaidoyer critiques et érudits en faveur d'un indispensable humanisme en gestion. Ce livre est également, ce qui n'est pas rien, le fruit d'un effort systématique des plus louable de mise en perspective historique et contextuelle, de constructions de liens avec la pensée et les idéologies économiques, mais aussi sociopolitiques, qui ont encadré ou encadrent la pensée gestionnaire.

Ces considérations ne peuvent pas manquer d'interpeller et d'intéresser au plus haut point les intellectuels éternellement curieux et assoiffés de justice et de démocratie économique et gestionnaire que nous sommes.

Omar Aktouf est le ressortissant d'un pays du Tiers-Monde, l'Algérie, où il est, du reste, toujours très actif, et il réussit à ébranler en profondeur et de façon très judicieuse une des chasses gardées des pays dits «développés» : le management, et son milieu physique : l'économique.

Voici un homme parti du plus bas échelon de la hiérarchie des pays pauvres qui est né et a grandi dans le dénuement. De petit berger illettré d'Afrique du nord il est devenu un penseur et un exemple pour des générations entières issues d'un des endroits considérés comme les plus «avancés» du globe, le continent nord-américain. Belle revanche sur un destin de colonisé «très mal parti» dont témoigne un de ses premiers livres, *L'Algérie entre l'exil et la curée*. Quelle performance que cette œuvre de notre ami, quand on sait qu'il n'a connu l'école que vers sa douzième année ! L'«équation personnelle» qui est la sienne est à nos yeux un élément-clé pour mieux comprendre son infatigable persévérance dans la déconstruction, son engagement et son militantisme résolus dans l'application rigoureuse d'une grille «radicale-humaniste».

Avec notre ami le professeur Aktouf, posons la question clairement : les choses de la planète sont-elles correctement gérées ? Que signifie «gérer correctement» ? L'hégémonie sans partage dont semble jouir le «modèle» de management de type nord-américain est-il ce qu'il y a de mieux pour la bonne marche de notre monde ? Ce modèle est-il, partout et pour tous, porteur de démocratie, de justice, d'équité et de «paix commerciale» ?

La lecture de cette quatrième édition du *Management entre tradition et renouvellement* nous permet de voir à quel point il est possible de mettre à profit nos expériences, nos écrits et nos réflexions pour repenser la grave problématique gestionnaire qui traverse, plus menaçante que jamais, notre monde. Ce livre a l'immense mérite de remettre à l'ordre du jour les questions de fond qui n'auraient jamais dû s'éloigner des préoccupations gestionnaires. Faisons chorus avec Son Excellence Boutros Boutros Ghali : le fait de se livrer à l'acte, au métier de «gérer» doit-il n'être synonyme que de «plus d'efficacité»? Qui plus est, d'«efficacité mesurée à l'aune unique de la production-reproduction de l'argent et de la richesse matérielle»? Voilà une interrogation de départ hautement philosophique pour un manuel de management. Mais l'ambition qu'elle reflète n'est nullement téméraire ou gratuite. Elle est simplement au niveau des graves problèmes qui mettent actuellement en péril les êtres humains et l'ensemble du monde vivant sur la planète. Or, qui, en dehors de «celles et ceux qui ont pour profession de gérer», comme l'affirme avec tant de justesse le professeur Aktouf, sont le plus concernés par de tels problèmes? Tout en liant avec une habileté digne d'un grand écrivain les perspectives historiques, socioéconomiques et gestionnaires, l'auteur nous apporte un éclairage global que nous qualifierions d'«écologique», au sens de *oïkos* et *logos*, ou *discours sur notre milieu de vie, notre «maison», la nature et la planète Terre,* et de profondément «humaniste», dans l'optique où les questions fondamentales *pour qui? et pourquoi?* de l'acte de gestion, que pose sans arrêt notre auteur, renvoient immanquablement *au sens et à la finalité* de ce que signifie «gérer». Cela, en dehors des cadres et conceptions humaines – *pour l'humain en son milieu «de nature»* –, ne saurait trouver réponse.

Voilà de bien grandes ambitions pour un manuel, fût-il universitaire! Nous n'en voulons pour preuve que ces quatre chapitres, riches, complets et originaux, sur l'état des choses en ce qui concerne la gestion au Japon, en Corée du sud, en Suède et en Allemagne. Cela nous amène à une autre dimension importante de ce livre : la *confrontation de la civilisation de l'Occident industrialisé avec elle-même*. Nous devrions y trouver matière à réfléchir quant au bien-fondé, aux raisons qui justifient l'hégémonie d'un modèle ou d'un autre.

Pour les pays du Tiers-Monde, dont la situation est de plus en plus préoccupante (l'espérance de vie s'amenuise, les revenus chutent, les actes de violence guerrière et «terroriste» augmentent, les maladies graves se répandent à des rythmes affolants, etc.), cet ouvrage est, pour faire écho à Son Excellence Boutros Boutros Ghali, une très forte invitation à reconsidérer le type de modèle de gestion qu'ils sont «nombreux à importer par le biais des emprunts de devises fortes, du recours à de très onéreux cabinets de consultants étrangers et, souvent, de la cession des affaires économiques à de puissantes multinationales.»

S'il y a une chose à retenir de cette partie de l'ouvrage, c'est qu'il est très malaisé d'établir quel management, quelle conception de l'économie et de la société, quelle conception du système boursier, du rôle des banques et de celui des entreprises sont le plus souhaitables pour les uns ou les autres. Le professeur Aktouf nous aide à comprendre, par la clarté et l'exhaustivité de son propos, à quel point il est hasardeux de séparer économie de gestion et gestion de projet social, ainsi que projet social et politiques économiques. Parmi les pays et les dirigeants du Tiers-Monde, combien croient qu'il suffit d'importer des recettes de gestion et d'organisation «clés en main» pour se prétendre automatiquement sur le chemin du progrès et du développement, voire de la démocratie? Combien, parmi les pays et les dirigeants du monde industrialisé, se croient définitivement à l'abri de crises graves et des éclatements dus à autant de ruptures entre société, gestion d'entreprise et économie? Comme le rappelle avec justesse le professeur Aktouf, cela résulte d'une outrancière instrumentalisation, mise au service du «financier», de la gestion et de l'économie, instrumentalisation qui va jusqu'à faire dire, en 2003, au tout-puissant président de la Réserve fédérale américaine, Alan Greenspan, que les États-Unis sont entrés dans une dangereuse spirale d'*exubérance irrationnelle*.

C'est un des grands mérites de ce livre que d'attirer l'attention, voire d'insister sur les dangers graves et multiples que fait courir au monde cette inexorable transformation de l'acte de gérer en une poursuite inconsciente et irresponsable de l'enrichissement pour l'enrichissement.

Mais, outre qu'il pose les questions fondamentales touchant à la nature de l'organisation et de la gestion en général, qu'il livre en une séquence serrée, fruits d'un travail d'érudit, théories, constats, analyses, critiques, conclusions et solutions, cet ouvrage comble, à notre avis, une grande lacune en soutenant le principe suivant, dont tout gestionnaire ou adepte de bonne gouvernance devrait comprendre la portée: *la gestion et les théories qui la sous-tendent ne peuvent être efficaces que mises au service d'une haute idée de l'être humain et de sa qualité de vie qui doit être en harmonie avec la nature et les autres êtres vivants.* Redonner au management sa vocation première, au sens étymologique du terme: *ad minister*[4], en l'obligeant, par l'usage systématique de la maïeutique, à se réinstaller entre le social, l'économique et l'écologique, voilà qui comble de satisfaction les économistes humanistes que nous prétendons être.

Partant de la préhistoire de la gestion pour retracer de grands pans de l'évolution du management et la situer dans une perspective globale, ce travail est remarquable sur le plan de la clarté et de l'exhaustivité. Rien de ce qui touche à la matière – ou presque – n'y échappe. Il contient tout ce que le néophyte et le vétéran peuvent désirer savoir sur la gestion, depuis ses balbutiements tayloriens jusqu'à ses tentatives de manipulations psychologisantes, en passant par ses hautes – et souvent plus dangereuses qu'utiles – prétentions scientistes (que dénoncent également bien des gourous se trouvant au cœur du *main stream* du management, comme H. Mintzberg, de l'Université McGill, ou W. Bennis et J. O'Toole, de la Western California University[5]).

Qu'on le veuille ou non, *Le management entre tradition et renouvellement* nous oblige à nous poser ce genre de questions. Et, ce qui est très habile, il le fait sans nous provoquer ni nous imposer de digressions. Cet ouvrage est, d'abord et avant tout, un vrai manuel de management. Il n'en demeure pas moins qu'il incite aussi bien à apprendre et à découvrir qu'à réfléchir.

---

4. *Au service de,* en latin.
5. *Managers not MBA's,* op. cit. Et «How Business Schools Lost their Way», *Harvard Business Review,* mai 2005.

La «mauvaise gestion» qu'exercent à l'évidence certains organismes internationaux, tant des géants de l'économie mondiale que des États du Tiers-Monde, est-elle le fait d'«applications inappropriées» de recettes infaillibles, de déviations localisées ou de l'inadéquation de théories dépassées, d'idéologies intéressées masquées par un langage à prétention scientifique et universelle? Quelle que soit la réponse retenue, n'est-il pas crucial de se poser la question, en ces temps où bien des choses s'entêtent à ne pas fonctionner comme le prétendent les gourous du management, les économistes «officiels» et les décideurs politiques?

Par ailleurs, le professeur Aktouf contribue largement à trouver les voies épistémologiques et pratiques qui permettent la construction de ponts multiples entre les domaines de l'économique, du sociopolitique, de l'écologique et du gestionnaire, qui s'évertuent à s'isoler les uns des autres. Ne va-t-il pas de soi, comme le soulignent un grand nombre d'économistes non néolibéraux, par exemple la plupart des post-keynésiens ou les Prix Nobel Amartya Sen et Joseph Stiglitz, qu'il ne peut exister d'économies et de management utiles et sains que si, globalement, la demande solvable et l'offre de biens et de services s'équilibrent et s'alimentent réciproquement? Qu'il est essentiel d'inscrire les politiques économiques et la gestion dans un projet de société… *lequel projet ne saurait être ni le marché ni le libre bon vouloir des dirigeants et actionnaires d'entreprises?*

Ayant examiné à peu près tout ce qu'il y a à savoir aujourd'hui sur le management, ses tours et ses détours, ses réussites et ses déviances, ses bons et ses mauvais côtés, ses gourous et ses maîtres, ce livre nous invite à visiter d'autres temps et d'autres espaces. Retraçant les balbutiements de l'économie moderne et son lieu d'application, la manufacture des XVIIe et XVIIIe siècles, il nous conduit jusqu'aux expressions les plus récentes d'un «management renouvelé», comme en fait preuve l'entreprise Cascades, étonnante multinationale de l'industrie des pâtes et papiers du Québec, qui montre combien est fécond le chemin de la vraie démocratie et de la solidarité. Le lecteur est saisi de constater à quel point cette «universalité» humaine dans la diversité et la richesse culturelle dont parle notre ami Boutros Boutros Ghali (2002) dans *Démocratiser la mondialisation* peut s'appliquer et vivre de façon concrète. Au fond, comme le mentionne avec une grande justesse le professeur Aktouf, le «secret» des réussites profondes et durables comme celles des socioéconomies du Sud-Est asiatique ou du nord de l'Europe s'apparente parfaitement au succès de l'entreprise Cascades, en ce que le projet social et humain y est aussi important, sinon plus, que le projet économique. Dans la même veine, les quatre chapitres consacrés respectivement aux «modèles» de l'Allemagne, du Japon, de la Suède et de la Corée du Sud montrent, malgré des crises conjoncturelles, qu'il est possible, au-delà des spécificités culturelles – et dans leur respect absolu –, d'aboutir aux mêmes résultats à condition de traiter l'homme avec humanité et de bâtir un projet à caractère minimalement social et démocratique. Car, enfin, et ce livre réitère la question en filigrane du premier au dernier chapitre: peut-on considérer que le seul et unique rôle de l'État, du «marché», de l'entrepreneur… *consiste à rechercher sans cesse à augmenter la richesse financière, à lutter contre les déficits et l'absence de profits, à combattre l'inflation… sans égard au bien-être de la société et de la nature, à l'éducation et à la culture pour tous, à la dignité pour la majorité…?* C'est pourtant bien ce que nous martèlent les médias et les politiciens face aux «déficits» français et allemand, par opposition aux «bons indicateurs anglais», des années 2003 à 2005… tout en oubliant le bien-être que la France et l'Allemagne ont procuré à leurs citoyens et la situation inverse à laquelle on assiste en Angleterre depuis Thatcher.

Dans le même esprit, les différences subtiles et tout à la fois importantes que signale l'auteur entre les principes et pratiques de chacun des «deux capitalismes»: le financier anglais-états-unien, d'un côté, et le productif-industriel nippo-germanique de l'autre, montrent qu'il existe un substitut plus qu'intéressant au seul modèle qui semble dominer le monde et même alimenter les conceptions et les prescriptions d'organisations internationales telles que le Fonds monétaire international ou la Banque mondiale et l'Organisation mondiale du commerce, soit «le» modèle aujourd'hui hégémonique, celui du néolibéralisme mondialisé.

Il convient d'insister: le professeur Aktouf nous fait comprendre très clairement et avec une rigueur sans faille combien il est important que les activités économiques, politiques, gestionnaires et sociales *soient* pensées ensemble. Sinon, c'est la porte ouverte à l'impérialisme économique, ou, pire encore, à la tyrannie financière qui, tel un nouvel Attila, brûle le moindre objet sur son passage à force de vouloir tout transformer en numéraires échangeables et cumulables pour de simples et purs désirs de toute-puissance d'individus assoiffés d'argent.

Dans cette optique, c'est le chapitre consacré à la mondialisation et à ses rapports avec le management qui a, plus que les autres, attiré notre attention. Le propos est en accord parfait avec la préface et concorde avec notre ligne de pensée et nos propres analyses tout en les complétant, en particulier pour ce qui est de notre dernier ouvrage (coécrit avec Son Excellence F. Mayor Zaragoza), dont le titre est des plus évocateur: *Humanizing Globalization: A Message of Hope*[6].

Le chapitre 12 de l'ouvrage, qui traite de la véritable nature et de la genèse de la «mondialisation», est remarquable! Il propose une excellente mise en perspective: l'approche du phénomène est globale, multidisciplinaire, historique et d'une originalité absolue! La mise en contexte, si complète et si précise, est pour nous une nouveauté digne de tous les éloges. En effet, comment pouvons-nous nous contenter de ne voir dans «la» mondialisation que ce qu'enseigne le discours *politically correct*: une sorte d'expansion «naturelle» des lois les plus bienfaitrices et les plus universelles d'un «dieu-marché» libre et organisateur de tout ce qui existe en ce bas monde, y compris la justice et la démocratie? Le professeur Aktouf a mille fois raison de réfuter pour nous ce discours lénifiant et de proposer une lecture beaucoup plus honnête sur le plan intellectuel, mais ô combien plus difficile! qui remet à temps les pendules à l'heure. Intégrer, comme parties prenantes essentielles de la mondialisation et de ses retombées sur les conceptions et les pratiques gestionnaires, les tenants et aboutissants de la mise en place des organismes de Bretton Woods, les conséquences de doctrines américaines telles que celles de l'endiguement (*containment*), du maccarthysme, de la guerre froide, de la mise à genoux du Mouvement des non-alignés, voire les

---

6. À paraître, Harvard University Press, 2006.

guerres de prix entre puissances multinationales ainsi que les guerres actuelles du pétrole, ne peut qu'aider à *comprendre le phénomène et, donc, à se préparer à mieux faire face aux insuffisances et aux aléas qui impliquent les principes de la pratique du management.*

Dorénavant – et, sur ce point, notre adhésion au propos du professeur Aktouf est totale –, l'heure n'est plus aux approximations historiques, ni à l'édulcoration des faits. *Cette mondialisation néolibérale,* qu'on nous a construite de toutes pièces, *est en définitive un échec.* Échec économique, échec gestionnaire, échec humain, échec politique, échec démocratique, échec écologique! Il est grand temps de donner sa pleine mesure à l'analyse juste, courageuse, argumentée et lucide que nous propose ce remarquable ouvrage.

Bien sûr, nous pourrions écrire encore bien des pages sur ce livre destiné à la vocation de simple manuel; d'autant qu'il inspire plusieurs nouvelles pistes de réflexion. Mais il faut conclure... Nous donnons, avec force et énergie, notre appui aux *diverses solutions* auxquelles aboutit l'auteur, depuis le contrôle à exercer sur la finance et le capital maintenus par les États et les organismes au-dessus des intérêts des nations (comme la question de la monnaie[7]), jusqu'au balisage des manières d'agir des multinationales[8], en passant par les refontes radicales des enseignements en économie et en management.

Quelle chance – et nous le croyons très sincèrement – que les futurs décideurs de notre planète puissent étudier à l'aide de livres comme celui-ci! Nous savons que, déjà, il est traduit dans plusieurs langues, mais notre souhait est qu'il soit disponible dans le plus de langues possible, tant son contenu est essentiel à l'élaboration d'une *autre gestion que celle qui a conduit au désastre globalisé* que nous vivons actuellement.

Au-delà des insuffisances ou faiblesses que l'on peut toujours déceler çà et là dans un tel ouvrage, ce livre est celui d'un grand maître, d'un intellectuel d'un courage, d'une honnêteté et d'une rigueur rarement égalés. Merci à toi, notre cher ami!

Pr Edward J. Nell,
professeur d'économie et finance,
New School University, New York

Dr Abdelkarim Errouaki,
expert international en ingénierie financière,
conseiller spécial du président du Groupe d'experts
sur le Conseil européen de la recherche
New York et Madrid, août 2005

---

7. Ce que font déjà, au moyen de mesures de taxations et de contrôle draconiennes, des pays comme la Bolivie et l'Argentine.
8. Au dernier G-8, en Écosse, en juillet 2005, le président de la France, Jacques Chirac, proposait (ce que nous appuyons) une taxe substantielle et systématique sur les profits de multinationales qui serait reversée au PIB des pays hôtes.

BIBLIOGRAPHIE GÉNÉRALE

ABERNATHY, W.J. et K.B. CLARK (1985). «Innovation: Mapping the Winds of Creative Destruction», *Research Policy*, vol. 14, n° 1, p. 3-22.

ABERNATHY, W.J. et J.M. UTTERBACK (1978). «Patterns of Industrial Innovation», *Technology Review*, juin-juillet, p. 40-47.

ABRAHAM, K. (1970). *Œuvres complètes*, tome II, Paris, Payot.

ABRAVANEL, H. et C. BENABOU (dir.) (1986). *Le comportement des individus et des groupes dans l'organisation*, Chicoutimi, Gaëtan Morin Éditeur.

ACKOFF, R.L. (1967). «Management Misinformation System», *Management Science*, vol. 14, n° 4, décembre, p. 147-157.

ADAMS, J.S. (1963). «Toward an Understanding of Iniquity», *Journal of Abnormal and Social Psychology*, n° 67, p. 422-436.

ADAMS, J.S. (1964). «Effects of Wage Iniquities on Work Quality», *Journal of Abnormal and Social Psychology*, n° 69, p. 19-25.

ADAMS, R. et C. RUMMEL (1984). «Worker Participation in Management in West Germany», *International Labor Review*, vol. 123, p. 615-630.

ADLER, P. (1997). «Managing Flexible Automation», dans M.L. Tushman et P. Anderson (dir.), *Managing Strategic Innovation and Change: A Collection of Readings*, New York, Oxford University Press, p. 385-401.

AKRICH, M., M. CALLON et B. LATOUR (1988). «À quoi tient le succès des innovations? Premier épisode: l'art de l'intéressement», *Gérer et Comprendre – Annales des mines*, juin, p. 4-17.

AKRICH, M., M. CALLON et B. LATOUR (1988). «À quoi tient le succès des innovations? Deuxième épisode: l'art de choisir les bons porte-parole *Gérer et Comprendre – Annales des mines*, septembre, p. 14-29.

AKTOUF, O. (1984). «Le management et son enseignement: entre doctrine et science?», *Gestion*, avril, p. 44-49.

AKTOUF, O. (1984). «La méthode des cas et l'enseignement du management: pédagogie ou conditionnement?», *Gestion*, novembre, p. 37-42.

AKTOUF, O. (1985). «À propos de management», dans A. Chanlat et M. Dufour (dir.), *La rupture entre l'entreprise et les hommes*, Montréal-Paris, Québec/Amérique et Les Éditions d'Organisation, p. 363-388.

AKTOUF, O. (1986). *Le travail industriel contre l'homme?*, Alger, ENAL/OPU.

AKTOUF, O. (1986). *Les sciences de la gestion et les ressources humaines, une analyse critique*, Alger, ENAL/OPU.

AKTOUF, O. (1986). «La parole dans la vie de l'entreprise: faits et méfaits», *Gestion*, novembre, p. 31-37.

AKTOUF, O. (1986). «Une vision interne des rapports de travail: le cas de deux brasseries», *Le travail humain*, vol. 49, n° 3, septembre, p. 238-248.

AKTOUF, O. (1987). «Les rapports chefs de projets – directions générales», *Revue PMO*, vol. 2, n° 2, avril, p. 36-40.

AKTOUF, O. (1987). «Le cas Cascades: comment se crée une culture organisationnelle», *Revue française de gestion*, n°s 65-66, novembre-décembre, p. 156-166.

AKTOUF, O. (1988). *Corporate Culture, the Catholic Ethic and the Spirit of Capitalism: A Québec Experience*, Montréal, Centre d'études en administration internationale, École des hautes études commerciales, Cahier de recherche n° 88-06, septembre.

AKTOUF, O. (1988). «La communauté de vision au sein de l'entreprise: exemples et contre-exemples», dans G.L. Symons (dir.), *La culture des organisations*, Montréal, Institut québécois de recherche sur la culture, coll. «Question de culture», p. 71-98.

AKTOUF, O. (1989). «Parole, travail et productivité. Une étude de cas et une perspective comparée», document non publié, Montréal, HEC.

AKTOUF, O. (1989). *Le management entre tradition et renouvellement,* édition révisée en 1990, Montréal, Gaëtan Morin Éditeur.

AKTOUF, O. (1989). «L'interpellation de l'autorité et la transgression de tabous managériaux comme symboles de leadership puissant», document non publié, Montréal, HEC.

AKTOUF, O. (1990). «Corporate Culture, the Catholic Ethic and the Spirit of Capitalism: A Quebec Experience», dans Barr A. Turner (dir.), *Organizational Symbolism*, Berlin et New York, Walter de Gruyter, p. 43-53.

AKTOUF, O. (1990) «Management et théories des organisations des années 90: vers un radical-humanisme critique?», document non publié, Montréal, HEC.

AKTOUF, O. (1990). «Le symbolisme et la culture d'entreprise: des abus conceptuels aux leçons du terrain», dans J.-F. Chanlat (dir.) *L'individu dans l'organisation, les dimensions oubliées*, Québec-Paris, PUL-ESKA, p. 553-588.

AKTOUF, O. (1991). «Adhésion et pouvoir partagé», *Gérer et Comprendre – Annales des mines*, Paris, n° 23, juin, p. 44-47.

AKTOUF, O. (1992). «Theories of Organizations and Management in the 1990's: Towards a Critical Radical-Humanism?», *Academy of Management Review*, vol. 17, n° 3, juillet, p. 407-431.

AKTOUF, O. (1993). «Le management de l'excellence: de la déification du dirigeant à la dépersonnification de l'employé (ou "les dégâts du dilemme du Roi Lear dans les organisations")», communication présentée au colloque international *Sociologie de l'excellence: formation et déformation des ressources humaines*, Paris, Sorbonne, 20-23 juillet.

AKTOUF, M. (2000). *Administración y Pedagogia*, Medellín, Colombie, EAFIT, 122 p.

AKTOUF, O. (2002). *La stratégie de l'autruche. Post-mondialisation, management et rationalité économique*, Montréal, Écosociété.

AKTOUF, O. et M. CHRÉTIEN (1987). «Le cas Cascades: comment se crée une culture organisationnelle», *Revue française de gestion*, nᵒˢ 65-66, novembre-décembre, p. 156-166.

ALBERT, M. (1991). *Capitalisme contre capitalisme*, Paris, Éditions du Seuil.

ALLAIRE, Y. et M. FIRSIROTU (1984). «La stratégie en deux temps, trois mouvements», *Gestion*, vol. 9, n° 2, avril, p. 13-20.

ALLAIRE, Y. et M. FIRSIROTU (1988). «La nature contractuelle de la planification stratégique», *Gestion*, vol. 13, n° 2, mai, p. 5-19.

ALLAIRE, Y. et M. FIRSIROTU (1989). «Les racines de l'innovation. Le système japonais et l'expérience américaine», *Gérer et Comprendre*, n° 17, décembre, p. 62-72.

ALLAIS, M. (1990). *Pour l'indexation, condition d'efficacité, d'équité et d'honnêteté*, Paris, C. Juglar.

ALLENBY, B.R. (1999). *Industrial Ecology: Policy Framework and Implementation*, Upper Saddle River, N.J., Prentice Hall.

ALLENBY, B.R., D.J. RICHARDS *et al.* (1994). *The Greening of Industrial Ecosystems*, Washington, D.C., National Academy Press.

ALLISON, G.T. (1971). *The Essence of Decision*, Boston, Little, Brown and Co.

ALLPORT, F.H. (1924). *Social Psychology*, Boston, Houghton Mifflin Co.

ALLPORT, F.H. (1933). *Institutional Behavior*, Chapel Hill, N.C., University of North Carolina Press.

ALTER, N., (2000). *L'innovation ordinaire*, Paris, PUF.

ALTER, N. (2004). «Les composantes d'un processus d'innovation», dans B. Ferrandon (dir.), *Croissance et Innovation*, La Documentation française, Cahiers français, n° 323, p. 70-73.

ALTERNATIVES ÉCONOMIQUES (2004). Hors série, n° 62, 4ᵉ trimestre.

ALVESSON, M. (1986). «On the Idea of Organizational Culture», *Dragon, the SCOS Journal*, n° 7, décembre, p. 92-123.

AMABILE, T.M. (1988). «A Model of Creativity and Innovation in Organizations», dans B.W. Staw et L.L. Cummings (dir.), *Research in Organization Behavior*, Greenwich, Conn., JAI Press, vol. 10, p. 123-167.

AMABILE, T.M. (1996). «Creativity and Innovation in Organizations», Boston, Harvard Business School Press, 5 janvier, 15 p.

AMABLE, B., R. BARRÉ et R. BOYER (1997). *Les systèmes d'innovation à l'ère de la globalisation*, Paris, Economica.

AMADIEU, J.-F. (1989). «Les entreprises: églises ou équipages de rafting?», *Gérer et Comprendre*, n° 17, décembre, p. 36-40.

AMBASSADE D'ALLEMAGNE À PARIS (2004). Site web de l'ambassade, www.amb-allemagne.fr/.

AMBURGEY, T. L. et R. HAYAGREEVA (1996). «Organizational Ecology: Past, Present, and Future Directions», *Academy of Management Journal*, vol. 39, n° 5, p. 1265-1286.

AMIN, S. (1971). *L'accumulation à l'échelle mondiale*, Paris, Anthropos.

AMIN, S. (1991). *L'empire du chaos: la nouvelle mondialisation capitaliste*, Paris, L'Harmattan.

AMIT, R. et P.J.H. SHOEMAKER (1993). «Strategic Assets and Organizational Rent», *Strategic Management Journal*, vol. 14, p. 33-46.

ANDERSON, S., J. CAVANAGH et R. ESTES (1999). *A Decade of Executive Excess: The 1990s Sixth Annual Executive Compensation Study Survey*, Colombo, Sri Lanka, Institute for Policy Studies, 1ᵉʳ septembre.

ANDREWS, K. (1980). *The Concept of Corporate Strategy*, Homewood, Ill., Richard D. Irwin.

ANDREWS, K. et W.G. CHRISTENSEN (1965). *Business Policy, Texts and Cases*, Homewood, Ill., Richard D. Irwin.

ANSOFF, H.I. (1971). *Stratégie et développement de l'entreprise*, Paris, Éditions Hommes et Techniques.

ANSOFF, H.I. *et al.* (1976). *From Strategic Planning to Strategic Management*, Londres, John Wiley & Sons.

ANTHONY, R.N. (1965). *Planning and Control Systems: A Framework for Analysis*, Boston, Harvard University Press.

ARCHIER, G. et H. SÉRIEYX (1984). *L'entreprise du troisième type*, Paris, Éditions du Seuil.

ARCHIER, G. et H. SÉRIEYX (1986). *Pilotes du troisième type*, Paris, Éditions du Seuil.

ARDANT, G. (1976). La révolution suédoise, Paris, Robert Laffont.

ARDANT, G. et H. SÉRIEYX (1984). *La révolution suédoise*, Paris, Robert Laffont.

ARGYLE, M. (1953). «The Assembly Relay Test Room in Retrospect», *Occupational Psychology*, vol. 7, p. 103-110.

ARGYRIS, C. (1957). *Personality and Organization*, New York, Harper.

ARGYRIS, C. (1958). «The Organization: What Makes it Healthy?», *Harvard Business Review*, vol. 36, n° 6, p. 107-116.

ARGYRIS, C. (1967). *Executive Leadership: An Appraisal for Manager in Action*, Handem, Conn., Archon Books.

ARGYRIS, C. (1973). «Some Limits of Rational Man Organizational Theory», *Public Administration Review*, vol. 33, n° 3, mai, p. 253-268.

ARGYRIS, C. (1973). «Personality and Organization Theory Revisited», *Administrative Science Quarterly*, vol. 18, no 2, juin, p. 141-168.

ARGYRIS, C. (1973). «Organization Man: Rational or Self Actualizing?», *Public Administration Review*, vol. 33, n° 4, juillet-août, p. 346-354.

ARGYRIS, C. (1980). «Some Limitations of the Case Method: Experiences in a Management Development Program», *Academy of Management Review*, vol. 5, n° 2, avril, p. 291-299.

ARGYRIS, C. (1980). «The Individual and Organizational Structure», *dans Readings in Human Relations*.

ARISTOTE (1970). *Éthique à Nicomaque*, 2e édition, Paris, Béatrice Nauwlaerts, 2 volumes.

ARISTOTE (1993). *Politique: livre I à VIII*, Paris, Gallimard, 376 p.

ARON, R. (1967). *Les étapes de la pensée sociologique*, Paris, Gallimard.

ARROW, K.J. (1983). *General Equilibrium*, Cambridge, Belknap Press.

ARVON, H. (1960). *La philosophie du travail*, Paris, Presses Universitaires de France, coll. «Sup.».

ATLAN, H. (1972). «Du bruit comme principe d'auto-organisation», *Communications*, n° 18, p. 21-36.

ATLAN, H. (1979). *Entre le cristal et la fumée*, Paris, Éditions du Seuil.

ATLAN, H. (1985). «Ordre et désordre dans les systèmes naturels», dans A. Chanlat et M. Dufour (dir.), *La rupture entre l'entreprise et les hommes*, Paris, Les Éditions d'Organisation, p. 119-140.

ATLAN, H. (1986). *À tort et à raison*, Paris, Éditions du Seuil.

ATLASECO (1993). Paris, Atlasco Éditeur.

ATLASECO. *Atlas économique mondial*, années 1990, 1991, 1992, 1993, Paris, Éditions du Sérail.

ATTALI, J. (1981). *Les trois mondes. Pour une théorie de l'après-crise*, Paris, Fayard.

ATTALI, J. (1990). *Horizons lointains*, Paris, Fayard.

ATTALI, J. (1995). *L'économie de l'apocalypse*, Paris, Éditions du Seuil.

ATTAU, J. (1990). *Lignes d'horizon*, Paris, Fayard.

AUBERT, N. et V. de GAULEJAC (1991). *Le coût de l'excellence*, Paris, Éditions du Seuil.

AUBERT, N. et V. de GAULEJAC (1992). *Le coût de l'excellence*, Paris, Éditions du Seuil.

AUBREY, B. (1993). «Repensons le travail du cadre», *Harvard-L'Expansion*, Paris, été.

AUDET, M. *et al.* (1986). «Science et résolution de problèmes: liens, difficultés et voies de dépassement dans le champ des sciences de l'administration», *Philosophie des sciences sociales*, n° 16, p. 409-440.

AUDRETSCH, D.B. et P.E. STEPHAN (1996). «Company-scientist Locational Links: The Case of Biotechnology», *The American Economic Review*, vol. 86, n° 3, p. 641-651.

AUGUREN, S., J. EDGEREN et SAF (1981). *Des usines différentes*, Stockholm, SAF

(Confédération des employeurs suédois), coll. «Études et recherches».

AUTOMOBILE MAGAZINE (L). Hors-série L2001-2002, 2002-2003,-2003-2004, 2004-2005, Paris, Motor PRESSE France.

AUTREMENT (1988). «Le culte de l'entreprise», n° 100 (numéro spécial), septembre.

AVENI, R. d' (1994). *Hypercompetition : Managing the Dynamics of Strategic Manoeuvring,* New York, The Free Press.

AXELROD, R. (dir.) (1976). *Structure of Decision. The Cognitive Maps of Political Elites,* Princeton, N.J., Princeton University Press.

AXTELL-RAY, C. (1986). «Corporate Culture, the Last Frontier of Control?», *Journal of Management Studies,* vol. 23, n° 3, mai, p. 287-297.

BABBAGE, C. (1963). *On the Economy of Machinery and Manufacturers,* Londres, C. Knight.

BAIROCH, P. (1971). *Le Tiers-Monde dans l'impasse,* Paris, NRF.

BAKER, A. (2003). «Biotechnology's Growth-innovation Paradox and the New Model for Success», *Journal of Commercial Biotechnology,* vol. 9, n° 4, juin, p. 286-288.

BALES, R.F. (1958). «Task Roles and Social Roles in Problem Solving Groups», *Reading in Social Psychology,* New York, Holt, Rinehart and Winston, p. 437-447.

BANQUE MONDIALE (1992). *Rapport sur le développement dans le monde,* Washington, D.C.

BARAND, P.A. et P.M. SWEEZY (1966*). Monopoly Capital : An Essay on the American Economic and Social Order,* New York, Monthly Review Press.

BARCHMAN, G. (2003). «Le management environnemental», sur le site web de Groupe de recherche sur le développement durable et le développement économique local, www.groupeone.be.

BARNARD, C. (1938). *The Functions of the Executive,* Cambridge, Mass., Harvard University Press.

BARNARD, C. (1950). *The Functions of the Executive,* Cambridge, Mass., Cambridge University Press.

BARNEY, J.B. (1986). «Strategic Factor Markets : Expectations, Luck and Business Strategy», *Management Science,* vol. 32, n° 10, p. 1231-1241.

BARNEY, J.B. (1991). «Firm Resources and Sustained Competitive Advantage», *Journal of Management,* vol. 17, p. 99-120.

BAROU Y. et B. KEIZER (1984). Les grandes économies, Paris, Seuil, coll. «Points».

BARREYRE, P.-Y. (1975). *Stratégie d'innovation dans les moyennes et petites entreprises,* Suresnes, France, Éditions Hommes et Techniques.

BARTHÉLÉMY, M. (1993). Dans *L'état du monde 1993,* Montréal-Paris, Boréal – La Découverte.

BATESON, G. et al. (1981). *La nouvelle communication,* Paris, Éditions du Seuil, coll. «Points».

BAUER, M. et B. BERTIN-MOUROT (1992). «Études sur le parcours professionnel de chefs d'entreprises en Allemagne et en France», CNRS, résultats publiés dans l'enquête de N. Villard, dans *L'Expansion,* 9-22 janvier.

BAUER, M. et B. BERTIN-MOUROT (1993). «Comment les entreprises françaises et allemandes sélectionnent-elles leurs dirigeants?», *Problèmes économiques,* n° 2337, 11 août, p. 14-19.

BAUMOL, W. (2002). *The Free-market Innovation Machine. Analyzing the Growth Miracle of Capitalism,* Princeton, N.J., Princeton University Press.

BEAUD, M. et G. DOSTALER (1993). *La pensée économique depuis Keynes,* Paris, Éditions du Seuil.

BECK, U. (2001). *La société du risque. Sur la voie d'une autre modernité,* Paris, Aubier.

BÉDARD, R. et A. CHANLAT (1993). «Être patron aujourd'hui», *Revue Notre-Dame,* n° 6, juin.

BEDJAOUI, M. (1978). *Pour un nouvel ordre économique international,* Paris, Unesco.

BEHR, E. (1989). *Hiro-Hito,* Paris, Robert Laffont.

BELLEMARE, D. et L. POULIN-SIMON (1986). *Le défi du plein emploi,* Montréal, Éditions Albert Saint-Martin.

BELLON, B. et J. NIOSI (1987). *L'industrie américaine, fin du siècle,* Montréal, Boréal.

BENDIX, R. (1949). «The Perspectives of Elton Mayo», *Review of Economics and Statistics,* vol. 31, n° 4, novembre, p. 312-321.

BENDIX, R. (1962). *Max Weber, an Intellectual Portrait,* New York, Garden City, Anchor Books.

BENN, S.I. et G.W. MORTIMORE (1976). *Rationality and the Social Sciences,* Londres, RKP.

BENNIS, W. et B. NANUS (1985). *Diriger : les secrets des meilleurs leaders* (traduction française de *Leaders: The Strategies for Taking Charge*), Paris, InterÉditions.

BENOIT, J. (1988). *La folle aventure*, Paris, Filipacchi.

BENVENISTE, É. (1973). *Problèmes de linguistique générale I*, Paris, Gallimard.

BENVENISTE, É. (1980). *Problèmes de linguistique générale II*, Paris, Gallimard.

BERG, P.O. et R. WITKIN (1984). «Organization Symbolling: Toward a Theory of Action in Organizations», document non publié, University of Lund, Suède.

BERGERON, J.-L. *et al.* (1979). *Les aspects humains de l'organisation*, Chicoutimi, Gaëtan Morin Éditeur.

BERGERON, P.-G. (1983). *La gestion moderne, théories et cas*, Chicoutimi, Gaëtan Morin Éditeur.

BERGERON, P.-G. (1986). *La gestion dynamique, concepts, méthodes et applications*, Chicoutimi, Gaëtan Morin Éditeur.

BERLE, A. (1957). *Le capital américain et la conscience du roi: le néo-capitalisme aux États-Unis*, Paris, Armand Colin.

BERLE, G. (1990). *The Green Entrepreneur: Business Opportunities that Can Save the Earth and Make You Money*, Blue Ridge Summit, Penn., Liberty Hall Press.

BERLE, A. et G.C. MEANS (1937). *The Modern Corporation and Private Property*, New York, McMillan.

BERNARD, M. et L.-P. LAUZON (1996). *Finances publiques, profits privés. Les finances publiques à l'heure du néolibéralisme*, Montréal, Éditions du Renouveau québécois.

BERNE, E. (1971). *Analyse transactionnelle et psychothérapie*, Paris, Payot.

BERNSTEIN, A. et D.E. ADLER (1994). *Understanding American Economic Decline*, Cambridge, Mass., Cambridge University Press.

BERNIER, B. (1988). *Capitalisme, société et culture au Japon: aux origines de l'industrialisation*, Montréal, Les Presses de l'Université de Montréal.

BERNOUX, P. (2004). *Sociologie du changement dans les entreprises et les organisations*, Paris, Éditions du Seuil.

BERRY, M.A. et D.A. RONDINELLI (1998). «Proactive Corporate Environmental Management: A New Industrial Revolution», *The Academy of Management Executive*, vol. 12 n° 2, p. 38-50.

BERTALANFFY, L. von (1973). *La théorie générale des systèmes*, Paris, Dunod.

BERTHOUD, A. (1981). *Aristote et l'argent*, Paris, Maspero.

BETTELHEIM, C. (1976). *Calcul économique et forme de propriété*, Paris, Maspero.

BEYER, J.B. (1981). «Ideologies, Values and Decision Making in Organizations», dans P.C. Nystrom et W.H. Starbuck (dir.), *Handbook of Organizational Design*, vol. 2, Oxford, OUP, p. 166-202.

BEYNON, H. (1973). *Working for Ford*, Londres, Penguin Books.

BIDET, E. (2003). *Corée du Sud: économie sociale et société civile*, Paris, L'Harmattan.

BIRAT, J.-P. (1991). *Réussir en affaires avec les Japonais* («Comprendre la mentalité japonaise, l'entreprise japonaise et ses rites»), Paris, Éditions du Moniteur.

BLAKE, R. et J. MOUTON (1964). *The Managerial Grid: Key Orientations for Achieving Production Through People*, Houston, Gulf Pub. Co.

BLAKE, R. et J. MOUTON (1969). *Building a Dynamic Corporation Through Grid Organization Development*, Reading, Mass., Addison-Wesley.

BLANC, M. (1989). «La Corée du Sud», dans *La nouvelle Asie industrielle: enjeux, stratégies et perspectives*, Paris, PUF, publication de l'Institut universitaire des hautes études internationales de Genève.

BLANKEVOORT, P.J. (1984). «Effects of Communication and Organization», *International Journal of Project Management*, vol. 2, n° 3, août.

BLONDAL, S. et T. EGEBO (1992). «Coup de projecteur sur la Suède», *L'Observateur de l'OCDE*, n° 177, août-septembre, p. 33-34.

BLOOM, A. (1987). *L'âme désarmée: essai sur le déclin de la culture générale*, Paris, Guérin.

BLUMENTHAL, S.C. (1969). *Management Information Systems: A Framework for Planning and Development*, Englewood Cliffs, N.J., Prentice-Hall.

BOGOMOLOVA, N. (1974). *La théorie des relations humaines, instrument idéologique des monopoles*, Moscou, Éditions du Progrès.

BOIRAL, O. (1994). «La stratégie québécoise de développement durable: grandeurs et illusions d'un projet de société», dans J.A. Prades, R. Tessier et J.-G. Vaillancourt (dir.), *Instituer le développement durable*, Montréal, Fides, p. 165-191.

BOIRAL, O. (1998). «Vers une gestion préventive des questions environnementales», *Gérer et Comprendre*, mars, p. 27-37.

BOIRAL, O. (1998). «ISO 14001 : Against the Tide of Modern Management?», *Journal of General Management*, vol. 24, n° 1, p. 35-52.

BOIRAL, O. (1999). «La formation environnementale dans l'entreprise», dans M. Ebrahimi (dir.), *Éducation et démocratie, entre individu et société*, Montréal, Isabelle Quentin éditeur, p. 119-128.

BOIRAL, O. (2000). «Vers une gestion environnementale des entreprises?», *Revue française de gestion*, vol. 127, p. 4-18.

BOIRAL, O. (2000). «Les démarches participatives à l'épreuve de la gestion environnementale», *Gestion 2000*, vol. 17, n° 4, p. 37-51.

BOIRAL, O. (2002). «Tacit Knowledge and Environmental Management», *Long Range Planning*, vol. 35, n° 3, p. 291-317.

BOIRAL, O. (2003). «ISO 9000, Outside the Iron Cage», *Organization Science,* vol. 14, n° 6, p. 720-737.

BOIRAL, O. (2005). «Concilier environnement et compétitivité, ou la quête d'éco-efficience», *Revue fançaise de gestion*, à paraître.

BOIRAL, O. et G. CROTEAU (2004). «Du développement durable à l'entreprise durable, ou l'effet Tour de Babel», dans L. Guay *et al.* (dir.), *Les enjeux et les défis du développement durable : connaître, décider, agir*, Québec, Les Presses de l'Université Laval, p. 259-281.

BOIRAL, O. et D. JOLLY (1997). «Relever le défi environnemental : des alliances interentreprises aux collaborations interorganisationnelles», *Revue internationale de gestion*, vol. 22, n° 2, p. 66-75.

BOIRAL, O. et J. KABONGO (2004). «Le management des savoirs au service de l'écologie industrielle», *Revue française de gestion*, vol. 30, n° 149, p. 173-191.

BOISVERT, M. (1980). *L'approche sociotechnique*, Montréal, Agence d'Arc.

BOISVERT, M. (1980). *Le manager et la gestion*, Montréal, Agence d'Arc

BOISVERT, M. (1985). *L'organisation et la décision*, Montréal, Presses des HEC – Agence d'Arc.

BOISVERT, M. et R. DÉRY (1980). *Le manager et la gestion*, Montréal, Agence d'Arc.

BOLTANSKI, L. et E. CHIAPELLO (1999). *Le nouvel esprit du capitalisme*, Paris, Gallimard.

BOMMENSATH, M. (1987). *Manager l'intelligence de votre entreprise*, Paris, Les Éditions d'Organisation.

BOMMENSATH, M. (1991). *Secrets de réussite de l'entreprise allemande : la synergie possible*, Paris, Les Éditions d'Organisation.

BOONE, C.A. et A. V. WITTELOOSTUIJN (1995). «Industrial Organization and Organizational Ecology», *Organization Studies*, vol. 16, n° 2, p. 265-298.

BOSCHE, M. (1984). «Corporate culture : la culture sans histoire», *Revue française de Gestion*, n°s 47-48, septembre-octobre, p. 29-39.

BOSCHE, M. (1987). «Corée-France : au-delà du langage international des affaires», *Revue française de gestion*, n° 64, septembre-octobre, p. 83-90.

BOSCHE, M. (1991). «Stéréotypes culturels d'hommes d'affaires : deux visions de la Corée», *Intercultures*, n° 12, p. 57-68.

BOUCHARD, S. (1985). «Être truckeur (routier)», dans A. Chanlat et M. Dufour, *La rupture entre l'entreprise et les hommes*, Montréal-Paris, Québec-Amérique et Les Éditions d'Organisation, p. 351-359.

BOURDIEU, P. (1982). *Ce que parler veut dire*, Paris, Fayard.

BOURDIEU, P. (2000). *Les structures sociales de l'économie*, Paris, Éditions du Seuil.

BOURDIEU, P. et J.-C. PASSERON (1970). *La reproduction : éléments pour une théorie du système d'enseignement*, Paris, Éditions de Minuit.

BOURGOIN, H. (1984). *L'Afrique malade du management*, Paris, Jean Picollec.

BOURNOIS, F. et M. PETIT (1992). «La gestion des ressources humaines en Allemagne», *Revue Personnel*, n° 331, mars-avril.

BOUTROS GHALI, B. (1994). *Agenda for Development*, New York, United Nations.

BOUTROS GHALI, B. (1996). *Agenda for Democracy*, New York, United Nations.

BOUTROS GHALI, B. (2002). *Démocratiser la mondialisation*, Paris, Éditions du Rocher.

BOVÉ, J. et F. DUFOUR (2000). *Le monde n'est pas une marchandise*, Paris, La Découverte.

BOYER, R. (1995). *La théorie de la régulation. L'état des savoirs*, Paris, La Découverte.

BOYER, R. et J.-P. DURAND (1993). *L'après-fordisme*, Paris, Syrox.

BOYER, R. et P.F. SOUYRI (dir.) (2001). *Mondialisation et régulations. Europe et Japon face à la singularité américaine*, Paris, La Découverte.

BRANDT, R. et B. TREECE (1986). «High Tech to the Rescue», *Business Week*, 16 juin, p. 100-108.

BRAUDEL, F. (1980). *Civilisation matérielle, économie et capitalisme : les jeux de l'échange*, tome II, Paris, Armand Colin, 3 volumes.

BRAUDEL, F. (1985). *La dynamique du capitalisme*, Paris, Arthaud.

BRAVERMAN, H. (1974). *Labor and Monopoly Capital*, New York, Monthly Review Press.

BRAVERMAN, H. (1976). *Travail et capitalisme monopoliste*, Paris, Maspero.

BREITMEIER, W. (1987). «Le système allemand, l'employeur et l'éducateur», *Revue française de gestion*, n°s 65-66, novembre-décembre, p. 88-92.

BRISOU, S., T. GLOBOCAR, V. LAINÉ et H. MÉDUNIER (1990). *Les deux Allemagne 1984-1989*, Paris, La Documentation française, Notes et études documentaires.

BROUSSOLE, D. (1990). «Le modèle suédois dans les années 80 et la tertiarisation de l'économie», *Problèmes économiques*, n° 2205, 28 décembre, p. 11-18.

BROWN, D.S. (1982). «The Changing Role of the Manager», *Supervisory Management*, vol. 27, n° 7, juillet, p. 13-20.

BROWN, J.A.C. (1954). *The Social Psychology of Industry : Human Relations in the Factory*, Harmondsworth, Middlesex, Penguin Books.

BROWN, L.R. (dir.) (1993). *L'état de la planète*, Paris, Economica.

BROWN, L.R. (1990). *State of the World 1990*, Washington, D.C., Worldwatch Institute.

BRUHNES, B. (1989). «Syndicats ouvriers et organisations patronales en Europe, trois modèles de culture sociale», *Projet*, mai-juin.

BULLETIN DE LA COMMISSION BANCAIRE. N° 6, avril 1992, «Le système bancaire allemand», publié par *Problèmes économiques*, n° 2293, 30 septembre 1992.

BURAWOY, M. (1979). «Toward a Marxist Theory of the Labor Process : Braverman and Beyond», *Politics and Society*, vol. 8, n°s 3-4, p. 247-312.

BURAWOY, M. (1979). *Manufacturing Consent*, Chicago, Chicago University Press.

BURNS, T. (1954). «The Direction of Activity and Communication in a Departmental Executive Group», *Human Relations*, vol. VII, n° 1, p. 73-97.

BURNS, T. et R. STALKER (1966). *The Management of Innovation*, Londres, Tavistock.

BURR, I.W. (1976). *Statistical Quality Control Methods*, New York, Marcel Dekker.

BURR, I.W. (1984). *Elementary Statistical Quality Control*, New York, Marcel Dekker.

BURRELL, G. et G. MORGAN (1979). *Sociological Paradigms and Organizational Analysis*, Londres, Heineman Educational Books, chap. 5, 8 et 10.

BUSINESS WEEK (1985). «How G.M.'s Saturn Could Run Rings around Old-Style Car Makers», 28 janvier, p. 660-662.

BUSINESS WEEK (1986). «High Tech to the Rescue», 16 juin, p. 100-108.

BUSINESS WEEK (1992). «Executive Pay, Compensation at the Top Is out of Control», 30 mars, p. 52-58.

CAILLÉ, A. (1989). *Critique de la raison utilitaire*, manifeste du MAUSS, Paris, La Découverte.

CAILLOIS, R. (1981). *Le mythe et l'homme*, Paris, Gallimard, coll. «Idées».

CAIRNCROSS, F. (1992). *Costing the Earth*, Boston, Harvard Business School Press.

CALVEZ, J.-Y. (1978). *La pensée de Karl Marx*, Paris, Éditions du Seuil, coll. «Points».

CAMPINOS-DUBERNET, M. et J.-M. GRANDO (1989). «Formation professionnelle ouvrière : 3 modèles européens», *Formation-Emploi*, n° 22, avril-juin.

CANS, R. (1990). *Le monde poubelle*, Paris, Éditions du Seuil.

CAPDEVIELLE, P., F. HERAN et P. POLITANSKI (1992). «Le rôle de la formation professionnelle dans la diffusion des technologies en Europe (Le cas allemand)», *Revue d'économie industrielle*, 1er trimestre, publié par *Problèmes économiques*, n° 2294, 7 octobre.

CAPRA, F. (1983). *Le temps du changement. Science – société – nouvelle culture*, Paris, Le Rocher.

CAREY, A. (1967). «The Hawthorne Studies : A Radical Criticism», *American Sociological Review*, vol. 32, n° 3, juin, p. 403-416.

CARLANDER, I. (1992). «La Suède à la recherche d'un autre "modèle"», *Le Monde diplomatique*, n° 461, août, p. 22-23.

CARLISLE, H.M. (1973). «L'organisation fonctionnelle est-elle périmée?», dans P. Laurin (dir.), *Le management – textes et cas*, Montréal, McGraw-Hill.

CARLZON, J. (1986). *Renversons la pyramide!*, Paris, InterÉditions.

CARREY-BÉLANGER, É. (1987). «Une étude comparative des systèmes de bien-être social avec référence particulière à l'organisation des services sociaux : Finlande, Suède, Québec», *Synthèse critique 39*, Québec, Université Laval, Les Publications du Québec.

CARROUÉ, L. (1991). «Nouvelles alliances germano-nippones», *Le Monde diplomatique,* «Manière de voir», n° 12, mai.

CASTELLS, M. (1996). *La société en réseaux,* Paris, Fayard.

CASTELLS, M. (1999). *L'ère de l'information,* Paris, Fayard, 3 tomes.

CAZAL, D. (1990). «Corée : recrutement et affinités», *Ressources humaines,* n° 21.

CAZAL, D. (1991). «Communautarisme en Corée et au Japon : le réseau et l'arbre», *Intercultures,* n° 13, avril, p. 87-96.

CAZAL, D. (1992). «Visage, communication interculturelle et éthique : l'exemple de la Corée», *Intercultures,* n° 17, avril.

CAZAL, D. (1993). *Stéréotypes interculturels : une approche constructiviste appliquée à la Corée,* Marseille, Groupe EIA.

CAZAL, D. (1994). «Éthique et management interculturel : le cas du confucianisme d'entreprise», dans M. Bosche (dir.), *Le management interculturel s'apprend-il?,* Paris, Nathan.

CENTRE DE PROSPECTIVE ET D'ÉTUDES (1986). *L'acquisition de technologies étrangères par le Japon,* numéro hors série, Paris, Ministère de la Recherche et de la Technologie, Avril.

CESSIEUX, R. (1976). *Recherche sur les processus de la division du travail,* Grenoble, IREP.

CFCE (1989). *Suède (Un marché),* n° 18, Paris, Centre français du commerce extérieur, Direction de l'information.

CHANDLER, A. (1972). *Stratégie et structure,* Paris, Les Éditions d'Organisation.

CHANG, C.Y. (1980). *Confucianism : A Modern Interpretation,* The HWA Kang Press.

CHANLAT, A. (1984). *Gestion et culture d'entreprise : le cheminement d'Hydro-Québec,* Montréal, Québec/Amérique.

CHANLAT, A. (1990). «La gestion, une affaire de parole», dans J.-F. Chanlat (dir.), *L'individu dans l'organisation : les dimensions oubliées,* Québec et Paris, PUL-ESKA.

CHANLAT, A. (1992). *L'administration municipale à la croisée des chemins,* CETAI, Montréal, École des hautes études commerciales, septembre.

CHANLAT, A. (1993). «La société malade de ses gestionnaires», dans *Interface,* vol. 14, n° 6, Montréal, ACFAS, novembre-décembre, p. 25-31.

CHANLAT, A. et R. BÉDARD (1990). «La gestion, une affaire de parole», dans J.-F. Chanlat (dir.), *L'individu dans l'organisation : les dimensions oubliées,* Québec-Paris, PUL-ESKA, p. 79-100.

CHANLAT, A. et M. DUFOUR (1985). *La rupture entre l'entreprise et les hommes,* Montréal-Paris, Québec/Amérique et Les Éditions d'Organisation.

CHANLAT, J.-F. (1973). «Coûts, décision et contrôle», dans P. Laurin (dir.), *Le management – textes et cas,* Montréal, McGraw-Hill, p. 648-658.

CHANLAT, J.-F. (1983). «Usure différentielle au travail, classes sociales et santé : un aperçu des études épidémiologiques contemporaines», dans A. Cottereau, «L'usure au travail», *Le mouvement social,* Éditions ouvrières, n° 124, juillet-septembre, p. 153-169.

CHANLAT, J.-F. (dir.) (1990). *L'individu dans l'organisation : les dimensions oubliées,* Québec, PUL.

CHANLAT, J.-F. et F. SÉGUIN (1983). *L'analyse des organisations, une anthologie sociologique,* tome 1, Montréal, Gaëtan Morin Éditeur.

CHANLAT, J.-F. et F. SÉGUIN (1987). *L'analyse des organisations, une anthologie sociologique,* tome 2, Montréal, Gaëtan Morin Éditeur.

CHAPONNIÈRE, J.-R. (1982). *La république de Corée : un nouveau pays industriel,* Paris, La Documentation française, Notes et études documentaires, n°s 4667-4668.

CHARBONNEAU, R. (1973). «Le contrôle budgétaire», dans P. Laurin (dir.), *Le management – textes et cas,* Montréal, McGraw-Hill, p. 671-692.

CHARTIER, L. et H. SÉRIEYX (1992). Rapport de mission *Face à face du Pacifique II,* du 6 au 21 décembre 1991, Montréal, Groupe CFC.

CHASE, S. (1941). «What Makes Workers Like to Work?», *Reader's Digest,* février, p. 15-20.

CHAUSSÉ, R. (1973). «Le contrôle et l'évaluation des cadres dans l'entreprise», dans P. Laurin (dir.), *Le management – textes et cas,* Montréal, McGraw-Hill, p. 724-735.

CHAUSSÉ, R. et A. CHANLAT (1980). *PME : Possibilités de développement,* inédit, HEC.

CHAYRIGUÈS, M et O. AKTOUF (dir.). *Rap-*

port de stage ouvrier à Cascades Kingsey-Falls, Cahier du CETAI, Montréal, HEC.

CHESBROUGH, H. (2003). *Open Innovation The New Imperative for Creating and Profiting from Innovation*, Boston, Harvard Business School Press.

CHOME, G. (1985). «La formation professionnelle en RFA», *Travaux et documents du CIRAC* (Centre d'information et de recherche sur l'Allemagne contemporaine), Paris, décembre.

CHOSSUDOVSKY, M. (1998). *La mondialisation de la pauvreté*, Montréal, Écosociété.

CHOSSUDOVSKY, M. (2004). *Mondialisation de la pauvreté et nouvel ordre mondial*, Montréal, Écosociété.

CHOURAK, M. (1990). «La Corée du Sud à la conquête de l'URSS et de l'Europe Centrale», *Le Courrier des pays de l'Est*, Paris, La Documentation française, Notes et études documentaires, n° 347.

CHUNG, J. (1993). «Démystification du miracle économique coréen», conférence, Montréal, Centre d'études de l'Asie de l'Est, Université de Montréal, 18 février.

CHUNG, J. et S. BUCKLEY (1993). *Séminaire: facteurs économiques et négociations en Corée*, Montréal, Fondation Asie-Pacifique du Canada, 4 mars.

CHUNG, S.W. (1978). «Administration et développement: le cas sud-coréen», *Revue française d'administration publique*, n° 7, juillet-septembre.

CLAIRMONTE, F. et J. CAVANAGH (1986). «Comment le tiers-monde finance les pays riches», *Le Monde diplomatique*, septembre, p. 14.

CLASTRES, P. (1974). *La société contre l'État*, Paris, Éditions de Minuit.

CLEGG, S.R. (1975). *Power Myth and Domination*, Londres, Routledge and Kegan Paul.

CLEGG, S.R. (1990) «Pouvoir symbolique, langage et organisation», dans J.-F. Chanlat (dir.), *L'individu dans l'organisation: les dimensions oubliées*, Québec-Paris, PUL-ESKA, p. 663-681.

CLEGG, S.R. et D. DUNKERLEY (1977) *Critical Issues in Organizations*, Londres, Routledge and Kegan Paul.

CLEGG, S.R. et D. DUNKERLEY (1980). *Organization, Class and Control*, Londres, Routledge.

CLELLAND, D.I. (1988). «The Cultural Ambience of Project Management», *Project Management Journal*, vol. 19, 3 juin, p. 49-56.

CLELLAND, D.I. et W.R. KING (1971). *L'analyse des systèmes, technique avancée de management*, Paris, Entreprise Moderne d'Édition.

CLELLAND, D.I. et W.R. KING (1975). *Systems Analysis and Project Management*, 2e édition, New York, McGraw-Hill.

CLUB DE ROME (1993). «Halte à la croissance, 20 ans après», Rapport du Club de Rome, Paris, Marabout.

COBB, C., T. HALSTEAD et J. ROWE (1995). «If the GDP is Up, Why is America Down?», *The Atlantic Monthly*, octobre, p. 59-78.

COCHARD, P.-D. (1992). «Gœudevert: le bolide franco-allemand», interview du vice-président de Volkswagen, *Figaro-Magazine*, 16 mai.

COCKBURN, I.M. et R.M. HENDERSON (1998). «Absorptive Capacity, Coauthoring Behavior, and the Organization of Research in Drug Discovery», *The Journal of Industrial Economics*, vol. 46, n° 2, p. 157-182.

COHEN, M.D. *et al.* (1972). «A Garbage Can Model of Organizational Choice», *Administrative Science Quarterly*, vol. 17, n° 1, p. 1-25.

COHEN, W.M. et D.A. LEVINTHAL (1990). «Absorptive Capacity: A New Perspective on Learning and Innovation», *Administrative Science Quarterly*, vol. 35, p. 128-152.

COLLECTIF SCIENCES HUMAINES PARIS IX – DAUPHINE (1987). *Organisations et management en question(s)*, Paris, L'Harmattan, coll. «Logiques sociales».

COLLINS, C. et C. HARTMAN (1998). *United for a Fair Economy*. New York, Penguin Books.

COMMISSION MONDIALE SUR L'ENVIRONNEMENT ET LE DÉVELOPPEMENT (1988). *Notre avenir à tous*, Montréal, Fleuve.

COMTE, A. (1949). *Cours de philosophie positive*, Paris, Garnier.

CONDOMINAS, G. (1980). *L'espace social à propos de l'Asie du Sud-Est*, Paris, Flammarion.

CONKLIN, D.W., R.C. HODGSON et E. WATSON (1991). *Développement durable: guide à l'usage des gestionnaires*, Ottawa, Table ronde nationale sur l'environnement et l'économie.

CONSEIL DE LA SCIENCE ET DE LA TECHNOLOGIE (2001). *Innovation et développement durable: l'économie de demain*, Québec, Gouvernement du Québec.

COOPER, R.M. (1982). *La recherche d'un consensus: l'expérience de cinq pays*, Paris, OCDE.

COPLEY, E.B. (1923). *Frederick W. Taylor, Father of Scientific Management*, New York, Harper & Brothers, 2 volumes.

CORDELIER, S. et B. DIDOT (dir.) 2004). *L'état du monde 2004: annuaire économique et géopolitique mondial*, Paris, La Découverte.

CORIAT, B. (1992). «Dans le cercle vertueux de la qualité du travail», *Le Monde diplomatique*, «Manière de voir», n° 12, mai.

CORIAT, B. (1993). *Penser à l'envers*, Paris, Christian Bourgois éditeur.

CORMIER, D., M. MAGNAN et B. MORARD (1994). «L'effet socio-économique de la performance environnementale de l'entreprise: une étude canadienne», *Gestion 2000*, n° 3, p. 29-49.

COTTA, M. (1992). *Le capitalisme dans tous ses états*, Paris, Éditions du Seuil.

COTTEREAU, A. (1980). *Le sublime*, Paris, Maspero.

COURDY, J.-C. (1979). *Les Japonais, la vie de tous les jours dans l'empire du Soleil levant*, Paris, Belfond.

COURRIER DE LA CORÉE (LE). Publications des années 1990 à 1993.

COURRIER INTERNATIONAL (LE) (1993). «Tableau noir d'une Allemagne en panne», extrait de *Der Spiegel*, Hambourg, n° 133, 19-26 mai, p. 9-11.

COURRIER INTERNATIONAL (LE) (1993). Mention de l'article du *Wall Street Journal* «Classics in American Business Schools», n° 125, 25 mars, p. 36-37.

COURRIER INTERNATIONAL (LE) (1993). «Tableau noir d'une Allemagne en panne», extrait de *Der Spiegel*, Hambourg, n° 133, 19-26 mai, p. 9-11.

COURVILLE, L. (1994). *Piloter dans la tempête: comment faire face aux défis de la nouvelle économie*, Montréal, Éditions Québec/Amérique et Presses de l'École des HEC.

CROCKER, O., C. CHARNEY et J. LEUNG CHIU (1991). *Guide pratique des cercles de qualité: l'expérience des États-Unis et du Japon au service des entreprises françaises*, Paris, Eyrolles.

CROSBY, P.B. (1979). *Quality Is Free: The Art of Making Quality Certain*, New York, McGraw-Hill.

CROZIER, M. (1963). *Le phénomène bureaucratique*, Paris, Éditions du Seuil.

CROZIER, M. (1983). «La rationalité du décideur du point de vue du sociologue», dans B. Roy, *La décision, ses disciplines, ses acteurs*, Lyon, Presses Universitaires de Lyon, p. 29-44.

CROZIER, M. (1989). *L'entreprise à l'écoute*, Paris, InterÉditions.

CROZIER, M. et E. FRIEDBERG (1977). *L'acteur et le système*, Paris, Éditions du Seuil.

CROZIER, M. et H. SÉRIEYX (1994). *Le management panique*, Paris, Maxima et PUF.

CUGGIA, G. (1989). *Cascades, le triomphe du respect*, Montréal, Québec/Amérique.

CULBERT, S. (1974). *The Invisible War: Pursuing Self Interests at Work*, New York, Wiley and Sons.

CULBERT, S. (1980). *The Organizational Trap and How to Get Out of It*, New York, Basic Books.

CYERT, C. et K.J. COHEN (1965). *Theory of the Firm*, Englewood Cliffs, N.J., Prentice-Hall.

CYERT, R.M. et J.G. MARCH (1970). *Processus de décision dans l'entreprise*, Paris, Dunod.

DAFT, R.L. (1988). *Management*, Chicago, The Dryden Press.

DALE, E. (1967). *Organization*, New York, American Management Association.

DAMIAN, M. et J-C. GRAZ (dir.) (2001). *Commerce international et développement soutenable*, Paris, Economica.

DANDRIDGE, T.C. (1976). *Symbols at Work: Types and Functions in Relected Organizations*, thèse de doctorat, Los Angeles, University of California.

DAVAL, R. (1981). *Logique de l'action individuelle*, Paris, PUF.

DAVIS, L.E. et A.R. CHERNS (1975). *The Quality of Working Life*, New York, The Free Press, 2 volumes.

DAVIS, L.E. et J. TAYLOR (1972). *Design of Jobs: Selected Readings*, Middlessex, Penguin Books.

DAWSON, M.M. (1915). *The Ethics of Confucius*, New York, G.P. Puman's Sons.

DEAL, T.E. et A.A. KENNEDY (1982). *Corporate Culture: The Rites and Rituals of Corporate Life*, Reading, Mass., Addison-Wesley.

DeCAROLIS, D.M. et D.L. DEEDS (1999). «The Impact of Stocks and Flows of Organizational Knowledge on Firm Performance: An Empirical Investigation of the Biotechnology Industry», *Strategic Management Journal*, vol. 20, n° 10, p. 953-968.

DEJOURS C. (1980). *Le travail, usure mentale: essai de psychopathologie du travail*, Paris, Le Centurion.

DEJOURS, C. (1990). «Nouveau regard sur la souffrance humaine dans les organisations», dans J.-F. Chanlat, (dir.), *L'individu dans l'organisation: les dimensions oubliées*, Québec-Paris, PUL-ESKA, p. 687-708.

DEJOURS, C. (1998). *Souffrance en France*, Paris, Éditions du Seuil.

DEJOURS, C. et al. (1985). *Psychopathologie du travail*, Paris, Entreprise Moderne d'Édition.

DELAY, P. (1976). Techniques de participation et vie dans l'entreprise, Lausanne, HEC Lausanne.

DELVIN, E. (1986). «Ne tirez pas sur les M.B.A.», *Revue Commerce*, octobre, p. 168-180.

DEMING, W.E. (1987). «Pourquoi sommes-nous si mauvais?», *Revue Commerce*, vol. 88, n° 10, octobre, p. 109-117.

DEMOTES-MÉNARD, M. (1989). *L'économie allemande*, Paris, La Découverte.

DENIS, H. (1983). «Les défis de l'organisation matricielle», *L'Ingénieur*, vol. 69, n° 358, novembre-décembre, p. 23-27.

DE PREE, J. (1989). *Leadership is an Art*, New York, Doubleday.

DERTOUZOS, M., R. LESTER et R. SOLOW (1990). *Made in America*, New York-Paris, MIT Press et InterÉditions.

DÉRY, R. (1990). «La multidisciplinarité des sciences de l'organisation», dans *L'organisation, un objet multidisciplinaire,* compte rendu du 12ᵉ Congrès international de sociologie, ISA, Madrid, 9 au 13 juillet.

DÉRY, R. (1992). «Enjeux et controverses épistémologiques dans le champ des sciences de l'administration», *Revue canadienne des sciences de l'administration*, vol. 1.

DESFORGES, J.-G. (1973). «L'administrateur et l'organisation», dans P. Laurin (dir.), *Le management – textes et cas*, Montréal, McGraw-Hill, p. 283-307.

DeSIMONE, L.D. et F. POPOFF (1997). *Eco-efficiency. The Business Link to Sustainable Development*, Cambridge, Mass., The MIT Press.

DESJARDINS, M. (1973). «Le planning stratégique et structurel dans les PME», dans P. Laurin (dir.), *Le management – textes et cas*, Montréal, McGraw-Hill, p. 141-161.

DESSUS, B. (1995). *Systèmes énergétiques pour un développement durable*, thèse de doctorat en économie appliquée, Grenoble, Université Pierre Mendès France.

DEVEREAUX JENNINGS, P. et P.A. ZANDBERGEN (1995). «Ecologically Sustainable Organizations: An Institutional Approach, *Academy of Management Review*, vol. 20, n° 4, p. 1015-1052.

DEVEREUX, G. (1970). *Essais d'ethnopsychiatrie générale,* Paris, Gallimard.

DEVEREUX, G. (1980). *Ethnopsychanalyse complémentariste*, Paris, Gallimard.

DEVOIR (LE) (1989). «L'Allemagne fédérale connaît un boom économique sans équivalent en 20 ans», communiqué de l'AFP (Agence France Presse), p. 11, 6 septembre. .

DEVOIR (LE) (1990). Numéros des 16, 17, 18 et 19 janvier.

DEVOIR (LE) (1994). «Le succès "en cascade", entrevue avec Bernard Lamaire de Cascades, réalisée par Claude Turcotte, 14 mars, p. B-1.

DOCUMENTATION FRANÇAISE (LA) (1991). «Forces et déséquilibres de l'économie coréenne», Paris, *Problèmes économiques*, 6 mars.

DONALDSON, T et L.E. PRESTON (1995). «The Stakeholder Theory of the Corporation: Concepts, Evidence and Implications», *Academy of Management Review*, vol. 20, n° 1, p. 65-91.

DONNET, P.A. (1991). *Le Japon achète le monde*, Paris, Éditions du Seuil.

DOSI, G. (1982). «Technological Paradigms and Technological Trajectories», *Research Policy*, vol. 11, n° 3, p. 147-162.

DOURILLE-FEER É. (dir.) (2002). *Japon Le renouveau*, Paris, La Documentation française.

DOWELL, G., S. HART et B. YEUNG (2000). «Do Corporate Global Environmental Standards Create or Destroy Market Value?», *Management Science*, vol. 46, n° 8, p. 1059-1074.

DOZ, Y. et G. HAMEL (1997). «The Use of Alliances in Implementing Technology Strategies», dans M.L. Tushman et P. Anderson (dir.), *Managing Strategic Innovation and Change: A Collection of Readings*, New York, Oxford University Press, p. 556-580.

DROZ, J. (1991). *Histoire de l'Allemagne*, Paris, Presses Universitaires de France.

DRUCKER, P. (1958). *The Practice of Management*, New York, Harper & Brothers.

DRUCKER, P. (1993). *Au-delà du capitalisme*, Paris, Dunod.

DRUCKER, P. (1993). *Je vous donne rendez-vous demain*, Paris, Maxima et Laurent du Mesnil Éditeur.

DRUCKER, P. (1993). «La fin de l'autorité hiérarchique», *Harvard-L'Expansion*, Paris, été.

DRUCKER, P. (1993) «Le «big bang» des organisations», *Harvard-L'Expansion*, Paris, été.

DRUCKER, P. (2001). «The Next Society», *The Economist*, 1er novembre.

DUBUC, A. (2005). «Des déchets dangereux recyclés pour fabriquer du ciment», *Les Affaires*, 12 février, p. 29.

DUMONT, R. (1966). *Nous allons à la famine*, Paris, Éditions du Seuil.

DUMONT, L. (1970). *Homo æqualis*, Paris, Éditions de Minuit.

DUMONT, L. (1979). *Homo hierarchicus: le système des castes et ses implications*, Paris, Éditions de Minuit.

DUMONT, R. (1988) *Un monde intolérable: le libéralisme en question*, Paris, Éditions du Seuil.

DUNCAN, A.J. (1974). *Quality Control and Industrial Statistics*, Homewood, Ill., R.D. Irwin.

DUNETTE, M.D. (1976). *Handbook on Industrial and Organizational Psychology*, Chicago, Rand McNally.

DUPEUX, L. (1989). *Histoire culturelle de l'Allemagne*, Paris, Presses Universitaires de France.

DURAND, C. (1978). *Le travail enchaîné*, Paris, Éditions du Seuil.

DURAND, T. (1992). «Dual Technologies Trees: Assessing the Intensity and Strategic Significance of Technology Change», *Research Policy*, vol. 21, n° 4, p. 361-380.

DURKHEIM, É. (1893). *De la division du travail social*, Paris, F. Alcan (réédité aux PUF en 1968 – 8e édition).

DURKHEIM, É. (1897). *Le suicide: étude de sociologie,* Paris, F. Alcan.

DURKHEIM, É. (1968). *De la division du travail social,* 8e édition, Paris, PUF.

DUSSAULT, F. (1982). *Les modèles scandinaves et la détermination des ententes salariales des industries manufacturières canadiennes*, Montréal, Université de Montréal, Département des sciences économiques et Centre de recherche en développement économique.

EALEY, L. (1990). *Les méthodes taguchi dans l'industrie occidentale: accroître la qualité en diminuant les coûts*, Paris, Les Éditions d'Organisation.

EBRAHIMI, M. (dir.) (2001). *Nouvelle économie; nouveaux enjeux de la formation*, Montréal, IQ Édition.

EBRAHIMI, M. (2002). *Management et gouvernance dans le secteur de la nouvelle économie: le cas d'une importante entreprise canadienne de télécommunication*, thèse de doctorat, HEC Montréal.

EBRAHIMI, M. et A.-L. SAIVES (2005). «Rethinking the Strategic Role of Ageing Knowledge Workers in High-tech Businesses. A Multisectorial Analysis», communication présentée à la *R&D Management Conference, Organizing R&D Activities, A Balancing Act*, Pise, Italie, 6-8 juillet.

ÉCOLE POLYTECHNIQUE ET CNRS (1989). *Actes du séminaire Contradictions et dynamique des organisations*, Cahiers du Centre de Recherche en Gestion, n° 5, Paris.

ÉCONOMIE ET PERSPECTIVE INTERNATIONALE (1990). «Une économie allemande: points de vue, analyses, perspectives», Paris, La Documentation française, Notes et études documentaires, n° 43, 3e trimestre.

ECONOMIST (THE) (1996). *Country Profile: Japan, 1995-1996.*

ECONOMIST (THE) (1997). *Country Profile: Germany, 1996-1997.*

ECONOMIST (THE) (1997). *Country Profile: USA, 1996-1997.*

ECONOMIST INTELLIGENCE UNIT (THE). *World Outlook 1992, South Korea.*

EDUBOURSE.COM (2005). Site web sur la Bourse, www.edubourse.com.

EIBLESFELDT, E. (1979). *Par delà nos différences*, Paris, Flammarion.

ELIADE, M. (1963). *Aspects du mythe*, Paris, Gallimard, coll. «Aspects».

ELIADE, M. (1979). *Traité d'histoire des religions*, Paris, Payot.

ELIADE, M. (1982). *Le phénomène religieux*, Paris, Payot.

ENGELEN-KEFER, U. (1976). «L'humanisation du travail en République fédérale allemande: une approche axée sur les travailleurs», *Revue internationale du Travail*, mars-avril, p. 245-260.

LE MONDE (1979). *Vingt ans de réussite allemande*, Paris, Economica, coll. «Enquêtes».

ÉPINGARD, P. (1999). *L'investissement immatériel*, Paris, CNRS Éditions.

ÉTAT DU MONDE (L') 1990, 1991, 1992, 1993. Montréal-Paris, Boréal – La Découverte.

ÉTAT DU MONDE (L') 1991 (1991-1992). Montréal-Paris, Boréal – La Découverte.

ÉTAT DU MONDE (L'). Annuaire économique et géopolitique mondial, éditions 1991, 1992, 1993 et 1994, Montréal-Paris, Boréal – La Découverte.

ÉTAT DU MONDE (L') 1999, 2000. Montréal-Paris, Boréal – La Découverte.

ETCHEGOYEN, A. (1990). *Les entreprises ont-elles une âme?*, Paris, François Bourrin.

ÉTIEMBLE (1966). *Confucius*, Paris, Gallimard.

ETZIONI, A. (1964). *Modern Organizations*, Englewood Cliffs, N.J., Prentice-Hall.

ETZIONI, A. (1971). *Les organisations modernes*, Bruxelles, Duculot (traduit de: *Modern Organizations*, Englewood Cliffs, N.J., Prentice-Hall, 1964).

ETZIONI, A. (1989). *The Moral Dimension: Toward a New Economics*, New York, The Free Press.

EVANS-PRITCHARD, E.E. (1950). *Social Anthropology*, Londres, Cohen and West.

EXPRESS (L') (1987). «Spécial Japon: les maîtres du monde», n° 1899, du 27 novembre au 3 décembre.

FACCARELLO, G. (1983). *Travail, valeur et prix. Une critique de la théorie de la valeur*, Paris, Anthropos.

FARAMOND, G. de (1976). *La Suède et la qualité de la vie*, Paris, Le Centurion.

FARAMOND, G. de (1988). «Les pièges du consensus», *Ressources humaines*, n° 10, janvier, p. 30-32.

FAR EASTERN ECONOMIC REVIEW. Annuaire Asia Yearbook 1991, Hong-Kong.

FAYOL, H. (1979). *Administration industrielle et générale*, Paris, Dunod (première publication en 1916)

FEIGELSON, K. (1986). «La Suède: crise et prospérité de l'État social», *Projet*, n° 198, mars-avril, p. 92-102.

FERICELLI, A.M. (1978). *Théorie statistique de la décision*, Paris, Economica.

FERRANDON, M.C. et R. JAMMES (1978). *La division du travail*, Paris, Hatier.

FEUILHADE DE CHAUVIN, T. de (1991). *Éthique et pouvoir dans l'entreprise*, Paris, ESF éditeur.

FIGARO (LE) (1990). «Dossier sur la réunification allemande», 1er octobre.

FINKELKRAUT, A. (1991). *Le mécontemporain*, Paris, Gallimard.

FINLAY, J., R. BUNCH et K. PRAKASH-MANI (2000). *Beyond Gray Pinstripes: Preparing MBAs for Social and Environmental Stewardship*, Washington, D.C., World Resources Institute.

FISCHER, F. et C. SIRIANNI (dir.) (1984). *Critical Studies in Organization and Bureaucracy*, Philadelphie, Temple University Press.

FITOUSSI, J.-P. (2000). *Le débat interdit*, Paris, Éditions du Seuil.

FLEMING, J.E. (1968). «Étude d'une décision d'entreprise», *Synopsis*, juillet-août, p. 39-47.

FLOWERS, V.S. et G.L. HUGUES (1973). «Why Employees Stay?», *Harvard Business Review*, vol. 51, n° 2, juillet-août, p. 49-61.

FOLLET, M.P. (1942). *Dynamic Administration: The Collected Papers of M.P. Follet*, dans H.C. Metcalf et L. Urwick (dir.), New York, Harper and Row.

FORAY, D. (2000). *L'économie de la connaissance*, Paris, La Découverte.

FORD, H. (1927). *Ma vie et mon œuvre*, Paris, Payot.

FORRESTER, J.W. (1961). *Industrial Dynamics*, Cambridge, Mass., MIT Press.

FORRESTER, J.W. (1971). «Counterintuitive Behavior of Social Systems», *Technology Review*, vol. 73, n° 3, janvier, p. 53-68.

FORRESTER, J.W. (1982). *Dynamique mondiale*, Lyon, Presses Universitaires de Lyon.

FORRESTER, V. (1999). *L'horreur économique*, Paris, Librairie générale française, coll. «Livre de poche», 186 p.

FORRESTER, V. (2000). *Une étrange dictature*, Paris, Fayard, 223 p.

FORRESTER, V. (2004). *Le crime occidental*, Paris, Fayard, 226 p.

FORTUNE (1989). «The Trust Gap», de A. Farnham, vol. 120, n° 14, 4 décembre, p. 56-78.

FORTUNE (1993). *Managing the Chaos*, New York Time inc., Time Life Building, Rockefeller Center, avril.

FOUCOUNAU, D. (1991). «Corée, État divisé», *Relations internationales et stratégiques*, Paris, IRIS/Stock, n° 1.

FRANCOEUR, L.-G. (2002). «La pollution automobile tue davantage que les accidents de la route», *Le Devoir*, 22 septembre.

FRANK, A.-G. (1967). *Le développement du sous-développement*, Paris, Maspero.

FRANKE, R.H. et J.D. KAUL (1978). «The Hawthorne Experiments: First Statistical Interpretation», *American Sociological Review*, vol. 43, n° 5, octobre, p. 623-643.

FREEMAN, C.C. (1992). *The Economics of Industrial Innovation*, Cambridge, Mass., MIT Press.

FREEMAN, R.E. (1984). *Strategic Management: A Stakeholder Approach*, Marshfield, Mass., Pitman Publishing.

FREUND, J. (1966). *La sociologie de Max Weber*, Paris, PUF.

FREUND, J. (1985). «Weber (Max)», *Encyclopædia Universalis*, p. 1071-1073.

FRIEDMAN, J. (1975). *Capitalism and Freedom*, Charlotteville, University Press of Virginia.

FRIEDMAN, M. (1962). *Capitalism and Freedom*, Chicago, University of Chicago Press.

FRIEDMANN, G. (1935). «Frederick Winslow Taylor: l'optimisme d'un ingénieur», *Annales d'histoire économique et sociale*, n° VII, p. 584-602.

FRIEDMANN, G. (1946). *Problèmes humains du machinisme industriel*, Paris, Gallimard.

FRIEDMANN, G. (1950). *Où va le travail humain?* Paris, Gallimard.

FRIEDMANN, G. (1964). *Le travail en miettes*, Paris, Gallimard, coll. «Idées».

FRIEDMANN, G. et P. NAVILLE (1969). *Traité de sociologie du travail*, Paris, Armand Colin, 2 volumes.

FRIEDRICH, O. (1981). «Business School Solutions May Be Part of the US Problem», *Time Magazine*, 4 mai, p. 52-59.

FRITZSCH-BOURNADEL, R. (1987). *L'Allemagne, un enjeu pour l'Europe*, Bruxelles, Éditions Complexe.

FROMM, E. (1961). *Marx's Concept of Man*, New York, Frederick Ungar.

FROMM, E. (1975). *La passion de détruire*, Paris, Robert Laffont.

FURTADO, C. (1964). *Development and Underdevelopment*, Berkeley, University of California Press.

FURTADO, C. (1976). *Le mythe du développement économique*, Paris, Anthropos.

GAGNON, L. (1993). *Échec des écologistes? Bilan des décennies 70 et 80*, Montréal, Méridien.

GALAMBAUD, B. (1988). *L'initiative contrôlée ou le nouvel art du manager*, Paris, Entreprise Moderne d'Édition.

GALBRAITH, J.K. (1961). *La crise économique de 1929*, Paris, Payot.

GALBRAITH, J.K. (1968). *Le nouvel État industriel*, Paris, Gallimard.

GALBRAITH, J.K. (1977). *Le temps des incertitudes*, Paris, Gallimard.

GALBRAITH, J.K. (1978). *Tout savoir ou presque sur l'économie*, Paris, Éditions du Seuil, coll.« Points».

GALBRAITH, J.K. (1987). *Economics in Perspective. A Critical History*, Boston, Hougton Mifflin, 1987.

GALBRAITH, J.K. (1989). *Voyage à travers le temps économique,* Paris, Éditions du Seuil.

GALBRAITH, J.K. (1989). *L'économie en perspective*, Paris, Éditions du Seuil.

GALBRAITH, J.K. (1992). *La république des satisfaits*, Paris, Éditions du Seuil.

GANTT, H.L. (1961). *On Management. Guidelines for Today's Executive,* New York, American Management Association.

GARVIN, D. (1993). «Construire une organisation intelligente», *Harvard-L'Expansion*, Paris, été.

GASPARINI, G. (1990). «Temps et travail en Occident», dans J.-F. Chanlat, (dir.), *L'individu dans l'organisation: les dimensions oubliées*, Québec-Paris, PUL-ESKA, p. 199-214.

GASSE, Y. (1982). «L'entrepreneur moderne, attributs et fonctions», *Gestion*, vol. 7, n° 4, novembre, p. 3-10.

GAULEJAC, V. de (2005). *La société malade de la gestion*, Paris, Éditions du Seuil.

GEAG, J.M. (1977). «Aggression and Submission in Monkey Societies», *Animal Behaviour*, vol. 25, n° 2, p. 465-474.

GÉLINIER, O. (1968). *La direction participative par objectifs*, Paris, Éditions Hommes et Techniques.

GÉLINIER, O. (1979). *Nouvelle direction de l'entreprise, personnaliste et compétitive*, Paris, Éditions Hommes et Techniques.

GENDARME, R. (1963). *La pauvreté des nations*, Paris, Cujas.

GENDARME, R. (1981). *Des sorcières dans l'économie: les multinationales*, Paris, Cujas.

GÉNÉREUX, J. (2001). *Les vraies lois de l'économie,* tome I, Paris, Éditions du Seuil.

GÉNÉREUX, J. (2002). *Les vraies lois de l'économie,* tome II, Paris, Éditions du Seuil.

GÉOPOLIS. Émission télévisée consacrée à la Corée du Sud, Paris, France 2, septembre 1993.

GEORGE, C.S. Jr. (1968). *The History of Management Thought*, Englewood Cliffs, N.J., Prentice-Hall.

GEORGESCU-ROEGEN, N. (1971). *The Entropy Law and the Economic Process*, Cambridge, Mass., Harvard University Press.

GEORGESCU-ROEGEN, N. (1989). *Demain la décroissance*, Paris, Payot.

GERSTENBERGER, W. (1992). «La compétitivité de l'industrie allemande dans le domaine des technologies de pointe», *Ifo-Schnelldienst*, mai 1992, publié par *Problèmes économiques*, n° 2316, 10 mars 1993.

GHERARDI, S. (1991). «Allemagne : pivot de l'espace européen», extrait de «Europe : l'heure allemande», *Dynasteur, le mensuel des Échos*, décembre 1991, publié par *Problèmes économiques, n° 2259*, 22 janvier 1992.

GIASSON, F. et P. LAURIN (1973). «Les concepts de *staff* et *line* et d'autorité fonctionnelle», dans P. Laurin (dir.), *Le management – textes et cas*, Montréal, McGraw-Hill, p. 314-320.

GILBRETH, L. (1953). «The Psychology of Management», dans W.R. Spriegel et C. Myers (dir.), *The Writings of the Gilbreths*, Ill. Homewood.

GILL, L. (1989). *Les limites du partenariat : les expériences social-démocrates de gestion économique en Suède, en Allemagne, en Autriche et en Norvège*, Montréal, Boréal.

GIRAUD, P.N. et M. GODET (1987). *Radioscopie du Japon*, Paris, Economica.

GIRIN, J. (1981). «Quel paradigme pour la recherche en gestion ?», *Économies et sociétés*, série «Sciences et gestion», n° 2, p. 1871-1889.

GIRIN, J. (1982). «Langage en actes et organisations», *Économie et sociétés, Cahiers de l'ISMEA*, série «Sciences de gestion», vol. 3, n° 16, p. 1559-1591.

GIRIN, J. (1990) «Problèmes de langage dans les organisations», dans J.-F. Chanlat (dir.), *L'individu dans l'organisation : les dimensions oubliées*, Québec-Paris, PUL-ESKA, p. 37-77.

GLADWIN, T.M., J.J. KENNELLY et T.S. KRAUSE (1995). «Shifting Paradigms for Sustainable Development : Implications for Management Theory and Research», *Academy of Management Review*, vol. 20, n° 4, p. 874-907.

GLAYMAN, C. (1977). *Suède : la réforme permanente,* Paris, Stock.

GLUECK, W.F. (1976). *Business Policy : Strategy Formation and Management Action*, New York, McGraw-Hill.

GODELIER, M. (1966). *Rationalité et irrationalité en économie*, Paris, Maspero.

GOLDSMITH, J. (1993). *Le piège*, Paris, Éditions du Seuil, coll. «Points».

GONDRAND, F. (1989). *Quand les hommes font la différence*, Paris, Les Éditions d'Organisation.

GORZ, A. (1973). *Critique de la division du travail*, Paris, Éditions du Seuil, coll. «Points».

GORZ, A. (1983). *Les chemins du paradis : l'agonie du capital*, Paris, Galilée.

GORZ, A. (1988). *Métamorphoses du travail, quête du sens : critique de la raison économique*, Paris, Galilée.

GOULDNER, A.W. (1955). *Patterns of Industrial Bureaucracy*, Londres, Penguin Books.

GOW, Y. (1990). «Systèmes d'enseignement, formation et perfectionnement dans l'entreprise : le Japon», dans C. Handy, C. Gordon, Y. Gow et C. Randlesome (dir.), *Formation : managers*, Paris, Eyrolles.

GRAS, A. (1988). «Pourquoi les Suédois sont-ils si forts en affaires ? Culture nationale et business international», *Ressources humaines*, n° 10, janvier, p. 26-28.

GRAY, D.J. (1986). «Uses and Misuses of Strategic Planning», *Harvard Business Review*, vol. 64, n° 1, janvier-février, p. 89-97.

GRAY, I. (1984). *General and Industrial Management. Henri Fayol Revised*, New York, IEE Press.

GRAY, J. (1978). *Le développement au ras du sol*, Paris, Entente.

GRAYSON, C.J. (1973). «Management Science and Business Practice», *Harvard Business Review*, juillet-août, p. 41-48.

GROULX, L.-H. (1990). *Où va le modèle suédois ?*, Montréal-Paris, Presses de l'Université de Montréal – Éditions L'Harmattan.

GROUPE SÉNATORIAL D'AMITIÉ FRANCE CORÉE DU SUD (2004). *Économie et culture : le cas de la Corée du Sud*, compte rendu publié sur le site web du Sénat français, www.senat.fr.

GUÉHENNO, J.-M. (1993). *La fin de la démocratie*, Paris, Flammarion.

GUEST, R.H. (1956). «Of Time and the Foreman», *Personnel*, vol. 32, n° 6, p. 478-486.

GUINDON, M. (1980). «La vérification de gestion», *Gestion*, vol. 5, n° 2, p. 73-81.

GUITTON, H. (1975). *Entropie et gaspillage*, Paris, Cujas.

GULICK, L. et L.F. URWICK (1937). *Papers on the Science of Administration*, New York, Columbia University Press.

GURVITCH, G. (1950). *La vocation actuelle de la sociologie*, Paris, PUF (publié de nouveau en 1969 comme second tome de *La vocation actuelle de la sociologie : vers la sociologie différentielle*, Paris, PUF, 1963. L'édition de 1969 portait en sous-titre : *Antécédents et perspectives*).

GUTSATS, M. (1983). «Les dangers de l'auto», dans P. Duchoumel et J.-P. Dupuy (dir.), *L'auto-*

organisation, de la physique au politique, colloque de Cérisy, Paris, Éditions du Seuil.

GVICHIANI, G. (1972). *Théories des organisations*, Moscou, Éditions du Progrès.

HAFSI, T. (1985). «Du management au métamanagement: les subtilités du concept de stratégie», *Gestion*, vol. 10, n° 1, février, p. 6-14.

HAFSI, T., F. SÉGUIN et J.-M. TOULOUSE (2000). *La stratégie des organisations: une synthèse*, 2ᵉ édition revue et enrichie, Montréal, Les Éditions Transcontinentales.

HAGER, W. et M. NOELKE (1986). *La RFA, ses idéaux, ses intérêts et ses inhibitions*, rapport au président de la Communauté économique européenne, European Research Associates.

HALL, E. et M.-R. Hall (1990). *Guide du comportement dans les affaires internationales: Allemagne – États-Unis – France*, Paris, Éditions du Seuil.

HAMILTON, C. (1986). *Capitalist Industrialization in Korea*, Londres, Westview Press, Praeger.

HAMMER, M. et J. CHAMPY (1993). *Le reengineering*, Paris, Dunod.

HANDY, C. (1989). *The Age of Unreason*, Londres, Basic Books.

HANNA, M.D., W.R. NEWMAN et P. JOHNSON (2000). «Linking Operational and Environmental Improvement Through Employee Involvement», *International Journal of Operations and Production Management*, vol. 30, n° 2, p. 148-165.

HANNAN, M.T. et J. FREEMAN (1977). «The population ecology of organizations», *American Journal of Sociology*, vol. 82, p. 929-964.

HARBOUR, J. (1976). «Is New-Tech Really the Answer?», *Automotive Industries*, juillet.

HARBOUR, J. (1986). «Managing for Quality: Is New-Tech Really the Answer?», *Automotive Industries*, juillet.

HARRISON, R. (1976). *Work Participation in Western Europe*, Londres, Central House.

HART, S.L. (1995). «A Natural-Resource-Based View of the Firm», *Academy of Management Review*, vol. 20, n° 4, p. 986-1014.

HART, S.L. (1997). «Beyond Greening: Strategies for a Sustainable World», *Harvard Business Review*, vol. 75, n° 1, p. 66-76.

HART, S.L. et M. MILSTEIN (1999). «Global Sustainability and Creative Destruction of Industries», *Sloan Management Review*, vol. 1, n° 1, p. 23-33.

HASSARD, J. (1988). *Time, Work and Organization*, Londres, Routledge and Kegan Paul.

HASSARD, J. (1990). «Pour un paradigme ethnographique du temps de travail», dans J.-F. Chanlat (dir.), Québec-Paris, PUL-ESKA, p. 215-230.

HAWKEN, P., A. LOVINS et L.H. LOVINS (1999). *Natural Capitalism: Creating the Next Industrial Revolution*, Boston, Little Brown.

HAYECK, F.A. von (1973). *Economic Freedom and Representative Government*, Westminster, Institute of Economic Affairs.

HAYEK, F. (1993). *La présomption fatale*, Paris, Presses Universitaires de France.

HEALEY, D. (1991). *Les exportations japonaises de capitaux et le développement économique de l'Asie*, Paris, OCDE, Études du Centre de développement.

HEIDEGGER, M. (1981). *Acheminement vers la parole*, Paris, Gallimard.

HEILBRONER, R. (1970). *The Wordly Philosophers*, New York, Washington Square Press (en français: *Les grands économistes*, Paris, Éditions du Seuil, 1971).

HEILBRONER, R. (1971). *Les grands économistes*, Paris, Éditions du Seuil, coll. «Points».

HEILBRONER, R. (1980). *Marxism: for and against*, New York, W.W. Norton and Company.

HEILBRONER, R. (1986). *Le Capitalisme, nature et logique*, Paris, Atlas et Economica.

HEILBRONER, R. (1985). *Marxisme, pour ou contre*, Paris, Éditions du Seuil.

HEILBRONER, R. (1994). *Le capitalisme du XXIᵉ siècle*, Paris, Bellarmin.

HENRIOT, A. et S. ROL (2001). *L'Europe face à la concurrence asiatique*, Paris, L'Harmattan, coll. «Points sur l'Asie, 190 p.

HERZBERG, F. (1972). *Le travail et la nature de l'homme*, Paris, Entreprise Moderne d'Édition.

HERZBERG, F. (1980). «Humanities: Practical Management Education», *Industry Week*, vol. 206, n° 7, 29 septembre, p. 69-72.

HERZBERG, F. (1980). «Herzberg, the Humanist Takes on Scientific Management», entretien accordé à la revue *Industry Week*, vol. 206, n° 6, 15 septembre, p. 45-50.

HERZBERG, F. (1980). «Maximizing Work and Minimizing Labour», *Industry Week*, vol. 207, n° 1, 13 octobre, p. 61-64.

HINRICHS, J.R. (1974). *Motivation Crisis, Winding down and Turning off*, New York, Amacom.

HIRSCHHORN, M. (1988). *Max Weber et la sociologie française*, Paris, L'Harmattan, coll. «Logiques sociales».

HOBSON, J.A. (1965). *Imperialism*, Michigan, University of Michigan Press.

HOFMAIER, B. (1980). *Construction Worker: A Life of Permanent Temporality*, thèse de doctorat, Göteborg, Suède.

HOFSTEDE, G. (1980). *Culture's Consequences: International Differences in Work-Related Values*, Beverly Hills, Calif., Sage Publications.

HOFSTEDE, G. (1980) «Motivation, Leadership, and Organization: Do American Theories Apply Abroad?», *Organizational Dynamics*, été, p. 42-63.

HOGUE, J.-P. (1980). *L'homme et l'organisation*, Montréal, Éditions Commerce, Beauchemin.

HOLEINDRE, R. (1983). *L'Asie en marche (Japon, Corée du Sud, Taiwan, Hong-Kong, Singapour)*, Paris, Robert Laffont.

HOLLIS, M. et E.J. NELL (1975). *Rational Economic Man: A Philosophical Critique of Neoclassical Economics*, Cambridge, Mass., Cambridge University Press.

HOPKINS, P. (1977). «Des femelles en quête de groupe», *La Recherche*, vol. 8, n° 74, janvier, p. 94-95.

HOPKINS, P. (1977). «Les combats entre animaux de même espèce», *La Recherche*, vol. 8, n° 79, juin, p. 588.

HOPKINS, P. (1985). «Compétition, coopération, l'individu et le groupe», dans A. Chanlat et M. Dufour (dir.), *La rupture entre l'entreprise et les hommes*, Montréal-Paris, Québec/Amérique – Les Éditions d'Organisation.

HOULE, G. *et al.* (2002). *Inventaire québécois des gaz à effet de serre 1990-2000*, Québec, Ministère de l'Environnement du Québec.

IACCOCA, L. (1985). *Iaccoca par Lee Iaccoca*, Paris, Robert Laffont.

IKEDA, M. (1991). «Trajectoires d'évolution de la sous-traitance japonaise», *Sociologie du travail*, n° 1/91, Dunod.

IMAGES ÉCONOMIQUES DU MONDE (2003). *La Suède*, Paris, Armand Colin

IMAGES ÉCONOMIQUES DU MONDE (2004). Paris, Armand Colin.

IMANO, K. et S. DAVIS (1991). «La recherche-développement et la formation des chercheurs et ingénieurs au Japon», *Sociologie du travail*, n° 1/91, Paris, Dunod.

INAGAMI, T. (1991). «Tendances récentes du système japonais de relations industrielles: néo-corporatisme et nouvelle identité syndicale», *Sociologie du travail*, n° 1/91, Paris, Dunod.

INGLE, S. (1982). «How to Avoid Quality Circle Failure in Your Company», *Training and Development Journal*, juin, p. 54-59.

INOHARA, H. (1991). *Ressources humaines dans les entreprises japonaises*, Paris, Eyrolles.

INSTITUT DE RECHERCHE ÉCONOMIQUE ET DE PLANIFICATION DU DÉVELOPPEMENT (1987). *La république de Corée: concurrent ou nouveau partenaire?*, Grenoble, Cahiers IREP-D, n° 11.

INSTITUT SUÉDOIS (2003). Données sur la Suède publiées par les services du gouvernement suédois, www.sweden.se.

INTERNATIONAL PROJETC MANAGEMENT JOURNAL (1984). Numéro spécial sur l'éducation et la formation des chefs de projet, vol. 2, n° 3, août.

IRIBARNE, P. d' (1989). *La logique de l'honneur: gestion des entreprises et traditions nationales*, Paris, Éditions du Seuil.

IRIBARNE, P. d' (1992). *La logique de l'homme*, Paris, Éditions du Seuil.

ISAAC, T.S. (1978). «Intuition: An Ignored Dimension of Management», *Academy of Management Review*, vol. 3, n° 4, octobre, p. 917-921.

ITO, I. (1991). «Les mouvements du personnel comme vecteurs des transferts de technologie et de la compétitivité des entreprises japonaises», *Sociologie du travail*, n° 1/91, Paris, Dunod.

IWATAR, R. (1982). *Japanese-Style Management*, Tokyo, Asian Productivity Organization.

JACCARD, P. (1960). *Histoire sociale du travail*, Paris, Payot.

JACCARD, P. (1966). *Psychosociologie du travail*, Paris, Payot.

JACKSON, T. (1990). Articles sur la Corée du Sud dans *The Economist*, 18 août 1990, publiés par *Problèmes économiques*, n° 2215, 6 mars 1991.

JACOUD, R. et M. METSCH (1991). *Diriger autrement, les cinq réflexes du leader*, Paris, Les Éditions d'Organisation.

JACQUARD, A. (1978). *Éloge de la différence*, Paris, Éditions du Seuil.

JACQUARD, A. (1982). *Au péril de la science?*, Paris, Éditions du Seuil.

JACQUARD, A. (1986). *L'héritage de la liberté*, Paris, Éditions du Seuil.

JACQUARD, A. (1994). *Voici venu le temps du monde fini*, Paris, Éditions du Seuil.

JACQUARD, A. (1995). *J'accuse l'économie triomphante*, Paris, Éditions du Seuil.

JACQUEMIN, A. (1967). *L'entreprise et son pouvoir de marché*, Québec, PUL.

JAFFE, A.B., S.R. PETERSON, P.R. PORTNEY et R.N. STAVINS (1995). «Environmental Regulation and the Competitiveness of U.S. Manufacturing : What Does the Evidence Tell Us ?», *Journal of Economic Literature*, vol. 33, p. 132-163.

JALBERT, P. (1985). «La Suède et l'adaptation à la crise», *Interventions économiques*, nos 14-15, printemps, p. 92-108.

JALÉE, P. (1965). *Le pillage du tiers-monde*, Paris, Maspero.

JANIS, I.L. (1972). *Victims of Group Think*, Boston, Mass., Houghton Mifflin.

JANKÉLÉVITCH, V. (1939). *Traité des vertus*, Paris, F. Alcan.

JASINSKI, F.J. (1956). «Foreman Relationships Outside the Work Group», *Personnel*, vol. 33, n° 2, septembre, p. 130-136.

JOLLY, P. (1933). *L'éducation du chef d'entreprise*, Paris, L. Eyrolles.

JONES, H. (1977). *Planning and Productivity in Sweden*, Londres, Croom Helm.

JULIEN, C. (1988). «La faute gestionnaire ou quand l'économie oublie sa finalité humaine», *Le Monde diplomatique*, février.

JULIEN, C. et al. (1990). «La planète mise à sac», *Le Monde diplomatique*, «Manière de voir», n° 434, mai, p. 15-23.

JURAN, J.M. et F.M. GRYNA (1980). *Quality Planning and Analysis*, New York, McGraw-Hill.

KAKAR, S. (1970). *Frederick Taylor : A Study in Personality and Innovation*, Cambridge, Mass., MIT Press.

KAMDEM, E. (1990). «Temps et travail en Afrique», dans J.-F. Chanlat (dir.), *L'individu dans l'organisation : les dimensions oubliées*, Québec-Paris, PUL-ESKA, p. 231-255.

KANTER, R. (1992). *L'entreprise en éveil*, Paris, InterÉditions.

KAPLAN, A. (1964). *The Conduct of Inquiry : Methodology for Behavioral Science*, San Francisco, Chandler Pub.

KASPI, A. (1988). *Les Américains*, Paris, Éditions du Seuil, coll. «Points».

KATZ, D. et R. KAHN (1978). *The Social Psychology of Organizations*, 2e édition, New York, John Wiley & Sons.

KEIZAI KOHO CENTER (1989). *Japan 1989, An International Comparison*, Tokyo.

KEIZER, B. (1979). *Le modèle économique allemand : mythes et réalités*, Paris, La Documentation française, Notes et études documentaires.

KEIZER, B. (1981). La RFA : le modèle dans l'impasse, Paris, Hatier.

KÉLADA, J. (1986). «Approches japonaises en gestion des opérations», dans J. Nollet, J. Kélada et M.O. Diorio (dir.), *La gestion des opérations et de la production*, Montréal, Gaëtan Morin Éditeur, p. 690-723.

KÉLADA, J. (1986). «Le phénomène japonais : historique et évolution», dans J. Nollet, J. Kélada et M.O. Diorio (dir.), *La gestion des opérations et de la production*, Chicoutimi, Gaëtan Morin Éditeur, p. 692-698.

KÉLADA, J. (1987). *La gestion intégrale de la qualité*, 2e édition, Dorval, Éditions Quafec.

KÉLADA, J. (1990). *Pour une qualité totale*, Dorval, Éditions Quafec.

KELLY, J. (1974). *Organization Behavior*, Homewood, Ill., Richard D. Irwin.

KENNEDY, C. (1993). *Guide to the Management Gurus. Shortcuts to the Ideas of Leading Management Thinkers* (en français : *Toutes les théories du management*, Paris, Maxima).

KERVERN, G.Y. (1986). «L'Évangile selon Saint Mac», *Gérer et Comprendre*, n° 2, mars, p. 41-49.

KERVERN, G.-Y. (1989). «Le coût de l'excellence», *Gérer et Comprendre*, n° 17, décembre, p. 41-52.

KETS DE VRIES, M. (1979). «Comment rendre fous vos subordonnés», *Harvard-L'Expansion*, n° 15, hiver 1979-1980, p. 51-59.

KETZ DE VRIES, M. (1988). «Narcissisme et leadership : une perspective de relations d'objet», *Gestion*, vol. 13, n° 4, p. 41-50.

KETZ DE VRIES, M. et D. MILLER (1985) *L'entreprise névrosée*, Paris, McGraw-Hill.

KILMAN, R.H. et al. (1985). *Gaining Control of the Corporate Culture*, San Francisco, Jossey-Bass.

KIM DONG KI (1988). «Corée : management et éthique professionnelle», *Harvard-L'Expansion*, n° 50, automne, p. 110-115.

KING, A. et B. SCHNEIDER (1991). *Question de survie*, Club de Rome, Paris, Calmann-Lévy.

KITAMURA, K. (1991). «L'avenir de l'enseignement supérieur au Japon», *Sociologie du travail*, n° 1/91, Paris, Dunod.

KLEIN, M. (1940). *Développement de la psychanalyse*, Paris, Payot.

KLEIN, M. (1978). *Essais de psychanalyse*, Paris, Payot.

KNIGHT, K. (1976). «Matrix Organization : A Review», *Journal of Management Studies*, vol. 13, n° 2, mai, p. 111-130.

KNIGHTS, D. (1992). «Changing Spaces : The Disruptive Impact of a New Epistemological Location for the Study of Management», *Academy of Management Review*, vol. 17, n° 3, p. 514-536.

KNUDSON, H.R. (1978). *Organizational Behavior : A Management Approach*, Cambridge, Mass., Winthrop Publishers Press.

KOIKE, K. (1991). «Le développement professionnel des "cols blancs" diplômés d'université», *Sociologie du travail*, n° 1/91, Paris, Dunod.

KOLAKOWSKI, L. (1987). *Histoire du marxisme*, Paris, Fayard, p. 280 et suivantes.

KOONTZ, H. et C. O'DONNELL (1980). *Principles of Management*, New York, McGraw-Hill (1re édition, 1955).

KOONTZ, H., C. O'DONNELL et H. WEIHRICH (1984). *Management*, New York, McGraw-Hill (8e édition révisée de *Principles of Management*).

KORFA, K (1987). Dans *Cahiers du Japon*, n° 31, p. 69.

KRUGMAN, P. (2004). *L'Amérique dérape*, Paris, Flammarion.

KUHN, T.S. (1972). *La structure des révolutions scientifiques*, Paris, Flammarion.

LABARRE, P. et B. MARIS (2000). *La bourse ou la vie. La grande manipulation des petits actionnaires*, Paris, Albin Michel.

LABORIT, H. (1970) *L'homme imaginant*, Paris, Union générale d'édition, coll. «10-18».

LABORIT, H. (1974). *La nouvelle grille*, Paris, Robert Laffont.

LABORIT, H. (1979). *L'inhibition de l'action*, Montréal-Paris, Les Presses de l'Université de Montréal et Masson.

LABORIT, H. (1985). «Niveaux d'organisation biologiques, comportements et structures psychosociales productivistes», dans A. Chanlat et M. Dufour (dir.), *La rupture entre l'entreprise et les hommes*, Québec-Paris, PUL-ESKA.

LABORIT, H. (1987). *Dieu ne joue pas aux dés*, Paris, Les Éditions de l'Homme.

LAFERRIÈRE, P. (1973). «Le formel et l'informel dans l'organisation», dans P. Laurin (dir.), *Le management – textes et cas*, Montréal, McGraw-Hill, p. 451-466.

LAMBERT, S. *et al.* (1994). *Manuel environnement à l'usage des industriels*, Paris, AFNOR.

LANDIER, H. (1989). *L'entreprise polycellulaire*, Paris, Entreprise Moderne d'Édition.

LANDRY, M. (1983). «Qu'est-ce qu'un problème ?», *INFOR*, n° 21, p. 31-45.

LANGLOIS, M. (1973). «L'administrateur et le contrôle», dans P. Laurin (dir.), *Le management – textes et cas*, Montréal, McGraw-Hill, p. 605-629.

LANOIX, M. (1973). «La décision et l'analyse du point mort», dans P. Laurin (dir.), *Le management – textes et cas*, Montréal, McGraw-Hill, p. 83-104.

LAPALUS, J. (2003). *Les déchets solides au Canada*, Toronto, Les Missions économiques du Canada.

LAPIERRE, L. (1988). «Puissance, leadership et gestion», *Gestion*, vol. 13, n° 2, mai, p. 39-69.

LAROCHE, C. (1985). «Le contrôle interne», *Gestion*, vol. 10, n° 2, p. 30-36.

LATOUR, R. (1973). «Initiation à la méthode du chemin critique», dans P. Laurin (dir.), *Le management – textes et cas*, Montréal, McGraw-Hill, p. 201-217.

LATTA, L.M. (1968). *Occupational Attitudes of Over-the-Road Truck Drivers : An Exploratory Survey*, D.B.A., Michigan State University.

LAU, J.B. (1979). *Behavior in Organizations : An Experiential Approach*, Homewood, Ill., Richard D. Irwin.

LAUFER, R. et C. PARADEISE (1982). *Le Prince bureaucrate, Machiavel au pays du marketing*, Paris, Flammarion.

LAURIN, P. (1973). «L'administrateur et l'élément humain, dans *Le management – textes et cas*, Montréal, McGraw-Hill, p. 489-502.

LAURIN, P. (1973). «Remise en question de la participation», dans *Le management – textes et cas*, Montréal, McGraw-Hill, p. 407-417.

LAVILLE, E. (2002). *L'entreprise verte*, Paris, Village Mondial.

LAWRENCE, P.R. et J.W. LORSCH (1973). *Adapter les structures de l'entreprise*, Paris, Les Éditions d'Organisation.

LEAVITT, T. (1960). «Marketing Myopia», *Harvard Business Review*, vol. 38, n° 4, juillet-août, p. 4-18.

LE BAS, C. (2004). «L'innovation dans la théorie économique», dans B. Ferrandon (dir.), *Croissance et innovation*, La Documentation française, Cahiers français, n° 323, p. 36-41.

LEBAS, M. et J. WEIGENSTEIN (1986). «Management Control: The Role of Rules, Markets and Culture», *Journal of Management Studies*, vol. 23, n° 3, mai, p. 259-272.

LECLERC, Y. (1989). «Le méritocratisme pragmatique: vers une nouvelle politique salariale au Japon», *Gérer et Comprendre – Annales des mines*, septembre.

LE DIASCORN, Y. (2003). «Japon, miracle ou mirage?», 2ᵉ édition, Paris, Ellipses.

LEE, J.A. (1980). *The Gold and the Garbage in Management Theories and Prescriptions*, Athens, Ohio, Ohio University Press.

LEMAÎTRE, N. (1984). «La culture d'entreprise, facteur de performance», *Revue française de gestion*, nᵒˢ 47-48, septembre-octobre, p. 51-59.

LE MOUËL, J. (1992). *Critique de l'efficacité*, Paris, Éditions du Seuil.

LEONARD-BARTON, D. (1998). *Wellsprings of Knowledge*, Boston, Harvard Business School Press.

LEROY, G. (1973). «L'administrateur et la décision», dans P. Laurin (dir.), *Le management – textes et cas*, Montréal, McGraw-Hill, p. 25-48.

LEVINSON, C. (1976). *La démocratie industrielle*, Paris, Éditions du Seuil.

LEVITT, T. (1991). *Réflexions sur le management*, Paris, Dunod.

LÉVY, A. (1988). «Un management à la suédoise ou... une autre manière de vivre», *Ressources humaines*, n° 10, janvier, p. 28-30.

LÉVY-BRUHL, L. (1922). *Les fonctions mentales dans les sociétés inférieures*, Paris, F. Alcan.

LEWIN, K. (1935). *A Dynamic Theory of Personality*, New York, McGraw-Hill.

LEWIN, K. (1947). «Frontiers in Group Dynamics», *Human Relations*, vol. 1, n° 1, juin, p. 143-157.

LEWIN, K. (1958). «Group Decision and Social Change», dans E. Maccoby, *Readings in Social Psychology*, New York, Holt.

LEWIN, K. (1964). *Psychologie dynamique*, Paris, PUF.

LEWIN, K., R. LIPPIT et R.K. WHITE (1939). «Patterns of Aggressive Behavior», *Journal of Social Psychology*, vol. 10, n° 2, mai, p. 271-300.

LIKERT, R. (1961). *New Patterns of Management*, New York, McGraw-Hill.

LIKERT, R. (1974). *Le gouvernement participatif de l'entreprise*, Paris, Gauthier-Villars.

LIKERT, R. (1976). *New Ways of Managing Conflicts*, New York, McGraw-Hill.

LINDBLOM, C.E. (1959). «The Science of Muddling Through», *Public Administration Review*, vol. 19, n° 2, printemps, p. 79-89.

LINDBLOM, C.E. (1979). «Still Muddling not yet Through», *Public Administration Review*, vol. 39, n° 1, p. 517-526.

LINHART, D. (1978). «Quelques réflexions à propos du refus du travail», *Sociologie du travail*, vol. 20, n° 3, juillet-septembre, p. 310-321.

LINHART, D. (1980). *La faim et le sucre*, Paris, Éditions de Minuit.

LINHART, D. (1991). *Le torticolis de l'autruche – l'éternelle modernisation des entreprises françaises*, Paris, Éditions du Seuil.

LINHART, R. (1978). *L'établi*, Paris, Éditions de Minuit.

LIPSEY, R.G, D.O. PURVIS et P.O. STEINER (1993). *Microéconomique*, Montréal, Gaëtan Morin Éditeur.

LIVINGSTON, J.S. (1988). «Pygmalion in Management», *Harvard Business Review*, septembre-octobre, p. 121-130.

LIZÉE, M. (1992). *Même le soleil a des tâches*, Montréal, FTQ.

LOILIER, T. et A. TELLIER (1999). *Gestion de l'innovation*, Paris, Éditions Management et Société.

LOMBORG, B. (2001). *The Skeptical Environmentalist: Measuring the Real State of the World*, New York, Cambridge University Press.

LOROT, P. et T. SCHWOB (1986). *Singapour, Taiwan, Hong-Kong, Corée du Sud: les nouveaux conquérants*, Paris, Hatier.

LOVELOCK, J. (1979). *Gaïa, a New Look at Life on Earth*, New York, W.W. Norton and Co.

LOVELOCK, J. (1984). *The Ages of Gaïa*, New York, W.W. Norton and Co.

LUKES, S. (1974). *Power: A Radical View*, Londres, McMillan.

LUSSATO, B. (1986). «Complot contre la culture», *L'Express international*, n° 1848, 12 décembre, p. 48-56.

LUSSATO, B. (1989). *Dirigeants, le défi culturel*, Paris, Nathan.

LUSSATO, B. et G. MESSADIÉ (1986). *Bouillon de culture*, Paris, Robert Laffont.

LUTTWAK, E.N. (1995). *Le rêve américain en danger*, Paris, Odile Jacob.

LUXEMBOURG, R. (1967). *L'accumulation du capital,* Paris, Maspero.

MACCOBY, M. (1976). *The Gamesman: The New Corporate Leaders*, New York, Simon and Schuster.

MAGEE, J.F. (1973). «L'arbre de décision, outil de la décision», dans P. Laurin (dir.), *Le management – textes et cas*, Montréal, McGraw-Hill, p. 52-74.

MAHON, J.-E. (1992). «Stratégies d'industrialisation: une comparaison entre l'Amérique latine et l'Asie du Sud-Est», *The Journal of Development Studies*, Londres, *Problèmes économiques*, n° 2299, 11 novembre 1992.

MAHONEY, J.T. et J.R. PANDIAN (1992). «The Resource-based View Within the Conversation of Strategic Management», *Strategic Management Journal*, vol. 13, p. 363-380.

MAISONNEUVE, P. (1994). Émission *Enjeux*: «Embaucheriez-vous votre patron?», Société Radio-Canada, 23 février.

MALINOWSKI, B. (1922). *Les argonautes du Pacifique Sud*, Londres, G. Routledge.

MALINOWSKI, B. (1923). «The Problem of Meaning in Primitive Languages», dans C.R. Ogden et A.I. Richards (dir.), *The Meaning of Meaning*, Londres, International Library of Psychology.

MANTOUX, P. (1959). *La Révolution industrielle au XVIIIᵉ siècle*, Paris, Génin.

MARCH, J. (1991). «Exploration and Exploitation in Organizational Learning», *Organization Science*, vol. 2, n° 1, février, p. 71-87.

MARCH, J.G. et J.P. OLSEN (1976). *Ambiguity and Choice in Organizations*, Bergen, Norvège, Universitetsforlaget.

MARCUSE, H. (1968). *L'homme unidimensionnel, essai sur l'idéologie de la société industrielle avancée*, Paris, Éditions de Minuit.

MARÉCHAL, J.-P. (2000). *Humaniser l'économie*, Paris, Desclée De Brouwer.

MARGLIN, S. (1973). «Origines et fonctions de la parcellisation des tâches», dans A. Gorz (dir.), *Critique de la division du travail*, Paris, Éditions du Seuil, coll. «Points».

MARGLIN, S. (1974). «What Do Bosses Do? The Origins and Functions of Hierarchy in Capitalist Production», *Mimeo, Review of Radical Political Change*, vol. 6, n° 2, p. 53-69.

MARIS, B. (1999). *Lettre ouverte aux gourous de l'économie qui nous prennent pour des imbéciles,* Paris, Albin Michel.

MARIS, B. (2001). *Manuel d'antiéconomie,* Paris, Albin Michel

MARTINEAU, J. (1989). *Le réveil de l'intelligence,* Paris, Les Éditions d'Organisation.

MARX, K. (1967). *Le capital*, Paris, Éditions Sociales, 3 tomes.

MARX, K. (1994). *Écrits de jeunesse*, Paris, Quai Voltaire.

MASLOW, A. (1954). *Motivation and Personality*, New York, Harper.

MASLOW, A. (1969). «Toward Humanistic Biology», *American Psychologist*, 24, p. 724-735.

MAURER, J.-L. et P. REGNIER (1989). *La nouvelle Asie industrielle: enjeux, stratégies et perspectives*, Paris, PUF, publication de l'Institut universitaire des hautes études internationales de Genève.

MAURY, R. (1986). *Marianne à l'heure japonaise*, Paris, Plon.

MAURY, R. (1990). *Les patrons japonais parlent*, Paris, Éditions du Seuil.

MAUSS, M. (1988). *Sociologie et anthropologie*, Paris, Presses Universitaires de France.

MAYO, E. (1924). «Revery and Industrial Fatigue», *Personnel Journal*, vol. III, n° 28, décembre, p. 273-292.

MAYO, E. (1933). *The Human Problems of an Industrial Civilization*, New York, Macmillan.

MAYO, E. (1945). *The Social Problems of an Industrial Civilization*, Boston, Harvard University Press.

MAYOR-ZARAGOZA, F. (1999). *Los nudos gordianos*, Barcelone, Galaxia Gutenberg.

MAYOR-ZARAGOZA, F. et J. BINDÉ (2001). *The World Ahead: Our Future in the Making,* Londres, Zed Books.

McCLELLAND, D.C. (1953). *The Achieving Motive*, New York, Appleton-Century Crofts.

McCLELLAND, D.C. (1961). *The Achieving Society*, Princeton, N.J., Van Norstrend.

McDOUGALL, W. (1920). *The Group Mind: A Sketch of the Principles of Collective Psychology*, New York, Putman's Sons.

McGREGOR, D. (1960). *The Human Side of Enterprise*, New York, McGraw-Hill.

McGREGOR, D. (1971). *La dimension humaine de l'entreprise*, Gauthier-Villars (McGraw-Hill, 1960).

McMILLAN, C.J. (1982). «From Quality Control to Quality Management: Lessons from Japan», *The Business Quarterly*, vol. 47, n° 1, printemps, p. 31-40.

McNIVEN, C., L. RAOUB et N. TRAORÉ (2003). «Caractéristiques des entreprises canadiennes innovatrices en biotechnologie : résultats de l'Enquête sur l'utilisation et le développement de la biotechnologie – 2001 », *Document de travail 88F0006XIF N°5*, mars, Statistique Canada.

MEADOWS, P. (1972). *Halte à la croissance ?*, Rapport du Club de Rome, Paris, Fayard.

MEMBERS OF THE RIKSDAG (2005). Site web du Parlement suédois, www.riksdagen.se.

MINISTÈRE DES AFFAIRES ÉTRANGÈRES DE FRANCE (2004). « Situation économique », www.diplomatie.gouv.fr.

MENDE, T. (1972). *De l'aide à la recolonisation*, Paris, Éditions du Seuil.

MÉNUDIER, H. (1986). « La RFA en 1985 : 40 ans, le poids du passé », *Notes et études documentaires*, n° 4813, p. 37-60.

MERLEAU-PONTY, M. (1955). *Les aventures de la dialectique*, Paris, Gallimard.

MERTON, R.K. (1952). *Reader in Bureaucracy*, Glencoe, Ill., The Free Press.

MESSINE, P. (1987). *Les saturniens*, Paris, La Découverte.

MÉTIVIER, E. et A. DUFOUR (1989). *Les cahiers de l'Europe : la république fédérale d'Allemagne*, Paris, Pierre Dubois et Les Éditions d'Organisation.

MICHEL, S. (1989). *Peut-on gérer les motivations?*, Paris, Presses Universitaires de France.

MILLER, D. (1992). *Le paradoxe d'Icare*, Québec, PUL.

MILLER, L.M. et L. MORRIS (1999). *4th Generation R&D : Managing Knowledge, Technology, and Innovation*, New York, John Wiley and Sons.

MILLER, R. (dir.) (1985). *La direction des entreprises, concepts et applications*, Montréal, McGraw-Hill.

MILLS, C.W. (1955). « Note sur l'idéologie des relations humaines », *La revue socialiste*, n° 84, février, p. 28-37.

MILNER, H. (1993). « La concertation à la suédoise », *Relations*, n° 589, avril, p. 85-88.

MILNER, H. et G. VERSAILLES (1986). « Le modèle suédois », articles I à IV, Montréal, *Le Devoir*, 3, 4, 5 et 6 novembre.

MINC, A. (1989). *La grande illusion*, Paris, Grasset.

MINC, A. (1990). *L'argent fou*, Paris, Grasset.

MINISTÈRE DE L'ÉCONOMIE, DES FINANCES ET DE L'INDUSTRIE DE FRANCE (2004). Site web, www.industrie.gouv.fr.

MINISTÈRE DE L'ÉCONOMIE, DES FINANCES ET DE L'INDUSTRIE FRANÇAISE (2004). « Présentation de l'économie du Japon : l'économie japonaise à la recherche d'une troisième voie », www.missioneco.org.

MINISTÈRE DE L'ENVIRONNEMENT DE LA RÉPUBLIQUE DE CORÉE (2005). www.eng.me.go.kr.

MINISTÈRE DE L'ENVIRONNEMENT DU QUÉBEC (2001). *Inventaire des émissions québécoises de gaz à effet de serre*, Québec, Gouvernement du Québec.

MINISTÈRE DES AFFAIRES ÉTRANGÈRES DE FRANCE (2004). « Situation économique », www.diplomatie.gouv.fr.

MINISTÈRE DES FINANCES DE SUÈDE (2003). Site web, http://finans.regeringen.se.

MINISTÈRE FÉDÉRAL DES AFFAIRES ÉTRANGÈRES D'ALLEMAGNE (2004). « Allemagne faits et réalités », www.tatsachen-ueber-deutschland.de.

MINISTÈRE FÉDÉRAL DES AFFAIRES ÉTRANGÈRES D'ALLEMAGNE (2004). « Informations sur l'Allemagne », www.auswaertiges-amt.de.

MINTZBERG, H. (1971). « Managerial Work : Analysis from Observation », *Management Science*, vol. 18, n° 2, octobre, p. 97-111.

MINTZBERG, H. (1973). *The Nature of Managerial Work*, New York, Harper and Row (en français : *Le manager au quotidien*, Montréal, Agence d'Arc, 1984).

MINTZBERG, H. (1973). « Strategy Making in Three Modes », *California Management Review*, vol. XVI, n° 2, hiver, p. 44-53.

MINTZBERG, H. (1975). « The Manager's Job : The Folklore and Fact », *Harvard Business Review*, vol. 53, n° 4, p. 49-61.

MINTZBERG, H. (1976). « Planning on the Left Side and Managing on the Right », *Harvard Business Review*, vol. 54, n° 2, juillet-août, p. 49-59.

MINTZBERG, H. (1979). *The Structuring of Organizations*, Englewood Cliffs, N.J., Prentice-Hall (en français : *Structure et dynamique des organisations*, Montréal, Agence d'Arc, 1982).

MINTZBERG, H. (1979) « An Emerging Strategy for "Direct" Research », *Administrative Science Quarterly*, vol. 24, n° 4, décembre, p. 582-589.

MINTZBERG, H. (1982). *Power and the Life Cycles of Organizations*, Montréal, Université McGill, Faculté de management.

MINTZBERG, H. (1982). *Structure et dynamique des organisations*, Montréal, Agence d'Arc.

MINTZBERG, H. (1984). *Le manager au quotidien*, Montréal, Agence d'Arc.

MINTZBERG, H. (1989). *On Management. Inside our Strange World of Organizations*, New York, The Free Press.

MINTZBERG, H. (1989). «Formons des managers, non des M.B.A.», *Harvard-L'Expansion*, n° 51, hiver 1988-1989, p. 84-92.

MINTZBERG, H. (1989) *On Management. Inside our Strange World of Organizations*, New York, The Free Press.

MINTZBERG, H. (1990). «La gestion n'est pas qu'une question de chiffres», *La Presse*, 23 janvier, p. D-4.

MINTZBERG, H. (2004). *Managers, not MBA's*, San Francisco, Berret-Koehler.

MINTZBERG, H. *et al.* (1976). «The Structure of Unstructured Decision Process», *Administration Science Quarterly*, vol. 2, n° 21, p. 246-275.

MISHIMA, Y. (1971). *Confessions d'un masque*, Paris, Gallimard.

MISHIMA, Y. (1985). *La mort en été*, Paris, Gallimard.

MITROFF, I.I. (1978). *Methodological Approaches to Social Sciences*, San Francisco, Jossey-Bass.

MITROFF, I.I. et T.C. PAUCHANT (1990). *We're so Big and Powerful Nothing Bad Can Happen to Us*, New York, Birch Lane Press.

MONDE (LE) (1979). *Vingt ans de réussite allemande*, Paris, Economica, coll. «Enquêtes».

MONDE (LE) (1992). «Dossiers et documents», janvier.

MONDE (LE) (2004). «Le Japon renoue avec l'expansion», avril.

MONDE DIPLOMATIQUE (LE) (1989). «Dossier sur le partage du travail», coordonné par B. Cassen, n° 468, mars, p. 1 et 11-17.

MONDE DIPLOMATIQUE (LE) (1991). «Manière de voir: Allemagne Japon, les deux titans», n° 12.

MONDE DIPLOMATIQUE (LE) (1993). «Faut-il partager l'emploi? Vers une révolution du travail», de B. Cassen, mars, n° 468, p. 11-17

MONDE DIPLOMATIQUE (LE) (2003). «Cinq ans après la crise, Pékin s'impose dans une Asie convalescente», octobre.

MONITEUR DU COMMERCE INTERNATIONAL (MOCI). Articles sur la Corée: (1991) «Corée du Sud: stabiliser l'économie», n° 1058, 4 janvier, p. 71; (1992) n° 1041, 7 septembre; (1992) n° 1009, 27 janvier; (1993) numéro spécial, n° 1058, 4 janvier, p. 68-69.

MONTHOUX, P.G. de (1989). *The Moral Philosophy of Management*, inédit, Suède, Université de Stockholm.

MONTMOLLIN, M. de (1984). «Actualité du taylorisme», dans M. de Montmollin et O. Pastré, *Le taylorisme*, Paris, La Découverte, p. 13-22.

MOO KI BAI et CHANG NAM KIM (1985). *Industrial Development and Structural Changes in the Labour Market: The Case of Korea*, Institute of Development Economics, JRP Series, n° 46, mars.

MORENO, J.L. (1954). *Fondements de la sociométrie*, Paris, PUF.

MORGAN, G. (1983). *Beyond Method*, Londres, Sage Publications.

MORGAN, G. (1989) *Image de l'organisation*, Québec-Paris, PUL-ESKA.

MORIN, É. (1993). *Terre patrie*, Paris, Éditions du Seuil.

MORISHIMA, M. (1987). *Capitalisme et confucianisme – technologie occidentale et éthique japonaise*, Paris, Flammarion.

MORITA, A. (1986). *Made in Japan*, Paris, Robert Laffont.

MORRIS, P.W. (1979). «Interface Management: An Organization Theory Approach to Project Management», *Project Management Quarterly*, juin.

MOULLET, M. (1992). *Le management clandestin*, Paris, InterÉditions.

MOUNIER, E. (1946). *Qu'est-ce que le personnalisme?* Paris, Éditions du Seuil.

MOUZELIS, N.P. (1967). *Organization and Bureaucracy*, Chicago, Aldine Publishing.

MUENSTERBERG, H. (1913). *Psychology and Industrial Efficiency*, Boston, Houghton, Mifflin and Co.

MUNDELL, R.A. (1968). *Man and Economics*, Toronto, Toronto University Press.

MUNDELL, R.A. (1971). *Monetary Theory, Inflation, Interest and Growth in the World Economy*, Toronto, Toronto University Press.

MUNDELL, R.A. (1999). *A Pro-Growth Fiscal System: The Rising Tide*, dans Jerry J. Jasinowski (dir.), *The Leading Minds of Business and Economics Chart: A Course Toward Higher Growth and Prosperity*, New York, John Wiley & Sons, p. 195-205.

MUSTAR, P. et H. PENAN (dir.) (2002). *L'encyclopédie de l'innovation,* Paris, Economica.

MYERS, C.S. (1925). *Industrial Psychology*, New York, People's Institute.

NADEAU, B. (1973). «L'administrateur et le planning», dans P. Laurin (dir.), *Le management – textes et cas*, Montréal, McGraw-Hill, p. 123-137.

NAULLOEAU, G. et C. MENDOZA (1993). «Le grand désarroi des chefs de service», *Harvard-L'Expansion*, Paris, été.

NELL, E.J. (1992). *Transformational Growth and Effective Demand*, Londres-New York, Macmillan – New York University Press.

NELL, E.J. (1993). *Economics and Wordly Philosophy*, Londres, Macmillan.

NELL, E.J. (1996). *Making Sense of a Changing Economy*, Londres-New York, Routledge.

NELL, E.J. (1998). *Transformational Growth and the Business Cycle*, Londres-New York, Routledge.

NELL, E.J. (1998). *General Theory of Transformational Growth*, Cambridge, Mass., Cambridge University Press.

NELL, E.J., F. MAYOR-ZARAGOZA et A. ERROUAKI (2005). *Humanizing Globalization: A Message of Hope*, Cambridge, Mass., Harvard University Press, à paraître.

NEUMAN, J. Von et O. MORGENSTERN (1947). *Theory of Games and Economic Behavior*, Princeton, N.J., Princeton University Press.

NEUVILLE, J. (1976). *La condition ouvrière au XIXe siècle. L'ouvrier objet*, tome 1, Bruxelles, Éditions Vie ouvrière.

NEUVILLE, J. (1980). *La condition ouvrière au XIXe siècle. L'ouvrier suspect*, tome 2, Bruxelles, Éditions Vie ouvrière.

NEWMAN, W.H. et J.P. LOGAN (1965). *Business Policies and Central Management*, Cincinnati, Ohio, South-Western Pub. Co.

NITTA, M. (1991). «Diversification industrielle et stratégie de gestion des ressources humaines dans l'industrie japonaise du textile synthétique», *Sociologie du travail*, n° 1/91, Paris, Dunod.

NIOSI, J., M. CLOUTIER et A. LEJEUNE (dir.) (2002). *Biotechnologie et industrie au Québec*, Montréal, Éditions Transcontinentales.

NORA, D. (1991). *L'étreinte du samouraï ou le défi japonais*, Paris, Calmann-Lévy.

NORA, D. (1992). *L'étreinte du samouraï*, Paris, Éditions du Seuil.

NORD, W.R. (1974). «The Failure of Current Applied Behavioral Science: A Marxian Perspective», *Journal of Applied Behavioral Science*, vol. 10, p. 557-578.

NOUVEL ÉCONOMISTE (LE) (1990). Numéro du 8 juin.

NUGENT, P.S. (1981). «Intégrer le rationnel et l'intuitif pour mieux gérer», *Gestion*, vol. 6, n° 4, p. 30-44.

OCDE (1987). *Politiques nationales de la science et de la technologie en Suède*, Paris, publications de l'OCDE.

OCDE (1989). *Études économiques, 1988-1989: la Suède*, Paris, publications de l'OCDE.

OCDE (1990). *Études économiques, 1989-1990: le Japon*, Paris, publications de l'OCDE.

OCDE (1991). *Études économiques, 1990-1991: la Suède*, Paris, publications de l'OCDE.

OCDE (1991). *Études économiques, 1990-1991: le Japon*, Paris, publications de l'OCDE.

OCDE (1992). *Étude économique, 1991-1992: l'Allemagne*, Paris, publications de l'OCDE.

OCDE (1992). *Études économiques, 1991-1992: la Suède*, Paris, publications de l'OCDE.

OCDE (1992). *Études économiques, 1991-1992: le Japon*, Paris, publications de l'OCDE.

OCDE (1992). *Perspectives économiques*, Paris, publications de l'OCDE.

OCDE (1993). *Études économiques, 1992-1993: l'Allemagne*, Paris, publications de l'OCDE.

OCDE (1993). *Études économiques, 1992-1993: le Japon*, Paris, publications de l'OCDE.

OCDE (1995). *Perspectives de l'emploi*, juillet, Paris, publications de l'OCDE

OCDE (1996). *Statistiques rétrospectives, 1960-1994*, Paris, publications de l'OCDE.

OCDE (2001). «Examen des performances environnementales: l'Allemagne», www.oecd.org.

OCDE (2002). *Études économiques, 2001-2002: l'Allemagne*, Paris, publications de l'OCDE.

OCDE (2004). *Études économiques, 2004: la Suède*, Paris, publications de l'OCDE.

OCDE (2004). *Perspectives économiques*, vol. 2004, n° 1, Paris, publications de l'OCDE.

ODAKA, K. (1975). *Towards Industrial Democracy*, Cambridge, Mass., Harvard University Press.

ODUM, H. et G. PILLET (1987). *E3: énergie, écologie, économie*, Genève, Georg éditeur.

OHTSU, M. (1989). «The Post Confucian Hypothesis Reconsidered», inédit, Nagoya, Japon, Université Nanzan, Département d'administration.

OIT (ORGANISATION INTERNATIONALE DU TRAVAIL) (1973). *La participation des organisations d'employeurs et de travailleurs à la planification économique et sociale*, Genève.

OKUDA, K. (1991). «L'ouvrier qualifié à l'ère de la mécatronique : bricoleur et artisan», *Sociologie du travail*, n° 1/91, Paris, Dunod.

OLIVE, D. (1987). *Just Rewards: The Case of Ethical Reform in Business,* Toronto, Key Porter Books.

OLIVE, D. (1989). *Le temps des purs: les nouvelles valeurs de l'entreprise*, Paris, Éditions de l'Homme.

ONU (1995). *Manuel des statistiques du commerce international et du développement*, CNUCED, 1994.

ONU (1996). *Commission économique pour l'Europe: études sur la situation économique de l'Europe en 1994-1995.*

ONU, DÉPARTEMENT DU DÉVELOPPEMENT ÉCONOMIQUE ET SOCIAL (1992). *Étude sur l'économie mondiale*, New York.

ORENGO, P. (1989). «La Suède en 1988: sous le double signe de la morale et de l'écologie», dans A. Grosset (dir.), *Les pays d'Europe occidentale,* Paris, La Documentation française, Notes et études documentaires.

ORENGO, P. (1990). «La Suède en 1989: la refonte du système fiscal», dans A. Grosset (dir.), *Les pays d'Europe occidentale,* Paris, La Documentation française, Notes et études documentaires.

ORENGO, P. (1991). «La Suède en 1990: vers l'adhésion à la CEE», dans A. Grosset (dir.), *Les pays d'Europe occidentale,* Paris, La Documentation française, Notes et études documentaires.

ORENGO, P. (1992). «La Suède en 1991: la fin d'un modèle?», dans A. Grosset (dir.), *Les pays d'Europe occidentale,* Paris, La Documentation française, Notes et études documentaires.

ORENGO, P. (1993). «La Suède de 1992: une année mouvementée», dans A. Grosset (dir.), *Les pays d'Europe occidentale,* Paris, La Documentation française, Notes et études documentaires, n° 4975-4976, 13 octobre.

ORGANISATION DES NATIONS UNIES POUR LE DÉVELOPPEMENT INDUSTRIEL (ONUDI) (1988). *The Republic of Korea,* Vienne, Industrial Development Review Series, PPD, 29-30 mars.

ORGOGOZO, I. (1988). *Les paradoxes de la communication: à l'écoute des différences,* Paris, Les Éditions d'Organisation.

ORGOGOZO, I. (1991). *Les paradoxes du management – des châteaux forts aux cloisons mobiles,* Paris, Les Éditions d'Organisation.

ORGOGOZO, I. et H. SÉRIEYX (1989). *Changer le changement*, Paris, Éditions du Seuil.

OUCHI, W.G. (1981). *Theory Z: How American Business Can Meet the Japanese Challenge,* Reading, Mass., Addison-Wesley.

OUELLET, M. (2004). «Deux notions compatibles, dit Charest», *Le Soleil*, 17 décembre.

PACKARD, V.O. (1960). *The Waste Makers*, New York, D. McKay Co.

PACKARD, V.O. (1989). *The Ultra Rich, How Much is Too Much*, Londres, Little, Brown and Co.

PAGÈS, M. (dir.) (1979). *L'emprise de l'organisation*, Paris, PUF, coll. «Économie en liberté».

PAGÈS, M. *et al.* (1984). *L'emprise de l'organisation*, 3e édition, Paris, PUF.

PALMER, K., W.E. OATES et P. PORTNEY (1995). «Tightening Environmental Standards: The Benefit-Cost Paradigm», *Journal of Economic Perspectives*, vol. 9, p. 119-131.

PALMIER, J.-M. (1991). «Aux sources de la nation allemande», *Le Monde diplomatique*, «Manière de voir», n° 12, mai.

PAQUIN, B. (1987). *L'organisation du travail,* Montréal, Agence d'Arc.

PAQUIN, B. (1990). *Monographie sur l'usine Volvo à Kalmar*, rapport de recherche n° 90-04 sous la direction de M.-C. Malo, avril, Montréal, École des hautes études commerciales.

PAQUIN, M. (1992). *Le droit de l'environnement et les administrateurs d'entreprises,* Montréal, Les Éditions Yvon Blais.

PARIAS, L.H. *et al.* (1965). *Histoire générale du travail,* Paris, Nouvelle Librairie de France.

PARIBAS (1992). «Les pays nordiques en marche vers une intégration européenne», extrait du bulletin *Conjoncture, Problèmes économiques,* n° 2284, 16 juillet 1992, p. 5-8.

PARSONS, H.M. (1974). «What Happened at Hawthorne?», *Science*, vol. 183, mars, p. 922-933.

PARSONS, T. (1951). *The Social System*, New York, The Free Press.

PARSONS, T. (1955). *Éléments pour une sociologie de l'action*, Paris, Plon.

PARSONS, T. (1964). *Social Structure and Personality,* New York, Free Press of Glencoe.

PASCALE, R.T. (1992). *Les risques de l'excellence*, Paris, InterÉditions.

PASCALE, R.T. et A.G. ATHOS (1981). *The Art of Japanese Management*, New York, Simon and Schuster.

PASSET, R. (1979). *L'économique et le vivant*, Paris, Payot.

PASSET, R. (1987). «Prévision à long terme et mutation des systèmes économiques», *Revue d'économie politique*, n° 5, septembre-octobre, p. 532-555.

PASSET, R. (2000). *L'illusion néolibérale*, Paris, Fayard.

PATTON, J.A. (1982). «Managers and Productivity… No One to Blame but Themselves», *Management Review*, vol. 71, n° 10, octobre, p. 13-18.

PAUCHANT, T.C. *et al.* (dir.) (1994). *In Search of Meaning*, San Francisco, Jossey-Bass.

PAUCHANT, T.C. et I.I. MITROFF (1992). *Transforming the Crisis-Prone Organization – Preventing Individual, Organizational and Environmental Tragedies*, San Francisco, Jossey-Bass.

PEGLAU, R. (2004). «The Number of ISO 14001 EMAS Registration of the World», Allemagne, Agence fédérale allemande de l'environnement.

PERROUX, F. (1970). *Aliénation et société industrielle*, Paris, Gallimard.

PERROW, C. (1972). *Complex Organizations: A Critical Essay*, Glenview, Ill., Scott and Foresman.

PERROW, C. (1979). «Organizational Theory in a Society of Organizations», *Actes du colloque international L'administration publique: perspectives d'avenir*, mai, Québec.

PERROW, C. (1983). «La théorie des organisations dans une société d'organisation», dans J.-F. Chanlat et F. Séguin, *L'analyse des organisations, une anthologie sociologique*, tome 1, Montréal, Gaëtan Morin Éditeur, p. 461-472.

PERROW, C. (1986). *Complex Organizations: A Critical Essay*, New York, Random House.

PESTEL, E. (1988). *L'homme et la croissance*, Rapport du Club de Rome, Paris, Economica.

PETERS, T. (1987). «There Are no Excellent Companies», *Fortune*, vol. 115, n° 9, 27 avril, p. 341-352.

PETERS, T. (1987). *Thriving on Chaos*, San Francisco, Alfred A. Knopf Inc.

PETERS, T. (1988). *Le chaos management*, Paris, InterÉditions.

PETERS, T. (1993). *L'entreprise libérée / Liberation Management*, Paris, Dunod.

PETERS, T. et N. AUSTIN (1985). *La passion de l'excellence*, Paris, InterÉditions.

PETERS, T. et R. WATERMAN (1982). *In Search of Excellence*, New York, Harper and Row.

PETERS, T. et R. WATERMAN (1983). *Le prix de l'excellence*, Paris, InterÉditions.

PETIT, P., E. BROUSSEAU et D. PHAN (1996). *Mutation des télécommunications, des industries et des marchés*, Paris, Economica.

PFEFFER, R. (1979). *Working for Capitalism*, New York, Columbia University Press.

PIAGET, J. (1976). «Épistémologie économique», *Logique des connaissances scientifiques*, Paris, Gallimard (La Pléiade), p. 1020.

PILLET, G. (1993). *Économie écologique*, Genève, Georg édieur.

PINGUET, M. (1984). *La mort volontaire au Japon*, Paris, Gallimard.

PISANO, G.P. (1991). «The Governance of Innovation: Vertical Integration and Collaborative Arrangements in the Biotechnology Industry», *Research Policy*, vol. 20, n° 3, p. 237-249.

PISANO, G.P. (1994). «Knowledge, Integration, and the Locus of Learning: An Empirical Analysis of Process Development», *Strategic Management Journal*, vol. 15, hiver, p. 85-100.

PITCHER, P. (1993). «L'article, l'artisan et le technocrate», *Gestion*, mai.

PITTE, J.-R. (1991). *Le Japon, mémentos de géographie*, Paris, Sirey.

POINT (LE) (1989). N° de la semaine du 18 au 24 décembre.

POLANYI, K. (1947). «Our Obsolete Market Mentality», *Commentary*, vol. 3, février, p. 109-118.

POLANYI, K. (1983). *La grande transformation*, Paris, Gallimard.

POLANYI, K. et C. ARENSBERG (1960). *Les systèmes économiques dans l'histoire et dans la théorie*, Paris, Larousse.

POPPER, K. (1956). *Misères de l'historicisme*, Paris, Plon.

POPULATIONDATA.NET (2004). Site web d'information et de statistiques sur les populations, www.populationdata.net.

PORTER, M.E. (1979). «Stratégie: analysez votre industrie», *Harvard-L'Expansion*, n° 13, été, p. 100-111.

PORTER, M.E. (1985). *Competitive Advantage*, New York, Free Press.

PORTER, M.E. (1987). «The State of Strategic Thinking», *The Economist*, vol. 303, n° 7499, 23 mai, p. 17-24.

PORTER, M.E. (1990). *The Competitive Advantage of Nations*, New York, The Free Press.

PORTER, M.E. (1993). *L'avantage concurrentiel des nations*, Paris, InterÉditions.

PORTER, M.E. et S. STERN (2001). «Innovation : Location Matters», *Sloan Management Review*, vol. 42, n° 4, été.

PORTER, M.E. et C. VAN DER LINDE (1995). «Green and Competitive : Ending the Stalemate», *Harvard Business Review*, septembre-octobre, p. 120-134.

POWELL, W.W. (1998). «Learning from Collaboration : Knowledge and Networks in the Biotechnology and Pharmaceutical Industries», *California Management Review*, vol. 40, n° 3, p. 228-240.

POWELL, W.W., K.W. KOPUT et L. SMITH-DOERR (1996). «Interorganizational Collaboration and the Locus of Innovation : Networks of Learning in Biotechnology», *Administrative Science Quarterly*, n° 41, p. 116-145.

PRAHALAD, C.K. et G. HAMEL (1990). «The Core Competence and the Corporation», *Harvard Business Review*, mai-juin, p. 71-91.

PRAX , J.-Y. (2000). *Le guide du knowledge management*, Paris, Dunod.

PRIGOGINE, I. et I. STENGHERS (1979). *La nouvelle alliance*, Paris, Gallimard.

PRITCHARD, E.E. (1969). *Anthropologie sociale*, Paris, Payot.

PROBLÈMES ÉCONOMIQUES (1991). «Forces et déséquilibres de l'économie coréenne», Paris, La Documentation française, 6 mars.

PRUD'HOMME, R. (1980). *Le ménagement de la nature : des politiques contre la pollution*, Paris, Dunod.

PURSER, R.E., C. PARK et A. MONTUORI (1995). «Limits to Anthropocentrism : Toward an Ecocentric Organization Paradigm ?», *Academy of Management Review*, vol. 20, n° 4, p.1053-1089.

RADCLIFFE-BROWN, A.R. (1969). *Structure et fonction dans la société primitive*, Paris, Éditions de Minuit.

RALLET, A. et A. TORRE (2001). «Proximité géographique ou proximité organisationnelle ? Une analyse spatiale des coopérations technologiques dans les réseaux localisés d'innovation», *Économie Appliquée*, tome LIV, 1, p. 147-171.

RAPAPORT, A. (1967). *Combats, débats et enjeux*, Paris, Dunod.

RAPPORT ANNUEL MONDIAL SUR LE SYSTÈME ÉCONOMIQUE ET LES STRATÉGIES (RAMSES) (2003). «Le Japon, crises et réformes», www.pubgouv.com.

RAPPORT MENSUEL DE LA DEUTSCHE BANK DE JUILLET 1992 (1992). «Impact économique de la réunification allemande sur les échanges avec ses partenaires européens», *Problèmes économiques*, n° 2305, 23 décembre.

RAPPORT MENSUEL DE LA DEUTSCHE BANK D'AVRIL 1992 (1993). «L'épargne des ménages allemands depuis 20 ans», *Problèmes économiques*, n° 2316, 10 mars.

RAYMOND, L. *et al.* (1986). *Systèmes d'information organisationnels*, Chicoutimi, Gaëtan Morin Éditeur.

RAYNAUD, P. (1987). *Max Weber et les dilemmes de la raison moderne*, Paris, PUF, coll. «Recherches politiques».

RÉALVILLE, C. (1987). «Allemagne de l'Ouest : les défis du miracle économique de l'après-guerre», *L'Histoire*, n° 105, novembre, p. 91-93.

REBOUL, A. et P. ESLIMBAUM (1988). «Recherche industrielle : les secrets de la réussite allemande», *Problèmes économiques*, n° 2098.

REDDING, G. et X.Y. WONG (1986). «The Psychology of Chinese Organization Behaviour», dans M.H. Bond (dir.), *The Psychology of the Chinese People*, Oxford, Oxford University Press, p. 265-296.

REHFELDT, U. (1987). *Stratégie syndicale et négociations sur les nouvelles technologies en RFA*, Paris, Cahier du GIPMI.

REHFELDT, U. (1988). «Les racines du consensus : stratégies et rationalisation entre 1910 et 1933», *Gérer et Comprendre – Annales des mines*, juin.

REHFELDT, U. (1991). «Stratégies syndicales et négociations collectives : 1967-1991», *Gérer et Comprendre – Annales des mines*, décembre.

REICH, R. (1993). *L'économie mondialisée*, Paris, Dunod.

REID, D. (1986). «Genèse du fayolisme», *Sociologie du travail*, n° 1, p. 75-83.

REKIK, C. (2004). «Misez sur le formidable pactole du marché mondial de l'eau», *Le Journal des finances*, n° 6106, p. 6.

RÉMY, A. (1988). «Les stratégies japonaise et allemande dans les secteurs en crise : le cas de la sidérurgie», *Problèmes économiques*, n° 2095.

RESSOURCES HUMAINES (1988). N° 10, janvier.

REVET, R. (1989). «Un regard sur la Corée», *Le Courrier de l'ACAT*, n° 97.

REVUE FINANCES & DÉVELOPPEMENT (1990). «La croissance du marché financier coréen», vol. 27-28.

REVUE FRANÇAISE DE GESTION (1987). «Activité internationale et processus décisionnel : le cas sud-coréen», n° 61, janvier-février.

RIFKIN, J. (1980). *Entropy: A New World View*, New York, Bentam Books.

RIFKIN, J. (1989). *Entropy: A New World View*, New York, édition révisée, Bentam Books.

RIFKIN, J. (2000). *L'âge de l'accès: survivre à l'hyper capitalisme*, Montréal, Boréal.

RIOUX, J.-P. (1971). *La Révolution industrielle*, Paris, Éditions du Seuil, coll. «Points».

ROBBINS, S., M. COULTER, R. STUART-KOTZE (2000). *Management*, Scarborough, Ont., Prentice-Hall.

ROETHLISBERGER, F. et W. DICKSON (1939). *Management and the Worker*, Cambridge, Mass., Harvard University Press.

ROGERS, E.M. (1962). *Diffusion of Innovations*, New York, Free Press.

ROSEN, M. et G. INZERILLI (1983). «Culture and Organizational Control», *Journal of Business Research*, 11 septembre, p. 281-292.

ROSENBERG, N. (1965). «Adam Smith on the Division of Labor: Two Views or One?», *Economica*, mai.

ROSNAY, J. de (1975). *Le macroscope*, Paris, Éditions du Seuil, coll. «Points».

ROUX, D. (2000). *La convergence des télécommunications,* Paris, Descartes.

ROY, M.J., O. BOIRAL et D. LAGACÉ (2001). «Environmental Commitment and Manufacturing Excellence: A Comparative Study within Canadian Industry», *Business Strategy and the Environment*, vol. 10, n° 5, p. 257-268.

RUDWIG, S. (1993). «Allemagne: la facture de l'unification», *L'état du monde*, Montréal-Paris, Boréal – La Découverte.

RUIZ-QUINTANILLA, S.A., J. BUNGE, A. FREEMAN-GALLANT et E. COHEN-ROSENTHAL (1996). «Employee Participation in Pollution Reduction: A Socio-technical Perspective», *Business Strategy and the Environment*, vol. 5, p. 137-144.

SABOURET, J.-F. (dir.) (1988). *L'État du Japon*, Paris, La Découverte.

SAINSEAULIEU, R. (1977) *L'identité au travail*, Paris, P.F.N.S.P.

SAINSAULIEU, R. (1983). «La régulation culturelle des ensembles organisés», *L'Année sociologique*, n° 33, p. 195-217.

SAINSAULIEU, R. *et al.* (1987). *Organisation et management en question(s)*, Paris, L'Harmattan.

SAINT-MARC, P. (1994). *L'économie barbare*, Paris, Frison-Roche.

SAIVES, A.-L. (2002). *Territoire et compétitivité de l'entreprise*, Paris, L'Harmattan.

SAIVES, A.-L., R.H. DESMARTEAU et D. SENI (2003). «Y a-t-il des bio-industries? Fondements et représentations», document 21-2002, CRG, École des sciences de la gestion, Université du Québec à Montréal

SAIVES, A.-L., M. EBRAHIMI, R.H. DESMARTEAU et C. GARNIER (2005). «Les logiques d'évolution des entreprises de biotechnologie», *Revue Française de Gestion*, juin.

SALAMAN, G. (1979). «The Determinants of Organizational Structure», dans *Work Organization: Resistance and Control*, Londres, Longman, p. 81-100.

SALANCIK, G.R. et J. PFEFFER (1974). «The Bases and Use of Power in Organizational Decision Making», *Administrative Science Quarterly*, vol. 19, n° 4, p. 453-473.

SALMAN, N. et A.-L. SAIVES (2005). «Indirect Networks: An Intangible Resource for Biotechnology Innovation», *R&D Management*, vol. 35, n° 2, p. 203-215.

SALOMÉ, B. et J. CHARMES (1988). *La formation en cours d'emploi: cinq expériences asiatiques*, Paris, OCDE, Études du Centre de développement.

SALVET, J.-M. (1993). *Vers l'organisation du XXIᵉ siècle*, Groupe Innovation, Sainte-Foy, Presses de l'Université du Québec.

SANCHEZ, R. (2001). *Knowledge Management and Organizational Competence*, New York, Oxford University Press.

SANCHEZ, R. et A. HEENE (1997). «Reinventing Strategic Management: New Theory and Practice for Competence-based Competition», *European Management Journal*, vol. 15, n° 3, juin, p. 303-317.

SANCHEZ, R. et J.T. MAHONEY (1996). «Modularity, Flexibility, and Knowledge Management in Product and Organization Design», *Strategic Management Journal*, vol. 17, hiver, p. 63-76.

SARTRE, J.-P. (1960). *Critique de la raison dialectique*, Paris, Gallimard.

SASO, M. (1981). *Japanese Industry*, Londres, EIU.

SAUL, J. (1993). *Les bâtards de Voltaire: la dictature de la raison en Occident*, Paris, Payot.

SAUTTER, C. (1987). *Les dents du géant. Le Japon à la conquête du monde*, Paris, Olivier Orban.

SAYLES, L. (1970). «Whatever Happened to Management?», *Business Horizons*, vol. 13, n° 2, avril, p. 25-35.

SCHEIN, E. (1985). *Organizational Culture and Leadership*, San Francisco, Jossey-Bass.

SCHERER, F.M. (1999). *New Perspectives on Economic Growth and Technological Innovation*, Washington, D.C., Brookings Institution Press.

SCHERKENBACH, W. (1988). *The Deming Route to Quality and Productivity*, Washington, D.C., CEE Press.

SCHMIDT-BLEEK, F. (1992). «MIPS-A Universal Ecological Measure», *Fresenius Environmental Bulletin,* vol. 1, p. 306-311.

SCHRAGE, M. (1995). *No More Teams!: Mastering the Dynamics of Creative Collaboration*, New York, Currency.

SCHRÖDINGER, E. (1978). *Qu'est-ce que la vie?*, Paris, Payot.

SCHUMPETER, J. (1942). *Capitalism, Socialism and Democracy*, New York, Harper Brothers.

SCHUMPETER, J. (1979). *Capitalisme, socialisme et démocratie*, Paris, Payot.

SCHWEIKERT, K. (1989). «Le système dual de formation professionnelle en RFA», mai-juin.

SEDES (1997). *Images économiques du monde, 1996-1997*, Paris.

SEDES (2002). *Images économiques du monde, 2001-2002, Paris.*

SEEMAN, M. (1967). «On the Personal Consequences of Alienation in Work», *American Sociological Review*, vol. 32, n° 2, p. 273-285.

SÉGUIN, F. (1988). *Les organisations ou deux ou trois choses que je sais d'elles*, rapport de recherche, n° 88-02, Montréal, HEC, mars.

SÉGUIN, F. et J.-F. CHANLAT (1983). *L'analyse des organisations,* tome I, Chicoutimi, Gaëtan Morin Éditeur.

SÉGUIN, F. et J.-F. CHANLAT (1987). *L'analyse des organisations,* tome II, Chicoutimi, Gaëtan Morin Éditeur.

SELZNICK, P. (1957). *Leadership in Administration, A Sociological Interpretation*, Evanston, Ill., Row Peterson.

SEMLER, R. (1993). *À contre-courant*, Paris, Dunod.

SEN, A. (2000). *Repenser l'inégalité*, Paris, Éditions du Seuil.

SENNETT, R. (2000). *Le travail sans qualités*, Paris, Albin Michel.

SÉRIEYX, H. (1989). *Le zéro mépris*, Paris, InterÉditions.

SÉRIEYX, H. (1990). *Mobiliser l'intelligence de l'entreprise: cercles de qualité et cercles de pilotage*, Paris, ESF.

SÉRIEYX, H. (1993). *Le Big-Bang des organisations*, Paris, InterÉditions.

SERVAN SCHREIBER, J.-J. (1980). *Le défi mondial*, Montréal, Presses Select ltée.

SFEZ, L. (1976). *Critique de la décision*, Paris, Presses de la Fondation nationale des sciences politiques.

SFEZ, L. (1984). *La décision*, Paris, PUF, coll. «Que sais-je?», n° 2181.

SHAPERO, A. (1977). «What Management Says and What Managers Do», *Interface*, vol. 7, n° 2, février, p. 106-108.

SHIN, Y.K. (1988). *Contrôle et stratégie d'expansion internationale des firmes d'un NPI, le cas de la Corée du Sud*, Toulouse, thèse de 3e cycle.

SHRIVASTAVA, P. (1994). «Castrated Environment: Greening Organizational Studies», *Organization Studies,* vol. 15, n° 5, p. 705-726.

SHRIVASTAVA, P. (1995). «The Role of Corporations in Achieving Ecological Sustainability», *Academy of Management Review,* vol. 20, n° 4, p. 936-960.

SIEVERS, B. (1986). *Leadership as a Perpetuation of Immaturity. A New Perspective on Corporate Culture*, inédit, Wuppertal, Allemagne, Bergischen Universität, Gesamtochschule.

SIEVERS, B. (1986) «Beyond the Surrogate of Motivation», *Organization Studies*, vol. 7, n° 4, p. 335-351.

SIEVERS, B. (1986). «Participation as a Collusive Quarrel over Immortality», *Dragon, The SCOS Journal*, vol. 1, n° 1, janvier, p. 72-82.

SIMON, H. (1992). «Les PME allemandes, championnes du monde», *L'Expansion*, n° 65, été.

SIMON, H.A. (1946). «The Proverbs of Administration», *Public Administration Review*, vol. VI, n° 1, février, p. 53-68.

SIMON, H.A. (1947). *Administrative Behavior*, New York, John Wiley & Sons.

SIMON, H.A. (1955). «A Behavioral Model for Rational Choice», *Quarterly Journal of Economics*, n° 69, p. 99-118.

SIMON, H.A. (1958). *Organizations*, New York, Wiley.

SIMON, H.A. (1959). «Theories of Decision Making in Economic and Behavioral Sciences», *American Economic Review*, vol. 49, n° 2, juin, p. 253-283.

SIMON, H.A. (1960). *The New Science of Management Decision*, New York, Harper and Row.

SIMON, H.A. (1973). «Organizational Man: Rational and Self Actualizing», *Public Administration Review*, vol. 33, n° 3, mai-juin, p. 354-358.

SIMON, H.A. (1973). «Applying Information Technology to Organization Design», *Public Administration Review*, vol. 33, n° 3, mai-juin, p. 268-279.

SIMON, H.A. (1976). *Administrative Behavior*, 3e édition, New York, Macmillan.

SIMON, H.A. (1977). *The New Science of Management Decision*, 3e édition, Englewood Cliffs, N.J., Prentice-Hall.

SIMON, H.A. (1978). «Rationality as Process and as Product of Thought», *American Economic Review*, n° 68, p. 1-16.

SIMON, H.A. (1980). *Le nouveau management: la décision par les ordinateurs*, Paris, Economica.

SIMON, H.A. (1980). «Les processus de décision dans le domaine de la gestion», dans *Le nouveau management: la décision par les ordinateurs*, Paris, Economica, p. 35-75.

SIMON, H.A. (1983). *Administration et processus de décision*, Paris, Economica.

SIMON, H.A. et J.G. MARCH (1958). *Organizations*, New York, John Wiley & Sons.

SIMONS, R. et K. BASU (2002). «Business at a Crossroads», *The Magazine*, 22 mai, www.fascompany.com.

SKANDINAVISKA ENKILDA BANKEN (1983). «Some Data about Sweden», Stockholm.

SKINNER, B.F. (1938). *The Behavior of Organisms: An Experimental Analysis*, 3e édition, New York, Appleton-Century Crofts.

SKINNER, B.F. (1953). *Science and Human Behavior*, New York, Macmillan.

SKINNER, B.F. (1972). *Par-delà la liberté et la dignité*, Paris, Robert Laffont.

SKINNER, B.F. et C.B. FERTSER (1957). *Schedules of Reinforcement*, New York, Appleton-Century Crofts.

SKINNER, W. et N.E. SASSER (1977). «Le dirigeant idéal: incohérent et opportuniste», *Harvard-L'Expansion*, n° 18, automne 1980, p. 76-85 (paru dans la *Harvard Business Review*, en novembre-décembre 1977, sous le titre «Managers with Impact: Versatile and Inconsistent», p. 140-148).

SLOAN, A.P. (1963). *My Years at General Motors*, New York, Doubleday.

SMITH, A. (1976). *Recherche sur la nature et les causes de la richesse des nations*, Paris, Gallimard.

SMITH, A. (1995). *Enquête sur la nature et les causes de la richesse des nations*, Paris, PUF.

SMITH, D. et al. (1993). *Business and the Environment: Implications of the New Environmentalism*, New York, St. Martin's Press.

SOLOMON, R.C. et K.R. HANSEN (1985). *It's Good Business*, New York, Atheneum.

SPAR, C. (1984). «Suède: l'envers de la médaille», *L'Actualité*, vol. 9, n° 2, février, p. 65-66.

SPENCER, H. (1878). *Social Statics*, New York, D. Appleton.

SPENCER, H. (1882). *The Study of Sociology*, New York, D. Appleton.

SPENCER, H. (1940). *The Man versus the State*, Caldwell, Idaho, Coxton Printers.

SPROUSE, M. (1992). *Sabotage in the American Workplace*, San Francisco, Pressure Drop.

STALK, G. (1992). «Time-based Competition and Beyond: Competing on Capabilities», *Planning Review*, vol. 20, n° 5, septembre-octobre, p. 27-29.

STARIK, M. et G. RANDS (1995). «Weaving an Integrating Web: Multilevel and Multisystem Perspectives of Ecologically Sustainable Organizations», *Academy of Management Review*, vol. 20, n° 4, p. 908-935.

STATISTICAL HANDBOOK OF JAPAN 2004. Site web, www.stat.go.jp.

STATISTIQUE CANADA (2005). *Recherche et développement industriel, perspective 2004*, n° 88-202-XIF.

STATISTISK ARSBOK' (1993). *Statistical Yearbook of Sweden*, Stockholm.

STAW, B.M. et G.R. SALANCIK (1977). *New Directions in Organizational Behavior*, Chicago, St. Clair Press.

STAYER, R. (1990). «How I Learned to Let my Workers Lead», *Harvard Business Review*, novembre-décembre, p. 66-83.

STEIN, E.W. et V. ZWASS (1995). «Actualizing Organizational Memory with Information Systems», *Information Systems Research*, vol. 6, n° 2, p. 185-217.

STEWART, R. (1963). *The Reality of Management*, New York, Heinemann.

STIGLITZ, J. (2002). *La grande désillusion: la mondialisation ne marche pas*, Paris, Fayard.

STIGLITZ, J. (2003). *Quand le capitalisme perd la tête*, Paris, Fayard.

STOLOROW, D. et F. ATWOOD (1979). *Faces in a Cloud, Subjectivity in Personality Theory*, New York, Janson Aranson.

STUART-KOTZE, R. (1980) *Introduction to Organizational Behavior: A Situational Approach*, Reston, Va., Reston.

STUART MILL, J. (1864). *L'utilitarisme*, Toulouse, Privat.

STUART MILL, J. (1878) *Mes mémoires. Histoire de ma vie et de mes idées*, Paris, Gérus Baillière.

STUART MILL, J. (1887). *Mes mémoires. Histoire de ma vie et de mes idées*, Paris, Gérus Baillière.

STUART MILL, J. (1889). *Principes de l'économie politique*, Paris, Guillaumin.

SUMMER, W.G. (1914). *The Challenge of Facts and Other Essays*, dans A.G. Keller (dir.), New Haven, Conn., Yale University Press.

SYME, G.J. (1974). «Competitive Orders as Measures of Social Dominance», *Animal Behaviour*, vol. 22, n° 4, p. 931-940.

TAKAHASHI, N. (1990). *Les petites et moyennes entreprises et leur financement au Japon*, Tokyo, People's Finance Corporation.

TANGUY, B. et A. KIEFFER (1982). «L'école et l'entreprise: l'experience des deux Allemagne», Paris, La Documentation française, Notes et études documentaires.

TANNEGUY de FEUILHADE de CHAUVIN (1991). *Éthique & Pouvoir dans l'entreprise*, Paris, ESF éditeur.

TARONDEAU, J.-C. (1994). *Recherche et développement*, Paris, Vuibert, coll. «Gestion».

TARRAB, G. (1982). «Les cercles de qualité: progrès social et rentabilité sont-ils conciliables?», *Revue Commerce*, novembre, p. 108-112.

TAYLOR, F.W. (1911). *Shop Management*, New York, Harper Brothers.

TAYLOR, F.W. (1913). *La direction des ateliers*, Paris, Dunod et Privat.

TAYLOR, F.W. (1947). «Shop Management: The Principles of Scientific Management» et «The Testimony Before the Special House Committee», *Scientific Management,* New York, Harper and Brothers.

TAYLOR, F.W. (1947). *Scientific Management*, New York, Harper & Brothers.

TAYLOR, F.W. (1947) «The Testimony Before the Special House Committee», dans *Scientific Management*, New York, Harper & Brothers.

TAYLOR, F.W. (1957). *La direction scientifique des entreprises* (incluant le texte du témoignage devant la commission de la Chambre des représentants), Paris, Dunod.

TAZEZWA, S. et A. WHITEHILL (1981). *Work Ways: Japan and America*, Tokyo, The Japan Institute of Labor.

TEECE, D.J. (1989). «Inter-Organizational Requirements of the Innovation Process», *Managerial and Decision Economics*, Chichester, Angl., printemps, p. 35-42.

TEECE, D.J. (1998). «Capturing Value from Knowledge Assets: The New Economy, Markets for Know-how, and the Intangible Assets», *California Management Review*, vol. 40, n° 3, p. 55-79.

TEECE, D.J. (2001). «Strategies for Managing Knowledge Assets: The Role of Firm Structure and Industrial Context», dans I. Nonaka et D.J. Teece (dir.), *Managing Industrial Knowledge*, Thousand Oaks, Calif., Sage, p. 125-144.

TEISSIER du CROS, R. (1990). *Les Coréens*, Paris, L'Harmattan.

TERKEL, S. (1967). *Chicago: carrefour de la solitude*, Paris, Fayard.

TERKEL, S. (1974). *Working: People Talk about what they Do all Day and how the Feel about what they Do*, New York, Pantheon Books.

TERKEL, S. (1976). *Gagner sa croûte*, Paris, Fayard.

THANHEISER, H. (1979). «Stratégie et planification allemandes», *Gestion*, vol. 4, n° 4, novembre, p. 79-84.

THÉVENET, M. (1986). *Audit de la culture d'entreprise*, Paris, Les Éditions d'Organisation.

THEYEL, G. (2000). «Management Practices for Environmental Innovation and Performance», *International Journal of Operations and Production Management*, vol. 20, n° 2, p. 249-266.

THIMM, A. (1980). The False Promise of Co-determination, Cambridge, Mass., Lexington Books.

THINÈS, G. (1966). *Psychologie des animaux*, Bruxelles, Charles Dessart.

THOMPSON, J.D. et al. (1959). *Comparative Studies in Administration*, Pittsburgh, UPP.

THURLEY, K. (1991). *Vers un management multiculturel en Europe*, Paris, Les Éditions d'Organisation.

THURLEY, K. et H. WIRDENIUS (1991). *Vers un management multiculturel en Europe*, Paris, Les Éditions d'Organisation.

THUROW, L.C. (1996). *The Future of Capitalism*, New York, Penguin Books.

TIJERINA-GARZA, E. (2000). *Aprendiendo economía con los Nobel*, Mexico, Plaza y Valdes.

TOCQUEVILLE, A. de (1961). *De la démocratie en Amérique*, Paris, Gallimard.

TODD, E. (1998). *L'illusion économique*, Paris, Gallimard.

TOFFLER, A. (1980). *La troisième vague*, Paris, Denoël.

TOFFLER, A. (1986) *S'adapter ou périr*, Paris, Denoël.

TOFFLER, A. (1991). *Les nouveaux pouvoirs*, Paris, Fayard.

TOMINAGA, K. (1991). «Les expériences historiques du Japon pour une théorie de la modernisation des sociétés non occidentales», *Sociologie du travail*, n° 1/91, Paris, Dunod.

TOUBOUL, S. (2004). «Le Japon sensibilise citoyens et entreprises à l'éco-bilan», sur le site web de Novethic, www.novethic.fr.

TOULOUSE, J.-M. (1979). *L'entrepreneurship au Québec*, Montréal, Presses des HEC.

TOULOUSE, J.-M. (1980). *Les réussites québécoises*, Ottawa, Agence d'Arc.

TOURAINE, A. (1952). «Ambiguïté de la sociologie industrielle américaine», *Cahiers internationaux de sociologie*, vol. 7, n° 12, p. 49-72.

TURNER, B.A. (dir.) (1990). *Organizational Symbolism*, Berlin-New York, Walter de Gruyter.

TUSHMAN, M.L., C. O'REILLY et P. ANDERSON (1997). «Technology Cycles, Innovation Streams, and Ambidextrous Organizations: Organization Renewal Through Innovation Streams and Strategic Change», dans M.L. Tushman et P. Anderson P. (dir.), *Managing Strategic Innovation and Change: A Collection of Readings*, New York, Oxford University Press, p. 3-23.

UJIHARA, S. (1991). «Essai sur la transformation historique des pratiques d'emploi et des relations professionnelles au Japon», *Sociologie du travail*, n° 1/91, Paris, Dunod.

UNESCO (2003). *Rapport mondial pour la mise en valeur des ressources en eau*, Paris, Organisation des Nations unies.

URBAN, S. et E.-M. Lipp. (1988). *L'Allemagne: une économie gagnante?*, Paris, Hatier.

URWICK, L. (1944). *The Elements of Administration*, New York, Harper & Brothers.

URWICK, L. (1956). *The Golden Book of Management*, Londres, Newman Neame Limited.

URWICK, L. (1965). «Have we Lost our Way in the Jungle of Management Theory?», *Personnel*, vol. 42, n° 3, mai-juin, p. 12-23.

URWICK, L. et E.F.L. BRECH (1945). *The Making of Scientific Management*, Londres, Management Publications Trust, 3 volumes (1945, 1946 et 1948).

UTTERBACK, J. (1994). *Mastering the Dynamics of Innovation*, Boston, Harvard Business School Press.

UTTERBACK, J. et F.F. SUAREZ (1993). «Innovation, Competition and Industry Structure», *Research Policy*, vol. 22, n° 1, p. 1-21.

VACQUIN, H. (1986). *Paroles d'entreprises*, Paris, Éditions du Seuil.

VALLÉE, L. (1985). «Représentations collectives et sociétés», dans A. Chanlat et M. Dufour (dir.), *La rupture entre l'entreprise et les hommes*, Montréal-Paris, Québec/Amérique et Les Éditions d'Organisation, p. 195-242.

VANDERMEERSCH, L. (1986). *Le nouveau monde sinisé*, Paris, PUF, coll. «Perspectives internationales».

VARELA, F.J. (1980). *Principles of Biological Autonomy*, New York, Elsevier North Holland.

VARRON, M.T. (1877). *De l'agriculture*, livre I, Paris, Nisard, 2 volumes (cité par M. Godelier, *Rationalité et irrationalité en économie*, Paris, Maspero, 1966, p. 48-49).

VEBLEN, T. (1912). *The Theory of the Leisure Class: An Economic Study of Institutions*, New York, Macmillan.

VEBLEN, T. (1927). *The Theory of Business Enterprise*, New York, C. Scribner's Sons.

VEBLEN, T. (1932). *The Theory of Business Enterprise*, New York, C. Scribner's Sons.

VEBLEN, T. (1970). *La théorie de la classe de loisir*, Paris, Gallimard.

VENKATRAMAN, N. et M. SUBRAMANIAM (2002). «Theorizing the Future of Strategy: Questions for Shaping Strategy Research in the Knowledge Economy», dans A. Pettigrew, H. Thomas et R. Whittington (dir.), *Handbook of Strategy and Management*, Londres, Sage, p. 461-473.

VERNON, R. (1973). *Les entreprises multinationales: la souveraineté nationale en péril*, Paris, Calmann-Lévy.

VILLARD, N. (1992). «Le parcours des 200 premiers patrons français et allemands», enquête du CNRS et Herdrick & Struggles, *L'Expansion*, 9 au 22 janvier.

VILLETTE, M. (1988). *L'homme qui croyait au management*, Paris, Éditions du Seuil.

VILLETTE, M. (1988). *La nomenklatura*, Paris, Pierre Belfond.

VILLETTE, M. et A. BRETON (1989). «La qualité totale au banc d'essai», *Gérer et Comprendre – Annales des mines*, mars, p. 15-25.

VINCENT, C.-P. (1990). *Des systèmes et des hommes*, Paris, Les Éditions d'Organisation.

VINCENT, J.M. (1973). *Fétichisme et société*, Paris, Anthropos.

VOGEL, E. (1983). *Le Japon, médaille d'or*, Paris, Gallimard.

VON HIPPEL, E. (1988). *The Sources of Innovation*, New York, Oxford University Press.

VON HIPPEL, E., S. THOMKE et M. SONNACK (2000). «Creating Breakthroughs at 3M», *Health Forum Journal*, vol. 43, n° 4, juillet-août, p. 20-27.

VON KROGH, G., I. NONAKA et M. ABEN (2001). «Making the Most of your Company's Knowledge: A Strategic Framework», *Long Range Planning*, vol. 34, p. 421-439.

VROOM, V.H. (1973). «A New Look at Managerial Decision Making», *Organizational Dynamics*, vol. 1, n° 4, printemps, p. 62-80.

WALLEY, N. et B. WHITEHEAD (1994). «It's Not Easy Being Green», *Harvard Business Review*, vol. 72, n° 3, p. 46-52.

WALRAFF, G. (1986). *Tête de Turc*, Paris, La Découverte.

WALRAS, L. (1952). *Éléments d'économie politique pure: théorie de la richesse sociale*, Paris, Librairie générale de droit et de jurisprudence.

WATERMAN, R. (1987). *The Renewal Factor*, New York, Bentam Books.

WATERMAN, R. (1990). *Les champions du renouveau*, Paris, InterÉditions.

WATSON, J.B. (1931). *Behaviorism*, 2ᵉ édition, Londres, Paul Kegan.

WATZLAWICK P. *et al.* (1979). *Une logique de la communication*, Paris, Éditions du Seuil, coll. Points».

WEAVER, P. et F. SCHMIDT-BLEEK (2000). *Factor 10 – Manifesto for a Sustainable Planet*, Londres, Greenleaf.

WEBER, M. (1959). *Le savant et le politique*, Paris, Plon.

WEBER, M. (1964). *L'éthique protestante et l'esprit du capitalisme*, Paris, Plon.

WEBER, M. (1965). *Essais sur la théorie de la science*, Paris, Plon.

WEBER, M. (1971). *Économie et société*, Paris, Plon.

WEEKS, D.R. (1980). «Organizations and Decision Making», dans G. Salaman et K. Thompson (dir.), *Control and Ideology in Organizations*, Cambridge, Mass., MIT Press, p. 187-215.

WEIL, S. (1964). *La condition ouvrière*, Paris, Gallimard, coll. «Idées».

WEITZMAN, M.L. (1984). *The Share Economy: Conquering Stagflation*, Cambridge, Mass., Harvard University Press.

WEITZMAN, M.L. (1986). *L'économie de partage, vaincre la stagflation*, Paris, L'Expansion – Hachette – J.C. Lattès.

WEIZSÄCKER, E., L.H. LOVINS et A. LOVINS (1997). *Facteur 4*, Mens, Terre Vivante.

WERNERFELT, B. (1984). «A Resource-based View of the Firm», *Strategic Management Journal*, vol. 5, p. 171-180.

WEST, E.G. (1976). «Adam Smith and Alienation, Wealth Increases, Men Decay?», dans A.S. Wilson et T. Skinner (dir.), *The Market and the State. Essays in Honor of Adam Smith*, Oxford, Clarendon Press, p. 541-552.

WEVERT, K. et C. ALLEN (1992) «Les entreprises allemandes à l'épreuve», *Harvard-L'Expansion*, n° 67, hiver.

WIENER, N. (1996). *Invention: The Care and Feeding of Ideas*, Cambridge, Mass., MIT Press.

WHITESIDE, D. et R. BRANDT (1985). «How G.M.'s Saturn Could Run Rings around Old-Style Car Makers», *Business Week*, 28 janvier, p. 660-663.

WHYTE, W.H. (1956). *The Organization Man*, New York, Simon and Schuster (en français: *L'homme de l'organisation*, Paris, Plon, 1959).

WINTER, G. (1989). *Entreprise et environnement*, Paris, McGraw-Hill. WHITE, R. et R. WINTER, S. (2000). «Appropriating the Gains from Innovation», dans G. Day et P.J.H. Shoemaker (dir.), *Wharton on Managing Emerging Technologies*, Hoboken, N.J., John Wiley and Sons, p. 242-266.

WILSON, D.S. (1975). «Theory of Group Selection», *Proceedings of the National Academy of Science,* États-Unis, vol. 72, p. 143-146.

WIME-EDWARDS, V.C. (1962). *Animal Dispersion in Relation to Social Behaviour*, Édimbourg, Écosse, Oliver and Boyd.

WOLFEREN, K. van (1989). *L'énigme de la puissance japonaise*, Paris, Robert Laffont.

WOLMAN, W. et A. COLAMOSCA (1998). *The Judas Economy. The Triumph of Capital and the Betrayal of Work*, Reading, Mass., Addison-Wesley.

WORK IN AMERICA (1973 et 1983). «Report of a Special Task Force to the Secretary of Health, Education and Welfare», W.E. Upjohn Institute for Employment Research, Cambridge, Mass., MIT Press.

WORLD BANK (1992). *World Development Report 1992*, Topic: Development and the Environment, Washington, D.C., World Bank Publications.

WRAPP, C.E. (1967). «Good Managers don't Make Policy Decisions», *Harvard Business Review*, vol. 45, n° 2, septembre-octobre, p. 91-100.

WREGE, C.D. et A.G. PERRONI (1974). «Taylor's Pig-tale: A Historical Analysis of Frederick W. Taylor's Pig-iron Experiments», *Academy of Management Journal*, mai, p. 6-27.

WREN, D.A. (1979). *The Evolution of Management Thought*, 2e édition, New York, John Wiley & Sons.

YAMAMURA, K. et W. STREECK (2003). *The End of Diversity? Prospects for German and Japanese Capitalism*. Ithaca, New York, Cornell University Press.

YERGIN, D. et J. STANISLAS (2000). *La grande bataille. Les marchés à l'assaut du monde*, Paris, Odile Jacob.

ZUCKER, L.G. et M.R. DARBY (1997). «Individual Action and the Demand for Institutions: Star Scientists and Institutional Transformation», *The American Behavioral Scientist*, vol. 40, n°4, février, p. 502-513.

INDEX DES AUTEURS

INDEX DES SUJETS